TRATADO DE DIREITO PROCESSUAL DO TRABALHO

VOLUME II

FRANCISCO ANTONIO DE OLIVEIRA

TRATADO DE DIREITO PROCESSUAL DO TRABALHO

VOLUME II

EDITORA LTr
SÃO PAULO

Dados Internacionais de Catalogação na Publicação (CIP)
(Câmara Brasileira do Livro, SP, Brasil)

Oliveira, Francisco Antonio de
Tratado de direito processual do trabalho, volume II / Francisco Antonio de Oliveira. — São Paulo: LTr, 2008

Bibliografia
ISBN 978-85-361-1210-7
ISBN da coleção 978-85-361-1216-9

1. Direito processual do trabalho 2. Processo (Direito) I. Título.

08-07079 CDU-347.9:331

Índices para catálogo sistemático:

1. Direito processual do trabalho 347.9:331
2. Processo trabalhista: Direito do trabalho 347.9:331

Produção Gráfica e Editoração Eletrônica: **RLUX**

Capa: **FÁBIO GIGLIO**

Impressão: **CROMOSETE**

LTr

EDITORA LTDA.

Rua Apa, 165 — CEP 01201-904 — Fone (11) 3826-2788 — Fax (11) 3826-9180
São Paulo, SP — Brasil — www.ltr.com.br

LTr 3656.4 **Setembro, 2008**

SUMÁRIO — VOL. II

CAPÍTULO 34

CAPÍTULO 35

CAPÍTULO 36

CAPÍTULO 37

CAPÍTULO 38

CAPÍTULO 39

CAPÍTULO 40

CAPÍTULO 41

CAPÍTULO 42

CAPÍTULO 43

CAPÍTULO 44

CAPÍTULO 45

CAPÍTULO 46

CAPÍTULO 34

DO PROCESSO DE CONHECIMENTO

34.1. Do breve enfoque sobre o processo de conhecimento

O processo de conhecimento, também denominado fase de conhecimento, considerando o processo como uma unidade, onde a fase de conhecimento e a fase executória se ligam e se completam, tem por escopo conhecer aquilo que é reivindicado pelo autor e conhecer as razões de resistência do réu. O processo de conhecimento só se instaura quando há lide, isto é, o autor (credor) ajuíza uma ação contra o réu (devedor) em face da resistência deste em honrar o compromisso. O direito reivindicado poderá ser pré-constituído, *v. g.*, um empréstimo bancário feito mediante assinatura de uma promissória, ou poderá ser um direito não reconhecido pelo réu, dependendo de prova, *v. g.*, "Y" fora despedido pela empresa "Z" injustamente, ajuizada ação, apresentada defesa, firmada a *litiscontestatio*, o juiz instrutor verificará se estão presentes os pressupostos processuais (objetivos e subjetivos), as condições da ação e se as partes estão corretamente representadas. No processo civil, existe o despacho saneador, onde o juiz instrutor verifica a possibilidade de prosseguimento válido e regular do processo. No processo do trabalho, não há despacho saneador, posto que o juiz conhece das peças básicas (petição inicial e defesa) em audiência, ocasião em que deverá verificar a possibilidade de prosseguimento válido e regular do processo.

É na fase de conhecimento que se apresenta com maior vigor o devido processo legal, que se projeta com a garantia da ampla defesa, do contraditório e da igualdade de tratamento para com as partes. Na instrução probatória, as partes terão toda oportunidade de provar o que alegam, de conformidade com o ônus probatório. O autor tem o ônus de provar os fatos constitutivos e o réu os fatos modificativos, impeditivos e extintivos (art. 333, I, II, CPC).

É na fase de conhecimento que o Estado concede ou nega o direito. O juiz, mediante análise do pedido, da defesa e das provas produzidas, proferirá sentença levando em conta o ônus probatório de cada parte, condenando ou absolvendo o réu. A condenação poderá ser total ou parcial. O comando sentencial condenatório que poderá ser líquido (*quantum debeatur*) ou ilíquido (*an debeatur*) se completará com a fase seguinte (fase executória). É na fase de conhecimento que o Estado deferirá ou indeferirá o direito pleiteado. Na fase executória ou complementar, não se concede direito, apenas e tão-somente se apura o *quantum*, se a sentença condenatória for ilíquida. A sentença de mérito é o coroamento da fase de conhecimento. Prolatada a sentença, o julgador não mais poderá se manifestar, ainda que para corrigir erronias cometidas, ressalvada a existência de erro material. Todavia, terá oportunidade de corrigir omissão, obscuridade o contradição da sentença, desde que o interessado oponha embargos declaratórios no prazo de cinco dias da intimação da sentença, que poderão ter efeitos modificativos.

No processo comum, o procedimento se divide em: a) comum (art. 272, CPC): ordinário e sumário; b) procedimento especial; c) procedimento cautelar. Existe, no processo do trabalho, o procedimento ordinário que é o mais comum na maior parte dos dissídios individuais, o sumário (Lei n. 5.584/1970, art. 2º, § 4º), também conhecido como procedimento de alçada, e o procedimento sumaríssimo.

34.1.1. Da jurisdição, da ação e do processo

A ação se materializada pela petição inicial e é o instrumental hábil para retirar a jurisdição da sua inércia (*sine auctore non erit reus*). A petição inicial, por sua vez, deve apresentar certos requisitos (arts. 282/283, CPC). O pedido pleiteado deve corresponder fielmente à causa de pedir. Ambos se completam mutuamente. Devem estar presentes os pressupostos processuais (objetivos e subjetivos) e as condições da ação.

Processo e procedimento se completam sempre que existir lide. Sem que haja procedimento, o processo manter-se-á estático. O procedimento é a parte dinâmica do processo que se materializada por meio dos atos processuais (despachos ordinatórios e decisões interlocutórias). Quando não existir lide, haverá apenas procedimento. Neste caso, as partes não se contrapõem, e convergem para conseguir um fim comum. Para o processualista baiano *José Joaquim Calmon de Passos*, a noção de processo é eminentemente teleológica, finalística, voltada para o resultado a obter-se. A noção de procedimento, ao invés, é eminentemente formal. O procedimento é o processo visto em sua exterioridade, na sua dinâmica ou, para usar distinção, percebida pelo grande mestre que foi *João Mendes* ("Direito Judiciário brasileiro"), o processo é o movimento em sua forma intrínseca, enquanto o procedimento é esse mesmo movimento em sua forma extrínseca ("Comentários ao Código de Processo Civil", Ed. Forense, Rio-São Paulo, sem data, v. III, p. 7).

Giuseppe Chiovenda assinala que "o processo é um complexo de atos. Não se trata, porém, naturalmente, de uma série da atos dissociados e independentes, senão de uma sucessão de atos vinculados pelo objetivo comum da atuação da vontade da lei e procedendo ordenadamente para a consecução desse objetivo; de onde o nome de processo. (...) O processo de cognição desenvolve-se entre dois termos: a demanda judicial, com a qual o autor o constitui, chamando o réu à presença do juiz; e a sentença, com a qual o juiz o encerra, pronunciando-se sobre a demanda, que admite ou rejeita" (ob. cit., v. I, p. 72).

34.1.2. Da jurisdição contenciosa e voluntária

Podemos definir de forma objetiva que no processo contencioso as partes não estão de acordo e existe uma resistência expressa ao pedido do autor na defesa formulada pelo réu; na jurisdição contenciosa, o Estado é chamado para resolver um conflito; na jurisdição voluntária, também denominada de graciosa, o Estado é chamado, não para resolver conflito, apenas para constatar um fato, aperfeiçoar um ato ou dar validade a uma situação. As partes não divergem, convergem. Para *Carnelutti* "a diferença entre processo contencioso e processo voluntário está fundada na distinção entre conflito existente e conflito potencial de interesse. O conflito de interesses consiste em sua incompatibilidade, no sentido de que a satisfação da necessidade que corresponde a um dos interesses exclui ou pelo menos limita a satisfação do outro. (...) A finalidade do processo contencioso é tipicamente repressiva: fazer que cesse a contenda" ("Instituições de Processo Civil", v. I, 1999, p. 75-76).

Uma questão que surge para o estudante de direito é saber por que o Código fala em jurisdição contenciosa e jurisdição voluntária, também conhecida como graciosa, quando o termo "jurisdição" tem o significado de poder de dizer o direito ou a *jurisdictio*. Ora, sabe-se que o Estado só é chamado a dizer o direito, quando existe conflito entre as partes, isto é, quando há resistência do devedor em honrar o compromisso assumido perante o credor, ou determinado em lei ou em âmbito judicial. Quase unânime a doutrina em dizer que o ato voluntário não exige a presença do poder jurisdicional do Estado, simplesmente por que não existe conflito. Nesse sentido, constatação de *Celso Agrícola Barbi*: "A doutrina moderna predominante no Brasil reconhece que, do ponto e vista científico, somente é jurisdição a chamada jurisdição contenciosa, pois a tradicionalmente denominada jurisdição voluntária não é nem jurisdição nem contenciosa" ("Comentários ao Código de Processo Civil", Ed. Forense, Rio-São Paulo, 1975, v. I, tomo I, p. 27).

São características da chamada jurisdição voluntária: a) ela não se desenvolve mediante processo, mas com base só em procedimento; b) na jurisdição voluntária não existem partes no sentido de ação (relação processual), mas apenas interessados; c) a decisão que porventura vier a ser prolatada não transitará em julgado material, só possível de ocorrer nas sentenças de mérito; d) o procedimento voluntário é informado pelo princípio inquisitório, enquanto no contencioso vige o princípio dispositivo. Os procedimentos especiais de jurisdição voluntária estão previstos nos arts. 1.103 a 1.120, CPC. Lembra *Carnelutti* que "o processo (jurisdição) voluntário serve para prevenir a lide, assim como serve para reprimi-la por meio da colaboração das partes, o juiz intervém para continuar um efeito jurídico que não se produz sem tal intervenção". O autor cita como exemplo os instituto da interdição (ob. cit., v. I, p. 95). O processo, como sinônimo de lide, é privativo da função jurisdicional. Dentro dessa ótica, o processo atua na vontade concreta da lei com o escopo de solucionar lides. Sem o processo, não haveria com se aviar a ação e como fazer funcionar a jurisdição. Na prática, existe uma confusão quando se fala no andamento do processo, quando quem imprime essa dinâmica é o procedimento; quando se pede vista do processo, quando seria dos autos do processo; quando se fala que os processos estão conclusos com o juiz, quando são os autos do processo que foram feitos conclusos; quando se fala em fases do processo, quando a fase é do procedimento; quando se fala em arquivamento do processo, quando o correto é o arquivamento dos autos do processo. O processo é um "ser" abstrato.

34.1.3. Do procedimento

Como vimos acima (item 34.2), o procedimento é o meio pelo qual o processo se exterioriza, se instaura, se desenvolve e termina. O procedimento atua na esfera meramente formal. É por intermédio dele que os atos se sucedem de forma ordenada fazendo com que o processo seja remetido para frente. O processo é abstrato e estático; o procedimento concreto e dinâmico. O processo chega ao seu destino por meio da dinâmica do procedimento. O processo se instaura com o ajuizamento da ação, firma a *litiscontestatio* com a defesa, se desenvolve com o procedimento e tem o seu marco final (na fase de conhecimento em primeiro grau) com a sentença de mérito. Essa dinâmica entre processo e procedimento continua no procedimento recursal, podendo a parte utilizar os recursos postos à sua disposição ou simplesmente desistir de recorrer. Se recorrer, terá a possibilidade de reverter uma situação; se não o fizer, abrirá mão da oportunidade. Com o trânsito julgado formal e material, a decisão proferida (primeiro grau o no tribunal) tornar-se-á irreversível, ressalvadas hipóteses de ilegalidades cometidas *in procedendo* ou *in judicando* que dará ensejo à ação rescisória, único instrumento legal que permitirá sanar a ilegalidade cometida.

34.1.4. Dos efeitos da fase de conhecimento

Na fase de conhecimento, se concentram as peças básicas (inicial e defesa, ressalvada quanto a esta, o caso de revelia), todo o conjunto probatório, a resolução de incidentes surgidos, argüidos por meio de preliminares ou de exceções, aportando no ato final do processo que é a sentença de mérito. Se a sentença não decidiu do mérito, não houve prestação jurisdicional. A resolução do processo, sem julgamento da matéria de fundo, não inibe o autor de propor novamente a mesma ação, desde que sane antes a irregularidade que impediu a análise do tema meritório. É também durante o processo de conhecimento que a sentença ou o acórdão adquire o valor maior da irretratabilidade da coisa julgada material. Esta é o ponto demarcatório que separa a fase de conhecimento da fase executória. A exemplo da lei, a coisa julgada transforma o branco em preto e o quadrado em redondo, sendo imodificável depois de transcorridos 2 (dois) anos (art. 495, CPC). A fase de conhecimento poderá ser complexa ou simples, dependendo do tema discutido. A parte probatória poderá depender de simples prova testemunhal; poderá até mesmo dispensar oitiva de testemunhas, quando a parte confessar em depoimento (confissão real); poderá ser prova técnica (contábil, grafotécnica etc.), e testemunhal. A matéria poderá ser apenas de direito.

34.1.5. Da fase de conhecimento e a coisa julgada

Dissemos antes que a sentença de mérito é o coroamento da fase de conhecimento em primeiro grau. Sabe-se, também, que a fase de conhecimento poderá não terminar aí, estendendo-se, caso haja recurso das partes insatisfeitas, para as jurisdições superiores (Regionais e TST) e, em havendo matéria constitucional, para o STF. Com o esgotamento dos recursos colocados à disposição das partes no tecido processual, ou mesmo o não uso de tais recursos, remete-se a sentença de mérito da jurisdição primária para a coisa julgada. Nesse trajeto recursal, a decisão primária poderá ser confirmada, modificada ou mesmo substituída por outro julgamento que poderá ser absolutória. Ao impor-se à decisão a qualidade de coisa julgada, chega-se ao fim da fase de conhecimento. A partir daí, nenhuma matéria discutida na fase de conhecimento poderá ser revivida em sede executória. A coisa julgada se impõe como preclusão máxima.

Para *Carnelutti*, ao se obter a coisa julgada de fundo, diz-se que a *res* foi julgada, frase em que por *res* se entende a realidade sobre a qual opera o processo, isto é, a lide ou o negócio; *res iudicata* ou *iudicium de res* são duas fórmulas equivalentes, ou seja, a mesma coisa na ordem direta e inversa. Coisa julgada, então, significa a decisão de mérito que se obtém por meio do processo de cognição ou, em outros termos, a decisão sobre as questões de fundo; as questões de fundo julgadas não são apenas as expressamente resolvidas, mas também aquelas cuja solução seja uma premissa necessária para a solução das primeiras e que, portanto, resolvem-se implicitamente (a chamada decisão implícita). Já as questões de ordem que não concorrem para a solução, não são abrangidas pela coisa julgada (ob. cit., v. I, p. 184-185).

Denomina-se coisa julgada material a eficácia, que torna imutáveis e indiscutíveis as sentenças e acórdãos, não mais sujeitos a recurso ordinário ou extraordinário. O princípio da imutabilidade expressa a eficácia da coisa julgada que se transforma em lei no que se refere à relação jurídica deduzida. A coisa julgada se põe no mundo jurídico como se o juiz fosse o próprio legislador. O que se contém na coisa julgada é lei entre os contendores com eficácia *erga omnes*. Todavia, se no trajeto percorrido para chegar-se à coisa julgada houve alguma afronta à legalidade por *error in judicando* ou *in procedendo*, a parte prejudicada terá o prazo decadencial de 2 (dois) anos para ajuizar ação rescisória a fim de desconstituir o julgado para que outro seja proferido isento de ilegalidade. No entanto, alerta-se, somente a ilegalidade poderá ser motivo para a desconstituição da coisa julgada; a injustiça cometida no julgamento ou a má análise da prova não sensibilizam a lei para o corte rescisório, salvo quando a má análise da prova levar ao erro de fato, que se configura quando ao analisar a prova o julgador afirma o contrário daquilo que a prova diz.

34.2. Estudos que antecedem ao ajuizamento da ação

34.2.1. Das primeiras providências antes do ajuizamento da ação

O causídico, antes do ajuizamento da ação, deverá proceder aos necessários estudos para que não venha incorrer em erronias. Primeiro, deverá saber qual a ação a ser proposta (adequação do instrumento processual). O instrumento processual a ser utilizado é de suma importância. O uso inadequado poderá levar a um arquivamento prematuro. Segundo, onde ajuizar a ação. Sabe-se que a jurisdição, embora una, está dividida didaticamente em vários órgãos encarregados da prestação jurisdicional. A ação deverá ser distribuída ao juízo competente materialmente (estadual, federal, trabalhista), tendo em mente que na jurisdição estadual existem Varas especializadas. A errada distribuição poderá levar ao indeferimento liminar ou mesmo criar incidente (exceção e incompetência), com ônus de pagamento de custas e de atraso no processo por meses. Deverá prover para que estejam presentes os pressupostos processuais (objetivos e subjetivos) e as condições da ação. Terceiro, sabendo a jurisdição correta, o juízo competente, a legitimidade da parte (passiva), o interesse processual do seu cliente, a adequação do instrumento processual a ser utilizado, o causídico ira cuidar com idêntico zelo da elaboração da petição inicial.

34.2.2. Da petição inicial

Os arts. 282 e 283, CPC dão o norte a ser seguido e indicam expressamente os requisitos para uma petição inicial válida. O art. 295, CPC, parágrafo único, e incisos, alertam para as imperfeições que poderão invalidar a petição inicial, de forma absoluta ou relativa, tendo como conseqüência arquivamento da ação ou a necessidade de adequá-la para o prosseguimento de um processo válido e regular. A petição inicial deverá ser escrita em linguagem clara, concisa, objetiva, de forma articulada de modo a facilitar a compreensão. Fazer uso da terminologia jurídica com linguagem sóbria, sem pedantismo. A narração dos fatos será feita numa seqüência lógica, em ordem numérica, que terminará com a indicação também articulada do pedido, sem esquecer do valor da causa. Na construção formal da peça inicial, o advogado deve evitar os períodos longos. Deve fazer uso sempre de períodos curtos. Evitar o uso demasiado do gerúndio. Os períodos longos, além de comprometer a clareza, podem constituir armadilha, onde são construídas frases sem objeto.

34.2.3. Do pedido e da causa de pedir

O pedido deve ser uma conseqüência lógica dos fatos narrados. Os fatos narrados, denominados causa de pedir (*causa petendi*), são também o fundamento jurídico do pedido. O advogado, como regra, não está obrigado a indicar o fundamento legal daquilo que pede, mas está obrigado, por lei, a indicar o fundamento jurídico do pedido, isto é, a causa de pedir. Na estrutura processual, vige, regra geral, o princípio *da mihi factum dabo tibi jus*. O que significa que o autor dará os fatos que embasam o seu pedido e o juiz instrutor deverá dar o direito. O juiz é o único que não poderá alegar lacuna ou obscuridade da lei para não despachar ou não julgar (art. 126, CPC). Para o juiz, vige a regra *jura novit curia*, isto é, ainda que a parte, porventura, indique fundamento legal errado, isso não lhe poderá trazer nenhum prejuízo pois compete ao juiz dar o fundamento legal correto. A inicial que indicar causa de pedir, mas não indicar pedido, será considerada inepta; da mesma forma, o pedido indicado sem o respaldo da causa de pedir será considerado inepto; nesse mesmo sentido, se dos fatos narrados não decorrer logicamente a conclusão. Os pedidos deverão ser compatíveis entre si, não poderão ser impossíveis (art. 295, parágrafo único, CPC).

34.2.4. Do fundamento legal e do fundamento jurídico

Não confundir fundamento legal com fundamento jurídico. O fundamento legal está na lei e o fundamento jurídico está na própria razão de pedir. Como dissemos acima, a parte, como regra, não está obrigada a indicar o fundamento legal, embora possa fazê-lo. Se errar, não poderá ser prejudicada, pois cabe ao juiz dar o direito. Entretanto, em se tratando de mandado de segurança, exige-se que a parte dê o fundamento jurídico e o fundamento legal e que diga de forma expressa de que forma aquele artigo da lei ou da Constituição foi desrespeitado. O juiz, a seu turno, não poderá julgar buscando outro fundamento, pois aí não está adstrito à regra *jura novit curia*. Se o impetrante deu fundamento errado ou não indicou expressamente o fundamento legal, certamente perderá a segurança. O magistrado também não poderá julgar o *mandamus* com supedâneo na eqüidade ou na analogia (ver nossa obra, "Mandado de Segurança", 3ª ed., RT, item 7.27). Da mesma forma, a ação rescisória, quando baseada em violação de literal disposição de lei (art. 485, V, CPC) deverá indicar fundamento jurídico e fundamento legal e dizer também expressamente qual o artigo da lei ou da Constituição que fora desrespeitado, produzindo ilegalidade. Também aqui o julgador não estará adstrito ao princípio da *jura novit curia*.

34.2.5. Da defesa

O que foi dito para a petição em termos formais, vale também para a defesa. Antes de atacar a matéria de fundo, a defesa deverá analisar primeiramente se não houve a prescrição (total ou parcial); em caso negativo, se estão presentes os pressupostos de processuais (objetivos e subjetivos) e as condições da ação; em caso negativo, provocará o pronunciamento do juiz por meio de preliminar ou de exceção. Verificará se a representação está correta. Se a parte que outorgou a procuração tinha poderes para tanto; se a parte (autor) tem legitimidade processual (menor, incapaz), caso do *de cujus*; se existe inventariante ou se é o caso de advogado dativo; se o valor da causa está correto. É comum a parte efetuar pedido de R$ 100 mil e dar à causa o valor de R$ 1.000 mil para simples efeito de custas e de alçada, afirmação que não encontra suporte em lei. A defesa deverá ser composta de forma articulada, com a impugnação, se possível, na seqüência da petição inicial para não deixar passar nada. Deverá rebater, de per si, a causa de pedir e o pedido. Se não o fizer, se esquecer, terá contra si as conseqüências do art. 302, CPC, regra excepcionada no parágrafo único para o advogado dativo, o curador especial e o Ministério Público. É bem verdade que é mera presunção de verdade que poderá ser ilidida pela prova dos autos (documentos, perícia, depoimento da parte contrária e prova testemunhal).

Não convém correr riscos. Não esquecer de requerer a declaração da prescrição, se e quando for o caso, embora a matéria hoje, com a nova redação do § 5º, do art. 219 (Lei n. 11.280/2006), possa se alegada pela parte a qualquer momento ou grau de jurisdição e de ofício pelo juiz em qualquer grau de jurisdição.

34.2.6. Da instrução probatória: enfoque genérico

Cada parte tem o seu ônus probatório (art. 333, I, II, CPC). O art. 818, CLT afirma que "a prova das alegações incumbe à parte que as fizer". Assim, numa interpretação literal, todo empregado que disser que foi injustamente dispensado, terá de provar. Evidente que não é assim. Terá que provar se o empregador disser que ele não foi dispensado e colocar o empregado à disposição. Se o empregador disser que foi dispensado por justo motivo traz para si o ônus da prova, porque alegou fato impeditivo do pedido de verbas rescisórias. Daí por que o art. 818, CLT deve ser interpretado em consonância com o art. 333, I e II, CPC. O advogado deverá fazer perguntas que favoreçam o seu cliente. Não é incomum a parte perder a ação porque quis provar demais e provou para a parte adversa. Deve acompanhar atentamente as perguntas formuladas pelo juiz para verificar se teria ainda alguma pergunta a formular. Muitas vezes, o juiz esgota as perguntas, mas isso nem sempre acontece, existe aquele juiz que deixa por conta das partes. Por isso, o advogado deverá estar preparado. Se alguma pergunta for indeferida, requeira que seja consignada em ata, sendo esse um direito da parte (art. 416, § 2º, CPC). Se o juiz negar-se a fazê-lo, fato não tão raro, requeira que consigne em ata a sua negativa. Requerimento de perícia (contábil, grafotécnica etc.) indeferido, deve consignar protesto em ata ou em petição, se e quando for o caso. O protesto lançado em ata prequestiona o tema para um futuro recurso, onde poderá alegar o cerceamento de defesa, com pedido de nulidade do julgado. Deverá também estar atento para o encerramento da instrução, pois não é tão incomum, após o indeferimento do depoimento da parte contrária ou oitiva de testemunhas, constar do termo: "As partes prescindiram de outras provas e requereram o encerramento." Deve constar do termo de encerramento da instrução: "com os protestos do autor ou do réu, na forma do requerimento acima indeferido." O encerramento nos moldes retro alertado, por ser ato posterior, torna o requerimento anterior sem valor, diante da preclusão lógica.

34.3. *Da competência em casos específicos*

34.3.1. Da competência Constitucional

Art. 114. Compete à Justiça do Trabalho processar e julgar:

I — as ações oriundas das relações de trabalho, abrangidos os entes de direito público externo e da administração pública direta e indireta da União, dos Estados, do Distrito Federal e dos municípios, exceto os servidores ocupantes de cargos criados por lei, de provimento efetivo ou em comissão, incluídas as autarquias e fundações públicas dos referidos entes da federação;

II — as ações que envolvam exercício do direito de greve;

III — as ações sobre representação sindical, entre sindicatos, entre sindicatos e trabalhadores, e entre sindicatos e empregadores;

IV — os mandados de segurança, *habeas corpus* e *habeas data*, quando o ato questionado envolver matéria sujeita à sua jurisdição;

V — os conflitos de competência entre órgãos com jurisdição trabalhista, ressalvado o disposto no art. 102, I, "c";

VI — as ações de indenização por dano moral ou patrimonial decorrentes da relação de trabalho;

VII — as ações relativas às penalidades administrativas impostas aos empregadores pelos órgãos de fiscalização das relações de trabalho;

VIII — a execução de ofício, das contribuições sociais previstas no art. 195, I, "a", e II, e seus acréscimos legais, decorrentes das sentenças que proferir;

IX — outras controvérsias decorrentes da relação de trabalho, na forma da lei.

§ 1º Frustrada a negociação coletiva, as partes poderão eleger árbitros.

§ 2º Recusando-se qualquer das partes à negociação coletiva ou à arbitragem, é facultado às mesmas, de comum acordo, ajuizar dissídio coletivo de natureza econômica, podendo a Justiça do Trabalho decidir o conflito, respeitadas as disposições mínimas legais de proteção ao trabalho, bem como as convencionadas anteriormente.

§ 3º Em caso de greve em atividade essencial, com possibilidade de lesão do interesse público, o Ministério Público do Trabalho poderá ajuizar dissídio coletivo, competindo à Justiça do Trabalho decidir o conflito.

A generalidade do legislador constituinte no inc. I provocou de imediato uma série de especulações sobre a real competência atual da Justiça do Trabalho. O uso da locução nominal — relação de trabalho — sem mencionar o vocábulo "trabalhador" e sem atrelar as ações — de empregados e de autônomos — a uma finalidade produtiva, excepcionando casos em que, embora não havendo objetivo econômico, seria competência trabalhista, *v. g.*, organizações religiosas, instituições filantrópicas, doméstico etc., parece abrir, *prima facie*, as portas da Justiça do Trabalho para toda e qualquer ação envolvendo o elemento "relação de trabalho".

a) Da visão interpretativa

Nota-se uma tendência ampliadora na competência da Justiça do Trabalho com suporte numa leitura literal do inc. I. Existe uma distância muito grande entre "relação de emprego" e "relação de trabalho". O texto não é claro e trouxe dúvida e apreensão. O trabalho hermenêutico é o de buscar o real significado da locução "relação de trabalho", o seu verdadeiro sentido, já que a amplitude visualizada tornaria a Justiça do Trabalho inoperante com o excesso de ações, pois na locução "relação de trabalho" estaria incluído o trabalho envolvendo todo e qualquer profissional liberal (médico, dentista etc.) e seus clientes; profissionais liberais entre si, *v. g.*, o protético que trabalhou e não recebeu do dentista; o trabalho pode ter sido feito por pessoa física ou jurídica, já que o legislador não condicionou a competência ao "trabalhador", mas ao "trabalho". A Justiça do Trabalho seria competente para toda e qualquer relação de trabalho: trabalho produzido por pessoa física ou jurídica. Uma pergunta surge: Foi intenção do legislador trazer para o âmbito da Justiça do Trabalho toda questão envolvendo "relação de trabalho", inclusive as questões conexas, sem qualquer reserva? A Justiça do Trabalho está ligada histórica e filosoficamente ao capital e trabalho como forças produtivas e econômicas, quer seja esse trabalho autônomo ou com vínculo de emprego. Assim, não seria qualquer trabalho que viria sensibilizar o núcleo da competência, mas aquele trabalho produtivo com reflexos econômicos, como regra, quer proveniente de empregado ou de autônomo. O trabalhado autônomo deverá atender ao princípio teleológico de uma Justiça Especializada e que haja nexo de causalidade entre a relação de trabalho e os objetivos que uniram, desde sempre, o binômio capital e trabalho e o trabalho ao objetivo empresarial, ressalvadas as exceções previstas. Embora não o dissesse o legislador constituinte expressamente, numa interpretação histórico-sistemática, a locução "relação de trabalho" está atrelada ao trabalho efetuado pelo trabalhador com finalidade econômica, ressalvadas as exceções legais. O tema já vem sendo alvo de debates o que demonstra a preocupação principalmente dos operadores do direito do trabalho. A interpretação não poderá levar ao impasse ou absurdo, advertem os doutos, devendo o intérprete retroceder sempre que isso ocorrer. Embora tenhamos sempre defendido a ampliação da competência trabalhista, a locução "relação de trabalho" deverá ser interpretada sem arroubos apaixonados, pisando-se em solo firme. Sempre que isso é feito com humildade de propósitos, despidos de preconceitos, certamente encontraremos o ponto de equilíbrio, aquele ponto que satisfaz o raciocínio lógico. As elucubrações transcendentais nos elevam ao etéreo, fora do mundo dos mortais. Aí, com certeza, não encontraremos respostas às nossas dúvidas. A interpretação deve estribar-se na razoabilidade. Essa palavra mágica deve ser o norte do intérprete. A doutrina e a jurisprudência muito contribuirão para que o tema se assossegue. Quanto aos estatutários existia a ADIn n. 3.395/2005. A mesma discussão foi travada por ocasião da Constituição de 1988 sobre o art. 240, da Lei n. 8.112/1990 e a competência permaneceu na origem.

O Supremo decidiu que a Justiça do Trabalho não tem competência para julgar ações de estatuários e, nesse sentido, se sucedem os julgamentos.

Ação Trabalhista: Regime Estatutário e Competência. A Turma julgou procedente reclamação ajuizada pela Agência Nacional de Telecomunicações — Anatel para determinar a remessa dos autos de ação trabalhista, em trâmite na 7ª Vara do Trabalho de Curitiba-PR, à Justiça Federal da Seção Judiciária do Distrito Federal. Salientou-se que, no caso, conforme a análise dos documentos juntados, o contrato firmado entre a ora reclamante e a autora da reclamação trabalhista possuiria natureza jurídica temporária e submeter-se-ia a regime jurídico administrativo. Assim, concluiu-se que a existência de regime administrativo próprio, especificado para ser aplicado na espécie, afastaria o caráter celetista do vínculo jurídico estabelecido entre as partes. Ademais, nos termos do que decidido na ADIn n. 3395 MC/DF (j. em

5.4.2006), a justiça trabalhista é incompetente para processar e julgar causas entre as entidades do Poder Público e os servidores vinculados por relação jurídico-administrativa, como ocorre na hipótese. Rcl 4762/PR, rel. Min. Cármen Lúcia, 2.3.2007. (Rcl-4762)

b) Da conciliação

A antiga redação, que dava competência à Justiça do Trabalho para "conciliar e julgar", foi substituído agora por "processar e julgar". A exclusão não significa que estaria abolida a conciliação em sede trabalhista. A conciliação é a fase mais importante do processo. O processo do trabalho é conciliador por excelência. O juiz do trabalho deve ser conciliador. A conciliação atende ao princípio da celeridade e da economia processual e prestigia o crédito trabalhista de natureza alimentar. Entendimento no sentido de impedimento de conciliação não tem suporte na razoabilidade. Em verdade, o termo foi eliminado por que ocioso, já que não constitui requisito para firmar competência; já a locução processar e julgar constitui requisito indicador da competência. Ainda, *ad argumentandum*, não seria o caso de excluir a conciliação, mas de se perguntar se a EC n. 45/2004 teria ou não recepcionado as determinações conciliatórias contidas na CLT (arts. 652, "a"; 845, 850), já que ela continuaria no Código de Processo Civil (arts. 125, V, 447/449).

c) Das demais competências

Os incisos II, VI e VIII do art. 114 CF não constituem novidade. A novidade está no inciso III cuja competência pertencia à justiça comum estadual; o inciso IV traz o mandado de segurança e o *habeas data* e estende a competência para a jurisdição primária, não a do *habeas corpus*, de competência originária do Regional, só cabível no caso de depositário infiel, em sede administrativa, não possuindo a Justiça do Trabalho a jurisdição penal; o inciso V excepciona apenas o art. 102, I, "o", CF e neutraliza o art. 105, I, "d", CF, deixando a resolução do conflito trabalhista para os Regionais e para o TST; o inciso VII era de competência da justiça comum estadual e federal; o ajuizamento de dissídio coletivo de natureza econômica exige a concordância das partes (§ 2º) e a greve em atividade essencial legitima o Ministério Público (§ 3º). Embora o dissídio de natureza jurídica não seja citado, a sua existência é inconteste, pois o mesmo se liga em nexo de dependência ao de natureza econômica. Este necessita daquele. O inciso IX, outras controvérsias, à primeira vista parece ser ocioso, dada a abrangência da locução nominal "relação de trabalho". Todavia, é uma indicação de abrangência limitada de relação de trabalho. A Lei n. 8.984, de 17.2.1995 trouxe a competência sobre convenção e acordo coletivos, tornando sem objeto a Súmula n. 57 do STJ e a Súmula n. 334 do TST. A EC n. 45/2004 não faz menção às ações por acidente do trabalho.

O § 2º inovou, quando exige que, para ajuizar dissídio coletivo, as partes (categoria econômica e profissional) estejam de acordo. Vale dizer, se uma não quiser, permanecerá o impasse. A nova sistemática foge à ortodoxia procedimental, buscando caminhos heterodoxos, já que o comum é a parte ajuizar o dissídio sem perguntar se a outra parte concorda ou não, a exemplo do que sucede com a ação individual. O direito de petição está consagrado na Constituição Federal (art. 5º, XXXIV, "a"). A interpretação dos tribunais (Regionais e TST) deverá dar o tom interpretativo dentro da razoabilidade. A simples negativa sem motivos ponderáveis, ou por motivos egoísticos, não deve ser aceita. O simples silêncio da parte deve ser entendido como concordância. O impasse certamente haverá, se a lei for interpretada na sua literalidade. Contudo, pelas regras de hermenêutica, nenhuma interpretação da lei poderá levar ao impasse. Se isso acontecer, deve o intérprete retroceder. O § 3º também não pode ser interpretado na sua literalidade, já que o legislador usou do termo "pode", quando, "em caso de greve em atividade essencial, com possibilidade de lesão ao interesse público, o Ministério Público poderá ajuizar dissídio coletivo ...". Parece evidente o lapso do legislador, uma vez que não compete ao órgão ministerial em tais situações decidir se proporá ou não o dissídio. O termo "pode" deve ser entendido como "ajuizará". Note-se que a legitimidade do órgão ministerial está restrita ao caso de greve em atividade essencial, e assim mesmo, quando haja possibilidade de lesão ao interesse público. Assim, em não havendo concordância das partes (§ 2º), o Ministério Público não poderá substituí-las.

d) Do acidente do trabalho

A rigor processual, as ações acidentárias deveriam ser da competência da Justiça do Trabalho uma vez que conexas ao vínculo de emprego. Todavia, fazendo-se breve retrospecto, antes da Constituição de 1988, quando a matéria trabalhista estava afeta à Justiça estadual, a competência sobre infortunística seria do juiz federal. No entanto, a Constituição de 1967 com a Emenda Constitucional n. 1, de 1969 excepcionava a competência acidentária para os Estados, para Distrito Federal e para os Territórios (art. 142, § 2º, na Seção VII, que cuidava da competência da Justiça do Trabalho). A atual Constituição também cuida da competência no art. 109, I.

E isso sempre foi feito por questão mesmo de política judiciária, buscando uma prestação jurisdicional mais rápida, uma vez que os Estados possuem número elevado de juízes de primeiro grau, e mantém um ou mais juízes numa mesma comarca, enquanto a Justiça Federal e a Justiça do Trabalho possuem pequeno número de Varas. Essa realidade numérica acabaria por determinar a concentração de ações acidentárias numa mesma Vara, enquanto do modo como vinha sendo feito há mais de trinta anos as ações acidentárias eram pulverizadas entre um número elevado de Varas Estaduais, com Varas Especiais nas Capitais.

O argumento da redução de Varas, certamente, não seria jurídico a ponto de retirar a competência da Justiça do Trabalho, pois a União poderia determinar a criação de uma Vara em cada município e estaria resolvido o impasse da concentração das ações. Mas, sabemos, é utópico: o Supremo Tribunal Federal instituiu a Súmula n. 736 dando competência para a Justiça do Trabalho em caso em que o acidente se deveu ao desrespeito de normas de segurança do Trabalho. Não se sabe ao certo se a competência também será para aquelas ações por acidentes *in itinere*. Em julgamento, pós súmula, a Excelsa Corte atribuiu a competência à Justiça Estadual. Em suma, do ponto de vista estritamente processual, a competência seria da Justiça do Trabalho. Porém, do ponto de vista de política judiciária tendo em conta em primeiro lugar o jurisdicionado, a celeridade, a competência ficará com a Justiça Estadual, Distrito Federal e Territórios.

e) Em resumo

1. A competência, embora ampliada pela EC n. 45/2004, com supedâneo na relação de trabalho, não distinguindo o trabalho feito por pessoa física ou jurídica, já que eliminou o termo "trabalhador", não poderá ser ampla e irrestrita, sob pena de inviabilizar a Justiça do Trabalho. Vejamos.

A Justiça do Trabalho está, histórica e filosoficamente, ligada ao trabalho e ao capital como forças produtiva e econômica. Não é qualquer trabalho que deve sensibilizar o núcleo da competência, mas, sim, aquele trabalho produtivo e com reflexos econômicos, seja proveniente de trabalhador com relação de emprego ou de trabalhador autônomo. A diferença está em que não bastará a simples relação de trabalho para prover o conteúdo que determinará a competência. A relação de trabalho poderá ser autônoma, mas deverá atender às exigências teleológicas de uma Justiça Especializada e que haja nexo da causalidade entre a relação de trabalho e os objetivos que uniram, desde sempre, o binômio capital e trabalho ao objetivo empresarial, ressalvadas exceções previstas em lei, *v. g.*, organizações filantrópicas, organizações destinadas ao culto religioso, o doméstico etc. Bastaria que a Emenda Constitucional no *caput* do art. 114 mencionasse a locução "... relação de trabalho com objetivo econômico", no sentido empresarial, de força produtiva para que se restringisse expressamente o conteúdo da competência. Mas, isso não aconteceu, dirão alguns. E é verdade. Todavia, isso não autoriza interpretação ampla e irrestrita, sem peias delineadoras, trazendo para a Justiça do Trabalho toda e qualquer relação de trabalho. Se assim se entender, a Justiça do Trabalho será desvirtuada, afastando-se da sua real vocação e transformando-se numa justiça de ações de cobrança. Assim, do médico que não recebeu do seu cliente pela cirurgia realizada ou que, atendido pelo plano médico, o plano não honrou o compromisso; do mecânico que consertou o carro e o cliente não pagou; do adestrador de cães cujo dono não pagou o combinado, do motorista de táxi que levou uma senhora para o Guarujá e esta não pagou o valor da corrida; da costureira do bairro cuja cliente não pagou os consertos em roupas usadas; do sapateiro que colocou meia-sola no sapato do cliente e este não pagou; da cabeleira cuja cliente nega-se a pagar pelo trato dado ao seu cabelo ou da manicura que não recebeu pelo trabalho. Os exemplos são infindáveis. O desvirtuamento da Justiça do Trabalho seria inevitável. Para cá, viriam ações de valores ínfimos, como o da corrida do motorista de táxi, da costureira, do sapateiro. Esse inchamento com ações envolvendo simples "relação de trabalho" desvirtuaria a Justiça do Trabalho que deixaria de ser uma Justiça Especializada para transformar-se numa Justiça híbrida, com ações que se ligam ao sistema produtivo, onde o trabalhador, empregado ou autônomo, coloca a sua força de trabalho em favor da produção, enquanto as demais ações caracterizam-se como simples ações de cobrança. Seria necessária a criação imediata de Juízo de pequenas causas trabalhistas, embora essa dificuldade não constitua fator contra a ampliação da competência.

Por outro lado, a possibilidade de conciliação nas ações acidentárias exige que o INSS efetue o pagamento total, sem possibilidade de o autor transigir, o que decerto eliminará qualquer transação. Finalmente, a presença do Ministério Público far-se-á indispensável em primeiro grau, o que significa, na prática, o total desvirtuamento da Justiça do Trabalho e a utilização de formas processuais civilistas em intensidade maior.

34.3.2. Do enfoque introdutório sobre jurisdição

O Estado moderno não mais admite que as partes usem da força para resolver as suas desavenças, nem permite que um devedor inadimplente seja forçado fisicamente pelo credor a adimplir a obrigação. Nos primórdios, não existia um processo regular de execução. O devedor ficava à mercê do credor que realizava o direito *ex proprio auctoritate* (por autoridade própria), agindo inclusive fisicamente sobre a pessoa do devedor, que podia até ser reduzido à condição de escravo do credor. Quando surgiu a *actio judicati*, nos moldes de intervenção do Estado para realizar concretamente o direito pela Justiça, a execução forçada só era viável com base em sentença condenatória e tinha lugar depois de decorrido o *tempus judicati* que era o prazo concedido ao devedor para a satisfação voluntária da obrigação. A jurisdição é o poder exercido pelo Estado por meio dos juízes. A jurisdição somente se movimenta quando chamada e o faz por meio da ação ou de procedimento voluntário que se realiza no Poder Judiciário.

34.3.3. Da noção de garantia jurisdicional e sua denominação

O art. 1º do CPC usa da expressão "jurisdição civil" com objetivo meramente didático para diferenciar a jurisdição de outros ramos do processo, *v. g.*, penal, trabalhista, eleitoral, militar. Isso, todavia, não descaracteriza o seu conceito de monopólio estatal unitário.

Calamandrei prefere, entre as várias denominações possíveis (meios de tutela jurisdicional, meios de atuação do direito ou simplesmente sanções, não falando de tratadista que estude o tema do ponto de vista da ação ou do processo) a denominação "garantia constitucional" ao invés de jurisdição, porque a palavra garantia leva sempre consigo a idéia de remédio, de uma defesa, de uma *extrema ratio* destinada a valer somente num segundo momento, na falta de um evento com o qual se contava num primeiro momento, e que, se tivesse ocorrido, teria tornado inútil a garantia. O fiador que garante uma dívida alheia se obriga a pagar só na eventualidade de que o devedor principal não pague; num sentido remotamente análogo, se diz que o Estado garante a observância do direito, enquanto seria normal e desejável que o direito fosse voluntariamente observado por aqueles aos quais se dirige como regras de sua conduta. Somente quando falte esta voluntária observância por parte dos mesmos, começa o momento jurisdicional do direito, ou seja, é posta em prática, por parte do

Estado, os meios de garantia dispostos para fazê-lo observar, inclusive, em caso de necessidade, com força (ob. cit., v. I, p. 112).

Lembra *Nery Junior* (ob. cit., 5ª ed., RT, 2001, p. 346-347) que "no Brasil não existe jurisdição constitucional nem administrativa, como em alguns países europeus. Na locução civil compreendem-se as questões relativas ao direito civil, comercial, da infância e da juventude, previdenciário, do consumidor, bem como ao direito constitucional, tributário e administrativo, todas elas julgadas pelo Poder Judiciário".

34.3.4. Da definição

Pode-se definir a jurisdição como um poder do Estado, cuja atividade é substituir ao indivíduo, ao mesmo tempo em que se compromete a resolver todo e qualquer impasse que possa advir, de forma imparcial, desde que chamado a intervir. Somente se pronunciará sobre o caso concreto. A jurisdição tem início com a ação que se materializa no processo, este, por sua vez, movimenta-se com o procedimento. O objetivo é a prestação jurisdicional (*jurisdictio*) com resolução da lide, por intermédio dos juízes. A jurisdição e o processo têm nexo de relacionamento que a diferencia das demais funções estatais.

Para *Arruda Cintra*, *Grinover* e *Dinamarco* a jurisdição é, ao mesmo tempo, um poder, uma função e uma atividade. Como poder, é manifestação da própria soberania nacional, exercida pelos órgãos estatais competentes (no caso, pelos juízes). Como função, expressa o encargo que tem os órgãos estatais de promover a realização do direito, por meio do processo. E como atividade, ela é a movimentação do juiz no processo, exercendo o poder e cumprindo a função que a lei lhe comete. Esse poder, essa função e essa atividade só podem ser exercidos por meio do processo (ob. cit., p. 83).

Para *Giuseppe Chiovenda*, o primeiro pressuposto processual, a primeira condição para poder examinar-se o mérito da demanda judicial, é que a demanda se haja endereçado a um órgão do Estado revestido de jurisdição. Define-se a jurisdição como função do Estado que tem por escopo a atuação da vontade concreta da lei por meio da substituição, pela atividade de órgãos públicos, da atividade de particulares ou de outros órgãos públicos, já no afirmar a existência da vontade da lei, já no torná-la, praticamente, efetiva. De resto, de um lado o conceito de processo e de jurisdição se correlacionam entre si e, de outro, tende a diferenciar a atividade jurisdicional de outras formas de atividade estatal ("Instituições...", ob. cit., v. 2, p. 7-8).

Lembra *Piero Calamandrei* que não se pode dar uma definição de conceito absoluto de jurisdição, válida para todos os tempos e para todos os povos. Não só as formas externas, por meio das quais se desenvolve a administração da justiça, senão também os métodos lógicos de julgar, têm um valor contingente, que não pode ser determinado senão em relação a um certo momento histórico. Argumenta o mestre peninsular que, historicamente, o conceito de jurisdição foi se tornando relativo. Hoje, nas principais legislações da Europa continental, o conteúdo de função não pode ser compreendido senão em relação ao sistema da legalidade ("Direito Processual Civil", Ed. Bookseller, trad. de Luiz Albezia e Sandra Fernandez Barbery, Campinas, v. I, p. 146).

34.3.5. Do conceito

Jurisdição é monopólio estatal com poderes para substituir as partes com interesses em conflito, com escopo de, imparcialmente, dizer o direito (*jurisdictio*) no caso concreto. A jurisdição age por provocação do interessado (autor). Preleciona *Araújo Cintra*, *Grinover* e *Dinamarco* que a jurisdição é uma das funções do Estado, mediante a qual este se substitui aos titulares dos interesses em conflito para imparcialmente buscar a atuação da vontade do direito objetivo que rege a lide que lhe é apresentada em concreto para ser solucionada. O Estado desempenha essa função sempre mediante o processo, seja expressando autoritativamente o preceito (por meio de uma sentença de mérito), seja realizando no mundo das coisas o que o preceito estabelece, por intermédio da execução forçada (ob. cit., p. 83).

Para *Calamandrei*, a concepção de jurisdição com substituição de atividade alheia por uma atividade pública é clara quando a garantia jurisdicional se movimenta em conseqüência de uma transgressão, já ocorrida, de um preceito primário, e tente, com meios distintos postos em prática pelo Estado, atingir o mesmo efeito prático que teria derivado do voluntário cumprimento do obrigado (ob. cit., v. I, p. 146).

34.3.6. Da jurisdição como função do Estado

O Estado moderno está calcado em três Poderes que lhe dão sustentação: Poderes Executivo, Legislativo e Judiciário, cada qual desenvolvendo função própria. A função jurisdicional é a que dá suporte ao Poder Judiciário e explica a sua própria existência como Poder. O Estado, por sua vez, exerce a função jurisdicional por meio de juízes habilmente escolhidos por concurso de provas e de títulos. A substituição dos litigantes pelo Estado transforma a jurisdição em elo eminentemente social. O poder jurisdicional não pode ser transferido a outro órgão ou Poder. Somente o Estado pode exercê-lo. Com isso, garante que as normas de direito material e de direito processual sejam devidamente respeitadas.

Lembra *Araújo Cintra*, *Grinover* e *Dinamarco* que ao criar a jurisdição, o Estado visou garantir que as normas de direito substancial contidas no ordenamento jurídico efetivamente conduzam aos resultados enunciados, ou seja, que sejam obtidas com a experiência concreta aqueles precisos resultados práticos que a lei deseja. Por meio da função jurisdicional, o Estado busca fazer com que os objetivos das normas de direito substancial sejam atingidos em cada caso concreto. Tem-se, pois, que o escopo da jurisdição é a atuação, o cumprimento e a realização das normas de direito substancial (ob. cit., p. 84).

Jurisdição significa, em princípio, declarar o direito tendo por instrumento o processo, elemento estático, por sua vez, tem o significado de lide ou direito resistido por quem teria de cumprir a obrigação. A jurisdição é monopólio exclusivo do Poder Estatal e é una. Do que resulta, que a divisão em jurisdição federal, estadual (Varas distritais e Varas com finalidades especiais) não interfere na unidade. Nada obstante, o artigo 1º do CPC diz que a jurisdição civil pode ser contenciosa ou voluntária e é exercida pelos juízes em todo o território nacional: a) jurisdição contenciosa — é aquela que resolve conflitos onde o Estado-Juiz diz o direito (*jurisdictio*), substituindo-se à vontade das partes; b) jurisdição voluntária, também conhecida por jurisdição graciosa, em verdade nada tem de jurisdição (*jurisdictio*), pois o Estado-Juiz não diz o direito substituindo-se à vontade das partes. Cuidam-se de certos atos administrativos, onde as partes não estão em confronto, onde não existe processo como sinônimo de lide, onde existe simples procedimento. Por haver determinação legal da participação do juiz, o ato não seria válido se praticado de outra forma.

Lembra *Nery Junior* (ob. cit., 6ª ed., RT, p. 252) que jurisdição voluntária "é jurisdição somente na forma. Não é jurisdição pura porque o juiz não diz o direito, substituindo-se à vontade das partes, mas pratica atividade integrativa do negócio jurídico privado administrado pelo Poder Judiciário. Esse negócio jurídico, contudo, não tem validade se não integrado pelo juiz, donde é lícito concluir não ser voluntária essa jurisdição, mas sim forçada. Nela não há processo, mas procedimento; não há lide, mas controvérsia; não há parte, mas interessado; não incide o princípio dispositivo, mas sim o inquisitório; não há legalidade estrita, pois pode o juiz decidir por eqüidade (CPC, 1.109)". No mesmo sentido, os princípios norteadores da jurisdição voluntária.

34.3.7. Dos momentos da jurisdição: fase de conhecimento e fase executória

Da fase de conhecimento — A jurisdição inicia no mundo jurídico mediante a provocação da parte que diz ter o seu direito desrespeitado. Não existe ação sem autor (*sine auctore non erit reus*). O processo começa por iniciativa da parte, mas se desenvolve por impulso oficial. A ação é considerada proposta no processo comum, desde que a petição inicial seja despachada pelo juiz ou simplesmente distribuída onde houver mais de uma Vara. No processo do trabalho, a ação é considerada proposta desde o momento da distribuíção (art. 788, CLT) ou, em se tratando de ação verbal, depois de reduzida a termo (art. 786 e parágrafo único, CLT), não havendo necessidade de despacho do juiz. Com a ação devidamente distribuída, ou recebida pela secretaria onde houver apenas uma Vara (processo do trabalho), ou despachada ou distribuída (processo civil) têm início as fases: 1. Fase postulatória — Nessa fase, feita a citação do réu, é designada a audiência para apresentação da resposta (contestação, exceção e reconvenção, art. 297, CPC), oportunidade em que poderá argüir preliminares, exceções ou até mesmo reconvir, além de atacar a matéria de fundo (mérito). A defesa é o momento em que o réu poderá impugnar a petição inicial do ponto de vista formal, *v. g.*, carência da ação, quando ausente uma das condições da ação (art. 267, VI, 295, CPC); qualidade para agir, possibilidade jurídica do pedido, interesse processual); quando inepta a petição inicial (art. 295, I, e parágrafo único, CPC) (por ausência de pedido ou causa de pedir; da narração dos fatos não decorrer de forma lógica a conclusão; o pedido for juridicamente impossível; contiver pedidos incompatíveis entre si). Essa é a oportunidade de invocar a decadência do direito ou a prescrição da ação (art. 295, IV, CPC). Compete, ainda, ao réu alegar toda a matéria de defesa, expondo as razões de fato e de direito com as quais impugna o pedido (arts. 300 e 301, CPC). Antes de proceder à discussão do mérito, compete ao réu provocar a discussão sobre: a) inexistência ou nulidade da citação; b) incompetência absoluta; c) perempção; d) litispendência; e) coisa julgada; f) conexão ou continência; g) incapacidade da parte, defeito de representação ou falta de autorização; h) convenção de arbitragem. A prescrição, com a nova redação dada ao § 5º, do art. 219, CPC, pela Lei n. 11.280/2006, ganhou a natureza jurídica de ordem pública e poderá ser requerida pela parte a qualquer momento ou grau de jurisdição, e de ofício pelo juiz a qualquer momento ou grau de jurisdição.

Apresentada a defesa, o juiz deverá resolver toda matéria preliminar ou prejudicial de mérito que for possível. Somente superadas determinadas matérias, *v. g.*, incompetência absoluta e relativa, inépcia da inicial, carência da ação, representação, coisa julgada, litispendência, perempção, decadência, prescrição nuclear etc., poderá a ação seguir o seu curso normal rumo à instrução do processo, quando for o caso, já que a matéria apenas de direito permite a decisão sem que haja necessidade de instrução probatória. 2. Fase instrutória — Apresentada a defesa, firmada a *litiscontestatio*, a instrução probatória seguirá o seu curso normal nos limites fixados pela inicial e defesa. A instrução probatória é composta de toda e qualquer prova em direito admitida, isto é, todos os meios legais, bem como os moralmente legítimos, ainda que não especificados em lei (art. 332, CPC). Do que se conclui que perdem a eficácia aqueles documentos obtidos por erro, dolo ou coação. A instrução, em regra, será composta de: a) depoimentos das partes que podem levar à confissão real, que constitui prova absoluta, desde que o depoimento do confitente não tenha sido viciado por erro, dolo ou coação. Dá-se a confissão real quando a parte admite a verdade de um fato que é contrário ao seu interesse e é favorável à parte adversa. Já a confissão ficta, de conteúdo relativo e que poderá ser infirmada por qualquer meio de prova, ocorrerá quando a parte intimada para depor negar-se a comparecer ou, comparecendo, negar-se a depor. A confissão poderá ser judicial ou extrajudicial (escrita ou verbal) nos moldes do art. 353 e parágrafo único do CPC; b) prova testemunhal é o meio de prova que se produz com a oitiva de pessoas que tenham tomado conhecimento do fato. Toda pessoa pode depor como testemunha, exceto as incapazes, impedidas ou suspeitas (art. 405, §§ 1º, 2º, CPC); c) prova documental é a formada por documentos públicos ou particulares. Competirá às partes instruírem a inicial e a resposta com os documentos destinados a provar as suas respectivas alegações. Da juntada, a parte adversa poderá falar em cinco dias (art. 398, CPC) ou mesmo argüir incidente de falsidade em dez dias (art. 390, CPC); d) a prova pericial consistirá em exame, vistoria ou avaliação e tem lugar quando se deseja constatar algo que exija conhecimento especial ou técnico; e) inspeção judicial poderá ocorrer quando o juiz, de ofício ou a requerimento da parte, em qualquer fase do processo inspecionar pessoas ou coisas, com o escopo de esclarecer fato que interesse à decisão da causa (art. 440, CPC). 3. Fase decisória — Após a instrução probatória, salvo se ocorrer algum incidente, que determine a suspensão do processo (art. 267 e respectivos incisos, CPC), o juiz procederá à prolação da sentença. Nessa oportunidade, o juiz analisará a prova produzida (documental, testemunhal, pericial, de inspeção etc.), enquadrará os fatos alegados ao direito que se diz desprestigiado e decidirá de conformidade com o ônus probatório de cada parte (art. 818, CLT e art. 333, CPC). A sentença é ato de inteligência onde haverá um premissa maior (a lei desrespeitada), uma premissa menor (o fato alegado) e um encadeamento lógico (conclusão). Nessa oportunidade, o juiz decidirá nos limites em que a lide foi proposta, sendo-lhe defeso conhecer de questões não suscitadas e a cujo respeito a lei exige a iniciativa da parte (art. 128, CPC). Neste momento, poderá ocorrer o vício da *citra petita* (aprecia aquém do que lhe foi solicitado), da *ultra petita* (aprecia mais do que lhe foi solicitado, mas dentro do pedido) e da *extra petita* (aprecia matéria além e fora do pedido). Nesta ocasião, o juiz atenderá ao princípio da persuasão racional, hoje adotado universalmente nos países democráticos, e apreciará livremente a prova, atendendo aos fatos e às circunstâncias constantes dos autos, ainda que não alegados pelas partes, mas deverá deixar expressos na fundamentação os motivos que lhe firmaram o convencimento (art. 131, CPC e art. 93, IX, Constituição Federal).

Da fase executória — Como se pode concluir, a jurisdição se exterioriza em dois momentos marcantes: o primeiro é o da fase de conhecimento ou cognitiva e o segundo é o da fase executória que passamos a desenvolver. Dizemos fase porque o direito processual do trabalho apresenta diferenças conceituais quando comparado com o processo comum. Este tema conceitual, todavia, será tratado no momento próprio. Deixa-se claro, entretanto, que é na fase de conhecimento, que o juiz prolata a sentença sobre a matéria de fundo ou meritória. Nesse momento é que o juiz declara a existência ou não do direito, por meio de sentença procedente, improcedente ou procedente em parte. Disso resulta que não existirá sentença condicionada à produção de prova futura para que defina a existência ou não do direito. O direito, *an debeatur,* terá que ser definido na fase de conhecimento. Apenas o *quantum debeatur* será objeto de levantamento na fase executória. Exemplo: o autor pleiteia diferenças de horas extras, indicando no período 200 horas extras que não teriam sido pagas.

O juiz ao prolatar a sentença constata em determinado mês a existência de dez horas. Vale dizer, existe a prova do *an debeatur*, remete para a execução o levantamento das horas extraordinárias verdadeiramente existente. Na fase executória, mero epílogo da fase de conhecimento, é que será transformada em realidade, o comando abstrato de uma sentença condenatória. Nesta fase, não se concede nenhum direito, isto é feito na fase de conhecimento, por meio de uma decisão meritória. Ambas as fases se completam: a primeira concede o direito, a segunda materializa o direito em pecúnia, nos limites do que restou decidido. A parte condenada poderá cumprir a obrigação espontaneamente. Não o fazendo, resiste ao comando condenatório e terá contra si a execução aparelhada (*actio iudicati*) do Estado que arrecadará bens do seu patrimônio mediante penhora e os levará à hasta pública (praça ou leilão), correndo por conta do devedor inadimplente todas as despesas.

Preleciona *Calamandrei* (ob. cit., v. I, p. 135-136) que "resolvido o problema da certeza do direito, através da fase de jurisdição que é chamada de cognição, fica aberto o problema da execução prática do direito declarado como certo. Uma vez que se chegou à declaração judicial de certeza, pode ocorrer que a conduta do obrigado se ajuste, sem mais, a tal preceito; mas pode também ocorrer que a execução voluntária não seria possível ou que o obrigado deliberadamente se negue a obedecer o mandado judicial. Nesse caso, de que modo assegura o Estado a observância do direito? Responde a esta pergunta aquela fase posterior da função jurisdicional que se chama execução forçada". Não basta que o Estado defina o direito do autor na lide, mediante um comando abstrato e sem vida. É necessário que, em caso de resistência do devedor ou daquele que tenha de cumprir uma obrigação de fazer ou de não fazer, o Estado ofereça meios idôneos e eficazes ao cumprimento, até mesmo de forma violenta e forçada com apreensão de bens e o seu envio à praça. Daí a conclusão de *Calamandrei* (ob. cit., v. I, p. 136-137) de que "a função jurisdicional compreende, então, no sistema da legalidade, não só a atividade que o Estado realiza para aplicar a norma geral e abstrata já existente no caso concreto e para esclarecer o mandato individualizado que dela nasce, mas também a atividade posterior que o Estado leva a cabo para fazer que este mandato concreto seja, na prática, observado (em si mesmo, ou no preceito sancionário que toma seu lugar), também em caso de necessidade com o emprego da força física, dirigida a modificar o mundo exterior e a fazê-lo corresponder à vontade da lei".

34.3.8. Da noção unitária de jurisdição

A jurisdição, como poder estatal, é unitária e pertence ao Estado. O fato de ser dividida em vários ramos jurisdicionais, *v. g.*, federal, estadual, esta subdividida em Varas, municipais, de entes públicos estaduais, juízo falimentar, família, infância e juventude, criminais etc., tem objetivos meramente didáticos e administrativos para facilitar a distribuição da justiça não interferindo na sua unidade. A unidade é plena e traduz o tronco básico de todas as ramificações que a administração da justiça exige para melhor localização do conflito e da prestação jurisdicional.

Para *Arruda Cintra*, *Grinover* e *Dinamarco* a jurisdição, como aspecto da própria soberania nacional, a rigor não comporta divisões, pois falar em diversas jurisdições num mesmo Estado significaria firmar a existência, aí, de uma pluralidade de soberanias, o que não faz sentido; a jurisdição é, em si mesmo, fazendo embora essas ressalvas, costuma falar em espécies de jurisdição, como se esta comportasse classificações em categorias (ob. cit., p. 94). Em sentido oposto, trilha *Frederico Marques* ("Manual ...", v. I, p. 60) ao afirmar que "jurisdição é gênero de que a jurisdição civil constitui espécie". Assim sendo, os traços e caracteres da jurisdição civil.

Para nós, a simples divisão do direito processual em civil, penal e trabalhista obedece à necessidade de adaptação ao direito material o qual serve. Não tem o poder de dividir jurisdição em civil, penal e trabalhista. A jurisdição é una e serve a todos os ramos do direito. Não se pode dar à jurisdição, poder estatal a demonstrar a presença de soberania, o mesmo tratamento que se dá ao processo. A jurisdição substitui a atividade alheia, impedindo que o titular do direito use dos próprios meios para fazer o devedor cumprir a obrigação. Essa substituição se faz em qualquer ramo do direito material ou do processo. Daí as lições de *Piero Calamandrei* ("Direito Processual...", v. I, p. 146): "A concepção da jurisdição como substitui de uma atividade alheia por uma atividade pública, é clara quando a garantia jurisdicional se movimenta em conseqüência de uma transgressão, já ocorrida, de um preceito primário, e tente com meios distintos postos em prática pelo Estado, atingir o mesmo efeito prático que teria derivado do voluntário cumprimento do obrigado."

34.3.9. Da jurisdição e da lei

A jurisdição tem por objetivo, ao substituir as partes no litígio, aplicar a lei ao caso concreto, quando provocada. Dessa forma, competirá ao Estado-Juiz, por meio da jurisdição, interpretar a lei frente ao caso concreto.

Afirma *Frederico Marques*, que para alguns autores, a jurisdição, a exemplo do processo, tem caráter instrumental por perseguir a aplicação da vontade concreta da lei, pois os órgãos que a movimentam, passam a atuar para que a lei, quando violada ou incerta, seja aplicada *hic et nunc*. O juiz é, portanto, a *longa manus* do legislador e a jurisdição constitui meio e modo para a aplicação do direito objetivo. (...) O que assinala, especificamente, a atividade jurisdicional, é a aplicação processual da lei e do direito objetivo em geral. Os órgãos estatais somente exercem a jurisdição por meio do processo, enquadrando-se, assim, no *actum trium personarum* como um dos sujeitos que o compõem e com o objetivo de solucionar uma lide segundo os mandamentos legais, para dar a cada um o que é seu ("Manual de Direito Processual Civil", 2ª ed., Saraiva, v. I, p. 61, São Paulo, 1974).

É por meio da jurisdição que a norma genérica, no caso concreto, é respeitada. Sem a jurisdição do poder estatal, expressão máxima de soberania, não haveria como se fazer obedecer a lei. Estaria instaurado o caos. A norma sem um poder que obrigue à sua aplicação entre os indivíduos seria sino sem badalo, vela sem luz. Jurisdição, como poder estatal, sem que existissem normas de comportamento, restaria inerte, sem utilidade ou eficácia. A jurisdição e a lei, sem que houvesse o processo, também de nada adiantaria. Não haveria como seguir o *iter* que o procedimento, parte dinâmica do processo, impõe, projetando-se sempre para frente. Por outro lado, se não existisse a ação, a parte não poderia movimentar a jurisdição, que permaneceria inoperante, pois só se movimenta quando provocada. Sem essa engrenagem do procedimento lógico, que tem início com o pedido inicial que compõe a ação, movimenta a jurisdição e constitui o processo (elemento abstrato e estático) e este passa a se movimentar pelo procedimento (elemento concreto e dinâmico), não haveria função jurisdicional.

34.3.10. Da jurisdição e do órgão judiciário

Embora a jurisdição seja a principal função do Poder Judiciário, a verdade é que não é a única. O Poder Judiciário conta com inúmeras outras funções coadjuvantes, sem as quais não seria possível desenvolver a jurisdição. Daí a necessidade de praticar atos administrativos e normativos do que deflui que nem toda função exercida pelo Poder Judiciário tem objetivo jurisdicional. Todavia, cooperam para que a atividade-fim, que lhe é própria, seja exercida com sucesso.

34.3.11. Da função legislativa e da função jurisdicional

A função legislativa está relacionada à formação do tecido que compõe o arcabouço legal. Está, pois, ligada aos fatos e à realidade que remetem aos fenômenos jurídicos inspiradores da lei. O caldo da realidade que vigora em cada país, tendo em conta acontecimentos internacionais que determinam atos e influenciam na tomada de decisões, são elementos inspiradores da lei, regras abstratas e genéricas de obediência obrigatória coativamente impostas.

A jurisdição tem por objetivo primacial a aplicação da lei ao caso concreto. Vale dizer, é aplicada de forma individualizada. Busca enquadrar os preceitos abstratos e genéricos da lei aos fatos de forma concreta. O Estado-Juiz, por meio da função jurisdicional, se transforma na voz da lei (*vox juris*), já agora desprendida do seu *habitat* genérico e abstrato para insinuar-se na realidade do caso concreto. Enquanto a preocupação do legislador é suprir a realidade de normas que permitam a convivência pacífica entre os indivíduos, o desenvolvimento econômico-financeiro, cultural, social e a distribuição de riquezas, a jurisdição tem a preocupação voltada para o caso concreto, onde aplicará, de forma equânime, a lei que mais se adapte àquela realidade. Tem-se, pois, que, enquanto o Legislativo se preocupa em escala de generalidade abrangente, não se preocupando com os casos específicos ou com determinado indivíduo em especial, a jurisdição, ao contrário, preocupa-se com o indivíduo e retira a lei do seu estágio genérico e abstrato, fazendo-a atuar no caso concreto.

34.3.12. Da jurisdição e da competência

Jurisdição (*jus dicere*) é a atividade do juiz quando aplica o direito, mediante processo regular, em atenção à provocação de alguém que exerce o direito de ação. A jurisdição atua por meio de juízes e tribunais. A denominação jurisdição há de ser reservada à atividade do Poder Judiciário. Assim, incorreto é o uso de jurisdição em lugar de circunscrição. Vamos encontrar na doutrina que jurisdição é poder, função e atividade de aplicar o direito a um caso concreto. É exercida pelo Poder Judiciário com a finalidade de cumprir a prestação jurisdicional, obtendo-se a (justa) composição da lide. É um poder porque atua cogentemente por intermédio do Estado-Juiz e é também função porque cumpre a finalidade de fazer valer a ordem pública em virtude de uma pretensão resistida. A maior parte dos doutrinadores indica os seguintes princípios informadores da jurisdição:

Da inércia — A atividade jurisdicional somente se desenvolve quando provocada (*ne procedat judex ex officio*). É a garantia da imparcialidade de que o juiz não passe a atuar em favor de interesses materiais das partes. Também mantém-se eqüidistante das partes (princípio dispositivo).

Da indeclinabilidade — O juiz não pode recusar-se a aplicar o direito (art. 126 do CPC); nem a lei pode excluir da apreciação do Poder Judiciário qualquer lesão de direito individual (CF, art. 5º, XXXV). A matéria era prevista na Constituição anterior, art. 153, § 4º, que de modo genérico dispunha: "A lei não poderá excluir da apreciação do Poder Judiciário qualquer lesão de direito individual." Poderá o juiz deixar de julgar motivo de foro íntimo (art. 135, parágrafo único, do CPC).

Da inevitabilidade — A atividade de órgão jurisdicional é incontrastável. Ninguém poderá opor-se à jurisdição para impedir que alcance os seus objetivos. Todavia, a exceção à regra vamos encontrar nos regimes de força, *v. g.*, o art. 10 do Ato Institucional n. 5, de 13.12.1968, que dispunha: "Fica suspensa a garantia do *habeas corpus* nos casos de crimes políticos contra a segurança nacional, a ordem econômica e social e a economia popular"; e o art. 11 dispunha: "Excluem-se de qualquer apreciação judicial todos os atos praticados de acordo com este Ato Institucional e seus Atos Complementares, bem como os respectivos efeitos." O Decreto-lei n. 3, de 27.1.1966 (DO de 27.1.1966) acrescentou parágrafo único ao art. 482 da Consolidação dispondo: "Constitui igualmente justa causa para dispensa de empregado, a prática, devidamente comprovada em inquérito administrativo, de atos atentatórios à segurança nacional." Esse parágrafo, evidentemente, está derrogado, em face da Constituição.

Da indelegabilidade — Defesa da delegabilidade interna ou externa. Os órgãos do Poder Judiciário exercerão suas atividades de conformidade com a disposição constitucional, não podendo, *v. g.*, abdicar de suas funções em favor de órgãos do Legislativo ou do Executivo. Existe ainda uma indelegabilidade interna, o juiz ou tribunal não poderá delegar função a outro juiz ou tribunal.

Da substitutividade — O Estado substitui a atividade daqueles que estão em conflito, em lide, aos quais defeso é "fazerem justiça com as próprias mãos". Passado o tempo da *manus injectio*, sobrevive hoje o sistema da interpretação racional, onde o juízo está livre para apreciar o conjunto probatório, desde que leve em conta o ônus probatório que compete a cada parte, e fundamente de forma explícita os motivos que o levaram àquele entendimento (art. 131, CPC e art. 93, IX, CF).

Da definitividade — A atividade jurisdicional tem o caráter de definitividade, vale dizer, ao encerrar o processo com a prestação jurisdicional e com trânsito em julgado, a manifestação do juiz torna-se imutável, não se admitindo a revisão por outro poder. Todavia, essa regra não vem sendo respeitada pelo Poder Legislativo que já fez lei anistiando sindicado que havia sido condenado pelo TST, a pagar multa por desobediência à determinação judicial. Contudo, as decisões administrativas são sempre passíveis de revisão pelo Poder Judiciário quanto à legalidade, e não quanto à oportunidade e conveniência (mérito administrativo).

Da aderência ao território — A jurisdição pressupõe a delimitação prévia de um território, sobre cujo âmbito funciona o juiz ou tribunal (o STF tem jurisdição sobre todo o território nacional; os Tribunais de Justiça sobre a base territorial dos seus Estados; e os TRT sobre a base territorial de suas regiões etc.). O Código de Processo Civil prevê exceção no art. 107. A tutela jurisdicional se manifesta pela decisão, pela execução e pelas medidas preventivas ou cautelares, com poderes de decisão, de coerção e de documentação. A jurisdição só poderá ser exercida por juízes legitimamente investidos. A jurisdição, por sua vez, pode ser contenciosa ou voluntária. Na contenciosa, há resistência à pretensão, existem o conflito, o litígio, o confronto de interesse. O objetivo é a composição da lide a qual nada mais é do que o "conflito de interesse qualificado por uma pretensão" (*Amaral Santos*, ob. cit., v. 1º/77, 1984). Se a parte não se defende (revel) ou confessa a ação, mas não paga, desaparece o contraditório, mas não o conflito (interesse processual), que só desaparecerá com a prestação jurisdicional por meio da sentença (objeto mediato) e entrega do bem de vida, mediante execução aparelhada. Na jurisdição contenciosa, o Estado substitui às partes em conflito; na jurisdição voluntária, não há conflito e nem o Estado substitui as partes. Os interesses são convergentes e o Estado atua para proteger, *v. g.*, nomeação ou destituição de tutor, autorização de venda de bem de menor, suprimento de consentimento para o casamento, separação consensual, abertura de testamento etc. Segundo a doutrina, "a competência é a medida da jurisdição". Lembra *Amaral Santos* (ob. cit., v. I/211, 1984) que: "Jurisdição é a função do Estado compor conflitos de interesse, de fazer justiça. Competência é a medida da jurisdição, isto é, a órbita dentro da qual o juiz exerce as funções jurisdicionais. Todo juiz tem jurisdição, mas nem todo juiz tem competência para conhecer e decidir de todas as ações. Por outras palavras, os juízes, para conhecer as ações, muito embora tenham jurisdição, deverão ter atribuição que permita conhecê-las, isto é, competência para conhecê-las. O Código de Processo Civil não estabelece os critérios que adotou para classificar as diferentes espécies de competência interna. Depois de distingui-la da competência internacional, de que trata no Livro I, Título IV, Capítulo II, regula a competência interna: a) em razão do valor; b) em razão da matéria (arts. 91 e 92); c) funcional (art. 93); e d) territorial (arts. 94 a 101). Seriam esses os critérios a serem considerados".

34.3.13. Do momento em que se fixa a competência funcional

"Determina-se a competência no momento em que a ação é proposta. São irrelevantes as modificações do estado de fato ou de direito ocorridos posteriormente, salvo quando suprimirem o órgão judiciário ou alterarem a competência em razão da matéria ou da hierarquia" (art. 87 do CPC). Em sede executória, o art. 475-P, parágrafo único, permite o deslocamento para o local onde se encontram os bens sujeitos à expropriação ou para o atual domicílio do executado.

Definida a competência do juízo no momento em que se propõe a ação, este permanece até o julgamento definitivo da causa. A ação se considera proposta na data da sua distribuição. O princípio da *perpetuatio jurisdictio* já era previsto no direito romano e se justifica ainda hoje por uma questão de estabilidade.

Assim, fixada a competência pela forma do art. 87 do CPC, ela não mais será alterada por modificações posteriores no estado de fato ou de direito. A mudança de domicílio do reclamante ou da reclamada, a morte do reclamante, a transferência do fundo de comércio para localidade diversa ou a venda para proprietários outros etc. não são de molde a modificar a competência firmada nos termos do art. 651 da Consolidação, *ex vi* dos arts. 769, da CLT, e 87, do CPC e hoje a EC n. 45/2004 que ampliou a competência da Justiça do Trabalho, dando nova redação ao art. 114, CF. Alteração da competência em razão da matéria — Localidade sob a jurisdição de juiz de direito onde é criada e instalada a Vara do Trabalho. Nesse caso, o juiz de direito perderá a competência em razão da matéria para a Vara do Trabalho, inclusive sobre aqueles processos por ele instruídos e julgados. O princípio de que o juiz da ação também é o da execução resta superado pelo dispositivo legal. O prosseguimento da execução em desobediência ao preceito legal inquina o processo de execução de nulidade absoluta, salvo se a lei que criou a Vara prever a competência residual do juízo que primeiro tomou conhecimento da ação. Nada impede que o legislador assim defina a competência.

34.3.14. Dos dissídios individuais

As ações trabalhistas de primeiro grau, também denominadas de dissídios individuais, eram, em regra, as ações entre empregado e empregado (ou vice-versa), abrangendo as ações de cumprimento que dizem respeito em especial às normas coletivas não cumpridas, provenientes de dissídios coletivos, acordo em dissídio coletivo, acordo coletivo e convenção coletiva. Com o advento da EC n. 45/2004, o âmbito de ações trabalhistas de primeiro grau foi majorado, tendo em conta a expressão genérica adotada: "relação de trabalho". Com o hibridismo trazido para o seio do processo trabalhista é preferível o uso de "ação" como termo genérico, a exemplo do processo comum. O conteúdo da ação poderá referir-se a empregado e empregador ou não, ou à ação de cumprimento, dado o seu conteúdo específico.

Amauri Mascaro Nascimento ("Curso de Direito Processual do Trabalho", Saraiva, São Paulo, 1978, p. 73) dispõe: "Os dissídios individuais da competência material da jurisdição trabalhista são aqueles surgidos entre empregados e empregadores e não aqueles que decorrem de qualquer relação de trabalho. É o nome dado pelas nossas leis à mesma realidade por outros denominada de reclamações trabalhistas, ações trabalhistas ou processos trabalhistas."

Os chamados dissídios individuais abrangem a quase totalidade das ações trabalhistas. Dizem respeito a conflitos surgidos entre empregado e empregador, de natureza trabalhista, hoje acrescido das demais ações abrangentes da "relação de trabalho". O art. 652, "a", III, da CLT registra exceção à regra ao dispor: Competem às Varas do Trabalho: a) conciliar e julgar: III — os dissídios resultantes de contratos de empreitada em que o empreiteiro seja operário ou artífice. A exceção prevista expressamente em lei vinha de encontro da política à proteção ao hipossuficiente, retirando da Justiça Comum, sabidamente morosa, onde o pequeno empreiteiro ou artífice, possivelmente, não teria condições financeiras para custear a ação. Inclua-se o trabalhador avulso (art. 643, CLT).

Com a nova competência da Justiça do Trabalho trazida pela Emenda Constitucional n. 45/2004, os dissídios individuais envolvendo empregado e empregador passaram a constituir pequena parte das ações trabalhistas, incorretamente denominadas "reclamações", "reclamatórias", segundo alguns, ou, em pleonasmo vicioso, "ação reclamatória", pois são resquícios de uma época em que se reclamava no campo administrativo. Não há falar-se em "reclamatória" para uma ação que não envolva empregado e empregador. Por isso mesmo, deve-se usar os termos "autor" e "réu", mais consentâneos com a terminologia jurídica e com a estrutura do processo como um todo.

34.3.15. Dos dissídios coletivos

Não confundir dissídio plúrimo, aquele que diz respeito ao litisconsórcio ativo ou passivo ou a concomitância de ambos, com dissídio coletivo.

Dissídios coletivos são aqueles que têm por escopo solucionar os conflitos coletivos. A preocupação primeira manifesta-se com relação a grupo de empregados ou de toda a categoria profissional. O interesse trazido à discussão situa-se no campo abstrato. Pode ser de natureza econômica ou de natureza jurídica. A competência é do TRT, composição plena (art. 678, I, "a", da CLT), quando as partes envolvidas estiverem sediadas dentro de uma única base territorial. A EC n. 45/2004, §§ 2º e 3º, imprimiu redação ao poder normativo, cujos comentários serão feitos oportunamente.

Em estando as partes envolvidas sediadas em base territorial que extrapole a jurisdição do TRT, a competência, todavia, será do TST, através da Seção Especializada de Dissídios Coletivos, restando o art. 702 *caput* da CLT revogado a esta parte. A mesma regra se aplica ao art. 678 da CLT, modificado pela Lei n. 7.119, de 30.8.83, que determinou a divisão em grupos, quando o Regional possuir quatro ou mais Turmas, hoje Seções Especializadas (Lei n. 7.701/1988). O Órgão Especial (TST), art. 30 do Regimento Interno, aprecia a constitucionalidade da lei ou de ato normativo do Poder Público, os incidentes de uniformização de jurisprudência. Tem ainda sob a sua competência a aprovação de Súmulas (*una lex una jurisdictio*), precedentes normativos e individuais e orientações jurisprudenciais. Sua, ainda, a competência para apreciar mandado de segurança impetrado contra seus Ministros, ressalvada a competência das Seções Especializadas. Ao Órgão Especial (art. 93, XI, CF/1988) restou a antiga competência do Pleno, alijadas aquelas matérias excepcionadas pela Lei n. 7.701/1988 com a criação das Seções Especializadas.

Assinala *Délio Maranhão* ("Direito do Trabalho", 3ª ed., FGV, Rio, 1974, p. 362 e 363): "Quando o dissídio não é singular, mas se apresenta como uma série indeterminada de conflitos semelhantes, envolvendo, assim, interesses coletivos, temos o dissídio coletivo. O dissídio coletivo reflete, no campo do processo, o sentido inovador e socializante do Direito do Trabalho. A lide, no direito comum, traduz um conflito de interesse singular, determinado. O *quid novi* da lide coletiva — como acentua *Carnelutti* — "consiste na relação da pretensão e da resistência a uma categoria de conflitos em vez de um conflito singular." Como diz o grande mestre italiano, os conflitos coletivos sempre existiram. A novidade não está no reconhecimento de sua existência, mas na possibilidade de se tornarem objeto de uma lide: significa o dissídio coletivo o fenômeno da "translação da lide do plano individual para o plano coletivo".

Em síntese objetiva, assinala *Amauri Mascaro Nascimento* ("Curso...", cit., p. 78, ed. 1978) que: "Por meio dos dissídios coletivos são estabelecidas as regras gerais denominadas sentenças normativas constituídas de novos direitos, não previstos ainda pelas demais normas jurídicas. Podem, ainda, determinar, de modo mais favorável ao trabalhador, condições de trabalho já reguladas de outro modo."

A Emenda Constitucional n. 45/2004 deu nota redação ao art. 114, CF com ampliação da competência trabalhista. Tendo em conta a laconicidade do texto do inciso I, dando margem a uma interpretação ampla e capaz de tornar inoperante a Justiça do Trabalho como Justiça especializada, o tema ainda se fixa no campo das discussões. Existem os radicais, para os quais a Justiça do Trabalho pode praticamente tudo em termos de "relação de trabalho", aí incluídas também as simples relações de consumo, termo usado pela EC n. 45/2004 e existem aqueles mais contidos que pisam pelo campo da razoabilidade, atitude mais consentânea que certamente dará, em futuro próximo, a exata medida da competência trabalhista.

34.3.16. Dos dissídios de natureza econômica e jurídica

É a forma mais comum de dissídio coletivo. É o instrumento de que se serve o grupo de empregados ou toda a categoria para a criação de normas benéficas ainda não existentes ou mesmo para a revisão e melhoria daquelas já existentes. Em comentando o assunto, *Délio Maranhão* (ob. cit., p. 363) realça que "os dissídios de natureza econômica são os que visam à criação de normas novas, de novas condições de trabalho. Através deles exerce a Justiça do Trabalho o poder normativo, que a Constituição lhe confere. O processo torna-se aí um instrumento de produção do Direito. A transladação da lide do plano individual para o coletivo, a que nos referimos, e que constitui a novidade do processo coletivo, assume, em tal hipótese, relevo ainda maior e ainda maior singularidade, comparada ao processo comum, porque não se trata, tão-só, de admitir o tratamento processual de um conflito coletivo de interesse, como, principalmente, a formulação de uma sentença normativa, por meio da qual são estabelecidos pelo juiz novos imperativos".

Para *Couture*: "Se a injustiça tem grande amplitude ou afeta toda uma categoria de interesses, a reclamação é dirigida a uma autoridade que possa resolvê-la em caráter geral: os integrantes de um sindicato, por exemplo, pedem ao Parlamento a lei de férias exigida pela condição higiênica do trabalho. Se a injustiça decorre da falta integral de cumprimento daquela mesma lei, o recurso à autoridade já não se formula perante o Parlamento, mas perante o Executivo, que impõe ao empregador as sanções administrativas previstas. Se, finalmente, a injustiça provém de uma violação de direito individual, como a falta de pagamento das férias, a reclamação é dirigida ao Poder Judiciário." (*Délio Maranhão*, ob. cit., p. 363 e 364)

A Emenda Constitucional n. 45/2004 ampliou a competência da Justiça do Trabalho e trouxe para o seu âmbito o trabalhador autônomo e outras lides baseadas na locução nominal "relação de trabalho", tema ainda não devidamente definido e que somente o tempo e os inúmeros julgados darão um direcionamento certo e racional. Ver ADIn n. 3.395-DF ajuizada pela AJUFE argüindo a inconstitucionalidade do inciso I na parte em que transfere à Justiça do Trabalho a competência estatutária.

A ADIn n. 3.395-MC/DF foi julgada pela excelsa Corte em 5.4.2006 e decidido que a Justiça do Trabalho é incompetente para processar e julgar causas entre entidades do Poder Público e os servidores estatutários. A decisão da mais alta Corte tem enfoque pragmático e de política judiciária, uma vez que as jurisdições comum, estadual e federal, certamente estão mais aptas a resolver tais questões, onde já existe uma jurisprudência cristalizada, fator de segurança dos julgados, enquanto os julgamentos em sede trabalhista sofreriam, certamente, a influência de julgadores com uma nova visão sobre temas sedimentados no decorrer de décadas. Daí a lição milenar de Paulo no Digesto, liv. 1, tít. 3, frag. 13: "Altere-se o menos possível o que sempre foi entendido do mesmo modo" (*Minime sunt mutanda, quae interpretastionem certam semper habuerunt*).

Se por um lado, a competência para dissídios individuais foi ampliada, por outro, a competência normativa restou reduzida, conforme os preceitos dos §§ 2º e 3º, acrescentados ao art. 114, CF. De conformidade com o § 2º, recusando-se as partes à negociação coletiva ou à arbitragem, será facultado o ajuizamento do dissídio coletivo de natureza econômica, desde que as partes estejam de comum acordo. Complementa o § 3º ao dispor que, em caso de greve em atividade essencial, com possibilidade de lesão ao direito público, o Ministério Público do Trabalho poderá ajuizar dissídio coletivo.

Verifica-se que a EC n. 45/2004 ao cuidar do dissídio coletivo no § 2º mencionou somente o dissídio coletivo de natureza econômica, silenciando quanto ao dissídio coletivo de natureza jurídica. Isso poderá levar alguns ao entendimento de que o dissídio coletivo de natureza jurídica estaria abolido do processo em sede coletiva. É bem de ver que a menção do dissídio coletivo no referido parágrafo era inarredável, não o de natureza jurídica que diz respeito à interpretação de cláusula daquele. Daí a ausência de menção, pois a matéria refere-se ao direito processual, já que o dissídio coletivo de natureza jurídica traduz espécie de ação declaratória do processo comum, constituindo, assim, mais uma peculiaridade do processo trabalhista, não havendo razão para que fosse mencionado pela norma constitucional. O raciocínio a ser feito não é o da exclusão, mas o da recepção ou não pela Emenda n. 45. O dissídio coletivo de natureza econômica tem no dissídio coletivo de natureza jurídica o seu complemento natural, pois sem o qual haveria dificuldade na aplicação de determinadas normas coletivas. Traduz espécie de interpretação autêntica. Logo, a sua presença é inarredável. Se descartada, o seu lugar deverá ser preenchido pela ação declaratória, com alento subsidiário do processo comum nos termos do art. 769, CPC. Descartar aquilo que é peculiaridade do processo coletivo do trabalho para buscar subsídio no processo comum se ressente de razoabilidade e se insinua com nuanças fortes para o campo da incoerência. No que concerne ao § 2º, o legislador saiu do tratamento ortodoxo que sempre foi dado em comparação com o direito individual. A novidade é que o dissídio somente poderá ajuizado se a parte adversa concordar. Vale dizer, se uma parte não concordar, o dissídio não poderá ser ajuizado. A restrição objetiva fazer com que as partes resolvam as suas querelas por meio de negociação coletiva ou de arbitragem. Todavia, o novo direcionamento legal poderá levar a impasses, pois o Ministério Público também estará restrito (§ 3º) aos casos de greve em atividade essencial. A interpretação do § 2º devera ter pé na razoabilidade, não, evidentemente, na literalidade do parágrafo. A simples resistência de uma das partes sem qualquer fundamento, ou a resistência por motivos egoísticos não deve ser aceita como negativa. O silêncio deve ser entendido como concordância. No que toca ao § 3º, houve evidente lapso do legislador, quando empregou o termo "poderá", como se coubesse ao órgão ministerial decidir em "caso de greve em atividade essencial, com possibilidade de lesão ao interesse público", ajuizar ou não dissídio, como se o Ministério Público fosse o *alter ego* de toda a população. Evidente o lamentável lapso: o "poderá" deve ser entendido como "deverá". Embora a lei não deite cominações, a recusa do Ministério Público em ajuizar o dissídio poderá trazer conseqüências administrativas, civis e criminais.

34.3.17. Do ponto de contato entre o dissídio individual e o coletivo

Os dissídios individuam se insinuam em sede individual e constituíam até pouco tempo o maior volume das ações trabalhistas subdivididas em dissídios individuais, dissídios plúrimos, ações de cumprimento. Dissídio quer dizer lide e o mesmo que ação. O processo do trabalho registra a peculiaridade da existência de dois tipos de dissídios: o individual e o coletivo. O primeiro destinado a resolver lides concretas que dizem respeito ao patrimônio do autor. Vale dizer, o direito perseguido já faz parte do patrimônio e existe resistência ou inadimplência do devedor, daí o surgimento da lide. No dissídio coletivo, o direito pode existir ou não no patrimônio abstrato da categoria ou da parte dela. Busca-se novos direitos ou a ampliação daqueles já existentes, ou pode-se buscar uma condição melhor de trabalho.

Louvamo-nos nas lições do mestre *Délio Maranhão* (ob. cit., p. 364), que assim situou a matéria: "Nos dissídios individuais ventilam-se, imediatamente, interesses concretos de indivíduos determinados. Nos dissídios coletivos estão em jogo, imediatamente, interesses abstratos de grupo ou de categoria. Dada a natureza peculiar dos conflitos de trabalho — manifestações de conflito econômico-social entre o capital e o trabalho — não seria possível estabelecer-se uma separação absoluta entre dissídios em que se ventilassem, apenas, interesses individuais ou interesses coletivos. O interesse coletivo da categoria, da classe, está sempre, com maior ou menor intensidade, presente em todos os conflitos de trabalho, mesmo nos individuais. Por outro lado, não há como ignorar o interesse mediato dos indivíduos que compõem o grupo ou a categoria, nos dissídios coletivos".

Em *Nicola Jaeger* ("Diritto Processuale del Lavoro", *Pergolesi*, Borsoi, "Trattato", temos: "As relações entre o processo individual do trabalho e o processo coletivo são logicamente muito estreitas. Foi dito que o primeiro atua para a definição de um conflito de interesses individuais, e o segundo para a de um conflito de interesses coletivos; mas não se deve esquecer que os titulares destes últimos, as partes, no sentido substancial, são, afinal, sempre, os indivíduos pertencentes à categoria, ainda que considerados *uti universi*. Compreende-se, portanto, como e porquê num processo individual, no qual estão diretamente em jogo interesses individuais, possa todavia estar presente e exigir tutela o interesse da categoria, e como e porquê num processo coletivo, destinado a atuar em relação aos interesses da categoria, estejam, indiretamente, envolvidos interesses individuais"(*apud Délio Maranhão*, ob. cit., p. 365).

Para *Délio Maranhão* (ob. cit., p. 365): "A distinção, entretanto, entre dissídios individuais e coletivos não tem, apenas, significação puramente doutrinária, mas prática. Se a lei considera a existência dessas duas categorias processuais, se as distingue na regulação dos respectivos processos, variando, inclusive, a competência dos órgãos da Justiça do Trabalho, conforme se trate de uma ou de outra espécie (as Juntas, hoje Varas), por exemplo, conhecem, unicamente, dos dissídios individuais), claro está que mister se faz a fixação de critérios por meio dos quais, diante do caso concreto, possa o juiz dizer se o dissídio é individual ou coletivo. Tanto mais quando, em nosso direito, diferentemente do que ocorria no antigo direito corporativo italiano — sua fonte de inspiração legislativa — os dissídios coletivos não são, necessariamente, dissídios de categoria. O art. 868 da Consolidação prevê, expressamente, a ocorrência de dissídio coletivo, em que figure, como parte, apenas uma fração dos empregados de uma empresa."

34.3.18. Da sentença normativa e da ação de cumprimento

A denominação "sentença" em processo de competência originária do tribunal foge ao convencional (art. 163 do CPC). O art. 867, parágrafo único, da CLT, dispõe sobre a vigência da sentença normativa. Em sendo o recurso recebido apenas no efeito devolutivo, a sentença terá eficácia plena e imediata. Vale dizer que a sentença normativa, mesmo sem materializar-se em coisa julgada, terá execução definitiva. É bem de ver que a lei excepciona com a não devolução daquelas vantagens auferidas e que passaram a fazer parte do patrimônio do trabalhador (Lei n. 4.725/1965, art. 6º, § 3º). A coisa julgada produzida em sede de ação de cumprimento é atípica posto que pendente condição resolutiva. Daí resulta que se o direito executado for retirado da sentença normativa, o título executório formado na ação de cumprimento perde a sua executoriedade a partir de então. Desaparece a base em que se apoiou a ação de cumprimento (possibilidade jurídica do pedido) e o processo executório deve ser julgado extinto. Todavia, se antes do provimento recursal que retira a executoriedade da sentença normativa, por ausência de possibilidade jurídica do pedido, a sentença já foi executada e o autor recebeu a quantia que o beneficiava, não está obrigado a devolver o valor (art. 6º § 3º, da Lei n. 4.725/1965). Essa é uma das peculiaridades que informam o processo trabalhista. Desaparecendo o direito que está sendo executado, mercê de decisão em dissídio coletivo no TST, compete ao juiz de primeiro grau por onde corre a execução determinar a extinção do processo executório. Caso se negue a fazê-lo, o ato omissivo é arbitrário e ofende direito líquido e certo do executado, podendo ser atacado por Mandado de Segurança. Nesse sentido, dispõe a Orientação Jurisprudencial SDI-2 n. 49: "É cabível o mandado de segurança para extinguir a execução fundada em sentença proferida em ação de cumprimento, quando excluída da sentença normativa a cláusula que lhe serviu de sustentáculo."

Lembra *Russomano* ("Comentários à Consolidação das Leis do Trabalho", 12ª ed., Rio, 1988, p. 962) que a "ação de cumprimento não é, a rigor, ação individual ordinária. Ela é assim tratada na lei; mas sua natureza jurídica é de ação especial, de caráter executório". (...) Trata-se, pois, de ação executória baseada em título judicial, razão porque, algumas vezes, temos mencionado nossa inclinação a admitir que a ação de cumprimento constitui — sob forma de ação individual — a execução da sentença coletiva".

Melhor seria que a ação de cumprimento já iniciasse pelo estágio executório, suprimindo-se a ação de conhecimento, posto que a matéria contida na sentença normativa ou no acordo aí firmado não poderá ser rediscutida. Entretanto, até hoje o legislador não se deu conta da incoerência que preside a ação de cumprimento, obrigando a que ela seja submetida à fase de conhecimento, como se fosse um simples dissídio individual, quando são coisas absolutamente diferentes em seus conteúdos. Enquanto o dissídio individual decide uma lide e poderá ser julgada procedente ou improcedente, na ação de cumprimento não existe lide, pois o direito já foi assegurado mediante norma coletiva e a sentença deverá ser sempre procedente. Vale dizer que não existe o que discutir em sede de *cognitio*. Mas, mesmo assim, isso vem se repetindo há mais de meio século. O direito já assegurado em norma coletiva para ser confirmado por sentença de primeiro grau. A partir de então poderá ser executada definitivamente, mesmo antes de transformar-se em coisa julgada material, nos termos e com as conseqüências do art. 6º, § 3º, da Lei n. 4.725/1965.

Com advento da ação monitória (arts. 1.102 a *usque* 1.102-c, e respectivos parágrafos do CPC), todavia, poderá a parte abdicar a ação de cumprimento e seguir o caminho mais célere da execução direta. Com o advento da ação monitória, a ação de cumprimento tende a perder fôlego ou mesmo desaparecer. Bastará, para que isso aconteça, que os advogados usem do instituto para a hipótese com maior intensidade.

34.3.19. Da competência para o dissídio coletivo

Se o dissídio está contido em região única da Justiça do Trabalho, a competência será do TRT que sedia essa Região (art. 678, I, "a", da CLT); se abranger mais de uma Região, a competência será do TST (art. 702, I, "b", da CLT).

A Lei n. 7.119, de 30.8.1983, determinou que os Tribunais Regionais do Trabalho compostos de quatro ou mais Turmas serão obrigatoriamente divididos em Grupos de Turmas (art. 4º); a exigência dos §§ 1º e 2º de representação paritária restou superada pela EC n. 24/1999 que extinguiu a representação classista; os Grupos de Turmas têm a competência antes atribuída ao Tribunal Pleno, excluída a apreciação de matéria de natureza administrativa, que continuara reservada ao Tribunal Pleno (§ 3º) ou ao Órgão Especial conforme o caso. O Presidente do Grupo de Turmas será um dos seus membros efetivos, eleito entre seus pares, na forma do que dispõe a Lei Orgânica da Magistratura Nacional e o Regimento Interno do Tribunal Regional respectivo (art. 5º). Os Grupos de Turmas funcionarão com a presença de, no mínimo, a metade mais um do número de Juízes que os compõem (art. 6º). Dispõe o art. 93 da Constituição de 1988 que é de iniciativa do STF Lei Complementar sobre o Estatuto da Magistratura. Vale dizer, enquanto aquela mais Alta Corte não tomar a iniciativa que dará à luz o novo Estatuto da Magistratura Nacional, a atual Lei Orgânica da Magistratura Nacional (Lei Complementar n. 35, de 14.3.1979) permanecerá em vigor. A edição de nova LOMAN entrará em vigor de imediato.

De conformidade com o art. 6º, da Lei n. 7.701, de 21.12.1988 os Tribunais Regionais do Trabalho que funcionarem divididos em Grupos de Turmas deverão promover a especialização de um deles com a competência exclusiva para a conciliação e julgamento de dissídios coletivos.

De acordo com as disposições contidas na Lei n. 7.701, de 21 de dezembro (DOU 22.12.1989), o TST, nos processos de sua competência, foi dividido em Turmas e Seções Especializadas para a conciliação e julgamento de dissídios coletivos de natureza econômica ou jurídica e de dissídios individuais, superada a paridade da representação classista (art. 1º) pela EC n. 24/1999 que extinguiu a representação paritária. O Regimento Interno do Tribunal dispõe sobre a constituição e o funcionamento de cada uma das Seções Especializadas do TST, bem como sobre o número, composição e funcionamento das respectivas Turmas do Tribunal.

34.3.20. Da convenção e do acordo coletivo

Ainda no plano coletivo, temos que a Convenção Coletiva de Trabalho é o Acordo de caráter normativo pelo qual dois ou mais sindicatos representativos de categorias econômicas e profissionais estipulam condições de trabalho aplicáveis, no âmbito das respectivas representações, às relações individuais de trabalho (art. 611 da CLT). É facultado aos sindicatos representativos de categorias profissionais celebrarem Acordos Coletivos com uma ou mais empresas da correspondente categoria econômica, que estipulem condições de trabalho, aplicáveis no âmbito da empresa ou das empresas acordantes às respectivas relações de trabalho (§ 1º).

As Federações e, na falta destas, as Confederações representativas de categorias econômicas ou profissionais poderão celebrar convenções coletivas de trabalho para reger as relações das categorias a elas vinculadas, inorganizadas em sindicatos, no âmbito de suas representações (§ 2º). O art. 8º, VI, da Constituição Federal modificou as regras contidas no §§ 1º e 2º do art. 611 da CLT, conforme veremos nos comentários seguintes.

Dispõe o art. 37, VI, da Constituição que "é garantido ao servidor público civil o direito à livre associação sindical". O preceito assim lançado é programático e somente mediante lei especial certos óbices poderão ser superados.

A Convenção Coletiva exige a presença de sindicatos em ambas as extremidades, representando as partes convenentes. Entidade de direito público ou privado, como é o caso das empresas públicas e de economia mista, não são organizadas em sindicatos. Uma futura lei deverá prever a possibilidade de firmar-se Convenção entre sindicatos e entes estatais, com vista aos seus servidores. O art. 611 da Consolidação deverá ter a atual redação dos §§ 1º e 2º reformulada.

Como se verifica, hoje, expressamente, do inciso VI, do art. 8º, da Constituição Federal "é obrigatória a participação dos sindicatos nas negociações coletivas de trabalho, não mais podendo o acordo coletivo ser firmado somente com a presença dos empregados e da empregadora". Vale dizer, a norma constitucional não recepcionou o art. 611, *caput* e §§ 1º e 2º, tornando obrigatória a presença do sindicato na convenção coletiva e no acordo coletivo, retirando da federação e da confederação a possibilidade substitutiva, prerrogativa hoje exclusiva do sindicato da categoria. Embora nada diga a norma constitucional, pode a lei ordinária impor penalidade ao sindicato que não atende aos membros da categoria para firmar convenção ou acordo coletivo. Sem a presença do sindicato haverá frustração da negociação coletiva pela via do acordo e da convenção. Não se descarta que, em face da obrigatoriedade constitucional da presença do sindicato, seja ele responsabilizado material e moralmente pelos danos que vier impor à categoria, ou parte dela, pela omissão.

Tem-se pelos princípios que informam o processo do trabalho, que todo empregador é a empresa, asserção essa cristalizada no art. 2º, § 1º, da CLT, quando equipara o empregador àquelas instituições sem fins lucrativos que admitem empregados. Cremos poder incluir nesse conceito amplo de empregador de que fala a Consolidação, o Estado e demais entes públicos, quando contratam seus servidores, sob a égide da Consolidação das Leis do Trabalho, pois que em tais contratações não existem cláusulas ditas estatutárias, mas apenas contratuais. Certos conceitos hão de ser modificados, assim *v. g.*, a situação de monopólio de que goza o Poder Público.

34.3.21. Do pequeno empreiteiro, operário ou artífice

A Consolidação (art. 652, "a", III) é expressa no sentido de que a Justiça do Trabalho é competente para dirimir contendas entre o pequeno empreiteiro e o dono da obra. Essa determinação era autorizada pelo art. 142 da Constituição Federal de 1969 que se repete na Constituição de 1988 (art. 114).

O pequeno empreiteiro labora, regra geral, individualmente, *v. g.*, aquele que ergue mais um cômodo em uma construção residencial ou comercial, cuida da limpeza de terreno baldio, constrói um muro etc. Nada impede que possua pessoa jurídica individual e legalmente constituída. O enquadramento está em razão direta da proporção dos trabalhos executados. Assim, aquele que tem sob a sua responsabilidade várias obras e contrata empregados não pode ser tido como pequeno empreiteiro.

Antônio Lamarca ("O Livro da Competência", Ed. RT, São Paulo, 1979, p. 114), em excelente estudo sobre a matéria, conclui que "o pequeno empreiteiro não pode postular perante a Justiça do Trabalho, porque não há lei que a tanto o autorize". Esse, entretanto, não é o entendimento dominante na doutrina e na jurisprudência.

Amauri Mascaro Nascimento (ob. cit., p. 77) dispõe que: "Existem empreiteiros grandes e pequenos, conforme o vulto econômico do empreendimento. Como também há empresas empreiteiras estruturadas sob a forma de pessoa jurídica, como empreiteiros que trabalham individualmente. Um tipo de empreiteiro que sensibiliza pela sua hipossuficiência econômica é aquele vulgarmente conhecido por "biscateiro", que faz pequenas empreitadas a preços ínfimos, como a perfuração de um poço, a edificação de um muro, a pintura de uma parede, a limpeza de um jardim etc. São verdadeiros operários, embora, porque contratam o trabalho autônomo por um preço pago pelo resultado, juridicamente sejam empreiteiros. Às vezes, embora mais raramente, são artífices, executando com maior qualificação técnica uma peça, uma obra etc." A competência da Justiça do Trabalho para o pequeno empreiteiro, operário ou artífice deixou de ser exceção, pois está contida na nova redação do art. 114, CF, conforme EC n. 45/2004, na locução "relação de trabalho".

Possibilitou-se ao pequeno empreiteiro reclamar na Justiça do Trabalho a paga pelo trabalho executado. Em não sendo empregado jamais poderá pleitear os consectários próprios de empregado.

Realça *Wagner Giglio* ("Direito Processual do Trabalho", Sugestões Literárias, São Paulo, 1972, p. 57) que: "O pequeno empreiteiro não goza dos outros direitos concedidos privativamente aos empregados pela legislação trabalhista, e assim não se beneficia, por exemplo, dos direitos de férias, gratificação natalina, remuneração de horas extras, adicional noturno etc. Em suma: assiste-lhe o direito de mover ação na Justiça do Trabalho para haver o preço da empreitada, e nada mais." Essa mesma regra será aplicada àquelas ações envolvendo relação de trabalho (EC n. 45/2004), sem vínculo empregatício.

34.3.22. Do trabalhador avulso

As expressões trabalhador eventual e trabalhador avulso em terminologia jurídica têm conotações próprias e a esta ótica hão de ser empregadas, evitando-se confusões que o uso indevido determinaria.

Lembra *Délio Maranhão* (ob. cit., p. 55 e 56) que "confundiam-se, a princípio, as expressões trabalhador eventual e trabalhador avulso. Por influência da legislação de Previdência Social, entende-se, hoje, como trabalhador avulso os que prestam serviço na orla marítima, trabalhando, sem vínculo empregatício, para várias empresas (tomadores de serviço) que requisitam esse serviço à entidade fornecedora da mão-de-obra (sindicato), sejam ou não sindicalizados. Têm os avulsos o direito a férias, salário-família, gratificação de Natal e ao regime instituído pela lei que criou o Fundo de Garantia do Tempo de Serviço, direitos esses concedidos através do respectivo sindicato. São trabalhadores avulsos os operadores de carga e descarga, conferentes e consertadores de carga e descarga, arrumadores, vigias portuários, ensacadores, classificadores de fruta e amarradores".

A matéria competência restou superada pela nova redação dada pela Lei n. 7.494, de 17.6.1986 (DOU 19.6.1986), ao art. 643 da Consolidação: "Os dissídios oriundos das relações entre empregados e empregadores, bem como de trabalhadores avulsos e seus tomadores de serviço, em atividades reguladas na legislação social, serão dirimidas pela Justiça do Trabalho, de acordo com o presente título e na forma estabelecida pelo processo judiciário do trabalho."

Tem-se pelo novo texto constitucional que haverá igualdade de tratamento entre o trabalhador permanente e o avulso (art. 7º, XXXIV).

O trabalhador avulso é aquele contratado por meio do sindicato. São eles: estivadores, conferentes de carga e descarga, vigias portuários, ensacadores de café, de cacau, de sal e similares; classificador de frutas e amarrador. Nota: Ver Emenda Constitucional n. 45/2004 que deu nova redação ao art. 114, CF, ampliando a competência da Justiça do Trabalho para toda "relação de trabalho", aí incluindo-se o trabalhador avulso.

34.3.23. Do trabalhador temporário

Da espécie cuida a Lei n. 6.019, de 4.1.1974: "Trabalho temporário é aquele prestado por pessoa física a uma empresa, para atender à necessidade transitória de substituição de seu pessoal regular e permanente ou a acréscimo extraordinário de serviços" (art. 2º). A relação do pessoal temporário se estabelece da seguinte forma: a) trabalhador e empresa fornecedora da mão-de-obra; b) empresa fornecedora da mão-de-obra e empresa tomadora da mão-de-obra (arts. 9º e 11). O prazo de contratação não poderá exceder de três meses, salvo autorização conferida pelo órgão local do Ministério do Trabalho e Previdência Social (art. 10). A competência para dirimir litígios entre as empresas de serviço temporário e seus trabalhadores é da Justiça do Trabalho (art. 19). Assim qualquer conflito entre a empresa fornecedora de mão-de-obra e a tomadora será resolvido pela Justiça Comum.

34.3.24. Do trabalhador autônomo

É aquele obreiro que exerce, por conta própria, determinada atividade remunerada e corre o risco do próprio empreendimento, se não trabalhar nada recebe. Poderá organizar-se por meio de pessoa jurídica.

A Justiça do Trabalho não tinha competência para conhecer de ações que envolvessem o trabalhador autônomo, por ausência de previsão legal. Essa situação foi superada pela Emenda Constitucional n. 45/2004 que deu nova redação ao art. 114, CF, ampliando a competência para toda relação de trabalho" (inciso I).

Amauri Mascaro Nascimento (ob. cit., p. 89 e 90) assinalava que: "Incompetente, *ratione materiae* é o judiciário trabalhista, para conhecer as ações sobre contratos de prestação de serviços autônomos, por falta de lei que o determine. Trabalhador autônomo é todo aquele que exerce habitualmente e por conta própria atividade profissional remunerada. *Cabanellas* considera como tal a pessoa que realiza uma atividade econômico-social por sua iniciativa e segundo normas por ela mesmo traçadas, conforme sua conveniência ou os imperativos das circunstâncias. *Manuel Alonso Garcia* também ressalta como sua característica a atividade por conta própria, não adstrita a terceiros, embora habitual, pessoal e direta. *Irany Ferrari* aponta como profissionais autônomos as pessoas físicas que, geralmente portadoras de um diploma de nível médio ou superior, possuam uma profissão definida, dela fazendo a razão do seu sustento. Autônomos seriam os profissionais liberais no exercício da atividade por conta própria, como advogados, médicos, dentistas, engenheiros, veterinários, fisioterapeutas etc. Porém, desde que trabalhando por conta alheia sob a forma de emprego, passam a ser empregados regidos pela Consolidação das Leis do Trabalho. Assim, não é a condição do trabalhador que define a sua qualificação jurídica, mas as condições objetivas como a sua atividade é exercida. Aos trabalhadores autônomos não é aplicável o regime jurídico próprio dos empregados. Assim, não há que se falar em indenização, aviso prévio, 13º salário, férias do autônomo etc. Em se tratando de representantes comerciais autônomos, há lei especial, excluindo também esses direitos, mesmo porque o autônomo, não trabalhando para outrem, é a sua própria fonte de regulamentação jurídica."

Em se cuidando de trabalhador autônomo que venha pleitear a declaração de vínculo (*v. g.*, representante comercial, médico etc.), a Justiça do Trabalho, todavia, é a única competente para dizer da existência ou não de vínculo empregatício. É comum em casos tais a parte adversa argüir exceção de incompetência *ratione materiae*, procedimento que constitui incorreção técnica processual. Em se cuidando da existência ou não de vínculo empregatício, em verdade, a matéria diz respeito a prejudicial de mérito, já que a causa de pedir (qualidade para agir) é o nexo causal que une um trabalhador a uma empresa, ente ou pessoa natural ou jurídica. Não é ser ou não empregado que determina a qualidade para agir (condição da ação), mas o nexo causal. Em existindo esse nexo causal ligando o trabalhador a alguém que receba a sua força de trabalho é que se poderá definir se existe ou não a relação empregatícia. Disso resultará a improcedência ou procedência do pedido. É caso típico em que a matéria é prejudicial do mérito e só poderá ser decidida, a final, depois de devidamente instruído o processo.

A realidade trabalhista tem o novo marco histórico em razão da competência dada pela EC n. 45/2004, incluindo não só o trabalhador autônomo, mas infinidades de outras ações, oportunizando como autoras pessoas físicas e jurídicas ao abolir da redação (inciso I, art. 114/CF) o termo "trabalhador" e incluir, sem qualquer limitação, a locução "relação de trabalho".

Tendo em conta a laconicidade do texto do inc. I, dando margem a uma interpretação ampla e capaz de tornar inoperante a Justiça do Trabalho como Justiça especializada, o tema ainda se fixa no campo das discussões. Existem os radicais, para os quais a Justiça do Trabalho pode praticamente tudo em termos de "relação de trabalho" e existem aqueles, mais contidos, que pisam pelo solo firme da razoabilidade, atitude mais consentânea e que certamente dará, em futuro próximo, a exata medida da competência a ser fixada para uma Justiça com vocação de Justiça Especializada.

34.3.25. Do trabalhador eventual

O trabalho eventual, a rigor terminológico, é aquele que não está contido na atividade e objetivo industrial e/ou comercial da empresa. Poderá a empresa dela prescindir sem que com isso ocasione qualquer reflexo positivo ou negativo em suas atividades normais.

Para ações advindas de tais atividades, não tinha a Justiça do Trabalho competência.

Conforme o caso, a competência dar-se-ia nos moldes do art. 652, "a", III, da CLT, que cuida do artífice ou operário, como indicava a doutrina como meio de proteção ao hipossuficiente que não detinha vínculo empregatício executando trabalhos que não estavam contidos nos objetivos econômicos da empresa.

Irany Ferrari ("Os Trabalhadores Autônomos perante a Legislação Brasileira", LTr, São Paulo, 1976, p. 31-32) preleciona, com respaldo em *Evaristo de Moraes Filho*, que: "Trabalho eventual, aí, significa acidental, casual, fortuito, do tipo "bico", "biscate", não enquadrado na atividade necessária da empresa, realizado nos casos de emergência, sem características de repetição nem de continuidade. Por isso mesmo, nestes casos não chega a se caracterizar a relação jurídica de empregado nestes prestadores ocasionais de serviços." E invoca *Cabanellas* (ob. cit., p. 32): "O trabalho transitório origina-se de tarefas ocasionais ou de um aumento extraordinário nas atividades da empresa, mas de índole passageira. Trabalho eventual é o sujeito em sua prestação ao imprevisto e contingente, tanto no seu início como na duração. Sua realidade depende do anormal, como o da reparação de avarias pouco freqüentes ou o imposto por uma atividade da empresa mesmo, aumentada e passageira. O trabalho eventual, o imprevisto ou excepcional, o prestado sem fixidez não obsta que a empresa seja de trabalho contínuo. Assim, por exemplo, uma empresa importante pode contratar para a realização de certas tarefas, findas as quais os contratados cessam a prestação de serviços à entidade; esta, contudo, prossegue suas atividades com seus trabalhadores permanentes. A diferença do trabalhador eventual, dentro de outras categorias, encontra-se no fato de que a prestação de seus serviços não se incorpora à atividade normal da empresa, nem é fator mais do que ocasional em relação à produção essencial dela."

Barata Silva ("Conceito de trabalho não eventual", trabalho apresentado pelo autor do 4º Congresso Ibero-Americano de Direito do Trabalho e Previdência Social, setembro/72, LTr 45/523) diz: "Evidente que o trabalhador contratado para realizar tarefas que dizem respeito ao normal funcionamento da empresa, jamais prestará serviço eventual. Seja o trabalho prestado por um dia, uma hora, um ano, será sempre um empregado, porque, estando subordinado e realizando a finalidade empresária, mediante salário certo, está incluído no conceito do art. 2º da nossa Lei Geral. Se, contudo, o trabalhador é chamado para realizar trabalhos que, embora previsíveis, não são necessários ao normal funcionamento da empresa, constituindo-se em meros acidentes, acontecimentos anormais, aí então, sim, poderemos afirmar que estaremos diante de uma prestação de trabalho eventual. (...) Sustentamos, pois, contrariamente ao que muitos dos renomados mestres afirmam, que a "eventualidade" na prestação de serviços nada tem de comum com a maior ou menor duração dos serviços. Pode ocorrer "trabalho eventual" que perdure por meses e anos, sem que perca sua natureza eventual, por ser acidental na estrutura e na finalidade da empresa." *Aluysio Sampaio* ("Dicionário de Direito Individual do Trabalho", LTr, 1968, São Paulo, p. 280 e 281) afirma que: "Trabalho eventual é aquele prestado ocasionalmente, sem qualquer continuidade. Não está sujeito aos princípios protecionistas do direito do trabalho." *Amauri Mascaro Nascimento* (ob. cit., p. 90) argumenta: "As relações jurídicas eventuais também estão afastadas, em razão da matéria, da jurisdição trabalhista."

Aquela realidade encontra-se superada pela Emenda Constitucional n. 45/2004 que ampliou a competência da Justiça do Trabalho para toda "relação de trabalho", ou incluído naturalmente todo e qualquer trabalho eventual ou não, com ou seu vínculo empregatício.

34.3.26. Dos parceiros, meeiros e arrendatários

A parceria, a meação e o arrendamento, se autênticos, são regidos pelo Direito Civil. As lides decorrentes a esta parte eram da competência da Justiça Comum, antes do advento da EC n. 45/2004.

O Estatuto da Terra — Lei n. 4.504, de 3.11.1964 — registra a distinção entre parceria autônoma e parceria compatível com o contrato de trabalho, no art. 96, parágrafo único: Os contratos que prevejam o pagamento do trabalhador, parte em dinheiro e parte percentual da lavoura cultivada, ou gado tratado, são considerados simples locação de serviços, regulada pela legislação trabalhista, sempre que a direção dos trabalhos seja de inteira e exclusiva responsabilidade do proprietário, locatário do serviço a quem cabe todo o risco, assegurando-se ao locador, pelo menos, a percepção do salário mínimo no cômputo das duas parcelas. *Vide* Decreto n. 59.566, de 1966, art. 7º (Regulamento). Com a EC n. 45 a restrição do art. 96, parágrafo único, da lei ficou superada.

Em se cuidando de parceria autônoma a competência era da Justiça Comum. Entretanto, em sendo a parceria compatível com o contrato de trabalho, a Justiça do Trabalho era a competente, superada pela RC n. 45/2004.

Roberto Barretto Prado ("Comentários à Nova Lei do Trabalhador Rural", Ed. RT, 1975, São Paulo, p. 26 e 27) dispõe: "A parceria, como simples forma de pagamento, pode coexistir ou não coexistir com o contrato de emprego. O parceiro é empregado quando se submete à direção do fazendeiro, de quem recebe ordens de serviços. O risco do negócio é do empregador, que responde pelas perdas, pagando o trabalho do parceiro mediante sua participação na produção obtida, garantindo a lei ao trabalhador o salário mínimo legal. (...) A parceria não coexiste com o contrato de emprego quando o trabalhador participa nas perdas, assumindo conjuntamente com o proprietário os riscos do empreendimento. O contrato celebrado, no caso em exame, repousaria em bases societárias. O trabalho seria autônomo, e não subordinado." O tema sobre a competência resta superado pela Emenda Constitucional n. 45/2004 que deu nova redação ao art. 114, CF, ampliando (inciso I) a competência para toda "relação de trabalho", com ou sem vínculo empregatício.

34.3.27. Dos servidores públicos

Dispõe o art. 7º da CLT que os preceitos constantes da presente Consolidação, salvo quando for, em cada caso, expressamente determinado em contrário, não se aplicam: (...) c) aos funcionários públicos da União, dos Estados e dos Municípios e aos extranumerários em serviço nas próprias repartições; e d) aos servidores de autarquias paraestatais, desde que sujeitos a regime próprio de proteção ao trabalho que lhes assegure situação análoga à dos funcionários públicos. Incompetente, pois, a Justiça do Trabalho nesses casos.

Ensina *Hely Lopes Meirelles* ("Direito Administrativo Brasileiro", Ed. RT, 1966, São Paulo, p. 340 e 341) que: "Servidores públicos são, portanto, todos aqueles que prestam serviços às repartições estatais centralizadas ou descentralizadas, mediante retribuição pecuniária e sujeitos às normas estatutárias respectivas. Ao gênero servidor público pertencem as espécies funcionários públicos e funcionários autárquicos, distintas entre si, embora com as finalidades genéricas dos agentes da Administração Pública."

Segundo *Amauri Mascaro Nascimento* (ob. cit., p. 94) é servidor público "todo aquele que presta serviços à administração pública e reconhecendo-se que há, não só, administração pública federal, estadual e municipal, mas, também, em cada uma delas, regime estatutário, regime contratual da CLT e situações indefinidas, é possível discriminar as regras de competência".

A regra geral é a de que a relação mantida entre o Poder Público e o servidor é regulada pelo direito público, com natureza estatutária; em não tendo conotação contratual, não se iguala a empregador na acepção da palavra, embora assuma todas as responsabilidades como tal.

Quando o ente público abdica, todavia, de suas prerrogativas, a regência da relação jurídica passa para o âmbito do direito privado e a relação deixa de ser estatutária para ser contratual, embora conserve muitas das prerrogativas de ente público (impenhorabilidade de bens públicos, expedição de precatórios, prazo em quádruplo para contestar e em dobro para recorrer restrita à fase cognitiva); desnecessidade de depósito recursal, isenção de custas (Lei n. 10.537, de 27.08.2002 acrescentou o art. 790-A, da CLT), duplo grau de jurisdição, presunção relativa de validade dos recibos de pagamento, ainda que não haja homologação (art. 477 CLT), Decreto-lei n. 779, de 21.8.1969, arts. 100, da CF/1988, e 33 das Disposições Transitórias da Constituição Federal.

Sobre o assunto lembra *Délio Maranhão* ("Direito do Trabalho", 3ª ed., FGV, 1974, p. 475) que: "As relações jurídicas do Estado com seus funcionários são de direito público e de natureza estatutária e não contratual. O Direito do Trabalho, como sabemos, rege uma relação de direito privado — a de trabalho subordinado — que tem sua origem em um contrato — o contrato individual de trabalho. O Estado, portanto, em princípio, não é empregador."

Sabemos também que a simples participação do Estado, como sujeito de uma relação jurídica, não basta para afastar esta relação do campo de aplicação do direito privado. Algumas vezes o Estado — e este é um fenômeno dos dias que correm — desce do seu pedestal, despe-se do direito de império que o caracteriza como Poder soberano e vai se ombrear com os particulares, exercendo atividades que a estes normalmente incumbem no sistema econômico da propriedade privada dos meios de produção. Outras vezes, embora sem se lançar à competição econômica, por intermédio de organizações industriais ou comerciais, mantendo-se nos limites de suas funções específicas, aceita os quadros do direito privado e estabelece relações jurídicas de caráter tipicamente contratual, admitindo empregados para a realização de determinados misteres. Em tais hipóteses, tratando-se de relação jurídica contratual, por força da qual alguém se obriga à prestação pessoal de trabalho subordinado, regida, em virtude de lei, pelas normas de direito do trabalho, a condição de empregado de um dos sujeitos da relação confere ao Estado, por via de conseqüência, a condição de empregador. Note-se que, no caso já referido, em que o trabalho é prestado ao Poder Público em suas organizações empresariais, desenvolvendo o Estado autêntica atividade econômica, competindo com as empresas particulares e assumindo os riscos dessa atividade, sua posição como empregador, nos próprios termos da Consolidação, resulta da mesma natureza da atividade exercida.

O art. 22, I, da CF de 1988, a exemplo da anterior (art. 8º, XVII, "b"), reserva à União o poder de legislar sobre direito do trabalho.

O STF (RE ns. 88.875-6 do Estado do Paraná e 89.034-3 e 90.036-5, ambos do Estado de São Paulo, todos julgados em junho e setembro de 1978), interpretando o art. 106 da Constituição de 1967, com a Emenda Constitucional n. 1/1969, decidiu pela competência do Estado-Membro para legislar sobre "o regime jurídico dos servidores admitidos em serviços de caráter temporário ou contratados para as funções de natureza técnica especializada", por meio de lei especial.

Relatou o Min. Moreira Alves e o STF decidiu que: *"O art. 106 da Emenda Constitucional n. 1/69 permite a edição de legislação especial, que afaste a incidência das leis trabalhistas, outorgando um regime jurídico próprio a servidores de natureza técnica especializada. Com isso, garante-lhes um regime jurídico legal, mas nenhuma razão existe — como, aliás, igualmente sucede com o regime jurídico dos funcionários públicos estaduais e municipais para que se exija lei federal que estabeleça um regime unitário vigorante em todo o território, para tais servidores."*

Com esse posicionamento da Suprema Corte, referendou-se a contratação pelo regime trabalhista, mas afastou-se a incidência de leis trabalhistas, desde que existente lei especial, permitindo-se aos Estados legislar sobre a matéria. Foi criado, assim, o *tertius genus*, repelido pela doutrina e pela jurisprudência dos tribunais trabalhistas. O julgamento do STF diz respeito aos professores contratados.

> *"O art. 106 da EC 1/69 estabelece que o regime jurídico dos servidores admitidos em serviços de caráter temporário ou contratados para funções de natureza técnica especializada será estabelecido em lei especial. As professoras reclamantes exercem os serviços de natureza técnica especializada (docentes) mas foram admitidas antes da Lei Estadual n. 500/74, que estabeleceu o regime especial. Portanto, são empregadas sob o regime da CLT, não podendo lei posterior alterar seu* status *jurídico." (TRT 2ª Reg. 15.095/79 — Ac. 3ª T. 8.438/80, 23.6.80 — Rel. Wilson de Souza Campos Batalha, LTr 44/1.423)*

O TST editou a Súmula n. 123 (cancelado, cf. Res. TST n. 121/2003) em consonância com o entendimento do STF. Remetemos o leitor a excelente artigo de doutrina da lavra do eminente jurista *Paulo Emílio Ribeiro de Vilhena*, sob o título: "O art. 106 da Constituição Federal e sua regulamentação" (LTr 43/1.263), no qual analisa com percuciência os julgados da Suprema Corte, deles discordando, trazendo à colocação doutrina nacional e internacional, constituindo-se em verdadeira lição de direito.

Com o advento da Constituição de 1988, foi instituído o regime único para os servidores da administração pública direta, das autarquias e das funções públicas. Com o advento da Emenda Constitucional n. 19/1998, eliminou-se o regime único e o art. 39 restou, assim, definido: "A União, os Estados, o Distrito Federal e os Municípios instituirão conselho de política de administração e remuneração de pessoal, integrado por servidores designados pelos respectivos Poderes." Segundo o § 2º, do art. 39: "A União, os Estados e o Distrito Federal manterão escolas de governo para a formação e o aperfeiçoamento dos servidores públicos, constituindo-se a participação nos cursos um dos requisitos para a promoção na carreira, facultada, para isso, a celebração de convênios ou contratos entre os entes federados." O pretendido regime único não teve a acolhida que se esperava e, na prática, provou que dificultaria a fluidez necessária à resolução dos percalços que a Administração tem de enfrentar no dia-a-dia. Daí a razão pela qual o regime com dupla mão melhor serve aos objetivos administrativos: regimes estatutário e celetista.

O poder público ao contratar pelo regime celetista perde a sua potestade e ombreia-se com o empregador comum. A contratação pela CLT é o regime de direito privado, enquanto a vinculação do estatutário com o Poder Público é o regime de direito público.

> *"A simples participação do Estado na ação não se traduz em motivo bastante para afastar a relação do campo do direito privado* (Délio Maranhão). *Ao firmar contrato de trabalho a autoridade se afasta do campo de direito público para situar-se em área tipicamente de direito privado, assumindo a posição de empregador* (Celso Agrícola Barbi). *Nas vestes de empregador, o ente público perde as características de autoridades nos moldes em que exige a lei, despido, pois, do jus imperii." (Proc. TRT/SP 008/91-0, Rel. Juiz Francisco Antonio de Oliveira)*

Toda lide envolvendo o servidor público e o poder público, ainda que contratado sob o título de autônomo, eventual, será apreciada pela Justiça do Trabalho, nos termos do art. 114, I, CF com redação da EC n. 45/2004. A parte do inc. I que incluía a competência estatutária foi considerada inconstitucional pela ADIn n. 3.395-6.DF. Ver abaixo decisão recente da Excelsa Corte:

> Ação Trabalhista: Regime Estatutário e Competência.
>
> *A Turma julgou procedente reclamação ajuizada pela Agência Nacional de Telecomunicações — Anatel para determinar a remessa dos autos de ação trabalhista, em trâmite na 7ª Vara do Trabalho de Curitiba — PR, à Justiça Federal da Seção Judiciária do Distrito Federal. Salientou-se que, no caso, conforme a análise dos documentos juntados, o contrato firmado entre a ora reclamante e a autora da reclamação trabalhista possuiria natureza jurídica temporária e submeter-se-ia a regime jurídico administrativo. Assim, concluiu-se que a existência de regime administrativo próprio, especificado para ser aplicado na espécie, afastaria o caráter celetista do vínculo jurídico estabelecido entre as partes. Ademais, nos termos do que decidido na ADI 3395 MC/DF (j. em 5.4.2006), a justiça trabalhista é incompetente pra processar e julgar causas entre as entidades do Poder Público e os servidores vinculados por relação jurídico-administrativa, como ocorre na hipótese." (Rcl 4762/PR, rel. Min. Cármen Lúcia, 2.3.2007)*

34.3.28. Dos Estados, dos Municípios, das Autarquias e das Empresas Públicas estaduais e municipais

Em se cuidando de servidor sob a égide de estatuto próprio competente é a Justiça Comum. Entretanto, em se cuidando de contratação pelo regime da CLT ou, ainda, contratações, que embora não o sejam pelo regime celetista, não assegurem ao trabalhador as vantagens estatutárias, competente é a Justiça do Trabalho. Inexiste o *tertius genus*. Se não for estatutário, é celetista. O Enunciado n. 123 do TST que dispunha diversamente sobre o tema com respaldo em entendimento do STF (RE ns. 88.875-6-PR, 89.034-3 e 90.036-5, ambos de São Paulo) na vigência da Constituição de 1967 foi cancelado em boa hora, já que vivemos outra realidade constitucional.

A nova redação do art. 114, CF, em especial o inc. I, que trazia a competência estatutária para a sede trabalhista, dada pela EC n. 45/2004, foi considerada inconstitucional, na parte em que incluía os estatutários, pelo STF, na ADIn n. 3.395-6-DF ajuizada pela AJUFE. A Excelsa Corte já havia sinalizado nesse sentido quando, com o advento da Lei n. 8.112/1990, transformou-se em regime estatutário único os servidores da União. No julgamento da ADIn n. 492-1-DF (art. 240, "d" e "e"), a Justiça do Trabalho perdeu a competência para apreciar feitos envolvendo servidores da União (âmbito coletivo e individual), desde que regidos por regime estatutário próprio. A justiça federal comum permaneceu com a competência sobre o estatutários da União e a Justiça Estadual com os estatutários estaduais e municipais, acertadamente, pois já existe um suporte jurisprudencial sobre o tema. A vinda para a área trabalhista certamente determinaria modificações que poderiam, pelo menos num período de adaptação, tirar a necessária celeridade. Ver item anterior.

34.3.29. Das fundações de Direito Público estadual e municipal

As fundações, desde que não explorem atividade econômica, estarão sob a égide do Decreto-lei n. 779/69 e gozarão daquelas prerrogativas. De conformidade com o art. 790-A, CLT, acrescentado pela Lei n. 10.537/2002, a União, os Estados, o Distrito Federal, os Municípios e respectivas autarquias e fundações federais, estaduais ou municipais que não explorem atividade econômica, bem assim o Ministério Público são isentos do pagamento de custas. Restou superado o inc. VI do Decreto-lei n. 779/1968. O parágrafo único esclarece que a isenção não alcança as entidades fiscalizadoras do exercício profissional, nem exime as pessoas jurídicas referidas da obrigação de reembolsar as despesas judiciais realizadas pela parte vencedora.

De conformidade com *Délio Maranhão* ("Direito do Trabalho", Ed. FGV, Rio, 1974, p. 487): "As fundações instituídas por lei federal, além de pessoas jurídicas de direito privado, não constituem sequer entidades da Administração Indireta. Ao seu pessoal não se pode deixar de aplicar o Direito do Trabalho."

Antônio Lamarca, com respaldo em *Cretella Júnior*, concluiu que "as fundações de direito público, embora de caráter publicístico, não afastam a competência de Justiça do Trabalho" (artigo publicado na LTr 42/1.072, sob o título "Autarquias. Empresas Públicas Federais. Fundações de Direito Público. Sociedade de Economia Mista"). Nesse sentido, a Súmula n. 72 do extinto TFR.

34.3.30. Do pessoal contratado a título precário

A rigor terminológico, precária é aquela contratação que tenha caráter transitório. O mesmo que interinidade, *v. g.*, o que dispõe o art. 475, § 2º, da CLT.

Inúmeras são as questões que se apresentam nas Varas do Trabalho. Se o empregado contratado a este título presta serviços sob a égide da CLT, a competência é da Justiça do Trabalho.

Se, todavia, é admitido como funcionário público, usufruindo de direitos estatutários ou a estes equiparados através de lei especial, a competência é da justiça estadual ou a federal. Ver itens 34.2.27, 34.2.28.

Segundo *Hely Lopes Meirelles* ("Direito Administrativo Brasileiro", Ed. RT, 1966, p. 375 e 376): "Os interinos são funcionários nomeados em caráter provisório, em substituição a funcionários do quadro, que se achem por qualquer motivo afastados, ou, ainda, para preenchimento de cargo enquanto não provido por nomeação efetiva. Pela própria natureza de sua nomeação, se vê que a investidura interina não confere ao nomeado qualquer direito à permanência no cargo ou na função."

Amauri Mascaro Nascimento (ob. cit., p. 94) dispõe que: "A Justiça do Trabalho reconhece a sua competência. Fundamenta-se num aspecto. Se o pessoal denominado a título precário presta serviços continuada, subordinadamente e em situação de empregado, surge a competência por se tratar, na verdade, de relação de emprego. Porém, se o pessoal é admitido como funcionário público com direitos idênticos, há incompetência. Visa a jurisprudência, firmada nesse sentido, evitar o desamparo de pessoal, a que a Administração não reconhece o regime estatutário nem o da CLT, embora prestando serviços por muitos anos seguidos, evidentemente sem qualquer "precariedade", que significa eventualidade, curto prazo". Ver itens 34.2.27 e 34.2.28.

Não só o trabalhador a título precário, mas também o trabalhador autônomo ou eventual, todos terão suas ações apreciadas pela Justiça do Trabalho. A EC n. 45/2004 deu nova redação ao art. 114, I, CF dando competência para Justiça do Trabalho em toda "relação de trabalho", com ou sem vínculo de emprego, inclusive o estatutário, este considerado inconstitucional pela ADIn n. 3.395-6-DF. Ver itens 34.2.27 e 34.2.28.

34.3.31. Da União

Preceituava o art. 110 da Constituição Federal de 1967 que os litígios decorrentes das relações de trabalho dos servidores com a União, inclusive as autarquias e as empresas públicas federais, qualquer que seja o regime jurídico, processar-se-ão e julgar-se-ão perante os juízes federais, devendo ser interposto recurso, se couber, para o Tribunal Federal de Recursos.

A limitação da competência da Justiça do Trabalho a esta parte constituía anomalia. Por que se dar a competência ao juiz federal comum, quando existiam juízes especializados para a matéria (juízes federais especiais)? Ademais, a Justiça do Trabalho é, sabidamente, mais célere, enquanto a Justiça Federal Comum é, sabidamente, mais morosa, já que assoberbada com processos outros.

Esse tratamento inusitado e que nada de positivo trouxe mereceu sérias críticas da doutrina. Sobre o assunto desabafa *Amauri Mascaro Nascimento* (ob. cit., p. 95): "No Brasil, há dois tipos de jurisprudência trabalhista. A do Tribunal Federal de Recursos e a do Tribunal Superior do Trabalho, que podem não coincidir, em grave prejuízo para a administração da Justiça. Segue-se, também como conseqüência, que o pessoal trabalhista de uma empresa pública federal que terá a lei trabalhista aplicada e interpretada num sentido, o que implica nos direitos; e o pessoal das empresas públicas estaduais, outra interpretação, resultando, conseqüentemente, direitos diferentes, o que é inadmissível. Curioso observar que a Justiça do Trabalho, contra as empresas estaduais e municipais, tem adotado critérios que são, às vezes, menos drásticos do que os observados pela Justiça Federal, uma vez que pode pela especialização descer mais a fundo na interpretação da lei trabalhista e não decidir com o açodamento de quem não é especialista e que, vendo só, e muito genericamente, o sentido social das leis trabalhistas, tende para o trabalhador (...)."

Com o advento da CF/1988, restou suprimido o foro privilegiado da União e a competência passou a ser da Justiça do Trabalho de toda relação celetista. Com a edição da Lei n. 8.112/1990 e a declaração de inconstitucionalidade do art. 240, "d" e "e" promovida pelo Supremo Tribunal Federal (ADIn n. 492-1/DF), e, em tendo a União adotado o critério de regime jurídico único estatutário (art. 39), a Justiça do Trabalho perdia a sua competência em razão da matéria, já que a matéria antes trabalhista passou para a égide do Direito Administrativo, não mais havendo falar em empregado e empregador. Todavia, o regime único não teve a receptividade que se esperava e a Emenda Constitucional n. 19/1998 deu nova redação ao art. 39 da Constituição eliminando o famigerado regime único. Do que resulta que, a partir de então, retornava o regime de mão dupla: regime estatutário e regime celetista. A Súmula n. 97 do STJ sobre competência residual cuida do período em que teve vigência o regime único. Sobre acidente do trabalho ver a EC n. 45/2004, a Súmula n. 736 do STF e sobre a falência a Lei n. 11.101, de 9.2.2005.

34.3.32. Das fundações de Direito Público

Com o advento da Lei n. 8.112/1990 e com a declaração de inconstitucionalidade do art. 240, "d" e "e" pelo Supremo Tribunal Federal (ADIn n. 492-1/DF) e em tendo a União adotado o regime jurídico único estatutário, a Justiça do Trabalho perdia a sua competência em razão da matéria. A matéria, antes regida pelo Direito do Trabalho, passava a ser regida pelo Direito Administrativo, onde não existe empregado e empregador. Entretanto, essa situação reverteu-se com o advento da Emenda Constitucional n. 19/1998 que deu nova redação ao art. 39 da Constituição e eliminou o regime único. A partir de então, o servidor público passou a ter regime de mão dupla, podendo ser admitido pelo regime estatutário ou pelo regime celetista. Todavia, se alguma contratação vier a ser feita fora dos parâmetros estatutários ou celetistas, a competência, induvidosamente, será da Justiça do Trabalho. E a Lei n. 8.647, de 13.4.1993 (DOU 14.4.1993) de alguma forma acena com essa possibilidade.

Novamente, a questão do estatutário volta à discussão. A EC n. 45/2004 deu nova redação ao art. 114, I, CF, incluindo na competência trabalhista os estatutários. A AJUFE ajuizou ação direta de inconstitucionalidade contra o inc. I, do art. 114, CF para Supremo Tribunal Federal sob n. 3.395-6-DF/2005 para que os estatutários fossem retirados da competência da Justiça do Trabalho. ADIn n. 3.395-6-DF foi julgada pela Excelsa Corte e acolheu a inconstitucionalidade, perdendo a Justiça do Trabalho a competência sobre os estatutários. Nesse sentido, vem sendo feito os julgamentos daquela mais alta Corte:

Ação Trabalhista: Regime Estatutário e Competência.

A Turma julgou procedente reclamação ajuizada pela Agência Nacional de Telecomunicações — Anatel para determinar a remessa dos autos de ação trabalhista, em trâmite na 7ª Vara do Trabalho de Curitiba — PR, à Justiça Federal da Seção Judiciária do Distrito Federal. Salientou-se que, no caso, conforme a análise dos documentos juntados, o contrato firmado entre a ora reclamante e a autora da reclamação trabalhista possuiria natureza jurídica temporária e submeter-se-ia a regime jurídico administrativo. Assim, concluiu-se que a existência de regime administrativo próprio, especificado para ser aplicado na espécie, afastaria o caráter celetista do vínculo jurídico estabelecido entre as partes. Ademais, nos termos do que decidido na ADI 3395 MC/DF (j. em 5.4.2006), a justiça trabalhista é incompetente pra processar e julgar causas entre as entidades do Poder Público e os servidores vinculados por relação jurídico-administrativa, como ocorre na hipótese. (Rcl 4762/PR, rel. Min. Cármen Lúcia, 2.3.2007)

Prerrogativas do Decreto-lei n. 779/1969. O art. 790-A, da CLT, acrescentado pela Lei n. 10.537/2002, isenta de custas a União, os Estados, o Distrito Federal, os Municípios e respectivas autarquias e fundações públicas federais, estaduais ou municipais que não explorem atividade econômica. Restou superado o inc. VI do Decreto-lei n. 779/1969. A nova Constituição em nada inovou. *Vide* Súmula n. 97 do STJ sobre competência residual, que cuida do período em que esteve a viger o regime único.

34.3.33. Das sociedades de economia mista

Os empregados das sociedades de economia mista não haviam sido abrangidos pelo comando constitucional do antigo art. 39 da Constituição. Também o comando atual com a redação dada pela Emenda Constitucional n. 19/1998 em nada modifica a situação. O regime é celetista e compete à Justiça do Trabalho. A empresa de economia mista não goza de nenhum privilégio. Na sociedade de economia mista, o poder público é detentor majoritário do capital.

34.3.34. Das exceções: fundações e sociedades de economia mista

Em se cuidando de fundação de direito público que não adote o regime estatutário ou de empresa de economia mista, a competência será da Justiça do Trabalho embora dela participe a União na qualidade de acionista. *Vide* Súmula n. 97 do STJ sobre competência resídual no período em que teve vigência o regime único.

34.3.35. Dos servidores da União, autarquias e empresas públicas federais

A competência era da Justiça Federal Comum (art. 110, CF/1967). Com o advento da Constituição de 1988, a competência fora transferida para a Justiça do Trabalho (art. 114). Não havia razão de ordem jurídica para que a Justiça Federal Comum, menos versada no mister, permanecesse com a competência de servidores celetistas, quando existiam juízes especialistas na matéria e também de origem federal.

Com o advento da Lei n. 8.112/1990 e com a declaração de inconstitucionalidade do art. 240, "d" e "e" pelo Supremo Tribunal Federal (ADIn n. 492-1/DF), tendo a União adotado o regime jurídico único estatutário, a Justiça do Trabalho, todavia, perdia a sua competência em razão da matéria (incompetência absoluta). A matéria que era regida pelo Direito do Trabalho passou a ser regida pelo Direito Administrativo, não mais se podendo falar em trabalhador e empregador. Entretanto, com a edição da Emenda Constitucional n. 19/1998 dando nova redação ao art. 39 da Constituição, o servidor público passou a ter regime de mão dupla: regime estatutário e regime celetista. Do que se conclui que a contratação do servidor pelo regime celetista traz a competência para a Justiça do Trabalho. Também aquela contratação que não garantir ao trabalhador os benefícios estatutários nem os celetistas, a competência será da Justiça do Trabalho, em face da impossibilidade de um *tertius modus* para a contratação. A Súmula n. 97 do STJ dispõe sobre a competência residual do período em que vigiu o regime único. O assunto da competência da Justiça do Trabalho retorna com a EC n. 45/2004, dando nova redação ao art. 114, I, CF que tornou competente a Justiça do Trabalho para os estatutários. A AJUFE (Associação dos Juízes Federais) ajuizou no STF ação direta de inconstitucionalidade (ADIn n. 3.395-6-DF/2005) contra o inc. I, do art. 114, CF, tendo sido concedida liminar suspendendo a vigência do dispositivo, no que diz respeito aos estatutários, até o julgamento do mérito. O julgamento concluiu pela inconstitucionalidade, confirmando a liminar de suspensão da competência antes concedida. Ver itens 34.2.27 e 34.2.32.

34.3.36. Dos trabalhadores eventuais da União

No trabalho eventual, não há empregado nem empregador. Conseqüentemente, inexiste vínculo empregatício, embora exista também o requisito da pessoalidade na prestação do trabalho. O trabalhador eventual será sempre executado por pessoa física. Pouco importa que o trabalho seja esporádico para determinado tomador ou continuado para diversos tomadores. O importante é que seja ocasional. Difere do trabalhador autônomo pela subordinação a que está afeto e pela independência deste. Lembrava *Batalha* (ob. cit., p. 249) que: "Trabalhadores eventuais, remunerados mediante recibo (Dec.-lei n. 200/67, art 111; Dec. n. 66.715/70, art. 1º), não são considerados empregados sujeitos à jurisdição trabalhista." As relações de trabalho eventual não estão submetidas à jurisdição trabalhista.

Dizíamos que, a exemplo do que acontecera com o trabalhador avulso (art. 643, com a nova redação dada pela Lei n. 7.494/1986), nada impedia e tudo propiciava (art. 114 da CF/1988 falava em trabalhadores e empregadores) que se editasse lei integrando na competência da Justiça do Trabalho os trabalhadores eventuais e autônomos, na relação de trabalhadores e tomadores de serviços, eliminando-se a restrição contida no art. 15, § 2º, da Lei n. 8.036, de 11.5.1990 (FGTS).

A Emenda Constitucional n. 45/2004, com a nova redação dada ao inc. I, do art. 114, CF, ampliou a competência da Justiça do Trabalho para todos aqueles que mantenham relação de trabalho com o tomador da mão-de-obra, possua ou não vínculo empregatício, aí incluindo-se certamente os trabalhadores eventuais. Resulta, assim, que, aquilo que prevíamos, tornou-se realidade.

34.3.37. Dos trabalhadores de empresas concessionárias

A concessão de serviço público é um contrato de Direito Público, oneroso, sinalagmático, comutativo e realizado *intuitu personae* (natureza jurídica) na lição de *Cretella Júnior* ("Lições de Direito Administrativo", José Bushatsky Editor, São Paulo, 1970, p. 218). Consiste a concessão, segundo *Hely Lopes Meirelles* ("Direito Administrativo Brasileiro", Ed. RT, 1986, p. 315 e ss.) "na transferência da execução do serviço do Poder Público ao particular, mediante delegação contratual. A concessão deve ser precedida de autorização legislativa, na qual se delimite ao executivo a amplitude do contrato a ser realizado com o pretendente que apresentar as melhores condições de execução do serviço, em conformidade com o edital da concorrência".

Lembra *Batalha* (ob. cit., p. 249) que "o Decreto-lei n. 855, de 11 de setembro de 1969, segundo o qual os empregados de empresas concessionárias de serviços públicos federais, estaduais ou municipais, que, por força de encampação ou transferência desses serviços, tenham, a qualquer tempo, sido absorvidos por empresa pública ou sociedade de economia mista, constituirão quadro especial, a ser extinto à medida que se vagarem os cargos ou funções. Em algumas hipóteses, transferido determinado serviço de administração direta ou autárquica para sociedade de economia mista, estabelece-se que os antigos servidores poderão conservar o *status* de servidores públicos ou opcionalmente o *status* de empregado privado. Obviamente, a Justiça do Trabalho não tem competência, em tais hipóteses, para apreciar reclamações daqueles que conservam o *status* de servidor público".

Afora a exceção ditada, a competência da Justiça do Trabalho é indiscutível. O liame que liga a empresa concessionária ao ente público concedente não se projeta como fator determinante de competência. Esta enconta-se diretamente ligada ao nexo de causalidade que liga a empresa concessionária e os seus empregados. Com o advento da Emenda Constitucional 45/2004, dando nova redação ao inciso I, do art. 114, CF, o fator determinante da competência trabalhista é a existência de "relação de trabalho" entre o prestador de serviços e o tomador da mão de obra, um alargamento demasiadamente preocupante uma vez que aí estaria incluída toda relação de trabalho, de pessoa física e jurídica, uma vez que fora eliminado o termo balizador "trabalhador".

Afora a exceção ditada, a competência da Justiça do Trabalho é indiscutível. O liame que liga a empresa concessionária de ente público concedente não se projeta como fator determinante de competência. Esta está diretamente ligada ao nexo de causalidade que liga a empresa concessionária e os seus empregados. Com o advento da Emenda Constitucional n. 45/2004, dando nova redação ao inc. I, do art. 114, CF, o fator determinante da competência trabalhista é a existência de "relação de trabalho" entre o prestador de serviços e o tomador da mão-de-obra, um alargamento demasiadamente preocupante uma vez que aí estaria incluída toda relação de trabalho, de pessoa física e jurídica, posto que fora eliminado o termo balizador "trabalhador", constando apenas a expressão nominal genérica "relação de trabalho".

34.3.38. Da empresa falida

Dispunha o art. 125 da Constituição Federal de 1967 (Emenda n. 1/1969) que: Aos juízes federais compete processar e julgar, em primeira instância: I — as causas em que a União, entidade autárquica ou empresa pública federal forem interessadas na condição de autoras, rés, assistentes ou opoentes, exceto as de falência e as sujeitas à Justiça Eleitoral e à Militar. Matéria regulada pelo art. 109, I, CF/1988, que excepciona a falência, acidente do trabalho, a Justiça do Trabalho e a Eleitoral.

Incluíam-se como de interesse da União aquelas causas de interesse das entidades da administração indireta (autarquias e empresas públicas), cuja personalidade jurídica é de direito público. O dispositivo constitucional não incluía as sociedades de economia mista, cuja personalidade jurídica é de direito privado. A matéria acidentária também era excluída da competência federal comum (art. 142, § 2º, da CF/1967 e Súmula n. 501 do STF). A nova Carta Magna em nada inovou para a espécie (art. 109, I). Sobre acidente do trabalho a competência era da Justiça Comum (art. 19, II, Lei n. 6.367, 19.10.1976).

Com o advento da Emenda Constitucional n. 45/2004, que deu nova redação ao inc. I, do art. 114, CF, adotando como parâmetro a locução nominal "relação de trabalho", deu-se margem ao entendimento de que a infortunística estaria incluída na competência trabalhista, posto que ação conexa com a relação de trabalho. A confirmar esse entendimento, a Excelsa Corte editou a Súmula n. 736 transferindo a competência para a Justiça do Trabalho naqueles casos em que o acidente teve por causa fatos ligados à segurança do trabalho, não se referindo àqueles casos em que o acidente teve origem *in itinere*. Sobre falência, ver Lei n. 10.101, 9.2.2005 (Nova Lei de Falência) e Lei Complementar n. 118, 9.2.2005 que deu nova redação ao art. 186 do Código Tributário Nacional Lei n. 5.172/1966). A competência para a execução, de conformidade com o art. 889, CLT, continua a ser da Justiça do Trabalho nos termos dos arts. 29 e 30, da Lei n. 6.8930/1980 (Lei dos Executivos Fiscais). Sobre o conteúdo do art. 83, I, da Lei n. 11.101/2005 sobre ajuizada ADIn n. 3.424-DF/2005, ainda sem solução no STF.

34.3.39. Da competência *ratione loci*

Dispõe o art. 651 da CLT, *in verbis:* "A competência das Varas do Trabalho é determinada pela localidade onde o empregado, prestar serviços ao empregador, ainda que tenha sido contratado noutro local ou no estrangeiro. § 1º Quando for parte no dissídio agente ou viajante comercial, a competência será da Vara da localidade em que a empresa tenha agência ou filial e a esta o empregado esteja subordinado e, na falta, será competente a Vara da localização em que o empregado tenha domicílio ou a localidade mais próxima. A redação do § 1º foi dada pela Lei n. 9.851,de 27.10.1999. A nova redação, embora possa facilitar o ajuizamento da ação para os agentes ou viajantes comerciais, com certeza em muitos casos dificultará a produção de provas pelo empregado. § 2º A competência das Varas do Trabalho estabelecida neste artigo, estende-se aos dissídios ocorridos em agência ou filial no estrangeiro, desde que o empregado seja brasileiro e não haja convenção internacional dispondo em contrário. § 3º Em se tratando de empregador que promova realização de atividades fora do lugar do contrato de trabalho, é assegurado ao empregado apresentar reclamação no foro da celebração do contrato ou no da prestação dos respectivos serviços."

34.3.40. Da competência relativa

Em princípio, a competência *ratione loci* é relativa e, portanto, prorrogável. Não apresentada a *exceptio, opportune tempore,* o Juízo torna-se competente e não mais poderá a parte discutir o tema, em face da preclusão. A oportunidade para impugnação é a defesa. Não o fazendo a parte, a competência, antes relativa, se convalida em definitiva. Suponha-se o caso de a ré haver sofrido revelia. A revelia somente transforma em verdadeira a matéria de fato. O tema competência é matéria de direito e, portanto, não é abrangido pelas conseqüências da revelia (art. 844, da CLT e art. 319, do CPC). Disso se conclui que em caso de recurso (recurso ordinário), a recorrente poderá discutir primeiramente o tema competência pela via da exceção (art. 799, § 1º, da CLT). Se a Vara não era incompetente em razão do lugar, não tinha competência para a ação e, por conseqüência, para a dizer o direito (*jurisdictio*), e para a aplicação da revelia.

O acórdão que acolher a exceção de incompetência, declarará nula a revelia e determinará a remessa dos autos ao juízo competente. Todavia, é muito difícil ao relator do recurso ordinário aquilatar sobre a competência relativa, em caso de revelia, pelo que deve o recorrente revel juntar documentos (Súmula n. 8, TST) com as razões recursais comprovando o alegado. Se não o fizer, ao relator serão dadas duas possibilidades: confirmar a revelia ou transformar o julgamento em diligência para ouvir o autor e determinar a juntada de cópias da "CTPS" na parte que diga respeito ao contrato de trabalho em discussão.

34.3.40.1. Da regra geral

A regra é *locus regit actum. Russomano* ("Comentários à CLT", Ed. Konfino, Rio, 1955, p. 965) observa que "o art. 651 da CLT fixa, exatamente, a competência das Juntas (Varas do Trabalho) em razão do lugar. Mesmo o empregado que tenha sido contratado em outra localidade, ou até mesmo no estrangeiro, a competência será definida pelo lugar da prestação de serviços. A residência do trabalhador pode ser em uma cidade e ele pode trabalhar na cidade próxima. Será nesta que ele deve acionar o empregador". A lei excepciona apenas o agente ou viajante comercial (art. 651, § 1º, CLT, redação dada pela Lei n. 9.851/1999).

"A competência das Varas determina-se pela localidade onde o empregado presta serviços ao empregador, salvo se se tratar de agente ou viajante" (*apud Russomano*, ob. cit., p. 967).

A matéria foi objeto da Súmula n. 207 do Tribunal Superior do Trabalho. Esta Súmula deve ser recebida com reservas, pois é por demais genérica e extrapola a realidade dando visão distorcida da competência em tais casos, podendo mesmo levar à neutralização do direito do trabalhador de acionar a tomadora da mão-de-obra (empregado ou autônomo). Remetemos aos nossos Comentários aos Enunciados do TST, 6ª edição, 2005.

Encontramos em *Batalha* ("Tratado de Direito Judiciário do Trabalho", LTr, 1967, p. 255 e 256) que: "O Princípio genérico da competência do foro do local da prestação de serviços (*forum destinatae solutionis*) foi mantido em nossas leis mais recentes. Mas o princípio não ficou rigidamente estabelecido, admitindo-se atenuações. De acordo com o art. 33 do Decreto-lei n. 1.237, a competência *ratione loci* era determinada pela localidade onde o empregado, reclamante ou reclamado, tivesse exercido atividade profissional, ou onde tivesse ocorrido o dissídio. Entretanto, quando se tratasse de agente ou viajante, o foro seria o da sede do estabelecimento, assim também considerada agência ou filial a que estivesse subordinado o empregado. O regulamento aprovado pelo Decreto n. 6.596, art. 8º, foi mais explícito. À luz desse preceito legal, a competência seria determinada pela localidade onde o empregado prestasse serviços ao empregador, ainda que houvesse sido contratado noutro local ou no estrangeiro; quando fosse parte no dissídio agente ou viajante, seria competente o foro da localidade onde o empregador tivesse domicílio, salvo se o empregado estivesse imediatamente subordinado à agência ou filial, caso em que seria competente o foro em que estivesse situada a mesma agência ou filial. Tais normas estendiam-se aos dissídios ocorridos em agência ou filial no estrangeiro, desde que o empregado fosse brasileiro e não houvesse convenção internacional dispondo o contrário. A Consolidação das Leis do Trabalho, art. 651, seguiu estes princípios, acrescentando, porém, que, em se tratando de empregador que promova realização de atividades fora do lugar do contrato de trabalho, é assegurado ao empregado apresentar reclamação no foro da celebração do contrato ou no da prestação dos respectivos serviços. Temos, portanto, a regra geral: a competência é determinada pelo local da prestação dos serviços (*forum destinatae solutionis*), pouco importando o local em que foi estipulado o contrato ou ajuste (*forum contractus*) ou o domicílio do réu (*forum domicilii*)." No caso de agente ou viajante comercial, poderá o empregado escolher o lugar para o ajuizamento da ação, quando não haja Vara do Trabalho na localidade onde a empresa possua agência ou filial. Nessa hipótese, o empregado poderá escolher a Vara onde tenha domicílio e, em caso negativo, a Vara da localidade mais próxima do seu domicílio.

34.3.40.2. Da prorrogabilidade

Doutrina e jurisprudência dominantes são pela prorrogabilidade, o que vale dizer que proposta a ação em Vara do Trabalho de localidade diversa à da prestação de serviços, se a parte adversa não excepcionar em tempo hábil, isto é, na defesa, dá-se a prorrogação da competência. E, em sendo relativa, não pode o juízo declará-la de ofício (art. 114 do CPC). Aplicável, pois, à espécie o art. 799, § 1º, da CLT. Em dissídio coletivo a competência territorial é absoluta. Não se prorroga, portanto. É que a competência, em caso de dissídio coletivo, é fixada em função do Tribunal Regional que sedia a Região. Vale dizer, todas as categorias econômicas e profissionais sediadas naquela base territorial só poderão apresentar dissídio naquele Regional. A competência se firma em função do Regional.

Sentido dominante: *Amauri Mascaro Nascimento* (ob. cit., p. 83 e 84) assinala que: "A competência territorial, como é simplesmente relativa, pode ser prorrogada, sempre que movido o processo perante Junta (Vara) não competente, e a exceção de incompetência não vier a ser suscitada." Nesse sentido, sustenta *Wagner Giglio* que "se a parte não a argúi, estende-se a competência do juízo e este decide validamente". Não pode, a Junta (Vara), *ex officio,* declarar-se incompetente *ratione loci,* somente poderá fazê-lo por meio de provocação do interessado. (...) Há, no entanto, uma incoerência de nossa lei, que se afasta da doutrina e é pouco elucidativa quando ordena ao juiz declarar "de ofício" nulidade decorrente de incompetência de foro (CLT, art. 795, § 1º). Neste artigo, foro tem o significado de matéria. No art. 651, § 3º, foro tem o significado de lugar. Esse destempero terminológico deve-se ao fato de a CLT não haver usado a terminologia jurídica com o rigor desejado.

Sentido minoritário: *Antônio Lamarca* ("Processo do Trabalho Comentado", Ed. RT, 1982, p. 43) assim se manifesta: "Em que pese a jurisprudência em contrário, também somos dos que entendem que a competência territorial da Justiça do Trabalho é absoluta e improrrogável. Não incide, destarte, o disposto no art. 112 do Código de Processo Civil. Veja-se, *verbi gratia,* o que ocorre com o foro de eleição, inadmitido na processualística do trabalho: a Admissibilidade da prorrogação de competência de um juiz territorialmente incompetente importaria na aceitação do foro contratual (ou de eleição) tácito."

Dissídio coletivo: *Délio Maranhão* ("Instituições de Direito do Trabalho", Freitas Bastos, 1974, II/889 e 890) dispõe que: "No processo de trabalho torna-se, desde então, evidente que a competência territorial não pode ser "relativa" quando se trate de dissídios coletivos: não há como admitir a possibilidade, pelo silêncio do interessado, de conhecer um Tribunal Regional de dissídio ocorrido fora de sua circunscrição territorial. E nos dissídios individuais, também não será possível recorrer de uma sentença de primeira instância (jurisdição) senão para o Tribunal da região em que estiver situada a Vara recorrida. Mas ainda que se trate da fixação da competência *ratione loci* da Vara, o critério de sua fixação, no processo do trabalho, atende o interesse de ordem pública. Tal critério se inclui entre as normas de "proteção ao trabalho" (...)."

A incompetência em razão do lugar é indiscutivelmente de ordem relativa, não podendo o juiz instrutor dela conhecer sem que a parte interessada a tenha alegado (princípio dispositivo). O uso do termo "foro" (art. 795, § 1º, CLT) tem o significado de "incompetência em razão da matéria", esta, sim, é absoluta. Diversamente do eminente *Antônio Lamarca*, não vemos aí uma substituição da "eleição de foro". O que a lei proíbe é que as partes antecipadamente elejam o foro competente para resolver possíveis desavenças futuras, fato esse que burlaria a formação do juiz natural.

34.3.40.3. Da exceção à regra: agente ou viajante

O art. 651, § 1º, da CLT, redação dada pela Lei n. 9.851/99, cuida da espécie.

Realça *Batalha* (ob. cit., p. 256) que "o texto legal, quanto aos viajantes, não comporta dúvidas, devendo-se admitir a competência de foro do local onde habitualmente prestar as suas contas. Assim não é, porém, no que tange aos agentes. Em regra, os agentes têm a seu cargo determinado estabelecimento local e estão diretamente subordinados à matriz ou agência geral. Entendemos que, devendo as normas de Direito Processual do Trabalho ser interpretadas de acordo com o espírito que as anima, será competente o foro do local da prestação de serviços quando se tratar de pessoa com agência a seu cargo em determinada localidade". Discordamos do saudoso jurista. Os comentários proferidos antes da modificação legal dizem respeito à regra legal, que persiste. Por outro lado, a lei não faz qualquer diferença entre agente ou viajante comercial.

Em se cuidando de exceção à regra geral *(locus executionis)*, a interpretação deverá conduzir à aproximação da regra geral, isto é, a competência será naquele local em que o empregado centralize a sua vida funcional, facilitando a colheita de provas. Vale dizer, a ação deverá ser ajuizada na Vara onde a empresa tenha agência ou filial. Somente em caso negativo implementar-se-á a exceção.

"Nos dissídios em que for parte agente ou viajante subordinado a determinada filial ou sucursal, é competente o tribunal (Vara) da localidade onde estiver situada a respectiva filial ou sucursal." *(apud* Russomano, ob. cit., p. 967) Esta era e continua sendo a regra geral.

"Se, entretanto, o agente ou viajante estiver, funcional e diretamente, subordinado a uma filial ou agência, a reclamatória deve ser ajuizada na Junta (hoje Vara do Trabalho) da localidade dessa filial ou agência. O viajante de uma firma com sede em São Paulo, mesmo que opere no norte do país, deverá acionar o empregador, no foro trabalhista, em uma das Juntas (Varas) da aludida capital. Se, porém, servindo em todo o norte, estiver subordinado a uma filial do Recife, toda sua vida de empregado estará nos arquivos dessa filial. E então, pela mesma justificativa anterior, o processo será feito e julgado perante a Junta (Vara) da cidade pernambucana." O "foro" de que fala a lei tem o significado de "lugar".

A regra geral ainda persiste, tendo a Lei n. 9.851/1999 acrescentado na parte *in fine* do § 1º a exceção. Procurou o legislador facilitar o ajuizamento da ação para o agente ou viajante comercial. Vale dizer que a ação será sempre ajuizada no local onde a empresa possua agência ou filial, desde que na localidade exista Vara do Trabalho. Em caso negativo, terá preferência para ao ajuizamento a localidade onde o autor mantiver o seu domicílio. Na falta também de Vara na localidade, será competente a da localidade mais próxima onde haja Vara do Trabalho O legislador teve por objetivo facilitar ao agente ou viajante comercial o ajuizamento de possível ação. Nesse sentido pode-se dizer que teve sucesso. Todavia, a prática possivelmente demonstrará que nos casos excepcionados haverá maior dificuldade na colheita de provas.

34.3.40.4. Da exceção à regra: trabalhador estrangeiro

O art. 651, § 2º, da CLT cuida da espécie: (...) "desde que o empregado seja brasileiro e não haja convenção internacional dispondo em contrário."

Ao interpretar essa regra de competência interna, deverá o intérprete levar em conta o princípio da territorialidade que se relaciona com o território de um Estado soberano.

O § 2º do art. 651, ao mencionar "dissídios ocorridos em agência ou filial no estrangeiro", traz ínsita a necessidade da existência no Brasil de matriz ou de estabelecimento principal.

"Em princípio, as leis obrigam somente no território do Estado. A lei obriga em todo o território de um país e no estrangeiro até onde lhe reconhecerem extraterritorialidade os princípios e convenções internacionais ou o direito de outros Estados." (*Leib Soibelman*, "Enciclopédia do Advogado", Ed. Rio, 1978, p. 350)

Dispõe *Batalha* ("Tratado de Direito Judiciário do Trabalho", LTr, 1977, p. 258) que: "As regras enunciadas aplicam-se aos dissídios ocorridos em agência ou filial no estrangeiro, desde que o empregado seja brasileiro e não haja convenção internacional dispondo o contrário (semelhante: *Delitala*, ob. cit., p. 236; *Jaeger*, "Corso", p. 210; Trattado de *Borsoi* e *Pergolesi*, IV/133). É óbvio que, aqui, se trata de competência dos órgãos judiciários do Brasil, na hipótese em que o estabelecimento principal esteja situado em nosso País, não podendo vigorar a disposição fora dos lindes de seu território, dado o princípio da territorialidade das normas sobre competência judiciária. (...) A competência *ratione loci*, nos dissídios individuais, sendo relativa, não pode ser apreciada *ex officio*. Se o processo for instaurado perante juízo incompetente *ratione loci* e se a parte adversa não apresentar exceção de incompetência, verificar-se-á a prorrogação. Tal não poderia ocorrer nas hipóteses de incompetência absoluta (*ratione materiae, ratione personae* ou em razão de valor)."

Mozart Victor Russomano ("Comentários à Consolidação das Leis do Trabalho", Ed. Konfino, 1955, p. 965) assinala: "Não havendo convenção internacional, em contrário e prestando o trabalhador serviços a uma empresa brasileira com filial em país estrangeiro, os dissídios resultantes desse contrato serão julgados pela Justiça do Trabalho do nosso país, embora o local da execução das funções do empregado seja outro. É que, então, não se levará em linha de conta o lugar do serviço. Foge-se à regra do art. 651 e aplica-se o princípio de seu § 1º. Esse é também o pensamento de *Süssekind*: "É óbvio que, nesta hipótese, embora a agência ou filial esteja situada no estrangeiro, deve a empresa a que pertence o empregado ter sua sede no Brasil, estabelecendo esta o foro competente para o conhecimento do dissídio ("Manual da Justiça do Trabalho", 2ª ed., p. 41). Nesse caso, o trabalhador que está no estrangeiro deverá vir reclamar, no Brasil, perante a Junta (Vara) de domicílio do empregador."

Correto o raciocínio interpretativo feito pelos Ministros *Russomano* e *Süssekind*, pois prestigia o princípio de soberania e dá condições ao trabalhador para ajuizar a ação. A regra *loci executionis* ou *locus regit actum* adotada pelo Enunciado n. 207 deve ser recebida com reservas.

Entende *Tostes Malta* ("Prática do Processo Trabalhista", Ed. Trabalhistas, 3ª ed., Rio, p. 215) que se o empregado é contratado no nosso território e presta serviços no estrangeiro, havendo convenção internacional em contrário, ou não sendo brasileiro o empregado, fica excluída a jurisdição brasileira, como se conclui do dispositivo no § 3º, citado, do art. 651. Segundo esse dispositivo, poderá o empregado aqui contratado, embora prestando serviços no território estrangeiro, ajuizar reclamatória no Brasil. Tal preceito, entretanto, deverá ser interpretado em harmonia com o § 2º do mesmo dispositivo. Vejamos, então, o artigo em estudo mais pormenorizadamente. A hipótese é a de empregado brasileiro que, contratado no Brasil, presta serviços no estrangeiro. Há quem sustente que a jurisdição será nossa apenas se a empresa tiver sede no Brasil. A lei não o exige e sim que o foro da celebração do contrato seja aqui. Se a empresa não possuir matriz, agência, filial, sucursal no Brasil haverá seguramente dificuldades executórias. Mas, isso não deve constituir motivo para que se restrinja a competência ou para que se anule a possibilidade do trabalhador brasileiro nessas condições ajuizar ação, se a contratação foi feita no Brasil.

Antônio Lamarca ("O Livro da Competência", Ed. RT, 1979, p. 155) observa que "o § 2º não modifica a regra geral de competência: estende-a, apenas".

É necessário, outrossim, que a sede da empresa esteja situada no Brasil, ao contrário do que afirma *Tostes Malta*. Essa afirmação se depreende da expressão: "agência ou filial no estrangeiro". Se a sede não for no Brasil, não incide a jurisdição brasileira. Se o empregado não prestou serviços no Brasil, sendo enviado para o exterior logo após a contratação, há de ser competente, no Brasil, o foro da celebração. O foro da celebração poderá ser uma agência ou filial, cuja matriz está situada em outro país. Nesse caso, obrigar que o trabalhador ajuíze a ação no país estrangeiro seria o mesmo que proibir a demanda. Poderá propor a demanda no Brasil contra a empresa contratante na agência ou filial aqui instalada.

Ao falar em agência ou filial no exterior, inarredável a existência do estabelecimento principal no Brasil, pressuposto necessário da existência daquelas.

Se assim não fosse, a possibilidade de discutir a matéria no Brasil ficaria na dependência de convenção permitindo que o Estado estrangeiro adotasse o princípio da nacionalidade; princípio esse não adotado pelo Brasil, nos termos dos arts. 9º e 13 da LICC. E a execução de sentença que viesse a ser proferida encontraria óbices ainda maiores.

"A regra geral *locus regit actum* continua vigente para a qualificação e regime das obrigações, que se sujeitam assim à lei do país em que constituírem (art. 9º), bem como a prova dos fatos ocorridos em país estrangeiro (art. 13)" (*Caio Mário da Silva Pereira*, "Instituições de Direito Civil", Forense, Rio, 1974, V. I/171).

Antônio Carlos de Araújo Cintra, *Ada Pellegrini Grinover* e *Cândido R. Dinamarco* ("Teoria Geral do Processo", Ed. RT, São Paulo, 1983, p. 102 e 103) dispõem: "64. Limites internacionais — Quem dita os limites internacionais da jurisdição de cada Estado são as normas internas desse mesmo Estado. Contudo, não leva o legislador muito longe a jurisdição de seu país, tendo em conta principalmente duas ponderações ditadas pela experiência e pela necessidade de co-existência com outros Estados soberanos: a) a convivência: excluem-se as lides irrelevantes para o Estado); b) a viabilidade (excluem-se os casos em que não será possível a imposição autoritativa do cumprimento da sentença). A doutrina, sintetizando os motivos que levam à observância dessas regras, alinha-os assim: a) existência de outros Estados soberanos; b) respeito a convenções internacionais; c) razões de interesses do próprio Estado."

34.3.40.5. Do empregado contratado no estrangeiro

A competência jurisdicional é do Brasil, nos termos do art. 651 da CLT e do art. 12 da LICC. A propósito a Súmula n. 207 do TST e o Código de Bustamante, art. 323.

Nesse sentido, *Tostes Malta* ("Prática do Processo Trabalhista", Ed. Trabalhistas, p. 214): "Essa hipótese se rege tanto pela Consolidação como pelo preceito contido na Lei Introdutória ao Código Civil. A jurisdição é do Brasil. O Tribunal competente será o do foro da prestação de serviços. Havendo Junta de Conciliação e Julgamento (Vara) nesse foro, a ela competirá dirimir o litígio; não havendo, caberá a reclamatória ao Juiz de Direito competente para as ações trabalhistas."

Tem-se aqui a aplicação da regra geral, qual seja o lugar da prestação de serviços. O fato de haver sido contratado no estrangeiro não exclui a regra geral da prestação de serviços. O funcionário contratado no estrangeiro para trabalhar no Brasil poderá ser brasileiro ou estrangeiro. Também o empregado estrangeiro poderá ajuizar ação no Brasil se isso lhe for mais conveniente, *v. g.*, por estar morando no Brasil. Se houver retornado ao país de origem, certamente ajuizará ação lá, por motivos óbvios.

34.3.40.6. Da exceção à regra: trabalho em várias localidades

A exceção de competência deve ser interpretada em consonância com a regra geral contida no *caput* do art. 651 da CLT. Assim, o fato do empregador poder promover a realização de suas atividades em várias outras localidades, que não as da contratação, não dá ao empregado o direito de escolha do local para promover o ajuizamento da ação, pelo menor como regra.

Se, todavia, durante o lapso contratual, o empregado prestou serviços em várias localidades, nesta hipótese socorre-o a exceção prevista no § 3º do art. 651 da CLT.

Suponha-se, entretanto, que o empregado durante todo o período contratual prestou serviços em uma única localidade, embora o seu empregador desenvolva suas atividades em várias outras localidades. Neste caso, aplicável a regra geral e competente será a da Vara ou do Juízo de Direito que tiver jurisdição naquela localidade. A *mens legis* tem por escopo propiciar às partes, em especial ao empregado, maiores facilidades na produção das provas. E as provas serão colhidas com maior facilidade no local da prestação de serviço.

Preleciona *Lamarca* ("O Livro da Competência", Ed. RT, 1979, p. 155 e 156) que: "Pelo § 3º do art. 651, "Em se tratando de empregador que promova realização de atividades fora do lugar do contrato de trabalho, é assegurado ao empregado apresentar reclamação no foro da celebração do contrato ou da prestação dos respectivos serviços". Neste parágrafo, a opção é do empregado: essa disposição "é a que melhor espelha o sentido do critério de fixação de competência *ratione loci* no processo do trabalho: facilitar ao litigante economicamente mais fraco o ingresso em juízo em condições mais favoráveis à sua defesa, seja qual for sua posição processual" (*Délio Maranhão*). O legislador, quando empregou a expressão "lugar do contrato de trabalho", referiu-a como sendo o foro da prestação de serviços (regra geral de competência territorial-funcional, inderrogável, *caput* do art. 651 da CLT). Se o empregado for fixo (embora o empregador exerça sua atividade em mais de uma "comarca"), não surge o problema: a regra imperante continua sendo a geral, do foro da prestação de serviços; se o empregado ora trabalha aqui, ora acolá, então lhe é lícito optar entre o foro da celebração e o foro da prestação. Não esquecer que a opção pertence ao empregado, não ao empregador: "é assegurado ao empregado"; o empregador está jungido à regra geral de competência, que é o foro da prestação de serviços. O empregado não, esse poderá escolher entre os dois foros, aquele que lhe parecer mais conveniente. (...) Como disse, o intérprete deve preocupar-se mais com a mobilidade do empregado, não do empregador: é a mobilidade daquele que lhe permite usar da opção. Se ele nunca saiu de uma localidade, embora a empresa tenha atividades em muitas outras, a disposição para ele não terá sentido. Todavia, se o trabalhador é transferido definitivamente, aceita e cumpre a transferência, as reclamações deverão ser promovidas por ele no derradeiro foro em que trabalhar (foro da prestação de serviços); se não aceita e não cumpre a ordem de transferência, competente será o juízo do lugar da prestação de serviços (de onde foi transferido e não aceitou). A opção, insisto, somente tem razão de ser quando o empregado, em virtude das atividades da empresa (seja ela qual for), se locomove transitoriamente de um lugar para outro."

Entender-se que o empregado poderá propor ação na localidade onde fora contratado ou naquela onde prestou serviços seria o mesmo que se entender conflitantes o *caput* do art. 651 e o seu § 3º, já que o primeiro afirma a competência no local da prestação de serviços, ainda que contratado noutro local; e o § 3º dispõe que é assegurado ao empregado apresentar reclamação no foro da celebração do contrato ou no da prestação dos respectivos serviços. De conformidade com regras de hermenêutica, a lei não tem dispositivos ociosos. E *in casu* inexiste qualquer conflito, pois cuidam de realidades diversas.

34.3.41. Do valor da causa e suas implicações

Antes do advento da Lei n. 5.584/1970 não havia exigência legal de fixação do valor da causa (art. 840, §§ 1º e 2º, e 787 da CLT). Hoje, inarredável a providência, pois da fixação do valor da causa dependerá o rito processual a ser imposto à demanda e bem assim da possibilidade ou não de recorrer da sentença, salvo em existindo discussão de matéria constitucional, quando haverá a possibilidade de a parte recorrer para o Regional, para o TST e para o STF (art. 2º, § 4º).

Não tem aplicação em sede trabalhista o art. 102, III, CF.

Nos termos da Lei n. 5.584/1970, quando o valor fixado à causa não exceder de dois salários mínimos vigentes na sede do Juízo, nenhum recurso caberá (§ 4º, art. 2º). Todavia, em havendo tema constitucional, a parte poderá recorrer para todas as instâncias trabalhistas e ir até o STF (§ 4º).

Com o advento da Lei n. 6.205/1975, tiveram início as divergências interpretativas: a primeira corrente pugnando pela prevalência da Lei n. 5.584/1970 que fixa a alçada em dois salários mínimos; a segunda afirmando que a alçada fora agora fixada em dois valores referências.

A razão estava com a primeira corrente e a Lei n. 7.402/1985, modificando a redação do art. 2º da Lei n. 5.584/1970, espancou qualquer dúvida a respeito.

Em artigo nosso publicado no jornal *O Estado de S. Paulo,* datado de 11.9.84, sob a rubrica "A alçada recursal na Justiça do Trabalho", dizíamos que a Lei n. 6.205/1975 em nada havia modificado a Lei n. 5.584/1970. A primeira estabelecia a descaracterização do salário mínimo como fator de correção monetária, relação puramente material; a segunda dispunha sobre normas de Direito Processual do Trabalho. Logo, *jus publicum privatorum pactis mutari non potest*. Prevaleceu a alçada de dois valores-referência até a revogação da Lei n. 6.205/1975. A partir de então, houve uma espécie de repristinação trazendo de volta a alçada de dois salários mínimos. O valor da causa não só define o rito a ser seguido, ordinário, sumário ou sumaríssimo, mas também a competência funcional restrita ao primeiro grau, quando a alçada não sobejar a dois salários mínimos; com possibilidade de recurso ordinário para o Regional, quando a alçada for superior as dois salários mínimos, estendendo, assim, a competência funcional ao Regional.

De qualquer forma, num e noutro caso, prevalece a exceção de possibilidade de recurso extraordinário, quando houver tema constitucional em discussão. Diferente do que poderá parecer, o art. 102, III, "a", da CF não tem aplicação em sede trabalhista.

Vale dizer, existindo matéria constitucional, a parte, se recorrer, deverá interpor recurso ordinário para o Regional, recurso de revista para o TST e, finalmente, poderá utilizar-se do recurso extraordinário para a Excelsa Corte. Não existe a possibilidade de recurso direto do primeiro grau ao STF, via recurso extraordinário.

A estrutura processual trabalhista exige que a matéria constitucional seja apreciada, discutida, e julgada por todas as jurisdições trabalhistas. Nos Regionais, se o relator for acolher a inconstitucionalidade alegada em razões recursais, o processo será sobrestado para que o plenário ou o órgão especial do tribunal decida primeiro sob o tema, acolhendo ou rejeitando a inconstitucionalidade. Feito isso, os autos serão devolvidos à Turma Julgadora que prosseguirá no julgamento acolhendo o que restou decidido pelo plenário ou pelo órgão especial, não mais podendo a Turma pronunciar-se sobre o tema.

34.3.42. Da revisão

Dispõe a Lei n. 5.584/70 que nos dissídios individuais, proposta a conciliação, e não havendo acordo, o Presidente da Junta (Vara) ou o Juiz, antes de passar à instrução da causa, fixar-lhe-á o valor para a determinação da alçada, se este for indeterminado no pedido (art. 2º).

Em audiência, ao aduzir razões finais, poderá qualquer das partes impugnar o valor fixado e, se o Juiz o mantiver, pedir revisão da decisão, no prazo de 48 (quarenta e oito) horas, ao Presidente do Tribunal Regional (art. 2º, § 1º).

O pedido de revisão, que não terá efeito suspensivo, deverá ser instruído com a petição inicial e a Ata da Audiência, em cópia autenticada pela Secretaria da Vara, e será julgado em 48 (quarenta e oito) horas, a partir do seu recebimento pelo Presidente do Tribunal Regional (art. 2º, § 2º).

Quando o valor fixado para a causa, na forma deste artigo, não exceder de 2 (duas) vezes o salário mínimo vigente na sede do Juízo, será dispensável o resumo dos depoimentos, devendo constar da Ata a conclusão da Vara quanto à matéria de fato (art. 2º, § 3º).

Salvo se versarem sobre matéria constitucional, nenhum recurso (art. § 4º, art. 2º, CLT) caberá das sentenças proferidas nos dissídios da alçada a que se refere o parágrafo anterior, considerado, para esse fim, o valor do salário mínimo à data do ajuizamento da ação (art. 2º, § 4º). Em sede trabalhista, é inaplicável o art. 102, III, "a", da CF, devendo a matéria constitucional passar pelo crivo do Regional e, sendo o caso, do TST. A matéria constitucional deve passar antes pelo Órgão Especial ou pelo Pleno do Regional, caso a tendência da Turma, da Seção Especializada ou do Grupo de Turmas seja pelo acolhimento da inconstitucionalidade. O julgamento, nesse caso, deve ser sobrestado, só podendo continuar após o julgamento da inconstitucionalidade pelo órgão especial ou pleno, acolhendo ou não.

A lei usa a palavra "indeterminado" (art. 2º) que significa: indefinido ou de difícil definição. Do léxico: "o que não é determinado, que não é fixo; indefinido, indistinto, vago, incerto" (Grande e Novíssimo Dicionário da Língua Portuguesa, Ed. José Olympio, Rio, 1957, p. 2.951, de Laudelino Freire). O mesmo que inestimável: "ação que não tem valor econômico" (*Leib Soibelman*, ob. cit., p. 195). *Moniz de Aragão* diz "nos casos em que a causa não tiver valor certo" ("Comentários ao Código de Processo Civil", Ed. Forense, v. V, p. 212).

Temos, pois, que a regra geral no processo trabalhista, a exemplo do processo civil, é a parte indicar o valor da causa. No processo civil, a obrigação existe, ainda que a causa não tenha conteúdo econômico imediato (art. 258). Poderá a parte adversa impugnar o valor se dele discordar (art. 261).

"Competência e determinando a forma do processo" (*Moniz de Aragão*, ob. cit., p. 340).

O valor da causa, além de obrigatório (art. 282, V, do CPC e Lei n. 5.584/1970, art. 2º), há de refletir aquilo que economicamente se pleiteia, exceção feita, naturalmente, àquele que não tenha conteúdo econômico. Quando desobedecidas essas regras, poderá o Juízo agir de ofício. "Como o valor pode servir de base à fixação da competência, à forma do processo e ao cabimento do recurso extraordinário, é fácil perceber que tais efeitos — envolvendo matéria de ordem pública — não devem ficar sujeitos exclusivamente à vontade das partes, justificando-se a intervenção da lei em algumas hipóteses. Esses preceitos se impõem, mesmo quando as partes estejam de acordo em infringi-los, o autor ao fixar o valor e o réu não o impugnando no momento adequado. Em tal caso, a competência, a forma do processo ou o cabimento do recurso não ficarão subordinados ao acerto dos interessados, pois o juiz deverá intervir de ofício, para corrigir os defeitos da estimação, com isso fixando acertadamente a competência e determinando a forma do processo" (*Moniz de Aragão*, ob. cit., p. 340).

Nos exatos termos do art. 2º da Lei n. 5.584/70, há, todavia, possibilidade de impugnação apenas nas hipóteses em que a causa é de valor "indeterminado", ou seja, "inestimável" (sem conteúdo econômico), diversa, pois, da orientação contida no CPC. Evidente o cochilo do legislador ordinário, pois o valor da causa fixa a alçada, o rito processual a ser seguido (ordinário, sumário ou sumaríssimo), a competência funcional restrita à Vara ou extensiva à jurisdição *ad quem*, bem assim diz respeito ao pagamento de custas, quando sucumbente o autor, já que as custas, sucumbente a ré, serão fixadas em função da condenação que poderá ter como suporte valor menor ou maior do que o valor da causa. Aplicáveis as regras do processo comum, no que couber, de forma subsidiária complementar.

34.3.42.1. *Do momento próprio do pedido de revisão*

Será em razões finais (art. 2º, § 1º, da Lei n. 5.584/1970). A determinação legal contrasta, desde logo, com a realidade, já que levou em conta a existência de audiência única, a qual, na prática, ainda constitui exceção. O comum é a juntada de defesa, designação de uma nova sessão para ouvir partes e testemunhas, perícia etc., com posterior encerramento da instrução. Vale dizer que as "razões finais" poderão vir aos autos, possivelmente, decorridos um ou mais anos.

Dentro dessa realidade, surge o primeiro embaraço procedimental, diante do contido no art. 2º, § 3º, da Lei n. 5.584/1970. Como instruir o processo nos moldes da determinação legal, se a parte poderá pedir revisão em razões finais, quando já instruído o processo, e, se atendida, tornar imprestável a instrução? Assim, *ad cautelam*, deve o juiz, em tais casos, constar o resumo dos depoimentos, que significa neutralizar a lei.

A fixação do momento próprio por ocasião das razões finais (art. 850, CLT) traduz incoerência, uma vez que esse ato é praticado após o encerramento da instrução processual. Ora, a discussão do valor da causa levará a aplicação do rito ordinário ou sumário com reflexo justamente na instrução do processo. Daí por que a impugnação deve ser feita por ocasião da entrega da defesa, devendo o juiz resolver de plano a matéria para que a parte, em sendo o caso, recorra de revisão. Embora diga a lei que o recurso só tem efeito devolutivo, o melhor será o sobrestamento uma vez que o Presidente do Tribunal deverá resolver o impasse em 48 horas e o prosseguimento do feito poderá atropelar o rito.

Dispõe *Batalha* ob. cit., p. 259 e 260 que: "A sistemática merece críticas. O valor atribuído obrigatoriamente à causa, na inicial, deveria ser impugnado na defesa e fixado de plano pelo Juízo. O reexame pela superior instância deveria ocorrer ao ensejo da decisão final, limitando-se ao aspecto do valor da causa quando o valor fixado se houvesse situado em limites não permitindo a interposição de recurso ordinário. A atribuição de valor à causa é necessária, mesmo que se trate de pedido de valor inestimável (CPC/73, art. 258)."

Wagner Giglio ("Direito Processual do Trabalho", Ed. Sugestões Literárias, São Paulo, 1972) dispõe: "É claro que, embora não seja exigido, o valor da causa poderá ser dado pela parte, na petição inicial" (p. 214); "A conclusão final é de que o pedido de revisão endereçado ao presidente do TRT tem natureza jurídica de recurso especial (...)" (p. 216); "A Lei n. 5.584 não prevê se o pedido de revisão deverá ser apresentado na Vara ou Juízo de Direito ou diretamente ao Presidente do Tribunal. Por analogia aos demais recursos, o pedido daria ingresso na primeira instância (jurisidção) e esta encaminharia ao Tribunal" (p. 218); "Se, porventura, for negado seguimento ao pedido de revisão apresentado na Vara ou Juízo de Direito, parece-nos fora de dúvida o cabimento, contra este despacho, de agravo de instrumento (...)" (p. 219).

Pedimos vênia para discordar do insigne *Wagner Giglio* em alguns pontos:

a) com o advento da Lei n. 5.584/1970 e a redação dada pelo art. 2º, entendemos indiscutível a exigência de constar o valor da causa; não o fazendo a parte, terá o Juízo de fazê-lo para que se fixe a alçada. A lei remeteu ao Juízo apenas a exceção (causa sem conteúdo econômico), dissentindo a esta parte do próprio CPC (art. 258); b) o pedido de revisão não tem a dignidade de recurso e recurso não é. Se fosse essa a intenção do legislador, tê-lo-ia incluído no rol do art. 893 da CLT; c) em não sendo recurso, do indeferimento pela primeira instância, cabível a correição parcial. O agravo de instrumento além de incabível seria mais demorado. E caso haverá em que a parte poderá usar do próprio mandado de segurança. Todavia, concordamos que o destrancamento pela via do agravo de instrumento, com votação no colegiado é mais segura do que simples correição parcial, onde a decisão será feita de forma monocrática.

Para que o cumprimento da lei não leve ao impasse (art. 2º, § 1º, Lei n. 5.584/1970), pois nem todas as Varas conduzem o processo em audiência una, já que a "revisão" seria após as razões finais, deve o juiz fixar desde logo o valor da causa, quando a parte não indicou o valor, ou quando o fez de forma incorreta, indicando valor aleatório, quando o valor da causa deve refletir aquilo que economicamente de pleiteia. Fixado o valor pelo juiz condutor, a parte que dele discordar poderá, desde logo (ou no prazo de 48 horas), usar do recurso atípico de "revisão". Como o recurso é dirigido ao Presidente do Regional e este deverá, por dever de ofício, decidir em 48 horas, é preferível que o processo seja suspenso. O prosseguimento poderá ter conseqüências inusitadas, em face do que dispõe o § 3º, do art. 2º, que permite a dispensa do resumo dos depoimentos em ata, onde constará apenas a conclusão. Tudo isso, como forma de aplicação da lei, com suporte na realidade.

Não se pode, por lealdade intelectual, deixar de dizer que a Lei n. 5.584/1970, como regra, não é aplicada nesta parte do § 3º. É mais produtivo e razoável que os depoimentos constem da ata e esta seja assinada pelas partes e por seus advogados. A simples conclusão poderia provocar o inconformismo de partes e de advogados pela discordância do resumo, com ou sem razão, já que o juiz não é infalível e poderá proceder a resumo incorreto. A prática tem indicado que esse é o melhor caminho. No caso da revisão e da modificação do valor da causa para maior ou para menor valor, não haverá nenhum reparo a ser feito, pelo que será dispensado, também, o sobrestamento.

34.3.43. Da alçada trabalhista em processos da União, autarquias e empresas públicas federais

A matéria, antes do advento da Constituição de 1988, vinha sendo regida pela Lei n. 6.825, de 22.9.1980, a qual dispunha inexistir o duplo grau de jurisdição nas causas contra a União, cujo valor fosse igual ou inferior a 100 Obrigações Reajustáveis do Tesouro Nacional (art. 1º, § 1º). Também inexistia recurso de ofício nas sentenças proferidas contra a União e autarquias federais em reclamatórias trabalhistas (art. 2º), cujo valor da causa não sobejasse àquele parâmetro. Naquelas sentenças proferidas em causas de valor igual ou inferior a 50 Obrigações (art. 4º), em que a União, autarquias e empresas públicas fossem interessadas na condição de autoras, rés, assistentes ou opoentes, só eram admitidos *embargos infringentes de julgado* e *embargos de declaração*.

Com o advento da nova Constituição (1988), todavia, a matéria trabalhista da União, autarquias e empresas públicas federais (art. 114) passou para a competência da Justiça do Trabalho. E a lei que rege a matéria (alçada) é a Lei n. 5.584/1970, a qual em seu art. 2º, §§ 3º e 4º, dispõe que a alçada está gizada em dois salários mínimos.

Não se perca de vista que o processo trabalhista é informado por princípios próprios e a aplicação de norma subsidiária há de, sempre, adaptar-se à realidade trabalhista. O processo trabalhista não mais contempla em seu rol os *embargos infringentes* (art. 652, "c", da CLT e antigo Prejulgado n. 4 do TST) de que fala o art. 4º da Lei n. 6.825/1980. E os embargos declaratórios são possíveis, sempre, independentemente de alçada. Com o advento da nova Carta Magna, inaplicável a Lei n. 6.825/1980 no que concerne aos feitos trabalhistas, nos quais estejam envolvidas a União, autarquias e empresas públicas federais, mas a Lei n. 5.584/1970, pena de dar-se tratamento diferenciado aos demais órgãos do poder público (Estados e Municípios).

34.3.44. Da competência em razão da eleição de foro

A matéria está prevista no art. 78 do Código Civil. O Código de 1939 não previa expressamente a matéria. Fê-lo os arts. 95 e 111, CPC atual.

O processo trabalhista não permite o foro de eleição, dada a sua natureza tutelar.

Para configurar o vínculo empregatício, desnecessário contrato escrito (art. 443 da CLT). Suficientes as anotações da "CTPS". Todavia, ainda que formalizado por escrito, na prática, regra geral, tem o valor de simples contrato de adesão. O empregado não tem possibilidade de fazer valer qualquer exigência, salvo exceção. Dentro dessa realidade, o foro de eleição seria prejudicial somente ao trabalhador que teria de concordar, sempre, com as exigências do empregador.

Délio Maranhão ("Instituições de Direito do Trabalho", Freitas Bastos, 1974, v. II, p. 890) afirma ser inadmissível. Nesse mesmo sentido, *Antônio Lamarca* ("O Livro da Competência", Ed. RT, São Paulo, 1979, p. 152), *Batalha*, ob. cit., p. 261 e 262. *Idem Amauri M. Nascimento*, ob. cit., p. 84 e 85.

A razão está com *Campos Batalha*, quando, em sua magnífica obra, "Instituições de Direito Processual do Trabalho" (p. 153), assinala que "os pressupostos da competência *ratione loci* em matéria trabalhista são diversos dos relativos à Justiça Comum. Toda a legislação do trabalho tem efeito tutelar. A especificidade do Direito Processual do Trabalho revela a mesma diretriz, facilitando aos trabalhadores a via de acesso à Justiça. Atendendo-se ao estado de subordinação ou inferioridade do trabalhador, idéia base de toda a legislação do trabalho, não se poderia entender válida a estipulação de foro diverso de prevista em lei, porque tal estipulação poderia envolver dificuldades na propositura de eventuais demandas, baldando a intenção do legislador. Em conseqüência, entende-se não escrita a cláusula contratual que importe estipulação de foro por escrito critérios, diversos dos previstos em lei" (Trabalho e Seguro Social, XXXIV/98 e XXXI/305; Revista do Tribunal Superior do Trabalho, maio-junho de 1952, p. 51; julho-outubro de 1952, p. 24); *apud* Batalha, ob. cit., p. 262.

34.3.45. Da competência funcional

Onde houver mais de uma Vara do Trabalho ou de uma Vara Estadual, firma-se a competência entre juízes cumulativamente competentes, por meio da distribuição.

Pela distribuição da ação procede-se à escolha do "juiz natural", que é a garantia de proceder-se ao julgamento por juiz independente e imparcial. O juiz natural, por sua vez, está atrelado do princípio da indeclinabilidade, segundo o qual deverá instruir, apreciar e julgar o processo que lhe foi distribuído, excepcionando-se os casos previstos no art. 87, do CPC que prestigia o princípio da *perpetuatio jurisdictionis* e indica expressamente as exceções que poderão afastar a competência em razão da matéria ou da hierarquia. Ver art. 475-P, parágrafo único, que excepciona na fase executória, permitindo que os autos sejam enviados para o juiz onde se localiza o bem sujeito à expropriação ou para o local de domicílio do executado.

Pelo protocolo, havendo apenas uma Vara, ou pela distribuição onde houver mais de uma Vara, firma-se a competência funcional e o juiz natural. A competência funcional pressupõe que o juiz para quem a ação foi distribuída seja competente em razão da matéria. Não pode haver competência funcional se o juiz a quem a demanda foi distribuída não tenha competência material. O poder de dizer o direito (*jurisdictio*) concedido ao juiz só se valida sendo ele competente materialmente (ramo do judiciário: civil, trabalhista, penal) e funcionalmente (distribuição para determinada Vara que titula ou funcione ainda que provisoriamente). Com a distribuição, firma-se também o juiz natural.

34.3.46. Da distribuição por dependência

O Código de 1939 exigia a concomitância de dois elementos para formalizar a conexão, sendo inarredável a presença das mesmas partes. O art. 103 do CPC atual exige apenas um elemento, o objeto ou causa de pedir. Na prática, significa que vários processos contra uma mesma empresa com o mesmo objeto ou causa de pedir, proposta por autores diversos, poderiam ser reunidas com suporte na conexão, levando em conta o juízo prevento. Na verdade, a reunião de processos embora centralize o procedimento poderá dificultar a instrução probatória, pois cada processo terá nuanças diversas, certamente. Depois, cada autor teria direito a ouvir o máximo de três testemunhas. E o empregador teria direito a ouvir também três testemunhas para cada processo, salvo se concordasse com a conexão e oitiva de apenas três testemunhas para todos os processos. Poderia funcionar, se a matéria fosse exclusivamente de direito, sem necessidade probatória, portanto. Na prática, a conexão é pouco ou nada utilizada nos moldes do art. 103. Quando utilizada, têm-se presentes as mesmas partes, praxe mais coerente.

Comanda o art. 253, CPC que os feitos de qualquer natureza serão distribuídos por dependência, quando se relacionarem, por conexão ou por continência, com outro feito já ajuizado. A distribuição por dependência exige que haja uma interligação entre a primeira ação ajuizada (arts. 106, 219, CPC) e outras ações que com ela se harmonizem pelo nexo da conexão ou da continência. A distribuição por dependência não está restrita à vontade das partes ou ao simples interesse das partes de concentrar as suas ações num determinado juízo. A distribuição por dependência somente poderá ser deferida naqueles casosprestigiados pela lei. Por outro lado, ainda que haja a prevenção, o juiz prevento não está obrigado a reunir as ações em razão da conexão ou da continência, por cuidar-se de competência relativa àquela provinda da prevenção (art. 105, CPC). Como regra, em se apresentando a hipótese, os juízes reúnem as ações, tendo em conta o requisito de ordem pública de se evitarem sentenças destoantes. Quando o Código diz que o juiz pode, de ofício ou a requerimento das partes, determinar a reunião de processos, refere-se ao douto critério que tem o magistrado de deferir ou indeferir requerimento das partes. Todavia, quando o juiz determinar a reunião de processos (conexão ou continência), as partes não poderão objetar a determinação, vez que contida no poder discricionário do juiz. Para as partes, a determinação é absoluta.

Evidentemente, presente a conexão ou a continência existe razão de ordem pública (evitar sentenças contraditórias) que aconselha o magistrado a fazer a reunião dos processos, de ofício ou a requerimento das partes. Todavia, repita-se, a lei deixou ao douto arbítrio do juiz a reunião ou não dos processos, mesmo porque existem casos em que, mesmo presentes os requisitos, a reunião não é aconselhável, *v. g.*, quando um dos processos esteja em estágio processual diverso. Nesse sentido, entendeu o STF que havendo conexão, pode o juiz ordenar a reunião de processos que correm em separado. Tratando-se de competência relativa, deixa a lei ao juiz discrição de apreciação. Ver RTJ 10/700 e RT 569/216.

É mais ou menos comum, a parte, após haver ajuizado uma ação, verificar a ausência de determinados pedidos, *v. g.*, alega que despedido injustamente e esquece de pedir o pagamento de aviso prévio e a liberação do FGTS, com o acréscimo de 40%. Poderá pedir ao juízo prevento a distribuição da nova ação por dependência ou ajuizar nova ação. Nesta segunda hipótese, é possível que o réu invoque a remessa dos autos ao juízo prevento da primeira ação, com suporte na continência. Se a parte adversa nada pedir, e o juiz desconhecer os fatos, o processo seguirá normalmente; se o juiz tiver conhecimento poderá de ofício remeter os autos ao juiz prevento. Todavia, repita-se, o juiz poderá deferir ou determinar a reunião do processo, dentro do seu livre critério, por ser a competência relativa.

Reputam-se conexas (art. 103) duas ou mais ações, quando lhes for comum o objeto ou a causa de pedir. A continência (104) entre duas ou mais ações faz-se presente sempre que houver identidade quanto às partes e à causa de pedir. Todavia, o objeto de uma das ações, por ser mais amplo, abrange os objetos das demais. A conexão e a continência são incidentes processuais que têm por objetivo reunir ações com o objetivo de se evitarem julgamentos díspares. A conexão exige apenas que as ações tenham o objeto ou a causa de pedir, comuns. Não existe a exigência de que as partes sejam as mesmas. Na prática, é muito difícil configurar a conexão de ações. Mesmo porque, a reunião de determinados processos que tenham em comum apenas o pedido ou a causa de pedir, poderá complicar a instrução probatória; e quando os processos estiverem em estágios diferentes, a reunião será desaconselhável. O mais comum é o ajuizamento de ações complementares, envolvendo as mesmas partes, somando pedidos anteriormente esquecidos. A conexão e a continência, quando possíveis, têm a *vis attractiva* do juiz prevento, isto é, aquele a quem fora distribuída a primeira ação. A continência, por haver identidade das partes, de causa de pedir e por ter um objeto mais amplo, é utilizada com mais freqüência. Sobre o tema, remetermos o leitos ao Capítulo XII (Da modificação da Competência), itens 12.6. a 12.9.

34.3.47. Das embaixadas e dos consulados

Daremos a seguir uma visão sobre o tema com respaldo no Direito Internacional sobre a superação da classificação de ato de império e de gestão, a relativização do princípio da extraterritorialidade, o relacionamento entre Estados soberanos, a superação da Convenção de Viena a esta parte, a competência da Justiça do Trabalho para conhecer, julgar e executar tais ações com respaldo no princípio da imunidade temperada adotada pelo Supremo Tribunal Federal com suporte na *European Convention on State Immunity and Additional Protocol*.

Daremos a seguir uma visão do que era antes da adoção pela Excelsa Corte da teoria a "imunidade temperada".

À doutrina moderna repulsa a idéia da extraterritorialidade e a distinção de atos de império *(jure imperio)* e atos de gestão *(jure gestionis)* não se mostra de todo eficaz a resolver o impasse.

Arnaldo Süssekind e *Délio Maranhão* ("Imunidade de jurisdição de Organismo Internacional", publicado na Revista LTr 38/1.031-1.037), com respaldo em *Brierly*, ensinam:

> "Por vezes, o direito internacional subtrai no todo ou em parte à jurisdição de um Estado uma pessoa ou uma coisa que materialmente se encontra dentro do seu território. Costuma chamar-se "extraterritorialidade" a esta situação, mas trata-se de uma designação pouco feliz, por várias razões. Em primeiro lugar, porque cria uma ficção, uma vez que a pessoa ou a coisa está dentro e não fora do território. Em segundo lugar, porque sugere que jurisdição e território são conceitos sempre coincidentes, quando a verdade é que isso só é exato em geral. Em terceiro lugar, a expressão pode induzir-nos em erro, levando-nos a extrair dela, tomando-a à letra, conseqüências jurídicas falsas, e a esquecer que se trata apenas de uma metáfora." ("Direito Internacional", trad. port. Lisboa, 1965, p. 219 e 249)

E prosseguem os autores retro:

> "Mas, se a doutrina moderna não mais aceita a idéia da extraterritorialidade, já não admite, também, para limitar a imunidade de jurisdição, a distinção entre atos de império e atos de gestão. São ainda palavras de *Brierly*: "A distinção entre atos praticados *jure imperii* e atos praticados *jure gestionis,* embora pareça à primeira vista atraente como processo para conter dentro dos limites da razoabilidade a imunidade estatal, não tem qualquer fundamento sólido". Uma tal distinção pressupõe que se tenha da função administrativa uma concepção que poderá estar de acordo com as teorias do *laissez faire* do século passado,

mas que parece arbitrária numa comunidade internacional de que fazem parte Estados socialistas e comunistas, ao lado de Estados capitalistas." (ob. cit., p. 249)

Por outro lado, ainda que superada a questão da imunidade de jurisdição, o impasse persistiria no tocante à execução.

Dispõe o art. 32, n. 4, da Convenção de Viena, ratificada pelo Brasil, que: "A renúncia à imunidade de jurisdição no tocante às ações civis ou administrativas não implica renúncia à imunidade quanto às medidas de execução de sentença, para as quais nova renúncia é necessária." Esta orientação está hoje superada pela *European Convention on State Immunity and Additional Protocol.*

Há acentuada tendência na doutrina de, abandonando a divisão entre atos de império e atos de gestão, limitar-se às normas trabalhistas *ratione personae,* somente quanto aos denominados "extraterritoriais".

Dispõem *Süssekind* e *Délio Maranhão* (artigo citado): "Não se justificando a distinção entre atos *jure imperii* e atos *jure gestionis,* como limite à imunidade de jurisdição, esta abrange, por igual, a aplicação do direito do trabalho. Vejamos, através de alguns exemplos, a lição da doutrina: "Exceto nos casos de extraterritorialidade (...) a intervenção do magistrado nacional se impõe em matéria de trabalho. A extraterritorialidade se reduz a uma imunidade de jurisdição, de acordo com a qual a aplicação das normas trabalhistas se encontra limitada *ratione personae* por preceitos do Direito Público" (*Cesar Lanfranchi*, "Derecho Internacional Privado del Trabajo", Buenos Aires, 1955, p. 59 e 60). "A aplicação das normas trabalhistas é limitada *ratione personae,* apenas quanto aos chamados "extraterritoriais", assim como em virtude de preceitos do direito público ou do direito das gentes tais limites são também reconhecidos em outras matérias" (*Krotoschin*, "Instituciones del Derecho del Trabajo", I/45, Buenos Aires, 1947). A regra geral é a de que a aplicação das normas trabalhistas se estende a todos os habitantes do território nacional; mas existe a situação especial do extraterritorial, imune de jurisdição, em virtude do privilégio conferido pela representação de que está investido" (*Cabanellas*, "Tratado de Derecho Laboral", I/636, Buenos Aires, 1949). Segundo lição do emérito *Accioly*, "em virtude de uma ficção jurídica, ou por conveniências recíprocas, admite-se, em geral, que certas pessoas ou coisas encontradas num território devem ficar isentas da jurisdição territorial, ou, como pretendem alguns autores, devem ser consideradas como se estivessem fora desse território, ou seja, no território do país a que pertencem. É o caso da chamada extraterritoriedade, no qual se compreendem os soberanos ou chefes de Estado, os agentes diplomáticos, os representantes de Estados-membros e certos funcionários de organizações internacionais ..." ("Tratado de Direito Internacional Público", 2ª ed., v. I, p. 218, 1956). "Assim, o princípio da territorialidade das leis de proteção ao trabalho sofre uma exceção *ex ratione personae* (...)" ("Comentários à Consolidação das Leis do Trabalho", Rio, 1960, v. I, p. 41).

Nesse mesmo sentido caminha, o entendimento de nossos tribunais especializados:

"Não goza de imunidade de jurisdição empregada contratada por consulado de país estrangeiro. O contrato de trabalho rege-se pelas disposições do país em que é celebrado. Interpretação e alcance dos arts. 119 e 125, II, da Constituição Federal." (TRT, 4ª R., 1.618/80, Ac. 1ª T. 23.6.80, rel. Juiz Orlando de Rose, LTr 44-10/1.276)

"À Justiça do Trabalho compete julgar as reclamações postuladas por empregados contra consulados, fundadas em relação de trabalho segundo o disposto no art. 142 da Constituição Federal." (TST, E-RR 3.302/71, Ac. TP 1.731/73, 10.10.73, rel. Min. Ribeiro de Vilhena, LTr 37/989)

"Inaceitável a argüição de imunidade de jurisdição, com base na Convenção de Viena, desde que esta regulamenta apenas a imunidade e os privilégios dos agentes diplomáticos, não fazendo referência aos Estados. Por disposição constitucional, é a Justiça do Trabalho competente para o julgamento das reclamações interpostas contra Consulado, quando resta demonstrado terem sido as partes vinculadas por um contrato de trabalho." (TRT, 9ª R. 1.163/77, Ac. 1.378/78, 25.7.78, relª Juíza Carmen Amin Ganen, LTr 42/1.291)

Em suma, doutrina e jurisprudência são no sentido de reconhecer-se a imunidade somente naqueles casos em que o empregado estrangeiro foi trazido pelo Estado estrangeiro. Em se cuidando de contrato de trabalho com trabalhadores nacionais para prestação de serviços de natureza privada, não há falar em imunidade. Esta era a orientação que há muito vinha se formando, minando o princípio da extraterritorialidade e da imunidade de Embaixadas e de Consulados com repulsa a atos de império e de gestão embutidos na extraterritorialidade. O excesso de proteção ao Estado estrangeiro passava a constituir uma *captis execratio* aos direitos dos nacionais. Daí a reação da jurisprudência e da doutrina trabalhista

Assinala *Gerson de Britto Mello Boson* ("A imunidade de jurisdição do Estado e as relações de trabalho", LTr 35/599) assinala: "Na verdade, conseqüência lógica se impõe: se o Estado estrangeiro envia para o desempenho de tais serviços funcionários de sua nacionalidade, as relações entre estes e o Estado estrangeiro não podem ser apreciadas pelos tribunais locais. Não assim, porém, se o Estado estrangeiro contrata nacionais do Estado do território, para prestar-lhes tais serviços de natureza privada. Eximir-se das responsabilidades, em tais casos, por alegada imunidade de jurisdição, ensejaria conseqüências muito graves para o Estado do território. Além de prefigurar-se abuso de direito, verificar-se-ia manifesta denegação de justiça, pela impossibilidade de deslocar-se o empregado para demandar Estado estrangeiro perante os tribunais deste. De outro lado, representa-se caso típico de *summum jus summa injuria*, de vez que o Estado estrangeiro arrogar-se-ia como titular de um direito extremado para esmagar os direitos naturais do empregado que lhe prestou satisfatoriamente os serviços desejados. Ademais, admitir-se-ia ao Estado estrangeiro a faculdade de, através de fórmulas contratuais especiais, retirar todas as relações suas, entaboladas no território do Estado que opera, da jurisdição deste, bastando alegar as imunidades, o que é rematado absurdo, podendo chegar à eliminação da soberania local."

José Alberto Maciel ("Proteção ao trabalhador frente aos organismos internacionais", artigo publicado na Revista LTr 39/137) dispõe: "Sendo o empregador imune à Justiça brasileira, essa imunidade de jurisdição em razão de sua personalidade jurídica abrangeria os efeitos da relação de emprego? A imunidade é renunciável, tácita ou expressamente, podendo partir do agente diplomático, ou do Estado estrangeiro, caracterizando-se a renúncia tácita quando o Estado estrangeiro, agindo como empregador, contrata os serviços de um empregado, cujos direitos constitucionais de proteção no emprego são garantidos. Se a própria União, agindo como empregadora, despe-se de roupagem estatutária com que rege suas relações com os servidores, respeitando os direitos constitucionais dos empregados, não é crível que o Estado estrangeiro, sobrepondo-se à própria soberania nacional, não renuncie à sua imunidade, frente aos direitos dos trabalhadores. O livro IV do Código de Bustamante estabelece que "a lei de cada Estado contratante determina a competência dos Tribunais", sendo que o referido Código não alude qualquer referência à imunidade de jurisdição. Na Inglaterra a imunidade de um Estado compreende exclusivamente o exercício do seu poder de império. Tal como demonstra *Martin Wolff*, a imunidade não se estende aos atos de capacidade privada. Admitida a renúncia tácita, a imunidade dos Estados estrangeiros e agentes diplomáticos existe quanto à jurisdição local, não compreendendo a responsabilidade jurídica". Nesse mesmo sentido, as lições de *Batiffol*, *Savatier* e *J. Maury*, como demonstra *Batalha* ("Direito Internacional Privado", p. 311) *apud* autor retro (LTr 39/137): "O Estado estrangeiro pode renunciar à imunidade de que goza por direitos das gentes. A renúncia pode ser tácita quer quando o estado estrangeiro figura como autor, quer quando, como réu, deixa de apresentar exceção de competência."

Hildebrando Accioly ("Tratado de Direito Internacional Público", I, p. 225, 1956) assinala que: "Muitos autores e governos têm distinguido os atos praticados pelos Estados como pessoa pública, no exercício de seu direito de soberania ... em qualquer das hipóteses, se tem ressalvado os atos de execução, não se admitindo a prática dos mesmos." E citando *Henri Battifol* ("Droit International Privé", Paris, 1959, p. 789) lembra que "a aceitação da competência judiciária não importa renúncia à imunidade de execução". A Convenção de Viena considera irrenunciável a imunidade de execução: "Fica entendido, porém, que nenhuma renúncia de imunidade se estenderá a qualquer medida de execução".

O Código de Bustamante (*in Eduardo Espínola*, "Lei de Introdução ao Código Civil Comentada", Freitas Bastos, 1944 v. III, p. 242 e ss.) dispõe que:

> "Art. 314. A lei de cada Estado contratante determina a competência dos tribunais, assim como a sua organização, as formas de processo e a execução das sentenças e os recursos contra suas decisões."
>
> "Art. 315. Nenhum Estado contratante organizará ou manterá no seu território tribunais especiais para os membros dos demais Estados contratantes."
>
> "Art. 316. A competência *ratione loci* subordina-se, na ordem das relações internacionais, à lei do Estado contratante que a estabelece."
>
> "Art. 317. A competência *ratione materiae* e *ratione personae*, na ordem das relações internacionais, não se deve basear, por parte dos Estados contratantes, na condição de nacionais ou estrangeiros das pessoas interessadas, em prejuízo destas."
>
> "Art. 338. Os cônsules estrangeiros não estarão isentos da competência dos juízes e tribunais civis do país em que funcionem, exceto quanto aos seus atos oficiais."

"Art. 339. Em nenhum caso poderão os juízes ou tribunais adotar medidas coercitivas ou de outra natureza, que tenham de ser executadas no interior das legações ou consulados, ou em seus arquivos, nem a respeito da correspondência diplomática ou consular, sem o consentimento dos respectivos funcionários diplomáticos ou consulares."

Eduardo Espínola (ob. cit., p. 261) preleciona: "Caráter territorial das leis de organização judiciária e de processo. É incontestável o caráter territorial das leis concernentes à organização e competência dos tribunais, assim como das referentes ao processo, pois, como observa *Bustamante*, a administração da justiça é um dos poderes fundamentais do Estado, constituindo, para ele, ao mesmo tempo, um direito e um dever. Assim, nas condições atuais das relações internacionais, compete a cada estado estabelecer as suas normas de direito internacional privado, quer em sua legislação interna, quer em tratados e convenções; é ao legislador de cada estado que compete fixar a competência de seus tribunais para processar e julgar as questões de direito internacional privado. Como bem salienta *Bartin* — esse problema de conflito de jurisdição só poderá ser resolvido em relação a um Estado determinado, de acordo com a sua própria legislação. Claro está, adverte *Bartin*, que a norma geral adotada pelo legislador deixará de ser aplicada para que prevaleça alguma outra norma aprovada em tratado ou convenção".

Arnaldo Süssekind e *Délio Maranhão* (Pareceres de Direito do Trabalho, LTr, São Paulo, 1976, v. II/15) assinalam que: "A Assembléia Geral das Nações Unidas adotou, em 21 de novembro de 1947, a "Convenção sobre Privilégios e Imunidades das Agências Especializadas das Nações Unidas", que preceitua: "As agências especializadas, seus bens e ativo, onde estiverem localizados e qualquer que seja o seu depositário, gozarão de imunidade de todas as formas de processo legal, exceto na medida em que, em qualquer caso determinado, houvessem expressamente renunciado à sua imunidade. Fica entendido, porém, que nenhuma renúncia de imunidade se estenderá a qualquer medida de execução." "As instalações das agências especializadas serão invioláveis. Os bens e o ativo das agências especializadas, onde estiverem localizados e qualquer que seja a pessoa que as mantenha, ficarão isentos de busca, requisição, confisco, expropriação e qualquer outra forma de interferência, seja por ação executiva, administrativa, judicial ou legislativa." (art. 3º, seções 4ª e 5ª)

Wilson de Souza Campos Batalha ("Tratado Elementar de Direito Internacional Privado", Ed. RT, 1961, v. II — parte geral — p. 310/311) ensina que: "Admite-se, em geral, a imunidade dos agentes diplomáticos, dos soberanos e dos Estados estrangeiros à justiça local. (...) Tais imunidades não são extensivas aos cônsules, salvo quanto aos atos praticados no exercício de suas funções consulares. (...) A imunidade diplomática é renunciável e tal renúncia pode partir do próprio agente diplomático ou do Estado para o qual exerce suas funções. Em tais hipóteses, não haveria o óbice da *comitas gentium* (contra: *Weiss*, II/473). (...) Há quem sustente não ocorrer tal imunidade quando o soberano ou o Estado estrangeiro tenham agido como simples particulares."

Doutrina *Délio Maranhão* ("Instituições de Direito do Trabalho", Freitas Bastos, 1974, v. I/140) sobre empregados de missões estrangeiras ou de organismos internacionais, que estão, ainda, excluídos do âmbito de aplicação do direito do trabalho brasileiro, os que trabalhem em representações diplomáticas ou para organismos internacionais aos quais foi reconhecida a imunidade de jurisdição. Se, como adverte *Brierly*, "a idéia de extraterritorialidade já não é mais aceita pela doutrina moderna como fundamento da imunidade de jurisdição, bastando que se diga que a jurisdição de cada Estado, conquanto exclusiva, não é absoluta, uma vez que está sujeita a limitações impostas pelo direito internacional" não é menos certo, também, que "a distinção entre atos praticados *jure imperii* e atos praticados *jure gestionis* não tem qualquer fundamento sólido" e pressupõe uma concepção superada da função administrativa ("teorias do *laissez-faire* do século passado"), incompatível com a atual imunidade internacional (*Brierly*, "Direito Internacional", trad. port., Lisboa, 1965, p. 219 e 249). Por isso, tal imunidade abrange, por igual, a aplicação do direito do trabalho. E, por isso, a Lei Orgânica da Previdência Social equipara aos trabalhadores autônomos os "empregados de representações estrangeiras e dos organismos internacionais que funcionam no Brasil". Como ressalta *Oscar Tenório*, "a orientação não visa, apenas, à jurisdição ... visa à própria natureza do trabalho e à indenização devida e seu pagamento" ("Direito Internacional Privado", 9ª ed., 1970, II/343). Cumpre acentuar que não se confundem imunidade de jurisdição e imunidade de execução. Como dispõe o art. 32, n. 4, da Convenção de Viena sobre Relações Diplomáticas (1961), ratificada pelo Brasil, "a renúncia à imunidade de jurisdição não implica a imunidade quanto às medidas de execução de sentença, para as quais nova renúncia é necessária".

Falamos do que era. Falaremos a seguir do que é atualmente.

Veremos, nos itens que seguem, o novo posicionamento do Supremo Tribunal Federal trouxe novo alento à matéria com a introdução do princípio da "imunidade temperada", baseado na *European Convention on State Immunity and Additional Protocol*.

34.2.47.1. Da competência da Justiça do Trabalho

Ensina *Manoel Gonçalves Ferreira Filho* ("Comentários à Constituição Brasileira", Saraiva, 1974, v. 2/244), ao comentar o art. 119, I, "c", da Constituição Federal que "a Constituição de 1967 equiparou os organismos internacionais aos Estados estrangeiros para efeito de foro. Assim, os litígios que opuserem, de um lado, Estados estrangeiros ou organismos internacionais e, de outro, a União, os Estados, o Distrito Federal ou qualquer Município serão processados e julgados pelo Supremo Tribunal Federal". E, em comentando o art. 125, II, da Constituição Federal de 1967, assinala que "inscrevem-se na competência da Justiça Federal comum as causas em que sejam partes Estados estrangeiros ou organismos internacionais, salvo as que são da competência originária do Supremo Tribunal Federal (v. *supra*, art. 119, I, "c")". Na competência atual da Justiça do Trabalho (art. 114 da CF/88) incluem-se os entes do direito público externo.

Antônio Lamarca ("O Livro da Competência", Ed. RT, 1979, p. 461 e 462) lembra que: "Apesar dos pronunciamentos em contrário dos tribunais trabalhistas e do próprio Tribunal Federal de Recursos, na plenitude de sua composição, as questões entre Estado estrangeiro ou organismo internacional e municípios ou pessoas domiciliadas no país competem à justiça federal de primeira instância e, em grau de recurso (apelação), ao STF. As decisões da Justiça do Trabalho, em primeira instância (jurisdição), não são levadas ao Supremo Tribunal Federal: essa orientação contraria a tudo o que existe, neste país, sobre organização judiciária. As sentenças trabalhistas de primeira instância (jurisdição) são revistas, em grau de recurso, pelos Tribunais Regionais do Trabalho (III. 12), competentes funcionalmente para tanto.

Somente quando o Tribunal Superior do Trabalho, em grau de revista, infringir a Constituição Federal, é que caberá eventualmente recurso extraordinário para o STF. Enganam-se, assim *data venia,* os que propugnam a competência originária das Juntas de Conciliação e Julgamento para apreciarem e julgarem dissídios entre pessoas domiciliadas no Brasil (nacionais ou não) e Estados, organismos internacionais, agentes diplomáticos e agentes consulares. Não ignoramos o disposto no art. 110 da Constituição Federal; todavia, o art. 125 da mesma Carta é bastante claro: Aos juízes federais compete processar e julgar, em primeira instância: II — as causas entre Estado estrangeiro ou organismo internacional e municípios ou pessoa domiciliada ou residente no Brasil."

É interessante notar que o art. 119, II, da CF de 1967 dispunha: Aos juízes federais compete processar e julgar, em primeira instância: ... II — as causas entre Estado estrangeiro, ou organismo internacional, e pessoa domiciliada ou residente no Brasil. Exatamente o que dispõe o art. 125, II, da CF de 1969.

Empregados de Embaixada de país estrangeiro — Incompetência da Justiça do Trabalho. A Justiça do Trabalho é incompetente para apreciar reclamação de empregados de Embaixada de país estrangeiro, face ao princípio da extraterritorialidade inserto na Constituição Federal (Ac. TST, 1ª T., proc. RR 1.326/65, rel. Min. Lima Teixeira, Ltr 31/284)

Reclamação de empregada de serviço integrante da Embaixada *dos Estados Unidos da América, destituída de personalidade jurídica própria — O recurso específico para o STF, previsto no art. 101, II, "b", da Constituição de 1946, era interponível das sentenças dos juízes locais, nas causas em que fossem partes um Estado estrangeiro e pessoa domiciliada no Brasil. Inaplicável, portanto, às decisões proferidas pelos órgãos de primeira instância da Justiça do Trabalho, que têm jurisdição federal específica, não podendo ser conceituados como juízes locais. A violação da lei argüida no recurso de revista deve ser examinada à luz da legislação em vigor da data do julgado recorrido. A imunidade de jurisdição das missões e representações de Estados estrangeiros, aos quais se equiparam as organizações internacionais de direito público, decorre do princípio da extraterritorialidade, que obsta à aplicação das leis do território onde, de fato, se encontram os respectivos agentes e servidores. Tratando-se de servidores do Governo norte-americano, descabe à Justiça brasileira analisar a natureza da função exercida pela reclamante, pois um Estado estrangeiro não pode ser demandado em nosso país. (Ac. TST, 3ª T. RR 4.950/65, LTr 32/47, 1968)*

Conflito de Jurisdição entre Juiz Federal e Tribunal Regional do Trabalho — Competência do STF para dirimi-lo — Reclamação trabalhista formulada pela viúva de em-

pregado de Embaixada. Reclamação trabalhista formulada pela viúva de empregado da Embaixada da República Democrática Alemã, que invoca, no feito, a imunidade de jurisdição, com base na Convenção de Viena, ratificada pelo Brasil, em 8.6.1965, pelo Dec. n. 56.435. Competência do Juiz Federal reconhecida de acordo com o art. 125, II, da Constituição Federal, anulado o julgamento proferido pela justiça incompetente. (STF — CJ. 6.182/SP, Ac. TP. 26.9.79, rel. Min. Cordeiro Guerra, LTr 44-8/379)

Com o escopo didático de mostrar a controvérsia existente no próprio STF transcreveremos voto do Ministro Soarez Muñoz: "Aditamento ao voto — O Senhor Ministro Soares Muñoz, Sr. Presidente, não respondi a um dos argumentos do voto do Eminente Ministro Cordeiro Guerra e quero fazê-lo agora. Sua Excelência afirmou que a prevalecer a competência da Justiça do Trabalho, questões tão importantes como esta, dá imunidade de jurisdição, ficariam afastados da apreciação do STF, eis que, das decisões da Justiça do Trabalho, cabe recurso extraordinário apenas daquelas proferidas pelo Tribunal Superior do Trabalho, quando ofensivas à Constituição. A afirmativa encontra de certo ponto, resposta em precedentes desta Corte. No Recurso Extraordinário de n. 67.544-RTJ — 54/831, que cito no meu voto, a Justiça do Trabalho não admitiu a imunidade de jurisdição de uma entidade de direito público internacional. Houve recurso extraordinário, depois, rescisória. O STF reconheceu a imunidade sem negar à Justiça do Trabalho competência para julgar a reclamação. No outro caso, de que fui relator, RE n. 81.901, que também cito no meu voto, à Justiça do Trabalho em face de precedente do STF, admitiu a imunidade de jurisdição. Houve recurso extraordinário e o STF não conheceu da irresignação derradeira, em face do precedente, sem dizer que faltaria competência à Justiça do Trabalho para examinar o problema da imunidade de jurisdição. Não o disse o recurso extraordinário, nem o disse, também, a rescisória julgada pelo próprio STF. E por que não o disse, Sr. Presidente? É que a matéria de jurisdição é, imanentemente, de natureza constitucional e, se a competência do STF para conhecer de recurso da Justiça do Trabalho.

Havia uma irresignação latente na Justiça do Trabalho, como demonstram as ementas abaixo:

> *À Justiça do Trabalho compete julgar as reclamações postuladas por empregados contra consulados, fundados em relação de trabalho segundo o disposto no art. 142 da Constituição. (Ac. TST, emb. em rev., pleno, proc. 3.302/71, rel. Min. (convocado) Paulo Emílio R. de Vilhena, LTr 38/527)*
>
> *Os consulados não gozam de imunidade de jurisdição de que gozam as embaixadas. (Ac. TRT, 1ª T., proc. 685/76, rel. Juiz Amaro Barreto, LTr 40/1.038)*
>
> *Competência da Justiça do Trabalho. Empregado de Consulado. Imunidade de Jurisdição. É competente a Justiça do Trabalho para as ações em que cidadão brasileiro pretende o reconhecimento de direitos advindos de relação de emprego. (...) Imunidade de jurisdição. Em se tratando de relação jurídica de direito privado, em que o Consulado exerce ato negocial despido da condição de representante de nação estrangeira, não se tratando de ato de império, não se beneficia da imunidade de jurisdição. (TRT, 4ª R., 5.303/82, rel. Juiz Plácido Lopes da Fonte, LTr 47/1.106)*
>
> *Competente é a Justiça Trabalhista para processar e julgar reclamação movida contra consulado de país estrangeiro, cabendo-lhe apreciar inclusive a questão da ocorrência ou não da imunidade. (Ac. TFR, Pleno, proc. CC. 2.419, rel. Min. Aldir Passarinho. 7.8.75, Calheiros Bonfim, 14ª ed., 1977, p. 82)*

A súmula do TFR não foi o bastante para arrefecer os ânimos dos juízes do trabalho.

Dispunha o extinto o Tribunal Federal de Recursos, por meio da Súmula n. 83: "*Compete à Justiça Federal processar e julgar reclamação trabalhista movida contra representação diplomática de país estrangeiro, inclusive para decidir sobre a preliminar de imunidade de jurisdição.*"

Embora a súmula representasse o entendimento dominante naquele sodalício, todavia, não tinha força vinculante para a Justiça do Trabalho, como também não tem a Súmula trabalhista, motivo pelo qual a Justiça do Trabalho vinha se dando por competente em muitos casos. O egrégio TST não havia se posicionado sobre a matéria por intermédio de súmula. Mas, ainda que o fizesse, não teria força vinculante sobre as jurisdições inferiores como era o caso do extinto "Prejulgado", em boa hora banido (Representação n. 946, DF, DJU e de 1.7.1977, p. 4.455).

Falamos do que era. Falaremos a seguir do que é atualmente.

Veremos, a seguir, que o atual posicionamento do Supremo Tribunal Federal trouxe novo alento à matéria com a introdução do princípio da "imunidade temperada", baseado na *European Convention on State Immunity and Additional Protocol* e no posicionamento universal.

34.3.47.2. Da competência da Justiça do Trabalho em ações de Embaixadas e de Consulados

Em excelente voto proferido pela 3ª T. do Superior Tribunal de Justiça, relator o Min. Cláudio Santos, lembra o eminente relator que "a imunidade do agente diplomático para o próprio Estado estrangeiro não é uma decorrência da aplicação do texto da Convenção de Viena. Ela se consolidou na prática costumeira do Direito Internacional que, no entanto, a partir da década de 1970, foi sendo alterada a partir da *European Convention on State Immunity and Additional Protocol*, assinada em maio de 1972, e que permite, sob determinadas condições, submeter o Estado Contratante à Jurisdição das Cortes de outro Estado Contratante (Capítulo I, art. 1º). Não se admite, por exemplo, que Estado contratante alegue a imunidade, quanto a obrigações contratuais que tenham de ser executadas no território de outro País (art. 4), ou acerca de contratos de trabalho entre o Estado e o indivíduo e que tenha de ser executado no território do Estado do foro do contrato (arts. 4 e 5); e assim por diante".

Referindo-se ao novo posicionamento da Suprema Corte, realça o eminente relator que: "Como se vê, esta regra costumeira do Direito Internacional foi se alterando sensivelmente, a ponto de aconselhar modificação na linha de entendimento da Suprema Corte, o que veio afinal ocorrer na Apelação Cível 9.696-São Paulo."

"Nesse julgamento, em brilhante voto vista, o então Ministro da Suprema Corte, Francisco Rezek, anotava a evolução da regra costumeira da imunidade absoluta para afinal reconhecer, na hipótese do contrato de trabalho individual com Estado estrangeiro, entre outras a impossibilidade de alegar-se a imunidade de jurisdição."

"Assinalava, então, o eminente Ministro que divergia do eminente Min. Sydney Sanches, relator do processo quanto ao fundamento de seu voto. Não se respaldara ele, como o fez, o eminente Relator, no art. 114 da Constituição de 1988 — que incluía os entes de Direito Público externo, como jurisdicionados da Justiça do Trabalho — mas nas alterações verificadas na ordem jurídica internacional quanto à imunidade absoluta do Estado estrangeiro.

"Ressalvava a evolução doutrinária nos Países da Europa e no território americano, no sentido de se temperar a regra da imunidade absoluta, ao mesmo tempo em que a Suprema Corte do Brasil se mantinha fiel à sua postura tradicional de reconhecimento da imunidade absoluta.

"(...) Levando em consideração que ruiu no direito costumeiro internacional a regra da imunidade absoluta, propugnou o ilustre Ministro pela alteração do entendimento do STF quanto a essa questão, no que foi atendido. E assim se reorientou a jurisprudência daquela Excelsa Corte."

Decidindo (Proc. STJ-AC n. 05-SP 89.11635-5, Ac. 3.ª T. 19.6.90, LTr 54-9/109):

"*Por todo o exposto, sendo indiscutível que a Justiça brasileira, a partir daquele julgamento da Suprema Corte, passou a adotar a regra da imunidade temperada, para não excluir da nossa jurisdição os litígios derivados de atos negociais, inclusive de relações de trabalho, fortemente protegidos pelo legislador brasileiro, superando a preliminar de nulidade do processo, meu voto é pelo provimento da apelação, para afastar a imunidade reconhecida e determinar o prosseguimento da reclamação trabalhista ajuizada pelo recorrente.*"

"Ementa: *Jurisdição. Imunidade. Reclamação trabalhista contra Estado estrangeiro. A moderna doutrina do Direito Internacional Público não mais admite como absoluta a regra da imunidade jurisdicional de Estado estrangeiro. Exceção dos feitos de natureza trabalhista, dentre outros.*"

No que tange à competência, a matéria restou superada pelo art. 114 da Constituição Federal, de 5.10.1988, recepcionado pela EC n. 45/2004. Do que ficou exposto pode-se concluir que, em se cuidando de empregados nacionais contratados por órgãos de país estrangeiro (Embaixadas, Consulados, Representações Comerciais, etc.), não há falar em imunidade de jurisdição e a competência, hoje, é da Justiça do Trabalho por determinação constitucional. Em tais contratos — e aqui concordamos com *Gerson de Brito Mello Boson* (LTr 35/603): a) inexistem características de soberania ou de império; b) o Estado estrangeiro, ao contratar nacionais para serviços de natureza privada sem qualquer vinculação com a sua soberania, renuncia, tacitamente, da sua imunidade. E as ações propostas serão julgadas pela Justiça do Trabalho, especialista na matéria; c) reconhecer-se a imunidade, quando envolver empregado brasileiro, seria referendar-se a denegação da Justiça. O hipossuficiente, obviamente, dificilmente teria condições de demandar o Estado estrangeiro, perante os tribunais deste; d) não se argumente que na Justiça do Trabalho o recurso extraordinário só é cabível das decisões proferidas pelo Tribunal Superior do Trabalho, quando ofensivas à Constituição. Essa colocação não convence. Um grande número de julgados está a indicar que a matéria, fatalmente, será também apreciada pelo STF, via recurso extraordinário. Revemos aqui posicionamento expresso na 2ª edição desta obra, quando concluíamos que a matéria poderia desafiar recurso ordinário para o STJ nos termos do art. 105, II, "c", CF/1988. Em sendo o Tribunal Superior do Trabalho tribunal superior, da mesma horizontalidade do STJ a competência será sempre daquele tribunal para apreciar a matéria trabalhista; e) como se verifica no item anterior, o STF, por meio do julgamento da Ap. n. 9.696-São Paulo (*apud* Processo STJ-AC 5-SP 89.11635-5-Ac., 3ª T., 19.6.90, LTr 54-9/1.109), repensou o seu posicionamento anterior, mediante brilhante voto do Min. Francisco Rezek, adotou o princípio da imunidade temperada para não excluir da jurisdição brasileira litígios derivados de atos negociais, aí incluídas relações de trabalho.

O Ministro Celso de Mello, em Agravo Regimental na Ação Civil Originária, proveniente de São Paulo, relator Ministro Sepúlveda Pertence (AR n. 543-4-SP, TP, 9.2.1996), traz à balia, em voto convergente, a fundamentação que fizera, quando relator no Agravo Regimental n. 13.9671-DF:

> "Os Estados Unidos da América e a doutrina da Imunidade de Jurisdição relativa ou limitada. Os Estados Unidos da América — parte ora agravante — já repudiaram a teoria clássica da imunidade absoluta naquelas questões em que o Estado estrangeiro intervém em domínio essencialmente privado. Os Estados Unidos da América — abandonando a posição dogmática que se refletia na doutrina consagrada pela sua Corte Suprema — *Schooner Exchange v. McFaddon* (1812) — fizeram prevalecer, já no início da década de 1950, em típica declaração unilateral de caráter diplomático, e com fundamento nas premissas expostas na *Tate Letter*, a conclusão de que 'tal imunidade, em certos tipos de caso, não deverá continuar sendo concedida'. O Congresso americano, em tempos mais recentes, institucionalizou essa orientação que consagra a tese da imunidade relativa de jurisdição, fazendo-as prevalecer no que concerne a questões de índole meramente privada, na *Foreign Sovereign Immunities Act* (1976), RTJ 165/643/644, Rel. Ministro Celso de Mello. Uma das razões decisivas dessa nova visão jurisprudencial da matéria deveu-se ao fato de que o tema da imunidade de jurisdição dos Estados Soberanos — que, antes, como já enfatizado, radicava-se no plano dos costumes internacionais, passou a encontrar fundamento jurídico em Convenções internacionais (a Convenção Européia sobre Imunidade dos Estados, de 1972) ou, até mesmo, consoante informa *Luiz Carlos Sturgenegger* (RDA 174/18-43), na própria legislação interna de diversos Estados, como os Estados Unidos da América (*Foreign Sovereign Immunities Act*, de 1976), o Reino Unido (*State Immunities Act*, de 1978), a Austrália (*Foreign States Immunities Act*, de 1985), Cingapura (*State Immunity Act*, de 1979), a República da África do Sul (*Foreign States Immunities Act*, de 1981), o Paquistão (*State Immunity Act*, de 1982) e a República Argentina (*Ley n. 24.488/95, art. 2º*), exemplificativamente". A fundamentação retro elege a ementa posta abaixo:
>
> *"IMUNIDADE DE JURISDIÇÃO. CONTROVÉRSIA DE NATUREZA TRABALHISTA. COMPETÊNCIA JURISDICIONAL DOS TRIBUNAIS BRASILEIROS. A imunidade de jurisdição do Estado estrangeiro, quando se tratar de litígios trabalhistas, revestir-se-á de caráter meramente relativo e, em conseqüência, não impedirá que os juízes e tribunais brasileiros exerçam o poder jurisdicional que lhes é inerente. Atuação do Estado estrangeiro em matéria de ordem privada. Incidência da teoria da imunidade jurisdicional relativa ou limitada."*

Não obstante, o atraso na tomada de posição em relação a outros países do mundo civilizado, o Supremo Tribunal Federal adotou posição que valoriza a soberania, ombreando-se com inúmeros outros países. A razoabilidade está em não se dar valor exagerado ao princípio da extraterritorialidade, considerando-se de império todos os atos realizados por países estrangeiros que aportem em território nacional, por meio de organizamos internacionais. Durante muito tempo, como vimos nos itens anteriores, as Embaixadas e os Consulados eram territórios indevassáveis para todo e qualquer ato, inclusive aqueles atos de simples gestão em sede privada, como o cumprimento de um contrato no campo civil e os contratos de trabalhos, com empregados aqui contratados. A indevassabilidade que se permitia, era uma espécie de muralha a impedir que o credor fizesse valer o seu direito. Era uma espécie de louvação à ilegalidade, já que o credor somente podia ajuizar uma ação com a concordância do organismo internacional. Ainda que viesse a concordar, o que em sempre ocorria, para executar o credor necessitaria de nova autorização. Agora, somente aqueles atos exercidos no exercício na soberania, atos de direito público, é que estarão protegidos pela imunidade. Nos atos de direito privado, os organismos internacionais estarão colocados no mesmo nível dos demais devedores. Tenha-se em mente que os Consulados não possuem personalidade jurídica e devem ser representados pelas Embaixadas.

É importante que os países assinem Convenções, Tratados, ou Acordos internacionais para a facilitar a execução, sempre que esta deve se feita no território do outro país.

34.3.47.3. *Da execução de organismo internacional*

De conformidade com o que ficou demonstrado acima, não existe mais a necessidade de renúncia do organismo internacional, em se tratando de ações envolvendo direito privado. O credor não mais dependerá da aquiescência da Embaixada ou do Consulado para ajuizar ação contra esses organismos e para executá-los. Todavia, não se pode deixar de reconhecer que poderá haver dificuldades, se a execução, por qualquer motivo, tiver de ser feita fora do Brasil, *v. g.*, penhoras etc.

De qualquer forma, o reconhecimento de imunidade entre nações soberanas é questão que refoge à simples análise jurídica para projetar-se no âmbito de política internacional. Por isso, é importante que entre os países haja Convenção, Tratado, ou Acordo internacional para facilitar uma possível execução.

Sem que haja entendimento a esta parte, o comando emergente da sentença proferida em um país simplesmente não será executado em outro. Lembra *Amílcar de Castro* (ob. cit., v. II/236) que atualmente, em quase todos os países, com raras exceções, executam-se sentenças estrangeiras, ou por meio de outra ação de conhecimento, ou mediante processo de *exequatur*. Precisamente porque a sentença é ato público, praticado legitimamente em jurisdição estranha, é que o fórum não se lhe pode sistematicamente negar valor. É claro que nenhum Estado distribui justiça fora de sua jurisdição; mas, nada impede, e tudo aconselha, que no fórum se atribua validade a atos judiciais emanados de países estrangeiros, assim como se atribui valor a atos praticados pelos particulares.

Pela Constituição Federal de 5.10.1988 (art. 102, III), a competência para apreciar recurso extraordinário interposto das causas decididas em única ou última instância, nos casos que indica, continua a ser do STF.

Dizíamos alhures que embora se constatasse através dos julgados que a E. Corte mantinha posição conservadora sobre a matéria, aconselhávamos que tal constatação não deveria desacoroçoar as jurisdições inferiores, pena de perpetuar-se a situação. Vale dizer, aconselhávamos que as jurisdições inferiores, advogados, juristas deveriam sempre forçar a discussão da matéria, posto que só assim poderia um dia ser revista a posição da Suprema Corte. Assim, de alguma maneira sentimo-nos recompensados, vez que o STF, recebendo o sopro de brisas atualizantes que passaram a fluir da doutrina universal, a partir da década de 1970, por meio *European Convention on State Immunity and Additional Protocol*, vem de modificar a sua posição, adotando o princípio da imunidade temperada para não excluir da jurisdição brasileira toda relação de direito privado envolvendo organismos internacionais. A execução prosseguirá por intermédio da Justiça do Trabalho, mediante ofício do Juiz Presidente ao Ministério das Relações Exteriores, encaminhado por intermédio do Ministério da Justiça, solicitando ao Estado estrangeiro que faça cumprir uma decisão judicial que se apresenta irrecorrível, juntando cópia autêntica.

Nesse sentido, já decidira o Egrégio TRT, da 2ª Região, em agravo de petição (Proc. TRT/SP, 12.703/77, Ac. 1ª T. 2.516/78), relator o eminente jurista Antônio Lamarca: " Prossegue-se, no entanto, na execução, mediante ofício ao Ministro das Relações Exteriores, encaminhando através do Ministério da Justiça, encarecendo ao Estado estrangeiro que faça cumprir, pelo órgão que representa os seus interesses no Brasil, uma decisão judicial com trânsito em julgado."

Como salienta *Bartin* (*apud Eduardo Espina*, ob. cit., p. 261) "esse problema de conflito de jurisdição só poderá ser resolvido em relação a um Estado determinado, de acordo com a sua própria legislação. Claro está, adverte *Bartin*, que a norma geral adotada pelo legislador deixará de ser aplicada para que prevaleça alguma outra norma aprovada em Tratado ou Convenção. Vale dizer, em havendo Tratado ou Convenção entre o Brasil e o país, cujo órgão está sendo executado haverá possibilidade de sucesso na execução.

34.3.47.4. Da sentença estrangeira do juízo de delibação

Dispõe o art. 15 da Lei de Introdução ao Código Civil (Decreto-lei n. 4.657/1972) que será executada no Brasil a sentença proferida no estrangeiro, que reúna os seguintes requisitos: a) haver sido proferida por juiz competente; b) terem sido as partes citadas ou haver-se legalmente verificado a revelia; c) ter passado em julgado ou estar revestida das formalidades necessárias para a execução no lugar em que foi proferida; d) estar traduzida por intérprete autorizado; e) ter sido homologada pelo STF. Preceituava o art. 102 da Constituição Federal de 1988 que compete ao STF (...) inc. I, letra "h": a homologação das sentenças estrangeiras e a concessão do *exequatur* às cartas rogatórias, que podem ser conferidas pelo regimento interno a seu Presidente. De conformidade com a EC n. 45/2004 que procedeu à reforma judicial, a competência do STF para a espécie foi transferida para o STJ (art. 105, I, "i"): "a homologação de sentenças estrangeiras e a concessão do *exequatur* às cartas rogatórias."

Lembra *Antonio Carlos Costa e Silva* ("Tratado do Processo de Execução", Ed. Aide, 1986, p. 118) que: "A justificação é de ordem política, pois uma sentença somente pode ter força dentro dos limites do país onde é pronunciada. Pensar ao contrário, será lhe conferir um sentido de extraterritorialidade que seria altamente pernicioso ao princípio da soberania, que é o primado de cada Estado. Todavia, uma sentença proferida em um país, quando seus efeitos devem-se fazer sentir em outro, restaria inócua se, por acaso, o país que a recebesse se recusasse a fazê-lo. Para obviar tais dificuldades o Direito Internacional Público firma regras e princípios que, observados pelos diferentes países da comunidade internacional, permitem a celebração de tratados e convenções que possibilitam a execução dos julgados, proferidos em um país, dentro do território nacional de outro, sem quebra de sua soberania. Mas não é toda sentença estrangeira que é executada em nosso país, conforme o processo de execução. Somente a sentença estrangeira que for exeqüível, segundo a lei brasileira, é que é capaz de suscitar a ação de execução. Portanto, somente as sentenças condenatórias, proferidas por tribunais estrangeiros, ou as que, embora não sendo, possuem, no entanto, um elemento de condenação, se constituem depois de homologadas pelo STF, títulos de execução forçada. Também não é toda sentença que exige, necessariamente, a homologação pelo STF para que possa surtir efeitos em nosso país. Houve controvérsia doutrinária a respeito se as sentenças estrangeiras, relativas ao estado das pessoas, dependeriam da homologação para se tornarem exeqüíveis, ou melhor dito, auto-exeqüíveis dentro do nosso território. Mas a questão está morta em razão do preceituado no parágrafo único do art. 15 da Lei de Introdução ao Código Civil, *verbis:* Não dependem de homologação as sentenças meramente declaratórias do estado de pessoas. O juízo da homologação — "juízo da delibação" — da sentença estrangeira lhe inflete executoriedade, em termos de sua aplicação no território nacional. Bem por isso, compete-lhe examinar se os requisitos do art. 15, "a", "b" e "d", estão devidamente atendidos, quando proceder à sua homologação. Bem por isso, compete ao STJ, quando proceder ao "juízo da delibação", tão-somente apreciar se ditos requisitos estão devidamente cumpridos. Em caso positivo, aprova-a. Em caso negativo, rejeita-a. Como tais requisitos são de ordem meramente formal, não compete ao STJ apreciar a legitimidade ou a justiça, conforme a lei do país estrangeiro: em suma, o mérito da decisão condenatória proferida no estrangeiro. Por essa razão é que se intitula dito juízo homologatório de "juízo da delibação, pois "delibação" significa saborear, provar, tocar de leve, que é o que faz o STJ quando, apreciando a sentença condenatória estrangeira (ou outra de qualquer natureza), examina apenas os seus requisitos externos, sem entrar no fundo da causa, que constitui o mérito da lide proposta no exterior e decidida por aquele julgado."

Frederico Marques ("Instituições de Direito Processual Civil", 3ª ed., Forense, Rio-São Paulo, 1971, agrupa em duas categorias os requisitos da homologação: a) pressupostos de ordem extrínseca sobre a regularidade da sentença estrangeira, bem assim da sua autenticação; b) pressupostos pertinentes à sentença como ato processual da natureza decisória. Entram para a primeira categoria a necessidade da sentença homologanda vir apresentada na forma indicada pelo Regimento Interno do STF (Carta de Sentença) e estar devidamente traduzida por intérprete oficial e homologada pelo cônsul brasileiro no país de origem. Para a segunda categoria, ingressam: a competência do juiz que a proferiu, a citação regular e legal às partes e ter passado em julgado, estando revestida das formalidades necessárias para ser executada no país de origem (Súmula n. 420 do STF, *apud Antônio Carlos Costa e Silva*, "Tratado...", p. 119).

Adverte *Antônio Carlos Costa e Silva* (ob. cit., p. 119) que: "Embora o novo Código de Processo não expresse o que se continha no art. 792 do estatuto revogado ("as sentenças não serão homologadas se contiverem decisão contrária à soberania nacional, à ordem pública e aos bons costumes") como o parágrafo único do art. 482 estipula que o procedimento homologatório observará o que preceituar a respeito o Regimento Interno do STF (hoje do STJ), segue-se que a vedação continua vigente. Quando não seja pela disposição regimental, haverá de sê-lo em vista da condição da ação de execução relativa à possibilidade jurídica do pedido. Desde que a sentença estrangeira repugne à soberania nacional, à ordem pública e aos bons costumes, não há possibilidade jurídica para sua execução ser intentada em nosso país, devendo, por isso mesmo, o STJ negar-lhe o necessário *exequatur* (...)." "Interessante questão é suscitada frente à necessidade de ser determinado o foro onde deve ser ajuizada a execução. Ora, a sentença estrangeira, homologada pelo STJ, constitui-se num título judicial. Logo, a competência seria determinada pelo art. 575 do Código de Processo que, sabidamente, disciplina a competência na execução fundada em título judicial. No entanto, dentro do casuísmo do pré-falado artigo, não se contém essa hipótese. Sendo assim, compete aos tribunais fixarem a competência em casos que tais, observada, evidentemente, a orientação que for ditada pela melhor doutrina."

A competência, na forma da Constituição anterior (art. 125, X) era dos juízes federais (Justiça Comum Federal). A nova Constituição (art. 109, X) repete *ipsis litteris* o inc. X do art. 125 da CF/1969. A única exceção no tocante à competência de matéria trabalhista está expressa no inc. I do art. 109 da CF/1988, quando cuida das causas da União, autarquias e empresas públicas federais (autoras, rés, assistentes ou oponentes). Logo, a competência para executar sentença estrangeira é dos juízes federais.

A escolha da competência entre os juízes federais, todavia, será determinada de conformidade com a sede geográfica onde a sentença deverá ser cumprida; segundo as regras territoriais, portanto (arts. 94 a 100 do CPC). "É, pois, o objeto da condenação que indicará qual o juiz federal competente. Se a condenação versar sobre direito pessoal, ou, dizendo respeito a direito real, este se referir, porém, a coisa móvel, a ação de execução será proposta no foro do domicílio do devedor (art. 94). Na sua falta, então, no foro supletivo previsto nos §§ 1º, 2º e 3º, do mesmo art. 94. Existem, porém, diversas possibilidades diante das quais o foro comum pode ser derrogado pelos especiais para a execução da sentença estrangeira." (*Antônio Carlos Costa e Silva*, ob. cit., p. 120)

34.3.47.5. *Do cumprimento de carta rogatória*

De conformidade com o inc. X do art. 109 da Constituição, o qual repete nesta parte a Constituição anterior (art. 125, X), a execução de carta rogatória, após o *exequatur*, e de sentença estrangeira após a homologação, é dos juízes federais (justiça federal comum).

À primeira vista pode parecer que os juízes federais comuns seriam competentes, mesmo em se cuidando de matéria trabalhista. Todavia, referido preceito há de ser interpretado em consonância com o art. 114, *caput*, que cuida da competência da Justiça do Trabalho. Em se cuidando de matéria trabalhista, a competência é da Justiça do Trabalho.

34.3.48. Das ações de sindicatos em nome próprio contra empresas

Antes de enfocarmos o tema, faremos uma necessária digressão histórica sobre a evolução da matéria no tempo.

Não existia fundamento legal que amparasse a competência da Justiça do Trabalho, *v. g.*, nas ações contra empresas para cobrança de taxa assistencial. No entanto, os Tribunais Trabalhistas vinham aceitando a competência sob o argumento de que essas taxas eram estabelecidas em dissídios coletivos da sua competência e, portanto as ações decorrentes seriam de sua atribuição. Tinha-se, aí, o caso de ações conexas à matéria trabalhista.

O raciocínio era temerário, pois poderia levar ao absurdo de, por meio de dissídio coletivo, neutralizar-se preceitos de direito em matéria de competência.

Assim vinha decidindo o egrégio TST: É competente a Justiça do Trabalho para julgamento de ação de cumprimento de norma coletiva que estabelece desconto assistencial em favor do sindicato (TST, RR n. 1.381/78, Ac. 3ª T. 1.590/78, 27.6.1978, rel. Min. C. A Barata Silva, LTr 43/626).

No processo TRT-RR n. 5.429/82 (Ac. 3.ª T., 539/84, 14.3.84), Orlando Teixeira da Costa disse em seu voto: I — Conheço pela divergência doméstica de fls. 59/60. II — Sempre entendi que compete à Justiça do Trabalho o julgamento das ações de cumprimento de cláusula de instrumento normativo, que disponha a respeito de multa, tal como se pleiteia nestes autos. Não é esse, entretanto, o entendimento do E. Tribunal Pleno, tendo em vista algumas decisões do colendo STF. Ocorre que o Excelso Pretório ainda não sumulou a matéria, razão pela qual não pode ser tida essa jurisprudência como uniforme, enquanto aquele E. Tribunal assim não o declarar. Por isso, peço permissão para continuar mantendo a posição que resulta do meu convencimento pessoal (LTr 49-12.1.442).

O egrégio STF vinha se pronunciando em sentido contrário: "Ação movida por Sindicato de empregados contra empregador, objetivando a cobrança de percentagem fixada a seu favor em dissídio coletivo movido por seus associados. Tratando-se de lide estabelecida entre entidades de direito privado, objetivando direito próprio que somente indiretamente decorre de relações de trabalho, inexistindo qualquer vínculo empregatício entre demandante e demandado, não é a Justiça do Trabalho competente para processar e julgar a ação, já que a sua competência é limitada pela Constituição Federal, não podendo ser prorrogada" (DJU 6.11.1981, p. 11.102, rel. Min. Cunha Peixoto, LTr 46/391).

Com esse entendimento, e por questão de querência, os embargos de terceiro não poderiam ser apreciados pela Justiça do Trabalho. Não se cuida de ação entre empregado e empregador. Aliás, nesse sentido, a Excelsa Corte decidiu no RE n. 97.406-7-RS, rel. Ministro Alfredo Buzaid, v. u. j. 26.10.1982, DJU 26.11.1982, p. 12.125, 1ª col., decidiu, decisão que não chegou a firmar jurisprudência, tendo a Excelsa Corte retrocedido como se pode constatar dos inúmeros julgamentos sobre o tema.

O E. Tribunal Superior do Trabalho posicionou-se em obediência ao egrégio STF por meio da Súmula n. 224: A Justiça do Trabalho é incompetente para julgar ação na qual o sindicato, em nome próprio, pleiteia recolhimento de desconto assistencial previsto em sentença normativa, convenção ou acordo coletivos.

A Súmula n. 224 foi revista pelo TST pela Súmula n. 334 que restringiu a incompetência apenas para a convenção ou acordo coletivos, seguindo a orientação do STF.

O Superior Tribunal de Justiça, todavia, cometera lapso quando afirmara na Súmula n. 57 que a competência da Justiça do Trabalho estava atrelada ao fato de a convenção ou o acordo coletivos estarem homologados pela Justiça do Trabalho, remetendo para a Justiça comum estadual, caso não houvesse homologação. Olvidara o STJ dos preceitos contidos no art. 614 da CLT. Vale dizer, nenhum acordo coletivo ou convenção coletiva será ou poderá ser homologado pela Justiça do Trabalho, pois são atos que exprimem a vontade das partes acordantes ou convenentes que entram em vigor 3 (três) dias após o depósito no órgão competente (§ 1º). O Superior Tribunal de Justiça havia cometido os seguintes lapsos: primeiro, decidira em matéria constitucional, competência que pertencia e pertence ao STF (art. 102, I, letra "o"); segundo, em sendo tribunal da mesma horizontalidade do TST não lhe cabia ditar normas a este (art. 102, I, letra "o"); terceiro, errou duas vezes quando editou entendimento equivocado na Súmula n. 57, posto que contrário à lei.

Felizmente, a Súmula n. 57 do STJ e a Súmula n.. 334 do TST restaram superadas, pela Lei n. 8.984, de 7.2.1995 que ampliou a competência prevista no art. 114 da CF/1988 aí incluindo a competência para a Justiça do Trabalho apreciar dissídios provenientes de Acordo ou de Convenção Coletiva.

A EC n. 45/2004, deu nova redação ao art. 114 da CF e dispôs no *caput* que compete à Justiça do Trabalho processar e julgar, inc. III "as ações sobre representação sindical, entre sindicatos, entre sindicatos e trabalhadores, e entre sindicatos e empregadores. A competência para decidir sobre normas coletivas (dissídio coletivo, acordo em dissídio coletivo, acordo coletivo e convenção coletiva) é da Justiça do Trabalho por determinação constitucional.

34.3.49. Da falência

O juízo da falência é indivisível e competente para conhecer todas as ações sobre bens, interesses e negócios do falido, ressalvadas as causas trabalhistas, fiscais e aquelas não reguladas nesta Lei em que o falido figurar como autor ou litisconsorte ativo (art. 76, Lei n. 11.101, de 9.2.2005).

Todas as ações, inclusive aquelas excetuadas no art. 76, terão prosseguimento como o administrador judicial, que deverá ser intimado para representar a massa falida, sob pena de nulidade do processo (parágrafo único). O processo de falência e os seus incidentes preferem a todos os outros na ordem dos feitos, em qualquer instância (art. 79).

Mesmo após o decreto de falência, todas as ações trabalhistas deverão ser ajuizadas na Justiça do Trabalho, sendo obrigatória a intimação do administrador judicial, sob pena de nulidade do que for decidido. Nenhum privilégio ou prerrogativa tem a massa falida em sede trabalhista na fase de conhecimento, exceção feita ao previsto na Súmula n. 86.

Com o decreto de falência, todas as ações deverão ser direcionados ao juízo da falência desde que digam respeito aos bens, interesses e negócios do falido. Ficam excepcionadas as causas trabalhistas e fiscais e aquelas não reguladas pela Lei n. 11.101/2005 em que o falido figurar como autor ou litisconsorte ativo. O síndico passa a denominar-se administrador judicial e deverá ser intimado, sempre, nas ações contra a massa, sob pena de nulidade do julgado. Decretada a falência, o falido perde o direito de administrar a massa, embora não perca o direito de defender o seu patrimônio e até mesmo de recorrer (art. 103 e parágrafo único). O estado de falido não proporciona nenhum benefício processual para a massa e a ausência do administrador judicial ou do seu representante (inc. IV, art. 104), quando devidamente intimado, deságua na revelia e na confissão quanto à matéria de fato (arts. 884, CLT e 319, CPC). Na Justiça do Trabalho, há o benefício da Súmula n. 86 que desobriga a massa de efetuar depósito recursal e remete para final o pagamento de custas que seriam devidas por ocasião do ato de recorrer. As possíveis dificuldades de o administrador judicial inteirar-se dos documentos para produzir defesa, nenhuma influência terá na instrução trabalhista, se e quando necessária, não desobrigando a massa da produção de prova dos créditos.

A nova Lei de Falências traz enfoque diverso da lei anterior sobre a classificação dos créditos.

Dispõe:

"Art. 83. A classificação dos créditos na falência obedece à seguinte ordem:

I — os créditos derivados da legislação do trabalho, limitados a 150 (cento e cinqüenta) salários-mínimos por credor, e os decorrentes de acidentes de trabalho;

II — créditos com garantia real até o limite do valor do bem gravado;

III — créditos tributários, independentemente da sua natureza e tempo de constituição, excetuadas as multas tributárias;

IV — créditos com privilégio especial, a saber:

a) os previstos no art. 964 da Lei n. 10.406, de 10 de janeiro de 2002;

b) os assim definidos em outras leis civis e comerciais, salvo disposição contrária desta lei;

c) aqueles a cujos titulares a lei confira o direito de retenção sobre a coisa dada em garantia;

V — créditos com privilégio geral, a saber:

a) os previstos no art. 965 da Lei n. 10.406,de 2002;

b) os previstos no parágrafo único do art. 67;

c) os assim definidos em outras leis civis e comerciais, salvo disposição contrária desta Lei;

VI — créditos quirografários, a saber:

b) os saldos dos créditos não cobertos pelo produto da alienação dos bens vinculados ao seu pagamento;

c) os saldos dos créditos derivados da legislação do trabalho que excederem o limite estabelecido no inciso I;

VII — as multas contratuais e as penas pecuniárias por infração das leis penais ou administrativas, inclusive as multas tributárias;

VIII — créditos subordinados, a saber:

a) os assim previstos em lei ou em contrato;

b) os créditos dos sócios e dos administradores sem vínculo empregatício.

§ 1º Para os fins do inciso II, será considerado como valor do bem objeto de garantia real a importância efetivamente arrecadada com sua venda, ou, no caso de alienação em bloco, o valor de avaliação do bem individualmente considerado.

§ 2º Não são oponíveis à massa os valores decorrentes de direito de sócio ao recebimento de sua parcela do capital social na liquidação da sociedade.

§ 3º As cláusulas penais dos contratos unilaterais não serão atendidas se as obrigações neles estipuladas se vencerem em virtude da falência.

§ 4º Os créditos trabalhistas cedidos a terceiros serão considerados quirografários.

Art. 151. Os créditos trabalhistas de natureza estritamente salarial vencidos nos 3 (três) meses anteriores à decretação da falência, até o limite de 5 (cinco) salários mínimos por trabalhador, serão pagos tão logo haja disponibilidade em caixa."

A classificação dos créditos levada a efeito pelo art. 83 da nova Lei de Falências desprestigia o crédito trabalhista quando limita o benefício da preferência ao valor de cento e cinqüenta salários mínimos (I) e considera quirografário o que sobejar àquele valor (VI, c). Prestigia o crédito com garantia real (II) e o crédito tributário (III), colocando-os em posição superior ao crédito trabalhista. Realiza-se, assim, o desejo dos governantes atuais e pretéritos, à derrocada do crédito trabalhista sem qualquer resistência dos sindicatos das categoriais que se dizem paladinos dos trabalhadores. Nada foi dito. A próxima investida, tudo indica, será a transformação do crédito trabalhista em simples crédito quirografário, com pequeno limite ou condição de modo a satisfazer o novo art. 186, I, CTN, *v. g.*, excepciona o crédito do menor aprendiz.

Tudo isso, com a lenidade ou possível inspiração do governo, que se auto-intitula, governo dos trabalhadores. Todavia, a Lei de Falência, lei ordinária, afrontava o art. 186 do Código Tributário Nacional, Lei Complementar, superior na hierarquia. Foi preciso que fosse votada a Lei Complementar n. 118, de 9 de fevereiro de 2005, de modo a permitir a modificação. Dessa forma, o art. 186 ficou com a seguinte redação: "O crédito tributário prefere a qualquer outro, seja qual for sua natureza ou tempo de sua constituição, ressalvados os créditos decorrentes da legislação do trabalho ou do acidente de trabalho. Parágrafo único. Na falência: I — o crédito tributário não prefere aos créditos extraconcursais ou às importâncias passíveis de restituição, nos termos da lei falimentar; nem aos créditos com garantia real, no limite do valor do bem gravado; II — a lei poderá estabelecer limites e condições para a preferência dos créditos decorrentes da legislação do trabalho; e III — a multa tributária prefere apenas aos créditos.

Há que se registrar lapso cometido pelo legislador na Lei n. 11.101/2005 (LF), art. 83, I e na Lei Complementar n. 118/2005 ao dar nova redação ao art 186 da Lei n. 5.172/1966 (CTN) quando registra a preferência do crédito acidentário. A responsabilidade pelo crédito proveniente de acidente do trabalho foi remetido para a Previdência Social, conforme Lei n. 6.367, 19.10.1976 e Decreto n. 79.037, 24.12.1976, os quais foram recepcionados pela Lei n. 8.213/1991, art. 18, "h" e art. 86, respectivamente. Apenas os primeiros quinze dias do auxílio-doença são de responsabilidade do empregador. Em suma, a menção de acidente do trabalho naqueles diplomas legais seria ociosa. Entretanto, como em lei não existe preceito ocioso, deve-se entender que o acidente do trabalho ali mencionado diz respeito à indenização por danos materiais e danos morais (responsabilidade civil) que o empregador que vier a ser condenado por culpa (art. 486, CC) deverá pagar.

O art. 889, CLT, todavia, comanda que "Aos trâmites e incidentes do processo de execução são aplicáveis naquilo em que não contravierem ao presente Título, os preceitos que regem o processo dos executivos fiscais para a cobrança judicial da dívida ativa da Fazenda Pública Federal". Logo, os preceitos da Lei n. 6.830/1980 (Lei dos Executivos Fiscais) são aplicáveis aos créditos trabalhistas. Dispõe o art. 29 da LEF: "A cobrança judicial da Dívida Ativa da Fazenda Pública não é sujeita a concurso de credores ou habilitação em falência, concordata, liquidação, inventário ou arrolamento" e repete, praticamente, o art. 187 do Código Tributário Nacional. Tem-se, pois, que esses preceitos são aplicáveis, por determinação legal, aos créditos trabalhistas. Isso significa que, mesmo após a vigência da Lei n. 11.101/2005 (Lei de Falências), o crédito trabalhista não precisará ser habilitado no juízo da falência e pode a execução prosseguir nas respectivas Varas do Trabalho. Decerto, o legislador não atentou para o art. 889, CLT que continua em pleno vigor, já que não obstado em caso de falência. Já agora sem as restrições registradas no art. 24, § 1º, do Dec-lei n. 7.661/1945.

Por outro lado, o art. 449, § 1º, CLT, comanda, *in verbis*: "Na falência, constituirão créditos privilegiados a totalidade dos salários devidos ao empregado e a totalidade das indenizações a que tiver direito." O trabalho hermenêutico é o de saber se o art. 449, § 1º, CLT teria sido revogado pelo art. 83, I, e VI, "c" da Lei n. 11.101/2005 (LF) em caso de falência. Dispõe o § 2º, do art. 2º, da Lei de Introdução ao Código Civil que "A lei nova, que estabeleça condições gerais ou especiais a par das já existentes, não revoga, nem modifica a lei anterior". E o § 1º dispõe que "A lei posterior revoga a anterior quando expressamente o declare, quanto seja com ela incompatível ou quando regule inteiramente a matéria de que tratava a lei anterior". De conformidade com a nova redação do art. 186 do Código Tributário Nacional, imposta pela Lei Complementar n. 118/2005, inc. II, "a lei poderá impor limites e condições para a preferência dos créditos decorrentes da legislação do trabalho". Temos, assim, lei de hierarquia superior autorizando que a lei ordinária poderá impor restrições à preferência prevista no art. 449, CLT em caso de falência. Caso a execução seja processada pela Vara, o valor preferencial será aquele previsto no art. 83, I (150 salários mínimos) e o restante será classificado como quirografário (VI, "c"). Do que resulta que, se o crédito trabalhista for superior àquele valor e o bem atingir valor maior, a diferença deverá ser enviada à massa. Em havendo outros créditos trabalhistas na Vara, o dinheiro poderá ser utilizado, respeitada a restrição prevista no art. 83, I, para cada credor trabalhista.

34.3.49.1. Do administrador judicial

O termo síndico foi substituído por administrador judicial (Lei n. 11.101/2005, art. 76, parágrafo único). Compete ao administrador judicial, sob a fiscalização do juiz e do Comitê de Credores, tomar todas as providências devidas na recuperação judicial e na falência (art. 22). Na falência, o administrador judicial não poderá transigir antes de ouvidos o Comitê e o devedor e ser autorizado pelo juiz (§ 3º). As contas do administrador judicial e as providências necessárias para levar a bom termo a recuperação serão fiscalizadas pelo Comitê de Credores (art. 27). Na falta do Comitê, a fiscalização ficará a cargo do administrador e, em caso de incompatibilidade, a cargo do juiz. A recuperação judicial tem por objeto viabilizar a superação de crise econômico-financeira do devedor, a fim de permitir a manutenção da fonte produtora, de emprego dos trabalhadores e dos interesses dos credores, ao mesmo tempo em que promove a preservação da empresa, sua função social e o estímulo à atividade econômica (art. 47). Os credores do devedor em recuperação judicial conservam seus direitos e privilégios contra coobrigados, fiadores e obrigados de regresso (art. 49, § 1º). O credor fiduciário não se submete aos efeitos da recuperação judicial ou da falência e prevalece sobre o direito de propriedade (art. 49, § 3º). A recuperação judicial poderá ser transformada em falência (art. 62). Durante a recuperação judicial o devedor e os seus administradores serão mantidos na atividade empresarial, sob a fiscalização do Comitê de Credores (art. 64), salvo exceções previstas nos respectivos incisos, e poderá a recuperação ser convolada em falência (art. 73). A falência poderá ser requerida por qualquer credor (art. 97, IV). Mesmo durante a falência, o falido poderá defender os interesses da massa, caso não o faça o administrador judicial (art. 103, parágrafo único).

34.3.49.2. Da indelegabilidade da função de administrador judicial

Valem aqui as mesmas regras criadas pela doutrina e pela jurisprudência sob égide da Lei de Falência anterior. O administrador judicial é o representante em juízo da massa da recuperação judicial, sob a fiscalização do Comitê de Credores do juiz e do devedor.

A massa falida é representada pelo administrador judicial. Desde a abertura da falência ou da decretação do seqüestro dos bens, o devedor perde o direito de administrar os seus bens e deles dispor (art. 103, LF). Isso não significa que o falido não possa fiscalizar a administração da massa, de requerer providências conservatórias dos bens arrecadados e tudo o mais que achar necessário a bem dos seus direitos e interesses, podendo até mesmo intervir como assistente nos processos em que a massa seja parte ou interessada e bem assim de interpor os recursos cabíveis (art. 103, parágrafo único). O administrador judicial, na falência, não poderá, sem autorização judicial, ouvidos o Comitê e o devedor no prazo comum de dois dias, transigir sobre obrigações e direitos da massa falida e conceder abatimento de dívidas, ainda que sejam consideradas de difícil recebimento (art. 22, § 3º). O administrador judicial não é substituto processual do devedor, nem do seu patrimônio. Não é também substituto dos credores individualmente nem do conjunto dos credores. Também não é substituto processual da massa. Equivocou-se o saudoso jurista *Coqueijo Costa* ao classificar o síndico como substituto processual do falido ("Direito Judiciário do Trabalho", Forense, Rio, 1978, p. 118). Sobre o tema (*José da Silva Pacheco*, "Tratado de Execuções — Falência e Concordata", Borsoi, Rio, 1960, v. V; *Lyon Caen Renaut*, "Traité de Droit Commerciale", VII, n. 424; *Percerou*, "Faillites", II, n. 1.146; *Seuffert* "Konkursrecht", § 26; *Jaeger*, "Konkursordnung", § 6º; *Warneyer*, "konkursordnung", § 6º; *Kisch*, "Grundriss dês d. Konkursrecht", § 40, VII; *Brunetti*, "Dir. Fall. Ita." n. 93; *Bonelli*, "Del Fallimento", I, n. 248; *Navarrini*, "Trat. Dir. Fallimentare", I, 142; *Ramella*, ob. cit., v. I, n. 194; *Candian*, "Proc. di Fallimento", 126; *De Martini*, *"Posizione degli organis fallimentare"*, Rev. Dir. Proc. 1946, II/95; *Lordi*, "Il Fallimento e le Autri Procedure Concursale", p. 180; *Satta*, "Inst. de Dir. Fall.", n. 41,42; *Renzo Provinciale*, "Manuale di Dir. Fallimentare", n. 137; *Noceti*, *"El sindico de la quiebra como auxiliar del poder judicial y sustituto procesal"*, Rev. de Derecho, Jurispr. y Administración, Montevidéo, 1952, p. 229; *Collier*, "On Bankruptey", 254; *Carvalho de Mendonça*, Tratado, v. VIII, n. 411".

O administrador judicial é o representante em juízo da massa falida (art. 76, parágrafo único). Não se pode confundir a indelegabilidade, que seria a substituição definitiva do administrador judicial por pessoa por este indicada ao arrepio da autoridade do juízo da falência, com representantes indicados pelo próprio administrador judicial com autorização do juiz para representá-lo nas várias ações e audiências em que a massa figurar no pólo ativo ou passivo. O administrador não goza da onipresença (princípio da ubiqüidade) só permitida aos deuses. Disso resulta que não poderá comparecer em todas as audiências designadas em um só dia e, por vezes, em horários idênticos. Por isso, poderá ser representado por advogado sem que isso se consubstancie na delegabilidade dos poderes que lhe foram conferidos. Em suma, não se confunda delegabilidade com a transferência definitiva dos poderes que o administrador recebe para bem administrar a massa, vez que tais poderes não lhe pertencem, não fazem parte do seu patrimônio, pois foram concedidos provisoriamente.

Lembra *Walter T. Álvares* que a doutrina moderna está centrada no conceito de ser o síndico (administrador judicial) um órgão. E como órgão, o síndico (administrador judicial) obviamente possui poder funcional que, no seu caso, é um misto de função vinculada e função discricionária. A indelegabilidade de que fala a lei (art. 61, LF, refere-se à Lei anterior) diz respeito à proibição de o síndico (administrador judicial), após nomeado pelo juízo, transferir os seus poderes. A indelegabilidade não pode proibir providências necessárias à boa administração da massa e proteção dos credores e do próprio devedor, já que impedido este de administrar os seus bens ("Direito Falimentar", 2ª ed. Sugestões Literárias, São Paulo, 1968, p. 179).

Pela razão exposta, não concordamos com o acórdão proferido pelo TRT da 2ª Região:

> Falência. Massa Falida. Representação pelo síndico no juízo trabalhista. A lei não autoriza a representação da massa falida no Juízo trabalhista por advogado. Além da exigência contida no art. 843 da Consolidação das Leis do Trabalho, o Código de Processo, lei subsidiária, art. 85 (leia-se hoje art. 12, III, do CPC), dispõe que a massa falida será representada em Juízo pelo síndico ou liquidatário (liquidatário eliminado pelo Código Buzaid). Ainda o art. 61 da Lei de Falências prescreve ser indelegável a função de síndico. Assim, é obrigatório o comparecimento do síndico à audiência inicial do dissídio, sob as penas previstas na lei. (Proc. n. 1.744/60, rel. Juiz José Ney Serrão, Ac. do Tribunal Regional do Trabalho de São Paulo, em 21.9.60, RT 314/609, *apud Gerson Saad*, Falências e Concordatas, Ed. Techno Juris, 1973, p. 305)

34.3.49.3. Da legitimação do administrador judicial

O administrador judicial representa a massa e não substitui nem a massa falida nem a massa de credores. Tem legitimação assegurada para qualquer processo, de conhecimento, de execução ou cautelar (art. 12, III, CPC). Representa a massa como acervo patrimonial e não o falido, nem aos credores, porque pode agir contra a massa ou contra os credores. Age, portanto, no interesse da Justiça. Diante disso, há os que sustentam o exercício de ofício ou função judiciária, como órgão da massa de credores em sua unidade (*Ramella*, *Brunetti*) ou como dizem *Sá Viana* e *Valverde*, órgão criado pela lei para auxiliar a Justiça. O administrador judicial defende os interesses da massa em juízo, não porque esteja atuando na defesa dos interesses do falido, e dos credores em conjunto ou isoladamente, senão pelos mesmos motivos de conveniência em função dos quais foi instituída a figura do administrador judicial. Trata-se de um interesse de ordem pública. Isto é, no interesse que tem o Estado de compor as lides com Justiça, de modo que, na execução distributiva, procura satisfazer, da melhor forma possível, os credores em concurso universal. Da mesma forma como deferiu ao administrador judicial os poderes de gerir a massa, administrando no tocante ao ativo e ao passivo, a lei comete ao administrador judicial o direito de defender, em juízo, qualquer direito pertinente à universalidade da coisa que é a massa. A legitimação do administrador é ordinária, ativa. É de função como órgão auxiliar da Justiça. Trata-se de uma legitimação *sui generis*. Por isso, mesmo não incluída nos arts. 566 e 567 do Estatuto Processual Civil (*Antônio Carlos Costa*).

O art. 4º, § 1º, da Lei n. 6.830/1980 (LEF) e o art. 134, V, da Lei n. 5.172/1966 (CTN) dizem da solidariedade do síndico em casos que especificam. O art. 12, III, do CPC dispõe que a massa falida será representada pelo síndico. A massa falida não tem personalidade jurídica.

Contra a massa falida prosseguem todas as ações propostas antes da quebra. As ações trabalhistas posteriores à quebra também têm foro na Justiça do Trabalho. Todas prosseguirão com a presença do administrador judicial que representa a massa como acervo patrimonial e não como representante do falido ou dos credores ou de ambos. O seu interesse é de ordem pública. Funciona como um *alter ego* da massa falida, podendo para tanto tomar todas as providências possíveis em prol ou contra o falido e credores, mas sempre em prol da massa falida. O administrador judicial poderá intervir como assistente, nos processos em que a massa seja parte ou interessada, e interpor os recursos cabíveis. Já o art. 76, parágrafo único diz que cumpre ao administrador judicial representar a massa em Juízo, como autora, mesmo em processos penais, como ré ou como assistente. A ausência de intimação do administrador redunda em nulidade do processado.

Temos que na assistência simples o assistente não é parte; mas na assistência litisconsorcial o assistente é parte, alcançado pelos efeitos da coisa julgada e o direito em debate também é seu, dele sendo co-titular (*Sálvio de Figueiredo Teixeira*, "CPC — Anotado", Saraiva, 1992). Assim, a assistência da massa, em existindo, será sempre simples. As funções desenvolvidas pelo administrador judicial em nome da massa falida, embora de interesse público, não a torna titular de nenhum direito que lhe dê a dignidade de assistente litisconsorcial.

34.3.49.4. Do administrador judicial e a confissão ficta

Em sendo o administrador judicial o representante da massa falida como um todo, aí incluídos os deveres e obrigações do falido e dos credores, com poderes para agir contra a massa e contra os credores, e a tanto autorizado para defesa do acervo como um todo, se não comparecer à audiência a massa poderá ser considerada revel, com as conseqüências do art. 884, CLT (art. 319, CPC). O administrador responderá pela má administração, aí incluída a negligência na defesa das coisas da massa ou a perda de prazo. O administrador não tem poderes para transigir sobre dívidas da massa. Só poderá fazê-lo nos termos do art. 22, § 3º da Lei de Falências: com autorização judicial, após ouvido o Comitê e o devedor. O depoimento do administrador judicial seria inócuo, pois não tem nenhuma obrigação de conhecer os fatos e, conseqüentemente, não poderá confessar. A situação *sui generis* não o coloca em lugar do falido, como representante deste. É representante da massa falida, administrador do acervo e da univesalidade que constitui a massa. O administrador judicial é a *longa manus* do juízo da falência. Em havendo determinação do juiz, em ação trabalhista, para que o administrador preste depoimento, deverá negar-se a fazê-lo sem qualquer conseqüência processual, pois a exigência seria ilegal. Se, porventura, for aplicada a confissão quanto à matéria de fato, esta será de nenhum efeito. Se porventura a confissão ficta aplicada pelo juiz primário for causa e for suporte para que a sentença decida contra a massa falida, seguramente o colegiado do Regional reverterá a situação. Repita-se, *ad nauseam*, representante judicial não é representante do falido, mas da massa falida; funciona como uma *longa manus* do juízo universal. Exigir o depoimento do administrador judicial seria o mesmo que determinar que o juiz que preside o juízo universal depusesse. O que seria um disparate e um inominável absurdo. Todavia, o assunto é aqui tratado com insistência, pois que registramos casos concretos.

34.3.49.5. Da recuperação judicial

Dispõe art. 198 da Lei n. 11.101, de 9.2.2005 (LF) que "Os devedores proibidos de requerer concordata nos termos da legislação específica em vigor na data da publicação desta Lei ficam proibidos de requerer recuperação judicial ou extrajudicial nos termos desta Lei". A Lei entrará em vigor 120 dias após a publicação.

A concordata estava prevista nos arts. 139 a 185 do Decreto-lei n. 7.661/1945 e com a entrada em vigor da Lei n. 11.101, 9.2.2005 referidos artigos ficaram expressamente revogados, subsistindo apenas o art. 192, Título XI — Crimes Falimentares. A Lei Complementar n. 118/2005 conservou o termo "concordata" na nova redação dada ao art. 187 da Lei n. 5.172/1966 LEF.

A declaração de falência ou o deferimento do processamento da recuperação judicial suspende o curso da prescrição e de todas as ações e execuções em face do devedor, inclusive aquelas dos credores particulares do sócio solidário (art. 6º). Terá prosseguimento no juízo no qual estiver se processando a ação que demandar quantia ilíquida (§ 1º). É permitido pleitear, perante o administrador judicial, habilitação, exclusão ou modificação de créditos da relação de trabalho, mas as ações de natureza trabalhista, inclusive as impugnações a que se refere o art. 8º, serão processadas perante a justiça especializada até a apuração do respectivo crédito, que será inscrito no quadro geral de credores pelo valor determinado em sentença (§ 2º). O juiz competente para as ações referidas nos §§ 1º e 2º poderá determinar a reserva da importância que estimar devida na recuperação judicial ou na falência, e, uma vez reconhecido líquido o direito, será o crédito incluído na classe própria (§ 3º). Na recuperação judicial, a suspensão de que trata o *caput* em hipótese nenhuma excederá o prazo improrrogável de 180 dias contado do deferimento do processamento da recuperação, restabelecendo-se, após o decurso do prazo, o direito dos credores de iniciar ou continuar suas ações e execuções, independentemente de pronunciamento judicial (§ 4º).

Dispõe o § 7º, do art. 6º, da Lei n. 11.101/2005 que "As execuções de natureza fiscal não são suspensas pelo deferimento da recuperação judicial, ressalvada a concessão de parcelamento nos termos do Código Tributário Nacional e da legislação ordinária específica". Todavia, o § 7º do mesmo artigo determina que os créditos provenientes de ações trabalhistas, na recuperação, judicial sejam inscritos no quadro geral de credores pelo valor determinado na sentença. Contudo, de conformidade com a nova redação do art. 186 da Lei n. 5.172/1966 (CTN), com dignidade de Lei Complementar, superior, portanto, à Lei de Falência, ao imprimir restrição ao crédito trabalhista (art. 83, I, VI, "c"), fê-lo somente com relação à falência (art. 186, parágrafo único). Logo, o § 2º, art. 6º, não pode ser aplicado ao crédito trabalhista em caso de recuperação judicial. Referido parágrafo afronta o art. 186, parágrafo único, do Código Tributário Nacional, Lei complementar que só rende tributo à Constituição Federal.

Ver Súmula n. 227 do egrégio STF: "A concordata do empregador não impede a execução de crédito nem a reclamação de empregado na Justiça do Trabalho."

34.3.50. Da insolvência civil

São passíveis de abrangência, os devedores não comerciantes. Dispõe o art. 751 do CPC que: "A declaração de insolvência do devedor produz: I — o vencimento antecipado das suas dívidas; II — a arrecadação de todos os seus bens suscetíveis de penhora, quer os atuais, quer os adquiridos no curso do processo; III — a execução por concurso universal dos seus credores." "Declarada a insolvência o devedor perde o direito de administrar os seus bens e de dispor deles, até a liquidação total da massa." (art. 752 do CPC) "A declaração de insolvência pode ser requerida: I — por qualquer credor quirografário; II — pelo devedor; III — pelo inventariante do espólio do devedor." (art. 753 do CPC) "Ao juízo da insolvência concorrerão todos os credores do devedor comum (§ 1º). As execuções movidas por credores individuais serão remetidas ao juízo da insolvência (§ 2º). Havendo, em alguma execução, dia designado para a praça ou o leilão, far-se-á a arrematação, entrando para a massa o produto dos bens." (art. 762 do CPC)

O crédito trabalhista continua com o privilégio expresso no art. 186 *caput* com a nova redação dada pela Lei Complementar n. 118, 9.2.2005. O parágrafo único, inc. II somente excepciona para os casos de falência.

A competência para decretar a insolvência é do juiz de direito: "Compete, porém, exclusivamente ao juiz de direito processar e julgar: I — o processo de insolvência." (art. 92 do CPC) *Lamarca* (ob. cit., p. 489 e 490) entende que o art. 92 do CPC não se refere às Justiças Especiais. Todavia, concorda que o juiz do trabalho não é competente para julgar a insolvência.

Celso Neves ("Comentários ao Código de Processo Civil", Forense, v. VII, p. 265 e 266) dispõe: "Efeitos materiais e processuais da declaração de insolvabilidade. A sentença que declara a insolvabilidade do devedor é ato caracterizadamente jurisdicional, de natureza contenciosa, pela qual se soluciona a lide relativa à existência ou inexistência do pressuposto geral de que resulta a execução concursal. Trânsita em julgado, além dos efeitos processuais, produz efeitos materiais, um deles consistente no vencimento antecipado de todas as dívidas do executado que sejam certas quanto à sua existência e determinadas quanto ao seu objeto. A arrecadação de todos os bens do devedor ou responsável suscetíveis de penhora, atuais ou adquiridos no curso do processo, é efeito processual semelhante ao arresto cautelar, porém resultante de atividade *juris-satisfativa* peculiar à execução concursal e para os fins previstos em sua disciplina procedimental. Mas o mais importante efeito processual dessa sentença — porque atinente à própria teleologia do procedimento que estamos examinando — é produzir a execução por concurso universal." (...) *Trajano de Miranda Valverde*, aludindo à decisão que acolhe pedido de falência, diz: "Tal sentença, enquanto reconhece a preexistência de uma situação de fato, é declaratória; constitutiva, porém, no dizer dos processualistas, porque, e na verdade, instaura um novo estado jurídico, o de falência, previsto e regulado na lei, valendo *erga omnes.*" ("Comentários à Lei de Falência", Forense, Rio, 1948, v. I/125)

34.3.51. Da liquidação extrajudicial

Inaplicável o art. 18 da Lei n. 6.024/1974 ao processo trabalhista que preceitua: A decretação da liquidação extrajudicial produzirá de imediato os seguintes efeitos: a) suspensão das ações e execuções iniciados sobre direitos e interesses relativos ao acervo da entidade liquidanda, não podendo ser intentadas quaisquer outras, enquanto durar a liquidação (...).

A lei mencionada dispõe sobre a intervenção e liquidação extrajudicial de instituições financeiras. Todavia, não é devida a aplicação do referido dispositivo legal na hipótese de ações trabalhistas. No deslinde da controvérsia, mister é observar que referido diploma legal — cuja principal finalidade é o resguardo da economia pública, da poupança privada e da segurança nacional, conforme expresso em um de seus dispositivos — destina-se a regular as relações entre entidades e seus investidores, depositantes, relações puramente civis e comerciais. As ações a que se refere o art. 18 dizem respeito àquelas de âmbito civil ou penal, intentadas por essa espécie de credores contra as referidas entidades. As relações existentes de empregado e de empregador são relações de trabalho, regidas por lei especial e em sua maioria de caráter imperativo e de cuja fiel observância depende também a segurança nacional, competência inarredável da Justiça do Trabalho. A discussão da matéria no que concerne à intervenção do Banco Central restou superada pelo art. 114 da Constituição Federal de 1988. A Lei n. 8.112/1990, bem assim a declaração de inconstitucionalidade do art. 240, "d" e "e" (ADIn n. 492-1/DF), em nada influem para a espécie em face da exceção contida no art. 109, I da CF/88.

O Provimento n. 5/2000 da Corregedoria Geral da Justiça do Trabalho que determinava a reunião dos processos em caráter nacional, tornando preventa a Vara que houvesse procedido a penhora de bens, atentava contra o art. 612 do CPC que cuida da preferência da penhora. A liquidação extrajudicial não retira a preferência adquirida pela penhora. A liquidação de todos os credores trabalhistas, numa espécie de "concurso de credores" atípico não tinha fundamento legal e desprestigiava a lei. Referido Provimento foi cassado em boa hora.

34.3.52. Da liberação de FGTS

Com o advento da EC n. 45/2004 dando nova redação ao art. 114, CF e ampliando a competência da Justiça do Trabalho em razão da matéria, a liberação dos depósitos fundiários constitui matéria conexa ao contrato de trabalho e a competência passa a ser de uma das Varas do Trabalho. A Súmula n. 176 perdeu a sua razão de ser, perdeu o seu objeto e deve ser revogada. A Súmula n. 82 do STJ não mais prevalece. O juiz do trabalho é competente para a movimentação do FGTS em âmbito administrativo e jurisdicional. O STJ deverá rever a sua posição, posto que tomada em outra realidade. A EC n. 45/2004 concedeu a competência para a Justiça do Trabalho.

34.3.53. Dos municípios de território federal — competência

Em princípio parecia que a matéria estava superada com o advento da Lei n. 8.112/1990, com a declaração de inconstitucionalidade do art. 240, "d" e "e" pelo Supremo Tribunal Federal (ADIn n. 492-1/DF), com o regime jurídico único na forma estatutária. Todavia, com a nova redação dada ao art. 39 da Constituição pela Emenda Constitucional n. 19/1998, retornou-se ao regime de mão dupla: regime estatutário e regime celetista. Com o advento da EC n. 45/2004, ampliando a competência trabalhista (art. 114, CF) e prevendo expressamente a competência estatutária, a matéria volta a merecer o pronunciamento do STF na ADIn n. 3.395/2005, ajuizada pela AJUFE, que considerou a Justiça do Trabalho incompetente para julgar os estatutários, conforme acórdão abaixo.

Ação Trabalhista: Regime Estatutário e Competência

A Turma julgou procedente reclamação ajuizada pela Agência Nacional de Telecomunicações — Anatel para determinar a remessa dos autos de ação trabalhista, em trâmite na 7ª Vara do Trabalho de Curitiba — PR, à Justiça Federal da Seção Judiciária do Distrito Federal. Salientou-se que, no caso, conforme a análise dos documentos juntados, o contrato firmado entre a ora reclamante e a autora da reclamação trabalhista possuiria natureza jurídica temporária e submeter-se-ia a regime jurídico administrativo. Assim, concluiu-se que a existência de regime administrativo próprio, especificado para ser aplicado na espécie, afastaria o caráter celetista do vínculo jurídico estabelecido entre as partes. Ademais, nos termos do que decidido na ADI 3395 MC/DF (j. em 5.4.2006), a justiça trabalhista é incompetente para processar e julgar causas entre as entidades do Poder Público e os servidores vinculados por relação jurídico-administrativa, como ocorre na hipótese. (Rcl n. 4762/PR, rel. Min. Cármen Lúcia, 2.3.2007)

A ADIn n. 3.395-MC/DF foi julgada pela excelsa Corte em 5.4.2006 e decidido que a Justiça do Trabalho é incompetente para processar e julgar causas entre entidades do Poder Público e os servidores estatutários. A decisão da mais alta Corte tem enfoque pragmático e de política judiciária, uma vez que as jurisdições comuns, estadual e federal, certamente estão mais aptas a resolver tais questões, onde já existe uma jurisprudência cristalizada, fator de segurança dos julgados, enquanto os julgamentos em sede trabalhista sofreriam, certamente, a influência de julgadores com uma nova visão sobre temas sedimentados no decorrer de decádas. Daí a lição milenar de Paulo no Digesto, liv. 1, tít. 3, frag. 13: "Altere-se o menos possível o que sempre foi entendido do mesmo modo." (Minime sunt mutanda, quae interpretastionem certam semper habuerunt)

34.3.54. Das fundações instituídas por lei federal

Matéria superada com o advento da Lei n. 8.112/1990 e com a declaração de inconstitucionalidade do art. 240, "d" e "e" levada a efeito pela Suprema Corte (ADIn n. 492-1/DF). Com o advento da Emenda Constitucional n. 19/1998, dando nova redação ao art. 39 da Constituição, terminou-se com o regime jurídico único e abriu-se a possibilidade da existência do regime estatutário e do regime celetista. A EC n. 45/2004 coloca em pauta novamente a discussão sobre a competência do estatutário. Todavia, conforme visto no item retro, o STF (ADIn n. 3.395-6-DF/05) julgou inconstitucional a competência trabalhista para estatutários, conservando a competência federal comum.

34.3.55. Do Plano de Integração Social (PIS)

Compete à Justiça do Trabalho processar e julgar as reclamações pertinentes ao cadastramento do Plano de Integração Social (PIS) ou indenização compensatória pela falta deste. Sobre o assunto foi editada a Súmula n. 300, do TST.

34.3.56. Das contribuições sindicais

Competia à Justiça Estadual o processo e julgamento da ação de cobrança de contribuições sindicais (Súmula n. 87 do extinto TFR). Com o advento da EC n. 45/2004 que ampliou a competência da Justiça do Trabalho, dando nova redação ao art. 114, CF, a cobrança de contribuição sindical passou a ser matéria conexa à matéria trabalhista, onde o sindicato opera. A contribuição é exigida do trabalhador. Logo, não existe razão para que a cobrança continue com a Justiça Cível, posto que ausente qualquer nexo de causalidade entre aquela Justiça e a matéria debatida.

34.3.57. Da rede ferroviária federal

Compete à Justiça do Trabalho o processo e julgamento de reclamação ajuizada contra a Rede Ferroviária Federal S/A. por servidor cedido pela União Federal. Súmula n. 88 do TFR (extinto).

34.3.58. Do cumprimento de precatória expedida por juiz federal

Com o advento da nova Constituição, a Justiça Federal Comum não mais tem competência para as causas trabalhistas da União. Disso resulta que não mais existe razão para que as precatórias expedidas por juízes federais sejam cumpridas por juízes trabalhistas, superada, pois, a Súmula n. 89 do ex-TFR, salvo competência residual (Súmula n. 97 do STJ).

34.3.59. Dos sindicatos e seus associados

Competia à Justiça Comum Estadual processar e julgar as causas entre os sindicatos e seus associados. Súmula n. 114 do TFR. Todavia, com o advento da EC n. 45/2004, dando nova redação ao art. 114, CF, ampliando a competência da Justiça do Trabalho, esta passou a ser competente para as ações envolvendo os sindicatos, inclusive entre sindicatos e seus associados (inc. III).

34.3.60. Da ação contra empresa privada contratada para prestação de serviços à Administração Pública

Compete à Justiça do Trabalho processar e julgar ação contra empresa privada contratada para a prestação de serviços à Administração Pública. Súmula n. 158 do TFR (extinto). O contrato firmado entre essas empresas não é de molde a afetar o contrato de trabalho sob a égide celetista. Com o advento da EC n. 45/2004 qualquer possível discussão ficou superada.

34.3.61. Do desconto confederativo e assistencial

A contribuição assistencial e a confederativa têm naturezas jurídicas distintas. A confederativa tem por escopo o custeio do sistema confederativo da representação sindical patronal ou profissional, enquanto a contribuição assistencial tem por objetivo o custeio das atividades assistenciais dos sindicatos. A confederativa tem respaldo no inc. IV, do art. 8º, da Constituição, enquanto a contribuição assistencial faz suporte no art. 513, alínea "e", da CLT. Ambas coexistem. A contribuição confederativa não pode resultar de acordo, convenção ou sentença normativa, mas de disposição da assembléia geral. O pagamento é feito por empregados e por empregadores, visando o fortalecimento do sistema confederativo. O tema, embora tenha suscitado discussões sobre a possibilidade de cobrança de associados e não associados (Precedente Normativo n. 74, revogado pelo de n. 119) restou superado pela Súmula n. 666 do STF, editada em 09.10.2003: "A contribuição confederativa de que trata o art. 8º, IV, da Constituição, só é exigível dos filiados ao sindicato respectivo." Como verificaremos abaixo, o entendimento foi diferente daquele dado ao desconto assistencial. Este está ligado diretamente aos benefícios proporcionados pelo sindicato, àquele tem por escopo apenas o fortalecimento do sistema federativo.

A contribuição assistencial pode ser prevista em acordo, convenção ou em sentença normativa. Todavia, decidiu o STF que a cobrança estaria atrelada à condição de o empregado não se opor ao desconto, em prazo razoável anterior ao pagamento de salários, que a jurisprudência passou a entender que seria o prazo de dez dias do primeiro pagamento reajustado (ver Acórdão na íntegra na Revista LTr 43/1148). A preocupação da Excelsa Corte faz suporte no princípio da intangibilidade salarial prevista no art. 462, CLT. No entanto, a própria Constituição permite o desconto no art. 7º, VI, quando disposto em acordo ou convenção coletivos. No tocante à via da sentença normativa, a inclusão em cláusula de desconto assistencial afronta o objetivo do dissídio coletivo de natureza econômica cuja finalidade é a de criar direitos ou condições de melhoria para a categoria, não a de criar receitas para o sindicato. Depois, o sindicato, na qualidade de substituto processual exclusivo, não pode impor ônus à categoria (substituídos). Contudo, a matéria foi enfrentada pelo STF que concluiu que o desconto assistencial previsto em dissídio coletivo não contraria a Constituição, desde que não haja oposição do empregado até certo prazo antes desse pagamento, cf. RE n. 88.022-SP, Ac. TP, 16.11.1977, Min. Moreira Alves (ver acórdão completo na Revista LTr 43/1146).

Um outro tema que surgiu foi o de se a contribuição assistencial seria devida para toda a categoria ou somente para os associados do sindicato. Se indevida a cobrança para os não associados, ter-se-ia a divisão de membros da categoria em dois grupos: a) aquele que contribui e recebe os benefícios; e b) aquele que recebe os benefícios e não contribui. Em termos de justiça distributiva, pender-se-ia para a obrigatoriedade de toda a categoria que usufrui de todos os benefícios. Mas, o TST, por meio do Precedente Normativo n. 119 (SDC) entendeu que, ao se obrigar ao membro da categoria não associado a pagar a contribuição assistencial, estar-se-ia ferindo o princípio da livre sindicalização previsto no inc. V, do art. 8º, da Constituição. Porém, a Excelsa Corte, em decisão da qual foi relator o Ministro Marco Aurélio (Proc. STF, RE n. 189.960-3-, Ac. 2ª T., j. 7.11.2000, DJU 10.8.2001, p. 18), entendeu que a contribuição é assistencial profissional. Em verdade, a decisão do STF deixa antever que o princípio da livre associação não se desprestigia com o pagamento da contribuição assistencial. A livre associação não deve constituir óbice à cobrança assistencial, com tratamento diferenciado para membros da mesma categoria que são aquinhoados pelos mesmos benefícios conseguidos pelo sindicato. Por outro lado, o julgamento do STF previu e preveniu contra a possibilidade da debandagem de associados ou mesmo de desinteresse futuro na sindicalização, já que mesmo sem ser associado o membro da categoria teria direito aos benefícios, se outra fosse a decisão. E foi em sentido diametralmente oposto à edição do Precedente Normativo n. 119, do TST, que revogou o de n. 74, ainda mais radical.

A verdade é que pertencer à categoria e ser sindicalizado são coisas distintas. Pertencer à categoria independe do trabalhador, pois é uma questão de classificação por categoria. Já ser ou não sindicalizado é fator que depende da sua exclusiva vontade. O primeiro requisito (pertencer àquela categoria) é o pressuposto para sindicalização naquele sindicato. É por isso que não se poderá excluir os benefícios do trabalhador não sindicalizado. O benefício conseguido é para a categoria, não somente para o sindicalizado. Sindicalizados e não sindicalizados formam a categoria. O direito de receber benefícios presentes e futuros está ligado à categoria. Registre-se que o STJ pronunciou-se em sentido contrário ao STF (STJ, REsp n. 58.428-0-SP, Ac. 1ª T. 94.0040500-6, rel. Min. Garcia Vieira (ver voto completo na Rev. LTr 59-10/1380): "ninguém será obrigado a filiar-se ou manter-se filiado a sindicato (CF, art. 8º, V). O sindicato não pode compelir os não-filiados para obrigá-los a pagar-lhe contribuição assistencial, nem obrigar aos filiados a permanecerem no sindicato." Tem-se, assim, que a Excelsa Corte nada mais fez do que prestigiar os preceitos do art. 545, CLT ao exigir a autorização individual do trabalhador. A simples representação do sindicado, na qualidade de *alter ego* da categoria não é suficiente competência.

Com o advento da Constituição de 1988, dizia verdade é que pertencer à categoria e ser sindicalizado são coisas distintas. Pertencer à categoria independe do trabalhador, pois é uma questão de classificação por categoria. Já ser ou não sindicalizado é fator que depende da sua exclusiva vontade. O primeiro requisito (pertencer àquela categoria) é o pressuposto para sindicalização naquele sindicato. É por isso que não se poderá excluir os benefícios do trabalhador não sindicalizado. O benefício conseguido é para a categoria, não somente para o sindicalizado. Sindicalizados e não sindicalizados formam a categoria. O direito de receber benefícios presentes e futuros está ligado à categoria. Registre-se que o STJ se pronunciou em sentido contrário e o desconto confederativo sequer poderia figurar em norma coletiva. Nesse sentido dispõe o art. 8º, IV, ao transferir para a assembléia geral a competência para fixar a contribuição. E a vontade soberana da assembléia terá efeito contra toda a categoria, associados e não associados, sem que tenha o empregado (integrante da categoria) a possibilidade de furtar-se ao pagamento. O desconto será levado a efeito pelos empregadores na folha de pagamento, mediante comunicação hábil do órgão de classe às empresas que compõem a categoria econômica. A empresa que, ciente, deixar de efetuar o desconto, descumprindo a norma constitucional, responderá perante o órgão de classe, sem prejuízo do direito de regresso.

O objetivo perseguido e conseguido foi o de fortalecer financeiramente os órgãos de classe, já que a contribuição a ser fixada por assembléia independe da contribuição prevista em lei. Todavia, a Constituição consagrou o *bis in idem,* investindo sobre o salário do trabalhador. Agora, com maior razão, devem os trabalhadores comparecer à assembléia na qual se discutirá a matéria maciçamente para evitar surpresas de contribuição elevada. No entanto, nada impede que a assembléia, que é soberana, permita a opção pelo não pagamento; contudo, não registramos nenhum caso nesse sentido. Mesmo porque a assembléia é dirigida pelo sindicato, o principal interessado na fixação de um valor.

E, no que concerne ao acordo e à convenção coletiva, a questão da competência restou superada pela Lei n. 8.984, de 7.2.1995. E a conseqüência foi a revogação da Súmula n. 334 do TST e da Súmula n. 57 do STJ.

No que diz respeito à possibilidade ou não da cobrança de associados e não associados, persiste no TST o Precedente Normativo n. 119. Entretanto, superado pela Súmula n. 666 do STF.

34.3.62. Da ação civil pública

A competência funcional para instruir e julgar a ação civil pública em âmbito trabalhista será da Vara do Trabalho do foro local onde ocorrer o dano (art. 2º, da Lei n. 7.347/1985). A competência funcional é absoluta e improrrogável por vontade das partes, ressalvadas hipótese legais (art. 87, CPC). Quando o dano ocorrer em vários locais (comarcas), competente será qualquer das comarcas, resolvendo-se a questão, em havendo a hipótese, pela prevenção (arts. 106, 107, CPC); se na comarca existirem outras Varas, a competência também será resolvida pela prevenção, quando proposta mais de uma ação. Se existir coincidência de Vara estadual e federal na comarca onde ocorreu o dano, não haverá maiores complicações. Se o ente público que houver de figurar ma ação civil pública, pólo ativo ou passivo, tiver foro privilegiado para as ações comuns, a competência será da Vara Federal nos termos do art. 109, I, CF. A competência em sede de ação civil pública dá-se em função do local da ocorrência do dano (art. 2º, Lei n. 7.347/1985), não em razão da pessoa, a exemplo do que sucede com o *mandamus*. Não ocorrendo a hipótese retro, a competência será do juiz estadual. Embora a Lei n. 9.494, de 10.09.1997 tenha dado nova redação ao art. 16 da Lei n. 7.347/1985, fixando a competência funcional à base territorial, aplicando regras do direito individual com visíveis prejuízos para os interesses metaindividuais, o art. 21 da Lei n. 7.347/1985 determina a aplicação das regras do art. 102 do Código de Defesa do Consumidor (Lei n. 8.078/1990), pelo que permanece sem aplicação a restrição à base territorial. Não existe foro privilegiado para a União, nem se aplica a restrição de alçada recursal.

34.3.63. Do dano material e moral

O tema somente alçou cogitação em sede trabalhista com o advento da Constituição Federal de 1988.

Desde logo, duas correntes surgiram. De um lado, posicionaram-se aqueles que propugnavam pela competência da Justiça do Trabalho para apreciar celeumas concernentes ao dano moral oriundo da relação empregatícia.

Como suporte argumentativo, apontavam os defensores daquela corrente o disposto no art. 652, IV, da CLT, com base no qual entendiam já possuir a Justiça do Trabalho a necessária competência material para o tema.

Entendíamos que o art. 652 consolidado não cuidava da competência material da Justiça do Trabalho, mas sim da competência funcional das Juntas de Conciliação e Julgamento, hoje Varas do Trabalho.

Ao intérprete era vedado extrapolar os limites fixados pela *Lex Major*. Vale dizer, a competência trabalhista somente poderia extrapolar o âmbito da relação empregatícia para alcançar outras controvérsias dela oriundas diante de expressa previsão legal (art. 114 da CF/1988), do que decorria que, inexistindo previsão legal, não haveria como falar em competência trabalhista.

Além do mais, em respeito ao princípio do paralelismo, se a Justiça do Trabalho não era competente para apreciar questões atinentes ao dano material (*v. g.*, acidente do trabalho e responsabilidade civil), também não haveria de ser competente em razão do dano moral. Cindir-se a competência apenas para alcançar o dano moral enfraquecia sobremaneira o argumento. O milagre haveria de ser feito por inteiro. A competência deveria ser para o dano moral e para o dano material. Ter-se-ia o caso, *v. g.*, de dano moral com aspectos materiais reflexos em que a Justiça do Trabalho seria competente para as conseqüências morais e não seria para aquelas provenientes do dano material reflexo, desaguando em evidente incoerência.

Éramos favoráveis a que toda a discussão que envolvesse empregado e empregador em âmbito de contrato de trabalho ou, em certas hipóteses, em âmbito reflexo, quando já extinto o contrato de trabalho, fosse de competência da Justiça do Trabalho. Mas, isso somente seria possível por meio de lei. Enquanto não advinda a previsão normativa, o dano moral estaria expungido da esfera de competência trabalhista.

O dano moral ganhou prestígio com o advento da Constituição de 1988. A discussão inicial sobre a competência da Justiça do Trabalho cedeu espaço ao direcionamento dado pelo Supremo Tribunal Federal que concluiu pela competência da Justiça do Trabalho para o dano moral e material. A Emenda Constitucional n. 45/2004 deu nova redação ao art. 114, CF ampliando a competência da Justiça do Trabalho e constando expressamente a competência para o dano moral ou patrimonial (inc. VI).

34.3.64. Da competência para julgamento de conflitos entre tribunais

Competência. Conflito. Dispõe a letra "d", do inciso I, do art. 105 que "os conflitos de competência entre quaisquer tribunais, ressalvado o disposto no art. 102, I, "o", bem como entre tribunais e juízes a ele não vinculados e entre juízes vinculados a tribunais diversos são de competência originária do STJ".

Há evidente lapso no referido dispositivo, quando usa expressão "quaisquer tribunais", o que poderia levar ao entendimento que o STJ teria competência para dirimir conflitos entre outros tribunais superiores em evidente conflito com o art. 102, I, "o", da CF.

Numa interpretação sistemática, a conclusão possível é de que o STJ não tem competência para decidir conflitos entre outros tribunais superiores, posto que da mesma horizontalidade. A competência é do STF (art. 102, I, "o", CF).

Em relação à Justiça do Trabalho, o conflito entre os Tribunais Regionais do Trabalho é do TST e o conflito entre juízes vinculados a tribunais diversos, em estando ambos investidos da jurisdição trabalhista, será do TST.

De conformidade com a nova redação dada ao art. 114, CF e a inclusão do inc. V, todo e qualquer conflito envolvendo matéria trabalhista será apreciado e julgado pela Justiça do Trabalho, por intermédio do Regional ou do TST, ressalvada a competência prevista no art. 102, I, alínea "o".

34.3.65. Da competência para o rito sumaríssimo

O procedimento sumaríssimo foi instituído pela Lei n. 9.957/2000 que acrescentou os arts. 852-A a 852-I na CLT. Possui regras próprias e agiliza o procedimento trabalhista em primeiro grau, muito embora em sede Regional devam ser colocados em votação em ordem preferencial, a exemplo do agravo de petição e do agravo de instrumento; mas, isso nem sempre acontece. Dependerá sempre de um Presidente do Regional atento e que determine a distribuição com ordem preferencial e que, em caso de atraso, dê preferência somente a esses processos, numa espécie de mutirão. Não há dúvida de que, com isso, haverá atraso no julgamento dos recursos ordinários; porém, há que se escolher dentro de uma ordem de valores preferenciais.

Dissemos acima que a agilização se dá na jurisdição primária. Isso pelo fato de no juízo primário exigir a lei pauta especial e que a sentença seja proferida no prazo máximo de 15 (quinze) dias do ajuizamento (art. 852-B, III). Todavia, após proferir-se a decisão meritória em primeiro grau, o procedimento volve a ser o ordinário e a parte terá direito a todos os recursos que a lei lhe oferece, inclusive o recurso extraordinário, se houver discussão de tema constitucional. É bem verdade que o tema a ser prequestionado e discutido em recurso de revista é reduzido (art. 896, § 6º, CLT). Mas, isso é um *minus*. Não obstante, o procedimento sumaríssimo esteja fixado em 40 (quarenta) salários mínimos (art. 852-A), a alçada recursal continua em 2 (dois) salários mínimos (art. 2º, § 4º, Lei n. 5.584/1970). A lei foi por demais tímida, embora tenha trazido bons frutos. Poderia ser melhor.

Temos hoje três tipos de procedimentos: o ordinário que é o rito comum celetista, o sumário (Lei n. 5.584/1970) e o sumaríssimo.

A exemplo dos demais, ordinário e sumário, a competência do sumaríssimo é da Justiça do Trabalho. Em dependendo do volume de processos sob o rito sumaríssimo, poderão ser instituídas Varas do Trabalho e Turmas dos Regionais Especializadas.

34.4. Da fase postulatória

34.4.1. Do breve enfoque sobre a ação

Dispõe o art. 3º do Código de Processo Civil que: "Para propor ou contestar ação é necessário ter interesse e legitimidade." Nesse mesmo sentido, dispunha o art. 76 do Código Civil de 1916, hoje sem correspondente: "Para propor, ou contestar uma ação, é necessário ter legítimo interesse econômico, ou moral. Parágrafo único. O interesse moral só autoriza a ação quando toque diretamente ao autor, ou à sua família." Segundo *Câmara Leal* ("Teoria e Prática das Ações", v. 1º/17): "O texto processual repete, praticamente, o Código Civil. Melhor seria que dissesse interesse jurídico, que é o de exigir-se."

O interesse de que fala a lei, é o interesse processual ou a possibilidade de agir. Não pode ajuizar ação quem não tenha o interesse jurídico. Todavia, pode acontecer de o indivíduo achar que tem direito a alguma coisa e ajuizar ação. Para tanto formula um pedido e o fundamenta. Muitas vezes, não é possível saber *in limine* se a parte que apresenta legitimidade tem ou não direito a alguma coisa (possibilidade jurídica do pedido). Esta condição da ação nem sempre ser apresenta com clareza. Nada impede que alguém ajuíze uma ação sabendo não ter o direito que pleiteia com a finalidade menos nobre. O que certamente acontecerá é que perderá a ação e pagará custas e honorários advocatícios, não se descartando o enquadramento da possibilidade jurídica do pedido e do interesse processual.

34.4.2. Das condições da ação

Assinala *Frederico Marques* ("Manual de Direito Processual", v. I/156, Saraiva, 1974) que: "O autor sempre tem o direito de pedir a tutela jurisdicional exercendo o *jus actionis*, pois até mesmo quando desatendido de plano e liminarmente (art. 295 do novo Código de Processo Civil) ele o exerceu. Para que a ação, no entanto, se apresente viável, possibilitando ao autor praticar atos processuais até obter a tutela jurisdicional, previstas estão, no Código de Processo Civil, três condições fundamentais: a) o interesse de agir; b) a legitimação *ad causam*; e c) a possibilidade jurídica do pedido (art. 267, VI)."

As condições da ação são requisitos ligados profundamente ao pedido, como espírito vivificando o corpo, cuja ausência impede a análise do mérito.

A ação sobre o enfoque conceitual de direito abstrato da parte não impede que a ação seja ajuizada, pois a parte tem o direito de pedir a tutela jurisdicional no exercício do *jus actionis* até mesmo quando desatento aos preceitos do tecido legal (art. 295, CPC). Entretanto, para que a tutela tenha prosseguimento é inarredável a presença dos pressupostos processuais (objetivos e subjetivos) e as condições da ação: (interesse processual (interesse para agir), qualidade para agir ou legitimação *ad causam* (ativa e passiva) e possibilidade jurídica do pedido.

Para *Chiovenda*, são condições de ação as condições necessárias a que o juiz a declare existente e atue a vontade concreta da lei invocada pelo autor, vale dizer, as condições necessárias para obter um pronunciamento favorável. Variam segundo a natureza do pronunciamento. Assim, se se pleiteia uma sentença condenatória, veremos que as condições necessárias para obtê-las normalmente são: primeiro — a existência de uma vontade de lei que assegure a alguém um bem obrigando o réu a uma prestação; segundo — a qualidade, isto é, a identidade da pessoa do autor com a pessoa favorecida pela lei e da pessoa do réu com a pessoa obrigada; terceiro — o interesse em conseguir o bem por obra dos órgãos públicos.

A sentença, pois, que se pronuncia sobre a demanda pode negar a ação por falta seja de interesse, seja por falta de qualidade, seja por falta de um bem garantido pela lei; em todos os três casos, é favorável ao réu, reconhece-lhe um bem e produz a coisa julgada, mas em graus diferentes. Se nega a ação por interesse, não nega que a ação possa vir a surgir relativamente ao próprio direito deduzido na lide, quer dizer, com fundamento num interesse novo (por exemplo, na lesão de direito, recusa efetiva de adimplir). Se nega a ação por ausência de qualidade, não nega que o autor da ação possa propor de novo a ação relativamente ao próprio direito, quer dizer, com fundamento num fato que lhe confira a qualidade (cessão, sucessão). Se nega, ao revés, a ação por ausência de uma vontade de lei que assegure um bem, a absolvição do réu é completa e definitiva: é o máximo que se concede ao réu. O autor, neste caso, não poderá mais agir, a não ser que prove que a vontade da lei, antes inexistente, surgiu apoiada num fato novo ("Instituições de Direito Processual Civil", Ed. Bookseller, Campinas, 1988, p. 89/90).

A ausência de uma das condições da ação impede que o processo seja julgado meritoriamente. O que significa que a sua extinção será sem julgamento do mérito. O que não impede que a parte possa propor ação com o mesmo objeto, desde que sanada a erronia.

34.4.3. Dos pressupostos processuais

São pressupostos processuais, as condições para obtenção de um pronunciamento qualquer, favorável ou desfavorável, sobre a demanda. Para haver sentença sobre a demanda, de recebimento ou de rejeição, necessita-se de um órgão estatal regularmente investido de jurisdição; que esse órgão seja objetivamente competente na causa e subjetivamente capaz de julgá-la; que as partes tenham capacidade de ser partes e que tenham capacidade processual. Negando-se a existência dos pressupostos processuais, não se nega a existência da ação que permanece não julgada. Nega-se que a ação, na hipótese, possa fazer-se valer nesse processo: não se nega, porém, que possa fazer-se valer imediatamente ou em prosseguimento do mesmo processo ou de outro processo. A sentença, portanto, que se pronuncia apenas sobre os pressupostos processuais, ou seja, que declara impossível pronunciar-se sobre a demanda, pois absolve do prosseguimento da causa, não é favorável nem ao autor nem ao réu; não concede nem recusa nenhum bem; veremos que, por isso, em regra, não deve incluir condenação nas despesas, pois não produz a coisa julgada substancial.

Em suma, a ausência de uma das condições da ação ou de um dos pressupostos processuais constitui óbice para que o julgador possa adentrar ao mérito e à análise da matéria de fundo. Vale dizer, para que se possa analisar o *meritum causae é* mister que aqueles óbices estejam superados. As condições da ação e os pressupostos processuais funcionam como espécie de porta que se abre e por onde o julgador passará para julgar o mérito. A ausência de uma das condições ou de um dos pressupostos processuais impede a entrada e a ação não poderá prosseguir, dando origem à sentença terminativa, que faz a coisa julgada apenas formal ou a preclusão *pro iudicato*. A prestação jurisdicional não é entregue por culpa do autor. Isso não significa que o autor não seja titular do direito perseguido ou que não tenha a possibilidade de titular a ação. Apenas deverá fazê-lo dentro dos rigores processuais. Em nosso direito processual, a sentença terminativa impõe o pagamento de custas e de honorários processuais, em sendo o caso.

Tanto os pressupostos processuais, quanto as condições da ação são fatores impeditivos da prestação jurisdicional de mérito. Daí ser dever de ofício do juiz a fiscalização desta parte. Para o mestre *Chiovenda* (ob. cit., p. 93), no tocante às condições da ação, basta, em geral, que existam no momento da sentença (mais precisamente no encerramento da discussão), e regulam-se, em parte, pela lei substancial, desde que essa seja a lei que informa sobre a existência duma obrigação, sobre o inadimplemento, sobre a pertinência subjetiva dos direitos. Os pressupostos processuais, em regra, devem existir no momento da propositura da ação e regulam-se pela lei processual.

A possibilidade jurídica do pedido não se apresenta com peso de certeza, mas de possibilidade, já que o nosso direito processual adotou a teoria da ação como direito abstrato. Em havendo a possibilidade jurídica do pedido e não havendo o cumprimento espontâneo por parte do pretenso devedor, tem origem a lide, tendo o autor o interesse processual. Isso não significa que a ação será julgada procedente. Poderá acontecer de mesmo existindo a possibilidade jurídica do pedido, em tese, o réu apresente prova que descaracterize o direito material, *v. g.*, o pagamento feito anteriormente, a remissão da dívida pelo autor; ou ainda a prescrição do direito de ação. Em todos esses casos, o julgador adentrará a apreciação do mérito para julgar a ação improcedente e formar a coisa julgada material.

34.4.4. Do sentido da expressão interesse de agir

Para *Chiovenda* (ob. cit., p. 226), "o interesse é a medida das ações, e o interesse de agir consiste nisto: sem a intervenção dos órgãos jurisdicionais o autor sofrerá um dano. E não tem tal interesse quem não tem verdadeira necessidade da intervenção dos órgãos jurisdicionais. *Mortara* caracteriza a iniciativa do autor, que se considera lesado em seu direito, como uma reação contra a verdadeira ou suposta violação. Deve o autor justificar o que o determina a agir. No pensar de *Redenti*, se o direito não foi violado nem ameaçado, não há motivo para pedir proteção e reparação, não tendo cabimento a ação".

O interesse processual deve ser legítimo, baseado em fator objetivo, *v. g.*, o pretenso credor não consegue receber os seus haveres ou não consegue que o devedor cumpra obrigação de fazer ou de não fazer. Quando isso acontece haverá um desequilíbrio social se o Estado não prover desatrelando o poder jurisdicional mediante provocação (*jus actionis*).

34.4.5. Da legitimação *ad causam* (ativa e passiva)

Dispõe *Frederico Marques* ("Manual de Direito Processual Civil", v. I/158, Saraiva, 1974) que: "A legitimação para agir constitui a segunda das condições da ação. *Buzaid* denomina-a de "pertinência subjetiva da ação", porquanto consiste a legitimidade *ad causam* (legitimidade de parte, ou também legitimação para agir) na individuação daquele a quem pertence o interesse de agir e daquele em frente ao qual se formula a pretensão levada ao Judiciário. Diz respeito à posição do autor e réu em relação a um litígio. Só os titulares dos interesses em conflito têm direito à prestação jurisdicional e ficam obrigados a subordinar-se, *in casu,* ao poder de *imperium estatal.* Legitimação *ad causam* significa existência de pretensão subjetivamente razoável". O titular do direito substancial, sucessor a título singular ou universal são legitimados para figurar no pólo ativo ou passivo da ação.

34.4.6. Da possibilidade jurídica do pedido

Com oportunidade, a doutrina elegeu a possibilidade jurídica do pedido, não a possibilidade legal, como uma das condições da ação. A possibilidade jurídica tem um âmbito operacional maior, aí englobando a lei, o contrato, o contrato de trabalho, o estatuto da empresa, o direito sumular etc.

Nas lições de *Frederico Marques* ("Manual de Direito Processual Civil", v. I/159 e 160, Saraiva, 1974), temos que: "Ninguém pode invocar a tutela jurisdicional formulando pedido não admitido no direito objetivo, ou por ele proibido." (...) De tal gravidade é a falta dessa condição do *jus actionis* que o art. 295, parágrafo único, do novo Código de Processo Civil, considera inepta a petição inicial quando "o pedido for juridicamente impossível".

34.4.7. Dos requisitos para ingressar em juízo

Como vimos acima, a parte para ingressar em juízo com a possibilidade de ter a sua ação apreciada e julgada pressupõe a reunião de todas as condições da ação. Sem que a parte reúna a qualidade para agir em juízo, a possibilidade jurídica do pedido e o interesse processual, poderá até ingressar em juízo, mas não logrará conseguir a prestação jurisdicional com a resolução da lide. Do que se pode concluir que, sem esses requisitos não deve a parte ajuizar a ação, pois que fatalmente não terá a prestação jurisdicional e será onerado com custas e verba honorária. Reunidas as condições da ação, a distribuição da ação deverá atender aos pressupostos processuais (objetivos e subjetivos). Em suma, todo indivíduo tem direito a livre acesso ao Poder Judiciário, sendo esse um direito constitucionalmente protegido (art. 5º, XXIV, "a"). Todavia, para que possa ter sucesso é que a lei exige os requisitos que permitam o pronunciamento jurisdicional (art. 295, CPC).

Dizia *Pontes de Miranda*, "ante a letra do Código Civil (art. 76, CC/1916), o que exerce a ação pode não ter direito subjetivo. Basta o dano. Mas ainda que culposo o dano, existe lesão de direito subjetivo, pois o dano resulta da violação do direito alheio. Sem dano não há delito civil que determine a obrigação". O art. 76 não tem correspondente no Código Civil atual. O CPC, art. 3º, diz que para propor a ação é necessário ter interesse e legitimidade. A legitimidade diz respeito à titularidade (*ad causam* e *ad processum*) e o interesse se refere a todo e qualquer interesse jurídico que diga respeito ao titular de um direito ou a um interessado. Não é, pois, qualquer interesse que possibilitará o ajuizamento de uma ação ou a vinda do indivíduo a juízo. Poderá acionar ou vir a juízo ou ser chamado na qualidade de terceiro interessado (opoente, nomeado à autoria, denunciado à lide, chamado ao processo).

E prossegue o autor: "Para propor ação, não há, portanto, requisitos propriamente exigíveis. É livre o acesso aos tribunais. Para vencê-la — diz *A. Pereira Braga* — é que é indispensável ter o autor um direito subjetivo que o ampare. Se esse direito existe, seu titular tem o interesse de agir, a qualidade para agir e a faculdade de pedir a intervenção judicial, faculdade que sofre limitações porque é um aspecto do direito subjetivo em ação (demandar por abuso de direito, espírito de emulação, capricho ou erro grosseiro, defesa maliciosa). Mas são todos requisitos para vencer a causa, e não para ingressar em juízo", cf. *Coqueijo Costa*, "Estudos ...", Ed. Trabalhistas, São Paulo, 1997, p. 16.

34.4.8. Da propositura da ação

O ajuizamento da ação é ato de iniciativa da parte interessada, isto é, compete unicamente ao titular do direito, como regra, movimentar o poder jurisdicional do Estado para fazer valer um direito resistido por aquele a quem compete o cumprimento da obrigação. Ao credor é dado o poder de iniciativa, posto que é o único, como regra, que poderá ter o legítimo interesse para ajuizar uma ação. Não se pode descartar a possibilidade do titular do direito não acionar o devedor inadimplente, pactuar uma prorrogação da obrigação ou mesmo deixar o direito precrever ou decair. O direito faz parte do patrimônio do credor. A inadimplência, se e quando houver, está situada em âmbito de direito privado, motivo mais do que suficiente para que o poder jurisdicional não se movimente de ofício. O terceiro interessado poderá impedir que o seu devedor e credor de outrem deixe a ação prescrever ou que o seu devedor renuncie a direitos para não pagar o que deve ao terceiro (art. 203, CC).

É com a propositura da ação que tem início o processo. O processo civil e o trabalhista repousam no princípio fundamental da iniciativa privada. *Ne procedat judex ex officio*. Nenhum juiz prestará a tutela jurisdicional senão quando a parte ou o interessado a requerer, nos casos e formas legais (art. 2º do CPC).

Alexandre de Paula ("Código de Processo Civil Anotado", Ed. RT, 1977, v. I/2) realça que: "A regra não encontra correspondente no Código de 1939. Mas figurava anteriormente em vários Códigos processuais dos Estados. Assim, o do antigo Distrito Federal — (Decreto n. 16.752/24) — dispunha: Art 2º Excetuados os casos do procedimento oficial declarados na lei, ou os disciplinares prescritos neste Código, só por provocação da parte interessada, poderão os juízes e tribunais exercer as respectivas atribuições. O novo texto parece excluir a possibilidade do procedimento de ofício."

Celso Agrícola Barbi ("Comentários ao Código de Processo Civil", Forense, 1975, v. I, t. I/33) assinala, com respaldo em *Liebman*: "Entendeu-se, durante muito tempo, que essa regra era conseqüência do princípio dispositivo, mas estudos mais modernos demonstraram que não há identidade entre aquele princípio e o da demanda ou da iniciativa da parte."

A doutrina registra que a jurisdição exercida por iniciativa própria viria a contrariar o escopo de pacificação social, já que ao Juiz dar-se-ia o poder de instaurar conflitos onde estes não existiam e talvez mesmo sequer viessem a eclodir, não fosse a intervenção do Estado. Além disso, restaria relegada a imparcialidade do julgador.

O princípio, todavia, não é absoluto, havendo exceções (*v. g.*, execução trabalhista).

34.4.9. Da petição inicial

A petição inicial é a peça mais importante do processo. Por seu intermédio o poder jurisdicional deixa o seu estado simplesmente latente para tornar-se realidade em caso concreto. Também é por seu intermédio que se inicia a relação processual; inicialmente com o autor ao distribuir a peça inicial que se materializa em ação, vindo logo em seguida a figura do juiz (atividade), completando-se com a citação do réu para apresentar defesa, querendo. Com a petição inicial se dá conhecimento ao poder jurisdicional da existência de um direito inadimplido e resistido por quem tem o dever de honrar a obrigação. Da resistência do devedor, nasce (*actio nata*) o processo.

Como vimos antes, a petição inicial, gênese da ação, deverá atender a certos requisitos (condições da ação e pressupostos processuais) para que possa constituir validamente o processo e abrir as portas para uma apreciação da matéria de fundo (mérito). A peça inicial deve obedecer a uma formalidade lógica. Não existe pedido, sem causa de pedir, nem causa de pedir sem pedido. Se houver mais de um pedido, deverá o autor indicar articuladamente cada causa de pedir (fundamento jurídico) que irá corresponder a cada pedido. Não é necessário que a cada causa de pedir se formule o pedido. Articula-se a causa de pedir por itens numéricos ou letras e ao final formula-se o pedido, ligando cada pedido com o item da causa de pedir correspondente.

Na Justiça do Trabalho, existe um órgão destinado à formulação da ação verbal, que é reduzida a termo, tendo em conta que não existe a obrigatoriedade de advogado (art. 791, CLT). A redução a termo segue os mesmos rigores acima mencionados.

O processo tem início com a ação (arts. 282 e 283 do CPC). Esta, por sua vez, se materializa por meio da petição inicial e da defesa que, regra geral, são escritas, atendidos os pressupostos indispensáveis (arts. 282, 283, 295, 300 do CPC). O processo trabalhista (art. 840, § 1º, da CLT), a exemplo do processo comum (art. 282, III), exige a narração dos fatos e dos fundamentos jurídicos do pedido ao determinar que a inicial contenha "uma breve exposição dos fatos de que resulte o dissídio". A Lei n. 5.584/1970, art. 2º, acrescentou mais um requisito: o valor da causa.

Assinala *José da Silva Pacheco* que o processo civil se inicia com a ação da parte interessada. Iniciado, prossegue, independentemente da parte que o iniciou *moto proprio*, em vista do poder jurisdicional dos órgãos encarregados da justiça estatal. Claro é que a parte, ao agir e 'ligar' o Judiciário, não se exime de continuar a prestar-lhe os serviços, ainda que se arrependa de sua ação. O processo iniciado deve seguir por força mesmo da jurisdicionalidade estatal, incumbida da promoção da justiça. Qual o fim do processo? A promoção da justiça é objetivo público, de que se incumbem, por sua própria natureza, os órgãos jurisdicionais do Estado. Em que consiste a justiça? Consiste na conveniente proporcionalidade das partes em relação ao todo social, deste em relação às partes e das partes entre si, de forma a possibilitar a harmonia da ordem social e a perfeita integração individual. Tradicional é a divisão da justiça em comutativa, legal e distributiva, a que hoje se acrescenta a social. Esta última bafeja, de certo modo, todas as outras. À comutativa corresponde a equivalente proporcionalidade nas relações individuais. À justiça legal corresponde a proporcionalidade nas relações entre os indivíduos e o Estado (todo social); e à justiça distributiva corresponde a proporcionalidade nas relações entre o Estado e os indivíduos. As relações entre os indivíduos são reguladas por leis de direito privado. As demais relações entre os indivíduos regulam-se por leis de direito público. Insta acentuar que todas estas relações quer de natureza pública, quer de natureza privada, são imbuídas de um *plus* social. A proporcionalidade existente em todas estas relações deve revestir-se de um aspecto social ("Direito Processual Civil", Saraiva, 1976, v. 1º/43).

34.4.10. Da petição escrita

Deverá conter a designação do Juiz e respectiva Vara a que é dirigida ou do Juiz de Direito; a qualificação do autor e da ré; breve exposição dos fatos de que resulte o dissídio, com linguagem simples e objetiva; o pedido, a data e a assinatura do reclamante ou do seu representante (art. 840, § 1º, da CLT); valor da causa (Lei n. 5.584/1970, art. 2º); petição em duas vias (art. 787 da CLT).

A ausência do reclamante por uma ou duas vezes sujeitar-lhe-á à penalidade preceituada nos arts. 731 e 732 da CLT.

34.4.11. Da petição verbal

As partes continuam detentoras do *jus postulandi* em sede trabalhista (art. 791, CLT), sem aplicação o art. 1º, da Lei n. 8.906/1994 (Estatuto do Advogado). Neste sentido, a interpretação do Supremo Tribunal Federal (Proc. n. 67.390-2-PR — TP — DJ 6.4.1990 e ADIn n. 1.127-2-DF).

Em conseqüência, persiste no processo do trabalho a modalidade peculiar da petição verbal. Objetiva-se, assim, colocar à disposição do leigo instrumento pelo qual poderá levar a sua pretensão a juízo, bastando para tanto o simples relato verbal, o qual "será reduzido a termo em duas vias datadas e assinadas pelo escrivão ou chefe de secretaria" (§ 2º, do art. 840, da CLT).

Não podemos deixar aqui de tecer rápido comentário crítico. O processo do trabalho há muito perdeu aquela simplicidade que existia há meio século atrás. A realidade hoje é outra e a presença do advogado se faz indispensável. Mesmo com a possibilidade do ajuizamento de ação verbal, posto que em pleno vigor o art. 791, CLT, dificilmente se pleiteia em juízo sem advogado ou com a assistência de sindicato (art. 2º, Lei n. 5.584/1970). E com o advento da EC n. 45/2004, que transformou a Justiça do Trabalho numa justiça híbrida e ampliou a competência material, razão não mais existe para que não se exija a presença do advogado. Embora de direito a presença do causídico não seja obrigatória, de fato ele se faz presente na grande maioria das ações. A lei, no caso, contraria a realidade e a realidade não se curva à lei.

34.4.12. Da distribuição

A distribuição das ações será feita entre as Varas do Trabalho, ou Juízes de Direito do Cível, nos casos previstos no art. 669, §§ 1º e 2º, pela ordem rigorosa de sua apresentação ao distribuidor, quando houver (art. 783 da CLT). As ações serão registradas em livro próprio, rubricado em todas as folhas pela autoridade a que estiver subordinado o Distribuidor (art. 784 da CLT). Feita a distribuição, a reclamatória será remetida pelo Distribuidor à Vara ou Juízo competente, acompanhada do bilhete de distribuição (art. 788 da CLT). A ação deverá ser formulada em duas vias (arts. 840, §§1º e 2º, e 787, da CLT). Pela distribuição fixa-se a competência funcional, quando presentes mais de uma Vara do Trabalho ou de juiz de direito sob a competência trabalhista.

Pela distribuição, firma-se o juiz natural que pressupõe a competência em razão da matéria. O órgão distribuidor, como regra, está sob as ordens do presidente do tribunal, não do juiz diretor do fórum. Essa localização na hierarquia administrativa é muito importante para que tenha uma distribuição isenta. Disso decorre que o distribuidor não pode, nem deve atender pedidos de juiz da comarca, onde existir mais de uma Vara, para que determinada ação seja distribuída à sua Vara. O procedimento, como regra, subverte o princípio do juiz natural e poderá conduzir à nulidade dos atos praticados. Se o distribuidor vier atender a algum pedido, por determinação de juiz da comarca, deverá levar ao conhecicmento do presidente do tribunal imediatamente, sob pena de responder administrativamente.

34.4.13. Da crítica ao sistema

Embora sujeito a certas distorções, vez que dependerá sempre da lisura do funcionário encarregado, o sistema tem-se mostrado útil à finalidade. Sobre o assunto, lembra *Carrion* ("Comentários à Consolidação das Leis do Trabalho", Ed. RT, 1979, p. 461 e 462) que: "A ordem rigorosa de apresentação é ingenuidade legislativa, dependendo sempre da integridade do funcionário encarregado ou mesmo da vivacidade do procurador, verificando qual o juiz a que foi distribuída a demanda que o precedeu. As irregularidades da distribuição não configuram nulidade (*Pontes de Miranda*, "Comentários ao CPC"). Defende-se a publicidade do ato (*Russumano*, "Manual..."), o que é princípio salutar que informa o processo moderno; o CPC dá direito à parte ou seu procurador de fiscalizar a distribuição."

Devem as partes e o próprio Ministério Público exercer rigorosa fiscalização para que não haja desvirtuação do ato de distribuição. O próprio encarregado da distribuição poderá deixar de efetuar a distribuição, naquele momento, quando perceber que o advogado está utilizando de "esperteza" para burlar o "juiz natural", e levando o incidente ao conhecimento do diretor do fórum.

34.4.14. Da crítica à postulação verbal

A postulação verbal atende a uma finalidade, qual seja, a de que as partes exerçam o *jus postulandi* em âmbito trabalhista. A discussão sobre o tema, hoje, impõe-se em sede acadêmica uma vez que mais de 90% das ações são ajuizadas por advogados autônomos ou de sindicatos, principalmente nos grandes centros.

A verdade é que as exigências técnicas do processo tornam a atuação da parte, se não impossível, temerária, exigindo o apoio técnico de um profissional do direito.

O processo do trabalho atual apresenta maiores complicadores do que o próprio processo civil, tornando impossível para o leigo, jejuno em direito, pleitear direitos ou defender-se em juízo. Com a ampliação da competência trabalhista, com a nova redação dada ao art. 114, CF pela EC n. 45/2004, a Justiça do Trabalho tornou-se uma justiça híbrida, não havendo mais razão para que continue a destoar da realidade. Quando a lei não respeita a realidade, esta passa a desconhecer a lei. É o que está acontecendo há algumas décadas com o processo do trabalho. Embora se diga que o advogado não tem peso obrigatório, ele está presente em cerca de noventa e oito por cento das ações. O legislador mantém numa atitude hipócrita como se a realidade não houvesse mudado. Urge que se torne obrigatória a presença do advogado e que haja, sim, a sucumbência, com pagamento de custas e de honorários advocatícios (princípio da *perpetuatio in integrum*). Ao trabalhador que não tiver com que responder, conceder-se-á a justiça gratuita, ficando por conta da União o pagamento dos honorários advocatícios e periciais da parte vencedora. Nesse sentido, decidiu a Terceira Turma do TST, Processo — RR n. 1585/2004-001-24-00.2.

34.4.15. Da notificação

Recebida e protocolada a ação, o escrivão ou diretor da secretaria, dentro de 48 horas, remeterá a segunda via da petição, ou do termo, ao réu, notificando-o ao mesmo tempo para comparecer à audiência de julgamento, que será a primeira desimpedida, depois de cinco dias (art. 841 da CLT). O autor será notificado no ato da apresentação da ação ou na forma do parágrafo anterior (art. 841, § 2º, da CLT). Em verdade, cuida-se de audiência una de conciliação, instrução e julgamento.

A notificação será feita: a) por via postal (art. 841, § 1º da CLT); b) por oficial de justiça, quando o local não for servido por correio (art. 224 do CPC c/c. 769 da CLT); c) por edital, quando estiver em lugar ignorado ou criar dificuldades (art. 841, § 1º, da CLT); d) por hora certa não prevista na CLT, mas que vem sendo empregada por ser menos onerosa que o edital (art. 227 do CPC); e) por carta precatória, quando residente em outra localidade, fora da base territorial da Vara (art. 200 do CPC); f) por carta rogatória, difícil, mas não impossível (art. 201 do CPC), quando residente fora do território nacional; g) carta de ordem, expedida por órgão judicial superior ao deprecado.

Os arts. 221, I, e 222, do Código de Processo Civil permitem a citação (notificação) por carta, para qualquer lugar do país, com as exceções indicadas no item anterior (letras "a" a "f"), dessa forma se achegando a realidade trabalhista e superando preconceitos.

Não vemos, nessa modalidade, como *Carrion* (ob. cit., p. 525), interpretação ampliativa, mas aplicação nos termos do art. 769 da CLT. Ademais, a celeridade assim o exige no processo trabalhista. E as possíveis distorções que possam advir constituem exceção à regra. E não se constrói ou se raciocina por exceção. Apenas dever-se-á tomar a cautela de enviar a notificação por meio de carta registrada e com o aviso de recepção (AR). Na prática, as Varas vêm utilizando a carta precatória, sem dúvida mais segura; porém, menos célere. A ciência dos demais atos do processo poderá ser feita por meio de simples carta, nos termos de art. 237 do CPC. Do mesmo modo não vemos qualquer inconveniente na aplicação do art. 230 do CPC, em se cuidando de comarcas contíguas.

Para *Carrion* ("Comentários à Consolidação das Leis do Trabalho", Ed. RT, 1979, p. 525 e 526) que: A citação ou notificação postal presume-se realizada quando tenha sido entregue na empresa a empregado do réu, a zelador do prédio comercial ou depositada em caixa postal de empresa; incumbe à parte provar o não recebimento sem sua culpa; deixando o réu de recolher a notificação na caixa postal, não fica eximido dos efeitos da revelia (contrariamente *Campos Batalha*, "Trat. DJT"). Tratando-se de empresa extinta, ou de empresários sem empregados, exigem-se maiores cautelas por motivos óbvios; nesse caso, a entrega postal só será eficaz se efetuada ao destinatário em pessoa. O julgador deve situar-se a salvo das chicanas e das iniqüidades, simultaneamente. *Lamarca* defende, com absoluta lógica jurídica, a nomeação de curador à lide ao citado por edital, ao preso e ao demente ("Roteiro...", p. 8). (...) A citação postal para outra comarca não pode ser aceita, por interpretação ampliativa do art. 223 do CPC; a almejada celeridade do processo trabalhista não deve ser conseguida em tema tão sujeito a iniqüidades como o das revelias provocadas, com o sacrifício das garantias do direito de defesa. O CPC permite a citação pelo correio quando o réu for comerciante ou industrial domiciliado no Brasil, indicando expressamente que visa a intimar o destinatário, carta registrada com aviso de recepção, iniciando-se o prazo após a juntada aos autos do aviso de recebimento (arts. 221-241). *Lamarca* ("Roteiro..."), *Campos Batalha* ("Trat. DJT") e *Giglio* ("Novo DPT") expressamente indicam a carta precatória como meio de citações em comarca diferente da do ajuizamento. A intimação dos demais atos do processo, pelo escrivão, com aviso de recebimento, pode ser realizada por carta, como sempre o foi (CPC, art. 237), *Valentin Carrion* ("Comentários à Consolidação das Leis do Trabalho", Ed. RT, 1979, p. 525-526).

34.4.16. Do prazo

Será designada audiência com prazo mínimo de cinco dias (art. 841 da CLT). Em se cuidando do poder público — União, Estados, Municípios, Autarquias ou Fundações de Direito Público Federal, Estadual, Municipal — que não explorem atividade econômica, o prazo será em quádruplo, ou seja, um mínimo de vinte dias para contestar; em dobro, ou seja, dezesseis dias para apresentar recurso, tudo na forma do Decreto-lei n. 779/1969.

É bem de ver que o favor legal que diz respeito ao quádruplo para contestar e em dobro para recorrer (art. 188 do CPC e Decreto-lei n. 779/1969) — este último diploma legal cuida especialmente da matéria trabalhista — refere-se tão-somente à fase cognitiva. Na execução, os prazos são normais.

Dispõe *Sérgio Sahione Fadel* que: o art. 188 peca em aludir genericamente à Fazenda Pública, não mencionando expressamente as pessoas jurídicas de direito público interno, como a União, os Estados, os Municípios, os Territórios e as autarquias. (...) Esse privilégio é uma imposição do interesse público. Presume-se que os órgãos públicos, no curto prazo assinalado para a contestação e para os recursos, não disponham de tempo necessário para articular sua defesa, que requer, via de regra, consulta à repartição pública interessada ou responsável pelo ato *sub censura*. (...) O prazo em quádruplo para contestar se justifica pela necessidade de o representante legal da Fazenda Pública se inteirar suficientemente dos fatos da causa. Para recorrer, o prazo é menor, porque a contestação já está nos autos e os fatos necessários à articulação das razões respectivas são do conhecimento do Procurador da Fazenda. Aos representantes da Fazenda Pública são contados em dobro os prazos para o recurso. São fatais, entretanto, esses prazos e o seu excesso impede o conhecimento do feito na instância superior (TFR, 2ª T., Ag. MS n. 56.682, DJ de 2.5.1967, p. 1.210). Esse prazo em quádruplo só se refere à contestação da ação, ou da reconvenção e, por extensão, também à exceção; e em dobro, à interposição de recurso, qualquer que ele seja. Como princípio geral, se aplica a todos os feitos. Nos demais casos, em que não se cogite de contestação ou de recurso, os prazos da Fazenda Pública são os mesmos. As exceções não se aplicam em nenhum caso ("Código de Processo Civil Comentado", Ed. José Konfino, 1974, t. I/299).

Moniz de Aragão assinala que: "Conquanto a interpretação apenas literal sugerisse a restrição da regalia ao prazo para contestar, excluídos os que destinam à exceção e à reconvenção, não é essa a correta exegese do texto. Tratando de emenda introduzida pelo Projeto (art. 193), pois não constava do Anteprojeto, o verbo contestar não se afeiçoa à técnica deste último, que adotara o vocábulo resposta para designar os diversos atos praticados em atitude de defesa, mas tem de ser compreendido em sentido amplo, no qual equivale a resposta" ("Comentários ao Código de Processo Civil", Forense, 1975, v. II/114).

Assinala *Vicente Greco Filho* que: "O art. 188 institui privilégio para a Fazenda Pública e o Ministério Público, outorgando-lhes o prazo em quádruplo para contestar e em dobro para recorrer. Tal regra, por ser excepcional, deve ser interpretada em sentido estrito, não admitindo ampliação análoga, não se aplicando, por exemplo, a empresas públicas e sociedades de economia mista (...). A Fazenda Pública é apenas a pessoa jurídica de direito público (União, Estados, Municípios e Territórios), e mais suas entidades de direito público que gozem de igualdade de privilégios, como, por exemplo, as autarquias, desde que a lei instituidora tenha atribuído os mesmos privilégios da Fazenda. Não se beneficiam do prazo dilatado outras entidades ainda que controladas pela administração, tais como as empresas públicas e sociedades de economia mista; o prazo em quádruplo é apenas para contestar e o em dobro apenas para recorrer, não se estendendo o privilégio a outros atos ou termos processuais, como o de reconvir, o de embargar a execução, o de apresentar exceção, etc." ("Direito Processual Civil Brasileiro", Saraiva, 1984, v. 2º/23 e 24)

O Código de Processo Civil cuida da resposta do réu no art. 297, aí incluindo a contestação, a exceção e a reconvenção. E trata, especificamente, da contestação (art. 300). A lei fala em prazo em quádruplo para contestar (art. 188). Logo, correto o posicionamento de *Vicente Greco Filho*. Não se há de ampliar aquilo que a própria lei restringiu.

Os prazos processuais realizar-se-ão de conformidade com a prescrição legal. Quando omissa a lei, o juiz determinará o prazo, tendo em conta a complexidade da causa, do ato a ser impugnado, sem perder de vista a razoabilidade (art. 177). Sempre que não existir preceito legal restringindo o prazo nem fixação pelo juízo, o prazo será de cinco dias (art. 185). Em se cuidando de litisconsortes com diferentes procuradores, o prazo ser-lhes-á contado em dobro para contestar, para recorrer e, de modo geral, para falar nos autos (art. 191). Ver item 23.14, onde se cuida mais intensamente do prazo litisconsorcial.

O termo "falar nos autos" deve ser entendido de forma restrita. Já decidiu o STF que: "Embargos do executado. Inaplicável o art. 191 do Código de Processo Civil. O prazo para embargar execução é de dez (10) dias, pouco importando a existência de outros executados com procuradores diferentes" (RE n. 94152 — Rel. Min. Cunha Peixoto. No mesmo sentido: RE 96361 — Rel. Min. Alfredo Buzaid, *RTJ* 102/855, 102/1102 e Súmula do TACSP).

"O prazo em dobro de que trata o art. 191 da Lei Processual Civil não se estende ao preparo, visto que tal ato independe da presença de advogado e, em conseqüência, da retirada dos autos." (TRF, 4ª Reg., Ac. un. 1ª T., j. 3.2.1993, AI 91.04.12543.6-RS, Rel. Juiz Paim Falcão)

A discussão tem pertinência na esfera civil; não, todavia, em sede trabalhista. É que, no processo do trabalho, a defesa é ato de audiência, nela havendo de ser praticado todos os seus atos (contestação, reconvenção etc.). Assim, se o prazo para a designação de audiência far-se-á em dobro, todos os atos de defesa restam relegados igualmente para aquela oportunidade.

34.4.17. Do pedido

Há de constituir sempre uma conclusão lógica dos fatos narrados. Isto é, deverá conservar coerência com a narração dos fatos, *v. g.*, não poderá pleitear verba que se não inclua na narração dos fatos (art. 295, parágrafo único, II, do CPC). Embora o processo trabalhista não seja formalista, não pode prescindir daquele mínimo necessário a dar segurança às partes e possibilitar a defesa da parte adversa, *v. g.*, quando se pleiteia pagamento de horas extras e adicional noturno e sequer indica o horário no qual trabalhava. Neste caso, em homenagem ao princípio de economia processual, deverá o Juiz conceder prazo de 10 dias para que a parte complete a inicial, esclarecendo-a (art. 284 do CPC), devolvendo o prazo à reclamada se a determinação for feita em audiência inaugural. Todavia, nada impede que essa fiscalização seja feita antes de colocar-se o processo em pauta. Se o autor não cumprir a diligência, o juiz indeferirá a petição inicial (art. 284, parágrafo único, do CPC). Essa complementação da inicial não fere preceitos dos arts. 264 e 294 do CPC. Neste sentido, a Súmula n. 263 do TST.

Dispõe *Amauri Mascaro Nascimento* que: "Aditar significa acrescentar. Aditamento da inicial significa acrescentar algo ao pedido. A forma de aditamento é outra petição com o pedido aditado e a exposição dos fatos que o determinam. Do aditamento, o réu será também citado por via postal. Aditamento não é o mesmo que modificação do pedido. Enquanto aditar é aduzir, modificar é substituir, mudar o pedido. O autor pode também modificar o pedido e, até mesmo, retirá-lo, isto é, desistir da ação ou de parte da ação. Há um prazo máximo para o aditamento e a modificação da inicial. Porém, não decorre da CLT, que é omissa, mas do CPC (art. 264); feita a citação, é "defeso ao autor modificar o pedido ou a causa de pedir, sem o consentimento do réu, mantendo-se as mesmas partes, salvo as substituições permitidas em lei". O Código revogado permitia o aditamento até a contestação. Agora, com a nova lei, modifica-se o prazo. Inadmissível será o aditamento da inicial em audiência porque por ocasião da sua realização a citação estará cumprida. Com a expedição da citação postal no processo trabalhista e o seu recebimento pelo destinatário, torna-se imodificável o pedido." (...) Entende-se por inepta a inicial com defeitos e irregularidades. O Juiz pode determinar ao recorrente a respectiva correção. O recorrente poderá fazê-lo em audiência ou pedir prazo para este fim, que será de

10 dias. Se o autor não cumprir a determinação do Juiz de retificar a inicial, a petição poderá ser indeferida, o que significa que por sentença será julgado e findo o processo, sem pronunciamento do mérito, nada impedindo a sua renovação (CPC, art. 264, parágrafo único e art. 294 do CPC) ("Curso de Direito Processual do Trabalho", Saraiva, 1978, p. 174).

Na prática, aceita-se o aditamento em audiência, antes da entrega da defesa, com a concordância da parte e a tolerância do juiz instrutor. Nesse caso, designa-se nova audiência para a entrega da defesa, instrução e julgamento, naquelas Varas em que se procede à audiência una.

34.4.18. Das espécies de pedido

Não confundir pedido genérico com indeterminação daquilo que se pleiteia. O pedido deverá ser claro naquilo que se busca, uma vez que não compete ao juiz exercitar ato de adivinhação. Por outro lado, pedido assim formulado desaguaria na inépcia da inicial, posto que sequer possibilitaria a formulação de defesa.

Preceitua o art. 286 do CPC que o pedido deverá ser certo ou determinado, podendo, entretanto, ser alternativo ou genérico. É bem de ver que o Código, ao falar em pedido genérico, fê-lo com vistas ao *quantum debeatur*, vez que o *an debeatur* deverá ser sempre certo e determinado.

Preleciona *Pontes de Miranda* que o pedido há de ser expresso (não há pedido tácito — *Hans Sperl*, *"Lehrbuch"*, I, 288) e determinado. Quer dizer: a indeterminação dele não pode ser absoluta. O pedido tem de ser determinado, para que o juiz possa saber o que se lhe pede, e proferir a sentença. Uma das regras jurídicas a que está adstrito, ao ter de concedê-la, é a de delimitá-lo com todo o cuidado, como se recortasse o que se lhe pede e ajustasse ao "pedido" o objeto que se pediu. Se assim não procede, arrisca-se a julgar além, fora, ou aquém do pedido, *ultra, extra* ou *citra petita*. As expressões "certo ou determinado", "incerto ou indeterminado" são empregadas nas nossas leis em tão diferentes acepções que melhor é ter-se o método de substituir a palavra "certo", em alguns casos, por algum outro sinônimo exato. No art. 286, "certo" foi responsável por se omitir a referência a "expresso". Concludência — o pedido deve ser concludente, além de expresso e determinado. Quer dizer: estar de acordo com o que se expõe, com a causa de pedir. Pedido genérico — ao pedido genérico exige-se ser certo e preciso na sua generalidade. Fora daí, é vago, e inepta a petição, por se tratar de incerteza absoluta ("Comentários ao Código de Processo Civil", t. IV/33 e 34, Forense, 1974).

Preleciona *Frederico Marques* que o pedido genérico é o que se opõe a pedido líquido e especial. Indeterminado quantitativamente, o pedido genérico deve ser completado por ulterior liquidação. Donde permiti-lo, o Código de Processo Civil, quando não for possível individuar os bens demandados, nas ações universais, ou fixar desde logo o valor da condenação, ou os efeitos do ato ilícito (art. 286). O pedido genérico pode levar ao desdobramento do processo de conhecimento: na primeira relação processual, a sentença decidirá sobre a obrigação do réu, ou *an debeatur*, e, na segunda, sobre o valor da prestação a que foi condenado, ou *quantum debeatur*. Isto na hipótese de liquidação por artigos (CPC, art. 609). Em se tratando de liquidação por cálculo do contador, ou por arbitramento, haverá apenas procedimento incidental de complementação da sentença (infra, Capítulo XVIII). Nas prestações em dinheiro, é admissível o pedido genérico quando não for possível determinar, de modo definitivo, as conseqüências do ato ou fato ilícito (art. 286, II). Neste caso, o pedido visa apenas a condenação do réu a indenizar pela ocorrência da ilicitude. O autor, na primeira ação, indicará os danos sofridos; e na liquidação, cuidará do valor da prestação exigida do réu. Com as conseqüências lesivas do ato ou fato ilícito já discriminadas na sentença condenatória, o autor, condenado que foi o réu, limitar-se-á a pedir a determinação do *quantum debeatur*. Fala, ainda, o art. 286, no seu n. II, em pedido genérico "quando a determinação do valor da condenação depender de ato que deva ser praticado pelo réu". É o que se verifica, por exemplo, quando o réu deve entregar determinada coisa e ainda pagar indenização pela desvalorização resultante do uso ou de deteriorações. Por fim, cabe o pedido genérico nas ações universais, se o autor não puder desde logo individuar os bens demandados que integram uma *universitates fact*, ou uma *universitates juris* ("Manual de Direito Processual Civil", Saraiva, 1974, v. 2/50 e 51).

Calmon de Passos assinala que a lei tolera, entretanto, o chamado pedido relativamente indeterminado, que o Código chama de genérico. Essa relativa indeterminação é restrita ao aspecto quantitativo do pedido (*quantum debeatur*), inaceitável qualquer indeterminação no tocante ao ser do pedido (*an debeatur*). O que é devido não pode ser indeterminado — estaríamos diante de pedido incerto; mas quanto é devido, pode não ser de logo determinado, contanto que seja determinável — é o pedido chamado de genérico pelo Código ("Comentários ao Código de Processo Civil", Forense, 1975, v. III/57).

34.4.19. Do pedido alternativo

Dispõe o art. 884 do Código Civil que: "Nas obrigações alternativas, a escolha cabe ao devedor, se outra coisa não se estipulou. § 1º Não pode, porém, o devedor obrigar o credor a receber parte em uma prestação e parte em outra. § 2º Quando a obrigação for de prestações anuais, subentender-se-á, para o devedor, o direito de exercer cada ano a opção. Art. 885. Se uma das duas prestações não puder ser objeto de obrigação, ou se tornar inexeqüível, subsistirá o débito quanto à outra. Art. 886. Se, por culpa do devedor, não se puder cumprir nenhuma das prestações, não competindo ao credor a escolha, ficará aquele obrigado a pagar o valor da que por último se impossibilitou, mais as perdas e danos que o caso determinar. Art. 887. Quando a escolha couber ao credor e uma das prestações se tornar impossível por culpa do devedor, o credor terá direito de exigir ou a prestação subsistente ou o valor da outra, com perdas e danos. Se, por culpa do devedor, ambas se tornarem inexeqüíveis, poderá o credor reclamar o valor de qualquer das duas, além da indenização pelas perdas e danos. Art. 888. Se todas as prestações se tornarem impossíveis, sem culpa do devedor, extinguir-se-á a obrigação."

Preceitua o art. 288 do CPC que: "O pedido será alternativo, quando, pela natureza da obrigação, o devedor puder cumprir a prestação de mais de um modo. Parágrafo único. Quando, pela lei ou pelo contrato, a escolha couber ao devedor, o juiz lhe assegurará o direito de cumprir a prestação de um ou de outro modo, ainda que o autor não tenha formulado pedido alternativo. Art. 289. É lícito formular mais de um pedido em ordem sucessiva, a fim de que o juiz conheça do posterior, em não podendo acolher o anterior."

Dispõe o art. 571 do CPC que: "Nas obrigações alternativas, quando a escolha couber ao devedor, este será citado para exercer a opção e realizar a prestação dentro em 10 dias, se outro prazo não lhe foi determinado em lei, no contrato, ou na sentença. § 1º Devolver-se-á ao credor a opção, se o devedor não exercitou no prazo marcado. § 2º Se a escolha couber ao credor, este a indicará na petição inicial da execução."

Preleciona *Frederico Marques* que: o pedido alternativo é aquele que se opõe ao pedido fixo. E o pedido é fixo quando o autor pede unicamente determinada prestação — enquanto que no pedido alternativo há pedido de prestações disjuntivas: ou uma prestação, ou outra. Essa disjunção resulta de ser possível satisfazer a obrigação de mais de um modo, como o declara o art. 288 do Código de Processo Civil. Deriva-se, em regra, o pedido alternativo, da obrigação de igual nome. E dá-se o nome de obrigação alternativa àquela que compreende duas ou mais prestações, "desobrigando-se, porém, o devedor com o satisfazer uma delas". A obrigação alternativa tem, portanto, mais de um objeto; todavia, "só um deles é o devedor obrigado a prestar e só um pode o credor exigir: *duae res sunt in obligatione, sed una tantum in solutione*". Na obrigação alternativa, "todos os objetos que nela se incluem são devidos embora o pagamento de um só extinga a relação jurídica" ("Manual de Direito Processual Civil", Saraiva, 1973, v. 2/48 e 49).

34.4.20. Dos pedidos subsidiários ou sucessivos

Dispõe o art. 289 do CPC que "é lícito formular mais de um pedido em ordem sucessiva, a fim de que o juiz conheça do posterior, em não podendo acolher o anterior".

Temos, pois, que a lei permite a alternatividade do pedido de modo subsidiário ou sucessivo. Se o juiz conhecer do primeiro, prejudicado restará o segundo; vale dizer, o pedido alternativo ou subsidiário só será conhecido em não se conhecendo o pedido principal. Como exemplo, cite-se o caso de pedido em que se pleiteia a anulação de opção pelo regime fundiário, com o pagamento de indenização de antiguidade em dobro ou simples, conforme for o caso, ou se conceda a equivalência econômica entre os regimes do FGTS e o da Consolidação (art. 7º, III, CF/1988).

Preleciona *Vicente Greco Filho* que o pedido é subsidiário ou sucessivo, quando o autor formula um principal pedindo que o juiz conheça de um posterior em não podendo acolher o anterior. Assim, por exemplo, nos casos de obrigação de fazer ou de não fazer, o pedido principal é o da prática do ato ou abstenção de fato, mas, se não obtiver a conduta desejada, pede-se a prática por terceiro se a obrigação é infungível ("Direito Processual Civil Brasileiro", Saraiva, 1984, v. 2º/100).

Dispõe *Frederico Marques* que se trata, aí, do chamado pedido subsidiário, que é modalidade do pedido alternativo. Em tal caso há alternatividade; mas um dos pedidos (o subsidiário ou sucessivo) só será examinado se o anterior não puder ser atendido. O pedido subsidiário, ou sucessivo, pressupõe um outro, que é o pedido anterior, ou pedido condicionante (o sucessivo é pedido condicionado), ocorrendo, então, o que se denomina de cumulação eventual: um dos pedidos é formulado, na eventualidade de ser o outro repelido. Cumpre ao juiz, nos pedidos sucessivos, atender à ordem em que estão deduzidos. Não lhe cabe decidir desde logo sobre o pedido sucessivo, que é apenas subsidiário, sem ter antes repelido o pedido condicionante (*id est*, ao que se formulou em primeiro lugar). A sucessividade ou supletividade pode ocorrer no tocante à tutela jurisdicional, como ainda em relação a prestações ("Manual de Direito Processual Civil", Saraiva, 1974, v. 2º/4).

34.4.21. Da cumulação objetiva

Dispõe o art. 842 da CLT que: "Sendo várias as reclamações e havendo identidade de matéria, poderão ser cumuladas num só processo, se se tratar de empregados da mesma empresa ou estabelecimento."

O art. 292 do CPC preceitua que: "É permitida a cumulação, num único processo, contra o mesmo réu, de vários pedidos, ainda que entre eles não haja conexão."

Vê-se, pois, que a cumulação objetiva no processo trabalhista é mais ampla, admitindo a avocação, se em Varas diferentes, ou a reunião, se na mesma Vara, de vários processos, desde que os reclamantes sejam empregados da mesma empresa ou estabelecimento, condicionado ao fato de existir identidade de matéria.

Lembra *Lamarca* que desde o Decreto-lei n. 1.237 se vem estabelecendo que, "sendo várias as reclamações e havendo identidade de matéria, poderão ser acumuladas num só processo, se se tratar de empregados da mesma empresa ou estabelecimento" (art. 842). Por economia processual e objetivando a obtenção de uma decisão uniforme, a lei permite que os empregados de uma mesma empresa (ou estabelecimento de determinada empresa) se litisconsorciem (acumulação subjetiva) como autores em ações contra o empregador, mas desde que haja identidade de matéria. Trata-se, pois, de acumulação objetivo-subjetiva, porquanto embora a matéria seja a mesma (causa de pedir), podem variar os pedidos, os quais, aliás, poderiam ser objeto de ações separadas ("Processo do Trabalho Comentado", Ed. RT, 1982, p. 362).

A rigor doutrinário, a acumulação objetiva dá-se quando o pedido inicial formula várias pretensões, *v. g.*, pagamento de pré-aviso, férias, 13º salário etc. É justamente o que *Tostes Malta* ("Prática do Processo Trabalhista", 3ª ed., Ed. Trabalhistas, p. 89) denomina de "cúmulo objetivo simples": "O reclamante pode, em uma só petição, formular mais de um pedido contra o reclamado, como quando pede simultaneamente aviso prédio, indenização, férias, etc. Essa reunião de várias ações ou pedidos em uma só ação é o que se chama de cúmulo objetivo ou cumulação objetiva (em contraposição ao litisconsórcio ou cúmulo subjetivo)."

Frederico Marques que do art. 292, *caput*, infere-se que, em havendo conexão, o autor pode cumular, em um só processo, contra um único réu, vários pedidos. Todavia, também pode haver a cumulação objetiva de pedidos, ainda que inexistente a conexão, desde que: a) todos os pedidos sejam do mesmo autor contra o mesmo réu; b) exista compatibilidade entre os pedidos; c) todos os pedidos possam ser apresentados sob a mesma forma procedimental (art. 292, § 1º) ("Manual de Direito Processual Civil", Saraiva, v. 2/56 e 57, 1974).

Calmon de Passos dispõe, com respaldo em *José Alberto dos Reis*, que: na doutrina portuguesa fala-se, na hipótese, em cumulação aparente. Haverá cumulação real quando se formula mais de um pedido de caráter substancial; será ela aparente quando a multiplicidade de pedidos é de caráter processual ("Comentários ao Código de Processo Civil", Ed. Forense, v. III, p. 185).

34.4.22. Da cumulação subjetiva

Pode ocorrer no momento mesmo da propositura da reclamatória ou posteriormente. Será assim, inicial ou sucessiva.

Para *Frederico Marques* a cumulação subjetiva ou litisconsorcial é a que se forma quando se verifica o litisconsórcio. A cumulação subjetiva pode ser inicial ou sucessiva, sendo que esta poderá decorrer da reunião de processos ou da intervenção de terceiros. Há cumulação subjetiva inicial quando: a) um autor propõe a ação contra dois ou mais réus; b) dois ou mais autores propõem a ação contra um só réu; c) dois ou mais autores propõem a ação contra dois ou mais réus. A cumulação processual será sucessiva, quando se verificar o litisconsórcio ulterior, ou ocorrer a intervenção de terceiros. Na cumulação subjetiva, há, muitas vezes, a prorrogação de competência porquanto se funda em relações jurídicas que, por força de lei, se tornem conexas. Não importa que a ligação entre as partes esteja fundada em nexo não abrangido pelo art. 103 do Código de Processo Civil: uma vez que a lei admite a coligação processual, nas hipóteses previstas nos arts. 46 e 47, *ipso facto*, está considerando existente a conexão. Se assim não fosse, os textos citados artigos (46 e 47) trariam as exigências formuladas no art. 292, para a cumulação objetiva, o que não acontece. Além disso, o art. 109 prorroga a competência do juiz da causa principal ("Manual de Direito Processual Civil", Saraiva, 1974, v. 2º/57-58).

Russomano, em comentando o art. 842 da CLT, dispõe que a idéia de "acumulação de ações" veio diretamente do processo civil para o processo do trabalho. Pode haver uma acumulação de ações e uma acumulação de processos. O termo "reclamações" parece ter sido usado pelo art. 842 nesses dois sentidos distintos. Para que isso seja possível, devem reunir-se os seguintes requisitos: a) Identidade da matéria: Não será admissível a acumulação sempre que um empregado pedir aviso prévio e o outro pedir férias. A rigor, já que a lei fala em identidade do objeto do litígio, nem mesmo se deve admitir a acumulação se um dos trabalhadores pede aviso prévio e o outro pede aviso prévio e férias. Haverá distinção entre os dois pedidos. b) Ação movida contra o mesmo empregador: Se os empregados trabalham em estabelecimentos diferentes da mesma empresa, desde que o objeto das duas reclamações seja idêntico, será possível a acumulação. A regra *supra* é bem clara: Quando a reclamatória for dirigida contra a mesma empresa ou contra o mesmo estabelecimento permitir-se-á a acumulação. Ocorrendo o preenchimento desses dois requisitos, os empregados podem apresentar a sua reclamação em conjunto. Se o fizerem em separado, o juiz, a requerimento das partes ou *ex officio*, terá a faculdade de determinar a acumulação dos dois processos, que passarão a tramitar em conjunto. Devemos entender — em face dos termos gerais do art. 842 — que essa cumulação é possível em qualquer fase processual, uma vez que os processos reunidos estejam, com todo rigor, no mesmo plano de desenvolvimento. Exemplificando: Duas reclamações, contra a mesma empresa, com o mesmo objetivo, foram ajuizadas em datas diferentes por dois empregados. Seguem-se as formalidades legais e os processos vão tramitando, inclusive com a realização de diligências. As duas reclamações chegam, simultaneamente, ao fim da fase probatória. É possível às partes requererem que as razões finais, a sentença, o recurso etc., sejam procedidos ao mesmo tempo, para os dois processos. Não haverá prejuízo para ninguém. Atender-se-á, com precisão, à característica de rapidez e economia do processo trabalhista, sem se pôr em risco a segurança do pronunciamento judiciário ("Comentários à Consolidação das Leis do Trabalho", José Konfino, 1955).

Como foi visto anteriormente — arts. 842 da CLT e 292 do CPC — a Consolidação foi mais generosa ao permitir a cumulação objetiva-subjetiva, da qual fala *Lamarca*, possibilitando a reunião de várias ações contra a mesma empresa ou estabelecimento. Embora na prática a acumulação subjetiva (dissídio individual plúrimo) não ocorra com freqüência, casos existem em que a reunião dos processos *ab initio* mostrar-se-ia salutar, *v. g.*, reclamatórias visando pagamento do adicional de insalubridade e/ou periculosidade.

Em outros casos, todavia, a cumulação poderá empecer o processo, retirando-lhe a agilidade tão preconizada.

O juízo vê-se na contingência de determinar levantamento contábil para apurar o *quantum* de alguns. Cada exeqüente é representado por advogado diverso que peticiona separadamente, cada qual procurando, naturalmente, beneficiar o seu cliente. Proferida a sentença de liquidação, inicia-se a execução com a citação e penhora de bens da empresa. A executada, por sua vez, não concorda com parte da sentença de liquidação e interpõe embargos; alguns exeqüentes, por intermédio de seus advogados, discordam da sentença de liquidação e interpõem impugnação. Prolatada a sentença nos termos do art. 884, § 4º, da CLT, teríamos a interposição de tantos agravos de petição, quantos forem os discordantes do que restou determinado pela sentença.

Como se pode verificar, a teoria na prática é outra. Todavia, o juízo há de ter em mente sempre a economia processual, sem prescindir da celeridade e do princípio da ampla defesa. O trato equilibrado desses princípios dar-nos-á a medida ideal.

Lembra *Valentin Carrion* que nos dissídios individuais plúrimos, ou cumulação subjetiva de ações, os reclamantes que propuserem as ações conjuntamente renunciam a seu direito de ouvir três testemunhas para cada um deles. Se o juiz determina a unificação de várias reclamações, juntando os autos e nada dizem os litisconsortes, renunciam igualmente àquele direito; mas nada obsta que a parte dê seu assentimento à proposta do adversário ou do juiz, condicionado à ouvida de número de testemunhas superior a três. Quando há mais de um réu, cada um deles pode apresentar até três testemunhas ("Comentários à Consolidação das Leis do Trabalho", Ed. RT, 1979, p. 496).

Em não havendo identidade de matéria é aconselhável o desmembramento para facilidade de instrução e de colheita de prova.

34.4.23. Do pedido de prestações sucessivas

Dispõe o art. 892 da CLT que: "Tratando-se de prestações sucessivas por tempo indeterminado, a execução compreenderá inicialmente as prestações devidas até a data do ingresso na execução."

Dispõe o art. 290 do CPC: "Quando a obrigação consistir em prestações periódicas, considerar-se-ão elas incluídas no pedido, independentemente de declaração expressa do autor (...)."

O legislador teve em mira, a exemplo do art. 153, § 2º, do Código de 1939, evitar ações sucessivas e com a possibilidade de julgamentos divergentes. Se assim não fosse, estar-se-ia incentivando o espírito de emulação do mau pagador que, apenas para satisfazer sentimentos inferiores, obrigaria o autor a recorrer ao Judiciário.

Assinala *Tostes Malta* que a lei deixa claro, por conseguinte, que, continuando o empregador a descumprir a sua obrigação (o empregador, por exemplo, insiste em pagar salário mínimo inferior) o exeqüente pode continuar executando no mesmo feito diferenças posteriores ao início da execução, sem necessidade do ajuizamento de nova reclamação. Se o empregador, na nova execução, alegar matéria que não caiba nos limites da defesa do executado, sustentando, por exemplo, que, a partir de uma determinada época, deixou de haver relação de emprego entre os litigantes, o juiz não poderá prosseguir na execução, uma vez que o alegado entra na competência da Junta (Vara), e o exeqüente ficará obrigado ao ajuizamento de nova ação, distribuída ao mesmo Juízo que dirimiu a primeira controvérsia, para habilitar-se ao recebimento que sustenta ser-lhe devido ("Prática do Processo Trabalhista", 3ª ed., Ed. Trabalhistas, p. 451).

Discordamos do eminente *Tostes Malta* na parte em que afirma que a ação a ser proposta, em havendo fato novo, deverá ser distribuída ao mesmo juízo. A ação, nesse caso, há de ser distribuída normalmente, não estando o Juízo prevento. O exemplo demonstra a existência de causa de pedir e pedidos diversos.

Deve o autor, *ad cautelam*, em casos tais, incluir no pedido inicial que deverá a outra parte colocar o pagamento em folha a partir do mês seguinte, pena de cominação pena pecuniária multa diária (arts. 287, 644, 645 do CPC, e 769 da CLT). A providência, sem dúvida, será incentivo ao cumprimento da obrigação (prestações vincendas) e evitar-se-ão execuções sucessivas. Sempre defendemos a aplicação da pena pecuniária de ofício em sede trabalhista, com suporte no fato da presença do advogado não ser obrigatória no processo do trabalho. Assim decidira o STF (RF 124/80): "Se a lei agora não é suficiente para revelar as regras jurídicas todas e, se a analogia, em qualquer de seus graus, falha, há que se procurar a solução em região ainda mais alta e cuja designação varia — o direito natural, a unidade orgânica do direito, a natureza das coisas, os princípios das leis e das instituições — tudo sem esquecer o fim social da lei e das instituições. O primeiro dever do juiz continua a ser fidelidade à lei. Mas na interpretação desta, seria erro maior olvidar que o direito é uma expressão de justiça e eliminar de entre os dados da interpretação a idéia de causa final e elemento teleológico. Não se pode ver num Código um todo que se basta a si mesmo, uma construção abstrata que nada recebe da vida exterior." O Min. Hahnnemann Guimarães, em acórdão (RF 127/934), asseverou que "não se deve, na interpretação da lei, observar estritamente a sua letra. A melhor interpretação, a melhor forma de interpretar a lei não é, sem dúvida, a gramatical. A lei deve ser interpretada pelo seu fim, pela sua finalidade. A melhor interpretação da lei é, certamente, a que tem em mira o fim da lei e a interpretação teleológica". De conformidade com o art. 5º da LICC na aplicação da lei, o juiz atenderá aos fins sociais a que ela se dirige e às exigências do bem comum. "Fiel a esse entendimento, não há que negar que o poder conferido ao juiz de ordenar, condenar, impor, está implícita a faculdade de *imperium*."

Na nova redação dada ao art. 461, § 4º (parágrafo acrescentado pela Lei n. 8.952/1994), permite que o juiz aplique as *astreintes* de ofício. O § 5º (acrescentado pela Lei n. 10.444/2002) também direciona para a aplicação de ofício de pena pecuniária. O § 6º (acrescentado pela Lei n. 10.444/2002) permite que o juiz de ofício reduza ou aumente a pena pecuniária, a seu douto critério.

34.4.24. Da inalterabilidade do pedido e da causa de pedir

A inalterabilidade do pedido inicial, como regra, é restrição salutar. O advogado, antes de ajuizar uma ação, deverá estudar muito bem o caso e formular uma petição inicial completa, sem omissão ou qualquer outro defeito. O açodamento é desaconselhável. O ajuizamento de uma ação deve ser precedida de redobrados cuidados e senso de seriedade.

Omissa a Consolidação a esta parte, aplicável as regras do processo civil comum (art. 264 *ex vi* do art. 769 da CLT). Preceitua o art. 264 do CPC: "Feita a citação, é defeso ao autor modificar o pedido ou a causa de pedir, sem o consentimento do réu, mantendo-se as mesmas partes, salvo as substituições permitidas por lei. Parágrafo único. A alteração do pedido ou da causa de pedir em nenhuma hipótese será permitida após o saneamento do processo."

Para *Moacyr Amaral Santos*, ajuizada a petição inicial, como regra não poderá ser alterada. Essa regra, que se conforma com o princípio da imutabilidade da ação, que se conexiona com o da estabilidade do processo, conforme o qual, uma vez proposta, constituída a relação processual, a ação não pode sofrer alterações quanto aos seus elementos — partes, pedido e causa de pedir. Por outras palavras, a regra é que, proposta a ação, não se admitem alterações subjetivas (quanto aos seus sujeitos, partes) ou objetivas (quanto ao pedido e causa de pedir). O princípio da inalterabilidade da ação e, assim, do processo vem consignado no art. 264 do Código de Processo Civil (...) a) O princípio da inalterabilidade da petição inicial recomenda a distinção de duas figuras, às vezes confundidas: a de adição do libelo e a da mudança do libelo ("Primeiras Linhas de Direito Processual Civil", Saraiva, 1984, v. 2º/146).

34.4.25. Da adição do libelo

Vale aqui, o alerta dado no item anterior. O pedido inicial deve ser precedido de redobrados cuidados, com estudo profundo sobre o caso trazido ao advogado. Salvo caso de urgência, com prescrição iminente, hipótese em que, dependento do tempo restante, as coisas se complicam, *v. g.*, o cliente procura o advogado pela manhã no dia em se completa o prazo prescricional ou o decadencial. Afora hipóteses excepcionais, o açodamento é mau conselheiro.

Segundo *Moacyr Amaral Santos*, consiste na alteração da inicial ajuizada com o acrescentamento, ao pedido nela formulado, de novo ou novos pedidos. Essa alteração, ou seja, o aditamento do libelo, é terminantemente proibida, conforme disposição expressa no art. 294 do Código de Processo Civil: "Quando o autor houver omitido, na petição inicial, pedido que lhe era lícito fazer, só por ação distinta poderá fazê-lo." Nesse sentido, se manifestam *Pontes de Miranda* e *J. J. Calmon de Passos*. Escreve o segundo dos autores mencionados: "A lei não permite o aditamento do libelo, mas nada obsta desista o autor da ação antes de citado o réu, formulando nova petição inicial ou, ainda, quando citado o réu, antes de decorrido o prazo para sua resposta" (ob. cit., p. 147).

Na prática, com a concordância do réu e com a tolerância do juiz instrutor, tem-se emendado a inicial, designando nova data para a apresentação da defesa.

No processo do trabalho, considera-se citado o réu com a notificação expedida e não devolvida (Súmula n. 16 do TST), o que consistiria óbice à desistência. Todavia, o pedido de desistência poderá ser acolhido pelo juízo, desde que concorde a parte contrária.

A Lei n. 8.718, de 14.10.1993 modificou o *caput* do art. 294, dando-lhe a seguinte redação: "Antes da citação, o autor poderá aditar o pedido, correndo à sua conta as custas acrescidas em razão dessa iniciativa."

A modificação em nada interfere com o processo trabalhista, onde a citação é efetuada por meio de registrado postal (art. 841, § 1º CLT) e não é necessária a subsidiariedade do processo comum de que fala o art. 769 da CLT. Tem-se, assim, que em sede trabalhista a petição inicial é inalterável.

34.4.26. Da *emendatio libelli*

O Código Buzaid, subsidiariamente aplicável nos termos do art. 769 da CLT, estabelece em seu art. 294 que antes da citação o autor poderá aditar o pedido correndo à sua conta as custas acrescidas em razão dessa iniciativa. O preceito há de ser entendido como proibitivo da *emendatio libelli,* após a citação inicial. Diante desta orientação, subsidiariamente aplicável ao foro trabalhista, o pedido é inalterável *post citationem*. E como esta, normalmente, se opera mercê do registrado postal, a petição inicial é, em regra, inalterável.

Sobre o assunto assinala *Enrico Tulio Liebman* (*apud Batalha*, "Tratado de Direito Judiciário do Trabalho", LTr, 1977, São Paulo, p. 443), que: "A jurisprudência, enquanto mantém o requisito de identidade do *petitum*, embora facultando a redução, é muito menos severa no que respeita à *causa petendi*, observando que a invocação de circunstâncias novas não implica por si modificação do fato jurídico apontado como fundamento da demanda."

Amauri Mascaro Nascimento (artigo publicado na Revista LTr 39/479, "Alterações do processo trabalhista") preleciona: "O art. 264 do atual Código de Processo Civil fixa que o momento da imodificabilidade é a citação. Feita a citação, é defeso ao autor alterar o pedido. A citação trabalhista se faz por via postal, de modo que quando da primeira audiência está completa, perfeita e acabada. Como conseqüência, na audiência trabalhista inicial pode o autor modificar o pedido? Não. Não, porque a citação já foi aceita. Não é mais a contestação o momento da imodificabilidade (...) É a citação. De tal sorte que na audiência inicial o pedido é imodificável. Concessão: pode o autor desistir da ação com a concordância da parte contrária e nova ação propor? Pode haver, com a concordância da parte contrária e também com a tolerância do juiz, essa modificação, mas no caso de resistência do reclamado, não é lícito ao autor reformular o pedido na audiência inicial, o que contraria, portanto, o que vinha fazendo até hoje no processo trabalhista, com base no Código anterior."

34.4.27. Da *mutatio libelli*

Diversamente da *emendatio libelli*, a *mutatio* tem por objetivo fazer modificações na petição inicial, quer modificando a causa de pedir, quer modificando o pedido, quer modificando os elementos da ação. A possibilidade de tais modificações trariam inúmeros inconvenientes, atentando contra o princípio da celeridade e da economia processual que deve viger durante a existência do processo. A celeridade é um dos objetivos mais importantes que deve render tributos ao princípio da economia processual, isto é, o procedimento deverá ser feito no menor tempo possível, com o menor gasto.

Encontramos nas lições de *Moacyr Amaral Santos* (ob. cit., v. 2º/147, 1985) que "por mudança de libelo (*mutatio libelli, mutatio actionis*) se entende a modificação dos elementos da ação — partes, causa de pedir, pedido, figura diversa da adição do libelo. Da mudança do libelo, isto é, de sua modificação, é que fala o art. 264 (...). Assim, na ação de separação litigiosa, em que a causa de pedir é adultério e que se deseja substituir pela consistente no abandono do lar (...)". E conclui: "Do art. 264 do Código de Processo Civil, acima transcrito, resulta, quanto às alterações objetivas: 1º) permissíveis são elas, antes da citação, devendo, entretanto, o juiz apreciá-las, a fim de deferi-las ou indeferi-las; 2º) permissíveis também o são, mesmo depois da citação, desde que haja consentimento do réu." Acrescente-se, conforme preleciona *Amauri Mascaro Nascimento* (LTr 39/485), e "tolerância do Juízo".

34.4.28. Da inépcia — breve enfoque

Diz inepta a petição inicial, quando houver pedido sem causa de pedir ou causa de pedir sem pedido. A causa de pedir, também denominada fundamento jurídico do pedido (não se confunda fundamento jurídico com fundamento legal), é de presença obrigatória, pois nenhum pedido sobrevive sem que haja o fundamento jurídico (*causa petendi*). Exemplo: Pedido de declaração de vínculo empregatício. Deverá o autor fundamentar o pedido afirmando que trabalhou para a empresa (ré) no período (indicar o período), em jornada diária (ou não) de tantas horas por dia. Indicará o salário que percebia etc. e requererá a anotação da CTPS do período indicado. Tudo isso tem o significado de causa de pedir ou fundamento jurídico do pedido.

A petição será considerada inepta, se da narração dos fatos não resultar uma conclusão lógica, *v. g.*, a petição inicial pleiteia a rescisão indireta e pede a reintegração no emprego. A petição inicial deve ser simples, objetiva, concisa. Conta-se uma história, que é a causa de pedir, e o pedido deverá ser coerente com aquilo que foi narrado.

O pedido também deverá ser juridicamente possível. O autor move ação contra o seu credor para que seja obrigado a quitar imediatamente uma dívida que só vencerá em noventa dias.

Será inepta a petição se contiver pedidos incompatíveis entre si. Pleiteia-se a reintegração no emprego conjugada com o pagamento de verbas rescisórias pela dispensa injusta.

Encontramos nas lições de *José Frederico Marques* ("Instituições de Direito Processual Civil", Forense, Rio, 1972, v. III/97 e ss.) que: "O conceito de pedido inepto nós herdamos do velho direito lusitano. Segundo as Ordenações Filipinas, ocorre a inépcia "quando a matéria do libelo é tal, que por ela o autor não pode ter ação para demandar o que pede". Disto se conclui que a falta de direito da ação significa o mesmo que pedido inepto. Para o texto das velhas Ordenações do Reino (Liv. 3º, tít. XX, § 16), o libelo *ordine confectus*, o libelo apto, seria aquele que contivesse pedido concludente (*actionem esse fundatam*), ou seja, pedido viável em virtude de estarem presentes todas as condições do direito de ação. Razão tem, portanto, o Prof. *Torquato Castro*, da Faculdade de Direito do Recife, quando afirma que o conceito de pedido de tempo se prende aos elementos identificadores da ação (*personae, petitum et causa petendi*) para em seguida se projetar no campo das condições da ação. Pelo exame da *causa petendi*, verifica-se da existência do interesse de agir, visto que, não havendo compatibilidade entre o pedido e o seu fundamento jurídico, o referido interesse estará ausente. E aí ocorre aquele caso de petição inepta apontado pelos praxistas, consistente em não ser o direito exposto aplicável ao fato narrado (...). Passando-se, agora, aos elementos subjetivos da lide, fácil é verificar que, à falta de *legitimatio ad causam*, indiscutível se apresenta a inviabilidade do pedido quando "a relação deduzida pelo autor manifestamente não lhe pertence" ou "o obrigado seja manifestamente outra pessoa que não o réu". Também aqui o pedido não é concludente, visto que o direito exposto, ante a ausência de pertinência subjetiva da ação, não será aplicável ao fato narrado para que se declare procedente a pretensão ajuizada (...). A inépcia do pedido pode ser, também, exclusivamente formal. Se a petição é incompleta, claro está que lhe falta aptidão para produzir efeitos jurídicos. É o que se verifica, por exemplo, se o autor não deduzir devidamente os fundamentos jurídicos de sua pretensão. O mesmo ocorrerá se esses fundamentos forem expostos com obscuridade e lacunas ponderáveis. Inepta, do ponto de vista formal, ainda seria a petição que não falasse qual o objeto da pretensão, omitindo assim o petitório. Em tais hipóteses, e outras análogas, também se aplica o art. 160 do Código de Processo Civil (nota: refere-se ao Código anterior; hoje é o art. 295 do CPC). Inépcia formal do pedido ainda se descobre na petição que não venha acompanhada de documento constitutivo da relação jurídica em que funda o autor a sua pretensão. Quando a inépcia é manifesta, atingido é o próprio processo antes mesmo do direito de ação. Daí poder o réu ser absolvido da instância, quando manifestamente inepta a petição inicial (...). Disto se infere que a inépcia manifesta, embora construída com o exame das condições da ação, é de caráter formal quanto a seus efeitos. Dela resulta a *absolutio ab instancia*, e não sentença que declare a carência da ação. Esta é proferida quando a inépcia não for manifesta.

No processo do trabalho, menos formalista, abdica-se do formalismo ocioso, mas não daquele necessário à segurança das partes. Assim, irrecusável, a exemplo do processo comum (art. 282, II), a narração do fato e o fundamento em que se respalda o pedido, exigência essa contida no art. 840, § 1º, da CLT. O fundamento jurídico do pedido se confunde com a própria causa de pedir (*causa petendi*). Irrecusável também que haja pedido. Inépcia ainda se dará quando a petição não vier acompanhada de documentos constitutivos da relação jurídica em que se funda o autor, *v. g.*, certidão de reajuste coletivo, estabilidade da gestante, estabilidade de serviço militar etc.; comprovantes de gravidez ou do nascimento. Todavia, ante o princípio da economia processual, em verificando o juiz que a petição inicial não preenche os requisitos da lei ou que apresente defeitos e irregularidades capazes de dificultar ou compreender o julgamento do mérito, determinará que o autor complete a inicial no prazo de 10 dias. Se o autor não cumprir a determinação, o juiz indeferirá a petição inicial (art. 284 do CPC).

Nesse sentido, o entendimento de *Amauri Mascaro Nascimento* (LTr 39/486): "Pode o Juiz do Trabalho, na audiência inicial, julgar, com a Junta (Vara), a inépcia da inicial e encerrar o processo? Não. Deve adiar a audiência para que o autor emende ou complete a petição inicial no prazo de 10 dias. É vedado à Junta (Vara), liminarmente, sentenciar extinguindo a relação jurídica processual por inépcia da inicial, sem a oportunidade da retificação da emenda, da correção da inicial irregular."

Encontramos em *Batalha* ("Tratado de Direito Judiciário do Trabalho", LTr, 1977, p. 442) o que segue: "Sustenta *Pires Chaves* ("Da Ação Trabalhista", 1956, p. 62) que "cabe absolvição de instância (jurisdição), quando a inicial não individua o fato, mas apenas alude aos fundamentos legais do pedido". As normas processuais trabalhistas não prevêem a absolvição da instância (jurisdição) sob fundamento em inépcia da inicial, mas a solução preconizada pelo citado jurista deveria ser aceita, por aplicação subsidiária do art. 160 do antigo CPC, consoante, aliás, asseverávamos em nossas "Instituições" (p. 253). A mesma orientação deve prevalecer face ao art. 295, I, do vigente CPC (...). Contra o despacho que indeferir a inicial, por inépcia, cabe recurso ordinário, por se tratar de decisão que põe termo ao processo. Não se confunde petição inicial inepta com petição inicial deficiente. Na hipótese de mera deficiência, forçoso é facultar a emenda ou complementação dentro de 10 dias (CPC/73, art. 284), só se indeferindo a inicial se não for cumprida a diligência. Na hipótese de inépcia, a inicial deverá ser sumariamente indeferida: se não for *initio litis*, nem por isso ficará inibido o juízo de reconhecer, na sentença final, a inépcia, nos termos assinalados."

É importante não confundir petição inepta com petição inicial deficiente, como assinala *Batalha*. Somente esta última hipótese estaria sob o manto do art. 284 do CPC. Todavia, a Súmula n. 263 do TST não faz a distinção.

34.4.29. Do princípio da eventualidade

Ao fazer a narração, deverá a parte indicar todos os fatos nos quais respalda o pedido ou a defesa, pena de ficar impedido de discuti-los na fase instrutória. Assim, *v. g.*, a parte que, tendo pleno conhecimento de que fora contratada por prazo determinado, apresenta reclamatória como se a contratação fosse por prazo indeterminado, não poderá, depois, discutir a validade de contrato por prazo determinado, *ou* de experiência; ou ainda, quando se omite na inicial a existência de contrato escrito e, posteriormente, pretenda o autor alegar que determinada cláusula fora conseguida mediante coação.

Ensina *Wilson de Souza Campos Batalha* que: Na inicial — e o mesmo deve ser dito em relação à defesa — cumpre à parte mencionar todos os argumentos de que disponha, ainda que considere determinado argumento como decisivo. Assim deve por força do princípio da eventualidade (*Eventual prinzip* ou *Eventual maxime*), salvo se se tratar de argumentos colidentes ou contraditórios. *Zanzuchi* (I/78) e *Liebman* (*Chiovenda*, III/223) salientam que o princípio exige que sejam apresentados os meios de ataque e de defesa, *anche contradittoris* (*Zanzuchi*), ainda que contraditórios entre si (*Liebman*). Não nos parece, entretanto, que assim deva entender-se; a invocação de argumentos contraditórios ou incompatíveis repugna à lógica. As partes estão compelidas a se utilizarem, no momento próprio do princípio da eventualidade como sendo aquele por força do qual as partes, para não perderem a faculdade de fazer valer de mérito e de rito que possam parecer úteis à sua defesa, devem apresentá-las cumulativamente no termo preclusivo fixado para tal fim, ainda que algumas delas, destinadas a valer apenas subordinadamente (isto é, apenas na eventualidade de não serem acolhidas as outras alegações apresentadas em caráter principal), não apresentem interesse atual no momento de sua apresentação. (...) Assim, por exemplo, se o empregador, de quem certo empregado pretende receber indenização por despedida injusta, alega prescrição, deve também alegar que a despedida foi justificada por estes ou aqueles motivos. Entretanto, seria absurdo que negasse a despedida e, ao mesmo tempo, invocasse a justa causa para a despedida. O princípio da eventualidade não comporta alegações contraditórias, devendo ser considerado como simplesmente jocoso o exemplo clássico lembrado por *Couture* (p. 133): "Primeiro, não me deste dinheiro algum; segundo, já o devolvi faz um ano; terceiro, disseste que era um presente: e, finalmente, já prescreveu" O CPC/1973 consagra expressamente o princípio da eventualidade, no art. 289, ao estabelecer: "É lícito formular mais um pedido em ordem sucessiva, a fim de que o juiz conheça do posterior, em não podendo acolher o anterior" (146-A)" ("Tratado de Direito Judiciário do Trabalho", LTr, p. 460 e 461).

Realça *Moacyr Amaral Santos* que: no sistema brasileiro, a contestação é o instrumento normal da defesa do réu. E o é porque, conforme o Código de Processo Civil, toda a defesa do réu, a não ser as referentes às exceções do art. 304 e às defesas incidentes, deverá ser alegada na contestação. A que não o for não mais poderá ser deduzida em outra fase do processo. Com a contestação dá-se a preclusão das alegações que o réu poderia oferecer em sua defesa. Quer dizer que o Código adotou o princípio da concentração da defesa na contestação, o que, na lição de *Alfredo Buzaid*, "exige que toda a defesa do réu, salvo as exceções e incidentes, seja alegada na contestação, com caráter preclusivo, de modo que, transcorrido o prazo, não lhe seria mais lícito aduzi-las". O princípio da concentração da defesa na contestação, denominação que lhe deu *José Alberto dos Reis*, é o mesmo princípio da eventualidade em relação ao réu, "como medida de previsão — *ad eventum* — para o caso de que a primeira oferecida seja rejeitada" (*Alsina*, *Pereira Braga*, *Gabriel de Rezende Filho*, *Frederico Marques*). Defesas suscitáveis posteriormente à contestação (*Moacyr Amaral Santos*, ob. cit., v. 2º/213): "Dissemos que o princípio da eventualidade, em dadas circunstâncias, sofre restrições, verificadas as quais certas defesas podem ser suscitadas posteriormente à contestação. É o que, tomando por modelo a lei processual portuguesa vigente, dispõe o art. 303 do Código de Processo Civil: Depois da contestação, só é lícito deduzir novas alegações quando: I — relativas a direito superveniente; II — competir ao juiz conhecer delas de ofício; III — por expressa autorização legal, puderem ser formuladas em qualquer tempo e juízo" ("Primeiras Linhas de Direito Processual Civil", Saraiva, 1985, v. 2º/207).

34.4.30. Do valor da causa

Antes do advento da Lei n. 5.584/1970, não havia a obrigatoriedade do valor da causa. Com o advento do processo de alçada inserido pela referida lei, o valor da causa passou a ser obrigatório. Juntamente com o rito ordinário trabalhista, foi instituído o rito sumário. A Lei n. 9.957/2002 criou o rito sumaríssimo com a edição dos arts. 852-A a 852-I, cujo valor parâmetro é fixado em quarenta salários mínimos.

A inicial deverá conter sempre o valor da causa, o qual refletirá aquilo que economicamente se pleiteia, nos exatos termos do art. 259 e ss. do CPC e Lei n. 5.584/1970. Inexiste valor da causa para simples efeito de alçada e pagamento de custas, prática generalizada, mas desprovida de respaldo legal.

Dispõe *Moniz de Aragão* que as disposições do texto — refere-se ao art. 259 — enunciam algumas regras, genéricas e particulares, para a estimação do valor da causa. Por elas se deverá guiar o autor, que não tem poder de disposição a seu respeito, pois fica vinculado ao valor ou ao modo de estimá-lo, que a própria norma indica. A fixação do valor da causa se faz na petição inicial, porque é no instante do ajuizamento da demanda que esse valor é fixado e se estabiliza. Os dados desse momento é que importam, nenhum efeito resultando alterações supervenientes. Quando haja necessidade de apurar o número de unidades-salário mínimo, que cabem no valor atribuído à causa, essa operação é feita com base nos valores da época do ajuizamento da petição inicial, tese que o Supremo Tribunal, após alguma hesitação, adotou resolutamente (Súmula n. 502) ("Comentários ao Código de Processo Civil", Forense, 1975, II/339).

Dispõe *Moniz de Aragão* (ob. cit., p. 340) que "*Fiscalização, pelo juiz, do valor atribuído à causa.* Como o valor pode servir de base à fixação da competência, à forma do processo e ao cabimento do recurso extraordinário, é fácil perceber que tais efeitos — envolvendo matéria de ordem pública — não devem ficar sujeitos exclusivamente as partes, justificando-se a intervenção da lei em algumas hipóteses. Esses preceitos se impõem, mesmo quando as partes estejam de acordo em infringi-los, o autor ao fixar o valor e o réu não impugnando no momento adequado. Em tal caso, a competência, a forma do processo ou cabimento do recurso não ficarão subordinados ao acerto dos interessados, pois o juiz deverá intervir de ofício, para corrigir os defeitos da estimação, com isso fixando acertadamente a competência e determinando a forma do processo. Quanto ao recurso, o valor poderá ser corrigido à hora da interposição ou do julgamento, a fim de que seja admitido, ou não, conforme seja ou não cabível e não em virtude do ato da parte".

Não se confundem valor que fixa a alçada para efeito de recursos e valor atribuído pela sentença para pagamento de custas. Todavia, quando a parte, arbitrariamente, indica o valor da causa, olvidando-se dos preceitos legais para a espécie, o valor consignado, se não impugnado pela parte adversa nem modificado de ofício pelo Juízo, passa a reger o processo para fins de alçada, tão-somente. Sempre que o pedido tenha conteúdo econômico, o valor da alçada e o valor da causa para efeito de custas confundem-se inicialmente. Poderá este último sofrer modificações após a sentença de mérito. A partir de então, teremos o valor que fixou a alçada e o valor para efeito de custas, que poderão coincidir no caso de improcedência ou mesmo no caso de procedência, se os cálculos foram corretamente elaborados. O valor que fixou a alçada não mais se modificará. Ao prolatar a sentença de mérito, o Juízo indicará expressamente o valor para efeito de custas, que poderá ser menor, igual ou superior àquele inicialmente indicado. "A alçada é fixada pelo valor dado à causa na data do seu ajuizamento, desde que não impugnado, sendo inalterável no curso do processo" (Súmula n. 71 do TST).

34.4.31. Da juntada de documento com as peças básicas (petição inicial e defesa)

Salvo motivo de força maior, ou caso de prova contrária, o documento somente poderá ser produzido: pelo autor, com a inicial; e pelo réu, com a defesa (arts. 787 e 845 da CLT e arts. 283 e 396 do CPC).

Será dispensada a produção inicial de documentos nos seguintes casos: a) Juiz poderá requisitar as certidões ou processos (art. 399 do CPC) quando existentes em notas, registros, repartições ou estabelecimentos públicos e houver impedimento ou demora em extrair certidão ou pública-forma; b) quando estiverem em poder do réu; c) quando houver motivo de força maior que impeça a apresentação do documento; d) em caso de prova contrária. No caso da letra "a", retro, o Juiz poderá requisitar as certidões ou processos (art. 399 do CPC).

"O reclamante e o reclamado comparecerão à audiência acompanhados das suas testemunhas, apresentando, nessa ocasião, as demais provas." (art. 845 da CLT)

O princípio da concentração exige que todas as provas sejam ofertadas na audiência de instrução e julgamento. A audiência no processo do trabalho é una (arts. 843 e ss. da CLT). Todavia, existe prática generalizada no sentido de dividir-se a audiência una em sessões: 1ª) para defesa; 2ª) depoimento das partes e para ouvir testemunhas; 3ª) julgamento. Neste caso, poder-se-á admitir a juntada de documentos desde que em data anterior à instrução, propiciando-se à parte contrária oportunidade de pronunciamento (arts. 372, 390 e 398 do CPC), mas em caráter excepcional.

Assinala *Tostes Malta* ("Prática do Processo Trabalhista", 3ª ed., Ed. Trabalhistas, Rio, p. 296, n. 224) que na reclamação escrita o reclamante deverá desde logo juntar os documentos que pretende exibir em Juízo. O reclamado, por sua vez, deverá fazer a juntada do seus documentos com a contestação. Deve esclarecer-se, no entanto, que, embora a lei disponha da forma acima exposta, é praticamente pacífico o reconhecimento do direito das partes de produzirem a prova documental na fase probatória da demanda. O documento oferecido para prova só será aceito se estiver no original ou em certidão autêntica, ou quando conferida a respectiva pública-forma ou cópia perante o juiz ou tribunal (art. 830 da CLT). ("Prática do Processo Trabalhista", 3ª ed., Rio, p. 296).

Dispõe *Amauri Mascaro Nascimento* "que além da procuração, também devem segui-la os documentos de que dispõe o autor para a demonstração dos fatos que descreveu." Petição inicial, e pela reclamada, com a defesa. O Código de Processo Civil só autoriza a juntada posterior em duas hipóteses: por motivo de força maior e em caso de prova contrária (art. 223) — art. 397 do CPC/1973. É comum, nas Juntas de Conciliação e Julgamento (Vara), a tentativa de desrespeito à determinação do Código de Processo Civil. E infelizmente existem julgados das Cortes Superiores autorizando, expressamente, a juntada de documentos a destempo. Reina, por isso, total incerteza quanto ao momento oportuno para o oferecimento de documentos. O caso mais flagrante dessa irregularidade ocorre nas reclamações que visam o cumprimento de decisões normativas, vez que a Consolidação impõe, especificamente, que a petição inicial venha acompanhada de certidão do dissídio ou o acordo coletivo (art. 872, parágrafo único). Entretanto, generalizou-se o costume *contra legem* de se admitir a juntada posterior ou quando há irresiginação da reclamada, de se determinar o adiamento da audiência. No nosso entender, cumpre julgar inepta a petição inicial, por falta de documento essencial à propositura da reclamação, determinando-se o arquivamento do feito: sem a certidão do julgado exeqüendo torna-se impossível a apresentação da defesa ("Elementos de Direito Processual do Trabalho", LTr, 1973, p. 147).

De conformidade com a Súmula n. 263, antes de decretar-se a inépcia por falta de documento (art. 295, CPC), o juiz dará oportunidade para sanar a omissão. A súmula busca guarida no art. 284 do CP.

Lembra *Alexandre de Paula* ("Código de Processo Civil Anotado", Ed. RT, 1977, p. 266) que: "Não só nas duas hipóteses previstas aqui — refere-se ao art. 397 do CPC — poderá a parte juntar outros documentos fora da oportunidade prevista no art. 396. Poderá fazê-lo, também, quando prove havê-los requerido a repartição pública, tempestivamente, sem conseguir obtê-los; ou quando demonstre que ao intentar a demanda ou ao tempo da resposta se encontravam em poder da parte contrária ou de terceiro; ou quando objetive provar fato ocorrido posteriormente; ou, finalmente, se houver verificado motivo de força maior."

34.4.32. Da juntada posterior de documentos

A juntada de documentos posterior à inicial há de ser seguida de oportunidade para manifestação da parte contrária (art. 398 do CPC). Há entendimento no sentido de que o processo será anulado quando a parte não teve oportunidade de manifestar-se sobre documentos acostados aos autos a destempo. Entretanto, o melhor entendimento é o de que a omissão da formalidade processual não importa em nulidade, desde que dela não decorra qualquer prejuízo à parte, muito embora a lei seja taxativa a esta ótica. Diga-se, entretanto, que a possibilidade de nulidade será grande, se a sentença condenatória contra a parte basear-se em documento sobre o qual não teve ciência, pois teríamos o caso de maus-tratos a cânones constitucionais que dizem respeito ao contraditório, à ampla defesa e, conseqüentemente, ao devido processo legal. Tenha o juiz diretor do processo em mente que a celeridade processual_não pode desprestigiar outros princípios como o do contraditório e o da ampla defesa, mas conviver pacificamente.

A melhor praxe é a de dar vista à parte contrária sempre que for permitida a juntada de documento aos autos, para que tenha ela a oportunidade de dizer da pertinência ou não, da tempestividade ou não, pedindo, se for o caso, o desentranhamento. Todavia, repita-se, só excepcionalmente os documentos poderão ser juntados fora do momento próprio (arts. 845 CLT e 396 do CPC).

Saliente-se, por oportuno, que não constituem documentos os memoriais, os pareceres e as cópias de sentença ou de acórdãos.

34.4.33. Do documento essencial

É aquele sem o qual a ação se torna inviável, *v. g.*, a certidão exigida pelo art. 872, parágrafo único, da CLT nas ações de cumprimento, o pedido de reintegração de gestante, sem a certidão do dissídio ou de acordo coletivo e sem a prova de que está grávida. O rigor hoje está atenuado pela Súmula n. 263 do TST.

Para a ação trabalhista, deverão o autor (reclamante) e o réu (reclamado) instruir a inicial e a defesa com documentos originais ou cópias (xerox) devidamente autenticadas (art. 830 da CLT).

34.4.34. Da juntada de documentos por ocasião do recurso

Dispõe a Súmula n. 8, do C. TST: "A juntada de documentos na fase recursal só se justifica quando provado o justo impedimento para a sua oportuna apresentação ou se referir a fatos posteriores à sentença." Dispõe o art. 397 do CPC que: "É lícito às partes, em qualquer tempo, juntar aos autos documentos novos, quando destinados a fazer prova de fatos ocorridos depois dos articulados, ou para contrapô-los aos que foram produzidos nos autos." E o art. 485, VII, do CPC estabeleceu que: "A sentença de mérito, transitada em julgado, poderá ser rescindida quando: (...) VII — depois da sentença, o autor obtiver documento novo cuja, existência ignorava, ou de que não pôde fazer uso, capaz, por si só, de lhe assegurar pronunciamento favorável..."

A juntada de documentos na fase recursal há de ser analisada com cautela a impedir que se permita a vinda aos autos de documentos cuja oportunidade já esteja preclusa e, por outro lado, também impedir a devolução de documentos novos (aqueles que não existiam ao tempo da inicial, da defesa, ou durante a fase probatória) ou quando destinados à contraprova. Deverá o advogado, por cautela, ao peticionar, explicar porque o documento não foi juntado antes e qual a sua finalidade. Assim, em caso de desentranhamento pelo primeiro grau, a jurisdição recursal terá oportunidade de avaliar da necessidade ou não de o documento ser aceito. Entendemos que essa fiscalização deve ser feita pelo primeiro grau, evitando-se a "engorda" dos autos com documentos inoportunos, cuja juntada já esteja preclusa. O Regional, entretanto, não está atrelado ao primeiro grau e poderá determinar a juntada dos documentos anexos com as razões recursais.

34.4.35. Do documento em língua estrangeira

A natureza jurídica do intérprete se assemelha à de um perito, como auxiliar do juiz, com visível diferença de conteúdo, já que o perito ao produzir um laudo pericial constitui uma prova, compilando e analisando tecnicamente dados que se apresentavam esparços, formando uma conclusão que poderá ser aceita ou não pelo juiz. O intérprete traduz para o vernáculo documentos escritos em idiomas estrangeiros.

O inc. I, do art. 151 transmite a impressão de que o intérprete somente funcionará naqueles casos em que o juiz instrutor não puder, ele próprio, efetuar a tradução e que a traudção apresentar entendimento duvidoso. Todavia, assim não é. Ainda que o juiz domine o idioma em que o documento esteja versado (inglês, italiano, espanhol etc.), não deve e não pode ele próprio fazer a tradução e impô-la às partes e aos juízes do tribunal em caso de recurso. O juiz deve permanecer em sede de imparcialidade, não podendo impor a sua tradução às partes e ao próprio tribunal. Entretanto, como o intérprete é simples auxiliar da justiça, a tradução poderá não ser aceita pelo juiz, que, nesse caso, nomeará outro intérprete. Em que pese a seriedade do trato com as coisas da justiça, não se descarte a possibilidade de manipulação da prova, com direcionamento tradutório. O melhor é que o intérprete, um terceiro, sem qualquer interesse no processo, faça a tradução. O juiz instrutor deverá permanecer eqüidistante das partes, não podendo o seu poder de diretor do processo (*dominus processus*) ir a ponto de traduzir um documento. Traga-se, como exemplo da incorreção legal do inc. I, o próprio inc. II, e inc. III uma vez que o juiz poderá conhecer o idioma da testemunha que será ouvida (*v. g.*, coreano, japonês, chinês), conhecer a linguagem dos sinais, linguagem mímica dos surdos-mudos; entretando, a lei não faz qualquer exigência para a presença do intérprete. Entre os incisos, haveria, no mínimo, incoerência do legislador, que deve ser corrigida pelo intérprete, já que em todos os incisos deve ser aplicado o mesmo princípio: o da imparcialidade, pressuposto máximo para que o juiz possa sentenciar e dizer o direito (*jurisdictio*). Finalmnte, o inciso do art. 151, CPC deve ser interpretado em consonância com o art. 157, CPC, que exige que só poderá ser juntado aos autos, documento redigido em língua estrangeira, quando acompanhado de versão em vernáculo, firmado por traduzor juramentado. O juiz não é tradudor juramentado.

Só poderá ser juntado aos autos documento redigido em língua estrangeira quando acompanhado de versão em vernáculo, firmada por tradutor juramentado (arts. 151, I, e 157, do CPC).

A mesma exigência está expressa no Código Civil (art. 224 do CC novo) e estava prevista no Código de Processo Civil de 1939 (art. 228).

A Lei n. 6.015, de 31.12.1973, modificada pela Lei n. 6.064, de 28.6.1974, dispõe que estão sujeitos a registro, no Registro de Títulos e Documentos, para surtir efeito em relação a terceiros, todos os documentos de procedência estrangeira, acompanhados das respectivas traduções, para produzirem efeitos em repartições da União, dos Estados, do Distrito Federal, dos Territórios e dos Municípios ou em qualquer instância (leia-se jurisdição), Juízo ou Tribunal (art. 129, inc. 6º).

A matéria, hoje, está prevista na Lei n. 6.015/1973, com as modificações introduzidas pela Lei n. 6.941/1981, art. 129, inc. 6º.

Dispõe *Walter Ceneviva* (ob. cit., p. 281) que: "Documentos de procedência estrangeira são todos os vindos do exterior e não lançados em língua portuguesa: tanto se referem a escrituras e certidões, quanto a discos, filmes, recortes de jornais ou de revistas, cartas etc. Tais documentos devem vir acompanhados de respectiva tradução para poderem ser registrados (v. "Comentários ao Código de Processo Civil", por *Pontes de Miranda*, t. 3/66 e 67, art. 157). A tradução é obrigatória, mesmo que o documento seja feito no Brasil, mas em língua alienígena. A expressão procedência não se aplica apenas aos documentos feitos fora do país, como evidenciado no art. 148. Estende-se aos escritos em língua estrangeira, cuja exigibilidade, no Brasil, depende de tradução. Pode mesmo não ser escrito em língua viva; nem em idioma correspondente a uma certa nacionalidade, como, por exemplo, o esperanto."

E prossegue: "Entre nós, o ofício de tradutor é indelegável, só o podendo exercer quem seja regularmente registrado (Dec. n. 13.609, de 21.10.43). O documento estrangeiro em português também é registrável, na forma do inc. 6º."

Adverte *Moniz de Aragão* (ob. cit., p. 26 e 27) que: "O direito brasileiro difere da regra italiana, de teor similar, em que, nesta, o juiz "pode" mandar traduzir o documento (CPC italiano, art. 123), ao passo que, pelo texto comentado, o dever de traduzir previamente o documento não pode ser dispensado, ainda mesmo quando se trate de idioma conhecido de todos a quantos interesse (por exemplo: documento redigido em espanhol nas cidades limítrofes com o Paraguai, a Argentina ou o Uruguai). Antes de traduzido, o documento não poderá ser junto aos autos, devendo ser desentranhado se, por lapso, neles já ingressara. Versão válida é apenas a que provenha de tradutor juramentado; de nada serve a que provier de outra pessoa. O tradutor juramentado goza de fé pública e nisso se fundamenta a exigência legal. Se inexistir tradutor juramentado, a tradução a ser feita obedecerá aos mesmos critérios que presidem à realização dos exames periciais." "Documentos em língua estrangeira, desacompanhados da necessária tradução (52/244, *apud Alexandre de Paula*, ob. cit., v. I/401), não podem ser conhecidos, quando, por inadvertência do juiz, foram juntos aos autos." (STF, Ap. 27.12.1956, p. 2.409, RT 256/620)

"Tradução oficial é a que é feita por tradutor público, ou por pessoa idônea nomeada pelo juiz, onde não houver tradutor público." (TJSC, Jurisprudência Catarinense 1961/241), *apud Alexandre de Paula* (ob. cit., v. I/401)

"Os documentos de procedência estrangeira, acompanhados das respectivas traduções, estão sujeitos à transcrição, no Registro de Títulos e Documentos, para produzirem efeitos em qualquer instância, juízo ou Tribunal." (TJRS, Rev. Jur. 52/244, *apud Alexandre de Paula*, ob. cit., v. I/401)

34.4.36. Do princípio da sucumbência

Esse princípio tem aplicação tímida no processo trabalhista. O empregado, ainda que sucumbente parcialmente no pedido, não está obrigado a recolher custas para recorrer, mas só quando sucumbir totalmente. A empresa, todavia, deverá sempre pagar custas para recorrer, quer seja a sucumbência parcial, quer seja total (art. 789, IV, § 1º, da CLT), no prazo recursal (art. 789, 1º, CLT). O depósito recursal será efetuado e comprovado dentro do prazo recursal (art. 7º, da Lei n. 5.584/1970), que será de 8 (oito) dias (art. 895, "a", CLT). Vale dizer, necessário que a parte efetue o depósito recursal dentro do prazo para o recurso, pois se vier comprová-lo posteriormente, não terá satisfeito um dos pressupostos para a admissibilidade do recurso. Assim será indeferido o processamento do recurso (art. 7º da Lei n. 5.584/70). Em se cuidando de autor empregado, poderá ser deferido o benefício da justiça gratuita, caso presentes os pressupostos para a espécie, a requerimento ou de ofício (art. 790, § 1º, da CLT, Leis ns. 5.584/1970, 1.060/1950 e 7.115/1983).

34.4.37. Do princípio da sucumbência como necessidade

Constata-se que a aplicação do princípio da sucumbência é uma necessidade que urge. O processo do trabalho evoluiu e a realidade de hoje pouca ou nenhuma ligação tem com a fase administrativa que o procedeu. O não pagamento de honorários advocatícios, dos honorários do assistente técnico pela parte sucumbente, afronta ao princípio da *restitutio in integrum*.

Dispõe *Lauro Paiva Restiffe* ("Tratado da Correção Monetária Processual", Ed. RT, São Paulo, 1983, p. 14 e 15) que: "Na prática, o princípio da *perpetuatio jurisdictionis*, naquilo em que se refere à duração do processo no tempo, se realiza através do expediente a que se convencionou chamar de retroatividade de sentença à data do ajuizamento da ação" (cf. *Chiovenda*, *"Ensayos ..."*, v. II/7 e ss.). O grande mestre peninsular, já nos *principii* (§ 5º, II), ao estudar os efeitos decorrentes da correspondência entre a propositura da ação e a sentença e após mostrar que a demanda proposta "já continha potencialmente a atuação da lei", estabeleceu a seguinte conseqüência irretorquível: "A sentença que acolhe a demanda deve atuar a lei como se isto estivesse acontecendo no momento da demanda judicial: a duração do processo não pode vir em detrimento do autor." Se o autor ajuizou ação para receber 100 no ano de 1979, quando com os 100 poderia, p. ex., pagar um mês de aluguel, é evidente que sofrerá substancial prejuízo se vier a receber os mesmos 100 no ano de 1981.

Disso resulta que se a parte foi obrigada a recorrer ao Poder Judiciário para receber aquilo que lhe é devido não pode sofrer qualquer prejuízo, com o pagamento de custas, honorários advocatícios, periciais etc. A recíproca também é verdadeira, quando o réu for chamado a juízo quando nada devia.

O argumento de que o trabalhador não teria condições para arcar com o ônus se nos afigura, no mínimo, exagerado. Estatísticas mostram que os julgamentos, em sua grande maioria, são pela procedência total ou parcial. Todavia, deve o empregado também ser condenado no pagamento de custas quando perder o processo, pouco importando sua condição financeira. Se não tiver com que pagar não pagará. Entretanto, muitas ações que hoje são propostas, acreditamos, não seriam com a aplicação do princípio da sucumbência, inclusive nas custas processuais.

34.4.38. Da tutela antecipada

Tem natureza jurídica executória e se traduz na antecipação da fase cognitiva, total ou parcialmente, presentes os pressupostos (art. 273, incs. I e II, do CPC). A antecipação da tutela substitui as chamadas cautelares satisfativas em certos casos, podendo com elas conviver em outros casos de cautelares típicas ou mesmo atípicas (*v. g.*, arresto).

A concessão ou não da tutela está diretamente ligada ao efetivo convencimento do juízo na análise da existência de prova inequívoca, da verossimilhança da alegação, da caracterização do abuso de direito, de defesa ou do manifesto propósito protelatório do réu. E a exemplo do que sucede com a liminar em mandado de segurança, em sendo de antecipação da tutela esta não poderá ser negada. Reconhece-se, entretanto, que a análise dos pressupostos, embora tenha o alento de fatores objetivos, acontecerá com forte dose de subjetivismo do julgador.

A sua aplicação em sede trabalhista é plena (art. 769, da CLT). E poderá ser deferida de ofício, em certos casos, pena de não servir à finalidade trabalhista, que não exige a presença do advogado (art. 791, da CLT), impondo ao juiz a iniciativa, pena de neutralizar o comando legal. Diverso do que sucede com o processo comum, a antecipação da tutela em sede trabalhista não desafia nenhum recurso. Disso resulta que para corrigir ou coibir erronias não terá a parte prejudicada outra alternativa senão o *mandamus*.

A competência para a antecipação da tutela (antecipação da *cognitio*), antes do advento da EC n. 24/99, era do colegiado primário. Com a extinção da representação classista as coisas tomaram o seu rumo normal com o juízo monocrático. Embora em sede regional possa o relator antecipar a tutela, é aconselhável que isso seja feito pelo colegiado. É que a antecipação da tutela tem execução imediata e poderá acontecer, por ocasião do julgamento pelo colegiado, que a tutela não seja confirmada e a ação seja julgada improcedente, contrariando o entendimento do relator. É melhor não correr riscos desnecessários.

É interessante notar, todavia, que para aquelas Varas que adotam a audiência una, o julgamento far-se-á em definitivo, sem necessidade de busca subsidiária. Daí uma pergunta: se o processo trabalhista exige audiência una, haveria a possibilidade da busca subsidiária no processo comum? A resposta, *prima facie*, seria não. Todavia, a própria realidade atropela a lei. O assoberbamento da Justiça do Trabalho, em regra, não permite o cumprimento da lei. Logo, a tutela seria inarredável. Mas, para aquelas regiões ou mesmo Varas das capitais que operam em regime de audiência una, a busca subsidiária da tutela não terá sentido, salvo se o julgamento estiver sendo designado para data distante.

A Lei n. 10.444/2002 acrescentou o inc. IV ao art. 588 para que eventuais prejuízos sejam liquidados nos próprios autos do processo. Transformou o parágrafo único do art. 588 no § 1º para dizer que a caução (art. 588, I, CPC) será dispensada nos casos de créditos de natureza alimentar, até o limite de 60 (sessenta) vezes o salário mínimo, quando o exeqüente se encontrar em estado de necessidade. A nova posição é arrojada. Todavia, tenha-se em mente que a aplicação do art. 588, § 2º, deve ser interpretada em consonância com as exigências do art. 273, CPC.

34.4.39. Da tutela específica

Em se cuidando de obrigação de fazer ou não fazer, o juiz concederá tutela específica da obrigação (art. 461, do CPC).

A dificuldade maior está no fato de que a obrigação de fazer não permite execução provisória, revertendo-se em perdas e danos em caso de inadimplência (art. 247, CC). Em ocorrendo a hipótese, deve a parte requerer ou o juiz conceder de ofício as *astreintes* (§ 4º, do art. 461, do CPC), sem prejuízo do acautelamento previsto (§ 5º, do art. 461, do CPC).

O dever de indenizar o credor por perdas e danos pela recusa do devedor de honrar o compromisso assumido tem respaldo na proibição de que o credor utilize de meios suasivos pelas suas próprias mãos (*manus injectio*), *manus militari*, para obrigar o credor a cumprir o que prometera. No Estado moderno a ninguém é dado fazer justiça pelas próprias mãos, utilizando de meios coercitivos. Só ao Estado é dado fazê-lo, rompendo a resistência do devedor renitente. Assim, a única conseqüência prausível será as perdas e danos. Tenha o devedor renitente em mente que a indenização por perdas e danos se dá independentemente da condenação em *astreintes* (§ 2º, art. 461, CPC).

Como dissemos acima, a obrigação de fazer ou de não fazer não admite a execução provisória. A definitiva faz-se após o trânsito em julgado material. Por isso, a aplicação das *astreintes* é um meio suasivo de incentivar o cumprimento. As *astreintes* poderão ser aplicadas de forma progressiva, *v. g.*, um salário mínimo no primeiro mês, dois no segundo, três no terceiro e assim sucessivamente. Todavia, caberá ao juiz executor dar razoabilidade, não exigindo mais do que a pessoa poderia pagar, nem menos que incentivaria a verificação do custo/benefício. O § 6º, do art. 461,

CPC permite ao juiz, de ofício, reduzir ou aumentar o valor ou a periodicidade de conformidade com a realidade reinante. Nota: O legislador usou o termo "multa" inadvertidamente. Multa e *astreintes* têm conteúdos conceituais diversos.

34.4.40. Do poder público e a antecipação de tutela

Não existe nenhum óbice legal para que a tutela não seja concedida contra o poder público. Aliás, é onde a tutela antecipada mais se faz necessária, em face da intensidade de arbitrariedades praticadas pelos órgãos e autoridades públicas.

Não existe qualquer óbice em se cuidando de Poder Público, já que a remessa de ofício será feita por ocasião do julgamento efetivo.

34.4.41. Da possível ilegalidade cometida na concessão da tutela

Não se descarta a possibilidade de ilegalidade ou mesmo abuso de direito por parte do juiz que venha a conceder a tutela. Em ocorrendo a hipótese no processo comum, a parte terá à disposição o agravo de instrumento (art. 522, CPC, Lei n. 11.187/2005). A dificuldade maior está no processo do trabalho, onde a antecipação da tutela é irrecorrível, posto que tem natureza jurídica de decisão interlocutória mista que não admite recurso, e o agravo de instrumento trabalhista tem um núcleo operacional restrito ao desatrelamento de recursos não processados em qualquer grau de jurisdição. Em se apresentando a hipótese de ilegalidade ou de abuso de direito na concessão, a parte prejudicada poderá impetrar mandado de segurança. Ver Súmula n. 414, II, do TST. Todavia, alerta-se, se a tutela for concedida juntamente com a sentença que julga o tema meritório, haverá possibilidade do recurso ordinário (Súmula n. 414, I, TST).

34.4.42. Da ação monitória

Cuida-se de ação especial com cognição sumária que se insinua sobre determinado crédito com título comprovado, mas sem o prestígio de título executivo (judicial e extrajudicial). O portador do documento busca o alento monitório por meio do qual o juiz determinará o cumprimento, podendo o réu apresentar embargos. Se não houve embargos, o título executivo judicial se forma, prosseguindo-se na execução aparelhada.

A prova escrita de que fala a lei é qualquer uma que possa dar credibilidade e eficácia probatória. Tem sede na execução do devedor solvente. E, na Justiça do Trabalho, tem plena aplicação. Mas, a sua maior incidência concentrar-se-á sobre acordos extrajudiciais, que não têm eficácia executória em âmbito trabalhista e sobre as normas coletivas (sentença normativa, acordo homologado em dissídio coletivo, acordo coletivo, convenção coletiva), titular do direito substancial, sucessor a título singular ou universal são legitimados afigurar no pólo ativo ou passivo da ação.

34.4.43. Do Poder Público e ação monitória

Existe uma dificuldade na aplicação da ação monitória em âmbito do Poder Público, uma vez que após a fase cognitiva existe o duplo grau de jurisdição. Assim é que desponta entendimento jurisprudencial no sentido de que a Administração Pública não pode figurar no pólo passivo de ação monitória: "Ação Monitória — Administração Pública — Impropriedade. A Administração Pública não pode figurar no pólo passivo das ações monitórias, por ser juridicamente impossível. Assim é de ser considerada imprópria a via eleita do procedimento monitório para se cobrar crédito de município" (TJ-MG — Ac. unân. da 2ª Câm. Civ., publ. em 21.11.1997 — Ap. n. 91.810/2, Rel. Des. Abreu Leite — Adv. Lúcio Andrade). Nota: Sobre o tema a lição de *Humberto Teodoro Júnior*: "Admite-se, na Itália, o manejo do procedimento injuntivo contra a Administração Pública, como, por exemplo, na pretensão de repetição de indébito tributário. Pensamos que a orientação em tela não pode ser transplantada para o Direito brasileiro, em face das características de nosso regime de execução contra a Fazenda Pública, que pressupõe precatório com base em sentença condenatória (CF, art. 100), o que não existiria, no caso de ação monitória não embargada. Além do mais, a Fazenda Pública tem a garantia do duplo grau de jurisdição obrigatório, a ser aplicado em qualquer sentença que lhe seja adversa (CPC, art. 475, inc. II) e a revelia não produz contra ela o efeito da confissão aplicável ao comum dos demandados — CPC, art. 320, inc. II. Com todos estes mecanismos de tutela processual conferidos ao Poder Público, quando demandado em juízo de acertamento, torna-se realmente inviável, entre nós, a aplicação da ação monitória contra a Administração Pública. Seu único efeito, diante da impossibilidade de penhora do patrimônio público, seria o de dispensar o processo de conhecimento para reconhecer-se, por antecipação o direito do autor, independentemente de sentença. Acontece que a fazenda não se sujeita a precatório sem prévia sentença e contra ela não prevalece a confissão ficta deduzida da revelia. Assim, nada se aproveita do procedimento monitório, na espécie. Forçosamente, o processo teria de prosseguir, de forma ordinária, até a sentença de condenação. Além disso, e o que é mais importante, a citação no procedimento monitório é uma ordem de pagamento e não um chamado para se defender, o que é incompatível com o tipo de ação cabível contra o Poder Público, em face de quem a exigência de pagamento só é possível dentro do mecanismo do precatório" ("Curso de Direito Processual Civil", v. III, Forense, 14ª ed., 1996, fls. 379/380) (*in* Informativo Semanal Coad 16/98).

No processo do trabalho, o poder público revel é confesso quanto à matéria fática (arts. 329, CPC e 844, CLT). O poder público ao ocupar o pólo do contrato de trabalho como contratante perde a sua potestade e passa a ser regido pelo direito privado. Todavia, isso em nada modifica a situação, uma vez que o pagamento somente poderá ser feito pela via do precatório e o patrimônio do poder público é impenhorável.

34.4.44. Do procedimento sumaríssimo

A postulação pelo procedimento sumaríssimo exige, como regra geral, que as verbas incluídas sejam todas certas e determinadas (art. 852, I, CLT). O valor total não poderá ser superior a 40 (quarenta) salários mínimos (art. 852-A, CLT). Não vemos necessidade, por exemplo, de fazer-se levantamento de depósitos fundiários não depositados, da correção monetária sobre as verbas líquidas, cálculos de honorários advocatícios, de adicional de insalubridade, já que o percentual deste, em especial, dependerá da prova pericial obrigatória. A exigência da lei sobre a determinação de valores diz respeito às verbas típicas trabalhistas. O procedimento somente tem aplicação sobre aquelas ações distribuídas a partir da vigência a Lei n. 9.957/2000 que acrescentou os arts. 852-A a 852-I, CLT. Nota: O tema será tratado de forma mais ampla na oportunidade própria.

34.4.45. Das Comissões de Conciliação Prévia

São organismos de conciliação extrajudicial, cuja constituição será facultativa no seio das empresas ou de grupos de empresas e no âmbito dos sindicados. A composição será paritária, com representantes dos empregados e dos empregadores com o objetivo principal de conseguir a conciliação entre as partes e evitar o litígio judicial. Não existe qualquer vinculação da Comissão de Conciliação prévia com o Ministério do Trabalho e do Emprego, não estando sujeito a nenhum registro prévio para funcionamento, nem com a Justiça do Trabalho. É órgão de natureza privada que poderá ajudar na conciliação, contribuindo para a redução de processos na Justiça do Trabalho.

34.4.45.1. Da composição no âmbito da empresa

Será composta de mínimo de 2 (dois) e máximo de (10) dez membros com observação das seguintes normas: I — metade de seus membros será indicada pelo empregador e a outra metade será eleita pelos empregados em escrutínio secreto fiscalizado pelo sindicato da categoria profissional; II — haverá na Comissão tantos suplentes quantos forem os representantes titulares; III — o mandato dos seus membros, titulares e suplentes, é de 1 (um) ano, permitida uma recondução. É vedada a dispensa dos representantes dos empregados membros da Comissão de Conciliação Prévia, titulares e suplentes, até 1 (um) ano após o final do mandato, salvo se cometerem falta grave, nos termos da lei (art. 482, CLT). O representante dos empregados desenvolverá seu trabalho normal na empresa e se afastará de suas atividades normais apenas quando convocado para atuar como conciliador. Esse período que permanece fora da empresa será considerado tempo efetivo para todos os efeitos legais como se estivesse à disposição da empresa (art. 4º, CLT).

34.4.45.2. Da comissão no âmbito de sindicato

São aquelas Comissões constituídas por sindicato de categoria profissional de uma ou mais empresas. As normas de constituição e de funcionamento serão previstas e definidas em acordo coletivo ou em convenção coletiva. Em não sendo a categoria organizada em sindicato, não vemos óbice a que se apliquem os preceitos contidos no § 2º, do art. 611, CLT. Vale dizer, na falta de sindicato a federação ou a confederação, nessa ordem de preferência, representativas das categorias profissionais ou econômicas poderá celebrar acordo coletivo ou convenção coletiva.

34.4.45.3. Das exigências procedimentais

A demanda será formulada por escrito pelo interessado. Em assim não procedendo, o pedido e respectivos argumentos serão reduzidos a termo por qualquer dos membros da Comissão, ocasião em que o empregado receberá uma cópia datada e assinada por membro da Comissão. Não tendo sucesso a conciliação, a Comissão fornecerá ao empregado e ao empregador uma cópia da tentativa conciliatória frustrada. Na declaração constará a descrição do objeto do pedido que será firmada pelos membros da Comissão e que poderá ser juntada em eventual ação trabalhista. Havendo motivo relevante que impeça a tentativa conciliatória perante a Comissão, essa circunstância será declarada na petição inicial, em caso de ajuizamento de ação trabalhista.

34.4.45.4. Da duplicidade de Comissão na mesma base territorial

Caso exista, na mesma localidade e para a mesma categoria, Comissão de empresa e Comissão sindical, o interessado poderá optar por qualquer delas para submeter o seu pedido conciliatório. Todavia, escolhida uma não poderá retroceder. Em havendo pedido complementar a Comissão antes escolhida será a competente pela prevenção. Aplicam-se as mesmas regras processuais sobre a prevenção.

34.4.45.5. Do parazo para a realização da sessão

As Comissões de Conciliação Prévia têm o prazo de 10 (dez) dias para a realização da sessão de tentativa conciliatória, contado a partir da provocação da parte. Decorrido o prazo sem que seja realizada sessão, a Comissão fornecerá ao interessado a declaração informando o porquê da não realização (art. 625-F e parágrafo único, CLT), ao mesmo tempo em que descreverá o objeto do pedido. Neste caso, se for ajuizada ação trabalhista, o autor deverá instruir a inicial com a certidão fornecida pela Comissão para que não corra o risco de um possível arquivamento.

Decerto o legislador não foi prático, nem razoável. Esse prazo poderia perfeitamente ser prorrogado por mais cinco ou dez dias, com cominação pecuniária para os membros da Comissão que persistissem em não designar sessão após a prorrogação. Do jeito que está, os membros da Comissão ficam com o poder de designar ou não a sessão.

Neste caso, se for ajuizada ação trabalhista, o autor deverá instruir a inicial com a certidão fornecida pela Comissão para que não corra o risco de um possível arquivamento.

34.4.45.6. Da conciliação e suas conseqüências

Conciliadas as partes, lavrar-se-á termo que será assinado pelo empregado, pelo empregador (ou seu preposto) e pelos membros da Comissão de Conciliação Prévia, fornecendo-se cópia às partes. O termo de conciliação se transforma imediatamente em título executivo extrajudicial que terá eficácia liberatória plena e geral, exceto para as parcelas expressamente ressalvadas e que não fizeram parte do objeto conciliatório. Persiste aqui o excesso de cuidados do legislador com os créditos trabalhistas ao conceder a ressalva que lhe permitirá discussão futura ou mesmo propiciará o ajuizamento de ação trabalhista no concernente à parte ressalvada. Deverá se pactuada cominação de pena pecuniária em caso de inadimplência, incentivo irrecusável a que o empregador cumpra o avençado sem delongas, sem necessidade da presença do Estado e da execução aparelhada.

34.4.45.7. Da prescrição

A prescrição será imediatamente suspensa com a provocação da Comissão. A contagem se desatrela e inicia a fluir pelo prazo que ainda resta a partir da data de declaração de tentativa frustrada ou do término do prazo de dez dias sem designação de sessão (art. 625-F, CLT). Salutar a escolha da "suspensão" e não da "interrupção" da prescrição. A interrupção, por certo, propiciaria o retorno de todo o período para ao ajuizamento da ação mesmo para aquele que houvesse procurado a Comissão de Conciliação Prévia no limiar do prazo fatal de dois anos.

A metodologia utilizada pelo legislador contraria as normas do Código Civil que normatiza a interrupção (art. 202, inc. VI). De qualquer forma, a suspensão ou a interrupção somente poderá ser feita uma vez (art. 202, *caput*, CC).

De conformidade com a Lei n. 11.280/2006, o § 5º, do art. 219, CPC passou a ter a seguinte redação: "O juiz pronunciará, de ofício, a prescrição." Todavia, mesmo estando prescrito o direito de acionar o empregador, nada impede que em sede extrajudicial renuncie ao seu direito e se concilie. O título extrajudicial assim constituído não terá nenhum vício e, se não honrado, será executado. A prescrição da ação é que se tornou de ordem pública e não mais poderá ser renunciada pelo devedor, devendo o juiz pronunciá-la de ofício, *id est*, pode a parte e o juiz, a qualquer momento ou grau de jurisdição, respectivamente, invocar ou declarar a prescrição, não estando a declaração limitada às jurisdições ordinárias. Também as jurisdições superiores estão autorizadas a fazê-lo. A nova redação não se aplica em não havendo ação ajuizada, como é o caso da Comissão de Conciliação Prévia.

34.4.45.8. Da executoriedade do título extrajudicial

A regra em âmbito trabalhista é a não executoriedade de acordo extrajudicial. O legislador deu à conciliação levada a efeito perante a Comissão de Conciliação

Prévia o *status* de título extrajudicial, executável (art. 876, CLT)) perante a Justiça do Trabalho (art. 877-A, CLT), competente àquele juízo primário que seria o competente para a ação de conhecimento. Nas localidades em que existirem mais de uma Vara do Trabalho, a competência dar-se-á pela distribuição (princípio do juiz natural).

34.4.45.9. Dos núcleos sindicais

Aos Núcleos Intersindicais de Conciliação Trabalhista em funcionamento, ou que vierem a ser criados, serão aplicadas as mesmas normas e disposições do Título VI-A — Das Comissões de Conciliação Prévia. Observados os princípios de paridade e de negociação coletiva na sua constituição.

34.4.45.10. Do recurso

Nenhum recurso é cabível da conciliação realizada pela Comissão de Conciliação Prévia. A exemplo do que sucede com a conciliação judicial, a conciliação extrajudicial não admite nenhum recurso. Daí a razão pela qual as partes, principalmente o trabalhador, deverá estar muito bem esclarecido sobre a conciliação. Dificilmente, o empregado de baixa escolaridade terá possibilidade de fazer ressalva expressa. Não se deverá permitir a celeridade às custas de renúncia de direito.

34.4.45.11. Da anulação do título extrajudicial

A Comissão de Conciliação Prévia não exerce nenhum juízo de valor quando concilia as partes. Poderá, quando muito, dar explicações para que as partes se sintam mais seguras para fazer ou não a conciliação. Os membros da Comissão apenas e tão-somente homologam aquilo que for da vontade das partes. Logo, essa conciliação não poderá ser viciada por nenhum vício de consentimento. A presença de erro ou de ignorância das realidade, a coação, o dolo ou o estado de perigo são hipóteses que poderão desprestigiar o ato homologatório. Com suporte em um desses motivos, a parte poderá ajuizar ação anulatória. Competente será o juízo que sedia a base territorial da Comissão de Conciliação Prévia que homologou a conciliação. Se houver mais de uma Vara, a competência funcional dar-se-á pela distribuição, que também firmará o juiz natural.

34.4.45.12. Do recolhimento de INSS e de Imposto de Renda

A conciliação levada a efeito pela Comissão de Conciliação Prévia não está isenta dos recolhimentos de cotas previdenciárias e parcelas do imposto de renda, sempre que se apresentar a hipótese.

34.5. Da audiência e a entrega de defesa

34.5.1. Da introdução sobre a defesa

A defesa juntamente com a inicial constituem peças básicas do processo e que firma a *litisconstestatio*. Com a defesa se completa a relação processual e perfaz-se a triangularidade de que fala *Bülow*, seguido por *Wach*. A possibilidade de apresentação de defesa tem suporte no princípio da ampla defesa e do contraditório. Ninguém poderá ser julgado sem que tenha a possibilidade de apresentar a sua versão sobre o tema discutido. É certo que a apresentação de defesa não é uma obrigação ou um dever da parte, mas apenas um ônus. Se apresentá-la, demonstrando a sua discordância, estará prequestionando o tema para que possa, em futura instrução processual, demonstrar o que afirma, de conformidade com o ônus probatório que lhe couber e apresentar contraprova contra a prova produzida pelo autor.

Como dissemos, a defesa não é um dever mas um ônus processual. Poderá acontecer de o autor não apresentar defesa, ou por haver perdido o prazo, ou por não querer fazê-lo. Nessas hipóteses, as afirmações fáticas da petição inicial se transformam em verdade relativa ou confissão ficta (arts. 844, CLT e 319, CPC); mas, uma verdade relativa que se aproxima da confissão real. É que na revelia a *litiscontestatio* se firma somente com as alegações do pedido inicial, não havendo o prequestionamento de matéria defensória, o que significa que o réu não poderá produzir provas, mas apenas contraprova se o processo prosseguir. Todavia, o CPC autoriza que o juiz em tais casos julgue o processo no estado da lide (art. 330, II). O que significa que o réu não terá oportunidade de produzir contraprova e, certamente, perderá a demanda. Daí a razão pela qual a apresentação de defesa é um dos atos mais importantes do processo.

A ausência de defesa que constitui o estado de revel não desaguará na confissão ficta, quando, havendo pluralidade de réus, um ou mais réus constestarem a ação (I), o litígio versar sobre direitos indisponíveis (II), ou se a petição inicial não se fizer acompanhar de instrumento público, que a lei considere indispensável à prova do ato (III) (art. 320, CPC). Nessas hipóteses, existirá a revelia (ausência de defesa), mas, não haverá as conseqüências. Do que resulta que as partes (autor e réu) continuarão com o ônus probatório que a lei lhes impõem. Entretanto, existirá uma dificuldade, desde logo, para o revel. Como não formulou defesa, também não prequestionou matéria para produção de prova na instrução probatória e somente poderá produzir contraprova, se o processo prosseguir. Se o ônus probatório for do autor no todo ou em parte, certamente o processo prosseguirá e o revel terá oportunidade de produzir contraprova. Todavia, se a prova for do revel, ele não poderá produzir prova, já que, repita-se, com a revelia (ausência de defesa), nada restou prequestionado. Nesse caso, o autor certamente requererá o encerramento da instrução e o julgamento no estado da lide (art. 330, CPC). De outro lado, o juiz poderá conhecer do pedido julgando no estado da lide, quando a questão de mérito for unicamente de direito, ou, sendo de direito e de fato, não houver necessidade de produzir prova de audiência.

A defesa é uma parte da resposta de que fala o art. 297, CPC, que é composta de contestação, de exceção e de reconvenção.

34.5.2. Do conteúdo da contestação

Para que o réu tenha a possibilidade de defender-se plenamene no processo é necessário que a resposta (art. 297, CPC) seja muito bem elaborada, prequestionando temas para a instrução probatória. Por isso, compete ao réu alegar na contestação, toda e qualquer matéria de defesa, expondo as razões de fato e de direito, com que impugna o pedido do autor e especificando as provas que pretende produzir (art. 300, CPC). Todavia, compete ao autor, antes decutir o mérito, também denominada matéria de fundo, alegar toda e qualquer matéria que possa dificultar o prosseguimento do processo, modificar a competência, ou mesmo impedir o prosseguimento e determinar a resolução do processo sem julgamento do mérito (art. 301, CPC). No momento processual que antecede à impugnação do tema de fundo, a defesa deverá analisar cuidadosamente a inicial indicando claramente todos os possíveis defeitos porventura existentes, requerendo o que for de direito. Deverá verificar se estão presentes as condições da ação e os pressupostos processuais (objetivos e subjetivos). Se a causa de pedir e pedido se correspondem reciprocamente. Causa de pedir sem pedido ou pedido sem causa de pedir deságuam na inépcia do pedido. Porém, diga-se, por oportuno, que em toda a matéria arrolada no art. 301, CPC, exceção feita ao juízo arbitral, caberá ao juiz pronunciar-se de ofício (§ 4º). Vale dizer que se a defesa nada requerer, issso não será motivo para que o juiz não o faça de ofício. Esse é um dos deveres processuais do juiz imposto legalmente. No processo do trabalho, se a audiência foi designada antes de decorridos 5 (cinco) dias, poderá o réu requerer que outra seja designada para apresentação de defesa. (art. 841, CLT). O juiz instrutor certamente atenderá, pois o indeferimento configurará o cerceamento de defesa com futura nulidade do processado, se e quando a parte prejudicada recorrer requerendo a nulidade com suporte no cerceamento. Nada impede que a parte, mesmo com prazo menor, se dê por satisfeita e apresente defesa. Nesse caso, o vício de cerceamento desaparece, não podendo a parte rediscutir a matéria, pois haveria a preclusão lógica.

34.5.3. Da omissão da defesa sobre parte do mérito

Se a defesa omitir impugnação sobre algum pedido ou causa de pedir (matéria de fundo ou meritória) incorrerá na preclusão e serão considerados verdadeiros, o pedido e a causa de pedir (art. 302, CPC). Todavia, essa verdade é apenas presunção relativa (*hominis*) e poderá ser ilidida pelo conjunto de provas documentais constantes dos autos (documentos juntados com a inicial e com a defesa). Neste caso, se os documentos juntados não forem suficientes a ilidir a confissão relativa, a parte confessa somente poderá produzir contraprova, uma vez que com a omissão não houve o prequestionamento.

Adverte *Fadel* que réu deve manifestar-se precisamente sobre todos os fatos narrados pelo autor na petição inicial, impugnando-os um a um e os rebatendo, porque o seu silêncio a respeito de qualquer deles traz-lhe conseqüências adversas, consistentes na presunção de veracidade, de que se tornam cercados, quando não contestados. Com respaldo em *Pedro Batista Martins*, lembra que "O que o silêncio geral é uma simples presunção de veracidade do fato alegado e não contestado. Se essa presunção colidir com o conjunto das provas constantes dos autos, ou se for destruída pela prova contrária do silente, ilidida estará a presunção, não podendo o juiz a ela recorrer como elemento de prova" (ob. cit., v. II, p. 153).

34.5.4. Da defesa por negação geral

A defesa por negação geral não é defesa. Como vimos no item anterior, a defesa deverá enfrentar expressamente cada pedido e cada causa de pedir, sob pena de desaguar nas conseqüências do art. 302, CPC. Todavia, todo o próprio artigo indica hipóteses em que excepciona: a) quando a confissão não for admitida àquele respeito; b) se a petição inicial não for acompanhada de documento público que a lei considerar da substância do ato (*ad solemnitatem*); c) se estiverem em contradição com a defesa em seu conjunto. As regras do *caput* também não se aplicam, quando a parte estiver representada por advogado dativo, por curador especial ou pelo Ministério Público (cf. parágrafo único).

34.5.5. Da audiência — breve enfoque

A audiência, na prática, é o lugar onde, quase sempre, tem melhor desempenho o profissional mais estudioso, o mais preparado. Ali, tem o causídico a oportunidade de testar a sua desinibição, conhecimento da matéria — principalmene do ônus da prova — argúcia, senso de oportunidade, agilidade mental, visão global e equilíbrio emocional. Sem enfeixar tais requisitos, suas dificuldades avultar-se-ão. Dotado, pois, de tais requisitos, procurará com tranqüilidade fazer prova tão-somente daquilo que lhe compete. Não se afastará daquilo que restou firmado pela *litiscontestatio*, nem fará perguntas que em nada aproveita ao seu cliente, mas que poderão favorecer à parte adversa. Não é fato incomum, a parte perder o processo total ou parcialmente por querer provar demais.

Ensina *Orlando de Souza* ("Manual de Audiências", Sugestões Literárias, 1969, p. 27 e ss.) que: "O termo audiência, do latim *audientia*, vem do verbo *audire* cuja significação é ouvir, atender a quem deve, ou quer e vai falar. Define-se como sessão pública que o magistrado presidia em dias previamente designados, para ouvir as partes, por si e por seus procuradores, bem como para a realização de certas formalidades do processo que a lei exigia fossem praticadas em audiência. Audiência, diz *Pontes de Miranda* ("Comentários ao Código de Processo Civil", v. II/273, ed. 1947), é o trecho de espaço tempo em que, presente o juiz que preside a reunião, se dá a concentração e a imediatidade do processo; ou só para instrução ou só para julgamento; ou para instrução e julgamento. Segundo *De Plácido e Silva* ("Comentários ao Código de Processo Civil", 2ª ed., v. 1/263), "processualistas modernos bem compreendem a audiência como o período do tempo durante o qual o magistrado, instalado em uma sala a isso destinada, atende os litigantes que comparecem perante ele para prover atos indispensáveis ao andamento da causa, submetida a seu juízo. Por essa forma, todas as vezes que o juiz determina a realização de atos processuais sob sua presidência, entende-se que ele está em audiência; está a ouvir as partes ou as testemunhas; está em sessão" (...). As audiências se realizam, pois, com toda a publicidade, a portas abertas, a elas podendo assistir quem quer que seja, interessados diretos ou indiretos, mesmo estranhos à causa em instrução, por isso que é do interesse do Estado que os atos judiciais sejam públicos e de todos conhecidos. A audiência a portas fechadas (...) constitui exceção à regra. Como diz *Jorge Americano* ("Comentários ao Código de Processo Civil do Brasil", v. 1º/264), "a polícia da audiência está a cargo do juiz. Embora a audiência seja pública, no recinto só serão admitidos o pessoal do juízo, os procuradores das partes e as pessoas especialmente convocadas._Os demais que a ela queiram assistir não terão acesso junto às partes. O decoro e o respeito serão assegurados pelo juiz, o qual poderá mandar cerrar as portas no caso de discussão e julgamento secreto (...); bem como convidar a retirar-se quem não proceda bem, e, para evacuar a sala, requisitará até, se necessário, a Força Pública". Efetivamente, pode o juiz, sem quebra da publicidade da audiência, ordenar a retirada de quem, mesmo que seja parte na causa em instrução, de qualquer modo, procure perturbar os atos que se realizam na audiência.

34.5.5.1. Da audiência

De conformidade com o art. 813 da CLT, "serão públicas e realizar-se-ão em dias úteis entre 8 às 18 horas, não podendo ultrapassar cinco horas seguidas, salvo quando houver matéria urgente. § 1º Em casos especiais, poderá ser designado outro local para realização das audiências, mediante edital afixado na sede do Juízo ou Tribunal, com antecedência mínima de 24 horas". Art. 814. "Às audiências deverão estar presentes, comparecendo com a necessária antecedência, os escrivães ou chefes de secretaria", hoje diretor. Art. 815. "À hora marcada, o Juiz declarará aberta a audiência, sendo feita pelo chefe de secretaria ou escrivão — hoje diretor — a chamada das partes, testemunhas e demais pessoas que devam comparecer". Na prática, a secretária (datilógrafa) de audiência efetua o chamamento ou pregão. Art. 841. "Recebida e protocolada a reclamação, o escrivão ou chefe de secretaria — hoje diretor —, dentro de 48 horas, remeterá a segunda via da petição, ou do termo, ao reclamado, notificando-o ao mesmo tempo, para comparecer à audiência de julgamento que será a primeira desimpedida, depois de cinco dias." A União, os Estados, Distrito Federal, Municípios e autarquias ou fundações de direito público federais, estaduais ou municipais que não explorem atividade econômica — não contempla a empresa pública. Nem a sociedade de economia mista — terão o prazo em quádruplo para contestar e em dobro para recorrer (Decreto-lei n. 779, de 21.8.1969).

"Se, até 15 minutos após a hora marcada, o juiz ou presidente não houver comparecido, os presentes poderão retirar-se, devendo o ocorrido constar do livro de registro das audiências" (art. 815, parágrafo único, CLT). "O juiz ou presidente manterá a ordem nas audiências, podendo mandar retirar do recinto os assistentes que a perturbarem" (art. 816 da CLT). "Do registro das audiências poderão ser fornecidas certidões às pessoas que o requererem" (art. 817, parágrafo único, da CLT). Evidentemente, deverá o requerente provar a existência de legítimo interesse.

Assinala *Orlando de Souza* (ob. cit., p. 30 e ss.) que: "Pode, excepcionalmente, a audiência realizar-se em outro local que não o fórum, por designação prévia do juiz, com ciência das partes. Certo que, para tal medida de exceção, deve haver motivo justificativo; assim, o fato de não poder o magistrado locomover-se até o fórum, caso em que poderá determinar se realiza a audiência em sua própria casa, e de absoluta impossibilidade de locomoção, por doença, da parte obrigada a comparecer para depor, ou da testemunha que não pode ser dispensada, e de se achar o fórum em ruínas, ou em serviços de reforma. Em quaisquer desses casos, a requerimento da parte interessada, ou mesmo de ofício, o juiz determinará, em despacho motivado, que a audiência se realize em local conveniente, seja, em caso de necessidade em casa da parte ou da testemunha. Em qualquer hipótese, diz *Pedro Batista Martins* ("Comentários ao Código de Processo Civil", v. 3/126), que "a violação injustificável da regra não determinará a nulidade da audiência". "Será — conclui — uma irregularidade contra a qual a lei não reage com a cominação de nulidade." Nem pode fazê-lo — ajuntamos nós — porque o próprio Código de Processo Civil dispõe expressamente que as audiências podem se realizar, "excepcionalmente, no local que o juiz designar. Audiência a portas fechadas. Certo que a audiência a portas fechadas também constitui exceção autorizada pelo Código, para aqueles casos, em que tal medida se faça necessária por exigência do decoro particular ou do interesse social, e o juiz, determinando-a, estará usando um dos poderes que a lei lhe concede, entre outros que lhe são assegurados. A medida expectativa, no entanto, deve ser usada somente naqueles casos em que o magistrado prevê que a publicidade de determinado ato na audiência, ou mesmo a realização desta, publicamente, possa resultar em escândalo ou graves inconvenientes para qualquer dos litigantes, o que costuma acontecer nos processos de desquite judicial (hoje separação judicial), de anulação de casamento ou de investigação de paternidade, em certos fatos escabrosos, ocorridos na intimidade do lar, se expostos em audiência pública, poderão ter grande repercussão na sociedade, prejudicando moralmente determinadas pessoas ou mesmo famílias que até então gozavam de bom conceito social. Ora, a publicidade da audiência não deve ir ao ponto de prejudicar a honra cujo sentimento vem do desejo inato que se tem de ser tido em boa conta pelos semelhantes e de merecer sua estima, ou de profanar a reverência devida à dignidade humana com a exposição de misérias morais".

Dispõe *Wagner Giglio* que "não haverá qualquer irregularidade se o reclamado receber a notícia da audiência com apenas três dias de antecedência, ou na antevéspera de sua realização, desde que, entre a data da expedição da notificação e a data da realização da audiência se interponham cinco dias, pelo menos.

Não atinamos com a razão da interpretação diversa, face a clareza do texto legal. A alegação de que menos de cinco dias são insuficientes para preparar defesa não é verdadeira, e se esboroa diante da lei. Uma única exceção é prevista no Decreto-lei n. 779, de 21.8.69 (...). A audiência, em sentido amplo, é o ato jurídico consistente, como indica o vocábulo, na reunião da Corte para serem ouvidos os litigantes, colhidas as provas, realizados os debates e o julgamento do feito. Na prática, usa-se também o termo audiência, *stricto sensu*, para designar a ocasião em que cada processo é submetido à Corte para os mesmos fins. As audiências *lato sensu*, e sessões dos órgãos da Justiça do Trabalho são franqueadas ao público, realizando-se de portas abertas (exceto nos casos em que o processo corre em segredo de justiça (...)"("Direito Processual do Trabalho", Sugestões Literárias, 1972, p. 111 e ss.).

Discordamos do autor. Na contagem do tempo, não se inclui o tempo *in itinere*. O mínimo de cinco dias deverá ser preservado para a elaboração da defesa, pena de cerceamento. O art. 841, CLT é claro a esta ótica.

34.5.5.2. Da audiência una

A audiência una, na prática, salvo exceções, é subdividida em várias sessões, a saber: a) audiência para contestação; b) audiência para depoimentos das partes e oitiva de testemunhas; c) audiência para julgamento. Assim, de acordo com a subdivisão retro, temos as conseqüências pelo não comparecimento das partes, a saber:

a) Audiência para contestação, se não comparece uma das partes, teremos: ausência do autor: *arquivamento*; ausência do réu: *revelia e confissão*.

b) Audiência para depoimento das partes, após contestação: ausência de qualquer das partes determinará a aplicação da confissão quanto à matéria de fato, que poderá ser ilidida por prova já existentes nos autos ou por outras provas que vierem a ser produzidas.

A audiência una é uma peculiaridade da Justiça do Trabalho. Todavia, a ampliação de temas processuais e o crescimento do volume de processos acabaram por neutralizar a lei. Poucas são as Varas que conseguem cumprir a lei. Some-se a isso as ações com rito sumaríssimo, que exigem a adoção de audiência una.

34.5.5.3. Da confissão ficta

Doutrina e jurisprudência não são pacíficas quanto à confissão *ficta* do autor e as opiniões se bipartem entre autores de peso intelectual. Pela confissão temos, *Batalha*, *Lamarca*, *Délio Maranhão*, *Tostes Malta*, *W. D. Giglio*, além de outros. Contra a aplicação da confissão *ficta* temos o magistério de *Rezende Puech*. Invoca, para tanto, a interpretação histórica da lei (*Luiz Roberto de Rezende Puech*, "Direito Individual e Coletivo do Trabalho", Ed. RT, 1960, p. 306-311).

A Súmula n. 74 daquela mais alta Corte, entretanto, embora se pudesse entender que a Súmula n. 9 do TST deixava margem a dúvidas, espancou em definitivo qualquer entendimento que não seja o da aplicação da confissão "ficta" também ao reclamante.

Dispõe *Carlos Maximiliano* ("Hermenêutica e Aplicação do Direito", Freitas Bastos, 1965, p. 42 e 43): "com a promulgação, a lei adquire vida própria, autonomia relativa; separa-se do legislador; contrapõe-se a ele como um produto novo; dilata e até substitui o conteúdo respectivo sem tocar nas palavras; mostra-se, na prática, mais previdente que o seu autor (*Heinrich Thoel*). Consideram-na como disposição mais ou menos imperativa, materializada num texto, a fim de realizar sob um ângulo determinado a harmonia social, objeto supremo do Direito. Logo, ao intérprete incumbe apenas determinar o sentido objetivo do texto *a vis ac potestas legis*; deve ele olhar menos para o passado do que para o presente, adaptar a norma à finalidade humana, sem inquirir da vontade inspiradora da elaboração primitiva (*Ferrara*)".

34.5.6. Da representação das partes

As partes, como regra, podem vir a juízo, desde que sejam capazes. No processo do trabalho, não se exige que seja assistida por advogado (art. 791, CLT). Essa é uma das peculiaridades do processo do trabalho. Enquanto no processo comum a regra é a exigência do advogado, no processo do trabalho a regra geral é a de que a presença do advogado não é obrigatória.

O autor, em sendo maior de 18 anos, deverá comparecer pessoalmente nos termos da Súmula n. 74 do TST. Poderá fazer-se representar por outro empregado que pertença à mesma profissão (art. 843, § 2º, da CLT) ou, quando for ação plúrima, pelo sindicato, conforme modificação introduzida pela Lei n. 6.667/1979, ao *caput*. No segundo caso, haverá adiamento. O menor de 18 anos e maior de 16 anos não têm capacidade para estar em Juízo sem assistência de representante legal. O menor de 16 anos (art. 3º, CC), se sujeito de contrato de trabalho (aprendiz), será representado por representante legal. Considera-se menor para os efeitos de trabalho o que possua idade entre 16 e 18 anos. A idade mínima era de 14 anos (art. 402, CLT) e foi elevada para 16 anos pela EC n. 20/1998 que deu nova redação ao art. 7º, inc. XXXIII, CF.

A Constituição atual (art. 7º, XXXIII), modificando posicionamento anterior, proíbe a participação do menor de 18 anos em trabalho noturno, perigoso e insalubre — e a anterior só proibia em trabalho insalubre e noturno (art. 165, X) — mas, nada diz sobre trabalho penoso (art. 7º, XXIII). Fixa a idade mínima em 16 anos (EC n. 20/1998), quando a anterior o fazia em 12 (art. 165, X). O art. 402 da CLT fica, pois, derrogado nesta parte, devendo ler-se, em lugar de "trabalhador de catorze até dezoito anos", "de dezesseis até dezoito anos".

A empresa será representada nos termos do art. 12 do Código de Processo Civil, facultado fazer-se substituir pelo gerente, ou qualquer outro preposto que tenha conhecimento do fato, e cujas declarações obrigarão a empresa (art. 843, § 1º da CLT). Ver Súmula n. 122, do TST.

Realça *Tostes Malta* ("Prática do Processo Trabalhista", 3ª ed., Ed. Trabalhistas, p. 276 e 277) que: "A jurisprudência já consagrou com acerto o entendimento de que o preposto deve sempre ser empregado, sendo que alguns juízes toleram o preposto advogado, mesmo não sendo empregado. Quanto ao empregado, há controvérsia no sentido de poder o seu depoimento ser prestado por representante. De modo geral isso não pode suceder, em virtude de a lei exigir que o empregado compareça pessoalmente à audiência (...). A regra geral é no sentido de que só pode confessar quem disponha de poderes expressos para tanto."

34.5.7. Da apresentação de defesa

Com a citação do réu, completa-se a relação processual que forma a triangularidade de que falam *Bülow* e *Wach*. Com o ato citatório, abre-se ao réu a possibilidade de apresentar resposta (defesa, exceção e reconvenção). A defesa é ato processual por meio do qual o réu poderá contrariar as afirmações do pedido inicial e prequestionar a matéria para uma futura instrução probatória. Daí a importância do ato defensório. Se, citada, a parte não se defender, estará configurada a situação de revel com a conseqüência da confisssão quanto à matéria de fato. Sem apresentação de defesa, ainda que o processo prossiga, não poderá produzir provas, mas somente contraprovas, o que dificultará sobremaneira ilidir os efeitos da revelia, podendo o processo ser julgado no estado da lide (art. 330, II, CPC).

De conformidade com o art. 846, CLT, "aberta a audiência, o Juiz ou Presidente proporá a conciliação. § 1º Se houver acordo, lavrar-se-á termo, assinado pelo Presidente e pelos litigantes, consignando-se o prazo e demais condicões para seu cumprimento". "Não havendo acordo, o reclamado terá vinte minutos para aduzir sua defesa, após a leitura da reclamação, quando esta não for dispensada por ambas as partes" (art. 847, CLT). Nota: Com a eliminação da representação classista (EC n. 24/1999) diz-se apenas juiz que é o que preside monocraticamente.

A defesa é ato de audiência. O que vale dizer que a parte deverá fazer-se presente para defesa oral. Na prática, firmou-se a praxe de apresentar-se defesa escrita, com real benefício e oportunidade de melhor articulação dos fatos, sem a preocupação de tempo.

De conformidade com as normas processuais trabalhistas, a presença das partes é imprescindível. Assim não poderá o advogado presente à audiência, ainda que tenha procuração, apresentar defesa oral ou escrita. Esse entendimento majoritário na doutrina e na jurisprudência é o mais consentâneo com as normas que regem a espécie. A presença da parte se faz necessária sob pena de frustrar-se uma etapa importante, qual seja a conciliação. Ausente a reclamada, a conseqüência é a revelia com a confissão quanto à matéria fática, nos moldes alinhados na inicial.

Há entendimento minoritário no sentido de que presente o advogado com procuração é de ser aceita a defesa (oral ou escrita). Os defensores dessa corrente invocam o *animus defendendi*. Dizem que a parte mostrou interesse em defender-se, tanto é que enviou advogado. Neste caso, o juiz aceitaria a defesa com documentos e consideraria a empresa confessa quanto à matéria fática, com possibilidade de produzir provas de audiência para ilidir a *ficta confessio*. Não vislumbramos, *data venia*, suporte jurídico para o entendimento, cuja conseqüência é instituir um privilégio processual para a empresa e, repetimos, frustrar etapa importante do processo trabalhista: a conciliação. Depois, como aplicar a confissão quanto à matéria fática se a juntada da defesa ilide a revelia? O malabarismo interpretativo dos que defendem esse ponto de vista, superado, atenta contra o conceito de revelia.

Há entendimento também no sentido de encerrar-se a instrução após configurada a *ficta confessio*. Todavia, o posicionamento não nos parece correto, vez que a confissão em tais casos constitui simples ficção legal e poderá ser ilidida por outras provas. Se foi permitida a juntada da defesa, houve o prequestionamento de matéria probatória e encerrar o processo sem que a parte tenha a possibilidade de defender-se constituirá cerceamento de defesa. Também aqui, a emenda é pior que o soneto.

Vamos encontrar nas lições de *Calmon de Passos* ("Comentários ao Código de Processo Civil", Forense, 1975, v. III/275 e 276) que "presumem-se verdadeiros os fatos não impugnados especificamente. Essa a conseqüência a ser retirada do silêncio do réu. Se o fato narrado pelo autor não é impugnado especificamente pelo réu e de modo preciso, este fato, presumido verdadeiro, deixa de ser controvertido. Conseqüentemente, deixa de ser objeto de prova, visto como só os fatos controvertidos reclamam prova. Não oocorrendo qualquer das exceções mencionadas nos três incisos do art. 302, o fato não impugnado é fato provado, fato que não reclama produção de prova em audiência. Dizendo o art. 330 que o juiz conhecerá diretamente do pedido, proferindo sentença, quando a questão do mérito for de direito e de fato, se não houver necessidade de produzir prova em audiência, autoriza-o a prescindir da instrução e proferir julgamento de mérito, se os fatos não impugnados bastam para tornar firme a procedência ou improcedência da ação. A presunção de veracidade do fato não impugnado é prova que deve ser acolhida, salvo prova em contrário. Mas essa prova em contrário está preclusa ao réu, pela circunstância mesma de não ter impugnado o fato. No sistema do Código revogado, por inexistir a figura do julgamento antecipado da lide, a presunção criada pelo silêncio do demandado, deixando de contestar fato alegado pelo autor, por ser presunção relativa, podia ceder ante a prova que viesse o réu a produzir em audiência. Hoje será incorreto persistir nessa construção sem ofensa à letra e à sistemática do Código. Não impugnado o fato, presume-se verdadeiro. Se esta presunção basta para que o juiz aprecie o mérito, não pode ele levar o feito a instrução, porquanto o julgamento antecipado não é uma faculdade que lhe foi deferida, mas dever que lhe foi imposto. Só ocorrendo uma das hipóteses dos incisos I a III do art. 302 essa conseqüência deixará de existir".

34.5.8. Da revelia

Configura-se a revelia pela ausência de defesa. A conseqüência é a confissão quanto à matéria fática alinhada na inicial. Mister é distinguir revelia e confissão. A primeira ocorre pela ausência da defesa; a segunda tem lugar pela ausência de depoimento da parte, se a tanto obrigada, nos termos do Enunciado n. 74 do TST, podendo ocorrer após a defesa. No caso da revelia, ambas se amalgamam num só momento: o da defesa.

Preleciona *Amauri Mascaro Nascimento* ("Curso de Direito Processual do Trabalho", Saraiva, 1978, p. 187 e ss.) que: "A palavra revelia quer dizer descuido. Deixar correr a revelia significa deixar ao acaso. Na linguagem processual, o vocábulo é utilizado para designar a inércia do réu na oportunidade de defesa. Mas alguns autores usam a palavra revelia para denominar a inércia também do autor. Preferem, outros juristas, o termo contumácia, como gênero que expressa essa situação de indiferença ao processo, da qual a revelia é uma espécie, o mesmo fenômeno quando ocorrido apenas com o réu: "contumácia é, pois, gênero, servindo para designar a inatividade do autor e a do réu. Revelia é espécie daquela, designativa da omissão em contestar o pedido no prazo da lei" (*Arruda Alvim*). Assim, seria impróprio falar-se em revelia do reclamante. De melhor técnica, contumácia. Quando se tratar do réu, sim, a palavra adequada é revelia. Porém, trata-se de mera questão terminológica. Enquanto para alguns doutrinadores a revelia configura-se com a ausência do réu na oportunidade em que deve contestar a ação, para outros, mesmo ausente, mas desde que tenha revelado ânimo de defesa, o réu não pode ser considerado revel. Como a contestação no processo trabalhista é ato de audiência, dúvidas têm surgido quando não comparece a parte, fazendo-o apenas o seu advogado (...). No caso trabalhista, há a exigência de comparecimento das partes à audiência, na qual são concentrados os principais atos procedimentais. A contestação é ato de audiência e que será seguido de outros atos do processo, como o depoimento pessoal. Segue-se que, no processo trabalhista, configura-se a revelia com a ausência da parte à audiência em que deve contestar, mas também está plenamente configurada se, ausente a parte, estiver presente o seu advogado, porque mesmo revelado o ânimo de defesa, não basta esse detalhe; a audiência é ato procedimental concentrado que exige a presença da própria parte, que deverá não apenas contestar, mas também depor. Difere, neste particular, o processo trabalhista do processo civil. Neste, o depoimento das partes deve ser requerido. Naquele, não precisa ser requerido, é imposto por lei. No processo civil, a contestação antecede a audiência. No processo trabalhista, a defesa é ato de audiência. Naquele, o princípio da oralidade é limitado. Neste, a oralidade é princípio fundamental. No processo civil, maior é a atuação do procurador. No processo trabalhista, o procurador precisa atuar tendo a parte ao seu lado, inclusive porque há uma fase de tentativa de conciliação em audiência. Logo, partindo-se, do pressuposto da imperatividade do comparecimento da própria parte, a conclusão a que se chega é que revel é aquele que não comparece à audiência para defender-se, embora presente o seu advogado."

Há que se diferenciar a confissão provinda da ausência de defesa, cujas conseqüências são aquelas previstas no art. 844, CLT e art. 319, CPC e excepcionadas no art. 320, CPC, daquela confissão aplicada à parte que, após apresentação de defesa, se nega a depor ou mesmo não comparece à audiência designada. Na confissão, proveniente da revelia as conseqüências valorativas se aproximam da confissão real. Isto porque a parte que não apresentou defesa não poderá fazer prova daquilo que não impugnou e, por conseqüência, não prequestionou, estando ausente da própria *litiscontestatio* nos termos do art. 128 do CPC. Poderá, quando muito, fazer contraprova dos fatos invocados pela parte adversa, se e quando o processo não for julgado no estado da lide (art. 330, II, CPC). Já a confissão proveniente da negativa de depor ou da ausência da parte após apresentação de defesa tem presunção *juris tantum*. E em sendo relativa poderá ser elidida por meio de prova concreta. Disso resulta que confessa a parte nada impedirá que o advogado presente requeira o depoimento da parte adversa e ouça testemunhas com o objetivo de neutralizar a *ficta confessio*. O indeferimento pelo juízo redundará em cerceio de defesa que viciará o julgamento desfavorável à parte.

34.5.9. Do prazo para o revel

O processo trabalhista não prevê para a espécie, motivo pelo qual tem aplicação o processo comum (art. 769 da CLT). Ao revel são aplicadas as normas do art. 322 do CPC. Poderá o revel intervir no processo em qualquer fase, recebendo-o, entretanto, no estado em que se encontra. Como bem coloca *Ataliba Viana* ("Inovações e Obscuridades do Código de Processo Civil e Comercial Brasileiro", p. 92, Ed. Martins, 1940): "A lei não privou o revel dos prazos, mas das intimações e notificações que se seguirem à citação inicial." Assim, a cada ato processual praticado nos autos, aguardar-se-á o decurso do prazo que a parte teria se revel não fosse (art. 322, segunda parte, do CPC). Nos termos do art. 852 da CLT, o revel será intimado da decisão que vier a ser proferida. Isso não significa que a partir de então ser-lhe-á dada ciência dos demais atos que venham a ser praticados. Todavia, ainda que revel, há certos casos em que a intimação será imprescindível, *v. g.*, pedido de desistência da ação, quando já decorrido o prazo para a resposta (art. 267, § 4º, do CPC); determinação para que exiba documento (art. 357 do CPC); determinação para prestar depoimento pessoal (art. 343, § 1º, do CPC). Se após a revelia, for prolatada sentença não haverá como desistir da ação. Poderá renunciar ao direito de executar.

34.5.10. Do julgamento antecipado da lide

Regra geral, a revelia permite o julgamento antecipado da lide nos termos dos arts. 319 e 330, II, do CPC. Todavia, adverte *Calmon de Passos* que: "Essa afirmativa da lei deve ser entendida em termos. O juiz, antes de apreciar o mérito, deverá proceder ao exame dos pressupostos processuais e das condições da ação. Ausente ou defeituoso algum pressuposto sanável, cabe a determinação no sentido de que seja sanada, à semelhança do previsto no art. 327. Se não o for, o julgamento será no sentido da extinção do processo e não do mérito. Também o fato da revelia não libera o juiz do dever de apreciar a existência, no caso concreto, dos pressupostos processuais e das condições da ação. Se inexistente, o julgamento também será extintivo do processo, sem apreciação do mérito. Conseqüentemente, julgamento de mérito só haverá se não for caso de extinção do processo." (ob. cit., v. III, p. 392)

Discordamos do eminente autor quanto ao saneamento na revelia. Se a petição inicial não apresentar os pressupostos processuais (objetivos e subjeivos) e as condições da ação, o processo deverá ser resolvido sem o julgamento do mérito, não se aplicando a revelia. Para a aplicação da revelia, a petição inicial deverá atender a tais requisios.

Presentes os pressupostos processuais e as condições da ação, inexistindo atos simulados ou ilícitos, deve o juiz proferir a sentença de mérito, vez que a presunção de verdade estabelecida pelo art. 319 do CPC aproxima-se da absoluta. Assim, não haveria como prosseguir com a fase probatória, já que o revel não pode fazer prova sobre fatos que não contestou. Essa mesma regra vale para o art. 302 do CPC, ressalvadas as exceções ali previstas. Certamente, a confissão que resulta da revelia não é a mesma que advém da ausência da parte, depois de apresentada a defesa.

Pergunta-se, entretanto: poderá o juiz, em caso de revelia, determinar provas de ofício?

Dispõe o art. 130 do CPC que: "Caberá ao juiz, de ofício, ou a requerimento da parte, determinar as provas necessárias à instrução do processo, indeferindo as diligências inúteis ou meramente protelatórias." O dispositivo legal não faz qualquer restrição à revelia. É uma invasão salutar ao princípio dispositivo previsto no Código de 1939, art. 117 e que foi conservado pelo Código Buzaid.

Segundo doutrina dominante, nos termos do princípio dispositivo, o juiz deve julgar segundo o alegado e provado nos autos. Todavia, esse rigor interpretativo levaria a outro extremo, qual seja contrariaria o princípio da livre convicção do juiz. Não raro, após produzidas as provas pelas partes, verifica-se que o conjunto probatório é insuficiente para formar a convicção necessária ao julgamento casos em que o juiz poderá determinar perícia, ouvir testemunhas referidas, determinar juntada de documentos etc.

Lembra *Celso Agrícola Barbi* (ob. cit., v. I, t. II., p. 531) que: "O princípio dispositivo vem sofrendo sucessivos reexames, com o resultado de estar abrandando o seu rigor, à medida que o processo deixou de ser considerado como instrumento de interesse preponderante das partes, e passou a ser visto, principalmente, como meio de ação do Estado, para atuar as leis que editou. A necessidade de esclarecimento de certos fatos, para propiciar um correto julgamento da causa, fez com que alguns modernos permitissem ao juiz liberdade de iniciativa na escolha de provas. Isso significa ao magistrado preponderância nessa atividade, que continua com as partes, porque estas, na maioria das vezes, é que sabem quais os melhores elementos para a prova dos fatos da causa. Mas, a admissão de um poder de iniciativa do juiz nesse assunto já significa importante restrição ao princípio dispositivo, tal como entendido na formulação acima exposta, de que "o juiz deve julgar segundo o alegado e provado pelas partes". Isto foi bem ressaltado por *Calamandrei*, a propósito do atual Código italiano".

Isto não significa, entretanto, que o juiz assuma este ou aquele pólo da demanda ou que passe a produzir provas para esta ou aquela parte. O juiz buscará fortalecer a sua convicção sobre fatos para os quais as partes já fizeram provas; mas, não suficientes para um julgamento seguro. À evidência, não pode o juiz de ofício fazer prova sobre fatos constantes da causa de pedir ou das alegações da defesa, quando a parte interessada nada provar.

Os princípios da livre convicção e o dispositivo devem conviver de maneira harmônica, pena de o juiz perder a sua imparcialidade.

Em suma, como bem coloca *Rita Gianesini* ("Da Revelia no Processo Civil Brasileiro", Ed. RT, 1977, p. 116 e 117): "Deverá o magistrado, em princípio, julgar antecipadamente a lide, com base no art. 330, II, se ocorrer o efeito da revelia e estiverem presentes os requisitos indispensáveis para o julgamento do mérito (no mesmo sentido *Calmon de Passos*, "Comentários ...", cit., v. III, p. 387). Excepcionalmente, poderá determinar a produção de provas, somente em casos raros, repita-se; por exemplo, quando ficar em dúvida em razão do conjunto de provas trazidas pelo autor com sua inicial, desde que não esteja suprindo a atividade da parte, pois, caso contrário, infringiria o ônus da prova. O art. 130 do Código de Processo Civil só poderá ser corretamente aplicado quando não inutilizar a teoria do ônus da prova. *Fadel* (ob. cit., t. I, p. 237 e 238) lembra que: "A faculdade de atuação do juiz, na fase probatória, é amplíssima. Quaisquer provas, inclusive depoimentos, requisições de documentos, perícias, etc., podem ser determinados pelo juiz, a requerimento da parte ou *ex officio*, em qualquer fase do processo, até a prolação da sentença final. Isso não importa dizer que se está retirando das partes os ônus de trazerem aos autos do processo os elementos de prova que julguem oportuno. A tanto vai o direito das partes. O que se quer, com o art. 130, é não excluir a faculdade que tem o juiz de tomar as providências e ordenar as diligências que lhe parecerem necessárias ou úteis à decisão da causa e à formação livre de sua convicção. Em verdade, o interesse público melhor estará preservado se os juízes proferirem sentenças fundadas em verdades verdadeiras, mesmo contra a vontade de uma ou de ambas as partes, do que em meias verdades, ou em falsas verdades, encobertas pelo silêncio intencional ou pelo engodo consentido do litigante aproveitador. Não é esse — o da meia verdade — o fim que se persegue com o processo, na solução de um caso concreto. Passando por cima de fatos ponderáveis, omitindo circunstâncias relevantes ao deslinde da controvérsia, e aproveitando talvez a inércia ou a boa-fé do litigante contrário, a parte poder-se-ia beneficiar se o juiz, que a tudo contemplasse, devesse ficar inerte e indiferente a essa tentativa de encobrir a verdade. Agiu certo o legislador, inserindo essa norma no estatuto vigente, a exemplo do que fizera o do Código de 1939, no art. 117. Ao lado dessa atividade perseguidora da verdade, o juiz exerce também o poder de guiar o processo de forma a pôr fim, com a celeridade possível, e através da sentença, à controvérsia deduzida nos autos."

34.5.11. Do prosseguimento probatório após a revelia

Embora decretada a revelia (art. 319), poderá acontecer um dos casos do art. 320: "A revelia não induz, contudo, o efeito mencionado no artigo antecedente: I — se, havendo pluralidade de réus, alguns deles contestar a ação; II — se o litígio versar sobre direitos indisponíveis; III — se a petição não estiver acompanhada do instrumento público que a lei considere indispensável à prova do ato." "Quando a lei exigir, como da substância do ato, o instrumento público, nenhuma outra prova, por mais especial que seja, pode suprir-lhe a falta." (art. 366) Na hipótese, o juiz mandará que o autor especifique as provas que pretende produzir na audiência (art. 324). O autor poderá indicar provas ou requerer o julgamento no estado da lide (art. 330, I). O juiz poderá proferir ou não julgamento, em face do que dispõe o art. 130 do Código de Processo Civil.

Poderá o autor, todavia, mesmo com a incidência da revelia (arts. 319 e 330, II, do CPC), ter interesse no prosseguimento com início da fase probatória e produção de prova oral, pericial etc., com o objetivo de precaver-se contra futura ação rescisória. O juiz tem a direção do processo (arts. 125 do CPC, e 765 da CLT). Poderá deferir ou não o prosseguimento probatório. No processo civil, em caso de indeferimento, a parte poderá agravar (art. 522 do CPC). No processo trabalhista, não caberá qualquer recurso. Contudo, a parte poderá discutir a matéria em recurso ordinário, preliminarmente, se for o caso. Entretanto, em prosseguindo, poderá o revel intervir no processo a qualquer momento (art. 322 do CPC) e participar da instrução probatória. Não poderá, evidentemente, fazer prova daquilo que não alegou em sua defesa (art. 319 do CPC); mas, nada impede que formule reperguntas às testemunhas do autor e ouça suas próprias testemunhas com o escopo de contraprova. Poderá formular quesitos em caso de perícia. Dispõe *Calmon de Passos* (ob. cit., p. 378) que: "O revel não pode arrolar testemunhas para serem ouvidas sobre os fatos que não alegou, mas pode indicar suas testemunhas para serem ouvidas sobre os fatos alegados pelo autor, com vistas a fazer prova contrária em relação aos mesmos, isto é, provar que eles ocorreram de modo diverso do exposto, ou, mesmo, que eles não se verificaram." "Pode o revel produzir provas na audiência de instrução, quando aquelas se limitam a informar o libelo do autor." (RT 302/552) Nesse sentido, é o entendimento do Supremo Tribunal Federal cristalizado na Súmula n. 231: O revel, em processo cível, pode produzir provas, desde que compareça em tempo oportuno.

A matéria sumulada pela Suprema Corte teve inspiração no Código de 1939. O Código anterior (art. 34) apenas definia o que era o revel e direcionava quanto à sua intervenção no processo (parágrafo único do art. 34). O Código atual (art. 319) reputa verdadeiros os fatos não contestados e afirmados pelo autor. O Código anterior (art. 209) afirmava que "O fato alegado por uma das partes, quando a outra o não contestar, será admitido como verídico, se o contrário não resultar do conjunto das provas". Esse artigo do Código anterior encontra correspondência hoje no art. 302 do Código Buzaid. Tem-se, pois, que o motivo inspirador da Súmula n. 231 não mais vige no Código atual. Como bem diz *Calmon de Passos* (ob. cit., p. 349): "A ausência (de defesa) é punida em sentido lato, com a eliminação do direito à prova contrária do réu." E a reconhecer na ausência de defesa verdadeira confissão real, o Código alertou com o art. 330, onde direciona o julgamento antecipado da lide, quando ocorrer a revelia (II). Isso significa que o revel não poderá prosseguir fazendo prova daquilo que não impugnou. Somente poderá fazer contraprova se o autor pedir o prosseguimento da instrução em pretendendo reforçar a prova já produzida.

34.5.12. Da revelia e o litisconsórcio

A Consolidação não dispõe sobre o assunto. Invocando-se, subsidiariamente, o processo civil (art. 769 da CLT), temos: "Duas ou mais pessoas podem litigar, no mesmo processo, em conjunto, ativa ou passivamente, quando: I — entre elas houver comunhão de direitos ou de obrigações relativamente à lide; II — os direitos ou as obrigações derivarem do mesmo fundamento de fato ou de direito; III — entre as causas houver conexão pelo objeto ou pela causa de pedir; IV — ocorrer afinidade de questões por um ponto comum de fato de direito." (art. 46 do CPC) É o litisconsórcio facultativo.

"Há litisconsórcio necessário quando, por disposição de lei ou pela natureza da relação jurídica, o juiz tiver de decidir a lide de modo uniforme para todas as partes; caso em que a eficácia da sentença dependerá da citação de todos os litisconsortes no processo. Parágrafo único. O juiz ordenará ao autor que promova a citação de todos os litisconsortes necessários, dentro do prazo que assinar, sob pena de declarar extinto o processo." (art. 47 do CPC)

"Salvo disposição em contrário, os litisconsortes serão considerados, em suas relações com a parte adversa, como litigantes distintos; os atos e as omissões de um não prejudicarão nem beneficiarão os outros." (art. 48 do CPC)

Ensina *Amauri Mascaro Nascimento* ("Curso de Direito Processual do Trabalho", Saraiva, 1978, p. 189 e 190) que: "Na relação jurídica processual pode formar-se um litisconsórcio passivo, bastando que mais de um réu figurem como reclamados. Se um dos litisconsortes não apresentar defesa, será considerado revel e confesso quanto à matéria de fato, com base no art. 844 da CLT. A ação, no entanto, prosseguirá, com a defesa dos demais litisconsortes e os atos subseqüentes do procedimento, até a extinção da relação processual por um dos meios normais, em especial a sentença. Esta, diante da revelia, terá que ser uniforme? Ou poderá ser diferente, procedente quanto ao litisconsorte revel e improcedente quanto aos demais? A Consolidação não dispõe de uma regulamentação própria pa resolver o problema. Invocando-se, subsidiariamente, a lei processual civil, resultaria que, em decorrência da representação de um litisconsorte por outro, nela preconizada, a revelia de um não prejudicaria os demais e a unitariedade da decisão teria que ser preservada. É evidente que dessa medida resultaria praticamente a inocuidade da revelia, mas é a orientação que não só emana da lei, mas também encontra apoio na doutrina. *Arruda Alvim* sustenta que "a revelia de um litisconsorte, se outro ou outros tiverem contestado, não lhe trará qualquer prejuízo" (...). Parece-nos fundamental observar, em cada caso concreto, a natureza do litisconsórcio. Se a matéria exigir pronunciamento uniforme, diante da unitariedade do caso, para preservação da homogeneidade da solução do caso, será necessário praticamente invalidar os efeitos da revelia com uma sentença cujos efeitos se estenderão ao revel, ainda que com isso venha ele a ser beneficiado."

Rita Gianesini ("Da Revelia no Processo Civil Brasileiro", Ed. RT, 1977, p. 86), com respaldo em *Arruda Alvim* dispõe: "Para o Prof. *Arruda Alvim*, na hipótese de estarmos diante de um litisconsórcio unitário, que exige identidade de objeto e de *causa petendi*, a atividade dos que atuem beneficiará (não poderá prejudicar) a posição dos inertes. E na hipótese de litisconsórcio simples, pondera referido autor que: "a) o fato de a revelia não levar à irrefragável veracidade dos fatos do autor implicará na aplicação do art. 333, pois este artigo é aplicável ao que contesta e o ato, do que o fez, aproveita ao inerte; b) aplicar-se-á o art. 333, no sentido de que, se a defesa do outro ou outros litisconsortes emergir que não são verdadeiros os fatos deduzidos pelo autor, o litisconsorte omisso e revel será beneficiado, precipuamente; c) o raciocínio é correto, porque o art. 320, I, não distingue, e, não distinguindo, arreda a incidência do art. 319 para todos os casos de litisconsórcio." (...) Em nosso entender, o efeito da revelia previsto no art. 319 só será elidido em havendo pluralidade de réus e um deles contestar a ação, nas hipóteses de se tratar de litisconsórcio facultativo unitário ou necessário unitário, e de litisconsorte facultativo simples ou necessário simples, quando forem os fatos comuns. Isto porque, na hipótese de se tratar de litisconsórcio unitário, a sentença deverá necessariamente ser uniforme para todos os litisconsortes, no plano do Direito Material, não havendo que se falar em considerarem-se verdadeiros os fatos afirmados pelo autor com relação ao réu revel, que, porém, conserva essa qualidade, sofrendo todas as outras conseqüências daí decorrentes. E, na hipótese de litisconsórcio facultativo simples ou necessário simples, os fatos não comuns não foram contestados, não houve impugnação, devendo, portanto, ser reputados verdadeiros, por força do art. 302."

34.5.13. Da revelia do Poder Público: quando houver direito indisponível

Dispõe a Lei n. 9.028/1995, art. 5º, que "Nas audiências de reclamações trabalhistas em que a União seja parte, será obrigatório o comparecimento de preposto que tenha completo conhecimento do fato objeto da reclamação, o qual, na ausência do representante judicial da União, entregará a contestação subscrita pelo mesmo". A conclusão imediata que se retira do texto legal é a de que a contestação não poderá ser verbal, já que deverá ser subscrita pelo representante judicial.

De resto, a contestação não poderá ser apresentada pelo representante judicial se ausente o preposto, já que obrigatória a presença deste. A ausência do preposto conduz à revelia, sendo aplicável o direcionamento do TST, consubstanciado na Súmula n. 74, não sem antes dar-se ao Poder Público a possibilidade de sanar a irregularidade de representação, com a suspensão do processo e a concessão de prazo razoável (art. 13, CPC).

"Em caso de revelia, a regra, em se cuidando de Poder Público, é a indisponibilidade (art. 300, II, CPC), do que resulta a ausência da presunção de veracidade (arts. 302 e 319, do CPC), não podendo o processo ser julgado no estado da lide e devendo o autor do processo prosseguir com a instrução probatória." (Ac. un. 1ª Câm. do TJSP, de 16.12.1994, na Ap. 219.305.1, rel. Des. Guimarães e Souza, *apud Alexandre de Paula*, *in* "Código de Processo Civil Anotado", v. 2/1541-2, 7ª ed., Ed. RT 1988). Não se aplica o princípio da indisponibilidade em sede trabalhista em que o crédito é alimentar.

Revelia do poder público: Pena de revelia e confissão — Aplicação a órgão público — As pessoas jurídicas de direito público, no processo trabalhista, gozam dos privilégios previstos, expressamente, no decreto-lei setecentos e sessenta e nove; os quais não podem ser ampliados a livre-arbítrio do julgador.Deste modo, inexiste óbice legal à aplicação da pena de revelia e confissão a órgão público. Revista parcialmente conhecida e desprovida. (TST — RR n. 256405/l996-5ª T., Rel. Min. Rider Nogueira de Brito, DJU 13.02.1998, p.00317).Ver nossa obra "Revelia", 2ª ed., Revista dos Tribunais, onde inúmeras ementas serão encontradas, tornando firme o entendimento em sede trabalhista.

Os recursos em sede trabalhista possuem efeito meramente devolutivo, quer se trate de dissídio individual ou de coletivo, propiciando de imediato a execução provisória. Isso tem sentido levando-se em conta a natureza alimentar do crédito trabalhista, o que não significa que o juiz do trabalho não possa conceder, em certos casos, o efeito também suspensivo. Em se tratando de dissídio coletivo o Presidente do Tribunal Superior do Trabalho poderá conceder o efeito suspensivo para certas cláusulas tidas como ilegais ou contrárias à jurisprudência daquela Corte ou do Supremo Tribunal Federal. Em se cuidando de norma coletiva, tem grande influência a política econômica que informa a realidade nacional

34.5.14. Da fase conciliatória — breve enfoque

A tentativa conciliatória inicial é o momento mais importante do procedimento trabalhista, pois busca a autocomposição das partes, num momento em que os ânimos ainda não estão acirrados. Diz um ditado popular que é melhor um mau acordo do que uma boa demanda. Guardadas as proporções devidas, o dito popular tem muito de verdade. As partes no momento conciliatório abdicam daquilo que acham que teriam direito e se conciliam sem discutir o mérito dos seus possíveis direitos, chegando a um consenso razoável. A rigor, a conciliação somente firmaria residência em terreno da *res dubia*. Não se conciliaria sobre direito provado ou sobre o qual haja confissão real, uma vez que o crédito trabalhista, conceitualmente alimentar, é, por natureza, indisponível. Entretanto, não é o que acontece na prática, onde a conciliação, o acordo ou a transação recebem a influência das circunstâncias que cercam o momento da composição. Têm influência a situação financeira da empresa próxima à falência, a necessidade do trabalhador retornar para a sua cidade, no norte ou nordeste, ou mesmo a necessidade de receber um valor menor imediatamente a correr o risco de uma espera futura. As circunstâncias que envolvem o momento conciliatório ditam regras relativizando o princípio da indisponibilidade e o de que o acordo somente poderia ser levado a efeito quando houvesse a *res dubia*. Na conciliação, tem peso considerável a tranqüilidade do juiz na condução da audiência. As partes naturalmente deverão estar embuídas do *animus* de acordar. Caberá ao juiz demonstrar os prós e os contras no prosseguimento da demanda e o ônus probatório de cada parte.

Com a extinção da representação paritária (EC n. 24/1999), eliminou-se vezo transformado em praxe que era a existência de duas mesas em audiência: uma para receber iniciais e, outra para instrução, praxe que desprestigiava a própria Justiça, já que as partes ficavam relegadas a pessoas jejunas em direito e sem possibilidade de aconselhar.

34.5.15. Da proposta conciliatória prévia

Tem lugar logo que aberta a audiência e antes da apresentação da defesa (art. 846, da CLT). "Se houver acordo, lavrar-se-á termo, assinado pelo presidente e pelos litigantes, consignando-se o prazo e demais condições para seu cumprimento." (art. 846, § 1º da CLT) "O cumprimento do acordo ou da decisão far-se-á no prazo e condições estabelecidas." (art. 835 da CLT)

"Os dissídios individuais ou coletivos submetidos à apreciação da Justiça do Trabalho serão sempre sujeitos à conciliação." (art. 764 da CLT) "Para os efeitos deste artigo, os juízes e tribunais do trabalho empregarão sempre os seus bons ofícios e persuasão no sentido de uma solução conciliatória dos conflitos." (art. 764, § 1º da CLT) "Não havendo acordo, o juízo conciliatório converter-se-á obrigatoriamente em arbitral, proferindo decisão na forma prescrita neste Título." (art. 764, § 2º, da CLT) "É lícito às partes celebrar acordo que ponha termo ao processo, ainda mesmo depois de encerrado o juízo conciliatório." (art. 764, § 3º, da CLT) "No caso de conciliação, o termo que for lavrado valerá como decisão irrecorrível." (art. 831, parágrafo único, da CLT) Nesse sentido a Súmulas ns. 259 e 298, IV, do TST: "Só por ação rescisória é atacável o termo de conciliação previsto no parágrafo único do art. 831 da Consolidação das Leis do Trabalho."

Pedimos vênia, todavia, para discordar da referida Súmula n. 259, em parte. Em artigo nosso publicado no jornal *O Estado de S. Paulo,* datado de 3.7.88, p. 51, dissemos: "A colocação sumulada há de ser entendida em termos restritos e não abrangentes. Dispõe apenas sobre aqueles casos em que a reclamatória foi devidamente instruída, propiciando ao juízo aquilatar sobre o *meritum causae*. Nesse sentido conduz a exegese do art. 831, *caput*, da CLT ao preceituar que a decisão será proferida depois de rejeitada pelas partes a proposta de conciliação. O mandamento legal diz respeito, à evidência, à segunda proposta conciliatória. Depois da primeira proposta conciliatória tem lugar a instrução do processo ou o encerramento de ofício ou a pedido das partes (julgamento antecipado da lide). As sentenças proferidas antes da instrução do processo em acordos, são meramente homologatórias. O juízo homologa a vontade das partes sem adentrar ao mérito. (...). Nestes casos, o desfazimento será levado a efeito como simples ato judicial, nos termos do art. 486 do CPC." A Súmula n. 259 deve ser aplicada em consonância com o iem IV, da Súmula n. 298. De resto, a Súmula n. 259 poderá ser extinta uma vez que só complica.

34.5.16. Da proposta conciliatória final

A proposta conciliatória final é inarredável. A sua omissão no termo de encerramento da instrução levará à nulidade da sentença que vier a ser proferida.. Portanto, não basta apenas que a proposta seja feita, é necessário que conste do termo e obedeça ao princípio de transparência dos atos processuais. O que não está nos autos não está no mundo. Quando magistrado, tivemos um recurso pedindo a nulidade por ausência da conciliação final e o juiz primário ao determinar o processamento declarou que a proposta havia sido feita e que era praxe da Vara não constar do termo. A declaração do juiz na hipótese de nada valeu. Ao juiz não compete inventar "praxes", mas aplicar corretamente a lei. O juiz, como afirma o mestre *Frederico Marques*, é o *dominus processus*, não o dono do processo. Portanto, não lhe cabe "inventar praxes" como se a sua palavra devesse ser tida como "verdade verdadeira". O princípio da transparência é a maior arma do Poder Judiciário. Portanto, deve o juiz zelar por ele. O juiz deverá fazer tantas propostas conciliatórias quantas se lhe apresentem necessárias. Todavia, a omissão da primeira poderá ser sanada pela segunda. Entretanto, a omissão da segunda proposta conciliatória é insanável e desaguará na nulidade do julgado.

A conciliação, quando possível, apresenta-se como uma obrigação do advogado. Não pode e não deve o advogado expor o seu cliente a riscos desnecessários, por teimosia ou falta de preparo profissional, podendo responder civilmente pelos prejuízos que venha a causar.

O Código de ética profissional do advogado, na Seção II, inciso II, dispõe, *in verbis*: "Quando se apresentar possibilidade de composição satisfatória, deverá o advogado aconselhar o cliente a preferi-la, evitando a demanda ou terminando-a, se iniciada.". O que vale dizer, o advogado, técnico do direito, deverá dominar o seu mister para melhor poder aconselhar o seu cliente. São deveres do advogado (art. 2º, inciso VI, Código de Ética e Disciplina da OAB/1995): indenizar, prontamente, o prejuízo que causar por negligência, erro inescusável ou dolo (art. 186, CC). O art. 87, XVIII, da Lei n. 4.215/1963 foi substituído pelo art. 34 da Lei n. 8.906/1994 (atual estatuto da Ordem). Os incs. IX e XX, do art. 34 vão muito além de simples infrações para sansões disciplinares, desafiando sanções civis e criminais.

34.5.17. Das espécies de defesas

Dispõe *Moacyr Amaral dos Santos* que: "O direito de ação sugere o direito de defesa. Ao ataque, a resistência. Ambos se identificam como direito à prestação jurisdicional do Estado. Direitos da mesma natureza. Como a ação, o direito de defesa é um direito subjetivo público, autônomo e abstrato. O caráter de direito subjetivo processual e, portanto, público, ressalta do direito de defesa quando se considera que o réu, exercendo-o, também está a exigir do Estado a prestação jurisdicional que componha a lide. O autor, acionando, e o réu, defendendo-se, reclamam uma providência jurisdicional, uma provisão jurisdicional, pela qual se lhes faça justiça (...). Distinguem-se, entretanto, a ação e a defesa quanto ao objeto material. Na ação, o autor formula uma pretensão, faz um pedido. Diversamente, na defesa não se contém nenhuma pretensão, mas resistência à pretensão e ao pedido do autor. Defendendo-se, o réu não pretende nada de quem aciona, mas apenas resiste à sujeição processual a que o submete o órgão jurisdicional, ou à pretensão do autor, afirmando que não está sujeito ao seu poder jurídico. O réu — ensina *Couture* — não aspira um direito, mas tão-somente excluir o alheio." "Sua pretensão nada mais é do que afirmação da liberdade jurídica." ("Primeiras Linhas de Direito Processual Civil", São Paulo, 1985, v. 2º, p. 187).

Alerta *Carnelutti*, como a razão se distingue da pretensão, assim também em de ser distinguida da contestação, e não há nada de novo que acrescentar. A razão da contestação é a inexistência de relação jurídica que preveja razão à pretensão. Essa inexistência, considerando o mecanismo jurídico, pode se resolver nas seguintes hipóteses: a) inexistência de razão de direito à pretensão, isto é, inexistência do elemento de direito de sua razão; b) ou ainda, a inexistência de direito de fato da razão da pretensão; c) ou ainda, a enexistência de um fato que, conforme um processo jurídico diverso, tenha de extinguir ou de invalidar a relação jurídica que constitui o fundamento da pretensão. Do que deflui que, estando o inconformismo sustentada por razões dos tipos a ou b, a contestação se denomina defesa: a primeira defesa de fato ou de direito; defesa é, portanto, a contestação da pretensão fundada na negação do elemento de fato ou de direito da razão da pretensão. Todavia, quando o inconformismo está centrado numa razão do tipo c, a contestação se denomina exceção, terminologia que tem origem no processo formulário romano, serve para denotar a contestação (a pretensão) fundada em um fato que tenha eficácia da extinção ou invalidação do efeito jurídico afirmado em razão da pretensão. Pelo fato de se estribar em elementos de fato e de direito diferentes dos que constituem a razão da pretensão, a exceção amplia o campo contencioso, ou, em outras palavras, a área da lide (ob. cit., v. I, p. 84 a 85).

34.5.17.1. Da defesa como direito subjetivo público, autônomo e abstrato

Vicente Greco Filho, por sua vez assinala que: "a ação é o pedido de tutela jurisdicional dirigido ao Estado, dele podendo exigir o autor uma decisão sobre sua pretensão, se processualmente em ordem. Apesar de a ação ser dirigida contra o Estado, o pedido imediato é o de um bem jurídico em relação ao qual uma outra pessoa, o réu, também crê ter direitos, tanto que resiste à pretensão do autor. Destarte, se procedente o pedido do autor, haverá necessariamente a produção de efeitos sobre a esfera jurídica do réu, existindo no conteúdo dessa decisão a declaração negativa de que o réu não tem direito. Dizer que um tem razão é também dizer que o outro não tem; daí o que se chama bilateralidade da ação, da qual decorre a bilateralidade do processo, que é o meio em que aquela se exerce. É intuitivo, portanto, que a decisão deve ser proferida em contraditório, ou seja, com a presença de autor e réu, aos quais se deve ser dada a oportunidade igual de debater a causa." ("Direito Processual Civil Brasileiro", Saraiva, 1984 v. 2º/107)

A ação é o meio instrumental onde o autor formula a sua pretensão e o réu se defende. A defesa poderá ser direta ou indireta em sede de direito material ou direta ou indireta em sede de direito processual. O direito de ação tem como contraponto o direito de defesa, isto é, ao ataque se opõe a resistência. Pretensão e defesa se ligam diretamente com o Poder Jurisdicional do Estado que se avia por intermédio de uma ação que pressupõe a existência de um processo, elemento abstrato que pressupõe a resistência do devedor. Pedido (pretensão) e defesa (resistência) — compõem, em regras, a *litiscontestatio*. Ressalvado o caso da reconvenção (resposta, art. 297, CPC), instituto no qual o réu passa a ocupar o lugar de autor e o autor de réu, na defesa, o réu não formula nenhuma pretensão, mas apenas resiste ao pedido formulado pelo autor. Com o ato de defender-se, o réu nada pretende daquele que o aciona, apenas exercita o seu direito de defender-se para que não venha a sujeitar o seu patrimônio particular ao pagamento de algo que afirma não dever e que, portanto, não estaria sujeito juridicamente. A revelia traduz a neutralização do direito de defesa. Poderá acontecer por ato de vontade do réu que não quis se defender, ou por ato alheio à vontade do réu, isto é, por ausência de citação ou por citação circunduta. Nesta última hipótese, o réu poderá, pela via recursal, anular a decisão e todo o processado desde o ato citatório inexistente ou incorreto, devendo o juízo primário efetuar a citação correta para que possa o réu efetuar a defesa, querendo.

34.5.17.2. Da defesa contra o processo e contra o mérito

O processo é o meio pelo qual o poder jurisdicional atua vencendo obstáculos e chegando à sentença de mérito. Como já vimos anteriormente, para que a prestação jurisdicional possa ser entregue é necessário que o processo atenda a certos requisitos de constiuição e de desenvolvimento válido. Assim, a defesa deverá rebelar-se contra defeitos processuais, antes de afrontar o mérito. Com isso, poderá evitar que o processo prossiga, extinguindo-se sem julgamento do mérito, ou poderá conseguir que o processo se atrase para o saneamento de certas irregularidades. A defesa poderá ser direta ou indireta.

A defesa será direta quando se volta desde logo contra o processo com o escopo de conseguir a declaração de nulidade dos atos que precedem à defesa, *v. g.*, por falta de citação, o arquivamento por ausência de uma das condições da ação, ou a resolução com a extinção do processo sem julgamento do mérito (art. 267, CPC), *v. g.*, as exceções peremptórias (perempção, litispendência, ou a coisa julgada). É, pois a defesa com suporte na ausência de pressupostos processuais (objetivos e subjetivos), ou ausência de uma das condições da ação.

A defesa será indireta, quando de forma mediata ou indireta se volta contra o processo, com suporte em circunstâncias exteriores ao mesmo. O processo permanece íntegro, mas circunstâncias exteriores impedem que ele prossiga normalmente. A defesa indireta se materializa por intermédio das exceções de suspeição, de impedimento. A defesa indireta do processo não determina a extinção; mas, exige que a irregularidade seja sanada. Um juiz suspeito ou impedido não poderá instruir e julgar a ação, por ausência de um dos pressupostos para o desenvovimento da jurisdição: a imparcialidade.

A exemplo do que sucede com o processo, a defesa contra o mérito também poderá ser direta ou indireta. A direta se insurge, desde logo, com as afirmações da petição inicial, enquanto a defesa indireta poderá até concordar com as afirmações; porém, apresenta fatos que desvirtuam os objetivos perseguidos pelo autor.

A defesa de mérito será direta quando pretende desde logo desdizer, destruir, desfazer a pretensão do autor e a conseqüente obtenção de uma sentença favorável. A defesa será dirigida, de imediato, contra o pedido e a sua causa de pedir. Contra os fundamentos de fato e de direito. Exemplo: autor ajuíza ação alegando que fora despedido injustamente e pleiteia verbas rescisórias. A defesa impugna o pedido e a causa de pedir dizendo que a dispensa se deu por um dos motivos do art. 482, CLT e que, portanto, não faz jus às verbas rescisórias que pleiteia.

A defesa de mérito será indireta, quando, embora concorde com as afirmações da inicial no tocante ao fundamento jurídico (*causa petendi*), apresenta outros fatos que impedem as conseqüências perseguidas pelo autor. Assim, a defesa meritória indireta, também chamada de "objeção" poderá ser modificativa, impeditiva ou extintiva da pretensão: Exemplos: a) a defesa admite a despedida injusta; mas, comprova que já efetuou o pagamento devidamente homologado perante o sindicato, ou e em outra ação movida em que as partes se conciliaram, dando o autor quitação geral; b) o réu admite os fundamentos juídicos do pedido (dispensa imoivada); contudo, invoca a prescrição do direito de ação.

34.5.18. Do princípio da eventualidade na defesa

Pelo princípio da eventualidade, o réu deverá deixar expresso na defesa todas as possibilidades que achar convenientes para enfraquecer, destruir, desfazer os fundamentos do pedido utilizados pelo autor. Também o autor deverá trazer mais de um fundamento para o pedido, se e quanto isso for possível. Se um pedido puder ser rejeitado ou acolhido por mais de um fundamento, deverá fazê-lo, prequestionando a matéria para uma futura instrução processual. Embora o juiz de primeiro grau não esteja, por dever de ofício, obrigado a rebater todos os argumentos apresentados (inicial e defesa), podendo adotar um deles para acolher ou rejeitar o pedido, toda a matéria firmada pela *litiscontestatio* será objeto de apreciação obrigatória pelo tribunal *ad quem* (Regional), em caso de recurso. De resto, passada em julgado a sentença de mérito, reputar-se-ão deduzidas e repelidas todas as alegações e defesas, que a parte poderia opor assim ao acolhimento como à rejeição do pedido (art. 474, CPC). Vê-se, assim, que o princípio da eventualidade deve ser levado em alta conta por ambas as partes (autor e réu). O art. 303, CPC excepciona e admite novas alegações, quando relativas a direito superveniente, competir ao juiz conhecer delas de ofício, por expressa autorização legal, puderem ser formuladas em qualquer tempo e juízo. São alguns exemplos: a prescrição (Lei n. 11.280/2006), a decadência, a incompetência absoluta (art. 113, CPC), a coisa julgada, a perempção (art. 267, V, CPC) etc.

Segundo *Vicente Greco Filho* ("Direito Processual Civil Brasileiro", Saraiva, 1984, v. 2º/109): "A contestação é a defesa geral, onde o réu deve concentrar todos os seus argumentos e alegações, ressalvados incidentes expressamente consignados e as próprias exceções. Nesse aspecto há uma correspondência entre o ônus de contestar e o ônus de demandar. Da mesma forma que a inicial deve conter toda a matéria relativa ao pedido, assim, também, na contestação deve estar contida toda matéria de defesa. Esse ônus está submetido à preclusão; se o réu deixar de apresentar fundamentos de defesa na contestação, não mais poderá fazê-lo."

Todas as defesas devem ser apresentadas de uma só vez, em caráter alternativo ou subsidiário, de modo que, não sendo acolhida uma, possa ser apreciada outra: esse princípio, chamado da eventualidade, não se aplica, podendo, depois da contestação, o réu apresentar novas alegações quando relativas a direito superveniente, o juiz puder conhecer a matéria de ofício (art. 301, § 4º, CPC) ou houver autorização legal para ser apresentada a qualquer tempo e em qualquer grau de jurisdição, como é o caso da prescrição (nova redação dada ao § 5º, do art. 219, CPC, pela Lei n. 11.280/2006) cuja natureza jurídica passou a ser de ordem pública, invocável pela parte, ou declarável pelo magistrado (juiz, desembargador, ministro) de ofício, a qualquer momento ou grau de jurisdição. A Súmula n. 153, do TST perdeu o objeto com o novo conceito dado à prescrição e com a cassação expressa do art. 194, CC, e tácita do art. 193 CC, na parte em que não contempla a inicativa do juiz.

34.5.19. Das preliminares e das exceções na defesa

Toda matéria que não diga respeito ao mérito deverá ser apresentada como preliminar ou como exceção. A tanto se obrigam as partes pelo princípio da eventualidade, sob pena de preclusão, quando a matéria não for de ordem pública, ressalvadas aquelas em que a lei possibilita a alegação a qualquer momento ou grau de jurisdição pela parte ou pelo juiz de ofício. Ver nos arts. 295 e 301, § 4º, CPC casos em que mesmo não sendo objeto de alegação pela parte o juiz diretor do processo deverá declará-la por dever de ofício.

Dispõe o art. 300 do CPC que "Compete ao réu alegar, na contestação, toda a matéria de defesa, expondo as razões de fato e de direito, com que impugna o pedido do autor e especificando as provas que pretende produzir". São os requisitos da contestação. E o art. 301 previne que compete ao réu, antes de discutir o mérito, alegar toda a matéria preliminar cujo rol apresenta a seguir. Embora a matéria relacionada no art. 301 do CPC possa ser conhecida de ofício pelo juiz, é de bom alvitre que o réu a argúa, mesmo por que é a parte interessada que normalmente tem conhecimento dos fatos e, em regra, conta com material fácil e farto para fundamentar cada hipótese. A matéria de objeção há de ser apresentada em preliminar de defesa. Pela omissão, dispõe o art. 22 do CPC: "O réu que, por não argüir na sua resposta fato impeditivo, modificativo ou extintivo do direito do autor, dilatar o julgamento da lide, será condenado nas custas a partir do saneamento do processo e perderá, ainda que vencedor na causa, o direito a haver do vencido honorários advocatícios." A apresentação na defesa de alguma objeção reflete a preocupação do legislador com o princípio de lealdade, de celeridade e de economia processual.

34.5.20. Da breve análise das preliminares

I — *Inexistência ou nulidade da citação* — Para a validade do processo é indispensável a citação inicial do réu. O comparecimento espontâneo do réu supre, entretanto, a falta de citação. Comparecendo o réu apenas para argüir a nulidade e sendo esta decretada, considerar-se-á feita a citação na data em que ele ou seu advogado for intimado da decisão (art. 214, e parágrafos, do CPC).

II — *Incompetência absoluta* — Temos a incompetência absoluta (material e funcional) e a relativa (territorial). A primeira não se prorroga, é argüível a qualquer época pela parte ou de ofício pelo juízo. Embora disponha o Código que deverá ser argüida como simples preliminar, nada impede que se o faça por meio de exceção. Nenhuma nulidade disso advirá. A incompetência relativa há de ser, obrigatoriamente, argüida mediante exceção. É lícito a qualquer das partes argüir, por meio de exceção, a incompetência relativa (art. 112), o impedimento (art. 134) ou a suspeição (art. 135).

Na Justiça do Trabalho, temos as exceções: *ratione materiae*, *ratione personae*, funcional e *ratione loci*. As três primeiras são de incompetência absoluta e a última de incompetência relativa. Diversamente do que dispõe o Código de Processo Civil, todas são argüidas por meio de exceção (art. 799 da CLT). A exemplo do CPC (art. 312), a suspeição do "juiz presidente ou vogal" (art. 801 da CLT) é argüível mediante exceção (art. 799 da CLT).

III — *Inépcia da petição inicial* — A petição inicial deve conter os requisitos do art. 282 sem apresentar os defeitos do art. 295, ambos do Código de Processo Civil.

O processo do trabalho, embora menos formalista do que o processo comum quanto aos requisitos de petição inicial, a exemplo deste (art. 282, III), exige expressamente que o autor mencione os fatos e fundamentos jurídicos do pedido (art. 840, § 1º, da CLT) ao dispor que a reclamação (ação) deverá conter (...) "uma breve exposição dos fatos de que resulta o dissídio".

Wagner Giglio ("Direito Processual do Trabalho", Sugestões Literárias S/A., 1972, n. 2, p. 108 e 109) ressalta que: "Comentando esse texto legal (refere-se ao art. 840, § 1º, da CLT) nota *Wilson de Souza Campos Batalha* que: "o inciso não formula exigências contidas nos arts. 158 e 159 do CPC (refere-se ao Código de 1939): os fundamentos jurídicos do pedido, os meios de prova com que o autor pretende demonstrar a verdade do alegado, o requerimento para a citação do réu e o valor da causa. A dispensa desses requisitos justifica-se: a) porque os fundamentos jurídicos do pedido dependem da livre apreciação judicial, máxime em sistema processual que permite a leigos postularem em juízo; (...)."

Nessa mesma linha temos o magistério de *Tostes Malta* ("Prática do Processo Trabalhista", Ed. Trabalhistas S/A., 3ª ed., p. 65): "Os fundamentos jurídicos não se exigem na reclamação trabalhista, isto é, não precisa o reclamante dizer em que texto de lei, acordo coletivo, etc., ampara a sua pretensão. Basta que o reclamante refira, até mesmo de modo sucinto, o fato ou fatos de que decorre a sua pretensão."

Doutrina *Sérgio Sahione Fadel* ("Código de Processo Civil Comentado", José Konfino, t. II 122, 1974) que: "Os fundamentos jurídicos do pedido não são, ao contrário do que muitos pensam, o desenvolvimento de razões de direito, a indicação de normas legais, as citações doutrinárias e invocações jurisprudenciais (...). Nada disso: os fundamentos jurídicos do pedido são, em verdade, a causa de pedir, isto é, aquele conjunto de circunstâncias que põe o autor frente ao réu, na condição de pretendente ou defendente de um direito que julga preterido ou violentado." Nesse mesmo sentido, sintetiza *Calmon de Passos* ("Comentários ao Código de Processo Civil", Forense, v. 3º/144, 1975) que: "Fundamento jurídico da demanda não é a indicação do dispositivo de lei em que se apóia o pedido do autor, sim a natureza do direito pleiteado.

Preleciona *Frederico Marques* ("Instituições de Direito Processual Civil", Forense, v. III/71, 1972, Rio) que: "Quando o Código de Processo Civil, ao regular o conteúdo e formalidades da petição inicial, fala que nela serão indicados "o fato e os fundamentos jurídicos do pedido", diz respeito, tal referência, à *causa petendi* da pretensão deduzida em juízo". E prossegue (ob. cit., p. 73): "Segundo explica *Pontes de Miranda*, em seguida à "narração dos fatos se procede à exposição dos fundamentos jurídicos do pedido, do fato jurídico, isto é, de como aqueles fatos marcados justificam que o autor peça o que pode — a razão da pretensão." Sucede-se à exposição da base empírica do pedido a dedução de sua base normativa. Nesta nova operação, deve o autor demonstrar a ligação do fato exposto com as conseqüências jurídicas que formam o conteúdo do petitório. Não é relevante, para isto, o atribuir um *nomen juris* ao pedido, nem tampouco o enquadramento ou subsunção do fato em determinada norma legal. A qualificação dada pelo autor aos acontecimentos que descreve tem por fim, como anotou *Hugo Alsina*, facilitar a qualificação final do juiz. E acrescenta o processualista latino: "Isto, porém, não significa obrigação de indicar por seu nome técnico a ação que se propõe (*editio actionis*), nem tampouco a de citar as disposições legais em que se funda a pretensão. O exato enquadramento da espécie nas normas legais que sobre ela incidem é tarefa do magistrado, que, para tanto, prescinde da qualificação feita pelo autor, tanto que o silêncio ou erro deste último são de nenhuma conseqüência."

Não se confundem "fundamento jurídico do pedido" com "fundamento legal". Este é de todo desnecessário, já que é dever do magistrado conhecer o direito: *da mihi factum dabo tibi jus*. E ainda que a parte apresente errôneo embasamento legal, ao magistrado incumbe providenciar o acerto: *jura novit curia*.

A Consolidação, art. 840, § 1º, e o CPC, art. 282 prescindem ambos do fundamento legal, mas exigem expressamente a narração dos fatos e dos fundamentos jurídicos, *v. g.*, no processo trabalhista a empregada gestante que foi dispensada injustamente e pede a reintegração, dizendo que era detentora de estabilidade provisória prevista em dissídio e junta certidão. Fato (dispensa); fundamento jurídico do pedido (ausência de motivo para a dispensa quando era detentora de estabilidade provisória). Essa a exigência expressa: "uma breve exposição dos fatos de que resulte o dissídio" (art. 840, § 1º da CLT).

Tostes Malta (ob. cit., 1987, p. 134) reconsiderou a sua posição expendida na 3ª ed. ao afirmar que: "Fundamento jurídico não é a norma jurídica em que o pedido se ampara e sim a indicação da natureza da relação de direito que decorre dos fatos expostos. Se o reclamante assevera que, havendo sido dispensado sem justa causa, é credor das parcelas tais, está indicando o fundamento jurídico de sua reivindicação." Em suma: fundamento jurídico se confunde com a própria causa de pedir (*causa petendi*).

Não obstante a má redação do art. 840 da CLT, §§ 1º e 2º, é irrecusável, em ambas as hipóteses — petição verbal ou escrita — a presença de "uma breve exposição dos fatos de que resulte o dissídio".

O juiz somente toma conhecimento da petição inicial em mesa de audiência, vez que a citação (notificação) é ato de secretaria. Assim é de bom alvitre que a parte sempre alegue em sua contestação. Não o fazendo, poderá o juízo dizê-lo de ofício, não sem antes tomar as providências contidas no art. 284 do CPC (princípio de economia processual). Essa a orientação contida na Súmula n. 263 do TST: "Salvo nas hipóteses do art. 295, CPC, o indeferimento da petição inicial, por encontrar-se desacompanhada de documento indispensável à propositura da ação ou não preencher outro requisito legal, somente é cabível se, após intimada para suprir a irregularidade em 10 (dez) dias, a pare não o fizer."

IV — *Perempção* — Impede a repetição da demanda ao autor que por três vezes deu causa à extinção do processo sem o julgamento do mérito (art. 267, III, do CPC). Se o autor der causa, por três vezes, à extinção do processo pelo fundamento previsto no n. III do artigo anterior, não poderá intentar nova ação contra o réu com o mesmo objeto, ficando-lhe ressalvada, entretanto, a possibilidade de alegar em defesa o seu direito (art. 268, parágrafo único, do CPC).

V — *Litispendência* — Verifica-se a litispendência (...) quando se reproduz ação anteriormente ajuizada. "Há litispendência quando se repete ação, que está em curso (...)" (art. 301, §§ 1º e 3º, do CPC). "Uma ação é idêntica à outra quando tem as mesmas partes, a mesma causa de pedir e o mesmo pedido." (§ 2º) Entende-se por pendente o processo desde a distribuição até a efetiva extinção, com ou sem julgamento do mérito, sem cabimento de recurso. A conseqüência é o arquivamento (art. 267, V do CPC). Discordamos nesta parte do que dispõe a processora *Marly A. Cardone* ("Advocacia Trabalhista", Saraiva, 1984, p. 23, n. 5). A litispendência não determina a reunião de processo, mas o arquivamento.

São, pois, pressupostos da litispendência a repetição da demanda e que o processo proposto anteriormente ainda esteja pendente.

VI — *Coisa julgada* — "Verifica-se (...) a coisa julgada quando se reproduz ação anteriormente ajuizada" (art. 301, § 1º, do CPC). Há (...) "coisa julgada quando se repete ação que já foi decidida por sentença, de que não cabe recurso" (art. 301, § 3º, do CPC). "Uma ação é idêntica à outra quando tem as mesmas partes, a mesma causa de pedir e o mesmo pedido." (art. 301, § 2º, do CPC) "Denomina-se coisa julgada material a eficácia, que torna imutável e indiscutível a sentença, não mais sujeita a recurso ordinário ou extraordinário." (art. 467 do CPC) "A sentença, que julgar total ou parcialmente a lide, tem força de lei nos limites da lide e das questões decididas." (art. 468 do CPC) "Não fazem coisa julgada: I — os motivos, ainda que importantes para determinar o alcance da parte dispositiva da sentença; II — a verdade dos fatos, estabelecida como fundamento da sentença; III — a apreciação da questão prejudicial, decidida incidentemente no processo." (art. 469 do CPC) "Faz, todavia, coisa julgada a resolução da questão prejudicial, se a parte o requerer (arts. 5º e 325), o juiz for competente em razão da matéria e constituir pressuposto necessário para o julgamento da lide." (art. 470 do CPC) "Nenhum juiz decidirá novamente as questões já decididas, relativas à mesma lide, salvo: I — se, tratando-se de relação jurídica continuativa, sobreveio modificação no estado de fato ou de direito; caso em que poderá a parte pedir a revisão do que foi estatuído na sentença; II — nos demais casos prescritos em lei." (art. 471 do CPC) "A sentença faz coisa julgada às partes entre as quais é dada, não beneficiando, nem prejudicando terceiros. Nas causas relativas ao estado de pessoa, se houverem sido citados no processo, em litisconsórcio necessário, todos os interessados, a sentença produz coisa julgada em relação a terceiros." (art. 472 do CPC) "Passada em julgado a sentença de mérito, reputar-se-ão deduzidas e repelidas todas as alegações e defesas, que a parte poderia opor assim ao acolhimento como à rejeição do pedido." (art. 474 do CPC) "Extingue-se o processo sem julgamento do mérito: V — quando o juiz acolher a alegação de perempção, litispendência ou de coisa julgada." (art. 267 do CPC) "Ressalvado o disposto no art. 810, a sentença proferida no arresto não faz coisa julgada na ação principal." (art. 817 do CPC) "Transitada em julgado a sentença, na causa em que interveio o assistente, este não poderá, em processo posterior, discutir a justiça da decisão, salvo se alegar e provar que (...)." (art. 55 do CPC)

Compete à parte, antes de discutir o mérito, alegar a coisa julgada (art. 301, VI, do CPC). Não o fazendo a parte, poderá o juiz fazê-lo de ofício. A coisa julgada pode ser argüida a todo o tempo durante o processo de conhecimento. O réu que der causa ao retardamento, deixando de argüí-la na primeira oportunidade em que falar nos autos, fica responsável pelas custas (art. 22 do CPC). A coisa julgada diz respeito ao mérito. Uma vez extinto o processo sem exame do mérito, não há falar em coisa julgada, que implica sempre no exame do mérito (coisa julgada material).

VII — *Conexão e continência* — "Reputam-se conexas duas ou mais ações, quando lhes for comum o objeto ou a causa de pedir." (art. 103 do CPC) "Dá-se a continência entre duas ou mais ações sempre que há identidade quanto às partes e à causa de pedir, mas o objeto de uma, por ser mais amplo, abrange o das outras." (art. 104 do CPC) "Havendo conexão ou continência, o juiz, de ofício ou a requerimento de qualquer das partes, pode ordenar a reunião de ações propostas em separado, a fim de que sejam decididas simultaneamente." (art. 105 do CPC) "Correndo em separado ações conexas perante juízes que têm a mesma competência territorial, considera-se prevento aquele que despachou em primeiro lugar." (art. 106 do CPC) "A competência em razão do valor e do território poderá modificar-se pela conexão ou continência, observado o disposto nos artigos seguintes." (art. 102 do CPC) "Compete ao réu, antes de discutir o mérito, argüir a conexão." (art. 301, VII, CPC) Exceção feita ao compromisso arbitral, o juiz poderá conhecer de ofício a matéria enumerada no art. 301, § 4º. "Se o réu alegar qualquer das matérias enumeradas no art. 301, o juiz mandará ouvir o autor no prazo de 10 dias, permitindo-lhe a produção de prova documental. Verificando a existência de irregularidades ou de nulidades sanáveis, o juiz mandará supri-las, fixando à parte o prazo nunca inferior a 30 dias." (art. 327, CPC) "Distribuir-se-ão por dependência os feitos de qualquer natureza quando se relacionarem por conexão ou continência, com outro ajuizado." (art. 253, CPC) "É permitida a cumulação, num único processo, contra o mesmo réu, de vários pedidos, ainda que entre eles não haja conexão." (art. 292, CPC) A matéria está prevista no art. 842 da CLT. Verificada a existência de conexão ou de continência pelos documentos trazidos com a defesa, o juiz instrutor acolherá a preliminar da defesa e remeterá os autos ao juízo provento. A decisão de remessa é interlocutória e irrecorrível. O juízo que receber os autos poderá não concordar por algum motivo, *v. g.*, já haver prolatado a sentença, e, nesse caso, suscitará o conflito de competência.

Embora não o diga a lei, a conexão e a continência exigem processos no mesmo estágio processual. Assim, não há falar em conexão ou continência quando um dos processos já foi instruído ou foi prolatada sentença." As irregularidades ou as nulidades sanáveis serão supridas, fixando à parte o prazo nunca superior a 30 dias." (art. 327 do CPC) "Distribuir-se-ão por dependência os feitos de qualquer natureza quando se relacionarem, por conexão ou continência, com outro já ajuizado." (art. 253 do CPC) "É permitida a cumulação, num único processo, contra o mesmo réu, de vários pedidos, ainda que entre eles não haja conexão." (art. 292 do CPC) A matéria está prevista no art. 842 da Consolidação.

A continência não constitui espécie do gênero conexão. Assim, embora não enumerada no rol do art. 301, deverá ser argüida como preliminar de defesa.

VIII — *Incapacidade de parte, defeito de representação ou falta de autorização* — "Toda pessoa que se acha no exercício dos seus direitos tem capacidade para estar em juízo." (art. 7º do CPC) "Verificando a incapacidade processual ou a irregularidade da representação das partes, o juiz, suspendendo o processo, marcará o prazo razoável para ser sanado o defeito. Não sendo cumprido o despacho dentro do prazo, se a providência couber: I — ao autor, o juiz decretará a nulidade do processo; II — ao réu, reputar-se-á revel; III — ao terceiro, será excluído do processo." (art. 13 do CPC)

IX — *Compromisso arbitral* — Extingue-se o processo, sem julgamento do mérito, pelo compromisso arbitral (art. 267, VII, do CPC).

Assinala *Calmon de Passos* ("Comentários ao Código de Processo Civil", Forense, v. III/265 e 266) que "as pessoas capazes de contratar, segundo o art. 1.072, poderão louvar-se, mediante compromisso escrito, em árbitros que lhes resolvam as pendências judiciais ou extrajudiciais de qualquer valor, concernentes a direitos patrimoniais, sobre os quais a lei admita transação. O juízo arbitral é, por conseguinte, modo de excluir a jurisdição estatal. Se nisso convieram as partes, quando da constituição do negócio jurídico, ou ainda em momento posterior, até mesmo já esboçada ou concretizada a pendência, contanto que em momento precedente àquele em que o réu deve oferecer sua contestação, pode a existência de compromisso ser alegada pelo demandado para afastar a jurisdição estatal na espécie. Dizemos pode, porquanto o réu, apesar do compromisso, está legitimado para aceitar a jurisdição estatal, importando o seu silêncio no prazo para contestação em renúncia ao pacto firmado".

Na Justiça do Trabalho, o juízo arbitral se nos afigura de difícil aplicação, diante da questão da ordem pública caracterizadora das leis trabalhistas. Entretanto, de difícil mas não de impossível aplicação, desde que precedida de infra-estrutura capaz de proteger o hipossuficiente.

Realça *Edy de Campos Silveira* ("Arbitragem facultativa na solução dos conflitos individuais do trabalho", artigo publicado na Revista LTr 47/1.161/1.180) que: "A questão da ordem pública que caracteriza as leis do trabalho já foi suficientemente estudada (...) resultando demonstrado que a sua intervenção, no que diz respeito à arbitragem, é restritiva, não impedindo o recurso das partes a essa forma de solução de seus litígios de natureza trabalhista, mas colocando, quanto a essa solução, certos limites a serem obrigatoriamente respeitados pelos árbitros, limites esses que se referem à estrita observância pelos mesmos, em seus julgamentos, das leis do trabalho."

X — *Carência da ação* — "Extingue-se o processo, sem julgamento do mérito: (...) VI — quando não concorrer qualquer das condições da ação, como a possibilidade jurídica, a legitimidade das partes e o interesse processual." (art. 267 do CPC) "Compete ao réu, antes de discutir o mérito, alegar a carência da ação." (art. 301, X, do CPC) A ausência da possibilidade jurídica do pedido também dá ensejo à inépcia da inicial. A Consolidação das Leis do Trabalho não cuida do assunto. Assim, aplicáveis os preceitos do art. 769 da CLT: "Nos casos omissos, o direito processual comum será fonte subsidiária do direito processual do trabalho, exceto naquilo em que for incompatível com as normas deste Título."

— *Vicente Greco Filho* ("Direito Processual Civil Brasileiro", Saraiva, v. 2º/111 e 112, 1984), em comentando o inciso, dispõe que: "Enquadram-se neste inciso todas as exigências legais condicionantes do exercício da ação e, se não cumpridas, impedem o seu desenvolvimento. Entre outros casos podem ser citados: art. 268 — exige o pagamento das despesas do processo anterior, extinto sem julgamento do mérito para a renovação da demanda; art. 488 — exige o depósito de 5% do valor da causa para a propositura da rescisória; art. 835 — exige caução às custas e honorários se o autor for estrangeiro não residente no Brasil e sem bens imóveis, aqui, que garantam essas despesas no caso de perda da demanda etc. Todas essas objeções, salvo o compromisso arbitral que está dentro da disponibilidade das partes, podem ser reconhecidas pelo juiz independentemente de alegação; mas, o réu que, por falta de alegação, causar o retardamento da decisão incide nas sanções do art. 22. Outras matérias podem e devem também ser argüidas em preliminar de contestação. Por exemplo: "nulidades processuais, qualquer motivo de indeferimento da inicial etc."

Dispõe a Súmula n. 194 do C. TST que: "As ações rescisórias ajuizadas na Justiça do Trabalho, serão admitidas, instruídas e julgadas conforme os arts. 485 *usque* 495 do CPC de 1973, sendo, porém, desnecessário o depósito prévio a que aludem os arts. 488, II, e 494 do mesmo Código." Como vimos, nos comentários iniciais, o "PL" 4735/04, originário do TST, busca elevar o valor do depósito previo para 20% do valor da causa.

34.5.21. Da exceção

O Código de Processo Civil arrolou como passível de exceção a incompetência (art. 112); o impedimento (art. 134); e a suspeição (art. 135). "Argúi-se, por meio de exceção, a incompetência relativa" (art. 112); "A incompetência absoluta deve ser declarada de ofício e pode ser alegada, em qualquer tempo e grau de jurisdição, independentemente de exceção" (art. 113), por simples preliminar "Recebida a exceção, o processo ficará suspenso (art. 265, III), até que seja definitivamente julgada" (art. 306). Via de regra, o maior interessado em argüir a exceção é o réu; poderá também fazê-lo o chamado à autoria (da nomeação à autoria, art. 62), ou mesmo qualquer outro interessado desde que *admitido no processo*.

Do impasse: Tem-se pela Súmula n. 298, do TST que o pronunciamento explícito sobre o tema rescindendo é inarredável. Também se exige o prequestionamento explícito para o recurso de revista nos termos da Súmula n. 297. Todavia, no Processo TST AG-RR n. 35027/79-1.0, Ac. SDI 683/95, publ. 05.05.1995, Rel. Ministro Francisco Fausto Paula de Medeiros foi dito que "O art. 113 do CPC, contudo, não é aplicável na instância extraordinária, na qual, mesmo que se trate de incompetência absoluta, não se dispensa o prequestionamento". A importância desse julgado mais se intensifica em face do art. 200, letra "a", do RITST, e o art. 113, CPC, que determina que "a incompetência absoluta deve ser declarada de ofício e pode ser alegada, a qualquer tempo ou grau de jurisdição, independentemente de exceção".

Se, entretanto, o tema — incompetência absoluta — não for recepcionado em qualquer recurso ou mesmo de ofício pelo julgador também não poderá ser objeto de ação rescisória, vez que não haverá pronunciamento explícito na sentença rescindenda. Todavia, a interpretação da lei não pode levar ao impasse. Daí o alerta do art. 113 do CPC: "A incompetência absoluta deve ser declarada de ofício e pode ser alegada, a qualquer tempo e grau de jurisdição, independentemente de exceção."

Decidiu o Supremo Tribunal Federal: "A incompetência *ratione materiae* é de ordem pública, interessando tanto ou mais ao Estado do que à própria parte. É dever do juiz decretá-la de ofício." (STF, Dir 65/118, *apud Alexandre de Paula*, "CPC Anotado", Ed. RT, 1977).

A Orientação Jurisprudencial n. 62 da Seção de Dissídios Individuais do TST dispõe: "Prequestionamento. Pressuposto de recorribilidade em apelo de natureza extraordinária. Necessidade, ainda que a matéria seja de incompetência absoluta."

A orientação da maior Corte Trabalhista se estriba em premissa falsa, qual seja a de que o comando legal não estaria dirigido também para as instâncias extraordinárias. A expressão legal é imperativa: "deve ser declarada". Não pode o juiz, em qualquer tempo ou grau de jurisdição, deixar de fulcrá-la, independentemente de provocação das partes ou ainda que as partes nada aleguem ou mesmo se oponham.

A incompetência absoluta não se relativiza pelo fato de haver sido alegada somente em instância extraordinária. Se assim fosse bastaria que houvesse um conluio onde as partes nada alegassem e os juízes nada provessem de ofício para que a incompetência absoluta se convalidasse.

Com essa liberdade interpretativa, é bem possível que em breve, baseado no mesmo raciocínio, aplique-se o mesmo entendimento para o caso das exceções peremptórias (litispendência, coisa julgada, perempção, art. 267, V e § 3º, do CPC).

A razoabilidade interpretativa está a clamar para que a maior Corte Trabalhista reveja o seu posicionamento. Pondere-se que, em se cuidando de tema competencial, de foro constitucional, a matéria poderá chegar à Excelsa Corte, cujo entendimento é destoante. No inciso V, da Súmula n. 298, procurou-se minimizar a exigência do prequestionamento, mas de forma tímida, ali não indicando a incompetência absoluta.

Ao invés de tentar amenizar, será de bom alvitre que a mais alta Corte Trabalhista retroceda e atente para a literalidade do art. 113, CPC. Incompetência absoluta poderá ser alegada a qualquer momento ou grau de jurisdição, sendo dever do juiz declará-la de ofício, pouco importando que se dê à revista o *status* de recurso extraordinário, melhor seria deixar essa denominação para o "RE" do STF, e trazer a revista e os embargos para a categoria de especiais.

34.5.22. Das exceções dilatórias

Segundo *Amaral Santos* ("Primeiras Linhas de Direito Processual Civil", Saraiva, 1985, v. 2º/195) "exceções dilatórias são aquelas que apenas distendem o curso da demanda. Como tais, apontam, entre outras, as exceções de suspeição, de impedimento, de incompetência, de prevenção, de falso, ilegítimo ou não bastante procurador". Nas exceções dilatórias, o processo permanece íntegro e elas não se voltam contra o mesmo. Buscam tão-somente sanar iregularidade ou resolver incidentes.

34.5.23. Das exceções peremptórias

Conforme *Amaral Santos* (ob. cit., p. 195) "exceções peremptórias são aquelas que trancam, encerram o processo. Exemplos destas são a de coisa julgada, a de litispendência, a de perempção (Código citado, art. 267, V)".

Cuidam-se aqui de exceções processuais. Como nenhuma lide poderá ser decidida mais de uma vez (inderrogabilidade da coisa julgada), pelo mesmo motivo finalístico não pode pender *simultaneus processus* com as mesmas partes, o mesmo objeto e a mesma causa de pedir, hipótese que, existente, poderá levar à duplicidade da coisa julgada. Presente a hipótese deve a parte excepcionar. O juiz ao tomar conhecimento poderá fazê-lo de ofício em qualquer tempo e grau de jurisdição, enquanto não proferida a decisão de mérito. Embora o tecido legal fale em sentença, em realidade aí se inclui, também, o acórdão. Se assim não fosse não haveria porque falar-se na possibilidade de alegação a qualquer tempo e grau de jurisdição. A perempção impede a repetição da demanda ao autor que por três vezes deu causa à extinção do processo sem o julgamento do mérito (art. 267, III, CPC) como mesmo objeto. Fica ressalvado, todavia, a possibilidade de o autor alegar em defesa o seu direito (art. 268, parágrafo único, do CPC).

34.5.24. Das exceções na Justiça do Trabalho

"Nas causas de jurisdição da Justiça do Trabalho, somente podem ser opostas, com suspensão do feito, as exceções de suspeição ou de incompetência. § 1º As demais exceções serão alegadas como preliminares na defesa. § 2º Das decisões sobre exceções de suspeição e de incompetência, salvo, quanto a estas, se terminativas do feito, não caberá recurso, podendo, no entanto, as partes alegá-las novamente no recurso que couber da decisão final." (art. 799 e parágrafos da CLT) "Apresentada a exceção de incompetência, abrir-se-á vista dos autos ao excepto, por 24 horas improrrogáveis, devendo a decisão ser proferida na primeira audiência ou sessão que se seguir." (art. 800 da CLT)

No processo trabalhista, temos as exceções de incompetências *ratione materiae*, *ratione personae* e *ratione loci*. As duas primeiras dizem respeito à incompetência absoluta; a última à incompetência relativa; prorrogável, portanto, se não alegada pela parte interessada por ocasião da defesa. A incompetência absoluta poderá e deverá ser conhecida de ofício, caso não a argúa a parte. São exemplos: *ratione materiae*, aquelas ações que refogem ao âmbito do art. 114 da Constituição Federal, salvo exceções tais como o trabalhador avulso, o pequeno empreiteiro ou artífice etc.; *ratione personae* eram as ações contra a União, autarquia e empresas públicas federais, qualquer que fosse o regime jurídico, interpostas por seus servidores (art. 110 da CF de 1967), essa matéria restou superada pela Constituição de 1988 (art. 114) que não mais excepciona; *ratione loci*, quando a reclamatória, embora competente a Justiça do Trabalho, é proposta em localidade diversa daquela em que prestou serviços e não se enquadra na exceção legal para a espécie. A regra geral, neste caso, é a localidade da prestação de serviço, tendo em conta a maior facilidade para a coleta de provas.

O excepto tem vista dos autos por 24 horas improrrogáveis (art. 800 da CLT) e a decisão será proferida na primeira audiência ou sessão que se seguir. Todavia, nada impede que o excepto se pronuncie imediatamente sobre a matéria, ante o princípio da celeridade. Em o fazendo, o Juízo poderá decidir imediatamente, acolhendo ou rejeitando a exceção. Em acolhendo, determinará a remessa dos autos ao Juízo competente para instruir e julgar o feito. Em se cuidando de exceção *ratione loci*, não caberá qualquer recurso, mas poderá a parte inconformada volver a discutir a matéria em recurso ordinário, a qual será apreciada pelo tribunal, antes de adentrar ao mérito (art. 799, § 2º, da CLT). Em se tratando de exceção *ratione materiae* ou *ratione personae*, portanto, terminativas do feito no âmbito da Justiça do Trabalho, caberá recurso ordinário para o E. Tribunal Regional do Trabalho. Isso é o que normalmente sucede.

Antônio Lamarca ("O Livro da Competência", Ed. RT, São Paulo, 1979, p. 78 e 79) tem posicionamento diverso e que merece ser lembrado pela argúcia e penetração no âmago da questão:

> "Diz a lei consolidada que "das decisões sobre exceções de suspeição e incompetência, salvo, quanto a estas, se terminativas do feito, não caberá recurso, podendo, no entanto, as partes alegá-las novamente no recurso que couber da decisão final" (art. 799, § 2º). A rigor, nenhuma exceção de incompetência pode ser terminativa do feito. Que pretendeu dizer o legislador trabalhista com esta infeliz expressão "terminativa do feito"? Aceita a incompetência — repita-se — outro juiz é competente, eis que ninguém, neste país, pode ficar ao desabrigo da prestação jurisdicional solicitada; aceita a incompetência, os autos do processo devem ser remetidos — e isso é imperioso que se faça — ao juízo competente. A única hipótese de incompetência em razão da matéria em sentido amplo (por que, também, em razão das pessoas) é aquela que envolva a União Federal, as autarquias federais e as empresas públicas federais (art. 110, da Constituição). Excetuada essa hipótese, o juiz do trabalho poderá reconhecer a sua incompetência territorial (mesmo de ofício, dissemos) e providenciar a remessa dos autos ao juízo territorialmente competente. Aqui, porém, não se poderia afirmar que a decisão seria terminativa do feito: este não termina, não acaba, apenas é deslocada para outra circunscrição territorial. E a CLT apóia esta nossa asseveração quando diz: "O juiz ou Tribunal que se julgar incompetente determinará, na mesma ocasião, que se faça a remessa do processo, com urgência, à autoridade competente, fundamentando sua decisão." Essa expressão "com urgência" é sintomática no sentido de demonstrar que, da decisão sobre incompetência de foro (territorial) não cabe, por enquanto, recurso algum.

"Seria "terminativa do feito" aquela sentença trabalhista que entendesse, *v. g.*, que o demandante não poderia postular perante a Justiça do Trabalho, por não ser empregado e por não haver lei ordinária autorizadora da reclamação. Todavia, nesta hipótese, não se cogita propriamente de competência, mas de impossibilidade de acesso do requerente aos tribunais trabalhistas, em face da competência *ratione materiae* da Justiça do Trabalho. E é claro, é evidente, é cristalino, que uma sentença dessa natureza é apelável, através do competente recurso ordinário, esgotando-se todas as possíveis e imagináveis instâncias trabalhistas.

"Se a Junta de Conciliação e Julgamento (Vara doTrabalho), julgando-se incompetente, determina a remessa dos autos para a justiça federal, dada a qualidade do reclamante (ou dos reclamantes) e do reclamado, a decisão é terminativa do feito na Justiça do Trabalho. Mas mesmo aqui não cabe recurso, por que o juiz federal deverá dizer se aceita ou não a sua competência para dirimir o litígio; se aceita, o processo prosseguirá normalmente, e, no recurso para o E. TFR (extinto), a parte, que se sentir prejudicada, poderá renovar a argüição de incompetência; se não aceita, deverá, sem mais nem menos, suscitar conflito de jurisdição (negativo).

"Em suma, parece-me não haver hipótese viável de exceção de incompetência terminativa do feito trabalhista. O expediente de esgotar todos os recursos previstos na processualística do trabalho, além de não previsto em lei, ocasionaria uma intolerável demora na resolução final do litígio: seria necessário que o E. TST confirmasse, por exemplo, a incompetência da Justiça do Trabalho para o fim de determinar a remessa dos autos ao juiz federal da instância originária, abrindo-se a este, ainda, a possibilidade de não aceitar essa "competência". Ao passo que a remessa, desde logo, dos autos, propiciará ao juiz federal aceitar ou não a sua competência, com solução mais rápida através de um conflito de competência, a ser dirimido pelo E. Tribunal Federal de Recurso em caráter definitivo."

A posição sustentada pelo eminente Autor é, sem dúvida, atraente e melhor atenderia aos princípios de celeridade e economia processual. Entretanto, doutrina e jurisprudência dominantes trilham caminho diverso daquele indicado pelo festejado jurista, que tem também a respaldá-lo *Hélio Tornaghi* e *Mendonça Lima*.

Se o juízo rejeitar a exceção em audiência, a parte (réu) terá 20 (vinte) minutos para produzir defesa de mérito (art. 847 da CLT). Em havendo sobrestamento, aplicar-se-ão as regras dos arts. 800 e 802 da CLT.

Na prática, não raras vezes, o Juízo vê-se compelido a sobrestar o feito nos casos de litispendência, coisa julgada, conexão e continência, lançadas como preliminares (art. 301 do CPC). O mesmo se dá quando se argúa o *factum principis* (art. 486 da CLT).

34.5.25. Da exceção de suspeição

"O juiz é obrigado a dar-se por suspeito, e pode ser recusado, por algum dos seguintes motivos, em relação à pessoa dos litigantes: a) inimizade pessoal; b) amizade íntima; c) parentesco por consangüinidade ou afinidade até o terceiro grau civil; d) interesse particular na causa (art. 801 da CLT). Parágrafo único. Se o recusante houver praticado algum ato pelo qual haja consentido na pessoa do juiz, não mais poderá alegar exceção de suspeição, salvo sobrevindo novo motivo. A suspeição não será também admitida, se do processo constar que o recusante deixou de alegá-la anteriormente, quando já a conhecia, ou que, depois de conhecida, aceitou o juiz recusado ou, finalmente, se procurou de propósito o motivo de que ela se originou." (art. 801, da CLT) "Apresentada a exceção de suspeição, o juiz ou Tribunal designará audiência, dentro de 48 horas, para instrução e julgamento da exceção." (art. 802 da CLT) A exceção será julgada nos termos do art. 653, "c", da CLT. "Nas Juntas de Conciliação e Julgamento e nos Tribunais Regionais, julgada procedente a exceção de suspeição, será logo convocado, para a mesma audiência ou sessão, ou para a seguinte, o suplente do membro suspeito, o qual continuará a funcionar no feito até decisão final. Proceder-se-á da mesma maneira se algum dos membros se declarar suspeito." (art. 802, § 1º, da CLT) "Se se tratar de suspeição de juiz de Direito, será este substituído na forma da organização judiciária local." (art. 802, § 2º, da CLT) Embora não o faça a Consolidação, necessária a distinção entre impedimento e suspeição.

34.5.26. Da exceção de suspeição e de impedimento

Ensina *Pontes de Miranda* ("Código de Processo Civil", *"apud"* *Amaral Santos* em "Primeiras linhas ...", v. 2º/197, 1985) que: "Quem está sob suspeição está em situação de dúvida quanto ao seu bom procedimento. Quem está impedido está fora de dúvida, pela enorme probabilidade de ter influência maléfica para a sua função." *Amaral Santos* (ob. cit., p. 197) realça que: "O impedimento corresponde à situação do juiz que, por força de lei, o qualifica de parcial; essa situação lhe atribui a presunção absoluta de parcialidade (*Celso Agrícola Barbi*). Por isso mesmo, o juiz impedido está proibido de exercer suas funções no processo, seja este contencioso ou voluntário: (...) (Código cit., art. 134, II). Impedido de exercer suas funções, os atos que praticar são inválidos, ainda que não suscitada a exceção de impedimento, sendo a sentença, que proferir, suscetível de ser rescindida por via de ação rescisória (Cód. cit., art. 485, II). Na suspeição, há suspeita de parcialidade, que obsta o juiz de exercer suas funções no processo, quando ele próprio se reconhecer suspeito ou quando, por denúncia da parte, através de exceção correspondente, for julgado suspeito."

A redação do art. 305, CPC ao declarar que exceção será oferecida no prazo de 15 (quinze) dias, contados do fato que ocasiou a incompetência, o impedimento e a suspeição, pode suscitar dúviads no tocante à preclusão. Sabe-se que a incompetência suscitada por exceção é a relativa e que a suspeição pode ser convalidada se o interessado não alegar *opportune tempore*. Todavia, o impedimento, por ser absoluto, poderá ser invocado a qualquer momento ou declarado de ofício pelo juiz. Se o juiz impedido continuar no processo, com a declaração de impedimento, a qualquer momento, todos os atos praticados sob a direção do juiz serão nulos de *pleno jure*.

34.5.27. Do impedimento e da suspeição: momento de argüição

Preleciona *Amaral Santos* que: a distinção entre impedimento e suspeição avulta de importância pelo seus efeitos, que justificam as normas reguladoras do momento das respectivas denúncias. A regra, contida no art. 305, precisa ser considerada conforme se trate de exceção de impedimento ou de suspeição. Nesse dispositivo, se diz que cabe "à parte oferecer exceção, no prazo de 15 dias, contado do fato que ocasionou a incompetência, o impedimento ou suspeição". Todavia, tal regra não se aplica à exceção de impedimento: a) O impedimento fere de nulidade a relação processual, tanto que constitui um dos fundamentos à propositura da ação rescisória do julgado (Cód. Proc. Civil, art. 485, II). Assim, conquanto deve ser argüido sob a forma de exceção (Cód. cit., art. 304), no momento estabelecido para esta (arts. 297, 305), nada obsta possa ser denunciado em qualquer fase do processo, mesmo em superior instância (Cód. cit., art. 305), à semelhança do que ocorre com a argüição de incompetência absoluta (Cód. cit., art. 113), visto que o impedimento e a incompetência absoluta ferem, com igual intensidade, a capacidade do juiz tanto que podem servir de fundamento à propositura da ação rescisóri. Ao juiz impedido é defeso exercer as suas funções no processo (Cód. cit., art. 134). Entretanto, quando a parte deixar de oferecer a exceção de impedimento no prazo de 15 dias, contado da ciência do fato que o ocasionou (Cód. cit., art. 305), à semelhança do que ocorre com a demora da denúncia da incompetência absoluta, responderá ela integralmente pelas custas (Cód. cit., art. 113, § 1º); b) Diversamente, a suspeição é vício sanável, que se desfaz pelo não-uso da faculdade de argüi-la no momento oportuno. Precluso o direito de excepcionar, não será mais de se falar em suspeição, considerando-se tenha havido a aceitação do juiz. A preclusão do direito de excepcionar dá-se:

1. Em relação ao réu, quando não oferecida a exceção no prazo da contestação (Cód. cit., art. 297), tratando-se de suspeição por motivo conhecido a esse tempo. em qualquer tempo, ou grau de jurisdição (ob. cit., p. 198).

2. Em relação ao autor, no prazo de 15 dias, a contar da distribuição da causa, tratando-se de suspeição por motivo conhecido a esse tempo. Nas comarcas em que haja um único juiz, a exceção poderá acompanhar a petição inicial.

3. Em relação a ambas as partes, no prazo de 15 dias, contado do fato, isto é, da ciência do fato que ocasionou a suspeição, quando esse fato for proveniente à propositura da ação ou da contestação, ou venha a ser conhecimento tão-somente depois desses atos." Nos termos do art. 305 do CPC o direito de excepcionar pode ser exercido em qualquer tempo, o grau de jurisdição, no prazo de 15 dias, contado do fato que ocasionou a incompetência, o impedimento ou a suspeição.

Na Justiça do Trabalho, em comarca onde funcione Vara única, o autor poderá argüir concomitantemente com a inicial, de preferência em peça separada, se tiver conhecimento antecipado do fato; o réu poderá fazê-lo até a audiência em que apresentará defesa, não estando restrito ao prazo de 15 dias do art. 297 do CPC, já que no processo trabalhista a audiência obedece a critério de disponibilidade de data para a sua designação. Todavia, em não tendo conhecimento do fato, aplicável à espécie o art. 305 do CPC à míngua de previsão legal na CLT (art. 769). A parte terá 15 dias do conhecimento do fato para excepcionar, se ocorrer após a defesa.

34.5.28. Da suspeição e do impedimento: competência para a apreciação

Antes do advento da EC n. 20/1999, a jurisdição primária da Justiça do Trabalho era composta de um colegiado: Juiz Presidene e dois representantes classistas de empregado e de empregador. Nessa época, a suspeição ou o impedimento era julgado pelo próprio colegiado, caso um dos componentes do colegiado não se desse por suspeito. Atualmente, o juízo é monocrático. Poder-se-ia seguir as regras do processo comum, deixando ao tribunal *ad quem* a apreciação e julgamento da suspeição. Todavia, o processo do trabalho prima pela celeridade. Daí ser mais conveniente, naqueles casos em que o juiz não se dá por suspeito, que prossiga na direção do processo. Poderá acontecer de a parte que argüiu o juiz de suspeito se desinteresse da argüição por haver saído vencedor na demanda. No entanto, se vier a ser sucumbente e recorrer, poderá reavivar a matéria em sede Regional. Se for acolhida a suspeição, todos os atos processuais e rescisórios serão considerados nulos e o processo recambiado à jurisdição primária com a determinação de que outro juiz seja designado para instruir e julgar a ação.

Enquanto no processo civil, o juiz não reconhecendo a suspeição ou o impedimento dará as suas razões e ordenará a remessa dos autos ao tribunal *a quem* estará afeta a apreciação da matéria (arts. 312 e 313 do CPC), no processo trabalhista (art. 653 da CLT), à própria Vara do Trabalho competia julgar a suspeição argüida contra os seus membros.

Coqueijo Costa ("Direito Judiciário do Trabalho", Forense, 1ª ed., 1978, p. 257) entende que: "O juiz ou vogal inquinado de suspeição na exceção, deve imediatamente se afastar, convocando-se seu substituto já para decidir a exceção." *Data venia*, em que pese o entendimento do festejado processualista, essa posição só poderá ser aceita *de lege ferenda*. O processo trabalhista, eminentemente ágil, sem apego a certos formalismos que atravancariam o seu andamento, reflete-se nos preceitos do art. 653 da Consolidação, letra "c".

O direcionamento pretendido pelo saudoso juslaboralista tem rigor nem mesmo encontrado no processo comum e, se seguido, poderia constituir incentivo a procrastinações.

34.5.29. Da suspeição: poderes especiais para argüição

A suspeição é questão que refoge à discussão comum da causa e diz respeito ao foro íntimo do litigante. Não se presume que a outorga de procuração ao advogado já tenha incluído poderes para tanto. Esse o entendimento esposado pelo egrégio STF (STF, ap. DJ 30.4.56/628) *apud Alexandre de Paula*, ob. cit., 1977, v. I/159, n. 7): "Em nosso direito processual sempre existiu a exigência de que, para propor a exceção de suspeição ao juiz, o procurador judicial precisou da outorga de poderes especiais."

Na doutrina, vamos encontrar nas lições de *Alexandre de Paula* (ob. cit., 1977, v. II/129) o seguinte: "Não há necessidade de poderes especiais para argüir suspeição, uma vez que nenhum dispositivo expressamente o exige, como seria de mister, face a regra do parágrafo único do art. 38. O direito da parte de excepcionar o juiz, por suspeito ou impedido, não exclui o dever deste, de declarar-se impedido ou suspeito, quando reconhecer a ocorrência dos motivos (art. 137): A matéria constitui objeto das leis de organização judiciária e dos regimentos dos tribunais."

34.5.30. Da suspeição de outras pessoas

"Aplicam-se os motivos de impedimento e de suspeição aos juízes de todos os tribunais. (...)." (art. 137 do CPC) "Aplicam-se também os motivos de impedimento e de suspeição: I — ao órgão do Ministério Público (...); II — ao serventuário de justiça; III — ao perito; IV — ao intérprete." (art. 138 do CPC) A Lei n. 8.455, 24.8.1992 deu nova redação aos arts. 138 e 422. O assistente técnico não mais está sujeito à suspeição ou ao impedimento.

34.5.31. Da reconvenção

"O réu pode reconvir ao autor no mesmo processo toda vez que a reconvenção seja conexa com a ação principal ou com o fundamento da defesa." (art. 315 do CPC) "Não pode o réu, em seu próprio nome, reconvir ao autor quando este demandar em nome de outrem." (parágrafo único). É o caso da substituição processual. O § 2º, do art. 315 da Lei Adjetiva Civil que obstava a reconvenção nas causas de procedimento sumaríssimo foi revogado pela Lei n. 9.245/1995. A matéria, hoje, encontra-se regulada pelo § 1º, do art. 278, autorizando-se ao réu, nas ações de procedimento sumário formular pedido em seu favor, desde que fundado nos mesmos fatos referidos na inicial.

A reconvenção é ação do réu contra o autor no mesmo processo. Seu fundamento está no princípio da economia processual. A Consolidação não a prevê, motivo pelo qual aplica-se a subsidiariedade do processo comum (art. 769 da CLT). O reconvindo teria quinze dias para oferecer contestação. Nada impede, no processo trabalhista, que a parte reconvinda o faça de imediato ou em menor prazo. Todavia, em face da surpresa do reconvindo é de bom alvitre que a instrução prossiga em sessão posterior designada. "A desistência da ação, ou a existência de qualquer causa que a extinga, não obsta ao prosseguimento da reconvenção." (art. 317, do CPC)

34.5.31.1. Da reconvenção: cabimento

Em tempos idos assinalava *Amauri Mascaro Nascimento* ("Elementos de Direito Processual do Trabalho", LTr, 1973, São Paulo, p. 167) que: "Há relutância na doutrina em admitir a reconvenção no processo trabalhista, prevalecendo o seu cabimento. *Rezende Puech* entende a reconvenção não só admissível como conveniente aos propósitos do processo do trabalho. Também *Osiris da Rocha* sustenta a sua admissibilidade. Na mesma linha *Batalha*, *Nélio Reis*, *Pires Chaves*, *Martins Catharino* e *Wagner Giglio*; manifestaram-se pela inadmissibilidade *Lamarca*, *Cesarino*, *Süssekind*, *Russomano* e *Dorval Lacerda*, com fundamento de que não é prevista pela lei processual trabalhista e porque incompatível com determinados procedimentos. Contra-argumenta-se que em face da omissão, é aplicável, subsidiariamente, a lei processual civil, o que leva à reconvenção e que a incompatibilidade entre processo trabalhista e reconvenção é aparente. Na prática, a reconvenção tem sido admitida e a jurisprudência não a recusa."

Em que pese a autoridade dos autores que se manifestam em sentido contrário, a discussão da matéria hoje já se tornou meramente acadêmica.

A reclamada poderá na oportunidade assinada para a defesa, que será a primeira audiência desimpedida, depois de cinco dias (art. 841 da CLT), de oferecer reconvenção em petição escrita ou oral, dirigida ao juízo da causa (Vara). Em sendo a reconvenção uma outra ação dentro do mesmo processo na qual a posição das partes se invertem, oferecida esta, o autor reconvindo terá prazo para contestá-la que será de cinco dias (art. 841 da CLT), no mínimo. Há de ser sempre elaborada em peça distinta da defesa. Todavia, assim não procedendo a parte, a irregularidade não será de molde a invalidar o ato. A desistência da ação, ou a existência de qualquer causa que extinga a ação, não será óbice ao prosseguimento da reconvenção (art. 317 do CPC).

34.5.31.2. Do indeferimento da reconvenção

Se a reconvenção for indeferida, *v. g.*, nos termos do art. 295 do CPC, qual o recurso que caberia? A resposta seria o recurso ordinário *prima facie*.

Embora se diga ser a reconvenção uma ação, esta é processada nos próprios autos, não exigindo a lei que se faça em autos apartados. Teríamos, assim, dois caminhos que nos afiguram processualmente aceitáveis: primeiro — seria considerar-se o indeferimento decisão de questão incidente e deste modo nenhum recurso caberia. A parte prejudicada poderia renovar a discussão da matéria, através de recurso ordinário, após o julgamento da ação; segundo — seria considerar-se a autonomia de peças exigidas pelo art. 299 do CPC, do que resultaria em duplicidade de autos para a ação e para a reconvenção. Neste caso, seria admitido o recurso com efeito somente devolutivo, mas o Juízo, *ad cautelam*, aguardaria o desfecho do recurso, vez que a matéria — ação e reconvenção — deverá ser apreciada na mesma sentença. Nesse sentido também assinala *José da Silva Pacheco* ("Direito Processual Civil", v. 2º/116, 1976, Saraiva).

Pondere-se, todavia, que em sede trabalhista o agravo de instrumento não tem o núcleo operacional do seu similar do processo comum. O uso do recurso ordinário não nos parece conveniente, pois embora se pudesse prosseguir na instrução probatória da ação principal, não poderia ser prolatada a sentença, já que esta deverá resolver também a reconvenção. A melhor saída em sede trabalhista é considerar a decisão indeferitória da reconvenção, como simples decisão interlocutória; irrecorrível, portanto.

Optamos pela primeira hipótese, mais adaptável à realidade trabalhista, onde a reconvenção poderá ser lançada junto com a defesa em peça una. Ver item seguinte.

34.5.31.3. *Da reconvenção: possibilidade*

É a reconvenção ação do réu contra o próprio autor, proposta nos mesmos autos do feito em que é acionado. Insta, no entanto, que a reconvenção se funde em fato ou ato relacionado, de certa forma, com a ação que lhe é movida pelo autor (art. 315 do CPC).

Reconvindo, o réu não só se opõe ao pedido do autor para elidi-lo ou contraditá-lo como sói acontecer com a contestação ou com os embargos, nos casos especiais; mas, se opõe àquela pretensão como uma sua pretensão própria de titular de um direito contrário, procurando colocar o autor na posição de réu, acionando-o dentro do mesmo processo.

Dispõe *Vicente Greco Filho* ("Direito Processual Civil Brasileiro", Saraiva, 1984, v. 2º/116 e ss.) que: "Como se vê, sua natureza jurídica é a de uma ação, pedido de tutela jurisdicional, com inversão da posição ativa e passiva da relação processual, como diziam os romanos: *reus fit actor* (o réu se torna autor). O fundamento da reconvenção e de sua acolhida no direito processual é múltiplo. Em primeiro lugar, representa significativa conquista em favor da economia processual, porquanto num mesmo processo é possível a obtenção de um resultado mais amplo, porque, se não existisse o instituto, exigir-se-ia a formação de dois processos distintos. Em segundo lugar, justifica-se a reconvenção porque o réu, por meio da simples contestação, estaria impedido de obter provimento jurisdicional próprio para si consistente no atendimento ou desatendimento de uma pretensão sua, podendo obter, na primeira hipótese, apenas, no máximo a improcedência total do pedido formulado pelo autor. Finalmente, a unidade do processo que a reconvenção enseja é importante no sentido de obtenção de uma justiça mais perfeita, evitando-se o risco de sentenças objetivamente contraditórias se as ações fossem processadas em separado.

Recursos na reconvenção. A reconvenção, como ação que é, segue a sistemática geral dos recursos: apelação da sentença que extingue o processo (art. 513) e agravo de instrumento das demais decisões (art. 522). Problema que tem sido discutido é o do recurso cabível contra o ato do juiz que rejeita liminarmente a reconvenção. Se se tratasse de ação absolutamente autônoma, o recurso seria o de apelação, porque a rejeição da inicial é sentença que extingue o processo. Todavia, como a reconvenção aproveita a base procedimental da ação principal, o ato do juiz que a rejeita liminarmente não põe fim a todo o processo, entendendo-se, então, que o recurso é o agravo de instrumento. Por fim, é de observar-se que, apesar da autonomia e independência da ação e reconvenção, a procedência de uma e improcedência da outra geram a chamada sucumbência parcial ou recíproca, ensejando o recurso adesivo (art. 500), ainda que, se propostas separadamente, a ação e a reconvenção tivessem sido totalmente procedentes ou improcedentes reciprocamente, ou vice-versa."

34.5.32. Do Poder Público. Prazo para argüir reconvenção e exceção

O privilégio contido no art. 188 do CPC (Decreto-lei n. 799/1969, norma especial trabalhista) é inaplicável no caso de reconvenção e de exceção.

Embora a parte possa argüí-las por ocasião da defesa, deverá fazê-lo no prazo comum do art. 297 do CPC; na Justiça do Trabalho, nos termos do art. 841 da CLT. O exame conjunto dos arts. 188 e 297 do CPC leva a esse entendimento. Todavia, a doutrina não se mostra homogênea.

Dispõe *Alexandre de Paula* ("Código de Processo Civil Anotado", Ed. RT, 1977, v. 1º/446) que: "Não só para contestar, mas também para reconvir, o prazo será no quádruplo. Para oferecer exceção porém, será o comum, isto é, de 15 dias."

Assinala *E. D. Moniz de Aragão* ("Comentários ao Código de Processo Civil", Forense, v. II/114, 1975) que: "Interpretação do benefício. Os prazos afetados pela regra do texto são aqueles nela enunciados: para contestar e para recorrer. Adotando nova terminologia, o Código denomina resposta às distintas manifestações que a defesa do réu pode comportar. Sob o título "da resposta do réu", o Capítulo II do Título VIII, do Livro I, contém quatro seções, das quais a segunda corresponde à contestação, a terceira às exceções e a quarta à reconvenção. (...) Conquanto a interpretação apenas literal sugerisse a restrição da regalia ao prazo para contestar, excluídos os que se destinam à exceção e à reconvenção, não é essa a correta exegese do texto. Tratando-se de emenda introduzida pelo Projeto (art. 193), pois não constava do Anteprojeto, o verbo contestar não se afeiçoa à técnica deste último, que adotara o vocábulo resposta para designar os diversos atos praticados em virtude de defesa, mas tem de ser compreendido em sentido amplo, no qual equivale a resposta."

Vicente Greco Filho ("Direito Processual Civil Brasileiro", Saraiva, 1984, v. 2º/24) entende que: "O prazo em quádruplo é apenas para contestar e o em dobro apenas para recorrer, não se estendendo o privilégio a outros atos ou termos processuais, como o de reconvir, o de embargar a execução, o de apresentar exceção etc."

A celeuma, todavia, só tem pertinência na esfera civil, já que no processo do trabalho a defesa é ato de audiência. É sobre a designação desta, pois, que incide o prazo especial (inc. II, do art. 1º, do Decreto-lei n. 779/1969), restando sem repercussão, para tal fim, a distinção entre os atos de defesa. Na audiência, haverá de ser apresentada quer a contestação, quer a reconvenção, quer as eventuais exceções.

O prazo em quádruplo para contestar e em dobro para recorrer não tem aplicação em sede executória, mas tão-somente na fase de conhecimento. De resto, a impugnação feita antes da decisão homologatória não se traduz em defesa e os embargos opostos após aquela decisão não são recurso. E o agravo de petição tem conotação conceitual de recurso atípico e que permite o juízo da reforma. Vale dizer que o juiz poderá quando da interposição do agravo de petição rever matéria decidida em embargos e modificá-la, neutralizando os rigores do art. 471 do CPC. (Remetemos o leitor à nossa obra "A Execução na Justiça do Trabalho", Ed. RT, 6ª ed., 2006, itens 5.1.2, 5.1.3, 5.2 e 5.2.1).

34.5.33. Da compensação e da retenção

Dispõe o art. 767 da CLT que: "A compensação, ou retenção, só poderá ser argüida como matéria de defesa." "Se duas pessoas forem ao mesmo tempo credor e devedor uma da outra, as duas obrigações extinguem-se, até onde se compensarem." (art. 368 do CC) "A compensação efetua-se entre dívidas líquidas, vencidas e de coisas fungíveis." (art. 369 do CC) "Obrigando-se por terceiro uma pessoa, não pode compensar essa dívida com a que o credor dele lhe dever." (art. 376 do CC)

Dispõe a Súmula do TST que: "A compensação, na Justiça do Trabalho, está restrita a dívidas de natureza trabalhista." E o Enunciado n. 48 do TST preceitua que: "A compensação só poderá ser argüida com a contestação."

Dívidas líquidas de que dispõe o art. 376 do CC é aquela da qual se conhece o *quantum debeatur*. "Considera-se líquida a obrigação certa, quanto à sua existência, e determinada, quanto ao seu objeto." (art. 1.533 do CPC) "A liquidez, por conseguinte, pressupõe, por sua vez, dois elementos essenciais: a certeza da existência da dívida e da determinação de sua quantia" (*J. M. de Carvalho Santos*, "Código Civil Brasileiro Interpretado", Freitas Bastos, 1964, v. XIII/245). Dispõe o art. 477, § 5º, da CLT que: "Qualquer compensação no pagamento de que trata o parágrafo anterior não poderá exceder o equivalente a 1 (um) mês de remuneração do empregado."

A rigor processual, em sendo ilíquida a dívida, deverá o réu exigi-la por meio de reconvenção. Nesse sentido, lições de *Frederico Marques* (*apud Lamarca*, "Ação na Justiça do Trabalho", Ed. Trabalhistas S/A, 1968, p. 24): "Se ilíquida a dívida do autor, ou ainda incerta, o réu precisará exigi-la em reconvenção para que se apure o *an debeatur* e o *quantum debeatur*, operando-se a compensação ulteriormente, na fase executória, desde que, acolhido o pedido reconvencional, o réu venha a ter "compensação com execução aparelhada". Todavia, entende *Antônio Lamarca* (ob. cit., p. 25) que: "Ainda que a verba indenizatória não seja ilíquida e certa; ainda que o empregador oponha justa causa, deve-se admitir a compensação, se procedente a reclamação, para apuração a final, ou na execução (...) Seria injustiça impedir, no curso da instrução, ou na execução, a apuração do dano efetivo para compensação com aqueles créditos do trabalhador."

A retenção, a exemplo da compensação, deve ser argüida por ocasião da defesa (art. 767 da CLT), pena de preclusão. Aplicáveis as regras do Código Civil (art. 8º, parágrafo único, da CLT), adaptável à realidade trabalhista.

Dispõe *Valentin Carrion* ("Comentários à Consolidação das Leis do Trabalho", Ed. RT, 1979, p. 455): "Quando se homologa a rescisão contratual, a compensação não pode superar um mês de salário (art. 477, § 5º); aquela restrição não se aplica ao processo contencioso; em primeiro lugar porque as restrições se interpretam restritivamente, e em segundo lugar porque o legislador se referiu somente àquela hipótese e em terceiro lugar porque a finalidade daquela norma é evitar a fraude entre as partes e aqui as partes estão em litígio, submetidas ao ônus das provas."

Discordamos de *Valentin Carrion* (ob. cit., p. 455), quando restringe a compensação do art. 477, § 5º, da CLT à homologação extrajudicial. O preceito é protecionista e não permite a amplitude da interpretação. Ademais, se essa fosse a intenção (*mens legislatoris*), tê-lo-ia o legislador dito expressamente. O entendimento poderia levar a situações delicadas em que o obreiro nada receberia, com prejuízo do sustento próprio e dos seus familiares, acoroçoando o desequilíbrio social. Desaconselhável a interpretação ampliativa.

34.5.34. Da falência: preferência

De conformidade com a nova Lei de Falências (Lei n. 11.101/2005), art. 83, inc. I, a preferência do crédito trabalhista está limitado a 150 (cento e cinqüenta) salários mínimos para cada trabalhador. O valor que exceder ao limite retro será considerado quirografário (art. 83, VI, letra "c"). Os créditos trabalhistas que venham a ser cedidos a terceiros perdem a preferência e serão classificados como quirografários (§ 4º, art. 83). Remetemos o leitor ao nosso livro "A Execução na Justiça do Trabalho".

"Terá preferência em todas as fases processuais o dissídio cuja decisão tiver de ser executada perante o juízo da falência." (art. 768 da CLT) "Terão preferência para julgamento os dissídios sobre pagamento de salário e aqueles que derivarem da falência do empregador, podendo o presidente da Vara, a pedido do interessado, constituir processo separado, sempre que a reclamação também versar sobre outros assuntos." (parágrafo único do art. 652 da CLT) "Na falência, constituirão crédito privilegiado a totalidade dos salários devidos ao empregado e a totalidade das indenizações a que tiver direito." (art. 449, § 1º, da CLT) A remuneração das férias, ainda quando devida após a cessação do contrato de trabalho, terá natureza salarial, para os efeitos do art. 449 (art. 148 da CLT). Obs.: O art. 449 deverá ser interpretado em consonância com o art. 83, I, Lei de Falências.

Tendo em realce que o art. 889, CLT que remete à Lei n. 6.830/1980 (LEF) continua em plena vigência, os arts. 29 e 30, em especial, que dizem respeito à falência e à execução trabalhista. Remetemos o leitor à nossa obra "Execução da Justiça do Trabalho", itens 6.1.1 a 6.1.9.

34.5.35. Da prescrição e da decadência

A prescrição, hoje, deve ser focada em dois momentos diversos: antes e depois da Lei n. 11.280/2006.

Antes, era um instituto de natureza privada do qual a parte beneficiada poderia renunciar, sem que o Estado pudesse intervir. Segundo a doutrina e jurisprudência dominantes, a parte interessada em fazer valer o seu direito de usufruir os benefícios da prescrição deveria invocá-la em defesa ou, não o fazendo, em recurso ordinário para o Regional, após o que a matéria estaria preclusa e não mais poderia ser alegada. Nesse sentido, era o art. 162, Código Civil antigo, acatado, embora destoasse do art. 300, CPC que exige que o réu, em defesa, alegue toda a matéria de fato e de direito com que pretende impugnar os fatos postos na petição inicial, O art. 193, Código Civil com a atual modificação a redação, substituiu o termo "instância"por "jurisdição" em conformidade com a nova nomenclatura processual universalemente utilizada. A prescrição era e continua sendo um instituto híbrido, isto é, de direito processual, posto que impede o exercício do direito de ação, com reflexos diretos sobre o direito (material ou imaterial). Diferente da decadência, onde o reflexo imediato se dá sobre o direito (material ou imaterial), deixando incólume o direito de ação. Ambos os institutos, prescrição e decadência, são de natureza híbrida. Em suma, enquanto a prescrição barra em primeiro lugar a possibilidade de ação impedindo que se alcance o direito, na decadência, o direito é corroído em primeiro lugar, deixando incólume o direirto de ação, mas sem qualquer possibilidade de benefício. Antes, a prescrição, repita-se era instituto de direito privado e decadência de direito público, qualidade que esta conserva.

Com a nova redação do § 5º, do art. 219, CPC, pela Lei n. 11.280/2006, determinando que o juiz pronuncie de ofício a prescrição, a prescrição foi transformada em instituto de direito público. A prescrição aproximou-se da decadência com a nova conceituação, embora conserve algumas peculiaridaes como a suspensão e a interrupção (arts. 197 a 200 do Códigio Civil). A prescrição poderá ser interrompida por qualquer intereessado (203,Código Civil), *v. g.*, o credor cujo devedor está deixando prescrever o seu crédito e que não tenha outros bens para garantir a dívida junto ao credor, este poderá interromper a prescrição. Todavia, a prescrição somente poderá ser interrompida uma única vez (art. 202). Disso resulta que a Súmula n. 268, do TST deverá ser adequada à nova realidade.

Com a nova natureza (pública) da prescrição, ela será declarada pelo juiz diretor (*dominus processus*), de ofício, caso não o faça o réu em contestação. Se o juiz tiver dados suficientes para a constatação da prescrição *ab initio* com o ajuizamento da ação poderá decretá-la desde logo, sem necessidade de citação do réu. Se houver dúvida, deve aguardar a defesa. Contudo, juntada a defesa, havendo dados que indiquem a prescrição, ainda que o réu não a invoque, o juiz a declará-la-á de ofício. A exemplo do que sucede com a decadência, a prescrição, agora, poderá ser pronunciada a qualquer momento ou grau de jurisdição pelo magistrado (Varas, Regionais, TST e STF), ou poderá ser requerida pelo réu a qualquer momento ou grau de jurisdição. Nada impede que seja argüida em sustentação oral, ocasião em que o relator deverá apreciar a matéria de imediato, ou poderá pedir ao presidente do colegiado a suspensão do julgamento e a designação de nova pauta.

De conformidade com a Súmula n. 114, do TST, é inaplicável a prescrição intercorrente na Justiça do Trabalho. A Súmula n. 327, do STF a admite no processo do trabalho. Embora a Súmula n. 114 não deva ser aceita na sua inteireza, é a que tem possibilidade de adequar-se à realidade trabalhista.

Ajuizada a ação, antes de decorridos 2 (dois) anos, não haverá a possibilidade de prescrição intercorrente durante o processo de conhecimento. Liquidada a sentença exeqüenda e citado o executado, também não haverá possibilidade de ocorrer a prescrição intercorrente na fase executória, ainda que não sejam encontrados bens (ver art. 40, da Lei n. 6.830/1980 (LEF), aplicável *ex vi* do art. 889, CLT). No entanto, a prescrição intercorrente poderá ocorrer depois de prolatada a sentença de mérito na fase de conhecimento se o credor não providenciar a liquidação, se ilíquida a sentença, e a respectiva citação. Se a sentença prolatada já for líquida, deverá providenciar a citação dentro do prazo da ação. A liquidação de sentença é um incidente de naturera processual de natureza declaratória (declara o *quantum* das verbas de uma sentença ilíquida) e integrativa da execução. Isto é, a liquidação de sentença é uma espécie de ponto que liga a fase de conhecimento à fase executória. Se o credor não fizer a liquidação e não conseguir que o devedor seja citado, ocorrerá, sim, a prescrição, diferente, pois, do que apregoa a Súmula n. 114, do TST que prevê de modo genérico. Entretanto, providenciada a liquidação e a respectiva citação, a ausência de bens e o desparecimento do devedor não traduzem motivos bastante para que ocorra a prescrição (art. 40, Lei n. 6.830/1980 — LEF).

Dada da peculiaridade do processo do trabalho em que a presença de advogado não tem peso de obrigatoriedade (art. 791, CLT e ADIn n. 1.127-8-DF que julgou inconstitucional o art. 1º da Lei n. 8.906/1994, no que exigia advogado no processo do trabalho), o juiz executor pode e deve fazer o processo andar de ofício, já que não se pode exigir de partes leigas, não assistidas por advogado, que conheçam os meandros processuais. O art. 4º, da Lei n. 5.584/1970 não deve impressionar, e a presença do juiz não se faz presente somente nos processos de alçada; mas, em todos os processos em que não houver advogado. Também naqueles processos em que o advogado se apresenta neófito, poderá o juiz agir de ofício, buscando a celeridade da entrega da prestação jurisdicional e a sua transformação em realidade, embora a praxe seja a de o juiz não agir de ofício quando a parte constituiu advogado na ação.

34.6. *Da prova*

34.6.1. Da antiguidade da prova: aspectos históricos

A prova literal não é encontrada entre os povos primitivos. Isso somente se deu depois da evolução da civilização a um estágio relativamente superior. *João Arruda* ("Filosofia do Direito") lembra que na sociedade primitiva, onde o direito consistia na decisão dos chefes ou ainda onde a decisão tinha assento em alguns usos e costumes, a vontade jurídica se manifestava por meros símbolos, e a comprovação dessa vontade, nas disputas entre os interessados, se regia por um ritual em que predominava a coragem ou a força como emanação do poder divino, que decidia as pendências.

Quando os povos, ainda na infância, passaram a reconhecer as virtudes do testemunho oral, já tinham atingido um nível de civilização para o qual contribuíram milênios de gerações (*apud Amaral Santos*, "Prova Judicial civil e comercial", 4ª ed., Max Limonad, São Paulo, 1972, v. IV, p. 7). Os itens que se seguem foram buscados na obra ora citada, um clássico de *Amaral Santos* e sem similar.

34.6.2. Dos hebreus

Em razão dos seus costumes, os hebreus tinham pouca cultura, mas elevadíssima moral religiosa e especial preferência pelo testemunho oral, quer na formação dos seus contratos, quer na demonstração destes em suas lides judiciárias (*João Mendes Jr.*). A prova escrita era totalmente ignorada. O ato de repúdio, pela sua importância na vida hebraica, exigia que alei fosse feita por escrito. Recorria-se igualmente aos escritos quando se cogitava de provar a genealogia das pessoas.

34.6.3. Dos assírios e babilônios

À simplicidade hebraica se opõe a magnificência dos assírios e babilônios, sinal evidente de uma civilização mais avançada. Lembra *Etore Sata* ("Storia del diritto de proprietá", ed. 1915, p. 121) que nesses povos a riqueza material, o luxo e o comércio constituíam característica predominante e, por isso mesmo, suas leis protegiam, com abundância de minúcias, a propriedade e as cosias, entre as quais se incluíam os escravos. Constata *Mendes Júnior* que conheciam a escrita, desde tempos longínquos. Era uma escrita, que lhes era peculiar — a chamada escrita cuneiforme — gravada em tabuleta de argila ou em pedra. Os seus escribas desenhavam os caracteres gráficos servindo-se de estiletes triangulares.

Essa civilização já apresentava um grau de adiantamento superior, fato que se constata pela reprodução feita por *Capdevila* sobre um julgamento por tribunal da época: "Assim falou a mulher Tililitum, filha de Belusezib aos juízes de Nabonid, rei da Babilônia: No mês de abi do ano primeiro do rei Neriglissar, eu cedi a Neboahi-Iddin, filho de Sulai, meu escravo Buzuzu por tal preço. Nebo me conferiu um crédito, porém não me deu o dinheiro. Os juízes escutaram. E Nebo trouxe e apresentou-lhes o contrato que havia estipulado com a mulher de Tililitum e provou que o dinheiro, preço de Buzuzu, fora recebido. Os juízes, então, acusaram a autora de falsidade."

34.6.4. Dos medas e dos persas

Dessa civilização, existem notícias seguras quanto à arte da escrita. Primitivamente, gravavam as impressões em tijolos ou tabuletas de argila, a exemplo dos Babilônios — escrita cuneiforme — e mais tarde em dobras da pele. Sem embarago do espírito rude e temperamento belicoso desses povos, produziram, e nunca se deve esquecer, o Zendavesta, o livro sagrado dos persas, obra imorredoura, na qual os historiadores vão encontrar princípios de direito público e de direito privado (*Capdevila*). Conhecedores da arte escrita, usavam a prova documental, à qual davam grande importância (*João Mendes Júnior*).

34.6.5. Da Índia

A Índia antiga não desprezava de todo a prova literal. Com fundamento em *Jajnavalkia* e *Mazzaelle*, diz *Pavoni* que as fontes se referem a provas pré-constituídas. Tanto é que a prova do pagamento tanto podia fazer-se por testemunhas como por escrito. Mas, incontestavelmente, entres os hindus predominava a prova oral.

34.6.6. Do Egito

Para *Capdevila*, o aspecto jurídico do Egito deve ser estudado antes e depois de *Bacoris*, que reinou no século VIII a. C. Antes, durante a chamada "era divina" absoluta se fazia a ascendência da prova oral. Em presença de testemunhas se formavam os contratos e por elas se demonstravam em juízo. Não que os egípcios ignorassem a escrita — ao contrário, era esta deveras difundida para o tempo e dela se utilizavam largamente os homens da classe sacerdotal, então dominante.

Já com *Bocoris*, o inaugurador da "era humana", processou-se a completa revolução no direito egípcio. Admirador da culta dos assírios e dos caldeus, implantou no país a prova literal dos contratos. Tamanha foi essa revolução que a forma literal dos contratos se tornou radicalmente obrigatória.

Para exigi-la, o grande rei promulgou uma lei segundo a qual, na falta de escrito, os contratos deveriam ser provados pelo exclusivo juramento do devedor. Bastava, assim, que este negasse a obrigação para dela exonerar-se, ficando o devedor completamentre desarmado (*Villebrun*, *Dareste*, *"Études d'histoire du droit"*). Não é sem razão que se proclama *Bocoris* como o codificador dos contratos.

34.6.7. Da Grécia

Nada fala com mais singfeleza e eloqüência do alto grau de civilização e da democracia grega do que o fato proclamado por *Fustel de Coulanges*, do que, em Atenas, um ano sim, dois não, em média, cada cidadão era chamado a ser heliasto, isto é, juiz, e passava todo esse ano nos tribunais ocupado a ouvir litigantes e a aplicar as leis (*Fustel de Coulanges*, "A cidade antiga", trad. de S. Wouza Costa, 4ª ed. v. 2, p. 169-170). A um povo, que assim participava da magistratura, devia ser e era realmente tida em alto preço a justiça. Por isso mesmo, ar ordálias não alcançaram grande prestígio na Grécia, como meio probatório (*Sabatini*).

A prova por testemunhas era a preferida por excelência, entre gregos, era a prova por testemunhas, sinal seguro do elevado conceito em que era tido o homem. Mas, conheceram e aplicaram largamente a prova literal (*Villebrun*).

34.6.8. Da Roma antiga

Na Roma primitiva, a prova tesemunhal era absoluta, predomínio que foi mantido até quase o período da decadência do Império, embora os romanos não desconhecessem a prova escrita. No período da *lex actionis*, o primeiro na história do direito processual romano, o *pater familias* costupmava registrar a administração doméstica num livro que lhe servia de borrador (adversária) do qual passava os lançamentos para outro (*tabulae*, *codex* ou *codex rationum domesticarum*), que continha a entrada e a saída, o crédito e o débito, de toda partida que interessava à economia doméstica. Nenhum valor tinha a "adversária", enquanto ao *codex* se atribuía fé em juízo (*João Mendes Júnior*).

No período formulário, apareceu a prova escrita, incipiente embora (*Wolfgang Künkel*, trad. de L. Prieto Castro, 1937). Com o desenvolvimento da prova escrita, o processo probatório passou para o período das *cognitiones*. A baixa moralidade, então reinante, continuava e continuaria a desempenhar papel predominante no sistema probatório.

34.6.9. Dos bárbaros

A organização judiciária dos bárbaros estava em estágio de primeira infância. Seu direito era o costume (consuetudinário), e o costume era rudimentar. Até o século V ou VI, os costumes se transmitiam por gerações, oralmente (*Meyer, L. D.* "Esprit, *Origines et progrés des institutions judicaires*", ed. 18213, v. I, p. 261). O sistema probatório consistia nos judicium *Dei — duel* e ordálias — e no juramento (*Ciccaglione*). Raro era o uso da prova testemunhal (*Rossi*). Ignorava a prova literal. De resto, foi só no século IV que *Ulphilas*, bispo godo, inventou os caracteres gráficos que vieram a ser usados pelos germanos.

34.6.10. Do Direito Canônico

É preciso não olvidar a função da Igreja, paralelamente ao do Direito Romano. Se, ao tempo de esplendor de Roma, aquela instituição não tinha elementos para influir decisivamente na evolução jurídica, quando se assentou a decadência do Império e, principalmente, após a conquista ds bárbaros, a atual casta de bispos e de clérigos se revelou sobremodo, de forma a amenizar os costumes duros dos germanos, difundindo a moral cristã entre os hereges e, concomitantemente, como conseqüência, prátia e princípios do direito canônico (*Ciccaglione*). Foi assim que o Código Visigótico do século VII, constitui uma espécie de consolidação de preceitos de direito romano e também dos Códigos Gregoriano e Homogeneano. O direito canônico jamais desprezou a prova literal. Era esse direito evoluído, constituído das essências do direito romano, que com este iria partilhar da influência na vida jurídica dos povos convulsionados da Idade Média.

34.6.11. Da Idade Média

Nem mesmo o barbarismo, cujo sistema probatório era primitivo, desconhecia de todo a prova literal. No entanto, adverte *Villebrun*, enquanto o uso da escrita fosse relativamente difundida, não se pode seriamente falar de prova literal nesse período da história. A "escritura", diz ele, era antes um simples meio de reavivar a memória das testemunhas, uma pura comodidade. Registra-se, todavia, que as leis da época já falavam em "escrituras".

34.6.12. Do feudalismo

A instituição do feudalismo de senhores guerreiros, trouxe marcante retrocesso à prova literal. O combate judiciário decidia as contendas. O juiz nada mais era do que mero espectador que proclamava o resultado do litígio. Havia acentuado desprestígio da prova literal, embora o combate judiciário fosse, desde 867, reprovado pelo Papa Nicolua I e, em 1203, pelo Papa Inocêncio III. Embora em pequena intensidade, a prova escrita existia. Convencionava-se por meio de carta, máxime em matéria comercial.

34.6.13. Do Ordenamento de Moulins

Havia forte resistência contra a prova testemumhal. Espíritos adiantados da época a censuravam porque sujeita à fraca memória humana e por serem as testemunhas suscetíveis de corrupção. O Estado de Bolonha, em 1454, proibiu aprovar crédito ao credor de valor superior a cinqüenta libras, exclusivamente por testemunhas.

34.6.14. Da Espanha e de Portugal

O *Fuego Jusgo* ou *Forum Judicium* reconheceria várias regras do Direito Romano. A legislação perdurou por vários séculos, modificada e completada pelo *Fuero Real*, pelas "Leis do Estilo", pelos *Fueros de Leon*, pelas "Leis das Partidas". A predominância do Direito Romano desde Afonso III, que reinou de 1308 a 1319, acarretou, conseqüentemente, mais ampla aplicação da prova literal de Lusitânia. Mas, não resta dúvida de que, desde os primevos de sua vida independente, seguindo os hábitos castelhanos, se redigiam instrumentos e contratos (*Melo Freite*, "Historia Juris Civilis Lusitani").

34.6.15. Das Ordenações Filipinas

Mantendo a rota do direito tradicional em Portugal, as Ordenações Filipinas, que vieram depois das Ordenações Manuelinas, acompanharam a natural evolução e estabeleceram extensos dispositivos quanto às formalidades, eficácia e admissibilidade da prova literal. Sem relegarem o escrito particular, foi à escritura pública que deram a máxima importância. Obrigatória era a prova escrita por escritura pública dos contratos, escambos, permutas, dotes, arras, doações, estipulações, promessas, aforamentos, arrendamentos, empréstimos, encomendas, guardas, depósitos, testamentos, cédulas, codicilos, enfim, contratos e atos de qualquer natureza, quitações, renúncias, transações, remissões, divisões, partilhas, revogações, inovações, prorrogações de dívidas ou de obrigações, quando fossem relativos a bens de raiz e a quantia da obrigação superasse de quatro mil réis, ou, se relativos a bem móveis, a obrigação excedesse de sessenta mil réis (Ordenações Filipinas, Livro 3º, Tr. 59).

34.7. Das providências que antecedem a instrução probatória

34.7.1. Da instrução probatória: breve enfoque

Presentes na ação os pressupostos de admissibilidade e de prosseguimento válido do processo, a parte contrária (réu) será citada para apresentação de resposta (defesa, exceção e reconvenção), querendo. Diz-se querendo, porque a apresentação de defesa não é um dever ou uma obrigação da parte, apenas um ônus do qual poderá desincumbir-se ou não. A ausência de defesa conduz ao estado de revel com as conseqüências de confissão no tocante à matéria fática (art. 844, CLT), excetuando-se naquilo que dispõe o art. 320, CPC, aplicável como alento subsidiário do processo do trabalho (art. 769, CLT). Com a apresentação da defesa, firma-se a *litiscontestatio*, isto é, fica definida a matéria que será objeto de prova. Vale dizer, que tudo aquilo que foi dito na inicial como o fundamento do pedido e os respectivos pedidos que não forem objeto da contetestação serão tidos como verdadeiros (art. 302, CPC) e não estarão prequestionados para possibilidade de prova futura. Isto é, sobre aquilo que não foi contestado, a parte não poderá produzir prova. Excepcionam-se à regra geral retro os seguintes casos: I — se a seu respeito não for admissível a confissão; II — se a petição inicial não estiver acompanhada de instrumento público que a lei considerar da substância do ato; III — se estiverem cm contradição com a defesa, considerada em seu conjunto. Por outro lado, depois de contestada a ação, só é lícito deduzir novas alegações quando: I — relativas a direito superveniente; II — competir ao juiz conhecer delas de ofício; III — por expressa autorização legal, puderem ser formuladas em qualquer tempo ou juízo. Na defesa, o réu tem o ônus de rebater de per si cada causa de pedir e cada pedido, dizendo expressa e claramente porque o pedido e a causa de pedir não deverão ser aceitos pelo juízo. Não se aceita a defesa genérica. Excepciona a lei o ônus da impugnação específica dos fatos para o advogado dativo, para o curador especial, para o Ministério Público. Quanto a estes, ainda que a impugnação seja genérica será considerada válida como se o pedido e a causa de pedir houvessem sido impugnados especificamente.

No tocante aos documentos juntados com a inicial, também tem a parte o ônus de impugná-los especificamente, quer no tocante à autenticidade, quer no tocante ao conteúdo. A mesma regra se aplica para os documentos juntados com a defesa (arts. 368, 372, 373, 374, 388, 390 e 398, CPC, arts. 138, 145 e 151, Código Civil). Quando a parte impugna apenas o conteúdo tem-se como aceita a autenticidade. O mesmo não acontece quando a impugnação é da autenticidade, pois esta corrói também o conteúdo. Cessa, todavia, a eficácia probatória quando o documento particular houver sido obtido por erro ou coação. O documento inquinado de falso poderá ser objeto de incidente de falsidade (art. 390, CPC). A autenticidade negada poderá ser resolvida com a retirada do documento da parte que o juntou aos autos. Se a parte não quiser retirá-lo dos autos, a prova de autenticidade será sua e poderá ser feita por meio de perícia grafotécnica. A integração da prova ao conjunto probatório só se realiza pela confissão real ou ficta e pela instrução probatória.

O documento tido com verdadeiro, expressa ou tacitamente, em sua autenticidade e em seu conteúdo fazem prova plena. Isso significa que a parte que os aceitou expressa ou tacimente não poderá mudar de idéia e pretender fazer prova sobre a autenticidade ou sobre o seu conteúdo. Isso deflui da ausência de prequestionamento anterior. Por outro lado, também não haverá a possibilidade de a defesa juntar apenas documento sem fazer a impugnação devida. O documento não teria qualquer serventia. O documento deverá estar em conformidade com aquilo que foi impugnado. O mesmo critério é válido para o pedido inicial.

No que concerne aos livros comerciais, tem-se por inaplicáveis os preceitos do art. 372, CPC, uma vez que a prova resultante de referidos livros será sempre proveniente de perícia técnica contábil, onde o juiz instrutor tomará conhecimento dos lançamentos ali inseridos. Só dessa forma, via exame pericial, a prova advinda dos livros comerciais se integra ao conjunto probatório.

34.7.2. Da audiência de instrução

A audiência em âmbito trabalhista, como regra, deve ser audiência única, onde a ré apresentará defesa oral (em 20 minutos) ou escrita. Antes da defesa, o juiz proporá a conciliação prévia (art. 846, CLT). Se não houver conciliação, será apresentada a defesa (art. 847, CLT). A praxe é a juntada de defesa escrita, costume já firmado que facilita e contribui com a celeridade, levando-se em conta o volume de processos nas grandes regiões. Apresentada a defesa e determinada a leitura, se não for dispensada pelas partes (art. 847, CLT), terá início a instrução probatória com depoimentos das partes e das respectivas tesemunhas, não tendo aplicação no processo do trabalho os preceitos do art. 413, CPC, quanto à ordem de oitiva de testemunhas. A praxe é de ouvir-se em primeiro lugar a parte a quem cabe o ônus probatório e as suas respetivas testemunhas. A juntada de documentos na instrução só deve ser aceita para fazer contraprova de fatos ocorridos depois do ajuizamento da ação e da entrega da defesa, após firmada a *litiscontestatio*. Documentos que não foram juntados na oportnidade (inicial e defesa) tiveram as suas respectivas possibilidades preclusas. Terminada a instrução, as partes terão 10 (dez) minutos cada para razões finais (art. 850, CLT), em seguida o juiz exortará (não proporá simplesmente) as partes para a conciliação. Em caso negativo, será proferida a sentença de mérito que acolherá total ou parcialmente o pedido ou absolverá o réu de qualquer condenação.

Embora a matéria esteja desenvolvida com maior profunidade em outro item, é de bom alvitre que se deixe claro, desde já, que é na sentença que se defere ou se indefere, ou se defere em parte o direito perseguido pela autor e resistido pelo réu. Vale dizer, isso é o que acontece na fase de conhecimento que se encerra com um comando sentencial abstrato condenatório ou absolutório. A condenação poderá ser líquida ou ilíquida. Se líquida e não cumprida a obrigação pelo devedor ou, se ilíquida, e não cumprida a obrigação, depois de tornada líquida, instaurar-se-á a execução aparelhada. Na fase executória, não se concede nenhum direito, apenas transforma-se em realidade o comando sentencial no qual o direito foi concedido.

34.7.3. Do início da instrução e da *litiscontestatio*

Como vimos antes, a instrução, por determinação legal, deverá ter início logo após a juntada da defesa, desde que presentes todos os pressupostos de desenvolvimento válido do processo. Uma das peculiaridades do processo do trabalho é a adiência una. Se houver algum óbice, *v. g.*, representação incorreta, petição inicial defeituosa, deverá o juiz instrutor determinar que se sane, antes, as irregularidades. Poderão não existir irregularidades; mas, a defesa poderá argüir matéria preliminar ou de exceção, *v. g.*, incompetência (relativa ou absoluta), de suspeição ou de impedimento. Diferentemente, no processo comum, a exceção de incompetência relativa é argüida por meio de exceção (art. 112, CPC) e a absoluta por meio de preliminar (art. 113, CPC). A suspeição (arts. 312 a 314, CPC) e o impedimento (arts. 304 a 306, CPC) serão argüidos pela via da exceção. No caso de existência de preliminares ou de exceção, deverá o juiz diretor do processo resolver primeiro essas matérias, que poderão ter desfecho com a remessa dos autos a outro juízo (incompetência relativa ou absolouta), ou com a substituição do juiz naquela Vara (suspeição ou impedimento). Poderá, ainda, haver preliminar de litispendência ou de coisa julgada, de conexão ou de coninência; cada uma deverá ser enfrentada antes do início da instrução probatória. Superados todos esses óbices, poderá ter início a instrução, em havendo matéria de fato a ser provada. Se a matéria for somente de direito, não haverá prova a ser feita.

34.7.4. Do objeto da instrução probatória

A instrução probatória tem por objeto dar oportunidade às partes de se desincumbirem do ônus probatório que lhes compete. Ambas as partes (autor e réu) têm garantida a ampla defesa e a produção do contraditório, levando em conta a parte que lhe compete provar. O objeto da prova produzida pela parte é a de convencer o magistrado instrutor da verdade do que restou alegado na inicial ou na defesa. O juiz analisará os fatos firmados na *litiscontestatio* de conformidade com a prova produzida, levando em conta o ônus que competia a cada parte. Daí a razão pela qual deverá o magistrado dar tratamento igual às partes (art. 125, I, CPC) e prestigir o princípio do contraditório e da ampla defesa. Deve o juiz instrutor ser rigoroso consigo mesmo e não impedir a produção de provas, sob a alegação de que já estaria satisfeito com a prova produzida. A celeridade buscada deve conviver de forma pacífica com o princípio da ampla defesa. É mais ou menos comum, o juiz dotado de tais arroubos ter a sentença anulada por cerceamento de defesa. Em acontecendo a hipótese, deve o advogado requerer que conste da ata de audiência o encerramento com os seus protestos, hipótese em que o magistrado está obrigado, por dever legal, a constar da ata de audiência os protestos do causídico (art. 416, § 2º, CPC).

Na instrução do processo, é que o juiz e os advogados das partes poderão demonstrar sagacidade e conhecimento do ônus probatório nas perguntas dirigidas às partes e na inquirição das testemunhas. Deve o juiz ler as peças básicas e firmar o campo pobatório, podendo isso constar ou não da ata. Não deve o juiz deixar que os advogados façam perguntas fora do que restou firmado pela *litiscontestatio*. Quando indeferir perguntas, constará da ata, sempre que haja requerimento nesse sentido (art. 416, § 2º, CPC). O advogado deve ter domínio sobre o ônus probatório e fazer perguntas do interesse do seu cliente. Não é incomum, a parte perder a ação, porque o seu advogado, não dominando o ônus probatório, quis provar demais e fez prova para a parte contrária. O art. 818, CLT não satisfaz em sua generalidade e deve ser interpretado em consonância com o art. 333, I e II, CPC.

Verifica-se, assim, que embora se persiga a verdade real, isso nem sempre acontece, contentando-se o juiz com a verdade formal, isto é, aquela verdade que aflora da instrução probatória. Caso existe em que sequer haverá instrução probatória, sendo o processo julgado no estado da lide (art. 330, II, CPC), como acontece na revelia (art. 319, CPC). Na revelia, a parte por algum motivo deixou de apresentar defesa, *v. g.*, não o fez porque não compareceu à audiência designada e habilmente citada, ou pode não ter comparecido porque não teria sido citada. No primeiro caso, poderá haver uma desculpa convincente pelo não comparecimento, *v. g.*, a cidade é cortada por um rio que no dia estava inundado impedindo a travessia para o lado em que a Vara está instalada. A entrega de atestado médico sob alegação de que o preposto teria tido um mal súbito não é convincente, embora possa até ser verdadeiro. Na segunda hipótese da falta de citação, a parte certamente terá elementos para provar a citação circunduta. Em conseguindo provar, certamente a sentença será anulada, desfeito o estado de revel e a confissão, e recambiado os autos à origem para que nova audiência seja designada para a entrega da defesa. Alerta-se, aqui, para um erro cometido por alguns advogados, qual seja o de pretender discutir o mérito no tribunal, com juntada de documentos etc. O recurso deverá ser dirigido no sentido de eliminar o estado de revel, para que os autos retornem à origem. Não há a possibilidade de que o tribunal venha a enfrentar o mérito, sob pena de supressão de jurisdição (antiga supressão de instância), mesmo porque no estado de revel nenhuma instrução foi feita e nenhuma prova foi produzida pelo revel. Somente com o provimento do recurso retirando o estado de revel e a volta dos autos à origem, com possibilidade de defesa, é que será prequestionada matéria para a instrução probatória.

34.7.5. Da produção de provas

A produção de provas está diretamente ligada ao que restou firmado na *litiscontestatio*. Não poderá a parte fazer prova daquilo que não foi alegado na inicial ou na defesa (princípio da eventualidade). Para fazer prova do alegado, tendo em realce o ônus probatório, cada parte poderá utilizar-se de todo e qualquer meio de prova em direito admitido. No processo do trabalho, não é necessário que a parte indique as espécies de provas com as quais pretende provar o alegado. Do resulta que poderá utilizar-se do depoimento da parte contrária, da oitiva de testemunhas, de provas documentais pré-constituídas, de provas periciais (contábil, insalubridade, periculosidade, penosidade, grafotécnica, inspeção judicial etc.). A produção de provas, a exemplo da defesa ou do recurso, é um ônus do qual incumbe à parte. Não é uma obrigação. Se produzir provas em seu favor, poderá convencer o juiz da sua verdade; se não produzir qualquer prova, ou produzir provas imperfeitas, certamente terá desvantagem, caso o seu adversário se desincumbra do ônus probatório com mais eficiência. Como dissemos antes, a verdade que acaba por instalar como verdadeira é a verdade formal. Todavia, a parte poderá não produzir prova, ou contraprova, e ganhar a ação, naqueles casos em que o ônus probatório era da outra parte e esta dele não se desincumbiu a contento. Por óbvio, quando a matéria for exclusivamente de direito, não haverá o que provar. Ao juiz incumbe dar o direito corretamente: da *mihi factum, dabo tibi jus* e *jura novit curia.*

34.7.6. Da instrução probatória e da direção do processo

Em não havendo acordo, seguir-se-á a instrução do processo, podendo o juiz, *ex officio* ou a requerimento das partes, interrogar os litigantes. Findo o interrogatório, poderá qualquer dos litigantes retirar-se, prosseguindo a instrução com seu representante (se houver, já que a presença de advogado não é obrigatória no processo do trabalho). Serão, a seguir, ouvidas as testemunhas, os peritos e os técnicos, se houver (art. 848, e parágrafos, da CLT), desde que necessários, segundo o arbítrio do juiz que tem a direção do processo (*dominus processus*) (art. 765 da CLT).

Os dissídios individuais e coletivos submetidos à Justiça do Trabalho serão sempre sujeitos à conciliação. Para os efeitos deste artigo, os juízes e Tribunais do Trabalho empregarão sempre os seus bons ofícios e persuasão no sentido de uma solução conciliatória dos conflitos. Não havendo acordo, o juízo conciliatório converter-se-á obrigatoriamente em arbitral, proferindo decisão. É lícito às partes celebrarem acordo que ponha termo ao processo, ainda mesmo depois de encerrado o juízo conciliatório (art. 764 e parágrafos da CLT).

A autocomposição é o melhor e o mais rápido meio de se eliminar litígios entre as partes e prevenir contra lides futuras. O Juiz do Trabalho deve possuir sensibilidade e habilidade no trato com as partes, demonstrando objetivamente, firmada a *litiscontestatio*, as dificuldades que uma e outra partes terão, tendo em conta o ônus probatório.

34.7.7. Da penúria normativa probatória no processo do trabalho

A Consolidação engloba direito material e direito processual e dedica apenas 13 artigos às provas (arts. 818 a 830), quase todos relativos à prova testemunhal.

Temos, pois, que nos louvar no processo comum (art. 769 da CLT). Nem todos os fatos devem ser objeto de provas, mas, unicamente, os controvertidos, os relevantes e os determinados. Em conseqüência, inexistindo contestação ao fato, este se torna incontroverso (art. 302 do CPC). É comum, ausente uma das partes à audiência em que deveria depor (quando a audiência única é dividida em sessões), a parte presente requerer a aplicação da pena de confissão e o imediato encerramento, mesmo sem haver impugnado em tempo hábil os documentos juntados com a inicial ou com a defesa (arts. 372 e 373, CPC). Olvida-se que na *ficta confessio* presumem-se verdadeiros os fatos narrados na inicial ou na defesa, desde que coerentes com o conjunto probatório e as normas legais vigentes para a espécie. Dizem-se relevantes os fatos relacionados diretamente com a ação, os que se revestem de eficácia para influenciar na decisão da causa. Di-los influentes a doutrina. Contrário senso, ficam excluídos da prova os fatos despiciendos, inúteis, vale dizer, os que não exercerão qualquer influência no julgamento da ação, pois, *frustra probatur quod probatum non relevat*. A verificação de relevante ou irrelevante é tarefa do juiz em cada caso concreto, dentro do seu poder diretivo do processo (art. 765 da CLT).

Não se confunda fato irrelevante com fato impertinente. Estes, com maior razão, hão de ser postos de lado pelo juízo em homenagem à *litiscontestatio*, com o que evitará perniciosa deflexão do rumo da instrução. Em exceção à regra geral, dispõe o art. 334 do CPC, que não dependem de provas os fatos: I — notórios; II — afirmados por uma das partes e confessados pela parte contrária; III — admitidos, no processo, como incontroversos; IV — em cujo favor milita presunção legal de existência ou de veracidade. Os fatos notórios não necessitam de prova: *non probatum factum notorium*.

Preleciona *Pontes de Miranda* ("Comentários ao Código de Processo Civil", Forense, 1974, v. III/351) que: "Os fatos notórios que estão na ordem dos fatos empíricos, com as proposições evidentes na ordem lógica, compreendem a notoriedade *juris* e a *facti*. O *notorium juris* é absoluto quando se trata de norma jurídica e relativo se resulta de sentença transitada em julgado; o *notorium facti*, por sua vez, decorre de fato que é conhecido de todos os que integram determinado círculo social, de modo que não há dúvida a respeito de tal fato." Segundo *Amaral Santos* ("Primeiras Linhas de Direito Processual Civil", Saraiva, 10ª ed., 1985, v. 2º/340): "Fala-se, então, de fatos notórios, como tais considerados "aqueles fatos cujo conhecimento faz parte da cultura normal própria de determinada esfera social no tempo em que ocorre a decisão" (*Calamandrei*)."

O fato notório poderá ser de âmbito universal, a que das "Torres Gêmeas" em Nova Iorque, a devastação da Amazônia, poderá ser próprio de um país, *v. g.*, o "Cristo do Corcovado" faz parte da paisagem carioca. Mas, poderá estar restrito a uma região, *v. g.*, os doces caseiros de Poços de Caldas, a louvação à N. S. da Aparecida, Aparecida do Norte.

34.7.8. Do ônus da prova: teoria moderna

O magistrado ao proceder à análise do conjunto probatório para prolatar uma sentença deverá proceder a uma valoração jurídica dos fatos postos em discussão em consonância com as provas produzidas e o ônus probatório que competir a cada parte. Existe uma dificuldade objetiva posta na prátia judicante. O juiz, por não haver assistido os fatos postos em discussão em juízo, terá de ser convencido no sentido de condenar ou de absolver o réu de conformidade com aquilo que restou colhido na instrução probatória. O magistrado terá que se satisfazer com as provas que as partes trouxerem e apreciá-las e julgar de acordo com o ônus da prova. É verdade que em certos casos o juiz poderá transformar o processo em diligência para a complementação de prova, *v. g.*, para que se proceda a alguma pergunta que passou despercebida pelo juiz instrutor, ou mesmo para a complementação de uma perícia. Todavia, não pode o juiz ter iniciativas probatórias, fazendo prova daquilo que era ônus da parte. Ao assim proceder, o juiz perderá a sua imparcialidade e deverá ser inquinado de suspeito pela parte a quem está causando prejuízo. Embora na nossa prática judicante tenhamos presenciado iniciativas probatórias de juiz, sem que o advogado se tenha rebelado, lamentavelmente, a iniciativa não deve ser tolerada.

Ensina *Francesco Carnelutti* que em toda espécie de processo, o ofício do juiz deve valorizar juridicamente os fatos. A noção de ato jurídico essencial para a teoria do processo, é uma daquelas que o estudioso deve aprender da teoria geral do direito. Quantas forem as vezes em que o fato que se tem de valorizar não está presente, tantas serão as que o juiz terá que se servir de outros objetos que lhe permitem conhecer o fato ausente. Esses outros objetos são as provas. Alerta o mestre peninsular que a palavra prova, como tantas outras, tem um único significado na linguagem jurídica: prova não é apenas o objeto que serve para o conhecimento de um fato, mas também o próprio conhecimento fornecido por tal objeto. (...) Posto que não só no processo como também fora dele devem ser valorados juridicamente os fatos, as provas não servem somente para o processo; em geral, a atividade jurídica, e não só a atividade judicial, se desenvolve por meio de provas. Por isso, assim como o estudo das provas não é próprio unicamente da ciência do direito processual (ob. cit., v. I, p. 307-308).

Preleciona *Moacyr Amaral Santos* ("Primeiras Linhas de Direito Processual Civil", Saraiva, 10ª ed., 1985, v. 2º/348 e ss.) que: "Não obstante também com divergências em aspectos secundários, os modernos processualistas, partindo do pressuposto de que a averiguação probatória seja governada pelo princípio da iniciativa das partes, respeitado o princípio da paridade de tratamento, ligam o problema da distribuição do ônus da prova ao interesse das partes no reconhecimento em juízo da verdade dos fatos que alegam como fundamento da ação ou da exceção (no sentido amplo). "O critério para distinguir a qual das partes incumbe o ônus de provar de uma afirmação — ensina *Carnelutti* — é o interesse da própria afirmação. Cabe provar — escreve ele — a quem tem interesse de afirmar; portanto, quem apresenta uma pretensão cumpre provar-lhe os fatos constitutivos e quem fornece a exceção cumpre provar os fatos extintivos ou as condições impeditivas ou modificativas." Para *Chiovenda* "o ônus de afirmar e provar se reparte entre as partes, no sentido de que é deixado à iniciativa de cada uma delas provar os fatos que deseja sejam considerados pelo juiz, isto é, os fatos que tenha interesse sejam por este tidos como verdadeiros." Preferimos a lição de *Chiovenda*, por nos parecer que melhor resolve o problema, por prever todas as hipóteses de afirmações do réu e das quais tenha interesse em dar a prova. Ao autor cabe dar a prova dos fatos constitutivos da relação jurídica litigiosa. O réu, por seu lado, deve prover a prova de suas afirmações, o que pode acontecer de dois modos: a) se alega fatos que atestam, direta ou indiretamente, a inexistência dos fatos alegados pelo autor (prova contrária, contraprova); b) se alega fatos impeditivos, extintivos ou modificativos, ou que obstem efeitos ao fato constitutivo (prova da exceção, no sentido amplo).

34.7.9. Da prova no sentido estrito

A prova poderá ser direta ou indireta. A prova direta é aquela que se consubstancia por meio da própria pessoa. A prova direta é constituída pelo próprio objeto que servirá de prova. São exemplos, a verificação da capacidade para que o ato produza efeitos em juízo é proporcionada pela própria pessoa incapaz ou capaz, uma escritura que prova a posse e domínio de um imóvel. A prova indireta é feita por um terceiro que dá o seu testemunho sobre determinados acontecimenos. A instrução probatória é constituída de provas diretas e indiretas.

34.7.10. Da prova histórica e da prova crítica

A prova sob o enfoque de um momento poderá ser histórica ou crítica. São provas históricas: atas de eventos, pedestal de inauguração de uma personalidade da cidade, a implosão de um teatro com cobertura da imprensa escrita, alada (Theatro Municipal de Campinas, implodido na gestão do prefeito Rui Novaes), a morte de um líder (Luther King), fotografia de um assalto a banco. São elementos históricos que nos remetem àquele momento em que os fatos aconteceram. É uma espécie de congelamento daquele momento exato em que os fatos se tornaram reais. Dão contornos à prova crítica, algum acontecimento que se agrega à prova, *v. g.*, a bala que se alojou na cabeça da vítima, a perfuração feita por arma branca no vestido da vítima, um vestido em que foi encontrado sangue do mesmo tipo do sangue da vítima.

34.7.11. Do significado do termo prova

O termo "prova" tem sido utilizado nas mais variadas acepções. Não tem significado unívoco e se presta a variadas conotações. Assim, diz-se da "prova" de uma comida ou de um doce, da "prova" de uma indumentária etc. Do ponto de vista processual, poder-se-ia dizer que prova é o meio pelo qual a parte procura obter a confirmação dos fatos sobre os quais sustenta a existência de um direito (autor) ou a inexistência desse mesmo direito (réu). É, pois, o trabalho desenvolvido pelas partes em sede jurisdicional para convencer o julgador da existência ou da inexistência de um direito. Em que pesem as limitações, a noção de silogismo mostra-se adequada para a espécie. A pretensão submetida ao julgador se alavanca na conjugação de premissas: à premissa maior (direito) deve subsumir-se a menor (fato), para que se destile a conclusão (pretensão). É, pois, sobre a premissa de fato que incide a prova. Na busca desse desiderato, cada parte terá oportunidade de produzir toda e qualquer prova em direito admitida, mercê do princípio da ampla defesa.

34.7.12. Da prova do ponto de vista estrutural

As provas podem ser constituídas por pessoas, por documentos, por presunções, por circunstâncias e a prova emprestada.

A prova constituída por pessoa ou prova testemunhal, poderá ser historicamente classificada em prova concreta, se a testemunha presenciou os fatos ou deles participou e sobre os quais é chamada a depor. Todavia, terá o valor de mera prova complementar, se a testemunha não participou de alguma forma dos fatos, ouvindo ou se envolvendo, quando souber dos fatos por ouvir dizer (*ex auditur*) ou por terem sido transmitidos por uma outra pessoa. Se essa outra pessoa participou dos fatos ou com ele se envolveu de alguma forma (prova concreta) for também ouvida, haverá uma complementação probatória, uma vez que os fatos teriam sido transmitidos mesmo antes da propositura da ação. Se assim não for, a prova complementar será praticamente de nenhuma valia, sem a base sobre a qual se apoiaria. No primeiro caso (concreto), teríamos a testemunha no sentido amplo; no segndo (complementar), teríamos a testemunha em sentido estrito.

A prova documental traduz forma objetiva da prova de determinado fato. Ressalvada a destruição absoluta, o seu valor probatório se lança historicamente para o futuro de forma permanente e duradoura. O seu valor está na representação idônea do fato. Numa conceituação ampla, o documento é uma prova pré-constituída que guarda em seu conteúdo a expressão de uma vontade, que poderá ser unilateral ou bilateral, a aquisição de imóvel, um registro de nascimento, um testamento, uma carta onde o subscritor declara que honrará a dívida de jogo etc. Para *Amaral Santos*, seria a manifestação de um pensamento, isto é, uma coisa representativa de idéias ou de fatos, com relação à qual também as idéias se encaram como fatos; dir-se-ia que o documento seria uma coisa representativa de um fato ("Primeiras Linhas", cit. v. 1, p. 389).

Como veremos nos itens seguintes, o documento poderá variar quanto à sua autoria, quanto à sua forma e quanto ao seu conteúdo.

34.7.13. Dos documentos quanto à autoria

Sob este aspecto, o documento poderá ser de natureza pública ou privada. Será público sempre que originário de alguém que esteja no exercício de uma função pública que autorize a sua formação. Será privado quando formado por um particular. Será também considerado particular, ainda que formado por um oficial público, se este não estiver no exercício da função. O fato de ser originário de oficial público não transforma o documento em público só por isso, se para tanto não tinha logitimação nem competência. Nesse sentido, dispõe o art. 367, CPC, *in verbis*: "O documento feito por oficial público incompetente, ou sem as observâncias das formalidades legais, sendo subscrito pelas partes, tem a mesma eficácia probatória do documento particular."

34.7.14. Dos documentos autógrafos e heterógrafos

Esta subdivisão está, ainda, ligada à autoria. E a separação tem somente um efeito didático.

São autógrafos os documentos quando existir uma perfeita coincidência entre o seu autor e o autor do fato documentado. É o que de regra acontece com os documentos particulares. Dizem-se heterógrafos quando não existe coincidência entre o autor do documento e o autor do fato documentado. É o que sucede, em regra, com os documentos públicos. Todavia, ainda que haja coincidência entre o oficial público encarregado da elaboração do documento e o autor do fato documentado, o documento continuará sendo heterógrafo, uma vez que, embora coincidentes na mesma pessoa física, do ponto de vista funcional são pessoas distintas. O oficial público é um agente do Estado, distinto da sua pessoa física. Quem elabora o documento é o agente do Estado que detém poderes que a pessoa física não possui. Enquanto oficial público, desliga-se da pessoa física para tornar-se simplesmente um representante do Estado.

34.7.15. Dos documentos quanto à formação

Deve-se partir da premissa que um documento poderá anteceder ou não ao fato. A sua exteriorização para o mundo real poderá ser feita de forma escrita, gráfica ou mesmo de forma direta: 1. escritos são os documentos normais, particularmente regulados por lei. Daí a sinonímia entre documento, escritura e escrito. Tem-se no caso a prova literal; 2. gráfico é a forma pela qual as idéias ou os fatos são representadas por sinais gráficos diversos da escrita: desenhos, pinturas, plantas, cartas topográficas etc.; 3. são chamados diretos, quando o fato representado se transmite diretamente para a coisa representativa, *v. g.*, fotografia, fonografia, cinematografia. Distinguem-se dos documentos escritos ou gráficos, ditos indiretos, para os quais o fato representado se transmite por meio do sujeito do fato representado. Sobre o tema, ver *Amaral Santos*, "Primeiras Linhas", v. 1, p. 391.

Quanto à forma poderá ser uma pedra, uma lápide, cascalhos, carcaças de animais pré-históricos, objetos de uso pessoal de épocas tão longínquas que se perderam na poeira dos tempos e que poderão trazer conhecimentos e descobertas sobre civilizações que se formaram e desapreceram a milhares ou milhões de anos. Há pouco foram descobertos manuscritos que teriam sido feitos no primeiro século da era cristã sobre a vida de Judas. Na verdade, nesses casos, pouco importa a forma em que apresenta, mas a carga de conteúdo informativo que carrega.

Na concepção de *Alfredo Buzaid*, o documento escrito apresenta-se nas seguintes formas: a) como documento dispositivo; b) como documento constitutivo; c) como documento probatório (principal ou acessório). Tais aspectos estão ligados à função. Se serve como documento indispensável para a existência e transmissibilidade de um negócio jurídico (*v. g.*, a cambial), diz-se que o documento é dispositivo; se ele se reveste de qualidade de elemento genérico indispensável para a formação do ato jurídico, considerando-se como elemento deste (*ad solemnitatem*), como acontece na escritura pública na transmissão imobiliária, diz-se que o documento é constitutivo; se ele tem apenas a função processual de instruir e provar um negócio jurídico e as relações deste derivadas (*ad probationem*), diz-se que o documento é probatório ("A ação declaratória no direito brasileiro", Ed. Saraiva, 1943, p. 115-116).

34.7.16. Do documento quanto ao conteúdo

O documento traduz a memória via de um ato que teve lugar no passado. Poderá ser um passado distante ou um passado ressente. O documento guarda consigo o seu segredo. Para *Carenelutti*, o documento representa uma prova histórica real, uma vez que representa fatos e acontecimentos pretéritos em um objeto físico, servindo de instrumento de convicção (*apud Frederico Marques*, "Instituições ...", v. I, p. 305). Para *Carnelutti*, o documento representa e reproduz um fato ou uma manifestação do pensamento. Um fato ou as mutações de um fato: a manifestação do pensamento ou um ato do homem. Esse será o conteúdo do documento (*apud Frederico Marques*, "Instituições ...", v. I, p. 3050.

34.7.17. Do documento quanto à forma

Quanto à forma poderá ser uma pedra, uma lápide, cascalhos, carcaças de animais pré-históricos, objetos de uso pessoal de épocas tão longínquas que se perderam na poeira dos tempos e que poderão trazer conhecimentos e descobertas sobre civilizações que se formaram e desapreceram a milhares ou milhões de anos. Há pouco fora descobertos manuscritos que teriam sido feitos no primeiro século da era cristã sobre a vida de Judas. Na verdade, nesses casos, pouco importa a forma em que apresenta, mas a carga de conteúdo informativo que carrega.

O documento poderá ser público ou particular e, no tcante à forma poderá ser original ou cópia. Original é aquele que se apresenta na sua forma genuína, no qual o ato foi lançado na origem. Assim, tanto é original a escritura pública lançada no livro de notas do tabelião, como a sentença lavrada nos autos do processo, a primeira via de um instrumento particular, o assentamento constante dos livros dos comerciantes, o registro de nascimento, o registro de casamento, a averbação de separação etc. Diz-se cópia toda e qualquer reprodução do original do documento, seja público ou privado. Diz-se público aquele documento feito por quem esteja no exerrcício de uma função pública e que, mercê da função, esteja autorizado a produzir o documento. Será privado aquele documento feito para criar, extinguir, modificar ou mesmo comprovar um ato jurídico particlar. A doutrina dintingue esse documento como "instrumento particular", enquanto os escritos particulares que se prestam apenas como prova causal do ato jurídico seriam "meros documentos".

Na concepção de *Alfredo Buzaid*, o documento escrito apresenta-se nas seguintes formas: a) como documento dispositivo; b) como documento constitutivo; c) como documento probatório (principal ou acessório). Tais aspectos estão ligados à função. Se serve como documento indispensável para a existência e transmissibilidade de um negócio jurídico (v. g., a cambial), diz-se que o documento é dispositivo; se ele se reveste de qualidade de elemento genérico indispensável para a formação do ato jurídico, considerando-se como elemento deste (*ad solemnitatem*), como acontece na escritura pública na transmissão imobiliária, diz-se que o documento é constitutivo; se ele tem apenas a função processual de instruir e provar um negócio jurídico e as relações deste derivadas (*ad probationem*), diz-se que o documento é probatório ("A ação declaratória no direito brasileiro", Ed. Saraiva, 1943, p. 115-116).

34.7.18. Da autenticidade do documento

A autenticidade do documento é que prestigia o seu conteúdo. Por isso, é necessário que sobre o documento juntado aos autos não paire dúvida sobre esse requisito. Levantada a suspeita, há que ser extirpada para que o documento possa ou não servir de fonte probatória. A certeza de que o documento provém da pessoa nela indicada (subscritor) é o que se denomina autenticidade. Por autêntico, entende-se a coincidência entre o autor que se mostra de forma aparente e o autor real. Em caso de dúvida, o reconhecimento da autenticidade da assinatura se apresenta com força de confissão real. Se houve a negativa sobre a autenticidade, a parte que produziu o documento poderá requerer a sua retirada dos autos simplesmente; poderá, todavia, preferir que o documento permaneça nos autos e requerer uma perícia grafotécnica para comprovar a autenticidade.

Num sentido amplo, consideram-se autênticos os documentos que tiverem em si próprios essa eficácia; num sentido estrito, dizem-se autênticos os documentos públicos. De ordinário, os documentos privados não têm aquela eficácia, sua autenticidade, se contestada, reclamará prova que, se admitida, será feita por todos os meios de direito.

Diz-se autêntico um documento, quando se tem a certeza da autoria. Essa certeza, em se trtatando de instrumento público, dinama do próprio instrumento, isto é, o documento é que uma própria prova. Em se tratando de documento particular, por si mesmo, não reúne condições suficientes que demonstrem a sua origem, a sua proveniência. Daí por que, contestada a sua autoria, esta deverá ser provada por outros meios que se acham fora do instrumento. Por essa razão, existe entendimento de que somente o instrumento público seria autêntico, não tendo o documento particular o prestígio de ser considerado autêntico. Todavia, sem razão, ao nosso sentir. A autenticidade se dá pela assinatura lançada no documento particular e pela assinatura lançada no documento público por aquele funcionário que tenha poderes para tanto. O instrumento público sem nenhum assinatura, ainda que produzido por quem tenha poderes para tanto, simplesmente não existe; se assinado por particulares (ato bilateral) terá valor de documento particular.

Para *Amaral Santos*, a restrição é por demais rigorosa. Se a autenticidade é a certeza da proveniência ou autoria do documento, tanto faz que essa certeza decorra dele próprio, de suas condições específicas, como de outras razões convincentes. O que vale é que não haja dúvida da autoria ou que não se questione sobre a autenticidade. ("Prova Judicial", v. I, p. 198-199). Por fim, a autenticidade não se liga ao fato de que o documento seja obrigatoriamente público.

34.7.19. Da eficária probatória do instrumento público

A eficácia probatória de todo instrumento público exige que esteja revestido de todos os requisitos intrínsecos e extrínsecos. Se houver exigência legal quanto à forma (*ad solemnitatis*), não terá valor se composto de outra forma; por sua vez, exige que na elaboração do documento participe pessoa devidamente revestida de poderes para tanto. Isso não significa que o instrumento público não possa ser inquinado de falso. E deverá a parte interessada fazê-lo, quando tenha motivos suficientes que demonstrem que aquele que elaborou o documento, naquele momento não estava investido dos respectivos poderes que o Estado lhe transmitira. Para *Schönke*, todo documento autêntico tem em si a força probatória formal (*Adolfo Schönke*, "Derecho Procesal Civil", 1950, p. 222, *apud Frederico Marques*, "Instituições ...", v. I, p. 314).

34.7.20. Da força probatória do documento privado

Segundo *Câmara Leal*, os documentos privados distinguem quanto à sua eficácia probatória e podem ser: a) perfeitos, quando revestidos de todos os requisitos legais exigidos para a sua validade e eficácia; e b) imperfeitos, quando lhes faltarem alguns daqueles requisitos (*Frederico Marques*, "Instituições ...", v. I, p. 315).

São considerados instrumentos particulares as cédulas, os síngrafos, os quirógrafos, a conta, os assentos domésticos, os recibos, as cartas, os livros etc. (*Nelson Nery Junior*, "CPC Comentado", 2ª ed., RT, 1996, p. 782, item 1).

34.7.21. Do documento particular sem testemunhas instrumentárias

A tendência do direito moderno é a de não negar ao instrumento particular qualquer efeito pelo fato de não estar sacramentado com as assinaturas de testemunhas instrumentárias. Mostra-se mais positiva essa tendência qando se verifica que a doutrina e a jurispduência consideram não implicar nulidade do instrumento a falta de testemunha. Dado que essa falta se verifique, o documento converter-se-á em documento apenas assinado pela parte, tendo por eficácia a presunção da veracidade das declarações nele contidas (*Carvalho Santos*, *J. M.*, "Direito Civil Brasileiro Interpretado", 9ª ed., Freitas Bastos, Rio de Janeiro, 1963, v. 3, p. 157). Ver arts. 219 do CC e 368, CPC.

34.7.22. Da importância da prova documental

Como virtudes da prova literal, *Lopes da Costa* enumera: a) a sobrevivência do escrito aos fatos: *verba volent, scripta manent*; b) a palavra escrita fixa definitivamente o pensamento: c) o escrito indica o seu autor, isto é, não pode esconder a sua individualidade, disfarçar-se, tomar nome suposto; d) está sempre pronto a servir como prova; e) o proprietário do escrito sabe antecipadamente para o que este vai servir, o que vai o escrito dizer (*Caralho Santos*, ob. cit., v. 2, p. 157).

Pelo princípio da caloração da prova, a prova documental possui força *probandi* mais intensa do que a testemunhal, quando presentes os requisitos intrínsecos e extrínsecos a lhes dar plena validade. O desprestígio da prova testemunhal é difícil; mas, poderá ocorrer nos casos de vício de consentimento em que o conteúdo restou magoado, embora a forma esteja perfeita.Todavia, a prova oral deverá ser cabal, imune de dúvidas. Em caso de dúvida, deverá prevalecer a prova documental.

Tema que se discute com alguma intensidade em sede trabalhista é a nulidade das anotações lançadas na Carteira de Trablho, quer por iniciativa do empregador, quer por iniciativa do trabalhador.

34.7.23. Da força obrigatória e da força *probandi* do instrumento público

O instrumento público amalgama no seu conteúdo probatório também a força obrigatória, o que equivale a dizer que o âmbito probatório extrapola a sede entre as partes, para alavancar-se em relação a terceiros.

Por força obrigatória se compreende o efeito que o instrumento público produz em razão dos direitos e obrigações que ele documenta, da convenção que encerra (*Demolongue*). Ora, é certo que a convenção não pode obrigar senão as partes, seus herdeiros e sucessores. Os terceiros, porque estranhos a ela, não estão vinculados aos direitos e obrigações pactuados e constantes do instrumento em face do princípio *res inter alios acta, aliis non nocet* (*Mattirolo*, cf. *Giorgi*). No entanto, no que diz respeito à força probante, o instrumento faz fé da existência do ato instrumentado e dos fatos certificados pelo oficial que os lavrou, não só entre as partes como em relação a terceiros. Sob esse aspecto, o instrumento público, como se disse, faz fé *erga omnes* (*Amaral Santos*, "Comentários ...", v. IV, p. 145).

34.7.24. Do documento em língua estrangeira

Dispõe o art. 157 do CPC que "só poderá ser juntado aos autos documento redigido em língua estrangeira, quando acompanhado de versão em vernáculo, firmada por tradutor juramentado".

34.7.25. Da presunção

Dá-se a presunção quando elementos objetivos e subjetivos se somam direcionando para determinada conclusão, sem, contudo, haver prova cabal sobre o assunto. Se "Y" foi preso por furto em supermercado, a sua presença no mesmo ou em outro supermercado leva à presunção de que poderá repetir o ato e vir a cometer furto. Daí a presença de seguranças nas proximidades. Todavia, ninguém poderá ser condenado por simples presunção (*de hominis*). Esta poderá servir de elemento de intensificação e de credibilidade da prova concretamente produzida. Enquanto a prova, como regra, se apresenta de forma direta, a presunção se apresenta de forma indireta. Existe a presunção legal (*juris et de jure*) que é absoluta, *v. g.*, a ninguém é dado desconhecer a lei (art. 3º, LICC).

Para *Pedro Nunes*, a conjectura é conseqüência ou conclusão que a lei ou o juiz tira de fatos conhecidos, para afirmar a existência ou a verdade do fato que se pretende provar. É espécie de prova indireta. São espécies de presunção: 1. comum ou judicial (*de hominis*) — a que, embora não estabelecida pela lei, pode ser deduzida livremente de um determinado fato da mesma natureza de outros que ordinariamente acontecem, de modo a poder formar a convicção do juiz. Exemplo: se todo dia, por volta de l8 horas, o funcionário do Banco sai correndo para tomar o ônibus para retornar à sua residência, não se pode, pelo fato de naquela mesma hora em que corria e que fora assaltada uma joalheria, carrear para ele o furto pelo fato de estar correndo e ter passado em frente ao local. A presunção aqui se aproxima da prova circunstancial, também de perigosa aplicação em sede solitária. 2. Legal ou absoluta (*juris et de jure*) — quando a lei a reputa verdadeira, em face do fato ou do ato ocorrido, e não admite prova em contrário, embora existente: a coisa julgada, o princípio segundo o qual a ninguém é lícito ignorar a lei etc. 3. Legal, condicional ou relativa (*juris tantum*) a que, tida como verdadeira pela lei, pode ser ilidida pelas provas que se lhe oponham, *v. g.*, a legitimidade do filho nascido na constância do casamento se confirma ou não pelo exame do DNA; as arras em dinheiro, consideradas princípio de pagamento etc. O mesmo que presunção *legis tantum*. 4. Simples (*juris vel juris*), a que cede diante da verdade pura. Conforme Dicionário de Tecnologia Jurídica, 6ª ed. Freitas Bastos, Rio-São Paulo, 1965, p. 3087-309.

34.7.26. Da prova circunstancial

A prova circunstancial, também denominada prova indireta, oblíqua ou indiciária, é a que revela imprecisamente, por meio de deduções, ou de conseqüências, presunções ou conjecturas, a existência ou razão do fato que se investiga, estreitamente ligado a um fato conhecido ou notório (*Pedro Nunes*, ob. cit., p. 331).

34.7.27. Das nuanças em que se apresenta a prova

A prova poderá ser focada sob vários aspectos que revelam o seu conteúdo intrínseco e extrínseco. Com suporte na obra de *Pedro Nunes*, retro citada, fizemos o resumo abaixo. Assim diz-se:

1. Prova absoluta — quando, sendo plena, atinge todo o conteúdo do ato ou do fato, colocando em evidência a verdade a seu respeito;

2. Prova admissível — quando não sendo proibida por lei, é aplicável à hipótese em debate;

3. Prova *ad perpetuam rei memoriam* — diz-se de toda prova que se produz objetivando um efeito futuro. Poderá ser preventiva, preparatória ou ocorrente na ação (incidente);

4. Prova bastante — é a que, embora imperfeita, é suficiente para ser admitida e permitir que posteriormente novas provas, mais robusta se convincentes, sejam oferecidas. Diz-se prova *si et in quantum*;

5. Prova casual — é aquela que se apresenta acidentalmenteem juízo, sem que tenha havido o propósito de produzi-la, *v. g.*, o depoimento de testemunhas referidas.

6. Prova completa — a que reúne todos os requisitos indispensáveis ao esclarecimento integral da verdade que se investiga;

7. Prova concludente — é a que oferece os elementos precisos para a elucidação da espécie em foco, ou é precedente, convincente e decisiva da questão que se debate ou da verdade que se persegue;

8. Prova concreta — aquela cuja existência, real ou material, preenche inteiramente o seu objetivo e não admite e dúvidas a respeito do seu conteúdo. É prova absoluta e completa;

9. Prova conjectural — também conhecida como prova presuntiva, é a que a lei ou o juiz tiram de um fato conhecido, para verificar o que é desconhecido;

10. Prova crítica — é a que se forma, não pelo conhecimento direto do fato, mas em virtude de deduções a que a razão conduz. Existe aí um elmento crítico dedutivo;

11. Prova cumprida — é toda prova capaz de, juntamente com outras, produzir a prova inteira, acabada e completa;

12. Prova de fato permanente — quando relativa a fato ou coisa que se encontra sob a ação dos sentidos. Pode ser intuitiva, visual, imediata ou direta;

13. Prova de fato transeunte — é a que tem relação com o fato passado ou coisa que já não mais existe ou que não pode estar sob a ação de nossos sentidos. Pode ser mediata ou indireta. Resulta dos instrumentos, dos depoimentos, presunções etc.;

14. Prova direta, natural ou inartificial — a que decorre da sua íntima e imediata relação com o próprio fato provado, *v.* g., a confissão, o testemunho, o exame pericial, a fotografia, a gravação da voz etc.;

15. Prova indiciária — a que se funda em indícios, vestígios, sinais, circunstâncias ou fato conhecido que, por suposição ou dedução, por meio de investigações, leva à descoberta da verdade;

16. Indireta, circunstancial, artificial, indiciária ou oblíqua — é a que revela imprecisamente, por meio de deduções, ou conseqüências, presunções ou conjecturas, a existência ou razão do fato que se investiga, estreitamente ligado a um fato conhecido ou notório;

17. Prova irrelavante — aquela que, por sua natureza, é incabível, inadequada, ociosa, inoperante para a elucidação da espécie em foco ou do fato cuja verdade se investiga;

18. Prova legal — aquela em que o juiz, ao apreciá-la, está subordinado a determinadas normas legais, quanto à forma e prova dos atos jurídicos, à produção de instrumentos autênticos etc. A confissão é uma prova legal;

19. Prova literal — quando consta de ato escrito, solene ou não, público ou privado, capaz de produzir um efeito jurídico e conduzir, seguramente, à formação de um juízo. Esta espécie de prova se divide em: a) documental: a que é construída por escrito particular que fundamenta certo direito ou obrigação, ou então, por ato jurídico que não exige forma especial, *v. g.*, um título de dívida, uma certidão extraída de processo judicial, uma carta missiva ou comercial, uma cópia fotostática, cópia xerox, um *e-mail* etc.; b) instrumental: prova literal autêntica, resultante de ato público lavrado por oficial público competente, judiciário ou administrativo. São exemplos, a escritura pública, o traslado de documento autêntico, o instrumento de protesto judicial, o contrato de câmbio marítimo etc.;

20. Prova livre — aquela que o juiz aprecia a seu talante, segundo a sua convicção, julgando de conformidade com ela. Nota: Não existe apreciação livre e ao arbítrio do juiz. Apreciará livremente, mas deverá fundamentar e dizer a razão pela qual chegou àquela conclusão (art. 131, CPC). É o sistema da persuasão racional universalmente adotado;

21. Prova muda — aquela que resulta da inspeção ocular que aflora de presunção;

22. Prova oral ou verbal — quando provém de depoimentos ou de informações transmitidas verbalmente;

23. Prova pericial — é a que resulta de exame, vistoria ou avaliação procedida por perito, técnico na matéria, que lavra um laudo e expõe suas conclusões baseadas em elementos técnicos. Nota: Embora o juiz da ação não esteja atrelado às conclusões do laudo técnico, não poderá fazer-se substituir ao laudo; poderá formular perguntas, mesmo depois da entrega do laudo, se não estiver convencido. Todavia, se ainda assim não estiver convencido, poderá determinar que a perícia seja feita por outro perito que responderá aos quesitos das partes e do juiz;

24. Prova pertinente — quando se conforma com os princípios de direito aplicáveis ao ato litigioso em foco e adequada à demonstração e prova deste, com o qual tem correlação direta;

25. Prova plena — que por sua natureza ou credibilidade, ou pela fé que merece, é suficiente para determinar um juízo seguro e completo sobre o fato controvertido, ou que se quer apurar. São exemplos: a confissão real da parte, depoimentos convergentes de testemunhas de ambas as partes. Poderá ter recepção absoluta ou relativa. Pode, também, ser denominada prova completa, perfeita ou concludente, quando absoluta;

26. Prova pleníssima — a proveniente de instrumento público, lavrada por oficial competente, ou por ele autenticado, com poderes para fazê-lo no momento da constituição do instrumento;

27. Prova pré-constituída — a constituída previamente, ou antes de apresentada a defesa, revestida de todas as formalidades e requisitos legais (intrínsecos e extrínsecos), produzida pela parte para firmar ou assegurar um direito, autenticar um fato e constituir prova para o presente ou para o futuro. O documento poderá ser público ou particular;

28. Prova provada ou *probatio probata* — diz-se da que é constituída por escritura ou outro instrumnento lavrado por oficial público, ou por ele autenticado, que detenha no momento poderes para o ato;

29. Prova semiplena — prova também dita imperfeita ou incompleta é aquela que, embora admitida por produzir alguma fé, não é por si mesma suficiente para demonstrar a verdade perseguida, de modo a transmitir convicção ao juiz. Tem finalidade complementar no conjunto probatório;

30. Prova simples ou genérica — aquela que de forma comum ou ordinária se produz e se organiza no curso da demanda;

31. Prova testemunhal — é a prova colhida diretamente do depoimento da testemunha em juízo. A prova testemunhal se divide em: a) testemunhas deferidas; b) testemunhas referidas; e c) testemunhas gradas;

32. Prova sangüínea — é método moderno para a aferição de paternidade por meio da coleta de sangue e a comparação do “DNA”.

34.7.28. Da prova emprestada

A prova emprestada é aquela que poderá ser trasladada de um processo a outro pela parte a quem aproveita. Essa espécie de prova poderá comprovar a divergência de depoimentos, não só da parte como das testemunhas ouvidas, quando mesmas em ambos os processos. A prova pericial (insalubridade, periculosidade) feita anteriormente na mesma empresa e no mesmo local de trabalho poderá ser de grande valia, em dependendo do tempo decorrido e das modificações que forem feitas. A graduação do valor da prova emprestada deve levar em conta o tempo decorrido, pois a memória das pessoas não é imutável, e as partes que figuraram no processo de onde provém a prova emprestada.

Moacyr Amaral Santos foi o autor que mais se dedicou aos meandros da prova na sua monumental obra "Prova Judiciária no Cível e Comercial, editada pela Editora Max Limonad, cuja 4ª edição data de 1972. Lembra o eminente autor que "A prova de um fato, produzido num processo, seja por documentos, testemunhas, confissão, depoimento pessoal ou por exame pericial, pode ser trasladada para outro, por meio de certidão extraída daquele. A essa prova, assim transferida de um processo para outro, a doutrina e a jurisprudência dão o nome de prova emprestada". A preocupação que advém a prova emprestada advém da sua real eficácia. Daí admitir o autor que embora seja admitida, em princípio, a utilização da prova emprestada de um processo trasladada para outro, controvertida é a sua eficácia em relação ao processo para o qual foi trasladada. O problema não diz respeito às pré-constituídas e às documentais em geral, pois essas, originais ou emprestadas, valem, igualmente, em qualquer juízo em que forem apresentadas. O problema se fixa nas provas ditas casuais ou simples — as que se colhem e se produzem no curso do processo, sem que tenham sido intencionalmente constituídas e preparadas para a demonstração ali deduzidas pelos litigantes. Sobre estas, e especialmente sobre as provas de natureza oral (depoimentos pessoais, oitiva de testemunhas, esclarecimentos do perito) é que gira a controvérsia.

A doutrina fixou certas regras com relação à figura dos litigantes para determinar a maior ou menor eficácia que poderá advir da prova emprestada. *Amaral Santos* fixa os segintes parâmetros, consideradas as pessoas dos litigantes: a) entre as mesmas partes, isto é, em ambos os processos litigaram as mesmas partes (autor e réu); b) entre uma das partes daquele e terceiro, isto é, no processo atual existe apenas uma das partes do processo anterior (autor ou réu) que litiga com parte considerada terceira no processo originário da prova emprestada; c) entre terceiros, isto é, as partes que agora litigam não possuem nenhuma ligação com o processo hospedeiro da prova emprestada. Dentro dessa ótica é que será analisada a eficácia da prova que vier a ser trasladada para o processo *sub judice*. Vejamos.

a) Prova colhida em processo anterior em que figuraram as mesmas partes (autor e réu):

Neste caso, em que as partes que se controvertem são as mesmas do processo de onde provém a prova emprestada, guarda ela, em princípio, a mesma eficácia do processo originário. Doutrina e jurisprudência são unânimes no sentido de que a eficácia deverá ser a mesma em ambos os processos, desde que atendidos os seguintes requisitos: a) que a prova emprestada tenha sido colhida em processo entre as mesmas partes; b) que na produção da prova emprestada tenham sido obervadas as formalidades legais; c) que o fato que ora se quer provar (*fato probando*) seja o mesmo.

b) Quando a prova emprestada é retirada de processo em que uma das partes litigou com terceiro:

Neste caso, devem ser consideradas duas hipóteses: 1. a prova é trasladada por quem participou da sua produção no processo anterior; 2. a prova é trasladada por quem não foi parte no processo anterior.

Na primeira hipótese (1), a prova não terá eficácia em relação à parte contrária, que sequer participou da sua produção e se encontra na posição de *res inter alios*. Nesse caso, a prova poderá ter a eficácia de um simples adminículo probatório para a formação da convicção do juiz. Como regra, deverão as partes produzir provas de conformidade com o ônus probatório e cada uma. Todavia, mesmo neste caso, poderá haver a exceção, com eficácia plena. Exemplo: a prova emprestada trazida pela empresa não considerou insalubre o trabalho do empregado "A". Todavia, após a retirada deste da empresa meses depois, o empregado "B" foi ocupar o seu lugar, desenvolvendo os mesmos serviços, sem receber adcional de insalubridade. Após a dispensa "B" ajuíza ação para receber adicional de insalubridade durante o tempo em que lá trabalhou. Após a retirada de "B" o setor foi desativado. A prova testemunhal produzida pela empresa dá conta de que, até o desativamento do setor, não houve nenhuma modificação que pudesse levar à insalubridade ambiente. Nesse caso, a prova emprestada, com o adminículo da prova simples ou casual, poderá ser perfeitamente aceita.

A segunda hipótese (2), quando a prova foi trasladada por quem não foi parte no processo, a prova emprestada conservará a sua eficácia probatória, principalmente se fora reconhecida pela sentença. Neste caso, o terceiro que não foi parte no processo poderá valer-se da prova emprestada, se esta fora desfavorável à parte com que ora contende. Como regra, não deve o juiz valer-se apenas da prova emprestada, mas sopesá-la diante do conjunto probatório.

c) A eficácia da prova emprestada quando produzida por terceiros em outro processo:

Neste caso, quando a produção da prova que se pretende trasladar foi produzida entre terceiros, a eficácia probatória é, em regra, nenhuma ou poderá ter eficácia reduzidíssima. Valerá pelo seu conteúdo informativo do qual poderá se aproveitar o julgador. Todavia, excepcionalmente, poderá ter eficácia. Exemplo: Ajuizada ação por responsabilidade civil (danos material e moral) foi determinada perícia para aquilatar sobre desmoronamento que vitimou vários trabalhadores que trabalhavam na construção e constatou-se que no terreno havia formigueiros enormes que retirava a segurança de qualquer construção, exigindo que o terreno fosse antes devidamente preparado para receber qualquer construção. A firma é condenada por ter agido por *culpa in eligendo*, *in vigilando* e *in custodiendo*. Posteriormente, na mesma base territorial outras empresas também efetuaram construções e outros trabalhadores (da construção) foram vitimados por desmoronamento e outras ações foram ajuizadas. Nesse caso, a prova emprestada, embora feita por terceiros, terá eficácia nas demais ações, pois os desmoronamentos estão ligados ao mesmo fato: existência de formigueiros na base de construção e necessidade de preparo do terreno antes de iniciar a construção. Todas as empresas deverão ser condenadas por *culpa in eligendo* (escolhida do engenheiro): construir em área imprópria; *in vigilando*: falta de atenção, de diligência, de vigilância; *custodiendo*: falta de cuidados com relação às pessoas que trabalhavam na construção.

34.7.29. De outras questões envolvendo a prova emprestada

Alerta *Amaral Santos* ("Primeiras linhas ...", ob. cit., 2º, v. p. 370) que a prova emprestada suscita a discussão de várias questões que surgem na prática judicante e que poderão merecer especial consideração do julgador (*dominus processus*). Indica exemplos pontuais: 1) quando a prova emprestada é produzida em juízo competente; 2) quando foi produzida em processo que foi anulado; 2) quando produzida no juízo criminal.

Na hipótese "1" (juízo incompetente), a prova não perde, só por isso, as suas características intrínsecas e extrísecas. O juízo incompetente não transmite à prova nenhuma nulidade e a prova assim colhida conserva a sua eficácia inicial. Os atos decisórios do juiz incompetente são considerados nulos por faltar-lhe a competência material ou territorial e, por conseqüência, não estaria investido do juiz natural (art. 113, § 2º, CPC). O art. 219, CPC reforça a idéia.

Na hipótese "2" (processo declarado nulo) — Alerta *Amaral Santos* (ob. retro cit., p. 370) que a eficácia estará condicionada aos princípios informativos da teoria das nulidades dos atos processuais. De conformidade com essa teoria os atos processuais se conexionam uns com os outros e a declaração de nulidade de um ato não atinge senão os que lhes forem posteriores e dele dependam ou sejam conseqüência. É o que comanda o art. 248, CPC: "Anulado o ato, reputam-se de nenhum efeito todos os subseqüentes, que dele dependam; todavia, a nulidade de uma parte do ato não prejudica as outras, que dela sejam independentes." Daí a razão que o juiz ao declarar a nulidade de um ato, deverá verificar e declarar a que atos a mesma se estende, conforme o comando expresso do art. 249, CPC: "O juiz ao pronunciar a nulidade, declarará que atos são atingidos, ordenando as providências necessárias, a fim de que sejam repetidos ou retificados" (ob. cit., p. 70).

Considerados esses princípios, dever-se-á verificar se o processo foi anulado: a) por vício de atos anteriores à prova; b) por vício da própria prova; e c) por vício posterior à prova. Na hipótese "a", em sendo o processo declarado nulo por ato anterior à prova e isso indica a nulidade dos atos subseqüentes, a prova também é nula; no caso "b", como a nulidade diz respeito à própria prova produzida, não resta dúvida quanto à perda da eficácia plena; no caso "c", a prova não foi afetada, posto que o vício que determinou a nulidade de todo o processo foi posterior à prova produzida. Nesse caso, a prova permanecerá com a sua eficácia inicial.

Na hipótese "3" (prova criminal), a prova criminal, na sua estrutura e função, é idêntica à prova civil. A verdade que se poderá concluir de um fato é a mesma do processo civil. Os princípios empregados para a feitura da prova são os mesmos. A eficácia da prova emprestada do processo criminal é a mesma do processo civil.

34.8. *Da instrução probatória*

34.8.1. Do breve enfoque

Vencidos todos os obstáculos que pudessem dificultar ou comprometer a validade do processo, poderá ter início a instrução processual. Esta se faz necessária sempre que as partes pretenderem produzir provas com o objetivo de se desincumbirem do ônus probatório que a cada um compete. A produção de prova é um direito e um ônus das partes. A produção de prova é, pois, um ônus da parte, não um dever. Se não quiser produzir prova, não poderá ser obrigada a tanto. O juiz instrutor não poderá imiscuir-se e exigir que faça prova ou a faça em lugar. Se o juiz assim proceder, estará advogando para uma das partes e comprometerá a sua imparcialidade, requisito indispensável para que a jurisdição se desenvolva. Se parte se desincumbir do ônus probatório, poderá ter sucesso no processo e provar aquilo que alega (autor ou réu). Se não o fizer, maior será a possibilidade de insucesso. A instrução processual com a possibilidade de produção de provas e de contraprovas por ambas as partes é que dá o equilíbrio ao processo e à resolução da lide mais próxima da verdade real, embora se saiba que a verdade formal é a que prevalece na maior parte dos casos. Como vimos, a produção de prova é um ônus e um direito da parte, não uma obrigação. Poderá ocorrer que ambas as partes desistam de produzir prova. Nesse caso, o juiz decidirá de conformdiade com o ônus probatório que competia a cada uma. Se a matéria for só de direito, não haverá produção de prova. O requerimento nesse sentido será protelatório e deve merecer o indeferimento imediato do juiz, com encerramento instrutório e prolação de sentença.

Em não havendo acordo, seguir-se-á a instrução do processo, podendo o juiz, *ex officio* ou a requerimento das partes, interrogar os litigantes. Findo o interrogatório, poderá qualquer dos litigantes retirar-se, prosseguindo a instrução com seu representante (se houver, já que a presença de advogado não é obrigatória no processo do trabalho). Serão, a seguir, ouvidas as testemunhas, os peritos e os técnicos, se houver (art. 848, e parágrafos, da CLT), desde que necessários, segundo o arbítrio do juiz que tem a direção do processo (art. 765 da CLT).

Os dissídios individuais ou coletivos submetidos à apreciação da Justiça do Trabalho serão sempre sujeitos à conciliação. Para os efeitos deste artigo, os juízes e Tribunais do Trabalho empregarão sempre os seus bons ofícios e persuasão no sentido de uma solução conciliatória dos conflitos. Não havendo acordo, o juízo conciliatório converter-se-á obrigatoriamente em arbitral, proferindo decisão. É lícito às partes celebrarem acordo que ponha termo ao processo, ainda mesmo depois de encerrado o juízo conciliatório (art. 764 e parágrafos da CLT).

A autocomposição é o melhor e o mais rápido meio de se eliminar litígios entre as partes e prevenir contra lides futuras. O juiz do trabalho deve possuir sensibilidade e habilidade no trato com as partes, demonstrando objetivamente, firmada a *litiscontestatio*, as dificuldades que uma e outra partes terão, tendo em conta o ônus probatório.

34.8.2. Da prova na CLT

A Consolidação engloba direito material e direito processual e dedica apenas 13 artigos às provas (arts. 818 a 830), quase todos relativos à prova testemunhal. Temos, pois, que nos louvar no processo comum (art. 769 da CLT). Nem todos os fatos devem ser objeto de provas, mas, unicamente, os controvertidos, os relevantes e os determinados. Em conseqüência, inexistindo contestação ao fato, este se torna incontroverso (art. 302 do CPC). É comum, ausente uma das partes à audiência em que deveria depor quando a audiência única é dividida em sessões, a parte presente requerer a aplicação da pena de confissão e o imediato encerramento, mesmo sem haver impugnado em tempo hábil os documentos juntados com a inicial ou com a defesa (art. 372 do CPC). Olvida-se que na *ficta confessio* presumem-se verdadeiros os fatos narrados na inicial ou na defesa, desde que coerentes com o conjunto probatório e as normas legais vigentes para a espécie. Dizem-se relevantes os fatos relacionados diretamente com a ação, os que se revestem de eficácia para influenciar na decisão da causa. Di-los influentes a doutrina. Contrário senso, ficam excluídos da prova os fatos despiciendos, inúteis, vale dizer, os que não exercerão qualquer influência no julgamento da ação, pois, *frustra probatur quod probatum non relevat*. A verificação de relevante ou irrelevante é tarefa do juiz em cada caso concreto, dentro do seu poder diretivo do processo (art. 765 da CLT).

Não se confunda fato irrelevante com fato impertinente. Estes, com maior razão, hão de ser postos de lado pelo juízo em homenagem à *litiscontestatio*, com o que evitará perniciosa deflexão do rumo da instrução. Em exceção à regra geral, dispõe o art. 334 do CPC, que não dependem de provas os fatos: I — notórios; II — afirmados por uma das partes e confessados pela parte contrária; III — admitidos, no processo, como incontroversos; IV — em cujo favor milita presunção legal de existência ou de veracidade. Os fatos notórios não necessitam de prova: *non probatum factum notorium*.

Preleciona *Pontes de Miranda* ("Comentários ao Código de Processo Civil", Forense, 1974, v. III/351) que: "Os fatos notórios que estão na ordem dos fatos empíricos, com as proposições evidentes na ordem lógica, compreendem a notoriedade *juris* e a *facti*. O *notorium juris* é absoluto quando se trata de norma jurídica e relativo se resulta de sentença transitada em julgado; o *notorium facti*, por sua vez, decorre de fato que é conhecido de todos os que integram determinado círculo social, de modo que não há dúvida a respeito de tal fato." Segundo *Amaral Santos* ("Primeiras Linhas de Direito Processual Civil", Saraiva, 10ª ed., 1985, v. 2º/340): "Fala-se, então, de fatos notórios, como tais considerados "aqueles fatos cujo conhecimento faz parte da cultura normal própria de determinada esfera social no tempo em que ocorre a decisão" (*Calamandrei*)."

O fato notório poderá ser de âmbito universal, a queda das "Torres Gêmeas" em Nova Iorque, a devastação da Amazônia, poderá ser próprio de um país, *v. g.*, o "Cristo do Corcovado" no Brasil faz parte da paisagem carioca. Mas, poderá estar restrito a uma região, *v. g.*, os doces caseiros de Poços de Caldas, a louvação à N. S. da Aparecida, em Aparecida do Norte.

34.8.3. Da apreciação crítica e jurídica das provas

O magistrado ao proceder à análise do conjunto probatório para prolatar uma sentença deverá proceder a uma valoração crítica jurídica dos fatos postos em discussão em consonância com as provas produzidas e o ônus probatório que competir a cada parte. Existe uma dificuldade objetiva posta na prática judicante. O juiz, por não haver assistido os fatos postos em discussão em juízo, terá de ser convencido no sentido de condenar ou de absolver o réu de conformidade com aquilo que restou colhido na instrução probatória. O magistrado terá que se satisfazer com as provas que as partes trouxerem e apreciá-las e julgar de acordo com o ônus da prova. É verdade que em certos casos o juiz poderá transformar o processo em diligência para a complementação de prova, *v. g.*, para que se proceda a alguma pergunta que passou despercebida pelo juiz instrutor, ou mesmo para a complementação de uma perícia. Todavia, não pode o juiz ter iniciativas probatórias, fazendo prova daquilo que era ônus da parte. Ao assim proceder, o juiz perderá a sua imparcialidade e deverá ser inquinado de suspeito pela parte a quem está causando prejuízo. Embora na nossa prática judicante tenhamos presenciado iniciativas probatórias de juiz, sem que o advogado se tenha rebelado, lamentavelmente, a iniciativa não deve ser tolerada.

Preleciona *Moacyr Amaral Santos* ("Primeiras Linhas de Direito Processual Civil", Saraiva, 10ª ed., 1985, v. 2º/348 e ss.) que: "Não obstante também com divergências em aspectos secundários, os modernos processualistas, partindo do pressuposto de que a averiguação probatória seja governada pelo princípio da iniciativa das partes, respeitado o princípio da paridade de tratamento, ligam o problema da distribuição do ônus da prova ao interesse das partes no reconhecimento em juízo da verdade dos fatos que alegam como fundamento da ação ou da exceção (no sentido amplo). "O critério para distinguir a qual das partes incumbe o ônus de provar de uma afirmação — ensina *Carnelutti* — é o interesse da própria afirmação. Cabe provar — escreve ele — a quem tem interesse de afirmar; portanto, quem apresenta uma pretensão cumpre provar-lhe os fatos constitutivos e quem fornece a exceção cumpre provar os fatos extintivos ou as condições impeditivas ou modificativas." Para *Chiovenda* "o ônus de afirmar e provar se reparte entre as partes, no sentido de que é deixado à iniciativa de cada uma delas provar os fatos que deseja sejam considerados pelo juiz, isto é, os fatos que tenha interesse sejam por este tidos como verdadeiros". Preferimos a lição de *Chiovenda*, por nos parecer que melhor resolve o problema, por prever todas as hipóteses de afirmações do réu e das quais tenha interesse em dar a prova. Ao autor cabe dar a prova dos fatos constitutivos da relação jurídica litigiosa. O réu, por seu lado, deve prover a prova de suas afirmações, o que pode acontecer de dois modos: a) se alega fatos que atestam, direta ou indiretamente, a inexistência dos fatos alegados pelo autor (prova contrária, contraprova); b) se alega fatos impeditivos, extintivos ou modificativos, ou que obstem efeitos ao fato constitutivo (prova da exceção, no sentido amplo).

34.8.4. Do sistema brasileiro

No art. 333 do Código de Processo Civil, vamos encontrar as regras gerais basilares do ônus da prova: "O ônus da prova incumbe: I — ao autor, quanto ao fato constitutivo do seu direito; II — ao réu, quanto à existência de fato impeditivo, modificativo ou extintivo do direito do autor. Parágrafo único. É nula a convenção que distribui de maneira diversa o ônus da prova quando: I — recair sobre direito indisponível da parte; II — tornar excessivamente difícil a uma parte o exercício do direito."

Realça *Amaral Santos* ("Primeiras Linhas ...", Saraiva, 1985, p. 350): "O Código de Processo Civil, entretanto, resumiu o instituto do ônus da prova a um único dispositivo, o art. 333 (...). De tal forma, adotou a teoria de *Carnelutti*, estabelecida no seguinte princípio: "Quem opõe pretensão em juízo deve provar os fatos que a sustentam; e quem opõe uma exceção deve, por seu lado, provar os fatos dos quais resulta; em outros termos — quem aciona deve provar o fato ou fatos constitutivos; e quem excetua, o fato ou fatos extintivos, ou a condição ou condições impeditivas ou modificativas." Nesse princípio, conforme entendemos, estão as duas regras acima referidas. Para nós, o disposto no art. 333 do Código de Processo Civil equivale a um princípio, amparado na lógica das provas, sujeito a não poucas exceções. Nem por outra razão dissemos: "Compete, em regra, ao autor a prova do fato constitutivo e ao réu a prova do fato impeditivo, extintivo ou modificativo daquele." E conjugamos esse princípio a outro, de origem romana: "Compete, em regra a cada uma das partes fornecer a prova das alegações que fizer."

E arremata ("Comentários ao Código de Processo Civil", Forense, 1976. v. IV/35): "O que há na verdade é que o ônus de provar fatos alegados em juízo não incumbe, de maneira exclusiva, nem ao autor nem ao réu: reparte-se, ao contrário, entre um e outro, segundo regras previstas em lei ou consagradas pela jurisprudência e pela doutrina. Em última análise, é legítimo, não só em face do novo como também do Código anterior, o princípio jurídico segundo o qual compete, em regra, a cada uma das partes fornecer os elementos de prova das alegações que fizer."

34.8.5. Dos fatos jurídicos

Mister se faz a distinção entre fatos constitutivos, impeditivos, modificativos e extintivos.

O *fato constitutivo* é aquele que tem o poder jurídico de dar vida, de fazer nascer, de trazer ao mundo jurídico algo que antes não existia, *v. g.*, o contrato de trabalho da empresa "A" com o empregado "B"; o casamento etc. Inclua-se aí o fato desconstitutivo.

O *fato impeditivo*, por sua vez, como o próprio nome diz, impede que de um fato decorra o efeito jurídico que lhe é normal, *v. g.*, o empregado que pleiteia horas extras pelo excesso de jornada de 2ª a 6ª feira e a empresa comprova que assinou acordo para compensação de jornada com sábados livres; o pedido de declaração de vínculo empregatício, quando o trabalho realizado é eventual etc.

O *fato modificativo* é aquele que, sem impedir ou excluir a relação jurídica, tem o poder de modificar a situação jurídica, *v. g.*, o pedido de pagamento integral do pré-aviso, quando a empresa já efetuou o pagamento de uma parte; o pedido integral de um crédito quando já recebeu e quitou uma parte.

O *fato extintivo*, por seu turno, tem o poder de fazer cessar a relação jurídica, *v. g.*, o pedido de verbas rescisórias por dispensa imotivada, quando a empresa já efetuou o pagamento integral e o empregado quitou.

Moacyr Amaral Santos ("Comentários ao Código de Processo Civil", Forense, 1976, v. IV/36) dispõe que: "Para bom entendimento da doutrina, convém que se faça a distinção entre fatos constitutivos, de um lado, e fatos impeditivos, extintivos e modificativos, de outro. Por fatos constitutivos se entendem os que têm a eficácia jurídica de dar vida, de fazer nascer, de constituir a relação jurídica, e, geralmente, também a função de identificar os seus elementos (*Betti*, *Chiovenda*, *Carnelutti* e *Lopes da Costa*)." Para *Vicente Greco Filho* ("Direito Processual Civil Brasileiro", Sariva, 1984, v. 2º/176) "são aqueles que, se provados, levam à conseqüência jurídica pretendida pelo autor". Para *Frederico Marques* ("Instituições ...", Forense, Rio — 1971, p. 297) "é o que dá vida ao direito, e não às várias circunstâncias que normalmente o acompanha, como a seriedade e valor do consenso, a capacidade das partes, a licitude do objeto, e assim por diante (*Liebman*)".

Por fatos extintivos se entendem os que têm a eficácia de fazer cessar a relação jurídica. Por exemplo: o pagamento, na ação de cobrança; o perecimento da coisa, na obrigação de dar. Fatos impeditivos são todas aquelas circunstâncias que impedem decorra de um fato o efeito que lhe é normal, ou próprio, e que constitui a sua razão de ser. Compreendem-se, como tais, todas as condições gerais ou comuns aos atos ou fatos jurídicos, as quais, umas pela sua existência, outras pela sua ausência, impedem que de um dado fato resulte qualquer efeito. Assim, na compra e venda, por exemplo, muito embora provado o acordo sobre a coisa e o preço, poderá ocorrer a existência de um impedimento, como o ocasionado pela simulação do negócio (Código Civil, art. 102); ou pela incapacidade das partes ou pela impropriedade de forma (Código Civil, arts. 82, 129, 130 e 145). Fatos modificativos são os que, sem excluir ou impedir a relação jurídica, à qual são posteriores, têm a eficácia de modificá-la. Assim, o pagamento de parte de um crédito, a combinação sobre a guarda dos filhos entre cônjuges são atos modificativos do crédito e do pátrio poder *Moacyr Amaral Santos* (ob. cit., p. 37).

34.8.6. Das presunções e indícios

O Código de Processo Civil atual não cuidou expressamente do assunto. Dispôs que em falta de normas jurídicas particulares, o juiz aplicará as regras de experiência comum subministradas pela observação do que ordinariamente acontece e ainda as regras de experiência técnica, ressalvado, quanto a esta, o exame pericial (art. 335). São as regras de experiência.

O Código de 1939 cuidava expressamente do assunto nos arts. 251, 252 e 253; o Código Civil o faz no art. 136, V.

Doutrina *J. M. Carvalho Santos* ("Código de Processo Civil Interpretado", Freitas Bastos, 1964, v. III/364 e ss.) que: "Presunção é a conseqüência ou ilação, que a lei ou o juiz tira de fato conhecido, para decidir a existência de outro, que se pretenda provar (*Neves Castro*, Provas, n. 333). Dividem-se as presunções: a) legais absolutas, ou *juris et de jure*; b) legais condicionais, ou *juris tantum*; c) comuns ou *hominis*. São presunções legais absolutas (*juris et de jure*) os fatos ou atos que a lei expressamente estabelece como verdade, ainda que haja prova em contrário (Regulamento 737, art. 185). São chamadas *juris*, porque foram introduzidas pela lei, e *de jure*, porque sobre tal presunção a lei estabelece um direito constante e a considera como verdade (*Fabreguettes*, Lógica das Provas, p. 205, nota 4). As presunções dessa natureza não admitem prova em contrário, só se verificando em casos expressos em lei (*Morais Carvalho*, Praxe, § 636). Não se exige que haja uma lei especial determinando a natureza da presunção *juris et de jure*, mas, em todo caso, como excepcionais que são, somente quando a lei determina, ou proíbe expressamente qualquer prova em contrário, poder-se-á admitir tenham as presunções essa natureza. Em caso de dúvida, o melhor critério, como bem observa *Câmara Leal*, será perquirir o motivo que levou o legislador estabelecer a presunção e verificar se ela obedeceu a uma razão de ordem pública ou de interesse coletivo, ou se teve por fim assegurar a estabilidade de uma relação de ordem geral, para, em qualquer desses casos, ou em outros da mesma relevância, concluir pelo caráter absoluto da presunção (ob. cit., v. 2/142) (...) a presunção legal condicional é o fato, ou o ato que a lei estabelece expressamente como verdade, enquanto não há prova em contrário. Essas presunções dispensam o ônus da prova daquele que as tem em seu favor (Regulamento 737, art. 186). Importa em dizer que o ônus da prova passa para a parte contrária, que as pode destruir com provas plenas e líquidas, na expressão de *Morais Carvalho*. Como se vê, as presunções legais *juris tantum* constituem antes dispensa de provas do que meios de provas, como acentuam os escritores (...) O douto *Pontes de Miranda* ensina que, em nosso Direito, há também as presunções legais intermediárias, de que fala *Alves Moreira*, as quais se verificam quando a lei, sem excluir completamente a prova em contrário, só admite em condições especialíssimas, citando como exemplos os casos dos arts. 203, 333 e 339 do Código Civil. *Aubry et Rau* e outros muitos tratadistas referem-se, também, a essa espécie intermediária de presunções (cf. *Labori*, *Rep. Encyclopédique*, verb. "*Preuve*", n. 512). Quanto às presunções comuns, também denominadas de fato, convém, desde logo, esclarecer que não são estabelecidas na lei. Ao invés, fundam-se naquilo que ordinariamente acontece (Regulamento 737, art. 187)."

Vamos encontrar na doutrina, com *Vicente Greco Filho* ("Direito Processual Civil Brasileiro", Saraiva, 1984, v. 2º/180 e 181): "Quando não é possível a prova direta do fato principal a parte faz prova de fatos circunstanciais, que são os indícios, dos quais se infere a existência e modo de ser do fato principal. O indício é, portanto, toda circunstância de fato da qual se pode extrair a convicção da existência do fato principal. O termo indício às vezes é utilizado para significar "suspeita" ou "certo grau de probabilidade", como, por exemplo, quando se diz "há indícios de autoria". Contudo, mesmo aí, o que se quer dizer na verdade é que há circunstâncias de fato das quais se pode extrair a autoria com certo grau de probabilidade, mas ainda não de certeza. É mais claro, porém, entender indícios como fatos não principais dos quais se vai extrair (ou se pretende extrair) a convicção da existência do fato constitutivo. Há, por conseguinte, um salto mental entre a prova do indício e a convicção do fato principal. Esse salto pode resultar de norma legal chamada de presunção legal. A presunção não é, portanto, um meio de prova, mas sim uma forma de raciocínio do juiz, o qual, de um fato provado, conclui a existência de outro que é o relevante para produzir a conseqüência pretendida."

34.8.7. Dos sistemas de apreciação de provas

Na apreciação da prova, constatamos três sistemas:

a) Da convicção íntima — Inicialmente era o sistema da livre apreciação ou convicção íntima, o qual dava ampla liberdade de decisão ao juiz. Esse sistema permitia que o juiz decidisse mesmo contra as provas dos autos sob o argumento de que não estava intimamente convencido daquilo que aflorava das provas produzidas. Era como se o juiz fosse ungido com poderes deíficos e tivesse o poder de descobrir a verdade verdadeira. Esse sistema estava bem próximo da ditadura jurisdicional.

b) Da prova legal — Posteriormente evolui-se para o sistema da prova legal, opondo-se ao sistema anterior, dando a cada prova o seu peso o seu valor. Retirou-se do juiz o poder discricionário, vinculando às regras prefixadas e sem possibilidade de valoração íntima. Esse sistema remeteu ao pólo oposto, classificando a prova numa espécie de tablita. O testemunho de uma autoridade teria um peso tão grande que a sua verdade não seria ofuscada pelos vários testemunhos de pessoas mais simples, o açougueiro, o dono da venda, uma prostituta etc. Era um sistema eletista e partia de uma premissa falsa, a de que as pessoas colocadas em posições superiores na pirâmide hierárquica não mentem, quando sabemos que essa verdade não é tão verdadeira. Hoje, principalmente na classe política, a regra é não dizer a verdade. Alguém já disse que a realidade no meio político se modifica com tal rapidez, que a aplicação da *rebus sic stantibus* movimentar-se-ia como um ventilador em alta velocidade. Guardado o exagero, a classe política é a que mais rapidamente muda de opinião e a que mais mente.

c) Da persuação racional — O atual sistema de persuasão racional (art. 131 do CPC) deixa ao juiz a liberdade de apreciação, mas vincula-o ao conjunto probatório dos autos. A decisão deverá ser fundamentada de modo que aflore de maneira clara e lógica o raciocínio desenvolvido na fundamentação para chegar-se à conclusão ou *decisum*. Um dos requisitos da sentença de mérito são os fundamentos, em que o juiz analisará as questões de fato e de direito (art. 458, II, do CPC). Daí a razão pela qual não se pode aceitar sentença sem fundamento ou com fundamentação pífia. O juiz deverá dizer expressamente, de modo claro, conciso e preciso, as razões que levaram ao convencimento para decidir dessa ou daquela forma, sem alhear-se à prova produzida e ao ônus probatório. É sobre os seus fundamentos que a parte descontente irá recorrer. Para isso, não são necessárias dissertações, páginas e páginas de citações doutrinárias e jurisprudenciais, dada a facilidade de trazê-las dos arquivos no computador. A linguagem deve ser feita na ordem direta, sem estilo condoreiro e prolixo; qualidades que só faz bem ao ego de quem é complicado. Todavia, não deve o julgador adotar extremos (os exemplos pululam) e fundamentar de forma a que ninguém o entenda, *v. g.* "Do conjunto probatório analisado tem-se a convicção de que são devidas as verbas pleiteadas". Em surgindo a hipótese, deve a parte recorrer pedindo a anulação da sentença por absoluta falta de fundamentação. O sistema da persuasão racional, embora permita ao juiz uma análise ampla dos fatos e o enquadramento legal, exige que explique as razões que o levaram àquela conclusão.

Assinala *Vicente Greco* (ob. cit., 1984, v. 2º/184 e 185) que: "Pertence às partes a iniciativa de enunciar os fatos e de produzir as provas de suas alegações. Ao juiz cabe atribuir-lhes o valor que merecerem, daí decidindo sobre a procedência ou improcedência do pedido. Por mais complexa que seja a norma jurídica a ser aplicada ou por mais complexa que seja a situação de fato não pode o juiz declinar da jurisdição.

O juiz deve avaliar as provas e julgar a ação procedente ou improcedente, aplicando o direito ao caso concreto. Na avaliação das provas, é possível imaginar três sistemas que podem orientar a conclusão do juiz: o sistema da livre apreciação ou da convicção íntima, o sistema da prova legal e o sistema da persuasão racional. Segundo o sistema da livre apreciação ou da convicção íntima, tem o juiz ampla liberdade de decidir, convencendo-se da verdade dos fatos segundo critérios de valoração íntima, independentemente do que consta dos autos ou de uma fundamentação de seu convencimento. Decide por convicção íntima ou livre apreciação pura o Tribunal do Júri, no Processo Penal. Os jurados nem fundamentam as razões de seu convencimento nem importa como formaram sua convicção. Segundo o sistema da prova legal, que é exatamente o oposto do sistema anterior, cada prova tem seu peso e seu valor, ficando o juiz vinculado dosimetricamente às provas apresentadas, cabendo-lhe, apenas, computar o que foi apresentado. No plano histórico, o sistema da prova legal representou a reação extremada ao sistema da convicção íntima, que era evidentemente instrumento de arbítrio, porque de nada adiantava a prova consistente e produzida corretamente se, depois, podia o juiz decidir (*secundum conscientiam*). É do sistema da prova legal o brocardo *testis unus testis nullius* (uma só testemunha não tem valor) e tantos outros que limitavam o convencimento do juiz. Desses dois sistemas evoluiu-se para o moderno sistema da persuasão racional que, ao mesmo tempo que mantém a liberdade de apreciação, vincula o convencimento do juiz ao material probatório constante dos autos, obrigando, também, o magistrado a fundamentar sua decisão de modo a se poder aferir o desenvolvimento de seu raciocínio e as razões de seu convencimento. O sistema da persuasão racional está consagrado no art. 131 do Código (...)."

Preleciona *Alexandre de Paula* (*in* "Código de Processo Civil Anotado", Ed. RT, 1977, São Paulo, v. I, p. 350) que: "A liberdade aqui assegurada ao juiz, para apreciar a prova, não encontra aplicação se ocorrer a revelia. Nessa hipótese, incide o art. 319: "reputar-se-ão verdadeiros os fatos afirmados pelo autor", salvo se se verificar qualquer das situações a que alude o art. 320."

34.8.8. Do princípio da oralidade

Dispõe o Código de Processo Civil em sua exposição de motivos que a oralidade é o princípio caracterizado pela: a) a identidade da pessoa física do juiz, de modo que este dirija o processo desde o seu início até o julgamento; b) a concentração, isto é, que em uma ou em poucas audiências próximas se realize a produção das provas; c) a irrecorribilidade das decisões interlocutórias, evitando a cisão do processo ou a sua interrupção contínua, mediante recursos, que devolvem ao Tribunal o julgamento da decisão impugnada.

Do princípio da oralidade não decorre, obrigatoriamente, a inexistência de atos escritos, o que seria mesmo impossível. Todavia, no processo trabalhista ele encontra aplicação plena na irrecorribilidade das decisões interlocutórias. Mister, se faz, em cada caso, distinguir entre interlocutórias simples (não atingem a *res in judicium deducta*) e interlocutórias mistas (atingem a *res in judicium deducta*), as primeiras são irrecorríveis. O Código Buzaid adotou essa linha processual: "Não sendo possível modificar a natureza das coisas, o projeto preferiu admitir o agravo de instrumento de todas as decisões interlocutórias. É mais uma exceção. O projeto a introduziu para ser fiel à realidade da prática nacional" (Exposição de Motivos). O princípio da identidade física do juiz é aplicável ao processo trabalhista. A Súmula n. 136 do TST está superado pela EC n. 24/1999 que extinguiu a representação classista:

> "Decorre, da oralidade, como sua principal conseqüência, a concentração dos atos do processo, isto é, a realização em uma só audiência, de todas as fases do procedimento. O processo trabalhista procura conduzir-se segundo a maior concentração possível. No entanto, como a experiência é mais forte que o conceito, a concentração não pode ser observada nas grandes cidades, com o número de processos trabalhistas que as Juntas têm que resolver. Os juízes são levados, pelas circunstâncias, à desconcentração dos atos, subdividindo a audiência em duas, três ou até mais, segundo as peculiaridades de cada caso e a dimensão de sua pauta diária."

Oralidade é o princípio caracterizado, segundo *Alfredo Buzaid* pela: "a) identidade da pessoa física do juiz, de modo que este dirija o processo desde o seu início até o julgamento; b) a concentração, isto é, que em uma ou em poucas audiências próximas se realize a produção das provas; c) a irrecorribilidade das decisões interlocutórias, evitando a cisão do processo ou a sua interrupção contínua, mediante recursos, que devolvem ao Tribunal o julgamento da revisão impugnada." O processo oral é "um tipo ideal, resultante da experiência legislativa de vários povos e condensado pela doutrina em alguns princípios". A oralidade não significa a inexistência de escrita, o que é impossível, mas apenas um conjunto de meios que possam imprimir maior rapidez no desenvolvimento do complexo de atos processuais. O seu fim é a maior brevidade no funcionamento jurisdicional e para ser atingido algumas concessões devem ser feitas, nem sempre coincidentes com a segurança do direito. Prossegue o autor: "Já a irrecorribilidade das decisões interlocutórias é um dos aspectos da oralidade que está plenamente identificado com o processo trabalhista, nele encontrando ampla dimensão. As decisões que são proferidas pelo órgão jurisdicional no curso do processo não são em regra recorríveis. Os recursos que contra essas decisões poderiam ser apresentados, são exercidos no momento do eventual recurso contra a decisão final. Esse, em linhas gerais, é o significado de irrecorribilidade das decisões interlocutórias, entendendo-se, portanto, como tais as decisões pronunciadas durante o desenvolvimento do processo. É fácil entender que se assim não fosse, haveria sucessivos truncamentos no processo, dificultando o seu caminho e impedindo o órgão jurisdicional de efetividade cumprir no mais breve tempo a sua prestação (...). A identidade do juiz é de elevada importância porque não é possível reproduzir nas atas e depoimentos, as impressões que resultam da inquirição direta das partes e das testemunhas. Da identidade resulta a valorização da verdade real. A identidade enseja, muitas vezes, a supremacia da verdade formal. Surge uma dificuldade, no processo trabalhista, para essa vinculação entre os Juízes e o processo. Os órgãos jurisdicionais trabalhistas são colegiados. Os Vogais são investidos temporariamente nos seus cargos. A identidade rígida poderia ser utilizada como fonte de protelações, redundando contra os objetivos que a oralidade procura atingir."

Preleciona *Carlos Silveira Noronha* ("Do Agravo de Instrumento", Forense, 1976, Rio, p. 181, 183): "Se o juiz, ao deslindar a questão controvertida, limitar-se a compor exclusivamente o incidente de ordem processual, estará prolatando decisão interlocutória simples. Ao contrário, se o órgão judicial, ao julgar o incidente, a par de resolver a questão processual, atingir aspectos ou parcelas da questão principal ou influir no deslinde final desta, estará proferindo decisão interlocutória mista, capaz de causar irreparável prejuízo ao vencido. Aqui, a decisão da interlocutória prejudica o merecimento, a *res in judicium deducta*."

Manoel Antonio Teixeira Filho ("A Prova no Processo do Trabalho", LTr, 1983, p. 51) assinala que: "O princípio da imediação (ou da imediatidade), do qual o da oralidade decorre, se manifesta com mais nitidez no interrogatório das partes e na inquirição das testemunhas, do perito e dos técnicos, em que pese no processo moderno o que vigora é uma oralidade mista, vez que a genuína somente se verificou, segundo as fontes, entre romanos, como procedimento, no período das ações da lei e, mais tarde, também entre os germanos invasores." Lecionam, a propósito, *Cintra*, *Grinover* e *Dinamarco* (...) que: "Mais do que a verdadeira oralidade, em seu sentido primitivo, a oralidade moderna representa um complexo de idéias e de caracteres que se traduzem em vários princípios distintos, ainda que intimamente ligados entre si, dando ao procedimento oral seu aspecto particular: os princípios da concentração, da imediação ou imediatidade, da identidade física do juiz, da irrecorribilidade das interlocutórias."

34.8.9. Dos princípios dispositivo e inquisitório

O princípio dispositivo significa que o juiz só pode julgar segundo o alegado e o provado: *judice secundum allegata et probata judicare debet*. Não significa o predomínio da vontade das partes. Significa a impossibilidade de movimentação do órgão jurisdicional a não ser mediante provocação das partes. Opõe-se, pois, a inquisitoriedade que tem por norma a iniciativa de ofício. Entretanto, movimentado o órgão jurisdicional poderá e deverá o juiz agir de ofício com vistas ao princípio da celeridade (art. 765 da CLT). Nesse sentido, o art. 125 do CPC.

No princípio inquisitório, prevalece a iniciativa do juiz, quer na direção do processo, quer na construção probatória, podendo, excepcionalmente, iniciar ação de ofício. O princípio inquisitório tem acentuada prevalência no processo penal.

Ensina *Batalha* ("Tratado de Direito Judiciário do Trabalho", LTr, 1977, p. 381 e ss.) que: "Numa formulação sintética, podemos dizer que princípio dispositivo é o que, na delimitação dos pontos controversos (*thema decidendum*) e na formação do material de cognição, dá prevalência à iniciativa das partes litigantes, ao passo que princípio inquisitório é o que dá prevalência à iniciativa do juiz na direção do processo e na formação do material de cognição, conferindo-lhe mesmo, excepcionalmente, em casos extremos de relevante interesse público, o poder e o dever de instaurar a instância." Segundo o festejado autor são características do processo dispositivo: "a) o juiz não pode iniciar o processo *ex officio*, devendo aguardar a provocação do autor. O impulso processual inicial cabe à parte e não ao juízo. A essa limitação da atividade do juiz corresponde o seu dever de julgar a ação proposta, não podendo esquivar-se com um *non liquet*; b) deve o juiz conformar-se com a verdade formal (*quo non est in actis (partium) non est in mundo*), abandonando quaisquer métodos próprios de investigação; c) *narra mihi factum*, *dabo tibi jus*. *Jura novit curia*. A liberdade do juiz limita-se, no puro princípio dispositivo, à investigação do Direito, à pesquisa da norma. Quando a norma lhe seja desconhecida, faculta-se-lhe exigir das partes que lhe produzam a prova (direito consuetudinário, estrangeiro, municipal, particular). No princípio inquisitório, os poderes do juiz são mais amplos. Não está adstrito aos elementos de convicção fornecidos pelas partes e tem a seu cargo o impulso processual, a direção da causa, a fixação dos pontos litigiosos. Estes dois princípios são, entretanto, puramente teóricos. Não se encontram, na realidade jurídica, tão nitidamente separados. Combina-os a Política Legislativa, em variegados matizes, cabendo ao jurista indicar, tão-somente, pelo exame dos sistemas processuais, em que sentido é a tendência predominante."

34.8.10. Do princípio inquisitório nos direitos indisponíveis

Os contornos do princípio dispositivo estão fixados no art. 128 do Código de Processo Civil, cujos preceitos determinam que o juiz decidirá a lide nos limites em que foi proposta, sendo-lhe defeso conhecer de questões não suscitadas, a cujo respeito a lei exige que a parte tome a iniciativa.

Lembra *Celso Agrícola Barbi* (ob. cit., p. 17) que: "A adoção do princípio foi na sua formulação moderna, mais atenuada, em que o juiz é limitado pelas alegações das partes — quanto aos fatos jurídicos, mas não se reserva a estas a exclusividade de iniciativa em matéria de provas. A antiga fórmula *judex secundum allegata et probata partium judicare debet* foi substituída por *judex secundum allegata partium judicare debet*. E o que resulta do art. 130, que confere ao juiz poderes para determinar, de ofício ou a requerimento da parte, as provas necessárias à instrução do processo. Todavia, quando a causa versar sobre *direitos indisponíveis*, o princípio dispositivo cede lugar ao inquisitório, no qual tem ênfase a regra de que o juiz deve julgar segundo a verdade real, e não segundo a verdade formal, que emerja do jogo de presunções fixadas na lei. Demonstração disso encontra-se no art. 320, II, que retira da revelia a conseqüência de presunção da verdade dos fatos afirmados pelo autor, se o litígio versar sobre direitos indisponíveis. Da mesma maneira, o art. 351, que diz não valer como confissão a admissão, em juízo, de fatos relativos a direitos indispensáveis."

O princípio inquisitório sofre também restrições em caso de mandado de segurança: "Ao interpor o mandado de segurança deve a parte dar o fundamento jurídico e o fundamento legal do pedido. Ao contrário do que ocorre nas demais ações, não se aplica aqui o princípio *da mihi factum dabo tibi jus* e *jura novit curia*. Não pode o julgador conceder a segurança alterando a fundamentação oferecida pela parte (...) Nesse sentido, já decidiu o STF, no RE n. 87.613, SP, 1ª T., rel. Min. Bilac Pinto: "Mandado de segurança. Seu deferimento, pelo acórdão, por fundamento não invocado na inicial e nem nas razões de apelação. Afronta ao princípio inscrito no art. 515 do CPC" (RTJ 85/314)", *Francisco Antonio de Oliveira*, "Medidas Cautelares e Procedimentos Especiais", Ed. RT, 1989, p. 193, item 22.15.

Exemplo de ampliação do princípio inquisitório, vamos encontrar na ação rescisória: "A coisa julgada é irretratável pela vontade das partes. Embora de conotação relativa, enquanto não transcorrido o prazo decadencial no qual teria lugar a rescisória, transcorrido este projeta-se de forma absoluta. Todavia, a coisa julgada, embora em estágio relativo, somente terá lugar em casos excepcionais previstos na legislação (art. 485 do CPC) de forma taxativa. Somente nestes casos poderá ser revista. Assim, ainda que o réu não apresente defesa em ação rescisória, não há falar em revelia, prosseguindo-se na regular instrução do processo, quando e se for o caso. Ademais, poderá haver conluio entre as partes com o objetivo de conseguir-se, por vias indiretas, a retratação da coisa julgada. Para tanto, bastaria que o réu da ação rescisória deixasse de apresentar defesa. Nesse sentido, acórdão do TRT da 1ª R., TP Proc. AR n. 51/80, Juiz Marco Aurélio Mendes de Farias Mello: "Sendo indisponível o objeto do *judicium rescindens*, não pode o réu reconhecer validamente o pedido de rescisão (*José Carlos Barbosa Moreira*, baseado em *Schönke*, *Rosenberg* — *Schwab*, *Mikisch* e outros). A revelia não produz na rescisória confissão, pois o litígio versa sobre direito indisponível (inc. II do art. 320 do CPC). A rescisão de uma sentença extrapola meros interesses individuais." Como bem assinala *Coqueijo Costa*: "É absurdo pensar que possam as partes na rescisória dispor sobre a descontituição da coisa julgada entregue pelo Estado" (*Francisco Antonio de Oliveira*, "Medidas Cautelares e Procedimentos Especiais", Ed. RT, 1989, p. 218 e 219, item 23.16).

34.8.11. Do processo do trabalho e os princípios dispositivo e inquisitório

Há predominância, a exemplo do processo comum (art. 462 do CPC), do princípio dispositivo. A ação dependerá da iniciativa da parte e o juiz está vinculado ao pedido, não podendo decidir *ultra* ou *extra petita* (art. 460 do CPC).

A característica inquisitória, entretanto, se faz presente no processo trabalhista com maior freqüência, *v. g.*, a transformação da reintegração em indenização dobrada (art. 496 da CLT), a execução *ex officio* (art. 878 da CLT); declaração de vínculo (art. 39); no dissídio coletivo a presença inquisitória é mais acentuada (arts. 868 e ss. da CLT).

Ensina *Moacyr Amaral Santos* ("Comentários ao Código de Processo Civil", Forense, 1976, v. IV/445 e 446) que: "Do princípio da imutabilidade da ação decorre o princípio da inalterabilidade do libelo, conforme o qual ao autor é vedado aditar, no curso do processo, pedido não formulado na inicial (adição do libelo) (art. 294), ou mudar a causa de pedir (mudança do libelo). Correspondente a essas vedações em relação ao autor, justificou-se a formação do princípio da eventualidade ou da concentração da defesa na contestação, pelo qual todas as defesas, salvo as exceções e os incidentes, deverão ser alegadas na contestação, com caráter preclusivo, sendo ao réu vedado produzi-las posteriormente, no curso do processo (art. 303). Este último princípio, entretanto, admite exceções, quais as previstas no art. 303, parágrafo único: são admissíveis novas alegações quando: I — relativas a direito superveniente; II — competir ao juiz conhecer delas de ofício; III — por expressa autorização legal, puderem ser formuladas em qualquer tempo e juízo (...) O juiz de ofício, tomará em consideração tais fatos, quando a lei não exija para seu conhecimento a iniciativa de parte (art. 128). As partes, entretanto, em qualquer caso, satisfeitos os requisitos para o seu conhecimento, poderão invocá-los até o encerramento da discussão da causa."

Realça *Manoel Antonio Teixeira Filho* ("A Prova no Processo do Trabalho", LTr, 1983, p. 98): "Quando se trata de indagar quais dos princípios — dispositivo ou inquisitivo — preside o processo do trabalho, cumpre que se distinga, antes de responder, entre ações (dissídios) individuais e coletivos, o que tange à segunda, não hesitamos em afirmar que o processo que as rege tem caráter nitidamente inquisitivo, visto que, dentre outras características: a) tem legitimidade para "instaurar a instância" (na linguagem já obsoleta do art. 856 da CLT) também o Presidente do Tribunal do Trabalho, de ofício ou a requerimento da Procuradoria daquela Justiça, sempre que ocorrer suspensão do trabalho; b) não se aplica ao acórdão normativo o mandamento de julgamento esse *conformis libello*, podendo o Tribunal conceder *ultra petita* (art. 858, "a" e "b", da CLT, aliás nem mesmo exige que da petição conste o pedido); c) é possível estender-se as decisões aí proferidas "aos demais empregados da empresa que forem da mesma profissão dos dissidentes" (CLT, art. 868, *caput*). Com relação às ações individuais, entendemos que, diante da lei vigente, não se pode deixar de reconhecer que o seu caráter é preponderantemente dispositivo, pois, em geral: a) a propositura da ação depende da iniciativa da parte; b) o Juiz não pode julgar *extra ou ultra petita*; c) o julgamento deve ter em conta o que foi alegado e provado pelas partes. Isto não significa, porém, que se deva deixar de reconhecer, em alguns casos, um certo componente inquisitivo como ocorre, por exemplo, na hipótese do art. 39, e parágrafos, da CLT, onde haverá ação sem autor (no sentido de parte), sendo certo que o traço de inquisitoriedade também está insculpido no próprio art. 765 do mesmo texto. Nem se ignore a faculdade de o Juiz ou Tribunal converter o pedido de reintegração de empregado estável em indenização dúplice, na forma do permissivo do art. 496 da CLT e a execução da sentença ou do acordo *ex officio* (CLT, art. 878, *caput*). Concluímos, por isto tudo, que o processo do trabalho é inquisitivo, no que concerne às ações coletivas sendo informado por ambos os princípios quanto às ações individuais, em que pese haja aqui preponderância do dispositivo."

34.8.12. Do princípio da celeridade

Este princípio vincula-se diretamente com o princípio da concentração dos atos do procedimento e recomenda não se fracione a prova, máxime a oral, ou seja, exige que na mesma audiência se interroguem os litigantes e se inquiram as testemunhas. Outros princípios são equacionados, tais como: necessidade e utilidade da prova, unidade, lealdade ou probidade da prova, contradição, igualdade de oportunidades, legalidade, imediação, obrigatoriedade da prova.

A busca da celeridade não poderá ser motivo que justifique o desrespeito a outros princípios.

A celeridade há de ser buscada em harmonia com os demais princípios. Todavia, isso não significa deva o juiz tolerar investidas procrastinatórias. Ao contrário, deverá coibi-las em homenagem mesmo ao princípio da celeridade.

34.8.13. Do princípio da simplicidade

Merece especial enfoque o princípio da simplicidade que informa o processo trabalhista.

As normas processuais contidas na Consolidação são incompletas, o que obriga a aplicação do direito processual comum, subsidiariamente, art. 769 da CLT. A dificuldade mais se avulta quando verificamos, na parte recursal, *nomen juris* iguais e com finalidades diversas (agravo de instrumento); *nomen juris* diversos com finalidades iguais (apelação, recurso ordinário); recursos que foram alijados do processo comum e que permanecem no processo trabalhista (revista e agravo de petição); arremedo de recurso denominado revisão (art. 2º, § 2º, da Lei n. 5.584/1970); agravo de petição como recurso na execução onde tem a mesma finalidade do recurso de apelação; no processo comum a apelação supre ambas as finalidades.

Em que pesem as dificuldades, a simplicidade da forma constitui peculiaridade do processo do trabalho que deve ser conservada desde que não comprometa o bom andamento e a segurança.

34.8.14. Do princípio da iniciativa oficial

Embora a indicação das provas seja ato das partes, já que interessadas em demonstrar a verdade de suas alegações, aplicando-se com predominância o *princípio da iniciativa das partes*, não se pode perder de vista que o sistema processual brasileiro consagra o *princípio da autoridade*, em face da concepção publicista do processo. Esse princípio estende também tais poderes ao juiz, ao qual compete a direção do processo (arts. 125 do CPC, e 765 da CLT). Daí resulta que o juiz, a quem compete a direção probatória, não está atrelado às provas propostas pelas partes e poderá não admiti-las, não só porque podem ser inadmissíveis como também poderão ser manifestamente protelatórias. Poderá determinar, de ofício, produção de provas que achar necessárias à formação de sua convicção. Entendemos que a iniciativa do juiz far-se-á de maneira subsidiária, supletiva, só utilizada quando houver necessidade de esclarecimentos outros para a sua convicção, impossível somente com as provas produzidas pelas partes. Todavia, não deve e não pode o juiz com base no *princípio da iniciativa oficial* buscar provas que foram desprezadas pelas partes, mormente quando prescindiram de outras provas e requereram o encerramento da instrução processual. O julgamento em casos tais levará em conta o ônus da prova. Entendimento diverso levaria o juiz a fazer prova para uma das partes, iniciativa que macularia o princípio da imparcialidade.

34.8.15. Da prova documental

Dispõe o art. 845 da CLT que: "O reclamante e o reclamado comparecerão à audiência acompanhados das suas testemunhas, apresentando, nessa ocasião, as demais provas." Por sua vez, o art. 787 preceitua: "A reclamação escrita deverá ser formulada em duas vias e desde logo acompanhada dos documentos em que se fundar." Nesse sentido, também dispõe o processo comum (arts. 359, 396 e 397). A exigência é consentânea com o *princípio da concentração* que informa a ambos os processos: o comum e o trabalhista. No processo trabalhista, em sendo a audiência una, com maior razão e intensidade há de ser a obediência ao *princípio da concentração*. Somente aqueles documentos impossíveis de juntada por ato alheio do interessado é que poderão vir aos autos oportunamente, *v. g.*, arts. 355, 359, 360, 361, 362, 381, 396, 397 e 399, todos do CPC.

Assim, não vemos razão de ordem prática e/ou jurídica para o procedimento estabelecido em algumas Varas de permitirem a juntada de documentos até o encerramento da instrução ou até mesmo após a conclusão da instrução processual. Com a juntada de novos documentos, a parte adversa poderá impugnar o documento (art. 398 do CPC) e argüir incidente de falsidade (art. 390 do CPC). Tal prática é incentivo à procrastinação.

Realça *Tostes Malta* ("Prática do Processo Trabalhista", Ed. Trabalhistas, 3ª ed., p. 296, n. 224) que: "Na reclamação escrita o reclamante deverá desde logo juntar os documentos que pretende exibir em Juízo. Nas reclamações orais, o reclamante fará a juntada dos documentos na oportunidade da produção da prova, isto é, depois, de recusada a primeira proposta de conciliação. O reclamado, por sua vez, deverá fazer a juntada dos seus documentos com a contestação. Deve esclarecer-se, no entanto, que, embora, a lei disponha da forma acima exposta, é praticamente pacífico o reconhecimento do direito das partes de produzirem a prova documental na fase probatória da demanda."

34.8.16. Da exibição de documento por terceiro

Compete ao terceiro, em relação a qualquer pleito: I — informar ao juiz os fatos e as circunstâncias, de que tenha conhecimento; II — exibir coisa ou documento, que esteja em seu poder (art. 341 do CPC).

Quando o documento ou a coisa estiver em poder de terceiro, o juiz mandará citá-lo para responder no prazo de 10 dias (ação exibitória), art. 360 do CPC.

Em procedimento exibitório o juiz designará audiência especial, tomando depoimento das partes e testemunhas, se o terceiro negar a obrigação de exibir ou a posse do documento ou da coisa, proferindo sentença (art. 361 do CPC).

Se o terceiro, sem justo motivo, recusar-se a exibir o documento, o juiz ordenará que proceda ao respectivo depósito em cinco dias em lugar previamente designado, respondendo o terceiro pelas despesas, expedindo mandado de apreensão, se necessário, sem prejuízo da responsabilidade por crime de desobediência (art. 362 do CPC).

O art. 363 do CPC prevê as hipóteses em que o terceiro pode escusar-se de exibir documento ou coisa.

Lembra *José da Silva Pacheco* (ob. cit., v. 2º/153) que: "Não pode o Estado coagir o terceiro, estranho à relação processual, a exibir documento que lhe pertence e cujo conteúdo tem interesse de preservar em sigilo. Mas, forçoso é reconhecer que se o documento é imprescindível ao esclarecimento do feito, sob o amparo judicial, e se o terceiro não tem motivo relevante para furtar-se à exibição, não há como deixá-lo de exibir."

34.8.17. Da exibição de livros comerciais

A exibição dos livros comerciais poderá ser integral (art. 381) ou parcial (art. 382). A exibição integral dos livros comerciais constituem verdadeira devassa na vida da empresa, pondo a nu o seu estado patrimonial, tipos de operações, movimento de negócios etc.; adentra ao âmago do espírito que a fortifica como empresa e poderá colocar em risco a sua própria existência. Por essa razão, a medida excepcional só poderá ser levada a efeito naqueles casos enumerados ou quando a lei assim o determinar.

O juiz pode, de ofício, ordenar à parte a exibição parcial dos livros e documentos, extraindo-se deles a suma que interessar ao litígio, bem como reproduções autenticadas (art. 382 do CPC). A exibição parcial, menos drástica em intensidade comparada à exibição total também chamada plena, tem por escopo fazer prova daquilo que se discute em juízo. Vale dizer, o exame está circunscrito àquela parte do livro onde se acham registrados os lançamentos que digam respeito ao fato controvertido. Preleciona *Carvalho de Mendonça* que consiste "na apresentação dos livros para serem consultados, na parte onde se acha mencionado o registro ou lançamento relativo à questão pendente em juízo, extraindo-se o tocante a esta, porque somente é comum o respectivo registro ou lançamento". O art. 382, ampliando a norma do art. 19 do Código Comercial autoriza que com a exibição dos livros se produza igualmente a dos documentos que interessam ao litígio.

A medida tem franca aplicação no processo trabalhista, onde o princípio inquisitório se faz presente com maior intensidade. Ademais, o art. 765 da Consolidação dá ampla liberdade ao juiz do trabalho na direção do processo. Objetivando celeridade poderá determinar qualquer diligência necessária ao esclarecimento da ação. Por motivos óbvios, não pode o juízo determinar de ofício medidas preparatórias (arts. 844 e 845 do CPC). Todavia, nada impede que o juiz o faça de ofício quando a medida for incidental, vale dizer, haja processo pendente (exibição incidental probatória), *incidenter tantum*. No processo do trabalho, o princípio dispositivo, por vezes, cede lugar ao princípio inquisitório, sendo este usado com maior intensidade, quando comparado com a sua aplicabilidade no processo comum.

A exibição de livros de escrituração mercantil, parcial ou total, balanços, documentos de arquivos, documentos em poder de sócios ou de terceiros, poderão ser exigidos pelo juízo no transcorrer da fase probatória ou da fase executória. Ainda que venha a ser exigida na fase de conhecimento, é providência contida no poder de direção do processo (art. 765, CLT), do qual o juiz é detentor. Não se cuida de ato decisório, mas de mero despacho interlocutório, de ofício ou a requerimento da parte, com objetivo instrutório (exibição incidental probatória). Contudo, em sendo preparatória a medida, a competência é do colegiado.

34.8.18. Da argüição de falsidade

Incumbe o ônus da prova quando: I — se tratar de falsidade de documento, à parte que a argüir; II — se tratar de contestação de assinatura, à parte que produziu o documento (art. 389 do CPC). O incidente de falsidade tem lugar em qualquer tempo ou grau de jurisdição, incumbindo à parte, contra quem foi produzido o documento, suscitá-lo na contestação ou no prazo de 10 dias, contados da intimação da sua juntada aos autos (art. 390 do CPC). O incidente de falsidade poderá ter lugar "em qualquer tempo e grau de jurisdição", o que vale dizer em primeira, em segunda jurisdição, inclusive no STF, se a lide lá estiver e houver sido prequestionada. Em primeira instância, poderá ter lugar antes ou depois de encerrada a instrução. Antes de encerrada a instrução, será argüida por simples petição dirigida ao juiz (art. 391

do CPC); depois de encerrada a instrução, o incidente correrá em apenso aos autos principais, com sobrestamento do feito principal (art. 393 do CPC). Quando argüido no tribunal processar-se-á perante o relator, observando-se o disposto no artigo antecedente. O que vale dizer, suscitado após o encerramento da instrução (primeiro grau) ou no juízo de segundo grau, correrá em apenso aos autos principais, sempre com o sobrestamento do feito principal (art. 394 do CPC). A sentença, que resolver o incidente, declarará a falsidade ou autenticidade do documento (art. 395 do CPC). A Consolidação não prevê a matéria, aplicável o processo comum nos termos do art. 769 da CLT.

Adverte *Vicente Greco Filho* ("Direito Processual Civil Brasileiro", Saraiva, 1984, v. 2º/201) que: "Esse prazo é de preclusão, isto é, decorrido ele, a parte não mais poderá pedir a declaração como incidente, restando-lhe, porém, a ação autônoma, que pode provocar a suspensão do processo (art. 265, IV, "a"). Se a sentença da ação em que foi produzido o documento já transitou em julgado, a falsidade poderá ser declarada na própria ação rescisória de sentença (art. 485, VI) (...) O incidente de falsidade, como uma ação que é, se encerra por sentença, que declarará a falsidade ou a autenticidade de documento. Dessa sentença caberá apelação.

Preleciona *Moacyr Amaral Santos* ("Comentários ao Código de Processo Civil", Forense, v. IV/244-247, 1976) que: "A sentença no incidente de falsidade é meramente declaratória: limitar-se-á a declarar a falsidade ou a autenticidade do documento. Não obstante proferida *incidenter tantum*, é sentença definitiva e faz coisa julgada material. A propósito, é claro *Pontes de Miranda*: "Trata-se de sentença definitiva sobre questão prejudicial, de sentença em ação declarativa, com a possível eficácia de coisa julgada material, posto que *incidenter tantum*." De que faz coisa julgada, pacífica é a doutrina. Discute-se, todavia, se os efeitos do julgado se produzem apenas entre as partes ou *erga omnes*. No sentido de que faz coisa julgada *erga omnes*, entre outros, *Chiovenda*, *Andrioli* (...) Como sentença no processo de argüição faz coisa julgada material e a lei prescreve que "logo que for suscitado o incidente de falsidade o juiz suspenderá o processo principal" (art. 394), o prosseguimento deste, com a aplicação do decidido no incidente, somente terá lugar após o trânsito em julgado daquela decisão. No sistema do direito anterior, discutia-se sobre a recorribilidade das decisões proferidas nos processos incidentes e acessórios de falsidade. O Código, parece-nos, dissipou qualquer dúvida, permitindo a recorribilidade de tais decisões e declarando que o meio próprio para impugná-las será o agravo de instrumento (art. 522). Sem embargo de tratar-se de decisão definitiva e que produz coisa julgada, a argüição é incidente de processo principal e a apelação somente é autorizada nos processos que extinguem o processo principal (arts. 267, 269, 513), coisa que não ocorre com a argüição de falsidade."

Na Justiça do Trabalho, a decisão proferida em incidente de falsidade vem sendo entendida pelos tribunais trabalhistas como simples decisão interlocutória, podendo a parte interessada renovar a discussão da matéria em recurso ordinário, com discussão em preliminar. Tal entendimento é coerente com as peculiaridades do processo trabalhista, mais ágil, vez que a se entender de outra forma o processo se arrastaria por anos, em prejuízo da celeridade. Ademais, ter-se-ia a dificuldade de não haver recurso próprio, em se entendendo definitiva a sentença proferida. O recurso ordinário correspondente da apelação cível — diz respeito à extinção do processo principal e o agravo de instrumento tem objetivo próprio, diverso do cível, qual seja o de garantir a subida de recurso cujo processamento fora barrado pelo juízo. Assinala que: "A sentença que resolve o incidente declarará a falsidade ou a autenticidade do documento (art. 395), entendidos aí *lato sensu* (*Pontes de Miranda*). Proferida a sentença declaratória *incidenter tantum*, é sentença definitiva e faz coisa julgada material. É à Junta de Conciliação e Julgamento, e não ao Presidente desta, que incumbe decidir o incidente de falsidade, porque o primeiro grau trabalhista é colegiado.

Lembra *Alexandre de Paula* ("Código de Processo Civil Anotado", Ed. RT, 1977, v. II/262 e ss.) que: "A argüição de falsidade é um incidente. Então, o ato judicial que o resolve é apenas uma decisão, consoante a define o art. 162, § 2º. Por outro lado, o julgamento do incidente, ainda que conclua por declarar falso o documento impugnado, poderá não dar fim ao processo. Não é, pois, uma sentença, como a denomina este art. 395, contrariando definição do § 1º do art. 162. Sendo assim, o recurso cabível da declaração de falsidade ou autenticidade do documento há de ser o agravo de instrumento (art. 522). Só se poderá admitir a apelação se, tratando-se de documento fundamental, for declarado falso e, em conseqüência, decretada a extinção do processo, sem julgamento do mérito (arts. 162, § 1º, e 513)."

Temos, pois, que em não sendo sentença mas decisão interlocutória, razão não há no processo trabalhista para que se permita a interposição do recurso ordinário com graves reflexos procrastinatórios. Transitada em julgado a sentença, não há mais oportunidade para a argüição de falsidade, salvo na ação rescisória. Na execução, todavia, a argüição poderá ser levantada contra documento novo que se venha oferecer.

O incidente de falsidade argüido antes de encerrada a instrução (art. 391 do CPC) no processo do trabalho poderá ser apreciada juntamente com a sentença de mérito, como matéria preliminar, onde declarar-se-á a autenticidade ou a falsidade do documento, prosseguindo-se na apreciação do *meritum causae*.

34.8.19. Da prova pericial

As ações propostas poderão conter fatos que dependem de conhecimentos técnicos especializados, *v. g.*, técnico contábil, grafotécnico, em engenharia, de medicina etc. Em casos tais, o juiz louvar-se-á em perito de sua confiança que apresentará laudo circunstanciado sobre a matéria discutida. Muito embora o juiz possa ter, em certos casos, conhecimentos técnicos da matéria, isso não será suficiente para que prescinda de laudo para a espécie. Ademais, o laudo técnico tem por escopo documentar nos autos a matéria especializada discutida e possibilitar, inclusive, o reexame em grau de recurso. O juiz não está adstrito ao laudo pericial, podendo formar a sua convicção com outros elementos ou fatos provados nos autos (art. 436 do CPC). A prova pericial consiste em exame, vistoria ou avaliação (art. 420 do CPC). O juiz indeferirá a perícia quando: I — a prova do fato não depender de conhecimento especial de técnico; II — for desnecessária em vista de outras provas produzidas; III — a verificação for impraticável (art. 420, parágrafo único, do CPC). O momento oportuno para requerimento da prova pericial é a inicial para o autor e a defesa para o réu. Entretanto, nada impede que seja requerida em audiência ou a qualquer momento se se demonstrar a imprescindibilidade. Poderá ainda ser determinada de ofício pelo juízo. Os exames periciais serão realizados por perito único designado pelo Juiz que fixará o prazo para entrega do laudo (art. 3º da Lei n. 5.584/1970). Permitir-se-á a cada parte a indicação de um assistente técnico, cujo laudo terá de ser apresentado no mesmo prazo assinado para o perito, sob pena de ser desentranhado dos autos (art. 3º, parágrafo único, da Lei n. 5.584/1970). Incumbe às partes, dentro em cinco dias, contados da intimação do despacho de nomeação do perito: I — indicar o assistente técnico; II — apresentar quesitos (art. 421, § 1º, do CPC).

Havia controvérsia relativa ao compromisso do assistente técnico, então exigida pelo CPC, mas refutada em sede trabalhista por força de legislação específica (Lei n. 5.584/1970). A celeuma, todavia, encontra-se suplantada já que a nova redação aferida ao art. 422 do CPC (Lei n. 8.455/1992) não mais sujeita o assistente técnico a compromisso. Com tanto prestigiou o legislador a realidade, haja vista que o assistente técnico sempre se postou mais como um defensor da tese de quem o contrata do que como sujeito processual ungido de munus público os honorários do assistente técnico são pagos pela parte que o contratou. O ideal seria o compromisso e a aplicação do princípio da sucumbência de modo amplo no processo trabalhista.

Ao nomear o perito, o juiz deverá indicar o objeto da perícia. Nomeado o perito e apresentados quesitos, competem às partes fiscalizar se os quesitos apresentados pela outra parte são ou não pertinentes, alertando o juízo em caso negativo. Com isso evitar-se-ão levantamentos desnecessários. Poderá o juiz formular quesitos sempre que achar necessário (art. 765 da CLT).

34.8.20. Da inspeção judicial

O juiz, de ofício ou a requerimento da parte, pode, em qualquer fase do processo, inspecionar pessoas ou coisas, a fim de se esclarecer sobre fato, que interesse à decisão da causa (art. 440 do CPC). Ao realizar a inspeção direta, o juiz poderá ser assistido de um ou mais peritos (art. 441 do CPC). O juiz irá ao local, onde se encontre a pessoa ou coisa, quando: I — julgar necessário para a melhor verificação ou interpretação dos fatos que deva observar; II — a coisa não puder ser apresentada em juízo, sem consideráveis despesas ou graves dificuldades; III — determinar a reconstituição dos fatos. As partes têm sempre direito de assistir à inspeção, prestando esclarecimento e fazendo observações que reputem de interesse para a causa (art. 442, parágrafo único do CPC). Concluída a diligência, o juiz mandará lavrar auto circunstanciado, mencionando nele tudo quanto for útil ao julgamento da causa. O auto poderá ser instruído com desenho, gráfico ou fotografia (art. 443 e parágrafo único do CPC).

Segundo *Alexandre de Paula* ("Código de Processo Civil Anotado", Ed. RT, 1977, v. II/339): "Não cogitava a lei anterior da inspeção, pelo juiz, de pessoas ou coisas. Havia juízes que a praticavam. Mas os Tribunais se recusavam a reconhecê-la como meio de prova."

Temos que a inspeção judicial é diligência que se consuma ulteriormente à produção de prova, por iniciativa da parte ou de ofício pelo juiz.

Observa *Vicente Greco Filho* ("Direito Processual Civil Brasileiro", Saraiva, 1984, v. 2º/213, n. 50) que: "O último dos meios de prova regulados pelo Código é a inspeção judicial. Esta prova não era prevista expressamente no Código de 1939, mas admitida na doutrina e na jurisprudência. Havia, contudo, divergência doutrinária quanto à sua oportunidade. para alguns, a inspeção seria meio valiosíssimo no convencimento do juiz; para outros seria um perigoso expediente de envolvimento do magistrado nos fatos. Essas duas opiniões, porém não se excluem e encerram duas observações verdadeiras: de um lado pode a inspeção judicial ser o instrumento decisivo para a captação da verdade; de outro pode envolver o magistrado no calor da refrega. Por isso, o Código instituiu a inspeção judicial como meio de prova facultativo, a critério do juiz. Este, de ofício ou a requerimento da parte, pode, em qualquer fase do processo, inspecionar pessoas ou coisas, a fim de se esclarecer sobre fato que interesse à decisão da causa."

Amaral Santos ("Comentários ao Código de Processo Civil", Forense, 1976, v. IV/384) assinala que: "E aí se tem um outro característico da inspeção judicial, e que consiste em ser um meio de instrução ulterior à prova do fato já adquirida pelo processo por iniciativa de parte. Essa particularidade tem até permitido a alguns doutores, como *Alsina*, a recusar à inspeção judicial a natureza de meio de prova para atribuir-lhe a de meio de apreciação da prova, "porquanto, diz ele, esta já estará constituída ou resultará da coisa sobre a qual recaia a inspeção". Conforme esse publicista, a diligência da inspeção "só servirá para ilustrar o juiz, permitindo-lhe esclarecer circunstâncias que de outro modo não poderiam ser apreciadas com precisão". Mas, sem embargo de divergência em que nos achamos com esse jurista argentino quanto à natureza do instituto, por isso que o meio de esclarecer fatos, ou suas circunstâncias, para nós e para a doutrina generalizada é meio de prova (...)."

34.8.21. Da prova testemunhal

Dispõe *Amaral Santos* ("Comentários ao Código de Processo Civil", Forense, 1976, v. IV/286) que: "Conceituamos como testemunha a pessoa distinta dos sujeitos processuais e que, convidada na forma da lei, por ter conhecimento do fato ou ato controvertido entre as partes, depõe sobre este em juízo, para atestar a sua existência (...) Mas é de acentuar-se que o testemunho é prova, meio de apuração dos fatos em juízo, o que importa reconhecer a necessidade de indagar-se da idoneidade moral desse meio, como condição precípua do seu valor."

E prossegue ("Prova Judiciária no Cível e Comercial", Max Limonad, 1972, v. III/311). "A regra é, pois, que a testemunha deve depor quanto a fatos de que tem conhecimento através dos sentidos. E porque outra não é a sua função, segue-se que lhe não cabe emitir pareceres, opiniões ou juízos acerca dos fatos sobre os quais depõe e versa a causa. A função de apreciar os fatos compete ao juiz; à testemunha apenas a de dizer sobre a sua existência, circunstâncias e modo por que existem ou existiram. Apreciar os fatos e opinar sobre suas conseqüências jurídicas, essa é missão exclusiva do juiz. Quando este, em certas hipóteses, necessite porventura, para mais consciencioso cumprimento dessa missão, munir-se de pareceres técnicos sobre os fatos, não será à testemunha que caiba fornecer-lhos. Deverão tais pareceres ser emitidos por pessoas especializadas no assunto cujo esclarecimento é considerado necessário pelo juiz: são os peritos. Donde — escreve *Rossi* — o uso de testemunhas não pode ser admitido nem para darem opinião de ordem técnica sobre os fatos aos quais se refere a prova, nem para darem opinião sobre a natureza ou as conseqüências jurídicas dos mesmos fatos, por ser aquela opinião própria da função de peritos e esta própria da função de juiz".

Mais adiante conclui: "Sem embargo desse preceito de ordem geral, à testemunha não é vedado, em circunstâncias especiais, emitir conceito ou juízo de ordem técnica a respeito dos fatos sobre os quais depõe, por vezes útil ou indispensável à instrução do processo. Isso poderá ocorrer em duas hipóteses: a) quando os fatos, sobre os quais depõe, não são mais suscetíveis de ser observados ou verificados por peritos; b) quando a testemunha, por sua especial cultura intelectual, esteja em condições de aduzir, sobre os fatos dos quais informa, considerações resultantes das suas próprias observações."

A Consolidação das Leis do Trabalho dedica uns poucos artigos à prova testemunhal, obrigando ao intérprete a incursão ao processo comum (art. 769 da CLT). A prova testemunhal é sempre admissível, não dispondo a lei de modo diverso. O juiz indeferirá a inquirição de testemunhas sobre fatos: I — já provados por documento ou confissão da parte; II — que só por documento ou por exame pericial puderem ser provados (art. 400 do CPC). Restrição à prova testemunhal vamos encontrar no art. 401 do CPC. Prova testemunhal supletiva (art. 402 do CPC). Prova de simulação e dos vícios de consentimento (art. 404 do CPC).

34.8.22. Da possibilidade de depor como testemunha

Podem depor como testemunhas todas as pessoas, exceto as incapazes, impedidas ou suspeitas (art. 405 do CPC). São incapazes: I — o interdito por demência; II — o que, acometido por enfermidade, ou debilidade mental, ao tempo em que ocorreram os fatos, não podia discerni-los; ou, ao tempo em que deve depor, não está habilitado a transmitir as percepções; III — o menor de 16 anos; IV — o cego e o surdo, quando a ciência do fato depender dos sentidos que lhes faltam. São impedidos: I — o cônjuge, bem como o ascendente e o descendente em qualquer grau, ou colateral até o terceiro grau, de algumas das partes, por consagüinidade ou afinidade, salvo se exigir o interesse público, ou, tratando-se de causa relativa ao estado da pessoa, não se puder obter de outro modo a prova que o juiz repute necessária ao julgamento do mérito; II — o que é parte na causa do menor, o representante legal da pessoa jurídica, o juiz, o advogado e outros que assistem ou tenham assistido as partes. São suspeitos: I — o condenado por crime de falso testemunho; havendo transitado em julgado a sentença; II — o que, por seus costumes, não for digno de fé; III — o inimigo capital da parte, ou o seu amigo íntimo; IV — o que tiver interesse no litígio. Sendo estritamente necessário, o juiz ouvirá testemunhas impedidas ou suspeitas; mas os seus depoimentos serão prestados independentemente de compromisso (art. 415) e o juiz lhes atribuirá o valor que possa merecer (art. 405, § 4º, CPC). A testemunha não é obrigada a depor de fatos: I — que lhe acarretem grave dano, bem como ao seu cônjuge e aos seus parentes consagüíneos ou em linha reta, ou na colateral em segundo grau; II — a cujo respeito, por estado ou profissão, deva guardar sigilo (art. 406 do CPC). No art. 228 do CC nomeia as pessoas que não podem funcionar como testemunha e excepciona no parágrafo único.

34.8.23. Da prova testemunhal na Justiça do Trabalho

As testemunhas comparecerão à audiência independentemente de notificação ou intimação (art. 825 da CLT). As que não comparecerem serão intimadas, *ex officio*, ou a requerimento da parte, ficando sujeitas à condução coercitiva, além das penalidades do art. 730, caso, sem motivo justificado, não atendam à intimação (parágrafo único). O reclamante e o reclamado comparecerão à audiência acompanhados das suas testemunhas, apresentando, nessa ocasião, as demais provas (art. 845 da CLT). Tem-se, pois, que a regra geral no processo trabalhista é as partes comparecerem à audiência — de instrução e julgamento, posto que una — acompanhadas de suas testemunhas, sob pena de preclusão da prova.

Poderá acontecer, entretanto, de a parte ver-se impossibilitada de cumprir aquela determinação legal por motivos ponderosos. Vários fatores poderão colaborar para que isso aconteça, *v. g.*, quando a testemunha se nega a comparecer espontaneamente, sem notificação do juízo; a parte não consegue localizar a testemunha que transferiu endereço; testemunha foi acometida de doença, etc. Nesse caso, em tendo conhecimento dos fatos com antecedência, deverá a parte peticionar ao juízo até 48 horas antes da audiência (art. 278, § 2º, do CPC), dando ciência da impossibilidade. O ideal, em tendo conhecimento, *v. g.*, de que a testemunha só virá mediante notificação, será peticionar com tempo suficiente para que se proceda a notificação, evitando-se o seccionamento da audiência. Poderá, ainda, acontecer que somente no dia da audiência a parte teve ciência de que a testemunha se negou a comparecer sem notificação do juízo ou que foi acometida de mal súbito. Neste caso, deverá a parte levar ao conhecimento do Juiz Presidente logo após a apresentação da defesa e a proposta prévia de conciliação (art. 847 da CLT), sempre antes de iniciar a instrução com depoimentos das partes e ou ouvida de testemunhas da outra parte. Se assim não proceder, a parte terá preclusa a oportunidade. A notificação ou a condução coercitiva no processo trabalhista constitui exceção à regra. E essa exceção está expressa no art. 825, parágrafo único, da CLT.

Na prática, verifica-se uma confusão generalizada na interpretação do dispositivo retro. Assim é que vamos encontrar acórdão afirmando: "Inafastável a conclusão de que tem a parte o direito de ver suas testemunhas notificadas através de via apropriada, que na Justiça do Trabalho é a postal" (TRT, 2ª R. 8.375/77, LTr 42/232). Tal afirmação não é correta e destoa da norma legal que rege a espécie. Entendimento como esse tira do processo trabalhista a celeridade que lhe é própria, avilta o princípio da oralidade, da concentração e da imediatidade dos atos processuais. Se essa fosse a *mens legis*, preferível seria a aplicação pura e simples das regras do processo comum (art. 407), sem dúvida mais célere do que aquela apregoada no acórdão retro.

Outros ainda, sob a alegação de que a maioria das Varas seccionam suas audiências, generalizam e passam a afirmar que as testemunhas devem ser sempre notificadas para depoimentos na sessão seguinte. Note-se que é um entendimento eclético: não segue o processo trabalhista e nem o processo comum. Tal entendimento avilta as normas processuais ao pretender que costume de discutível jurisdicidade a elas se sobreponham. Constitui interpretação cerebrina das normas que regem a espécie e demonstra mesmo ausência de seriedade interpretativa com a ciência de Direto.

34.8.24. Da testemunha: compromisso e advertência

Ao início da inquirição, a testemunha prestará o compromisso (art. 828 da CLT) de dizer a verdade do que souber e lhe for perguntado (art. 415 do CPC). O juiz advertirá a testemunha que incorre em sanção penal quem faz afirmação falsa, cala ou oculta a verdade (parágrafo único).

A lei não establece forma solene para tomar-se o compromisso ou para fazer-se a advertência à testemunha que irá depor. Competirá ao juiz, em cada caso, dependendo do grau de instrução da testemunha, adverti-la de tal maneira que esta realmente entenda a sua responsabilidade de dizer a verdade, sem faltar, sem falsear, dizendo claramente dos reflexos criminais, inclusive da pena aplicável em caso de falso testemunho (art. 342 do Código Penal).

34.8.25. Da qualificação

Toda testemunha, antes de prestar o compromisso legal, será qualificada, indicando o nome, nacionalidade, profissão, idade, residência, e, quando empregada, o tempo de serviço prestado ao empregador, ficando sujeita, em caso de falsidade, às leis penais (art. 828 da CLT). É lícito à parte contraditar a testemunha, argüindo-lhe a incapacidade, o impedimento ou a suspeição (art. 414, § 1º, do CPC).

34.8.26. Da classificação

Encontramos na doutrina, entre outras, a seguinte classificação de *Gabriel Rezende Filho* ("Curso de Direito Processual Civil", Saraiva, 1953, p. 273): "instrumentárias — que asseguram com a sua presença e assinatura, a verdade dos atos jurídicos, colaborando na formação da prova literal pré-constituída; judiciais — são as que depõem em Juízo, acerca dos fatos (relevantes) da ação; oculares e auriculares — dispõem segundo os fatos que presenciaram ou dos quais tiveram notícia; originárias e referidas — conforme tenham sido indicadas pelas partes ou mencionadas por outras testemunhas em seus depoimentos; idôneas e inidôneas — de conformidade com o valor do depoimento, sendo certo que as últimas têm seus depoimentos afetados por vício ou defeito capaz de lhes retirar ou diminuir a credibilidade." O Código de Processo Civil prevê a hipótese de testemunho inidôneo, quando estritamente necessário, no art. 405, § 4º.

34.8.27. Da obrigação de testemunhar

Todas as pessoas são obrigadas a testemunhar sobre fatos dos quais tenham conhecimento e que possam auxiliar no deslinde da demanda, exceção feita aos incapazes; impedidos e suspeitos poderão, conforme o caso, ser ouvidos como informantes; e aqueles a quem a lei escusa de depor (art. 406 do CPC). Aqueles que se recusarem a depor como testemunhas, sem motivo justificado, incorrerão na multa (art. 730, CLT). Ver Portaria MTE n. 290/97.

As testemunhas que não comparecerem serão intimadas, *ex officio*, ou a requerimento da parte, ficando sujeitas à condução coercitiva, além das penalidades do art. 730, caso, sem motivo justificado, não atendam à intimação (art. 825, parágrafo único, da CLT).

A condução debaixo de Vara somente será possível, quando, notificada pelo juiz, a testemunha deixar de comparecer (art. 825, CLT). Nesse caso, poderá o juiz, se e quando for o caso, aplicar a multa do art. 730, CLT. A simples afirmação do advogado de que a testemunha se negou a comparecer oportuniza a notificação, não a condução coercitiva e a aplicação de multa.

34.8.28. Da prova e o princípio da oralidade

O comparecimento da testemunha à presença do juízo da causa constitui regra geral. Essa exigência está contida no art. 132 do CPC ao preceituar que: "O juiz, titular ou substituto, que iniciar a audiência, concluirá a instrução." Esse preceito diz respeito ao princípio da identidade física do juiz, lamentavelmente resistido no processo trabalhista mesmo apís a EC n. 24/1999 (extinção dos classistas), conflitando com as suas próprias regras, vez que ali a oralidade alcança a sua intensidade maior. Diz o art. 336 do CPC que: "Salvo disposição especial em contrário, as provas devem ser produzidas em audiência." A exceção à regra está nos arts. 200, 201, 410 e 411 do CPC. Temos aí, também, o princípio da imediação ou concentração da prova.

O princípio da oralidade resulta de reação ao sistema escrito absoluto, e com salutar presença faz com que o juiz antes distante, sem reação, passivo, se transforme em elemento vital, presente, atuante no processo, colhendo a prova e sentindo as reações das pessoas nos depoimentos, formando a sua convicção para o julgamento de maneira presente.

Adverte *Manoel Antonio Teixeira Filho* ("A Prova no Processo do Trabalho", LTr, p. 188) que: "Não se suponha, no entanto, que a pessoa estará atendendo a obrigação de testemunhar ao fazer, por instrumento particular ou público, declarações acerca dos fatos que pertencem ao seu conhecimento, juntando-os, depois, aos autos; esse procedimento é absolutamente inadmissível, pois atenta contra os princípios da oralidade do procedimento e da imediação." As declarações constantes do documento particular, escrito e assinado, ou somente assinado, presumem-se verdadeiras em relação ao signatário (art. 368 do CPC). Quando, todavia, contiver declaração de ciência, relativa a determinado fato, o documento particular prova a declaração, mas não o fato declarado, competindo ao interessado em sua veracidade o ônus de provar o fato (parágrafo único). Nesse sentido, dispõe o art. 131 do Código Civil. A regra é, pois, que as testemunhas depõem, na audiência de instrução, perante o juiz da causa, exceto: I — as que prestam depoimento antecipadamente; II — as que são inquiridas por carta; III — as que, por doença, ou outro motivo relevante, estão impossibilitadas de comparecer em juízo (art. 336, parágrafo único), art. 410 do CPC. São inquiridas em sua residência, ou onde exercem a sua função aquelas pessoas indicadas pelo art. 411 do CPC.

34.8.29. Das restrições para testemunhar

O princípio geral é de que todos (pessoas físicas) podem depor como testemunhas, exceção aos incapazes, impedidos e suspeitos. Dispõe o § 4º do art. 405 do CPC que: "Sendo estritamente necessário, o juiz ouvirá testemunhas impedidas ou suspeitas; mas os seus depoimentos serão prestados independentemente de compromisso (art. 415) e o juiz lhes atribuirá o valor que possam merecer." Dispõe *Moacyr Amaral Santos* ("Comentários ao Código de Processo Civil", Forense, 1976, v. IV/297) que: "Entretanto, exatamente porque a necessidade do depoimento de tais pessoas não lhes retira a qualidade de impedidas ou suspeitas, que continuam sendo, o juiz as ouvirá sem lhes exigir o compromisso de dizer a verdade: os seus depoimentos serão prestados independentemente de compromisso (art. 415) e o juiz lhes atribuirá o valor que possam merecer (art. 405, § 4º). Vale dizer, serão depoimentos tomados sem auxílio das cautelas recomendadas para a apuração da verdade, circunstância a que se aterá o juiz para estimar-lhes o valor probatório."

34.8.30. Dos incapazes: menor

O Código de Processo Civil, art. 405, § 1º, indica o rol dos que são considerados incapazes legalmente. Faremos breve enfoque sobre o inciso III — o menor de 16 anos. O art. 228 do Código Civil já dispõe que: Não podem ser admitidos como testemunhas: I — os menores de 16 anos de idade. Todavia, em se verificando o art. 27 do Código Penal, temos que: Os menores de dezoito anos são penalmente irresponsáveis, ficando sujeitos às normas estabelecidas na legislação especial. O Decreto-lei n. 6.026, de 24.11.1943, dispõe sobre as medidas aplicáveis aos menores de 18 anos pela prática de fatos considerados infrações penais. O art. 208 do Código de Processo Penal dispõe: Não se deferirá o compromisso (...) e aos menores de 14 anos.

Embora o art. 405, § 1º, do CPC afirme que não podem ser admitidos como testemunhas: III — os menores de 16 anos, não é correto concluir-se que, *a contrario sensu*, os maiores de 16 anos poderão ser admitidos como testemunhas. A interpretação a ser feita é a sistemática, levando-se em conta o Código Penal e o Código de Processo Penal. Embora o Código de Processo Penal afirme que não se deferirá compromisso aos menores de 14 anos, a conclusão a que se chega no âmbito civil é a de que o menor de 16 anos não poderá depor, posto que incapaz; e o maior de 16 e menor de 18 anos só poderá ser ouvido como simples informante, já que, penalmente, irresponsável; não comete crime de falso testemunho.

Assevera *Pontes de Miranda* ("Tratado de Direito Privado", t. I/207, Ed. RT, São Paulo, 1983) que: "As leis penais é que determinam o começo da capacidade, bem como as penalidades e medidas concernentes aos menores de certa idade. Quando o art. 5º do Código Civil (art. 3º, CC atual) diz que são absolutamente incapazes de exercer pessoalmente os atos da vida civil os menores de dezesseis anos, os loucos de todo o gênero, os surdos-mudos que não puderem exprimir a sua vontade, nada exprime quanto à capacidade delitual (ver incisos II e III): somente pelo art. 156 (sem correspondente) se sabe que o menor de dezesseis anos não assume qualquer obrigação pelos atos ilícitos em que for apontado como causador."

Nelson Hungria ("Comentários ao Código Penal", Forense, Rio, 1959, v. IX/485), em comentando o crime de falso testemunho dispõe que: "Tendo o Código abolido a condição ou pressuposto do "juramento ou compromisso", não há distinguir, na espécie, entre testemunha numerária e testemunha informante; já não pode esta prestar impunemente testemunho falso. Como é claro, também não podem ser acusados de tal crime, ainda quando admitidos a depor, as pessoas compreendidas nos arts. 22 e 23 do Código Penal (doentes ou deficientes mentais e menores de 18 anos)."

Registra *Vicente Greco Filho* ("Direito Processual Civil Brasileiro", Saraiva, v. 2º/204): "Quanto aos menores, há uma incompatibilidade entre a lei processual civil e o Código Penal, que estabelece a idade de 18 anos para a imputabilidade. Em virtude da disparidade de idade num e noutro Código, o menor entre 16 e 18 anos pode depor porque é capaz, mas não fica sujeito às penas de falso testemunho por ser inimputável. Talvez o Código de Processo tivesse em vista o Decreto-lei n. 1.004 do Código Penal de 1969, que não chegou a entrar em vigor, mas que na época estava em *vacatio legis* e que previa, em casos especiais, a redução da imputabilidade para 16 anos, mantido, nesse ponto, o Código em vigor, ficou patente a lacuna."

Doutrina *Manoel Antonio Teixeira Filho* ("A Prova no Processo do Trabalho", LTr, p. 190) que: "Sem embargo, a admissão de que o indivíduo, ao completar 16 anos de idade, se torna apto para servir como testemunha, conduz a uma de duas conclusões inevitáveis: a) caso venha a falsear, calar ou ocultar a verdade, não cometerá crime de falso testemunho por ser penalmente irresponsável, ao teor do art. 23 do Código Penal; b) cometerá esse crime, nada obstante a declaração contida no referido dispositivo penal, porquanto foi admitido como testemunha (...). Desta forma, a interpretação que se deve extrair do art. 405, III, do CPC, e respeitadas as demais normas legais atinentes à espécie, é no sentido de que são incapazes para depor como testemunha os menores de 18 anos de idade, pois somente a partir desta data é que se tornam penalmente responsáveis. Seria inadmissível que uma pessoa, com menos de 18 anos, pudesse testemunhar sem que ficasse sujeita às sanções legais relativas ao crime de falso testemunho. Assim sendo, abaixo dessa idade o indivíduo apenas poderá ser ouvido como informante, pois de nada valeria tomar-lhe o compromisso legal (CPC, art. 415); essa conclusão não fere o disposto no § 4º do art. 405 do CPC, que faculta ao Juiz somente ouvir pessoas impedidas ou suspeitas (e não incapazes), na medida em que o legislador processual não se deu conta da falha cometida relativamente ao inc. III do mesmo artigo."

34.8.31. Dos cegos e surdos-mudos

Inexiste óbice legal a que o cego deponha sobre aquilo que ouviu e o surdo sobre aquilo que presenciou. O surdo-mudo não é considerado incapaz para testemunhar, desde que o conhecimento dos fatos não dependa dos sentidos que lhe falta. O juiz nomeará intérprete toda vez que o repute necessário para: III — traduzir a linguagem mímica dos surdos-mudos, que não puderem transmitir a sua vontade por escrito (art. 151 do CPC).

Pelo art. 228, III, CC, não poderão ser admitidos como testemunhas os cegos e os surdos, quando a ciência do fato que se quer provar dependa dos sentidos que lhes faltam.

34.8.32. Do interdito por demência

A linguagem (intedito por demência) usada pelo Código Buzaid (art. 405, 1º, I) é menos ampla e mais apropriada do que a do Código Civil de 1916 (art. 142) que mencionou loucos de todo o gênero. O art. 228, inciso II, do CC atual dispõe: "aqueles que, por enfermidade ou retardamento mental, não tiverem discernimento para a prática dos atos da vida civil."

Em que pese o vocábulo demência, empregado pelo legislador processual realça *Moacyr Amaral Santos* ("Comentários ao Código de Processo Civil", Forense, 1976,

v. IV/287) que: "Na palavra demência o legislador faz abranger todas as facetas de alienação mental. Todos os doentes mentais, sejam eles idiotas, imbecis, débeis mentais, psicastênicos, histéricos, monomaníacos, etc., afastados permanentemente ou temporariamente da razão, uma vez interditados e enquanto interditados, estão proibidos de depor. Justifica-se por motivos de primeira intuição essa incapacidade. O testemunho do alienado, em regra, reflete sensações perturbadas, transtornos da memória, vícios de vontade, defeitos, enfim das funções psíquicas, de forma a não ser aconselhável assentar-se a verdade nas suas afirmações."

34.8.33. Do enfermo ou débil mental

O Código de Processo Civil, art. 405, § 1º, II, dispõe que são incapazes: o que, acometido por enfermidade, ou debilidade mental, se ao tempo em que ocorreram os fatos, não podia discerni-los; ou, ao tempo em que deve depor, não está habilitado a transmitir as percepções.

O preceito cuida de dois enfoques: a) aquele que à época dos fatos não podia discerni-los, eis que acometido por enfermidade ou debilidade mental; b) aquele que, embora à época dos fatos estivesse com saúde física e mental, já agora, por ocasião do depoimento, não apresenta condições de certeza.

No primeiro enfoque, inclui-se toda pessoa acometida de doença (enfermidade ou debilidade mental) de intensidade tal que não lhe permitia ao tempo em que os fatos ocorreram a sua percepção clara e racional. No segundo, temos aquela pessoa que embora à época estivesse apta a descrever os acontecimentos com clareza e exatidão, já agora, por ocasião do depoimento, não mais está habilitada a fazê-lo, por deficiências impostas por enfermidade ou debilidade mental. Está previsto no inc. II (retardamento mental), do art. 228, CC.

34.8.34. Do testemuho do ascendente ou do descendente

Preceitua o art. 405, § 2º, I, que são impedidos: o cônjuge, bem como o ascendente e o descendente em qualquer grau, ou colateral até o terceiro grau, de alguma das partes, por consangüinidade ou afinidade. São ascendentes: pai, avô, bisavô, trisavô, tetravô e pentavô, correspondentes ao primeiro, segundo, terceiro, quarto, quinto e sexto graus, respectivamente; descendentes: filho, neto, bisneto, trineto, tetraneto e pentaneto, correspondentes ao primeiro, segundo, terceiro, quarto, quinto e sexto graus, respectivamente; colaterais; irmão (2º grau); tio e sobrinho (3º grau); por afinidade: sogro (primeiro grau); genro e nora (primeiro grau); padrasto (primeiro grau); enteado (primeiro grau); e cunhado (segundo grau).

No processo trabalhista, dispõe o art. 829 da CLT que: "A testemunha que for parente até o terceiro grau civil, amigo íntimo ou inimigo de qualquer das partes, não prestará compromisso, e seu depoimento valerá como simples informação."

Preleciona *Moacyr Amaral Santos* ("Comentários ao Código de Processo Civil", Forense, 1976, v. IV/291 e 292): "Compreende-se tal impedimento ante os comuns sentimentos de íntima afeição e os de natural solidariedade que congregam os membros de uma mesma família. "Entende-se que, pela afeição devida ao parente, são incapazes essas pessoas de ter absoluta isenção de espírito", observa *Clóvis*. Comentando dispositivo semelhante da lei italiana de 1865, *Rossi* fere com agudeza o assunto, mostrando haver duas razões para o estabelecimento da incompatibilidade. "Em primeiro lugar, qualquer pessoa tão estreitamente ligada a alguma das partes não pode ter a necessária serenidade para depor com exatidão sobre o que concerne à pessoa que lhe é cara e por cujos interesses se preocupa como o seu próprio, e, por vezes, essa falta de serenidade impede até mesmo a percepção exata daquilo que se deseja fazer chegar ao conhecimento do juiz. Em segundo lugar, obrigar uma pessoa a depor contra um seu parente próximo significaria colocar sua consciência em estado de gravíssima perplexidade, o que poderia ocasionar graves inconvenientes; impor tal obrigação, por outro lado, não seria justo, visto que não é necessário pretender de um cidadão, no qual se pressupõem energias e sentimentos morais comuns, mais do que ele pode dar, constrangendo-o a um doloroso conflito entre o cumprimento de um dever, em favor do adversário do ente que lhe é caro, e os seus mais sagrados sentimentos." Poder-se-ia ainda, justificar a aludida incompatibilidade, no próprio interesse social, qual o de resguardar a sociedade, a sua célula básica, a família, de todas aquelas causas capazes de criar-lhe obstáculos a uma existência harmônica. Isso porque se deve ter em consideração que o dever de testemunha dizer a verdade em juízo será motivo para arrefecimento da afeição necessária à coexistência da família e conseqüente enfraquecimento da solidariedade entre os seus componentes, quando a família seja afetada por aquela verdade."

Nota-se que a filosofia expressa no art. 829 da CLT da procura da verdade contagiou o legislador e o Código atual adotou o critério no art. 405, § 4º, do CPC. Todavia, no que concerne à capacidade das partes, a CLT nada previra, a exemplo, aliás, do Código de 1939. Assim, inarredável era a aplicação das regras do direito comum, em especial as contidas no art. 142 do Código Civil. Hoje, a matéria está minuciosamente lançada na Seção VI — Da prova testemunhal, aplicável ao processo trabalhista, nos moldes do art. 769 da CLT. A testemunha não é obrigada a depor de fatos: I — que lhe acarretem grave dano, bem como ao seu cônjuge e aos seus parentes consangüíneos ou afins, em linha reta, ou na colateral em segundo grau; II — a cujo respeito, por estado ou profissão, deva guardar sigilo (art. 406 do CPC). A regra já vinha expressa nos arts. 143 e 144 do Código Civil.

Sobre o assunto dispõe *Russomano* ("Comentários à Consolidação das Leis do Trabalho", José Konfino, Rio, 1955, p. 1.189) que: "Esses depoimentos, entretanto, serão prestados independentemente de compromisso legal de só dizerem as testemunhas a verdade. Serão depoimentos meramente informativos. Seu valor é insignificante. E por isso, em nosso juízo, não deveriam ser admitidos; o parente próximo, o amigo íntimo, o inimigo capital não terão, quase sempre, a serenidade de dizer o que aconteceu ou, pelo menos, estarão inclinados a dizer, como tendo acontecido, aquilo que eles julgam que aconteceu, guiados pela simpatia ou pela antipatia que devotem àqueles que participaram nos fatos. As pessoas capazes para prestar depoimentos o fazem sob o protesto de que dizem a verdade, enquanto que aquelas que só são admitidas nos depoimentos informativos estão isentas desse compromisso. Sendo essa isenção taxativa (art. 829), tais declarações nem sequer podem ter, a seu favor, a presunção de autenticidade. São, praticamente, inúteis."

34.8.35. De quem é parte na causa

Somente poderá ser testemunha o terceiro estranho à lide. Essa, a regra geral. Todavia, terceiros existem que, embora estranhos à lide do ponto de vista pessoal, estão a ela vinculados por algum motivo, o que os torna impedidos de testemunhar (art. 405, I, II e III, do CPC). Parte não poderá ser testempunha. A parte poderá ser interrogada e o que disser em seu benefício é de nenhum valor; o que disser em prol da parte adversa terá o valor de confissão real.

34.8.36. Da testemunha suspeita

A busca da verdade obriga ao legislador a adoção de cautelas que permitam seja a meta atingida com o menor risco possível. Sem essa precaução, correr-se-ia o risco de referendar-se a inverdade como se verdade fosse, com desprestígio do próprio Judiciário. Todavia, o risco existe sempre, embora em menor possibilidade, mormente em se tratando de prova testemunhal.

Realça *Manoel Antonio Teixeira Filho* ("A Prova no Processo do Trabalho", LTr, 1983, p. 194) que: "Foi objetivando a garantir a necessária probidade da testemunha e a conseqüente credibilidade das suas declarações que o legislador processual criou restrições quanto ao testemunho de determinadas pessoas, reputando-as, antecipadamente, suspeitas, seja em decorrência de causas de foro subjetivo (inimizade capital, amizade íntima), ou objetivamente constatáveis (condenação criminal, interesse no litígio, maus costumes). Nem mesmo se admite que a presumida parcialidade dessas pessoas possa ficar desfeita pelo fato de prestarem o compromisso legal de dizer a verdade e de serem advertidas de que incorrerão em sanção penal se fizerem declaração falsa, calarem ou ocultarem a verdade (CPC, art. 415)."

Temos que o Código Buzaid inovou a esta parte. Enquanto o Código de 1939 (art. 240) deixava a critério do magistrado no que dizia respeito à idoneidade da testemunha, o Código vigente relaciona as causas de suspeição.

34.8.37. Da testemunha que possuir ação contra o réu

Fato mais ou menos comum é a contradita de testemunha do autor sob alegação de que possui ação contra a empresa. Tal afirmação há de ser recebida com reservas pelo Juízo e criteriosamente analisada.

Como regra geral, o melhor entendimento, parece-nos, é no sentido de que a alegação não conduz à suspeição. O direito de ação é constitucionalmente protegido. O raciocínio simplista poderia levar ao absurdo, *v. g.*, de determinada empresa despedir injustamente os seus empregados, com o objetivo preconcebido de paulatinamente fechar o estabelecimento, com a certeza de que os empregados lesados não poderiam testemunhar contra ela em Juízo, já que todos lhe moveram ação. Assim, estar-se-ia permitindo que a ré se locupletasse com a sua própria torpeza.

Por outro lado, registram-se, na prática diária, casos em que o autor e testemunhas acionam a empresa para recebimento, *v. g.*, de horas extras e um faz prova para outro, atuando, simultaneamente, como autor e testemunha nos respectivos processos. Nesses casos, existe evidente interesse e a contradita deverá ser deferida, ouvindo-se a testemunha como simples informante, nos casos em que, a critério do juízo, for estritamente necessário, atribuindo-lhes o julgador o valor que possam merecer.

Sobre a primeira hipótese, assinala *Carrion* ("Comentários à Consolidação das Leis do Trabalho", Ed. RT, 1979, p. 498) que: "A testemunha que está em litígio contra a mesma empresa deve ser equiparada ao inimigo capital da parte; o embate litigioso é mau ambiente para a prudência e isenção de ânimo que se exigem da testemunha; entender de outra forma é estimular as partes à permuta imoral de vantagens em falsidades testemunhais mútuas, mesmo sobre fatos verdadeiros extremamente fácil "reclamante de hoje, testemunha de amanhã."

Pedimos vênia para discordar do eminente Autor. Poder-se-á fazer o raciocínio oposto. Se o empregado que deixa a empresa passa a ser inimigo capital, só porque propôs ação, aquele que permanece no emprego e não moveu ação deverá ser tido como amigo do empregador; logo, estaria impossibilitado de testemunhar. E mais. Ter-se-ia, ainda, o caso daquele empregado que propôs ação e continua no emprego. Seria inimigo por haver proposto a ação. Por conseguinte, a empresa poderia romper o vínculo empregatício por justo motivo, eis que a fidúcia não mais existiria por culpa do empregado que propôs a ação contra o seu empregador, conclusão, sem dúvida, absurda. Em verdade, o raciocínio de que o empregado que deixa o emprego e propõe ação contra o empregador se transforma em inimigo deste é paralógico.

Caberá ao juiz de primeira instância mais próximo da realidade dos fatos, auscultar o *animus* das partes em cada caso concreto e decidir pelo acolhimento ou rejeição da contradita, fundamentando sempre. Registramos caso concreto em processo da 5ª JCJ-SP, no qual a única testemunha ocular, segundo depoimento de ambas as partes, fora arrolada pelo autor. O sócio da ré não teve dúvidas. Agrediu a testemunha em plena via pública e ambos foram parar na Delegacia onde foi lavrada ocorrência. Na sessão seguinte na qual a testemunha seria ouvida, o advogado da ré contraditou-a, taxando-a de inimiga capital e exibindo cópia da ocorrência policial. Como se vê, a mente humana é por demais fértil. Ao juiz caberá auscultar cada caso e decidir, evitando que a lei seja utilizada para referendar falcatruas.

Entendemos que a razão está com *Manoel Antonio Teixeira Filho*, ("A Prova no Processo do Trabalho", Ed. LTr, p. 197) ao afirmar que: "O fato de o empregado haver provocado o exercício da função jurisdicional do Estado-Juiz, buscando a tutela dos seus direitos subjetivos que afirma terem sido lesados, não o torna, apenas por esse motivo, inimigo capital do empregador, réu na ação. Quer nos parecer que a contradita, nesta hipótese, resulta de uma confusão entre os significados distintos de adversário e de inimigo. Nem sempre a parte *ex adversa* é inimiga. É despiciendo indagar-se se a ação está em curso ou já se findou; e, neste caso, se os pedidos do autor (ora testemunha) foram acolhidos ou rejeitados, parcial ou totalmente. A ação é um direito público, subjetivo, de índole constitucional (CF, art. 153, § 4º). Constituiria absurdo, via de conseqüência, supor-se que a pessoa que viesse a exercitar esse direito se transformasse, automaticamente, em inimigo capital da parte que fez constar como ré (...) o fato de alguém haver proposto ação contra outrem não o torna, só por isto, inimigo capital deste, para efeito de incidência da disposição proibitiva constante do inc. III, § 3º, do art. 405, do CPC. O adjetivo capital foi aí utilizado pelo legislador exatamente para enfatizar que a inimizade deve ser entranhada, profunda, mortal. Ademais, a pressuposição de inimizade (...) não tem assento em lei: ou se é inimigo figadal, ou não se é; e a constatação deste fato só poderá ser feita pelos meios de prova admitidos em lei e não via mera presunção *hominis*, de manifesta fragilidade."

34.8.38. Do testemunho em favor do patrão

A simples condição de empregado da empresa não constitui motivo bastante para que se impeça de depor. Raciocínio nesse sentido levaria ao absurdo de obstar-se o testemunho justamente de pessoas que em convivendo no ambiente de trabalho enfeixam condições maiores para relatar os acontecimentos com maior segurança e fidelidade. Por outro lado, testemunha viu, ouviu ou tomou conhecimento dos fatos de alguma maneira. Não vale conjecturar ou dar opinião. Não se olvide, ademais, que o art. 405, § 4º, do CPC permite, excepcionalmente é verdade, o testemunho de pessoas impedidas ou suspeitas.

Realça *José da Silva Pacheco* ("Direito Processual Civil", Saraiva, 1976, v. 2º/168) que: "O só fato de ser empregado de alguém não constitui impedimento para depor. O direito atual, diversamente do romano, admite o depoimento de certos dependentes, que têm mais razão de saber dos fatos, que outras pessoas. Em certos casos pode-se recusar o depoimento, não pelo fato objetivo da dependência ou relação de emprego, mas pela falta de isenção, pelo interesse na causa, pelas responsabilidades que a testemunha tenha nos fatos geradores da ação. É possível, também, que haja no dependente ou empregado o desejo de agradar, ou, inversamente, a má vontade contra o patrão, muito em voga com as explorações ideológicas."

34.8.39. Dos casos em que não há obrigatoriedade de depor

A testemunha não é obrigada a depor de fatos que lhe acarretem grave dano, bem como ao seu cônjuge e aos seus parentes consangüíneos ou afins, em linha reta, ou na colateral em segundo grau ou a cujo respeito, por estado ou profissão, deva guardar sigilo (art. 406, I e II, do CPC). Preleciona *José da Silva Pacheco* ("Direito Processual Civil", Saraiva, 1976, v. 2º/169) que: "O segredo profissional há de advir de qualquer norma, código ou praxe que envolva a atividade profissional do dependente. Não basta uma alegação geral de ordem subjetiva. No art. 406, II, assegura-se o segredo profissional, e o Código Penal proíbe a revelação do segredo, sem justa causa, advinda a ciência em razão de função, ministério, ofício ou profissão (art. 154 do Código Penal). Pode o segredo estar ligado ao exercício da profissão e há quem o estenda até aos mediadores (v. *Manzini*, "Tratado de Direito Penal", v. VIII/824) e aos domésticos, bem como a qualquer pessoa que, por estado ou profissão, possa receber uma confidência (*Perraud-Charpentier*, citado por *Hungria*, "Comentários ao Código Penal", VI/243)." *Vide* Lei n. 8.906/1994 (Estatuto do Advogado), art. 7º, XIX.

34.8.40. Do preposto como testemunha

O cerne da questão está em definir-se a espécie de representação exercida pelo preposto perante a Justiça do Trabalho. Preposto é o elemento indicado pela empresa (empregado) para representá-la naquele processo, por ser conhecedor dos fatos, prerrogativa prevista no art. 843, § 1º da CLT. A Consolidação é omissa a esta parte e a única proibição registrada está expressa no art. 829 da CLT, ali não incluindo o preposto. O fato de funcionar como preposto em vários processos não o transforma em representante legal da empresa nos termos dos arts. 12 e 405, § 2º, III, do CPC. A representação em casos tais tem cunho meramente acidental e a conclusão que se chega é a de não estar impedido de funcionar como testemunha em processo diverso, desde que a matéria discutida não seja a mesma. Não seria conveniente que viesse a funcionar ora como preposto, ora como testemunha em processos diversos, mas que se discutem a mesma matéria, *v. g.*, empregados despedidos por justa causa por haverem participado do movimento grevista. Todavia, outra será a situação se o preposto detiver poderes *ad negotia* (art. 1.288 do Código Civil). Neste caso, estará impedido e o seu testemunho só poderá ser tomado como informante em caso estritamente necessário (art. 405, § 4º, do CPC). *Amauri Mascaro Nascimento* ("Curso de Direito Processual do Trabalho", Saraiva, 1978, p. 209 e 210) dispõe que: "A CLT, sobre proibições para depor, é bem mais restrita, portanto omissa (art. 829) daí a plena aplicabilidade das regras supratranscritas do CPC. O preposto, de uma empresa, pode servir de testemunha em outro processo trabalhista? Se entender-se que o preposto é representante legal de pessoa jurídica, o art. 405, § 2º, III, o proíbe. Entendido o sentido de "representante legal" como "representação estatutária", como nos parece, não haverá obstáculo. De outro lado, não é possível generalizar a ponto de entender que todo preposto tenha interesse na solução das causas, pelo simples fato de ter servido como preposto, o que pode ocorrer, inclusive, eventualmente ou uma única vez."

Sobre a matéria realça *Manoel Antonio Teixeira Filho* ("A Prova no Processo do Trabalho", LTr, 1983, p. 199) que: "Há certa controvérsia, na doutrina e na jurisprudência, quanto à possibilidade de o preposto servir como testemunha do próprio empregador. Não estamos nos referindo, à evidência, à hipótese de ele pretender testemunhar nos mesmos autos em que funcionou como preposto, pois a incompatibilidade, aí, é manifesta. O pressuposto da perquirição é o fato de ele ter sido preposto em uma ação e vir a ser testemunha em outra. Salvo se argumentos contrários nos dissuadirem, pensamos que nada impede que isto ocorra, embora o nosso entendimento não tenha a veleidade de fazer-se aplicar à generalidade heterogênea dos casos; sendo assim, admitimos, por princípio, que o preposto possa, em outra ação, prestar declarações como testemunha, exceto se determinadas circunstâncias, cuja apreciação ficará reservada ao prudente arbítrio do julgador, aconselharem em contrário. Há, todavia, quem negue, peremptoriamente, essa possibilidade, argumentando com o disposto no inc. III do § 2º do art. 405 do CPC, que considera impedido de depor como testemunha, dentre outros, "o representante legal da pessoa jurídica". Parece-nos, entretanto, que o representante, aí, é o mencionado no inc. VI do art. 12 do mesmo Código, ou seja, a pessoa que for estatutariamente designada, ou, inexistindo designação, os seus diretores."

34.8.41. Do testemunho *ad perpetuam*

A testemunha é terceiro sem interesse no processo e que, por ter conhecimento dos fatos de alguma maneira, poderá ser arrolado independentemente da sua vontade.

Embora de ordem pública, as normas processuais não podem impedir ou cercear o direito de ir e vir, a não ser em casos excepcionais.

Assim, se a testemunha tiver necessidade de ausentar-se da cidade ou do país por longo tempo ou sofrer de enfermidade que aconselhe seja colhido o imediato depoimento, poderá a parte interessada requerê-lo ao juiz (art. 410, I, do CPC).

O depoimento antecipado, todavia, frustra o objetivo expresso no art. 413 do CPC. Caberá ao interessado perquirir, dentro da sua conveniência, qual o mal menor, levando em conta o ônus probatório que se lhe impõe.

Dispõe *José da Silva Pacheco* ("Direito Processual Civil", Saraiva, 1976, v. 2º/171) que: "Se qualquer testemunha tiver de se ausentar da circunscrição do foro da causa, pode-se pedir a tomada do depoimento antecipadamente, antes mesmo do momento regular, na ordem processual. O processo, apesar de ser de ordem pública, não pode impedir a saída de pessoas livres do local do seu domicílio. A sua liberdade de locomoção é sagrada. Nada a impede, a não ser em casos graves. Apesar da natureza pública do processo, tantas vezes temos ressaltado, a ponto de discordar de certas teses renitentes, de origem privatística, a liberdade de locomoção das testemunhas não pode ser impedida pelo processo civil. Assim, se necessário for o depoimento da testemunha que tiver que se ausentar, pode ser requerido que seja antecipado. O mesmo acontecerá quando houver justo receio que, ao tempo regular da prova, a testemunha já não mais exista. Se a sua idade for avançada, estiver gravemente enferma ou estiver sujeita a morte repentina, com a saúde abalada, pode ser o seu depoimento tomado com antecedência. Esse depoimento poderá ser requerido pelos interessados ou determinado pelo juiz *ex officio*."

A regra geral é o depoimento da testemunha na audiência de instrução, perante o juiz da causa, exceto: I — as que prestam depoimento antecipadamente; II — as que são inquiridas por carta; III — as que, por doença, ou outro motivo relevante, estão impossibilitadas de comparecer em juízo; IV — as designadas no art. 411 do Código de Processo Civil (art. 410 do CPC).

A produção antecipada de prova (arts. 173, I, e 800, do CPC) pode consistir em interrogatório da parte (arts. 343 a 347 do CPC), inquirição de testemunhas (arts. 400 a 419 do CPC) e exame pericial (arts. 420 a 439 e art. 846 do CPC).

Far-se-á o interrogatório da parte ou a inquirição das testemunhas antes da propositura da ação, ou na pendência desta, mas antes da audiência de instrução: I — se tiver de ausentar-se; II — se, por motivo de idade ou de moléstia grave, houver justo receio de que ao tempo da prova já não exista, ou esteja impossibilitada de depor (arts. 336, parágrafo único, 408, II, e 410, III, do CPC); ou antecipadamente nos termos do art. 847 do CPC.

O requerente justificará sumariamente a necessidade da antecipação e mencionará com precisão os fatos sobre os quais há de recair a prova. Tratando-se de inquirição de testemunha serão intimados os interessados a comparecer à audiência em que prestará o depoimento (art. 848 do CPC). Havendo fundado receio de que venha a tornar-se impossível ou muito difícil a verificação de certos fatos na pendência da ação, é admissível o exame pericial (art. 849 do CPC). Os autos permanecerão em cartório (art. 851 do CPC).

34.8.42. Do direito da escusa de depor

A parte não é obrigada a depor de fatos: I — criminosos ou torpes, que lhe forem imputados; II — a cujo respeito, por estado ou profissão, deva guardar sigilo (art. 347). Esta disposição não se aplica às ações de filiação, de desquite e de anulação de casamento (art. 347, parágrafo único, do CPC).

Assinala *Moacyr Amaral Santos* ("Comentários ao Código de Processo Civil", Forense, 1976, v. IV/109 e 110) que o código atual, "não obstante a inexistência de norma correspondente no Código de 1939, nenhuma novidade foi introduzida no Direito brasileiro, sendo mesmo ressuscitada regra já agasalhada nas velhas Ordenações do Reino. Nos termos em que se redige o artigo — a parte não é obrigada a depor nesses casos — está a ver-se que a ela cabe resolver se se aproveita ou não do benefício legal."

34.8.43. Do funcionário público ou militar

Quando figurar no rol de testemunhas funcionário público ou militar, o juiz o requisitará ao chefe da repartição ou ao comando do corpo em que servir (arts. 823 da CLT e 412, § 2º, do CPC).

A requisição ao chefe da repartição ou ao comando do corpo em que servir o funcionário somente será obrigatória quando em ativo exercício. O objetivo buscado é de que não haja solução de continuidade no trabalho, podendo o superior, nesses casos, fazer a hábil e oportuna substituição do elemento.

Lembra *José da Silva Pacheco* ("Direito Processual Civil", Saraiva, 1976, v. 2º/173) que: "Não sendo privilégio outorgado a militares e funcionários, como acentuava *Pedro Batista Martins*, mas apenas medidas de precaução para evitar que se desorganize o serviço público, é claro que a formalidade só se deve observar relativamente aos militares e funcionários em serviço ativo, não aproveitando aos reformados ou aposentados, nem, tampouco, aos que se acharem em disponibilidade ou em gozo de férias ou licença. Não era preciso que a lei o dissesse expressamente, porque essa inteligência é a que decorre da própria interpretação literal do texto. Só o militar em serviço ativo e o funcionário em exercício é que se encontram na dependência do comando, ou do chefe da repartição, onde devem comparecer à hora dos respectivos expedientes, sob as penas regulamentares."

34.8.44. Do comparecimento da testemunha

O reclamante e reclamado comparecerão à audiência acompanhados das suas testemunhas (art. 845 da CLT). As testemunhas comparecerão à audiência independentemente de notificação ou intimação (art. 825 da CLT). As que não comparecerem serão intimadas, *ex officio*, ou a requerimento da parte, ficando sujeitas à condução coercitiva, além das penalidades do art. 730, caso, sem motivo justificado, não atendam à intimação (art. 825, parágrafo único, da CLT).

Temos, pois, que no processo trabalhista inexiste a exigência de apresentação de rol de testemunhas. As partes têm o dever legal de trazê-las só se liberando desse dever por motivos relevantes.

34.8.45. Das cartas: de ordem, pracatórias e rogatórias

As cartas de ordem, precatórias e rogatórias constituem exceção ao princípio da identidade física do juiz (art. 132 do CPC), ao princípio da concentração e da imediação.

Os atos processuais serão cumpridos por ordem judicial ou requisitados por carta, conforme hajam de realizar-se dentro ou fora dos limites territoriais da comarca (art. 200 do CPC). Expedir-se-á carta de ordem se o juiz for subordinado ao tribunal de que ela emanar; carta rogatória, quando dirigida à autoridade judiciária estrangeira; e carta precatória nos demais casos (art. 201 do CPC). São requisitos essenciais da carta de ordem, da carta precatória e da carta rogatória: I — a indicação dos juízes de origem e de cumprimento do ato; II — o inteiro teor da petição do despacho judicial e do instrumento do mandato conferido ao advogado; III — a menção do ato processual, que lhe constitui o objeto; IV — o encerramento com a assinatura do juiz. O juiz mandará trasladar, na carta, quaisquer outras peças, bem como instruí-la com mapa, desenho ou gráfico, sempre que estes documentos devam ser examinados, na diligência, pelas partes, peritos ou testemunhas (§ 1º). Quando o objeto da carta for exame pericial sobre documento, este será remetido em original, ficando nos autos reprodução fotográfica (§ 2º). Em todas as cartas, declarará o juiz o prazo dentro do qual deverão ser cumpridas, atendendo à facilidade das comunicações e à natureza da diligência (art. 203 do CPC). A carta tem caráter itinerante; antes ou depois de lhe ser ordenado o cumprimento, poderá ser apresentada a juízo diverso do que dela consta, a fim de se praticar o ato (art. 204 do CPC).

34.8.46. Da carta rogatória

Dispõe *Vicente Greco Filho* ("Direito Processual Civil Brasileiro", Saraiva, 1985, v. 2º/37 e 38) que: "A carta rogatória obedece à convenção internacional entre o Brasil e o país do qual se solicita a prática de algum ato; não havendo convenção internacional, a rogatória será remetida à autoridade judiciária estrangeira competente por via diplomática, depois de traduzida para a língua do país em que há de praticar-se o ato. Há países que não cumprem carta rogatória, ou por princípio ou porque o seu sistema processual é incompatível com o ato que se pretende praticar. Salvo o caso de citação que, como se viu acima, passa a ser feita por edital, se o país estrangeiro não cumpre rogatória, o ato deixa de ser praticado, arcando a parte interessada com o ônus decorrente da omissão. Não é por isso que o processo ficará sem decisão; o juiz decidirá como se tal fato ou prova não existisse. Para o cumprimento de rogatória vinda do exterior há necessidade de *exequatur* concedido pelo Presidente do STF (Regimento Interno do STF, arts. 225 e ss.). Concedido o *exequatur*, a rogatória será remetida ao juiz federal do Estado em que deve ser cumprida, para execução (CF, art. 125, X). O *exequatur* não será concedido se o cumprimento da rogatória atentar contra a ordem pública ou a soberania nacional ou se lhe falta autenticidade. Depois de praticado o ato, a rogatória é devolvida ao STF, que a remeterá de volta ao país de origem." A competência está prevista no art. 109, X, CF/1988.

Dispõe o Regimento Interno do STF que: A sentença estrangeira não terá eficácia no Brasil sem a prévia homologação pelo STF, ou por seu Presidente (art. 215): Não será homologada sentença que ofenda a soberania nacional, a ordem pública e os bons costumes (art. 216). Constituem requisitos indispensáveis à homologação da sentença estrangeira: I — haver sido proferida por juiz competente; II — terem sido as partes citadas ou haver-se legalmente verificado a revelia; III — ter passado em julgado e estar revestida das formalidades necessárias à execução no lugar em que foi proferida; IV — estar autenticada pelo cônsul brasileiro e acompanhada de tradução oficial (art. 217). Autuados o pedido e os documentos, o Presidente mandará citar o requerido para, em quinze dias, contestar o pedido (art. 220). A contestação somente poderá versar sobre a autenticidade dos documentos, a inteligência da sentença e a observância dos requisitos indicados nos arts. 217 e 218 (art. 221).

Compete ao Presidente do Tribunal conceder *exequatur* a cartas rogatórias de Juízos ou Tribunais estrangeiros (art. 225). Recebida a rogatória mandará o Presidente abrir vista ao Procurador-Geral, que poderá impugnar-lhe o cumprimento, se atentar contra a ordem pública ou a soberania nacional, ou se lhe faltar autenticidade (art. 226). Concedido o *exequatur*, seguir-se-á a remessa da rogatória ao juízo no qual deva ser cumprida (art. 227).

Dispõe *Wilson de Sousa Campos Batalha* ("Tratado Elementar de Direito Internacional Privado", Ed. RT, 1961, v. II/309) que: "Enquanto a sentença estrangeira não é homologada não vale no país da execução, salvo em se tratando de sentenças declaratórias ou constitutivas de estado que, por não comportarem execução, não dependem do processo de delibação, cf. *Chiovenda*, ob. cit., II/72; *Francesco Carnelutti*, *"Sistema del Diritto Processuale Civile"*, I/159, 1936; *Bustamante y Sirven*, III/233; *Wolff*, *"Private International Law"*, p. 237 e ss. As sentenças que não envolvem condenação (sentenças absolutórias, declaratórias, constitutivas) não dependem de homologação pelo STF. Tal homologação, como veremos nos comentários ao art. 15 da Lei de Introdução, só é necessária para a execução de sentença estrangeira no território nacional. Quanto às sentenças que não comportam execução, o juiz perante quem for levantada a *exceptio rei judicatae* deverá, ao apreciá-la, verificar se ocorrem, quanto a ela, requisitos idênticos aos exigidos para a homologação de sentença estrangeira (cf. *Liebman*, nota a *Chiovenda*, loc. cit.; *Carnelutti*, loc. cit.; *Piero Calamandrei*, II/69)."

Amílcar de Castro ("Direito Internacional Privado", Forense, Rio, 1968, v. 2º/236 e ss.) dispõe que: "Atualmente, em quase todos os países, com raras exceções, executam-se sentenças estrangeiras, ou por meio de outra ação de conhecimento, ou mediante processo de *exequatur*. Precisamente porque a sentença é ato público, praticado legitimamente em jurisdição estranha, é que no fórum não se lhe pode sistematicamente negar valor. É claro que nenhum Estado distribui justiça fora de sua jurisdição, mas nada impede, e tudo aconselha, que no fórum se atribua validade a atos judiciais emanados de países estrangeiros, assim como se atribui valor a atos praticados pelos particulares. Se o credor, que em determinado país obteve sentença favorável contra o devedor, que não tenha bens nesse país, mas tenha no estrangeiro suficiente depósito bancário, devesse mover outra ação demorada e dispendiosa, para chegar à mesma condenação já conseguida, seria isso contrário ao espírito internacional. Como bem expõe *Wolff*: "É desnecessário encarecer as vantagens, para as relações internacionais, resultantes do reconhecimento dos julgados estrangeiros; se todas as sentenças pudessem ser admitidas em toda parte, haveria estabilidade das relações individuais no mundo inteiro. Novas ações em outros países seriam supérfluas." O desenvolvimento das relações internacionais, assim como exige a imitação de direito estranho, assim também impõe, como conveniente, a revalidação de sentenças de tribunais estrangeiros. Nenhum país deve deixar de executar sentenças estrangeiras, mas, como é evidente por si mesmo, a execução não pode ser admitida sem certas precauções; nem é possível que o Estado seja obrigado a executar seja qual for a sentença proferida por tribunal estranho. Atualmente, nenhum país admite execução direta de sentenças estrangeiras, isto é, sem intermédio de nova ação, ou de autorização, não por motivo de ofensa à soberania, ou porque os tribunais alienígenas não podem dar ordens aos juízes nacionais, mas por ser conveniente que várias questões espinhosas sejam preliminarmente resolvidas, e não deixadas para o processo de execução. Ainda quando não se exija a *actio judicati*, a autorização não é dada mediante simples apresentação da sentença; depende sempre de processo. Emprega-se a palavra *exequatur* para denominar a autorização necessária à execução; terceira pessoa do singular do verbo latino *exsequi*, executar, cumprir, significando, portanto, seja executado, execute-se, cumpra-se."

34.8.47. Da contradita

É lícito à parte contraditar a testemunha, argüindo-lhe a incapacidade, o impedimento ou a suspeição. Se a testemunha negar os fatos que lhe são imputados, a parte poderá provar a contradita com documentos ou com testemunha, até três, apresentadas no ato e inquiridas em separado. Sendo provados ou confessados os fatos, o juiz dispensará a testemunha, ou lhe tomará o depoimento, observando o disposto no art. 405, § 4º.

No processo trabalhista, a testemunha, antes de depor, deverá ser qualificada, a exemplo do processo comum (art. 414), indicando o nome, a nacionalidade, a profissão, a idade, a residência, e, quando empregada, o tempo de serviço prestado ao empregador (art. 828 da CLT). Em seguida à qualificação, indagar-se-á à testemunha se tem parentesco com a parte ou interesse no objeto da ação (arts. 769 da CLT e 414 do CPC).

A contradita deverá ser argüida antes de a testemunha ser compromissada. Entretanto, poderá acontecer de a parte e a testemunha esconderem o fato, *v. g.*, de esta última ser um dos sócios da empresa e o fato só vir a ser descoberto durante os depoimentos. Aí, pois, nasce a oportunidade da contradita. Poderá, ainda, acontecer de só após tomados os depoimentos e encerrada a instrução venha a parte descobrir que a testemunha é um dos sócios da ré. Neste caso, deverá levar o fato ao conhecimento do juízo com os documentos de que dispõe ou mesmo, se for o caso, requerer a reabertura da instrução para provar o alegado.

Em se comprovando a veracidade das alegações, caberá ao juízo desqualificar a testemunha como tal, muito embora compromissada e advertida anteriormente. Em se cuidando de impedimento ou de suspeição, poderá; em se cuidando de incapacidade, isso não será possível, ante os termos legais.

O mero desentendimento entre duas pessoas ou o simples companheirismo proveniente do âmbito de trabalho não são de molde a respaldar contradita. Por outro lado, o fato de alguém arrolar como sua testemunha o seu inimigo ou o parente da parte contrária não é de molde a respaldar a contradita da outra parte. A parte que assim age corre à álea de sua incúria. O parente não pode testemunhar em prol do parente e o inimigo contra o seu desafeto (art. 405, § 4º, do CPC).

34.8.48. Do número de testemunhas

Cada uma das partes não poderá indicar mais de três testemunhas, salvo quando se tratar de inquérito, caso em que esse número poderá ser elevado a seis (art. 821 da CLT). Sendo várias as reclamações e havendo identidade de matéria, poderão ser acumuladas num só processo, se se tratar de empregados da mesma empresa ou estabelecimento (art. 842 da CLT).

Na prática, mesmo não havendo identidade de matéria nos termos do art. 842 da CLT, as reclamatórias plúrimas ou mesmo individuais são processadas, em não havendo impugnação da parte contrária. Todavia, em havendo dificuldade na colheita de provas, deverá o juízo determinar de ofício o desmembramento do pedido, prosseguindo-se em autos diversos, *v. g.*, quando a reclamatória originária cuidava de empregado comum e empregado de confiança, exigindo cada caso enfoque probatório diverso.

Assinala *Valentin Carrion* ("Comentários à Consolidação das Leis do Trabalho", Ed. RT, São Paulo, 1979, p. 496) que: "Nos dissídios individuais plúrimos, ou cumulação subjetiva de ações, os reclamantes que propuserem as ações conjuntamente renunciam a seu direito de ouvir três testemunhas para cada um deles. Se o juiz determina a unificação de várias reclamações, juntando os autos e nada dizem os litisconsortes, renunciam igualmente àquele direito; mas nada obsta que a parte dê seu assentimento à proposta do adversário ou do juiz, condicionado à ouvida de número de testemunhas superior a três. Quando há mais de um réu, cada um deles pode apresentar até três testemunhas."

É interessante notar que o art. 842 da CLT ao mencionar "várias reclamações" teve em mira o número de itens do pedido (*petitum*), quer em se cuidando de reclamatória (dissídio) individual ou plúrima. A testemunha só poderá depor sobre fatos dos quais tenha conhecimento (arts. 339 e 406 do CPC); não pode conjecturar ou dar opinião, salvo em casos excepcionais, em se cuidando de *expert* em determinada matéria, caso em que o juízo dará o peso e o valor que possa merecer. A conclusão é de que o número exigido diz respeito a cada fato (art. 407, parágrafo único, do CPC). Assim, haverá o caso, *v. g.*, de reclamatória individual em que o autor pleiteia verbas rescisórias e equiparação salarial, necessitando para fazer prova dos fatos alegados de testemunhas diversas em face da dispensa indireta e da execução de idêntica função. O mesmo poderá acontecer com a ré, em casos em que a prova seja sua ou tenha necessidade de contraprova. Em casos tais, deverá o juízo, objetivando a maior facilidade e celeridade da instrução, determinar o desmembramento do pedido ou das reclamatórias (plúrimas), para que se não configure o cerceamento de defesa (princípio da ampla defesa). O dissídio sumaríssimo limita em duas testemunhas (art. 852-H, § 2º, CLT).

34.8.49. Da acareação

Não há na lei forma de procedimento para que o juízo proceda à acareação. Poderá fazê-lo na própria audiência em que se realizou a instrução (princípio da imediação e da concentração) ou posteriormente.

A providência se faz necessária sempre que aquela prova seja decisiva para o deslinde da controvérsia.

Para atingir o objetivo desejado, qual seja o de descobrir qual a testemunha falseante, poderá e deverá o juízo usar de todos os meios ao seu dispor, direta ou indiretamente, desde que eficientes. Na acareação, poderá conseguir a retratação, fazendo ver a testemunha as conseqüências criminais ou, se tal não ocorrer, retirar do confronto os elementos de convicção, *v. g.*, testemunha que se desdiz, apresente exagerado nervosismo; observação de atitudes etc. O trabalho não é fácil; mas, em certos casos é imprescindível. Todavia, entendemos desnecessária a providência e até mesmo ociosa, quando o fato em divergência não se mostra decisivo à resolução do conflito. A acareação poderá ser levada a efeito de ofício ou a requerimento das partes (art. 418 do CPC).

34.8.50. Da forma de acareação

Não há na lei forma de procedimento para que o juízo proceda à acareação. Poderá fazê-lo na própria audiência em que se realizou a instrução (princípio da imediação e da concentração) ou posteriormente.

A providência se faz necessária sempre que aquela prova seja decisiva para o deslinde da controvérsia.

Para atingir o objetivo desejado, qual seja o de descobrir qual a testemunha falseante, poderá e deverá o juízo usar de todos os meios ao seu dispor, direta ou indiretamente, desde que eficientes. Na acareação, poderá conseguir a retratação, fazendo ver a testemunha as conseqüências criminais ou, se tal não ocorrer, retirar do confronto os elementos de convicção, *v. g.*, testemunha que se desdiz, apresente exagerado nervosismo; observação de atitudes etc. O trabalho não é fácil, mas em certos casos é imprescindível. Todavia, entendemos desnecessária a providência e até mesmo ociosa, quando o fato em divergência não se mostra decisivo à resolução do conflito. A acareação poderá ser levada a efeito de ofício ou a requerimento das partes (art. 418 do CPC).

34.8.51. Das testemunhas referidas

Dispõe o art. 418, I do CPC que o juiz pode ordenar, de ofício ou a requerimento da parte, a inquirição de testemunhas referidas nas declarações da parte ou das testemunhas. Esse dispositivo está contido, ainda que de maneira genérica, no art. 765 da CLT. Temos aí os princípios dispositivo e inquisitório, exigindo ou não a iniciativa da parte.

O juiz tem a direção do processo (*dominus processus*) e o autor é o *dominus litis*. Todavia, o depoimento de testemunhas referidas (art. 418, I, do CPC) ficará ao riterioso arbítrio do juiz, único que dirá da necessidade ou não de tais depoimentos.

Esse policiamento processual é imprescindível a fim de evitar-se investidas procrastinatórias, *v. g.*, partes e testemunhas instruídas (art. 130 do CPC). Na nossa prática judicante, registramos caso em que a parte, após ouvir três testemunhas para provar o abandono do emprego, requereu fossem ouvidas mais seis testemunhas referidas. Entretanto, em certos casos, após ouvidas as testemunhas referentes, os depoimentos de testemunhas referidas se fazem necessários para o esclarecimento de fatos, *v. g.*, quando a testemunha referente sabe dos fatos por ouvir dizer (*ex auditu alieno*). Entendemos, todavia, que se a parte, a quem o depoimento da testemunha referida poderia favorecer, tiver conhecimento da situação e deliberadamente trouxe para depor em seu prol testemunha referente que sabia desconhecer os fatos ou só os sabia por ouvir dizer, preclusa estará a oportunidade da parte louvar-se no favor legal.

34.8.52. Da ordem de inquirição

De conformidade com o disposto no art. 452 do CPC, II: o juiz tomará os depoimentos pessoais, primeiro do autor e depois do réu; e no inciso III dispõe: finalmente, serão inquiridas as testemunhas arroladas pelo autor e pelo réu.

Na prática trabalhista, entretanto, é comum os juízes inverterem a ordem de depoimentos, quer das partes, quer das testemunhas, levando-se em conta o ônus da prova. Assim, *v. g.*, se a empresa alega a justa causa para o despedimento, razão inexiste para que se ouça em primeiro lugar as testemunhas do autor, mesmo porque, em sendo a prova, neste caso, ônus da reclamada, o interesse do autor será o de fazer contraprova, se for o caso. E se a empresa não tiver testemunhas, nenhum interesse terá o autor em ouvir testemunho. O procedimento é salutar e evita depoimentos supérfluos. Nenhuma nulidade advém. Nesse sentido, a lição de *Wagner Giglio* ("Direito Processual do Trabalho", Sugestões Literárias, 1972, p. 144): "A CLT regula de forma comparativamente exaustiva a prova testemunhal, e não determina a ordem da inquirição. Entendemos por isso, inaplicável a determinação do art. 245 do Código de Processo Civil (hoje, art. 452 do CPC, anotamos nós), no sentido de ser tomado, em primeiro lugar, o depoimento das testemunhas do autor. No processo trabalhista, devem ser chamadas a depor, inicialmente, as testemunhas da parte que tenha o maior ônus da prova, a título de celeridade processual."

34.8.53. Da substituição de testemunhas

A regra do art. 408 do CPC é inaplicável no processo trabalhista que sequer exige ou permite rol de testemunhas. As partes devem comparecer à audiência una acompanhadas de suas testemunhas (art. 845 da CLT). As testemunhas que não comparecerem por motivos ponderosos serão intimadas *ex officio*, ou a requerimento da parte (art. 825, parágrafo único da CLT).

Poderá acontecer de a testemunha da qual a parte pretendia fazer-se acompanhar adoentar, transferir residência para outra localidade distante, falecer etc. Nesse caso, deverá a parte, em audiência, logo após a primeira proposta conciliatória, levar o fato ao conhecimento do juízo e requerer o adiamento da instrução, quando então trará as suas testemunhas. Não há falar em substituição de testemunhas, vez que inexiste rol e só se substitui aquilo que já existe.

34.8.54. Das testemunhas gradas

Embora o Código de Processo Penal já previsse a prerrogativa de pessoas gradas (art. 221), isto em 1941, o Código de Processo Civil anterior (1939) era omisso a esta parte e assim continuou até o advento do Código Buzaid. Segundo *Amaral Santos* ("Comentários ao Código de Processo Civil", Forense, 1976, v. IV/313 e 314): "tomando por modelo o moderno direito português, o legislador pátrio tornou expressa a prerrogativa das pessoas mencionadas no art. 411 de serem inquiridas em sua residência ou onde exerçam suas funções. De tal forma, o juiz com essas pessoas se entenderá previamente por escrito, solicitando-lhes designem dia, hora e local onde desejam ser inquiridas, remetendo-lhes concomitantemente cópia da petição inicial ou da defesa oferecida pela parte, que as tenha arrolado. No dia, hora e local designados realizar-se-á a audiência de inquirição."

A regra contida no art. 411, parágrafo único, *in fine*, é, no mínimo estranha, quando determina que seja remetida cópia da inicial ou da defesa, conforme a parte que a tenha arrolado como testemunha. Ora, isso equivale a dar conhecimento de fatos à testemunha que poderá, inclusive, ignorá-los, eliminando o elemento surpresa de inestimável valia nesta espécie de prova. E a condição de testemunha grada não a torna imune a certos pecados veniais e até mesmo mortais, condição ínsita do ser humano. Ademais, a prerrogativa deferida é em função do cargo ocupado e não da pessoa que o ocupa.

"Tratando-se de processo da competência originária dos Tribunais, a matéria será regulada pelos respectivos regimentos internos ou pelos Códigos de organização judiciária dos Estados. De qualquer modo, a aplicação do dispositivo há de se fazer em harmonia com os preceitos atinentes à ordem de precedência de órgãos e autoridades e aos princípios da hierarquia. Não teria cabimento ter um magistrado de Tribunal superior que oficiar a uma autoridade estadual (ns. VII, VIII e IX) solicitando-lhe a designação de dia, hora e local para inquirição ... Os agentes diplomáticos não podem ser compelidos a depor como testemunhas, em face das imunidades de que gozam. Mas, quando concordem em testemunhar, gozarão da prerrogativa assegurada pelo art. 411, se houver reciprocidade na concessão da regalia (...) Entendemos que as pessoas aqui mencionadas com exceção dos agentes diplomáticos, não poderão recusar-se a depor. Se o fizerem, estarão infringindo o dever de colaborar com a Justiça (art. 339). Todavia, nenhuma sanção é prevista. A lei processual portuguesa insere no elenco os arcebispos, bispos e o presidente da Ordem dos Advogados (art. 624, "c" e "e").

Quanto aos parlamentares (Estaduais e Federais), a Constituição Federal de 17.10.1969 em seu art. 32, § 4º, dispunha, *in verbis:* "As prerrogativas processuais dos senadores e deputados, arrolados como testemunhas, não subsistirão, se deixarem eles de atender, sem justa causa, no prazo de 30 dias, ao convite judicial."

Pedimos vênia para discordar do abalizado autor quando afirma que nenhuma sanção é prevista. A prerrogativa contida no art. 411, do CPC, é deferida às autoridades ali rotuladas em função do cargo que ocupam para que não haja solução de continuidade nos trabalhos que desenvolvem. Esse tratamento diferencial previsto no Código não poderá ser utilizado para desrespeitar convocação do juiz e, portanto, do próprio Poder Judiciário. Testemunha é a pessoa física e não o cargo. Se não atenderem estarão infringindo preceitos do art. 339 do CPC: Ninguém se exime do dever de colaborar com o Poder Judiciário para o descobrimento da verdade. Em havendo comprovado o *animus* de desrespeito à convocação, poderá e deverá o juízo determinar a condução "debaixo de vara". Na prática, felizmente, tal não ocorre. É comum a autoridade prescindir da sua prerrogativa e dispor-se a comparecer à audiência em data designada pelo juiz.

Manoel Gonçalves Ferreira Filho ("Comentários à Constituição Brasileira", Saraiva, 1972, São Paulo, p. 219) em comentando o art. 32, § 4º (hoje § 7º) realça que: todo cidadão tem a obrigação de colaborar com a administração da justiça. Uma das formas de colaborar é comparecer perante ela para prestar depoimento, sempre que arrolado como testemunha. Tanto assim é que, não havendo o comparecimento espontâneo, a vinda a juízo pode ser imposta coercitivamente, pode ser "debaixo de vara". O senador e o deputado não deixam de ter essa obrigação. Suas altas funções lhe dão certas prerrogativas, como a de escolher dia e hora para seu depoimento, o que se estabelece para evitar embargos, seja ao parlamentar, seja ao funcionamento das Câmaras. Entretanto, consoante a regra em exame, introduzida pela Constituição de 1967 e inalterada na Emenda n. 1, essas prerrogativas deixarão de subsistir se, no prazo de trinta dias, o senador ou deputado não atender ao convite judicial. Escoado esse prazo, terá ele de comparecer no dia e na hora marcados, sob as conseqüências da lei. Deve-se entender que poderá, até, ser conduzido preso para prestar depoimento. A Constituição atual não repete o art. 32, § 4º, da CF de 1969, vez que desnecessária. Não pode a autoridade usar do cargo para obstar a ação da Justiça.

34.8.55. Das despesas com testemunha

A exemplo do que se passa na Justiça Comum (art. 419, parágrafo único, do CPC), na Justiça do Trabalho a testemunha que comparece à audiência não sofre perda de salário nem desconto no tempo de serviço (art. 822 da CLT). O Enunciado n. 155 do TST cuida, também, da matéria.

34.8.56. Do encerramento da instrução e acordo

Terminada a instrução, poderão as partes produzir razões finais, em prazo não excedente de dez minutos para cada uma. Em seguida, o juiz ou presidente renovará a proposta de conciliação, e não se realizando esta, será proferida a decisão (art. 850 da CLT). A decisão será proferida depois de rejeitada pelas partes a proposta de conciliação (art. 831 da CLT). No caso de conciliação, o termo que for lavrado valerá como decisão irrecorrível (parágrafo único, art. 831, da CLT).

34.8.57. Da homologação de acordo

Mesmo antes da extinção da representação classista, a homologação do acordo prescindia da presença de vogais (art. 846, § 1º, CLT). O tema hoje perdeu o interesse, pois compete ao juiz titular ou substituto a homologação, já que com o advento da EC n. 24/1999 o juízo trabalhista de primeiro grau tornou-se monocrático.

34.8.58. Da homologação de acordo na fase recursal

Registra o Regimento Interno do Tribunal Superior do Trabalho (art. 78, IV) que compete ao relator despachar as desistências dos recursos. O Regimento Interno do Tribunal Regional da 2ª Região dispõe que compete ao relator decidir sobre pedidos de homologação de acordos e de desistência, ainda que o feito se encontre em mesa para julgamento (art. 82, IV).

A desistência do recurso pode ser expressa ou tácita. É expressa, quando a parte dirige petição ao relator desistindo do recurso; tácita, quando as partes juntam acordo aos autos.

Ocorre a desistência a qualquer tempo, vale dizer, desde a interposição até o momento em que se vai iniciar o julgamento. Pode ser escrita ou oral (art. 154, do CPC), ou comunicada da tribuna do órgão *ad quem*, e não requer lavratura de termo. Sendo ato unilateral, independe de consentimento do recorrido, que não terá prejuízo algum. A desistência da ação, depois do prazo da resposta, é que condiciona à anuência do réu (art. 267, § 4º, do CPC). Feita por procurador, requer poder especial (art. 38, do CPC). Seus efeitos principais são: não precisa ser homologada (art. 158, do CPC) e a desistência da ação precisa; tomando conhecimento da desistência do recurso, o órgão *ad quem* declarará extinto o procedimento recursal; torna coisa julgada a decisão recorrida no todo ou em parte, conforme a desistência seja total ou parcial; não depende de concordância dos litisconsortes, subsistindo para estes a possibilidade de novo julgamento no *ad quem*. Nesse sentido, *Amaral Santos*, *Frederico Marques*, *Barbosa Moreira* e *Vicente Greco Filho*.

Temos, pois, que a desistência do recurso não precisa ser homologada, mas somente o acordo. Por essa razão achamos que a redação do inc. IV do art. 82 do RITRT, 2ª Região deveria se adequar ao art. 158, do CPC a saber: decidir pedidos de desistência e de homologação de acordos. Todavia, com a desistência, desaparece a instância recursal e conseqüência primeira é a perda de competência do relator para homologar acordos. Com a extinção da instância recursal, a competência para homologar acordo é do juiz de primeiro grau (monocrático).

34.8.59. Da requisição de informações nas repartições públicas

A requisição de informações para a instrução do processo é legítima. É de sabença comum que as repartições públicas estão emperradas em suas burocracias, quando não há má vontade de servir provinda de funcionários não treinados e nem sempre competentes, num desvirtuamento de finalidade. O funcionário existe em função do povo que paga os seus impostos e que dá emprego ao funcionário público. Mas, essa nunca foi a preocupação de nenhum governante, pelo menos até hoje.

Decidiu o Supremo Tribunal em acórdão de que foi relator o Min. Cordeiro Guerra, que é legítima a requisição de informações, pelo magistrado, ao Imposto de Renda (ou a outras repartições), no interesse da Justiça. "Nada justifica — acrescentou o Pretório Excelso naquela oportunidade — a proteção ao inadimplemento, em detrimento da boa-fé no mundo dos negócios e do prestígio da Justiça" (2ª T., 14.5.1985, RE n. 105.544-8/SP, DJ 7.7.1985, *in RT* 604/260).

34.8.60. Do encerramento da instrução

O encencerramento da instrução probatória se dá após as partes haverem produzido as provas de que dispunham em favor do pedido inicial e da defesa, Todo e qualquer requerimento deverá ser feito antes do encerramento da instrução, de preferência em seguida ao ato. Assim, se houve indeferimento de uma contradita, se uma testemunha foi impedida de depor, se perguntas foram indeferidas, deve a parte requerer que tudo conste do termo de audiência. O que não constar estará precluso. O juiz, por sua vez, deverá prover para que o termo reflita a realidade da audiência, sem omitir ou acrescer, tudo em obediência ao preceito do art. 416, § 2º, CPC.

Após o encerramento da instrução, a lei concede às partes a oportunidade de produzirem razões finais, em dez minutos cada. Dado o tempo exíguo, as partes costumam reportarem-se ao alegado e provado e pedir a procedência (autor) e a improcedência (réu) do julgado. Todavia, a realidade que se instaurou em determinados centros, com excesso de ações, retirou a possibilidade de julgamento imediato, desigando-se pauta. Daí a razão pela qual se passou a produzir razões finais escritas. Abriu-se aqui a oportunidade de as partes efetuarem uma análise crítica sobre o pedido, defesa e a prova produzida, enaltecendo aquela parte em que lhe restou favorável. Na prática, lamentavelmente, não é o que sucede. É costume fazer-se peças longas, repetitivas, torcendo os fatos, sem qualquer valor jurídico. É certo que existem as exceções e estas, quase sempre, trazem subsídios ao julgador. As razões finais orais têm por escopo prestigiar a audiência una. Mas, a realidade fática é mais forte do que a lei.

Frustra a proposta conciliatória final, o juiz proferirá sentença de imediato ou designará data para tanto.

Embora já tenhamos falado sobre o assunto alhures, repetimos aqui para efeitos didádicos as conseqüências que poderão advir da ausência das propostras conciliatórias. A ausência da proposta inicial poderá ser reparada pela proposta final. Todavia, a ausência da proposta final, ainda que tenha havido a inicial, determinará a nulidade do julgado.

Após o encerramento da instrução, não será permitida a juntada de documentos, salvo mediante nova abertura e novo encerramento.

Se, todavia, após o encerramento da instrução e antes do julgamento, a parte descobrir que determinada testemunha estava impedida de depor, poderá argüir incidente de nulidade. Nesse caso, o julgamento será adiado *sine die* para que se proceda a instrução anulatória na qual o juiz decidirá pela validade ou não do depoimento. A decisão que vier a proferir é interlocutória, irrecorrível, portanto; mas poderá ser objeto de discussão em recurso, se houver, sobre a sentença de mérito, como matéria preliminar. Se a parte só veio descobrir o impedimento após a prolação da sentença primária, poderá argüir o incidente perante o relator no tribunal. Quer no primeiro grau, quer no Regional, as partes terão a possibilidade de ampla defesa. O relator poderá determinar que o juízo de origem proceda à instrução, recambiando-lhe os autos.

34.8.61. Das razões finais

Encerada a instrução (art. 850, CLT), as partes terão o prazo de dez minutos para apresentar razões finais. Na prática, entretanto, como o julgamento é marcado para dias ou meses depois, criou-se a praxe de apresentação de razões finais por escrito, alguns dias antes do julgamento. Com isso, ganha-se tempo.

As razões finais traduz-se em oportunidade ímpar para que as partes analisem o conjunto probatório, o ônus probatório de cada parte, para demonstrar ao juiz onde a prova lhe favorece. A análise deve ser feita de forma serena, sem torcer os fatos e a prova produzida. Na prática, as partes costumam reportarem-se ao alegado e provado, o que é feito, em audiência, logo após o encerramento da instrução.

34.9. Fase decisória

34.9.1. Das providências que antecedem o ato decisório

As providências que antecedem o ato decisório estão diretamente ligadas ao procedimento que antecedeu à instrução. Em se cuidando de ação devidamente contestada e instruída, tudo indica que estão presentes todos os requisitos necessários e que também foram extirpados todos os defeitos que porventura existissem. Mas, nada impede, tudo aconselha, que o juiz, antes de proferir a sentença, se certifique de que realmente não existe nenhum impedimento a que efetue o julgamento. Esse cuidado se faz necessário pelo fato de que o mérito somente poderá ser apreciado quando presentes todos os requisitos de admissibilidade da ação e que não haja nenhum impedimento ao prosseguimento. Entretanto, a situação se torna mais grave, quando o réu, por não contestar a ação, foi considerado revel e confesso quanto à matéria de fato. Nesse caso, deve o juiz verificar se é realmente competente em razão da matéria, se estão presentes todos os pressupostos processuais (objetivos e subjetivos), bem assim todas as condições da ação e se a matéria é realmente fática ou só de direito, caso em que não haveria o decreto de confissão. A ausência de competência material torna nula a competência funcional e desnatura o princípio do juiz natural. Todavia, se competente, deverá verificar se estão presentes os pressupostos de admissibilidade e as condições da ação. Verificará, também, se o autor está devidamente representado (*v. g.*, menor, viúva supérstite). Se a representação for defeituosa deverá dar prazo para que a parte faça o acerto. Nesse caso, não há como se manter o decreto de revelia, devendo designar nova sessão de audiência, com nova citação do réu. Se na audiência designada a representação não for acertada, a ação será arquivada, devendo o autor pagar custas processuais.

34.9.2. Da sentença como ato complexo

A sentença (ou o acórdão) é ato complexo formado de relatório, fundamentação e dispositivo.

Do relatório — O relatório deve conter uma síntese do pedido inicial e da defesa, menção dos incidentes ocorridos e da instrução probatória. Vale dizer, ter-se-á no relatório um resumo da lide e daquilo que será apreciado no julgamento com escopo meritório. Em suma, o relatório deve traduzir um resumo simples, objetivo, claro e lúcido do que se discute nos autos (inicial e defesa), de modo que da simples leitura tenha-se, de imediato e sem esforço intelectivo, a essência da controvérsia.

Da fundamentação — A fundamentação e o dispositivo são as partes mais importantes, pois ambas se conjugam entre si, refletindo aquilo que consta do relatório. A fundamentação e o relatório devem ser articulados, mormente na ação trabalhista (empregado e empregador) em que o pedido é formado por inúmeras verbas. Assim, o articulado deve separar verbas rescisórias, horas extras, equiparação salarial, doença profissional, acidente de trabalho, dano moral, fundo de garantia etc. A cada item articulado deverá decidir oferecendo a fundamentação e dizendo a causa pela qual a verba foi deferida ou indeferida. A fundamentação deve convencer, não só ao magistrado, mas a todos, principalmente ao colegiado do Regional, em caso de recurso. A fundamentação deverá ser objetiva, sucinta; não poderá ser lacônica. Sempre que possível, deve indicar o dispositivo legal que dá supedâneo à sua conclusão, súmula ou jurisprudência de outros tribunais, de preferência superiores. Deve evitar frases feitas ou genéricas que demonstram não haver analisado os elementos dos autos, *v. g.*: "O conjunto probatório demonstra que o autor tem direito às horas extras pleiteadas", ou "A prova produzida pelo autor nos dá conta de que fora injustamente despedido". A linguagem deve ser sóbria, clara e direta. Evitar construções na ordem indireta, correndo o risco de virgulação imperfeita e de ambigüidade. A forma deve ser sacrificada em prol da clareza. Os períodos longos devem ser evitados. A frase curta tem maior poder de persuasão. Não abusar do uso dos elementos de ligação e da forma gerundiva. Sempre que possível (e isso é sempre possível), empregar o verbo no infinitivo. O magistrado, cuja função é a de declarar o direito no caso concreto, ao prolatar a sentença não deve (não pode) utilizar expressões como "eu entendo", "eu acho", "a mim me parece", "salvo melhor entendimento, "decido *sub censura*" e outros chavões mais que são encontrados. O magistrado ao decidir deve dar a prestação jurisdicional de modo afirmativo, não deixando transparecer qualquer dúvida. A parte que não se conformar com a decisão, decerto, recorrerá. No momento da decisão, o magistrado é o próprio Estado (Estado-Juiz) exercendo a função jurisdicional. O Estado, no exercício do poder jurisdicional, entrega o direito, não diz "eu entendo". Não desconhecemos que existem pessoas prolixas e desse mal os magistrados não estão acobertados. Tivemos oportunidade de privar com magistrado, cujas sentenças, não tinham menos do que trinta páginas, com citações doutrinárias, direito comparado, jurisprudência. Quem tem vocação para escrever, deve começar publicando artigos, onde poderá dar vazão à vocação condoreira. A sentença não é lugar para arroubos ou demonstração de erudição. Como bem objetiva *Calamandrei*: "A sentença não precisa ser bela. Basta-lhe ser justa." Daí as lições de *Mário Guimarães* àqueles que adotam a prolixidade: "Sem clareza, não há redação possível. Constitui essa a virtude primacial do estilo. Evite o juiz os períodos emaranhados, os circunlóquios, as divagações. Vá direito ao âmago da questão, expondo-o em poucas palavras e resolva-o. Digressões, às vezes reveladoras de boa cultura, mas estranhas ao que interessa ao julgamento, cansam o leitor."

Do dispositivo — Numa escala de valores, o dispositivo é o mais importante, pois é ele que indica o direito concedido ou negado, sempre em consonância com o que restou posto na fundamentação. Vale dizer, o dispositivo deverá projetar-se como uma conseqüência lógica da fundamentação que lhe dá suporte. Existe entre a conclusão e a fundamentação uma conivência mútua e um entrelaçamento lógico: a fundamentação dá o argumento legal ou jurídico para que o dispositivo conceda ou negue o direito perseguido.

O dispositivo é a parte da sentença que transita em julgado. Os motivos expostos na fundamentação, por mais importantes que sejam, não vão além de supedâneos para que o dispositivo se alce ao estágio da imutabilidade, não permitindo mais nenhuma discussão, ressalvada a desconstituição da coisa julgada, que incidir em ilegalidade, pela ação rescisória. Por ser assim tão importante, o dispositivo deve merecer do magistrado cuidados redobrados em prol da clareza. Sem clareza, a execução torna-se difícil ou mesmo impossível. A sentença deve conter, de forma expressa, todas as verbas deferidas, *v. g.*, aviso prévio, férias vencidas e proporcionais, com integração do aviso prévio e do terço constitucional etc. Na prática, existem alguns juízes que usam a forma indireta no dispositivo, o que deve ser evitado, pois, além de contraproducente, demonstra uma certa mandrice e ausência de vocação para o elevado mister de julgar. Assim, depois de elaborar a fundamentação, muitas vezes, sem o articulado, termina: "Isto posto, julgo procedente em parte (ou procedente) na forma da fundamentação acima." Isso significa que todos, até mesmo o próprio magistrado, terão de ler toda a sentença cada vez que for necessário tomar alguma providência. Usam a lei do mínimo esforço ao contrário. Essas imperfeições podem e devem ser corrigidas por uma corregedoria regional atenta. Em nossa prática judicante no tribunal, tomamos conhecimento de sentença primária em que o julgador formulara o dispositivo às avessas, isto é, ao invés de transcrever as verbas em que havia condenação (total ou parcial), colocara as verbas sobre as quais o réu havia sido absolvido: "Isto posto, a Vara tal absolve o empregador do pagamento das verbas tais e tais." A parte condenatória permanecia na fundamentação. Como a fundamentação não transita em julgado, se aquela sentença transitasse em julgado, não haveria como executá-la. A declaração de nulidade era imperativo que se impunha.

34.9.3. Da prolação de sentença em audiência

A sentença é um ato de inteligência e exige que o juiz conheça e domine com relativa segurança os princípios de interpretação, do ônus da prova e demais princípios que a hermenêutica contém. Esse, certamente, é o motivo básico para que os concursos de ingresso na magistratura sejam exigentes de modo a impedir que ingressem pessoas que ainda não tenham alcançado um estágio potencial de excelência. Na prolação da sentença, o magistrado analisará o processo em consonância com a *litiscontestatio* e a prova produzida durante a instrução probatória. De posse desses elementos, julgará levando em conta o *onus probandi* de cada parte. A análise da prova é trabalho artesanal com vista à valoração. Uma confissão real, não pode ser desdita por prova testemunhal, salvo de forma incidental para provar que a confissão fora conseguida dolosamente. A prova pericial poderá trazer elementos e informações que exijam do julgador atenção redobrada para que não venha simplesmente a ser substituído pelo perito. Por esses motivos, o julgador deve evitar o sentenciamento por arroubos de momento ou para demonstrar produção. O ato de julgar está colocado acima de vaidades pessoais. Os jurisdicionados são as partes mais importantes do processo e merecem um julgamento cuidadoso e justo. Os argumentos utilizados devem ser convincentes.

34.9.4. Dos argumentos utilizados

Ao formular a defesa, o réu poderá utilizar-se de vários argumentos, *v. g.*, que o pedido está prescrito, poderá concordar com os argumentos da inicial e discordar das suas conseqüências; poderá discordar dos argumentos da inicial e das suas conseqüências. Poderá, ainda, trazer vários argumentos para desdizer um mesmo pedido, *v. g.*, invoca a prescrição e a improcedência por haver efetuado o pagamento das verbas rescisórias perante o sindicado. Em acolhendo a prescrição, que hoje poderá ser declarada de ofício (§ 5º, do art. 219, CPC, Lei n. 11.280/2006), não será necessário que o julgador também enfrente os demais argumentos trazidos. A escolha de um único argumento bastará para a sua conclusão. No caso, o acolhimento da execução impede a apreciação do outro argumento, posto que impede o conhecimento da própria ação. Suponha-se um pedido de declaração de vínculo em que a defesa alega que o trabalho era eventual e que havia um contrato entre as partes em que o trabalhador concordava em que o seu trabalho era autônomo. Instruído o processo, não comprovada a eventualidade do trabalho, não será necessário que o julgador analise a validade do contrato assinado pelo trabalhador.

34.10. Do rito sumaríssimo

34.10.1. Do procedimento sumaríssimo

Cada parte ouvirá o máximo de duas testemunhas (art. 852-H, § 2º, CLT). A instrução será levada a efeito no menor espaço de tempo, sempre em audiência una. Não se fará citação por edital (art. 852-B, II, CLT), incumbindo ao autor a apresentação de nome e endereço corretos do réu. A prolação de sentença deverá ocorrer no prazo máximo de quinze dias, como regra.

Como regra, não se aplicará ao procedimento sumaríssimo a possibilidade de oitiva de testemunhas referidas. Todavia, como a lei não proíbe, e quando quis proibir fê-lo expressamente (caso do edital), ficará ao douto critério do juiz instrutor (*dominus processus*), se e quando a oitiva se fizer necessária.

34.10.2. Dos procedimentos vigentes no processo do trabalho

O processo do trabalho tem hoje três espécies de procedimentos: processo ordinário que é o comum aplicável à grande maioria das ações. Tem-se o procedimento sumário, previsto na Lei n. 5.584/1970 que criou o processo de alçada, e o procedimento sumaríssimo previsto nos arts. 852-A a 852-I, CLT. Ao contrário do que pode parecer, o procedimento sumário não foi encampado pelo sumaríssimo, posto que diferentes quanto ao número de testemunhas (art. 852-H, § 2º).

34.10.3. Do valor-limite

Para aqueles dissídios individuais, aí incluída a ação de cumprimento, cujo valor não exceda de 40 (quarenta) salários mínimos vigentes à época do ajuizamento da ação, ficam submetidos ao rito sumaríssimo. O enquadramento não leva em contra a complexidade ou não do processo, já que o fator de enquadramento determinante é apenas o valor da causa.

34.10.4. Das ações ajuizadas anteriormente

De conformidade com as regras de hermenêutica, a lei nova não retroage, salvo casos excepcionais, devendo a lei dizê-lo específica e expressamente. Registra exceção no âmbito penal, quando for para beneficiar o réu. Disso resulta que aquelas ações que já haviam sido distribuídas antes da lei deverão ser apreciadas e julgadas de conformidade com a lei da época do ajuizamento. Não há que se fazer interpretação extensiva, objetivando a celeridade e a entrega da prestação jurisdicional mais rápida. A interpretação só ganha prestígio quando respeita o devido processo legal. E o princípio da celeridade processual deve conviver de forma harmônica com o contraditório, com o devido processo legal e com a lei. Fora disso, a interpretação de momento ou casuística torna-se perigosa, pois é concebida ao sabor do intérprete naquele momento, sem o prestígio da lei.

34.10.5. Da Administração Pública

A Administração Pública direta, autárquica e fundacional foi expressamente excluída do procedimento sumaríssimo. A exclusão é sintomática, não existindo motivos palpáveis para a exceção, a não ser o de que o poder público não tem interesse em submeter-se à dinâmica e à celeridade do rito. Não deixa de ser lamentável a exclusão, em se tratando de crédito alimentar.

34.10.6. Das exigências formais

Na petição inicial, o pedido deverá ser certo ou determinado e indicará, obrigatoriamente, o valor correspondente a cada verba (*quantum debeatur*). O nome da parte e seu respectivo endereço deverão ser corretamente indicados, não se admitindo a citação por meio de edital. O não atendimento desses requisitos importará no arquivamento da ação e condenação em custas sobre o valor da causa. Partes e advogados deverão comunicar as mudanças de endereço ocorridas no curso do processo, pena de serem tidas por eficazes as intimações enviadas ao local anteriormente indicado.

34.10.7. Do prazo para apreciação do pedido

O processo deverá ser instruído e julgado no prazo máximo de 15 (quinze) dias, podendo constar de pauta especial, se necessário.

É interessante ponderar que a agilidade do julgamento não depende unicamente de uma lei. O julgamento com maior ou menor rapidez está diretamente ligado às condições materiais e pessoais com que conta cada Região da Justiça do Trabalho. Disso resulta que nas grandes Regiões dificilmente o prazo será cumprido, em que pesem os esforços dos Juízes. Nas Regiões de menor porte e de menor movimento, o julgamento já vem sendo feito em tempo recorde.

34.10.8. Da audiência

A audiência única é uma das peculiaridades do processo do trabalho, a par de outras.

Acontece que o regime procedimental único está também diretamente ligado ao componente material e pessoal das Regiões. Temos sempre dito que a realidade atropela a lei quando com esta não se conforma.

Nas grandes Regiões, mormente em São Paulo, que detém hoje 25% (vinte e cinco por cento) de todas as ações ajuizadas no País, a audiência única foi dividida em, no mínimo, três: audiência inicial, de instrução e de julgamento.

A audiência única de que fala o rito sumaríssimo não traz qualquer novidade.

34.10.9. Da direção do processo

Já dizia o mestre *Frederico Marques* que o Juiz é *dominus processus*, não dono do processo. Isso significa que fará a instrução processual dando igual tratamento às partes (art. 125, I, CPC), velará pela rápida solução do litígio e deverá prevenir ou reprimir qualquer ato contrário à dignidade da justiça. Instruirá o processo dentro do que restou firmado pela *litiscontestatio*, dirigirá a prova levando em conta o ônus probatório de cada parte, limitando ou excluindo a prova que considerar excessiva, impertinente ou protelatória. Apreciará o conjunto probatório, dando especial valor às regras da experiência comum ou técnica.

34.10.10. Da conciliação

Esta é a parte procedimental mais importante do processo trabalhista. O Juiz deverá envidar todos os esforços possíveis para conseguir a conciliação (art. 852-E, CLT). Em se tratando de verbas alimentares, a demora no julgamento poderá trazer conseqüências danosas ao trabalhador e à sua família. A conciliação poderá ocorrer em qualquer fase do processo.

34.10.11. Dos registros de audiências

A audiência registrará resumidamente todos os acontecimentos e atos essenciais que irão compor o convencimento do Juiz em sede instrutória. Quando possível, incidentes e exceções serão decididos de plano; quando impossível, serão decididos com a sentença.

A prova documental deverá ser juntada com as peças básicas. A prova testemunhal será produzida em audiência, em única assentada, bem assim a impugnação da prova documental, salvo absoluta impossibilidade, a critério do Juiz.

As testemunhas comparecerão à audiência independentemente de notificação, podendo cada parte indicar o máximo de duas. Excepcionalmente, a testemunha poderá ser intimada quando, comprovadamente convidada, negou-se a comparecer. Após a intimação, se persistir na recusa, poderá ser conduzida coercitivamente.

34.10.12. Da prova técnica

Somente quando a prova do fato o exigir ou se for legalmente exigível (*v. g.*, insalubridade e periculosidade), o Juiz deferirá a prova técnica. Nesse caso, deverá fixar o objeto da perícia, o prazo para entrega do laudo e fará a nomeação do perito. Excepcionalmente, o perito poderá pleitear prazo maior, mediante pedido circunstanciado. Entregue o laudo, as partes terão prazo comum de 5 (cinco) dias. Na prática, dada a dificuldade de prazo comum em termos de perícia, os juízes poderão conceder prazo de 3 (três) dias para cada parte, com prorrogação.

34.10.13. Da transformação do rito

É ilegal a determinação do Juiz para que a parte ou o advogado emende a inicial em ações ajuizadas antes do advento da Lei n. 9.957/2000, com o objetivo de tornar o pedido líquido. Determinação nesse sentido ofende o princípio de direito temporal (*tempus regit actum*), o devido processo legal e o ato jurídico perfeito. Desmerece o princípio do contraditório, já que no rito ordinário e sumário a possibilidade probatória é mais ampla.

Com o advento da lei de rito sumaríssimo, algumas distorções foram registradas. Tivemos caso, na 2ª Região, em que fora determinado às partes e/ou ao advogado que apresentassem cálculos em processos ajuizados antes da lei entrar em vigor. Caso os cálculos estivessem incorretos ou a parte se negasse a fazê-los, determinava-se o arquivamento. Ficava "inventado", assim, um meio de descartar o processo, o que deu origem a inúmeros mandados de segurança e representações. Como diz *Frederico Marques*, o juiz é *dominus processus* (diretor do processo), não dono do processo. Mas, parece que alguns juízes não se dão conta disso.

Um outro caso foi registrado na 15ª Região, onde todos processos cujo valor pleiteado não sobejava a 40 (quarenta) salários mínimos, foram julgados como se sumaríssimos fossem.

Na verdade, o julgamento levado a efeito não impunha nenhum prejuízo às partes, uma vez que o processo já havia sido instruído e julgado em primeiro grau nos moldes do rito ordinário. A providência, de alguma forma, era salutar, uma vez que se julgavam rapidamente todos os processos de menor valor.

O erro cometido, todavia, foi por ocasião do processamento do recurso de revista, quando passaram a ser exigidos os requisitos do § 6º do art. 896 da CLT, introduzido pela Lei n. 9.957/2000, DOU de 13.01.2000.

Poder-se-ia argumentar que o art. 852-A da CLT fala apenas daquelas ações cujo valor não exceda a 40 (quarenta) vezes o salário mínimo na data do ajuizamento. Todavia, e isso é muito importante, não diz a lei que poderia haver retroatividade para aqueles processos ajuizados anteriormente.

34.10.14. Da ação de cumprimento

Embora a lei mencione como *nomen juris* dissídio individual (art. 852-A, CLT), não se conclua que a ação de cumprimento estaria alijada do procedimento sumaríssimo. O princípio da razoabilidade interpretativa indica esse direcionamento. O legalismo exacerbado poderá levar a situações até mesmo esdrúxulas, *v. g.*, pagamento de aviso prévio de 60 (sessenta) dias em função do tempo de serviço previsto em norma coletiva, cujo valor seja insignificante, tendo em conta a remuneração do trabalhador. A ação de cumprimento é um dissídio individual que dá implementabilidade à norma coletiva.

34.10.15. Da declaração de vínculo

O fato de o pedido incluir a declaração de vínculo de emprego não constitui óbice ao enquadramento no rito sumaríssimo. Onde a lei não excepciona, é defeso ao intérprete fazê-lo. O valor da causa variará em conformidade com a existência ou não de verbas. Não se descarta, a possibilidade de o dissídio individual ter por objeto apenas e tão-somente a declaração de vínculo. E esse pedido poderá ser formulado, mesmo após decorridos os dois anos da extinção da relação de trabalho, uma vez que a ação declaratória não prescreve. Do que resulta, que embora a parte não possa mais discutir o direito material em face da prescrição, nada impede que busque a declaração de vínculo.

34.10.16. Da escolha procedimental

O procedimento processual tem caráter de ordem pública, defesa, portanto, a escolha de rito pelos litigantes. Nas ações cujo valor da causa não seja superior a 40 salários mínimos, deve a parte atender as exigências do art. 852-B, incisos e parágrafos, pena de arquivamento. A resistência do autor não propicia a via ordinária, mas, o arquivamento ou extinção, sem julgamento do mérito.

Entendimento diverso neutralizaria a lei e desprestigiaria o seu objetivo teleológico, tendo em conta a natureza alimentar do crédito trabalhista (art. 100, CF).

34.10.17. Do valor aleatório da causa

Um dos requisitos para enquadramento no rito sumaríssimo é o de que o valor da causa não exceda a 40 (quarenta) vezes o salário mínimo. O valor da causa não pode ser dado de forma aleatória; mas, há de refletir aquilo que economicamente se pleiteia.

Excepcionam-se algumas verbas: dobra salarial, honorários advocatícios, juros e correção monetária, multa, adicional de insalubridade etc. Se o valor da causa, ainda que aleatório, sobeja 40 (quarenta) vezes o salário mínimo, o rito é o ordinário. Diz-se aleatório, aquele valor dado pela parte sem ater-se à realidade do pedido. Exemplo: pleitear depósitos do FGTS dos últimos 20 anos e dar à causa o valor de R$ 200,00. Indefinido seria aquele valor de difícil valoração, *v. g.*, anotação de Carteira, quando já decorridos mais de dois anos de rescisão do contrato.

34.10.18. Da obrigação de fazer

O pedido envolvendo obrigação de fazer não constitui óbice ao procedimento sumaríssimo. O legalismo exacerbado poderá levar a situações inusitadas, *v. g.*, entrega de guias para o saque do FGTS.

34.10.19. Das diferenças de FGTS

Em havendo dificuldade da parte de efetuar o levantamento do *quantum debeatur*, é preferível que a ação corra pelo rito ordinário, com maior possibilidade probatória. Embora não excepcione a lei, a prática tem demonstrado que existem certas verbas que seria muito difícil ou mesmo impossível a sua transformação em pecúnia antes do julgamento, *v. g.*, depósito fundiário, adicional de insalubridade (10%, 20%, 40%), juros e correção monetária, dificuldades que vêm sendo contornadas com bom senso a critério, de modo a não neutralizar a lei com formalismo excessivo.

34.10.20. Da exigência de planilhas

É arbitrário o entendimento de que, em se tratando de horas extras, deverá o autor juntar planilhas de cálculos mês a mês. Como já dissemos anteriormente, citando o mestre *Frederico Marques*, o Juiz é *dominus processus*, mas não é o dono do processo. Fazer exigência além do permitido em lei traduz ato de arbítrio não condizente com as nobres funções jurisdicionais. Mormente se, com base em exigência ilegal, é determinado o arquivamento, numa demonstração eloqüente de falta de sensibilidade. Não se deve esquecer que o Poder Judiciário existe em função do jurisdicionado, pois sem ele não haveria razão para o aparato judicial caro e oneroso para o Estado. A conclusão curial é de que o jurisdicionado é a pessoa mais importante na formação da relação processual. Advogados, membros do Ministério Públicos e Juízes são presenças da mais alta relevância, mas apenas necessários se existir o jurisdicionado. Sem este, não há processo.

34.10.21. Da carta precatória instrutória

A lei não a exclui expressamente. Mas, ao mesmo tempo exige que a audiência seja una, concentrando a instrução e o julgamento. O rito ordinário também exige a audiência una (art. 849, CLT). Logo, não se descarta a instrução por precatória. O indeferimento pelo juiz instrutor desaguará no cerceamento de defesa, posto que arrostaria o princípio do contraditório e da ampla defesa.

34.10.22. Da testemunha referida

Embora não proibida, deve o Juiz evitá-la. As partes, durante a instrução, poderão direcionar suas testemunhas no sentido de indicar nome ou nomes de outras pessoas que teriam conhecimento dos fatos. Com isso, estariam desprestigiando o procedimento sumaríssimo. O deferimento ficará ao douto critério do Juiz em cada caso, com base na absoluta necessidade.

34.10.23. Da sentença

A sentença deverá ser objetiva e sucinta. Não deve o prolator da sentença dizer mais nem menos do que é necessário. Em qualquer julgamento, deve-se evitar a construção de verdadeiras teses de direito, que podem massagear o ego de quem o prolata, mas que firmam residência na ociosidade, com perda de tempo e de trabalho. A fundamentação não está diretamente ligada ao número de páginas escritas; mas, ao seu conteúdo. O prolixo poderá escrever muito e fundamentar pouco. Como diz o mestre *Calamandrei*: "A sentença não precisa ser bela, basta que seja justa."

As partes serão intimadas da sentença na própria audiência em que prolatada.

34.10.24. Dos embargos declaratórios

A exemplo da sentença ou acórdão, em sede sumariíssima os embargos declaratórios também dispensam relatório, pois estão ligados às regras de procedimento da ação principal (ver item 11.20.8).

34.10.25. Do recurso ordinário

A exemplo do rito ordinário, a alçada do sumaríssimo está limitada a 2 (dois) salários mínimos (art. 2º, § 4º, Lei n. 5.584/1970). Não existe qualquer restrição ao recurso ordinário, a não ser a comum de alçada. Também em sede Regional, o julgamento deverá ser sucinto e objetivo, podendo usar ou não o benefício de exclusão do relatório. Suponha-se a hipótese em que o Tribunal concorda totalmente com o que restou decidido em primeiro grau: neste caso, bastará que confirme a sentença por seus próprios fundamentos, por simples certidão. Suponha-se a hipótese, ainda, em que o Tribunal concorda com parte do decidido em primeiro grau: neste caso, deverá confirmar aquilo com o que concorda de forma objetiva e sucinta. Quanto ao mais, fundamentará a discordância.

O recurso ordinário será imediatamente distribuído, devendo o relator liberá-lo em 10 (dez) dias. Terá parecer oral do Ministério do Trabalho, se este entender necessário, com registro na certidão.

34.10.26. Do recurso de revista

Nas causas de procedimento sumaríssimo, somente será admitido recurso de revista por contrariedade à súmula de jurisprudência uniforme do Tribunal Superior do Trabalho e violação direta da Constituição da República (art. 896, § 6º, CLT).

34.11. Das Comissões de Conciliação Prévia

34.11.1. Da finalidade

Com o objetivo de conciliar conflitos individuais do trabalho, as empresas e os sindicatos poderão instituir Comissão de Conciliação Prévia, de composição paritária, com representantes dos empregados e dos empregadores. Essa Comissão também poderá ser constituída por grupos de empresas ou ter caráter intersindical.

34.11.2. Da constituição

A Comissão constituída no âmbito da empresa será composta no mínimo de 2 (dois) e no máximo de 10 (dez) membros, sendo a metade indicada pelo empregador e a outra metade eleita pelos empregados. A eleição far-se-á em escrutínio secreto, fiscalizado pelo sindicato da categoria profissional. Haverá tantos suplentes quantos forem os titulares. O mandato dos membros, titulares e suplentes, é de um ano, permitida uma recondução (art. 625-B, I a III, CLT).

34.11.3. Da estabilidade dos membros

Os membros eleitos pelos empregados, titulares ou suplentes, terão garantia de emprego até um ano após o final do mandato, ressalvada a hipótese de cometimento de falta grave (art. 482, CLT). Desnecessário o ajuizamento de inquérito para apuração de falta grave.

34.11.4. Da Comissão constituída em âmbito sindical

Se a Comissão for constituída em âmbito sindical, a sua constituição e normas de funcionamento deverão ser definidas em sede de acordo coletivo ou de convenção coletiva (art. 625-C, CLT). A participação da categoria é inarredável para que dê validade à Comissão que vier a ser instituída.

34.11.5. Da obrigatoriedade de submissão à Comissão

Em havendo na localidade da prestação dos serviços Comissão de Conciliação Prévia, instituída no âmbito da empresa ou do sindicato da categoria, nenhuma demanda trabalhista será ajuizada sem antes passar pela Comissão (art. 625-D, CLT). A submissão funciona como espécie de condição especial para a propositura da ação, a exemplo do que sucede na França com as "Comissões de Fábrica".

A demanda será formulada por escrito ou reduzida a termo por qualquer dos membros da Comissão, cuja cópia será entregue ao interessado, datada e assinada pelo respectivo membro.

Somente em sede de excepcionalidade a parte poderá ajuizar ação sem passar pela Comissão, quando houver motivo relevante que impossibilite a observância do procedimento. Essa circunstância será declarada na petição inicial, que será analisada pelo Juiz da causa.

Frustrada a conciliação, será fornecida declaração ao empregado e ao empregador, com a descrição do objeto do pedido, devidamente assinada pelos membros da Comissão, que deverá acompanhar a petição inicial em caso de ajuizamento de demanda.

Alguns juízes das jurisdições ordinárias (Varas e Regionais) resistem em aplicar a lei sob a mira de dois argumentos, ora um, ora outro. O primeiro é o de que a lei não impõe qualquer conseqüência ou cominação pelo descumprimento. Com esse falso argumento, certos juízes se sentem à vontade para não cumprir a lei e até mesmo incentivar o desrespeito à lei (caso da Súmula n. 2, do TRT 2ª Região). Os que agem dessa forma esquecem que ao juiz cumpre, por dever de ofício, aplicar a lei e não desrespeitá-la, nem perquirir se a lei prevê ou não cominação em caso de desrespeito para escolher se a aplica ou não. Não cabe ao juiz o papel de sensor dos Poderes Legislativo e Executivo: o primeiro fez a lei e o segundo sancionou-a. Essa visão estrábica de poder aplicar ou não a lei que não impõe cominação pelo desrespeito, colocando o juiz no papel de sensor para escolher qual a lei que lhe apetece aplicar ou não, não é interpretação, mas usurpação de poder. Vêm a pêlo as lições, sempre atuais, de *Mário Guimarães*, ex-Ministro do Supremo Tribunal Federal: "Deverá o juiz obedecer à lei, ainda que dela discorde, ainda que lhe pareça injusta. É um constrangimento que o princípio da divisão dos Poderes impõe ao aplicador" ("O Juiz e a Função Jurisdicional", Ed. Forense, Rio, 1958, p. 330). O segundo argumento é o de que o art. 625-D seria inconstitucional por impedir a vinda do trabalhador ao Judiciário e desse modo estaria arrostando o inc. XXXV do art. 5º, da Constituição Federal. Entretanto, a afirmação de que a exigência de o trabalhador passar antes pela Comissão de Conciliação prévia impede o direito de ação é paralógica e se ressente de uma leitura mais acurada do § 2º, do art. 625-D, CLT, *id est*, se não prosperada a conciliação, o trabalhador poderá propor a ação trabalhista, comprovando, com o pedido inicial, a passagem pela Comissão. Tem-se, assim, que a afirmação de que a lei impede a ação não resiste à superficial análise. A erronia mais se acentua quando os seguidores de tal afirmação enquadram a exigência do *caput* do art. 625-D como ofensiva ao inc. XXXV, do art. 5º da Constituição Federal que preceitua, *in verbis*: "A lei não excluirá da apreciação do Poder Judiciário lesão ou ameaça de direito." Referido preceito não tem o conteúdo que pretendem, ou seja, onde o juiz vê a possibilidade de enquadramento o art. 625-D, *caput*. O conteúdo da norma constitucional está restrito à hipótese de a lei proibir expressamente que determinada matéria passe pelo crivo do Poder Judiciário. Exemplo clássico citado pelos autores é o caso do famigerado Ato Institucional n. 5, 13.12.1968, art. 10 (casos de crimes políticos contra a segurança nacional, a ordem econômica e social e a economia popular) que impedia a apreciação pelo Judiciário para a concessão de *habeas corpus*. O art. 625-D condiciona e não impede, o que é coisa diferente. Também será inconstitucional uma matéria regulada por lei ordinária, quando se exige Lei Complementar (hierarquia das normas). Nesse caso, o juiz deverá acolher a inconstitucionalidade a requerimento ou de ofício. De conformidade com princípio constitucional, a lei ordinária pode tudo aquilo que a Constituição não proíbe ou que seja auto-aplicável, sem necessidade de regulamentação. Daí por que a lei ordinária poderá fazer exigências, *v. g.*, recolher custas e efetuar depósito recursal ou depósito prévio na rescisória; exigir no cível que a parte esteja acompanhada de advogado, salvo exceções legais; que não haja recurso das ações com valor menor a dois salários mínimos; que sejam extintas com resolução do mérito as ações prescritas; que o menor tenha representante para estar em juízo etc. São inúmeros os exemplos em que a lei ordinária faz exigências para que a parte possa ajuizar a ação.

Essa resistência imotivada de certos magistrados impõe aos trabalhadores uma conseqüência perversa. Incentiva o desrespeito à lei nas jurisdições ordinárias, ainda que tenham sucesso nessas jurisdições, terão o acórdão reformado pelo TST, onde o entendimento unânime é no sentido da obrigatoriedade de passagem pela Comissão de Conciliação Prévia, como requisito para o ajuizamento da ação, isto é, dão uma falsa esperança aos trabalhadores de que terão sucesso desrespeitando a lei, e, decorridos cinco ou seis anos, recebem a notícia de que o TST determinou o arquivamento por não ter passado pela Comissão. Com isso, quem perde é o trabalhador, não o juiz que continuará com o seu entendimento, contra todas as evidências em total desprezo aos preceitos do art. 5º, da LICC: "na aplicação da lei, o juiz atenderá aos fins sociais a que ela se dirige e às exigências do bem comum." Adverte *Mário Guimarães*: "Dentro desse critério (art. 5º, LICC), pode o juiz colaborar com o legislador, melhorando, lapidando, valorizando a lei. Não lhe será lícito, porém, assestar baterias contra ela (a lei). Não poderá ir para o norte quando o texto legal, certa ou erradamente, lhe haja indicado o sul. (...) A lei tem por si a presunção de bom senso, assim, não substituirá o intérprete a sua opinião à que conste do texto.Procurará apenas a concordância entre as palavras e o fim da lei, dando prevalência a este (*Ennecerus*)" (ob. cit., p. 332).

Segundo a doutrina e a jurisprudência que se formam, o arquivamento tem supedâneo na ausência de um dos pressupostos de admissibilidade para uns e na falta de uma condição especial da ação para outros. O enquadramento poderá ser feito como um pressuposto objetivo de responsabilidade do autor ou como uma condição especial imposta pela lei, além das condições normalmente exigidas. Parece-nos mais coerente esta última hipótese, isto é, presentes os pressupostos processuais (objetivos e subjetivos) e as condições da ação, o autor deverá comprovar a passagem pela Comissão de Conciliação Prévia, exigência que traduz em condição especial para o ajuizamento da ação trabalhista. Não se trata de impedimento na propositura da ação, não conciliar ajuizará ação normalmente.

Ao TST a sua "*mea culpa*". É sabido que a idéia da Lei n. 9.958/2000 partiu do TST. Deveria ter previsto, por questão apenas didática, que o desrespeito ao *caput* teria como conseqüência o arquivamento imediato da ação. Toda e qualquer interpretação está diretamente ligada ao preparo intelectual do intérprete. Não se deve correr o risco, mesmo como no caso sob comento em que a clareza do texto legal é até mesmo incomodativa.

34.11.6. Da prevenção

Em existindo na mesma localidade e para a mesma categoria Comissão de Empresa ou Comissão Sindical, o interessado poderá optar por uma delas para submeter a sua demanda. Estará preventa aquela Comissão a que o empregado deu conhecimento em primeiro lugar. A redação dada pela lei — "sendo competente aquela que primeiro conhecer do pedido" — é ambígua, pois a Comissão poderá haver tomado conhecimento por outras vias que não a comunicação do empregado. Nesse caso, estar-se-ia frustrando a opção.

34.11.7. Do termo de conciliação

Conciliadas as partes, lavrar-se-á termo de conciliação, que será assinado pelos membros da Comissão, pelo empregado e pelo empregador, aos quais serão fornecidas cópias. O termo conciliatório constituirá título executivo extrajudicial e terá eficácia liberatória geral, exceto quanto às parcelas expressamente ressalvadas (arts. 876 e 877-A, da CLT). A exceção prevista (art. 625-E, parágrafo único, CLT) compromete o todo, pois a exceção corre o risco de transformar-se em regra geral. Foi o que aconteceu com a Súmula n. 330 do TST.

Assinado o termo de conciliação, este se transforma em título executivo extrajudicial, com eficácia liberatória geral, exceto no que haja ressalvado. O termo assinado tem o valor de coisa julgada para fins executórios. Todavia, pode ser anulada por erro, dolo, coação (art. 486, CPC).

Se o acordo ou a conciliação fosse judicial, haveria o trânsito em julgado imediato e nenhum recurso seria possível. A desconstituição far-se-ia mediante rescisória (art. 831, parágrafo único, da CLT).

34.11.8. Da prerrogativa da Comissão

A Comissão terá 10 (dez) dias para realizar a sessão de tentativa conciliatória, prazo contado a partir da provocação do interessado (art. 625-F, CLT). O prazo se nos afigura excessivo. Cinco dias seriam plenamente razoáveis, mormente em se levando em conta o número de empregados da empresa. Temos hoje cerca de 1.830.000 (um milhão, oitocentas e trinta mil) empresas cujo efetivo varia entre 4 (quatro) a 20 (vinte) empregados.

Esgotado o prazo sem realização da sessão, será fornecida declaração nos termos do art. 652-D, § 2º, da CLT. A ausência de sessão somente tem sentido em caso de força maior, caso fortuito ou outro motivo relevante, devidamente fundamentado. Afora tais hipóteses, a permissão legal se nos afigura absurda. Entretanto, não existe qualquer penalidade administrativa, ainda que a ausência de sessão tenha fundamento na desídia.

34.11.9. Da prescrição

A prescrição é suspensa a partir da ciência à Comissão, reiniciando a partir da tentativa frustrada de conciliação ou do esgotamento do prazo previsto no art. 625-F da CLT (art. 625-G, CLT). Melhor seria que houvesse interrupção e não suspensão. Esse seria o direcionamento mais equânime com a realidade do hipossuficiente.

34.12. Da declaração de inconstitucionalidade

34.12.1. Das reflexões históricas

A maior contribuição de que se tem notícia em termos da supremacia da Constituição nos vem do Juiz Marshall em sentença proferida na questão constitucional concernente ao caso Marbury *versus* Madson (cf. *Paulo Bonavides*, "Curso de direito constitucional", 4. ed., São Paulo: Malheiros, 1993, p. 237 e ss.):

> "a) os poderes do legislativo são definidos e limitados, sendo essa limitação a causa das Constituições escritas. Se não fossem eles definidos e limitados, por que reduzi-los à forma escrita, se a cada passo poderiam esses poderes ser alterados por aqueles cuja competência se pretende restringir;
>
> b) ou a Constituição controla todo o ato legislativo que a contrarie, ou o legislativo, por um ato ordinário, poderá modificar a Constituição. Não há meio termo entre tais alternativas. (...) ou a Constituição é lei superior e suprema, que se não pode alterar por vias ordinárias, ou entra na mesma esfera e categoria dos atos legislativos ordinários, sendo como tais suscetíveis também de modificar-se ao arbítrio da legislatura;

c) (...) se um ato do legislativo, oposto à Constituição, é nulo, como pode ele, sem qualquer embargo de sua invalidade, vincular tribunais e obrigá-los a reconhecer-lhe efeito?;

d) (...) cabe ao Poder Judiciário declarar o direito. Se uma lei colide com a Constituição, se ambas, a lei e a Constituição, se aplicam a uma determinada causa, o tribunal há de decidir essa causa, ou de conformidade com a lei, desrespeitando a Constituição, ou de acordo com a Constituição, ignorando a lei; em suma, à Corte compete determinar qual dessas regras antagônicas se aplica à espécie litigiosa, pois nisso consiste a essência mesma do dever jurisdicional."

Afirma *Alfredo Buzaid* ("Da ação direta de declaração de inconstitucionalidade no direito brasileiro", São Paulo: Saraiva, 1958, p. 21) que "provavelmente as experiências anteriores, na Inglaterra e nas colônias, influíram, de algum modo, na elaboração da doutrina americana da constitucionalidade das leis. Mas a verdade é que a definição do princípio, com larga repercussão internacional, só se deu quando, ao raiar do século XIX, teve a Corte Suprema de decidir o famoso caso Marbury *versus* Madson, e, nesse julgamento, coube ao Juiz Marshall o mérito de demonstrar que o ato legislativo, ou executivo, incompatível com a Constituição é nulo, írrito, e, portanto, desprovido de força vinculativa (*The writings upon the Federal Constitution*. Washington, 1890, p. 25)". Lembra *Buzaid* que a partir do posicionamento de *Marshall* foi possível a fixação de certos princípios, hoje universalmente aceitos:

a) o tribunal não se pronunciará sobre a constitucionalidade de uma lei, salvo em litígio regularmente submetido ao seu conhecimento (*Willoughby*, *"The constitutional law of the United States"*, New York, 1910, v. I, p. 13);

b) nenhum tribunal se manifestará sobre a validade de uma lei, senão quando isso for absolutamente necessário para a decisão do caso concreto (*Cooley*, *"The general principles of constitutional law"*, Boston, 1898, p. 165);

c) a declaração de inconstitucionalidade importa nulidade da lei, não no sentido de revogá-la, o que constitui função do poder legislativo, mas no sentido de lhe negar aplicação no caso concreto (*Rui Barbosa*, "O direito do Amazonas ao Acre septentrional", v. I, p. 103);

d) o exame sobre a inconstitucionalidade representa questão prejudicial, não a questão principal debatida na causa; por isso o Juiz não a decide *principaliter*, mas *incidenter tantum*, pois ela não figura nunca como objeto do processo e dispositivo da sentença (*Rui Barbosa*, "Os atos inconstitucionais", p. 99 e ss.); e

e) o tribunal só conhecerá da alegação de inconstitucionalidade quando ela emanar de pessoa cujos direitos tenham sido ofendidos pela lei (*Cooley*, *"The general principles of constitutional law"*, p. 166).

34.12.2. Do sistema de controle judicial

De conformidade com o aspecto subjetivo, também conhecido como orgânico, a constitucionalidade da lei é focada levando-se em conta os órgãos judiciais competentes para o exercício do mister. Tem-se aí os sistemas difuso e o concentrado.

34.12.2.1. Do sistema difuso

A função primordial do Juiz é a de interpretar a lei e aplicá-la ao caso concreto. Isso não significa que possa deixar de aplicar aquela lei que repute injusta. Para a lei injusta poderá o julgador dar interpretação que mais se ajuste à realidade (teoria da tridimensionalidade).

"Existe entre o legislador e o Juiz a mesma relação que existe entre o dramaturgo e o ator. Deve este atender às palavras da peça e inspirar-se no seu conteúdo; porém, se é verdadeiro artista, não se limita a uma reprodução pálida e servil: dá vida ao papel, encarna de modo particular a personagem, imprime um traço pessoal à representação, empresta às cenas um certo colorido, variações e matiz quase imperceptíveis; e de tudo faz ressaltarem aos olhos dos espectadores maravilhados belezas inesperadas, imprevistas" (*Max Gmür*, *apud Carlos Maximiliano*, "Hermenêutica e aplicação do direito", São Paulo: Freitas Bastos, 1965, p. 71).

Pelo sistema difuso, o controle da constitucionalidade da lei incumbe de forma ampla e sem exceção, a todos os órgãos jurisdicionais, de forma incidental, naqueles casos em que apreciar a ação (primeiro grau) ou o recurso (órgão *ad quem*), em razão da competência material e funcional.

Todo Juiz tem como pressuposto no exercício da jurisdição o poder e o dever de deixar de aplicar uma lei que considere inconstitucional. Cada Juiz se traduz em guardião da *Lex Major*. E a não aplicação da lei desprestigiada com a inconstitucionalidade é penhor de garantia aos cânones constitucionais, mormente na época atual em que a saúde econômica e financeira do Estado é colocada como fator compensatório do desrespeito à Constituição. Uma espécie de adoção da máxima de *Maquiavel* de que "os fins justificam os meios".

Como bem diz *Mário Guimarães* ("O juiz e a função jurisdicional", Rio de Janeiro: Forense, 1958, p. 242): "A atitude do Juiz em face de leis inconstitucionais é de suma responsabilidade. Não as pode aplicar. Com o assim proceder, não se arroga o magistrado posição dominante sobre o Legislativo e o Executivo — um que fez a regra, outro que a sancionou. A razão de seu ato estará no princípio de hierarquia das leis. (...) E por essa forma o Juiz, deixando de cumprir a lei ordinária, que contrarie a Magna Carta, nada mais faz do que, entre duas ordens que se contradizem, obedecer à de maior autoridade e não a que lhe está sotoposta."

O juiz, todavia, não deve ser preconceituoso com a lei que irá aplicar, ainda que se cuide de lei nova. A regra primeira é a da aplicabilidade, pois votada por uma Casa Legislativa, após passar por inúmeras comissões. Isso significa que deverá ter critérios e não decidir açodadamente.

"A Justiça depende, sobretudo, daqueles que a distribuem. O texto é a essência, a matéria-prima, que deve ser plasmada e vivificada pela inteligência ao serviço de um caráter íntegro. A própria dogmática exigia no intérprete a posse de três atributos cuja concomitância no mesmo cérebro não é vulgar — probidade, ilustração e critério. O primeiro leva ao esforço tenaz e sincero para achar o sentido e alcance da lei segundo os ditames da verdadeira justiça; o segundo auxilia, com uma grande soma de conhecimentos, a surpreender todas as dúvidas possíveis e a atingir os vários motivos de uma decisão reta; o terceiro conduz 'a discernir o certo do provável, o aparente do real, o verdadeiro do falso, o essencial do acidental'." (*Paula Batista, apud Mario Guimarães, op. cit.*, p. 243).

O acatamento da inconstitucionalidade da lei, por iniciativa da parte ou de ofício, deve estar escudado em estudo sério, imune de dúvida. Em caso de dúvida, decide-se pela aplicação. O controle pelo sistema difuso não vai além do caso concreto decidido.

Quando iniciativa da parte, deverá ser formulada por meio de exceção de inconstitucionalidade.

A declaração de inconstitucionalidade por via difusa tem efeito restrito às partes, somente alçando efeito *erga omnes* quando escudada em decisão do STF, decorrente de eventual recurso.

34.12.2.2. Do sistema concentrado

Pelo sistema concentrado, também denominado formal, o poder de controle em sede constitucional ficará a cargo de um determinado órgão, retirando, assim, dos demais órgãos esse poder.

No direito brasileiro coexistem ambos os sistemas: o difuso e o concentrado. O sistema concentrado está a cargo do Supremo Tribunal Federal, em sede abstrata.

"As decisões definitivas de mérito, proferidas pelo Supremo Tribunal Federal, nas ações declaratórias de constitucionalidade de lei ou ato normativo federal, produzirão eficácia contra todos e efeito vinculante, relativamente aos demais órgãos do Poder Judiciário e do Poder Executivo" (art. 102, § 2º, CF, redação dada pela EC n. 45/2004) federal, estadual e municipal.

E competirá ao Senado Federal "suspender a execução, no todo ou em parte, de lei declarada inconstitucional por decisão definitiva do Supremo Tribunal Federal" (art. 52, X, CF).

A declaração por via concentrada tem por objeto lei em tese e seus efeitos são *erga omnes*.

Cabe aos Estados a instituição de representação de inconstitucionalidade da lei ou atos normativos estaduais ou municipais em face da Constituição Estadual, vedada a atribuição da legitimação para agir a um único órgão (art. 125, § 2º, CF).

34.12.3. Da ação direta de inconstitucionalidade

A ação direta de inconstitucionalidade de lei ou de ato normativo federal ou estadual é regida pela Constituição Federal (arts. 102, I, "a", e 103, §§ 1º a 3º) e pela Lei n. 9.868/1999 (processo e julgamento da ADIn e da ADC perante o STF).

O seu escopo é retirar a eficácia da norma que desprestigia o comando constitucional.

Estão legitimados ao ajuizamento da ação (ADIn) o Presidente da República, a Mesa do Senado Federal, a Mesa da Câmara dos Deputados, a Mesa da Assembléia Legislativa, o Governador de Estado, o Procurador-Geral da República, o Conselho Federal da Ordem dos Advogados do Brasil, partido político com representação no Congresso Nacional, confederação sindical ou entidade de classe de âmbito nacional (art. 103, incs. I/IX, CF).

34.12.4. Da ação direta de inconstitucionalidade por omissão

A ação direta de inconstitucionalidade por omissão tem por objetivo a efetividade de norma constitucional. É da tradição brasileira que o Legislativo não legisla e que o Executivo age como um senhor feudal. Desse modo, uma infinidade de direitos que poderiam melhorar a vida dos cidadãos dormitam em sede esplêndida.

Daí a posição defendida por *Celso Bastos* ("Comentários à Constituição do Brasil", São Paulo: Saraiva, 1989, v. 2, p. 356 e ss.): "De fato, ninguém pode defender a idéia de que a Constituição seja um repositório de boas intenções, de recomendações e de programas, que possam restar indefinidamente letra morta sem a geração de efeitos jurídicos fundamentais, o que é lícito esperar sobretudo de uma disposição constitucional."

A ação de inconstitucionalidade por omissão, juntamente com o mandado de injunção, foi instituída pelo constituinte de 1988. A sua intenção é pressionar o Poder competente para que tome as providências necessárias.

Nesse sentido, comanda o § 2º do art. 103 da CF: "Declarada a inconstitucionalidade por omissão de medida para tornar efetiva norma constitucional, será dada ciência ao Poder competente para a adoção das providências necessárias e, em se tratando de órgão administrativo, para fazê-lo em trinta dias."

34.12.5. Da ação declaratória de constitucionalidade

O seu escopo é declarar a constitucionalidade de lei ou de ato normativo federal. Estão legitimados à propositura da ação o Presidente da República, a Mesa do Senado Federal, a Mesa da Câmara dos Deputados e o Procurador-Geral da República (art. 103, § 4º, CF).

Em verdade, ainda que se trate de ação que visa declarar a constitucionalidade da lei ou de ato normativo federal, a discussão tem início em sede de inconstitucionalidade, alegadas em casos concretos (sistema difuso). Dentro dessa visão, parece-nos, agiu mal o legislador constituinte ao restringir a legitimação às Mesas do Senado e da Câmara, ao Presidente da República e ao Procurador-Geral da República, já que as Mesas do Senado, da Câmara e o Presidente da República participaram do ato e dificilmente terão interesse em levar a matéria à discussão constitucional. Restará tão-somente o Procurador-Geral da União para movimentar o tema. Entretanto, em havendo decisão, esta terá efeito vinculante, relativamente aos demais órgãos do Poder Judiciário e do Poder Executivo (art. 102, § 2º), quer seja acolhida ou não a constitucionalidade, não mais podendo o tema ser rediscutido, a exemplo da ação direta de inconstitucionalidade. Qualquer que seja a decisão, parece-nos de bom alvitre a comunicação ao Senado Federal, nos termos do art. 52, X, da CF.

34.12.6. Da ação direta de inconstitucionalidade em sede estadual

Em se cuidando de lei ou ato normativo estadual ou municipal, a competência será do Tribunal de Justiça. Nessa ação, também se inclui a da inconstitucionalidade por omissão.

Estão legitimados para a ação direta de inconstitucionalidade ou inconstitucionalidade por omissão: o Governador do Estado e a Mesa da Assembléia Legislativa; o Prefeito e a Mesa da Câmara Municipal; o Procurador-Geral da Justiça, o Conselho Estadual da Ordem dos Advogados do Brasil; as entidades sindicais ou de classe, de atuação estadual ou municipal, demonstrando seu interesse jurídico no caso; os partidos políticos com representação na Assembléia Legislativa, ou, em se tratando de lei ou ato normativo municipal, na respectiva Câmara.

O Procurador-Geral do Estado será citado previamente para defender, no que couber, o ato ou texto impugnado, no prazo de 15 (quinze) dias. O Procurador-Geral da Justiça será sempre ouvido nas ações diretas de inconstitucionalidade.

O julgamento será levado a efeito pelo órgão especial (onde houver) ou pelo Pleno do Colegiado.

Declarada a inconstitucionalidade, a decisão será comunicada à Assembléia Legislativa, à Câmara Municipal ou à autoridade interessada, para a suspensão da execução, no todo ou em parte, da lei ou do ato normativo.

Em se tratando de declaração de inconstitucionalidade por omissão de medida para tornar efetiva norma da Constituição do Estado, a decisão será comunicada ao órgão competente para a adoção das providências necessárias à prática do ato que lhe compete ou início de processo legislativo, e, em se tratando de entidade administrativa, para a sua ação em 30 (trinta) dias, sob pena de responsabilidade.

34.12.7. Do controle difuso de inconstitucionalidade nos Tribunais

Dispõe o inc. XI do art. 93 da CF que "nos tribunais com número superior a vinte e cinco julgadores poderá ser constituído órgão especial, com o mínimo de onze e o máximo de vinte e cinco membros, para o exercício das atribuições administrativas e jurisdicionais da competência do tribunal pleno".

E, segundo o art. 97 da CF, "somente pelo voto da maioria absoluta de seus membros ou dos membros do respectivo órgão especial poderão os tribunais declarar a inconstitucionalidade de lei ou ato normativo do Poder Público". A matéria está também prevista nos Regimentos Internos dos Tribunais.

Tem-se, pois, que, se por ocasião do julgamento de qualquer feito, por Turmas, Grupos de Turmas, Câmaras, Grupos de Câmaras, Seções Especializadas etc., for acolhida, de ofício ou a requerimento de interessado, a argüição de inconstitucionalidade de lei ou de ato normativo do Poder Público, será lavrado o acórdão, a fim de ser submetida a questão ao órgão especial (onde houver) ou ao Plenário, para fins do art. 97 da Constituição.

É bem de ver que o acórdão a ser lavrado dirá respeito tão-somente à declaração de inconstitucionalidade, preservando-se a matéria de fundo, que aguardará o desfecho do julgamento no órgão especial ou no pleno.

Levada a efeito a apreciação de inconstitucionalidade pelo órgão especial (onde houver) ou pelo Plenário, este remeterá cópia da decisão ao processo de origem, e o órgão encarregado do julgamento apreciará a matéria, no que couber, vinculado à decisão do Órgão Especial ou do Pleno que decidiu sobre a inconstitucionalidade.

Julgamento levado a efeito em tribunais, sem que o tema constitucional tenha sido submetido ao órgão competente, ressente-se do vício da nulidade, já que a Turma, a Câmara etc. não têm competência funcional para dirimir o assunto.

No âmbito da Justiça do Trabalho, "a decisão declaratória de inconstitucionalidade de lei ou de ato do Poder Público, observadas as exigências regimentais, motivará a edição de Enunciado" (art. 254, RI/TST).

34.13. Da mediação e da arbitragem

34.13.1. Da mediação: objeto

A exemplo do que sucede com a arbitragem e com o poder jurisdicional, também a mediação busca compor a lide e desmanchar o impasse entre duas ou mais pessoas físicas ou jurídicas. Todos buscam, a mesma coisa por caminhos diversos. A mediação se apresenta numa forma singular, onde são os contendores que buscam espontaneamente os mediadores. Diversamente da conciliação judicial, onde o juiz propõe e as partes acordam ou não, na mediação, as partes deverão achar uma alternativa para resolver o impasse. E certamente encontrarão. Para isso, contarão com mediadores experientes que saberão buscar alternativas.

34.13.2. Da mediação: definição

A mediação pode ser definida como um modo de solução de lides, litígios ou impasses. São pessoas escolhidas livremente pelas partes que funcionam como elemento catalisador. Essas pessoas, por conservarem posição de neutralidade, terão maior possibilidade de encontrar uma saída para o impasse. A mediação é um meio alternativo de convencimento das partes. O mediador deve ser hábil o bastante para levar as partes a uma conclusão satisfatória.

34.13.3. Da mediação e da conciliação

Do ponto de vista conceitual, a conciliação e a mediação são atividades com núcleos operacionais diversos, embora assemelhadas. Mediação é, pois, a submissão livre das partes a um mediador de sua confiança com o escopo de solucionar o impasse existente. A conciliação dá-se em processo judicial, perante a Justiça, tendo como mediador o próprio juiz instrutor. As partes poderão conciliar-se fora, mas a homologação será feita pelo Estado-Juiz. A Lei n. 9.958/2000 fala em "conciliador privado", eleito pelos trabalhadores e pelas empresas para compor as Comissões de Conciliação Prévia.

34.13.4. Da receptividade da mediação

Tendo em conta a lentidão do funcionamento da justiça, onde processos se acumulam e se projetam por anos, às vezes por décadas para obter uma solução, a mediação apresenta-se como meio hábil para facilitar a aproximação dos contendores e para encontrar uma saída honrosa e rápida que contemple o interesse de ambos os lados. A verdade que se apresenta é de que, em sede jurisdicional, muitos juízes não se dedicam à conciliação, passando à instrução do processo. Esquecem que o procedimento conciliatório é a parte mais importante, mormente do trabalhista. Preocupados em vencer a pauta diária, relegam a segundo plano o trabalho conciliatório. Os elementos escolhidos como mediadores, livremente escolhidos pelas partes, os quais gozam da sua confiança, terão tempo integral para trabalhar sobre a mediação e a possibilidade de as partes se comporem é maior. Com esse diferenciador, o impasse será resolvido com maior rapidez.

34.13.5. Da mediação e da arbitragem

Enquanto a mediação (privada) e a conciliação (jurisdicional) trabalham com o escopo da autocomposição, a arbitragem e o procedimento judicial deságuam na heterocomposição. Na autocomposição, as partes escolhem o melhor caminho para superar a lide; na heterocomposição, o árbitro (privado) ou o juiz (jurisdicional) indica o caminho a ser seguido de acordo com a prova colhida e o direito aplicado à espécie. A recomendação n. 92 da Organização Internacional do Trabalho indica dois tipos de conciliação: a judicial e a extrajudicial. Tem-se aqui que não existe um purismo conceitual, quando se fala em conciliação extrajudicial, posto que com a homologação ela se torna judicial.

34.13.6. Da atuação do mediador

Como vimos, a mediação é uma forma de autocomposição, onde funciona um terceiro imparcial que tenta aproximar as partes, mostrando alternativas viáveis e razoáveis. O mediador nada decide. Apenas e tão-somente auxilia as partes na busca de uma solução. Diversamente do árbitro e do juiz, o mediador não prolata decisão, vale dizer, não decide: quem decide são as partes. O mediador não se liga a nenhuma das partes, pois conserva, sim, uma posição de neutralidade. A mediação pode ir além do que está delimitado pelo conflito, desde que seja necessária e facilite a autocomposição.

34.13.7. A mediação e o cerne do conflito

Para que a mediação tenha sucesso, o mediador deverá ser sensível e penetrar no cerne do conflito que levou as partes ao impasse. Ao inteirar-se desses elementos, terá maior possibilidade de buscar alternativas para a aproximação das partes e desmanchar o conflito. Entretanto, para que possa fazer uma análise de profundidade do conflito, muitas vezes o mediador terá que deter conhecimentos além do domínio do Direito, como o da Psicologia e o da Sociologia, podendo ir até ao de Psinacálise. Entretanto, um mediador experiente, encanecido no mister advocatício. ou um juiz aposentado com larga experiência jurisdicional que, através dos longos anos de judicatura, deteve conhecimentos sobre o procedimento humano poderá, com sucesso, fazer a mediação, sem a busca de outros profissionais. Todavia, admite-se que existirão casos intrincados, principalmente no âmbito de Direito de Família em que o conflito poderá ter raízes mais profundas e poderá exigir a presença de conhecimentos da alma humana os quais vão além do conhecimento técnico do direito.

34.13.8. Do mérito da mediação

A mediação, a exemplo da conciliação judicial, tem o mérito de terminar a lide sem que haja ganhador ou perdedor. Ninguém perde tudo ou ganha tudo. A mediação oferece a possibilidade de satisfação parcial. O mediador, em nenhum momento, toma partido em favor desta ou daquela parte. Oferece alternativas viáveis. Evidente que um mediador preparado e conhecedor do mister terá um poder de persuasão mais intenso sobre os contendores. Suas ponderações serão convincentes e pesarão de forma definitiva na escolha do melhor caminho. Mas, a escolha será sempre das partes. A autocomposição poderá envolver outros temas que não aqueles trazidos para a mediação. Importante que, em tais casos, tudo se conforme dentro do direito e da ética.

34.13.9. Da arbitragem

Diz-se arbitragem o sistema jurídico que poderá ser utilizado pelas partes, pessoas físicas ou jurídicas, na busca de uma solução definitiva para o conflito. A escolha da arbitragem será sempre voluntária, cabendo às partes a escolha de um árbitro, imparcial que resolverá o conflito de forma justa e eficaz.

34.13.10. Do objeto

A arbitragem tem por objeto a resolução de conflitos nas áreas civil, comercial e trabalhista. A abrangência é ampla, excepcionando conflitos que envolvam direitos indisponíveis.

A arbitragem só é permitida para os direitos patrimoniais disponíveis (art. 1º, Lei n. 9.307/1996), pois admitem a transação.

Embora, em princípio, os direitos trabalhistas possam ser considerados indisponíveis perante o empregador, só podendo ser conciliados ou transacionados em juízo diante da existência da *res dubia*, na prática, quer perante o juízo, quer perante a arbitragem a conciliação leva à transação.

Embora a Constituição não faça referência à solução de dissídios individuais, vale o princípio de que a lei ordinária pode tudo aquilo que a Constituição não proíbe. De resto, a própria flexibilização dos direitos trabalhistas com a assistência do sindicato (art. 7º, VI), permite a redução de salários, redução de jornada (art. 7º, XIV), sempre por meio de acordo ou convenção coletivos. Não há, pois, falar em indisponibilidade absoluta de direitos trabalhistas. A Lei n. 9.307/1996 está em conformidade com a Constituição.

34.13.11. Da definição de árbitro

O árbitro é o indivíduo colocado na posição de juiz de fato e de direito, detentor de conhecimentos específicos sobre o caso em conflito, que conduzirá o procedimento arbitral com independência e imparcialidade, tendo como fim último a conciliação. Como árbitro, terá poderes para exigir o depoimento das partes, ouvir testemunhas, examinar documentos, convocar peritos, nomear assistentes, prolatando, a final, decisão denominada sentença arbitral.

34.13.12. Dos modos de arbitragem

A arbitragem poderá ser de direito ou de eqüidade, a critério das partes, podendo as partes escolher livremente as regras de direito que serão aplicadas, defesas aquelas que carregam em seu bojo a violação dos bons costumes e da ordem pública. Poderão, ainda, as partes convencionar que a arbitragem se realize com base nos princípios gerais de direito, nos usos e costumes e nas regras internacionais de comércio.

34.13.13. Do compromisso arbitral

De uma ou mais pessoas, podendo ser judicial ou extrajudicial. O judicial será celebrado por termo nos autos perante o juízo ou tribunal onde tem curso a demanda; o extrajudicial será celebrado por escrito particular, assinado por duas testemunhas ou por instrumento público.

34.13.14. Da cláusula compromissória

É a convenção por meio da qual as partes em um contrato se comprometem a submeter à arbitragem possíveis litígios que possam surgir durante o contrato.

34.13.14.1. Da forma

A cláusula compromissória deve ser estipulada por escrito. Poderá ser inserta no próprio contrato ou em documento apartado, aditivo ao contrato. Em se tratando de contrato trabalhista, a cláusula será inserida em Convenção Coletiva, Acordo Coletivo ou Contrato Individual de Trabalho.

A Constituição Federal, art. 114, § 2º (redação dada pela EC n. 45/2004), prevê a arbitragem em sede coletiva, nada dizendo sobre o dissídio individual.

Onde a Constituição não proíbe, a lei ordinária pode dispor. Daí por que aplicável a Lei n. 9.307/1996 aos dissídios individuais de cunho patrimonial.

O caráter indisponível do crédito trabalhista diz respeito somente àquilo que estiver fora da *res dubia* e mesmo assim de forma relativa. Se assim não fosse não haveria como fazer conciliação, com dispensa de registro ou pelo valor do FGTS que estiver depositado, quando o trabalhador teria direito ao registro e à totalidade dos depósitos. A própria Lei n. 5.107/1966, art. 17, § 3º, permitia o acordo por 60% dos direitos.

34.13.14.2. Do contrato de adesão

A cláusula compromissória só terá eficácia se o aderente espontaneamente instituir a arbitragem ou concordar expressamente com a sua instituição. Neste caso, a adesão deverá ser lavrada por escrito em documento anexo ou no próprio documento em negrito, mediante assinatura ou visto especialmente para essa cláusula de adesão.

34.13.14.3. Da eleição de regras

Se as partes se reportarem, na cláusula compromissória, às regras de algum órgão arbitral institucional ou entidade especializada, a arbitragem será instituída e processada de acordo com as regras eleitas.

34.13.14.4. Da resistência

A resistência no cumprimento de cláusula compromissória com recusa de firmar compromisso arbitral autoriza a outra parte a requerer a citação da parte recalcitrante para comparecimento em juízo a fim de lavrar compromisso, designando o juiz audiência especial para tanto.

34.13.14.5. Dos árbitros

Se a cláusula compromissória nada dispuser sobre a nomeação de árbitros, caberá ao juiz, ouvidas as partes, decidir a respeito, podendo nomear árbitro único para a solução do litígio.

34.13.14.6. Da nulidade

A cláusula compromissória goza de autonomia em relação ao contrato no qual ela estiver inserida. Disso resulta que a nulidade do contrato não implica, necessariamente, a nulidade da cláusula.

34.13.15. Da sentença arbitral

A sentença arbitral produz entre as partes e os seus sucessores os mesmos efeitos da sentença proferida pelos órgãos do Poder Judiciário e, sendo condenatória, constitui título executivo. A execução é definitiva, uma vez que a decisão é irrecorrível.

34.13.15.1. Da contumácia

Em havendo desatendimento da parte à convocação para depoimento, o árbitro ou tribunal arbitral levará em consideração o comportamento da parte faltosa. A contumácia da parte, todavia, não impedirá que seja proferida a sentença arbitral.

34.13.15.2. Dos requisitos

Deverá conter relatório com nome das partes e resumo do litígio; análise fundamentada das questões de fato e de direito, com menção expressa se o julgamento foi proferido por eqüidade; o dispositivo mencionará o prazo para cumprimento da decisão; data e lugar em que foi proferida a sentença, com assinatura dos árbitros, certificando-se da recusa ou impossibilidade de assinatura por qualquer dos árbitros. Decidirá também sobre custas e despesas e, se for o caso, sobre litigância de má-fé.

34.13.15.3. Do prazo

A sentença arbitral será proferida no prazo estipulado pelas partes. À falta de qualquer convenção, o prazo será de seis meses, contados da instituição da arbitragem ou da substituição do árbitro.

34.13.15.4. Da nulidade

A sentença arbitral será nula se nulo for o compromisso; se proferida por quem não podia ser árbitro; se não contiver os requisitos legais formalmente exigidos; se for proferida fora dos limites convencionados; se deixar de decidir o litígio por inteiro; se houver comprovação de prevaricação, concussão ou corrupção passiva; proferida fora do prazo; quando desrespeitado o princípio do contraditório, da igualdade das partes, da imparcialidade e de livre convencimento do árbitro. O pedido de nulidade deverá ser proposto em prazo de até noventa dias da notificação da sentença.

34.13.15.5. Da sentença arbitral estrangeira

Será reconhecida e executada no Brasil de conformidade com os tratados internacionais com eficácia no ordenamento interno e, na sua ausência, estritamente de acordo com os termos da lei. Define-se como sentença estrangeira aquela proferida fora do território nacional. O reconhecimento será feito mediante homologação pelo Superior Tribunal de Justiça (art. 105, I, "i", CF, EC n. 45/2004), aplicando-se à espécie, no que couberem, os arts. 483 e 484 do Código de Processo Civil.

34.13.15.5.1. Da denegação de homologação

A homologação poderá ser denegada pelo Superior Tribunal de Justiça (art. 105, I, "i", CF, EC n. 45/2004), sob o fundamento de que o objeto do litígio não é suscetível de ser resolvido por arbitragem nos termos da lei brasileira ou a decisão ofender a ordem nacional. A negativa homologatória poderá dar-se pela existência de vícios formais. Todavia, sanados os vícios formais que embasarem a negativa, nada obsta que a parte interessada renove o pedido.

34.13.16. Das vantagens da arbitragem

Inúmeras são as vantagens: sigilo, pois somente as partes têm acesso ao procedimento; informalidade, já que as audiências são informais, facilitando a busca de um denominador comum entre as partes em litígio; flexibilidade, podendo a audiência designada ser remarcada sem qualquer prejuízo para as partes; celeridade, já que, se de outra forma as partes não convencionaram, a sentença poderá ser proferida em prazo máximo de cento e oitenta dias; execução imediata, pois em caso de inadimplência a sentença arbitral tem o valor de título judicial.

34.13.17. Da arbitragem em sede trabalhista

Existiriam alguns óbices para que a arbitragem fosse adotada inteiramente em sede trabalhista. O primeiro seria o fato de transacionar direitos indisponíveis do trabalhador, tendo em conta o superprivilégio do crédito trabalhista nos termos do art. 186 do CTN, art. 29 da Lei n. 6.830/1980 (Lei dos Executivos Fiscais) e o art. 133 ACDT que consagra a natureza alimentar.

Aconselhável, todavia, que não haja preconceito na aplicação do instituto em sede trabalhista. O trabalhador de hoje não é mais aquele de meados do século passado e detém um grau razoável de politização. A arbitragem deve ser acolhida e adaptada à realidade trabalhista naquilo que se fizer necessário.

Daí a lição lúcida de *Georgenor de Sousa Franco Filho* ("Arbitragem e os Conflitos Coletivos de Trabalho no Brasil", São Paulo: LTr, 1990, p. 65): "É de frisar, por oportuno, a indispensabilidade de ajustar a legislação vigente, facilitar a ação das entidades representativas das categorias, permitir, em recorrendo à arbitragem, que se faculte ao árbitro (ou tribunal arbitral) agir de forma mais abrangente, sem ficar necessariamente adstrito aos parâmetros fixados pelo Estado intervencionista, sobretudo na mais polêmica das questões, a salarial."

34.13.18. Da visão crítica

A arbitragem era de há muito aspiração da iniciativa privada. Todavia, desde que sancionada a lei, alguns advogados, promotores, juízes passaram a questionar a sua legalidade sob o argumento de que, em conformidade com a Constituição, o Poder Judiciário tem prerrogativas exclusivas as quais não podem ser alteradas pela lei ordinária. O argumento não resiste a um estudo mais aprofundado. E a arbitragem continua a dar bons frutos, muito embora ainda com certa timidez.

Vem sendo utilizada há décadas na Europa e nos Estados Unidos. Não obstante, mais onerosa, a preferência se dá pela rapidez do resultado. Enquanto na ordem jurisdicional a querela poderá arrastar-se por vários anos, casos existem que superam uma década, a solução arbitral dá-se, obrigatoriamente, em cento e oitenta dias.

O Poder Judiciário, hoje, é um paquiderme que se movimenta de forma muito lenta. Não por culpa dos juízes, mas por culpa dos próprios políticos que não conseguem adequar as leis à realidade atual (Legislativo) e não dão condições materiais para um melhor funcionamento (Executivo). A arbitragem se apresenta como uma válvula redutora de tensões.

34.14. Da correção parcial

34.14.1. Do conceito

Traduz medida administrativa em âmbito jurisdicional que tem por finalidade corrigir erros, abusos e atos contrários à boa ordem processual e que importem em atentado a fórmulas legais de processo e para o qual não haja remédio processual previsto. A correição parcial não pode insinuar-se em sede jurisdicional, onde existir pronunciamento decisório. O poder jurisdicional dado ao juiz em competência funcional é possível de revisão pelo órgão *ad quem*, também na esfera jurisdicional. Mesmo quando abranger decisões interlocutórias, as quais são irrecorríveis em âmbito trabalhista, se o ato for arbitrário e passível de trazer prejuízo imediato irreparável ou de difícil reparação, poderá ser revisto por meio do mandado de segurança. A competência regional se limita à esfera do *error in procedendo*. Neste campo, a sua competência é ampla, podendo ir desde a verificação da pauta diária formulada pelo magistrado, os dias e horários em que preside audiência, o número de processos instruídos e julgados durante a semana ou o mês, *modus operandi*, maneira pela qual se processa a praça e o leilão etc. O Corregedor Regional é espécie de *longa manus* do tribunal sobre a parte do procedimento que escapa ao âmbito jurisdicional. A parte administrativa da Vara cabe ao juiz com a supervisão do Corregedor. Atos procedimentais equivocados, que atravancam o andamento do processo, que atentam contra a celeridade e contra economia processual, que servem apenas para massagear o ego do magistrado condutor, sem pé na razoabilidade, devem merecer a atenção do Corregedor Regional. A intervenção deve ser imediata e oportuna, posto que tais deslizes, se não corrigidos a tempo, respingam no próprio Poder Jurisdicional.

34.14.2. Da visão crítica

Nem o Código de 1939 nem o Código de Processo Civil atual ousaram colocar em seu bojo o instituto da correição parcial. A sua previsão legal está no art. 5º, I, da Lei n. 1.533/1951 (MS). A Lei n. 5.010/1966 (Organização da Justiça Federal), art. 6º, I, previu a correição e não foi revogada pela Lei n. 8.472/1992 (Composição e Competência do Conselho da Justiça Federal).

Dita “carunchosa medida” por *Filadelfo Azevedo*: “figura intrusa, ditatorialiforme”, verdadeiro “retrocesso psicanalítico às formas anteriores às próprias querimônias”, pois constitui “restauração das cartas de justiça com que os soberanos dinásticos, mediante querimas, corrigiam os despachos interlocutórios", segundo *Pontes de Miranda*, cf. *José Frederico Marques*, "Instituições de direito processual civil", Rio de Janeiro: Forense, 1969, p. 296.

Denominada correição ou reclamação inicialmente, persistiu o termo correição, adotado pela Lei n. 1.533/1951 (MS) e pela Súmula n. 267 do STF.

Em que pesem as críticas, vem cumprindo o seu papel de corrigir *error in procedendo*, purificando o processo de atos procedimentais equivocados que poderiam colocar em risco a celeridade almejada.

Verifica-se tendência atual de auto-supervalorização do magistrado, tendência que quase sempre resvala para o arbítrio, em desprestígio da própria jurisdição que muitas vezes vê-se projetada no tempo, cujo ato de arbítrio somente é anulado anos depois.

A supervalorização tem raízes quase sempre no despreparo, num círculo vicioso freudiano em que a força do poder supera a razão. Resiste-se pela força do poder quando não se tem argumento. Temos um exemplo de arrogância jurídica em que uma das partes era um Deputado que no dia da audiência trabalhista presidiria uma Comissão na Câmara dos Deputados. Seu advogado requerera o adiamento da audiência e o juiz substituto indeferiu dizendo que poderia enviar substituto. O juiz errava duas vezes: primeiro, ao não atender ao pedido justo de adiamento; segundo ao falar em preposto para pessoa física, cuja exceção é apenas do doméstico.

É mister que se entenda que o jurisdicionado é a parte mais importante do processo. Juiz, Ministério Público e advogado são partes coadjuvantes. A "juizite" não tem mais sentido neste terceiro milênio. Sua presença é distorção de personalidade que não pode, nem deve ser tolerada. Entretanto, outros vezos, em contrapartida, floresceram: cite-se como exemplo a tendência de algumas Corregedorias irem além do papel de corrigentes e passarem a opinar em sede jurisdicional, extrapolando a sua competência funcional; por outro lado, a correição parcial transformou-se em espécie de panacéia em virtude do número de correições desfundamentadas muitas vezes e outras desconexas.

Em ambas as hipóteses citadas, haverá desprestígio para a jurisdição se o excesso não for corrigido.

Corregedor não se insinua nem se intromete em matéria que diga respeito à jurisdição. Isso não significa que todos os despachos interlocutórios ou ordinatórios estejam protegidos pela jurisdição. É justamente nestes despachos onde a demonstração de força ou mesmo o despreparo do magistrado se põe à mostra. A gama é imensa.

O uso indevido do remédio correicional deve ser desacoroçoado com o enquadramento em litigância de má-fé.

A correição parcial está prevista nos Regimentos Internos dos Tribunais.

34.14.3. Da correição em sede trabalhista

A CLT não prevê a correição em sede trabalhista e vai buscar alento na Lei de Mandado de Segurança — 1.533/1951 (v. art. 769, da CLT).

Um dos argumentos que fere o tema em sede trabalhista é a irrecorribilidade das interlocutórias (art. 893, § 1º, CLT e Súmula n. 214 do TST), quando extrapola questão administrativa (despachos ordinatórios) para insinuar-se em questão processual.

Existe, todavia, um vezo que vem sendo admitido e que consiste na correição parcial para ferir procedimento administrativo e disciplinar, ao nosso ver incorreto. Para tais procedimentos a Consolidação das Leis do Trabalho previu expressamente o remédio a ser utilizado (art. 903) que é a representação.

Daí resulta que a correição parcial deverá limitar-se meramente ao âmbito do processo.

De resto, em se cuidando de matéria disciplinar, comporta ampla defesa (art. 5º, LV, CF) não podendo ser resolvida com simples pedido de informação.

34.14.4. Do prazo para interposição

Como regra, o prazo será de 5 (cinco) dias; prazo que se nos afigura razoável. Contudo, nada impede que o regimento do tribunal eleja prazo maior.

34.14.5. Do recurso cabível da decisão correicional

Em não sendo acolhida correição parcial pelo Corregedor, a parte poderá demonstrar o seu inconformismo por meio do Agravo Regimental.

Acolhida a correição e comunicada a decisão ao juiz de primeiro grau, este deverá dar imediato cumprimento à decisão, sob pena de responsabilidade (art. 58, RI/TRT-SP).

34.14.6. Da reclamação correicional perante a CGJT

A matéria está prevista nos arts. 13 *usque* 18 do Regimento Interno da Corregedoria Geral da Justiça do Trabalho.

A petição deverá conter: I — a indicação do Ministro Corregedor-Geral, a que é dirigida; II — a qualificação do autor e a indicação da autoridade a que se refere a impugnação; III — o fato e os fundamentos jurídicos do pedido; IV — o pedido, com suas especificações; V — a indicação das provas necessárias à instrução dos fatos alegados; e VI — data e assinatura do autor, ou seu representante (art. 13, parágrafo único). Deverá ser, ainda, obrigatoriamente instruída com a certidão de inteiro teor, ou cópia reprográfica autenticada que a substitua, da decisão ou despacho reclamado, das peças em que se apoiou a decisão, ou dos documentos relativos ao procedimento impugnado (art. 14). O prazo para apresentar a reclamação correicional é de 5 (cinco) dias, sendo contado em dobro se a corrigente for a Fazenda Pública (art. 15 e parágrafo único). O advogado deverá ter poderes específicos (parágrafo único do art. 16). Da decisão do Corregedor-Geral da Justiça do Trabalho, caberá Agravo Regimental, no prazo de 8 (oito) dias (art. 22 e parágrafo único do RI/CGJT e art. 243, VI, do RI/TST).

CAPÍTULO 35

DA PROVA DOCUMENTAL

35.1. Do conceito

O termo documento é originário de *documentum*, do verbo *doceo*, que significa mostrar, ensinar, indicar, mostrar, distinguir, exibir. O documento tem em si a virtude de guardar no seu conteúdo a prova de alguma coisa. Daí poder dizer-se que o documento é uma coisa que guarda outra coisa. Presta-se a produzir uma manifestação de pensamento, provar a propriedade, um marco histórico (ata de inauguração), o desvio de um rio (fotografia, assentamento em livro próprio). O documento em si representa um fato, cujo conhecimento é projetado de forma duradoura, para o futuro.

Adverte *Amaral Santos* que o documento deve ser não só destinado como idôneo a produzir a prova pretendida. As garatujas de um analfabeto, lançadas num papel, ainda que ele as destinasse a representar o seu pensamento, não constituem documento. Este deve conter uma representação idônea do fato. Essa coisa, denominada documento, deverá ser suscetível a servir de prova, isto é, deve ser de modo que por si mesma represente o fato. Documento é, pois, a coisa representativa de um fato e destinada a fixá-lo de modo permanente e idôneo, reproduzindo-o em juízo ("Primeiras Linhas ...", 2º v., p. 389).

Para *Pedro Nunes*, documento é todo título, ou peça escrita ou gráfica que exprime ou representa alguma coisa que tenha valor jurídico, apta para instruir ou esclarecer o processo e provar o que alega a parte que o produziu em juízo, *v. g.*, escrituras públicas, escritos particulares, fotografias, cópias fotostáticas, xerox, desenhos, mapas, gravuras, gravação em disco, CD ou em fita ("Dicionário de Tecnologia Jurídica", cit., p. 476-477).

O documento é gênero de que o instrumento é espécie.

35.2. Da autoria

O documento particular (escrito de natureza privada) é aquele feito e assinado ou somente assinado pela parte (unilateral) ou pelas partes (bilateral), sem interferência de oficial público. São exemplos: recibos, telegramas, cartas, bilhetes, memorandos, livros, folhetos, contrato de compra e venda, compromisso de compra e venda etc. Diz-se autêntico quando não existir dúvida sobre a autoria.

O documento será público, quando lavrado por oficial ou por serventuário público, ou emanado de autoridade pública (escrituras, mensagens, proclamações, manifestos, tratados, avisos ministeriais, circulares oficiais etc.). O documento poderá ser feito por qualquer funcionário, mas deverá ter a chancela do oficial para que este tenha o valor de documento (instrumento) público.

O fato de um documento particular (compromisso de compra e venda) ser lavrado em cartório não o transforma em instrumento público, posto que será assinado apenas pelas partes que neles avençam. Não é, pois, o lugar em que o documento é lavrado que o transforma em documento privado ou público.

Como vimos, quanto à autoria, documento poderá ser público ou privado. Diz-se que o documento é público quando proveniente de uma repartição pública, feito ou assinado por oficial público, devidamente investido de poderes para tanto, naquele momento. O oficial poderá ter sido investido de todos os poderes, mas esses poderes poderão estar suspensos, *v. g.*, quando em férias, doença ou licença-prêmio. O documento também se diz autêntico, quando o seu autor é oficial público competente e se acha investido na função naquele momento, cumpridas todas as formalidades legais, vale dizer, se a lei exige determinada forma (*ad solemnitatis*), o documento não terá valor de documento público se não satisfizer esse requisito. Também será considerado autêntico o documento particular, que esteja revestido de todos os requisitos legais, extrínsecos e intrínsecos, e esteja registrado no Cartório de Títulos e Documentos, que dará publicidade a terceiros. Diz-se que o documento é genuíno, quando comprovada de forma plena a sua autoria. O reconhecimento de firma em cartório não comprova a autenticidade, posto que o reconhecimento se dá por "semelhança da assinatura". A autoria poderá ser reconhecida em documento original (ato escrito pela primeira vez), ou por cópia autêntica (autenticada em cartório, mediante a apresentação do documento originário). Se constituído o documento público, devidamente assinado pelas partes, posteriormente se descobre que o oficial que o chancelou não tinha poderes para tanto, por estar afastado de suas funções por determinação judicial, o vício do qual se revestiu a formalização em sede pública não se transfere às partes interessadas. O documento assim viciado não adquire o valor de instrumento público; mas, conservará o de documento particular das partes que o assinaram.

35.3. Do conteúdo probatório do documento

O documento carrega em seu conteúdo a representação de um pensamento tornado concreto na época em que fora constituído. A mensagem que conserva pode ser unilateral (testamento particular, CC, art. 1.862, III) ou bilateral (compromisso de compra e venda, CC, art. 481). O seu conteúdo se projeta *ad futurum*. A eficácia probatória variará de conformidade com a natureza jurídica do documento: privada ou pública. Alerta *Amaral Santos* que, geralmente, o ato ou o fato são representados por meio de declarações. Tem-se, então, o documento declarativo, e, conforme as declarações nele contidas sejam de ciência ou de vontade, dizem-se documentos narrativos ou constitutivos. Assim, tem-se: a) a consideração do conteúdo dos documentos leva à distinção entre documento e declaração, isto é, entre continente e conteúdo. A declaração é um ato e documento uma coisa, *v. g.*, a declaração correspondente à uma compra e venda é um ato; a escritura que a encerra é uma coisa; b) a distinção entre o ato e o documento conduz a uma outra: a relação entre a forma e a prova. As declarações assumem uma determina forma, ou o ato reclama uma determinada forma, preestabelecida por lei — o casamento, a compra e venda de imóveis,o testamento etc. — sem a qual a declaração de vontade não tem eficácia jurídica, ou não reclama forma especial. Fala-se, então, em atos formais, ou solenes, e atos não formais. Aqueles dão lugar a documentos formais, que não têm a eficácia de valer como prova do ato; estes a documentos não formais em que a forma é livre, donde ao que encerra poder ser provado pelos meios admissíveis em direito (ob. cit., 2º v., p. 392)

35.4. Da subscrição como elemento ligado à autoria

Todo documento, como regra, deve conter a prova da sua autoria, posto que o documento apócrifo é considerado anônimo. Como regra, os documentos escritos são assinados, isto é, trazem expressa a assinatura do seu autor. Todavia, existem documentos escritos e que não são subscritos pelo seu autor, *v. g.*, os lançamentos levados a efeito nos livros contábeis não são assinados, embora haja um contador ou um técnico em contabilidade respondendo pela correção da escrita contábil. Os lançamentos fazem prova da veracidade de suas declarações e não são assinados. Assim, embora a regra seja o documento escrito, existem os documentos que têm eficácia probatória e que não estão subscritos pelo seu autor.

35.5. Da autenticidade como elemento ligado à autoria

A autenticidade é um requisito que determina a autoria. O documento cuja autoria não é autêntica é documento falso, sem qualquer carga probatória. Nesse caso, tem-se a autoria apenas aparente. É pela autenticidade que se impõe a certeza quanto ao subscritor. Todavia, a autenticidade do documento diz respeito à sua forma, isto é, o documento foi escrito por determinada pessoa, cuja assinatura ali lançada é autêntica. Isso não significa que haja certeza quanto ao conteúdo. O documento poderá ser autêntico e o seu conteúdo falso. Pode ocorrer com o documento particular e o documento público. A autenticidade é a coincidência entre a autoria aparente e a autoria real (*Carnelutti*, "Instituições ...", v. I, p. 314). Quando existe essa coincidência, diz-se que o documento é autêntico; quando não existe essa coincidência, diz-se que o documento é falso. Os documentos públicos são considerados autênticos até prova em contrário. Como vimos anteriormente, o simples reconhecimento de firma pelo tabelião não confirma a autenticidade real, mas a meramente aparente; também a autenticação de um documento nada prova sobre a sua autenticidade; comprova apenas que a cópia foi retirada do documento original, cuja exibição foi exigida no ato de autenticar, que poderá ser ou não autêntica. A falsidade do documento (público ou privado), ou a ausência de autenticidade, poderá ser comprovada por toda e qualquer espécie de prova. O meio mais usado é o exame grafotécnico.

35.6. Das várias espécies de documentos

Os documentos variam quanto à forma, conteúdo e finalidade. Assim, podemos classificá-los:

a) públicos e privados — O primeiro tem como seu autor um funcionário público devidamente investido de poderes que permitem dar autenticidade ao documento e eficácia probatória *erga omnes*. O documento privado é originário de uma pessoa do povo que pode ter escrito, datilografado ou digitado o documento e depois assinado, como pode ter sido feito por terceiro e assinado pelo particular como escrito seu;

b) autógrafo ou heterógrafo — Diz-se documento autógrafo, quando o próprio autor assinou o documento; diz-se heterógrago, quando o documento foi assinado por outrem;

c) autênticos — Como vimos anteriormente, é o documento cuja subscrição aparente e real se coincidem na figura da mesma pessoa denominada autor;

d) diretos ou indiretos — Está no meio utilizado para transmitir-se a mensagem do seu conteúdo. São meios diretos, a fotografia, a fonografia etc. São meios indiretos, a escrita, o desenho etc;

e) conteúdo — Quanto ao conteúdo, poderá ser narrativo ou constitutivo. A primeira diz respeito a declarações de ciência ou de verdade, que podem ser testemunhais ou confessórias; as constitutivas contêm declaração de vontade que podem constituir, modificar ou extinguir uma relação jurídica. O conteúdo constitutivo poderá ser positivo ou negativo, *v. g.*, o casamento (constitutivo) e o divórcio (desconstitutivo);

f) finalidade — Quanto à finalidade, o documento poderá ser pré-constituído ou casual. O pré-constituído foi feito com o objetivo de servir como prova no futuro, *v. g.*, *vistoria ad perpetuam rei memoriam*, antecipação de prova testemunhal, de depoimento da parte etc. A prova casual ou simples é aquela que surge durante o processo em dependendo das circunstâncias que se apresentem naquele momento. O pré-constiuído denomina-se também instrumento;

g) forma — A prova poderá ser formal e solene ou não formal. A prova formal ou solene está ligada à exigência legal que exige determinada forma (*ad solemnitatis*) para que o documento constituído tenha eficácia probatória, *v. g.*, a compra e venda de imóvel para que tenha valor *probandi* deve ser passada mediante escritura pública, devidamente matriculada no Cartório de Registro de Imóveis competente. Se não houver exigência legal para o ato, ele poderá ser feito por escrito simples e ter eficácia probatória, *v. g.*, compromisso de venda e compra, assinado pelas partes acordantes. Se registrado no Cartório de Títulos e Documentos, dará publicidade contra terceiros (art. 221, CC);

h) originais ou cópias — Diz-se original o documento apresentado na forma primeira em que foi escrito; o documento poderá ser apresentado em cópia que nada mais é do que uma reprodução idêntica do original. No processo, em documento do documento, deve a parte juntar cópias autênticas. A perda de documento original poderá trazer conseqüências irreparáveis. Ver art. 216, CC.

35.7. Do documento e do instrumento

O direito distingue o que seja documento e instrumento. O instrumento é espécie do gênero documento. O documento, segundo *Pedro Nunes*, é todo título ou peça escrita ou gráfica que exprime ou representa alguma coisa que tenha valor jurídico, apta para instruir ou esclarecer o processo e provar o que alega a parte que o produziu em juízo. Instrumento é ato escrito de forma especial, pela qual se realiza, autentica e torna exigível, ou oponível a terceiro, um ato jurídico ou ato judicial ("Dicionário ...", cit., p. 476-477).

Para *Amaral Santos*, documento em sentido estrito são "os escritos, que não sendo prova pré-constituída do ato, oferecem, contudo, elementos para prová-lo" (*João Mendes Júnior*). Prestam-se apenas como prova casual (simples) do ato jurídico. Todavia, diz-se instrumento, o documento feito com o propósito de servir de prova no futuro. Cuida-se de documento pré-constituído com a eficácia de prova pré-constituída do ato. O instrumento exige forma especial e solenidades estabelecidas em lei, umas simples, outras nem tanto, conforme o ato representado e a sua finalidade para extinguir ou modificar ato jurídico, servindo-lhe de prova. Perfeita a definição de *João Mendes Júnior*: "Instrumento é a forma específica, dotada de força orgânica para realizar ou tornar exeqüível um ato" ("Primeiras Linhas ...", 2º v., p. 395).

35.8. Do momento da produção da prova documental

De conformidade com o art. 283, CPC, a petição inicial deverá ser instruída com os documentos indispensáveis à propositura da ação. Essa regra é aplicada também à defesa, isto é, ambas as partes (autor e réu) devem trazer com as peças básicas (petição inicial e contestação) os documentos com os quais cada qual pretende provar o que alega (art. 396, CPC). Após a juntada dos documentos, as partes poderão juntar outros documentos com o escopo de produzir contraprova (art. 397. CPC). A rigor processual, a parte que não carrear aos autos os documentos com a peça básica (inicial ou defesa) terá contra si a preclusão da oportunidade, restando apenas a possibilidade prevista na exceção, qual seja a de juntar documentos novos, quando destinados a fazer prova de fatos ocorridos depois dos articulados, ou para contrapô-los aos que foram produzidos nos autos. Todavia, na prática forense o rigor formal se lança apenas contra documento substancial ou fundamental, *v. g.*, ao pedir salário-família deve a parte juntar com a inicial as certidões de nascimento respectivas; a viúva supérstite ao ajuizar ação deverá comprovar a morte do *de cujus*, mediante certidão de óbito e a ligação marital, mediante certidão de casamento. São documentos substanciais sem os quais não se poderá apreciar o pedido ou dar andamento à ação. Na prática, o juiz dará oportunidade para a que a autora sane a irregularidade (art. 13, CPC), concedendo prazo razoável (art. 284, CPC). A parte adversa sempre terá oportunidade de falar sobre os documentos juntados aos autos (art. 398, CP), cujo prazo para manifestação será de 5 (cinco) dias. Entretanto, dependendo do volume de documentos juntados, a parte poderá requerer e o juiz poderá deferir prazo maior. O indeferimento, em certas hipóteses em que o prazo legal é exíguo, poderá consubstanciar o cerceamento de defesa. Nos 10 (dez) dias seguintes à juntada, a parte, em sendo o caso, poderá proceder à argüição de falsiade (art. 390, CPC).

35.9. Da requisição de provas junto à repartição pública

De conformidade com o art. 399, CPC: O juiz requisitará às repartições públicas em qualquer tempo ou grau de jurisdição: I — as certidões necessárias à prova das alegações da parte; II — os procedimentos administrativos nas causas em que forem interessados União, Estado, Município, ou as respectivas entidades da administração indireta. Parágrafo único. Recebidos os autos, o juiz mandará extrair, no prazo máximo e improrrogável de 30 (trinta) dias, certidões ou reproduções fotográficas (hoje utiliza-se a xerox, muito mais prática), das peças indicadas pelas partes ou de ofício; findo o prazo devolverá os autos à repartição de origem. De conformidade com o § 2º, as repartições públicas poderão fornecer todos os documentos por meio eletrônico, ao mesmo que certificará, pelo mesmo meio, que se trata de extrato fiel do que consta em seu banco de dados ou do documento digitalizado.

O art. 399, CPC não pode ser entendido na sua literalidade, isto é, a parte ajuíza a ação e requer ao juiz que requisite na repartição pública as provas de que necessita. A parte não pode carrear para o juiz da ação o trabalho de conseguir-lhe as provas que lhe serão úteis. O autor, antes de ajuizar a ação, ou o réu, antes de apresentar a resposta, deverá requer ao órgão competente a expedição das certidões de que necessita. Em sendo atendida em tempo hábil, juntará a cópia do requerimento com a inicial ou com a defesa, dando prova de haver tomado as providências com oportunidade sem que lograsse atendimento. Nesse caso, poderá requerer ao juiz instrutor que requisite os documentos. Nessa hipótese, o juiz não poderá negar-se a efetuar o pedido requisitório, pena de cerceamento de defesa. Da vinda do documento aos autos, a parte contrária será ouvida. O sentenciamento sem ciência à parte desaguará na nulidade do julgado. Sobre o assunto, ver art. 6º, da Lei n. 1.533/1951 sobre requisição de prova em sede de *mandamus*.

35.10. Do documento em poder de terceiros

Se o documento, que interessa ao autor como prova nos autos da ação, estiver em mãos de terceiro, deverá o autor propor incidentalmente ação exibitória (*actio exhibendum*) contra o terceiro. O pedido de exibição de documento deverá conter os mesmos requisitos exigidos no art. 356, CPC, e outros que se apresentem oportunos dentro da realidade dos autos. Quando o documento estiver na posse do terceiro e seja necessário fazer prova no processo, o terceiro estará obrigado a exibi-la. Do que deflui que deverá haver um motivo forte para que se convença o juiz instrutor de que o documento em poder de terceiro é, não só necessário, mas, também inescusável. Daí a necessidade de que o autor do pedido traga elementos fortes de convencimento para que o juiz possa determinar a juntada com segurança, ciente da inescusabilidade probatória do documento em poder de terceiro. Por outro lado, deve o requerente convencer o magistrado de que o documento está realmente em poder daquele terceiro indicado na *actio exhibendum*.

A doutrina diverge no tocante à obrigação do terceiro exibir o documento. Uma corrente é no sentido de que a obrigação só existirá se o requerente for co-proprietário do documento; outra corrente é no sentido de que terceiro deverá apresentar o documento, sempre que isso não lhe vier causar nenhum prejuízo, condicionada à hipótese de que o documento seja necessário a fazer prova nos autos; uma terceira corrente admite que o terceiro estará obrigado a exibir o documento sempre que este for necessário à apuração da verdade. Adotando-se o raciocínio de que toda pessoa está obrigada a testemunhar fatos dos quais tenha conhecimento, desde que não lhe traga nenhum prejuízo, a terceira corrente se apresenta mais oportuna, isto é, todo terceiro estará obrigado a exibir ao juízo o documento requerido. Cooperar com a verdade é um dever que se impõe a todo cidadão. Todavia, em se tratando de documento alheio aos fatos não haverá nenhuma obrigação de exibi-lo.

O terceiro na exibitória poderá adotar uma das seguintes posições, depois de citado: primeiro — exibe o documento no prazo; segundo — não exibe o documento, nem se pronuncia no prazo; terceiro — não exibe, mas esclarece no prazo a razão pela qual não o faz (art. 363, CPC). Na primeira hipótese, o documento é carreado aos autos compondo o conjunto probatório e a ação se encerra. Na segunda hipótese, a ausência de exibição e de pronunciamento no prazo, destravaria as conseqüências previstas no art. 319, CPC, procedimento que nos parece excessivamente drástico em se tratando de terceiro, *res inter alios* no mérito da causa. Na terceira hipótese, negando a posse do documento ou afirmando a sua perda ou perecimento, a ação exibitória prosseguirá com designação de audiência especial para a matéria, onde serão ouvidas as partes (requerente e requerido) e, se e quando necessários, serão tomados os depoimentos das testemunhas. Encerrada a instrução especial (*actio exhibendum*), o juiz proferirá sentença condenatória ou absolutória da exibição. Se condenatória, o terceiro ficará responsável pelas custas processuais a que deu causa, sem prejuízo de responsabilidade por crime de desobediência, em sendo o caso.

Moacyr Amaral Santos ensina que no caso de o terceiro não exibir o documento e nem responder no prazo, caracterizar-se-á o estado de revel (ausência de defesa) cm as conseqüências da confissão (art. 319, CPC, "Comentários ao Código de Processo Civil", Ed. Forense, Rio-São Paulo, 1976, v. IV, p. 155). O Estado de revel e as conseqüências da revelia têm lugar, como regra, dentro da ação principal, onde demandam autor e réu, excepcionando-se apenas os casos previstos no art. 320, CPC.

Todavia, estamos frente a uma ação incidente (*actio exhibendum*) à ação principal, onde se busca prova que estaria em poder de um terceiro, sem qualquer interesse no processo principal, em princípio, embora tenha o dever legal de cooperar com a justiça no levantamento probatório. Entretanto, focando-se a revelia por outra ótica, verificamos que ela pode acontecer simplesmente pelo fato de o requerido haver perdido o prazo. Pode ser uma pessoa simples, de poucas letras, não acostumado às formalidades judiciárias que, ao receber a citação, simplesmente não a entendeu. Aplica-se a revelia e a confissão quanto à matéria fática. Se a parte não recorrer, a decisão transita em julgado. Algumas hipóteses poderão ocorrer: a) o autor errou ao indicar o nome do terceiro e o respectivo endereço; b) a indicação do terceiro foi correta, mas ele nunca possuiu o documento; c) ele possuía o documento, mas o mesmo desapareceu. Em qualquer desses casos, ele será considerado revel e confesso por não haver apresentado resposta. Sentença condenatória transitará em julgado na ação exibitória, porque o requerido não recorreu. A verdade que daí aflora é uma verdade relativa, ainda que haja coisa julgada. E até mesmo uma ação rescisória teria dificuldades em reverter à situação. Quais as conseqüências? Se o terceiro revel não possuir o documento não haverá nada que o faça apresentar o documento, ainda que o juiz aplique as *astreintes*, por se tratar de obrigação de fazer (entregar um documento), ou o enquadre em crime de desobediência. Porém, nada disso resolverá o problema da prova. Melhor será que em tais casos, ainda que constatado o estado de revel, não haja as conseqüências da confissão, continuando com o autor o ônus de provar que o terceiro possui consigo o documento. Se ao final ficar provado que o terceiro resistiu à entrega do documento, usou de má-fé, poderão ser tomadas todas as providências civis e criminais. Contudo, confiar na revelia e na confissão ficta quanto à matéria fática é entrar numa aventura que em nada contribuirá para a resolução do problema. Ao contrário, piorará.

35.11. Da conversão do documento público em particular

De conformidade com o art. 367, CPC: "O documento, feito por oficial público incompetente, ou sem as observâncias das formalidades legais, sendo subscrito pelas partes, tem a mesma eficácia probatória, do documento particular."

Por certo, a generalização feita pelo legislador poderá levar incautos a erro. Evidentemente, não será qualquer documento que se convalida com a simples assinatura das partes interessadas. O núcleo normativo do art. 367, CPC dá hospedagem apenas àqueles casos em que para a validade do instrumento público não é exigida determinada forma, isto é, a forma do documento não é *ad solenmitatis*. Se não existe forma predeterminada para aquela espécie de documento público, se o oficial que o produziu e o subscreveu, ou que apenas o subscreveu (foi produzido por um funcionário comum), não tinha poderes (estava afastado da função por ordem judicial) ou era incompetente, o documento terá validade como instrumento particular. Mas, se for um daqueles documentos que, para a sua entrada no mundo jurídico, a lei exige uma forma especial e substancial (*ad solenmitatis*), como é o caso da escritura de compra e venda (art. 108, Código Civil). Tem-se duas espécies de constituição de documento público: os que não exigem forma especial ou substancial para a sua validade e entrada no mundo jurídico, e aqueles que só entrarão no mundo jurídico quando revestidos da formalidade prevista em lei. O art. 367, CPC cuida da primeira hipótese.

35.12. Do conteúdo do documento particular

As declarações constantes de documento particular, escrito e assinado, ou somente assinado, presumem-se verdadeiras em relação ao signatário (art. 368, CPC). Quando, todavia, contiver declaração de ciência, relativa a determinado fato, o documento particular prova a declaração, mas não prova o fato declarado, competindo ao interessado em sua veracidade o ônus de provar o fato (parágrafo único). Nesse mesmo sentido, dispõe o art. 219, Código Civil. Isso significa que existe apenas uma declaração unilateral, não compondo a bilateralidade da vontade. Não existe uma vinculação da declaração extensiva àquele contra quem o documento haja sido apresentado ou oferecido.

O documento assim produzido encerra apenas uma presunção *hominis* de veracidade, cujo *valor probandi* se esboroa com uma afirmação em contrário. Lembra *Fadel* que se no documento houver somente declaração de ciência em relação ao fato passado, este vale, não como prova do fato cujo ônus incumbe ao interessado na sua veracidade, mas apenas como prova de quem o declarou e que tomou conhecimento da declaração, não do fato. De acordo com o velho e tradicional princípio *probatio incumbit ei qui dixit*, no caso, constitui ônus do interessado a prova da veracidade ("Código de Processo Civil Comentado", Ed. José Konfino, Rio de Janeiro, v. II, p. 229).

Para *Amaral Santos,* as declarações, que se presumem verdadeiras, são as dispositivas e enunciativas diretas. As enunciativas indiretas, máxime quando apenas referentes à ciência relativa a determinado fato, valem como simples declarações, e como tais são havidas provadas. O fato declarado, entretanto, depende de prova pelos meios regulares, recaindo o ônus da prova em quem seja interessado na sua veracidade ("Comentários ...", v. IV, p. 181).

35.13. Da aferição da data do documento particular

A data do documento particular, quando a seu respeito surgir dúvida ou impugnação entre os litigantes, provar-se-á por todos os meios de direito. Mas, em relação a terceiros considera-se datado o documento particular: I — no dia em que foi registrado; II — desde a morte de algum dos signatários; III — a partir da impossibilidade física, que sobreveio a qualquer dos signatários; IV — do fato ou ato que estabeleça, de modo certo, a anterioridade da formação do documento (art. 370, CPC).

Como regra, presume-se verdadeira a data lançada no documento escrito. A presunção é uma verdade relativa que cede ante a existência de prova em contrário.

35.14. Do modo pelo qual se atribui a autoria

Reputar-se-á autor do documento particular: I — aquele que o fez e o assinou; II — aquele, por conta de quem foi feito, estando assinado; III — aquele que, mandando compô-lo, não o firmou, porque, conforme a experiência comum, não se costuma assinar, como livros comerciais e assentos domésticos (art. 371, CPC).

Tem-se, pois, que o autor do documento particular é aquele a quem é atribuída a sua formação, que poderá ser a pessoa que tratou da sua forma e o assinou, como aquele que somente o assinou, tendo a forma sido redigida por outra pessoa a seu mando. Vale dizer, será autor aquele que, antes de assinar, cuidou da materialidade do documento, como aquele que somente o assinou, incumbindo outra pessoa da materialidade. O documento poderá ser manuscrito, datilografado, digitado.

O documento público é aquele elaborado e assinado por funcionário público com poderes para dar validade ao documento, como aquele documento que é somente assinado por funcionário público com poderes, mas, cuja materialidade do documento fora incumbida a outrem.

35.15. Da eficácia probatória do documento particular

O documento particular que estiver assinado carrega uma carga probatória intensa. Juntado aos autos, se não for impugnado, será tido como verdadeiro e estará preclusa a oportunidade. Por cautela, deverá a parte impugnar a autenticidade e o conteúdo. Isso porque, se comprovada a autenticidade, a parte terá oportunidade de fazer prova contra o conteúdo. Todavia, se o documento juntado aos autos por uma das partes não for impugnado, também não restará prequestionada a possibilidade de produzir prova contra a autenticidade ou contra o conteúdo; também não poderá argüir o incidente de falsidade.

A doutrina, entretanto, apresenta conclusões diversas em hipóteses diferentes: a) se a admissão de autenticidade e de veracidade do contexto for expressa, o documento fará prova cabal dos fatos nele declarados, tornando autêntico o documento; se o não reconhecimento da autenticidade for expresso, a partir daí a parte terá prazo (art. 390, CPC) para a argüição de falsidade. Quando a aceitação do documento for tácita, resultando do silêncio da parte contra quem o documento foi produzido, visto que daí emana mera presunção de que o documento é verdadeiro, a parte, contra quem vige a presunção, ainda poderá contrariar a presunção pelos meios ordinários de prova.

35.16. Da importância da prova documental

A importância da prova documental aflora de modo claro e intuitivo, e a sua presença no universo da prova dispensaria até mesmo comentários. O documento, público ou privado, contendo os requisitos extrínsecos e intrínsecos dispõe de força probatória muito superior à testemunhal, embora ambas as espécies possam ser objeto de impugnação, quer quanto à autenticidade, quer quanto ao conteúdo. O documento autêntico, cujo conteúdo não seja expressamente contestado, faz prova plena.

O mundo moderno serve-se da prova documental por excelência. Nada se produz no mundo dos negócios de forma meramente verbal; é utilizada a prova escrita de forma intensa. As palavras o vento levam, o que foi dito por escrito permanece. Providências outras são utilizadas, como o registro da avença particular no Cartório de Títulos e Documentos para que tenha valor contra terceiros. É bem verdade que um contrato de compra e venda ou um contrato de mútuo poderá ser anulado por vício de consentimento, se uma das partes fora levada a erro ao assinar a avença ou uma das partes agira dolosamente. De qualquer forma, o documento se apresenta de modo a possibilitar a discussão sobre o seu conteúdo, sobre a sua autenticidade e sobre o verdadeiro efetivo de uma das partes.

CAPÍTULO 36

PROVA TESTEMUNHAL

36.1. Do conceito

Testemunha é uma pessoa física alheia ao processo em que contendem autor e réu, mas que tem conhecimentos de fatos envolventes da lide sobre os quais poderá depor e esclarecer pontos importantes. A testemunha poderá ter conhecimento dos fatos por haver presenciado os acontecimentos, *v. g.*, está no local quando aconteceu a batida entre dois carros ou no momento em que houve um atropelamento. Pode ser que chegou ao local depois dos acontecimentos e soube das particularidades do acidente por intermédio de pessoas que presenciaram os fatos. Poderá tomar ciência dos fatos dias depois, pelos jornais ou pelos comentários de outras pessoas. Pode ser que tenha tomado conhecimento por intermédio de uma das partes. A melhor prova testemunhal é a presencial, isto é, aquela que estava presente quando os fatos aconteceram. O testemunho dos fatos por ouvir dizer (*ex auditur*) poderá ter algum valor se corroborado por testemunhas presenciais. Solitário, nada prova. A informação dos fatos transmitidos por uma das partes não tem nenhum valor probatório. A testemunha deve depor sobre aquilo de que tem conhecimento; testemunha não dá opinião nem parecer.

Temos na doutrina que testemunha é uma pessoa distinta dos sujeitos processuais e que, convidada na forma da lei, por ter conhecimento do fato ou ato sobre os quais as partes divergem, depõe sobre este em juízo, para atestar a sua existência. Para *Planiol* é uma pessoa que se encontrava presente, por acaso ou a pedido das partes, à realização do ato ou fato contestado, e que, por conseguinte, pode certificar ao juiz a existência, a maneira ou os resultados deste ato ou fato (*"Traité élémentaire de droit civil"*). Suas declarações, que devem ser feitas *ex certe conscientia,* versam sobre fatos cujo conhecimento adquiriu *ex propriis sensibus. Testis debet deponere de eo quod novit et praesens fuit et sic per proprium sensum, non autem per sensum alteriius* (*Fraga*). Daí por que somente a pessoa física poderá testemunhar. Para *Chiovenda* (*"Principii ..."*) a testemunha não fica restrita a dizer dos fatos em si mesmo, isto é, sobre a existência dos fatos; pode também declarar sobre a maneira destes e seus resultados. A narração da testemunha pode compreender não só o efeito imediato que o fato exerceu sobre os seus sentidos, como também as conclusões lógicas que deduziu daquela impressão, vale dizer, pode compreender os fatos do seu conhecimento imediato, que exerceram efeito direto nos seus sentidos, como os fatos que haja deduzido (*Amaral Santos*, "Prova Judiciária no Civil e Comercial", cit., v. III. p. 50-51).

As lições retro de *Chiovenda* devem ser recebidas com alguma reserva. As impressões que uma testemunha poderá transmitir sobre fatos ou atos que presenciara trazem em si uma carga intensa de subjetividade, envolvidas por reações emocionais que os acontecimentos fixaram em sua mente. Do que é lícito concluir que, como regra, a testemunha somente deve transmitir o conhecimento que possui dos fatos ou do ato realizado, deixando a cargo do juiz da causa a retirada das conclusões de maneira imparcial. A prática forense demonstra que duas testemunhas que presenciaram os mesmos fatos ou assistiram a edição de determinado evento têm visão um pouco diferente uma da outra. E dependendo do tempo passado, as impressões vão se esmaecendo comprometendo a lembrança e a fixação de pormenores.

A testemunha tem o dever de dizer a verdade sobre aquilo em que é chamada a depor. Por isso, não é toda e qualquer pessoa que poderá depor como testemunha, mas somente aquelas que a lei entenda capazes de exercer esse dever. Do deflui que não poderão ser testemunhas o incapaz, o suspeito ou o impedido (art. 405, §§ 1º a 3º, CPC). A lei abre exceção para aqueles casos estritamente necessários, quando então poderá ser ouvido o testemunho de pessoas suspeitas ou impedidas, sem a tomada de compromisso, hipótese em que o juiz atribuirá ao depoimento o valor que possa merecer (§ 4º, art. 405, CPC).

36.2. Do significado do termo testemunhar

A palavra testemunha é termo equívoco, isto é, poderá ser usado para inúmeros significados, tendo por agente não só uma pessoa, mas também uma coisa ou divindades. Do latim *testari* significa dar testemunho de alguma coisa ou afirmar, confirmar, asseverar, mostrar, revelar, dar ciência, indicar etc. São exemplos: o céu e as estrelas são testemunhas da minha felicidade; Deus é testemunha de que eu falo a verdade; a própria vida é testemunha do seu comportamento honesto; o madeiro que carregou e as pedras em que pisou até chegar ao gólgota são testemunhas eloqüentes do seu sofrimento. Todavia, a palavra testemunha no sentido jurídico tem um significado mais restrito, isto é, significa que uma pessoa física é chamada para depor em determinado processo sobre fatos ou atos do qual tem conhecimento, com o dever de dizer a verdade. A testemunha é chamada para dizer a verdade sobre aquilo que sabe, sendo defeso conjecturar, formular conclusões ou dar parecer. Em terminologia jurídica, testemunhar é fazer prova, é trazer para a realidade dos autos o testemunho daquilo que realmente aconteceu.

Amaral Santos diz que "tanto testemunha a pessoa que assevera a existência de um fato, como a coisa, por si só, por sua posição ou sinais que traz em si, ou o documento, pelo que contém, testemunham provando que um fato existe, ou existiu" ("Prova Judiciária", cit., v. III, p. 44). O termo testemunhar utilizado por *Amaral Santos* não se conforma com o significado estrito de que falamos antes do significado de testemunhar, pessoa física. A coisa, *v. g.*, uma pedra, uma cerca, ou uma árvore que serve à demarcação de alguma coisa não testemunha no sentido jurídico, apenas é prova, *v. g.*, de que faz a demarcação entre duas propriedades. Também uma escritura de venda e compra de um imóvel não é testemunha da venda do bem imóvel, é um documento que comprova ter havido uma transação entre vendedor e comprador. Por ser prova pré-constituída, tem a configuração de um instrumento. O documento poderá conter a testemunha instrumentária, isto é, pessoas que assinam o documento juntamente com as pessoas interessadas apenas para compor a formalidade do ato. A pessoa que declara em juízo sobre fatos controvertidos é denominada testemunha judicial. Por oportuno, verifica-se que o art. 135, Código Civil de 1916 exigia a testemunha instrumentária. O seu correspondente no art. 221 do Código Civil atual não mais exige a testemunha instrumentária para a validade do contrato. E diante da necessidade de que a assinatura no documento seja lançada pessoalmente (somente assinado por quem esteja na livre disposição e administração de seus bens), não terá validade o documento particular assinado a rogo, embora possa ser usado judicialmente como início de prova.

36.3. *Da testemunha instrumentária*

Diz-se instrumentária, a testemunha que participa de um ato ou contrato, compondo a formalidade exigida por lei. A testemunha instrumentária não significa que a testemunha tenha conhecimento de tudo aquilo que foi colocado no contrato. Apenas compõe o documento que sem as testemunhas instrumentárias não terá composto a formalidade. O casamento, que é um contrato entre nubentes, cujo poderá ser assinado pelos mesmos ou por procurador especial, juntamente com duas testemunhas (instrumentárias) e o oficial do registro. A testemunha instrumentária não mais tem o valor que se lhe era dado no Código de 1916 nos contratos particulares (art. 135). O seu corresponde no Código Civil atual, não mais exige a testemunha instrumentária para a validade do ato, bastando, para tanto, a assinatura das partes (art. 221). Dentro dessa nova visão civilista, não mais poderá haver contrato particular com assinatura a rogo, uma vez que é exigida a assinatura pessoal por quem esteja na posse de sua capacidade. *Pedro Nunes* define as testemunhas instrumentárias como aquelas que, civilmente capazes, são convocadas para assistir à lavratura e à assinatura, ou simplesmente à assinatura de um ato escrito, público ou particular e, por meio da sua assinatura, aposta no instrumento. Juntamente com as das partes, confirmam e garantem a veracidade ou autenticidade do ato ("Dicionário ...", ob. cit., p. 495-496).

36.4. *Das testemunhas judiciárias*

Dizem-se testemunhas judiciárias aquelas pessoas que são interrogadas em juízo sobre determinados fatos ou atos dos quais têm conhecimento e sobre os quais as partes se controvertem. O depoimento é tomado sob o compromisso de dizerem a verdade sobre os fatos ou atos que presenciaram ou dos quais tiveram conhecimento, por ciência própria, ou por ouvirem de outrem. Segundo *Pedro Nunes*, as testemunhas judiciárias se subdividem em: a) auriculares ou de ouvida alheia (*testius auritus* ou *testis ex auditiur alieno*), isto é, aquelas testemunhas que tiveram conhecimento dos fatos ou da realização do ato por intermédio de outras pessoas, do que resulta que o conhecimento que detêm é vago e de pouca intensidade probatória; b) inidôneas — são aquelas testemunhas cuja credibilidade é colocada em dúvida pela pobreza de caráter, pela deficiência do elemento moral; c) idôneas, também conhecidas por abonadas — são aquelas que possuem aptidão legal e as qualidades morais necessárias para que o seu testemunho seja fidedigno, ao largo de qualquer suspeita (*testis incorruptus*); d) oculares ou presenciais — são aquelas testemunhas que depõem de fatos ou atos que presenciaram (*testis oculatus*); e) referentes — são aquelas cujo depoimento se reporta a outra pessoa; de valor probatório de pouca intensidade; f) referidas — são aquelas testemunhas cujos nomes são mencionados no depoimento de outra testemunha. A testemunha referida será ou não ouvida a critério do juiz instrutor (*dominus processus*); g) suspeitas — depoimento suspeito é aquele proveniente de testemunha que não inspira confiança, pelo fato de ter motivos íntimos para ocultar a verdade dos fatos com o objetivo de beneficiar uma das partes; h) falsas — diz-se falsa aquela testemunha que faz afirmações contrárias à verdade, que nega intencionalmente a verdade de fato ou ato sobre os quais depõem; i) inábeis — são aquelas que não podem ser admitidas como testemunha, em virtude da sua incapacidade natural ou por disposição legal. Ver art. 228 do Código Civil; j) impedida — a que por motivo legítimo ou por obstáculo legal está inibida de depor sobre determinado caso; k) contestes — são aquelas testemunhas, cujos depoimentos são uniformes com relação a determinados fatos ou ato ("Dicionário ...", cit., v. II, p. 495-497).

36.5. Do falso testemunho

Diz-se falso testemunho o crime que consiste em negar, ocultar ou alterar intencionalmente, contra a própria convicção e em prejuízo de terceiro, a verdade do fato a cujo respeito depõe, sob a afirmação, perante a autoridade judiciária ou em processo policial ou administrativo, ou em juízo arbitral (art. 342, Código Penal). Quanto ao entendimento de a testemunha ouvida como simples informante cometer ou não crime, duas correntes se contrapõem. Sobre o tema, *Damásio de Jesus* entende que tanto a testemunha compromissada, quanto a não compromissada (testemunha numerária) cometem o crime de falso testemunho (arts. 342, CP e 208, CPP). Constata, todavia, que existem duas orientações a respeito: uma no sentido de que a testemunha não compromissada não comete crime de falso testemunho; a outra em sentido contrário. Cita inúmeros acórdãos num e noutro sentido. Para o autor, o crime de falso testemunho surge do dever de falar a verdade, "que não deriva do compromisso" (STF, HC n. 66.511, DJU 16.2.1990, p. 929 "Código Penal Anotado", 17ª ed., Saraiva, São Paulo, 2006).

36.6. Da testemunha judicial

A testemunha judicial tem por objetivo trazer para os autos as suas percepções sobre determinados fatos ou atos dos quais tomou conhecimento presencial, *v. g.*, no abalroamento de um carro, percebeu que um dos carros entrou em alta velocidade com o sinal já fechado. As impressões e as coincidências dos vários testemunhos em determinado sentido podem levar à convicção do juiz de que esta ou aquela parte cometeu negligência ao acelerar o carro para atravessar o sinal. Embora a percepção humana varie de pessoa para pessoa, haverá sempre um pequeno ponto de coincidências que permitirá que o juiz forme a sua convicção.

A testemunha judicial não pode ter interesse no processo (suspeição), nem ser impedida (art. 405, CPC). Não poderá ser incapaz (art. 405, § 1º, CPC). Tem o dever moral de não mentir, de trazer a verdade para o processo. Reproduzir os fatos de forma objetiva, sem emitir opinião ou externar parecer. A testemunha não conjectura sobre os fatos. Depõe sobre as suas percepções ao presenciar os acontecimentos que envolveram os fatos ou ato, transmitindo-os de forma verdadeira, sem falseá-los. De posse de tais informações, o juiz da causa tirará as suas conclusões.

Para *Alsina*, "testemunha é a pessoa capaz, estranha ao juízo, que é chamada para declarar sobre fatos caídos sob o domínio dos seus sentidos" (*apud Amaral Santos*, "Prova Judiciária", cit., v. III, p. 55-56).

36.7. Do testemunho extrajudicial

Diversamente do testemunho judicial que é colhido em juízo, sob as vistas do juiz instrutor e sob a fiscalização das partes, o testemunho extrajudicial é produzido fora de um processo. Muito embora possa ser produzido perante tabeliães ou oficiais públicos, isso não aufere ao depoimento extrajudicial o valor que tem o depoimento judicial. É mais ou menos comum, aquele advogado que somente descobriu que determinada testemunha seria suspeita ou impedida, depois de encerrada a instrução probatória, dirigir-se a um cartório levando testemunhas para deporem sobre a suspeição ou sobre o impedimento de determinada testemunha, documentando o fato e juntando o documento aos autos antes de prolatada a sentença, com o escopo de neutralizar o depoimento daquela testemunha. Testemunho assim colhido é de nenhum valor probatório, por lhe faltar o contraditório.

Sobre o tema, dispõe a doutrina (*Rossi*, *Lessona*, *Fraga*, *Echandia*) que a prova testemunhal judicial deve ser rodeada de várias cautelas, correspondentes a tantas garantias que a lei estabelece para assegurar o direito das partes e os supremos interesses da justiça. A testemunha é chamada a depor em juízo na solenidade da audiência, obediente à liturgia formal. Essas cautelas e garantias não se fazem presentes, nem se verificam na tomada de um depoimento extrajudicial (*apud Amaral Santos*, "Prova Judiciária", v. III, p. 59).

36.8. Do perigo e da inconveniência da prova testemunhal

O ser humano é por tendência natural honesto e propenso a falar a verdade. Todavia, o meio o corrompe. A opinião contrária de *Toullier-Duvergier* ("Droit civil français") de que "todo homem é um mentiroso" deve ser levado ao erro da generalização. O homem é falível e contingente (*apud Amaral Santos*, "Prova Judiciária", v. III, p. 62). Quando o homem mente, fá-lo por algum motivo, interesse próprio, interesse de terceiro, mágoa contra uma das partes etc., não por tendência natural. Não se pode negar que a força do meio em que vive e em que milita, a força do dinheiro, a força do poder são elementos poderosos e corruptores do caráter. Todavia, por uma questão de comodidade, é muito fácil dizer a verdade. A mentira exigirá do mentiroso que construa outras mentiras para que possa dar suporte à inverdade inicial. E serão tantas as mentiras que uma passará a destruir a outra pela incoerência. Com todos os inconvenientes que poderá advir da prova testemunhal, constitui, ainda, o meio de prova mais utilizado. A lei provê para que não deponham testemunhas suspeitas, impedidas ou incapazes; somente em casos excepcionais serão ouvidas testemunhas suspeitas ou impedidas como simples informantes ou numerárias. A parte tem em seu favor o direito de contraditar a testemunha cujo ânimo não esteja isento, podendo falsear os fatos. A lei pune o falso testemunho (arts. 342, CP e 208, CPP).

Ponderando-se os prós e os contras que afloram da prova testemunhal, pode-se concluir ser a mesma um mal necessário. Se é certo que tem os seus inconvenientes, não é menos certo que é extremamente necessária, sem possibilidade de ser dispensada, pois não haveria um substitutivo à altura. *Afonso José de Carvalho* dá-nos um exemplo elucidativo: "O indivíduo que, sobre pretexto de existir no espaço uma quantidade incontável de bacilos de toda a espécie nocivos à saúde, proclamasse a desnecessidade do ar atmosférico para a vida do planeta, mostrar-se-ia tão enfermo da mente como quem quer que tentasse proscrever da cena jurídica a prova do testemunho oral, sob o fundamento de que essa espécie de verificação contém perigos muito sérios, e por vezes funestos à saúde e à vida do Direito" (*apud Amaral Santos*, "Prova Judiciária", v. III, p. 64).

Não se pode fugir de uma realidade, qual seja, a de que sem a prova testemunhal seria muito difícil ao Estado cumprir a sua função jurisdicional. A prova escrita ou pré-constituída dizem respeito a acontecimentos previsíveis que mesclam o dia-a-dia da vida dos indivíduos. Existem, por outro lado, acontecimentos outros que também fazem parte da vida da população e que dizem respeito ao cotidiano. Acontecem sem que haja previsão ou data determinada. São acontecimentos que podem afetar a convivência pacífica da vida em sociedade. Acontecem nos mais variados lugares, nas mais variadas horas, com as mais variadas pessoas. Esses acontecimentos, sempre que tragam a discórdia entre indivíduos, comprometendo o equilíbrio social dão origem a ações. E para que o juiz possa resolver a lide, desincumbindo-se do poder de jurisdição e resolvendo conflitos, a presença da prova testemunhal será inarredável, pois é aquela testemunha que em determinado momento, que em determinada hora estava no local dos fatos que originaram os conflitos.

36.9. *Da prova testemunhal e a deficiência de percepção*

Dissemos alhures que a prova testemunhal apresenta deficiência de percepção sobre os fatos e sobre os acontecimentos, e essa diferença perceptiva poderá variar de pessoa a pessoa. Uma percepção aguda dos fatos requer, além da higidez, que os acontecimentos despertem interesse sobre a pessoa. Quando a pessoa está acometida de alguma doença ou a sua mente está dispersa, desviada por alguma preocupação que se lhe apresenta importante, a concentração perceptiva é praticamente nenhuma. Nesse estado de total indiferença, não conseguirá ver nem ouvir aquilo que se passa ao seu redor. Na verdade, não é necessário que a pessoa seja surda, para não ouvir, ou cega, para não ver. A mente poderá atingir um estágio alheatório tão intenso que comprometerá os seus sentidos.

Uma testemunha chamada a depor sobre determinado fato que não despertara o seu interesse certamente não trará informações corretas e será de pouca valia para a elucidação da lide. Já uma pessoa cega que passava pelo local no momento dos acontecimentos poderá ter tido uma percepção intensa a ouvir comentários das pessoas que ali estavam. O juiz instrutor deverá ser hábil ao formular perguntas às várias testemunhas sobre os mesmos fatos, comparando as suas respostas. O conjunto dos depoimentos, com as suas coerências e incoerências é que levará à convicção sobre os fatos objeto do litígio. Salvo em casos em que os fatos se apresentam com extrema simplicidade, autor e réu trabalhavam no mesmo setor e desenvolviam os mesmos serviços, os depoimentos apresentarão nuanças diferentes. Já as perguntas formuladas sobre o comportamento do empregado na empresa e sobre a sua produtividade, certamente não haverá coincidência de depoimentos. Uma das testemunhas, embora não exteriorize, poderá não ter aquele empregado em boa conta porque fala demais, ou porque acha que é muito exibido. Tais aferições, existentes no mundo subjetivo da testemunha, poderão influenciar na narração dos fatos.

Adverte *Porto Carrero* (*in* "Psicologia Judiciária"): "Tenha-se presente a imperfeição dos sentidos. Considere-se, outrossim, o mecanismo da percepção, que se verifica pela sensação, tornada clara e distinta pela atenção e projetada na consciência, de uma impressão externa, visual, auditiva, olfativa, gustativa ou táctil — suficientemente intensa. Ter-se-á, dados àquela imperfeição e os comuns distúrbios da atenção e da consciência, ocorrerem geralmente percepções deficientes: a) Muitas vezes, o defeito da percepção advém exclusivamente do defeito dos sentidos, ou por serem normalmente imperfeitos ou por circunstâncias de ocasionais. Não é necessário ser cego, surdo, nem muito míope, ou de ouvido muito duro, para que não se manifestem a sensação e, pois, a percepção; basta não estar em condições físicas que permitam o bom funcionamento dos sentidos e a sensação não se manifestará ou produzir-se-á e forma insuficientemente intensa e incapaz de ocasionar uma percepção exata da impressão externa. Para *Edoard*, a "faculdade da observação é uma das mais raras. Quantas pessoas, diante do pensamento, não permanecem numa grande indiferença para com aquilo que as rodeia. A percepção pelos olhos é geralmente incompleta, e confusa e fugitiva a impressão que dela fica no nosso cérebro. Ver e não observar é quase não ver." (*apud Amaral Santos*, "Prova Judiciária", v. III, p. 68-69)

A testemunha poderá faltar com a verdade dolosamente, ou poderá ser a isso induzida ou mesmo forçado, mediante chantagem, ameaça contra si ou contra pessoas da sua família.

36.10. Dos sistemas de colheita de prova testemunhal

Existem três sistemas para se ouvir testemunha: a) a livre narrativa; b) o interrogatório; e c) o sistema misto. No primeiro sistema, a testemunha narra livremente os fatos que serão tomados a termo *ipsis litteris*. Esse sistema de liberdade total da testemunha tem o inconveniente de permitir que a testemunha fale demais. Existem aquelas pessoas que, quando chamadas a juízo, se sentem num pedestal e passam a falar com o se fosse um artista no palco. Corre-se o perigo de que a testemunha acrescente aos fatos relatos ilusórios e que acabem por desnaturar a verdade. Esse sistema já teve os seus dias de glória, não mais sendo utilizado nos dias atuais. O sistema misto é aquele que reúne elementos para determinados ângulos. Na livre narrativa, a testemunha traria ao juiz certo enfoque que facilitaria o interrogatório feito em seguida. Entretanto, o sistema mais usado é o do interrogatório em que o juiz, fixada a *litiscontestatio*, concentra o interrogatório sobre aquilo em que as partes se contendem. O juiz interroga a testemunhas formulando perguntas; o advogado que indicou aquela testemunha poderá reperguntar ou fazer perguntas sob aquilo que lhe pareça interessante, levando em conta o ônus probatório do seu cliente; em seguida, o advogado da parte adversa também poderá reperguntar ou fazer perguntas. Se o juiz esgotar a matéria, não haverá necessidade de reperguntas ou de perguntas, pelos advogados. Mas, isso dificilmente acontece. O sistema de interrogatório é mais objetivo, e as testemunhas respondem àquilo que lhe está sendo perguntado. Esse sistema contribui com a celeridade processual, sem comprometer a ampla defesa e o princípio do contraditório. As reperguntas e perguntas são sempre feitas por meio do juiz instrutor, não diretamente pelo advogado.

O juiz instrutor deverá estar atento às perguntas formuladas pelos advogados para que não sejam permitidas perguntas que já sugerem a resposta. Essa mesma regra deve ser adotada pelo juiz. Não deverá o juiz permitir esse tipo de pergunta dos advogados, e o próprio advogado da parte adversa deverá exercer fiscalização do seu colega adverso e do próprio juiz. Ambos os advogados podem e devem exercer essa fiscalização sobre o interrogatório do juiz. Como regra, esse tipo de desvio não é próprio dos juízes, nem de advogados, mas a exceção pode acontecer e, todos, juiz e advogados, membro do Ministério Público se e quando presente, devem estar atentos.

36.11. Da possibilidade de consulta a notas

Como regra, em sendo o depoimento oral, a testemunha deverá responder às perguntas que lhe forem formuladas pelo juiz e pelos advogados das partes buscando na sua memória os conhecimentos que possui sobre os fatos. Não existe, *v. g.*, a possibilidade de a testemunha transcrever as suas impressões sobre os fatos presenciados ou que lhe fora transmitidos por outrem. Vale dizer, não pode a testemunha vir a juízo e entregar por escrito as informações sobre as quais deverá depor. Todavia, não se descarta a possibilidade de consultas a pequenos roteiros, contendo nomes e datas, locais. Esse tipo de consulta não desvaloriza o depoimento. Em dependendo da idade da testemunha ou mesmo da seu grau de acanhamento, a presença em juízo obscurece a memória momentaneamente e compromete o depoimento. Assim, o juiz instrutor deverá ser tolerante sempre que notar que a testemunha não está utilizando dessa faculdade para desnaturar os fatos. A praxe e a regra é a de que o depoimento seja feito de viva voz, perante o juiz e as partes e respectivos advogados, onde a testemunha demonstrará segurança ao depor sobre os fatos ou ato que lhe são perguntados. Todavia, toda regra registra a exceção, pois é esta, a exceção, que confirma a regra geral. Nada em direito é absoluto.

José Alberto Reis, com base no art. 245, do Código de 1939 (O depoimento será oral), doutrinava no sentido de que a testemunha não poderá trazer escritas as suas declarações, mas, ao contrário, estas deverão ser prestadas oralmente, de viva voz, ao juiz que a inquirir. Por essa forma, assegura-se a originalidade do depoimento, resguarda-se a prova testemunhal das interferências de estranhos, capazes de influir na redação das declarações ("Breves estudo sobre a Reforma do Processo Civil e Comercial"), *apud Amaral Santos*, "Prova Judiciária", v. III, p. 272). Por isso, fica no ar uma questão sempre renovada pelos autores, sobre se a testemunha, para que possa responder mais exatamente ao que lhe for perguntado, poderá valer-se de consulta em notas ou apontamentos que tenha consigo. Como vimos inicialmente, essa é uma questão trazida pela realidade que informa os depoimentos testemunhais. A consulta do ancião a certas notas que carrega consigo, sobre nomes, datas, lugares (rua, travessa, avenida) poderia comprometer o depoimento? A resposta deve ser negativa. Sem que se possibilite a consulta, ter-se-á um depoimento incompleto em que a testemunha confirma os fatos, mas não saberia dizer quando aconteceu ou onde aconteceu, lapso de memória que viria, agora sim, comprometer integralmente o depoimento.

Pondera *Moacyr Amaral Santos* que manda, por vezes, a verdade, que se facilitem à testemunha meios práticos e à mão que lhe permitam depor com segurança e esclarecer os fatos de maneira convincente. Se ao juiz é lícito usar de processos psicológicos capazes de despertar a memória da testemunha, a esta, que se supõe desinteressada colaboradora da justiça, também não se devem negar recursos idôneos que, sem quebra da oralidade do depoimento, lhe facilitem o testemunho e lhe permitam depor acerca dos fatos sobre os quais é inquirida ("Prova Judiciária", v. III, p. 273).

Para *Bentham*, negando-se à testemunha a possibilidade de consultar o seu caderno de notas, memorando, jornal ou as suas cartas, que ela considera indispensável para reavivar-lhe a memória, não haverá a possibilidade de produzir um testemunho exato e completo. Mas, por outro lado, facultando a utilização desses recursos, perde-se a vantagem que se teria com uma resposta viva e pronta à pergunta formulada. Contudo, pondera *Bentham* e o secunda *Lessona*, o balanço entre esses dois inconvenientes não é igual, porque excluindo os apontamentos, o mal produzido será certo (o mal consistiria no depoimento inexato ou incompleto); admitindo-se os apontamentos, não existe senão uma possibilidade de erro, a possibilidade de uma testemunha possa prevalecer-se de tal faculdade para fugir aos perigos de uma pergunta imprevista Acrescenta *Bentham*, com aplausos da doutrina majoritária, que se negar essa faculdade à testemunha seria não se aproveitar em sua inteireza, muitas vezes, das declarações de uma testemunha honesta, mas no momento perturbada, ou de memória fraca, sem embargo de, outras tantas vezes, aceitar-se o depoimento vivo e pronto de um velhaco cuja boa memória retivesse, para reproduzir em juízo, as inverdades inventadas por ele próprio ou por terceiros interessados no seu depoimento (*apud Amaral Santos*, "Prova Judiciária", v. III, p. 273).

O velho Código de Processo Civil italiano, de 1865 (art. 243), sensível à realidade, já direcionava no sentido de não se adotar regra absoluta sobre a matéria, permitindo a exceção, quando necessária. Assim dispunha o art. 243: "A testemunha deve responder de viva voz, sem que possa ler respostas preparadas por escrito. Pode, porém, permitir-lhe o juiz que recorra a notas ou memórias, quando o reclame a qualidade da testemunha ou a natureza da causa." Nesse mesmo sentido, dispõe o Código de Processo Civil italiano atual (arts. 253 c/c. 231); o Código de Processo Civil português de 1939 (art. 641, § 3º); e o Código de Processo Civil espanhol (art. 650).

O Código de 1939, art. 245, dispunha: "O depoimento será oral." Isso significava que a testemunha não poderia trazer o depoimento por escrito. O Código atual não repetiu o Código anterior. O art. 413 comanda que o juiz inquiria as testemunhas, separadas e sucessivamente; primeiro às do autor e depois as do réu, providenciando de modo que uma não ouça os depoimentos das outras. A seguir caberá à parte que arrolou a testemunha fazer perguntas e reperguntas, seguidas da outra parte (art. 416). Em nenhum momento, o Código de 1939 e o atual proibiram a consulta a notas, acompanhando as mesmas regras vigentes desde o Regulamento n. 737, de 1850. Como no caso não existem regras processuais proibindo ou aquiescendo, a aquiescência a que a testemunha consulte apontamentos ficará no douto critério do juiz instrutor. Trata-se de uma exceção que, como dissemos antes, poderá surgir em caso de testemunha idosa, acometida de alguma doença que lhe afete a memória, ou mesmo pelo tempo decorrido, *v. g.*, datas, locais (ruas, avenidas, travessas etc.). A pergunta que paira ainda sem resposta é a de se saber qual a extensão do material de consulta. A resposta está na razoabilidade. As anotações poderão ser mais sucintas ou menos sucintas. São anotações que estarão em conformidade com a complexidade daquilo sobre o qual a testemunha deverá depor. São apenas lembretes. Evidente que não poderá a testemunha trazer a resposta escrita de casa e ler na presença do juiz. Por outro lado, isso seria muito difícil, uma vez que a testemunha não sabe qual a pergunta que lhe será formulada, embora, em certos casos, não seja difícil deduzir. O juiz instrutor deverá estar atento a cada caso em que a testemunha tenha de recorrer às anotações.

36.12. Do dever de respeito à testemunha

A testemunha desempenha a função de múnus público e auxiliar do juízo. Não importa o grau de cultura, se autoridade ou simples trabalhador, as testemunhas devem receber por parte de juízes e de advogados o melhor tratamento. A regra vigente entre juízes é o de total respeito, formulando perguntas em conformidade com o grau de instrução, dispensando as construções rebuscadas e ininteligíveis. Todavia, compete ao juiz instrutor (*dominus processus*), prover para que não haja abuso de advogados com o objetivo de pressionar as testemunhas.

Para *Lessona*, a testemunha, por mais humilde ou ignorante, qualquer que seja a sua posição na escala social, como colaboradora que é, da justiça, tem o direito de ser nessa qualidade respeitada. É à testemunha, colaboradora da justiça, não ao particular, que se tem de respeitar, sem exceção. Ao inquiridor, isto é, ao juiz que preside à audiência e procede à inquirição, cumpre, assim, não só para assegurar a solenidade do ato e manter a ordem dos trabalhos, como também em consideração à testemunha e à nobre função que ela exerce, impedir, por meios convenientes e adequados ao seu alcance, que as partes, ou seus procuradores, irroguem ofensa de qualquer natureza à testemunha. Por sua vez, esta tem o incontestável direito de exigir que sua dignidade seja respeitada, solicitando ao juiz providências contra manifestações descorteses, desaforadas, injuriosas ou caluniosas, das partes ou seus procuradores (*Moacyr Amaral Santos*, "Prova Judiciária", v. III, p. 280).

O art. 641 do Código de Processo Civil português, de 1939, dispunha que o juiz tinha o dever de "obstar a que os advogados tratem desprimorosamente a testemunha e lhe façam perguntas e considerações impertinentes, sugestivas, capciosas ou vexatórias".

36.13. Da avaliação da prova testemunhal

O juiz apreciará livremente a prova produzida e dali retirará o seu convencimento para julgar neste ou naquele sentido. Entretanto, deverá constar expressamente da sentença de forma objetiva, quais os motivos que firmaram o seu convencimento. Isso por que a liberdade na formação do convencimento não pode ser tida como um poder arbitrário do juiz. A convicção retirada do conjunto probatório dos autos, não é uma convicção de cunho meramente subjetivo, mas uma convicção respaldada por elementos objetivos provenientes daquilo que a testemunha disse e que corrobora ou não a prova documental, se e quando for o caso. Evidente, pois, que o testemunho de alguém que presenciou os fatos é mais sólido em termos de formar a convicção do juiz do que aquele transmitido pela testemunha que apenas ouviu dizer (*ex auditur*). Como regra, a convicção do juiz deverá estar firmada: a) na análise dos fatos sobre os quais se formou a controvérsia; b) na análise da prova produzida pelas partes sobre tais fatos controvertida (provas documental, testemunhal e pericial, confissão real e confissão ficta), levando em conta o ônus probatório que compete a cada parte; c) as máximas de experiências que poderão ser utilizadas na formação da convicção, sem fixar-se em subjetivismo; d) na análise da prova pericial, o juiz, embora não esteja atrelado ao lado pericial, não poderá fazer-se substituir ao mesmo, que traduz conhecimento técnico, ainda que o juiz possua tais conhecimentos técnicos. Nesse caso, deverá nomear novo perito podendo até formular "quesitos do juiz".

O conhecimento técnico que o juiz possa ter servirá para que tenha uma visão melhor sobre o assunto e formular quesitos a qualquer tempo. Jamais poderá substituir-se ao perito; d) a motivação do seu convencimento é elemento inarredável da sentença. A motivação deverá ser clara, objetiva, sucinta. Não é necessário que desenvolva teses, deixando estas para estudos acadêmicos. Sucinto significa que não precisa dizer mais, nem menos do que é necessário para que todos leiam e entendam. Nula é a sentença sem motivação. Exemplo: "Do conjunto probatório, aflora o direito inconteste do autor". A convicção do julgador, neste caso, fica situada em foro meramente subjetivo. Não vale como fundamento. A sentença assim fundamentada está comprometida na sua formação como ato complexo. Deve a parte prejudicada recorrer pedindo a anulação para que outra decisão seja prolatada.

As pessoas incapazes, suspeitas ou impedidas não podem ser ouvidas como testemunhas, como regra. Entretanto, permite a lei (art. 405, § 4º, CPC), que em caso de extrema necessidade sejam ouvidas testemunhas suspeitas ou impedidas, sem que prestem compromisso de dizer a verdade, como testemunhas numerárias. Ao apreciar tais depoimentos, o juiz sopesará o que foi dito de conformidade com o conjunto probatório dos autos, atribuindo o valor.

CAPÍTULO 37

DA PROVA PERICIAL

37.1. Da prova pericial

Existem vários meios de provas à disposição das partes em litígio. Entre eles, sobressai a prova pericial. É dirigida para a prova dos fatos sobre os quais as partes se contendem, *v. g.*, a prova pericial que poderá ser dirigida à análise de livros contábeis, de balanços contábeis etc. Poderá ser uma perícia grafotécnica com o escopo de verificar se determinado documento foi objeto de montagem dolosa, se a assinatura é ou não autêntica. A prova pericial exige que o perito tenha conhecimentos técnicos e específicos sobre a matéria. A prova técnica poderá ter por finalidade a simples informação, que é o caso em que o magistrado se socorre do perito para esclarecê-lo sobre matéria técnica e científica, os quais serão necessários para que o juiz decida. Obviamente, os esclarecimentos técnicos científicos deverão ficar expressos nos autos, mediante documento formulado pelo perito. De preferência, o juiz instrutor formulará suas dúvidas por escrito, embora possa fazê-lo verbal. Mas, os esclarecimentos do perito deverão ser apresentados por escrito. A prova pericial poderá ter por objetivo a verificação de algo, quando se destina a constatar algo, sobre certas ocorrências, sobre coisas ou fatos, *v. g.*, anotações de livros contábeis, se determinada coisa em poder do depositário está sendo corretamente cuidada. Essa constatação deve ser feita, quando penhorados determinados bens (*teares*), que podem sofrer algum estrago, culposa ou dolosamente, antes de designada praça ou leilão. Poderá ter por finalidade constatar sobre a capacidade de determinada pessoa, o que será feito por perito médico. Embora nada diga a lei, na Justiça do Trabalho, a perícia sobre insalubridade deve ser elaborada por médico e a de periculosidade por engenheiro, posto que nas respectivas áreas técnicas de cada um daqueles profissionais.

37.2. Dos exames, vistorias ou avaliações

O exame tem por escopo a constatação real de determinada situação em litígio, com o objetivo de verificar a presença de ato ilícito ou de fato natural ou provocado, com conseqüente responsabilidade.

A vistoria se presta a comprovar a realidade daquele momento, circunstâncias em que a coisa (móvel ou imóvel) se acha, prevenindo-se para uma futura demanda, *v. g.*, *vistoria ad perpetuam rei memoriam*. Como vimos antes, a vistoria poderá ser feita antes da designação da praça ou leilão, para constatar a real existência dos bens penhorados e das condições de conservação.

A avaliação tem por escopo determinar o valor físico de bem material, intelectual ou moral.

37.3. *Das hipóteses em que a perícia não deve ser realizada*

O juiz indeferirá a perícia:

a) quando a prova do fato não depender de conhecimento especial de técnico. Como regra, a prova pericial será necessária quando exigir conhecimentos especiais e técnicos sobre determinado assunto ou matéria. Afora essa hipótese, a prova far-se-á pelos meios de provas em direito previstas. Isso se faz necessário, também, pelo fato de uma perícia técnica encarecer o processo. Todavia, na prática trabalhista verificam-se algumas distorções. É o caso das chamadas "perícias" para que o perito faça o levantamento dos valores de conformidade com documentos dos autos, *v. g.*, das horas extras trabalhadas (cartões-ponto), com incidência sobre demais verbas trabalhistas (férias, 13º salário, aviso prévio, RSR, FGTS, com acréscimo de 40%). Na verdade, o trabalho seria do contador do juízo. O trabalho não é técnico, na acepção do termo, mas, levantamento trabalhoso que agiliza a execução;

b) for desnecessária em vista de outras provas produzidas. Não se determina prova ociosa (princípio de economia). A prestação processual deverá ser feita no menor tempo possível (princípio da celeridade), sendo dever do juiz instrutor velar para que isso aconteça. Para tanto, deverá indeferir toda e qualquer investida probatória pericial, quando a prova produzida já se tem como suficiente para firmar a sua convicção de julgador;

c) não se fará a prova, quando a verificação for impraticável. Por óbvio, se a verificação é impraticável, não precisaria a lei dizer, já que a própria realidade impediria a feitura de perícia. Todavia, existem casos em que a perícia se apresenta impraticável *prima facie*, como é o caso em o setor ou a empresa foi desativado. Entretanto, em determinados casos, o perito poderá fazer o levantamento ouvindo empregados que trabalhavam ao tempo do autor e que podem descrever o ambiente de trabalho ou a realidade local. Poderá existir laudo pericial que poderá funcionar como prova emprestada. Não se descarte a possibilidade de desativação dolosa com o intuito de impossibilitar qualquer levantamento sobre a realidade pretérita. Por isso, em se apresentando qualquer viabilidade, a prova pericial deverá ser feita.

37.4. *Da nomeação de perito*

Pelo Código de 1939 (art. 132), era permitido a cada uma das partes indicar perito e, em caso de divergência, competia ao juiz instrutor indicar perito desempatador da confiança do juízo. A norma pretérita era algo simplória. Ninguém nunca teve dúvida de que o perito indicado pela parte dificilmente faria um trabalho isento, podendo, *v. g.*, concluir em favor da parte adversa. O perito era adredemente "convencido" pela parte que o indicara que a razão estava com ela. Quem advogou naquela época sabe que o perito comparecia ao escritório do advogado para o direcionamento conclusivo do laudo. O Código Buzaid, mais próximo da realidade, deixou a nomeação imediata pelo juiz, fixando desde logo o prazo para a entrega do laudo, possibilitando às partes a indicação de assistente técnico e de apresentação de quesitos, no prazo de cinco dias, contados da intimação do despacho de nomeação. Desapareceu a figura do perito desempatador. A nomeação de assistente técnico, salvo honrosa e excepcionalíssima exceção (exceto quando a conclusão do perito do juiz favorecer ao seu cliente), sofre da mesma distorção do Código de 1939. Não vai aqui nenhuma crítica ao perito. O assistente técnico é contratado pela parte que lhe garantirá os honorários, e ninguém em sã consciência exigirá que ele conclua em favor da parte adversa. Não se descarta a hipótese em que a conclusão do assistente técnica é melhor do que aquela a que chegou o perito do juízo. Todavia, em cerca de trinta anos de magistratura, não registramos um só caso, nesse sentido. A própria lei conclui que o assistente técnico é elemento de confiança das partes e, por isso, não estará sujeito à alegação de impedimento ou de suspeição (art. 422, CPC). O perito, a seu turno, não mais está sujeito ao compromisso de dizer a verdade no lado. A simples nomeação, funcionando como *longa manus* do juiz da causa, impõe-lhe a responsabilidade cumprir escrupulosamente o encargo, podendo responder civil e criminalmente.

37.5. Da perícia inquisitória

Quando a natureza do fato permitir, permite a lei que a perícia se proceda de forma meramente inquisitória, em audiência com tomada de termo, a respeito de coisas que o perito e os assistentes técnicos houverem informalmente examinado ou avaliado. A inquirição será realizada pelo juiz e pelos respectivos advogados ao perito oficial e aos assistentes técnicos. A prova assim colhida não terá a validade de uma prova técnica, já que a percepção colhida fora meramente informal, e será analisada no conjunto probatório, como adminículo para formar a convicção do julgador.

37.6. Dos quesitos suplementares

Nomeado o perito oficial, as partes terão o prazo de cinco dias da intimação para indicarem assistente técnico e apresentar quesitos. As partes não estão obrigadas a indicar assistente técnico ou formular quesitos. Se quiserem fazê-lo, fá-lo-ão em tempo hábil. Todavia, permite a lei que, durante o processamento da perícia, as partes apresentem "quesitos suplementares". A primeira conclusão é a de que aquela parte que sequer apresentou quesitos, não poderá apresentar quesitos suplementares. Não existe suplemento, quando não existiu o principal. Não se suplementa aquilo que não existe. A segunda conclusão óbvia (na prática não parece tão óbvia) é a de que os quesitos suplementares só poderão ser apresentados, quando existentes quesitos principais, enquanto a perícia estiver em andamento. A terceira conclusão, que complementa anterior, é a de que, terminada a perícia com a juntada de laudo pericial, não poderão ser aceitos quesitos suplementares.

Na prática diária, é comum a elaboração de quesitos suplementares, como se não houvesse a proibição legal ou o quesito mascarado com o nome de "novos esclarecimentos", "esclarecimentos suplementares" etc. Existem casos em que os juízes deferem e casos em que indeferem. A parte adversa deverá estar atenta, protocolizando petição com protestos (processo do trabalho), ou agravando de instrumento (processo comum), quando o juiz deferir o processamento de quesitos suplementares (não importa o nome dado). Trata-se de determinação legal e o juiz instrutor não pode desconhecê-la. Da apresentação de quesitos suplementares, será dada ciência à parte contrária, que nesse momento deverá revelar-se contra o deferimento, se e quando for o caso. Todavia, ainda que não se rebele, não haverá preclusão, posto que o juiz é o guardião do comando legal e a quem incumbe fazer obedecer a lei.

37.7. Da dispensa de perícia

A lei (art. 427, CPC) permite a dispensa de perícia técnica, quando as partes, na inicial e na defesa, apresentarem pareceres técnicos ou documentos elucidativos que considerar suficientes para a elucidação da controvérsia. Essa prerrogativa concedida ao juiz de dispensar a prova pericial com base nos documentos (parecer técnicos, documentos elucidativos) deve ser usada com parcimônia e razoabilidade. Será de bom alvitre que o magistrado convença as partes de que os documentos trazidos por ambos permitem a resolução da lide. É importante ouvir as partes interessadas, pois muitas vezes as suas percepções sobre o caso é mais aguda do que aquela a que chegou o juiz ao tomar conhecimento dos documentos. O abrupto encerramento da instrução poderá desaguar num cerceamento de defesa, com possível nulidade do julgado. Se os documentos forem deveras contundentes, certamente um das partes concordará com o encerramento, mas, a outra não. Nesse caso, antes do encerramento, é bom que se registre no termo qual a prova, ou contraprova, que a parte, que se diz prejudicada, pretendia produzir. Essa é uma indicação do princípio da transparência fixado no art. 416, § 2º, CPC.

37.8. Do poder fiscalizador do juiz

O magistrado, na qualidade de *dominus processus*, deverá indeferir quesitos suplementares (art. 426, CPC). Embora na prática isso não seja feito, dado o volume de processos, a praxe não é salutar uma vez que possibilita a procrastinação do procedimento, fazendo com que o perito se perca em divagações e respostas inúteis e ociosas que contribuirão para o atraso na entrega da jurisdição. Em se verificando a hipótese, deve o juiz fazer o alerta do art. 599, I e II, CPC e, em sendo o caso, enquadrar a parte em ato atentatório à dignidade da justiça (art. 600, CPC). Em certas circunstâncias, deve o juiz apresentar quesitos. Isso poderá ser feito a qualquer momento, antes ou depois da entrega do laudo, posto que para o juiz da causa não houve preclusão.

37.9. Das providências após a nomeação do perito

O juiz da causa, em sendo o caso, nomeará perito da sua confiança para fazer a perícia, ao mesmo tempo em que fixará por despacho o dia, hora e lugar em que terão início a diligência e o respectivo para a entrega do laudo.

O deferimento de prova pericial deverá ser analisada com critério pelo juiz, pois não é segredo para ninguém que o requerimento de perícia poderá ter origem meramente protelatória, com atraso de meses ou mesmo anos, em dependendo do volume de fatores envolventes da perícia. O juiz fixará prazo e o cartório deverá controlar a entrega no prazo fixado. A parte contrária, muitas vezes, prefere suportar a protelação a desentender-se com o perito, fazendo a cobrança dos autos. Só em caso excepcional, o juiz prorrogará o prazo. Pelo art. 433, CPC (Lei n. 8.455/1992), o perito poderá apresentar o laudo em cartório no prazo fixado pelo juiz ou até vinte dias antes da audiência de instrução e de julgamento. Os assistentes técnicos oferecerão seus pareceres no prazo comum de dez dias, após intimadas as partes da apresentação do laudo. À primeira vista parece existir desconformidade entre o inc. II, do art. 427 e o art. 433, ambos do CPC. Todavia, não existe. O prazo dado ao perito para a entrega do laudo não é peremptório, pois não é dirigido às partes, mas, ao perito judicial que é um auxiliar do juízo. Se já foi designada audiência de instrução e julgamento, o perito deverá cumprir o prazo fixado pelo juiz; caso a audiência não tenha sido designada, o perito deverá depositar o laudo até vinte dias antes da designação. A audiência de instrução e julgamento não poderá ser realizada sem o laudo, mas poderá ser realizada sem os pareceres dos assistentes.

37.10. Da realização de perícia no juízo deprecado

Cuida-se aqui de cumprimento de carta precatória ou rogatória para a produção de prova pericial.

De conformidade com o comando legal (art. 428, CPC), o juiz deprecante e as partes poderão indicar perito e assistentes técnicos no juízo deprecante ou deprecado. Na primeira hipótese, haverá o encarecimento das despesas com transportes e o desconforto da locomoção, fatores que serão evitados caso a nomeação seja feita no juízo deprecante. O termo utilizado pela lei é “poderá”, o que significa que o juiz deprecante poderá deixar a cargo do deprecado a nomeação de perito oficial, o que seria mais razoável, pois a nomeação de perito pelo juiz atende ao fator confiança, estando o deprecado mais apto para fazer a escolha. Quanto aos assistentes técnicos, competirá sempre às partes, quer no juízo deprecante, quer no deprecado.

37.11. Da perícia de constatação

Se a perícia tiver por objetivo a constatação de autenticidade ou de falsidade de documento ou for de natureza médico-legal, o perito será escolhido de preferência entre os elementos técnicos de estabelecimentos oficiais especializados. Nesse caso, o juiz autorizará a remessa dos autos e de todo o material sujeito a exame ao diretor do estabelecimento, mediante ofício indicando a finalidade perseguida. Quando a perícia tiver por escopo a autenticidade de letra ou firma, o perito poderá valer-se de documentos oficiais existentes em repartições públicas, podendo para tanto requisitá-las por intermédio do juiz da causa. O mais comum, na hipótese, é colher-se da parte investigada escrita do próprio punho sobre vários dizeres para fins comparativos. A lei usa o termo "preferência", o que significa que o juízo poderá lançar mão de outro perito que seja da sua extrema confiança, elemento que nos afigura mais importante do que pertencer a estabelecimentos oficiais.

37.12. Da realização de segunda perícia

Como já dissemos antes, em caso de dúvida o juiz poderá formular quesitos para que o perito complemente o laudo ou poderá determinar a realização de outra perícia. Embora o juiz não esteja atrelado à conclusão do laudo, podendo descartá-la se houver um conjunto probatório robusto que neutralize a conclusão, não poderá fazer-se substituir ao perito impondo as suas conclusões subjetivas, ainda que técnicas (*v. g.*, o juiz é contador, o juiz é grafotécnico, o juiz fez curso de insalubridade etc.). As suas conclusões não inservíveis, ainda que entenda do assunto ou seja mesmo técnico no assunto. Ainda assim, as conclusões serão subjetivas. O técnico é o perito que poderá responder civil e criminalmente. Pondere-se, ademais, na hipótese, a conclusão do juiz ficaria como uma espécie de verdade verdadeira à calva de qualquer laudo. A habilidade técnica do juiz dar-lhe-á maior segurança ao analisar o laudo, podendo detectar erronias e eliminá-las por meio de quesitos (não existe preclusão para o juiz formular quesitos). Em suma, não concordando com as conclusões, poderá saná-las com quesitos do juízo ou determinar uma nova perícia. Ambas as perícias permanecerão nos autos e o juiz analisará ambas, livremente.

37.13. Da natureza da confissão

Embora à primeira vista tenha-se impressão que definir-se a natureza jurídica da confissão seja trabalho meramente acadêmico, sem qualquer efeito prático, na realidade, em dependendo da natureza que se lhe dê haverá conseqüências diversas. A doutrina se biparte entre ser a confissão um contrato ou um simples meio de prova.

Para *Mattirolo*, a força especial da confissão que derroga os princípios gerais que regem a prova, que preside a lógica das provas, reside no elemento convencional que, prevalecendo sobre o elemento lógico, atribui à confissão o caráter de contrato. Nessa mesma esteira, se hospeda a conclusão de *Giorgi* que não nega o fato de ser a confissão despida de caráter puramente lógico, comum a todas as provas, ou o mesmo caráter legal que lhe atribuíra o legislador italiano de 1865. Mas, afirma que a "eficácia especial", própria da confissão, de dispensar qualquer outra prova, decorre do caráter convencional que é próprio da confissão, eis que é pelo caráter convencional que se dá o "reconhecimento voluntário do direito alheio" e exatamente "por quem podia renunciar o próprio direito". Sob este aspecto, conclui, a confissão pertenceria antes à natureza jurídica dos contratos que a da prova. Daí conclui *Giorgi*: "o caráter convencional da confissão não decorre somente do fato de ficar ao juiz vedada a convicção racional, que é substituída pela legal, mas do motivo especial porque isso acontece, que está, precisamente, no reconhecimento voluntário, feito por quem é capaz de renunciar o próprio direito. É esta especialidade que afasta a confissão das demais provas verdadeiramente legais, coisa que é olvidada pelos opositores e que os leva, pois, a contradizerem-se, quando falam da capacidade do confitente." Uma segunda, também com autores de peso intelectual jurídico (*Chiovenda* e *Demolongue*), defende a tese de que a confissão é um legítimo meio de prova, pois o confitente nada mais faz do que estabelecer a verdade quanto ao fato tido como litigioso. Assim, para bem se conhecer a doutrina, convém, primeiramente, saber quais os fundamentos da confissão, isto é, o que justifica que uma das partes em litígio reconheça como verdadeiro um fato argüido pelo adversário, muito embora isso venha lhe causar prejuízo. Para *Lessona*, três são os elementos fundamentais que legitimam a confissão como meio de prova: o jurídico, o psicológico e o lógico. Assim, quando alguém confessa determinado fato em juízo, a atenção do juiz instrutor se volta imediatamente para o confitente, com o escopo de verificar se ele é juridicamente capaz. Por óbvio, se o confitente não tiver capacidade para tanto, a confissão não será de nenhum efeito. O fundamento jurídico da confissão está na possibilidade do confitente exercer o direito social de dizer a verdade e reconhecer como verdadeiro aquele ato ou aquela alegação defensoria. À afirmação de *Giorgi* de que "a confissão seria um meio de disposição de direitos privados ao mesmo tempo que se lhe atribui a natureza convencional" não é aceita por *Chiovenda*, segundo o qual, "o processo não jamais considerado como meio de disposição de direitos privados, visto que a sentença deve declarar direitos existentes e não constituir ou criar direitos novos. Nisso está, precisamente, uma das diferenças entre contrato e confissão: "O contrato é um estado de fato; a confissão é a prova de um estado de fato." O elemento psicológico tem hospedagem numa realidade hostil, pois é próprio do ser humano rebelar-se contra a confissão e condenar-se. Pode-se dizer que a confissão é avessa à natureza humana. A prática indica que a confissão espontânea se dá em número reduzido, perdendo pela intensidade verificada na confissão provocada. Por instinto próprio, o ser humano procura afastar-se de situações que possam lhe trazer prejuízo." Observa com proficiência *Malatesta* que "se na consciência humana existe um motivo genérico que se opõe à confissão, motivos específicos contrários também existem que, em casos particulares, impelem a confessar, vencendo àquele motivo genérico que se lhe opõe". Pelo elemento lógico, tem-se que somente os fatos são suscetíveis de confissão. Os fatos, quando presenciados, são aprisionados pelos sentidos e transmitidos à memória. Por isso, dizer a verdade exige muito menos esforço do que inventar-se uma mentira sobre determinado fato. A verdade é concatenada pela memória de uma forma mais ou menos lógica que aflora com maior facilidade. A mentira exigirá um esforço construtivo que se somarão a outras mentiras coadjuvantes para que a confissão tenha um mínimo de verossimilhança (*apud Amaral Santos*, "Prova Judiciária", cit., v. II, p. 17 1 30).

A natureza contratual que se procurou dar à confissão não é convincente. Ademais, existem inúmeros outros elementos que descaracterizam a confissão e o contrato. O contrato exige o elemento da bilateralidade e a registra uma convenção entre as partes. A confissão obedece a um comando unilateral do confitente, não se atrelando a nenhuma convenção. A confissão poderá ser espontânea ou provocada. A espontânea obedece a um comando psicológico do autor, por razões de foro subjetivo, sem qualquer atrelamento convencional. Na provocada, o confitente foi induzida a confessar por meios hábeis, sem que haja nenhum vício de consentimento, embora sem o seu querer. É o que se dá nos depoimentos das partes em juízo. Diferente do que sucede em termos de confissão espontânea ou provocada, a confissão ilícita poderá ser lançada sob o aspecto de espécie de contrato em que as pessoas convencionam (*consilium fraudis*) a confissão espontânea em juízo, com o objetivo de prejudicar terceiros. Exemplo: Uma empresa em dificuldades financeiras e o seu gerente arquitetam uma fraude em que este ajuíza uma ação com pedidos de valores vultosos em que ela confessará em juízo a veracidade das alegações iniciais. Naturalmente, haverá o esvaziamento do patrimônio da empresa que poderá requerer a sua "quebra", ressarcindo-se, depois, com o gerente que participou da fraude. Nesse caso, houve a convenção e um contrato, tácito ou escrito, entre as partes para fraudar terceiros. A confissão lícita se nos afigura um meio por excelência de prova, sem qualquer aproximação com o contrato. No direito pátrio, a confissão tem a natureza jurídica de prova. Assim é no Código de Processo Civil (arts. 348 a 354), no Código Civil (art. 212, inc. I) e assim já era nas Orientações do Reino (Livro 1º, Tít. 52, Tít. 53, § 9º, Livro 4º, Tít. 18) e no Regulamento n. 737, de 1850, arts. 138 e 155 a 163).

37.14. Da confissão como meio de prova dos fatos

A confissão real, que poderá ser feita por escrito particular, por escritura pública ou feita por termo em juízo tem o valor *juris et de jure*, mas poderá ser declarada nula se for provado vício de consentimento. Tem-se, ainda, a confissão em juízo, quando um documento não é impugnado (arts. 372 e 372, CPC) e se o tem como verdadeiro. Haverá a presunção de autenticidade e da verdade do conteúdo. A não impugnação em tempo hábil deságua na preclusão impedindo que se faça prova em contrário. A confissão originária da ausência da parte à audiência em que deveria depor tem natureza relativa (*juris tantum*) e poderá ser ilidida por todo o meio de prova admitida em juízo, *v. g.*, depoimento da parte contrária, prova testemunhal ou por documentos. Não temos como razoável o inc. II da Súmula n. 74 do TST, posto que afronta a lei. Remetemos à nova obra "Comentários às Súmulas do TST", 8ª ed., RT, 2008.

CAPÍTULO 38

DA CONFISSÃO

38.1. Do conceito: breve enfoque

A confissão se dá quando uma das partes, autor ou réu, admite a verdade de um determinado fato que seja contrário aos seus interesses e que seja favorável à parte adversa que com ele contende. A confissão poderá ser espontânea ou provocada. Na confissão consciente ou espontânea, podemos dizer que a parte resolveu não tergiversar, negando os fatos, mas dizer a verdade cooperando com a justiça e evitando que sobre aquele ponto se prossiga na instrução probatória, com perda de tempo e de dinheiro. A atitude da parte na confissão espontânea está conforme a moralidade. A sua natureza é a de confissão real. Poderá ser lavrada por termos nos autos, desde que a tanto requeira a parte confitente, ou por documento escrito, assinado em cartório ou em documento particular, cuja juntada é requerida pelo confitente para fazer prova nos autos. Essa espécie de confissão poderá ser feita pela própria parte ou por procurador com poderes especiais para confessar. Não se veja nessa autorização a possibilidade de o procurador prestar depoimento em lugar da parte e produzir a confissão provocada. Isso não é possível. A confissão provocada se dá em juízo, perante o juiz instrutor, quando a parte presta depoimento. Tenha-se em mente que no nosso direito a parte não está obrigada a confessar fatos que venham a favorecer a parte adversa. Todavia, um juiz hábil poderá formular perguntas que levem a parte a confessar determinado fato. Quando isso acontece, a confissão advinda não é espontânea, mas, provocada. O valor também é de confissão real. Quer a confissão espontânea, quer a provocada poderão ser objeto de anulação, caso viciadas por vício de consentimento. Por outro lado, deverá o juiz instrutor estar atento, pois casos existirão em que a confissão é fruto de conluio entre as partes para lesar terceiros. Ver art. 129, CPC.

38.2. Da confissão e dos litisconsortes

A confissão levada a efeito por determinado componente de um litisconsórcio não vai além da pessoa do confitente, não corrompendo os demais litisconsortes. Vale dizer, refletirá na pessoa do confitente, não prejudicando ou beneficiando os litisconsortes. Embora simples à primeira vista, o comando constante do art. 350, CPC, a confissão poderá trazer algumas dificuldades para o julgador, mormente em se tratando de litisconsórcio unitário no qual o juiz deverá proferir decisão uniforme para os litisconsortes.

Mais importante do que proceder à decisão uniforme é a decisão proferida dentro do livre convencimento do juiz (sistema racional de interpretação de prova) com base no conjunto probatório. E o conjunto probatório poderá propiciar uma conclusão diversa daquela posta na confissão. O confitente poderá ter mentido; poderá até ter dito uma verdade subjetiva, aquilo que acha que é, mas que se esboroa frente ao conjunto probatório. Em se convencendo disso, o juiz não dará à confissão as conseqüências que seriam devidas numa situação de normalidade. Em caso de dúvida, nada impede, mas tudo aconselha, que o juiz ouça os litisconsortes em depoimento, proceda até mesmo à acareação, se a tanto houver necessidade em busca da verdade. A confissão, na hipótese, deverá servir como adminículo que será apreciado juntamente com o conjunto probatório.

38.3. Da confissão e do direito indisponível

Evidente, em sendo o direito indisponível, a parte não poderá confessar fatos que o desprestigie. A parte não poderá confessar aquilo que não está no seu patrimônio, material, moral, intelectual etc. Não se dá o que não se tem. Não se dá mais do que aquilo que se possui. Os exemplos, quase sempre, falam mais do que centenas de palavras. Imagine-se a hipótese de, após o casamento, o casal chegar à conclusão de que não era aquilo que queriam. Então, combinam, ela ajuíza ação dizendo que ele é impotente e ele não se defende e o juiz aplica a revelia e a confissão e julga a ação; ou ele comparece em audiência e confessa ser impotente. Mas, não é assim. O fato de a parte não se defender dá contornos ao estado de revel (que é a ausência de defesa), mas não haverá a confissão quanto à matéria fática. Ainda que revel, o outro cônjuge não é confesso, porque o casamento é ato jurídico perfeito que pertence ao Estado e não às partes. Também a confissão real nesse caso não tem as conseqüências que teria num caso comum. Por essa razão, o cônjuge varão deverá passar por perícia que comprove a sua impotência. Um outro exemplo é o da desconstituição da coisa julgada em corte rescisório. A coisa julgada pertence ao Estado e não poderá ser objeto de acordo entre as partes. Assim, proposta a ação rescisória, ainda que o réu não a conteste, não será considerado confesso quanto à matéria fática. O corte rescisório será feito de conformidade com as provas dos autos. Se as provas juntadas com a inicial não são bastantes a transmitir convicção ao colegiado, não haverá a desconstituição da coisa julgada.

38.4. Da nulidade da confissão

A confissão, em sendo fruto de vício de consentimento, como erro, dolo ou coação, poderá ser revogada (ação anulatória) ou desconstituída (ação rescisória). Se o processo ainda estiver pendente de julgamento, o remédio processual será a ação anulatória incidente na ação. Se já prolatada a sentença, mas pendente recurso, o incidente anulatório poderá ser instaurado perante o relator no tribunal. Após o trânsito em julgado, a desconstituição da sentença exige o ajuizamento da ação rescisória.

O vício da confissão só poderá ser argüido pelo próprio confitente, posto que direito pessoal; todavia, proposta a ação, em caso de morte do confitente, o direito de continuar na demanda passa aos seus herdeiros.

38.5. *Da confissão extrajudicial*

A confissão extrajudicial terá a mesma eficácia da confissão judicial, quando feita por escrito pela parte ou por pessoa que a represente, desde que munido de procuração com poderes especiais para aquela finalidade. A confissão feita a terceiro ou contida em testamento será livremente apreciada pelo juiz. Todavia, a confissão feita verbalmente, o que poderá ser comprovado por meio de testemunhas, somente terá validade naqueles casos em que a lei não exigir a forma escrita para confessar. De nada adiantará a confissão feita perante a parte contrária ou seu patrono. Estes nada poderão fazer, se o confitente não quiser confirmar a confissão em juízo. A confissão feita por escrito tem o valor de documento, razão pela qual estará sujeita a incidente de falsidade se a parte negar a sua autenticidade ou o seu conteúdo, ou ficar provado que a assinatura foi posta no documento por erro ou ignorância, coação, dolo, ou a assinatura é falsa e o conteúdo é falso. Não é necessário que o documento tenha sido feito pelo confitente, bastando a assinatura deste.

38.6. *Dos elementos da confissão*

Aflora do conceito de confissão que ela se compõe de um sujeito que confessa o fato, do conteúdo desse fato, de um objeto, da intenção que anima a confissão e da parte que é beneficiada pela confissão. O sujeito que confessa é aquele que detém a verdade sobre determinado fato, mas que não tem nenhuma obrigação de declarar essa verdade que certamente lhe será prejudicial. O conteúdo do fato é a verdade que, se confessada, dispensará qualquer outro meio de prova, pois tem o valor de confissão real, denominada a rainha das provas. A intenção que anima a confissão espontânea tem supedâneo na moral. O confitente se convence de que a verdade deverá ser revelada, ainda que lhe venha causar prejuízo, como *v. g.*, perder a demanda. Diversamente, na confissão provocada, o confitente não tem o ânimo de revelar a verdade, mas é levado a isso em função das circunstâncias que envolvem determinado momento em juízo, quando é ouvido em depoimento. A parte beneficiada é aquela a quem a confissão (espontânea ou provocada) aproveita. Ela não tem nenhum poder de influência sobre a vontade do confitente. Se a parte detentora da verdade não confessar, caberá à parte contrária o ônus da prova do fato. Somente os fatos exigem a prova, não o direito em si. Portanto, a confissão como meio de prova por excelência, refere-se ao fato. Daí poder-se concluir que o objeto da confissão é um determinado fato. Vale dizer, a confissão não se revela de forma genérica, sem contornos definidos ou conteúdo determinado. Ela tem por escopo a revelação da verdade de determinado fato, verdade essa que se detém em foro subjetivo da parte. Senão for revelada, terá que ser provada pela parte a quem interessa por todos os meios de provas em direito admitido, desde que a lei não exija determinada forma (pública ou privada) ou que a forma exigida seja também *ad solemnitatis* (art. 107, CC).

Não é todo fato que necessita de prova (fatos notórios) ou pode ser confessado (que digam direito a direitos indisponíveis). Assim, têm-se os fatos pessoais, que são aqueles próprios do confitente, cuja revelação lhe trará prejuízos e será benéfico ao seu opositor na demanda. Se o fato não envolver pessoalmente o confitente, mas terceiro, as suas declarações não terão o valor de confissão, e sim de testemunho. A confissão para realizar-se como tal, deverá ser prejudicial ao confitente e benéfica ao seu opositor. Sem que exista essa conseqüência bifronte (duas caras), prejuízo para o confitente e benefício para a parte adversa, não se poderá falar em confissão, mas, relato sem qualquer conseqüência. A confissão em seu conteúdo conceitual só beneficiará o opoente, não existe a possibilidade da confissão beneficiar o próprio confitente (art. 1.602, CC). Não há confissão em benefício próprio. Também não se consubstancia a confissão o fato de não ser ela favorável ao confitente, pois deverá ser prejudicial a este e aos seus herdeiros. O binômio prejudicial ao confitente e benéfico à parte adversa deve compor a confissão como conseqüência inarredável. Finalmente, o fato confessado deve ser suscetível de renúncia. Não se pode confessar fato cuja renúncia seja defesa pela lei. Se o direito proveniente da confissão foi inalienável, a renúncia será impossível e a confissão não terá qualquer efeito. Não se pode renunciar sobre aquilo que não se pode transigir. A questão de ordem pública prevalece sobre a vontade das partes. Exemplo na Justiça do Trabalho é o caso do sindicato na qualidade de substituto processual. Como substituto não poderá confessar ou transigir sobre os interesses ou direitos do substituído.

38.7. *Do fato permanente*

Discussão que encontra ecos na doutrina é o de se saber se o fato permanente pode ser objeto de confissão ou de deve ser verificado de forma presencial. Se determinado marco divisório depende da existência de um pequeno fio d'água que divide duas propriedades, se a parte confessar a existência que beneficia a parte contrária e lhe traz prejuízo, a confissão deverá ser aceita? Tudo dependerá do juiz instrutor. De conformidade com o sistema racional de apreciação da prova, o juiz poderá apreciar livremente a prova produzida atendendo aos fatos e circunstâncias que afloram dos autos, ainda que não alegados pelas partes, devendo indicar na sentença os motivos que deram suporte ao seu convencimento. Se o juiz ao analisar o conjunto probatório não estiver convencido da veracidade da confissão certamente fará a prova *in loco*.

38.8. *Do direito suscetível de prova*

Somente os fatos são suscetíveis de prova, não o direito em si. Apenas o direito estadual, o municipal, o costumeiro e o estrangeiro dependerão de prova da sua existência. Daí a conclusão de que se o direito não é suscetível de prova também não o será de confissão. A regra é de que o juiz deve conhecer o direito pátrio (leis federais), devendo a parte provar a existência de leis municipais, estaduais, singulares ou estrangeiras. Evidentemente, a parte não prova o direito em si, mas, a existência de lei que versa sobre aquele direito. O direito consuetudinário deverá ser provado pelos meios de provas admitidos em juízo. Poderá acontecer que certos usos e costumes estejam amalgamados em certidões de cartórios ou de repartições públicas. Neste caso, a prova será feita pela apresentação de tais documentos. Neste caso, o costume exige a prova literal, não podendo ser objeto de confissão. Já aquele costume que não se concretiza em prova literal, que poderá ser provado por meio de prova testemunhal, poderá ser objeto de confissão. De resto, aplicam-se os princípios contidos nas parêmias latinas: *Da mihi factum, dabo tibi jus* e *jura novit curia*.

38.9. *Da confissão do incapaz pelo representante legal*

Lessona admite a confissão do representante, mesmo não provocada, sob o argumento de que dizer a obrigação de dizer a verdade existe sempre a quem e quem a diz não pode ser responsável por expressá-la. Em sentido contrário (*Laurent*), com fundamento no princípio de que a confissão é ato privativo da parte e o representante do incapaz, por não ser parte no feito, está proibido de confessar, mesmo na confissão provocada. Uma outra corrente doutrinária quanto àqueles atos e fatos que possa livremente praticar ou que haja praticado com autorização judicial (*Ricci*). Em suma, entendem os defensores desta corrente que o representante do incapaz é admitido a confessar quanto a atos e fatos que digam respeito à sua gestão (*apud Amaral Santos*, ob. cit., v. II, p. 57-58).

O entendimento no sentido de que será possível a confissão do representante nos limites da autorização que a lei ou a autoridade competente lhe conceder se reveste de um certo cunho lógico. Todavia, não se pode esquecer que o incapaz é amparado por uma proteção especial, tanto assim é que a presença do representante do Ministério Público se faz obrigatória, na qualidade de órgão fiscalizador e de defesa dos incapazes (art. 82, I, CPC). A regra é, pois, a de que o representante do incapaz não poderá confessar, salvo se a tanto permitido por lei, pela simples razão de que não é parte, não é titular do direito material cuja titularidade é do menor. Como representante não poderá renunciar ou fazer qualquer ato de disposição, salvo se autorizado por lei, nem produzir confissão provocada. A confissão deve ser feita pela parte a quem estará afeto o prejuízo que advirá. Se a parte for incapaz, não haverá confissão. Dispõe o art. 213 do Código Civil que: “Não tem eficácia a confissão se provém de quem não é capaz de dispor do direito a que se referem os fatos confessados. Parágrafo único. Se feita a confissão por um representante, somente é eficaz nos limites em que este pode vincular o representado.” O representante com poderes gerais de administração não poderá confessar fatos ou atos que venham prejudicar o seu representado, confessando sobre matéria que desborde da sua prerrogativa comum. Por certo, não pode o representante confessar ilicitudes praticadas pelo tutelado, posto que a confissão extrapolaria as faculdades ínsitas da tutela.

38.10. Da confissão por representante mediante procuração

A confissão espontânea, como regra, é ato de iniciativa da parte que tem o poder de disposição e de renúncia. Somente a parte, *prima facie*, tem o direito de revelar a verdade de determinado fato ou acontecimento que lhe trará prejuízo e que beneficiará a parte adversa. Como já vimos em outra oportunidade, existe uma tendência do ser humano de defender-se contra aquilo que lhe possa trazer prejuízo e a lei assegura ao indivíduo o direito de manter-se em silêncio sobre tudo que lhe possa causar danos morais ou materiais.

É lícito aos indivíduos em geral fazerem-se representar por meio de procuradores. Nesse caso, o procurador agirá como se o próprio outorgante fosse. Pelo mandato, o mandatário fica investido de poderes para agir em nome do mandante e representá-lo juridicamente dentro e fora do juízo, podendo para tanto obrigar terceiros para com o mandante e bem assim este para com terceiros. O mandatário agirá como se o próprio mandante estivesse agindo. O mandante se apresenta como espécie de *alter ego*. Todavia, todo e qualquer ato de disposição ou de renúncia deverá figurar expressamente no instrumento procuratório. Isso porque nos poderes gerais de administração ou de defesa não contêm os atos de disposição ou confessórios que imponham prejuízo ao mandante. Isso se aplica na confissão espontânea e na confissão provocada em depoimento em juízo. Somente munido de poderes especiais, o mandatário poderá confessar, como se o próprio mandante fosse (art. 349, parágrafo único). O mandatário que extrapolar os poderes que lhe foram outorgados poderá responder civil e criminalmente perante o mandante. Pergunta que surge: a confissão (espontânea ou provocada) feita por quem não tenha poderes específicos terá validade com terceiro? Dispõe o art. 662, Código Civil que "Os atos praticados por quem não tenha mandato, ou o tenha sem poderes suficientes, são ineficazes em relação àquele em cujo nome foram praticados, salvo se este o ratificar. Parágrafo único. A ratificação há de ser expressa, ou resultar de ato inequívoco, e retroagirá à data do ato". O mandatário que não possuir poderes específicos para confessar, não poderá prestar depoimento em juízo em lugar do mandante e confessar. Em ocorrendo a hipótese, a confissão será ineficaz. O juiz instrutor deverá analisar cuidadosamente os poderes outorgados ao mandatário; em sendo o caso deverá convocar o mandante para depoimento pessoal. Só assim a confissão provocada será eficaz e surtirá todos os seus efeitos, quais sejam: trazer prejuízo ao confitente e benefício para parte adversa. Ver arts. 115 a 120 do Código Civil que cuidam da representação e suas conseqüências;

38.11. Da confissão pelo poder público

O patrimônio público pertence ao povo e como tal é indisponível, salvo em situações excepcionais e mediante lei poderá haver o desatrelamento do patrimônio. Os procuradores, quando existir quadro próprio, ou os advogados contratados, quando não existirem procuradores, possuem poderes de representação para todos os atos processuais, mas não têm poderes para confessar em nome da União, dos Estados ou dos Municípios e Distrito Federal e demais pessoas jurídicas de direito público. Por isso, o procurador ou representante deve negar-se a depor. O motivo é muito simples, já que é de sabença notória que a corrupção graça no poder público. Dar-se poder para confessar aos representantes seria temeroso e poderia colocar o poder público em situações embaraçosas e com prejuízos irreversíveis. Como adverte *Amaral Santos*, "seus procuradores ou advogados têm capacidade para representá-la em juízo (refere-se à União), em todos os atos processuais; mas não a personificam". *Câmara Leal* alerta que "o representante da pessoa de direito público está, em regra, proibido de transigir ou de alienar, sem permissão do poder competente, e, por isso, deve recusar-se a depor" (*Amaral Santos*, "Prova Judiciária", v. II, p. 70). Isto é, deve recusar-se a prestar depoimento pessoal pela representada, pois o que disser não terá qualquer conseqüência, pois não autorizado para tanto. O art. 351, CPC preceitua que não valem como confissão os fatos admitidos em juízo sobre direitos indisponíveis. Se for aplicada a confissão ficta com base no silêncio, também não terá qualquer conseqüência. Nessa mesma linha, *Calmon Passos* ("Comentários ...", ob. cit., v. III, p. 276-277, 365-366). Não se descarta a possibilidade de confissão pelo procurador legal em caso de lei específica que autorize.

No processo trabalhista, diversamente, o poder público poderá confessar fictamente na condição de revel ou por meio de preposto em depoimento pessoal. Dispõe o art. 5º da Lei n. 9.028/1995 que "Nas audiências de reclamações trabalhistas em que a União seja parte, será obrigatório o comparecimento de preposto que tenha completo conhecimento do fato objeto da reclamação, o qual na ausência do representante judicial da União, entregará a contestação subscrita pelo mesmo". Referido artigo exige que a defesa seja escrita e, na ausência do representante judicial, poderá ser entregue em juízo pelo preposto presente. Do que se conclui que ausente o representante judicial da União, se o preposto não estiver munido da defesa, o preposto não poderá contestar o pedido, situação que conduzirá à revelia da União, com a confissão quanto à matéria fática. Se o preposto estiver munido da defesa subscrita pelo representante judicial poderá prestar depoimento pessoal em nome da União.

38.12. Das declarações que não constituem confissão

Existem situações em que, mesmo não podendo o depoente confessar, o depoimento poderá ser esclarecedor, situação em que será permitido ao juiz instrutor tomar depoimentos. Muito embora certas pessoas ou os seus representantes não possuam condições legais para confessar, somente elas estarão aptas a elucidar convenientemente o juízo, expondo claramente os fatos, circunstâncias em que aconteceram e dessa forma dissipando dúvidas. Deixar de ouvi-las, seria o mesmo que embaraçar a busca da verdade real e, conseqüentemente, dificultar a própria convicção de que o juiz necessita para decidir. Se a lei permite que até mesmo a testemunha suspeita ou impedida seja ouvida em casos excepcionais (art. 405, § 4º, CPC), restringindo apenas o incapaz, não vemos como se poderia impedir o depoimento esclarecedor, ainda que de incapaz. A palavra de um menor, ainda que impúbere (infante) ou púbere (adolescente), numa separação, poderá ser de grande valia. O juiz poderá utilizar-se de todos os meios, principalmente em se tratando de relação de família, para inteirar-se dos acontecimentos.

38.13. Da confissão e o elemento intencional

O elemento intencional está presente na confissão espontânea, quer seja judicial ou extrajudicial. O confitente ao confessar o faz com o *animus* dirigido a um querer de trazer a verdade de um fato ou ato que lhe será prejudicial, do ponto de vista moral ou material. Tem a plena consciência de que a sua revelação será favorável a determinada pessoa ou parte adversa, em havendo ação ajuizada. É um querer conscientemente dirigido, sem qualquer vício de consentimento. De certa forma, a confissão está ligada a um enfoque moral de influência poderosa, já que a tendência do ser humano é a de se resguardar de tudo aquilo que lhe possa ser prejudicial. A confissão é, pois, uma exceção ao comportamento do indivíduo. A própria lei desobriga-o de revelar a verdade sempre que essa revelação possa trazer conseqüências danosas a si ou aos seus familiares, ou mesmo trazer situações vexatórias junto aos amigos e a familiares. A confissão espontânea deverá ser expressa. Poderá ser feita por escrito particular ou público, não sendo necessário que o escrito particular seja do próprio punho do confitente. Poderá ser escrito por terceiro e apenas assinado pelo confitente. Poderá, ainda, em havendo ação proposta, ser tomada por termo em juízo. A confissão em juízo poderá estar ou não qualificada pelo elemento intencional. Se estiver, a confissão será espontânea; se não estiver, será confissão provocada.

Diversamente da espontânea, a confissão provocada, quando do depoimento da parte em juízo, não está qualificada pelo elemento intencional. A parte, por ocasião do depoimento, não tem a intenção de confessar aquilo que a empresa alegou em defesa, posto que isso, sabidamente, lhe será prejudicial e aliviará a parte adversa da obrigação de provar o que alega. Todavia, a habilidade do juiz instrutor poderá levar a parte a confessar fato ou ato que na realidade não queria fazê-lo. Lembro-me de um processo em que a ré alegava na defesa o abandono de emprego e colocava o emprego à disposição. Ao ouvir o preposto, chefe do departamento pessoal, perguntei-lhe qual era o comportamento do autor em termos de produção e de produtividade. Respondeu-me que não era produtivo, que desobedecia às ordens dos superiores e era mau exemplo para os demais empregados. Perguntei-lhe: o que o senhor acha que a empresa deveria ter feito? Respondeu, sem titubear: deveria ter despedido a mais tempo. Tivemos naquele momento uma confissão real provocada. O preposto disse a verdade sem que tivesse a intenção de dizê-la. Foi levado, pelas circunstâncias daquele momento, a revelar a verdade verdadeira, não aquela verdade que fora instruído a dizer. E não existe nenhum vício de consentimento, quando a parte revela a verdade nessas circunstâncias. Na verdade, fora traído pela parte moral que povoa a nossa mente, o nosso consciente. E dizer a verdade é sempre mais fácil do que "inventar uma verdade". A verdade soa livre e desnuda, convincente. A "verdade inventada" necessita de outras inverdades para dar-lhe sustentação. Mas, a construção nunca é sólida, esboroando no primeiro deslize da mente, cansada de inventar. Todavia, a confissão poderá ser anulada quando for objeto de: erro, dolo, violência, ou falso motivo.

38.14. Da confissão: quando é voluntária

A confissão voluntária não contém, obrigatoriamente, a intenção. Poderá estar ou não qualificada com a intenção. A confissão espontânea contém a intenção; a confissão provocada não. O termo voluntário não é sinônimo de espontâneo. A parte pode confessar em juízo, espontaneamente, mediante termos nos autos, como pode confessar, provocadamente, respondendo às perguntas formuladas pelas partes ou pelo juízo. Em ambos os casos, a confissão é feita de forma voluntária. Não há vício de consentimento, pois não há erro quanto à verdade, não existe dolo, nem foi forçada a confessar.

Temos nas lições de *Lessona* que não basta para a existência de uma confissão válida, que a pessoa reconheça os fatos dos quais resultam conseqüências jurídicas contra ela. É mister mais alguma coisa. É necessário que, com a declaração, queira ela criar, ou, mais precisamente, tenha ela a intenção de criar, com o reconhecimento de tais fatos, uma prova em favor do adversário. Para *Pescatore*, a confissão é a declaração que se faz com o propósito de que o adversário dela se aproveite. No mesmo sentido, *Alsina*, para quem o *animus confitendi* não é outra coisa senão a consciência, o reconhecimento cabal de que pela confissão se fornece uma prova ao adversário (*apud* Amaral Santos, "Prova Judiciária", v. II, p. 76).

O entendimento de *Goldschmidt* é mais sedutor, posto que rente à realidade, quando considera indiferente que o confitente haja ou não querido o efeito probatório resultante da confissão e que haja tido, ou não, consciência desse fato (*animus confitendi*). Nesse mesmo sentido, *Coviello*, para quem ociosa é a indagação do *animus confitendi*, isto é, da intenção de renunciar ao próprio direito e favorecer ao adversário. Entre nós, *Carvalho Santos* tem o mesmo entendimento, qual seja, o de que a confissão poderá ser feita sem que o confitente se preocupe com as conseqüências da sua declaração, que pode mesmo existir sem qualquer predisposta intenção (*apud Amaral Santos*, ob. retro cit., p. 77).

Embora na confissão espontânea seja provável que o confitente tenha em mente trazer à tona uma verdade da qual está consciente que, revelada, trará prejuízos a si próprio ou aos seus familiares e beneficiará o seu adversário, também é bem possível que queira se livrar de uma verdade que o incomoda (fator psicológico) e que revelada dar-lhe-á um certo alívio, ainda que lhe imponha prejuízos. Poderá até mesmo não ter nenhuma intenção de beneficiar a quem a confissão aproveita; mas, isso se dá por inevitável conseqüência, não pelo seu livre querer ou pela intenção de beneficiar.

Todavia, em se tratando de confissão provocada, o prejuízo ao confitente ou a quem ele representa, e o benefício para parte adversa, tais conseqüências não são percebidas de imediato, posto que não existiu naquele momento o elemento intencional. Embora o depoimento seja voluntário, sem qualquer vício de consentimento, jamais teve a intenção de prejudicar-se a si mesmo e de beneficiar ao seu adversário. A confissão foi provocada. Confessou sem querer confessar. O depoimento foi voluntário; mas, a confissão não foi intencional. Em suma: a posição defendida por *Goldschmdit* e *Coviello* está mais rente à realidade. Discordamos da posição defendida por *Amaral Santos* no sentido de que quando a parte que vem a juízo constrangida a prestar depoimento, sob pena de confissão, não haveria o elemento voluntário a permitir a confissão. Conclui, em seguida, que a confissão não deixa de ser voluntária. Conquanto constrangida a depor, a parte tem a liberdade de reconhecer ou não os fatos. (ob. retro cit., p. 78). Confirmamos, nossa posição: a parte chamada a depor, depõe voluntariamente. Mas, a confissão real que daí surgir não terá o elemento intencional.

38.15. Da confissão verbal

A confissão verbal, por ser atípica, não pode ter as conseqüências de uma confissão espontânea ou provocada, de uma confissão real ou ficta. As primeiras dificuldades que surgem são as de como comprovar a confissão levada a efeito, uma vez que as palavras desaparecem tão logo é dada a mensagem. Se não foram gravadas, se não foram escritas, será muito difícil para quem a ouviu conservá-las ou retardá-las na mente. A conservação da mensagem dependerá do interesse que ouviu a confissão. Todavia, a confissão foi genérica ou específica. O confitente indicou a quem a confissão poderia interessar ou beneficiar. Qual teria sido o objeto da confissão. Quantas pessoas teriam ouvido a confissão, caso o confitente não a confirme. A confissão lançada verbalmente não tem o valor de confissão e poderá ser comprovada por meio de prova testemunhal. Todavia, deve o juiz envidar redobrados cuidados ao ouvir as testemunhas que teriam escutado a confissão. Não é difícil alguém em um *consilium fraudis*, arranjar pessoas que, por dinheiro, testemunhem afirmando que determinada pessoa teria confessado que deve a "Y" determinada quantia, que lhe foi emprestada em confiança, sem que assinasse qualquer documento. A confissão verbal não é confissão, salvo se feita em juízo na presença do juiz e reduzida a termo. Contudo, não se descarta a possibilidade de ser provada por meio de prova testemunhal.

38.16. Da confissão proveniente de erro ou ignorância

Não obstante, o legislador civilista dê tratamento igualitário ao erro e ignorância, do ponto de vista técnico comportam diferenciação. A ignorância traduz o completo desconhecimento em torno da coisa ou pessoa, enquanto que o erro é a noção falsa que se tem sobre determinado objeto ou pessoa. No entanto, são tratados em termos de equivalência tendo como escopo o estudo dos defeitos dos negócios jurídicos, em face da terminologia adotada pelo ordenamento civilista.

Comanda o art. 138 do Código Civil que "São anuláveis os negócios jurídicos, quando as declarações de vontade emanarem de erro substancial que poderia ser percebido por pessoa de diligência normal, em face das circunstâncias do negócio".

Temos o erro meramente acidental e o erro substancial. O primeiro não é de molde a viciar a vontade a ponto de determinar a anulação do negócio jurídico, vez que diz respeito a motivos ou qualidades que não comprometem o núcleo qualitativo da confissão em relação ao objeto ou a coisa em si, mas apenas a sua qualidade secundária, isto é, não permitem a conclusão de que o sujeito agiria de outra forma se soubesse dos detalhes que posteriormente lhe foram transmitidos. Diferente, o erro substancial é aquele que vem viciado por circunstâncias tão importantes que comprometem a confissão como um todo, isto é, se o confitente tivesse o prévio conhecimento do que posteriormente tomou conhecimento não efetuaria a confissão. O erro substancial há que ser também escusável e real, isto é, vai além do foro subjetivo. Será escusável aquele erro que tem o substrato de um motivo razoável, ou se apresenta de tal forma perceptível, que uma pessoa de nível normal e de média compreensão poderia cometê-lo, consideradas as circunstâncias.

Tem-se como princípio informador o de que a confissão é, em regra irrevogável e irretratável. A exceção, todavia, é a que a confissão poderá ser retratável e revogável por erro de fato, ou quando conseguida mediante dolo ou algum tipo de violência capaz de comprometer a vontade do confitente. O erro acidental, por não comprometer o núcleo qualitativo da confissão, por hospedar-se em parte meramente secundária da confissão, não compromete o ato confessório como um todo. Diferentemente, o erro essencial é aquele que vicia toda a substância que embasa a confissão. A sua relevância é tão intensa, que o confitente não teria confessado se conhecesse a verdadeira realidade. Dispõe o art. 139 que: "O erro é substancial quando: I — interessa à natureza do negócio, ao objeto principal da declaração, ou a alguma das qualidades a ele essenciais; II — concerne à identidade ou à qualidade essencial da pessoa a quem se refira a declaração de vontade, desde que tenha influído nesta de modo relevante; III — sendo de direito e não implicando recusa à aplicação da lei, for o motivo único ou principal do negócio jurídico". Ver arts. 141 a 144 do Código Civil.

Como vimos, a retratabilidade e a revogabilidade da confissão há que vir alentada por fatores objetivos e subjetivos que sejam de fácil percepção. Não se pode deixar à mercê de foro subjetivo do confitente, provenientes de idealizações fantasiosas. O erro substancial há de ser fruto de uma vontade realmente viciada e ser inescusável, ter pertinência com o fato ou o ato, ser real, isto é, recair sobre o objeto do ato ou do fato.

38.17. Da confissão proveniente de dolo

Diferente do erro essencial que faz suporte no desconhecimento da realidade que envolve o confitente no momento em que produz o ato confessório, o dolo tem como núcleo formador uma conduta maliciosa do agente, com o escopo de conseguir do confitente uma declaração de vontade que seja favorável a si (agente do dolo) ou a terceiro, em detrimento do confitente, cuja vontade está viciada por uma realidade inexistente que lhe fora transmitida como verdadeira. No dolo, o confitente é induzido a confessar algo que jamais confessaria. A doutrina registra duas espécies de dolo: o *dolus malus* que seria a ignomínia, o emprego de artifícios com o objetivo de enganar, de mascarar a verdade e de se locupletar ou beneficiar terceiro. O *dolus bonus* seria originário da lábia, superestimar qualidades, publicidade envolvente etc.

O dolo poderá desenvolver-se por processo comissivo ou omissivo, podendo exteriorizar-se por ação o por omissão. Não importa. Em ambos os casos, existe um processo ardiloso para o convencimento da vítima, seja pelo falseamento da verdade, seja omitindo-se em indicar defeitos. Também o dolo para viciar a vontade deverá ser essencial (*dolus causam dans*). Vale dizer que se o dolo essencial foi a causa determinante, a razão do ato, torna-o anulável (art. 145, CC). O dolo acidental, por possuir intensidade corrosiva menor não desnatura o núcleo do ato confessório. Todavia, obriga à satisfação das perdas e danos. Diz-se acidental quando, a seu despeito, o negócio seria realizado, embora por outro modo (art. 146, CC). Tem-se nos negócios jurídicos bilaterais que o silêncio intencional de uma das partes a respeito de fato ou qualidade que a outra parte ignore, constitui omissão dolosa, desde provado que sem ela o negócio não seria celebrado (art. 147, CC). O ato doloso e confissão viciada por dolo poderão ser anulados (art. 148, CC). Nesse caso, não há falar em retratação. Se o dolo é do representante de uma das partes, o representado está obrigado ao responder civilmente até a importância do proveito que teve (art. 149, CC). Se ambas as partes procederam com dolo, nenhum poderá alegá-lo para anular o negócio ou reclamar indenização (art. 150). Em suma: só a confissão que tenha por suporte o dolo essencial poderá ser objeto de revogação, não de retratação.

38.18. Da confissão proveniente de violência

Violência é todo constrangimento físico ou moral imposto a determinada pessoa com escopo preconcebido de obrigá-la a aquiescer, a consentir sobre determinada coisa ou declaração. A violência poderá ser física, material, real (*vis corporalis* ou *vis absoluta*), quando há o emprego da força física ou de outros meios materiais que impossibilitem a resistência do paciente. A violência poderá ser moral (*vis compulsiva*), contra o paciente ou contra pessoas de sua família ou da sua amizade próxima. Nesse caso, o agente usa de meios de intimidação com ameaças graves ou iminente.

A ameaça de violência física ou moral incute na vítima a coação, impedindo que tenha a sua vontade liberta para decidir. A pessoa coagida nada decidirá, mas fará aquilo que o agente agressor manda, determina. A ameaça deverá ser de tal intensidade que não haverá resistência física diante da força material utilizada, ou a ameaça moral deverá ser de tal ordem que os freios de resistência psíquica ficam neutralizados.

A declaração, para viciar a declaração de vontade, há de ser tal que incuta ao paciente fundado temor de dano iminente e considerável à sua pessoa, à sua família.

Se disser respeito a pessoas não pertencentes à família do paciente, o juiz, com base nas circunstâncias, decidirá se houve coação (art. 151, parágrafo único, CC). Ao apreciar a coação, o juiz levará em conta o sexo, a idade, a condição, a saúde, o temperamento do paciente e todas as demais circunstâncias que possam influir ou não para aumentar ou reduzir a gravidade que lhe fora imposta pela coação (art. 152, CC). A coação e a violência dirigida, com ameaças a terceiro que faz parte do relacionamento familiar, poderá ter as mesmas conseqüências psicológicas sobre a vítima afastando a possibilidade de domínio sobre a vontade. Por certo, a ameaça e a violência terá terreno fértil para surtir efeitos deletérios, quando se cuidar de pessoa do sexo feminino, pessoa idosa ou jovem. Nestes casos, a ameaça produzirá maior efeito e a vontade da vítima será mais facilmente subjugada. Certamente, não poderá ser considerada coação o exercício normal de um direito, nem o simples temor reverencial (art. 153, CC). Finalmente, o temor proveniente da ameaça ou da violência deverá ser um temor justificado, não poderá ser fruto de construções subjetivas fantasiosas.

38.19. Da invalidade do ato jurídico por confissão falsa

A simulação, a exemplo da fraude contra credores, é denominada vício social, pois atinge pessoas determinadas, agride a ordem pública e se volta contra a segurança das relações no mundo dos negócios. Divide-se em relativa e absoluta. Será relativa, quando o negócio apenas aparentar transmitir direitos a pessoas diversas daquelas a quem realmente transmite. Será absoluta, quando houver declaração, confissão, condição ou cláusula não verdadeira, com o objetivo de não surtir efeito; o resultado que parece desejar é apenas na aparência, pois não visa resultado algum. O negócio jurídico simulado é nulo, subsistindo, todavia, aquilo que se dissimulou, quando válido for na substância e na forma (art. 167, CC). Ressalvam-se os direitos dos terceiros de boa-fé em face dos contraentes do negócio jurídico simulado (§ 2º).

38.20. Da indivisibilidade da confissão

Os fatos que a parte confessa sobre determinada coisa formam um todo único e indivisível. Se da confissão constar mais de uma parte, elas fazem parte da confissão como um todo. Por isso, não pode a parte que se beneficiou da confissão aceitar uma parte e desprezar outra sob o argumento de que sobre aquela parte a prova produzida é mais benéfica. Essa é a regra em situação normal. Todavia, suponha que em determinada parte existiu a má-fé do confitente em proveito próprio ou de terceiro.

Em comentando o tema, *Sérgio Sahione Fadel* dispõe que embora a indivisibilidade seja a regra geral, não constitui princípio absoluto, porque haverá caso em que essa indivisibilidade não poderá ser oposta pelo confitente, desde que patenteada a sua má-fé ou a tentativa de tirar proveito da própria confissão. Por outro lado, se quem confessou aduzir, além daquilo constante dos autos, fatos novos que possam constituir fundamento da defesa de direito material ou reconvenção, nesse caso será possível repartir a confissão, aproveitando-se os fatos confessados na ação e abstraindo-se deles os relativos a questões não discutidas nos autos ("Comentários ...", v. II, p. 214). O art. 354, CPC dispõe que: "A confissão é, regra, indivisível, não podendo a parte, que a quiser invocar como prova, aceitá-la no tópico que a beneficiar e rejeitá-la no que lhe for desfavorável. Cindir-se-á, todavia, quando o confitente lhe aduzir fatos novos, suscetíveis de constituir fundamento de defesa de direito material ou de reconvenção."

38.21. Das espécies de confissão

De conformidade com a doutrina, a confissão poderá ser: a) simples; b) qualificada; e c) complexa. Diz-se simples ou confissão pura, aquela em que o confitente reconhece, sem qualquer acréscimo, o fato alegado pelo adversário. Nesta espécie de confissão, o confitente se limita a declarar sobre aquilo que foi objeto da contestação e que necessitaria de prova para ser reconhecida como verdade nos autos. Nesta espécie de confissão, a unicidade da confissão se apresenta de forma plena, pois não poderá haver controvérsia. A concordância do confitente com o fato alegado na defesa torna a matéria incontroversa pela confissão real (espontânea ou provocada).

Diz-se qualificada, a confissão em que a parte confessa o fato alegado pela parte adversa, mas, ao mesmo tempo acrescenta que o fato alegado se reveste de natureza jurídica diversa daquela pretendida. Na confissão qualificada, confessa-se o fato, não as suas conseqüências. Embora num primeiro instante a confissão do fato seja favorável à parte adversa, o que é acrescentado pelo confitente trar-lhe-á proveito. Exemplo: acionado para o pagamento de uma dívida em que não fora assinado título, vez que o dinheiro fora entregue em confiança, o réu confessa que realmente recebeu o dinheiro, mas que a importância cobrada lhe fora entregue para o pagamento de uma dívida. Tem-se que a confissão qualificada é espécie de confissão atípica, pois diferente da confissão simples que desfavorece o confitente e favorece integralmente a parte adversa, nesta, o confitente pretende um benefício, embora confesse o ato em si (recebimento do dinheiro), não confessa as conseqüências pretendidas por aquele que se diz credor.

Diz-se confissão complexa, quando a parte reconhece o fato alegado pelo adversário, acrescenta um fato novo que impede os resultados pretendidos. O confitente confessa o ato constitutivo invocado pela parte adversa, mas acrescenta circunstância impeditiva, modificativa ou mesmo extintiva de modo a impedir os efeitos jurídicos pretendidos. Embora o confitente reconheça o fato invocado, cria em seu favor uma exceção que impede os efeitos jurídicos pretendidos pelo adversário. Exemplo: o empregado ajuíza ação para receber verbas rescisórias, por dispensa injusta. A empresa confessa a dispensa injusta, mas invoca fato extintivo da dívida, isto é, o pagamento mediante homologação no sindicato de classe, sem qualquer protesto por diferenças. Também a confissão complexa, a exemplo da qualificada, se apresenta como atípica. Embora pareçam iguais à primeira vista, na confissão qualificada, ensina *Demolongue*, "a circunstância modificativa do fato é conexa e simultânea ao próprio fato: o declarante reconhece haver recebido a quantia, mas acrescenta, que isso não se deu por empréstimo e sim a título de doação. Na complexa, o fato novo pode não ser simultâneo, nem mesmo conexo ao fato alegado pela outra parte; recebi, mas depois paguei; devo, mas, por minha vez, sou credor" (*apud Amaral Santos*, "Prova Judiciária", v. II, p. 306).

38.22. *Da confissão proveniente de ausência para depor*

Contestada a ação, firmada a *litiscontestatio*, o juiz poderá ouvir os depoimentos das partes na mesma sessão (audiência una) ou designar outra sessão, ficando a partes intimadas nos termos a Súmula n. 74, I do TST a comparecer para prestar depoimento, sob pena de serem consideradas confessas quanto à matéria de fato. Esta confissão, todavia, poderá ser ilidida pelo conjunto probatório ou pelas provas produzidas posteriormente. Discordamos, neste ponto, da parte *in fine* do item II, da referida Súmula de que não implicará em cerceamento de defesa o indeferimento de provas posteriores. Pelo contrário, qualquer indeferimento de prova afronta ao princípio da ampla defesa, salvo casos de preclusão. A parte poderá ilidir a confissão utilizando-se de todos os meios de prova em direito admitidas, não só daquelas já constituídas, mas também pela produção de provas produzidas posteriormente. Não existe para tanto, nenhum impedimento legal no ordenamento jurídico. A construção sumular é algo cerebrino, quando admite prova pela metade, isto é, somente aquelas já pré-constituídas. As provas pré-constituídas são documentais, mesmo aquela constituída de prova emprestada. As partes poderão não ter provas pré-constituídas; embora isso não seja a regra mais comum, poderá acontecer. O que implicaria na impossibilidade probatória capaz de ilidir a confissão ficta. Não existe proibição para ilidir a confissão mediante prova testemunhal ou mesmo por meio do depoimento da parte adversa. Se a parte possuir advogado constituído nos autos, este, presente em audiência, tem, não só o direito, mas o dever profissional de procurar ilidir a confissão. O posicionamento adotado pela mais alta Corte Trabalhista aproxima a confissão ficta, relativa por definição, da confissão real, ao retirar daquela a possibilidade de neutralizar uma confissão presuntiva, apenas presumível, quando até mesmo a confissão real é anulável ou retratável. O item II, da Súmula afronta o princípio da ampla defesa e deve ser repensado pelo Tribunal Superior do Trabalho.

38.23. *Da confissão proveniente de revelia*

A confissão proveniente do estado de revel está diretamente ligada à ausência de defesa. Enquanto a confissão, por ausência em sessão de audiência pré-designada para depor, se dá depois de apresentada a defesa, a confissão proveniente do estado de revel ocorre por ausência de defesa. No primeiro caso, existem defesa e o prequestionamento da matéria que será objeto da instrução probatória, isto é, a parte poderá produzir prova e contraprova. No caso do revel, não existe defesa, nem prequestionamento de matéria para a instrução probatória. O juiz conhecerá diretamente do pedido, proferindo sentença no estado da lide (art. 330, CPC). Percebe-se imediatamente que a confissão pela ausência em audiência designada e a confissão proveniente do estado de revel possuem intensidades probatórias diferentes. Naquela, a possibilidade de neutralização é maior, posto que na revelia dependerá de que o autor prossiga na instrução probatória, hipótese que raramente acontece. E ainda que isso ocorra, ao revel não é permitido produzir prova (sem defesa, não houve impugnação), apenas contraprova. Em suma: a presunção probatória que aflora do estado de revel se aproxima da confissão real. Some-se a isso a dificuldade de ilidir a revelia. Em recurso, a parte somente poderá discutir temas que causaram a revelia (ausência da parte ou do preposto em audiência), *v. g.*, citação circunduta, acidente que impediu o comparecimento à audiência, preposto que teria sofrido mal súbito no momento de tomar o elevador do fórum etc. A defesa do réu será anular a sentença com devolução dos autos à origem para que tenha a oportunidade de apresentar defesa e prosseguir na instrução probatória com prolação de nova sentença.

38.24. Dos fundamentos da confissão

O primeiro fundamento da confissão é a capacidade de dispor. Vale dizer, a parte para confessar deve estar no pleno gozo dos seus direitos. Quando alguém comparece em juízo e confessa uma dívida ou confessa fatos que constituem o fundamento de um direito perseguido pelo autor, a primeira coisa que o juiz deverá fazer é verificar se o confitente tem as condições legais para confessar, *v. g.*, se ele é juridicamente capaz para validar o ato confessado. Tendo em conta que haverá o reconhecimento de um fato ou de uma obrigação pela confissão, que conduz a um ato dispositivo de direito, nada mais correto e mesmo necessário que se verifique se a pessoa que confessa está no livre gozo da sua capacidade jurídica. A verdade é algo que não deve ser escamoteado, sendo isso mesmo um dever universal, salvo se trouxer constrangimentos ao confitente ou às pessoas da sua família. Ao reconhecer a verdade de fatos ou mesmo de uma obrigação que lhe foi imposta, o confitente nada mais faz do que reconhecer uma ordem social e jurídica. Quem cometeu algum ato que trouxe prejuízo a terceiro ou assumiu compromisso, tem a obrigação moral de reconhecer os fatos ou adimplir a obrigação. Possuir plena capacidade para confessar é a primeira condição exigida.

O segundo fundamento da confissão firma residência em sede psicológica. Tem-se, como regra, que a natureza humana é avessa a confessar e a reconhecer culpa, autocondenando-se. Não existe aí, em princípio, nenhuma imoralidade, pois, por instinto de autoproteção, e até mesmo de sobrevivência, o ser humano tende a afastar-se de tudo que possa, de alguma forma, prejudicá-lo. Por outro lado, poderão existir razões de ordem psicológica que o pressionam a confessar, como o arrependimento, a sensação de culpa, o remorso, a sensação de estar cometendo um pecado e o temor da vingança divina. Tudo isso poderá povoar a mente de uma pessoa, dependendo do seu grau de escolaridade, de religiosidade, da sua pureza moral. Por certo, existirão aqueles que se beneficiam de milhões e jamais irão confessar as suas falcatruas, e nada os sensibilizará. Tem-se, assim, que o ato de confessar a verdade está diretamente ligada à consciência da pessoa. É como se a consciência mantivesse um dispositivo repressor que não autorizasse a confissão de forma genérica, mas, outro dispositivo específico que lhe ordena a confissão em certos casos.

Lembra *Amaral Santos* que um desses motivos, o principal certamente, que leva o litigante à confissão, consiste na força com que a verdade atua sobre a consciência do indivíduo. Se ele se dispõe a reconhecer os fatos contrários ao seu interesse, isso significa que prevalece o seu respeito pela verdade, seja impulsionado pelo amor ou consideração à própria verdade, seja por motivos outros que o impelem a priorizar a verdade, a ser verdadeiro e não passar por mentiroso. Daí afirmar *Lessona* que a confissão tem sempre um caráter coativo, imposto pela regra moral, que obriga a dizer a verdade. Para *Malatesta*, existe um instinto de veracidade no ser humano, que se opõe à mentira, o qual, por vezes, é irresistível, a ponto de vencer a força do interesse contrário que arrastaria à mentira, que conduz à confissão (*Amaral Santos*, "Prova Judiciária", cit., p. 21, v. II).

O terceiro fundamento a respaldar a confissão reside na ordem lógica. Tem-se em princípio que somente os fatos são suscetíveis de confissão. A confissão dos fatos feita pela parte tem mais credibilidade do que o depoimento de testemunhas. Tem-se pela lógica que é mais fácil para o confitente narrar os acontecimentos do que inventá-los. É que ao tentar mentir ou inventar seguramente será traído em detalhes, pois aquilo que registrou na mente é muito forte. Já a testemunha, ainda que tenha presenciado os fatos, mas, que não possua interesse, no decorrer do tempo perderá muito do que foi percebido no momento, daí não ter nenhuma dificuldade em inventar. Por tudo isso, tem-se na confissão um elemento probatório por excelência.

38.25. Das formas de confissão

A confissão poderá ser formalizada de várias maneiras, não havendo determinação legal que ela se faça *ad solemnitatis*. Assim poderá ser formalizada por termos nos autos, mediante depoimento pessoal (da própria parte ou do seu procurador com poderes especiais para confessar), em resposta ao juiz, em articulados ou em alegações, em requerimento assinado pela parte e juntado aos autos, mediante declaração particular juntada aos autos e reconhecida perante o juiz, por instrumento público.

38.26. Da confissão perante juiz incompetente

No direito romano e no canônico, a confissão perante um juiz incompetente, dava à confissão o valor de confissão extrajudicial. Nesse mesmo sentido, direcionava a doutrina francesa, isto é, se a confissão fosse prestada perante um juiz incompetente em razão da matéria, a confissão era recebida como extrajudicial. Já o Código italiano de 1865 aceitava a confissão judicial, mesmo que fosse feita perante um juiz incompetente: "Art. 1.356 do Código Civil: Confissão judicial é a declaração que a parte, ou seu procurador especial, faz perante um juiz, ainda que incompetente." Não se perquiria se a confissão era prestada perante juiz incompetente parcial ou total. Nas Ordenações, embora se adotasse os preceitos do direito romano e canônico, a doutrina adotada fazia a distinção entre confissão feita perante juiz competente ou incompetente. O art. 279 do Código de 1939 somente considerava nulos os atos decisórios proferido por juiz incompetente. Os autos eram remetidos ao juiz competente e ficava este com a incumbência de valorar a confissão e atribuir-lhe ou não a eficácia. Essa conclusão tinha suporte no art. 120 daquele diploma legal. Do que resultava que aquele juiz, dito competente, que fosse julgar a lide, poderia formar a sua confissão somando a confissão às demais provas dos autos, ou até mesmo determinar outras provas ou até mesmo ouvir o confitente em audiência. O Código atual dispõe no § 2º, do art. 113 que "Declarada a incompetência absoluta, somente os atos decisórios serão nulos, remetendo-se os autos ao juiz competente". Tem-se, pois, que apenas no caso do juiz absolutamente incompetente que os atos decisórios serão considerados nulos. O Código Buzaid refere-se apenas à incompetência absoluta, não à relativa, pois duas hipóteses poderão ocorrer: se a parte não impugnou a incompetência relativa, ela estará convalidada tornando o juízo competente; se houve impugnação, não haverá atos decisórios enquanto não for resolvida de quem é a competência. Anulada a sentença, por incompetência absoluta do juízo *ratione materiae*, são nulos, em conseqüência, todos os atos decisórios proferidos anteriormente, inclusive o despacho saneador (STF, RF 296/78). A exemplo do que sucedia com o Código de 1939, no Código atual, a confissão feita perante juízo incompetente terá a sua validade confirmada ou não pelo juiz competente, à vista de outras provas dos autos ou mediante a colheita de outras provas. O fato de apenas os atos decisórios serem considerados nulos, não significa que o juiz competente para a causa seja obrigado a aceitar toda a prova produzida, aí incluindo-se a confissão. O juízo competente é que determinará a eficácia do ato advindo de juiz incompetente. A confissão feita perante juiz competente ou incompetente será sempre judicial.

38.27. Da confissão real e da confissão ficta

A confissão real é proveniente de um ato de vontade do confitente, como regra, embora possa advir de ato provocado em depoimento pessoal, onde a vontade do confitente poderia estar direcionada no sentido de não confessar. A confissão ficta, por sua vez, é resultado de um ato negativo da parte, que poderá resultar do seu querer ou não. O réu que comparece à audiência e se nega a efetuar a defesa, será considerado revel e confesso quanto à matéria fática alegada na petição inicial. Não se pode negar que a sua recusa em defender-se, mesmo sabendo das conseqüências processuais daí advindas, foi um ato de vontade. Todavia, aquele réu que não compareceu pelo fato de haver perdido a hora, que não conseguiu chegar por acontecimento alheio à sua vontade, ou que não fora citado habilmente, não tem a sua vontade livre. As conseqüências danosas (revelia e confissão) são produto de acontecimentos alheios à sua vontade. As conseqüências advindas na formação da confissão em tais hipóteses determinam o grau de credibilidade e de valor que dela aflora. A confissão resultante de um ato de vontade da parte denomina-se real. Inclui-se, aqui, como exceção à regra, a confissão provocada perante o juiz, que mesmo não sendo ato de vontade da parte, foi feita premida pelas circunstâncias, sem nenhum vício. A confissão ficta, também denominada confissão relativa, tem em seu núcleo valorativo um conteúdo menor de credibilidade que poderá ser neutralizado pelas provas dos autos ou por provas produzidas posteriormente. São exemplos: a confissão provinda da revelia ou da ausência da parte, depois de apresentada a defesa, em audiência designada para prestar depoimento.

A vontade da parte, quer na confissão real ou ficta, poderá, todavia, estar viciada por erro ou ignorância, por dolo ou coação. Exemplo: o autor sem advogado nos autos não comparece à audiência em que deveria depor, porque o advogado da parte contrária lhe diz que audiência havia sido transferida; o chefe do setor em que trabalha lhe diz que se comparecer à audiência será despedido. O réu foi coagido (física ou moralmente) a produzir confissão extrajudicial (particular ou pública) e confirmá-la em juízo. O fato de a confissão ter sido tomada ou confirmada em juízo não significa que estaria a salvo de qualquer vício. Em se apresentando a hipótese, a confissão poderá ser revogada por ação anulatória, se pendente o processo onde foi feita; por ação rescisória, depois de transitado em julgado a sentença da qual constituir o único fundamento (art. 352, III, CPC). Inicialmente, somente o confitente terá legitimidade para propor a ação anulatória ou a ação rescisória; porém, uma vez iniciada a ação a legitimidade se transfere aos seus herdeiros em caso de morte (parágrafo único).

38.28. *Da confissão espontânea ou provocada*

A confissão judicial poderá ser espontânea ou provocada. A confissão espontânea nasce com a iniciativa da parte. O seu querer é dirigido no sentido de confessar a verdade, reduzindo com isso o trabalho judiciário. A confissão, cuja vontade é livre, é a prova por excelência. É o querer da parte no sentido de produzir um ato que lhe é desfavorável e ao mesmo tempo é favorável à parte adversa. Não há exigência *ad solemnitatis* para que a confissão venha ao mundo dos autos. Poderá ser feita por escrito particular ou público, por termo nos autos. Poderá ser formulada por ocasião da defesa. Na confissão provocada, diversamente, não tem a parte o ânimo de confessar. Ao contrário, fará tudo para que a verdade, que lhe será prejudicial, não se revele. Contudo, acaba por confessar premido pelas circunstâncias que envolvem o conjunto probatório somada à habilidade do juiz instrutor. Embora haja uma diferença grande entre a confissão espontânea e a provocada, ambas têm a dignidade de "confissão real". A confissão espontânea ou a provocada poderá ser feita pela própria parte ou por procurador com poderes especiais. Nas ações que versarem sobre bens imóveis ou direitos sobre imóveis, a confissão só será válida com a confissão do outro cônjuge. Vale dizer que a confissão de um cônjuge não vale sem a confissão do outro.

CAPÍTULO 39

DOS DEPOIMENTOS PESSOAIS

39.1. Do conceito de depoimento pessoal

Diz-se depoimento pessoal a vinda das partes a juízo, a requerimento da parte adversa ou por determinação do juízo, para depor sobre fatos e circunstâncias que envolvem a lide. O depoimento tem por objetivo conseguir do depoente a confissão dos fatos alegados por uma das partes. Trata-se, pois, de uma estratégia processual para conseguir uma verdade que é contrária aos interesses do confitente e benéfica à parte contrária. Há que se ter em mente existir uma resistência natural da parte confessar aquilo que contra ela se alega, fato que poderia levar à conclusão da inocuidade do depoimento pessoal, mormente na nossa lei em que a parte poderá omitir a verdade sem qualquer conseqüência. Entretanto, a prática judicante indica que o depoimento das partes não deve ser dispensado pelo juiz, ainda que as partes não o requeiram. Primeiro, em razão de que a confissão não depende da aquiescência do confitente, mas, e muito, da habilidade do juiz instrutor. Segundo, ainda que não haja confissão, o depoimento poderá facilitar as demais etapas probatórias.

39.2. Da importância do depoimento pessoal

Em que pesem todas as dificuldades que circundam a confissão da parte, já que questão mesmo de autoproteção e até mesmo de sobrevivência em certos casos, a confissão, quando conseguida, significa a vitória da verdade sobre o subterfúgio escamoteante da moral sobre a imoralidade, do elemento social onde os homens convivem. A confissão, como regra, está ligada ao sistema psicológico do confitente e variará de pessoa para pessoa. O depoimento verdadeiro poderá ser fruto de uma formação moral rígida, do temor a Deus para os mais religiosos, como meio de aliviar o fardo que pesa sobre a consciência e a consciência de estar prejudicando alguém. A confissão substitui no processo a verdade formal pela verdade real. Excepciona-se a confissão viciada pelo erro ou a ignorância, pelo dolo ou a coação e pelo conluio entre os litigantes.

39.3. Da origem e da evolução do tema

Não há como se precisar a origem do depoimento pessoal; mas, tudo indica que a sua primeira reação surgiu quando o homem teve a necessidade de confrontar-se em algum procedimento negocial em que a sagacidade seria uma arma importante, onde a escamoteação da verdade poder-lhe-ia trazer dividendos. Não seria propriamente mentir, mas, não trazer à balha a verdade verdadeira, procedimento que ainda hoje se apresenta de grande valia em certas circunstâncias. A Grécia antiga conheceu o depoimento testemunhal, que era requerido pelas partes em litígio, e eram colhidos perante o juiz ou de um árbitro. O depoimento poderia ser colhido extrajudicialmente por escrito na presença de testemunhas. O depoimento assim colhido poderia ser de grande valia para uma futura demanda. Ainda que não houvesse a confissão, haveria possibilidade de uma melhor escolha da estratégia processual. Se houvesse confissão extrajudicial e o cofitente a negasse em juízo, a confirmação seria feita por meio das testemunhas que haviam presenciado e ouvido a confissão. Em Roma, no processo das *legis actiones*, as partes compareciam perante o juiz em audiência onde se realizava uma espécie de interrogatório. No sistema formular, as perguntas às partes e as respectivas respostas eram meios de prova que antecedida à *litiscontestatio*. Esse procedimento precedia ao pronunciamento da fórmula. Na França, sob o regime das "Ordenações de Blois", de março de 1498, ao tempo de Luís XII, havia um interrogatório em que o depoente declarava perante os Santos Evangelhos ser verdadeiro o que constava do pedido do autor. Abolidas as "Ordenações de Blois", o interrogatório passou a ser facultativo. Da *interrogatio in ure* surgiu a figura do depoimento pessoal. As Ordenações Afonsivas, sob a influência do direito italiano, deixava ao autor formular artigos sobre os quais o réu havia de depor; as Ordenações Manuelinas e as Ordenações Filipinas mantiveram o instituto do depoimento pessoal, estendendo-o também à prova do réu. No regime do Regimento n. 737, de 1850, o princípio era aplicado apenas às causas comerciais; a partir de 1890 (Decreto n. 763/1890), o depoimento pessoal foi estendido às ações cíveis, mantendo-se as mesmas características do direito filipino, acrescida da condição de só ser obrigado a depor aquele que estivesse na livre disposição de seus bens. O Código de 1939 e o Código atual mantém a possibilidade do depoimento pessoal a requerimento das partes ou de ofício pelo juiz.

39.4. Da natureza jurídica do depoimento pessoal

O depoimento pessoal não traduz prova em si, mas meio de prova (art. 212, I, CC) por intermédio do qual a parte adversa busca provar os fatos que alega em seu favor. Por esse meio a que é submetida a parte contrária, esta poderá desdizer os fatos alegados pelo autor, trazer outros fatos, confessar os fatos, mas não aceitar as conseqüências por meio de fatos modificativos, impeditivos ou extintivos do direito pleiteado. O depoimento é, pois, um meio probatório, a exemplo dos demais, que poderá ter sucesso ou não. A confissão real, que é uma conseqüência do depoimento pessoal, é que constitui prova no processo, não o depoimento em si. Este constitui apenas um instrumento de provocação que poderá resultar ou não na confissão. Ainda que haja confissão, esta poderá estar corrompida com o vício do erro ou da ignorância, do dolo ou da coação ou mesmo do conluio entre as partes. Em se apresentando a hipótese, o confitente poderá requerer a revogação do ato, enquanto pendente o processo de conhecimento, por meio de ação anulatória; depois da coisa julgada, somente pelo ajuizamento da rescisória se a confissão foi o suporte para a sentença condenatória. A legitimidade para a revogação (anulação) ou a desconstituição é do confitente; proposta a ação, falecendo o confitente, a legitimidade se transfere aos seus herdeiros.

39.5. Dos requisitos necessários à legalidade do depoimento

O confitente deve ser capacidade para depor. O menor ou aquele que não estiver na livre disposição dos seus bens e direitos não poderá depor, nem confessar. Também não se poderá confessar direito indisponível (art. 351, CPC). Na qualidade de sujeito do depoimento pessoal, somente a parte poderá ser constrangida a depor, mesmo porque somente ela poderá confessar. Excepciona-se o caso em que terceiro poderá confessar em lugar da parte, na qualidade de procurador com poderes especiais para tanto. O procurador não tem poderes para depor em lugar da parte, apenas para confessar. O depoimento é ato exclusivo da parte. Diferente será a situação do terceiro que assuma o processo na qualidade de parte (opoente). Este poderá ser constrangido a depor.

39.6. Da obrigação de depor

A parte, desde que provocada regularmente a depor, não poderá escusar-se. A obrigatoriedade é, pois, uma das características do depoimento pessoal. Da mesma forma, somente poderá ser validamente constrangido a depor quem esteja no gozo e domínio dos seus direitos e bens, pois só assim poderá confessar. Se a parte não está no gozo da sua capacidade jurídica, não poderá ser constrangido a confessar. O terceiro somente poderá prestar depoimento se for chamado a integrar a lide ou se vier espontaneamente ao processo na qualidade de terceiro interessado. O depoimento da parte contrária, como vimos, é um meio de prova da qual pode valer-se a parte contrária. Ainda que não consiga a confissão espontânea, poderá caracterizar-se a confissão ficta se a parte convocada a depor demonstrar o desconhecimento dos fatos, negar-se a depor ou não comparecer à audiência para a qual fora habilmente convocada.

39.7. Da possibilidade de escusa do depoimento pessoal

A parte não está obrigada a depor sobre fatos criminosos ou torpes que lhe estejam sendo imputados, bem assim, a cujo respeito, por estado ou profissão deva guardar sigilo. Essas disposições não são aplicadas para aqueles casos envolvendo ações de filiação, de separação litigiosa, de divórcio ou de anulação de casamento. O favor legal concedido à parte de não depor traduz-se em prerrogativa, da qual poderá dispor, se quiser. Vale dizer, nada impede que se disponha a depor sobre aqueles fatos lhe sejam prejudiciais; não poderá, todavia, fazê-lo sobre aqueles que guardar o sigilo da profissão, uma vez que envolve terceiro que poderá ser prejudicado. Diz-se fato criminoso aquele que tenha definição legal e que tenha sido imputado à parte convocada a depor. Diz-se fato torpe, aquele tido como desleal, desonesto, repugnante, que avilta a moral, infamante. O segredo em razão do estado é aquele que envolve princípio ético, moral, familiar, cuja revelação poderá desencadear transtorno no seio familiar. O segredo profissional é aquele recebido de terceiro *intra muros* e que não pode ser tornado público. Dá-se entre um profissional e o seu cliente, como regra. Existe, ainda, o sigilo na confissão feita perante um sacerdote. A aplicação da confissão naqueles casos em que a lei excepciona (art. 347, I e II e parágrafo único, CPC) determina a nulidade do julgado.

39.8. *Do uso de lembretes*

Embora legalmente não seja permitido o uso de escritos adrede preparados por ocasião do depoimento, o que, se permitido, levaria à possibilidade da parte levar por escrito tudo aquilo que leria perante o juízo, não se descarta a possibilidade de meros lembretes, com datas e nomes. Obviamente, o escrito levaria à neutralização do objetivo de depoimento que é o de surpreender a parte com perguntas das quais não tem conhecimento, podendo embora supor, cujas respostas exigirão esforços do momento. Essa regra aplica-se também às testemunhas. O juiz instrutor não deve ir ao extremo de impedir que a parte se utilize de pequenas anotações. Isso se aplica, com maior razão, em se tratando de pessoa com idade provecta ou que tenha sido acometida de alguma doença degenerativa. Pequenos lembretes não desnaturam o procedimento probatório. De resto, a lei não permite que o depoente se louve em escritos adredemente preparados, com o claro objetivo de burlar ou descaracterizar a verdade, permitindo, todavia, a consulta a notas breves. Desde que objetivem completar esclarecimentos (art. 346, CPC).

39.9. *Do interrogatório e do depoimento pessoal*

Há que se fazer a diferenciação entre o interrogatório previsto no art. 342, CPC e o depoimento pessoal de que fala o art. 343 do mesmo diploma legal. O ato de interrogar a parte pertence ao juiz instrutor e não tem, como regra, a finalidade de conseguir a confissão. O escopo, no caso do interrogatório, é o de o juiz penetrar de forma mais aguda no cerne dos fatos, quando não estejam suficientemente claros na fase postulatória ou mesmo perquirir sobre fatos supervenientes com possibilidade de alterar o desenvolvimento processual. O feitio esclarecedor do interrogatório e o poder de ofício concedido ao juiz significa que a parte poderá ser convocada a qualquer momento, em qualquer estágio do processo, e quantas vezes forem necessárias. O depoimento pessoal pode ser determinado de ofício pelo juiz instrutor ou a requerimento da parte adversa. Se o juiz não o fizer, a parte interessada deverá fazê-lo, pena de perder a oportunidade. Na qualidade de *dominus processus*, o juiz, independentemente de requerimento ou mesmo da dispensa do depoimento, incumbido da apuração da verdade dos fatos e destinatário da prova, tem o poder de determinar o comparecimento das partes para depoimento. Tem-se, em breves palavras, a diferença que o legislador civil teceu ao dispor em dispositivos diferentes o interrogatório (art. 342, CPC) e o depoimento pessoal (art. 342, CPC). As mesmas regras podem ser aplicadas em sede de processo do trabalho. As partes devem ser intimadas para o depoimento pessoal (Súmula n. 74, I, TST). Para interrogatório esclarecedor, poderão as partes ser convocadas a qualquer momento processual. Quer no civil, quer no processo do trabalho, o não atendimento da parte para o interrogatório poderá resultar em procedimento desleal e de má-fé, em que pode resultar na alteração da verdade, de omissão intencional (arts. 14, I e II e 17, II e III, CPC) e enquadramento na litigância de má-fé (art. 18, CPC). Do comportamento desleal da parte, o juiz poderá colher subsídios para o julgamento em desfavor da parte recalcitrante.

CAPÍTULO 40

DA FASE CONCILIATÓRIA

40.1. Da fase conciliatória — breve enfoque

É do conhecimento popular que mais vale um mau acordo do que uma boa demanda. Exageros à parte, a autocomposição (conciliação, acordo, transação) ainda é o melhor meio de resolver a lide. Obviamente, no acordo deverá haver equilíbrio, onde cada qual abdica de alguma coisa que julga ter direito, mas que dependerá de prova, correndo as partes toda a insegurança de uma demanda, com possibilidade de provar ou não aquilo que pretende. O acordo em que somente uma das partes leva vantagem, deixa de ser acordo para ser capitulação.

No processo trabalhista, a fase conciliatória é, induvidosamente, a mais importante. A celeridade processual faz parte do ritual trabalhista, daí a razão pela qual os juízes do trabalho devem ocupar os seus melhores esforços com o escopo de convencer as partes a conciliar, a acordar ou até mesmo a transacionar. Existem dois momentos para que a conciliação seja proposta: antes da entrega da defesa e depois da instrução probatória. A primeira proposta conciliatória se dá antes que o autor tome conhecimento da defesa, evitando-se, assim, que os ânimos se acirrem e que a conciliação seja dificultada. A segunda acontece após o encerramento da instrução probatória e da elaboração de razões finais verbais, pelas partes. Não obstante, a lei exija expressamente que a conciliação seja proposta nesses momentos processuais, com possibilidades de nulidade, como veremos mais adiante; se tal não ocorrer, isso não significa que o juiz instrutor esteja atrelado de forma restritiva. Não. Pode e deve propor tantas conciliações quantas lhe parecer oportunas à medida que a instrução processual for se desenvolvendo, pois é justamente com o desenvolvimento do procedimento, com os depoimentos das partes e com a inquirição de testemunhas que a lide vai ganhando forma a permitir que se insista na conciliação. Os advogados das partes, por sua vez, devem acompanhar com atenção o desenrolar da instrução probatória para que tenham possibilidade de avaliar a proposta que está sendo feita pelo juiz. Por vezes, perde-se a oportunidade de conseguir um acordo melhor, tendo em conta que o estado fático instrutório se modifica à medida que depoimentos testemunhais são colhidos.

40.2. Do trabalho conciliatório do juiz

O juiz, por sua vez, tem uma presença muito importante no processo do trabalho, principalmente naqueles casos em que as partes, ou uma delas, não possuem patrono constituído. Caberá ao juiz transmitir confiança à parte, de forma a conseguir a conciliação. Para tanto, deverá usar de linguagem acessível para que a parte compreenda os benefícios que a conciliação poderá produzir, e a imprevisibilidade que poderá acarretar o prosseguimento da demanda, mormente na questão probatória. Deve o juiz dar liberdade às partes para o entendimento mútuo, permitindo, em certos casos, a consulta pelo preposto ao departamento pessoal da empresa. O juiz deve interceder sempre, mormente naqueles casos em que a autocomposição está próxima. Nesta oportunidade, a sua palavra será importante. O juiz irritadiço não consegue que as partes se componham. Temerosos, partes e advogados ficam inibidos por um magistrado sem habilidade. A liturgia do cargo não deve ser levada ao extremo de impedir que o juiz seja amável ou até mesmo esboce sorriso em certas oportunidades. Os advogados são auxiliares da justiça e também têm interesse na conciliação. Por outro lado, não devem, juiz e advogados, trazer para a audiência os seus problemas pessoais.

40.3. Da vantagem da conciliação

A autocomposição formalizada em acordo perante o juiz transita imediatamente em julgado. Disso resulta que se abrevia o longo caminho da fase de conhecimento que terminará com uma sentença condenatória ou não, depois trilhar a senda recursal, antes de transitar em julgado, para só depois adentrar à fase executória, com todos os percalços de todos conhecidos. O acordo e a transação levados a efeito perante o juiz têm a dignidade de título judicial executório. Do que resulta que, se não cumprido, tem início, imediatamente a execução forçada, com penhora de bens e a excussão em hasta pública.

40.4. Das conseqüências da ausência de proposta conciliatória

A proposta conciliatória deverá ter assento em dois momentos: a proposta conciliatória prévia, antes da formalização da defesa (art. 847, CLT), e a proposta conciliatória final, depois de encerrada a fase instrutória (art. 850, CLT). O juiz, na qualidade de *dominus processus*, poderá repetir a proposta conciliatória, quantas vezes julgue oportunas. Isso se faz necessário, pelo fato de que durante a instrução probatória, com o interrogatório das partes e o depoimento de testemunhas de ambas as partes, a situação processual com enfoque probatório se modifica. Aquela parte que antes achava que a proposta não lhe era favorável, agora poderá ter mudado de opinião. A primeira proposta conciliatória é muito importante e com possibilidade maior de autocomposição. Isto pelo fato de os ânimos ainda não estarem acirrados pelo embate, por vezes, duro, traduzido em palavras. Todavia, se por lapso do juízo, essa proposta não for feita, a omissão não traduzirá nulidade processual, desde que a segunda proposta seja habilmente formulada. Entretanto, a omissão da proposta conciliatória final tem como conseqüência a nulidade do julgado, ainda que a primeira proposta tenha sido feita. Em se apresentando a hipótese, a parte poderá requerer a nulidade do julgado, com retorno dos autos à origem para que a proposta seja formulada habilmente e, na negativa, seja prolatada nova sentença. Não deve o relator apenas devolver os autos à origem para que se complete o termo de audiência, onde houve a omissão, pois isso não traduziria a verdade (princípio da transparência). É bem possível que algum advogado venha a usar desse expediente para retardar o processo, cuja intenção não é a de conciliar. Essa conjectura não pode ser motivo para que o relator deixe de acolher a nulidade, pois não pode saber com antecedência que o objetivo é procrastinatório. Poderá acontecer de as partes não chegarem à autocomposição por motivos verdadeiros. Todavia, provado o escopo procrastinatório, deve enquadrar a parte em litigância de má-fé

40.5. Do preposto

O empregador, pessoa jurídica individual ou coletiva, poderá ser representado em juízo, pelo diretor, pelo gerente, ou mesmo por qualquer outra pessoa que tenha conhecimento dos fatos, isto é, até mesmo por um empregado comum que não ocupe nenhum cargo de relevo ou destaque na empresa (art. 843, § 1º, CLT).

Quando a lei exige que o preposto tenha conhecimento dos fatos, isso não significa que tenha conhecimento presencial, isto é, que haja assistido a tudo ou que deles tenha participado de alguma forma. O preposto poderá tomar conhecimento dos fatos no departamento pessoal da empresa, ou mediante informações de pessoas que os tenham presenciado. Exigir que o preposto tenha conhecimento real dos fatos por haver assistido ou participado deles seria o mesmo que impedir a representação permitida em lei, que de resto exige que tenha conhecimento dos fatos, não que os tenha presenciado. Damos ênfase a esta hipótese pelo fato de em nossa experiência judicante havermos analisado recurso com pedido de nulidade, por cerceamento, em que o juiz instrutor aplicou a confissão ao preposto que sabia dos fatos por ouvir dizer (*ex auditur*), isto é, não os havia presenciado.

40.5.1. Do preposto que não tenha conhecimento dos fatos

Por certo, não deve a empresa enviar preposto que não tenha conhecimento dos fatos, posto que isso poderá lhe custar uma confissão quanto à matéria de fato. Adianta-se, todavia, que em se cuidando de confissão relativa poderá ser ilidida pelas provas dos autos ou por outras provas que venham a ser produzidas, inclusive pelo depoimento da parte contrária. O preposto, por ocasião do depoimento pessoal, não poderá desconhecer os fatos e não poderá faltar com a resposta. A resposta, não sei, não tenho conhecimento, não era empregado da empresa por ocasião dos acontecimentos, direcionam para a confissão ficta e demonstra falta de estratégia processual do advogado ou da empresa.

40.5.2. Dos poderes do preposto

O preposto deve entregar ao juízo, juntamente com a contestação, a carta de preposição, isto é, um documento na forma de carta dirigida ao juízo no qual a empresa outorga poderes àquele preposto para representá-la de fato e de direito. Isso significa que, naquele momento, a pessoa investida na função de preposto é a própria empresa presente, e tudo o que ela disser é como se a própria empresa, por seus representantes, o fizesse. O preposto poderá não concordar com os fatos alegados na petição inicial, e nesse caso, por certo, haverá uma instrução probatória. Todavia, se o preposto concordar com os fundamentos da ação e confessar o direito do autor, ter-se-á a confissão real, como se a própria empresa ali estivesse presente, por um dos seus diretores. Sobre o que restar confessado não haverá necessidade de instrução probatória. Nesse momento, o empregado investido de preposto, por mais insignificante que seja a sua função da empresa, detém, de certa forma, a vida da empresa. E a empresa responderá por todos os atos do preposto em audiência, pois o preposto é, naquele momento, a própria empresa.

40.5.3. Do preposto sem carta de preposição

Pode acontecer de o preposto presente não possuir poderes de representação por não estar munido de carta de preposição. Em acontecendo a hipótese, não deve o juiz instrutor considerar ausente a empresa e aplicar à revelia, negando-se a receber a defesa. O juiz hábil, já acostumado a resolver situações semelhantes, verificará se aquele preposto tem representado a empresa constantemente na Vara ou, não sendo o caso, perguntará ao autor se conhece o preposto e se o mesmo é empregado da empresa ré. Em havendo resposta afirmativa por parte do autor, poderá aceitar a representação e até mesmo colher depoimentos, deixando consignado no termo de audiência que a pessoa ali presente deverá juntar aos autos a carta de preposição concedendo-lhe poderes retroativos à data da audiência, pena de serem considerados nulos todos os atos praticados e aplicada a revelia, com desentranhamento da defesa. Entretanto, como se trata de representação defeituosa, tem-se o representante sem os poderes expressos em carta de preposição; não poderá o juiz aplicar à revelia, antes de oportunizar a possibilidade de sanar o defeito, designando nova audiência inicial (art. 13, CPC).

40.5.4. Do preposto que age dolosamente

Poderá acontecer de o preposto escolhido pela empresa estar mancomunado com o empregado que move a ação. Obviamente, se a empresa tivesse conhecimento desse relacionamento entre ambos, seguramente não o nomearia como seu preposto. Todavia, desconhecendo totalmente os fatos, nomeou-o seu preposto e este em juízo confessou tudo o que fora alegado na petição inicial, isto é, houve confissão real sobre o direito do autor. A instrução foi encerrada com a concordância das partes, autor e empresa, por intermédio do preposto. Foi designada data para o julgamento e a empresa será seguramente condenada. Em ocorrendo a hipótese, deverá a empresa provocar um incidente, com a distribuição de uma ação anulatória para declarar nula a confissão feita dolosamente pelo seu preposto, com pedido de suspensão do julgamento até resolução do incidente. Nesse incidente, as partes terão oportunidades probatórias, com decisão de que a confissão é válida ou inválida. A decisão proferida tem natureza interlocutória, motivo pelo qual não cabe qualquer recurso. Todavia, prolatada a sentença de mérito, a parte que se sentir prejudicada poderá em via recursal discutir a decisão incidente. Se a empresa descobrir o envolvimento doloso após a prolação da sentença primária, *v. g.*, o juiz prolatou a sentença em audiência e as partes saíram cientes, poderá provocar o incidente perante o relator do recurso, ao mesmo tempo em que requererá a suspensão do julgamento do recurso até resolução do incidente. Se, contudo, cuidar-se de um processo de alçada ou na hipótese de haver trânsito em julgado da decisão meritória, poderá desconstituir o julgado com base no art. 485, VIII, caso a sentença tenha se baseado somente na confissão, por meio de ajuizamento de ação rescisória. Neste caso, a prova deverá ser feita na própria ação rescisória, cujo relator poderá transferir a incumbência instrutória para um juiz de primeiro grau, mediante distribuição, podendo determinar prazo para tanto.

CAPÍTULO 41

DA PRESUNÇÃO

41.1. Da definição

Segundo *Caio Mário*, presunção é a ilação que se tira de um fato certo, para prova de um fato desconhecido (*Clóvis Bevilacqua)*. A presunção não é propriamente uma prova, mas um processo lógico, por intermédio do qual a mente atinge a uma verdade legal. Exemplo: a lei, afirmando a legitimidade dos filhos concebidos na constância do casamento, parte de um fato certo (concepção coincidente com o estado de casado) para atingir a afirmativa da legitimidade, de que é a presunção. Na sua base, há de estar sempre um fato, provado e certo; não tolera o direito que se presuma o fato, e dele se induza a presunção, nem admite que se induza a presunção de presunção. De conformidade com as noções tradicionais, as presunção são divididas em duas classes: de um lado, a chamada presunção comum (*praesumptio hominis)*, que é aquela que a lei não estabelece, mas funda-se no que ordinariamente acontece; de outro lado, estão as presunções legais, criadas, portanto, pelo direito positivo, para valerem como prova do fato, ou da situação assim anunciada. As presunções legais são o resultado da experiência e correspondem àquilo que normalmente acontece, e assim erigido em técnica legal probatória ("Instituições ...", 4ª ed., Forense, Rio, 1974, p. 526-527).

41.2. Da presunção legal

A presunção legal, por sua vez, se divide em: a) absoluta (*juris et de jures*); e b) relativa (*juris tantum*). Diz-se absoluta, a presunção que não admite prova em contrário. A dedução, nesse caso, é extraída de um fato certo e que não comporta discussão, mesmo no caso de não corresponder à verdade. A verdade de que fala a lei é de ordem pública e há um interesse do Estado de que seja tido como verdade verdadeira (*pro veritate*), não podendo prevalecer o interesse privado de que a presunção não é verdadeira. Diz relativa (*juris tantum*) a presunção que poderá ser ilidida. Trata-se de mera ficção que a lei retira de um fato certo, que, todavia, prevalecerá enquanto não desmerecida por outra prova. Disso resulta que, produzida a prova em contrário à presunção, esta queda sem efeito probatório, posto que retirada a correspondência com a realidade fática. Esta espécie de presunção está presente, com maior freqüência, em sede privada, *v. g.*, a presunção de adimplemento da dívida, quando o título for devolvido ao devedor; a presunção de domínio do bem móvel pela tradição; todavia, exemplifica-se em sede pública, com a presunção de legitimidade do filho, quando concebido na constância do casamento (arts. 1.597, 1.599 a 1.602, CC).

41.3. Da coisa julgada como presunção absoluta

De conformidade com o disposto no art. 6º, § 3º, da Lei de Introdução ao Código Civil, coisa julgada é a decisão judiciária da qual não mais cabe qualquer recurso. A coisa julgada é de ordem pública e é imutável, indiscutível. Por pertencer ao Estado, é irretratável pelas partes. Dispõe o inc. XXXVI, do art. 5º, da Constituição Federal que "a lei não prejudicará o direito adquirido, o ato jurídico perfeito e a coisa julgada". Lembra *Caio Mário* que o art. 153, § 3º, da Constituição de 1967, de conformidade com a Emenda Constitucional n. 1, assenta que a lei não prejudicará a coisa julgada, concluindo o insigne autor que a coisa julgada "não pode ser alterada por uma norma legislativa, porque em nossa sistemática é defeso ao legislador votar leis retroativas". Nada obstante, o legislativo brasileiro registra casos em que neutralizou julgamentos com trânsito em julgado por meio de leis retroativas, sempre com espírito corporativo para beneficiar políticos.

41.4. Da presunção judicial

A presunção judicial (*de hominis*) é a que, embora não seja originária da lei, pode ser deduzida de forma ampla a partir de um determinado fato da mesma natureza de outros que são comuns no vivenciamento diário, de modo a poder formar a convicção do juiz que irá decidir a lide.

41.5. Da presunção condicional

Embora estabelecida por lei, não tem caráter absoluto, nem de verdade verdadeira. Seu caráter probatório é relativo e pode ser desdito por prova em contrário. Por isso, dizem-na relativa ou *juris tantum*. Prevalecem enquanto prova em contrário não venha desprestigiar o seu núcleo operacional probatório. Cede à prova que a inquina de falsa. Todavia, integrada no gênero das presunções jurídicas ou legais, a presunção condicional oferece a verdade deduzida, segundo o tecido legal. A exemplo da presunção absoluta, a condicional não se confunde com as presunções comuns ou os indícios, posto que originárias de preceito ou de regra legalmente estabelecida.

41.6. Da presunção de fato

Cuida-se de uma presunção comum, isto é, aquela que não foi estabelecida por lei (legal ou jurídica). Tem o seu nascimento deduzido de certos fatos que demonstram a veracidade de outro. É a mesma presunção de *homninis* que parte de um fato conhecido para demonstrar a veracidade que poderá estar contida num fato duvidoso.

CAPÍTULO 42

DA PRESCRIÇÃO

42.1. Da prescrição e a natureza jurídica de direito privado

Durante inúmeras décadas, a prescrição permaneceu como instituto de direito privado. Na sua antiga redação, o § 5º, do art. 219, CPC, dispunha: "Não se tratando de direitos patrimoniais, o juiz poderá de ofício, conhecer da prescrição e decretá-la de imediato." O antigo art. 162, do Código Civil comandava, *in verbis*: "A prescrição pode ser alegada em qualquer instância, pela parte a quem aproveita." E a Súmula n. 153, do TST alertava que "Não se conhece de prescrição não argüida na instância ordinária", *id est*, a prescrição deveria ser argüida em primeiro grau ou, na falta, poderia ser invocada no recurso ordinário para o Regional. O art. 162, do Código Civil era de 1916 e a Súmula n. 153 fora inspirada no Código de 1939, quando a prescrição tinha a dignidade de prejudicial de mérito. Com o advento do novo Código de Processo Civil em 1973, a prescrição foi elevada à categoria de mérito (art. 269, IV) e o art. 300, coerentemente, dispunha e continua dispondo que "Compete ao réu alegar, na contestação, toda a matéria de defesa, expondo as razões de fato e de direito, com que impugna o pedido do autor e especificando as provas que pretende produzir". Tem-se, pois, que a prescrição era matéria de direito e deveria ser argüida na primeira oportunidade que o réu tinha para falar nos autos, isto é, a defesa. Não obstante, a total falta de sintonia, o Tribunal Superior do Trabalho continuou prestigiando as regras superadas do Código de 1939 e do art. 162 do Código Civil de 1916. Com isso, a mais alta Corte trabalhista causava maus-tratos ao princípio do contraditório ao permitir que a parte invocasse a prescrição em sede de recurso ordinário, retirando da parte adversa a possibilidade de manifestação, ignorando as normas preceptivas trazidas pelo Código Buzaid. A interpretaação cristalizada na Súmula n. 153, até então dita enunciado de má inspiração conceitual, estava superada fazia décadas, pois regia o Código atual com as regras do Código de 1939, sob a égide do qual fora inspirada.

42.2. Da nova redação do art. 162 do Código Civil de 1916

O Novo Código Civil deu nova redação ao art. 162 e dispôs que "A prescrição pode ser alegada em qualquer grau de jurisdição, pela parte a quem aproveita". O legislador usou do termo "jurisdição" em virtude de o termo "instância" estar superado na terminologia processual. O art. 193, todavia, ao falar que a prescrição poderá ser alegada "em qualquer jurisdição" aumentou o campo operacional permitindo que a prescrição fosse invocada até mesmo nas jurisdições superiores, o que de alguma forma aproximava a prescrição, instituto de direito privado, da decadência, instituto de direito público. Ao mesmo tempo, o art. 194 do mesmo diploma legal restringia a possibilidade do juiz agir de ofício, em qualquer jurisdição, aí incluindo as jurisdições superiores, ao deixar expresso que "O juiz não pode suprir, de ofício, a alegação de prescrição, salvo se favorecer a absolutamente capaz". Tem-se, assim, que enquanto o art. 193 ampliava a possibilidade de alegar-se a prescrição, enfraquecendo a natureza de instituto de direito privado, o art. 194 fortalecia o conceito de direito privado ao restringir a possibilidade do juiz agir de ofício somente naqueles casos em que fosse interessado o "absolutamente incapaz". E mais. Como a norma nada diz sobre o tema patrimonial, que sempre afastou a ação do juiz, tinha-se como certo que, em se tratando de "absolutamente incapaz", o juiz poderia agir de ofício, ainda que se tratasse de direito patrimonial.

42.3. Da nova realidade trazida pela Lei n. 11.280/2006

A Lei n. 11.280/2006 deu nova redação ao § 5º, do art. 219, CPC, a saber: "O juiz pronunciará, de ofício, a prescrição." Com a nova redação do § 5º, a prescrição, velho instituto de direito privado, ganhou nova natureza jurídica, aproximando-se da decadência, hoje ambas com a natureza jurídica de direito público. Dessa metamorfose procedida pela lei, várias conseqüências advieram: o devedor perdeu a possibilidade de renunciar ao direito de invocar a prescrição, pelo simples fato de esse direito não mais lhe pertencer, passando a ser direito do Estado. O juiz, a seu turno, ganhou o dever de pronunciar a prescrição de ofício, a qualquer momento ou grau de jurisdição, *id est*, a prescrição deverá ser pronunciada em qualquer jurisdição, não mais restrita à jurisdição ordinária. O que significa que se o juiz de primeiro grau não o fizer, deverá fazê-lo o relator no Regional e, se este não o fizer, fá-lo-á o ministro do tribunal superior.

42.4. Da oportunidade do pronunciamento do juiz

A exemplo do que sucede com a decadência, a prescrição será pronunciada no momento em que houver a sua comprovação. Isso poderá ocorrer pela narração dos fatos na petição inicial ou pelos documentos juntados pelo autor, *v. g.*, inicial junta a rescisão contratual homologada no sindicato de cuja data verifica-se haver decorridos mais de dois anos da extinção do contrato. Nesse caso, não será necessário que o juiz cite a parte adversa para apresentar defesa, podendo pronunciar a prescrição. Evidentemente, se houver dúvida, será de bom alvitre que se determine a citação e que se aguarde a defesa. Todavia, não será necessário que o réu alegue a prescrição; se os documentos juntados com a defesa levarem a essa conclusão, o juiz pronunciá-la-á de imediato. Mas, poderá ocorrer a hipótese de revelia e o juiz não ter possibilidade de aquilatar se decorrido o prazo prescricional. Neste caso, o réu revel poderá alegar a matéria em sede regional pela via do recurso ordinário. Embora no caso de revelia a discussão esteja centrada apenas em se afastar a revelia para que os autos retornem à origem, não podendo o réu adentrar ao *meritum causae*, provada a prescrição (Súmula n. 8), o relator poderá pronunciá-la. E uma simples questão de razoabilidade processual levando em conta que o processo atual não se prende a filigranas, pois busca resultados. Se não o fizer, a parte poderá conseguir o seu intento pela via da revista no TST. Suponha-se que este tribunal também se apegue a filigranas, hipótese totalmente descartada, a parte poderá valer-se da ação rescisória. Por que apegar-se a filigranas, encarecendo o processo com perda de tempo e de dinheiro?

A prescrição poderá ser pronunciada a qualquer momento ou grau de jurisdição, pela parte ou de ofício pelo magistrado (juiz, desembargador, ministro).

42.5. Da interrupção da prescrição

De conformidade com o art. 202 do Código Civil, a prescrição somente poderá ser interrompida uma única vez, nas seguintes hipóteses: I — por despacho do juiz, mesmo incompetente, que ordenar a citação, se o interessado a promover no prazo e na forma da lei processual; II — por protesto, nas condições do inciso antecedente; III — por protesto cambial; IV — pela apresentação de título de crédito em juízo de inventário ou em concurso de credores; V — por qualquer ato judicial que constitua em moral o devedor; VI — por qualquer ato inequívoco, ainda que extrajudicial, que importe reconhecimento do direito pelo devedor. Parágrafo único. A prescrição interrompida recomeça a correr da data do ato que a interrompeu, ou do último ato do processo para a interromper. Dispõe a Súmula n. 268 que "A ação trabalhista, ainda que arquivada, interrompe a prescrição somente em relação aos pedidos idênticos". A súmula deve ser interpretada em consonância com o disposto no art. 202 do Código Civil, posto que o artigo é posterior à edição da mesma. A conclusão é a de que a prescrição somente poderá ser interrompida uma vez, quer pelo arquivamento, quer por meio de cautelar de protesto interruptivo de prescrição.

42.6. Da resistência à Lei n. 11.280/2006

Como tudo que é novo, a nova prescrição vem encontrando resistência de alguns juízes e advogados. Isso não traduz nenhuma novidade. Tomamos conhecimento de alguns julgados (TRT, 3ª R. 00081-2006-029-03-00-7-RO, 1ª Turma, 18.10.20060 e 00951-2006-089-03-00-1, 4ª Turma, 16.12.2006) que não aplicam a prescrição, mesmo após o advento da Lei n. 11.280/2006. O argumento é o de que a nova prescrição é incompatível com o princípio de proteção do direito do trabalho e que o acolhimento da prescrição somente viria beneficiar o empregador inadimplente.

O argumento de que a nova prescrição atenta contra o princípio protetor do direito do trabalho e que somente beneficia o devedor inadimplente se ressente de razoabilidade e aponta nuanças de acentuado estrabismo. Primeiro, deve-se perquirir:

existem dois institutos de prescrição: um para o processo civil e outro para o processo do trabalho? A resposta é não. O instituto atua em todos os ramos do direito, inclusive no processo do trabalho. Segunda pergunta: a prescrição em sede trabalhista permanece como instituto de direito privado? A resposta também é não em face da resposta dada à primeira pergunta. Em sendo instituto de direito público, a exemplo da decadência, ainda que guarde certas peculiaridades, a sua declaração não está ao livre arbítrio do juiz instrutor do processo (*dominus processus*) uma vez que instituto de natureza pública de interesse do Estado. Ao assim proceder, o juiz coloca-se em lugar do legislador, de forma usurpadora, como se lhe fosse possível legislar. Oportuna a lição de *Mário Guimarães*: "Deverá o juiz obedecer à lei, ainda que dela discorde, ainda que lhe pareça injusta. É um constrangimento que o princípio da divisão de poderes impõe ao aplicador" ("O Juiz e a Função Jurisdicional", ob. cit., p. 330). O interessante, na visão posta nos referidos acórdãos, é que somente a "prescrição" seria prejudicial ao trabalhador. Mas, indaga-se: e a decadência que acaba com o direito material e a perempção que impede nova demanda? Por coerência, na fundamentação, haveria o relator de traçar paralelo com esses dois últimos institutos para deixar claro que também não os acolhe. Existe um provérbio chinês que diz: "Quando fores entrar em uma aventura, verifique se a porta de saída não é muito estreita!"

Por outro lado, o princípio protetivo de que falam os julgados diz respeito ao direito material, onde a norma, ainda que hierarquicamente inferior, se benéfica, é acolhida em âmbito trabalhista. A prescrição, embora tenha reflexos materiais, não desdiz o direito material, impede apenas que a ação tenha prosseguimento. É matéria processual e, por conseguinte, não há falar em princípio protetor, pois em matéria processual deve ser observado o princípio da igualdade das partes.

De resto, a prescrição deixou de ser instituto de direito privado e ganhou a natureza jurídica de direito público, de interesse do Estado, portanto. Assim, a exemplo da decadência, a prescrição é irrenunciável pela parte, e ao juiz cumpre o dever de pronunciá-la de ofício ou a requerimento do devedor. A modificação trazida pela Lei n. 11.280/2006 é impositiva e a sua clareza, até mesmo incomodativa, não exige, nem admite interpretação, mormente no sentido de que a "prescrição trabalhista" continua a ser instituto de direito privado. E isso, quando não existe lacuna normativa, teleológica ou axiológica.

42.7. Da prescrição em acidente do trabalho

Existe evidente erro de avaliação conceitual quando se enquadra o acidente do trabalho como matéria trabalhista sujeita ao lapso prescricional trabalhista. O acidente do trabalho traz conseqüências materiais civilistas que deságuam na indenização pela União em caso de seqüela e pela responsabilidade civil do empregador (danos materiais e danos morais), salvo a existência de caso fortuito e força maior. Cuida-se de um direito pessoal da vítima, não de direito trabalhista. A vinda da competência material para a Justiça do Trabalho determinada pela EC n. 45/2004 não modificou a natureza jurídica da indenização, que continua civilista. Entretanto, o direcionamento que vem sendo adotado é no sentido de que a responsabilidade civil na Justiça comum e na Justiça do Trabalho seriam diferentes, o que permitiria a adoção de prazos prescricionais diversos. Como dissemos no início, o equívoco é conceitual. A indenização que provém do acidente do trabalho não é um crédito trabalhista que o empregado vítima adquire por haver um contrato de trabalho, trata-se de direito pessoal nada tendo a ver com a força de trabalho oferecida. Não se cuida de recebimento de um crédito inadimplido pelo empregador por força de um contrato de trabalho, mas de uma indenização com objetivo compensatório pelo mal causado. Tanto a indenização proveniente de dano material quanto a advinda do dano moral traduz forma de reparação, não pela força de trabalho entregue, mas pelos danos causados. Não é crédito trabalhista, mas indenização reparatória, quer das conseqüentes seqüelas, quer do sofrimento físico e moral imposto à vítima. A prescrição, nesse caso, é a prevista no art. 205 do Código Civil: "A prescrição ocorre em 10 (dez) anos, quando a lei não lhe haja fixado prazo menor." A mais alta Corte Trabalhista vem decidindo que a prescrição é de 2 (dois) anos da extinção do contrato de trabalho, dando ao acidente de trabalho o mesmo tratamento que é dado ao crédito trabalhista. E o art. 7º, inc. XXVIII, ao falar da responsabilidade do empregador que agir com dolo ou culpa, não significa que a relação entre empregador e empregado descaracterizou a natureza jurídica do dano. Continua a ser "responsabilidade civil". Como dissemos antes, é uma questão de simples conceituação.

CAPÍTULO 43

PROCESSO DE CONHECIMENTO

43.1. Dos atos decisórios

43.1.1. Das providências que antecedem o ato decisório

As providências que antecedem o ato decisório estão diretamente ligadas ao procedimento que antecedeu à instrução. Em se cuidando de ação devidamente contestada e instruída, tudo indica que estão presentes todos os requisitos necessários e que também foram extirpados todos os defeitos que porventura existissem. Mas, nada impede, tudo aconselha, que o juiz, antes de proferir a sentença, se certifique de que realmente não existe nenhum impedimento a que efetue o julgamento. Esse cuidado se faz necessário pelo fato de que o mérito somente poderá ser apreciado quando presentes todos os requisitos de admissibilidade da ação e que não haja nenhum impedimento ao prosseguimento. Entretanto, a situação se torna mais grave, quando o réu, por não contestar a ação, foi considerado revel e confesso quanto à matéria de fato. Nesse caso, deve o juiz verificar se é realmente competente em razão da matéria, se estão presentes todos os pressupostos processuais (objetivos e subjetivos), bem assim todas as condições da ação e se a matéria é realmente fática ou só de direito, caso em que não haveria o decreto de confissão. A ausência de competência material, torna nula a competência funcional e desnatura o princípio do juiz natural. Todavia, se competente, deverá verificar se estão presentes os pressupostos de admissibilidade e as condições da ação. Verificará, também, se o autor está devidamente representado (*v. g.*, menor, viúva supérstite). Se a representação for defeituosa deverá dar prazo para que a parte faça o acerto. Nesse caso, não há como se manter o decreto de revelia, devendo designar nova sessão de audiência, com nova citação do réu. Se na audiência designada a representação não for acertada, a ação será arquivada, devendo o autor pagar custas processuais.

Para *Betti*, "o ônus da prova é determinado pelo ônus da afirmação, e este, por sua vez, é determinado pelo ônus da demanda, que assume duas posturas diferentes, apresentando-se da parte do autor, como ônus da ação, e da parte do réu como ônus da exceção" (cf. *Amaral Santos*, *op. cit.* v. IV, p. 33).

Conclui *Amaral Santos*: "Quem tem o ônus da ação tem o de afirmar e provar os fatos que servem de fundamento à relação jurídica litigiosa; quem tem o ônus da exceção tem o de afirmar e provar os fatos que servem de fundamento a ela. Assim, ao autor cumprirá sempre provar os fatos constitutivos, ao réu os impeditivos, extintivos e modificativos" ("Comentários ...", Rio de Janeiro: Forense. v. IV, p. 33).

43.1.2. Da sentença como ato complexo

A sentença (ou o acórdão) é ato complexo formado de relatório, fundamentação e dispositivo.

Do relatório — O relatório deve conter uma síntese do pedido inicial e da defesa, menção dos incidentes ocorridos e da instrução probatória. Vale dizer, ter-se-á no relatório um resumo da lide e daquilo que será apreciado no julgamento com escopo meritório. Em suma, o relatório deve traduzir um resumo simples, objetivo, claro e lúcido do que se discute nos autos (inicial e defesa), de modo que da simples leitura tenha-se, de imediato e sem esforço intelectivo, a essência da controvérsia.

Da fundamentação — A fundamentação e o dispositivo são as partes mais importantes, pois ambas se conjugam entre si, refletindo aquilo que consta do relatório. A fundamentação e o relatório devem ser articulados, mormente na ação trabalhista (empregado e empregador) em que o pedido é formado por inúmeras verbas. Assim, o articulado deve separar verbas rescisórias, horas extras, equiparação salarial, doença profissional, acidente de trabalho, dano moral, fundo de garantia etc. A cada item articulado deverá decidir oferecendo a fundamentação e dizendo a causa pela qual a verba foi deferida ou indeferida. A fundamentação deve convencer, não só ao magistrado, a todos, mas principalmente ao colegiado do Regional, em caso de recurso. A fundamentação deverá ser objetiva, sucinta; não poderá ser lacônica. Sempre que possível, deve indicar o dispositivo legal que dá supedâneo à sua conclusão, súmula ou jurisprudência de outros tribunais, de preferência superiores. Deve evitar frases feitas ou genéricas que demonstram não haver analisado os elementos dos autos, *v. g.*: "O conjunto probatório demonstra que o autor tem direito às horas extras pleiteadas", ou "A prova produzida pelo autor nos dá conta de que fora injustamente despedido". A linguagem deve ser sóbria, clara e direta. Evitar construções na ordem indireta, correndo o risco de virgulação imperfeita e de ambigüidade. A forma deve ser sacrificada em prol da clareza. Os períodos longos devem ser evitados. A frase curta tem maior poder de persuasão. Não abusar do uso dos elementos de ligação e da forma gerundiva. Sempre que possível (e isso é sempre possível), empregar o verbo no infinitivo. O magistrado, cuja função é a de declarar o direito no caso concreto, ao prolatar a sentença não deve (não pode) utilizar expressões como "eu entendo", "eu acho", "a mim me parece", "salvo melhor entendimento", "decido *sub sensura*" e outros chavões mais que são encontrados. O magistrado ao decidir deve dar a prestação jurisdicional de modo afirmativo, não deixando transparecer qualquer dúvida. A parte que não se conformar com a decisão, decerto, recorrerá. No momento da decisão, o magistrado é o próprio Estado (Estado-Juiz) exercendo a função jurisdicional. O Estado, no exercício do poder jurisdicional, entrega o direito, não diz "eu entendo". Não desconhecemos que existem pessoas prolixas e desse mal os magistrados não estão acobertados. Tivemos oportunidade de privar com magistrado, cujas sentenças, não tinham menos do que trinta páginas, com citações doutrinárias, direito comparado, jurisprudência. Quem tem vocação para escrever, deve começar publicando artigos, onde poderá dar vazão à vocação condoreira. A sentença não é lugar para arroubos ou demonstração de erudição. Como bem objetiva *Calamandrei*: "A sentença não precisa ser bela. Basta-lhe ser justa." Daí as lições de *Mário Guimarães* àqueles que adotam a prolixidade: "Sem clareza, não ha redação possível. Constitui essa a virtude primacial do estilo. Evite o juiz os períodos emaranhados, os circunlóquios, as divagações. Vá direito ao âmago da questão, expondo-o em poucas palavras e resolva-o. Digressões, às vezes reveladoras de boa cultura, mas estranhas ao que interessa ao julgamento, cansam o leitor."

Do dispositivo — Numa escala de valores, o dispositivo é o mais importante, pois é ele que indica o direito concedido ou negado, sempre em consonância com o que restou posto na fundamentação. Vale dizer, o dispositivo deverá projetar-se como uma conseqüência lógica da fundamentação que lhe dá suporte. Existe entre a conclusão e a fundamentação uma conivência mútua e um entrelaçamento lógico: a fundamentação dá o argumento legal ou jurídico para que o dispositivo conceda ou negue o direito perseguido.

O dispositivo é a parte da sentença que transita em julgado. Os motivos expostos na fundamentação, por mais importantes que sejam, não vão além de supedâneos para que o dispositivo se alce ao estágio da imutabilidade, não permitindo mais nenhuma discussão, ressalvada a desconstituição da coisa julgada, que incidir em ilegalidade, pela ação rescisória. Por ser assim tão importante, o dispositivo deve merecer do magistrado cuidados redobrados em prol da clareza. Sem clareza a execução torna-se difícil ou mesmo impossível. A sentença deve conter, de forma expressa, todas as verbas deferidas, *v. g.*, aviso prévio, férias vencidas e proporcionais, com integração do aviso prévio e do terço constitucional etc. Na prática, existem alguns juízes que usam a forma indireta no dispositivo, o que deve ser evitado, pois, além de contraproducente, demonstra uma certa mandrice e ausência de vocação para o elevado mister de julgar. Assim, depois de elaborar a fundamentação, muitas vezes, sem o articulado, termina: "Isto posto, julgo procedente em parte (ou procedente) na forma da fundamentação acima." Isso significa que todos, até mesmo o próprio magistrado, terão de ler toda a sentença cada vez que for necessário tomar alguma providência. Usam a lei do mínimo esforço ao contrário. Essas imperfeições podem e devem ser corrigidas por uma corregedoria regional atenta. Em nossa prática judicante no tribunal, tomamos conhecimento de sentença primária em que o julgador formulara o dispositivo às avessas, isto é, ao invés de transcrever as verbas em que havia condenação (total ou parcial), colocara as verbas sobre as quais o réu havia sido absolvido: "Isto posto, a Vara tal absolve o empregador do pagamento das verbas tais e tais." A parte condenatória permanecia na fundamentação. Como a fundamentação não transita em julgado, se aquela sentença transitasse em julgado, não haveria como executá-la. A declaração de nulidade era imperativo que se impunha.

43.1.3. Da prolação da sentença em audiência

A sentença é um ato de inteligência e exige que o juiz conheça e domine com relativa segurança os princípios de interpretação, do ônus da prova e demais princípios que a hermenêutica contém. Esse, certamente, é o motivo básico para que os concursos de ingresso na magistratura sejam exigentes de modo a impedir que ingressem pessoas que ainda não tenham alcançado um estágio potencial de excelência. Na prolação da sentença, o magistrado analisará o processo em consonância com a *litiscontestatio* e a prova produzida durante a instrução probatória. De posse desses elementos julgará levando em conta o *onus probandi* de cada parte. A análise da prova é trabalho artesanal com vista à valoração. Uma confissão real, não pode ser desdita por prova testemunhal, salvo de forma incidental para provar que a confissão fora conseguida dolosamente. A prova pericial poderá trazer elementos e informações que exijam do julgador atenção redobrada para que não venha simplesmente a ser substituído pelo perito. Por esses motivos, o julgador deve evitar o sentenciamento por arroubos de momento ou para demonstrar produção. O ato de julgar está colocado acima de vaidades pessoais. Os jurisdicionados são as partes mais importantes do processo e merecem um julgamento cuidadoso e justo. Os argumentos utilizados devem ser convincentes.

43.1.4. Dos argumentos utilizados e o fundamento da decisão

Ao formular a defesa, o réu poderá utilizar-se de vários argumentos, *v. g.*, que o pedido está prescrito, poderá concordar com os argumentos da inicial e discordar das suas conseqüências, poderá discordar dos argumentos da inicial e das suas conseqüências. Poderá, ainda, trazer vários argumentos para desdizer um mesmo pedido, *v. g.*, invoca a prescrição e a improcedência por haver efetuado o pagamento das verbas rescisórias perante o sindicado. Em acolhendo a prescrição, que hoje poderá ser declarada de ofício (§ 5º, do art. 219, CPC, Lei n. 11.280/2006), não será necessário que o julgador também enfrente os demais argumentos trazidos. A escolha de um único argumento bastará para a sua conclusão. No caso, o acolhimento da execução impede a apreciação do outro argumento, posto que impede o conhecimento da própria ação. Suponha-se um pedido de declaração de vínculo em que a defesa alega que o trabalho era eventual e que havia um contrato entre as partes em que o trabalhador concordava em que o seu trabalho era autônomo. Instruído o processo, não comprovada a eventualidade do trabalho, não será necessário que o julgador analise a validade do contrato assinado pelo trabalhador.

43.1.5. Da sentença *citra*, *ultra* e *extra petita*

A sentença deverá resolver todos os pedidos formulados, isto é, "O juiz decidirá a lide nos limites em que foi proposta, sendo-lhe defeso conhecer de questões, não suscitadas, a cujo respeito a lei exige a iniciativa da parte (art. 128, CPC). Tem-se, pois, que o julgador não poderá decidir aquém, nem além ou fora do pedido. A decisão que não abrange tudo o que foi posto no pedido inicial tem o vício da *citra petita* e significa que a prestação jurisdicional não foi entregue por inteiro. Em ocorrendo a hipótese, deve a parte interessada usar dos embargos declaratórios para que o juiz tenha a oportunidade de sanar a irregularidade. Se não forem opostos embargos declaratórios, a matéria omitida se torna preclusa e a parte não poderá levá-la à discussão para as demais jurisdições. Opostos embargos, ainda que a jurisdição primária não sabe a irregularidade, a matéria deve ser levada ao Regional por meio de preliminar de nulidade do julgado, pelo vício das *citra petita*. Nesse caso, o Regional terá duas possibilidades: primeira, determinar o retorno dos autos para que a jurisdição inferior sane o vício, apreciando corretamente os embargos declaratórios e dando oportunidade às partes para recorrer ou emendar o recurso já proposto, ou, segunda, declarar nula a sentença, determinando que a prestação jurisdicional seja feita por inteiro. Esta segunda alternativa sempre nos pareceu a mais oportuna. A devolução ou a anulação é providência inarredável, uma vez que a competência funcional é originária do primeiro grau, não podendo o tribunal *ad quem* tomar para si a competência, sob pena de usurpação e de supressão de jurisdição, erro que levaria também à nulidade do julgamento e, caso viesse a transitar em julgado, propiciaria o uso da ação rescisória. O julgamento *ultra petita* é aquele que está dentro do pedido, mas fora do valor pleiteado; o *extra petita* está fora do pedido e da própria *litiscontestatio*. Em havendo essa espécie de erronia, a parte não necessita embargar para rediscutir a matéria em sede recursal, mesmo porque o art. 535, CPC cuida apenas de obscuridade, com tradição e de omissão. Com maior razão, numa análise axiológica, o vício da *citra petita* haveria de ser conhecido, mesmo que a parte interessada não se valesse dos embargos declaratórios, sem risco de preclusão, posto que ofensiva ao tecido legal do art. 128, CPC. Todavia, o art. 535, II, diferencia a *citra petita* como um dos motivos a dar suporte aos embargos declaratórios. A doutrina e a jurisprudência são pela preclusão em caso do não prequestionamento pela via do embargos".

43.1.6. Da interpretação

A ciência da hermenêutica preocupa-se com as possíveis conseqüências que poderão advir da interpretação de um texto legal. Interpretar é adequar a norma a um fato de conformidade com a realidade social. É, sobretudo, revelar o sentido apropriado para a vida real atendendo à expectativa de uma decisão razoavelmente correta. Daí a conclusão dos doutos de que o direito deve ser interpretado inteligentemente, não podendo a exegese conduzir ao absurdo, ao impasse ou mesmo levar a uma conclusão impossível. Existem fatores que podem viciar o exercício interpretativo, como, *v. g.*, apegar-se demasiadamente à letra da lei sem um exercício introspectivo do conteúdo que a letra da lei guarda, olvidando que as palavras, verbal ou escrita, são más condutoras do pensamento, pois as leis, muitas vezes, são mal elaboradas; um outro vício é a interpretação distorcida que pode até massagear o "ego" do intérprete, mas trará como conseqüência um conteúdo não prestigiado pela lei.

Um outro vício mais ou menos comum é a preferência por idéias absolutas que fatalmente levará à generalização. Esse tipo de intérprete substitui, por mero comodismo, a vontade efetiva da lei por uma ficção, atirando à vala comum casos heterogêneos. O intérprete deverá estar atento, pois direito e realidade devem caminhar juntos. Se assim não fosse, a grande maioria das leis existentes seriam imprestáveis para a regência da vida em sociedade. A realidade é dinâmica, mormente num mundo globalizado, e o intérprete no exercício da exegese não pode estar alheio a esta verdade. Estamos convencidos de que uma excelente interpretação está, via de regra, atrelada ao preparo intelectual e jurídico do intérprete. As qualidades pessoais do intérprete serão sempre, em termos, fator de tranqüilidade. Por outro lado, há que se ter em mente que as disposições que têm por objetivo restringir direitos devem ser interpretadas restritivamente, inspirando-se o intérprete no caldo vivificante da realidade. Ao depois, deve o julgador esforçar-se ao máximo para dar implementabilidade à lei nova, sem preconceitos. O acolhimento da inconstitucionalidade difusa, de ofício ou a requerimento da parte, deve marcar presença em sede de exceção.

As súmulas de jurisprudência, por sua vez, significam a cristalização de entendimentos nas Cortes Regionais e nos Tribunais Superiores. A obediência ao direito sumular, embora não se apresente com peso de obrigatoriedade para as instâncias inferiores, atende ao princípio da *una lex, una jurisdictio*. Todavia, as súmulas de jurisprudência não devem ser impostas de cima para baixo. Devem ter suporte no entendimento aflorado da discussão que se travou nas instâncias primárias. É, pois, aí que os debates se realizam e que as correntes de entendimentos se formam. É aí que a realidade se manifesta e onde os fatos sociais são dissecados em toda a sua crueza. A exemplo das leis injustas, as súmulas ditatoriais, impostas sem inspiração no debate, por certo encontrarão resistência. O homem é ser polêmico por natureza. Só o debate poderá conduzir à persuasão e ao convencimento.

Enquanto a lei é estática na sua origem, a jurisprudência é fruto da própria dinâmica dos vivenciamentos sociais, que a influenciam e a modificam. Disso resulta que o Direito não é aquele dito em termos estáticos propostos pela lei, mas, sim, aquele dito pelos tribunais, numa construção diuturna que tem no cerne a essência da dinâmica social. A lei e a jurisprudência se unem e se completam como corpo e espírito, como luz e vela, como água e vapor numa convivência mútua e constante, como se nascidos siameses fossem com a missão deífica de perscrutar e reger o relacionamento da vida em sociedade.

A doutrina, por sua vez, envolve-se nas discussões, penetrando no âmago dos debates, tomando posições. O trabalho do jurista mais se aproxima do labor artesanal que procura visualizar a luz onde reinam trevas. A sensibilidade epidérmica e o preparo intelectual muito contribuirão para a ampliação do debate travado na linha de frente e que, no futuro, será fator decisivo para o direcionamento jurisprudencial

A discussão que antecede a edição da súmula, por sua vez, deve ser ampla, despida de preconceito, mas sem prescindir do espírito crítico que há de informar todo o processo construtivo. Esse posicionamento intelectual-jurídico transformar-se-á em veículo eficaz na busca do lógico e do razoável para a vida real. A *ocasio legis* e a *ratio juris* são elementos sintonizadores. O hermeneuta buscará a finalidade da lei e o resultado prático que deverá atingir. "O intérprete é o renovador inteligente e cauto, o sociólogo do Direito. O seu trabalho rejuvenesce e fecunda a fórmula prematuramente decrépita, e atua como elemento integrador e complementar da própria lei." (*Maurin*)

No pórtico do Laboratório de Jurisprudência da Universidade Nacional de Brasília está escrito: "A Lei é o Direito prometido; a Jurisprudência, o Direito realizado."

A hermenêutica tem por escopo reunir de modo sistematizado os elementos que possam ser empregados para determinar o sentido e o alcance das expressões de Direito, e bem assim aquelas expressões utilizadas pelo legislador.

A terminologia jurídica tem os seus significados próprios e não se confunde com a linguagem vulgar ou com a linguagem coloquial. Daí a dificuldade que surge, pois o legislador, muitas vezes, não usa a terminologia jurídica com o esmero que seria esperado.

As leis positivas são formuladas em termos gerais, ampla, sem descer a minúcias. A tarefa do intérprete está em buscar o nexo de causalidade entre o texto abstrato e o caso concreto, em buscar na norma jurídica a sua ligação com o fato social. Para tanto, é necessário que se descubra o verdadeiro sentido da regra positiva, que está sendo aplicada e o seu verdadeiro alcance. Cabe ao intérprete extrair da norma legal todo o seu conteúdo.

A interpretação deve ser feita de modo razoável e inteligente.

A lei é uma construção cultural que tem por objetivo prover para uma realidade. Do que resulta que a interpretação não deve, nem pode levar ao absurdo ou ao impasse. Se a tanto conduzir a interpretação, deve o intérprete retroceder.

A hermenêutica fixa as regras. O intérprete utiliza-se dessas regras.

Lembra o saudoso mestre *Eduardo Gabriel Saad* ("Direito Processual do Trabalho", 2ª ed., LTr, 1998, São Paulo, p. 103) que "as leis regentes do processo do trabalho não fogem das normas comuns de hermenêutica".Todavia, há que se dar realce, no âmbito trabalhista, ao conteúdo do art. 5º da Lei de Introdução ao Código Civil: "Na aplicação da lei, o Juiz atenderá aos fins sociais a que ela se dirige e às exigências do bem comum." O juiz do trabalho deve ser dotado de sensibilidade epidérmica para que possa bem desenvolver o seu mister. Diferentes das ações civis, as lides trabalhistas, quase sempre, dizem respeito à sobrevivência do trabalhador e de sua família. A entrega da jurisdição deve ser rápida. O art. 765 da CLT é um alerta flamejante ao qual o Juiz do Trabalho deverá estar atento.

> "Nunca se conseguirá, na ação trabalhista, conhecer e identificar — no sentido profundo, humano e social desses dois verbos — as partes em litígio se o juiz avaliar a lei, ao aplicá-la, pelos métodos tradicionais de hermenêutica e não se

dispuser, através do método sociológico, a utilizar a norma, que está ao seu alcance e à sua disposição." (*Mozart Victor Russomano*, "Direito Processual do Trabalho", Ed. José Konfino, Rio de Janeiro, 1971, p. 21)

43.1.7. Da classificação das decisões

Os atos do juiz consistirão em sentenças, decisões interlocutórias e despachos. Sentença é o ato pelo qual o juiz põe termo ao processo, decidindo ou não o mérito da causa. Decisão interlocutória é o ato pelo qual o juiz, no curso do processo, resolve questão incidente. São despachos todos os demais atos do juiz praticados no processo, de ofício ou a requerimento da parte, a cujo respeito a lei não estabelece outra forma (art. 162 e parágrafos do CPC). A doutrina também registra as decisões interlocutórias mistas ou simplesmente decisões interlocutórias, diferente do despacho de mero expediente. Quanto às sentenças, poderão ser finais terminativas (não adentram ao mérito) e finais definitivas (adentram ao mérito). Ambas são decisões que encerram o processo, põem termo à relação processual, cumprindo o juiz a sua função jurisdicional. O fato de não haver adentrado ao mérito não significa que não tenha prestado o seu dever jurisdicional.

A Consolidação das Leis do Trabalho admite o recurso ordinário somente nas "decisões definitivas" (art. 895). E no art. 896 fala em "decisões de última instância". Evidente o lapso do legislador ordinário não afeito ao rigor terminológico jurídico. Aí incluem-se, induvidosamente, as sentenças terminativas, *v. g.*, arquivamento da ação.

Moacyr Amaral Santos (ob. cit., p. 6 e ss.): "Finais são as decisões que encerram o processo, põem termo à relação processual, esgotam a função do juiz. Proferindo-as, o juiz dá por cumprido o seu dever jurisdicional. a) Dessas, umas encerram o processo — põem termo à relação processual, sem julgamento do mérito. Apenas dizem respeito ao processo, mas não decidem do pedido, que fica imprejulgado. Assim as decisões que acolhem as exceções de coisa julgada ou de litispendência da parte ou a falta de pressuposto processual; que extinguem o processo sem julgamento do mérito (CPC, art. 267). Tais são as chamadas sentenças terminativas — põem termo à relação processual, sem julgamento do mérito. b) Outras, as sentenças no sentido estrito, no sentido romano de *sententia*, decidem do pedido, julgando-o procedente ou improcedente. Põem termo à relação processual, mas também à ação. Encerram o processo com o julgamento do mérito. Sua característica está em julgar o mérito, isto é, decidir da relação de direito substancial posta em juízo, e, pois, em acolher ou repelir o pedido contido na inicial. São as sentenças finais por excelência, a que a técnica processual denomina sentença definitiva."

43.1.8. Do conceito de sentença terminativa

É aquela que põe termo à relação processual sem o julgamento do mérito. Salvo o disposto no art. 267, V, a extinção do processo não obsta a que o autor intente de novo a ação. Ensina *Moacyr Amaral Santos* (ob. cit., v. 3º/54) que: "Em relação às sentenças terminativas não há coisa julgada, ocorrendo, uma vez transitada em julgado, aquilo que a doutrina chama de *preclusão pro judicato*." Transitam em julgado, mas não fazem coisa julgada. Também não produzem coisa julgada as sentenças proferidas em processos cautelares, salvo quando houver pronunciamento sobre a prescrição ou a decadência. No processo do trabalho, a decisão proferida em agravo de instrumento não transita em julgado. Por se tratar de recurso atípico, o seu núcleo operacional está restrito à verificação dos pressupostos de admissibilidade.

43.1.9. Do conceito de sentença definitiva

É a sentença que põe termo à relação processual com o julgamento do mérito. Faz coisa julgada formal e material. "Denomina-se coisa julgada material a eficácia, que torna imutável e indiscutível a sentença, não mais sujeita a recurso ordinário ou extraordinário." (art. 467 do CPC) Segundo *Gabriel Rezende Filho* (*apud Moacyr Amaral Santos*, ob. cit., v. 3º/9) "sentença definitiva é aquela em que o juiz resolve a contenda, cumprindo a obrigação jurisdicional, ou resolve a lide, satisfazendo a obrigação jurisdicional que lhe foi imposta pelo pedido do autor". Diz-se coisa julgada formal, quando a sentença tornou-se imutável pela preclusão dos prazos recursais, seja porque a parte deixou transcorrer o prazo sem recorrer, seja porque, após recorrer, desistiu do recurso; seja ainda pelo fato de haver utilizado todos os recursos e da decisão última nenhum recurso mais couber. Todas as sentenças definitivas, verificada a coisa julgada formal, adquirem também a qualidade de coisa julgada material.

43.1.10. Da natureza jurídica da sentença

Atendendo a que, na formação da sentença, o juiz desenvolve um trabalho lógico de crítica dos fatos e do direito, do qual resulta a conclusão, ou decisão, uma parte da doutrina (*Ugo Rocco*, *João Monteiro*) atribui à sentença a natureza de simples ato de inteligência. A sentença é o resultado de um trabalho lógico do juiz; é, pois, um ato lógico, e, portanto, um ato de inteligência. Mas, a considerar-se um simples ato de inteligência, a sentença não conteria senão um parecer, idêntico ao que qualquer jurisconsulto emitisse, valendo-se dos mesmos elementos utilizados pelo juiz. Seria a sentença nada mais do que um parecer, a distinguir-se do emitido por um jurisconsulto por ser fornecido pelo Estado. Seria um parecer, que se qualifica por ser fornecido pelo Estado. A doutrina dominante, entretanto, sem negar que na sentença se contém um ato de inteligência, um ato lógico, nela vê também, e especialmente, um ato de vontade (*Chiovenda*, *Calamandrei*, *Carnelutti*, *Redenti*, *Liebman*, *Nichelli* etc.). Daí ensinar *Chiovenda*, e com ele grande parte da doutrina, que a sentença é a afirmação da vontade da lei aplicada ao caso concreto. A lei possui uma vontade, uma ordem, um imperativo. Essa vontade, ordem, imperativo, que em abstrato se contém na lei, é posta pelo juiz em situação de ser aplicada ao caso decidido.

Na sentença há a afirmação, de modo concreto, da vontade contida na lei. Assim, o preceito contido na sentença é a afirmação da vontade da lei, declarada pelo juiz, como órgão do Estado (*apud Moacyr Amaral Santos*, ob. cit., v. 3º/10 e 11).

43.1.11. Da publicação da sentença

No processo do trabalho, a audiência é una. Instruído o processo, produzidas as razões finais (art. 850 da CLT), renovada a proposta conciliatória (final), será proferida a sentença, intimadas as partes (art. 834 da CLT) na própria audiência. Todavia, o volume de processos, que na prática se apresenta, impossibilita o atendimento do rigor processual regra geral, e é designada data para o julgamento, nos termos da Súmula n. 197 do C. Tribunal Superior do Trabalho. Contudo, se no dia aprazado a sentença não foi prolatada, as partes serão intimadas normalmente da futura decisão. De qualquer forma "a sentença, como os atos processuais em geral, é ato público. Deverá ser dada à publicidade por meio de publicação. Enquanto não publicada não produzirá os efeitos que lhe são próprios" (*Moacyr Amaral Santos*, ob. cit., p. 25).

43.1.12. Dos efeitos primários da sentença

A sentença de mérito declara o direito ajustável à espécie. Toda sentença, assim, se traduz numa declaração de direito, compondo a lide. De um modo geral, poder-se-á dizer que toda sentença tem efeito declaratório. E há sentenças que se esgotam com a simples declaração; outras, entretanto, à declaração acrescentam alguma coisa pela qual se distinguem. Acompanhando, neste passo, a *Liebman*, dizemos que a sentença produz efeitos meramente declaratórios, constitutivos ou condenatórios, em correspondência às ações em que é proferida. Poder-se-á, assim, classificar as sentenças, quanto aos seus efeitos, em sentenças meramente declaratórias, sentenças condenatórias e sentenças constitutivas (*Moacyr Amaral Santos*, ob. cit., v. 3º/29). "Salvo o caso da sentença meramente declaratória, as demais sentenças, sempre além da função declaratória de relações jurídicas, apresentam, cumulativamente, cargas constitutivas ou condenatórias. Para condenar, no plano lógico, primeiro se declara; para modificar relações jurídicas, logicamente antes se declara. Aliás, a função declarativa é essencial à jurisdição, sendo as demais a complementação dessa função básica essencial" (*Vicente Greco Filho*, ob. cit., v. 2º/229 e 230).

Lembra *Moacyr Amaral Santos* (ob. cit., v. 3º/32 e 33) que: "Tem, portanto, a sentença condenatória dupla função: uma, que é comum a todas as sentenças, ao declarar o direito existente — função declaratória; outra, que lhe é própria, consistente na aplicação da sanção — função sancionadora. Como é esta função que a distingue das demais sentenças e a caracteriza, tem-se que a sentença condenatória formula a especificação da sanção prevista na lei. Isso quer dizer que a sentença condenatória atribui ao vencedor um título executivo, que lhe confere o direito de executar o devedor no caso de não cumprir a obrigação. As sentenças condenatórias têm efeito *ex tunc*. Mas enquanto as sentenças meramente declaratórias retroagem à data em que se formou a relação jurídica ou em que se verificou a situação jurídica declarada, as condenatórias retroagem à data em que o devedor foi constituído em mora, e, portanto, à data da citação (CPC, art. 219)." As sentenças constitutivas, correspondem às ações constitutivas, produzem o efeito de criar, modificar ou extinguir uma relação jurídica, "como regra, têm efeito *ex nunc*, isto é, para o futuro" (*Moacyr Amaral Santos*, ob. cit., p. 34). Realça *Vicente Greco Filho* (ob. cit., p. 229) que: "*Pontes de Miranda* viu, também, a possibilidade de existirem sentenças mandamentais e executivas, sendo que a doutrina tradicional as classifica entre as três categorias anteriores."

O efeito poderá ser condenatório, declaratório ou constitutivo. Com a publicação, a sentença ganha existência jurídica, fixa o teor da decisão e deixa claro que o juiz terminou a sua função jurisdicional (art. 471, CPC), tornando a sentença irretratável na sua substância excepcionado o caso de embargos declaratórios com conteúdo modificativo, hoje aceito por todos os tribunais. A Orientação Jurisprudencial 142 da SDI-1 do TST disciplina que é passível de nulidade decisão que acolhe embargos declaratórios com efeito modificativo sem oportunidade para a parte contrária se manifestar. A publicação poderá ser feita na própria audiência em que proferida (art. 834, CLT); por notificação com AR, quando não proferida em audiência (art. 852): presume-se intimada a parte (Emenda n. 187); acórdão, publicação no Diário Oficial (art. 867, CLT).

43.1.13. Dos efeitos secundários da sentença

Aos chamados efeitos principais da sentença (declaratório, condenatório e constitutivo), seguem outros aos quais a doutrina denomina efeitos secundários, *v. g.*, anulação de casamento tem por efeito secundário dissolver a comunhão de bens; extinção do processo a quem incorreu no art. 267, III, do CPC, tem por efeito secundário a perempção; o representante da CIPA, cuja sentença declarou a existência de justa causa para o despedimento, perde a representação (art. 165 da CLT). Os efeitos secundários funcionam, como uma exceção à regra geral. É um *plus* que a lei prevê para determinadas hipóteses a fim de que a prestação jurisdicional seja completa.

43.1.14. Da sentença sujeita a recurso: natureza jurídica

A sentença proferida, embora por um magistrado, órgão do Estado com poder jurisdicional, enquanto sujeita a recurso, constitui título judiciário de aceitação relativa a respaldar execução apenas provisória.

Adverte *Moacyr Amaral Santos* (ob. cit., v. 3º/40 e 41) que: "Enquanto recorrível, ou enquanto sujeita a recurso por haver sido interposto, a sentença ainda não é firme, pois que poderá ser reformada. Na verdade, quem a proferiu foi o juiz, um magistrado, órgão do Estado e por boca de quem a lei fala (*lex loquens*). Será, pois, um ato judicial, um ato de magistrado, pelo qual este tende a traduzir a vontade da lei aplicada à espécie. Mas a vontade da lei somente pode ser uma única. Se da sentença pende recurso e outro juiz, ou o mesmo juiz, tomando conhecimento do recurso, vier a reformá-la, evidentemente que aquilo que aparentava ser a vontade da lei, expressa na sentença reformada, deixou de ser sua vontade para outra aparecer. Exatamente porque a lei tem uma vontade e esta é a que vem a prevalecer, a da sentença reformada não o era, não passando esta de uma manifestação do magistrado. Assim, somente pelo esgotamento dos prazos para recursos, excluída a possibilidade de uma nova formulação, é que a sentença, de simples ato do magistrado, passará a ser reconhecida pela ordem jurídica como a emanação da vontade da lei. Mero ato do magistrado, enquanto dela pendem recursos, traduz-se a sentença num ato que pode chegar a ser sentença, pela preclusão dos prazos para recurso ou pela sua confirmação no juízo *ad quem*. Daí a conclusão de que a sentença sujeita a recurso constitui um ato que exprime outras circunstâncias, que poderão ocorrer, poderá conduzir a determinado ou determinados efeitos jurídicos (...). Em suma, a sentença sujeita a recurso constitui simples situação jurídica, ou seja, possibilidade de sentença. Essa, em síntese é a teoria de *Chiovenda*, com a qual em substância concordamos. Entretanto, outras teorias formularam-se a respeito, tais as de *Calamandrei* e de *Carnelutti*. Conforme aquele, a sentença depende de recurso, equivale a ato sujeito a condição resolutiva; conforme este, trata-se de ato imperativo do juiz, não imutável, mas que produz determinados efeitos."

Embora a sentença de mérito proferida pela jurisdição primária só venha conseguir a imutabilidade e a indiscutibilidade, quando transitar em julgado, esta conclusão firma residência em sede de generalidade, pois casos existirão em que o recurso interposto poderá ser meramente procrastinatório, com o objetivo único de protelar a formação da coisa julgada. Suponha-se, ainda, a hipótese em que a parte aviou recurso fora do prazo, do qual, não processado pela Vara, recorreu por agravo de instrumento. Nesse caso, se a tempestividade era discutível, doutrina e jurisprudência são no sentido da não formação da coisa julgada, antes do julgamento do recurso final; todavia, se a intempestividade era flagrante, a coisa julgada se forma por ocasião do não processamento do recurso agravado.

43.1.15. Da verossimilitude da coisa julgada

Todo julgamento tem como premissa a busca da verdade real. Para que isso possa viabilizar-se em concreto, a estrutura processual universal garante, o devido processo legal, o princípio da ampla defesa e o do contraditório, e o tratamento igualitário das partes no processo. Todavia, sabemos que essa garantia não é suficiente para que se consiga, com certeza, a verdade real. A prevalência da verdade formal é aceita universalmente. É como se colocássemos a verdade real num pedestal imaginário e para ele mirássemos como um objetivo desejado, mas difícil ou mesmo impossível de alcançar. Todos têm consciência da fabilidade da prova produzida, seja ela testemunhal, documental, pericial ou inspecional. Toda e qualquer prova poderá ser falseada e a possibilidade de descobrir ou não esse vezo de conteúdo está diretamente ligada à competência do falsário. Toda e qualquer testemunha pode ser "industriada". Documentos podem ser falsificados e perícias podem ser falseadas. É bem verdade que a parte adversa tem o poder de fiscalização, mas descobrir ou não vai depender da vivência e eficiência do advogado. O instituto da preclusão também contribui para a prevalência da verdade formal. Some-se a isso um comodismo enraigado de se aceitar a preclusão sem maiores indagações, como meio hábil de agilizar o processo. É esse conjunto probatório que servirá de supedâneo para que o juiz instrutor firme a sua convicção e atenda aos ditames constitucionais. Mesmo porque, o magistrado não pode julgar fora das provas dos autos (o que não está nos autos, não está no mundo). Do ponto de vista formal o juiz cumpre o seu ofício de dar o direito. No que diz respeito à sua consciência, também estará tranqüilo, pois sabe que a prevalência da verdade formal representa um "mal necessário", e que a busca da verdade real tornou-se apenas um desejo perseguido e dificilmente alcançado. Em havendo o caso de revelia, a situação é ainda mais tormentosa. Se a parte não provar que não foi citada, ou que um motivo ponderoso a impediu de estar em juízo no dia aprazado, jamais conseguirá reverter a situação na jurisdição *ad quem*. Nem mesmo o manejo da ação rescisória será possível, pois a ilegalidade está no fato de não haver sido citada. A dificultar que se descubra a verdade verdadeira daquilo que é posto em juízo, deixa-se a critério do juiz do primeiro e do segundo graus de jurisdição a análise da prova. A boa ou a má análise da prova não respalda o corte rescisório, excepcionando, apenas, o erro de fato (quando o juiz afirma o contrário do que aflora da prova). Todavia, a análise distorcida da prova por juízes é mais comum do que se imagina, em dependendo do tema discutido sobre o qual formou convicção e acaba por julgar todos os processos como se fossem iguais. A análise assim levada a efeito é ilegal, mas não admite a ação rescisória. Tem-se, assim, de forma objetiva, que tudo contribui e conspira para que a coisa julgada não reflita a verdade, contentando-se o legislador com a verdade formal, a qual se impõe como uma necessidade para que o ofício jurisdicional se desenvolva com maior rapidez. Inventou-se inúmeras frases feitas para dar suporte a ignomínia: "Justiça tarda, não é justiça"; "É preferível julgar rapidamente, ainda que de forma incorreta." Formou-se um arsenal de possibilidades contrárias à busca da verdade real. Aceita-se, plenamente, a coisa julgada material, cuja verdade está apenas na aparência, na verossimilitude.

O tema não passou despercebido à argúcia de *Piero Calamandrei*. Diz o mestre italiano: "Todo o sistema probatório civil está preordenado, não só a consentir, senão diretamente a impor ao juiz que se contente, ao julgar a respeito dos fatos, com o sub-rogado da verdade que é a verossimilitude. Ao juiz não lhe é permitido, como se lhe permite ao historiador, que permaneça incerto a respeito dos fatos que em que decidir; deve de qualquer jeito (essa é sua função) resolver a controvérsia numa certeza jurídica (*Voltaire*). Para obtê-la, se vê constrangido como *extrema ratio* a se contentar com o que alguém continua chamando "verdade formal", conseguida mediante o artifício das provas legais e o mecanismo autônomo da distribuição da carga da prova; mas mesmo quando, no sistema das provas "livres", parece que a liberdade de apreciação fosse o instrumento mais adaptado para a consecução da chamada "verdade substancial", a avaliação mesmo que livre, leva em todo caso a um juízo de probabilidade e de verossimilitude, não de verdade absoluta. Mesmo que todas as testemunhas estejam concordes em testificar um fato, o juiz, quando chega a concluir que aquele fato é verdadeiro, quer dizer em substância, existindo caso, sem que o mesmo o advirta, que ainda que todas as testemunhas estejam de acordo ao relatar daquele modo o fato, é verossímil que o fato tenha ocorrido precisamente assim." Prossegue: "Mesmo para o juiz mais escrupuloso e atento, vale o limite fatal de relatividade próprio da natureza humana: o que enxergamos, só é o que nos parece que enxergamos. Não verdade, senão verossimilitude: é dizer, aparência (que pode ser também ilusão) de verdade."

43.1.16. Da coisa julgada como presunção da verdade

A verdade que aflora da coisa julgada não pode ser tida como uma verdade verdadeira. A verdade que forma o seu conteúdo, como regra, é a verdade formal, que nada mais é do que a certeza jurídica. Esta se contenta com as provas produzidas nos autos. Se a parte titular do direito não logrou prová-lo, qualquer que seja o motivo, embora possa ter direito, perderá a ação. A decisão será cristalizada em coisa julgada material em que a verdade verdadeira seria outra, se a parte conseguisse fazer prova. Exemplifique-se: "A" empresta dinheiro a "B" e não documentou o empréstimo. O crédito não é pago. "A" ajuíza ação contra "B". "A" perde a ação por não conseguir provar que havia feito o empréstimo a "B". A coisa julgada material fixa a verdade formal de que "B" nada deve a "A". A certeza jurídica se sobrepõe à verdade real. Isso acontece em virtude de que o juiz que julga está preso às provas produzidas naquele processo, ao ônus probatório e ao princípio da persuasão racional. O juiz deverá dizer expressamente de que forma firmou a sua convicção para decidir neste ou naquele sentido. Todavia, o faz frente às provas produzidas. Se todas as testemunhas direcionarem para determinado sentido, ainda que não seja o verdadeiro, se a parte contrária não produzir contraprova convincente, ou mesmo nada produzir, poderá prevalecer a verdade afirmada formalmente pelas testemunhas, não a verdade que seria a real. Não se descobriu ainda um meio pelo qual o juiz poderá encontrar a verdade real. A liberação interpretativa do juiz no passado mostrou-se pior que a verdade formal. A coisa julgada material, mesmo em sede de verossimilitude, dá segurança às decisões e impede que a cada momento se possa desdizer ou rediscutir aquilo que restou decidido. Abre-se a exceção em temas pontuais que permitem o ajuizamento da ação rescisória, enquanto não decorrido o prazo decadencial de 2 (dois) anos.

43.1.17. Da coisa julgada: breve enfoque

A coisa julgada é a transformação de uma decisão meritória em definitiva, não podendo mais ser retratada ou discutida pelas partes. Prolatada a sentença, a regra é a de que nem o juiz prolator poderá rediscutir o mérito, salvo se lhe for dada a oportunidade pela via dos embargos declaratórios. Assim mesmo, somente para corrigir omissões, obscuridades ou contradições. Não pode o juiz, após haver proferido a sentença, chamar o processo à ordem para acertar matéria meritória que, por lapso, decidira erradamente. Se isso ocorrer, competirá à parte prejudicada utilizar-se do recurso próprio. A matéria assim posta não pode ser levada à discussão pela via dos embargos declaratórios. Ressalve-se a existência de erro material, que poderá ser concertado a qualquer momento ou grau de jurisdição, uma vez que não transita em julgado. A coisa julgada poderá trazer em seu *cerne erronia*, ilegalidade e injustiça, com má apreciação da prova e mesmo por não deter o magistrado esmerado conhecimento sobre o ônus da prova. As decisões injustas, mal avaliadas ou mal interpretadas devem ser corrigidas pela via recursal. Todavia, a ilegalidade cometida em julgamento ou mesmo em certas decisões interlocutórias, que viciam o julgado, poderão ser objeto de ação rescisória. Assim, aquela decisão transitada em julgado em que o magistrado, por ocasião da análise da prova, fez afirmação contrária, *v. g.*, não havia confissão e o magistrado afirma que a parte era confessa, comete a ilegalidade do erro de fato, vale dizer, a sentença está calcada em afirmação errada. Um outro exemplo: o recurso foi interposto dentro do prazo, e o juiz nega o processamento com suporte na intempestividade. A ilegalidade seria flagrante e permitira o uso da ação rescisória, uma vez que a sentença que transitou em julgado estaria viciada pela ilegalidade. Suponha-se que a parte agrave de instrumento e o Regional confirme a erronia. Embora a Súmula n. 280 do TST, em princípio, seja obstativa do recurso de revista, deve a parte recorrer de revista: primeiro, pelo fato de o comando sumular não ser de acolhimento obrigatório dos tribunais inferiores; segundo pelo fato de que a ilegalidade deve ser corrigida pelo recurso de revista. Possivelmente, o Regional indeferirá o processamento da revista com suporte na Súmula n. 218. Se isso se der, deve a parte agravar de instrumento. O TST é sensível aos casos de ilegalidade e, possivelmente, mandará subir o recurso obstado na jurisdição Regional. Se, porventura, o agravo de instrumento não for conhecido, restará à parte desconstituir a sentença primária com base na ilegalidade contida no erro da intempestividade.

43.1.18. Do conteúdo formal

Dá-se quando a parte não recorreu; recorreu e desistiu posteriormente; a decisão tornou-se irrecorrível por haver a parte utilizado de todos os recursos colocados à sua disposição. Lembra *Amaral Santos* (ob. cit., v. 3º/43 e 44) que: "A coisa julgada formal consiste no fenômeno da imutabilidade da sentença pela preclusão dos prazos para recurso. Dá-se porque a sentença não poderá ser reformada por meio de recursos, seja porque dela não caibam mais recursos, seja porque não foram interpostos no prazo, ou porque do recurso se desistiu ou do interposto se renunciou. E porque os recursos são atos de impugnação da sentença no processo em que ela foi proferida, a coisa julgada formal redunda na imutabilidade da sentença, como ato processual, dentro do processo."

A coisa julgada formal antecede e se soma à coisa julgada material. Enquanto aquele se forma pela fato de não mais caber recursos para impugnar uma decisão meritória — ou porque já utilizou de todos os recursos, ou porque não os utilizou, deixando passar *in albis* o prazo, ou, ainda, por haver desistido depois de interposto, ou dele renunciado, a coisa julgada material se forma, quando não mais houver a possibilidade de recurso contra a sentença. Tem-se aí a sentença definitiva. Todavia, a coisa julgada formal poderá formar-se solitariamente, sempre que houver impossibilidade de o juiz instrutor decidir sobre o mérito. Tem-se então a sentença terminativa. Na primeira hipótese, a parte perdedora não poderá rediscutir o *thema decidendum*; na segunda, poderá o autor renovar a ação, desde que corrigido defeito que determinou o arquivamento, porque não houve decisão sobre a matéria de fundo (mérito).

Nesse caso, configurou-se a coisa julgada formal porque não houve possibilidade de decisão de mérito, tendo como referência o pedido inicial. A coisa julgada formal poderá ser conseqüência da ausência de um ou de alguns dos pressupostos processuais, de uma ou mais condições da ação, ou mesmo de um impedimento legal, como são os casos de verificação de perempção, de litispendência, ou de coisa julgada. Como dissemos acima, coisa julgada formal, em princípio, não impede que a parte ajuíze nova ação, desde que sejam sanados os vícios anteriores que impediram a transposição para a matéria de fundo. O termo mérito tem significado equívoco, em certos momentos, *v. g.*, quando se aprecia uma cautelar pedindo arresto de bens, analisa-se o mérito cautelar para saber se será o caso ou não do deferimento. Esse mérito é diferente daquele proveniente da ação principal que se escora sobre a matéria de fundo. A cautelar, como regra, não transita em julgado materialmente, podendo fazê-lo formalmente. Contudo, haverá trânsito em julgado material em sede cautelar, quando for decidido sobre a decadência ou a prescrição.

43.1.19. Da coisa julgada formal como pressuposto da coisa julgada material

Dispõe o art. 467 do Código de Processo Civil: "Denomina-se coisa julgada material a eficácia, que torna imutável e indiscutível a sentença, não mais sujeita a recurso ordinário ou extraordinário." Tem-se, pois, que a coisa julgada material impede que se rediscuta o litígio que restou irrecorrivelmente decidido, salvo, evidente, quando o julgado apresentar vícios que desafiem a ação rescisória. Já decidiu a Excelsa Corte que: "A garantia da coisa julgada não impede que a sentença seja desconstituída através de ação rescisória. Se o acórdão recorrido julgou procedente ação rescisória em caso que não a comportava, violado não foi, direta e frontalmente, o art. 153, § 3º, da Constituição da República, mas a lei ordinária que regula aquele tipo de ação" (STF, Ac. un., 1ª T., 18.10.77, AgRg n. 71.825-SP, rel. Min. Pedro Soares Muñoz, RTJ 83/389).

Lembra *Frederico Marques* ("Manual de Direito Processual Civil", Saraiva, 1975, v. 3º/234) que: "A coisa julgada material impede novo exame do litígio que ficou irrecorrivelmente decidido, por qualquer juiz ou tribunal. A entrega da prestação jurisdicional fica valendo, assim, para processos futuros, tornado imodificável o julgamento da lide. A coisa julgada material é qualidade tão-só dos efeitos de julgamentos que decidem a lide, pois aqueles que declaram inadmissível a tutela jurisdicional, por não resolverem o mérito, não se revestem da imutabilidade fora da relação processual, que promana da *res judicata* material — tudo, aliás, como estatui o art. 468 do Código de Processo Civil."

A coisa julgada material pressupõe a existência da coisa julgada formal, seja por ato comissivo (utilização de alguns ou de todos os recursos possíveis) seja por ato omissivo (quando deixa de recorrer, ou desiste do recurso interposto, ou ainda renuncia ao direito de recorrer). A coisa julgada formal, diferentemente, se forma pela extinção do processo sem resolução do mérito. Existe uma impossibilidade de prosseguir-se no procedimento processual e o vício não poderá ser sanado. A verificação da presença dos pressupostos de admissibilidade (subjetivos e objetivos) e das condições da ação é obrigação do juiz instrutor antes de prolatar a sentença em que o réu foi considerado revel.

43.1.20. Da coisa julgada material e o corte rescisório

Da coisa julgada material, a situação é ainda mais tormentosa. Se a parte não provar que não foi citada, ou que um motivo ponderoso a impediu de estar em juízo no dia aprazado, jamais conseguirá reverter a situação na jurisdição *ad quem*. Nem mesmo o manejo da ação rescisória será possível, pois a ilegalidade está no fato de não haver sido citada. A dificultar que se descubra a verdade verdadeira daquilo que é posto em juízo, deixa-se a critério do juiz do primeiro e do segundo graus de jurisdição a análise da prova. A boa ou a má análise da prova não respalda o corte rescisório, excepcionando, apenas, o erro de fato (quando o juiz afirma o contrário do que aflora da prova). Todavia, a análise distorcida da prova por juízes é mais comum do que se imagina, em dependendo do tema discutido sobre o qual formou convicção e acaba por julgar todos os processos como se fossem iguais. A análise assim levada a efeito é ilegal, mas não admite a ação rescisória. Tem-se, assim, de forma objetiva, que tudo contribui e conspira para que a coisa julgada não reflita a verdade, contentando-se o legislador com a verdade formal, a qual se impõe como uma necessidade para que o ofício jurisdicional se desenvolva com maior rapidez. Inventou-se inúmeras frases feitas para dar suporte a ignomínia: "Justiça tarda, não é justiça"; "É preferível julgar rapidamente, ainda que de forma incorreta." Formou-se um arsenal de possibilidades contrárias à busca da verdade real. Aceita-se, plenamente, a coisa julgada material, cuja verdade está apenas na aparência, na verossimilitude.

O tema não passou despercebido à argúcia de *Piero Calamandrei*. Diz o mestre italiano: "Todo o sistema probatório civil está preordenado, não só a consentir, senão diretamente a impor ao juiz que se contente, ao julgar a respeito dos fatos, com o sub-rogado da verdade que é a verossimilitude. Ao juiz não lhe é permitido, como se lhe permite ao historiador, que permaneça incerto a respeito dos fatos que em que decidir; deve de qualquer jeito (essa é sua função) resolver a controvérsia numa certeza jurídica (*Voltaire*). Para obtê-la, se vê constrangido como *extrema ratio* a se contentar com o que alguém continua chamando "verdade formal", conseguida mediante o artifício das provas legais e o mecanismo autônomo da distribuição da carga da prova; mas mesmo quando, no sistema das provas "livres", parece que a liberdade de apreciação fosse o instrumento mais adaptado para a consecução da chamada "verdade substancial", a avaliação mesmo que livre, leva em todo caso a um juízo de probabilidade e de verossimilitude, não de verdade absoluta. Mesmo que todas as testemunhas estejam concordes em testificar um fato, o juiz, quando chega a concluir que aquele fato é verdadeiro, quer dizer em substância, existindo caso, sem que o mesmo o advirta, que ainda que todas as testemunhas estejam de acordo ao relatar daquele modo o fato, é verossímil que o fato tenha ocorrido precisamente assim." Prossegue: "Mesmo para o juiz mais escrupuloso e atento, vale o limite fatal de relatividade próprio da natureza humana: o que enxergamos, só é o que nos parece que enxergamos. Não verdade, senão verossimilitude: é dizer, aparência (que pode ser também ilusão) de verdade."

Já vimos que, enquanto pender recurso, a sentença proferida embora por magistrado, órgão do Estado, constitui mera situação jurídica, dependendo de confirmação pelo juízo *ad quem*. Poderá ser ou não confirmada. O comando dela emergente é relativo (execução provisória). Todavia, em não havendo recurso ou esgotados aqueles colocados à disposição da parte, a sentença torna-se definitiva, transitando em julgado formal e materialmente, constituindo, pois, coisa julgada.

A coisa julgada é a transformação de uma decisão meritória em definitiva, não podendo mais ser retratada ou discutida pelas partes. Prolatada a sentença, a regra é a de que nem o juiz prolator poderá rediscutir o mérito, salvo se lhe for dada a oportunidade pela via dos embargos declaratórios. E assim mesmo, somente para corrigir omissões, obscuridades ou contradições. Não pode o juiz, após haver proferido a sentença, chamar o processo à ordem para acertar matéria meritória que, por lapso, decidira erradamente. Se isso ocorrer, competirá à parte prejudicada utilizar-se do recurso próprio. A matéria assim posta não pode ser levada à discussão pela via dos embargos declaratórios. Ressalve-se a existência de erro material, que poderá ser consertado a qualquer momento ou grau de jurisdição, uma vez que não transita em julgado. A coisa julgada poderá trazer em seu cerne erronias, ilegalidades e injustiça, com má apreciação da prova e mesmo por não deter o magistrado esmerado conhecimento sobre o ônus da prova. As decisões injustas, mal avaliadas ou mal interpretadas devem ser corrigidas pela via recursal. No entanto, a ilegalidade posta em julgamento ou mesmo em certas decisões interlocutórias, que viciam o julgado, poderá ser objeto de ação rescisória. Assim, aquela decisão transitada em julgado em que o magistrado, por ocasião da análise da prova, fez afirmação contrária, *v. g.*, não havia confissão e o magistrado afirma que a parte era confessa, comete a ilegalidade do erro de fato, vale dizer, a sentença está calcada em afirmação errada. Um outro exemplo: o recurso foi interposto dentro do prazo, e o juiz nega o processamento com suporte na intempestividade. A ilegalidade seria flagrante e permitira o uso da ação rescisória, uma vez que a sentença que transitou em julgado estaria viciada pela ilegalidade. Suponha-se que a parte agrave de instrumento e o Regional confirme a erronia. Embora a Súmula n. 218 do TST, em princípio, seja obstativa do recurso de revista, deve a parte recorrer de revista: primeiro, pelo fato de o comando sumular não ser de acolhimento obrigatório dos tribunais inferiores; segundo pelo fato de que a ilegalidade deve ser corrigida pelo recurso de revista. Possivelmente, o Regional indeferirá o processamento da revista com suporte na Súmula n. 218. Se isso ocorrer, deve a parte agravar de instrumento. O TST é sensível aos casos de ilegalidade e, possivelmente, mandará subir o recurso obstado na jurisdição Regional. Se, porventura, o agravo de instrumento não for conhecido, restará à parte desconstituir a sentença primária com base na ilegalidade contida no erro da intempestividade.

43.1.21. Da coisa julgada formal

Dá-se quando a parte não recorreu; recorreu e desistiu posteriormente; a decisão tornou-se irrecorrível por haver a parte se utilizado de todos os recursos colocados à sua disposição. Lembra *Amaral Santos* (ob. cit., v. 3º/43 e 44) que: "A coisa julgada formal consiste no fenômeno da imutabilidade da sentença pela preclusão dos prazos para recurso. Dá-se porque a sentença não poderá ser reformada por meio de recursos, seja porque dela não caibam mais recursos, seja porque não foram interpostos no prazo, ou porque do recurso se desistiu ou do interposto se renunciou. E porque os recursos são atos de impugnação da sentença no processo em que ela foi proferida, a coisa julgada formal redunda na imutabilidade da sentença, como ato processual, dentro do processo."

Na coisa julgada formal não houve oportunidade de decisão de mérito, tendo como referência o pedido inicial. A coisa julgada formal poderá ser conseqüência da ausência de um ou de alguns dos pressupostos processuais, de uma ou mais condições da ação, ou mesmo de um impedimento legal, como são os casos de verificação de perempção, de litispendência, ou de coisa julgada. Como dissemos acima, coisa julgada formal, em princípio, não impede que a parte ajuíze nova ação, desde que sejam sanados os vícios anteriores que impediram a transposição para a matéria de fundo. O termo mérito tem significado equívoco, em certos momentos, *v. g.*, quando se aprecia uma cautelar pedindo arresto de bens, analisa-se o mérito cautelar para saber se será o caso ou não do deferimento. Esse mérito é diferente daquele proveniente da ação principal que se escora sobre a matéria de fundo. A cautelar, como regra, não transita em julgado materialmente, podendo fazê-lo formalmente. Todavia, haverá trânsito em julgado material em sede cautelar, quando for decidido sobre a decadência ou a prescrição.

43.1.22. Da coisa julgada material

Dispõe o art. 467 do Código de Processo Civil: "Denomina-se coisa julgada material a eficácia, que torna imutável e indiscutível a sentença, não mais sujeita a recurso ordinário ou extraordinário." Tem-se, pois, que a coisa julgada material impede que se rediscuta o litígio que restou irrecorrivelmente decidido, salvo, evidente, quando o julgado apresentar vícios de ilegalidade que desafiem a ação rescisória. Já decidiu a Excelsa Corte que: "A garantia da coisa julgada não impede que a sentença seja desconstituída através de ação rescisória. Se o acórdão recorrido julgou procedente ação rescisória em caso que não a comportava, violado não foi, direta e frontalmente, o art. 153, § 3º, da Constituição da República, mas a lei ordinária que regula aquele tipo de ação" (STF, Ac. un., 1ª T., 18.10.77, AgRg n. 71.825-SP, rel. Min. Pedro Soares Muñoz, RTJ 83/389).

Lembra *Frederico Marques* ("Manual de Direito Processual Civil", Saraiva, 1975, v. 3º/234) que: "A coisa julgada material impede novo exame do litígio que ficou irrecorrivelmente decidido, por qualquer juiz ou tribunal. A entrega da prestação jurisdicional fica valendo, assim, para processos futuros, tornado imodificável o julgamento da lide. A coisa julgada material é qualidade tão-só dos efeitos de julgamentos que decidem a lide, pois aqueles que declaram inadmissível a tutela jurisdicional, por não resolverem o mérito, não se revestem da imutabilidade fora da relação processual, que promana da *res judicata* material — tudo, aliás, como estatui o art. 468 do Código de Processo Civil."

43.1.23. Da coisa julgada e a Constituição

A proteção à coisa julgada constitui cânone constitucional (art. 5º, XXXVI). A Constituição de 1969 previa a matéria no art. 153, § 2º. Adverte *Frederico Marques* (ob. cit., p. 235) que: "A coisa julgada material não pode ser atingida por *lex posterius*, ainda mesmo que altere substancialmente os cânones legais que o órgão judiciário aplicou para decidir a lide (...). Existe, portanto, no Direito pátrio, a tutela constitucional da imutabilidade que a coisa julgada confere aos efeitos da decisão da lide, e também, o direito público subjetivo de ser exigido o respeito à coisa julgada." A coisa julgada não pode ser anulada, neutralizada ou desdita por lei posterior, quer para retirar os seus efeitos, quer para anistiar pessoas ou órgãos. Não obstante, isso vem sendo feito com alguma freqüência, quer para anistiar senador que se utilizou indevidamente da gráfica do Congresso para a confecção de milhares de cartilhas que o autopromovia à custa do erário público, quer para anistiar sindicato de multas aplicada pelo TST, por desrespeito à decisão em dissídio de greve.

43.1.24. Dos limites da coisa julgada

Os limites da coisa julgada subdividem-se em: limites objetivos e limites subjetivos. Quanto ao primeiro, dispõe o Código de Processo Civil (art. 468) que: "A sentença, que julgar total ou parcialmente a lide, tem força de lei nos limites da lide e das questões decididas." "O juiz decidirá a lide nos limites em que foi proposta (...)." (art. 128) "É defeso ao juiz proferir sentença, a favor do autor, de natureza diversa do pedido, bem como condenar o réu em quantidade superior ou em outro objeto do que lhe foi demandado." (art. 460) "O juiz proferirá a sentença, acolhendo ou rejeitando, no todo ou em parte, o pedido formulado pelo autor. (...)." (art. 459)

Preleciona *Frederico Marques* (ob. cit., v. 3º/237) que: "A coisa julgada material tem como limites objetivos a lide e as questões pertinentes a esta, que foram decididas no processo. A situação litigiosa, que foi proposta, constitui a área em que incidem os efeitos imutáveis do julgamento. O que individualiza a lide, objetivamente, são o pedido e a *causa petendi*, isto é, o pedido e o fato constitutivo que fundamenta a pretensão. Portanto, a limitação objetiva da coisa julgada está subordinada aos princípios que regem a identificação dos elementos objetivos da lide."

Lembra *Moacyr Amaral Santos* (ob. cit., v. 3º/62) que: "O texto reproduz disposição do projeto *Mortara* (refere-se ao art. 468 do CPC), elaborado por *Carnelutti*. Efetivamente, a sentença deve cingir-se à lide, contendo-se nos limites desta. Finalidade da jurisdição é compor a lide entre as partes, conforme elas deduziram no pedido e na contestação. A lide importa na existência de questões, que são aqueles pontos, de fato e de direito, em que se controvertem as partes. Exatamente por isso, o juiz decidirá a lide nos limites em que foi proposta, sendo-lhe defeso conhecer de questões, não suscitadas, a cujo respeito a lei exige a iniciativa da parte (CPC, art. 128)." Temos nas lições de *Carnelutti* (*apud Amaral Santos*, ob. cit., p. 62): "O que se pode dizer do julgado é somente que é a decisão de uma lide; por isso os limites do julgado são os limites do seu objeto, ou seja, os limites que se projetam sobre o julgado da lide; porque é a decisão de uma lide, o julgado não pode ser mais que tal decisão; mas aquilo que é, o é para todos, não somente para as partes."

O juiz no exercício da função jurisdicional, todavia, terá que resolver questões suscitadas pelas partes antes de prolatar a sentença acolhendo ou rejeitando o pedido ou, ainda, acolhendo-o em parte. Pergunta que se faz: essas questões fazem coisa julgada? A matéria é controvertida, em face dos termos do art. 468 do CPC, pois declara que a sentença tem força de lei nos "limites da lide e das questões decididas".

A análise de tais questões há de ser feita sem perder de vista o que dispõe o art. 469 do CPC: "Não fazem coisa julgada: I — os motivos, ainda que importantes para determinar o alcance da parte dispositiva da sentença; II — a verdade dos fatos, estabelecida como fundamento da sentença; III — a apreciação da questão prejudicial decidida incidentemente no processo." E dispõe o art. 470 do CPC: "Faz, todavia, coisa julgada a resolução da questão prejudicial, se a parte o requerer (arts. 5º e 325), o juiz for competente em razão da matéria e constituir pressuposto necessário para o julgamento da lide." Temos, pois, uma exceção à regra geral e como tal necessária a iniciativa da parte para que a matéria ganhe o selo da coisa julgada.

Realça *Aureliano de Gusmão* ("Coisa Julgada", 1922, 2ª ed., Saraiva, p. 69 e 70) que: "Os motivos como puros motivos, não têm autoridade de coisa julgada, por isso que esta não pode, indubitavelmente, estar nem onde se acha a decisão do juiz. O juiz, como juiz, decide só as questões ou relações de direito que as partes trouxeram a juízo e aí foram debatidas. Aos motivos, pois, só deve ser atribuída a autoridade da coisa julgada quando eles como que fazem corpo com o dispositivo da sentença, como partes integrantes deste, de maneira que neles esteja a razão mesma de ser do dispositivo, de modo que, abstraindo-se deles, a contenda ou a relação jurídica disputada pelos litigantes não teria ficado dirimida só pelo dispositivo, e poder-se-ia dizer que não existe a sentença, numa palavra, a coisa julgada deve-se procurar em qualquer parte da sentença onde esteja resolvida a relação de direito controvertida na demanda e, conseqüentemente, nos motivos, só quando neste estiver expressa tal relação como causa imediata do dispositivo da sentença."

Temos, pois, que o pedido, acolhido ou rejeitado, estabelece forte liame com os motivos nos quais se respaldou o juiz para deferir ou indeferir, *v. g.*, condena-se em indenização vez que comprovada a autoria do réu no abalroamento do veículo; indeferidas horas extras porque não restou provado que o autor laborasse em jornada prorrogada no período que indica etc. Não poderá a parte vencida rediscutir a matéria (art. 471 do CPC). Neste caso, motivo e dispositivo se completam e se unem com tal intensidade que um não subsiste sem o outro. O motivo é, pois, causa imediata que vivifica o dispositivo.

Dos limites subjetivos — Dispõe o art. 472 do Código de Processo Civil: "A sentença faz coisa julgada às partes entre as quais é dada, não beneficiando, nem prejudicando terceiros (...)"; *res inter alios judicata aliis non praeiudicare* — a coisa julgada não prejudica terceiros; o de *Paulo* (D. 3.2.21): *non opportet ex sententia sive justa sive injusta, pro alio habita lium pregavari* — a sentença produzida entre as partes, seja justa ou injusta não deve atingir terceiros. Em síntese, conforme a doutrina romana a coisa julgada vincula apenas as partes e não terceiros, aos quais não pode prejudicar.

As Ordenações adotaram o princípio romano: "A sentença não aproveita nem empece mais que às pessoas entre que é dada." (Ord., Liv. 3º, Tít. 81, pr)

Terceiros são todos aqueles que não figuraram no processo; portanto, dele não participaram. O art. 568 do CPC indica, todavia, pessoas que não figuraram no processo e que são atingidos pela coisa julgada.

Lembra *Moacyr Amaral Santos* (ob. cit., v. 3º/71) que: "O princípio fundamental, entretanto, não afasta a possibilidade da repercussão mais ou menos intensa e extensa dos efeitos da sentença a terceiros, os quais, conquanto não sujeitos à mesma, podem indiretamente sentir as suas conseqüências. Dessa repercussão dos efeitos da sentença a terceiros, não desconhecida dos próprios romanos, se ocuparam os juristas de todos os tempos, procurando dar-lhe solução." "A eficácia natural da sentença — diz Liebman — atua com relação a todos; por outro lado, a coisa julgada só vale entre as partes, pelo que estas suportam a sentença sem remédio, ao passo que os terceiros podem destruí-la, demonstrando a sua injustiça." (ob. cit., p. 161)

43.1.25. Da coisa julgada e a ação civil pública

Ação de contornos próprios e diferenciada da ação comum, informada por regras que dão alento e prestigiam o mandado de segurança e a ação popular, no sentido de que não haverá a coisa julgada quando a improcedência firmar residência na insuficiência probatória (art. 16 da Lei n. 7.347/1985). Por outro lado, também os limites subjetivos da coisa julgada têm conotação singular, muito embora se cuidem de interesses metaindividuais e sem a possibilidade de individualização; neste caso a presença da coletividade é fato indiscutível e pode alavancar-se em maior ou menor abrangência. E embora o dano (art. 2º) determine o local da propositura da ação e daí a competência funcional do juiz daquela base territorial para julgar a causa, não é menos verdade que o dano, regra geral, se exterioriza em círculos concêntricos, indo atingir outras localidades pelo fenômeno da difusão, *v. g.*, derramamento de petróleo no litoral, extrapolando a própria base territorial em que teve origem o dano. Disso resulta que a sentença proferida pelo juiz da base territorial em que o dano teve origem lançará seus efeitos por outras localidades, nas quais os reflexos do dano se fizeram sentir também de forma danosa, numa espécie de ampliação da *jurisdictio*. E isso se faz necessário para que outras ações civis públicas não sejam ajuizadas numa duplicação indesejada e correndo-se o risco de decisões desencontradas.

A Lei n. 9.494/1997 deu nova redação ao art. 16, da Lei n. 7.347/1985 para restringir a competência funcional do juiz à base territorial, isto é deu-se tratamento de lide individual aos direitos difusos. A modificação trazida é ineficaz em face do art. 103 do Código do Consumidor, cujos preceitos autorizam a ampliação da competência funcional do juiz que decidir em âmbito de direitos difusos. Sobre o tema, preleciona *Nelson Néry Junior* que "A norma, na redação dada pela Lei n. 9.494/97, é inconstitucional e ineficaz. Inconstitucional por ferir princípios do direito de ação (art. 5º, XXXV), da razoabilidade e da proporcionalidade e porque o Presidente da República a editou por meio de medida provisória, sem que houvesse autorização constitucional para tanto, pois não havia urgência (o texto anterior vigorava há doze anos, sem oposição ou impugnação), nem relevância, requisitos exigidos pela CF 62 *caput*. Ineficaz, porque a alteração ficou capenga, já que incide o CDC 103 nas ações coletivas ajuizadas com fundamento na LACP, por força da LACP 21 e CDC 90. Para que tivesse eficácia, deveria ter havido alteração da LACP 16 e do CDC 103. De conseqüência não há limitação territorial para a eficácia *erga omnes* da ação proferida em ação coletiva quer esteja fundada na LACP, quer no CDC" ("CPC Comentado", 6ª ed. RT, 2001, p. 1366).

43.1.26. Da classificação das sentenças

A classificação das ações e das sentenças longe está de tornar-se entendimento pacífico entre autores.

Ação de conhecimento, executiva e cautelar (*Chiovenda*, "Instituições de Direito Processual Civil", v. I/67; *Liebman*, *"Corso di Diritto Processuale Civile"*, p. 42 e ss.), com a distinção da primeira classe em declaratória, constitutiva e condenatória é a classificação mais comum entre os autores. A essas acrescentam alguns as mandamentais (*Kuttner*, *"Urteilswirkungen Ausserhalb des Zivilprozess"*, 1914, p. 21; *Goldschmidt*, "Direito Processual Civil", §§ 15-2, p. 113; *Pontes de Miranda*, "Comentários",

v. 1º/107; *José da Silva Pacheco*, "Tratado das Execuções"), e outras terminativas (*Emilio Betti*, "Diritto Processuale Civile", 1936, p. 85). Outros consideram apenas ações e sentenças de prestação ou de condenação; de declaração e de constituição ou de formação (*Rosenberg*, *"Lehrbuch des deutschen Zivilprozessrechts"*, 1951, § 84, p. 5, *apud José da Silva Pacheco*, ob. cit., v. 2º/201 e 202).

Preleciona *Frederico Marques* ("Manual", v. 3/33) que: "De acordo com a ação de que provém, a sentença pode ser declaratória, condenatória ou constitutiva. Não há que se falar em sentença mandamental, uma vez que não existe essa espécie de ações."

Kuttner entende por sentença mandamental aquela em que "o juiz, sem resolver por si mesmo sobre a relação de direito que existe no fundo do litígio, dá a outro órgão do Estado (autoridade ou funcionário público) a ordem concreta de praticar ou omitir certo ato inerente às suas funções" (*apud José da Silva Pacheco*, ob. cit., v. 2º/203).

43.1.27. Do elemento convicção

Por ocasião da prolação de sentenças, poderão surgir óbices que o juiz certamente deverá contornar, evitando, assim, que a decisão venha a ser viciada de nulidade. Como vimos no início, antes de julgar, o juiz deverá verificar a existência dos pressupostos processuais (objetivos e subjetivos), as condições da ação, se a representação está correta etc. Outros fatos poderão ocorrer, por ocasião do julgamento, que podem impedir o julgamento de imediato.

Por ocasião da prolação da sentença, poderá o julgador concluir que a prova produzida não conduz a nenhuma convicção, mesmo levando-se em conta o ônus da prova. Poderá, ainda, verificar que existe a possibilidade de firmar-se a convicção por intermédio de prova técnica.

Em acontecendo a hipótese, pode o julgador transformar o julgamento em diligência e reabrir a instrução probatória para a complementação de prova. Não pode o julgador ter iniciativa probatória que competia à parte e que restou preclusa.

Nada impede também que o julgador, por ocasião do julgamento, transforme-o em diligência e determine a reabertura da instrução para ouvir o depoimento de testemunha que fora indeferido e com o qual não concordou a parte, lançando os seus protestos.

Se a parte concordou com o indeferimento, não poderá o juiz retroceder, uma vez que restou firmada a preclusão e a iniciativa do Juiz retiraria a imparcialidade e o tratamento de igualdade que deve às partes (art. 125, CPC). Como regra, deve o juiz formar convicção sobre as provas produzidas pelas partes.

Há que se ter cuidado especial com o art. 130, do CPC que, aos menos avisados, poderá parecer a existência de porta larga para que o juiz tenha toda a iniciativa probatória. Se assim, fosse, estaria comprometido o princípio da imparcialidade, um dos esteios da jurisdição.

Embora o juiz atual não seja um mero espectador no processo, isso não significa atribuir ao magistrado a preponderância nessa atividade, que continua com as partes, porque estas é que sabem quais os melhores elementos para a prova dos fatos da causa. A norma legal propicia meios ao juiz para completar sua convicção e, assim, decidir com tranqüilidade de consciência, realizando o ideal do verdadeiro juiz, que não é apenas o de decidir, mas o decidir bem. A iniciativa probatória normalmente cabe às partes uma vez que são elas que melhor conhecem os fatos e quais os meios para prová-los, notadamente quando se tratar de prova documental ou testemunhal. Mas, o juiz tomando a iniciativa de ouvir testemunhas referidas e realizar exames periciais, principalmente, pode eliminar dúvidas que ficaram com os exames apenas das provas.

Não se deve confundir o poder de direção do processo (*dominus processus*) com a largueza probatória sem peias. Esta conduziria à neutralização da imparcialidade e o comprometimento da *jurisditio*. Por isso, a ponderação da exposição de motivos: "Quer na direção do processo, quer na formação do material submetido a julgamento, a regra que prevalece é a de que o juiz ordenará quando necessário ao conhecimento da verdade. A verdade que acaba por prevalecer é a formal, embora se persiga a verdade real.

Poderá, ainda, ocorrer a morte de uma das partes ou de um dos advogados.

O processo se suspende pela morte ou pela perda da capacidade processual de qualquer das partes, de seu representante legal ou de seu procurador (art. 265, I, CPC).

No caso de morte ou perda de capacidade processual de qualquer das partes, ou de seu representante legal, provado o falecimento ou a incapacidade, o juiz suspenderá o processo, salvo se já tiver iniciado a audiência de instrução e julgamento, caso em que o advogado continuará no processo até o encerramento da audiência ou o processo só se suspenderá a partir da publicação da sentença ou do acórdão (art. 265, § 1º, CPC).

No caso de morte do procurador de qualquer das partes, ainda que iniciada a audiência de instrução e julgamento, o Juiz marcará, a fim de que a parte constitua novo mandatário, prazo de vinte dias, findo o qual extinguirá o processo sem julgamento do mérito, se o autor não nomear novo mandatário, ou mandará prosseguir no processo à revelia do réu, tendo falecido o advogado deste (art. 265, § 2º, CPC).

Mesmo levando-se em conta que no processo do trabalho o advogado não tem presença obrigatória, em ocorrendo a hipótese, é de bom alvitre que se dê oportunidade à parte para constituir novo mandatário. Se não o fizer no prazo concedido, o processo prosseguirá normalmente (art. 791, CLT), adaptada a regra civilista à realidade trabalhista.

43.1.28. Da cautelar de arresto

Poderá a parte, nessa fase, ter motivos objetivos suficientes para pleitear o arresto de bens quantos bastem para garantir uma possível execução futura.

É bem verdade que a venda, após o ajuizamento da ação, seria ineficaz por traduzir fraude à execução (art. 593, II, CPC).

O arresto em tais casos poderá evitar que o bem venha a sofrer várias transferências, com implicações para terceiros de boa-fé, embora a fraude à execução elimine a boa-fé. A medida poderá ser requerida em sede preparatória, vale dizer, mesmo antes da propositura da ação.

43.1.29. Da sentença justa ou injusta

Dissemos em nossa obra "O processo da Justiça do Trabalho", 4. ed., RT, 1999, que "houve e sempre existirá uma norma, uma regra de conduta, implementando a atuação do indivíduo em suas relações dentro da sociedade. Saber-se se uma sentença é justa ou injusta é tarefa árdua". Norteia *Couture* ("Interpretação da lei processual", 4. ed., Rio de Janeiro: Forense, 1994, p. 27) que: "Entre a justiça e a legalidade prefira a justiça." Vale dizer que uma sentença poderá estar respaldada em fundamento legal e ser injusta.

Analisando pelo ângulo da parte vencida, a injustiça que proclama certamente estará recheada com suportes subjetivos nem sempre consistentes, já que cada qual proclama o "seu direito", vale dizer, o direito visto sob a sua ótica.

Vem a pêlo a palavra sensata de *Mário Guimarães* ("O juiz e a função jurisdicional", Rio de Janeiro: Forense, 1958, p. 34 e ss.): "Decidir com justiça será, pois, para o Juiz decidir de acordo com o direito. Não há estranhar, por isso, que às vezes, decisões rigorosamente justas tal o não pareçam aos olhos do leigo. É que, para o povo, a conceituação de justiça não se atém ao Direito. Afina com a Moral. E como o Direito e a Moral, na velha comparação de *Bentham*, são dois círculos concêntricos dos quais o de menor circunferência é o do Direito, segue-se que há um largo espaço no qual o povo situa a Justiça e os tribunais não a reconhecem." Exemplifica: "se de entre dois candidatos que pleiteiem a sua nomeação para um cargo, escolher o Executivo o menos habilitado, o menos digno, o outro terá sofrido certamente uma injustiça, no sentido popular da palavra, mas se assistia a autoridade nomeante liberdade de preferência, não poderá o Juiz interferir, porque nenhum direito foi lesado. Os Juízes protegem direitos. Nada mais do que isso. Fala-se, porém, em direito 'injusto'. A razão é que a palavra justiça, além da acepção a que acima aludimos, comporta outra — de ideal para a qual propende o Direito."

43.1.30. Da sentença certa e determinada

A sentença é o coroamento da fase de conhecimento. É também a oportunidade processual em que o Poder Judiciário concede ou nega o direito, o *an debeatur*. Do que resulta que na fase executória não se cria nenhum direito, mas se transforma em realidade o direito antes concedido. Na fase executória, buscar-se-á o *quantum debeatur*.

Daí a erronia de certas sentenças condicionadas que elegem a fase executória para dizer o direito, quando o correto é utilizar o parâmetro do ônus da prova.

CAPÍTULO 44

PROCESSO DE CONHECIMENTO NOS TRIBUNAIS

44.1. Da fase recursal

44.1.1. Da fase recursal — breve enfoque

Pelo princípio da ampla defesa, a lei propicia ao jurisdicionado a possibilidade de rediscutir em órgão superior, como regra, a matéria decidida na jurisdição inferior e que não lhe fora favorável, parcial ou totalmente. A decisão de primeiro grau é produzida por juízo monocrático, como regra, donde advém a esperança de que a revisão do julgado por colegiado possa ser favorável ao recorrente. É quase certo que o julgamento por colegiado tem a possibilidade de melhor situar a matéria, já que o julgado passará pelo crivo de vários juízes mais experientes e com saber jurídico solidificado em anos de magistratura. Por outro lado, a possibilidade recursal está calcada também no inconformismo do ser humano de não se contentar com um único pronunciamento. E sábia é a lei ao permitir que tal ocorra, pois se assim não fosse e sabedor o julgador primário de que teria a última palavra, certamente afrouxaria os cuidados com a análise de prova. Estar-se-ia muito próximo da ditadura judicial. O juiz de primeiro grau deverá esmerar-se na análise probatória proferindo sentença justa com o objetivo de não ver suas sentenças reformadas pelo órgão superior. A parte recorrerá sempre que não concordar com o que foi decidido. O recurso funciona como contrapeso para evitar-se ilegalidades e injustiças.

É de mediano entendimento o inconformismo, regra geral, da parte vencida na ação. E esse inconformismo, muitas vezes, tem razão de existir. Poderá ocorrer também que sobre a matéria *in judicio deducta* haja divergência doutrinária e jurisprudencial. É o recurso, portanto, o meio hábil pelo qual poderá a parte demonstrar o seu inconformismo. Há, por assim dizer, uma presunção de que a instância *ad quem,* de formação colegiada, tenha melhores condições de bem apreciar a matéria.

Dispõe *Pedro Batista Martins* ("Recursos e Processos de Competência Originária dos Tribunais", 1957, p. 144, *apud José Frederico Marques*. "Instituições de Direito Processual Civil", Rio de Janeiro: Forense, 1969, v. VI/17) que: "É o poder que se reconhece à parte vencida em qualquer incidente ou no mérito da demanda de provocar o reexame da questão decidida, pela mesma autoridade judiciária, ou por outra de hierarquia superior."

44.1.2. Da irrecorribilidade das interlocutórias

A irrecorribilidade das decisões interlocutórias traduz uma das peculiaridades do processo do trabalho. Conseqüência dessa irrecorribilidade é o âmbito restrito do agravo de instrumento trabalhista que é um âmbito operacional restrito ao desatrelamento de recursos não processados, diferente, pois, do seu similar no processo comum que possibilita à parte insatisfeita recorrer das decisões interlocutórias.

Característica dos recursos em sede trabalhista é a irrecorribilidade das decisões interlocutórias, ficando remetida a sua discussão por ocasião de eventual interposição de recurso quando da prolação de decisão definitiva.

Imprescindível, contudo, o oferecimento de oportunos protestos como forma de alavancar o reexame em sede recursal. Embora a semelhança havida com o agravo retido na esfera civil, de recurso não se trata, já que a tipificação exige expressa previsão legal. Todavia, a necessidade de protestos é pertinente e encontra respaldo no art. 795 da CLT, e sua omissão resulta em inevitável preclusão.

O princípio encontra uma única exceção prevista no § 1º, do art. 2º, da Lei n. 5.584/1970, que previu o pedido de revisão do valor da causa e no caso da decisão proferida em embargos à execução que admite o agravo de petição. A irrecorribilidade das interlocutórias é peculiaridade do processo do trabalho que, juntamente com a concentração dos atos de audiência e o princípio da identidade física do juiz, formam o conteúdo do princípio da oralidade.

A irrecorribilidade das interlocutórias, o âmbito restrito do agravo de instrumento e a ausência do Ministério Público em primeiro grau são fatores que, somados, agilizam o procedimento.

44.1.3. Dos processos de alçada

Existem ações que pela sua simplicidade ou pelo seu valor reduzido se satisfazem com o julgamento primário, não permitindo que a parte inconformada submeta o julgamento à jurisdição superior. É uma questão de política judiciária, objetivando assoberbar mais um judiciário já sobrecarregado com número exorbitante de ações que a cada dia são distribuídas. Como regra, excepcionam-se da alçada aquelas ações em que se discute matéria constitucional.

No processo trabalhista, nenhum recurso caberá das sentenças proferidas nos dissídios de alçada, salvo em se tratando de matéria constitucional. Ao contrário do que possa parecer *prima facie*, no art. 7º, IV, da CF/1988, Capítulo II — Dos Direitos Sociais — o constituinte, preocupado com o poder aquisitivo do trabalhador, não desmereceu matéria processual. A alçada está gizada a dois salários mínimos (art. 2º, §§ 3º e 4º, da Lei n. 5.584, 26.6.1970).

Dúvida que surge é a de saber-se se, em havendo matéria constitucional, cabível seria o recurso extraordinário ao STF. A resposta há de ser pela negativa. Em tais casos, caberá o recurso ordinário (ou o agravo de petição, se na fase executória) ao Tribunal Regional do Trabalho, o de revista ao Tribunal Superior do Trabalho. Nesse sentido, também são as lições de *Alcides de Mendonça Lima* ("Processo Civil no Processo Trabalhista", São Paulo: LTr, [s/d.], p. 98): "Pela índole do extraordinário, entendemos que os recursos normais devem ser utilizados, porque somente a ausência de ofensa à Constituição é que cria a situação excepcional de vedar o duplo grau de jurisdição; desaparecendo o requisito excepcional, o caso cai na regra geral quanto aos recursos pertinentes, como em qualquer outro feito."

Dispõe *José Frederico Marques*, ob. cit., p. 17 e ss., que: "O julgamento proferido por um juiz de grau inferior não esgota geralmente a obrigação jurisdicional do Estado. Esta, nos juízos de primeiro grau não é ainda entregue às partes, visto que a sentença então proferida não passa de apresentação da prestação jurisdicional, ao invés de entrega definitiva da referida prestação, a qual só se verifica quando esgotados os recursos cabíveis. Lógico seria que a decisão de primeiro grau tivesse o caráter de irrevogável; todavia, considerações de ordem prática levam a permitir uma nova discussão perante outro órgão judiciário de categoria superior, ou, excepcionalmente, ante o próprio Juízo em que foi proferida a decisão. Os recursos são atos processuais que têm por finalidade a obtenção de novo exame, total ou parcial, de um ato judiciário. Nesse sentido, é um *remedium juris*, visto que tende à remoção de um obstáculo, que é justamente a decisão tida por errônea. Com o recurso não se abre nova instância. O que se denomina de 'segunda instância' é a mesma relação processual projetada no Juízo de segundo grau. O que surge do recurso é um novo procedimento, isto é, o procedimento recursal. O conceito de recurso acha-se em atinência lógica com o princípio do duplo grau de jurisdição. Como o mostrou *Chiovenda*, 'entre os princípios fixados pela Revolução Francesa', insere-se o denominado princípio do duplo grau de jurisdição, que determina o trânsito da causa, normalmente, pela cognição de dois tribunais sucessivamente. Constitui tal princípio — como salientou *Afonso Fraga* — uma garantia de reta administração da justiça. Aliás, a Constituição brasileira do Império, no art. 158, o consagrava expressamente. Atualmente, esse postulado não se acha explícito na Constituição Federal; no entanto, o adota o Código de Processo Civil, como regra geral. Não há dúvida de que o sistema do duplo grau de jurisdição é um fator de maior segurança na aplicação da lei pelos órgãos judiciários. Foi o que bem salientou *Seabra Fagundes*, mostrando que por ele se reapura a juridicidade da decisão recorrida. Ao demais, na organização dos quadros judiciários, os magistrados que funcionam no Juízo do recurso têm maior experiência e se encontram em melhores condições para um exame bem refletido e sereno da questão decidida em primeiro grau."

Na Constituição Federal de 1988, eis que vedada a vinculação ao mínimo legal (art. 7º, IV), estaria revogado o § 4º do art. 2º da Lei n. 5.584/1970. A tese, entretanto, não atenta para o real escopo do dispositivo constitucional. O que a *Lex Major* procurou obstar com a vedação em tela foram os mecanismos de indexação da economia com âncora no salário mínimo, não alcançando, pois, a alçada recursal. Neste sentido, a Súmula n. 356 do C. TST: "Alçada Recursal. Vinculação ao salário mínimo.

O art. 2º, § 4º, da Lei n. 5.584/70 foi recepcionado pela Constituição da República de 1988, sendo lícita a fixação do valor da alçada com base no salário mínimo."

Essa questão resta superada quando a matéria em debate é constitucional (art. 2º, § 4º, da Lei n. 5.584, de 26.7.1970). A Lei n. 7.701, de 21.12.1988, em seu art. 12, § 4º, dispõe que: "Das decisões proferidas pelos Tribunais Regionais do Trabalho, ou por suas Turmas, em execução de sentença, inclusive em processo incidente de embargos de terceiro, não caberá o recurso de revista, salvo na hipótese de ofensa à Constituição Federal." Em havendo ofensa à Constituição não haverá o óbice da alçada e a matéria será discutida em todas as instâncias recursais. O óbice da alçada não traduz impedimento bastante para neutralizar a discussão em campo constitucional, posto que sendo a Excelsa Corte a guardiã da Constituição a esta está afeta a última palavra. Decidiu o STF, relator o Min. Moreira Alves, RE n. 91.199, que: "Não é cabível, portanto, recurso extraordinário contra decisão do TST prolatada em revista, ou contra despacho que não admitiu embargos interpostos contra aquela, pois em ambos os casos, não se exauriu a via de recursos na instância trabalhista." O acórdão foi seguido por acórdãos posteriores (*v. g.*, RE ns. 91.640, rel. Min. Cunha Peixoto, 91.756, rel. Min. Cordeiro Guerra, 92.452, rel. Min. Djaci Falcão).

44.1.4. Do recesso e a contagem de prazo para recurso

O recesso não suspende prazo. Enquanto as férias forenses têm o condão de suspender o prazo recursal nos termos do art. 179 do CPC, o recesso previsto na Justiça Federal comum e especial é conceituado legalmente como feriado e como tal não se traduz em motivo bastante para suspender prazo recursal. Nesse sentido, dispõe o art. 62, I, da Lei n. 5.010, de 30.5.1966. Esse é o entendimento no TST e STF. O recesso tem início no dia 19 de dezembro de cada ano. Se a intimação for recebida no dia 15 (dia útil), o prazo passa a ser contado a partir do dia seguinte e não se interromperá durante o recesso. Como existe óbice para o protocolo do recurso, a parte deverá fazê-lo no primeiro dia em que se iniciam os trabalhos que é no dia 7 de janeiro se for dia útil. Se o protocolo se der após o primeiro dia da volta aos trabalhos, haverá intempestividade. Se a intimação for recebida após o início do recesso, não haverá contagem de prazo, e este terá início no primeiro dia útil da volta aos trabalhos.

44.1.5. Do recurso ordinário

O recurso ordinário tem similar no recurso de apelação do cível. Possivelmente, tenha sido o *nomen juris* originário do fato de ser a apelação também um recurso devido em instância ordinária, já que a extraordinária abrangia o Tribunal Superior do Trabalho e o Supremo Tribunal Federal. Hoje, instância extraordinária abrange todos os Tribunais Superiores que se colocam hierarquicamente abaixo da Excelsa Corte. Com a Constituição de 1988, foi extinto o Tribunal Federal de Recursos e foi criado o Superior Tribunal de Justiça que se coloca como jurisdição superior com competência abrangente sobre as causas julgadas pela Justiça Estadual e pela Justiça Federal, excluída a jurisdição trabalhista. A finalidade de ambos, apelação e recurso ordinário, é a de conceder o duplo grau de jurisdição sobre decisões terminativas e definitivas originárias de primeiro grau, excepcionada a hipótese de alçada na Justiça do Trabalho, como previsto pela Lei n. 5.584/1970, art. 2º, § 4º, que só permite a interposição do recurso ordinário no caso de discutir-se matéria constitucional. Na Justiça do Trabalho, o recurso ordinário também é utilizado para aquelas ações, cuja competência originária é do Regional, *v. g.*, mandado de segurança, ação rescisória, ação anulatória, *habeas corpus*, e em decisões em dissídio coletivo. Para *Manoel Antonio Teixeira Filho* ("Sistema dos Recursos Trabalhistas", 10. ed., LTr, 2003, p. 292) o recurso ordinário em sede trabalhista, enquanto instituto, não tem raízes históricas remotas. É possível que, ontologicamente, se deva ao fato de constituir uma variante da apelação do processo civil, espécie de expressão *sui generis* daquele meio recursório secular do processo comum. Quanto a nós, também não encontramos nenhuma base técnica ou científica para a denominação adotada, pois nenhuma explicação existe para essa essência terminológica. Traduz, todavia, terminologia hoje sedimentada. O Anteprojeto Russomano, de 1970, substituía o recurso ordinário por apelação (art. 398).

Dispõe o art. 895 da Consolidação que: "Cabe recurso ordinário para a instância superior: a) das decisões definitivas das juntas e juízos, no prazo de oito dias; b) das decisões definitivas dos Tribunais Regionais, em processos de sua competência originária, no prazo de oito dias, quer nos dissídios individuais, quer nos dissídios coletivos." O prazo recursal foi modificado pela Lei n. 5.584, de 26.6.1970 que determinou oito dias para todos os recursos. A exceção à regra está prevista para as pessoas jurídicas de direito público e autarquias ou fundações de direito público que não explorem atividade econômica, cujo prazo para recorrer é em dobro (Decreto-lei n. 779/1969).

44.1.6. Das decisões definitivas

O art. 895 da CLT apresenta incorreção terminológica ao dispor que somente cabe recurso ordinário "das decisões definitivas". Sentença definitiva é aquela que, adentrando ao *meritum causae*, julga a ação procedente ou improcedente. Todavia, se ao decidir o juízo não apreciou o mérito, acolhe pedido de carência ou de extinção do processo sem resolução do mérito, teremos, apenas, sentença terminativa. Em que pese a incorreta redação do art. 895 da CLT, em ambos os casos, a exemplo do art. 513 do CPC, que cuida da apelação, cabível o recurso ordinário. A sentença final definitiva faz coisa julgada; a sentença final terminativa não faz coisa julgada material, apenas a formal, configurando a preclusão *pro judicato*. Igualmente, não fazem coisa julgada as sentenças proferidas em jurisdição voluntária e em processos cautelares, exceção feita se pronunciada a prescrição ou a decadência.

Preleciona *José Frederico Marques*, ob. cit., v. III/392, que: "Sentença definitiva, ou sentença em sentido estrito, é expressão que deve entender-se, segundo explica *Liebman*, no seu significado etimológico: é definitiva a sentença que define o juízo, concluindo-o e exaurindo-o, ao menos na instância (jurisdição) em que foi proferida. Sentença definitiva 'é a sentença final do procedimento de primeiro grau'. No Direito brasileiro, porém, uma vez que o despacho saneador (audiência preliminar, art. 331, CPC) deve resolver todas as questões sobre os pressupostos processuais e condições da ação, somente a sentença proferida sobre o mérito da causa é, normalmente, definitiva, por encerrar o juízo de primeiro grau. Em virtude da divisão que se opera no processo ordinário de conhecimento, através do despacho saneador (audiência preliminar, art. 331, CPC), só a sentença que é proferida em audiência de instrução e julgamento tem o nome de definitiva, contendo, por isso mesmo, julgamento sobre o *meritum causae*. Se, excepcionalmente, o conteúdo desse ato decisório for outro, por incidir sobre questões relativas à inadmissibilidade do *judicium*, não será ele sentença definitiva, mas tão-só terminativa. Donde se vê que a sentença final de primeiro grau deve considerar-se definitiva unicamente quando contiver decisão sobre a procedência ou improcedência do pedido (...). Sentença definitiva, portanto, é a sentença de mérito proferida no juízo de primeiro grau por órgão monocrático. A sentença definitiva põe fim ao procedimento de primeira instância, não ao processo de conhecimento, uma vez que o procedimento recursal o estende e prolonga até que seja proferido acórdão insuscetível de recurso, quando então realmente se encerra o processo de cognição."

Dispõe *Moacyr Amaral Santos* ("Primeiras Linhas de Direito Processual Civil", Saraiva, 1985, v. 3, 6 e 7) que: "Finais são as decisões que encerram o processo, põem termo à relação processual, esgotam a função do juiz. Proferindo-as, o juiz dá por cumprido o seu dever jurisdicional. a) Dessas, umas encerram o processo — põem termo à relação processual, sem julgamento do mérito. Apenas dizem respeito ao processo, não à relação de direito substancial posta em juízo. Encerram o processo, mas não decidem sobre o pedido, que fica imprejulgado. Assim as decisões que acolhem as exceções de coisa julgada ou de litispendência; que indeferem a inicial por manifestamente inepta; que reconhecem a ilegitimidade de parte ou a falta de pressuposto processual; que extinguem o processo sem julgamento do mérito (CPC, art. 267). Tais são as chamadas sentenças terminativas — põem termo à relação processual, sem julgamento do mérito. b) Outras, as sentenças no sentido estrito, no sentido romano de *sententia*, decidem do pedido, julgando-o procedente ou improcedente. Põem termo à relação processual, mas também à ação. Encerram o processo com o julgamento do mérito. Sua característica está em julgar o mérito, isto é, decidir da relação de direito substancial posta em juízo, e, pois, em acolher ou repelir o pedido contido na inicial. São as sentenças finais por excelência, a que a técnica processual denomina sentenças definitivas." Prossegue o insigne mestre (p. 54): "Salvo as sentenças definitivas, ou de mérito, os demais atos decisórios, mesmo classificados como sentença, não produzem coisa julgada. a) Assim, as sentenças terminativas, que põem termo ao processo, mas não decidem do mérito. Transitam elas em julgado, mas não fazem coisa julgada. Com a sua prolação, sentença que põe termo ao processo sem julgamento do mérito (CPC, art. 267, v. 2. 383), — seja proferida conforme o estado do processo (CPC, art. 329), ou mesmo após os debates na audiência de instrução e julgamento, ou em outra fase processual — decidiu-se apenas quanto ao processo, não quanto ao mérito. Imprejulgado ficou este, continuando as partes na mesma situação em que se achavam antes do início do processo, nada obstando a que a lide seja novamente instaurada e decidida noutro processo, salvo quando a extinção do processo, sem julgamento do mérito, se tenha dado pelo acolhimento da alegação de perempção, de litispendência ou de coisa julgada (CPC, art. 268). Em relação às sentenças terminativas não há coisa julgada, ocorrendo, uma vez transitadas em julgado, aquilo que a doutrina chama de preclusão *pro judicato*. b) Não produzem coisa julgada as sentenças proferidas em processos de jurisdição voluntária, ou graciosa. Nesses processos não há lide a ser decidida e a autoridade de coisa julgada é característica das sentenças que resolvem a lide. Diga-se, pois, que têm autoridade de coisa julgada as sentenças definitivas proferidas nos processos de jurisdição contenciosa, não as decisões finais nos processos de jurisdição voluntária. c) Não produzem coisa julgada as sentenças proferidas em processos cautelares (...). d) Igualmente não fazem coisa julgada as decisões interlocutórias, definidas no art. 162, § 2º, do Código de Processo Civil que são, em regra, de natureza processual. Dessas decisões, quando não recorridas ou transitadas em julgado, resulta tão-somente preclusão, que torna impeditivo o seu reexame no mesmo processo. Os despachos de mero expediente (...) que, aliás, nem são recorríveis, podem ser modificados ainda no curso do processo em que foram proferidos, mediante reclamação da parte, máxime quando suscetíveis de ser pronunciados de ofício (...). Por isso pode-se dizer que esses despachos não têm nem mesmo efeito preclusivo."

44.1.7. Dos pressupostos de admissibilidade

São requisitos indispensáveis para que se considere válida a interposição do recurso. Dividem-se em pressupostos subjetivos e objetivos. Os subjetivos, por sua vez, dividem-se em pressupostos da parte e do juiz. São pressupostos subjetivos da parte: legitimidade para recorrer e capacidade para recorrer. São pressupostos do juiz: juiz competente para determinar o processamento do recurso; ausência de qualquer impedimento ou suspeição. Entendemos que o juiz que se deu por suspeito ou impedido não deve funcionar no processo, sequer para determinar o processamento do recurso. São pressupostos objetivos: recorribilidade do ato decisório, sucumbência, adequação, tempestividade, pagamento de custas, depósito recursal (quando for o caso), fundamentação e regularidade procedimental. Há certa tendência na Justiça do Trabalho de não exigir a fundamentação, mas tão-somente que seja demonstrado o inconformismo da parte recorrente. Esse entendimento só é tolerado quando a parte não estiver assistida por advogado. As partes possuem o *jus postulandi* (art. 791, CLT) e poderão recorrer, sem constituir advogado, para o Regional (recurso ordinário e agravo de petição). Bastará que a parte sucumbente compareça à secretaria da Vara e seja tomado por termo o inconformismo. Bastará que diga que não concorda com a decisão e que pretende vê-la reformada, sem necessidade de fundamentar. Entretanto, para os recursos ditos extraordinários (revista e embargos para o TST e recurso extraordinário para o STF) onde a matéria é só de direito, a presença de advogado é obrigatória.

O recurso tem por escopo submeter ao crivo da instância *ad quem* a matéria decidida na instância *a quo* e impugnada pela parte recorrente. Contudo, para que o Tribunal *ad quem* possa apreciar a matéria é necessária, antes, a presença de certos pressupostos que denominamos de admissibilidade.

Assim, deve a parte usar do recurso adequado (adequação); deve endereçá-lo ao tribunal competente para conhecer da matéria (juízo competente); a parte recorrente deve estar legitimada para tanto (legitimidade *ad causam* ativa ou passiva). Tem legítimo interesse a parte perdedora total ou parcial (sucumbência). Presentes esses pressupostos, terá ainda a parte sucumbente (empregador) de efetuar o depósito recursal (na Justiça do Trabalho) nos termos do art. 899, § 2º, da Consolidação. Esse artigo foi alterado pela Lei n. 7.701, de 21.12.1988, art. 13 que dispôs sobre o depósito recursal de que trata o art. 899 e seus parágrafos. A lei entrou em vigor na data de sua publicação, conforme DOU de 22.12.1988, p. 25.105-25.107. A lei retro foi modificada pela Lei n. 8.177/1991. O TST espancou antiga controvérsia ao firmar a garantia da execução como escopo precípuo do depósito prévio (*vide* Instrução Normativa n. 3, TST).

Exigia a lei (art. 899, § 1º, da CLT e Lei n. 5.584/1970, art. 7º) o depósito prévio. A jurisprudência firmou-se no sentido de aceitar-se o depósito como correto, desde que fosse efetuado até o último dia do prazo do recurso. Nesse sentido, dispõe a Súmula n. 245 do TST: "O depósito recursal deve ser feito e comprovado no prazo alusivo ao recurso, sendo que a interposição antecipada deste não prejudica a dilação legal." (Resolução n. 15/1985, DJ.9.12.1985).

O depósito não precisa ser prévio, superado o § 1º, do art. 899, nesta parte pelo art. 7º da Lei n. 5.584/1970 (art. 2º, § 1º, da LICC).

Vale dizer que deve ser feito e comprovado até o último dia do prazo para recorrer. O depósito deverá ser feito na conta vinculada do trabalhador, admitindo a Súmula n. 165 do TST que poderá ser feito fora da conta vinculada, desde que na sede do juízo ou ainda fora da sede do juízo, mas em conta vinculada do trabalhador e à disposição do juízo. Da mesma forma que as custas, o depósito da condenação deve ser complementado até o limite legal se acrescida a condenação pelo acórdão regional, sob pena de deserção (*vide* Lei n. 8.177/1991 e Instrução Normativa n. 2 do TST).

As custas, em caso de recurso, serão pagas e comprovado o recolhimento dentro do prazo recursal (art. 789, § 1º, da CLT com a nova redação dada pela Lei n. 10.537/2002). Não mais existe o tratamento especial para a hipótese de inquérito judicial. Estão isentos de custas, a União, os Estados, os Municípios e respectivas autarquias e fundações federais, estaduais e municipais que não explorem atividade econômica e o Ministério Público. A isenção, no entanto, não alcança as entidades fiscalizadoras do exercício profissional, nem exime as pessoas jurídicas mencionadas da obrigação de reembolsar as despesas judiciais realizadas pela parte vencedora (art. 790-A, CLT, cf. Lei n. 10.537/2002).

Assim, para que o Tribunal *ad quem* possa conhecer do recurso, deverão estar presentes os pressupostos de admissibilidade. Vale dizer, não poderá o tribunal adentrar ao mérito antes de verificar a existência dos pressupostos. Lembra *Vicente Greco Filho* (ob. cit., v. 2. 254): "Conforme o recurso, o juízo de admissibilidade dos recursos se faz parte pelo juízo *a quo* e parte pelo tribunal *ad quem* e às vezes apenas no tribunal *ad quem*, mas ainda que o tribunal ou juízo *a quo* tenha a função legal de examinar o cabimento do recurso, o juízo de admissibilidade que fizer, quando positivo, será sempre provisório, admitindo revisão pelo tribunal *ad quem*. O tribunal competente para julgar o recurso pelo mérito é que faz o juízo de admissibilidade em definitivo. A distinção entre conhecimento e provimento do recurso é importantíssima para se definir os efeitos da decisão e, até, a competência para futura ação."

Com vistas à sucumbência, é interessante notar que, por vezes, a parte vencedora pode ter legítimo interesse de recorrer. Tal ocorre, *v. g.*, quando a sentença conclui pela carência da ação, quando o correto seria a improcedência. Esse lapso terminológico pode ter conseqüências processuais, posto que transforma uma decisão simplesmente terminativa em definitiva. Deve a parte sanar a incorreção pela via dos embargos declaratórios. Não conseguindo, deve utilizar do recurso.

Segundo *Moacyr Amaral Santos* ("Primeiras Linhas de Direito Processual Civil", Saraiva, 1985, v. 3, p. 85) "são pressupostos objetivos do recurso: a) a recorribilidade do ato decisório; b) a tempestividade do recurso; c) a singularidade do recurso; d) a adequação do recurso; e) o preparo do recuso. Além destes, cada recuso tem pressupostos objetivos próprios, específicos, referentes ao processo e ao procedimento, quais a motivação e a regularidade procedimental, os quais serão considerados no estudo de cada um deles, em particular". E à p. 90, n. 771, da obra retro citada: "Pressuposto subjetivo do recurso é que ele deve ser interposto por quem esteja legitimado. Tem interesse em recorrer aquele a quem a decisão, a sentença, ou o acórdão causou prejuízo."

Sobre a matéria, dispõe *José Frederico Marques* ("Instituições de Direito Processual Civil", Rio de Janeiro: Forense, 1969, n. 888, v. IV/53) que: "Cada recurso tem seus pressupostos próprios e particulares. No entanto, para todos eles há uma série de pressupostos gerais e comuns, que assim se agrupam: pressupostos objetivos e pressupostos subjetivos. Além disso, há um pressuposto fundamental, pressuposto dos pressupostos de admissibilidade de qualquer recurso: a sucumbência. Os pressupostos objetivos são os seguintes: a) existência e adequação do recurso; b) tempestividade; c) pagamento das custas; d) motivação; e) regularidade procedimental. No tocante aos pressupostos subjetivos, cingem-se as condições de admissibilidade à capacidade e legitimação para recorrer. Ausente um desses pressupostos, falta condição para o recurso ser admitido, e por isso dele se não conhece.

Não é raro deparar-se com a alegação de que pressupostos tais como o de alçada, custas e depósito prévio afrontam o disposto no inciso LV do art. 5º da CF/1988:

"Aos litigantes, em processo judicial ou administrativo, e aos acusados em geral são assegurados o contraditório e a ampla defesa, com os meios e recursos a ela inerentes." Deve-se, entender, todavia, que não se tem na espécie garantia incondicionada. A alçada recursal, o depósito prévio e as custas não obstam o exercício de direito legalmente constituído, mas apenas o condicionam, não ensejando afronta ao texto constitucional.

44.1.8. Dos efeitos

No processo do trabalho, a regra geral é o recebimento só no efeito devolutivo (recurso ordinário, conforme dispõe o art. 899 da CLT). O recurso de revista será recebido apenas no efeito devolutivo, (art. 896, § 1º, da CLT). O efeito devolutivo proporciona a possibilidade de execução provisória mais afeita à celeridade do processo do trabalho. Isso não impede que, em casos excepcionais, se e quando for o caso, seja concedido também no efeito suspensivo, quer no recurso ordinário, quer no recurso de revista. Todavia, na prática, também este recurso é geralmente recebido no efeito meramente devolutivo, propiciando a execução provisória por meio de carta de sentença.

Moacyr Amaral Santos (ob. cit., v. 3, 98 e 99, n. 775) que: "A interposição de recurso produz, de imediato, dois efeitos: um, comum a todos os recursos, o efeito devolutivo; outro, próprio de vários deles, o efeito suspensivo. Consiste o efeito devolutivo na transferência, para o juiz *ad quem*, do ato decisório recorrido a fim de que, reexaminando-o, profira, nos limites do recurso interposto, novo julgamento. Trata-se de efeito inerente à natureza do recurso; se este se conceitua como o poder de provocar o reexame de um ato decisório, pela mesma autoridade judiciária ou por outra hierarquicamente superior, visando a obter a sua reforma ou modificação, segue-se que o juízo ao qual se recorre deverá estar armado de condições capazes e suficientes para proferir novo julgamento. Por isso, devolve-se ao juízo para o qual se recorre o conhecimento pleno do material de que se valeu, ou podia ter-se valido, o juiz que proferiu o ato decisório recorrido. E, ainda por isso mesmo, a interposição de recurso, qualquer que seja, produz efeito devolutivo. Entende-se por efeito suspensivo o que impede a eficácia do ato decisório desde o momento da interposição do recurso e até que este seja decidido. Aliás, o efeito suspensivo desponta desde a prolação do ato decisório, sempre que este seja impugnável por meio de recurso que produza tal efeito. Têm efeito suspensivo os recursos de apelação, de embargos infringentes ao acórdão e de embargos de declaração. O agravo de instrumento e o recurso extraordinário não produzem o efeito suspensivo, mas apenas, como todos os recursos, o efeito devolutivo."

44.1.9. Da regra geral

O juiz do trabalho, como regra, é sensível a que o processo se desenvolva com a celeridade desejada, com vistas ao crédito de natureza alimentar (art. 33, ADCT).

A demora na entrega da prestação jurisdicional poderá ter conseqüências perversas. Daí o alerta da lei no art. 765 da CLT. A irrecorribilidade das decisões interlocutórias, a informalidade que premia o processo do trabalho, o âmbito restrito do agravo de instrumento, o *jus postulandi* das partes, a gratuidade no ajuizamento das ações são peculiaridades que distinguem o Direito Processual do Trabalho do processo comum. Outra peculiaridade é justamente o recebimento do recurso somente no efeito devolutivo, permitindo, desde logo, a execução provisória, com penhora de bens. Na prática, a excepcionalidade está no recebimento do recurso ordinário em ambos os efeitos. Caso existirá em que o efeito suspensivo se apresente como medida inarredável, *v. g.*, em que o executado revel não fora citado na ação, nem intimado da sentença.

Lembra *Wagner Giglio* ("Direito Processual do Trabalho", Sugestões Literárias, 1972, p. 293 e 294) que: "A CLT não confere efeito suspensivo ao recurso ordinário, embora possibilite, expressamente, esse efeito a outros recursos (revista, por exemplo. Ver art. 896, § 1º, Lei n. 9.756/98 diz expressamente efeito devolutivo). Prevalece, portanto, a regra geral. Os juízes de primeira instância não costumam, aliás, declinar o efeito em que recebem o recurso. Acresce que nem necessitariam fazê-lo, pois o efeito meramente devolutivo decorre da lei, como foi visto. Mais ainda: parece-nos que não poderiam dar efeito suspensivo, ainda que o desejassem, pois contrariariam preceito legal." No mesmo sentido *Antônio Lamarca* ("Ação na Justiça do Trabalho", Guanabara: Trabalhista, 1968. p. 301-303, *apud Wagner Giglio*, ob. cit., p. 294): "Sob o ponto de vista rigorosamente pragmático, a inovação do legislador trabalhista não trouxe benefícios; e, a bem da verdade, diga-se que mui raramente se intentam execuções provisórias, pendentes recursos de embargos ou ordinários. Os empregados têm preferido ver confirmadas, primeiro, as sentenças de instâncias originárias." Completa *Wagner Giglio* (ob. cit., p. 294) que: "Nos dissídios coletivos o recurso ordinário terá, como regra, apenas o efeito devolutivo. Por exceção, entretanto, a Lei n. 5.584/70 determinou que o recurso interposto pela Procuradoria seja recebido também "no efeito suspensivo quanto à parte que exceder o índice fixado pela política salarial do Governo" (art. 8º). E ainda por exceção, pode o Presidente do Tribunal Superior do Trabalho, mediante requerimento fundamentado, conceder efeito suspensivo ao recurso ordinário (...). Uma última exceção é prevista na Lei n. 4.348/64, impondo efeito suspensivo ao recurso ordinário "interposto de decisão concessiva de mandado de segurança que importe outorga ou adição de vencimento ou ainda reclassificação funcional (art. 7º)". Nesse mesmo sentido trilha *Amauri Mascaro Nascimento* ("Curso de Direito Processual do Trabalho", Saraiva, 1978, p. 241): "Ao recurso ordinário caberia ao juiz dar o efeito cabível, suspensivo ou não suspensivo, isto é, meramente devolutivo." Cita o autor que o Projeto Russomano (art. 604) é no sentido de que a apelação (o projeto substituía recurso ordinário por apelação) terá efeito suspensivo, "salvo a declaração expressa em contrário feita pelo juiz no despacho de recebimento" (art. 621). Vale dizer, a regra geral passaria a ser o recebimento em ambos os efeitos e a exceção — que deveria ser dita expressamente, mediante despacho do juiz — seria o efeito meramente devolutivo. Todavia, a regra que prevaleceu para todos os recursos, é o efeito somente devolutivo que permite ao credor executar provisoriamente, desde logo obrigação por quantia certa. Entretanto, o juiz de primeiro grau ou o relator no tribunal poderá compor o recurso ordinário ou o de revista com o efeito suspensivo, se e quando for o caso, para evitar prejuízos iminentes e de difícil reparação.

44.1.10. Da matéria nova para recorrer

Sérgio Sahione Fadel (ob. cit., v. III, Rio de Janeiro: Konfino, 1974, p. 145) assere que: "O art. 517 consagra uma exceção: as questões de fato não propostas no juízo inferior, poderão ser suscitadas na apelação, se a parte provar que deixou de fazê-lo por motivo de força maior, expressão na qual está ínsita, também, a noção de justo impedimento."

Pontes de Miranda ("Comentários", Forense, t. XI/162, *apud Fadel*, ob. cit., 1974, p. 145) assevera que: "As questões de fato podem ser suscitadas se houve força maior que impediu o suscitamento delas. O conceito de força maior, nesse ponto, é o de força maior transindividual. Novas alegações sobre questões de fato são permitidas: se novos os fatos, isto é, acontecidos depois do encerramento do debate oral ou depois da preclusão para se proferir a sentença fora da audiência. Tais fatos novos podem ser provados, na segunda instância. Na jurisprudência, há certa confusão entre matéria nova e fato novo, isto é, entre o que só agora se alega, pois pudesse ter sido alegado, e o que somente aconteceu depois do debate oral ou da conclusão. A matéria nova é excluída, se não houve razão que impediu o autor ou réu de alegá-la ou prová-la. O fato novo propriamente dito, esse, por sua novidade, não precisa ser subordinado à prova de que não havia acontecido."

Batalha (ob. cit., p. 781) realça que: "O recurso ordinário, como a apelação cível, é um processo de revisão e não um novo juízo; é, como assinala *Micheli* (ob. cit., II/306), uma *revisio prioris instantiae* e não um *novum judicium*. Que se entende por pedidos novos, inadmissíveis no recurso ordinário? A proibição de apresentar pedidos novos significa, apenas, que as partes interessadas, as quais participam dos debates em primeira instância, não podem alterar as conclusões de seus pedidos na inicial ou na contestação; não significa que estejam as partes inibidas de produzir novos argumentos e provas para robustecer as suas pretensões."

Lembra *J. C. Barbosa Moreira* ("Comentários ao Código de Processo Civil", v. V, Rio de Janeiro: Forense, 1975, p. 424) que: "A concessão do *beneficium nondum deducta deducendi, nondum probata probandi*, naturalmente enfraquece e desprestigia o juízo de primeiro grau, enquanto a exclusão do *jus novorum*, pelo contrário, põe sobre ele a tônica do processo (...). Além disso, a permissão de inovar em grau de apelação estimula a deslealdade processual, induzindo as partes à reserva dos seus trunfos para exibição unicamente perante o órgão *ad quem*. Produz ainda outras conseqüências indesejáveis, como encarecer o processo e tornar-lhe mais moroso o andamento."

Ressalta *Batalha* (ob. cit., p. 783) que: "No Direito Processual do Trabalho, o princípio, acima firmado, relativo aos pedidos novos, não é absoluto, havendo exceções justificadas em face das atenuações aos rigorosos princípios da *litiscontestatio*, admitidas pela jurisprudência especial. Assim, o empregado, que pleiteou sua reintegração, pode, no recurso ordinário, pedir seja a mesma convertida em indenização, nos casos de extinção do estabelecimento ou de incompatibilidade resultante do dissídio; realmente, não se vê como poderiam ser obstadas estas modificações ao pedido, se o próprio tribunal *ex officio* poderia determinar aquela conversão. Contra: *Alcides de Mendonça Lima*, ob. cit., II, 253. Merecem, ademais, integral aceitação os princípios apontados por *João Monteiro* (§ 228, n. 13): a) é lícito na segunda instância produzir documentos de que se não fez uso na primeira, uma vez que se destinem eles a fundamentar ou repelir a mesma demanda; b) é lícito atacar as pretensões adversas por meios diferentes dos que foram usados no juízo *a quo*, desde que o mesmo seja o resultado a obter; c) pode o juízo *ad quem* resolver sobre pontos não expressos no juízo *a quo*, uma vez que eles implicitamente se contenham na ação ou na defesa; d) podem as partes restringir o que pediram no juízo *a quo*, mas não lhes é lícito aumentar o pedido; e) é lícito precisar e especificar na segunda instância o que genérica e indeterminadamente se pediu na primeira." "Em pedido de equiparação salarial, quando a empresa nega identidade de serviço, não pode, na fase recursal, após provado que os serviços são idênticos, alegar que o reclamante não satisfizera o ônus de provar igual produtividade e perfeição técnica, posto que todo labor probatório se concentrara no ponto nodal da identificação de funções." (Processo TRT, 2ª Reg. 1.508/73, ac. 6.832/73, rel. Wilson de S. C. Batalha, DJESP 1.11.73)

Discordamos de *Alcides de Mendonça Lima* no que concerne à letra "e" retro. O art. 286 do Código de Processo Civil ao permitir o pedido genérico, fê-lo quanto ao *quantum debeatur*, vez que o *an debeatur* há de ser, sempre, certo e determinado. Inepto será o pedido genérico e indeterminado no qual a parte teve a oportunidade de sanar a irregularidade (art. 284 do CPC) e deixou transcorrer *in albis* o prazo.

44.1.11. Do recurso de ofício

De recurso não se cuida. A exemplo do que dispunha o Código de 1939 (art. 822), o Código atual prevê a figura do reexame obrigatório no art. 475. No processo do trabalho, rege o Decreto-lei n. 779/1969. Não há falar em recurso de ofício, vez que faltam à espécie as características e a dignidade de verdadeiro recurso. Constitui simples remessa dos autos ao juízo *ad quem* em obediência ao princípio do duplo grau de jurisdição legalmente exigido. Registre-se, todavia, que a exigência do duplo grau de jurisdição é prerrogativa do poder público na fase cognitiva. Na fase executória o poder público, neste particular, iguala-se aos demais. Ver Lei n. 2.270/1956 e Lei n. 7.969/1989, art. 7º.

Enquanto o art. 475, II, do CPC, determina o reexame obrigatório pelo tribunal *ad quem* das sentenças proferidas contra a União, o Estado e o Município, o Decreto-lei n. 779, de 21.08.1969, amplia o duplo grau de jurisdição para as autarquias ou fundações de direito público que não explorem atividade econômica. Deve, pois, o juízo *a quo* ordenar a remessa dos autos ao tribunal, haja ou não recurso ordinário voluntário da parte vencida; não o fazendo poderá o tribunal avocá-lo. Na prática, todavia, é comum o poder público, sempre que sucumbente, apresentar recurso voluntário, o que sanaria omissão porventura existente. O recurso *ex officio* devolve à instância recursal toda a matéria contida na sucumbência.

Sucumbente o poder público, em não havendo recurso voluntário, nem determinando o juízo a remessa de ofício, a sentença não transita em julgado. Revemos, aqui, posição anterior, quanto aos processos de alçada. Em não sendo a remessa de ofício recurso, mas exigência legal para que se atenda ao duplo grau de jurisdição, a existência ou não de alçada não se traduz em óbice em face do princípio da indisponibilidade das coisas públicas, ressalvado expressamente no art. 320, I I, CPC. *Vide* Súmula n. 423 do STF.

44.1.12. Da remessa de ofício da União e das autarquias federais

A Lei n. 6.825, de 22.09.1980, editada com o escopo de dar maior celeridade aos feitos no Tribunal Federal de Recursos e na Justiça Federal de primeira instância, dispunha que: "Não ficam sujeitas ao recurso de ofício as sentenças desfavoráveis à União e autarquias federais nas reclamatórias trabalhistas movidas contra essas entidades (Constituição, art. 110), de valor igual ou inferior a 100 Obrigações Reajustáveis do Tesouro Nacional (art. 2º)."

Com o advento da nova Constituição (1988), todavia, a matéria trabalhista da União, autarquias, empresas públicas federais, fundações federais, passou à competência da Justiça do Trabalho. E a lei que rege a matéria é o Decreto-lei n. 779, de 21.08.1969, o qual já contemplava a União Federal. O Decreto-lei n. 779 deve ser interpretado em consonância com o art. 2º, §§ 3º e 4º, da Lei n. 5.584/1970 para o deferimento do duplo grau de jurisdição. Em não havendo alçada, isso não se constituirá em óbice para o duplo grau, ainda que a matéria não seja constitucional. A Lei n. 6.825/1980 foi revogada pela Lei n. 8.197/1991. *Vide* Súmula n. 620 do STF.

Dispõe *Moacyr Amaral Santos* ("Comentários ao Código de Processo Civil", v. IV, Rio de Janeiro: Forense, 1976, p. 499 e 500) que: "Proferida a sentença, ordenará o juiz a remessa dos autos ao tribunal competente, haja ou não apelação voluntária da parte vencida (art. 475, parágrafo único). Remessa pura e simples, sem maiores formalidades senão a ordem de que os autos sejam encaminhados ao Tribunal, após decorrido o prazo para a apelação voluntária do sucumbente, ou, esta ocorrendo, juntamente com a mesma. Omitindo-se o juiz na sentença de assim ordenar, qualquer dos interessados, mesmo a parte vencedora, poderá suscitar ao presidente do tribunal que avoque os autos. Este poderá avocá-los mesmo de ofício."

Dispõe *Valentin Carrion* ("Comentários à CLT", São Paulo: RT, 1979, p. 573 e 574) que: "As pessoas jurídicas de direito público que não explorem atividades econômicas têm o privilégio de interposição do recurso ordinário *ex officio*, pelo próprio juiz, sem prejuízo do recurso voluntário (Dec.-lei n. 779/69) (...); a doutrina, sem ser uníssona, e a jurisprudência inclinam-se no sentido de exigir a dupla instância (que é o mesmo que recurso *ex officio*), inclusive nas ações de alçada das Juntas, quando as entidades públicas sem fins econômicos forem vencidas parcial ou totalmente. Assim, *Rezende Puech*, expõe cuidadosamente visão das tendências nacionais no processo comum e laboral ("Na vivência do Direito Social") e *Coqueijo Costa* (*"Princípios ..."*, n. 19)." "O recurso ordinário *ex officio* no interesse de fundações não econômicas, é decorrência da lei (Dec.-lei n. 779/69). Nestes termos, sua interposição não precisa estar formalizada e a instância *ad quem* deve julgá-lo necessariamente eis que, na advertência do insigne Prof. *Alfredo Buzaid*, não se trata de um recurso, mas de formalização do duplo grau de jurisdição." (TST, 2ª T., Ac. 25/73, Puech, DJU 28.3.73, *apud Carrion*, ob. cit., p. 574. V. Súmula n. 34 do extinto do E. Tribunal Federal de Recursos).

Súmula n. 34 do TFR: O duplo grau de jurisdição (CPC, art. 475, II) é aplicável quando se trata de sentença proferida contra a União, o Estado e o Município, só incidindo, em relação às autarquias, quando estas forem sucumbentes na execução da dívida ativa (CPC, art. 473, III, LTr 44/987).

Súmula n. 423 do STF: Não transita em julgado a sentença por haver omitido o recurso *ex officio*, que se considera interposto *ex lege* (*Alexandre de Paula*, ob. cit., v. II/648, 3ª ed.).

Súmula n. 620 do STF: A sentença proferida contra Autarquia não está sujeita a reexame necessário, salvo quando sucumbente em execução de dívida ativa (*Alexandre de Paula*, ob. cit., p. 649).

44.1.13. Do duplo grau

O duplo grau de jurisdição faz parte da cultura universal e encontra respaldo no princípio da ampla defesa. Por mais dedicado ou cuidadoso que seja o julgador, a falibilidade é ínsita ao ser humano. A possibilidade de ter uma sentença desfavorável submetida ao colegiado *ad quem* imprime confiança ao jurisdicionado. Existe a presunção *de hominis* de que a apreciação do julgado monocrático por um órgão colegiado terá maior chance de fazer justiça, levando-se em conta que os juízes dos tribunais, como regra, foram encanecidos no mister jurisdicional e, portanto, são detentores de maior experiência para julgar. Embora isso não possa ser transformado em regra, uma vez que as decisões de primeiro grau são cuidadosamente prolatadas, a reapreciação pelos tribunais permite a correção de lapsos, o corte de arestas e o controle procedimental, garantindo o respeito ao devido processo legal. O duplo grau de jurisdição significa a democratização do processo, garantia de citação perfeita com oportunidade de defesa, tratamento igualitário das partes para evitar o cerceamento durante a instrução probatória e a intimação da parte, após a prolação da sentença, como garantia da realização da coisa julgada imune a qualquer vício.

Para *Carnelutti* ("Instituições do Processo Civil", v. II, p. 250, Servanda, Campinas, 1999, trad. Adrián Sotero de Witt Batista) a função do recurso "está em submeter a lide ou o negócio jurídico a um segundo exame que ofereça maiores garantias do que o primeiro, já que serve da experiência deste e o realiza em ofício superior", muito embora nas ações de alçada a providência não se apresente como essencial, isso se dá em caráter de excepcionalidade." *Chiovenda* ("Instituições de Direito Processual Civil", Campinas: Bookseller, 1998. v. III, p. 231, trad. De Paolo Capitanio, com notas de Enrico Tullio Liebman) preleciona que uma sentença será "injusta quando considera existente uma vontade de lei concreta que não existe, ou considera inexistente uma vontade que existe. A injustiça concerne, portanto, à sentença como juízo: pode, pois, depender de um erro do juiz acerca da questão de direito ou acerca de uma questão de fato. O erro do juiz sobre a questão de direito pode consistir em considerar inexistente uma norma abstrata que existe, ou existente uma norma abstrata que não existe; ou em interpretar uma norma existente de modo diverso do verdadeiro (violação da lei); ou, enfim, em dar por aplicável a uma dada relação uma norma existente, mas pertinente a outras relações jurídicas, como acontece quando se aplica norma geral mesmo nos casos excetuados, ou quando se aplica uma norma a casos a que não se estende (falsa aplicação da lei). Pode suceder que uma sentença seja intrinsecamente justa, mas exteriormente não, por ser errado o raciocínio do juiz: exata a conclusão, mas errôneas as premissas. A injustiça na questão de fato pode derivar: a) ou da insuficiente demonstração da verdade, pela parte; essa pode, à sua vez, depender da carência de prova imputável, ou não, ao adversário; b) ou da presença de elementos de decisão objetivamente falsos; c) ou de uma atividade dolosa realizada por uma parte em prejuízo de outra; d) ou do dolo do juiz; e) ou, enfim, da insuficiente apreciação do fato levada a efeito pelo juiz, e essa pode, ainda, apresentar graus diversos, conforme o erro de fato resulte dos atos e documentos da causa, por modo a ser ou não incontrastavelmente estabelecido por eles, e conforme haja sido, ou não, o ponto de fato um ponto controvertido sobre o qual a sentença se tenha pronunciado."

Verifica-se, pois, que o duplo grau de jurisdição é a garantia de uma análise mais correta do julgado, corrigindo-se ilegalidades que poderão ocorrer, bem assim a má apreciação da prova produzida ou a má aplicação do ônus da prova. A busca da verdade real é o *desideratum*, embora saibamos que a prevalência da verdade formal é inarredável.

44.1.14. Do ônus de recorrer

Não existe a obrigatoriedade de recorrer. Por isso, diz-se ser um ônus e não uma obrigação da parte. Se recorrer, poderá conquistar uma vantagem — reforma da sentença na parte em que não lhe favorece — que restará totalmente perdida se não o fizer.

Assinala *Frederico Marques* ("Instituições de Direito Processual Civil", Rio de Janeiro: Forense, 1969, v. IV. 30) que: "É o recurso um ônus processual, pois, se o vencido não interpuser, consolidam-se e se tornam definitivos os efeitos da sucumbência. Por ser recurso um ônus, não se forma o procedimento recursal sem que o vencido, nos limites do que permite a sucumbência, peça o reexame da decisão.

Trata-se, pois, de um imperativo que a ordem processual estabelece de quem saiu derrotado, parcial ou totalmente, no julgamento da causa ou de algum incidente do processo. Não exercida a faculdade de recorrer, o vencido perde a oportunidade de evitar que a decisão, que lhe foi desfavorável, adquira efeitos imutáveis. Com esse ônus, também no recurso é de levar-se em consideração o resultado prejudicial que possa advir da inércia, ou, particularizando, do não exercício do direito de recorrer. Como diz *Carnelutti*, a rescisão e mudança do que foi decidido não podem verificar-se sem pedido da parte. Por isso é que entre os ônus processuais se insere o ônus de recorrer (...). O ônus de recorrer também existe, e bem acentuado, no tocante à impugnação às decisões interlocutórias ou terminativas. Em relação às últimas, não são poucos, nem de pequena monta, os efeitos da sucumbência. Uma decisão que contenha *absolutio ab instancia* cria, para o autor, grande cópia de encargos e transtornos. Há também uma lesividade oriunda do *error in procedendo*, e, portanto, uma sucumbência processual. Além de potencialmente lesivo do direito individual, o *error in procedendo*, que afeta aos demais, a própria ordem jurídica, produz gravames bem diretos ao vencido, porquanto o compele a pagar as despesas do processo, a instaurar nova relação processual, ou a ver a sua pretensão com julgamento longamente adiado. No que diz respeito às interlocutórias, a omissão do vencido provoca a preclusão de várias questões, com reflexos substanciais, em muitos casos, sobre a sentença final."

44.1.15. Do legitimado a recorrer

Está legalmente legitimado para recorrer todo aquele que, colocado em um dos pólos da demanda, tenha sido vencido no todo ou em parte ou, ainda, o terceiro que, de alguma forma, possa ser prejudicado pela decisão. Dispõe o art. 499 do CPC, aplicável *ex vi* do art. 769 da CLT, que "O recurso pode ser interposto pela parte vencida, pelo terceiro prejudicado e pelo Ministério Público. § 1º Cumpre ao terceiro demonstrar o nexo da interdependência entre o seu interesse de intervir e a relação jurídica submetida à apreciação judicial". Em que pese o disposto no art. 748, "g", o Ministério Público do Trabalho não funciona em primeira instância. Pode, ainda, recorrer a parte que, embora não sucumbente, possa ser prejudicada com a sentença, *v. g.*, quando o juízo decidiu pela carência ao invés de improcedência. A parte, que aceitar expressa ou tacitamente a sentença ou a decisão, não poderá recorrer." (art. 503 do CPC) "Considera-se aceitação tácita a prática, sem reserva alguma, de um ato incompatível com a vontade de recorrer." (art. 503, parágrafo único, do CPC) "Dos despachos de mero expediente não cabe recurso." (art. 504 do CPC) No processo do trabalho, também as decisões interlocutórias são irrecorríveis, salvo quando terminativas do feito (Enunciado n. 214 do TST).

44.1.16. Da *reformatio in pejus*

Dispõe o art. 515 do CPC que: "A apelação devolverá ao tribunal o conhecimento da matéria impugnada. § 1º Serão, porém, objeto de apreciação e julgamento pelo tribunal todas as questões suscitadas e discutidas no processo, ainda que a sentença não as tenha julgado por inteiro."

O Código atual, a exemplo do Código de 1939, não proíbe expressamente a *reformatio in pejus*. Todavia, é da tradição do Direito brasileiro não a permitir. Vale dizer, a parte que recorre não pode ter a sua situação anterior ao recurso piorada. A hipótese ocorre nos casos em que a procedência é parcial e apenas uma das partes recorre. O tribunal ao conhecer do recurso está atrelado à apreciação da parte da decisão objeto do recurso — *tantum devolutum quantum appellatum* — isto no plano horizontal, já que no plano vertical a apreciação é plena.

Ensina *Moacyr Amaral Santos* ("Primeiras Linhas ...", 8ª ed., 1985, v. 3. 114) que: "O Código de Processo Civil de 1939 não continha norma expressa que autorizasse ou proibisse a *reformatio in pejus*, dando lugar a que uma parte da doutrina entendesse que adotara o princípio da comunhão da apelação (*Liebman*). A doutrina dominante (*Lopes da Costa*, *Seabra Fagundes*, *Eliézer Rocha*, *Frederico Marques*, *Odilon de Andrade*, *Pedro Batista Martins*), a que acompanhávamos, tinha por proibida a *reformatio in pejus*. Também o Código vigente deixou de agasalhar norma expressa proibitiva da *reformatio in pejus*. Mas a doutrina, valendo-se dos mesmos argumentos da que se formara no direito anterior e agora reforçada com a introdução do sistema recursal do "recurso adesivo", coloca-se pacificamente no sentido de proibir. A proibição baseia-se em dois princípios que no caso vivem harmônicos e inseparáveis: o princípio da sucumbência e o princípio dispositivo. Por aquele princípio, somente o sucumbente pode recorrer, daí resultando que o recorrente só recorre do que é desfavorável. Na apelação parcial, o apelante recorre da parte que lhe é desfavorável na sentença. Por outro lado, o recurso de apelação se rege pelo princípio dispositivo: o sucumbente recorre se quiser. Por isso a apelação é voluntária. A parte que não recorre, porque não quis, conformou-se com a decisão. Se ambas as partes, parcialmente vencidas, podiam recorrer, mas apenas uma recorreu, e o faz para obter decisão mais favorável, seria injusto, e mesmo ilógico, piorar-lhe a situação em benefício do adversário que se conformou com a decisão. Considere-se, outrossim, que na apelação o recorrente formula um pedido, qual o de reforma da decisão para melhor. Sobre esse pedido deve pronunciar-se o juízo *ad quem*, acolhendo-o ou rejeitando-o. Reformando para pior, estaria decidindo *extra petita*."

Sobre o tema preleciona *J. C. Barbosa Moreira* ("Comentários ao Código de Processo Civil", Rio de Janeiro: Forense, 1976, v. V, 403 e ss.) que: "Efeito devolutivo da apelação. Dentre todos os recursos, a apelação é o que tem, por excelência, efeito devolutivo (...). A exata configuração do efeito devolutivo é problema que se desdobra em dois: o primeiro concerne à extensão do efeito, o segundo à sua profundidade. Delimitar a extensão do efeito devolutivo é precisar o que se submete, por força do recurso, ao julgamento do órgão *ad quem*; medir-lhe a profundidade é determinar com que material há de trabalhar o órgão *ad quem* para julgar. A decisão apelada tem o seu objeto: pode haver julgado o mérito da causa (sentença definitiva), ou matéria preliminar ao exame do mérito (sentença terminativa). É necessário verificar se a decisão do tribunal cobrirá ou não toda a área coberta pela do juiz *a quo*. Encara-se aqui o problema, por assim dizer, em perspectiva horizontal. Por outro lado, a decisão apelada tem os seus fundamentos: o órgão de primeiro grau, para decidir, precisou naturalmente enfrentar e resolver questões, isto é, pontos duvidosos de fato e de direito, suscitados pelas partes ou apreciados *ex officio*. Cumpre averiguar se todas essas questões, ou nem todas, devem ser reexaminadas pelo tribunal, para proceder, por sua vez, ao julgamento: ou ainda se, porventura, hão de ser examinadas questões que o órgão *a quo*, embora pudesse ou devesse apreciar, de fato não apreciou. Focaliza-se aqui o problema em perspectiva vertical. Extensão do efeito devolutivo. A extensão do efeito devolutivo determina-se pela extensão da impugnação: *tantum devolutum quantum appellatum*. É o que estabelece o dispositivo ora comentado, quando defere ao tribunal 'o conhecimento da matéria impugnada'. Como o apelante, à evidência, não pode impugnar senão aquilo que se decidiu, conclui-se desde logo que não se devolve ao tribunal o conhecimento de matéria estranha ao âmbito do julgamento do órgão *a quo*. Assim, se se trata de sentença terminativa — isto é, de decisão que pôs fim ao procedimento de primeiro grau sem julgar o mérito — não é lícito ao órgão *ad quem* passar incontinenti ao exame deste, na hipótese de ser provida a apelação. Seria infringir o princípio do duplo grau de jurisdição, tal como se configura, no presente contexto, pela conjugação do art. 515, *caput*, com o art. 463, do qual resulta que, não se tendo pronunciado *de meritis*, o juiz *a quo* não chegou a 'cumprir e acabar o ofício jurisdicional'. O provimento da apelação, nesse caso, acarretará a restituição dos autos ao órgão inferior, para que dê prosseguimento ao processo. Ademais, como não se concebe que a extensão da matéria impugnada seja maior que a da matéria decidida, o julgamento do tribunal nunca terá objeto mais extenso que o da sentença apelada. Concebe-se, por outro lado, que a extensão da matéria impugnada seja menor que a da matéria decidida; basta lembrar a possibilidade de impugnação parcial (art. 505). Quer isso dizer que o objeto do julgamento do tribunal pode ser tão extenso quanto o do julgamento de primeiro grau, ou menos extenso que o deste. Com os princípios expostos, relacionam-se: a) a impossibilidade de inovar a causa no juízo da apelação, em que é vedado à parte pedir o que não pedira perante o órgão *a quo* (inclusive declaração incidental), ou invocar outra *causa petendi*, sendo irrelevante a anuência do adversário (não incide aqui a disposição excepcional do art. 321, *fine*); b) a limitação da atividade cognitiva do tribunal à parte (ou às partes) da sentença que haja(m) sido objeto de impugnação (...); c) a proibição da *reformatio in pejus*." Nesse mesmo sentido *Batalha* (ob. cit. p. 769 e 770). Conforme vimos, a *reformatio in pejus* não está prevista na lei, mas é uma formação doutrinária e jurisprudencial desde o Código de 1939. A impossibilidade da *reformatio in pejus* lança-se em sede de relatividade, vez que casos existirão em que a sentença poderá ser reformada de ofício pelo juízo, *v. g.*, sentença sem relatório, sem fundamentação ou sem *decisum*, incompetência absoluta etc. Embora a legislação processual trabalhista tenha como fonte subsidiária o processo comum (art. 769, CLT), utiliza-se do recurso ordinário, símile da apelação, o que lhe permite utilizar da doutrina e da jurisprudência civilista que rejeita *a reformatio in pejus*.

44.1.17. Do recurso interposto pelo Ministério Público

A Emenda Constitucional n. 45/2004 trouxe modificações radicais em termos de instauração de Dissídio Coletivo, conforme comentários que faremos ao final. Não obstante, mantemos os comentários que seguem, pois retratam a evolução de uma matéria peculiar ao processo coletivo do trabalho e os desencontros doutrinários.

Dispõe o art. 898 da CLT que: "Das decisões proferidas em dissídio coletivo que afete empresa de serviço público, ou, em qualquer caso, das proferidas em revisão, poderão recorrer, além dos interessados, o presidente do Tribunal e a Procuradoria da Justiça do Trabalho". Dispõe a Lei n. 5.584, de 26.6.1970, art. 8º, que: "Das decisões proferidas nos dissídios coletivos poderá a União interpor recurso, o qual será sempre recebido no efeito suspensivo quanto à parte que exceder o índice fixado pela política salarial do Governo." A Lei n. 4.725, de 13.7.1965, art. 6º, dispõe: "Os recursos das decisões proferidas nos dissídios coletivos terão efeito meramente devolutivo. § 1º O Presidente do Tribunal Superior do Trabalho poderá dar efeito suspensivo ao recurso, a requerimento do recorrente em petição fundamentada. (...) § 3º O provimento do recurso não importará na restituição dos salários ou vantagens pagos, em execução do julgado." Tem-se, nesse caso do § 3º, situação singular em que existe execução definitiva, antes do trânsito em julgado da sentença normativa. Nesse sentido, a Súmula n. 246 do TST. O efeito suspensivo poderá ser buscado por meio de ação cautelar com esse objetivo.

Dispõe *Batalha* (ob. cit., p. 186 e 187) que: "O Ministério Público é considerado como parte no processo, sendo-lhe facultado, nos termos da lei, interpor recursos, executar sentenças e formular representações. É indispensável, entretanto, que sua atuação tenha supedâneo legal, ou seja, sua interferência como parte depende de expressa estatuição legal, posto que, em regra, o Ministério Público não pode sobrepor-se à parte. Além dessa atuação como parte no processo, incumbe ao Ministério Público apresentar pareceres nos processos submetidos à apreciação dos Tribunais e comparecer às respectivas sessões, opinando verbalmente, quando for o caso. Discute-se acerca da caracterização do Ministério Público como parte no processo quando atue, não promovendo o dissídio, mas apenas controlando a aplicação das normas de ordem pública. A propósito, observa *Mário A. Oderigo* (ob. cit., II. 153) ser indubitável sua caracterização como parte no processo, tendo-se em vista que suas manifestações contêm autênticas postulações de atuação da lei, tão autênticas que lhe facultam a interposição dos recursos legítimos contra as resoluções judiciais contrárias às suas opiniões e oferecer as provas que considere convenientes para a proteção dos interesses que representam. Sobre o tema: *Lino Henrique Palácio*, ob. cit., I., p. 185 e ss.; *Gian Antônio Micheli*, ob. cit., I., p. 241 e ss. Costuma-se distinguir o Ministério Público agente e interveniente. O Ministério Público é agente nas hipóteses em que lei expressa lhe confere a possibilidade de instaurar a instância (jurisdição) (p. ex., hipótese de menores sem representantes legais; instauração de dissídio coletivo). Nessas hipóteses, o Ministério Público, substitui a parte ativa. O Ministério Público atua como interveniente, em caráter facultativo, ou necessário.

Por exemplo, a intervenção do Ministério Público é obrigatória nos dissídios coletivos, mas meramente facultativa nos dissídios individuais em que haja partes legitimadas a agir processualmente Dispositivos para confronto: CPC/73, arts. 81 a 85."

Com o advento da nova Constituição, passou-se a questionar sobre a legitimidade do Presidente do Tribunal e do Ministério Público do Trabalho para suscitarem dissídios coletivos quando ocorrer impasse com reflexos sobre o interesse público. Ver Emenda Constitucional n. 45/2004, que institui os §§ 2º e 3º.

É bem de ver que uma greve afeta sempre uma parcela da população, com maior ou menor intensidade, *v. g.*, nos transportes coletivos urbanos, nas indústrias de cimento etc. E haverá caso em que a parte (empresa, sindicato), por alguma razão, não tenha interesse em suscitar o dissídio. Poderá estar em jogo a paralisação de atividades essenciais.

A interpretação a ser feita deve levar em conta o fim social buscado e protegido pela norma constitucional, de modo que melhor atenda à nova realidade.

O eminente professor e Juiz do Trabalho aposentado, *Pedro Vidal Neto*, em analisando a matéria (Poder normativo da Justiça do Trabalho, artigo publicado na Revista LTr 53-2/159) pondera que: "Admitindo-se que a titularidade da ação coletiva caiba exclusivamente aos sindicatos, resultará ter sido banida a possibilidade de instauração *ex officio* pelo Presidente do Tribunal do Trabalho, preservando-se o princípio da inércia da jurisdição. Do mesmo modo, terá que ser afastada a possibilidade de instauração do dissídio por iniciativa do Ministério Público ou por meio de representação direta da empresa. Não obstante, já tem sido aventada outra interpretação, segundo a qual as disposições legais autorizadoras do ajuizamento *ex officio* (v. art. 856 da CLT), não contrariam a letra da Constituição e, portanto, que foram objeto de recepção pelo ordenamento em vigor. Nessa linha de entendimento, acorda-se em que o § 2º do art. 114, apenas enuncia uma faculdade concedida aos sindicatos, sem vedar a legitimação de outros órgãos para a instauração da instância. É bem de ver que o texto constitucional não afasta expressamente essa possibilidade. A tese em questão teve defensores, no III Congresso Brasileiro de Direito Coletivo do Trabalho por parte de advogados e procuradores. Veja-se, p. ex., a proposição do Prof. *Hugo Gueiros Bernardes*, sob o título 'O Dissídio Coletivo na Ordem Constitucional'. Assinale-se que já existe precedente do Tribunal Superior do Trabalho, pois no dissídio coletivo 53/88.4 decidiu-se que o disposto no § 2º do art. 114 da Constituição Federal não acarreta ilegitimidade do empregador para provocar a ação coletiva."

E arremata: "Por derradeiro, é de se questionar da legitimidade do Ministério Público do Trabalho para suscitar dissídios coletivos quando esteja em jogo o interesse público, como poderá ocorrer em relação à paralisação do trabalho em atividades essenciais. Neste caso, independentemente de pensar-se na vigência de disposições da lei ordinária, dever-se-á ter presente o disposto no art. 127 da Constituição *in verbis*: O Ministério Público é instituição permanente, essencial à função jurisdicional do Estado, incumbindo-lhe a defesa da ordem jurídica, do regime democrático e dos interesses sociais e individuais indisponíveis."

A matéria era prenhe de dúvidas o que bem demonstrava o despreparo do legislador constituinte que abdicou de linguagem objetiva, preferindo a linguagem rebuscada, a ordem inversa na construção do período, virgulação excessiva, o que redundou na ausência de clareza, desafiando filólogo que desistiu em meio do caminho.

Entende *Batalha* (Competência jurisdicional trabalhista perante a Constituição, artigo publicado na Revista LTr 52-11/1325) que: "O dissídio coletivo, mesmo ocorrendo greve, não pode ser instaurado *ex officio*, ou por provocação do Ministério Público. A legitimação processual ativa para a instauração do dissídio coletivo compete exclusivamente aos "respectivos sindicatos", quer se trate de greve declarada por sindicato, quer de greve de tipo denominado "selvagem" (ou espontâneo). Às empresas não será facultada a legitimidade para promoverem o dissídio coletivo."

Temos para nós que o art. 114, § 2º, da CF/88 não revogou o art. 896 da CLT. A melhor interpretação é aquela que concilia ambos os mandamentos com a recepção da norma celetista, já que nenhuma interpretação poderá levar ao impasse. E esse, o impasse, em algum momento teria lugar caso se alijasse a norma prevista no art. 856 *caput* da CLT. Nenhuma interpretação pode prescindir da realidade que envolve os fatos naquele momento (teoria da tridimensionalidade). O fato produzido está diretamente ligado à realidade, pois é esta que elege as situações. O conteúdo da lei, nova ou antiga, se vivifica no contato com a realidade.

De conformidade com a nova redação dada ao art. 114, §§ 2º e 3º, da Constituição federal, as partes discordantes não mais poderão instaurar dissídio coletivo de natureza econômica solitariamente. Para tanto, deverá haver acordo entre as partes (§ 2º). O § 3º cuida da participação do Ministério Público: "Em caso de greve em atividade essencial, com possibilidade de lesão do interesse público, o Ministério Público do Trabalho poderá ajuizar dissídio coletivo, competindo à Justiça do Trabalho decidir o conflito." Vê-se de imediato que o legislador não primou pelo uso correto das palavras. Ao usar o verbo "poderá", em caso de greve em atividade essencial, com possibilidade de lesão ao interesse público. O "poderá" deverá ser entendido como "deverá", pois, à evidência, não se pode deixar ao livre arbítrio daquele órgão a decisão de instaurar ou não o dissídio. A instauração, nessa hipótese, é obrigatória, podendo a União responder pelos prejuízos que venham a ser causados pela omissão do Ministério Público, com possibilidade de direito de regresso sobre quem estava encarregado de cumprir a lei. O ofício recursal do Ministério Público, como parte ou como fiscal da lei não pode sofrer nenhum óbice.

44.1.18. Da matéria constitucional em sede Regional

A declaração de inconstitucionalidade será apreciada pelo Pleno ou pelo Órgão Especial em dependendo da composição do tribunal ou do pleno.

A declaração de inconstitucionalidade de lei ou de ato normativo do Poder Público deverá estar prevista no Regimento Interno dos Tribunais. O Regimento Interno do TRT da 2ª Região dispõe: "Art. 137. Argüida a inconstitucionalidade de lei ou ato normativo do Poder Público, o relator submeterá a questão à SDCI ou à Turma, conforme o caso. Art. 138. O julgamento prosseguirá se for rejeitada a alegação; se for acolhida, será lavrado acórdão a fim de ser submetida a questão ao Órgão Especial. Art. 139. Remetida a cópia do acórdão a todos os juízes do Órgão Especial, o Presidente do Tribunal, ouvida a Procuradoria Regional do Trabalho, designará sessão de julgamento com publicação no órgão oficial. § 1º O Órgão Especial somente por decisão da maioria absoluta de seus membros efetivos poderá declarar a inconstitucionalidade de lei ou ato normativo do Poder Público. § 2º Proferido o julgamento pelo Órgão Especial e publicado o respectivo acórdão, os autos retornarão à Seção Especializada ou à Turma, para prosseguir na apreciação do feito ou aplicar o julgado, caso não haja recurso com efeito suspensivo."

Daí resulta que a Turma ou a Seção Especializada não poderá acolher a inconstitucionalidade de lei ou de ato normativo do Poder Público sem antes submeter o tema ao Órgão Especial ou ao Pleno (art. 93, XI, CF/1988). Se acolher a inconstitucionalidade, o relator originário ou o designado deverá apresentar voto fundamentado, o qual será enviado ao Órgão Especial (ou ao Pleno, conforme o caso) que confirmará ou não a decisão originária da Turma ou da Seção Especializada. A decisão do Órgão Especial ou do Pleno é que servirá de parâmetro para o julgamento do processo na Turma ou na Seção Especializada. O julgamento sem o pronunciamento do Órgão Especial ou do Pleno carrega o vício da nulidade. Por óbvio, não poderá a Turma ou a Seção Especializada enfrentar o mérito naqueles processos antes do pronunciamento do Órgão Especial ou do Pleno. De bom alvitre que se sumule ou se firme precedente em cada tema de inconstitucionalidade apreciado. Em havendo matéria sumulada ou precedente jurisprudencial, a matéria repetida será descartada *in limine*.

No Tribunal Superior do Trabalho, a matéria está normatizada no Regimento Interno. Dispõe o art. 250 do Regimento Interno do TST: "A argüição de inconstitucionalidade de lei ou de ato do Poder Público poderá ser suscitada pelo Relator, por qualquer Ministro ou a requerimento do Ministério Público, no curso do julgamento do processo nos Órgãos judicantes da Corte, após concluído o relatório." Art. 251. Suscitada a inconstitucionalidade e ouvido o Órgão do Ministério Público do Trabalho, será submetida à apreciação do Colegiado em que tramita o feito. § 1º Rejeitada a argüição, prosseguirá o julgamento. § 2º Acolhida a argüição suscitada perante o Tribunal Pleno, a matéria será submetida de imediato à apreciação. § 3º Acolhida a argüição suscitada nos demais Órgãos judicantes da Corte, os autos serão remetidos ao Tribunal Pleno. Art. 252. A decisão que declara imprescindível o pronunciamento do Tribunal Pleno sobre a inconstitucionalidade de lei, de disposição nela contida ou de ato normativo do Poder Público é insusceptível de recurso. Art. 253. Os procedimentos relativos à remessa do processo ao Tribunal Pleno, à distribuição e ao julgamento da argüição de inconstitucionalidade regem-se pelas normas estabelecidas neste Regimento. Art. 254. A decisão declaratória de inconstitucionalidade de lei ou de ato do Poder Público, observadas as exigências regimentais, motivará a edição de Súmula. Art. 255. Na hipótese prevista no artigo anterior, ocorrendo nova alegação de inconstitucionalidade da mesma lei ou do mesmo ato do Poder Público, não poderão os Órgãos judicantes da Corte considerá-la para efeito de encaminhamento do processo ao Tribunal Pleno, salvo se demonstrado que o Supremo Tribunal Federal tenha julgado contrariamente ao decidido pelo Pleno.

44.1.19. Do agravo de instrumento — breve enfoque

Diverso do seu similar da justiça comum que teria poderes amplos só não se imiscuindo contra decisões meramente ordinatórias (art. 522, CPC), o agravo de instrumento trabalhista tem âmbito restrito apenas àquelas decisões que obstam o processamento do recurso em qualquer jurisdição, com caráter liberativo e o destrancamento do recurso interposto. Lembra *Antonio Lamarca* ("Processo do Trabalho Comentado", São Paulo: RT, 1982, p. 635) que no regime anterior (Decreto-lei 1.237/1939) não se previa o agravo de instrumento. Falava-se em "decisões proferidas na execução", o que dava margem ao agravo de petição atual, embora o decreto-lei não esclarecesse qual a espécie de agravo. Nos casos das decisões proferidas por juiz do trabalho, a competência para julgar o recurso seria do próprio tribunal presidido pela autoridade recorrida. Quando a decisão fosse proferida por juiz de direito investido da jurisdição trabalhista, a competência para apreciar o agravo seria do juiz de direito da comarca mais próxima. O julgamento, em grau de recurso, seria sempre de última instância (jurisdição) e o recurso não tinha efeito suspensivo. "O legislador estava deveras preocupado com a rapidez do julgamento dos agravos nas execuções: não suspensividade (o que indicava que os trâmites da execução deveriam prosseguir normalmente) e o caráter definitivo e irrecorrível do que fosse decidido em recurso." Posteriormente, o Decreto n. 6.596/1940 comandou que, caso o juiz não atribuísse efeito suspensivo ao recurso, estaria obrigado a encaminhar o agravo de instrumento em apartado, contendo informações minuciosas; caso o juiz entendesse ser conveniente suspender a execução, o processamento do agravo far-se-ia nos autos principais (art. 204). Com o Decreto-lei n. 5.452/1943, que instituiu a CLT, a competência deixou de ser do próprio presidente do órgão recorrido, ou do juiz de direito, passando a competência funcional para o Conselho Regional do Trabalho.

Como vimos retro, o agravo de instrumento no processo trabalhista, diferente do que sucede no processo comum, tem por objetivo único agravar dos despachos que denegarem o processamento de recursos (art. 897, "b", CLT). Nota: a Lei usa o termo "interposição" incorretamente. O óbice se dá no processamento, posto que nenhum juiz poderá impedir a interposição do recurso, pois isso é ato da parte. Para que se negue o processamento é necessária a interposição.

Assim, toda vez que a parte tiver obstada, por qualquer razão, a subida de recurso, quer nas jurisdições ordinárias, quer na superior, poderá utilizar-se do agravo de instrumento, cujo processamento não poderá ser recusado pela jurisdição processante, ainda que ausente algum ou alguns dos pressupostos de admissibilidade. Caberá à jurisdição processante, tão-somente, alertar à superior para o detalhe. Esta, sim, será competente para dizer da tempestividade, preparo etc. O juízo *a quo* poderá reconsiderar o despacho agravado (juízo da reforma).

Existe uma diferença de conteúdo entre o agravo de instrumento trabalhista e o seu similar no processo comum. Este é cabível das decisões interlocutórias no prazo de dez dias na forma retida, salvo quando se tratar de decisão suscetível de causar à parte lesão grave e de difícil reparação, bem como no caso de inadmissão da apelação e nos relativos aos efeitos em que a apelação é recebida, quando será admitida a sua interposição por instrumento (art. 522, CPC, com redação dada pela Lei n. 1.187/2005). O agravo de instrumento trabalhista possui um núcleo operacional mais restrito, tendo em conta a irrecorribilidade das interlocutórias no processo do trabalho. A aplicação desse princípio agiliza o procedimento e não traz qualquer inconveniente, já que a parte insatisfeita poderá rediscutir a matéria, preliminarmente, em futuro recurso ordinário, se e quando for o caso. É possível que a parte que se sentiu prejudicada numa decisão interlocutória venha a ganhar a ação, fato que impedirá o uso do recurso para discussão interlocutória, por falta de um dos requisitos objetivos de admissibilidade: a sucumbência. Toda decisão interlocutória que for fruto de arbítrio de juiz, capaz de causar danos eminentes e de difícil reparação, poderá ser objeto de mandado de segurança.

44.1.19.1. Da matéria nuclear

O agravo de instrumento tem âmbito restrito, vez que permite ao tribunal superior apenas a apreciação do despacho denegatório. Em grande parte dos Regionais, o agravo de instrumento é processado juntamente com os autos principais. No caso de provimento do agravo, o relator passará a apreciar imediatamente o recurso destrancado, podendo ou não adentrar no tema meritório. Nas Turmas, o julgamento se processa normalmente sem a participação do advogado, pois o agravo não permite sustentação oral. Em sendo provido o agravo, abre-se a oportunidade para a sustentação oral do recurso destrancado. O julgamento é feito em acórdão único onde consta inicialmente o provimento do agravo de instrumento, seguindo-se a apreciação do recurso. O provimento do agravo de instrumento não significa que o mérito do recurso destrancado seja apreciado. O tribunal poderá não conhecer do recurso pela ausência de outro ou outros requisitos não prequestionados e sequer mencionado pela jurisdição anterior. Cada jurisdição tem por dever de ofício a verificação dos pressupostos, sem que para tanto esteja atrelada à origem.

44.1.19.2. Dos efeitos

O agravo de instrumento, a exemplo do que sucede com agravo de petição, terá efeito apenas devolutivo. Segundo o § 2º, do art. 897 (redação da Lei n. 8.432/1992), o agravo de instrumento interposto contra despacho que não receber agravo de petição não suspende a execução da sentença. A lei excepciona expressamente para a fase executória do que se pode inferir que no caso de recurso ordinário poderá o juiz conceder o efeito suspensivo. Todavia, a regra é o recebimento do recurso ordinário somente no efeito devolutivo, o que não alija o efeito suspensivo em caráter excepcional. Caberá ao juiz (*dominus processus*), a requerimento da parte, analisar os motivos que autorizariam o recebimento do recurso em ambos os efeitos. O efeito meramente devolutivo propicia a execução provisória. O efeito suspensivo impedirá que tenha início a execução. A execução trabalhista, nesta parte, não necessita de alento subsidiário.

44.1.19.3. Dos pressupostos de admissibilidade

É pressuposto de admissibilidade o indeferimento de remessa de recurso interposto pela parte em qualquer jurisdição. Quanto aos pressupostos objetivos, ainda que ausentes, deverá o juízo determinar o processamento, alertando o tribunal *ad quem* para o detalhe (ausência do pressuposto). Por outro lado, o agravo deverá ser indeferido se interposto por parte ilegítima ou dirigido para juízo incompetente (pressuposto subjetivo); em não havendo despacho denegatório de recurso também não haverá razão para agravo de instrumento. O entendimento de que o agravo de instrumento deverá ser sempre processado, competindo ao *ad quem* o exame dos pressupostos, tem o seu balizamento na razoabilidade, *v. g.*, agravo impugnando decisão interlocutória etc. Tenha-se em mente que o agravo de instrumento trabalhista possui conteúdo operacional mais restrito do que o sue similar do processo comum, vigindo em sede trabalhista o princípio da irrecorribilidade das decisões interlocutórias.

44.1.19.4. Do processamento

Protocolizado, o agravo de instrumento será devidamente autuado e feito concluso ao juiz prolator do despacho agravado que poderá reconsiderar o seu ato (juízo da reforma). Neste caso, deverá ficar certificado nos autos. Se confirmar o ato, deverá efetuar despacho, fundamentando a sua decisão (arts. 659, VI e 682, IX, CLT). Neste caso, deverá intimar a parte agravada para apresentar contraminuta relativa ao agravo (agravo de instrumento e agravo de petição) e contra-razões, se for caso de recurso ordinário, de forma simultânea com o recurso principal. O agravado poderá instruir o agravo de instrumento com as peças que houve por bem necessárias. A Secretaria certificará nos autos principais a concomitância do agravo. No Regional, o agravo de instrumento, a exemplo do agravo de petição, será distribuído em ordem preferencial, a um relator que apreciará o agravo. Em não sendo provido o agravo, a decisão é irrecorrível (Súmula n. 218, TST) e os autos retornam à origem com a certidão de coisa julgada.

Alerta-se, todavia, que à súmula referida impõe-se exceção, qual seja, o cabimento de revista em caso de erro na contagem do tempo para a admissibilidade do recurso principal, quando a erronia é referendada pelo Regional. A contagem malfeita, o prazo mal-contado ou o recurso dolosamente indeferido deve ser reapreciado pela via do recurso de revista, pois o sistema jurídico tem de encontrar mecanismos idôneos para que haja a efetividade do direito e do seu exercício. O erro na contagem do prazo, indeferindo o processamento, quando deveria ser deferido, e a confirmação da erronia pelo Regional traduz ilegalidade que poderá desafiar ação rescisória (art. 485, V, CPC). Melhor que a erronia seja sanada em sede de revista.

Se provido o agravo, as partes terão oportunidade de proceder à sustentação oral do recurso destrancado. O julgamento do agravo e do recurso será procedido em único acórdão (art. 897, § 4º, CLT). Se a denegação for de recurso ordinário ou de agravo de petição, o julgamento será de uma das Turmas do Regional ou do Pleno, conforme o Tribunal seja ou não dividido em Turmas (art. 679, CLT). Em se cuidando de recurso de revista, o despacho que admite ou nega processamento é do Presidente do Regional ou pessoa por ele designada. Neste caso, o agravo será apreciado e julgado por uma das Turmas do TST; no caso de recurso ordinário ou de agravo de petição que discuta matéria constitucional (art. 74, RI); Pleno: recursos (art. 70, "f", "g", "i"); Seção Administrativa (art. 71, II, RI); Seção Especializada em Dissídios Individuais (subseção I e subseção II: art. 73, III, "c" 1 e 2).

O agravo que não atender à exigência do art. 897, "b", § 5º, I e II, da CLT não será conhecido.

Ao contrário do que possa parecer *prima facie*, não deverá ser transformado em diligência nem será dada oportunidade para que a parte imprevidente possa sanar as irregularidades. O agravo deverá vir para o *ad quem* sem qualquer falha, competindo à parte interessada exercer a fiscalização antes e por ocasião da remessa. A inclusão do § 5º, ao art. 897, CLT, conforme Lei n. 9.756/1998, não mais permite qualquer dúvida. Com a nova forma procedimental, possibilita-se o julgamento do recurso destravado via agravo de instrumento. A providência é salutar e propiciará a agilização do julgamento do recurso denegado. Em sede trabalhista, tendo em vista o âmbito restrito do agravo de instrumento, nada impedirá que o agravo e o recurso principal sejam julgados no mesmo acórdão em sede Regional. Nada impede que o agravo de instrumento, em tais casos, seja autuado nos autos principais, evitando-se, dessa forma, o trabalho custoso e oneroso de xerocopiar peças. Sem essa providência de primeira instância, nenhum benefício haveria na agilização do julgamento, uma vez que, provido o agravo, o relator teria de recambiar os autos à origem para que fosse dada oportunidade à parte adversa para contra-razões (recurso ordinário) ou contraminuta (agravo de petição), após o que os autos seriam recambiados ao Regional. A presença do Ministério Público faz-se necessária. Possível óbice no envio dos autos na fase executória poderá ser superado com a adoção de carta de sentença.

44.1.19.5. Do prazo

Será interposto em oito dias (art. 897, *caput*, CLT). Contraminuta em igual prazo. Remessa ao tribunal que seria competente para conhecer do recurso cuja interposição foi denegada (art. 897, § 4º, CLT). Conseqüência da não interposição do agravo em tempo hábil será o seu não conhecimento pelo Regional com base na intempestividade. O prazo de oito dias é comum a todos os recursos, exceção feita aos embargos declaratórios (art. 897-A, CLT) e agravo regimental (art. 205, RI/TRT 2ª Região) que é de cinco dias; no TST, o prazo é de oito dias (art. 243, RI). Alerta-se para o fato de que o agravo de instrumento é recurso destinado ao destrancamento de recurso não processado. Disso resulta que a análise da sua intempestividade ou não é do órgão que irá apreciá-lo. Nada impede, tudo aconselha, que o órgão da origem alerte o órgão superior da intempestividade; mas, não poderá barrar a subida do agravo de instrumento. Isto, por um motivo muito simples: não processado o recurso principal e declarada a intempestividade pelo mesmo órgão, estaria armada uma ditadura jurisdicional, ficando o jurisdicionado à mercê de um único órgão cuja decisão transformar-se-ia em verdade verdadeira, ainda que errada. Os atos jurisdicionais devem ser transparentes. De tudo o que foi dito resulta que o agravo de instrumento deverá, sempre, ser remetido ao órgão que o apreciará. Este, antes de adentrar ao mérito, verificará se estão presentes os requisitos de admissibilidade, aí incluída a tempestividade. Isto, todavia, não significa quer o juízo de origem deva aceitar investidas procrastinatórias. Remetemos ao item seguinte.

44.1.19.6. Do indeferimento

Suponhamos, como exemplo, que não acolhidos embargos declaratórios, a parte agrave de instrumento. Nesse mesmo sentido, *v. g.*, a parte que após a sentença de liquidação, penhorados bens, vem agravar de instrumento. Ausente o pressuposto específico do art. 897, "b", da CLT, deve ser indeferido.

As investidas procrastinatórias hão de ser desacoroçoadas pelo juízo como dever de ofício.

Não se olvide que a lei é uma construção cultural editada para proteger uma realidade presente e não para referendar capricho, forma egoística de exteriorização que se não compraz com o espírito social que informa o direito. Poderá a parte, nesse caso, usar da correição parcial contra o ato de indeferimento. E a matéria há de ser examinada à luz dos arts. 765 da CLT e 125 do CPC.

Reconhecemos, todavia, que a unanimidade dos autores consultados, entre eles, *J. C. Barbosa Moreira*, "Comentários ao Código de Processo Civil", Rio de Janeiro: Forense, 1976, v. V, *Sérgio Sahione Fadel*, "Código de Processo Civil Comentado", t. III, Konfino, 1974, entende que não compete ao juízo senão processar o recurso. Todavia, isso em relação ao processo comum, cujo âmbito operacional é mais amplo do que o seu similar trabalhista e abrange as decisões interlocutórias.

No processo do trabalho, o objetivo do agravo de instrumento tem âmbito muito restrito, e é possível detectar a existência ou não do ânimo emulatório. Entretanto, afora os casos emulatórios e/ou procrastinatórios, o agravo de instrumento deve ser processado.

Wagner Giglio (ob. cit., p. 303) demonstra o seu inconformismo com a doutrina dominante: "Não podemos nos conformar com essa lição da doutrina, pois todos os recursos devem responder aos pressupostos subjetivo e objetivo, sob pena de se autorizar a lide eterna, o que é um absurdo. Que outra sanção, diversa do indeferimento, se poderá impor a quem, já terminado o processo com a satisfação do julgado, insiste em apresentar recursos? Qual seria a solução, se o recorrente não paga as custas, ou não efetua depósito, e ainda assim interpõe agravo de instrumento e reincide em não prepará-lo? Ou perdeu o prazo e voltou a perdê-lo, para apresentação do agravo de instrumento? Sob o aspecto pragmático, e apenas sob esse aspecto, concordamos parcialmente com *Antônio Lamarca*: ao agravo de instrumento interposto contra o indeferimento de agravo de instrumento não se deverá negar seguimento, por mais absurdo que seja o apelo (ob. cit., p. 338), pois a reação do recorrente poderá comprometer a integridade física do juiz." Em se apresentando a hipótese claramente procrastinatória e com espírito de emulação deve o juiz condutor do processo enquadrar a parte recalcitrante na litigância de má-fé (art. 18, §§ 1º e 2º, CPC).

Afora as exceções procrastinatória e emulatórias facilmente visíveis, o agravo de instrumento deve ser processado. Agravar de instrumento do indeferimento de agravo de instrumento não nos afigura razoável. Do abuso de direito no uso dos recursos, poderá configurar a litigância de má-fé, instrumento à disposição do juízo para coibir investidas procrastinatórias

44.1.20. Do agravo de petição: breve enfoque

O recurso de agravo de petição é originário do Código de 1939 (art. 841, CPC), onde, juntamente com o agravo de instrumento, poderiam ser impugnadas decisões terminativas e definitivas. O novo Código de Processo Civil substituiu-o pelo recurso de apelação (art. 496), ficando o agravo de instrumento apenas para a impugnação das decisões interlocutórias (art. 522, CPC), retido nos autos ou por instrumento. O Direito Processual do Trabalho permaneceu com o recurso de agravo de petição na execução. Poderia tê-lo substituído pelo recurso ordinário, similar da apelação em sede trabalhista, que tem a mesma finalidade na fase de conhecimento. No processo comum, a apelação tanto é usada no processo de conhecimento, quanto no processo executório. Em sendo recursos similares, o uso da apelação na fase de conhecimento trabalhista deve ser recebido como recurso ordinário (princípio da fungibilidade). Cometida a mesma erronia na fase executória, pode o juiz executor aplicar a fungibilidade e receber a apelação como agravo de petição. Temos para nós que a presença do agravo de petição em âmbito de execução trabalhista não mais tem sentido e deveria receber o *nomen juris* de recurso ordinário. Note-se que a Lei n. 11.382/2006 modificou o modo procedimental da liquidação de sentença para pagamento de quantia certa. A ação de conhecimento transformou-se em fase de conhecimento e a sentença de mérito não mais termina uma ação, pois prossegue na fase liquidatória, cuja decisão tem natureza jurídica interlocutória, desafiando agravo de instrumento (art. 475-H, CPC). Garantido o juízo caberão "Impugnação", no prazo de quinze dias (art. 475-J, § 1º, CPC). Da decisão de impugnação caberá agravo de instrumento (art. 475-L, § 3º, CPC), caberá agravo de instrumento, salvo quando importar na extinção da execução, caso em que caberá apelação.

44.1.20.1 Da matéria argüível

Recurso próprio da fase executória, somente temas ligados com a execução poderão ser levados à sua apreciação. Todavia, não é toda e qualquer matéria, mas somente aquela devidamente prequestionada em liquidação de sentença e decidida em embargos à execução e aquelas que digam respeito à hasta pública. Toda matéria discutida em liquidação de sentença, caso a parte não concorde com a decisão proferida, poderá manifestar o seu inconformismo por meio de embargos à execução. Se assim não proceder, a matéria ficará preclusa, sem possibilidade de rediscussão de ofício pelo juiz. Do que resulta que somente poderá levar à discussão à via do agravo de petição a matéria sobre a qual manifestou inconformismo, vale dizer, prequestionada. Existem duas espécies de embargos no processo do trabalho (art. 884, CLT), denominados pela doutrina de embargos de primeira fase (antes da hasta pública) e embargos de segunda fase (depois da hasta pública). Em agravo de petição, não se discute matéria superada pela coisa julgada. O direito é concedido ou negado na fase de conhecimento. Na fase executória, apenas se transforma em realidade o comando abstrato de uma decisão condenatória ilíquida. Apenas o erro material poderá ser sanado a qualquer tempo e em qualquer juisdição, mesmo aquela que não o cometeu, não necessitando de prequestionamento (arts. 833 e 897-A, parágrafo único, ambos da CLT). Com a extinção da representação classista (EC n. 24/1999), podendo o juiz de primeiro grau declarar a nulidade, se e quando for o caso, *v. g.*, aplicada a revelia com citação circunduta.

44.1.20.2. Do recebimento

O agravo de petição somente será recebido e processado, desde que o agravante tenha delimitado a matéria e os valores impugnados, de forma fundamentada. A matéria não contida na impugnação será, desde logo, executada de forma definitiva nos próprios autos ou por meio de carta de sentença (art. 897, § 1º, CLT). A delimitação da matéria traduz espécie de requisito de admissibilidade para que o agravo seja conhecido no Regional. Se a matéria não for delimitada em primeiro grau, deve o juiz de plano indeferir o processamento, podendo a parte agravar de instrumento dessa decisão. Todavia, o relator em sede Regional não está atrelado ao juiz de primeiro grau que processou o recurso ao arrepio da lei. Em havendo a hipótese, o recurso são será conhecido pelo relator no Regional.

44.1.20.3. Dos efeitos

Também aqui segue a regra geral do processo trabalhista, que é o efeito somente devolutivo, possibilitando a execução provisória. Não se descarta excepcionalmente o efeito suspensivo que ficará ao douto critério do juiz condutor do processo, pois a exceção está contida na regra geral. Entretanto, a parte inconformada poderá fazer uso do mandado de segurança, uma vez que a regra legal é apenas a devolutividade (art. 899, CLT). Haverá caso em que o efeito suspensivo far-se-á necessário, *v. g.*, ação rescisória julgada procedente pelo Regional, pendente de recurso para o TST. A cautela, em tais casos, indica a razoabilidade do efeito suspensivo. Melhor será que o exeqüente consiga a suspensão da execução no Regional, com base na parte *in fine* do art. do art. 489, com a redação dada pela Lei n. 11.280/2006.

44.1.20.4. Do prazo

O prazo para todos os recursos para os Regionais, excepcionados os embargos declaratórios (art. 537, CPC) e o de revisão (art. 2º, § 1º, Lei n. 5.584/1970), será de 8 (oito) dias. O prazo em dobro para o Poder Público somente tem aplicação na fase de conhecimento. A mesma regra é aplicável ao litisconsorte (art. 191, CPC), quando representados por patronos diferentes.

44.1.20.5. Do indeferimento

Todo e qualquer recurso para ser conhecido e processado deverá obedecer a certos requisitos denominados "requisitos de admissibilidade". Interposto dentro do prazo legal, a parte deverá utilizar corretamente do recurso (adequação da via própria), deverá ser direcionado ao tribunal competente, deverá efetuar o depósito recursal (réu), em sendo o caso, efetuar o pagamento das custas, se não for beneficiário da justiça gratuita, o advogado deverá possuir procuração nos autos. No caso do agravo de petição, deverá haver tempestividade, adequação do recurso utilizado, preparo (art. 789-A, IV, CLT), deve ser dirigido ao juiz competente parta apreciar o recurso, o advogado deverá ter procuração nos autos, ressalvado o caso do Poder Público, representado por procurador ou pela Advocacia Geral da União. Neste caso, o procurador tem o dever de identificar-se perante o juízo que determinará a anotação para os demais fins. A falta de qualquer dos requisitos determina o não conhecimento do recurso.

44.1.20.6. Do objeto

Remédio processual cabível, regra geral, das decisões proferidas em embargos. A matéria será sempre restrita à fase executória. Se a parte impugnou (art. 879, § 2º, CLT) antes da decisão homologatória da liquidação de sentença, essa matéria poderá ser rediscutida em embargos, em agravo de petição e, se possuir conteúdo constitucional, poderá desafiar recurso de revista. Na medida em que não houver impugnação, em tendo ciência do fato, desaguará na preclusão. Excepciona-se o caso de a liquidação estar vazada em excesso de execução, fato que impede a formação da preclusão.

Como vimos antes, existem embargos de duas fases — antes e depois da praça ou leilão. E as decisões proferidas em ambas as fases desafiarão agravo de petição. Excepcionalmente, o agravo de petição poderá fazer as vezes de agravo de instrumento do processo comum. Isso se dará em certas decisões interlocutórias mistas com a paralisação do processo, *v. g.*, envio ao arquivo porque a parte não atendeu determinação de apresentar cálculos em cinco dias ou ainda quando houver decisão com intensidade definitiva; indeferimento de novos cálculos de juros e de correção, mediante arquivamento do processo, declaração de prescrição da execução, a requerimento do devedor ou de ofício pelo juiz (§ 5º, art. 219, CPC, com redação da Lei n. 11.280/2006).

44.1.20.7. Dos pressupostos de admissibilidade

A exemplo dos demais recursos, também o agravo de petição, para ser conhecido, deverá atender a certos pressupostos (objetivos e subjetivos) para a admissibilidade.

E com a modificação imprimida pela Lei n. 8.432/1992 ao art. 897 da CLT, criou-se mais um pressuposto objetivo de admissibilidade, quando no § 1º se dispõe: "O agravo de petição só será recebido quando a agravante delimitar, justificadamente, as matérias e os valores impugnados."

A verificação dos pressupostos de admissibilidade dos recursos é dever de ofício do juízo de primeiro grau que deverá indeferir o processamento quando ausentes tais requisitos. A parte inconformada poderá agravar de instrumento.

O juízo *ad quem*, todavia, não está atrelado ao juízo de primeiro grau, podendo determinar a subida do recurso por ocasião da apreciação do agravo de instrumento, se concluir pela presença de todos os pressupostos.

Esse é o objetivo salutar do duplo grau de jurisdição que evita a ditatorialidade judicial. O juiz de primeiro grau tem por dever de ofício verificar a presença dos requisitos de admissibilidade e, na falta, deverá indeferir o processamento. Se a parte não concordar com a negativa de processamento poderá servir-se do recurso de agravo de instrumento, onde haverá a aferição da correção do ato que trancou o recurso, em duplo grau.

44.1.20.8. Do órgão competente

Nos termos do § 3º do art. 897 da CLT, "o agravo será julgado pelo próprio tribunal, presidido pela autoridade recorrida, salvo se se tratar de decisão de Juiz do Trabalho de 1ª Instância ou de Juiz de Direito, quando o julgamento competirá a uma das Turmas do Tribunal Regional a que estiver subordinado o prolator da sentença, observado o disposto no art. 679, a quem este remeterá as peças necessárias para o exame da matéria controvertida, em autos apartados, ou nos próprios autos, se tiver sido determinada a extração de carta de sentença" (redação dada pela Lei n. 10.035/2000).

44.1.21. Do recurso de revista: breve enfoque

O recurso de revista constitui particularidade do processo trabalhista, abolido que foi do processo comum. Lembra *Batalha* (ob. cit., p. 798) que: "No Direito processual do trabalho restringiu-se a revista às hipóteses do *jus in thesi clarum* e excluiu-se essa possibilidade recursal nos processos de alçada dos órgãos de primeiro grau" (Lei n. 5.584/1970, art. 2º, § 4º).

O art. 896 da CLT (recurso de revista), ampliado pela Lei n. 7.701/1988) aumentou o leque de possibilidades de interposição da revista, assim dispondo: "Art. 896. Cabe Recurso de Revista para Turma do Tribunal Superior do Trabalho das decisões proferidas em grau de recurso ordinário, em dissídio individual, pelos Tribunais Regionais do Trabalho, quando: a) derem ao mesmo dispositivo de lei federal interpretação diversa da que lhe houver dado o mesmo ou outro Tribunal Regional, no seu Pleno ou Turma, ou a Seção de Dissídios Individuais do Tribunal Superior do Trabalho, ou a Súmula de Jurisprudência Uniforme dessa Corte; b) derem ao mesmo dispositivo de lei estadual, convenção coletiva de trabalho, acordo coletivo, sentença normativa ou regulamento empresarial de observância obrigatória em área territorial que exceda a jurisdição do Tribunal Regional prolator da decisão recorrida, interpretação divergente, na forma da alínea *a*; c) proferidas com violação literal de dispositivo de lei federal ou afronta direta e literal à Constituição Federal." É bem de ver que a possibilidade de revista no caso de interpretação divergente em regulamento empresarial que exceda a jurisdição do tribunal relator traz em sua essência desigualdade de tratamento, já que desce ao casuísmo e premia somente empresas de grande porte com ofensa ao princípio da isonomia. Por outro lado, subverte tudo aquilo que restou assentado em jurisprudência do STF e contemplado por meio das Súmulas ns. 126 e 208 (cancelada) do TST, vez que a matéria, indubitavelmente, desaguará no terreno da análise de provas.

44.1.21.1. Do processamento

O recurso de revista será interposto perante o presidente do tribunal recorrido (TRT), no prazo de oito dias seguintes à publicação do acórdão no órgão oficial. O presidente do tribunal deverá receber ou denegar seguimento ao recurso, fundamentando, em qualquer hipótese, seu despacho. Denegado o seguimento, o recorrente poderá interpor agravo de instrumento no prazo de oito dias ao Tribunal Superior do Trabalho, o qual será distribuído na forma regimental. Recebido o recurso, o presidente declarará seus efeitos, facultando à parte interessada requerer a expedição de carta de sentença, para execução provisória, dentro do prazo de quinze dias, a contar da data em que tiver ciência do despacho, caso tenha sido dado ao recurso o efeito meramente devolutivo. Sobre comprovação de divergência no recurso de revista, *vide* arts. 232 e ss. do RI. Das decisões proferidas pelos Tribunais Regionais, ou por suas Turmas, em execução de sentença, salvo matéria constitucional, não caberá recurso de revista para o Tribunal Superior do Trabalho (art. 896, § 2º, CLT). O recorrente deverá efetuar o depósito concernente à condenação, se vencedor na jurisdição *a quo* e vencido na *ad quem*. Quando houver modificação do valor da condenação na jurisdição superior, a parte deverá complementar o depósito recursal até o limite estipulado pelo TST (*vide* Instrução Normativa n. 3/13). No que concerne às custas, "a parte vencedora na primeira instância, se vencida na segunda, está obrigada, independentemente de intimação, a pagar as custas fixadas na sentença originária, das quais ficará isenta a parte então vencida" (Enunciado n. 25 do TST). V. Lei n. 7.701 de 21.12.1988, art. 13 (depósito recursal). V. Lei n. 8.177/1991 e Instrução Normativa n. 3 do TST.

Dispõe *Mendonça Lima*, *apud Batalha*, ob. cit., p. 800, sobre o Enunciado n. 25, que: "A propósito das custas, se o recorrente está legalmente isento ou já liquidou as custas, por ocasião do recurso ordinário (*lato*), não necessita satisfazer novo pagamento; se o atual recorrente foi vencedor na primeira instância, sucumbindo, entretanto, em grau de recurso ordinário, também não precisa pagar as custas, se o adversário as liquidou por ocasião de seu recurso; se, porém, o litigante vencedor no recurso ordinário gozar de benefício da assistência judiciária gratuita e, por conseguinte, sendo isento da obrigação das custas, a parte vencida naquele recurso deverá saldá-las por ocasião do recurso de revista, calculadas sobre o valor da condenação." As conclusões são exatas e decorrem da circunstância de que, na fase de cognição do processo trabalhista, as custas são devidas de uma só vez.

44.1.21.2. Do prequestionamento

Prequestionar significa que a matéria foi enfrentada expressa e especificamente pela jurisdição *a quo*, adotando tese a respeito. O primeiro grau não está obrigado a enfrentar e adotar posicionamento sobre os vários temas trazidos pela defesa sobre um mesmo assunto. Basta que dê um argumento legal ou jurídico para deferir ou indeferir o pedido. Todavia, em havendo recurso ordinário, o Regional deverá pronunciar-se especificamente sobre os vários temas trazidos pela resposta do réu (art. 297, CPC). A ausência de prequestionamento constitui óbice ao conhecimento da revista, posto que o conhecimento conduz à supressão de instância. Em não havendo pronunciamento, poderá a parte interessada provocá-lo por meio de embargos declaratórios (art. 897-A, CLT, art. 535 e ss. CPC). Se a parte não se utilizar dos embargos declaratórios, os temas não mais poderão ser discutidos e desaguarão na preclusão (Enunciados ns. 184, 278, 297). O Enunciado n. 297 exige que os Regionais hajam adotado, explicitamente, tese a respeito, pena de não conhecimento do recurso de revista.

Marco Aurélio Mendes de Farias Mello realça ("O prequestionamento e o recurso de revista", artigo publicado na Revista LTr 51-9/1.039/1.044) que: "O prequestionamento fica revelado pela adoção de entendimento, no acórdão revisando, sobre matéria veiculada na revista. Esta assertiva decorre da razão de existir do próprio instituto, porque, a não se entender assim, melhor será expungi-lo do rol dos pressupostos pertinentes aos recursos de natureza extraordinária, dos quais a revista e os embargos, disciplinados respectivamente nos arts. 894 e 896 da Consolidação das Leis do Trabalho são espécies (...) "1. Constitucional: O prequestionamento supõe não apenas que na petição do recurso, a parte vencida mencione os cânones constitucionais violados, mas que a matéria tenha sido ventilada e discutida no Tribunal *a quo*, onde ficaram violados". Portanto, adotada a imparcialidade comum ao campo científico, outra não pode ser a conclusão: o prequestionamento sempre pressupõe que no acórdão revisando esteja revelado o juízo do órgão *a quo* sobre o tema veiculado no recurso extraordinário, sendo que os embargos declaratórios visam a tornar explícito o pronunciamento ou a ocorrência do vício de procedimento. Portanto, até mesmo para a configuração deste último, indispensável é a interposição, porque não se pode presumir que o órgão, alertado sobre a deficiência do julgado, o deixe sem a cabível e indispensável complementação (...) Daí haver construído o STF jurisprudência no sentido de não admitir o prequestionamento implícito, fazendo-o até mesmo em casos que envolviam matéria das mais importantes, porque ligada a pressuposto processual."

44.1.21.3. Do requisito da transcendência

Cuida-se de mais um requisito que se soma aos demais com o objetivo de dificultar o conhecimento do recurso de revista, introduzida pela Medida Provisória n. 2.226, de 04.09.2001, que acrescentou o art. 896-A, CLT. Nesse mesmo sentido, o Projeto de Lei n. 3.267/2000.

O termo "transcendência" não nos parece de boa inspiração, uma vez que se alheia à terminologia jurídica. Temos no léxico "caráter inerente a um princípio ou ser divino que ultrapassa radicalmente a realidade sensível". Kantismo: qualidade apresentada pelas idéias que, embora pertencentes ao âmbito da especulação racional humana, caracterizam-se por ultrapassar os dados oferecidos pela experiência, sendo por isso inapropriadas ao conhecimento (Dicionário Houaiss da Língua Portuguesa, p. 279, Ed. Objetiva, 2001). Na realidade, conforme se verifica da mensagem do Poder Executivo, o termo transcendência é utilizado em lugar de "relevância", este sim, termo já incluído no dicionário jurídico, como mencionava a relevância utilizada pelo Supremo Tribunal Federal. É bem possível que se tenha utilizado o termo transcendência como sinônimo de relevância, com o objetivo preconcebido de evitá-lo, posto que de triste memória.

O competência para regulamentar a lei é do Executivo, pelo que a transferência para o Tribunal Superior do Trabalho se nos afigura com nuanças de inconstitucionalidade. O Tribunal Superior não pode regulamentar e o Poder Executivo não pode delegar, quanto mais por Medida Provisória.

Sobre o tema lembra o eminente *Manoel Antonio Teixeira Filho* ("Sistema de Recursos Trabalhistas", 10ª. ed., LTr, 2003, p. 368 e s.) que é sabido que a competência do legislador sobre direito processual é privativa da União (art. 22, inc. I, da Constituição Federal), motivo pelo qual cabe ao Congresso Nacional legislar sobre a matéria (art. 48, da Constituição). Sabemos que não podem ser objeto de delegação os atos de competência exclusiva do Congresso Nacional (art. 66, § 1º, da Constituiçlão). Sendo assim, o art. 2º da Medida Provisória n. 2.226/2001 está em manifesto e insuperável conflito com os arts. 22, I, 48 e 68, § 1º, da Constituiação Federal. E arremata: ponha-se em realce que o STF recebera por força da EC n. 1, de 1969, delegação de competência para estabelecer em seu Regimento Interno quais as causas que, em decorrência de sua natureza, espécie ou valor pecuniário, não seriam julgadas por aquela Corte. Mais tarde, a EC n. 7, de 1977, impôs nova redação ao art. 119, § 1º, da Constituição Federal de 1967/1969 para permitir ao STF invocar a "relevância da questão federal, como critério seletivo das causas a serem julgadas. Essa nótula histórica é importante, diz o autor, para deixar claro que a delegação de competência ao Supremo Tribunal Federal, no caso, só foi possível porque derivou de Emenda Constitucional, não de lei ordinária".

A regulamentação pelo TST no Regimento Interno somente terá sentido após a sedimentação doutrinária e jurisprudencial sobre a matéria. Todavia, essa sedimentação somente se fará no decorrer do tempo e na experiência diária dos julgados. Tanto o Projeto de Lei quanto a Medida Provisória não nos parece de fácil assimilação pelos juslaboralistas. O Direito Processual do Trabalho está a exigir providências ousadas; mas, com pé na realidade. Contudo, entendemos que caberá ao julgador esforçar-se para implementar a nova norma, já que existe a presunção de que necessária para a realidade presente. A transcendência é algo que paira acima do normal, além do razoável. Tendo em conta que o próprio Projeto transita em sede de generalidade ao tentar definir a transcendência jurídica, política, social e econômica, muito restará em campo subjetivo por ocasião da apreciação do recurso de revista. Muito tempo decorrerá para que a jurisprudência se firme em cada um daqueles campos mencionados. A doutrina e a jurisprudência também deverão orientar se a transcendência abrangerá o recurso de revista como um todo ou se será processada para cada item trazido à discussão na revista.

44.1.21.4. Do recurso de revista na execução

De conformidade com o disposto no art. 896, § 2º, da CLT, não cabe recurso de revista das decisões proferidas pelos TRTs ou por uma de suas Turmas, em execução de sentença. Entretanto, em se tratando de matéria constitucional, doutrina e jurisprudência trilham no sentido de submissão ao Tribunal Superior do Trabalho e, conseqüentemente, ao STF (art. 102, III, da Constituição Federal). Nesse sentido, dispõe o Enunciado n. 266 do TST: "A admissibilidade do recurso de revista interposto de acórdão proferido em agravo de petição, na liquidação de sentença ou em processo incidente na execução, inclusive os embargos de terceiro, depende de demonstração inequívoca de violência direta à Constituição Federal." Realçava *Carrion* (ob. cit., 1984, p. 617) que: "A teoria do processo considera a execução de sentença uma verdadeira ação; o conceito não fica desmerecido pelo fato de a execução ter rito distinto das demais ações, de se processar nos mesmos autos ou de ser desnecessária aqui a citação pessoal do devedor, no início. O mesmo se dá com os embargos de terceiro: recebem tratamento procedimental afim à execução de sentença. As construções da ciência do direito necessariamente nem sempre se desviam porque o legislador use afirmações equivocadas ou adote este ou aquele rito. Do acórdão da turma do TRT que julga agravo de petição na execução não cabe recurso de revista (CLT, 896, § 2º); salvo se violar matéria constitucional; nesta hipótese, entende a jurisprudência que a via do TST é necessária para alcançar-se o mais elevado guardião da Constituição, o STF. Contra a sentença que julga embargos de terceiro cabe agravo de petição (Lei 7.701/88); quanto ao posterior recurso de revista, repete-se o que se disse acima, na execução."

Discordamos também do saudoso jurista *Valentin Carrion*, quando traz à colação a teoria do processo para conceituar a execução trabalhista como ação. Existe uma diferença conceitual entre a execução trabalhista e a execução civil. Lá, no processo comum (antes do advento da Lei n. 11.232/2006, a liquidação de sentenças (fase de acertamentos) e os embargos eram conceituados como ações, as decisões tinham a dignidade de sentença (art. 162, CPC), transitavam em julgado, e a desconstituição do julgado desafiava ação rescisória. No processo do trabalho, as decisões proferidas em liquidação de sentença e em embargos têm natureza de interlocutória, anulável mediante ação anulatória para o mesmo juízo. Daí a razão pela qual a execução trabalhista se apresenta como simples fase ou epílogo do processo de conhecimento, despido da dignidade de verdadeira ação. Enquanto no processo comum, a decisão em liquidação de sentença e em embargos podem ser revistas mediante apelação, excepcionado o caso de execução de título extrajudicial e de complementação de cálculos que desafiavam o agravo de instrumento, no processo do trabalho, a decisão liquidanda pode ser revista pela via de embargos e a decisão de embargos pode ser revista pela via do agravo de petição. O sistema trabalhista é menos complicado e, por isso, mais célere.

Sobre o assunto, consulte-se Provimento GP n. 01/1988 do TRT, da 2ª Região, de 13.01.1988. A Lei n. 9.756/1998 deu nova redação ao art. 896 e dispôs no § 2º a ofensa à Constituição. No processo do trabalho, a execução não é ação, mas, simples epílogo.

Registramos, todavia, a modificação trazida pelas Leis ns. 11.282/2006 e 11.382/2006. O processo civil atual deu tratamento diferenciado à execução por título judicial e por título extrajudicial. Na execução de título extrajudicial, a liquidação de sentença continua sendo uma ação que desafia os embargos à execução ou do devedor, independentemente de garantia do juízo (art. 736, CPC). No título judicial, a liquidação de sentença é um simples incidente cuja decisão tem natureza interlocutória a desafiar agravo de instrumento (art.475-H, CPC). Garantido o juízo mediante penhora (art. 475-J, CPC), o executado poderá apresentar "Impugnação". Da decisão proferida na "Impugnação", caberá agravo de instrumento (art. 475-M, § 3º, CPC), salvo no caso de a decisão ser terminativa da execução, quando caberá apelação. A liquidação e a execução em sede de processo comum aproximou-se conceitualmente do processo do trabalho. A ação de conhecimento transformou-se em simples fase complementada pela fase executória. Todavia, não adquiriu a agilidade desejada, uma vez que ainda adota o princípio da recorribilidade das interlocutórias. Na execução por título judicial para o pagamento de quantia certa, excepciona-se o caso que em envolver a Fazenda Pública (arts. 730 e 741, CPC) em que a defesa continuará a ser feita por intermédio de Embargos à Execução e tem a dignidade de ação; não haverá penhora, posto que impenhoráveis os bens públicos, cumprindo-se a obrigação pela via do precatório. Para *Humberto Theodoro Júnior*, com base no art.

732, CPC, também a cobrança de dívida alimentar permanece desafiando embargos, embora seja título judicial, nos moldes da execução por título extrajudicial, que, por sua vez, não exige a garantia do juízo (art. 736, CPC), Esclareça-se, no entanto, que o caso da pensão alimentícia baseada em título judicial oferece uma situação híbrida ou atípica em que haverá a garantia do juízo com a penhora de bens e a defesa do devedor será feita por meio de embargos à execução (ou do devedor). Não deve prevalecer o entendimento de que, pelo fato de a defesa ser feita por meio de embargos (parágrafo único, art. 732, CPC), haveria a liberalidade prevista no art.736, CPC, concedida na execução por título extrajudicial. A execução por dívida alimentar, a exemplo da Fazenda Pública, tem a natureza jurídica de ação e, por isso, desafiará o recurso de apelação, quer na liquidação de sentença, quer sentença de embargos. Pode-se dizer que o processo civil adotou três espécies de execução com naturezas diferentes: a) tem a natureza jurídica de ação, quando se tratar de título extrajudicial, e não exige a garantia do juízo (art. 736, CPC); b) tem a natureza jurídica de simples incidente, quando se tratar de título judicial, e exige a garantia do juízo (art. 475-J, CPC); c) tem a natureza híbrida ou atípica nos caso de cobrança da Fazenda Pública (arts. 730 e 741, CPC) e de prestação alimentícia (art. 732, CPC). Nesta, embora haja a garantia do juízo, a defesa será feita por meio de embargos à execução (ou do devedor). Em ambos os casos, a liquidação de sentença e os embargos têm a natureza jurídica de ação.

44.1.21.5. Da revista, da súmula e da jurisprudência uniforme

Dispõe o art. 896, "a", *in fine*, da CLT (Lei n. 9.756/1998) que não será concedido o recurso de revista quando a decisão recorrida estiver em consonância com Súmula de Jurisprudência Uniforme do TST.

A disposição legal, todavia, parece-nos revestida de certo exagero, pois se opõe à própria dinâmica interpretativa. A lei deve prover para uma realidade. Essa realidade, por seu turno, tenderá a mudar, adaptando-se à exigência de cada época. Daí a necessidade do esforço interpretativo. Os pressupostos que tornaram possível a edição da súmula à época, poderão não mais existir por ocasião da interposição da revista, decorridos, por vezes, vários anos ou mesmo décadas.

Tem-se, nos termos do art. 896, "a", da CLT que a revista somente será admitida se a decisão recorrida não estiver em consonância com enunciado da Súmula de Jurisprudência Uniforme do TST. Vale dizer, não permitindo a discussão da matéria por meio de recurso de revista, a Súmula cristaliza o entendimento *ad aeternum*. Não se relegue ao oblívio, entretanto, que o direito é dinâmico por excelência e seria mesmo simploriedade concluir-se que a interpretação sintetizada em súmula é definitiva e imutável. Seria o caos jurídico. Ter-se-ia, por conseguinte, a súmula com força superior à própria lei, já que esta poderá ser revogada, derrogada e ab-rogada ou, ainda, interpretada em consonância com a realidade presente, adaptando-se. As súmulas seriam eternas. O Direito do Trabalho é o mais dinâmico entre os ramos do direito. E a realidade de ontem, seguramente, não será a mesma de hoje. O preceito em foco é ditatorial à medida que se alheia às exigências de uma sociedade em constantes mutações.

Dificultando a possibilidade de cabimento do recurso de revista, em caso de existir súmula, dispõe o art. 896, § 5º (Lei n. 7.701/1988): "Estando a decisão recorrida em consonância com enunciado da Súmula da Jurisprudência do Tribunal Superior do Trabalho, poderá o Ministro Relator, indicando-o, negar seguimento ao recurso de revista (...)." Caberá, pois, ao intérprete dar aos dispositivos legais interpretação mais coerente com a realidade. Todavia, ao utilizar o vocábulo "poderá" (§ 5º), amenizou a situação.

Para *Wilson de Souza Campos Batalha* ("Tratado de Direito Judiciário do Trabalho", 1977, LTr, p. 799) que: "É admissível o recurso de revista, não obstante existência de prejulgado (Representação n. 946-DF, Ac. do Pleno do STF, 12.5.1977, julgou inconstitucional o art. 902, CLT, acórdão completo na Revista LTr 41/1033-1037) ou súmula em sentido contrário, pois essas normas de jurisprudência uniforme não podem ter efeito superior ao das leis. Efetivamente, é o recurso de revista o único meio de que podem valer-se as partes para obter, processualmente, a reforma de prejulgado ou súmula, pois dele depende a possibilidade de embargos ao Tribunal Superior do Trabalho e, eventualmente, a interposição de recurso extraordinário para o STF, nos termos do art. 102, III da Constituição vigente. Assim, admissível é o recurso de revista, mesmo contra prejulgado ou súmula, podendo o Relator negar seguimento ao recurso. Contra tal despacho, a parte prejudicada pode interpor agravo. É certo que o art. 9º, parágrafo único, da Lei n. 5.584/1970 diz, limitativamente, que 'a parte prejudicada poderá interpor agravo desde que à espécie não se aplique o prejulgado (superado: STF, Representação n. 946-DF, Pleno, 12.05.1977, rel. Min. Xavier de Albuquerque) ou a súmula citada pelo Relator'. Entretanto, nada obsta a que se sustente tese contrária ao prejulgado ou à súmula, posto que, de outra forma, forçoso seria concluir pela inconstitucionalidade desses institutos, pois, nessas hipóteses, os prejulgados e as súmulas teriam eficácia superior à das leis e mesmo *contra legem*, sem possibilidade de ulterior controle jurisdicional."

Com vistas aos arts. 894, "b" e 896, "a", da Consolidação, houve evidente equívoco do legislador por ocasião da Lei n. 7.033, de 05.10.1982, DOU de 06.10.1982, ao substituir apenas simplesmente a rubrica "prejulgado" por "súmula".

Não se apercebeu o legislador de que o "prejulgado" mencionado nos arts. 894 e 896 da CLT era de aplicação vinculativa das instâncias (jurisdições) inferiores e por esse motivo é que se obstava a subida do recurso de embargos e o de revista. Nesse sentido dispunha o art. 902, § 4º, da CLT, in *verbis*: "Uma vez estabelecido o prejulgado, os Tribunais Regionais do Trabalho, as Juntas de Conciliação e Julgamento e os Juízes de Direito investidos da Jurisdição da Justiça do Trabalho ficarão obrigados a respeitá-lo."

Ora, o art. 902 e seus parágrafos foram revogados pela mesma Lei n. 7.033/1982. Vale dizer, desapareceu qualquer vinculação das instâncias inferiores.

Assim, a parte *in fine* da letra "b" do art. 894 e da letra "a" do art. 896 (salvo se a decisão recorrida estiver em consonância com enunciado da Súmula de Jurisprudência Uniforme do TST) não tem mais razão de existir e os recursos de revista e de embargos não devem ser obstados pela simples presença de súmula, hoje simples proposição ou súmula. A modificação é salutar e permite o avanço interpretativo, adaptando-se à realidade presente.

Registre-se, ainda, que: "Consoante Decisão do Supremo Tribunal Federal na Representação 946, DF, adotada por unanimidade, este artigo (refere-se ao art. 902 da CLT) foi revogado pela Constituição de 1946 e assim, o prejulgado não tem força normativa, exceção quanto à hipótese prevista em lei para a fixação, nos dissídios coletivos, das normas e condições de trabalho ..." (DJU 1.7.1977, p. 4.455).

O art. 9º da Lei n. 5.584/1970 preceitua que o relator (TST) poderá negar o prosseguimento do recurso se a matéria discutida contrariar súmula (modificação imposta pela Lei n. 7.033/1982, art. 3º). Em não estando a instância inferior (TRT) obrigada às Súmulas, também poderá ou não negar o prosseguimento ao recurso. A Lei n. 7.701/1988, dando nova redação ao art. 896, CLT, acrescentou o § 5º oferecendo ao relator a possibilidade de dar ou não seguimento à revista em estando a matéria sumulada. Os presidentes dos Regionais poderão negar processamento à revista por analogia ao § 5º, art. 896, CLT. É isso que na prática acontece. O recurso de revista que contraria jurisprudência uniforme em Súmulas ou Orientações Jurisprudenciais tem o processamento negado, podendo a parte agravar de instrumento.

44.1.21.6. Do recurso de revista e a questão de alçada

Existem ações que pela sua simplicidade ou pelo seu valor reduzido se satisfazem com o julgamento primário, não permitindo que a parte inconformada submeta o julgamento à jurisdição superior. É uma questão de política judiciária, objetivando assoberbar mais um judiciário já sobrecarregado com número exorbitante de ações que a cada dia são distribuídas. Como regra, excepcionam-se da alçada aquelas ações em que se discute matéria constitucional.

No processo trabalhista, nenhum recurso caberá das sentenças proferidas nos dissídios de alçada, salvo em se tratando de matéria constitucional. Ao contrário do que possa parecer *prima facie*, no art. 7º, IV, da CF/1988, Capítulo II — gizada a dois salários mínimos (art. 2º, §§ 3º e 4º, da Lei n. 5.584, 26.6.1970).

Dos Direitos Sociais — o constituinte, preocupado com o poder aquisitivo do trabalhador, não desmereceu matéria processual. A alçada está limitada a dois salários mínimos.

Dúvida que surge é a de saber-se se, em havendo matéria constitucional, cabível seria o recurso extraordinário ao STF. A resposta há de ser pela negativa. Em tais casos, caberá o recurso ordinário (ou o agravo de petição, se na fase executória) ao Tribunal Regional do Trabalho, o de revista ao Tribunal Superior do Trabalho. Nesse sentido, também são as lições de *Alcides de Mendonça Lima* ("Processo Civil no Processo Trabalhista". São Paulo: LTr, [s/d], p. 98): "Pela índole do extraordinário, entendemos que os recursos normais devem ser utilizados, porque somente a ausência de ofensa à Constituição é que cria a situação excepcional de vedar o duplo grau de jurisdição; desaparecendo o requisito excepcional, o caso cai na regra geral quanto aos recursos pertinentes, como em qualquer outro feito."

Dispõe *José Frederico Marques*, ob. cit., p. 17 e ss., que: "O julgamento proferido por um juiz de grau inferior não esgota geralmente a obrigação jurisdicional do Estado. Esta, nos juízos de primeiro grau não é ainda entregue às partes, visto que a sentença então proferida não passa de apresentação da prestação jurisdicional, ao invés de entrega definitiva da referida prestação, a qual só se verifica quando esgotados os recursos cabíveis. Lógico seria que a decisão de primeiro grau tivesse o caráter de irrevogável; todavia, considerações de ordem prática levam a permitir uma nova discussão perante outro órgão judiciário de categoria superior, ou, excepcionalmente, ante o próprio Juízo em que foi proferida a decisão. Os recursos são atos processuais que têm por finalidade a obtenção de novo exame, total ou parcial, de um ato judiciário. Nesse sentido, é um *remedium juris*, visto que tende à remoção de um obstáculo, que é justamente a decisão tida por errônea. Com o recurso não se abre nova instância. O que se denomina de 'segunda instância' é a mesma relação processual projetada no Juízo de segundo grau. O que surge do recurso é um novo procedimento, isto é, o procedimento recursal. O conceito de recurso acha-se em atinência lógica com o princípio do duplo grau de jurisdição. Como o mostrou *Chiovenda*, 'entre os princípios fixados pela Revolução Francesa', insere-se o denominado princípio do duplo grau de jurisdição, que determina o trânsito da causa, normalmente, pela cognição de dois tribunais sucessivamente. Constitui tal princípio — como salientou *Afonso Fraga* — uma garantia de reta administração da justiça. Aliás, a Constituição brasileira do Império, no art. 158, o consagrava expressamente. Atualmente, esse postulado não se acha explícito na Constituição Federal; no entanto, o adota o Código de Processo Civil, como regra geral. Não há dúvida de que o sistema do duplo grau de jurisdição é um fator de maior segurança na aplicação da lei pelos órgãos judiciários. Foi o que bem salientou *Seabra Fagundes*, mostrando que por ele se reapura a juridicidade da decisão recorrida. Ao demais, na organização dos quadros judiciários, os magistrados que funcionam no Juízo do recurso têm maior experiência e se encontram em melhores condições para um exame bem refletido e sereno da questão decidida em primeiro grau."

Na Constituição Federal de 1988, eis que vedada a vinculação ao mínimo legal (art. 7º, IV), estaria revogado o § 4º do art. 2º da Lei n. 5.584/1970. A tese, entretanto, não atenta para o real escopo do dispositivo constitucional. O que a *Lex Major* procurou obstar com a vedação em tela foram os mecanismos de indexação da economia com âncora no salário mínimo, não alcançando, pois, a alçada recursal. Neste sentido, a Súmula n. 356 do C. TST: "Alçada recursal. Vinculação ao salário mínimo. O art. 2º, § 4º, da Lei n. 5.584/70 foi recepcionado pela Constituição da República de 1988, sendo lícita a fixação do valor da alçada com base no salário mínimo."

Essa questão resta superada quando a matéria em debate é constitucional (art. 2º, § 4º, da Lei n. 5.584, de 26.7.1970). A Lei n. 7.701, de 21.12.1988, em seu art. 12, § 4º, dispõe que: "Das decisões proferidas pelos Tribunais Regionais do Trabalho, ou por suas Turmas, em execução de sentença, inclusive em processo incidente de embargos de terceiro, não caberá o recurso de revista, salvo na hipótese de ofensa à Constituição Federal." Em havendo ofensa à Constituição não haverá o óbice da alçada e a matéria será discutida em todas as instâncias recursais. O óbice da alçada não traduz impedimento bastante para neutralizar a discussão em campo constitucional, posto que sendo a Excelsa Corte a guardiã da Constituição a esta está afeta a última palavra. Decidiu o STF, relator o Min. Moreira Alves, RE n. 91.199, que: "Não é cabível, portanto, recurso extraordinário contra decisão do TST prolatada em revista, ou contra despacho que não admitiu embargos interpostos contra aquela, pois em ambos os casos, não se exauriu a via de recursos na instância trabalhista." O acórdão foi seguido por acórdãos posteriores (*v. g.*, RE ns. 91.640, rel. Min. Cunha Peixoto, 91.756, rel. Min. Cordeiro Guerra, 92.452, rel. Min. Djaci Falcão).

44.1.22. Do recurso de embargos no TST

O termo embargos em linguagem jurídica genérica pode ter significado de incidente processual, art. 884, CLT (embargos de primeira e de segunda fase, antes e depois da hasta pública, na execução) ou mesmo de defesa, como é o caso dos embargos do devedor, art. 884, CLT (execução) e dos embargos de terceiro (fase de conhecimento ou fase executória), art. 1.046 e ss. CPC. Hoje, o termo embargos pode significar recurso (infringentes ou de divergência) para o Tribunal Superior do Trabalho ou de embargos declaratórios com sede em todas as jurisdições.

Os embargos dirigidos ao TST estão previstos no art. 894, CLT, derrogado na parte em que colide com a Lei n. 7.701/1988; dos acórdãos das Turmas que julgar recurso de revista, poderá a parte inconformada aviar embargos para a SDI. Os embargos têm também por objetivo a uniformização de jurisprudência das Turmas do TST ou em processos de competência originária daquela mais alta Corte. O recurso de embargos, a exemplo do recurso de revista, tem *status* de recurso extraordinário com similitude ao recurso interposto ao Pleno do STF, dos acórdãos de Turmas em recurso extraordinário.

Anota *Manoel Antonio Teixeira Filho* ("Sistemas dos Recursos Trabalhistas", LTr, São Paulo, 8ª ed., 1995, p. 281), com âncora em *Pontes de Miranda*, que a polissemia do termo deságua em equivocidade. Tem-se, na espécie, todavia, a designação de recurso, não havendo falar em ação ou defesa.

Lembra *Arion Romita* ("Comentários aos Prejulgados do TST", v. I/76, 1973, ed. Rio): "Os chamados embargos de alçada já eram disciplinados pelo Decreto-lei n. 1.237, de 2.5.39 (por força do qual foi a Justiça do Trabalho instalada no Brasil, em 1.5.41), e bem assim pelo respectivo regulamento (Decreto n. 6.596, de 12.12.40). Só havia embargos contra decisões das Juntas de Conciliação e Julgamento (Hoje,

Varas do Trabalho) e dos Juízes de direito. A Consolidação das Leis do Trabalho, em sua redação originária, acolheu tais embargos (art. 894). Nessa modalidade recursal, prescinde-se do duplo grau de jurisdição; há, apenas, duplo exame. Recorre-se para o mesmo órgão que proferiu a decisão, procurando-se a retratação do juízo *a quo* (...). A Lei n. 5.442, de 24.5.68, suprimiu os embargos de alçada."

De conformidade com referida lei, não mais existem embargos para o Pleno dos Regionais, divididos em Turmas. Nenhum recurso caberá para o Pleno contra decisões de Turma, exceto o caso de recurso contra multa impostas pelas Turmas. Em dependendo do Regional, será o recurso julgado pelo Pleno ou pelo Órgão Especial. Os embargos também não terão cabimento contra Grupos de Turmas (Lei n. 7.119/83, art. 4º, § 3º). Nas decisões Regionais, cujo julgamento não seja unânime, não têm cabimento os embargos infringentes previstos no art. 530 e ss., CPC. Hoje, as decisões das Varas não mais admitem os embargos infringentes ao mesmo juízo, embora constantes do art. 652, V, letra "c" da CLT (Súmula n. 133, originário do Prejulgado n. 4, cancelada). No Tribunal Superior do Trabalho, compete à Seção Especializada em Dissídios Coletivos, ou Seção Normativa, em última instância, julgar os embargos infringentes interpostos contra decisão não unânime proferida em processo de dissídio coletivo de sua competência originária, salvo se a decisão atacada estiver em consonância com precedente jurisprudencial do Tribunal Superior do Trabalho ou Súmula de sua jurisprudência predominante (art. 3º, II, "c", Lei n. 7.701/1988). Compete à Seção de Dissídios individuais julgar os embargos de divergência de julgados de Turmas ou destas com decisão da Seção de Dissídios Individuais, ou com enunciado da Súmula e as que violarem literalmente preceito de lei federal ou da Constituição da República (art. 3º, III, "b", Lei n. 7.701/1988).

A Lei n. 7.701/1988 impôs alterações na organização do TST, com conseqüentes reflexos em sua competência interna: "Art. 1º O Tribunal Superior do Trabalho, nos processos de sua competência, será dividido em Turmas e seções especializadas para a conciliação e julgamento de dissídios coletivos de natureza econômica ou jurídica e de dissídios individuais."

Em decorrência, grande parte da competência pertencente ao Tribunal Pleno foi transferida, restando os embargos afetos às então instituídas Secções de Dissídios Individual e Coletivo (SDI e SDC).

Comanda a Lei n. 11.496, de 22.6.2007, o art. 894, CLT

Art. 1º O art. 894 da Consolidação das Leis do Trabalho — CLT, aprovada pelo Decreto-Lei n. 5.452, de 1º de maio de 1943, passa a vigorar com a seguinte redação:

Art. 894. No Tribunal Superior do Trabalho cabem embargos no prazo de 8 (oito) dias:

I — de decisão não unânime de julgamento que:

a) conciliar, julgar ou homologar conciliação em dissídios coletivos que excedam a competência territorial dos Tribunais Regionais do Trabalho e estender ou rever as sentenças normativas do Tribunal Superior do Trabalho, nos casos previstos em lei; e

b) vetado (A modificação trazida pela lei foi vetada, permanecendo a redação antiga da letra b:

"das decisões das Turmas contrárias à letra da lei federal ou que divergirem entre si, ou da decisão proferida pelo Tribunal Pleno, salvo se a decisão recorrida estiver em consonância com súmula de jurisprudência uniforme do Tribunal Superior do Trabalho".

II — das decisões das Turmas que divergirem entre si, ou das decisões proferidas pela Seção de Dissídios Individuais, salvo se a decisão recorrida estiver em consonância com súmula ou orientação jurisprudencial do Tribunal Superior do Trabalho ou do Supremo Tribunal Federal.

Parágrafo único. (Revogado) (NR)

Comentários ao veto presidencial à nova redação da letra b do art. 894, que dizia: "b) julgar as ações rescisórias propostas contra suas sentenças normativas".

Das razões do veto:

"A controvérsia sobre o cabimento ou não de ação rescisória para rediscutir o conteúdo de sentença normativa pacificou-se no sentido do descabimento. As razões principais foram duas.

A primeira, (sic) é pela inexistência de coisa julgada material em dissídio coletivo. A sentença normativa não faz coisa julgada material porque não torna imutável a solução dada à lide. Ela tem natureza de fonte de direito, sujeitando-se às regras de direito intertemporal e tendo sua vigência limitada no tempo (art. 868, parágrafo único, e 8.873 da CLT).

A segunda, (sic) decorre da exegese do art. 83, inc. IV, da Lei Complementar n. 75, de 20 de maio de 1993, no qual se estabelece a competência do Ministério Público do Trabalho para 'propor as ações cabíveis para declaração de nulidade de cláusula de contrato, acordo coletivo ou convenção coletiva, deixando implícita a possibilidade de sentenças normativas serem atacadas por meio de ação anulatória.

O dispositivo que se propõe vetar prevê recurso de embargos em espécie de ação que não mais existe. A ausência do veto poderá gerar interpretação no sentido de que as ações rescisórias em sentenças normativas voltaram a ser admitidas no ordenamento pátrio, o que causará insegurança jurídica e conflitos judiciais desnecessários."

Do equívoco do veto

1. O primeiro argumento no sentido de não existir a coisa julgada material em dissídio coletivo é falsa. O fato de a sentença normativa ter prazo para vigorar não significa que o tribunal não decidiu do mérito o que levaria apenas à coisa julgada formal. Não. Ao prolatar sentença normativa, o tribunal adentra ao mérito e decide em matéria meritória. Como conseqüência, faz-se a coisa julgada formal e material, sendo a matéria imodificável pelas partes. Somente a ação rescisória poderá desconstituir o conteúdo normativo.

2. Ensina *Eurico Tullio Liebman* (Eficácia e Autoridade da Sentença, com notas de *Ada Pellegrini Grinover*, Ed. Forense, Rio, 1984) que: "Tratando-se de uma

relação que se prolonga no tempo, e dizendo a decisão ser determinada pelas circunstâncias concretas ao acaso, a mudança desta justifica, sem mais, uma correspondente adaptação da determinação feita procedentemente, o que será uma aplicação, e nunca uma derrogação dos princípios gerais e nenhum obstáculo encontrará a coisa julgada. Esta, pelo contrário, fará sentir toda a sua força, neste como em todos os outros casos, no excluir totalmente uma apreciação diversa do caso, enquanto permaneça inalterado. O que há de diverso nesses casos, não é o rigor menor da coisa julgada, mas a natureza da relação jurídica que continua a viver no tempo com conteúdo ou medida determinados por elementos essencialmente variáveis, de maneira que os fatos que sobrevenham pode influir nela, não só no sentido de extingui-las, fazendo por isso extinguir o valor da sentença, mas também no sentido de exigir mudança na determinação dela, feita anteriormente". Nesse mesmo sentido, o magistério de *Wellington Pimentel*: "Também se há alteração de direito e a sentença houver decidido relação jurídica continuativa, será admissível a sua revisão" ("Comentários ao Código de Processo Civil", Ed. RT, 1975, v. VIII, p. 572). A sentença normativa, a exemplo do que sucede no processo civil, sofre a influência do princípio da *rebus sic stantibus*.

3. O segundo argumento também não merece acolhida, pois tem suporte em malabarismo interpretativo que não convence. Primeiramente, no termo "competência", leia-se "legitimidade" do Ministério Público do Trabalho, pois em sendo do trabalho possui competência em razão da matéria em potencial. Segundo, não deve ser confundida a legitimidade da Procuradoria para ação anulatória em sede contratual, de convenção coletiva ou de acordo coletivo para estender essa legitimidade para o âmbito da sentença normativa. São coisas conceitualmente diversas: o contrato, o acordo coletivo e a convenção coletiva não recebem o selo do judiciário, *id est*, formam-se em âmbito meramente administrativo entre as partes, diversamente da sentença normativa que é fruto de uma decisão jurisdicional em sede coletiva. Terceiro, a competência (entre elas, a funcional) não se estende por analogia, ou por mera interpretação, como pretendeu o veto: "deixando implícita a possibilidade de sentenças normativas serem atacadas por meio de ação anulatória". A afirmação do veto é preocupante, pois sobre a falsa afirmação de que não haveria coisa julgada material em sede de sentença normativa, permite corte rescisório por meio de ação anulatória. Diferentemente do que se pretendeu ao citar o art. 83, inc. IV, da LC n. 75/93, referidos preceitos legais não autorizam a conclusão do parecer que deu origem ao veto.

4. Conclusões: a) a sentença normativa transita em julgado formal e materialmente; b) somente poderá ser desconstituída pela via da ação rescisória; c) o fato de haver tempo determinado para produzir efeito não desprestigia a coisa julgada formal e material que persistirá durante o tempo de duração; d) o conteúdo normativo, a exemplo do que sucede no processo civil, sofre a influência do princípio da *rebus sic stantibus*.

44.1.22.1. Dos embargos infringentes

Embargos infringentes — Dispõe a alínea "c" do inc. II do art. 2º da Lei n. 7.701/88: "Compete à seção especializada em dissídios coletivos, ou seção normativa: (...) II — em última instância julgar: (...) c) os Embargos Infringentes interpostos contra decisão não unânime proferida em processo de dissídio coletivo de sua competência originária (quando ultrapassa a base territorial de mais de um Regional), salvo se a decisão atacada estiver em consonância com precedente jurisprudencial do Tribunal Superior do Trabalho ou da Súmula de sua jurisprudência predominante." De conformidade com a Súmula n. 294, não são inadmissíveis embargos infringentes contra decisão do STF em mandado de segurança. Não são admissíveis embargos infringentes contra decisão unânime do STF (Súmula n. 295). Não são admissíveis embargos infringentes sobre matéria não ventilada pela Turma, no julgamento do recurso extraordinário (art. 296). Ver Súmulas do STF ns. 293, matéria constitucional submetida ao plenário (ver Lei n. 7.70l/1988), 355 (embargos infringentes parciais e o recurso extraordinário), 368 (processo de reclamação não admite embargos infringentes), 455 (admissível em julgamento do pleno de matéria constitucional), 518 (deslocamento de competência), 597 (decisão por maioria de votos em apelação de mandado de segurança: Incabível).

44.1.22.2. Dos embargos de divergência

Na alínea *b* do inc. III do art. 3º do mesmo diploma legal, encontramos os embargos de divergência: "Compete à Seção de Dissídios Individuais julgar: (...) III — em última instância: (...) b) os embargos interpostos às decisões divergentes das Turmas, ou destas com decisão da Seção de Dissídios Individuais, ou com enunciado da Súmula e as que violarem literalmente preceito de lei federal ou da Constituição da República." Não dá suporte à divergência dentro da mesma Turma (OJ n. 95-SDI-1). Suporte em OJ Validade (OJ n. 219-SDI-1. Significado de "violação legal" (OJ n. 257-SDI-1). Súmulas do STF: 233 (divergência qualificada), 247 (jurisprudência), 273 (questão prejudicial), 290 (formalidades), 353 (decisões da mesma Turma do STF), 598 (acórdãos paradigmas) e 599 (incabíveis em agravo regimental).

44.1.22.3. Dos embargos de nulidade

No tocante aos embargos de nulidade, que eram previstos no art. 833 do Código de 1939, a Lei n. 7.701/1988 é omissa como omisso é o Regimento Interno do TST (arts. 239-242). Todavia, como bem fulcrou o eminente jurista *Carlos Henrique Bezerra Leite* ("Curso de Direito Processual do Trabalho", Ed. LTr, 2003, p. 539/540), os embargos de nulidade, antes previstos no art. 894, "b", CLT, foi revogado pela Lei n. 7.701/1988. Inclui-se no âmbito de lei federal, os Tratados Internacionais e as Convenções da OIT ratificados pelo Governo brasileiro. Todavia, nem a lei, nem o regimento interno do TST dispõem neste sentido, conforme se verifica do art. 73, II, "a" que não faz qualquer distinção. A divergência jurisprudencial se verifica entre as Turmas do TST e não na mesma Turma (Orientação Jurisprudencial n. 95, SDI-1). A decisão embargável é aquela decidida por maioria, não se sensibilizando o recurso com decisões unânimes. A exemplo do que sucede com o recurso de revista, os embargos são recursos de natureza extraordinária.

A alínea "b" do inc. III do art. 3º da Lei n. 7.701/1988 passou a vigorar com a seguinte redação: "os embargos das decisões das Turmas que divergirem entre si, ou das decisões proferidas pela Seção de Dissídios Individuais", de conformidade com a Lei n. 11.496/2007. O legislador federal continua complicado. Ao invés de fazer a modificação diretamente no art. 894 da CLT, revogando essa parte na Lei n. 7.701/1988, persiste no raciocínio direto e complicado de modificar a lei.

Síntese — Os embargos têm por escopo a unificação de jurisprudência no âmbito do TST, enquanto o recurso de revista visa a unificação no âmbito dos Regionais. Segundo a hipótese de cabimento, divide-os a doutrina em três modalidades: embargos de divergência, de nulidade e infringentes. Este último, de competência da Seção de Dissídios Coletivos, ao passo que os primeiros são de competência da Seção de Dissídios Individuais. Desafiam os embargos de divergência as "decisões divergentes das Turmas, ou destas com decisão da Seção de Dissídios Individuais, ou com enunciado de Súmula" (art. 3º, III, "b", da Lei n. 7.701/1988 — primeira parte). Os embargos de nulidade, por sua vez, terão lugar em face de decisões "que violarem literalmente preceito de lei federal' (inclua-se Tratados Internacionais e Convenções da OIT ratificados pelo Brasil) ou da Constituição da República" (art. 3º, III, "b", da Lei n. 7.701/1988 — parte final). Já os embargos infringentes terão cabimento quando se verificar a ocorrência de "decisão não unânime proferida em processo de dissídio coletivo de sua competência originária (abrangente de mais de um Regional), salvo se a decisão atacada estiver em consonância com precedente jurisprudencial do Tribunal Superior do Trabalho ou da Súmula de sua jurisprudência predominante" (art. 2º, II, "c", da Lei n. 7.701/1988).

A decisão suscetível de embargos deve contrariar enunciado de Súmula da jurisprudência uniforme do TST, caso contrário, será facultado ao relator negar seguimento por alento analógico do art. 896, § 5º, da CLT. Para que possam ser conhecidos, deve a parte tomar a cautela de indicar jurisprudência que abranja todo o fundamento do julgado (Súmula n. 23 do TST). Não serão admissíveis: quando se veicular em reexame de fatos e provas (Súmula n. 126 do TST); quando frente à interpretação razoável de preceito de lei (Súmula n. 221 do TST); não cabem embargos para a Seção de Dissídios Individuais contra decisão de Turma proferida em agravo de instrumento e em agravo regimental, salvo para reexame dos pressupostos extrínsecos dos agravos ou da revista respectiva (Súmula n. 353 do TST); em se verificando decisão já superada por iterativa, notória e atual jurisprudência do Tribunal Superior do Trabalho (Súmula n. 333 do TST), devendo comprovar a divergência, mediante certidões etc. (Súmula n. 337). Não dão suporte à notória e atual jurisprudência do TST (Súmula n. 333). O prazo dos embargos é de 8 (oito) dias e o processamento far-se-á nos termos dos arts. 230-243 do RITST.

44.1.23. Do agravo regimental: breve enfoque

Momento histórico — Volvendo-se à elaboração legislativa do art. 532 do Código "Buzaid", verifica-se que o assunto, no projeto, era objeto do art. 539 e parágrafos, não tendo estes últimos sofrido alteração. Quanto ao *caput*, dizia: "Desta decisão caberá recurso ao Tribunal", em vez "de deste despacho caberá o recurso para o órgão". Foi em decorrência da aprovação de emenda do Senador Accioly Filho, que se operou a modificação, bem assim a transposição do dispositivo, que vinha colocado depois do art. 533. A justificação assim era deduzida: Na ordem lógica, a lei deve cuidar primeiro do assunto contido no atual art. 537, que tem de passar, por isso, a ser o art. 536, tomando o art. 537 o que, no projeto, está como art. 536. De fato, as providências indicadas no atual art. 537 precedem e excluem o que está dito no atual art. 536 e o teor deste é ligado, também na ordem lógica, ao contido no art. 538. Além disso, é mediante despacho que o relator admite ou não os embargos. Por fim, o recurso a que alude o texto é o agravo regimental, da tradição luso-brasileira, nenhum motivo havendo para omitir-lhe a denominação. Ressalta-se que, entendendo, embora, esse recurso é o chamado agravo regimental, "nenhum motivo havendo para omitir-lhe a denominação", a emenda não dispôs a respeito e o recurso permaneceu inominado. Na Câmara, o deputado Laerte Vieira pretendeu rotular o remédio, propondo que, no *caput*, se redigisse a segunda parte: Dessa decisão, caberá agravo regimental. E propôs, mais, que, nos parágrafos, em lugar de "recurso", se dissesse "agravo", porque escreveu seu autor em defesa da proposição: No art. 500 onde se nomeiam os recursos não se incluem os agravos regimentais. O art. 539, falando em recurso sem dar-lhe designação, pode suscitar dúvidas que a emenda esclarece e explicita. O parecer da Comissão Especial opinou, porém, pela rejeição; por isso, que o "agravo regimental" como o nome está dizendo, é matéria que concerne à organização judiciária, ou melhor, ao próprio regimento interno do Tribunal. Estas foram as constatações e ponderações do eminente jurista *Alexandre de Paula* ("Código de Processo Civil Anotado", Ed. RT, 3ª ed., 1986, v. II/990).

44.1.23.1. Da natureza jurídica

O agravo não traduz espécie de recurso, mas espécie de pedido de reconsideração ao prolator da decisão, que será sempre monocrática, com julgamento pelo órgão ao qual pertence o prolator da decisão, caso este não reconsidere a decisão agravada. A similitude com o agravo de instrumento e de petição está apenas no *nomen juris* "Agravo", tem cabimento contra decisões terminativas monocráticas do relator que indefere o processamento de mandado de segurança, de ação rescisória, de medidas cautelares, de ação anulatória de cláusula de convenção coletiva, de *habeas corpus* e de toda decisão monocrática que de alguma forma possa causar maus-tratos aos direito das partes. É um recurso atípico para decisões que não desafiam recurso específico. De origem pretoriana.

Não tem o agravo regimental a dignidade de verdadeiro recurso, posto que excluído do rol previsto no art. 496 do Código de Processo Civil, muito embora previsto no art. 532 como recurso inominado. Tem conotação de recurso impróprio. Ao contrário do que possa parecer *prima facie*, a existência do agravo regimental não violenta o princípio da irrecorribilidade das interlocutórias. O ato que indefere embargos não é despacho, mas, verdadeira decisão. Nessa esteira, trilha a doutrina: "O ato do relator indeferitório dos embargos não é um despacho, porque os despachos, di-lo o art. 504, são irrecorríveis. Trata-se de uma decisão, não dando o Código denominação qualquer para o recurso dela cabível" (*Alexandre de Paula*, ob. cit., v. II/991). Em sede trabalhista, o agravo regimental não está previsto no art. 893 da CLT. A sua previsão deverá estar expressa no Regimento Interno dos Regionais. Deverá ser utilizado pela parte, ainda que não previsto no Regimento Interno do Tribunal, posto que todo e qualquer ato jurisdicional que possa imprimir maus-tratos à lei ou causar prejuízo ao jurisdicionado há de ser revisto. O sistema jurídico, como bem lembra *Nelson Nery* ("CPC Comentado", 2ª ed., RT, p. 1.431), "tem de encontrar mecanismos idôneos para que haja efetividade do direito ou de seu exercício. Outra alternativa será a impetração de mandado de segurança.

O Tribunal Superior do Trabalho tem sentido de perto esse drama espelhado na Orientação Jurisprudencial n. 69, SDI-2: "Fungibilidade. Indeferimento liminar de Ação Rescisória ou Mandado de Segurança. Recurso para o TST. Recebimento como Agravo Regimental e devolução dos autos ao TRT. Recurso ordinário interposto contra despacho monocrático indeferitório da petição inicial de ação rescisória ou de mandado de segurança pode, pelo princípio da fungibilidade recursal, ser recebido como agravo regimental. Hipótese de não conhecimento do recurso pelo TST e devolução dos autos ao TRT, para que aprecie o apelo como agravo regimental."

44.1.23.2. Da competência e do prazo

Embora omissa a lei a esta parte, o agravo regimental, deve ser dirigido ao relator prolator da decisão, o qual poderá reconsiderá-la, prosseguindo-se normalmente nos termos do art. 533 do CPC. Lembra *Barbosa Moreira* ("Comentários ...", p. 504 e 505) que: "O recurso tem por exclusiva finalidade a reforma da decisão de indeferimento, de modo que versará apenas sobre a admissibilidade (não sobre o mérito) dos embargos. O que ao recorrente incumbe tentar demonstrar é a inexistência da causa (ou das causas) de inadmissibilidade que o relator supôs ter encontrado; é extemporânea qualquer alegação à matéria discutida nos embargos." Previne o eminente autor que: "O recurso contra a decisão do relator não comporta, por sua vez, indeferimento. Não é dado ao relator, que deixou de admitir os embargos, subtrair ao órgão competente para julgá-los o controle daquele seu ato. Se o relator porventura denegar o recurso, ou haverá algum remédio previsto em norma de organização judiciária ou no Regimento Interno do Tribunal; ou, então, não o havendo, caberá mandado de segurança" (ob. cit., p. 504 e 505).

Tendo em realce que o agravo regimental é remédio processual que deve ser previsto no regimento interno dos tribunais, em âmbito trabalhista o prazo não é homogêneo, havendo uma tendência para seguir-se a regra fixada no art. 557, § 1º do CPC, que estipula o prazo em cinco dias para o "agravo". Esse agravo previsto no

CPC, todavia, não se confunde com o agravo regimental previsto nos regimentos internos das Cortes Judiciais. No Tribunal Superior do Trabalho, o prazo é de 8 (oito) dias (art. 243, RI). No Supremo Tribunal Federal, o prazo para o agravo regimental será de 5 (cinco) dias da decisão do Presidente do Tribunal, de Presidente de Turma ou do Relator, que causar prejuízo ao direito da parte. Aconselha-se, pois, muita atenção com relação ao prazo do agravo regimental em sede trabalhista, tendo em conta a ausência de prazo homogêneo.

Nos Tribunais Regionais do Trabalho, das decisões interlocutórias ou despachos do Presidente, do Vice, do Corregedor Regional, a competência será do Pleno ou do Órgão Especial, conforme a composição. Dos despachos e das decisões interlocutórias do presidente ou dos relatores da SDCI, a competência será do colegiado da SDCI. Dos despachos e das decisões interlocutórias dos presidentes de Turmas ou dos relatores, a competência será da própria Turma. No Tribunal Superior do Trabalho, a competência será do Tribunal Pleno, da Seção Administrativa, das Seções Especializadas e das Turmas, observada a competência dos respectivos órgãos, conforme a hipótese prevista (art. 243, RI).

44.1.23.3. Do cabimento

O agravo sofreu modificações pela Lei n. 9.139/1995 e teve o seu âmbito de atuação alargado. Antes tinha cabimento contra indeferimento liminar do agravo pelo relator sob o *nomen juris* de "agravo inonimado ou agravinho". Na verdade, esse recurso nada mais era do que uma espécie de agravo, já que a decisão por ele impugnável tem características de decisão interlocutória, só que no âmbito dos Tribunais (*Nery*, "Recursos ...", p. 239). O seu âmbito de atuação abrange toda e qualquer decisão de indeferimento de recurso. A regra da irrecorribilidade das interlocutórias que vige plenamente em primeiro grau, se relativiza nas instâncias e Regionais e Superior, podendo a parte que se sentir prejudicada por despacho ou decisão monocrática usar do *remedium juris* do Agravo Regimental. Enquanto nos Regionais, a existência ou não do agravo regimental está em razão do regimento interno, para o Tribunal Superior do Trabalho está prevista na Lei n. 7.701/1988: Seção de Dissídios Coletivos, julgamento em última instância (art. 2º, II, "d"); Seção de Dissídios Individuais, julgamento em única instância (art. 3º, II, "a"); em última instância (art. 3º, III, "c").

O agravo regimental se aproxima do seu símile agravo de instrumento quando se trata de destrancar recurso. Na hipótese de o relator negar seguimento ao recurso, por meio de decisão monocrática, com suporte em súmula, o recurso cabível será o agravo regimental e não o agravo de instrumento. Entretanto, do despacho do Presidente do Regional que defere ou não o processamento da revista incabível o agravo regimental. Nesse sentido, decisão Correicional (TST-RC n. 486.257/98.0).

O juiz prolator do ato agravado poderá reconsiderar o seu ato e determinar o processamento do recurso. Se não reconsiderar o ato agravado, deverá remeter o agravo ao colegiado ao qual pertença para julgamento.

44.1.23.4. Do efeito

O agravo regimental é recebido somente no efeito devolutivo. Poderá o relator reconsiderar a sua decisão; mas, não poderá jamais indeferir o processamento, sendo cabível, na falta de *remedium juris* próprio, mandado de segurança contra o não processamento. V. art. 317, § 4º, do RISTF e art. 497 do CPC.

44.1.23.5. Do julgamento no tribunal

Inicialmente, o agravo é encaminhado ao prolator da decisão ou do despacho agravado para que este possa exercer a possibilidade de revisão e, em sendo o caso, reconsiderar o ato agravado. Em não havendo a reconsideração, o agravo será remetido a julgamento. Se o ato for do Presidente, do Vice-Presidente do Tribunal ou do Corregedor Regional, a competência para o julgamento será do Pleno do Tribunal ou do Órgão Especial, este último caso se dá nos Regionais com mais de 25 (vinte e cinco) juízes. Se a decisão ou despacho for do Presidente ou do relator da Seção Especializada, onde houver, o julgamento far-se-á por esse colegiado. Se o a decisão ou despacho for do Presidente ou do relator de Turmas, o julgamento será levado a efeito pela Turma. Proceder-se-á ao julgamento independentemente de pauta e após o visto do revisor. Em caso de empate, prevalecerá a decisão ou o despacho agravado na sua inteireza. No Tribunal Superior do Trabalho, o agravo será lavrado pelo relator, ainda que vencido.

A exemplo do que ocorre com o agravo de instrumento, de petição e durante a fase executória em sede trabalhista, o juiz prolator do despacho agravado tem o "juízo da reforma", também conhecido como "juízo da retratação". Esse momento é muito importante. Por isso, deve o juiz autor do ato agravado ler as razões do agravo completamente despido de preconceito, com disposição de retroceder e reconsiderar o ato em sendo o caso. Com essa atitude razoável com todos os incômios, o processo seguirá mais celeremente evitando-se perda de tempo e de dinheiro e estar-se-á dignando ao jurisdicionado o respeito que merece. Mesmo porque os jurisdicionados são a parte mais importante do processo. Sem jurisdicionados, não seriam necessários advogados, promotores públicos, nem juízes. Daí a constatação do eminente jurista *Manoel Antonio Teixeira Filho* (*in* Sistemas, p. 511): "Seria de desejar-se, a propósito, que o referido relator lesse, efetivamente, as razões do agravo, para decidir, com justiça, quanto à reconsideração, ou não, da sua decisão. Infelizmente, porém, o que se tem presenciado, na prática, é o juiz proferidor da decisão impugnada ignorar, de modo sistemático, as razões do agravo, preferindo valer-se de fórmulas preestabelecidas, aplicáveis a todo e qualquer situação, como: 'mantenho a decisão agravada por seus fundamentos'. Essa atitude revela, mais do que comodismo intelectual, desrespeito aos argumentos jurídicos do agravante. A sobrecarga de serviços, nos gabinetes dos juízes, ainda que seja notória, não pode constituir pretexto para desprezar razões pelas quais o agravante solicita a reconsideração da decisão impugnada." Como vimos no item 7.31, do indeferimento *in limine* pelo relator da petição inicial de ação rescisória ou de mandado de segurança, a parte tem interposto recurso, quando deveria discutir o tema antes pela via do agravo regimental. Nesse caso, o TST tem aplicado o princípio da fungibilidade e recebido o recurso como agravo e recambiado os autos à origem para que o relator reconsidere o ato ou o remeta para julgamento no colegiado (OJ n. 69-SDI-2).

O âmbito do agravo regimental é restrito aos argumentos dirigidos ao ato agravado. O agravante deverá dizer com clareza as razões pelas quais entende que o ato agravado deve ser desfeito, bem assim juntar os documentos necessários. Não há necessidade de contraminuta, nem de preparo ou depósito recursal. Também não haverá sustentação oral. Se acolhido o agravo, o julgamento limitar-se-á a dizer a razão pela qual o despacho ou decisão deverá ser cassada, não podendo aí decidir do mérito, por exemplo, da ação rescisória indeferida liminarmente.

44.1.23.6. Da previsão em regimento interno

Tem-se nas lições de *Seabra Fagundes* ("Dos Recursos Ordinários em Matéria Civil", Forense, Rio, 1946, p. 371) "que o agravo regimental não pode deixar de estar previsto nos Regimentos Internos dos Tribunais, nos quais estaria implícito, dada a colegialidade do julgamento, que será por ele complementado, já que ensejado pelo despacho do relator ou do presidente" (*apud Coqueijo Costa*, ob. cit., p. 493).

A previsão do agravo regimental nos Regimentos Internos dos Tribunais constitui medida inarredável, confirmação de seriedade, penhor de tranqüilidade em ver a parte prejudicada a decisão ser apreciada pelo colegiado.

Acreditamos que, hoje, não exista nenhum Tribunal que não disponha do recurso em seu Regimento Interno. O agravo regimental reduz investidas ditadoriais e idiossincrasias que possam existir e que poderiam depor contra o próprio Poder Judiciário. O sistema jurídico deve cercar-se providências para que um entendimento desvirtuado da lei e dos costumes não venha a prevalecer. A efetividade do direito e a possibilidade do seu exercício é algo inarredável.

44.1.23.7. Do agravo regimental no STF

No Supremo Tribunal Federal, a petição de agravo deverá conter as razões do pedido de reforma da decisão agravada sob pena de rejeição liminar. O agravo regimental será protocolizado e, sem qualquer outra formalidade, submetido ao prolator do despacho, que poderá reconsiderar o seu ato ou submeter o agravo a julgamento do Plenário ou da Turma, a quem caiba a competência, computando-se também o seu voto. O agravo não terá efeito suspensivo.

Dispõe o Regimento Interno do Supremo Tribunal Federal que, ressalvadas as exceções previstas no regimento, caberá agravo regimental, no prazo de cinco dias da decisão do Presidente do Tribunal, de Presidente de Turma ou do Relator, que causar prejuízo ao direito da parte (art. 317); a petição conterá, sob pena de rejeição liminar, as razões do pedido de reforma de decisão agravada (§ 1º); o agravo regimental será protocolado e, sem qualquer outra formalidade, submetido ao prolator do despacho, que poderá reconsiderar o seu ato ou submeter o agravo ao julgamento do Plenário ou da Turma, a quem caiba a competência, computando-se também o seu voto (§ 2º). Provido o agravo, o Plenário ou a Turma determinará o que for de direito (§ 3º). O agravo regimental não terá efeito suspensivo (§ 4º).

44.1.23.8. Do agravo regimental nos TRTs

Como regra, existe a previsão do agravo regimental no Regimento Interno dos Tribunais, aí se incluindo so Tribunais Regionais do Trabalho. O cabimento do agravo somente tem sede em decisões monocráticas do juiz, pouco importando a sua posição na hierarquia funcional. Assim, poderá ser a decisão monocrática de um componente de Turma, Grupo de Turmas, Câmara, Seção, Plenário etc. ou decisão de um dos magistrados que compõe a administração, presidente, vice-presidente, corregedor etc. O agravo será distribuído e dirigido ao Presidente do Tribunal que o encaminhará ao prolator da decisão que está sendo impugnada. Se este reconsiderar o despacho agravado, o agravo regimental perde o seu objeto; caso não o faça recambiará os autos à presidência do tribunal, com despacho fundamentado confirmando o despacho. Será determinada a distribuição do agravo a um relator pertencente ao colegiado a que pertence o prolator da decisão, *v. g.*, Turma, Seção, Grupo de Turmas, Pleno etc. No caso dos administradores, o agravo será apreciado por um relator pertencente ao órgão especial, ou, não havendo, ao Plenário. Se houver empate na decisão do agravo, prevalece o ato agravado.

44.1.23.9. Do agravo regimental no TST

O agravo regimental é cabível no prazo de 8 (oito) dias para o Tribunal Pleno, Seção Administrativa, Seções Especializadas e Turmas, com a observância da competência dos respectivos órgãos nas hipóteses alinhadas: 1. do despacho do Presidente que: a) denegar seguimento aos embargos infringentes; b) suspender a execução de liminares ou de decisão concessiva de mandado de segurança; c) conceder ou negar suspensão da execução de liminar ou de sentença cautelar; d) for concessivo de liminar em mandado de segurança ou em ação cautelar; e) for proferido em efeito suspensivo; 2. f) das decisões e aos despachos proferidos pelo Corregedor-Geral; g) do despacho do relator que negar provimento a recurso, exceção feita ao que dispõe o art. 245, do Regimento; h) do despacho do relator que indeferir a inicial de ação de competência originária do tribunal; i) do despacho ou da decisão de Presidente de Turma, do Corregedor-Geral ou de relator que causar prejuízo ao direito da parte, ressalvados aqueles contra os quais haja recursos próprios previstos na legislação ou no Regimento do TST. Ver art. 243, RITST.

Interposto o agravo regimental, será feito concluso ao prolator do despacho. Este poderá reconsiderar o entendimento ou determinar a inclusão do agravo em pauta para a apreciação do colegiado que será aquele ao qual pertence o prolator e que também seria o competente para o julgamento da ação (competência originária) ou do recurso (competência revisora). Ver art. 244, do RI do TST.

Os agravos regimentais interpostos de atos do Presidente e do Corregedor, desde que editados no período em que exerciam o mandato, serão por eles relatados. Aqueles agravos interpostos após o término do mandato, serão relatados pelo ministro sucessor (§ 1º). Na hipótese de afastamento temporário ou definitivo, os agravos regimentais porventura interpoostos serão conclusos ao juiz convocado, em substituição, ou ao ministro nomeado em razão da vacância (§ 2º). No período de férias ou de recesso, os agravos regimentais interpostos contra despacho do Presidente do Tribunal serão julgados pelo relator do processo principal, excepcionada a hipótese de competência específica do Presidente do Tribunal (§ 3º). Ainda que o relator venha a ser vencido, caberá a ele a lavratura do acórdão (§ 4º).

A competência para apreciar e julgar o agravo regimental será do colegiado competente para apreciar e julgar o respectivo recurso. O prolator do despacho agravado, na qualidade de juiz natural, determinado pela distribuição, exerce a *vis attractiva* para o colegiado a que pertence. O prazo será de 8 (oito) dias, a contar da publicação do Diário Oficial: da decisão do relator que teve suporte no § 5º, do art. 896, CLT, que concedeu ou negou provimento, ou, ainda, que negou seguimento a recurso nos moldes do art. 557 e § 1º-A, CPC (art. 245, RITST).

44.1.24. Do agravo

Comanda o art. 557 do CPC, de aplicação subsidiária no processo do trabalho (art. 769, CLT) que o relator poderá negar seguimento ao recurso: 1. quando manifestamente inadmissível, improcedente, prejudicado ou em confronto com súmula ou com jurispridência dominante do respectivo tribunal, do Supremo Tribunal Federal, ou de Tribunal Superior; 2. se a decisão recorrida estiver em manifesto confronto com súmula ou com jurisprudência dominante no Supremo Tribunal ou de Tribunal Superior, o relator poderá dar provimento ao recurso.

44.1.24.1. Do cabimento do agravo

Este agravo de que fala o art. 557 do CPC difere do agravo regimental. Este tem previsão legal e é específico para os casos indicados no referido artigo, enquanto o agravo regimental tem a sua origem nos Regimentos Internos dos Tribunais.

Nos Regionais, da decisão monocrática do relator caberá agravo no prazo de 5 (cinco) dias ao órgão competente para o julgamento do recurso. Será dada ao relator oportunidade para retratação. Em caso negativo, na Justiça do Trabalho será designado relator e os autos ser-lhe-ão enviados.

No Tribunal Superior do Trabalho, permite o art. 896, § 5º, CLT, ao Ministro relator negar provimento ao recurso de revista, de embargos ou de agravo de instrumento, quando a decisão recorrida estiver em consonância com súmula da jurisprudência do Tribunal Superior do Trabalho. De conformidade com o art. 245 do RI, caberá agravo ao colegiado competente para o julgamento do respectivo recurso, no prazo de 8 (oito) dias, a contar da publicação no Diário da Justiça: a) da decisão do relator tomada com base no § 5º, art. 896, CLT; b) da decisão do relator, dando ou negando provimento ou negando seguinte a recurso, nos termos do art. 557 e § 1º-A CPC. O agravo será enviado ao relator para que possa exercitar, em sendo o caso, o juízo da retratação. Em não havendo a reconsideração do despacho, o agravo será enviado do colegiado competente para julgamento. A exemplo do que sucede com o agravo regimental em caso de indeferimento liminar de mandado de segurança, ação cautelar e ação rescisória, no julgamento perante o TST admite-se, também, a sustentação oral nos casos de julgamento de agravos a que se refere o § 1º, do art. 557 do CPC.

Os Tribunais Regionais do Trabalho, a exemplo do TST (art. 246) que fez constar do Regimento Interno, deverão constar dos seus respectivos Regimentos as normas indicadoras do processamento dos embargos de que fala o art. 557 do Código de Processo Civil. O que vige, hoje, é um certo desarvoramento, posto que é mais ou menos comum confundir-se o agravo regimental que tem origem *interna corporis*, com o agravo ungido pela lei no art. 557. São espécies de remédios processuais diversos, muito embora ambos cuidem de ordem monocrática. Interposto o agravo, deve ser dada oportunidade à parte para contraminutar (art. 5º LV, CF).

Quando o agravo for considerado inadmissível ou infundado, o tribunal condenará o agravante a pagar ao agravado multa de 1% e de 10% do valor corrigido da causa. Para que possa recorrer, a parte deverá efetuar o depósito do respectivo valor (§ 2º).

44.1.25. Do mandado de segurança e da concessão ou não de liminar

Escrevemos alhures ("Do *Writ*": a propósito da liminar e litisconsórcio necessário passivo, artigo publicado no jornal O Estado de S. Paulo, de 27.7.85, p. 32) sobre a concessão de liminar que: "O juiz, ao concedê-la, não entra no conhecimento do mérito, mas se limita a suspender pura e simplesmente o ato (ato comissivo) tendo em realce a iminência da lesão. Com a sua concessão, não reconhece ou afirma direitos; não prejulga nem lhe compete dizer se a autoridade agiu certo ou errado. É ato de relevância judicial que o legislador deixou ao seu equilibrado arbítrio. O direito, propriamente dito, só poderá ser declarado após recebidas as informações da autoridade dita coatora e o parecer do Ministério Público. A função social da medida liminar está em fazer cessar, em caráter temporário, o ato impugnado até que possa o juiz decidir sem incorrer em *error in judicando*." Elementar, pois, que a liminar, em face do seu caráter temporário, não pode jamais esgotar o mérito, *v. g.*, o autor indica como sua testemunha o gerente da empresa para a qual prestava serviços. A testemunha foi impugnada pela empresa, impugnação não acolhida pelo juiz que designou audiência de instrução. A empresa interpõe *writ* e consegue liminar, na qual o relator determina que o autor indique outra testemunha. Vale dizer, o relator esgotou o mérito do mandado de segurança, que fatalmente será conhecido, mas, não provido por não ter a protegê-lo direito líquido e certo. Tudo isso em desprestígio da própria Justiça. Aqui, pois, irrecusável seria o agravo regimental para que o colegiado sanasse o açodamento com que as liminares, por vezes, são concedidas. A concessão de liminares para atos omissivos de autoridade haveria de desafiar agravo regimental, posto que esgota o mérito. Por outro lado, é cabível o agravo regimental do despacho indeferitório *in limine* do processamento do mandado de segurança.

44.1.25.1. Do litisconsórcio necessário passivo

Preleciona *Celso Agrícola Barbi* ("Mandado de Segurança", Forense, 1976, p. 115) que: "Toda vez que ao mandado de segurança implicar modificação na posição jurídica de outras pessoas, que foram diretamente beneficiadas pelo ato impugnado, ou, mais, precisamente, quando a sentença modificar o direito subjetivo criado pelo ato impugnado em favor de outras pessoas, haverá o litisconsórcio necessário, e a sentença não poderá ser dada sem que esses terceiros sejam citados como partes passivas da ação. Se o impetrante não houver pedido a citação, poderá o juiz determiná-la, na forma do art. 91 do Código de Processo Civil." Nesse mesmo sentido, trilha o STF: a inclusão, na publicação da pauta de julgamento, do nome das partes (e, portanto, de litisconsorte passivo necessário e de seus advogados (DJU 15.12.80, p. 706, rel. Min. Moreira Alves). Se o ato impugnado conferiu direito subjetivo em favor de terceiro, este há de ser citado para integrar a lide, como parte passiva, pois a decisão a ser proferida diz diretamente com sua situação jurídica, e, assim, não é lícito impedir participe o terceiro do devido processo legal, omitindo seu chamamento a juízo, a fim de se defender. Inteligência do art. 19 da Lei n. 1.533, de 31.12.1951, com a redação da Lei n. 6.071, de 3.7.1974 e do art. 47 do CPC (ac. STF, 2ª T., rel. Min. Cordeiro Guerra). Nesse mesmo sentido, são as lições de *Pontes de Miranda* ("Tratado das Ações", t. VI/58 e 59, Ed. RT, 1976) e *Hely Lopes Meirelles* ("Do Mandado de Segurança e Ação Popular", Ed. RT, 1967, p. 52). A ausência do litisconsórcio necessário passivo tem por conseqüência a nulidade do acórdão que vier a ser proferido. Nesse caso, tanto o impetrante, quanto o litisconsorte necessário passivo têm legitimidade para interpor o agravo regimental. Salutar, pois, que se dê ao litisconsorte necessário passivo a oportunidade de interpor agravo regimental, *v. g.*, quando o relator do mandado de segurança concede liminar liberando depósito efetuado na conta do executado. A prática registra casos em que após a liberação liminar o *mandamus* sequer fora conhecido por ter decaído do direito ou fora denegada a segurança por ausência de direito líquido e certo. O agravo regimental contra liminares em mandado de segurança é providência que se faz necessária para que o colegiado possa aferir a legalidade do ato do relator.

44.1.25.2. Da irrecorribilidade das medidas liminares

Existe uma resistência generalizada dos tribunais em admitir o agravo regimental de decisão monocrática do relator do *mandamus* que concedeu ou indeferiu liminar. A resistência que persiste e está enraigada de forma muito profunda não tem razão de ser. A concessão ou indeferimento de liminar não é ato meramente discricionário do juiz a depender do seu douto critério. A concessão ou não de uma liminar é direito de uma das partes. Se a hipótese que se apresenta indica fatos que exigem a concessão da liminar, não pode o juiz tergiversar e não conceder; da mesma forma, se o caso for de não concessão, não pode o juiz fazer benesse ou mesura e conceder liminar, onde ela não for necessária. Por outro lado, há que se ter cuidados redobrados ao se apreciar ato omissivo, posto que a concessão de liminar esgotará o mérito do *Writ*. Daí a necessidade de que a liminar seja reapreciada pelo colegiado ao qual pertence o relator, por meio do agravo regimental. Por outro lado, não se descarta a existência de inúmeros casos em que o relator, usando do chavão "presentes o *fumus boni juris* e o *periculum in mora* concedo a liminar, *ad cautelam*". Não existe liminar *ad cautelam*. Deve existir ou não motivos ponderosos para a concessão ou para a negação. A concessão da liminar é ato de suma importância para ficar ao douto critério do magistrado. Registramos em nossa prática judicante de primeiro grau, caso em que o relator concedeu liminar para liberar penhora em dinheiro e por ocasião da apreciação do mérito verificou que o impetrante já havia decaído do direito de usar do *mandamus*. O dinheiro desapareceu e o devedor não tinha bens para garantir a execução. Tais acontecimentos impressionam mal o jurisdicionado e demonstram insegurança no ofício jurisdicional. Daí a necessidade de que a parte possa ouvir o colegiado pela via do agravo regimental.

Só o STF pode, a teor do art. 297 do seu Regimento Interno, suspender a segurança e a liminar concedidas por tribunais inferiores, mas a requerimento da Procuradoria-Geral ou a pessoa de direito público interessada. Segundo o *Coqueijo Costa* retro (ob. cit., p. 123 e 124) "do indeferimento de liminar, cabível o agravo regimental. O agravo regimental é previsto (ou deve ser) nos Regimentos Internos dos Tribunais. Se não tiver sido, caberá, por ser recurso implícito contra qualquer despacho de membro de colegiado que impeça chegue o recurso do plenário (devolutividade). A competência hierárquica ou funcional é do colégio para o qual o despacho agravado impediu o envio do processo". Verifica-se que o art. 297 do RISTF é conseqüência do art. 4º da Lei n. 4.348, de 26.6.1964, que dispõe: "Quando a requerimento de pessoa jurídica de direito público interessada e para evitar grave lesão à ordem, à saúde, à segurança e à economia públicas, o Presidente do Tribunal, ao qual couber o conhecimento do respectivo recurso suspender, em despacho fundamentado, a execução da liminar e da sentença dessa decisão caberá agravo, sem efeito suspensivo, no prazo de 10 dias, contados da publicação do ato." Dispõe o art. 297 do RISTF, *in verbis*: "Pode o Presidente, a requerimento do Procurador-Geral, ou da pessoa jurídica de direito público interessada, e para evitar grave lesão à ordem, à saúde, à segurança e à economia púbica, suspender, em despacho fundamentado, a execução de liminar, ou da decisão concessiva de mandado de segurança, proferida em única ou última instância, pelos tribunais locais ou federais. Do despacho (decisão) que concede a suspensão caberá agravo regimental" (art. 297, § 2º, do RISTF). E a Súmula n. 506 do STF alerta que: "O agravo a que se refere o art. 4º da Lei n. 4.348, de 26.6.64, cabe, somente, do despacho do Presidente do Supremo Tribunal Federal que defere a suspensão da liminar, em mandado de segurança; não do que a denega." O art. 297 do RISTF não constitui óbice à cassação de liminares concedidas por tribunais inferiores. Ao contrário, a permissão está expressa no art. 4º da Lei n. 4.348/1964. A previsão do agravo regimental, também, aqui, é salutar, posto que dará oportunidade a que a matéria se resolva na mesma instância que concedeu a liminar.

Como se pode verificar, exemplos vários que se registram na prática judicante diária estão a exigir que se amplie o âmbito do cabimento do agravo regimental, em especial, no caso de deferimento de liminar em mandado de segurança e de ação rescisória.

Não se pode perder de vista que o Poder Judiciário existe em função do povo. "Todo o poder emana do povo e em seu nome é exercido." E a todos aqueles que buscam a prestação jurisdicional deve ser dada a oportunidade de rever decisões que lhes sejam prejudiciais para que o julgamento final mereça irrestrito respeito e acatamento. O princípio da celeridade há de ter convivência pacífica com o princípio da ampla defesa. A Justiça do Trabalho tem peculiaridades próprias, fato de suma importância e que não pode ser relegado ao oblívio.

O eminente ministro *Marco Aurélio Mendes de Farias Mello*, em artigo intitulado "Mandado de Segurança — liminar — cassação", LTr 53-1/14-19, após judiciosa análise da matéria conclui que: "A norma regimental que prevê a impugnação do ato mediante agravo é inconstitucional; no âmbito da Justiça do Trabalho, a admissibilidade de agravo regimental, objetivando reforma do despacho do juiz relator concedendo ou não liminar implica subversão da boa ordem processual, e, assim, desafia correicional, a ser apreciada pelo Corregedor-Geral da Justiça do Trabalho."

Essa conclusão foi em face de entendimento do STF na Reclamação n. 228/4-ES, Relator o Min. Rafael Mayer, Plenário, decisão unânime, DJ de 23.10.1987, *in verbis*: "Nulo é o acórdão do Tribunal de Justiça que, em agravo regimental, suspende liminar concedida em mandado de segurança pelo desembargador relator, posto que a competência para tanto é do presidente do STF."

No citado artigo, antes afirmara o eminente articulista que: "No tocante às decisões dos Tribunais Regionais do Trabalho a solução legal é diversa já que a representação apenas cabe para preservar a competência do STF. Não há a menor dúvida de que, no caso, cassando a liminar concedida, a Corte regional acaba por atuar em campo próprio à atividade do Presidente do Tribunal Superior do Trabalho, com a agravante de o fazer de forma irrestrita, sem observar o balizamento do art. 4º da Lei n. 4.348/1964, indo além e chegando a efeito diverso do previsto no citado artigo — cassa a liminar e não apenas a suspende."

E arremata: "A situação que se nota é verdadeiramente incongruente, porque, diante da inexistência de previsão legal e frente à norma do art. 4º — repita-se limitadora — alguns tribunais acabaram por legislar fora do campo próprio, criando para situação já disciplinada em lei recurso anômalo — o agravo regimental, e o que é pior, outorgando a si próprios competência para o julgamento, quando a que lhes está reservada, é, no caso, apenas originária e não revisional."

44.1.25.3. Da concessão de liminar

Para a concessão de liminar, deve o juiz verificar da presença de certos pressupostos (*fumus boni juris* e o *periculum in mora*), sem perder de vista que os fatos omissivos, regra geral, não desafiam liminar, mas somente os fatos comissivos e que a liminar é sempre provisória. Nenhuma liminar, por razões óbvias, deve esvaziar o mérito. A concessão, indiscriminadamente, transformada em verdadeira benesse, vem retirando a seriedade do denominado remédio heróico, enfraquecendo o *writ* como *remedium juris excepcional*, em desprestígio da própria Justiça enquanto instituição. E, não raras vezes, após a concessão da liminar, o mandado não é provido, mas o ato já se tornou irreversível e o fato consumado. "A concessão de liminar há de ser precedida de criterioso estudo, só se concedendo em caso de iminente e irreparável lesão. O aguardo das informações de autoridade dita coatora, em certos casos, é medida salutar que indica equilíbrio e bom senso. A concessão indiscriminada de medidas liminares poderá levar ao referendo de caprichos e procrastinações, às vezes irreversíveis, com desprestígio do próprio Poder Judiciário (...)." (*Francisco Antonio de Oliveira*, "Execução na Justiça do Trabalho", Ed. RT, 4ª ed., 1995, p. 403)

44.1.25.4. Da sustentação oral

No Supremo Tribunal Federal, não haverá sustentação oral nos julgamentos de agravo, embargos declaratórios, argüição de suspeição e medida cautelar (art. 131, § 2º, do RI). No Tribunal Superior do Trabalho, não haverá sustentação oral em embargos de declaração e em agravo. Observa *Coqueijo Costa* ("Mandado de Segurança e Controle Jurisdicional", LTr, 1982, p. 131) que: "O Regimento Interno do TST assegura a sustentação oral no agravo regimental em mandado de segurança (...)", certamente porque do despacho liminar indeferitório, ao invés de recurso ordinário, é pertinente o agravo regimental (art. 142, § 4º, RITST). Nos Tribunais Regionais do Trabalho, como regra, não há sustentação oral nos julgamentos de agravo regimental, agravo de instrumento, embargos declaratórios e conflito de competência. Não vemos razão para que se não adote o direcionamento do TST em sede dos Tribunais Regionais do Trabalho.

44.1.26. Do recurso extraordinário: breve enfoque

As modificações introduzidas pela Constituição de 1988, diminuindo a competência do STF, que permanece como guardião da Constituição, vieram atender à reação de juristas e quantos militam na área do Poder Judiciário, em face do imposto afunilamento da possibilidade de discutir-se questões importantes por meio de recurso extraordinário, mercê do óbice sumular e das chamadas "questões de relevância".

Theotonio Negrão ("Reforma do processo de organização judiciária", RT 629/280 e ss.) assinala: "É certo que, atualmente, as portas do nosso mais alto Tribunal estão praticamente fechadas. Quase todas as causas esbarram em duplo óbice — primeiro, o da relevância; segundo o do próprio conhecimento do recurso extraordinário antes que este seja apreciado pelo mérito. E a realidade é que por mais que se pretenda afirmar o contrário, praticamente, só são acolhidas argüições de relevância formuladas por entidades de Direito Público, o que, de certa forma investe, ao menos no seu espírito, contra o princípio da isonomia." Reclama *Miguel Reale* ("Reforma do Poder Judiciário", O Estado de São Paulo, 8.12.1985): "O paradoxal, é que, não obstante esse acúmulo de serviços, não se cuida de diminuí-los, acrescidos que foram com as atribuições resultantes da criação do Conselho Superior da Magistratura. A bem de ver, o Supremo queixa-se de acúmulos de decisões, das quais, no entanto, não quer abrir mão, estabelecendo no seu Regimento, disposições que, entre outras coisas, tiveram como efeito tornar sem substância, ou seja, sem eficácia, o "recurso extraordinário", elemento essencial à nossa origem jurídica, não só pela exigência formal da "unidade de jurisprudência" no país — o que eminentes juristas contemporâneos não consideram imperativo primordial — mas também em virtude da contestável insuficiência das decisões proferidas pelos tribunais dos vários Estados, que justificam um julgamento de terceira instância, quando houver acórdão em conflito com a Constituição ou disposição literal de lei, e, outrossim, quando se verificar *error in judicando*, dada a errônea aplicação de normas legais não pertinentes à ordem de fatos que a objetiva prova dos autos configura, sem que o recurso importe "reexame da prova", mas sim a sua adequada valoração normativa". O eminente Ministro do STF, Francisco Rezek, teve um contido desabafo, em questão sobre impostos às cooperativas. Assim se manifestou S. Exa.: "Penso que em meu singular ponto de vista, coincidente com o da minoria que se formou na época, não deve agora motivar voto dissidente, sobretudo pela circunstância de que não tenho aqui qualquer argumento novo. Tudo aquilo que me veio ao espírito, nessa tomada de posição, foi exposto pelos então patronos das partes, com brilho não menor do que o que caracteriza, neste feito, a atuação marcante do Advogado Ary Lopes Ferreira. Mas são argumentos que o Plenário teve presentes e que resultaram desprezados pela voz da maioria. O equilíbrio das relações jurídicas reclama a estabilidade de uma jurisprudência que se consolidou nesta Casa. Mais vale que as entidades que lutam por esta causa jurídica se dirijam, no momento oportuno, a Poder outro que o Judiciário, no sentido de fazer valer sua tese, preconizando a não-tributação das cooperativas de consumo como o imposto relativo à circulação de mercadorias" (RT 602/246). *Waldírio Bulgarelli* ("A reforma judiciária, os juros legais e a moratória na Constituição", O Estado de S. Paulo, de 4.1.1989), alerta que: "A primeira dessas causas, se constitui reconhecimento de cultura técnica dos nossos supremos juízes, revela um aspecto perverso, no que tange à apreensão e avaliação dos valores sociais vigentes, distanciando-os da realidade social da Nação. A compreensão do que se chamou 'razoável interpretação da lei', passou a indicar para o STF, através do prisma da alta (ou excessiva) tecnicabilidade de que se serve a mera interpretação lógica; não, acentue-se, da verdadeira e própria lógica jurídica, mas daquela convencional, estribada em puros silogismos formais. Ora, certamente é consabido, que a razoabilidade como a vêem os juízes norte-americanos, por exemplo, e os partidários da chamada Nova Retórica (cf. *Chaim Perelman*, *"Le Raisonnable et le Déraisonnable en Droit"*, ed. Paris, 1984) traz para a lógica jurídica um componente de eqüidade que o legislador quando do processo nomogenético, insere na norma e que cumpre ao intérprete e aplicador descobrir o que já se chamou de direito implícito nas normas. Acresce-se, pois, ao mero exercício racional um elo de captação dos valores sociais vigentes, chegando-se por esse caminho à tão almejada justiça. Também não se confunda essa posição com a misericórdia ou paixão, fatores emocionais subjetivos que já levaram membros do STF a decidir questões criminais; cf. exemplo, da manifestação do falecido Min. Amaral Santos, no julgamento do HC 46.470-SP (RT 55/239): "Sr. Presidente, pelos votos proferidos vemos a dificuldade de conceber-se o *habeas corpus*. Somos levados para concebê-lo mais levados pelo coração do que pelo sentimento jurídico", e também ao contrário da crítica de *J. X. Carvalho de Mendonça* aos juízes do império, em que afirmava: "Não tinham suficiente preparo científico. Juízes notáveis pelo grande saber jurídico brilharam nessa época e são ainda hoje lembrados, mas o número deles era, porém, limitadíssimo" (cf. "Tratado de Direito Comercial Brasileiro", 2ª ed., v. I/222). Realça *Waldírio Bulgarelli* que: "Já no que se refere à redução do STF a mera corte constitucional, a idéia vinha sendo defendida aqui e ali há tempos, estando todos de acordo sobre um ponto: que o STF vinha fechando as suas portas a grande número de recursos, utilizando-se para isso de artifícios regimentais e da verdadeira ditadura das Súmulas." *Edemir Netto de Araújo* ("O RE e o Poder Judiciário na Constituinte", O Estado de S. Paulo, de 13.1.1988) alertava que: "A propalada "crise do Judiciário" é, fundamentalmente crise de estruturas, direcionando o diagnóstico no que concerne ao STF, ao acúmulo de competências, em um país de dimensões e população com características continentais como é o Brasil. Com isso, gera-se a deficiência qualitativa e quantitativa de pessoal (sejam magistrados, sejam funcionários administrativos) para a solução das questões, e o conseqüente acúmulo de processos a serem julgados, obrigando a que o Judiciário crie obstáculos regimentais para dificultar o máximo possível que a causa atinja o Tribunal Supremo."

44.1.26.1. Do recurso extraordinário

Dispunha o art. 119, II, da Constituição anterior que competia ao STF julgar, mediante recurso extraordinário, as causas decididas em única ou última instância por outros tribunais, quando a decisão recorrida: a) contrariasse dispositivo desta Constituição ou negasse vigência a tratado ou lei federal; b) declarasse inconstitucionalidade de tratado ou lei federal; c) julgasse válida lei ou ato do governo local contestado em face da Constituição ou ato do governo federal; ou d) desse à lei federal interpretação divergente da que lhe tinha dado outro Tribunal ou o próprio STF.

A competência do STF foi alterada pela Constituição Federal de 5.10.1988, a saber: "Art. 102. Compete ao STF, precipuamente, a guarda da Constituição, cabendo-lhe: (...) III — julgar, mediante recurso extraordinário, as causas decididas em única ou última instância, quando a decisão recorrida: a) contrariar dispositivo desta Constituição; b) declarar a inconstitucionalidade de tratado ou lei federal; c) julgar válida lei ou ato de governo local contestado em face desta Constituição. § 1º A argüição de descumprimento de preceito fundamental decorrente desta Constituição será apreciada pelo STF, na forma da lei. § 2º As decisões definitivas de mérito, proferidas pelo Supremo Tribunal Federal, nas ações declaratórias de constitucionalidade de lei ou ato normativo federal, produzirão eficácia contra todos e efeito vinculante, relativamente aos demais órgãos do Poder Judiciário e ao Poder Executivo."

Foi criado, também, o Superior Tribunal de Justiça, ao qual compete o julgamento, mediante recurso especial (art. 105, III, da CF/1988), das causas decididas, em única ou última instância, pelos Tribunais Regionais Federais ou pelos Tribunais dos Estados, do Distrito Federal e Territórios, quando a decisão recorrida: a) contrariar tratado ou lei federal, ou negar-lhe vigência; b) julgar válida lei ou ato do governo local contestado em face de lei federal; c) der à lei federal interpretação divergente da que lhe haja atribuído outro tribunal. Parágrafo único. Funcionará junto ao Superior Tribunal de Justiça o Conselho da Justiça Federal, cabendo-lhe, na forma da lei, exercer a supervisão administrativa e orçamentária da Justiça Federal de primeiro e segundo graus.

Temos, pois, que parte da competência do STF foi transferida ao Superior Tribunal de Justiça, *v. g.*, a 2ª parte da letra "a" e letra "d" do art. 119, II da Constituição anterior. Ao mesmo tempo, criou-se uma terceira instância recursal para os tribunais dos Estados, do Distrito Federal e Territórios (art. 105, II e III, da CF/1988).

Com o advento da EC n. 45/2004, o ofício delibatório e a concessão de *exeqüatur* às cartas rogatórias passou para o STJ (art. 105, I, "i", CF).

44.1.26.2. Da súmula vinculante

O Supremo Tribunal Federal, a partir da EC n. 45/2004, pode editar súmulas com efeito vinculante, de ofício, quando houver a concordância de todos os seus membros, ou por provocação de pelo menos dois terços dos seus membros, desde que haja reiteradas decisões sobre matéria constitucional. Nesse caso, a Súmula terá efeito vinculante sobre as jurisdições inferiores e órgãos do Poder Público (administração direta e indireta, das esferas municipais e estaduais). A súmula vinculante assim editada poderá vir a ser revista ou cancelada na forma estabelecida em lei. Evidente, que se a jurisprudência da Excelsa Corte, com o decorrer do tempo, tomar outro rumo, a súmula poderá ser revista ou cancelada de ofício ou mediante provocação da douta maioria (princípio do paralelismo das formas). Vale dizer, da mesma forma em que foi editada, poderá ser revista ou cancelada.

A súmula vinculante terá como norte a interpretação e a eficácia de normas, acerca das quais haja controvérsia entre os órgão judiciários inferiores, bem como entre estes e as administrações públicas (estadual e municipal) que acarrete insegurança e seja motivo para a multiplicação de processos para questões idênticas. O novo direcionamento constitucional é deveras oportuno, pois as interpretações destoantes entre as várias jurisdições acarretam a insegurança e a desconfiança entre os jurisdicionados. Todavia, é de se lamentar que a vinculação sumular haja excluído a União e a administração direta e indireta federal, reduto em que um considerável número de ações se repete perante a Excelsa Corte, *v. g.*, no campo tributário e previdenciário.

Independentemente da iniciativa da Corte (de ofício ou provocação de dois terços dos ministros) e do que vier ser estabelecido em lei, a aprovação de súmula, a sua revisão ou extinção poderá ser provocada por aqueles que têm legitimidade *ad causam* ativa para propor a Ação Direta de Inconstitucionalidade

Por meio do remédio processual denominado "Reclamação", a parte que se sentir prejudicada poderá levar ao conhecimento da Excelsa Corte o ato administrativo ou a decisão de jurisdição inferior que vier a contrariar a súmula vinculante, não a aplicando ou a aplicando mal. Caso a "Reclamação" venha a ser julgada procedente, anulará o ato administrativo ou cassará a decisão judicial objeto do inconformismo, ao mesmo tempo que determinará que outra decisão seja proferida, de modo a não molestar a súmula vinculante.

44.1.26.3. Dos requisitos para conhecimento

O recurso extraordinário é *remedium juris* contra decisões de tribunais em última ou única instância, quando a decisão contrariar dispostivo da Constituição Federal (art. 102, III, "a", CF). Ao contrário do que pode parecer, nos processos de alçada (art. 2º, § 4º, da Lei n. 5.584/1970), a matéria constitucional deve passar pelo crivo do Regional e do TST, antes de desafiar recurso extraordinário em matéria trabalhista. É mister que a parte tenha esgotado os recursos, inclusive os embargos infringentes (art. 530 do CPC), estes previstos no RITST, conforme dispõe a Lei n. 7.701/1988. A matéria discutida deve ter sido prequestionada, vale dizer, decidida pelo tribunal inferior. Não se admite a apresentação de matéria ou fundamentos novos os quais não tenham sido objeto de apreciação por tribunal inferior.

Dispõe *Vicente Greco Filho* (ob. cit., v. 2º/307) que: "Cabe recurso extraordinário, antes de mais nada, de decisões proferidas em única ou última instância por outros tribunais. Essa expressão "única ou última instância" causa certas conseqüências: 1ª) só cabe extraordinário de decisões de tribunais e nunca de juízes singulares, ficando, pois, excluída a possibilidade de recurso nas causas decididas em grau de embargos infringentes pelo próprio juiz, conforme previsão das Leis ns. 6.825 e 6.830, ou por membros do tribunal, como o relator ou o Presidente; 2ª) só cabe recurso extraordinário se forem esgotados os recursos ordinários, inclusive embargos infringentes em segundo grau se cabíveis, de modo que a parte não pode abandonar ou deixar de utilizar os recursos ordinários para querer desde logo interpor o extraordinário; 3ª) só cabe recurso extraordinário se a matéria impugnada foi realmente decidida pelo tribunal, ou seja, foi prequestionada. O requisito do prequestionamento, que é da tradição do Direito brasileiro, está consagrado nas Súmulas ns. 282 e 356 do STF. Não é possível, no extraordinário, apresentar matéria ou fundamentos novos que não tenham sido objeto de decisão do tribunal *a quo*. Se necessário, a parte deve interpor embargos de declaração para eliminar ponto omisso e prequestionar a questão. O art. 102, II, da CF/1988 excepciona e permite recurso extraordinário de decisão de primeiro grau (STF, RE n. 146750-9-DF, DJ 8.10.93).

44.1.26.4. Da contrariedade de dispositivo da Constituição Federal

Este item, contido na letra "a" da Constituição anterior, dispunha: contrariar dispositivo desta Constituição ou negar vigência de tratado ou lei federal. Pela Constituição atual, a matéria ficou assim disposta: a) competirá ao STF, julgar, mediante recurso extraordinário, as causas decididas em única ou última instância, quando a decisão recorrida; b) contrariar dispositivo desta Constituição (art. 102, III). A segunda parte do dispositivo anterior (art. 119, III, da CF/1967) passou para a competência do Superior Tribunal de Justiça (art. 105, III) que apreciará a matéria por meio de recurso especial.

Em comentando o dispositivo na Constituição anterior, *Vicente Greco Filho* (ob. cit., v. 2º/307 e 308) dispõe: "A primeira parte do dispositivo alude à inconstitucionalidade da conclusão do acórdão recorrido; é o caso de decisão que ofende à Constituição Federal, mas apenas esta, porque a ofensa à Constituição Estadual deve ficar resolvida a nível da Justiça estadual. "Contrariar dispositivo da Constituição" significa que a decisão afronta norma constitucional que deve ser expressamente apontada para que se conheça o extraordinário. A referência genérica a ofensa à Constituição não legitima o recurso (art. 102, III, "a", da CF/88). É certo que o art. 153, § 36, da Constituição Federal (anterior) consagrava um princípio genérico que guardava certa amplitude, mas quando apontado o § 36 da Constituição Federal como violado é essencial que se esclareça qual o princípio constitucional violado que ele sanciona. A segunda parte do dispositivo atende à função do Supremo de unificação do direito federal. Todavia, essa função não tem sido atendida plenamente porque o Supremo não conhece de extraordinário quando o acórdão recorrido deu à lei federal "interpretação razoável" (Súmula n. 400 do STF). Duas, portanto, podem ser as interpretações razoáveis, de modo que é possível que o direito federal seja interpretado de maneira diferente em oportunidades diferentes. "Negar vigência" em sentido estrito quer dizer não aplicar ou dizer que não está em vigor. De maneira geral, porém, tem-se entendido que aplicar erradamente também equivale a negar vigência. A negativa de vigência que ensejava o extraordinário era apenas a de lei federal ou tratado internacional; a lei estadual tem seu exame esgotado nos tribunais locais. A lei federal pode ser de natureza processual ou de direito material." Todavia, como vimos, esta segunda parte está sob a jurisdição do Superior Tribunal de Justiça, órgão criado pela nova Constituição (arts. 104 e ss.).

Realça *Coqueijo Costa* ("Direito Judiciário do Trabalho", Forense, 1978, p. 512) que: "Há um consenso majoritário dos autores no sentido de que o recurso extraordinário deve ser admitido não só quando a violação é direta, mas também quando indiretamente se infringe uma das regras constitucionais. É inconstitucional — para *Alfredo Buzaid* — todo ato que direta ou indiretamente contraria a Constituição. A ofensa resulta da simples inconciliabilidade com a Constituição; ela é direta, quando viola o direito expresso; e indireta, quando a lei é incompatível com o espírito ou sistema da Constituição." Hoje, a contrariedade deverá ser direta. Vale dizer, a instância inferior deverá haver analisado o tema e adotado tese a respeito.

Muito embora o tratamento seja diverso em sede trabalhista, onde o julgado de alçada passará pelo crivo do TRT e do TST em havendo matéria constitucional, o Supremo Tribunal Federal vem de firmar posição (RE ns. 136.154 e 146.750-9-DF) de que o recurso extraordinário terá cabimento mesmo contra decisões de juízo de primeiro grau, desde o advento da nova Carta política.

"Ao julgar o RE 136.154, o Plenário desta Corte firmou o entendimento de que, em face da Constituição de 1988, cabe recurso extraordinário contra decisão de Juízo de primeiro grau de jurisdição em única instância. O acórdão recorrido seguiu essa orientação. Recurso extraordinário não conhecido." (STF-Ac. unân. da 1ª T. 8.10.93, RE n. 146.750-9-DF — Rel. Min. Moreira Alves, COAD Inf. Sem. 51/93, p. 813, Ementa n. 63.963). Essa regra não tem aplicação em sede trabalhista, onde o tema constitucional passará por todas as instâncias, inclusive no caso de processo de alçada.

O princípio da imunidade absoluta de jurisdição é relativizado hodiernamente, em litígios decorrentes de relações rotineiras entre o Estado Estrangeiro e os cidadãos do País em que este atua, como no caso em tela, em se tratando de reclamações trabalhistas.

Firmada a competência originária da Justiça Federal de 1º grau, o conhecimento dos recursos contra decisões desta compete ao Superior Tribunal de Justiça, conforme regra constitucional inserta no art. 105, II, "c" da Carta de 1988. Declinada a competência para o STJ. (Agravo de Instrumento n. 91.04.26322-7-PR, 14.5.92, Rel. Min. Juiz Osvaldo Alvarez).

44.1.26.5. Da usurpação de competência: Justiça Federal e matéria trabalhista

Decidiu o TRF da 4ª Região (AI n. 9.04.26322-7-PR, 14.5.92, Rel. Juiz Osvaldo Alvares) que "Competência. Agravo de instrumento. Ação trabalhista contra órgão de Estado estrangeiro perante a Justiça Federal de 1º grau. Imunidade absoluta de jurisdição. Inexistência. Competência recursal ordinária. Superior Tribunal de Justiça. CF/88, art. 105, II, *c*. Competência declinada. 1. O princípio da imunidade absoluta de jurisdição é relativizado hodiernamente, em litígios decorrentes de relações rotineiras entre o Estado estrangeiro e os cidadãos do País em que este atua, como no caso em tela, em se tratando de reclamações trabalhistas. 2. Firmada a competência originária da Justiça Federal de 1º grau, o conhecimento dos recursos contra decisões desta compete ao STJ, conforme regra constitucional inserta no art. 105, II, *c*, da Carta de 1988. 3. Declarada a competência para o STJ".

É bem de ver que a v. decisão estribou-se em precedente do STF (Ac. 9689, STF, Rel. Min. Rafael Mayer, *in* DJU de 24.8.1984, RTJ 110/1.007): "Não há dúvida, outrossim, da competência, a nível de 1ª instância, da Justiça Federal para o trato de questões trabalhistas envolvendo Consulados."

O direcionamento da Excelsa Corte que serviu de apoio à v. decisão fora prolatada, todavia, antes da nova *Lex Major*. Logo, dentro de uma outra realidade.

Por outro lado, a partir de 5.10.1988 com o advento da nova Carta Política prescreveu o art. 114 que a Justiça do Trabalho seria competente para "ente público de direito externo", aí englobando Consulados e Embaixadas.

O art. 105, II, "c", cuida da matéria genericamente. Do que resulta que a interpretação do referido preceito não pode ser levado a efeito em sua literalidade, mas, deverá levar em conta a exceção prevista no art. 114 (interpretação sistemática).

A regra geral contida no art. 105, II, "c", foi excepcionada pelo art. 114 da Carta Magna, dando a competência para a Justiça do Trabalho, não havendo razão para a intromissão da Justiça Federal em matéria competencial, numa verdadeira usurpação de competência.

E mais. A Justiça do Trabalho é Justiça Federal Especializada, e a matéria constitucional, diferente da regra genérica do art. 105, II, "c", deverá ser submetida a todas as instâncias: Varas do Trabalho, TRT, TST e STF. *Vide* item 7.89.

44.1.26.6. Da inconstitucionalidade de tratado ou de lei federal

A inconstitucionalidade difusa é aquela declarada no caso concreto e deve ser feita em último caso. Deve o juiz envidar todos os esforços para dar implementabilidade à lei. Declarações feitas ao acaso ou por entendimento pessoal à calva de embasamento traduz procedimento deprorável que acaba por imprimir maus-tratos à lei, procrastinar o feito e onerar o Judiciário. Juiz é para resolver impasses, não para criá-los.

Doutrina *Greco* (ob. cit., p. 308) que: "A declaração de inconstitucionalidade é uma forma de negar vigência porque, ao declarar a inconstitucionalidade de lei, o tribunal deixa de apreciá-la. A diferença está em que a declaração de inconstitucionalidade é feita em procedimento formal (art. 480) e afirma expressamente a sua desconformidade com a Constituição."

Lembra *Batalha* (ob. cit., p. 811) que: "Se o Tribunal inferior negar a constitucionalidade da lei federal, caberá recurso extraordinário; não assim se reconhecer que a lei federal está de acordo com a Constituição. A respeito da decretação da inconstitucionalidade das leis, existem dois sistemas fundamentais. De acordo com o primeiro sistema, compete aos juízes e tribunais ordinários a decretação da inconstitucionalidade. De acordo com o segundo sistema, a inconstitucionalidade só pode ser decretada por uma Corte constitucional ou organismo semelhante. Para o primeiro sistema, o controle da constitucionalidade das leis é um problema jurídico; para o segundo, um problema político. Nosso sistema tradicional é o primeiro acima apontado (...). Em nosso ordenamento jurídico, impende a qualquer juiz o dever de inaplicar lei que se lhe afigura, quanto à forma ou quanto à substância, contrária à Constituição. Assim, as Juntas de Conciliação e Julgamento podem e devem decidir acerca da constitucionalidade das leis (Tribunal Regional do Trabalho da 1ª Região, *in* "Trabalho e Seguro Social", XXXII/217). O Supremo Tribunal estabeleceu que qualquer juiz pode ter a lei por inconstitucional; é da competência de todos os magistrados enfrentar tais questões (RF CXXI/472). Mesmo nos dissídios coletivos de natureza econômica, podem os Tribunais do Trabalho decretar inconstitucionalidade de lei (Min. Delfim Moreira Jr., Revista do Tribunal Superior do Trabalho 3-4/16, 1958)."

44.1.26.7. Do julgamento válido de lei ou ato de governo local contestado em face da Constituição

Em princípio, as leis estão hierarquicamente classificadas em uma ordem de prevalência: leis federais, estaduais e municipais. Isso, todavia, não significa que uma lei federal deva sempre prevalecer sobre as demais ou que a estadual deva sempre prevalecer sobre a lei municipal. De conformidade com regras constitucionais, a competência originária está dividida entre a União, o Estado e o Município. Isto significa que se a lei federal usurpou competência originária pertencente ao Estado, a inconstitucionalidade estará na lei federal e não na lei estadual. O mesmo se diga com vistas ao Estado e aos Municípios. A hierarquia prevalece quando não existe vício na fonte onde a lei foi ungida.

Prossegue o festejado jurista: "É óbvio que o direito local contrário à Constituição Federal é inconstitucional e como tal inválido, não podendo prevalecer contra ela. Entretanto, o conflito entre a lei federal e o direito local não pode ser resolvido de modo simplista, com o prevalecimento daquele. De fato, a Constituição reparte competência entre a União, os Estados e os Municípios. Assim, o direito local, editado na esfera própria, com respeito à Constituição, prevalece contra a lei federal que estiver invadindo competência estadual ou local, que for, portanto, inconstitucional. Pode ocorrer ainda, fora desse caso extremo, que na esfera concorrente, por exemplo, naquela em que a lei federal cabe estabelecer as normas gerais e ao direito estadual as adaptações necessárias (...), aquela tenha descido a pormenores, não podendo prevalecer sobre a competência dos Estados. Aí não se proferirá o direito federal local."

Completa *Batalha* (ob. cit., p. 812): "Ao contrário do que ocorre em relação à inconstitucionalidade da lei federal, o recurso extraordinário, na hipótese ora em apreciação, só tem cabimento quando o Tribunal julga válida a lei ou o ato do governo local, inclusive do Distrito Federal e dos Territórios; não assim quando entende que essa lei ou esse ato são contrários à Constituição ou lei federal. A razão é simples: o recurso extraordinário visa a assegurar a intangibilidade do direito federal e não do direito local."

44.1.26.8. Da relevância da questão federal

Diz-se que a questão é de relevância federal, quando exorbita do âmbito patrimonial que envolve as partes para projetar-se além do caso *sub judice*, com repercussões além deste. O art. 325 do RISTF relacionava as hipóteses em que, "salvo nos casos de ofensa à Constituição, manifesta divergência com a Súmula do STF, ou relevância da questão federal, não caberá recurso extraordinário a que alude o seu art. 119, § 1º, da CF/67". A Constituição atual não repete a norma anterior. O art. 325 do RISTF foi modificado pela Emenda Regimental n. 2/1985.

A argüição de relevância de questão federal é classificada como incidente recursal. O seu processamento será feito nos termos dos arts. 327 e ss. do Regimento Interno. Nesse sentido, dispõe *Moacyr Amaral Santos* ("Primeiras Linhas de Direito Processual Civil", Saraiva, 1985, v. 3º/176). Também nesse sentido, são as lições de *Vicente Greco Filho* (ob. cit., v. 2º/309 e 310): "A argüição de relevância é uma forma de interposição do extraordinário, que adota um procedimento especial no qual o Supremo examina, antes da subida do recurso, apenas se a questão discutida tem relevância federal, liberando ou não, a subida do apelo extremo. Apenas como orientação é possível dizer que a questão é de relevância federal quando transcende o interesse patrimonial das partes, causando repercussões além dos limites do caso concreto."

Para *Coqueijo Costa* (ob. cit., p. 526): "Tanto a ofensa constitucional como a relevância não excluem o remédio extraordinário, senão nas hipóteses especificadas no RI, dentre as quais não se acha a de acórdão do TST que as envolva. Mas a alusão apenas ao art. 119 (da CF anterior), embora no caso, inclusive, de contrariedade constitucional, não pode ser interpretado de forma extensiva, de tal modo que alcance o extraordinário do art. 143. A relevância pode, à luz do art. 119, § 1º, da Constituição, conforme Emenda 7/77, embasar o extraordinário, independentemente da natureza, espécie e valor pecuniário da causa. A remissão ao RI do Supremo, porém restringe à casuística das alíneas "a" e "d" do art. 119 (da CF anterior), nunca à específica, trabalhista, do art. 143. Está claro, portanto, que fica vedado o recurso extraordinário, na Justiça do Trabalho, pela relevância da questão federal."

Realça *Batalha* (ob. cit., p. 816) que: "A Emenda Constitucional 1/69, art. 143, mantendo o preceito do art. 135 da Constituição de 1967, estabelece que "as decisões do Tribunal Superior do Trabalho são irrecorríveis, salvo se contrariarem esta Constituição caso em que caberá recurso para o STF". Portanto, só são admissíveis recursos extraordinários, em matéria trabalhista, *per contrarietatem juris Constitutionis* e não por variações jurisprudenciais ou por desrespeito a lei federal, mesmo expressa. Admite-se o recurso extraordinário das decisões de último ou único grau de jurisdição, mesmo em processos de alçada das Juntas e Juízos de Direito, *ex vi* do art. 2º, § 2º, da Lei n. 5.584/70."

Analisando a matéria, *Ives Gandra da Silva Martins Filho* ("O recurso extraordinário em matéria trabalhista", artigo publicado na Revista LTr 50-10/1.188/195) lembra que: "A Suprema Corte Americana tem uma característica importante que a distingue das Cortes Estaduais. Dentre os feitos que lhe são apresentados, escolhe discricionariamente, aqueles que deseja julgar, tendo em vista a repercussão da questão na ordem constitucional e nacional. Os litigantes não têm do que se queixar: já obtiveram dupla prestação jurisdicional, de 1ª e 2ª instâncias, com a sentença do juiz singular reexaminada pelo órgão colegiado, de acordo com o *due process of law*. No Brasil, o STF goza de prerrogativa semelhante, ainda que não tão ampla, no concernente ao recurso extraordinário. O que lhe dá esse tom de certa discricionariedade é o procedimento da "argüição de relevância da questão federal". O § 1º do art. 119 da Constituição confere ao STF poder legiferante, no sentido de estabelecer, através de seu regimento interno, as causas que apreciará mediante recurso extraordinário. Com a Emenda Regimental 2/85 do RISTF, o Pretório excelso alterou o art. 325 de seu regimento, fixando não mais as causas que não apreciaria *a priori*, mas agora aquelas nas quais entende cabível o recurso extraordinário. Ora, no caso do extraordinário trabalhista, a hipótese única de seu cabimento é a ofensa à Constituição (CF, art. 143), enquanto que o procedimento da argüição de relevância liga-se ao art. 119 da Carta Magna, que admite o apelo extremo também por divergência jurisprudencial e violação de lei ordinária. Ocorre que no recurso extraordinário trabalhista inexiste questão federal de que se busque demonstrar a relevância. No caso, a nobreza da questão já se supõe, uma vez que deve versar exclusivamente sobre tema constitucional." E conclui o autor "pelo descabimento do procedimento de argüição de relevância quando o extraordinário é oriundo da Justiça do Trabalho. Isto porque, segundo a nova redação do art. 325 do RISTF (ER 2/85), a argüição de relevância da questão federal somente é necessária quando a causa não se enquadrar numa das hipóteses desse dispositivo regimental (incs. I a X), e, no caso do extraordinário trabalhista, ele já deve ajustar-se no inc. I do art. 325 do RISTF, que prevê o recurso nos casos de ofensa à Constituição Federal".

Parece-nos, todavia, que em se mantendo a filosofia de que o STF é o guardião da constitucionalidade, o recurso extraordinário deverá ser utilizado, ao que tudo indica, independentemente de argüição de relevância, em matéria constitucional. O art. 102, III, da Constituição de 1988, diversamente da Constituição anterior, art. 119, III, parágrafo único, não contemplou a relevância da questão federal. Os arts. 325 e 327 do RISTF premiam a relevância da questão federal.

44.1.26.9. Do prazo e do efeito

O recurso extraordinário será interposto dentro de 15 dias (art. 508 CPC), perante o Presidente ou o Vice-Presidente do tribunal recorrido (art. 541 CPC), mediante petição (art. 542 do CPC). Recebida a petição pela secretaria do tribunal e aí protocolada, intimar-se-á o recorrido, abrindo-lhe vista, pelo prazo de 15 dias, para impugnar o cabimento do recurso (art. 542 do CPC). Findo esse prazo, os autos serão conclusos para admissão ou não do recurso, no prazo de 15 dias, em decisão fundamentada (§ 1º, art. 542, CPC). Admitido o recurso, abrir-se-á vista dos autos, sucessivamente, ao recorrente e ao recorrido, para que cada um, no prazo de 15 dias, apresente suas razões (art. 543, § 2º, do CPC). O recurso extraordinário será recebido unicamente no efeito devolutivo (art. 542, § 2º, do CPC). O efeito será sempre apenas devolutivo (§ 2º, art. 542, CPC) e não impede a execução da sentença (art. 497, CPC). O recurso extraordinário ou o recurso especial interpostos contra decisões interlocutórias em processo de conhecimento, cautelar, ou em embargos à execução ficará retido nos autos e somente será processado se o reiterar a parte, no prazo para a interposição do recurso contra a decisão final, ou para as contra-razões (§ 3º, art. 542, CPC).

Os acórdãos impugnados pela via do recurso extraordinário podem ser executados provisoriamente (art. 587, CPC). Lembra *Nelson Nery* que a interposição do agravo, em virtude do efeito devolutivo, evita a preclusão sobre a matéria objeto da decisão recorrida. Sobrevindo a sentença da qual não se interponha apelação, a eficácia da sentença fica condicionada ao desprovimento do agravo. Se este for provido, todos os atos posteriores do procedimento, inclusive a sentença, terão sido anulados e outra sentença deverá ser proferida em lugar daquela sobre a qual se operou a preclusão ("CPC Comentado", 5ª ed., RT, São Paulo, 2001, p. 966). Não se conhece de pedido cautelar com o objetivo de conseguir o efeito suspensivo para o Recurso Extraordinário (RTJ 116/428).

O Supremo Tribunal Federal fixou o entendimento de que a única data a ser considerada, para efeito de aferição de tempestividade do recurso extraordinário, é a da entrada da peça recursal no protocolo do Tribunal *a quo*. Na hipótese, o recurso foi interposto a destempo no Tribunal recorrido, embora protocolizado no Fórum da comarca no último dia do prazo (STF, Ac. 2ª T., 31.5.91, RE n. 115.212-5/SP, Rel. Min. Célio Borja, COAD Inf. Sem. 43/91, p. 684, ementa 56.072).

44.1.26.10. Do requisito "repercussão geral"

A Lei n. 11.418, de 19 de dezembro de 2006, acrescentou ao Código de Processo Civil os arts. 543-A e 543-B e respectivos parágrafos que instituem um novo requisito de admissibilidade do recurso extraordinário sob a denominação de "repercussão geral" em tema constitucional. Pela nova normatização, a Excelsa Corte não conhecerá do recurso extraordinário, quando a questão constitucional que se pretende discutir não atender ao quesito "repercussão geral". A decisão proferida no sentido de não-conhecimento do recurso extraordinário será irrecorrível (art. 543, *caput*, CPC). O novo requisito levará em conta, para efeito do conhecimento do recurso extraordinário, a existência ou não de questões relevantes do ponto de vista econômico, político, social ou jurídico que ultrapassem os interesses subjetivos em causa (§ 1º). O novo requisito bem demonstra a posição ocupada pelo STF de corte eclética que se preocupa com temas que vão além do jurídico. Por outro lado, o novo requisito reduz a possibilidade de conhecimento do recurso extraordinário. A demonstração do requisito repercussão deverá ser feita pelo autor, em sede preliminar, cuja apreciação é de exclusividade do STF (§ 2º). Todavia, admitir-se-á a existência da "repercussão geral", sempre que o recurso impugnar decisão contrária à súmula ou jurisprudência dominante no tribunal (§ 3º). O requisito sob comento será levado à apreciação da Turma. Se houver 4 (quatro) votos a favor da existência de repercussão geral, será dispensada a remessa do recurso ao plenário (§ 4º). Se for negada a existência da repercussão geral, a decisão surtirá efeito para todos os recursos que discutam matéria idêntica, os quais serão indeferidos liminarmente, ressalvada a hipótese de revisão da tese em conformidade com normas regimentais do STF (§ 5º). O Ministro relator poderá admitir a manifestação de terceiros, representados por procurador habilitado, antes da análise do requisito (§ 6º). A súmula da decisão será publicada no Diário Oficial e valerá como acórdão (§ 7º). Quando houver multiplicidade de recursos com fundamento em idêntica controvérsia, a análise do requisito repercussão geral será processada nos termos regimentais (art. 543-B). Em existindo recursos a serem processados em tribunais inferiores, o tribunal de origem deverá selecionar um ou mais recursos representativos da controvérsia e encaminhá-los ao STF, sobrestando os demais até o pronunciamento da Corte (§ 1º). Em sendo negada a existência da repercussão geral, os recursos sobrestados serão automaticamente considerados não admitidos (§ 2º). Se for julgado o mérito do recurso extraordinário, os recursos sobrestados serão apreciados pelos Tribunais, Turmas de Uniformização ou Turmas Recursais, que poderão declará-los prejudicados ou retratar-se (§ 3º). Mantida a decisão e admitido o recurso, poderá o STF cassar ou reformar, liminarmente, o acórdão contrário à orientação firmada (§ 4º). O Regimento Interno do STF estabelecerá as normas necessárias ao implemento da lei.

44.1.26.11. Do prequestionamento da matéria

O prequestionamento da matéria significa que o Tribunal *a quo* tem enfrentado o tema e tomado posição, firmando tese a respeito. A tomada de posição deve ser clara e explícita, não se aceitando simples conjectura implícita. Em havendo dúvida quanto à clareza do pronunciamento deve a parte interpor embargos declaratórios para clarear a dúvida, pois poderá incorrer na preclusão e não se configurar o prequestionamento A violação literal de lei pressupõe pronunciamento explícito sobre aquele dispositivo legal, não se admitindo a simples alegação genérica. A matéria deve ser debatida e apresentar-se incontroversa e explicitada a tese adotada para que possa, em sede extraordinária, atender ao requisito do prequestionamento.

Lembra *Vicente Greco Filho* (ob. cit., v. 2º/307) que: "Só cabe recurso extraordinário se a matéria impugnada foi realmente decidida pelo tribunal, ou seja, foi prequestionada. O requisito do prequestionamento, que é da tradição do Direito brasileiro, está consagrado nas Súmulas ns. 282 e 356 do STF."

Segundo *Batalha* (ob. cit., p. 813): "Não obsta à interposição de recurso extraordinário o fato de haver o recorrente, nas primeiras fases do processo, entendido o ponto de vista jurídico de forma idêntica à da decisão contra a qual vem depois insurgir-se. Pode-se, afirma *Chiovenda* (III/412), denunciar a violação da lei mesmo quando conforme as alegações do recorrente em primeira e segunda instância: em virtude do princípio *jura novit curia*, efetivamente, o juiz deve aplicar de ofício a norma de lei cabível no caso e a demanda do particular não o vincula nessa matéria. Aliás, a tendência do Supremo Tribunal é, hoje, no sentido de não exigir o prequestionamento da questão federal (...)."

Dispõe *Ives Gandra da Silva Martins Filho* ("O recurso extraordinário em matéria trabalhista", artigo publicado na Revista LTr 50-10/1.188/195): "O STF somente conhece do recurso extraordinário a ele dirigido quando a matéria nele versada se encontra prequestionada na decisão recorrida. Nesse sentido, a falta de prequestionamento faz com que o apelo extremo tropece nos enunciados das Súmulas ns. 282 e 356 do STF (...). Não é suficiente, no entanto, a simples citação de dispositivo constitucional no corpo do acórdão atacado para se caracterizar o prequestionamento viabilizador do recurso extraordinário trabalhista. Por isso, quando a questão debatida na decisão do TST desmerece a nobreza constitucional que se lhe quer dar, a veiculação de embargos declaratórios visando ao pronunciamento daquela Corte Superior Trabalhista sobre a violação, ou não, de preceito da Carta Magna não consubstancia o pretendido questionamento, uma vez que, no entender do Supremo, pouco importa o conceito que o recorrente possa ter do prequestionamento. Não ventilada no acórdão recorrido a questão federal suscitada, e não sanada a omissão mediante embargos declaratórios, descabe o RE (Ag. n. 83.629-2 (AgRg), SP, rel. Min. Muñoz, DJU 11.9.1981). E, para o STF, ventilar quer dizer debater, discutir, tornar a matéria *res controversa*. Está em controvérsia a norma constitucional quando o Tribunal *a quo* aprecia em seu merecimento, quando a seu respeito há *res dubia*, quando se litiga sobre sua aplicabilidade (RE n. 97.358-MG, rel. Min. Alfredo Buzaid, DJU 11.11.1983). É necessária a referência expressa, ao dispositivo da Constituição Federal que se alega vulnerado pelo acórdão recorrido, ainda que tanto não baste para formalizar o prequestionamento. No entanto, a ausência de citação expressa do artigo da Carta Política tido por violado impede o conhecimento do recurso extraordinário pelo STF. Isto porque a Suprema Corte não admite o prequestionamento implícito, que haveria nos casos em que a matéria versada na decisão do TST envolvesse necessariamente questão constitucional: é o caso de temas ligados ao poder normativo da Justiça do Trabalho, ao mandado de segurança ou à coisa julgada".

Marco Aurélio Mendes de Farias Mello ("O prequestionamento e o recurso de revista", LTr 51-9/1.039/1.044) realça que: "A jurisprudência do STF acerca da necessidade de o tema constitucional haver sido veiculado no recurso de revista e apreciado pelo Tribunal Superior do Trabalho não infirma o Enunciado n. 184. Diz respeito à admissibilidade do recurso extraordinário *stricto sensu*, pelo qual o processo ascende à mais alta Corte. Tratando-se de exame do recurso de revista, o prequestionamento diz respeito à adoção de tese pelo Regional a fim de que, somente então, possa o órgão do Tribunal Superior do Trabalho, incumbido do julgamento, concluir pela divergência jurisprudencial ou vulneração à lei, pressupostos específicos do recurso previsto no art. 896, consolidado. Se o Regional não lançou entendimento a respeito da matéria veiculada nas razões de revista, simplesmente não se tem o que cotejar a fim de concluir pelo atendimento a uma das alíneas do art. 896, consolidado. Daí o teor do Enunciado n. 184, que compõe a Súmula da jurisprudência predominante no Tribunal Superior do Trabalho: Ocorre preclusão quando não forem opostos embargos declaratórios para suprir omissão apontada em recurso de revista ou de embargos. (...) O prequestionamento implica emissão de juízo explícito, pelo órgão *a quo*, sobre a matéria veiculada na revista. Omissão, dúvida, obscuridade ou contradição existentes no acórdão revisando devem ser atacadas mediante embargos declaratórios e, persistindo a deficiência do julgado, cabível é a revista por violência do art. 832 da Consolidação." Enfocando o Enunciado n. 184 do TST e a Súmula n. 282 do STF, o autor lamenta a falta de clareza, vez que ambos dão a entender.

44.1.26.12. Da execução de sentença

A execução de sentença tem por objetivo tornar realidade o comando abstrato contido numa sentença com eficácia condenatória. No âmbito trabalhista, a execução apresenta-se como simples fase ou epílogo da fase de conhecimento O único recurso cabível é o agravo de petição, com efeito meramente devolutivo, estando a matéria discutível restrita à fase, como regra. Todavia, em havendo a argüição tema constitucional, poderá o executado interpor recurso de revista para o TST, podendo a decisão ali proferida ser objeto de recurso extraordinário.

As decisões proferidas pelos Regionais serão irrecorríveis, salvo se contrariarem esta Constituição, caso em que caberá recurso para o STF (art. 896, § 2º, CLT). Essa mesma regra se aplica na fase de conhecimento para os recursos de alçada (Lei n. 5.584/1970, art. 2º, § 4º).

Assim, para que a parte possa, em execução de sentença, discutir a matéria em recurso extraordinário, inarredável antes a apreciação dessa mesma matéria por meio de recurso de revista, nos termos do art. 896, "c", da CLT. Modificação introduzida pela Lei n. 9.756/1998. Não é possível, em sede trabalhista, a interposição direta do recurso extraordinário para a Excelsa Corte. Inaplicável o art. 102, III, da Constituição Federal.

44.1.26.13. Da natureza jurídica do recurso extraordinário

A exemplo do que sucede com certos recursos, como o ordinário (art. 102, II, CF), o recurso especial (art. 105, III, CF) e o recurso extraordinário (art. 102, III, CF) têm a sua origem na Constituição com natureza jurídica processual (arts. 541 e ss.).

Ensina *Moacyr Amaral Santos* (ob. cit., 1985, v. 3º/172) que: "A dupla função do recurso extraordinário se infere que se trata de um recurso processual que, entretanto, dos demais recursos processuais se distingue: tem assento na Constituição e não em lei ordinária; tem função específica de dirimir controvérsia sobre questão federal suscitada em processo comum, civil ou penal, em processo trabalhista, eleitoral ou penal-militar. É um recurso processual, mas comum a todos os processos, em que igualmente exerce sua função, que lhe é traçada pela Constituição. É, pois, um instituto de direito processual constitucional (cf. *Frederico Marques*)."

44.1.26.14. Das questões transitórias

Embora a Constituição Federal já tenha completado vinte anos, durante algum tempo o STF, por força da nova tônica constitucional, enfrentará problemas concernentes à transitoriedade. Com a criação do Superior Tribunal de Justiça e a perda da competência pelo Supremo Tribunal Federal para o STJ, houve uma adequação necessária aos processos em andamento, com a necessidade de passar antes pelo STJ e posteriormente, em sendo o caso, para o STF, quando a matéria guerreada for da competência de ambas as Cortes. Casos haverá em que a matéria deixará de ser de recurso extraordinário para resolver em sede de recurso especial. Casos existirão em que deverá ser feito o desdobramento dos autos em processos distintos para o STJ e para o STF. Em ocorrendo a hipótese, o ideal será a remessa dos autos à origem para que providencie a cisão dos autos como de direito, tendo para tanto prazo preclusivo.

Essa questão foi habilmente enfocada por *Ana Maria Guelber Corrêa*, em artigo publicado sob o título "O Supremo Tribunal Federal e a Constituição. Questões de transitoriedade", no jornal (O Estado de S. Paulo, de 13.5.89, p. 31), *in verbis*: "Em recurso extraordinário pode ocorrer conversão simples em recurso especial, ou desdobramento sob forma ideológica ou material, neste ou naquele. A conversão simples se dá quando a matéria existente para ser julgada, no recurso extraordinário, é de natureza infraconstitucional. Há desdobramento ideológico, nos dois recursos, conforme a matéria que lhes diga respeito, na hipótese em que o recurso extraordinário já foi processado no tocante aos seus fundamentos em matéria constitucional e legal, seja em decorrência de juízo prévio de admissibilidade, ou pelo provimento de agravo ou acolhimento de argüição de relevância, ou ainda pela Súmula n. 292 do STF. Nesse caso, haverá a remetente direta dos autos para o STJ julgar o recurso especial, e após, os mesmos serão devolvidos para o STF julgar a parte constitucional. Há desdobramento material, quando a matéria infraconstitucional do recurso especial ainda depender de juízo prévio de admissão no tribunal de origem. São os casos de recurso extraordinário versando os dois temas, com argüição de relevância, ainda sem julgamento; aí, já houve juízo de admissibilidade quanto à parte constitucional, mas a legal, por estar contida no âmbito da argüição de relevância, depende do acolhimento pelo STF. Nessa hipótese, é necessária a remessa dos autos à origem para que a parte interessada, no prazo preclusivo de 15 dias, promova o desdobramento da parte infraconstitucional em recurso especial, sendo ali apreciados os pressupostos de admissibilidade."

44.1.27. Do recurso especial: breve enfoque

Recurso originário da Constituição de 1988 que criou o Superior Tribunal de Justiça, o qual, por sua vez, assumiu parte da competência do STF, permanecendo este como órgão supremo guardião da Constituição.

Alerta *Edemir Netto de Araújo* (artigo citado) que: "A não ser que futuramente se discipline de forma diversa, inclusive por Regimento Interno, um mandado de segurança impetrado na 1ª instância e julgado em grau de recurso (apelação) pelo Tribunal local, poderá ter um terceiro julgamento de mérito, caso se enquadre a questão nas hipóteses descritas (refere-se ao art. 105, III, da CF). O mesmo se diga dos mandados de segurança de competência originária dos Tribunais locais, que também poderão ter um segundo julgamento através do mencionado recurso especial. (...) Como, além de contrariar a Constituição, poderá a decisão local agredir também tratado ou lei federal, conclui-se que será possível a interposição concomitante de recurso especial e recurso extraordinário (como previa o art. 205, § 1º, do primeiro esboço), sobrestando-se, obviamente, o julgamento do extraordinário sempre que a decisão do Superior Tribunal de Justiça puder prejudicar a do STF."

44.1.27.1. Do cabimento

Cabível das causas decididas, em única ou última instância, pelos Tribunais Regionais Federais ou pelos tribunais dos Estados, do Distrito Federal e Territórios, quando a decisão recorrida: a) contrariar tratado ou lei federal, ou negar-lhes vigência; b) julgar válida lei ou ato de governo local contestado em face de lei federal; c) der à lei federal interpretação divergente da que lhe haja atribuído outro tribunal (art. 105, III, da CF/1988). A simples interpretação da cláusula contratual não enseja recurso especial (Súmula n. 5 do STJ), o mesmo acontecendo com a prestação de simples reexame de prova (Súmula n. 7 do STJ). E a divergência entre julgados do mesmo Tribunal não enseja recurso especial (Súmula n. 13 do STJ).

Em sede trabalhista, a matéria se escoa no Tribunal Superior do Trabalho, órgão de cúpula trabalhista e que se coloca na mesma horizontalidade dos demais tribunais superiores, aí incluído o próprio STJ. Do que resulta que a matéria trabalhista jamais passará pelo crivo do STJ, não tendo cabimento o recurso especial em âmbito trabalhista.

44.1.27.2. Da natureza jurídica

A exemplo do que dispõe *Moacyr Amaral Santos* ao cuidar da natureza jurídica do recurso extraordinário, constitui recurso processual diferente dos demais, posto que tem assento na Constituição e não em lei ordinária. Tem função específica de dirimir controvérsia sobre questão federal suscitada em processo comum, civil ou penal, eleitoral ou penal-militar. Revemos posição anterior e eliminamos o processo trabalhista (art. 105, III, CF/1988). É, pois, um instituto de direito processual constitucional, com assento no Superior Tribunal de Justiça. Em havendo ofensa à lei federal e a preceito constitucional dará ensejo ao recurso especial e ao extraordinário (STJ e STF).

44.1.28. Do recurso adesivo: breve enfoque

O recurso adesivo é interposto perante a própria "autoridade judiciária competente para admitir o recurso principal" (art. 500, I, do CPC); vale dizer, o juízo de primeiro grau (art. 514), o relator do acórdão (art. 531, parágrafo único) ou o presidente do tribunal (art. 542), conforme se trate, respectivamente, de apelação, de embargos infringentes ou de recurso extraordinário.

Ressalta *Barbosa Moreira* ("Comentários ...", v. V/305) que: "O pedido de novo julgamento, pelo recorrente "adesivo", fica, pois, sujeito à condição legal de que o órgão *ad quem* venha efetivamente a julgar (*de meritis*) o recurso principal, em tal sentido, subordinar-se a este. Trata-se de característica constante e comum a quaisquer recursos "adesivos": a regra não comporta exceção alguma. É estranha ao sistema brasileiro — que provavelmente tomou aqui por modelo o sistema português — a distinção entre o tipo "autônomo" e um tipo "dependente" de "adesão", como a que existe na *Anschliessung* tedesca e na *impugnazione incidentale italiana*. Em nosso ordenamento, todo recurso "adesivo" é, nos termos expostos, subordinado ao principal."

Cada parte interporá o recurso, independentemente, no prazo e observadas as exigências legais. Sendo, porém, vencidos autor e réu, ao recurso interposto por qualquer deles poderá aderir a outra parte. O recurso adesivo fica subordinado ao recurso principal e será interposto no prazo de que a parte dispõe para responder (contra-arrazoar ou minutar); não será conhecido, se houver desistência do recurso principal, ou se for declarado inadmissível ou deserto. Ao recurso adesivo se aplicam as regras do recurso, independentemente quanto às condições de admissibilidade, preparo e julgamento no tribunal superior (art. 500, CPC). Será admissível na apelação, nos embargos infringentes e no recurso extraordinário (art. 500, II, do CPC). O recorrente poderá, a qualquer momento, sem a anuência do recorrido ou dos litisconsortes, desistir do recurso (art. 501, CPC). A renúncia do direito de recorrer independe da aceitação da outra parte (art. 502, CPC). Em ocorrendo a desistência, o recurso adesivo perde o seu objeto, posto que perdeu a base de adesão. Do ponto de vista didático, pode-se dizer que estaria na mesma linha do acessório para o principal. Desconstituído o principal pela renúncia, o recurso adesivo não terá como prosseguir, posto que não tem vida própria e independente, quando solitário.

No processo do trabalho, será admitido no recurso ordinário, de agravo de petição, de revista e de embargos, no prazo de oito dias (Enunciado n. 283).

44.1.28.1. Do recurso adesivo como medida incidental

O Código de 1939 não previa para a espécie. O recurso adesivo é criação do Código Buzaid.

Dispõe *Frederico Marques* (ob. cit., 1975, v. 3º/216) que: "Caracteriza-se o recurso adesivo como medida incidental de que usa o litigante parcialmente vencido, para exercer, subordinadamente, o direito de recorrer. O pedido do recorrente, de reexame, no juízo *ad quem*, das questões que foram decididas no juízo *a quo* causando-lhe gravame, está sujeito ao juízo prévio de admissibilidade que é comum aos atos postulatórios que contenham a interposição de recurso. Além disso, dele não se conhecerá se inadmissível for julgado (no juízo *a quo* ou no juízo *ad quem*) o recurso principal, bem como se houver desistência quanto a este. No que tange aos pressupostos subjetivos do recurso adesivo, que são comuns aos dos recursos em geral, cumpre esclarecer que estão legitimados a recorrer, adesivamente, o litigante parcialmente vencido, o Ministério Público, ainda que figurando no processo como *custos legis*, e, também, o terceiro prejudicado. Circunscrever o recurso adesivo apenas aos que figurarem no processo como autor ou réu, contraria a *ratio essendi* do instituto, pelo que deve preponderar, no caso, em nome do *logos del razonable* (...), a interpretação teleológica sobre a literal." A interpretação elástica do mestre *Frederico Marques* ao conceber o adesivo para o Ministério Público na função de *custos legis* não encontrava amparo na lei, pelo que não prosperou.

Em sentido contrário, dispõe *J. C. Barbosa Moreira* ("Comentários ao Código de Processo Civil", Forense, Rio, 1976, V/297) que: "Não há "recurso adesivo" de terceiro prejudicado, nem do Ministério Público nos processos onde não ocupava, no momento da decisão, a posição de parte. Tampouco se pode "aderir" a recurso de terceiro prejudicado, nem a recurso interposto pelo Ministério Público, se este até então não era parte, mas apenas fiscal da lei: o dispositivo fala em terem ficado "vencidos autor e réu" e, a seguir, em "adesão" da outra parte ao "recurso interposto por qualquer deles". Quer isso dizer que ao terceiro prejudicado ou ao Ministério Público (fora dos casos em que seja parte) corre sempre o ônus de interpor, no prazo comum, recurso independente. Não podem aguardar o esgotamento do prazo, a fim de resolver se recorrerão ou não." *Moacyr Amaral Santos* (ob. cit., 1985, 3º v.) segue a primeira corrente esposada por *Frederico Marques*.

Vicente Greco Filho (ob. cit. v. 2º/265 e ss.) assinala que: "O recurso adesivo é novidade do Código de 1973 no Direito brasileiro. *Afonso Fraga* e *Pontes de Miranda* utilizaram a expressão em sentido diferente, no sentido de recurso paralelo. (...) A denominação recurso adesivo não é muito apropriada porque "adesão" dá a entender que a atividade se faz no mesmo sentido. Seria o termo adesivo mais adequado no caso de sucumbência paralela (entre litisconsortes). O nosso recurso adesivo, porém, é contrário e não paralelo, daí ter sido alvitrada pela Comissão revisora do anteprojeto do Código a alteração da denominação, acabando, porém, por permanecer a terminologia tradicional do direito comparado." (...) "O problema do recurso adesivo está vinculado ao problema do chamado benefício comum da apelação. No Direito Romano até 530 d. C., a apelação beneficiava apenas o recorrente, daí se dizer que vigorava o princípio da personalidade ou individualidade da apelação. A partir de 530 d. C., a Constituição de Justiniano — *Ampliorem*, estendeu o benefício comum do efeito devolutivo da apelação ao apelante e apelado, de modo que no julgamento da apelação era possível conhecer toda a matéria decidida, bastando o recurso de uma das partes. É evidente que nos sistemas que adotam o benefício comum não há necessidade de recurso adesivo, porque a apelação parcial de uma das partes já permite o conhecimento pleno pelo tribunal, mesmo em benefício do que não recorreu e contra quem apelou. No mesmo sentido, as Ordenações Filipinas (Liv. III, Tít. 72) consagravam o princípio do efeito devolutivo pleno e do benefício comum. O nosso Regulamento 737 de 1850 não o firmava expressamente, mas a Consolidação Ribas de 1876 previu o princípio do *comunnis remedii*. Igualmente a doutrina mais antiga de *Ramalho*." (p. 265 e 266)

44.1.28.2. Do recurso adesivo no processo do trabalho

O E. Tribunal Superior do Trabalho, inicialmente, posicionou-se contra a inclusão do recurso adesivo no processo do trabalho, por meio da Súmula n. 175 (cancelada peça Resolução n. 121/2003), por julgá-lo incompatível com a realidade trabalhista. Todavia, aquele E. Tribunal reviu posição anterior e dispôs, por meio do Enunciado n. 283 que: "O recurso adesivo é compatível com o processo do trabalho, onde cabe, no prazo de oito dias, nas hipóteses de interposição de recurso ordinário, de agravo de petição, de revista e de embargos, sendo desnecessário que a matéria nele veiculada esteja relacionada com a do recurso interposto pela parte contrária." Bem agiu a Corte Trabalhista, dada a subsidiariedade do processo comum e a visão cosmopolita do processo do trabalho.

44.1.28.3. Da possibilidade de recurso adesivo quando a própria parte desiste do recurso principal

Dispõe o art. 503 do CPC: "A parte, que aceitar expressa ou tacitamente a sentença ou a decisão, não poderá recorrer."

A doutrina encabeçada por Barbosa Moreira (*apud Coqueijo Costa*, "Direito Judiciário", p. 446) é, todavia, no sentido de que "em se tratando de sucumbência recíproca e o desistente sendo intimado, depois da desistência, da interposição de recurso do outro litigante, pode renovar adesivamente a sua impugnação à sentença, mas em caráter de recurso subordinado, naturalmente". Nesse mesmo sentido, temos também as lições de *Alexandre de Paula* (ob. cit., v. II/813). Assim, se por ocasião da desistência, o desistente já tinha ciência do recurso da parte contrária, aplicável em sua inteireza o art. 503, parágrafo único, do CPC: "Considera-se aceitação tácita e prática, sem reserva alguma, de um ato incompatível com a vontade de recorrer."

Ter conhecimento do recurso da parte adversa antes ou depois da desistência se nos afigura mero casuísmo, sem o condão de ressuscitar a desistência.

44.1.28.4. Do recurso adesivo ao recurso de ofício

Não se cuida de verdadeiro recurso, mas de exigência legal do duplo grau de jurisdição (art. 475, II, do CPC). Assim, "não há que cogitar de "adesão" por parte do adversário, pois inexistirá "recurso interposto" a que se possa aderir" (*Barbosa Moreira*, "Comentários", p. 296). No caso do duplo grau, falta ao recorrente adesivo a base a que poderia aderir. Vale dizer, não existe o principal que lhe serviria de apoio. A índole parasitária do recurso adesivo não permite que sobreviva solitariamente.

44.1.28.5. Da possibilidade de recurso adesivo quando a parte já interpôs recurso principal

Um dos princípios que informa o processo é o de que ninguém pode usar, simultaneamente, mais de um recurso para atacar a mesma decisão. Assim, ao interpor o recurso principal sem atacar toda a matéria contida no âmbito da sucumbência, a parte incorre no que dispõe o parágrafo único do art. 503 do Código de Processo Civil.

Entendimento diverso, levaria ao exagero de permitir-se aditar o recurso principal por meio do recurso adesivo. Não é admissível a utilização de recurso adesivo pela parte que ofereceu recurso principal em face do princípio processual de que ninguém pode usar, simultaneamente, mais de um recurso para atacar a mesma decisão. Ademais, o recurso adesivo não tem por função aditar o recurso principal, mas, contrapor-se ao recurso principal da outra parte (ac. da 11ª Câm. do TJSP de 26.4.83, nos Embs. 39.775-2, rel. Des. Machado Alvim, RT 576/82).

44.1.28.6. Da Fazenda Pública e o recurso adesivo

Um dos princípios que informam a coisa pública é o da indisponibilidade.

O agente público não pode transigir. Assim, em face do duplo grau de jurisdição obrigatório (art. 475, II, CPC) inexiste razão de ordem prática e jurídica a que se utilize do recurso adesivo.

Lembra *Alexandre de Paula* (ob. cit., v. II/813) que: "Seja qual for a condição em que funcione no processo, não pode o Ministério Público usar do recurso adesivo, como não o pode a Fazenda Pública, eis que seus agentes não podem transigir. Mas pode a parte aderir ao recurso daquela, ainda que manifestado no dilatado prazo que a lei confere à Fazenda Pública."

44.1.28.7. Do recurso adesivo embutido em contra-razões

A interposição do recurso adesivo segue as mesmas formalidades do recurso principal, com a exceção prevista (art. 500, *in fine*), pagamento de custas, depósito recursal etc. não podendo a parte por mero comodismo embuti-lo em contra-razões. "Somente se obtém a reforma parcial da sentença através do recurso interposto pela forma prevista no CPC, não se considerando recurso adesivo alegações deduzidas em contra-razões de apelação" (TJGO, ac. un., 2ª C., 9.10.1979, Ap. n. 11.750, rel. Des. Mauro Campos, Rev. Goiana de Jurisp. 14/150, *apud Alexandre de Paula*, ob. cit., v. II/814). Ainda que algumas vozes na doutrina, até com ocasionais repercussões na jurisprudência, tenham admitido a interposição do recurso adesivo em forma por assim dizer implícita, embutido o pedido recursal nas próprias contra-razões oferecidas ao recurso principal, tal será inadmissível se apresentadas as contra-razões em data posterior ao esgotamento do decêndio (TARS, ac. un., 2ª C., 23.11.82, Ap. n. 29.190, rel. Juiz Adroaldo Furtado Fabrício, JTARS 46/283, *apud Alexandre de Paula*, ob. cit., v. II/815). Contra-razões têm força argumentativa e não devolutiva.

44.1.28.8. Do recurso adesivo de litisconsorte

O recurso adesivo desenvolve a sua índole parasitária em recurso interposto pela parte contrária. Vale dizer, o autor poderá aderir ao recurso interposto pelo réu ou este em recurso interposto por aquele. Não existe a possibilidade de um litisconsorte aderir ao recurso do outro, posto que ambos estão colocados no mesmo pólo (ativo ou passivo), por ausência de previsão legal.

Pressuposto primeiro do recurso adesivo é a interposição de recurso pela parte adversa e que haja sucumbência recíproca. Vale dizer, o titular do recurso adesivo poderia demonstrar o seu inconformismo mediante recurso independente. Assim, figurando no mesmo pólo (ativo ou passivo) o litisconsorte não poderá recorrer adesivamente. O recurso adesivo exige, como pressuposto, a presença de recurso interposto pela parte *ex adversa*, não podendo um vencido aderir ao recurso manifestado por outro vencido, sendo ambos litisconsortes passivos em face da solidariedade admitida no julgado, pois o recurso de um beneficia o outro, sem possibilidade da adesão ao apelo interposto (TJMG, ac. un., 1ª C., 17.3.1980, Ap. n. 55.668, rel. Des. Monteiro de Barros, RT 546/206).

44.1.28.9. Do recurso adesivo para modificar o fundamento do julgado

Exceção feita ao mandado de segurança, no qual o juiz ou relator está vinculado do fundamento legal do pedido, de resto de indicação obrigatória; nas demais decisões, o juiz não fica adstrito ao fundamento legal dado pela parte, atento ao princípio da *jura novit curia*. Não tem cabimento o recurso adesivo por parte do vencido, quando, embora a ação tenha sido julgada integralmente procedente, a parte vencedora interpõe recurso, a fim de ver seu pedido aceito por outros fundamentos alegados e não acolhidos pela sentença. Ver julgamento: STF, ac. un., 1ª T., 31.8.1976, RE n. 84.867-SP, rel. Min. Cunha Peixoto, RTJ 83/218. Ainda que sucumbente a parte, incabível recurso adesivo para obter apenas modificação da fundamentação. Ressalvamos a hipótese em que a parte foi vencedora no julgamento do mérito, mas foi vencida na exceção de incompetência *ratione materiae* e o órgão julgador é, claramente, incompetente, *v. g.*, Vara que aprecia processo de funcionário público estatutário. Em se apresentando a hipótese, ainda que a parte seja vencedora no mérito, a incompetência *ratione materiae* é inescusável, podendo até mesmo ser declarada de ofício ou alegada em qualquer tempo e grau de jurisdição (art. 113, CPC).

44.1.28.10. Do recurso adesivo e do Ministério Público como custos legis

O Ministério Público quando recorre na qualidade de fiscal da lei (*custos legis*) não toma o lugar de nenhuma das partes. Disso resulta que ao recurso assim interposto nenhuma das partes poderá aderir. A proibição está expressa no *caput* do art. 500 do CPC. A recíproca tambem é verdadeira, isto é, nenhuma das partes poderá recorrer adesivamente ao recurso do *Parquet*.

44.1.28.11. Do agravo de instrumento e da possibilidade de recurso adesivo

Para *Barbosa Moreira* ("Comentários...", V/305), o pedido de novo julgamento, pelo recorrente "adesivo", fica, pois, sujeito à condição legal de que o órgão *ad quem* venha efetivamente a julgar (*de meritis*) o recurso principal, e em tal sentido, subordinar-se a este.

A restrição doutrinária não está prevista no art. 500 do CPC e o agravo de instrumento está colocado no rol previsto do art. 496 do CPC.

Não vemos razão de ordem legal para que a parte não venha a aderir ao agravo de instrumento da parte adversa, quando, em se tratando, de sucumbência parcial, também o seu recurso fora barrado, tendo perdido o prazo para agravar.

Registre-se, todavia, que o Enunciado n. 283 do TST não premia a hipótese do recurso de agravo de instrumento. No entanto, como vimos retro, a hipótese é perfeitamente possível. Suponha-se a hipótese em que ambas as partes recorreram e a ambos os recursos fora negado processamento. O autor recorre de agravo de instrumento em tempo hábil. Razoável que se dê à parte adversa a possibilidade de recorrer adesivamente. O fato de a lei processual civil (art. 500, II, CPC) não mencionar o agravo de instrumento, não inibe o processo do trabalho de fazê-lo. Referido recurso, embora com o mesmo *nomen juris*, tem conteúdos diversos, no processo do trabalho restrito ao destrancamento do recurso.

44.1.29. Do recurso de revisão

Não tem a dignidade de verdadeiro recurso e nem se acha inserto no rol do art. 893 da Consolidação. Foi criado pela Lei n. 5.584/1970. Nos dissídios individuais, proposta a conciliação, e não havendo acordo, o Presidente da Vara do Trabalho ou o Juiz de Direito (na função trabalhista), antes de passar à instrução da causa, fixar-lhe-á o valor para a determinação da alçada, se este for indeterminado no pedido (art. 2º). Com o advento do rito sumário (Lei n. 5.584/1970), o valor da causa tornou-se obrigatório. Em audiência, ao aduzir razões finais, poderá qualquer das partes, impugnar o valor fixado e, se o Juiz o mantiver, pedir revisão da decisão, no prazo de 48 horas, ao Presidente do Tribunal Regional (art. 2º, § 1º). É bem de ver que a lei ao mencionar "ao aduzir razões finais", teve em mente os arts. 849 e 850 da CLT que cuidam da audiência única. Assim, em havendo a cisão da audiência em várias sessões, deverá a parte pedir a revisão dentro das 48 horas seguintes ao pronunciamento do juízo, pena de preclusão.

Acontece, às vezes, na prática, que a parte não deu valor à causa e, em audiência, a falha não foi sanada pelo juízo. Nesse caso, não poderá o juízo, por ocasião do julgamento, arbitrar valor inferior à alçada para recurso, posto que evidente o prejuízo da parte. Outra hipótese que poderá ocorrer é a de a parte dar valor superior ao pedido (*v. g.* anulação de suspensão de um dia, quando o autor percebe salário mínimo) com o objetivo de alcançar a alçada recursal. Poderá o juízo, em audiência, reduzir o valor, retirando a alçada recursal; se a parte não se conformar poderá pedir a revisão; não pode o juízo, contudo, modificar a alçada por ocasião do julgamento, fixando valor inferior e retirando a alçada. Do indeferimento da "revisão", cabível a correição parcial. V. Capítulo 1, itens 1.41 e 1.42. Não se descarta o mandado de segurança nos casos urgentes.

44.1.30. Dos embargos declaratórios: conceito

Embargos declaratórios é espécie de recurso atípico, posto que, embora participem do rol dos recursos (arts. 496, IV, CPC e 897-A, CLT), não têm as mesmas exigências formais dos demais recursos típicos. Traduz pedido de esclarecimentos para o próprio prolator da sentença ou do acórdão, objetivando eliminar a omissão, contradição ou obscuridade. Visa, pois, a clareza da decisão. Recebe o nome de embargos declaratórios o pedido formulado ao juiz prolator da sentença ou do acórdão para obter esclarecimentos sobre o julgado que se apresente obscuro, contraditório ou que tenha sido omisso.

Os embargos serão opostos no prazo de cinco dias, em qualquer instância, mediante petição dirigida ao juiz, com indicação do ponto obscuro, contraditório ou omisso. Não está sujeito a preparo nem à contraminuta (art. 536, CPC). Embora colocado no rol do art. 496 do CPC não tem a dignidade de verdadeiro recurso.

O julgamento em primeiro grau deverá ser feito em cinco dias; nos tribunais, na sessão subseqüente (art. 537 do CPC).

Os embargos interrompem o prazo para a interposição de outros recursos. Quando manifestamente protelatórios, e assim declarados, incorrerá na multa de até 1%, condicionada a interposição de qualquer recurso ao respectivo depósito (art. 538 do CPC). O produto da multa será devido à parte adversa.

O legislador trabalhista denominou os requisitos de omissão, contradição e manifesto equívoco no exame dos pressupostos extrínsecos do recurso. Não premiou com o requisito "obscuro". Não havia qualquer razão para que se inovasse em sede trabalhista.

Em havendo a possibilidade de efeito modificativo do julgado, deverá o juiz ou o relator dar vista à parte adversa, antes do julgamento dos embargos declaratórios.

A sentença e o acórdão, para que possam atingir a sua finalidade, qual seja a paz social e a efetiva prestação jurisdicional, hão de ser vazados em termos claros e objetivos, não prescindindo, todavia, do rigor terminológico. Qualquer obscuridade há de ser esclarecida, por meio da oposição dos competentes embargos declaratórios, possibilitando-se com essa providência uma execução mais tranqüila.

44.1.30.1. Do fundamento legal

A introdução do art. 897-A veio corrigir erronia de há muito existente na CLT, onde não havia previsão dos embargos declaratórios para as instâncias inferiores (conforme art. 702, II, CLT). A omissão obrigava a que se buscasse subsídio no processo comum. Porém, razão não havia para que o legislador substituísse, em sede trabalhista, o requisito "obscuro" por "manifesto equívoco no exame dos pressupostos extrínsecos do recurso". A "invencionisse" do legislador incauto destoa da seriedade do Direito Processual. Na prática, é quase certo que tenha criado um quarto requisito, já que serão aceitos embargos declaratórios com base na "obscuridade"(art. 535, I, CPC), simplesmente pelo fato de que também existirão sentenças ou acórdãos "obscuros". A realidade existe, ainda que a lei diga que ela não existe na Justiça do Trabalho.

44.1.30.2. Da natureza processual

Recurso de natureza atípica tem por objetivo o esclarecimento do julgado, eliminando omissão, contradição ou obscuridade. De natureza processual limitada, não se imiscui em temas próprios dos recursos típicos. No seu âmbito, não cabe a discussão de análise de prova ou da melhor forma de julgamento.

Dentre os autores que defendem o *status* de recurso para os embargos declaratórios, temos *Pontes de Miranda* ("Comentários ao CPC"), *Alcides de Mendonça Lima* ("Introdução aos Recursos Cíveis", Ed. RT, 1970), *Frederico Marques* ("Instituições ...", Forense); nessa mesma esteira trilham *João Monteiro*, *Affonso Fraga*, *Seabra Fagundes*, *Carvalho Santos*, *Coqueijo Costa*, *Christóvão Piragibe*, *Tostes Malta*, *apud Manoel Antonio Teixeira Filho*, "Embargos Declaratórios", LTr, 1979, p. 30 e ss. Assinala *Russomano* ("Comentários à CLT", Konfino, 1955), que não reconhece nos embargos declaratórios a dignidade de recurso, argumentando que "segundo a técnica, para que fossem, teriam de procurar a reforma ou anulação da sentença", lembrando que "o juiz que julgou os embargos declaratórios não pode alterar, um milímetro sequer, a decisão anterior". Destaca *Wagner Giglio* (*Teixeira Filho*, ob. cit., p. 32), que, muito embora classificados dentro da sistemática do Código de Processo Civil, como recursos, os embargos declaratórios não participam, do ponto de vista doutrinário, desse gênero, porquanto "não devolvem o conhecimento da matéria versada no processo nem possibilitam a reforma do julgado". E observa *Antônio Lamarca* ("Ação na Justiça do Trabalho") que é precisamente por isso que a jurisprudência trabalhista os tem admitido. *Sergio Bermudes* ("Comentários ao CPC", Ed. RT, v. VII/209, 1975) atribui aos embargos caráter de mero processo incidente. Filiamo-nos à segunda corrente: embargos declaratórios não têm como respaldo a dignidade de recurso, mas constituem simples e mero incidente com finalidade própria e restrita. Consideramos perfeita a colocação do mestre *Pontes de Miranda* ("Comentários ao CPC", Forense, 1975, p. 400), de que "pelos embargos declaratórios, não se pede que se redecida e, sim, que se reexprima".

44.1.30.3. Da finalidade

Adequar a sentença à realidade dos autos. Adverte *Alsina* (*"Tratado Teórico Prático de Derecho Procesal Civil y Comercial"*, 1942, t. I/460, Buenos Aires) que, ao prolatar a sentença, poderá incorrer *en un error material, no ser suficientemente explícito o dejar de pronunciarse sobre alguno de los puntos de la litis, por lo cual la ley acuerda a las partes un recurso, llamado de aclaratoria, a fin de que el juez corrija su error, precise los términos de su pronunciamiento y subsane la omisión*. Como bem registra *Pontes de Miranda* (ob. cit., p. 394) "a sentença, como está, são satisfaz as exigências de prestação jurisdicional, pois não se sabe, ao certo, do que consta. Havia no passado doutrina e jurisprudência no sentido de que os embargos declaratórios não poderiam ter efeito modificativo do julgado, entendimento que poderia conduzir a certos impasses, como vimos retro. Não se modificava em embargos, obrigando-se a parte prejudicada louvar-se no recurso próprio, com perda de tempo e dinheiro. A doutrina e a jurisprudência das últimas duas décadas modificaram o entendimento, permitindo o efeito modificativo. A lei veio e prestigiou a doutrina e a jurisprudência.

44.1.30.4. Da modificabilidade da sentença, do acórdão, do despacho ordinatório ou interlocutório

A modificação do julgado por meio de embargos declaratórios não mais encontra qualquer resistência doutrinária e jurisprudencial. A verdade é que a realidade das coisas atropela a própria lei. Imagine-se a ação julgada procedente em que não fora processado pedido de compensação (*Tostes Malta*, ob. cit., p. 430) e que após o julgamento dos embargos torna-se improcedente. Imagine-se ainda a ação julgada procedente cuja sentença não tenha apreciado a argüição de prescrição nuclear. Acolhidos os embargos, a improcedência será inarredável. Havia no passado doutrina e jurisprudência no sentido de que os embargos declaratórios não poderiam ter efeito modificativo do julgado, entendimento que poderia conduzir a impasses. Não se modificava em embargos, obrigando que a parte prejudicada se louvasse em recurso próprio, com perda de tempo e de dinheiro e com desprestígio do

Judiciário. A doutrina e a jurisprudência nas últimas duas décadas modificaram o entendimento, permitindo o efeito modificativo. Ver Orientação Jurisprudencial n. 142-SDI-1-TST.

Decidiu o STJ: "Embargos de declaração. Efeitos modificativos. Cabíveis embargos de declaração quando manifesto o equívoco do acórdão impugnado, que decidiu a *questio juris* em premissa falsa, evidenciada no tratar-se a espécie de pedido de alteração de itinerário, quando, na realidade, consoante demonstrado nos autos, cuida-se de nova linha, nova concessão, não permitida na hipótese. Ausência de direito líquido e certo da impetrante-embargada. Embargos recebidos para, sanado o equívoco, negar provimento ao recurso ordinário." (STJ, ac. 2ª T., 13.10.1992, ED-RMS n. 596-0-SP, rel. Min. Américo Luz, COAD Inf. 22/93, Em. 62.058)

Embargos declaratórios não se prestam, todavia, a rever análise de prova. "Os embargos declaratórios não consubstanciam meio próprio à revisão do que decidido. Pressupõem um dos vícios que o ensejam" (STF — ED n. 160.381-3-SP, rel. Min. Marco Aurélio, ac. 2ª T.). Vale dizer, os embargos declaratórios podem ter efeito modificativo, mas este não é seu objetivo precípuo. Os embargos visam somente integrar e esclarecer o julgado. A modificação do decidido só tem lugar quando a integração ou o esclarecimento desaguarem inarredavelmente na alteração do decidido (*v. g.*, embargos declaratórios acolhidos para suprir omissão relativa à prescrição argüida, quando então impõe-se a extinção do processo).

44.1.30.5. Do erro material

Desnecessária a interposição de embargos declaratórios para a correção de simples erro material (art. 833, 897-A, CLT). Preceitua o dispositivo legal que: "Existindo na decisão evidentes erros ou enganos de escrita, de datilografia ou de cálculos poderão os mesmos, antes da execução, ser corrigidos, *ex officio*, ou a requerimento dos interessados ou da Procuradoria da Justiça do Trabalho." O Código de 1939 previa a mesma regra do art. 285. O Código atual confere-a no art. 463, I.

Na doutrina, temos as lições de *Alexandre de Paula* (ob. cit., v. II/612): "A lei não limita o tempo para o exercício da faculdade conferida ao juiz para corrigir inexatidões materiais ou retificar erros de cálculo. Assim, mesmo após a interposição do recurso, enquanto este não sobe, ou mesmo após o trânsito em julgado da sentença, pode o juiz corrigi-la ou retificá-la. A competência é do juiz que estiver em exercício na Vara e, na instância superior, do próprio órgão que prolatou o ato judicial."

Nesse mesmo sentido, *Sérgio Sahione Fadel* (ob. cit., v. III/29), lembra que: "Já era assim no Código de 1939 (art. 285). A alteração que o juiz faz na sentença, *ex officio* ou a requerimento da parte, visa a corrigir inexatidões materiais ou retificar erros de cálculo."

Realça *Moacyr Amaral Santos* ("Comentários ao Código de Processo Civil", Forense, 1976, v. IV/448) que "A sentença pode ser corrigida, mediante simples despacho, de ofício ou a requerimento de parte, pelo próprio juiz que a proferiu. Competente para corrigir a sentença é o próprio juiz que a proferiu. Trata-se de esclarecer uma declaração. "E esclarecer uma declaração é ato que só pelo declarante pode ser exercido" (*Lopes da Costa*). A correção pode fazer-se a qualquer tempo (...)."

José da Silva Pacheco (ob. cit., p. 108), ao cuidar da coisa julgada, preleciona que: "Não constitui coisa julgada, em tempo algum, o erro material."

A jurisprudência dos nossos tribunais não destoa da doutrina.

Já decidiu o STF: "Cuidando-se de inexatidão material, proveniente de lapso manifesto, consistente em erro de cálculo, nada obsta a que o acórdão, sem emendar a sentença ou alterar-lhe o dispositivo ou a motivação, retifique a decisão. Não o fazendo, deixa de observar o disposto no princípio da lei federal, contido no art. 463 do CPC, rendendo ensejo, assim, ao recurso extraordinário." (STF, ac. un., 2ª T., 25.4.75, RE n. 79.524-SP, rel. Min. João Leitão de Abreu, RF 256/209)

Nesse mesmo sentido, o extinto Tribunal Federal de Recursos: "Correta é a decisão proferida de ofício pelo próprio juiz da sentença, para corrigir inexatidão material, ainda que em resultando alteração substancial." (ac. do TFR de 15.2.1982, Ag. n. 41.920-SP, rel. Min. José Dantas, Revista Brasileira de Direito Processual, 36/153).

Na mesma esteira, o Tribunal Superior do Trabalho: "Não implica em violação da coisa julgada a correção de mero erro material da sentença, apurável diante da sua fundamentação." (TST, ROAR n. 113/75, rel. Min. Orlando Coutinho, TP, Ac. n. 1.278/75, DJU de 13.4.76, p. 2.461)

44.1.30.6. Do erro material nos tribunais:

> "Pelas disposições do art. 463, I, não transita em julgado a sentença que contiver inexatidões materiais ou erro de cálculo. Se não transitada em julgado, segundo os termos expressos da lei, admite a revisão a qualquer tempo pelo Juiz prolator da sentença, enquanto não devolvida à jurisdição superior." (TJRS, Ac. un., 2ª C., 12.11.1980, em EDcl n. 35.394, rel. Des. José Barison, RJTJRS 89/387)

> "O erro de conta em trabalho do contador, sobre o qual não tenha havido discussão e julgamento, pode ser alegado e corrigido a todo tempo, mesmo independente de embargos. O erro de conta, o erro aritmético, de cálculo, sempre se entende ressalvado, e é atendível ainda que haja quitação do lesado, a menos que já tenha sido judicialmente discutido e julgado." (TJSP, ac. un., 16ª C., de 25.4.1984, Ap. n. 59.865-2, rel. Des. Luiz Tâmbara, RJTJSP 89/72)

> "Cuidando-se de erro material na sentença, cabível a correção a qualquer tempo, ainda depois de constituída a coisa julgada, dispensando o uso dos embargos de declaração." (TARJ, ac. un., 1ª C., 4.5.1982, Ap. n. 22.246, rel. Juiz Salim Saker, *apud Alexandre de Paula*, ob. cit., v. II/616)

"Havendo mero equívoco material na fixação do *quantum* devido, a sentença, mesmo que haja transitado em julgado, pode ser retificada mediante simples despacho, sem afetar a coisa julgada." (TACivSP, ac. un., 8ª C., 16.2.1982, Ag. n. 295.041, rel. Juiz Toledo Cézar, RT 561/131).

Como vimos, a doutrina e a jurisprudência de todos os tribunais são unânimes em afirmar que inexiste preclusão para a correção do erro material, já que: "Não constitui coisa julgada, em tempo algum, o erro material" (*José da Silva Pacheco*). A correção poderá ser feita em qualquer instância pelo juiz que detiver a competência. Se o erro material foi cometido pela instância *ad quem*, poderá o juízo *a quo* efetuar os acertos por ocasião do retorno dos autos, pois nesse momento, a competência lhe é devolvida para liquidação de sentença e posterior execução (art. 611 do CPC).

Esse posicionamento atende ao princípio da realidade. A sentença, resultado da prestação jurisdicional, age sob o âmbito firmado pela *litiscontestatio* (arts. 128 e 460 do CPC), deve refletir aquilo que restou discutido e decidido pelo Estado-Juiz. Na execução onde se dá a materialização do comando emergente da sentença, não há lugar para inovação. E o erro material é uma inovação que deve ser expungida a qualquer tempo.

A redação dada ao art. 833 da Consolidação, em sua parte final, antes da execução, evidentemente deve ser creditada à falta de técnica legislativa, mesmo porque o erro material poderá, por vezes, só vir a ser conhecido na fase executória ou, ainda, acontecer durante a execução. Nesse mesmo sentido e com melhor redação, dispõe o art. 897-A, CLT. Melhor seria que se usasse a expressão "a qualquer tempo" já consagrada pela doutrina.

Suponha-se que na fase de liquidação de sentença, o exeqüente ao calcular juros, ao invés de aplicar o percentual de 1% capitalizado, aplica o percentual de 10% capitalizado. A executada não impugna ou mesmo, sem maior análise, concorde com os cálculos. O Juízo por sua vez, embora por dever de ofício deva verificar da correção ou não dos cálculos, acaba por referendá-los.

Evidente que, descoberto o erro material, o acerto há de ser feito de pronto, não havendo falar em trânsito em julgado, de ofício pelo juiz ou a requerimento da parte interessada.

44.1.30.7. Do prazo

Será de 5 (cinco) dias para as sentenças e para os acórdãos (art. 536, CPC) com o objetivo corrigir obscuridade, contradição ou omissão (art. 535, I, II, CPC, com a nova redação dada pela Lei n. 8.950/1994). O Enunciado n. 213 perdeu seu objeto e foi cancelado pela Resolução n. 46, DJU de 20.04.1995.

Dispõe o art. 538 do CPC (com a nova redação dada pela Lei n. 8.950/1994) em seu parágrafo único: "Quando manifestamente protelatórios os embargos, o juiz ou o tribunal, declarando que o são, condenará o embargante a pagar ao embargado multa não excedente de um por cento sobre o valor da causa. Na reiteração de embargos protelatórios, a multa será elevada até dez por cento, ficando condicionada a interposição de qualquer outro recurso ao depósito de valor respectivo." O valor da causa, em tais casos, deverá ser atualizado.

A cominação decorrente da oposição de embargos protelatórios restringe-se à multa. Vale dizer, ainda que protelatórios os embargos interrompem o prazo recursal para ambas as partes. Entendimento contrário traduz-se em gravame sem amparo legal.

O julgamento em primeiro grau deverá ser feito em cinco dias; nos tribunais, será apresentado em mesa, pelo relator, na sessão subseqüente (art. 537, CPC), ocasião em que proferirá voto que será submetido ao colegiado, que poderá concordar ou não com o voto do relator. Em caso de divergência, poderá haver relator designado.

44.1.30.8. Do preparo

Inexiste preparo para a interposição dos embargos declaratórios (art. 536, do CPC). A atipicidade do recurso dirigido ao juiz prolator da sentença (instância primária), relator dos acórdãos (nas instâncias *ad quem* ordinárias e extraordinárias) são dotados de certas peculiaridades, entre elas a desnecessidade de preparo. Traduz espécie de complementação julgados naqueles casos em que haja obscuridade, contradição e omissão. O art. 897, CLT substituiu o termo "obscuridade" por "manifesto equívoco no exame dos pressupostos extrínsecos do recurso".

44.1.30.9. Do processamento

São geralmente lançados por escrito. A parte contrária não será intimada. Recebida a petição, o Juiz Presidente despachará determinando o processamento e a inclusão em pauta para que o colegiado os aprecie, desde que presentes os pressupostos devidos à espécie. São pressupostos de admissibilidade: obscuridade, contradição ou omissão (art. 531, I e II, do CPC, com a redação dada pela Lei. n. 8.950/1994). Foi excluído o elemento dúvida. Não exige contraminuta da parte contrária, salvo o caso em que verifique o relator que haverá efeito modificativo do julgado, hipótese em que a parte adversa será intimada para contraminutar (Orientação Jurisprudencial n. 142-SDI-1-TST). Embora refuja da ortodoxia, não vemos óbice para que os embargos declaratórios sejam opostos verbalmente da tribuna pelo advogado, logo após o julgamento pelo colegiado ou pelo juiz de primeiro grau ao proferir a decisão em audiência em que as partes serão imediatamente intimadas.

44.1.30.10. Do indeferimento in limine

Autores existem que entendem não ser dado ao juiz ou ao relator indeferir, *in limine* e em despacho irrecorrível, a petição de embargos, ainda que ela deixe de indicar as falhas de expressão material do julgador. Entre eles citem-se *Coqueijo*

Costa ("Repercussões do novo CPC na Justiça do Trabalho", RF 75/263) e *Barbosa Moreira* ("Comentários ao CPC", Forense, 1975, p. 514). Com a nova redação dada aos arts. 535 e ss do CPC pela Lei n. 8.950/1994, isso mais se afirma, uma vez que o julgador poderá impor multas naqueles casos de abuso (art. 538, parágrafo único, CPC).

Toda regra geral, todavia, se confirma pela exceção. Não se deve olvidar que a lei processual objetiva dar meios para o normal prosseguimento da lide. Assim, os meios processuais colocados à disposição das partes deverão ser utilizados com parcimônia e equilíbrio. O que vale dizer, deverão ser utilizados sempre que presentes os suportes fáticos e jurídicos para a espécie. Não poderá a parte, *v. g.*, "inventar" um incidente processual e nominá-lo de embargos declaratórios, com o objetivo de ganhar tempo para a interposição do recurso cabível da sentença de mérito. Se assim agir, estará incorrendo em deslealdade processual (art. 14 do CPC). Nesse caso, deverá o juízo, por dever de ofício (arts. 765 da CLT, e 125 do CPC), indeferir o processamento, *in limine*, já que não deve permitir o uso da lei para referendar procrastinações. Contudo, não deve o juiz agir com excessivo rigor, processando os embargos sempre que não constatar de plano o ânimo procrastinatório.

44.1.30.11. Da audiência da parte contrária

Os embargos se processam *inaldita altera pars*. A parte adversa será também intimada do resultado da decisão. Com o processamento dos embargos haverá a interrupção do prazo recursal para ambas as partes (art. 538, CPC). Em verificando o julgador que ao julgar os embargos adotará o efeito modificativo, dará vista dos embargos à parte adversa que poderá, querendo, contraminutá-lo (Orientação Jurisprudencial n. 142 da SDI-1-TST).

44.1.30.12. Da vinculação do juiz prolator

Com a extinção da representação classista pela Emenda Constitucional n. 20/ 1999, o julgamento em primeiro grau em sede trabalhista passou a ser monocrático. Disso resulta que o óbice antes existente de julgamento pelo colegiado não mais existe a impedir a aplicação do princípio da identidade física do juiz. A vinculação do juiz instrutor do processo, quer para prolatar a decisão, quer para apreciar embargos declaratórios é salutar, posto que seguramente muito mais apto para superar obscuridade, contradição ou omissão e bem assim para prolatar a sentença com análise de prova eficiente. Superado o Enunciado n. 136 do TST e a Súmula n. 222 do STF. Concordamos, entretanto, com *Teixeira Filho* ("Embargos Declaratórios", LTr, 1979, p. 70 e 71) que: "(...) essa vinculação, porém, no caso de embargos, é altamente justificável, visto que, sendo o juiz o autor da redação da sentença, que se diz conter determinada falha de expressão material, não seria lógico e proveitoso que se transferisse a outro o encargo de declará-la (...) somente o juiz que ditou a sentença tem condições de esclarecer o seu exato conteúdo, seja para aclará-la, seja para completá-la." No CPC, o juiz está vinculado, excepcionados os casos indicados (art. 132).

44.1.30.13. Da interrupção do prazo para recurso

Presentes os pressupostos para a espécie, os embargos serão processados normalmente, com a interrupção do prazo recursal. Ausentes pressupostos, *v. g.*, quando a parte pretende discutir a correção da análise da prova, quando traz à colação matéria que sequer fora objeto do recurso etc., os embargos não deverão ser processados. Nesse caso, não haverá interrupção do prazo. A lei é uma construção cultural editada para proteger uma realidade e não para servir a procrastinações. Todavia, não deverá o juiz agir com açodamento, deve analisar com tranqüilidade a existência ou não dos pressupostos de admissibilidade.

Opostos os embargos quando já interposto recurso pela parte adversa, há que viabilizar ao recorrente a complementação de suas razões ou a reapresentação do recurso, devolvendo-se o prazo recursal, não se lhe opondo a preclusão consumativa. Entretanto, há que proceder com cautela. Se de um lado a parte recorrente deve ter respeitada a integridade de seu direito ao reexame, de outro deve-se ter em conta a utilidade do prazo, não havendo falar em devolução do prazo e reapresentação ou complementação do recurso se os embargos opostos restaram rejeitados, nenhuma incidência resultando sobre o decidido. Mas, admitimos que numa interpretação literal da lei (art. 538 CPC), a parte que tenha interposto recurso incompleto, teria o prazo devolvido para a complementação. No entanto, dentro de uma interpretação com enfoques finalísticos, embargos rejeitados quando a parte já aviara o seu recurso, posto que nenhum efeito modificativo fora imposto ao julgado.

44.1.30.14. Da preclusão da matéria não prequestionada em embargos

Há divergência sobre o assunto: uma corrente entende que a parte poderá em recurso ordinário perquirir acerca de obscuridade, ambigüidade, contraditoriedade ou omissão da sentença, ainda que não tenha oposto embargos declaratórios na instância *a quo*; outra, à qual nos filiamos, pende, acertadamente, entendemos, pela preclusão da matéria não prequestionada, oportunamente. *Teixeira Filho* (ob. cit., p. 77) assinala que: "A jurisprudência trabalhista, contudo, se inclinou com acerto, para o segundo entendimento, tendo o egrégio TST, em sua composição plena, quando ainda vigente o Código de Processo Civil de 1939 que: "Se é omissa a decisão, não se pronuncia a nulidade, quando a parte interessada deixa de opor embargos declaratórios, para saná-la. Estes constituem o meio próprio de correção da sentença e conta a parte interessada com momento oportuno para opô-los, sob pena de preclusão." Registra-se acórdão, quando já vigente o atual CPC: "Na revista argúi a empresa a nulidade do acórdão, porque omisso. Nos termos do CPC, os embargos de declaração constituem espécie de recurso (*sic*). Destarte, como a ré não utilizou o remédio legal previsto, *ad argumentandum*, mesmo que nulidade houvesse, não se conhece da revista para preliminar." Realça o autor que o § 1º do art. 877 do anteprojeto, ao estabelecer que: "A falta de embargos de declaração não importará preclusão (temporal), subverte, substancialmente, o salutar, unívoco e remansoso entendimento doutrinário e jurisprudencial, em sentido contrário." O Enunciado 184 do TST, por sua vez, dispõe: "Ocorre preclusão quando não forem opostos embargos declaratórios para suprir omissão apontada em recurso de revista ou de embargos." O prequestionamento indica interesse da parte na discussão de determinada matéria na instância extraordinária, daí a necessidade de fazê-lo e que traduz o pronunciamento explícito sobre adoção de tese a respeito de determinado tema."

44.1.30.15. Dos despachos de expediente e das decisões interlocutórias

Pontes de Miranda ("Comentários ao CPC", Forense, p. 401), opina favoravelmente ao uso dos embargos nas decisões interlocutórias e despachos de expediente, mesmo ante a omissão do Código.

Entendemos, entretanto, que a interpretação há de ser restrita e não abrangente, em se cuidando de normas de direito processual. Na denominada interpretação extensiva e interpretação restritiva — ensina *Jônatas Milhomens*, "Hermenêutica do Direito Processual Civil", Forense, Rio, p. 135 — "não se ampliam nem se reduzem as raias de aplicação do preceito. Não visam elas a elastecer ou a encurtar o respectivo campo de aplicação; tendem, ambas a determinar o que o texto verdadeiramente exprime". E *Paulo de Lacerda* ("Manual ...", p. 588, *apud Jônatas Milhomens*, ob. cit., p. 135), realça que: "O intérprete num e noutro caso, não conclui mais nem menos do que na regra foi expresso. Evita a sua dilação além dos verdadeiros limites, mas não deixa fora das lindes o que logicamente no texto se contém. Liberta-se, por um momento, da pura literalidade, para tomar em consideração todos os fatores sociais que concorreram na elaboração da regra e devem concorrer na determinação de seu alcance." Não vemos necessidade de embargos declaratórios para simples despacho de expediente ou mera decisão interlocutória. Se dúvida houver, a parte, a quem compete o cumprimento ou a quem a medida afete, peticionará ao juízo, pedindo esclarecimento. Simples pedido. Exigir embargos é formalismo excessivo e pernicioso. "O culto excessivo ao Direito Romano inspirou fortemente o sistema, originando exagerado apego à formalística. Como se, em torno, o mundo tivesse parado na idade romana, e as relações não se estivessem permanentemente modificando, mudando, transformando, em função das relações econômicas, morais, políticas, etc." (*Jônatas Milhomens*, ob. cit., p. 120)

44.1.31. Do recurso ordinário constitucional

Dispunha o art. 119, II, "a" da Constituição de 1967, com a Emenda n. 69, que competia ao Supremo Tribunal Federal julgar, via recurso ordinário, as causas em que fossem partes Estado estrangeiro ou organismo internacional, de um lado, e, de outro, Município ou pessoa domiciliada ou residente no País.

Com o advento da Constituição de 5.10.1988, o Poder Judiciário sofreu modificações estruturais e foram criados os Tribunais Federais Regionais. Criou-se também mais um tribunal superior: Superior Tribunal de Justiça.

Grande parte da matéria que era da competência do Supremo Tribunal Federal foi transferida para o Superior Tribunal de Justiça, ficando a Excelsa Corte com a elevada missão de guardiã da Constituição.

Disso resultou que o recurso ordinário constitucional foi transferido para a competência do Superior Tribunal de Justiça. Assim é que dispõe o art. 105, II, "c": julgar em "recurso ordinário" as causas em que forem partes Estado estrangeiro ou organismo internacional, de um lado, e, de outro, Município ou pessoa residente ou domiciliada no País. Permanece com a Excelsa Corte o recurso ordinário constitucional nos casos previstos no inciso II, "a" e "b", do art. 102, CF.

Antes do advento da nova Constituição, toda e qualquer matéria, inclusive a trabalhista, envolvendo "Estado estrangeiro ou organismo internacional" era da competência originária dos Juízes Federais (art. 125, II). Pela nova Constituição (art. 114), a matéria foi deslocada para a competência das Juntas de Conciliação e Julgamento (hoje Varas do Trabalho, EC n. 20/1999), sempre que envolva relacionamento empregatício entre empregado aqui residente ou domiciliado e Estado estrangeiro ou organismo internacional nas vestes de empregado. Vale dizer, a nova Carta Magna retirou da competência dos Juízes Federais, em boa hora, a matéria trabalhista.

Poder-se-ia dizer que, hoje, *mutatis mutandis*, obedecido o rigor constitucional, julgado o processo em primeiro grau (Varas do Trabalho), o recurso seria direcionado ao Superior Tribunal de Justiça.

Assim, não é, contudo.

Antes do advento da nova Carta era de bom tom que a matéria fosse submetida ao crivo do Supremo Tribunal Federal, posto que a instância recursal dos Juízes Federais era o Tribunal Federal de Recursos, sem a dignidade de tribunal superior, colocado na mesma horizontalidade dos Tribunais de Justiça dos Estados e dos Tribunais Regionais do Trabalho.

Hoje, com a criação do Superior Tribunal de Justiça, a matéria está a ele afeta.

O Tribunal Superior do Trabalho está, todavia, no mesmo nível do Superior Tribunal de Justiça, a exemplo do que ocorre com o Tribunal Superior Eleitoral e com o Superior Tribunal Militar.

E em se cuidando de matéria trabalhista, razão não existe para que o julgamento de primeiro grau não siga os trâmites recursais trabalhistas, passando pelo crivo do Regional e indo até o Tribunal Superior do Trabalho, cúpula da jurisdição trabalhista. E com a vantagem de ser ramo especializado na matéria.

Tem-se, por outro lado, que a matéria trabalhista restou totalmente desvinculada do crivo do Superior Tribunal de Justiça (art. 105, III), podendo submeter-se ao Supremo Tribunal Federal (art. 102, III), via recurso extraordinário, sempre que envolver matéria constitucional prequestionada e apreciada pelo Tribunal Superior do Trabalho.

A respaldar o entendimento ora esposado, tem-se que o art. 105, III, CF/1988 é genérico quando se refere a "Estado estrangeiro ou organismo internacional". E nem poderia ser de outra forma, vez que o referido preceito deve ser interpretado sistematicamente em consonância com o art. 114 que transferiu a competência para a Justiça do Trabalho (entes de direito público externo).

É interessante notar que naqueles casos em que o constituinte quis submeter ao crivo do Superior Tribunal de Justiça os julgamentos feitos em única ou última instância, fê-lo de forma expressa como sucedeu com o art. 105, III, ao cuidar do recurso especial.

Finalmente, o Tribunal Superior do Trabalho está colocado no mesmo nível do tribunal superior, é cúpula da Justiça especializada e deverá firmar sua própria jurisprudência para a matéria que ora lhe é transferida. Não vemos qualquer razão para que o Superior Tribunal de Justiça seja chamado a dizer sobre julgamento prolatado em matéria trabalhista, envolvendo ente de Direito Público externo, via recurso ordinário constitucional, desprezando-se estrutura recursal muito mais ampla.

É bem de ver que a Lei n. 8.112/1990 em nada modificou para a espécie e bem assim o julgamento de inconstitucionalidade levado a efeito pela Excelsa Corte através da ADIn n. 492-1/DF.

A conjugação dos dispositivos constitucionais dá visão clara e inconfundível sobre a competência trabalhista.

> Art. 105, II, "c" — "as causas em que forem partes Estado estrangeiro ou organismo internacional, de um lado, e, do outro, Município ou pessoa residente ou domiciliada no País."

Tem-se, pois, que o comando constitucional é genérico, não se podendo concluir que aí estivesse incluída a matéria trabalhista.

E essa asserção mais se apóia e se solidifica quando a própria Constituição comanda em seu art. 114 que: "Compete à Justiça do Trabalho conciliar e julgar os dissídios individuais e coletivos entre trabalhadores e empregadores, abrangidos os entes de direito público externo."

A menção feita no art. 105, III, "c" a "Estado estrangeiro ou organismo internacional diz respeito à matéria que não envolva empregado e empregador. É que para a hipótese que vier a envolver "entes de direito público externo" a competência será da Justiça do Trabalho".

Temos assim a usurpação de competência no acórdão que segue: "O princípio da imunidade absoluta de jurisdição é relativado hodiernamente em litígios decorrentes de relações rotineiras entre Estado estrangeiro e os cidadãos do país em que este atua, como no caso em tela, em se tratando de reclamações trabalhistas. Firmada a competência originária da Justiça Federal de 1º grau, o conhecimento dos recursos contra decisões desta compete ao STJ, conforme regra constitucional inserta no art. 105, II, "c", da Carta de 1988. Declinada a competência para o STJ" (TRF, 4ª R., ac. unân., 2ª T., 19.8.1992, AI n. 91.4.26.322-7/PR, Rel. Juiz Osvaldo Alvarez, COAD Inf. Sem. 42/92, p. 662, ementa 59.974). *Vide* item 7.48.1.

44.1.32. Da reclamação

Comanda o art. 102, I, "j", da CF que compete ao Supremo Tribunal Federal, processar e julgar originariamente, "a reclamação para a preservação de sua competência e garantia da autoridade de suas decisões". Idêntico preceito está previsto no art. 105, I, "f", para o STJ.

O art. 190 do RITST prevê a medida que tem por objetivo a preservação da competência do Tribunal ou a garantir a autoridade de suas decisões. Os arts. 191 *usque* 193 cuidam do processamento da medida, que, julgada procedente, o Tribunal Pleno cassará a decisão afrontosa à decisão do Tribunal Superior do Trabalho ou determinará medida adequada à preservação da sua competência (art. 194).

44.1.33. Do recurso manifestamente protelatório

Acrescentou-se ao art. 17 do CPC o inc. VII: "interpor recurso com intuito manifestamente protelatório" (Lei n. 9.668, de 23.06.1998). O *caput* cuida da litigância de má-fé. A exemplo do art. 273, inc. II, CPC, o legislador usa o termo protelatório sem defini-lo, deixando esta tarefa ao Judiciário. Tanto o intuito protelatório como a má-fé deverão ter suporte em fatores objetivos, embora permaneça uma razoável dose de subjetividade. Não temos como protelatório o recurso autorizado em lei. Mas, será protelatório aquele recurso interposto fora do prazo como, *v. g.*, recurso interposto vários dias após o transcurso do prazo com o escopo claramente procrastinatório. Neste caso, configurada também estará a má-fé, devendo o juiz aplicar, de ofício ou a requerimento da parte, a multa e bem assim responsabilizar o faltoso pelos prejuízos causados e despesas processuais (art. 19 do CPC, cf. redação dada pela Lei n. 9.668, de 23.6.1998).

CAPÍTULO 45

DAS AÇÕES ADMISSÍVEIS NO PROCESSO DO TRABALHO

45.1. Das ações cautelares: parte geral

45.1.1. Do enfoque introdutório

O processo do trabalho é dotado de uma indigência procedimental franciscana, o que obriga a busca subsidiária no processo comum de onde teve origem o processo do trabalho. Assim, com esteio em base legal prevista no art. 769, CLT, o processo trabalhista se socorre das normas procedimentais do processo civil, sempre que a Consolidação das Leis do Trabalho for omissa, ou, não o sendo, seja incompleta, isto é, aquilo que prevê não é suficiente para o objetivo buscado. Tenha-se como exemplo, o caso da ação rescisória que até há pouco tempo era mencionado de forma genérica no art. 678-C-2, CLT e, posteriormente, também mencionado no art. 836 (Lei n. 7.351/1985), forçando, todavia, a busca subsidiária no art. 485, CPC e respectivos incisos, parágrafos e demais artigos complementares do Capítulo IV do Título IX. Sob o tema cautelar, a CLT registra no art. 659, no inc. IX, a possibilidade liminar de tornar sem efeito a transferência do trabalhador, até decisão final, e no inc. X, a concessão de liminar de reintegração de dirigente sindical, afastado, suspenso ou dispensado pelo empregador. Como se pode verificar, por esta ligeira demonstração, a busca subsidiária do procedimento cautelar em sede trabalhista é uma necessidade inarredável, sob pena de se permitir o impasse em hipóteses cruciais, *v. g.*, necessidade de arresto, de busca e apreensão, protesto contra alienação de bens, *vistoria ad perpetuam rei memoriam*, antecipação de depoimento de testemunha ou da parte, em virtude de viagem inadiável ou mesmo doença terminal. Tem-se, pois, que o uso da cautelar em sede processual trabalhista se faz necessário de forma inecusável, sob pena de se ter um procedimento incompleto e sem a possibilidade de prever as cautelas necessárias a uma possível execução futura. A responsabilidade do poder jurisdicional não se limita apenas a entregar o direito no caso concreto em comando abstrato. Só isso não seria suficiente. Deve prover para que a parte tenha todas as possibilidades de exercitar um direito futuro, sem correr riscos. Daí por que ao comando abstrato de uma sentença condenatória, deve o poder jurisdicional prover o aparato necessário para implementar a execução aparelhada, com a apreensão de bens do devedor e a sua venda em hasta pública para vencer a resistência de um devedor inadimplente. A penhora que se implementar poderá recair sobre um bem anteriormente arrestado ou seqüestrado. O sucesso probatório poderá ter sido em função de uma vistoria feita de forma preparatória ou da antecipação de interrogatório da parte ou de antecipação de depoimento testemunhal.

45.1.2. Das espécies de medidas cautelares quanto ao conteúdo

As medidas cautelares variam no que diz respeito ao seu conteúdo e a força que dele advém. O conteúdo poderá refletir uma força decisória, onde se movimenta o poder jurisdicional com um comando positivo ou negativo. Será o caso, *v. g.*, da concessão ou da negação de um pedido de arresto etc. Todavia, o conteúdo poderá refletir simples procedimento, sem qualquer força decisória, mas que a negativa poderá trazer conseqüências e prejuízos irrecuperáveis, *v. g.*, a negativa da antecipação de depoimento de testemunha ou de interrogação de parte, quando acometidos de doença terminal. No caso da negativa de pedido de arresto em cautelar preparatória, em não existindo ação pendente, não haverá falar em fraude à execução, pelo que a situação se agrava, pois sobrará para o credor a ação pauliana para discutir a fraude contra credores. Suponha-se que a dívida com garantia pessoal vencer-se-á dentro de seis meses e o devedor está dilapidando o patrimônio. Da decisão proferida (negativa ou positiva) poderá a parte que se sentir prejudicada recorrer ao Regional. Na hipótese de indeferimento de interrogatório da parte ou de depoimento de testemunha com doença terminal, a imprevisibilidade existente admite que a utilização de mandado de segurança. Tem-se, assim, que a cautelar de protesto, de notificação, ou de interpelação, a antecipação de provas tem um conteúdo com nuanças administrativas, diferente do arresto, seqüestro, busca e apreensão, caução etc.

45.1.3. Das espécies de medidas cautelares quanto ao momento da proposição

No que concerne ao momento, a cautelar apresenta duas hipóteses: a primeira, diz respeito à cautelar preparatória, e a segunda à cautelar incidental. A cautelar preparatória é uma providência antecipatória que o credor adota, prevendo e provendo para acontecimentos futuros. O que significa que a providência antecede à propositura de uma ação que poderá vir a ocorrer ou não. Se for um pedido de arresto, é possível que o devedor, por ocasião do vencimento, salde a dívida sem maiores delongas. Se for uma antecipação de prova, é possível que a pessoa acometida de doença terminal sobreviva. Todavia, a cautelar preparatória se faz necessária ante a imprevisibilidade existente. A segunda espécie, denominada cautelar incidental, é providência que se apresenta necessária em determinados casos para prover para uma futura execução (pedido de arresto), quando o estágio procedimental está na fase de conhecimento, com demora para a prolação da sentença de mérito (que poderá ser ou não favorável). No caso da cautelar incidental, somente o fato de haver ação proposta, em havendo a dilapidação de patrimônio com insolvência, o credor estará garantido uma vez que a insolvência consubstanciará a fraude à execução, tornando ineficaz os bens transferidos causadores da insolvência. O que significa que tais bens poderão ser penhorados em mãos de terceiro, devendo o juiz ao julgar declarar a fraude à execução. Os bens poderão ser levados à hasta pública e arrematados ou adjudicados. Se o bem for imóvel deverá estar registrado junto à matrícula (art. 167, "i", 5, Leis dos Registros Públicos); se móvel deverá estar registrado no órgão competente (*v. g.* veículo, no DETRAN). Essa providência não permitirá que o terceiro venha a alegar a boa-fé na aquisição. Todavia, se o caso de antecipação de interrogatório, de depoimento ou de *vistoria ad perpetuam rei memoriam*, a negativa poderá trazer conseqüências desastrosas, com a perda do processo. Nesse caso, por se tratar de decisão interlocutória , não haverá recurso. Mas, para evitar o prejuízo e provando desde logo que se cuida de ato arbitrário do juiz instrutor, a parte poderá aviar o *Writ*.

45.1.4. Das exigências para o deferimento de cautelar

Por ser uma medida coadjuvante que provê para uma futura execução, que poderá existir ou não, tendo como objetivo de simples apreensão do bem, não se envolvendo com o tema meritório, este próprio da ação principal, a cautelar não tem exigências maiores do que o da verossimilhança. Vale dizer, para a concessão, *v. g.*, de uma cautelar de arresto, bastará que haja uma possibilidade de que o direito pleiteado (cautelar incidental) ou a vir a ser pleiteado (cautelar preparatória) possa ser verdadeiro. A simples possibilidade da existência do direito (verossimilhança) autoriza a concessão da cautelar. A mesma regra se aplica, e com maior razão, nas medidas cautelares sem peso jurisdicional, como é o caso da antecipação de depoimentos, bastando que haja um motivo que possa, no futuro, prejudicar a prova. Assim, havendo a possibilidade da existência do direito pleiteado ou a vir a ser pleiteado (*fumus boni juris*) e a possibilidade, ainda que remota, de que haja prejuízo (*periculum in mora*) no futuro, a cautelar deve ser deferida.

45.1.5. Da origem do poder cautelar do juiz

O magistrado investido do poder jurisdicional é dotado de poderes que lhe possibilitam garantir a realização de um direito. Daí a necessidade, muitas vezes, de providências de ofício para que o direito não venha a perecer. Na processualística moderna, o princípio dispositivo vem se relativizando para ceder espaço ao juiz instrutor. Não basta ao Estado, titular do poder jurisdicional, dar o direito por meio de um comando abstrato de sentença condenatória. É preciso mais. É preciso que garanta a entrega do "bem de vida". É necessário que aquele comando abstrato condenatório seja transformado em realidade, cristalizado em pecúnia na execução por quantia certa ou pela força das *astreintes* nas obrigações de fazer. Como veremos a seguir, a origem do poder cautelar moderno remonta séculos e nos leva ao poder que era dado ao pretor romano.

Tem-se como fonte de origem do poder cautelar do magistrado moderno o Direito romano, no poder de império que era concedido ao pretor nas *Interditas*.

Esse poder do pretor romano ainda hoje se apresenta com certa intensidade nos magistrados anglo-americanos, cujo poder jurisdicional é muito mais amplo se comparado ao dos juízes do sistema continental.

45.1.6. Da cautelar no mundo moderno

Existem, hoje, no mundo moderno, dois grandes grupos. Um deles, liderado pela Inglaterra, Estados Unidos, França e Alemanha que adota o poder geral de cautela mediante medidas cautelares inespecíficas ou inominadas. Para esses países, o poder discricionário cautelar é muito mais amplo, uma vez que não está sujeito à *tipicidade*. Vale dizer, as medidas cautelares se vivificam dentro de um plano amplo da criatividade das partes e do juiz. A parte, por sua vez, narra os fatos, fala do seu fundado receio e o juiz defere ou não a medida requerida. Como se pode perceber, esse sistema é muito mais prático e deixa as partes numa situação cômoda para requerer a medida, uma vez que não estarão preocupadas com filigranas processuais. Este é sem dúvida o motivo pelo qual em tais países o uso das medidas cautelares é mais intenso.

Um outro grupo, no qual podemos citar a Itália, Portugal e Brasil, adota o poder geral de cautela ao lado de cautelares específicas. A indicação codificada de cautelares específicas, se por um lado facilita, dando à parte necessitada os contornos legais da medida, podendo escolher entre toda aquela que se adequar ao seu problema, por outro lado pode ser prejudicial. Vale dizer, o deferimento estará atrelado ao *princípio da tipicidade*. Não poderá a parte eleger, *v. g.*, a via da busca e apreensão, quando se cuidar de um arresto. Registra-se, também, na prática, uma confusão generalizada no que concerne ao arresto e ao seqüestro (o próprio legislador faz essa confusão em várias oportunidades, *v. g.*, Lei n. 492, de 30.8.1937, art. 20, parágrafo único; art. 234 do CC — artigo sem correspondentes no CC de 2002). Nesses casos, o juiz, usando do princípio da fungibilidade, que não se aplica somente aos recursos, poderá deferir o arresto, quando foi pedido o seqüestro e vice-versa.

Finalmente, naqueles países que adotam as *medidas cautelares inominadas*, sempre que existir alguma medida especial para o caso, não poderá a parte usar da medida inominada. Como exemplo, temos o caso da Alemanha em que as cautelares inominadas são usadas para todos os casos que não envolvam dinheiro. Quando envolve dinheiro o remédio especial é o *embargo preventivo*.

45.1.7. Da oportunidade cautelar

O procedimento cautelar pode ser instaurado antes ou no curso do processo principal e deste é sempre dependente (art. 796, do CPC). Só em casos excepcionais, expressamente autorizados por lei, determina o juiz medidas cautelares sem a audiência das partes (art. 797, do CPC). Normalmente, o requerido é citado, qualquer que seja o procedimento cautelar, para, no prazo de cinco dias, contestar o pedido, indicando as provas que pretende produzir. Conta-se o prazo, da juntada aos autos do mandado (art. 802, parágrafo único, do CPC). No processo do trabalho, conta-se o prazo da notificação (Enunciado n. 16). É lícito ao juiz conceder liminarmente ou após justificação prévia medida cautelar, sem ouvir o réu, quando verificar que este, sendo citado, poderá torná-la ineficaz; caso em que poderá determinar que o requerente preste caução real ou fidejussória de ressarcir os danos que o requerido possa a vir sofrer (art. 804, do CPC). Além dos procedimentos cautelares específicos, que este Código regula no Capítulo II, poderá o juiz determinar as medidas provisórias que julgar adequadas, quando houver fundado receio de que uma parte, antes do julgamento da lide, cause ao direito da outra lesão grave e de difícil reparação (art. 798, do CPC). Poderá o juiz, para evitar dano, autorizar ou vedar a prática de determinados atos, ordenar a guarda judicial de pessoas e depósitos de bens e impor a prestação de caução (art. 799, do CPC). As medidas cautelares serão requeridas ao juiz da causa; e, quando preparatórias, ao juiz competente para conhecer da ação principal. Esta regra comporta exceção (item 1.11). Se a causa estiver no tribunal para apreciação de recurso, será competente o relator do recurso (art. 800, parágrafo único, do CPC). Em sendo a medida preparatória, cabe à parte propor a ação, no prazo de 30 dias, contados da data da efetivação da medida cautelar (art. 806). As medidas cautelares conservam a sua eficácia no prazo do artigo antecedente, isto é, 30 dias, e na pendência do processo principal; mas, podem, a qualquer tempo, ser revogadas ou modificadas. Salvo decisão judicial em contrário, a medida cautelar conservará a eficácia durante o período de suspensão do processo (art. 807, do CPC). Entenda-se: processo principal.

Cessa a eficácia da medida cautelar: I — se a parte não intentar a ação no prazo estabelecido no art. 806, do CPC; II — se não for executada dentro de 30 dias; III — se o juiz declarar extinto o processo principal, com ou sem julgamento do mérito. Se por qualquer motivo cessar a medida, é defeso à parte repetir o pedido, salvo por novo fundamento (art. 808, do CPC). O indeferimento da medida não obsta a que a parte intente a ação, nem influi no julgamento desta, salvo se o juiz, no procedimento cautelar, acolher a alegação de decadência ou de prescrição do direito do autor (art. 810, do CPC). Sem prejuízo do disposto no art. 16, o requerente do procedimento cautelar responde ao requerido pelo prejuízo que lhe causar a execução da medida (art. 811, do CPC). Os autos do procedimento cautelar serão apensados ao do processo principal (art. 809, do CPC).

45.1.8. Da limitação do poder cautelar

O poder cautelar dado ao juiz é discricionário, não arbitrário. Disso resulta que em sendo a hipótese de concessão da cautelar, ou da sua não concessão, não pode o juiz conceder ou negar ao seu "bel-prazer". É verdade que existe um considerável peso subjetivo na análise feita pelo magistrado. E a percepção subjetiva pode variar de pessoa para pessoa. Todavia, o pedido cautelar sempre apresenta dados objetivos que desmontam a subjetividade. Numa cautelar preparatória de arresto, o requerente comprovará que o devedor está dilapidando os seus bens, ou num pedido de antecipação de prova (pericial ou testemunhal), traz dados concretos que permitam análise mais ou menos segura dos fatos apresentados. O embasamento cautelar deverá apresentar nuanças concretas, apenas o direito subjetivo que se persegue ou que perseguirá poderá ficar no campo da verossimilhança, desde que exista o *periculum in mora*.

Há quem diga que o art. 798 do CPC revela verdadeira norma em branco. Todavia, não há que se estranhar ou comemorar, pois não se cuida de novidade, já que o art. 675 do Código de 1939 tinha norma parecida que permitia ao juiz de ofício o uso de normas acauteladoras para proteger os interesses das partes. Entretanto, a expressão atual do art. 798, CPC "antes do julgamento da lide" não tem pé na razoabilidade e não a socorre qualquer justificativa. Mesmo após o julgamento, poderá surgir a hipótese em que o juiz se veja na contingência de lançar mão de medidas acauteladoras de ofício, mormente em sede trabalhista onde a presença do advogado não se faz necessária, *v. g.*, a busca e apreensão de um veículo penhorado, transferido a terceiro com fraude à execução; o arresto de bens depois de prolatada a sentença, mas antes da liquidação.

Galeno de Lacerda ("Comentários ao Código de Processo Civil", v. VIII, tomo I, p. 157) um dos autores nacionais que mais se aprofundou na matéria dá-nos luminar lição que vale ser transcrita: "A notável liberdade que a lei concede ao juiz para adotar as medidas atípicas mais adequadas para conjurar a situação de prêmio representa, a nosso ver, o momento mais alto e amplo de criação do Direito concreto pela jurisprudência, em sistema codificado, de Direito continental, como o nosso. Claro que o juiz não cria, aí, o Direito material abstrato. Mas as providências variadas e imprevisíveis impostas pela força dos fatos, fazem com que os decretos do magistrado assumam o caráter de normas e imperativos concretos de conduta, que significam, na verdade, autêntica obra de descoberta e criação singular do Direito, emanada do fato, colada ao fato, nascida para o fato. Nesta perspectiva, rasga-se a imagem tradicional do juiz preso e manietado no sistema continental, e dá-se ao juiz moderno dos países codificados o mesmo horizonte criador e novo do pretor romano e dos magistrados anglo-americanos. O Direito cautelar, se nos permitem o neologismo, a todos nivela, aos juízes de todos os tempos e lugares, acima da História e dos sistemas diversificados de elaboração jurídica, numa identidade imposta pelas necessidades permanentes e universais de proteção direta e imediata do homem contra a ameaça, o perigo, o risco, o conflito." Adverte, contudo, o autor que "discrição não significa arbitrariedade, mas liberdade de escolha e de determinação dentro dos limites da lei. Corresponde à idéia das lacunas necessárias na ordem jurídica, tão bem elaborada por *Zitelmann*. Há situações em que a lei, por defeito de abstração e generalidade, se vê impossibilitada de determinar a regra de conduta para as peculiaridades infinitas dos casos concretos. Muito melhor do que o legislador, haverá o juiz de prover a respeito. Por isso, a necessidade da lacuna, para a liberdade legal da discrição. Ou, como ensina *Zitelmann*, 'na lei não se contém, como com tanta freqüência crê o não-jurista, decisões concretas dos casos, de tal forma que o papel do juiz se reduzisse ao de um autômato — põe-se o caso e salta a decisão — senão que exige do magistrado valoração independente. Ela só diz aquilo que as regras gerais podem dizer, preservando área indeterminada, a fim de que o juiz tenha espaço bastante para considerar em suas decisões a peculiaridade do caso isolado, cada um deles em nada semelhante ao outro' (*Zitelmann*, "Las Lacunas del Derecho", trad. esp. de "Lücken in Recht", em *La Ciencia del Derecho*, Buenos Aires, Edição Losada, 1949, p. 314 e 315)."

Não se põe em dúvida hoje que o magistrado não se constitui em mero espectador, mormente no processo do trabalho. Deve ser presente, atuante na entrega da prestação jurisdicional, buscando o melhor meio de resolver o conflito.

Como bem disse *Galeno de Lacerda*, discricionariedade, todavia, não se confunde com arbítrio. O magistrado brasileiro não tem o poder discricionário de um magistrado inglês ou americano. E muito menos tem os poderes de um pretor romano. Poderá, sim, decidir, recorrendo à analogia, aos costumes e aos princípios gerais de Direito (art. 126). E somente poderá decidir por eqüidade quando a lei autorizar (art. 127 do CPC). Excepciona-se o processo do trabalho onde a aplicação da eqüidade é ampla (art. 8º, da CLT), sem qualquer restrição subsidiária do CPC.

Por outro lado, existe o princípio dispositivo, segundo o qual compete à parte interessada a iniciativa de pleitear o remédio processual que lhe convém. E embora esse princípio dispositivo seja encarado com menor rigor no processo do trabalho, onde o magistrado age de ofício em muitos casos, tomando a iniciativa da própria execução, deverá, no entanto, sempre pautar as suas iniciativas dentro do princípio da razoabilidade e da prudência, pena de correr o risco de tornar-se parcial. E a imparcialidade é pressuposto inarredável para o exercício da função jurisdicional.

45.1.9. Da duração da eficácia da medida cautelar

Para bem enfocarmos este item, devemos estudar a medida cautelar nas duas espécies em que existe um peso decisório e naquele em que não existe. Assim, haverá um tratamento diferenciado para o deferimento de um arresto e para a antecipação de depoimento de testemunha ou do interrogatório da parte. Deferido o arresto em sede preparatória, a parte terá o prazo de 30 (trinta) dias para propor a ação principal, pena de perda da eficácia e liberação do bem. Contudo, a medida cautelar preparatória deferida para que se colha o depoimento de uma testemunha terminal, não obriga que o requerente ajuíze ação no prazo de 30 (trinta) dias.

A medida cautelar tem eficácia enquanto durar. Vale dizer, enquanto não cessarem os seus efeitos. A medida poderá ser modificada ou mesmo revogada dentro do criterioso entendimento do juízo no curso da lide principal, se os fatos sofreram alterações ou se evidente o prejuízo que a sua continuidade imporá à parte contrária, podendo inclusive exigir caução (art. 598, I, do CPC). Se preparatória, perderá fatalmente a sua eficácia se a ação principal não foi proposta em 30 dias. Conserva eficácia na suspensão do processo principal (art. 807, parágrafo único).

Segundo ensinamentos de *Willard de Castro Villar*, "o sentido da lei é que a medida ou ação cautelar tem efeito enquanto for idônea, isto é, enquanto não revogada ou modificada, ou por cessar-lhe a eficácia em conseqüência do trânsito em julgado da sentença proferida na ação principal" (*apud Modestino Martins Netto*, "Medidas Cautelares no Processo do Trabalho", p. 158, Edições Trabalhistas, Rio, 1972).

Lembra *Humberto Theodoro Júnior* que: "Ao Estado, como detentor da jurisdição, não basta garantir a tutela jurídica; não basta instituir o processo e assegurar o socorro a ele por meio da ação. Para consecução do objetivo maior do processo, que é a paz social, por intermédio da manutenção do império da lei, não se pode contentar com a simples outorga à parte do direito de ação. Urge assegurar-lhe, também, e principalmente, o atingimento do fim precípuo do processo, que é a solução justa da lide. Não basta ao ideal de justiça garantir a solução judicial para todos os conflitos; o que é imprescindível é que essa solução seja efetivamente justa, isto é, apta, útil e eficaz para outorgar à parte a tutela prática a que tem direito, segundo a ordem jurídica vigente" ("Processo Cautelar", 9ª ed., Universitária de Direito, Rio, 1987).

Preceitua o art. 806 do CPC que caberá à parte propor a ação, no prazo de trinta dias, contados da data da efetivação da medida cautelar, quando esta for concedida em procedimento preparatório.

O art. 800 do CPC a seu turno dispõe que: "As medidas cautelares serão requeridas ao juiz da causa; e, quando preparatórias, ao juiz competente para conhecer da ação principal."

Do modo em que a matéria está colocada, pode levar à conclusão de que todas as medidas requeridas têm como pressuposto inarredável uma ação principal que deverá ser proposta nos trinta dias seguintes à efetivação da cautelar.

Outro, aliás, não é o entendimento de *José Frederico Marques* ao dispor que: "Provisória é também a prova *ad perpetuam* antecipadamente requerida: se o processo principal não se constituir, desaparece a eficácia da medida cautelar, porque fica sem objeto; se o processo for instaurado, ela se torna parte integrante deste, desaparecendo como providência cautelar" ("Instituições de Direito Processual Civil", Rio, 3ª ed., Forense, V v. 1971, p. 264 e ss.).

Mister se faz separar as medidas acautelatórias de natureza jurisdicional e as de natureza administrativa. As medidas cautelares administrativas bastam a si mesmas e não dependem de nenhum processo principal, *e. g.*, protesto, notificação, interpelação, produção antecipada de prova etc. Aquelas que trazem em seu bojo a carga jurisdicional (*e. g.*, arresto, seqüestro, caução, busca e apreensão, alimentos provisionais, atentado etc.) pressupõem sempre uma ação principal.

Assim, o simples fato de alguém pedir uma antecipação de prova ou uma *vistoria ad perpetuam rei memoriam* não quer dizer que esteja obrigado a propor uma ação principal em trinta dias, posto que sequer está obrigado a propor a ação. É bem de ver que pelo Código de 1939, "os autos das vistorias e das inquirições *ad perpetuam* eram entregues ao promovente, os daquelas sem norma expressa que o autorizasse, os destas por força do disposto no art. 250, parte final" (*Alexandre de Paula*, "Código de Processo Civil Anotado", v. 3, p. 504). O Código atual prevê que "tomado o depoimento ou feito exame pericial os autos permanecerão em cartório, sendo lícito aos interessados solicitar as certidões que quiserem" (art. 851, CPC). Vale dizer, se a prova produzida não for do interesse de quem a requereu, não poderá desaparecer com ela, posto que permanece em cartório e a outra parte poderá dela fazer uso. Também nas cautelares com carga administrativa não há falar, por óbvio, em contestação (art. 802 CPC).

Desabafa *Galeno de Lacerda*: "A dificuldade maior na análise das difíceis questões suscitadas pelas medidas cautelares consiste na tendência natural de considerá-las homogêneas. O erro se mostra freqüente na doutrina. Daí o perigo das generalizações nesta matéria. Nunca foi tão necessário no Direito processual o apelo ao *distinguo* escolástico, à disciplina rigorosa da lógica, ao conhecimento profundo da teoria geral do processo, quanto no estudo das questões relacionadas com a segurança cautelar. Só através desse discernimento é que poderemos evitar equívocos grosseiros e relativamente comuns, como, por exemplo, o de atribuir-se a preclusão de 30 dias do art. 808, I, às vistorias *ad perpetuam.*" (ob. cit., v. VIII, p. 19)

Para *Frederico Marques* "a medida cautelar, como instrumento de garantia dos fins de outro processo, é eminentemente jurisdicional, uma vez que concedida em processo próprio, distinto (embora não autônomo) daquele cujo resultado procura complexivamente assegurar. Ela é conteúdo de prestação jurisdicional e o resultado da tutela que o Estado exerce por meio da jurisdição. Donde falar o Código de Processo Civil em processo cautelar. De regra, a tutela jurisdicional para a concessão de medida cautelar é exercida com atos de cognição e atos de execução: com os atos de cognição, o juiz decide sobre as condições e pressupostos para conceder a medida cautelar requerida; e com os atos de execução, impõe o cumprimento da medida cautelar concedida", com respaldo em *Enrico Tullio Liebman* ("Unitá del procedimento cautelar", *Problemi del processo civile*, 1962, p. 104 a 110) e outros (ob. cit., v. V, 342).

Segundo *Galeno de Lacerda* "o juiz dirige o processo como condutor responsável por essa coordenação e pela finalidade que a anima. Evidentemente, no exercício desse poder-dever de direção, o volume maior dos atos é meramente ordinatório, não possui natureza decisória, não são jurisdicionais. Em regra, os atos de simples ordenação, de direção, de impulso (*Lancellotti*, "*Osservazione critiche in torno all'autonomia processuale della tutela cautelare*", em *Rivista di Diritto Processuale Civile*, 1939, v. 1, p. 257 e 258) apresentam feição administrativa análoga à dos praticados por qualquer autoridade pública na prática das funções que a lei lhe comina. Ao efetuá-los, o juiz nada julga; limita-se a atuar como diretor do processo, como autoridade-chefe do procedimento, responsável pelo seu decurso em ordem certa e legal. Assentado, pois, que o juiz ora jurisdiciona, ora administra dentro do processo jurisdicional, consoante resolver a lide ou questões (*Carnelutti*), ou simplesmente ordenar o procedimento (*Calamandrei*), estamos aptos, agora, para definir e distinguir as medidas cautelares, segundo o último e principal esquema proposto, isto é, aquele relativo à classificação com vistas à natureza da tutela cautelar. A necessidade de segurança, que provoca a antecipação da medida na luta contra o tempo (prevenção), ou a manutenção do *status quo* entre as partes (repressão cautelar), ou nasce desde logo com caráter litigioso a exigir decisão jurisdicional, ou dela prescinde em face da inexistência de questão" (ob. cit., v. VIII, p. 25).

Ovídio Batista da Silva afirma que "a interpretação literal do art. 796 destruiria a única coisa importante acolhida pelo Código, que é a aceitação de autonomia da ação cautelar". E *Pontes de Miranda* considerou infeliz a redação, porque "as medidas cautelares podem, por vezes, ser propostas sem que se tenha de propor alguma ação" ("Ações Cautelares e o novo Processo Civil", 2ª ed., Forense, Rio, 1974, p. 287).

45.1.10. Do objeto cautelar

O seu objetivo é prover para o futuro, quer implementando provas, quer dando condições para que a sentença proferida na ação principal tenha possibilidade executória, *e. g.*, arresto, seqüestro, vistoria *ad perpetuam rei memoriam* etc. "As medidas cautelares *in genere*" — ensina *Ramiro Podetti* — "estão compreendidas dentro dos fins primordiais da jurisdição ..." e "com maior ou menor intensidade, conforme a espécie de medida cautelar, satisfazem o interesse geral e público de assegurar a paz na convivência social e evitar a perda ou desvalorização dos bens econômicos" ("*Las medidas cautelares y el embargo preventivo de los fructos de la cosa litigiosa*", em *Alsina*, v. 2, *apud Humberto Theodoro Jr.*, ob. cit., p. 45). "A função cautelar não é, contudo, substitutiva ou alternativa da definitiva função jurisdicional, realizável com propriedade, pelos processos de cognição e de execução." Na verdade, as medidas cautelares "não têm um fim em si, eis que servem a um processo principal e, em conseqüência, sua existência é provisória, pois depende das contingências deste" (*Alsina*, "*Tratado teórico práctico de Derecho Procesal Civil y Comercial*", *apud Humberto Theodoro Jr.*, ob. cit., p. 46).

Note-se que no processo cautelar preparatório, o arresto, *v. g.*, ou até mesmo o protesto contra alienação de bens traduz medida importante para prevenir para uma futura execução, uma vez que determinado credor que ainda não ajuizou a ação ou cujo vencimento da dívida poderá demorar alguns meses, certamente teria dificuldades para receber o seu crédito sem qualquer garantia real. Todavia, em se cuidando de pedido cautelar incidente, vale dizer, quando existe uma ação pendente de julgamento, a dilapidação de bens pelo devedor, tornando-o insolvente, consubstancia a fraude contra credores, o que significa que a transferência daqueles bens que determinaram a insolvência será ineficaz e, portanto, poderão ser arrestados nas mãos do terceiro comprador e levados à hasta pública. A penhora, devidamente registrada (art. 167, I, n. 5, LRP), quando se trata de bem imóvel, ou comunicada ao órgão competente (veículo ao DETRAN), retira do adquirente a possibilidade de invocar a boa-fé. Em tais casos, o arresto, embora não impeça a transferência do bem, outras vezes, confirma a má-fé. Depois, pode o interessado requerer a busca e apreensão, em se tratando de bem móvel; em se tratando de bem imóvel, o registro à margem da matrícula no Cartório de Registros de Imóvel caracterizará a fraude à execução e a má-fé do adquirente.

45.1.11. Da natureza jurídica

A ação cautelar tem com o processo principal conotação de acessoriedade. A sua eficácia é essencialmente provisória. Sua duração está em conformidade com a solução do processo de cognição (*vistoria ad perpetuam*) ou da execução (arresto, seqüestro etc.). Será, fatalmente, substituída por medida definitiva no processo principal. E atento a essa particularidade *Liebman* ensina que "a ação cautelar é sempre ligada a uma relação de complementaridade a uma ação principal já proposta ou da qual se enuncia a próxima propositura" (*apud Humberto Theodoro Jr.*, ob. cit., p. 44).

Realça *Frederico Marques* "ser óbvio que nem por preceder ao processo principal, perde o processo preparatório sua condição de dependência e acessoriedade em relação àquele. Tanto isto é exato, que o art. 796 deixa bem explícito que, instaurado antes ou depois do processo principal, "deste é sempre dependente" o processo cautelar" ("Manual de Direito Processual Civil", v. 4, p. 609).

Essa relação de dependência de que fala o art. 796, todavia, não é absoluta. Apenas as ações cautelares com carga jurisdicional é que têm como pressuposto uma ação principal. Tal inexiste, entretanto, com aquelas medidas cuja carga é de cunho administrativo, *v. g.* protesto, notificação, interpelação, antecipação de prova, *vistoria ad perpetuam* etc., com peso de obrigatoriedade.

Em se cuidando de medidas acautelatórias administrativas não há falar em processo na acepção conceitual jurídica a pressupor a existência da lide; esta poderá até surgir posteriormente por meio de um processo principal, porém, não obrigatoriamente. De conformidade com o que dispõe o art. 851 do CPC, os autos permanecerão em cartório à disposição da parte. E esta, por óbvio, poderá dele não fazer uso se não lhe for favorável. No caso do art. 867 do mesmo diploma legal, fala em prevenir responsabilidade, prover a conservação e ressalva de seus direitos. Ora, feito o protesto ou a interpelação, pode ser que tudo se resolva normalmente, sem necessidade da busca jurisdicional. O art. 861 permite à parte justificar a existência de algum fato ou relação jurídica, seja para simples documento e sem caráter contencioso, seja para servir de prova em processo regular. Não se exige, obrigatoriamente, a presença de uma ação posterior.

Lembra *Humberto Theodoro Júnior* que "o exercício do poder cautelar pode ser provocado, e quase sempre o é, dentro do exercício do direito de ação, gerando, assim, procedimento contencioso, em tudo semelhante ao do processo principal. Mas, as medidas cautelares podem, também, acontecer em clima isento de qualquer litigiosidade entre as partes, no plano da tutela de prevenção. Diz-se, por isso, que há medidas cautelares de cunho administrativo ou voluntário e medidas cautelares realmente contenciosas ou jurisdicionais. (...) As vistorias *ad perpetuam rei memoriam* e os depósitos espontâneos de bens litigiosos são exemplos freqüentes de medidas que, normalmente, não geram disputas entre os litigantes e que se deferem como simples providências administrativas do juízo cautelar" (ob. cit., p. 89).

Embora não o diga a lei, a doutrina biparte as medidas cautelares. A ação cautelar tem com o processo principal conotação de acessoriedade. A sua eficácia é essencialmente provisória. Sua duração está em conformidade com a solução do processo de cognição (*vistoria ad perpetuam*) ou da execução (arresto, seqüestro etc.). Será, fatalmente, substituída por medida definitiva no processo principal. E atento a essa particularidade *Liebman* ensina que "a ação cautelar é sempre ligada a uma relação de complementaridade a uma ação principal já proposta ou da qual se enuncia a próxima propositura" (*Apud Humberto Theodoro Jr.*, ob. cit., p. 44).

Realça *Frederico Marques* "ser óbvio que nem por preceder ao processo principal, perde o processo preparatório sua condição de dependência e acessoriedade em relação àquele. Tanto isto é exato, que o art. 796 deixa bem explícito que, instaurado antes ou depois do processo principal, "deste é sempre dependente" o processo cautelar" ("Manual de Direito Processual Civil", v. 4, Saraiva, p. 609).

Todavia, essa relação de dependência de que fala o art. 796 não é absoluta. Apenas as ações cautelares com carga jurisdicional é que têm como pressuposto uma ação principal. Tal inexiste, todavia, com aquelas medidas cuja carga é de cunho administrativo, *v. g.* protesto, notificação, interpelação, antecipação de prova, *vistoria ad perpetuam* etc., com peso de obrigatoriedade.

Em se cuidando de medidas acautelatórias administrativas não há falar em processo na acepção conceitual jurídica a pressupor a existência da lide; esta poderá até surgir posteriormente através de um processo principal, todavia, não obrigatoriamente. De conformidade com o que dispõe o art. 851 do CPC, os autos permanecerão em cartório à disposição da parte. E esta, por óbvio, poderá dele não fazer uso se não lhe for favorável. No caso do art. 867 do mesmo diploma legal fala em prevenir responsabilidade, prover a conservação e ressalva de seus direitos. Ora, feito o protesto ou a interpelação, pode ser que tudo se resolva normalmente, sem necessidade da busca jurisdicional. O art. 861 permite à parte justificar a existência de algum fato ou relação jurídica, seja para simples documento e sem caráter contencioso, seja para servir de prova em processo regular. Não se exige, obrigatoriamente, a presença de uma ação posterior.

Lembra *Humberto Theodoro Júnior* que "o exercício do poder cautelar pode ser provocado, e quase sempre o é, dentro do exercício do direito de ação, gerando, assim, procedimento contencioso, em tudo semelhante ao do processo principal. Mas, as medidas cautelares podem, também, acontecer em clima isento de qualquer litigiosidade entre as partes, no plano da tutela de prevenção. Diz-se, por isso, que há medidas cautelares de cunho administrativo ou voluntário e medidas cautelares realmente contenciosas ou jurisdicionais. (...) As vistorias *ad perpetuam rei memoriam* e os depósitos espontâneos de bens litigiosos são exemplos freqüentes de medidas que, normalmente, não geram disputas entre os litigantes e que se deferem como simples providências administrativas do juízo cautelar". (ob. cit., p. 89).

Embora não o diga a lei, a doutrina biparte as medidas cautelares em vertentes: a) medidas cautelares com peso contencioso ou jurisdiccional; e b) as medidas cautelares simplesmente administrativas. Enquanto as jurisdicionais, *v. g.*, arresto, seqüestro, exigem que a ação principal seja ajuizada nos 30 (trinta) dias que seguem, sob pena de perder a sua validade, aquelas de carga administrativa ou voluntárias, *e. g.*, vistoria *ad perpetuam*, antecipação de depoimentos ou de interrogatorio, permite que a ação seja ajuizada mesmo após decorrido o prazo de 30 (trinta) dias, ou mesmo poderá deixar de ajuizar a ação se a prova produzida não lhe for favorável, ou poderá ajuizar ação sem sem a prova produzida.

45.1.12. Da coisa julgada

O Código de 1939 (art. 288) dispunha que: "Não terão efeito de coisa julgada os despachos meramente interlocutórios e as sentenças proferidas em processos de jurisdição voluntária e graciosa, preventivas e preparatórias, e de desquite por mútuo consentimento." O art. 467 do Código atual preceitua que: "Denomina-se a coisa julgada material a eficácia que torna imutável e indiscutível a sentença, não mais sujeita a recurso ordinário ou extraordinário." A sentença proferida em processo cautelar não alcança a coisa julgada material, já que o mérito somente é discutido na ação principal da qual é sempre dependente. As decisões em processos cautelares não decidem do mérito e por sua natureza provisória e acessória impedem a formação da *res judicata*. Exceção: prescrição e decadência (art. 810 do CPC).

Lembra *Humberto Theodoro Júnior*: "Uma demonstração evidente de que a sentença cautelar não faz coisa julgada encontra-se no art. 810, onde se estatui que 'o indeferimento da medida não obsta a que a parte intente a ação (principal), nem influi no julgamento desta'. Isto se deve justamente ao fato de permanecer intacto o mérito da causa, ou seja, a lide. Isto aliás é da tradição de nosso Direito processual, pois como ensinava a seu tempo *João Monteiro*: "Só produzem coisa julgada as sentenças definitivas ou com força de definitivas em matéria de jurisdição contenciosa (ob. cit., p. 156).

Tem-se, pois, que a decisão proferida em cautelar faz coisa julgada apenas formal. Vale dizer, existe a preclusão máxima dentro do mesmo processo. Assim não é lícito à parte propor a mesma ação novamente, distribuída em outro juízo. Se tal ocorrer poderá a parte adversa argüir a exceção *pro judicato*, ressalvados os casos previstos no art. 267 e 268 do CPC, em que sequer houve qualquer pronunciamento quanto ao "mérito" cautelar."

Para *Frederico Marques*, "as medidas cautelares 'podem, a qualquer tempo, ser revogadas ou modificadas' — é o que diz o art. 807, *caput*. Do que assim vem disposto, a conclusão a tirar-se seria a de que não há sequer a coisa julgada formal no processo cautelar. Todavia, o art. 808, parágrafo único, assim preceitua: 'Se por qualquer motivo cessar a medida, é defeso à parte repetir o pedido, salvo por novo fundamento.' Donde concluir-se que há preclusão, nesse caso, a tornar imutável, dentro do processo cautelar, a sentença que declarou a providência nela concedida, não mais eficaz. Há, portanto, coisa julgada formal, não *pro et contra*, e sim *secundum eventum litis*. O pronunciamento contra o réu não passa em julgado, porque a sentença que concede medida cautelar é decisão *rebus sic stantibus*, uma vez que pode ser modificada, ou revogada, a qualquer tempo. Mas a sentença que nega a medida cautelar, ou a declara ineficaz, produz a coisa julgada formal (a suma preclusão), porquanto, no processo em que foi proferida, são imutáveis os seus efeitos" (ob. cit., v. 4, p. 390).

45.1.13. Da execução de ações cautelares

Dispõe *Modestino Martins Netto* que: "Conquanto a medida ou ação cautelar espelhe provisoriedade, regulando a situação transitória, enquanto não se decide do mérito do pedido principal, ela pode ser executada, salienta *Willard de Castro Villar*. Essa execução é feita conforme o objeto em que recai o seu efeito. A execução do arresto ou do seqüestro é feita no próprio mandado em que o juiz ordena a medida, sem intimação da parte contrária para cumprir o mandado. A medida em si já representa a execução, mandado que o juiz manda expedir para apreender a coisa. Após a apreensão é que o juiz dá ciência à parte contrária de seu ato" (ob. cit., p. 160).

Mister se faz distinguir, dentro das medidas cautelares, aquelas de cunho restritivo de direito, constritivo de bens e meramente conservativo de bens ou de simples produção antecipada de prova. Aquelas medidas meramente conservativas, *v. g.*, produção antecipada de prova, bastam a si mesmas, posto que se exaurem com a simples produção. O art. 677 do CPC/1939 era claro na espécie.

O que realmente interessa em matéria de execução, todavia, são aquelas medidas cautelares que, embora provisórias — eis que na dependência de ação principal ou se, proposta e julgada esta, dependem da confirmação em instância superior — se interposto recurso, exigem execução.

A execução de que aqui se fala não é aquela própria das sentenças trânsitas em julgado, posto que não se cuida da entrega do bem de vida pelo reconhecimento de um direito. Não. Aqui, a execução tem escopo conservativo, com vistas a assegurar execução em processo futuro (*v. g.*, arresto). Isso também não significa que o processo futuro seja obrigatoriamente julgado procedente. Tudo está no campo da verossimilhança, devendo o autor, em caso de prejuízo, indenizar a parte adversa (art. 811 do CPC). Existem ainda aquelas medidas de cunho constitutivo, *v. g.*, separação de corpos que antecede à separação litigiosa.

45.1.14. Do prazo para a execução da medida cautelar

Dispõe o art. 808 do CPC que cessa a eficácia da medida cautelar: I — se a parte não intentar a ação no prazo estabelecido no art. 806; II — se não for executada dentro de trinta dias; III — se o juiz declarar extinto o processo principal, com ou sem julgamento do mérito. Parágrafo único. Se por qualquer motivo cessar a medida, é defeso à parte repetir o pedido, salvo por novo fundamento.

Afirma *Humberto Theodoro Júnior* que segundo o art. 808, II, as medidas cautelares devem ser postas em execução no prazo de trinta dias; prazo que, naturalmente, deve ser contado do decreto que a determinou. Trata-se de prazo fatal, de sorte que com o simples decurso dele, a ordem judicial preventiva deixa de ser realizável e eficaz", com respaldo em *Léo Rosenberg* (*"Tratado de Derecho Procesal Civil"*, 1955, v. 3, § 213, p. 271). (ob. cit., p. 150).

Diz *Frederico Marques* que "muito embora caiba aos auxiliares da justiça (escrivão e oficial de justiça) providenciar a prática imediata dos atos executórios, necessidade pode haver da intervenção do autor, inclusive para o pagamento de despesas processuais. A fim de não retardar o cumprimento da sentença, determina o art. 808, II, que a execução se faça no prazo máximo de trinta dias, pois, do contrário, fica sem eficácia a providência cautelar." E procurando uma exceção à regra, lembra o autor: "É claro que se houver retardamento devido a negligência ou culpa dos órgãos encarregados de providenciar o cumprimento da sentença, pode aplicar-se o disposto no art. 183: o prazo de trinta dias não se considerará exaurido, se a parte provar que a execução foi procrastinada em virtude de justa causa". ("Manual ...", v. 4, p. 380).

Tem-se pois que, deferida a medida, deve a parte tomar todas as providências que lhe competirem para que a execução se implemente no prazo de trinta dias, que é decadencial.

Cessada a medida, defeso é à parte renovar o pedido, salvo por outro motivo (parágrafo único, art. 808).

Lembra *Galeno Lacerda* que "o Código proíbe a reiteração do pedido cautelar, salvo por novo fundamento. Sabido é que a coisa julgada, mesmo formal, como fato impeditivo de outra demanda, pressupõe identidade dos três elementos essenciais da relação jurídica: pessoa, objeto e causa. Os fundamentos integram a causa. Logo, se o Código permite a renovação do pedido por outro fundamento, cogita, na verdade, de outra ação, de outra demanda cautelar, diversa da anterior pelo fator causal. Em tais circunstâncias não haveria razão, mesmo, para proibi-la" (Comentários, v. VIII, p. 411).

45.1.15. Dos embargos à execução

A execução levada a efeito em processo cautelar não permite seja obstada via embargos, quer seja definitiva (inexistência de recurso), quer seja provisória (pendente recurso recebido só no efeito devolutivo, art. 520, IV, CPC). Não se cuida de execução forçada no sentido técnico (Livro II), vez que não se trata de fazer valer o direito de alguém; este somente poderá ser discutido em ação principal que deverá ser proposta (art. 806, CPC). Sua concessão tem suporte na verossimilhança com existência precária (arts. 807 e 808 do CPC). *Carlos Calvosa* lembra que "a execução de medida cautelar, não é, como se frisou, execução forçada de sentença, é apenas 'movimento processual', ou 'situação processual' indispensável a que o processo cautelar se desenvolva e cumpra sua razão de ser. Por conseguinte, impossível se mostra a oposição de embargos a essa execução, já que inexiste execução forçada em sentido técnico" (*apud Theodoro Júnior*, ob. cit., p. 166).

45.1.16. Dos embargos de terceiro

Poderá acontecer de serem apreendidos bens (arresto) de terceiro, sem qualquer ligação com a futura ação principal, por evidente erro de informação do autor da cautelar. Em sendo evidente o engano, a liberação do bem poderá ser feita pelo juízo sem maiores formalidades.

Se, todavia, a matéria não for de fácil solução, exigindo atividade probatória, o terceiro prejudicado não se constitui em parte legítima para pronunciar-se diretamente no processo de arresto (*Costa*). A defesa dos interesses do terceiro há de ser feita em outro processo incidental que são os embargos de terceiro (art. 1.046), considerados, tecnicamente, como o remédio adequado à solução das controvérsias em torno do esbulho judicial, isto é, da injusta privação de posse cometida por meio de medida judicial. Assim sempre foi em nosso direito, pois como já ensinava *Pereira e Souza*, "fazendo-se o embargo em bens, que não são do devedor, pode o dono deles opor-se com embargos de terceiro, para levantar o mesmo embargo". Lembra o autor que "se já há arresto, não se pode admitir a incidência de seqüestro, porque os bens já se acham sob guarda judicial, o que satisfaz os fins desta última medida". Se o interesse do seqüestrante for incompatível com o do arrestante, caberá defendê-lo por meio de embargos de terceiro (*Antonino Coniglio*). Mas, a existência de um seqüestro não elimina o interesse de outro credor pelo arresto do mesmo bem, visto que esta última medida tem fins especiais como o de assegurar a preferência da penhora. Tendo sido, porém, o seqüestro concedido em razão da litigiosidade da coisa, o arresto terá sua eficácia condicionada ao resultado do processo de mérito a que se vincula o seqüestro (*Antonino Coniglio*).

"O arresto, na verdade, será imediatamente sobre o direito (ação), e só mediatamente sobre a coisa, devendo, com mais propriedade, processar-se como 'arresto no rosto dos autos'."

Suponha-se que arrestado o bem de terceiro, este estivesse negociando o imóvel com terceiro mediante financiamento em banco. Evidente que o arresto constituir-se-á em impecilho para a alienação do bem. E se tiver de aguardar a decisão que será proferida por meio de embargos de terceiro, com recursos etc., fatalmente perderá o negócio. Aconselhável em tal caso, em possuindo o título de domínio sem qualquer embaraço, que use da via do mandado de segurança, por intermédio da qual seguramente fará valer o seu direito líquido e certo.

45.1.17. Do agravo de instrumento

No âmbito do processo comum, da medida deferida *initio litis* é cabível o agravo de instrumento (art. 522, CPC) e da sentença final, cabível apelação com efeito somente devolutivo (art. 520, IV).

No processo do trabalho, o agravo de instrumento tem finalidade própria e específica (art. 897, "a", CLT). E da medida liminarmente concedida, nenhum recurso é cabível. Quando da confirmação em sentença final, a parte poderá interpor recurso ordinário, no qual discutirá o tema cautelar liminarmente.

45.1.18. Da revogação de medidas cautelares

Embora de cunho precário (arts. 807 e 808, CPC), após o deferimento a medida cautelar não poderá ser desconstituída *ex officio* ou por simples *petitum* unilateral. A desconstituição somente poderá acontecer mediante ação própria (princípio do paralelismo) em que a outra parte tenha possibilidade de pronunciar-se sobre o pedido (princípio do contraditório). Suponha-se que o devedor tenha um bem arrestado, o único capaz de garantir dívida prestes a vencer-se. Posteriormente, foi aquinhoado com parte de uma herança que modificou a sua realidade patrimonial. Por óbvio, em casos tais, não há razão de fato e de direito para que se mantenha o arresto (art. 591, CPC).

"A modificação e a revogação das medidas cautelares não podem ser determinadas de ofício, nem como simples resposta a pedido unilateralmente formulado por uma das partes, sem forma nem figura de juízo. Hão de ser pedidas em ação com obrigatória audiência da outra parte (*Pontes de Miranda*), em procedimento especial, distinto daquele em que se ordenou a medida (*Léo Rosenberg*). O sujeito à medida preventiva tem de requerer e fazer prova de que as circunstâncias mudaram (*rebus sic stantibus*). Tudo está a exigir a participação do titular do direito à providência cautelar. Sem dúvida, processo contencioso. Processo de ação. De ação que tem por finalidade a cessação ou a modificação da medida concedida (*Lopes da Costa* e *Milton de Moraes e Barros*). O procedimento para a revogação deve ser o mesmo utilizado para a decretação (*José Maria Rosa Tesheiner*, *Lopes da Costa* e *Pontes de Miranda*)." (*apud Theodoro Junior*, p. 162)

O juiz que decidiu na ação cautelar determinando a medida de constrição será o competente para conhecer da ação desconstitutiva. A decisão que vier a ser proferida não transita em julgado a exemplo das cautelares, eis que incidente da ação principal.

45.1.19. Do prazo para o ajuizamento da ação principal

O Código de 1939, art. 677, era mais claro e objetivo do que o Código atual, quando excluía expressamente da necessidade de propositura de ação nos casos que indicava: V — exibição de livro, coisa ou documento; VI — vistorias, arbitramentos e inquirições *ad perpetuam rei memoriam*; e VII — em obras de conservação em coisa litigiosa. O Código atual (art. 806) é omisso, deixando ao intérprete a conclusão. Mas, em se cuidando de medidas com conteúdo administrativo, não há falar em necessidade de propositura de ação no prazo de trinta dias.

O art. 806 fala que o prazo de 30 dias é contado da *efetivação da medida cautelar*. Assim, necessário definir-se o que se entende por "*efetivação da medida*".

A medida se efetiva com o deferimento (liminarmente ou no julgamento do processo cautelar) ou com a efetiva apreensão do bem (*v.* g., arresto, seqüestro, busca e apreensão)?

Desde o Código de 1939, a melhor doutrina caminha no sentido de considerar-se efetivada a medida cautelar no momento em que se materializa o decreto judicial.

Lembra *Galeno de Lacerda* que a "questão suscitou dúvida principalmente no início da vigência do Código de 1939, logo superada, porém, pela quase unanimidade da doutrina e da jurisprudência, no sentido de que a simples concessão da liminar já importa ordem capaz de tornar "efetiva" a medida. Com efeito, cumprido o decreto inicial, os bens se subtraem ao poder de disposição do réu, a coerção já se torna atuante, e é exatamente essa situação que não pode permanecer se o autor não instaurar o processo principal no prazo do art. 806, nas hipóteses de incidência desse dispositivo.

Outro não é o entendimento de *Frederico Marques* ao dispor: "uma vez que a providência cautelar provinda de decisão liminar se executa de pronto e, com isso, fica atingido, desde logo, o seu escopo, é evidente que, a partir daí se registra aquela 'efetivação da medida cautelar' a que se refere o art. 806, a impor, desse modo, ao requerente, o ônus de propor a ação principal, no prazo de trinta dias. Foi concedida a medida cautelar em processo preparatório. Cumprida a decisão liminar que a concedeu, dá-se a efetivação da medida cautelar. Não é, portanto, por ter sido executada decisão apenas liminar, que deixa de incidir o art. 806." ("Manual ...", v. 4, p. 391)

Nessa mesma esteira de entendimento trilha *Sérgio Sahione Fadel*: "Se houve deferimento *initio litis* ou liminar da medida cautelar, o prazo para a propositura da ação se conta da execução da liminar, e não da sentença que a confirme ou revogue. A lei, falando em efetivação da medida cautelar, não distinguiu entre concessão liminar e deferimento final, não cabendo, assim, ao intérprete distinguir. O processo cautelar não se perpetua. É meramente acessório do principal. Por isso não se justifica que, requerido preparatoriamente, não se lhe siga, com imediatidade, a ação principal, pois é exclusivamente em função desta, que aquele se justifica" ("Código de Processo Civil Comentado", v. 4, p. 221-222).

Em sentido contrário temos o magistério de *Humberto Theodoro Júnior*: "Esse prazo é contado não da decisão que defere a medida, mas da data de sua efetivação, conforme faz claro o citado art. 806. Assim, nas medidas deferidas liminarmente, não tem relevância a data da sentença que julgar procedente a ação cautelar, pois o prazo para ajuizamento da ação principal fluirá a partir da execução da providência preventiva" (*Theodoro Júnior*, ob. cit., p. 145).

Sem razão, todavia, nos parece o entendimento de *Manoel Antonio Teixeira Filho*: "Como a lei (CPC, art. 808, II) alude à execução da medida, devemos entender que a execução seja definitiva — possível somente após o trânsito em julgado da sentença cautelar" ("As ações cautelares no processo do trabalho", p. 236).

A execução preventiva, urgente, de que se fala aqui não visa satisfazer uma pretensão; mas, cuida para que se garanta uma execução futura, se e quando existente. "Não se trata, porém, de execução no sentido técnico e específico como a que se dá no verdadeiro processo de execução (Livro II, do Código), que visa satisfazer uma pretensão a que reconhecidamente tem direito o credor, de modo que, em última análise, o processo estaria tutelando o próprio direito da parte" (*Theodoro Júnior*, ob. cit., p. 165).

A ação principal deverá ser ajuizada a contar do deferimento da medida liminar (*initio litis*) ou do julgamento da cautelar concedendo a medida. Não vemos qualquer tumulto processual, em havendo recurso pendente de julgamento. A ação principal prosseguirá autonomamente, independente da confirmação ou não pelo tribunal da decisão cautelar. Com ou sem a confirmação da cautelar procurará o credor fazer valer o seu direito contra devedor inadimplente. Confirmada ou não pelo órgão *ad quem* não vemos como possa haver julgamentos colidentes, posto que a ação cautelar e ação principal cuidam de matérias distintas. A cautelar, se confirmada (*v. g.*, arresto) poderá ser salutar na execução da ação principal (procedente). Se não confirmada a cautelar, a ação principal seguirá o seu rumo próprio, com execução aparelhada. Finalmente — e isso nos parece muito importante — deve a parte ajuizar a ação principal para que não venha de futuro enfrentar a argüição da prescrição, quando já decorridos mais de dois anos da rescisão contratual, vez que notória a demora para a apreciação de recursos nos tribunais civis e trabalhistas. Em certos casos, poderá haver o sobrestamento do processo principal.

Se é verdade que a cautelar jurisdicional depende da ação principal para sobreviver, a recíproca não é verdadeira. Se a cautelar for arquivada ou julgada improcedente, isso em nada influirá na ação principal que prosseguirá. Poderá, isso sim, dificultar uma futura execução, *v. g.*, com a negativa de um arresto ou protesto contra a alienação de bens, se o devedor estiver dilapidando o seu patrimônio. E ainda que a cautelar jurisdicional tenha perdido o seu efeito por não haver a parte ajuizado ação principal em 30 dias (art. 806), nada impedirá que a ação principal seja proposta posteriormente, desde que não decorrido o prazo prescricional.

Dentro da melhor doutrina, hoje caminha a jurisprudência firmada no Código Buzaid: "O seqüestro, por sua própria natureza, é medida temporária, que visa imediata apreensão de coisa certa, litigiosa ou em vias de o ser, de forma a assegurar a sua entrega a alguém em virtude de cognição pelo juiz. Não proposta a ação no prazo de 30 dias, perde o objeto e a eficácia, nos estritos termos da lei." Compreende-se a exigüidade do prazo, eis que o seqüestro, como outras medidas cautelares, objetiva apenas evitar atos que, sem elas, tornar-se-iam de difícil reparação, mas em se tratando de um procedimento sumaríssimo, sem audiência, sequer, da parte contrária, sem pleno convencimento do juízo, a sua eficácia somente se realiza durante 30 dias, prazo mais que suficiente para que o interessado instaure a lide e promova a citação das partes. Esse prazo é contado da efetivação da medida e não da decisão final (ac. unân. da 2ª Câm. do TJRJ, de 6.5.1975, na Ap. n. 35.565, rel. Des. Roque Batista, *apud Alexandre de Paula*, ob. cit., v. 3, p. 450). Concedida liminarmente a sustação do protesto de título, o prazo para propositura da ação principal deve ser contado da concessão da medida liminar, e não da sentença final que a ratifica (ac. unân. da 3ª Câm. do extinto 1º TACivSP, de 18.9.1974, no Agr. 202.919, rel. Juiz Francisco Negrisollo, *apud Alexandre de Paula*, ob. cit., v. 3, p. 450).

O prazo é decadencial, peremptório, fatal. Todavia, preleciona *Fadel* que "o prazo é peremptório e fatal, mas nem por isso, deixa de suspender-se nas férias forenses, se a ação principal não for daquelas que correm durante o recesso de foro. É preciso não confundir a decadência, como figura de Direito material, com a preclusão ou peremptoriedade, figura de Direito processual. Num caso e noutro há prazos fatais mas na sistemática do Direito processual, mesmo os prazos fatais e peremptórios, como aqueles ligados à formação da coisa julgada, não correm nas férias. Em processo a peremptoriedade está ligada apenas à impossibilidade de prorrogação por acordo de partes ou deliberação do juiz." Nesse sentido, acórdão do extinto 1º TACivSP, na Ap. n. 206.432, rel. Juiz Martiniano de Azevedo: "O prazo de 30 dias para intentação da ação, a que alude o art. 806 do CPC, suspende-se com a superveniência de férias, nos termos do art. 179 da mesma lei processual" (*apud Alexandre de Paula*, ob. cit., v. 3, p. 451).

45.1.20. Da natureza da sentença cautelar

"Há divergência doutrinária quanto aos critérios e nomenclatura utilizáveis para classificação das sentenças. Por ser o processo cautelar um *tertium genus*, colocado entre o processo de execução e o de cognição, servindo finalisticamente a um e outro, e utilizando meios de atuação que pertencem ao campo de influência de ambos, mais tormentoso, ainda, se torna o problema de tentar enquadrar a sentença cautelar nas classificações costumeiras das decisões judiciais" (...) "Não há, portanto, possibilidade de enquadrar a sentença cautelar numa única espécie das classificações que se conhecem usualmente na dogmática processual." (*Theodoro Júnior*, ob. cit., p. 159)

45.1.21. Das cautelares mandamentais

A ação mandamental integrou-se ao sistema jurídico segundo o trabalho publicado por *Kuttner*, em 1914. Entre nós, *Pontes de Miranda* era um dos raros juristas que defendiam a classificação em ação mandamental. A doutrina e a jurisprudência relutam em aceitá-la, sob alegações várias, havendo mesmo aqueles que procuram enquadrá-la em constitutivas.

Constata *Frederico Marques* que: "As ações de mandamento foram criadas por *Kuttner* e aceitas, entre outros, por *Goldschmidt*. Este as definiu nos seguintes termos: "A ação de mandamento tende a obter um mandado dirigido a outro órgão do Estado, por meio de sentença judicial." Essa categoria de ações, como observa *Alcalá Zamora*, além de pouco difundida, não atingiu o grau de maturação alcançado pelas demais categorias do direito de agir. A ação mandamental, no dizer de *Guasp*, não é categoria processual congruente com as anteriores, pois não se funda em natureza peculiar do pedido ou prestação jurisdicional invocada, e, sim, no destinatário especial da sentença, que é um órgão do Estado diferente do judicial" (Instituições, v. 2, p. 57).

O comando emergente das sentenças ditas mandamentais, todavia, se apresenta com maior intensidade executória. Como bem realçava *Pontes de Miranda*, "a ação mandamental prende-se a atos que o juiz ou outra autoridade deve mandar que se pratique. A prestação jurisdicional, no comando de segurança, é mandamento, posto que o juiz ou tribunal manda (...) A sentença, no mandado de segurança, não é executiva; a eficácia executiva que possa ter, há de ser pequena. O juiz ou tribunal, que manda, não empossa, não reintegra, não readmite, não faz cessar a infração; manda que se emposse, que se reintegre, que se readmita". Ainda segundo *Pontes de Miranda*, "entre as ações mandamentais especiais incluem-se o *habeas corpus*, o mandado de segurança, o interdito proibitório. Entre as cautelares mandamentais, temos o seqüestro, o arresto a busca e apreensão; o depósito de menores e incapazes etc." ("Comentários ao Código de Processo Civil", v. 1, p. 107).

45.1.22. Da decisão pró-cognição

A decisão proferida na ação cautelar não firma residência no mérito da causa principal (art. 806 do CPC). Tem por escopo, em certos casos, influir na fase cognitiva da ação principal, *v. g.*, quando cuida da antecipação de prova (depoimento pessoal, depoimento testemunhal, prova pericial, *vistoria ad perpetuam rei memoriam* etc.). Em outros casos, o seu objetivo é o de prover para que a execução futura não seja obstada por ato do devedor, *v. g.*, o arresto, o seqüestro, busca e apreensão, protesto contra a alienação de bens etc.

45.1.23. Da competência para apreciar a cautelar preparatória

A competência, regra geral, há de ser do juiz competente para a causa principal. Dispõe o art. 800 do CPC que: "As medidas cautelares serão requeridas ao juiz da causa; e, quando preparatórias, ao juiz competente para conhecer da ação principal."

Entendemos que o dispositivo legal, em face do princípio da utilidade da prova ou da medida requerida, cuida da regra geral, vale dizer, a cautelar preparatória há de ser proposta, sempre que possível, no juízo competente para conhecer da ação principal. Todavia, em havendo forte perigo de a medida não atingir o seu objetivo (princípio da utilidade) por impossibilidade de propositura no juízo competente, entendemos que poderá ser proposta em outro juízo, que não o da causa principal. Essa é a tendência expressa no Código Buzaid (art. 219) e que fora adotada pelo Código de 1939 (art. 166, § 1º).

Nesse sentido, é o magistério de *Frederico Marques*, ao afirmar que "urgente se apresentando a medida, a propositura da ação cautelar no território ou no foro em que mais rápida e eficientemente se possa atender à necessidade da providência requerida, não irá afetar a concessão desta, ainda mesmo que incompetente o juízo requerido, porquanto se trata de competência territorial, que é relativa. Se o juiz decretou sem ouvir o réu (art. 804), o pronunciamento deste, ao depois, levantando a exceção de incompetência, em nada prejudicará a medida deferida. O juiz competente poderá suspender a liminar concedida por juiz incompetente e remeter a matéria para o julgamento da ação cautelar. Além disso, concedida que foi a providência cautelar, cumpre ao autor, até 30 dias, ingressar com a ação principal (art. 806), pelo que a suspensão do processo (art. 306) será irrelevante" ("Manual ...", v. 4, p. 351).

45.1.24. Da jurisdição voluntária

Previne *Coqueijo Costa* que "a adoção de medidas cautelares é privativa dos órgãos jurisdicionais do Estado, como o é a execução (*potestas*), que se segue à *auctoritas* da jurisdição". Por isso — acrescentamos — diz o autor, "não há processo cautelar em procedimento de jurisdição voluntária. Se a medida cautelar não se volve para uma execução futura, não é cautelar" ("Direito Judiciário do Trabalho", p. 605).

A colocação do eminente autor é perfeita nos exatos termos do art. 806 do CPC, "já que, nas lições de *Podetti*, as medidas cautelares como todas as instituições processuais assentam sua unidade e autonomia na clássica *trilogia* estrutural que propôs: jurisdição-ação-processo" (*Theodoro Júnior*, ob. cit., p. 57). No procedimento de jurisdição voluntária, não há lide. O termo "jurisdição" (art. 1º do CPC) está mal colocado. Os interesses das partes são convergentes e o Poder Judiciário não substitui as partes para dizer o direito, não há processo, e o Estado apenas dá ao ato a chancela do valor estatal, *v. g.*, homologação de separação consensual, inventário etc. Como bem ressalta *Humberto Theodoro Júnior*, "não se busca com a cautela a composição da lide (fim da atividade jurisdicional principal), mas tão-somente a eliminação de situações perigosas que possam afetar, eventualmente, a eficácia do futuro provimento principal ou de mérito" (ob. cit., p. 57). E no procedimento voluntário, repita-se, não há falar em lide.

45.1.25. Da rescisória em ação cautelar

Dispõe o art. 485 do CPC que a sentença de mérito, transitada em julgado, pode ser rescindida (...). Vale dizer, a exigência básica para a propositura da ação rescisória é a existência de sentença ou de acórdão que tenha apreciado o *meritum causae*, vale dizer, tenha transitado em julgado materialmente.

Preleciona *Barbosa Moreira* que "rescindível é apenas, no sistema do novo Código, 'a sentença de mérito'. No Direito anterior, era possível rescindir decisões não definitivas, quer dizer, que não julgassem o *meritum causae*. A nosso ver, teria sido preferível manter o mesmo princípio" ("Comentários ao Código de Processo Civil", v. 5, p. 114).

A regra geral é de que as decisões proferidas em ações cautelares transitam em julgado, mas não fazem coisa julgada. Isto é, transitam em julgado formalmente (preclusão *pro judicato*), não materialmente.

Há, todavia, uma exceção à regra, prevista no art. 810 do CPC, que permite seja declarada a prescrição ou a decadência do direito do autor. O acolhimento da prescrição ou da decadência constitui anomalia do processo cautelar, posto que a matéria pertence, desenganadamente, ao âmbito da ação principal. Em casos tais, a decisão transita em julgado formal e materialmente, formando a coisa julgada, passível de rediscussão mediante ação rescisória.

No sistema do Código vigente, lembra *Humberto Theodoro Júnior*: "a coisa julgada só se refere ao mérito da causa (art. 468), entendido este como sinônimo da lide, ou conflito de interesses qualificado pela pretensão de um dos litigantes e pela resistência do outro" (ob. cit., 146). Segundo dispõe *Buzaid* (Exposição de Motivos, n. 6), "o julgamento desse conflito de pretensões, mediante o qual o juiz, acolhendo ou rejeitando o pedido, dá razão a uma das partes e nega-a à outra, constitui uma sentença definitiva de mérito. A lide é, portanto, o objeto principal do processo e nela se exprimem as aspirações em conflito de ambos os litigantes". *João Carlos Pestana de Aguiar Silva*, em "Síntese informativa do Processo Cautelar", realça: "Como a ação cautelar é puramente instrumental e não cuida da lide (conflito de interesses, que é objeto da ação principal), a sentença nela proferida nunca é de mérito e, conseqüentemente, não faz coisa julgada, no sentido técnico" (ob. cit., p. 156).

45.1.26. Da cautelar conservativa e inovativa

Distingue *Francesco Carnelutti* (*"Sistema del Diritto Processuale Civile"*, Pádua, Ed. Cedam, 1936, v. 3, p. 205 e ss.) a prevenção conservativa e inovativa. Na ação conservativa, o escopo é manter o *status quo* (*v.* g., o seqüestro, liminar em ação de nunciação de obra nova). Na cautelar inovativa, o objetivo perseguido é a modificação no estado de fato, com conseqüente antecipação na modificação jurídica de uma situação (*v.* g. separação de corpos).

45.1.27. Da cautelar na cautelar

A parte interessada pode e deve utilizar os meios processuais ao seu dispor. Naturalmente, o uso do *remedium juris* hábil no momento próprio dependerá sempre do menor ou maior preparo profissional do causídico. Assim, embora o emprego de processo cautelar em outro também cautelar não se apresente com marcante intensidade, o seu cabimento é induvidoso, *v. g.*, determinado o arresto ou o seqüestro, a parte nega-se a exibir o bem, obrigando seja determinada a busca e apreensão.

Lembra *Batalha* que "o processo cautelar pode iniciar-se de maneira autônoma, ou como preparação de um processo a seguir-se, ou ainda pode intentar-se na pendência de uma ação de conhecimento ou executória. Admite-se, outrossim, que um processo cautelar seja objeto de outro processo cautelar (p. ex., busca e apreensão de um bem cujo seqüestro já fora determinado)" (Revista Forense, 247/41, *apud Theodoro Júnior*, ob. cit., p. 160).

45.1.28. Das cautelares inespecíficas

A rubrica ora utilizada tem por finalidade demonstrar a amplitude do campo em que medram as medidas inominadas, utilizando-se, por vezes, de formas inusitadas para conseguir o objetivo perseguido.

O processo do trabalho, a exemplo do processo comum e com mais forte razão, há de ser cosmopolita em sua essência, há de ter amplitude e descortínio para dar proteção a toda situação que se apresente, *prima facie*, como injusta e de difícil reparação. O juízo há de ser cauteloso na concessão; mas, não tão cauteloso a ponto de neutralizar o uso do remédio processual.

Há de pautar-se pela prudência e pela razoabilidade.

As cautelares inominadas ou inespecíficas têm campo amplo e fértil em dependendo da imaginação da parte.

No âmbito constitucional, existe campo vasto ao florescimento de cautelares, *v. g.*, liberdade de pensamento, inviolabilidade de correspondência e das comunicações, inviolabilidade de domicílio, liberdade do exercício de trabalho ou profissão, respeito ao direito de autor e propriedade industrial, direito de reunião ou de associação, direito à certidão em órgão público (decorrido o prazo decadencial para o mandado de segurança).

Lembra *Galeno de Lacerda* que muitos desses direitos encontram tutela preventiva ou repressiva na ordem pública pelo mandado de segurança se a coação emanar de autoridade pública. Todavia, lembra, o mandado de segurança não se presta a combater todas as hipóteses de lesão ou de ameaça; quanto ao Direito Penal, mais vale tomar cautela preventiva e inibitória do infrator atual ou virtual, do que puni-lo depois de consumado o ilícito.

São exemplos do festejado autor: *Previdência social*: o não pagamento de pensões ou a recusa de atendimento médico-hospitalar, ou de quaisquer outros benefícios, justificam plenamente a outorga de cautelar liminar e preventiva em favor do prejudicado, se precluso ou incabível o mandado de segurança, ou se impossível a comprovação documental da lesão, providência prévia e dependente, é claro, da ação principal respectiva. Da mesma forma, hospitais, médicos, dentistas, entidades assistenciais etc., poderão propor cautelares suspensivas de exigências arbitrárias da autoridade, e mesmo comissivas, quando ilegal a proibição à prática do ato, sempre como medida preventiva da ação adequada. *Direito administrativo:* a) *servidores públicos*: cabível a cautela para proteger remuneração de servidor público, de nítido caráter alimentar, quando se pretende diminuí-la, ferindo direito adquirido. Atente-se, todavia, para o que dispõe o art. 5º da Lei n. 4.348/1964; b) *direito à certidão*: a ilegal recusa em fornecer certidão, direito amparado expressamente pela Constituição Federal, pode igualmente justificar cautela prévia, se precluso o mandado de segurança; c) *serviços públicos*: se a entidade fornecedora, por exemplo, corta ilegalmente a água, o gás, a energia elétrica, o telefone, pode acontecer que o prejudicado não consiga provar documentalmente o dano ou o termo inicial do prazo para a segurança, ou este tenha precluído sem reação imediata, por motivo de ausência ou outra razão justificável. Em hipóteses como tais, faz-se imperativa a liminar na cautela, para que se restabeleça o serviço, se presentes os requisitos da ação cautelar; d) *contrato administrativo*: concorrência clandestina: assinale-se que o concessionário possui ação contra terceiro que perturbe ou faça concorrência clandestina ao serviço concedido (RT 396/162), o que lhe dá indiscutível direito à cautela atípica para fazer cessar o ato ilícito ou abusivo, em função de ação principal cominatória correspondente; e) *poder de polícia*: contra emprego ilegal ou abusivo do poder de polícia poderá caber a liminar da cautela, se não utilizável a segurança pelos motivos já apontados (preclusão, falta de prova documental etc.). São exemplos colhidos pelo autor na jurisprudência: proibição ilegal de entrada em repartição pública (RT 418/395); apreensão indébita de veículo ou de carteira de motorista (RT 376/215); concessão abusiva de privilégio (RT 492/61); recusa ou exigência injustificadas de alvará de licença, ou fechamento arbitrário de estabelecimento comercial ou industrial, tolhendo a liberdade de trabalho ou de profissão (RT 268/471, 349/491, 402/186, 268/739, 342/471, 346/116, 375/148, 391/193); taxação de inidônea, sem obediência às prescrições legais, a empresa inscrita em concorrência pública (RT 501/51); apreensão ilegal de mercadorias (RT 383/125), que não provenham do estrangeiro, pois, quanto a estas, as liminares são vedadas pela Lei n. 2.770, de 4.5.1956, o que, entretanto, não afastaria a possibilidade de cautela sem liminar; f) *direito de construir*: cabível, também, a cautela contra denegação indevida ao direito de construir. Neste sentido, a simples declaração de utilidade pública para fins de desapropriação não impede que o proprietário edifique no terreno visado (RT 290/525, 342/264, 352/410). De outro lado, se a construção de obra pública (viaduto, bueiro, rebaixamento de nível de rua etc.) causar prejuízo a imóvel, o proprietário deste será ressarcido (RT 276/367, 453/75, 486/92), não possuindo, porém, ação a impedir a obra (RT 374/298) ou exigir-se alteração (RT 277/352); g) *poluição*: quando a ação administrativa exigir intervenções que ultrapassem os limites legais de iniciativa direta do poder de polícia, cabe ao ente público requerer ao Judiciário a cautela necessária, em função da demanda principal cabível, *v. g.*, para obrigar a mudança de fábrica instalada em zona residencial (RT 347/156), ou impedir despejo de águas servidas por fábrica na via pública (RT 282/616), ou em outras situações análogas; h) *ensino*: se preclusa a oportunidade para o mandado de segurança, registra o autor que em decisão talvez pioneira a 6ª Câmara Civil do Tribunal de Justiça de São Paulo, em acórdão relatado pelo Desembargador Tomaz Rodrigues, admitiu expressamente cautela inominada para obrigar à matrícula de aluno em educandário particular (RT 499/119, acórdão de 10.9.1976); i) *desapropriação*: em matéria de desapropriação, assiste tanto ao expropriante quanto ao expropriado o uso da ação cautelar atípica, *v. g.*, nulidade de decreto expropriatório. Exemplificamos nós, com base em acontecimento recente, desapropriação de mansão pela Prefeitura de São Paulo para a construção de creche.

O campo cautelar, como se disse, é muito fértil, *v. g.*, vazamento em apartamento, necessitando o proprietário entrar no apartamento do vizinho do andar superior para efetivar o conserto e este se nega a autorizar a entrada; condomínio, que por meio de assembléia geral faz exigência ilegal aos condôminos etc.

No campo do processo do trabalho, os exemplos são inúmeros, *v. g.*: a) empregado que é mudado de função; b) desempenho de serviço perigoso sem proteção adequada ou o insalubre; c) patrão se nega a conceder horário para que a empregada possa amamentar o filho; d) patrão se nega a conceder férias para empregado menor de 18 anos juntamente com as férias escolares (art. 136, § 2º, CLT); e) transferência (art. 659, IX, CLT); f) redução de salário (salvo exceção — art. 6º , VI, CF/1988), posto que caráter alimentar (arts. 100; e 33 das Disposições Transitórias da CF/1988); g) empregador que se nega a liberar a mulher grávida para licença-gestante (art. 6º, XVIII, CF/1988); h) empregador que se nega a mudar a mulher gestante de função, *v. g.*, não consegue mais trabalhar em pé durante todo o expediente; i) empregado menor a quem o empregador se nega a conceder tempo para a freqüência às aulas; j) empregador que se nega a devolver a CTPS com anotação do contrato de trabalho (art. 29 da CLT); k) trabalhadores em serviços permanentes de mecanografia em que o patrão se nega a conceder o repouso de 10 (dez) minutos a cada 90 (noventa) minutos de trabalho (art. 72, CLT); l) empregador que insiste em conceder férias parciais a empregados menores de dezoito e maiores de cinqüenta anos (art. 134, § 2º, CLT); m) trabalhadores em construções que não ofereçam o mínimo de segurança (art. 170 e ss. CLT); n) empregados que trabalham no interior de câmaras frias (frigorífico), movimentando mercadoria do ambiente normal para o frio e vice-versa, a quem o patrão se nega a conceder o repouso de vinte minutos a cada período de uma hora e quarenta minutos de trabalho etc.

O uso racional de medidas cautelares se constitui em meio legal idôneo a evitar a busca da rescisão indireta, cujos motivos nem sempre são de fácil comprovação, preservando-se o emprego, um bem maior a ser protegido.

Lembra *Batalha* que “entre as medidas inespecíficas podemos destacar a utilização distorcida de mandados de segurança para obtenção de efeito suspensivo a recurso que por lei só deve ter efeito devolutivo, as suspensões de despachos suspensivos liminares a mandado de segurança, as suspensões de liminares em ações possessórias, os efeitos suspensivos de sentenças coletivas, a suspensão de transferência de empregados (Lei n. 6.202, de 17.4.1975), as reclamações e os pedidos de correição. Essas medidas cautelares inespecíficas são previstas em leis, regulamentos ou regimentos internos dos tribunais, sem a forma processual de ações cautelares. Mencionem-se também as cautelares de massa, requeridas pelos sindicatos em substituição processual dos associados, como, p. ex., os pedidos de manutenção da URP contra o seu congelamento" (artigo de doutrina citado)

Incluam-se aqui as liminares pleiteadas em ações rescisórias, na própria ação ou mediante mandado de segurança. Sobre o assunto, remetemos o leitor ao item 23.7, onde a matéria foi especialmente abordada.

45.1.29. Dos honorários advocatícios

Os honorários advocatícios, periciais etc., são uma paga devida ao profissional pela parte sucumbente (princípio da sucumbência), posto que o credor, obrigado a vir a juízo para receber o que lhe é devido, deve receber aquele valor que receberia na época própria, caso o devedor inadimplente não fosse. É a aplicação do princípio da *restitutio in integrum*.

Lamentavelmente, no processo do trabalho, salvo exceções (Lei n. 5.584/1970 e Enunciado n. 236 do TST, revogado), não se aplica o princípio da sucumbência. E as argumentações dos que defendem a permanência do *status quo*, regra geral, não são convincentes. Excepcionam-se os casos em que a matéria não é trabalhista e se aplica o processo comum (EC n. 45/2004).

Na Justiça comum, os tribunais ainda não perfilam tranqüilo entendimento. "Atentado não é ação propriamente dita, que exige processo solene, mas uma ação incidente. Não ocorrendo malícia ou temeridade no procedimento, e havendo falhado a prova, não se condena o autor ao pagamento de honorários advocatícios, mesmo porque não há vencido nem vencedor. Só essa situação se define na ação principal" (TJRJ, DORJ 17.5.1967, *apud Alexandre de Paula*, em "Código de Processo Civil Anotado", Ed. RT, 1977, v. 1, p. 103). "Improcede a ação de atentado cujo autor não prova suficientemente ter havido prejuízo em seu patrimônio com a alegada inovação da lide, sendo de condená-lo em custas e honorários de advogado" (TJBA, Bahia For. 5/227, *apud Alexandre de Paula*, ob. ret. cit., p. 107).

45.1.30. Do poder público e a concessão de liminar

Em se cuidando de obrigações de pagar, são raros os casos em que os requisitos autorizadores da concessão se fazem presentes (*fumus boni juris* e o *periculum in mora*). Em princípio, o Poder Público não é insolvente. Seus débitos obedecem à ordem do pedido requisitório (art. 730 do CPC). Todavia, isso não significa que o Poder Público pode agir de maneira arbitrária, *v. g.*, autarquia que resolve eliminar o funcionário da folha de pagamento por motivos políticos. Como regra geral, deve sempre ser ouvido. Desaconselhável a concessão de liminar *inaudita altera pars*.

Dispõe o art. 5º da Lei n. 4.348, de 26.6.1964, que "não será concedida a medida liminar de mandados de segurança impetrados visando à reclassificação ou equiparação de servidores públicos, ou à concessão de aumento ou extensão de vantagens". E completa o parágrafo único: "Os mandados de segurança a que se refere este artigo serão executados depois de transitada em julgado a respectiva sentença" (V. item 1.21).

As regras são aplicáveis às medidas cautelares impetradas com o escopo de conseguir aumento ou extensão de vantagens. Em princípio, não tem cabimento. Entretanto, em se concedendo, defeso seria obrigar-se o Poder Público ao imediato pagamento ou mesmo que o valor pleiteado fosse colocado em folha de pagamento suplementar para pagamento imediato. A liberação de valores depositados só poderá ocorrer após o trânsito em julgado da ação principal que deverá ser proposta (art. 806 do CPC), pena de a liminar perder a sua eficácia. A matéria deverá ser sempre apreciada pelo julgador com douto critério e só excepcionalmente poderá a importância depositada ser liberada; mas, sempre, mediante caução idônea, desde que proposta a ação principal. *Vide* Lei n. 7.969, 22.12.1989. Ver Lei n. 8.437/1992.

A Lei n. 8.437, de 30.06.1992 (DOU 1º.07.1992) teve por escopo restringir a via cautelar, em se cuidando do Poder Público. Assim é que no seu art. 1º comanda que "Não caberá medida liminar contra atos do Poder Público, no procedimento cautelar ou em quaisquer outras ações de natureza cautelar preventiva, toda vez que providência semelhante não puder ser concedida em ações de mandado de segurança, em virtude de vedação legal". A Lei repete aquilo que a Lei n. 7.969, 22.12.1989 já havia previsto, ampliando pouco mais.

A providência, como dissemos, teve por objetivo restringir o alcance cautelar, mais amplo do que a via da segurança e sem aquelas restrições impostas, *v. g.*, Lei n. 4.348, 26.6.1964, art. 5º e Lei n. 5.021, de 09.06.1966, art. 1º, § 4º. A verdade é que a via cautelar mais ampla acabava por neutralizar as normas próprias da segurança, com a vantagem de a cautelar não estar sujeita ao prazo decadencial de 120 dias.

Referida Lei ressalvou os casos de ação popular e de ação civil pública (§ 2º). Prevê no § 3º não ser possível o esgotamento do objeto por meio de liminar em cautelar. Providência, a nosso ver, ociosa, já que da natureza da cautelar a prevenção para uma execução futura, não o esgotamento do objeto, posto que não tem índole satisfativa, salvo exceção, *v. g.*, separação de corpos em separação judicial litigiosa. Também modificou para a espécie o que dispõe o art. 520, IV, CPC, dando ao recurso voluntário ou *ex officio* o efeito também suspensivo.

As restrições impostas, quer em via de segurança, quer em via cautelar não poderá ser absoluta. Nada pode ser absoluto. Caberá sempre ao Poder Judiciário interpretar a lei e aplicá-la ao caso concreto. Mesmo porque a exceção é sempre virtual. De resto é a exceção que confirma a existência de regra geral.

Em se trazendo a matéria para a realidade diária, tem-se que o escopo da lei foi, de alguma forma, coibir a prodigalização de liminares *inaudita altera pars*, em sua grande maioria de natureza satisfativa, contrariando, assim, a própria índole da cautelar que é a de garantir uma possível execução futura com objetivo preventivo.

Muito embora a concessão de liminar em sede cautelar esteja calcada apenas na verossimilhança, isso não significa que o juiz ao decidir escorará apenas em foro subjetivo seu. O subjetivismo lançar-se-á em termos de apreciação sobre fatos objetivamente trazidos pela parte. A satisfação do pedido via liminar poderá trazer conseqüências danosas e sem possibilidade de reparação. Poderá levar ainda ao inusitado de a parte sequer cumprir a normatização legal (art. 806, CPC), esgotando-se o objeto do pedido sem qualquer discussão de mérito.

É preciso que se remova de vez o comodismo de conceder-se liminares (*ad cautelam*), sem qualquer análise, ainda que superficial, com desastrosas conseqüências.

A concessão, embora contida em campo discricionário do julgador, exige a existência de certos requisitos ou pressupostos. A discricionariedade atuará quando presentes esses requisitos. O juiz atuará sempre em sede de razoabilidade. Tudo isso porque o seu poder é discricionário. Não é arbitrário. Haverá de garantir, como direto do processo, a obediência ao devido processo legal.

45.1.31. Da prescrição e da decadência

A inovação permitida pelo Código Buzaid de apreciar a matéria (prescrição e decadência) em âmbito cautelar, investe sobre matéria que só deveria ser apreciada na ação principal, segundo a totalidade dos Códigos alienígenas, sem qualquer precedente no direito pátrio.

Inicialmente, contra essa inovação insurgiu-se *Luiz Antônio Andrade* (integrante da comissão revisora do Anteprojeto). E foram contra a inovação *Célio Borja* (na Câmara, na qualidade de relator geral do Projeto) e *Nelson Carneiro* (no Senado). Para os opositores, a inovação fugia à ortodoxia, posto que discutia em sede cautelar, matéria que pertencia à cognição da ação principal. Ponderavam que a cautelar, se preparatória, não deveria imiscuir-se em matéria que não lhe dizia respeito; se incidente, a matéria seria discutida dentro da ação principal. Quando muito, em sendo preparatória, poderia o juiz negar o pedido, ou seja, poderia indeferir a providência cautelar, mas, sem o efeito da coisa julgada no processo principal. E razão tinham, posto que na cautelar basta a verossimilhança (aparência do bom direito). E em tendo força de coisa julgada, a verossimilhança somente não será suficiente. Haverá, pois, uma ampla *cognitio*. Todavia, a final, o Congresso optou pela inovação em homenagem ao princípio da celeridade e da economia processual. Por que perder-se tempo e trabalho, aguardando a propositura da ação principal, se existe a possibilidade de declarar-se a existência da prescrição ou da decadência? ("Código de Processo Civil, histórico da lei", v. 1, t. 1, p. 388, e t. 2, p. 1.241).

Galeno de Lacerda preleciona: "Registre-se, ainda, que a declaração de tais fatos extintivos pressupõe cautela jurisdicional. Nas voluntárias (vistorias, etc.), como não há jurisdição propriamente dita, nem contraditório (v. classificação da cautelar, na Introdução, ns. 5 e 6, e comentários aos arts. 802 e 803, ns. 51 e 52 *supra*), não cabe pronúncia da prescrição ou de decadência do Direito material. Aliás, o art. 810, ao falar em direito "do autor" refere-se, como é óbvio, às ações cautelares jurisdicionais, àquelas onde há "sentença", pois nas voluntárias não existe autor nem réu, e sim "requerente" e "requerido", nem tampouco sentença jurisdicional, mas mera homologação." Prossegue o festejado autor, colocando em discussão três questões: "1º) Essa sentença faz coisa julgada material, impeditiva da ação principal? 2º) Pode o juiz reconhecer de ofício esses fatos extintivos? 3º) Quando rejeitadas na ação cautelar, as argüições de decadência e prescrição poderão ser renovadas na ação principal? Quanto à primeira questão, não há dúvida possível: o reconhecimento da prescrição ou da decadência faz coisa julgada material em favor do réu, e impede a ação principal, trancável pela respectiva exceção (*Pontes de Miranda* e outros)." Quanto à 2ª questão, completa o autor, "se o próprio Código Civil, art. 166, só veda o reconhecimento de ofício da prescrição no tocante aos direitos patrimoniais (O art. 166 não tem correspondente no CC atual); se, quanto aos demais direitos, o Código de Processo Civil, em duas oportunidades reitera esse poder judicial (arts. 219, § 5º, que tem nova redação conforme a Lei n. 11.280/2006, e 295, IV); se a decadência, pelo interesse público que a envolve, pode ser sempre decretada de ofício — não vemos como nem por que negar atuação direta do magistrado, no sentido da declaração da decadência dos direitos, ou da prescrição do exercício de direitos não patrimoniais, no procedimento cautelar, só porque o art. 810 fala em alegação do réu (Simpósio de Curitiba, acolhendo proposição de *Alberto Deodato Filho* entendeu diferentemente). Impõe-se, aqui, interpretação construtiva, inspirada na finalidade do texto, dentro do sistema legal. A última indagação, ainda dentro do sistema, comporta solução negativa". Todavia, entende o autor, "contudo, a renovação será possível se o juiz não conheceu da questão, ou não a julgou, por falta de prova, p. ex., ou a relegou para o processo principal" ("Comentários ...", v. VIII, p. 425 e ss.).

Ao declarar-se a prescrição ou a decadência em sede cautelar permite a lei (art. 810 do CPC) a usurpação, onde a cautelar se projeta sobre tema meritório pertencente à ação principal. E foi justamente isso que procuraram demonstrar os opositores por ocasião da discussão do projeto que veio a transformar-se em lei.

Com o advento da Lei n. 11.280/2006, o § 5º, do art. 219 do CPC passou a vigorar com nova redação ("O juiz pronunciará, de ofício, a prescrição"). Isso significa que a partir da entrada em vigor da nova lei, a prescrição perdeu a natureza jurídica de direito privado e passou a ser considerada de natureza pública. Disso resultaram as seguintes conseqüências: a) o devedor perdeu a prerrogativa de renúncia sobre a prescrição, posto que se não a invocar, por ocasião da defesa, o juiz instrutor deverá pronunciá-la de ofício; b) em sendo instituto de natureza jurídica pública, a exemplo do que sucede com a decadência, poderá ser pronunciada a qualquer momento ou grau de jurisdição pelo devedor ou por qualquer outro magistrado (juiz, desembargador, ministro), dependendo da jurisdição onde se encontrar o processo. Provada nos autos a prescrição, silente o devedor, deverá o juiz pronunciá-la. Percebe-se alguma resistência por alguns magistrados em admitir a modificação da natureza jurídica privada para a pública, sob o argumento de que o trabalhador é hipossuficiente e a mudança é prejudicial. Primeiro, não cabe ao juiz decidir se aplica ou não a lei, sob o argumento de que seria prejudicial. O argumento não resiste a análise mais séria. O juiz é aplicador da lei, não legislador. Segundo, nem todos os trabalhadores são hipossuficientes, o que demandaria terem-se duas espécies de prescrição: uma de natureza privada para o hipossuficiente e outra de natureza pública para os não hipossuficientes. Mas se esbarraria em outro impedimento, qual seja, o de que a prescrição é instituto unitário, não existindo prescrição civi, penal, trabalhista, tributária, previdenciária etc. Poderá haver peculiaridades no ramo onde é aplicada. Todavia, não se pode bipartir o instituto em prescrição de natureza privada (trabalhista) e prescrição de natureza pública (para os demais ramos do direito). Terceiro, o poder do magistrado não vai ao exagero de transformar a natureza jurídica do instituto, sob o argumento paralógico de que a transformação é prejudicial ao trabalhador, devendo-se aplicar a norma mais benéfica. Aqui surge mais um óbice: a norma mais benéfica aplicável em sede trabalhista diz respeito ao direito material (*Russomano*, *Délio Maranhão*, *Batalha* etc.). A prescrição é instituto de direito público e atua em sede processual, obstando o direito de ação. Nesse caso, âmbito processual, vige a igualdade das partes. Diga-se, ainda, por amor ao argumento que a decadência, a preclusão, a perempção, a coisa julgada são institutos que de alguma forma podem causar prejuízo ao hipossuficiente. Entretanto, não existe registro de que algum magistrado tenha deixado de aplicar referidos institutos sob o argumento de que seriam prejudiciais.

Aconselha *Mário Guimarães*: "Deverá o juiz obedecer à lei, ainda que dela discorde, ainda que lhe pareça injusta. É um constrangimento que o princípio da divisão dos Poderes impõe ao aplicador." No mesmo sentido, *Francisco Campos*: "Não existe nenhum sistema jurídico em que se conceda ao juiz permissão para substituir a regra legal por aquela que lhe seja ditada pela sua consciência, ou pelo seu sentimento de justiça, ou pela sua filosofia econômica, política ou social." Há ainda um provérbio chinês que aconselha: "Quando fores entrar em uma aventura, verifique se a porta de saída não é muito estreita."

45.1.32. Do contencioso administrativo

Nos países em que existe o contencioso administrativo, o poder cautelar se restringe ao âmbito do Direito privado. Vale dizer, em tais países as querelas contidas no âmbito do Direito administrativo e mesmo parte do Direito penal são resolvidas dentro da própria administração. O contencioso administrativo tem maior aceitação naqueles países em que a separação de poderes inspirada por *Montesquieu* tem independência praticamente absoluta. Não é o caso, *v. g.*, do Brasil em que o Poder Executivo sempre foi um superpoder.

Lembra *Galeno de Lacerda* que "no Brasil o campo de atuação do processo dito "civil" se expande a domínios ignorados nos países ocidentais da Europa continental, pois aqui, ao contrário do que lá se verifica devido à existência dos contenciosos administrativos, a maior parte das relações de Direito público têm no processo civil o instrumento legal de composição dos respectivos conflitos. Em conseqüência, entre nós, a esfera de aplicação dos processos cautelares, particularmente dos inominados, há de assumir proporções bem maiores" ("Comentários ...", p. 161).

45.1.33. Da restrição

De conformidade com a Lei n. 7.969, de 22.12.1989, estende-se às medidas cautelares o disposto nos arts. 5º e 7º da Lei n. 4.348, de 26.7.1964. Referida lei estabelece normas processuais relativas ao mandado de segurança. E dispõe no art. 5º que "não será concedida a medida liminar de mandados de segurança impetrados visando à reclassificação ou equiparação de servidores públicos, ou à concessão de aumento ou extensão de vantagens. Parágrafo único. Os mandados de segurança a que se refere este artigo serão executados depois de transitada em julgado a respectiva sentença". E no art. 7º dispõe que "o recurso voluntário ou *ex officio*, interposto de decisão concessiva de mandado de segurança que importe outorga ou adição de vencimento ou ainda reclassificação funcional, terá efeito suspensivo".

A Lei n. 8.437, de 30.06.1992 (DOU 1º.07.1992) ampliou ainda mais a restrição, quando proibiu concessão de liminares em sede cautelar naqueles casos em que seria vedada em ação de segurança (art. 1º). Proibiu a cautelar satisfativa (§ 3º). E estendeu para o âmbito cautelar as restrições previstas nos arts. 5º e 7º da Lei n. 4.348/1964. Remetemos o leitor ao item 1.18.

45.1.34. Da reconvenção

Os estreitos limites da ação cautelar não admitem a reconvenção. Em sendo o seu objetivo prevenir para que futura execução tenha sucesso (*v. g.*, arresto, seqüestro, busca e apreensão), a sua natureza é precária e dependente do sucesso da ação principal, onde se discutirá o verdadeiro mérito do direito substancial invocado. Somente aí, na ação principal, poderá invocar a reconvenção. "Quanto à reconvenção, é remédio processual incabível nos limites do processo cautelar" (*Lopes da Costa*), eis que não se destinando à discussão sobre o mérito da controvérsia, "não há direito de base oponível" (*Hamilton de Moraes e Barros*, *apud Humberto Theodoro Jr.*, ob. cit., p. 128).

45.2. Da ação rescisória: parte geral

45.2.1. Do enfoque histórico

A Ação Rescisória, a *restituere* do Direito Romano, teve origem no *imperium* do Pretor. Todavia, ao soberano cabia a última palavra quanto à rescisão das sentenças.

Sua origem, para alguns, tem raiz na *querela nullitatis*. Assim é que segundo *Calamandrei*, a *querela nullitatis* foi fruto da tendência de todo o processo estatutário a tornar célere a solução das controvérsias, para a segurança do direito no interesse do comércio. A *querela nullitatis* se bifurcava em duas vertentes: a *querela nullitatis insanabilis* e a *querela nullitatis sanabilis*.

Tem-se, todavia, pela *restitutio in integrum* que a parte prejudicada perseguia o retorno das coisas ao seu *statu quo ante*. Isto é, o retorno ao estado em que se achavam as partes antes do julgamento. Por isso, alguns autores vêem também na *restitutio in integrum* a raiz da qual teria se originado a atual Ação Rescisória.

Para *Liebman*, a *querela nullitatis* sobrevive no Direito Brasileiro com o nome de Ação Rescisória.

Para *Pontes de Miranda*, a *querela nullitatis* não nos deu a ação rescisória. Ela é oriunda da concepção romana da sentença mais a concepção de sentença nula.

Lembra *Barbosa Moreira*, com suporte em *Calamandrei*, que "no Direito Romano a inobservância das regras processuais mais importantes e, em casos excepcionais, o próprio *error in judicando* (sentença contra *jus constitutionis)* não precisavam ser denunciadas nem através de recurso, nem por ação autônoma: determinavam pura e simplesmente a inexistência jurídica da decisão *(nulla sententia)*, alegável a qualquer momento, inclusive como obstáculo à *actio judicati*. Aliás, a *appellatio* veio a florescer, no período do *cognitio extra ordinem*, como meio de ataque contra a sentença injusta, não contra a processualmente defeituosa".

O tratamento dado à Ação Rescisória, desde as suas origens, como não poderia deixar de acontecer, sofreu modificações. E a tendência normal é a de restringi-la a certos parâmetros com o objetivo de sanar vícios que tornem desaconselhável a manutenção do julgado, tolhendo a perfeita distribuição da justiça, evitando reflexos negativos que amplitude maior poderia ocasionar, desaguando na própria insegurança dos julgados, com o desprestígio da *res judicata*.

A Ação Rescisória é um instrumento processual com o objetivo de prestigiar um correto julgamento, sanando vícios de procedimento ou de julgamento. Assegurar o mais próximo possível o objetivo de fazer-se justiça, dando a cada um o que é seu. Entretanto, não se volta contra a injustiça do julgado ou da má apreciação da prova. Persegue a ilegalidade praticada de alguma forma.

Fixa residência em âmbito de excepcionalidade e é remédio processual a ser usado com moderação e somente poderá ter sucesso naqueles casos taxativamente rotulados na lei.

E assim é porque a magnitude da coisa julgada somente em casos excepcionais poderá ser colocada em dúvida, rediscutida. E no âmbito restrito da sua rediscussão não se perquire da injustiça do julgado ou do prejuízo causado ou, ainda, se a prova foi bem ou mal analisada em consonância com os parâmetros existentes para a espécie. A correção da ilegalidade é a tônica perseguida pelo *iudicium rescindens*.

A Ação Rescisória tem sede em matéria meritória selada com a *res judicata* (coisa julgada material).

45.2.2. Do direito intertemporal

Preleciona *Pontes de Miranda* ("Tratado da Ação Rescisória", Forense, Rio, 1964, p. 149): "Quanto ao momento a que se há de ligar a lei reguladora da ação rescisória, é ele do proferimento da sentença rescindenda, e não o da propositura da ação rescisória (erradamente, não tendo o Relator estudado o problema de direito intertemporal, sobretudo diante do art. 141, § 3º, da Constituição de 1946, a 2ª Turma do Supremo Tribunal Federal, a 14.4.47, RF 114/396)."

Lembra o eminente Autor que "se, no dia em que transitou em julgado, a sentença não era rescindível, não há pensar-se em *lex* nova que a faça rescindível. Se era rescindível, pelos pressupostos *a, b, c, d* e *e,* não se pode acrescentar novo pressuposto, que seja *f*. Nem pode ser eliminado qualquer deles. O prazo preclusivo não pode ser encurtado, porque o direito e a pretensão à rescisão já nasceram no dia em que transitou em julgado a sentença, e diminuir o prazo é extingui-lo por lei nova".

O Código Buzaid ampliou o elenco dos pressupostos específicos de rescindibilidade. Os motivos acrescentados, porém, só poderão invocar-se para pedir a rescisão de sentença já passada em julgado sob a vigência do novo diploma. As decisões trânsitas em julgado ainda no domínio do estatuto de 1939, e que à luz dele eram passíveis de rescisão por fundamento então reconhecido continuam passíveis de rescisão por esse fundamento, não contudo por qualquer dos novos fundamentos contemplados no art. 485 (*Galeno de Lacerda*, "O Novo Direito Processual Civil e os Feitos Pendentes", p. 56; cf. *Barbosa Moreira*, ob. cit., p. 152).

A prerrogativa da rescindibilidade de uma sentença ou de um acórdão se dá no exato momento em que transitou em julgado formal e materialmente. A rescindibilidade não se liga ao momento da propositura da ação. Esta marca o momento para os recursos; as partes terão direito aos recursos existentes na fase de conhecimento e na fase executória no momento da propositura da ação. Não se aplica à rescisória a norma mais benéfica. Se houve ampliação das hipóteses depois do trânsito em julgado, isso em nada modificará a situação, pois a rescisória continuará atrelada à lei anterior, ainda que restritiva, vale dizer com um rol menor de hipóteses rescindíveis. A recíproca também é verdadeira: se o trânsito em julgado se deu quando a lei havia ampliado o rol de possibilidades rescindíveis, a ela estará atrelada a coisa julgada, não por ser mais benéfica, mas por estar atrelada àquele momento em que a coisa julgada decidiu definitivamente a lide.

45.2.3. Da natureza e do conceito

A regra geral está prevista no art. 471 do CPC que dispõe: "Nenhum juiz decidirá novamente as questões já decididas, relativas à mesma lide, salvo: I — se, tratando-se de relação jurídica continuativa, sobreveio modificação no estado de fato ou de direito; caso em que poderá a parte pedir a revisão do que foi estatuído na sentença; II — nos demais casos prescritos em lei." Prevê a lei que ao publicar a sentença de mérito, o juiz cumpre e acaba o ofício jurisdicional, só podendo alterá-la: I — para lhe corrigir, de ofício ou a requerimento da parte, inexatidões materiais, ou lhe retificar erros de cálculo; II — por meio de embargos de declaração (art. 535 do CPC). A CLT prevê para a espécie nos arts. 833 e 702, II, "e". O art. 485 do CPC apresenta o rol dos casos em que possível a rescindibilidade da coisa julgada material.

A Ação Rescisória é de natureza constitutiva-negativa e tem por finalidade a desconstituição de sentença com trânsito em julgado (coisa julgada material), pressuposto irrecusável para o seu cabimento. É medida excepcional prevista no Código. "A eficácia de imutabilidade e indiscutibilidade da coisa julgada material (art. 467), que atribui à sentença força de lei nos limites da lide e das questões decididas (art. 468), leva à afirmação de que a coisa julgada material se projeta para o futuro. Produzida a coisa julgada material, as questões decididas, além de imutáveis, são indiscutíveis, quer no mesmo, quer em outro processo. Exatamente para o fim de obstar a mutação ou a discussão das questões já decididas, há a exceção de coisa julgada (art. 301, VI)"; cf. *Amaral Santos*, "Comentários", v. 4º/482.

Em se tratando de processo extinto sem o julgamento do mérito (coisa julgada formal, preclusão *pro iudicato*) a parte poderá propor novamente a ação. Todavia, em se cuidando de sentença cujo mérito foi enfrentado (coisa julgada material), poderá ser revista, desde que apresente um dos requisitos (art. 485 do CPC) de rescindibilidade, por meio da Ação Rescisória. *Pontes de Miranda* registra que: "A 1ª Turma da STF, a 7.10.1948, RF 123/116, lançou verdadeira heresia jurídica quando disse que a ação rescisória pode ser proposta antes de passar em julgado a sentença. Não há pretensão à rescisão antes do trânsito em julgado" ("Tratado das Ações", São Paulo, Ed. RT, 1976, p. 123).

Ação Rescisória não se traduz em sucedâneo de recurso.

45.2.4. Do conceito de rescindibilidade

Sentença rescindível não se confunde com sentença nula nem com sentença inexistente.

Censurou-se o legislador (cf. *Pinto Ferreira*) pelo uso da expressão "sentença nula", em vez de sentença anulável ou rescindível desde que não decorrido o prazo de 5 (cinco) anos para decadência (CC, art. 178, § 10, VIII). O entendimento da sentença nula do Código de Processo Civil de 1939, art. 798, era então o da sentença anulável ou rescindível; seria esta a verdadeira *mens legis*. A expressão "sentença nula" vem do Código Filipino (L. III, Tít. 75) que empregava a expressão "sentença nenhuma", o que foi repetido no Regulamento n. 737, de 1850 (ob. cit., p. 254).

Para *Barbosa Moreira* (ob. cit., p. 112), "os vícios da sentença podem gerar conseqüências diversas, em gradação que depende da respectiva gravidade. A sentença desprovida de elemento essencial, como o dispositivo, ou proferida em 'processo' a que falte pressuposto de existência, como seria o instaurado perante órgão não investido de jurisdição, é sentença inexistente, e será declarada tal por qualquer juiz, sempre que alguém invoque, sem necessidade (e até sem possibilidade) de providência tendente a desconstituí-la: não se desconstitui o que não existe. Mas a sentença pode existir e ser nula, *v. g.* se julgou *ultra petita*. Em regra, após o trânsito em julgado, a nulidade converte-se em simples rescindibilidade. O defeito, argüível em recurso como motivo de nulidade, caso subsista, não impede que a decisão, uma vez preclusas as vias recursais, surta efeitos até que seja desconstituída, mediante rescisão".

Temos para nós que o julgamento *extra* ou *ultra petita* não se traduz em nulidade do julgado. Isso significa que a jurisdição recursal poderá sanar a irregularidade, aparando o excesso consumado pelo julgamento *extra* e *ultra petita*. Apenas o julgamento *citra petita* dá oportunidade à nulidade do julgado, posto que nessa hipótese o Tribunal não poderá apreciar matéria que não passou pelo crivo do primeiro grau, pena de supressão de instância. E não se argumente com o art. 515 do CPC que cuida de "questões suscitadas e discutidas no processo, ainda que a sentença não as tenha julgado por inteiro". Aí não se contém o julgamento *citra petita*.

Para *Luís Eulálio de Bueno Vidigal* (cf., *Pinto Ferreira*, p. 255 e ss.): "Ao lado dessas há alguns atos com a aparência de sentença, contendo vícios de tal natureza e gravidade, que, independentemente de declaração judicial, em ação ou em defesa, não produzem qualquer efeito material ou processual. São as chamadas sentenças inexistentes, categoria que, embora desconhecida pela nossa legislação e pela doutrina recente, deve ser considerada ao lado da categoria das sentenças nulas.

"Sentenças inexistentes são todos os atos que não são sentenças. É claro, porém, que só nos interessam aqueles que, tendo a aparência de sentença, contêm defeito tão grave e manifesto, que qualquer pessoa de bom senso perceba, mediante ligeiro exame, que não constituem decisão judicial. Por exemplo: sentença constante de termo de audiência, em que se declara ter sido proferida por quem não era juiz; sentença não constante de documento escrito; sentença que contenha apenas o relatório do feito, isto é, que não contenha nem a fundamentação nem a parte dispositiva; sentença escrita ilegível; sentença proferida a favor ou contra pessoa inexistente.

"As sentenças inexistentes não produzem qualquer efeito jurídico; decorrido o prazo de recurso, poderão ser impugnadas na execução ou em ação rescisória; depois da execução, e decorrido o prazo para a propositura da rescisória (art. 495), ainda poderá a parte por elas prejudicada requerer a repetição do que houver pago ou a reposição das coisas no estado anterior à execução sem que lhe possa opor, com possibilidade de êxito, a exceção de coisa julgada."

Sentença rescindível é aquela que embora viciada com erros de procedimento ou de julgamento tem a força de coisa julgada a lhe dar plena executoriedade. Poderá ser nula (*v. g.*, proferida por juiz incompetente) ou anulável nos demais casos. A sentença inexistente não se confunde com sentença nula. A nulidade e anulabilidade exigem desconstituição. A inexistente não exige e por isso não há falar em prazo preclusivo.

45.2.5. Da diferença conceitual entre ação rescisória e recurso

O recurso é ato processual que tem origem no âmbito do processo e visa a reapreciação total ou parcial de ato judiciário tido pelo recorrente como errôneo. Tem lugar enquanto a decisão ainda não transitou em julgado. É ato, pois, que depende da existência de processo.

A Ação Rescisória é ato originário e tem por escopo desconstituir decisão que já transitou em julgado materialmente (coisa julgada). Não persegue a reapreciação, mas, a desconstituição do julgado que, em certos casos, poderá ser cumulado com novo julgamento. É o amalgamento do *iudicium rescindens* (desconstituição) com o *iudicium rescissorium* (novo julgamento). Exige a presença das condições da ação e de pressupostos normais e específicos.

Para o conhecimento do recurso, são exigidos certos pressupostos que se denominam de admissibilidade que lhe são próprios. O recurso poderá até desconstituir decisão em certos casos para que novo julgamento se proceda, *v. g.*, argüição de nulidade da sentença por cerceamento de defesa, julgamento feito por juiz incompetente etc. Mas, terá lugar sempre antes do trânsito em julgado.

Na Ação Rescisória, não há falar em nulidade ou anulabilidade do julgado. Esse vício restou sanado pelo selo da *res judicata*. O que a rescisória busca é a rescindibilidade do julgado em casos específicos. Não a sensibiliza também a boa ou a má apreciação da prova, a justiça ou a injustiça do julgado. Firma residência na ilegalidade.

Pontifica *Pontes de Miranda* ("Tratado da Ação Rescisória", p. 139) que "é erro dizer-se que ação rescisória ou revisão criminal é recurso, como falar-se de reabertura extraordinária da lide trancada pela força do caso julgado. A ação rescisória vai, exatamente, contra a eficácia formal da coisa julgada: quebrada essa muralha de eficácia formal, lá está o processado, a relação jurídica processual, que a preclusão fechara e fizera cessar; exsurge, não se reabre; o juízo rescisório não é reinstalação, mas volta à vida, ressurreição. Não se constrói a casa, que se fechara; abre-se a porta (= destrói-se a sentença) e reocupa-se a casa".

Escreve *Ulderico Pires dos Santos* (ob. cit., p. 1) que "enquanto os recursos constituem terapia ministrada no combate às sentenças e decisões contrárias à justiça, isto é, proferidas com injustiça, a ação rescisória está alheia a essa particularidade, posto que só vise a sentenças de mérito proferidas com afronta ao direito expresso e já fora do alcance dos recursos. O que ela é mesmo, é um 'remédio jurídico processual previsto na Constituição Federal', como afirma *Pontes de Miranda*".

Seria hoje anacronismo injustificável, acentua *Barbosa Moreira* (ob. cit., p. 105), prolongar a controvérsia, que em certa época lavrou na doutrina, sobre a assimilação da ação rescisória à figura do recurso (*vide* do Autor, "O Juízo de Admissibilidade no Sistema dos Recursos Civis", p. 9 e ss., espec. 12 e 15; *Bueno Vidigal*, "Comentários ao Código de Processo Civil", v. VI/21-2; *Ada Pellegrini Grinover*, "Direito Processual Civil", p. 155-6).

Prossegue o Autor: "Os meios de ataque às decisões judiciais ora são concebidos e regulados como recursos, ora como ações. Não há princípio algum *a priori* que obrigue a considerá-los todos como recursos. Os dados do *ius positum* é que são decisivos para a caracterização (*Ricci*). Pode, certo remédio, figurar neste ordenamento, entre os recursos, e o remédio correspondente ser tratado, naquele outro, como ação. A opção, de política legislativa, prende-se fundamentalmente a razões de conveniência, não sendo desprezível, ademais, a influência exercida, dentro de cada sistema jurídico, pelo peso dos resíduos históricos."

Lembra *Barbosa Moreira* (p. 105, nota 107 do rodapé) que "na doutrina alemã contemporânea, se registra brilhante tentativa de elaboração dogmática no sentido inverso, ou seja, no de construir-se a figura do recurso como ação (*prozessuale Gestaltungsklage*, isto é, ação constitutiva processual), à semelhança da revisão do processo (*Wiederaufnahme des Verfahrens*), que corresponde, no ordenamento tedesco, à nossa rescisória: é a idéia central da rica monografia de *Gilles*, *Rechtsmittel im Zivilprozess* (v., sobretudo, p. 7/8, 13, 49 e ss., 106)". Conclui: "Como outras obras do Autor, e sem embargo do mérito da obra, semelhante colocação parece-nos, quando menos, inadaptável ao nosso sistema jurídico positivo."

45.2.6. Das sentenças nulas, inexistentes e rescindíveis: distorções

O Código de 1939 (art. 798) dizia nula aquela sentença passível de ação rescisória. Vale dizer o legislador propiciava o uso da rescisória para a desconstituição de ação nula. O Código atual, inspirado em melhor técnica e atento às críticas, dispôs que "a sentença de mérito, transitada em julgado, pode ser rescindida".

Reclamava *Pontes de Miranda* da falta de técnica do Código de 1939 ao dizer que o art. 798 enumerava exatamente casos de rescisão, e não de nulidade da sentença, casos, pois, de rescindibilidade. E que a preclusão do qüinqüênio para a pretensão a rescindir sanaria a "nulidade" (art. 798, CPC/1939 e o art. 178, § 10, VIII, do CC).

A nulidade ou anulabilidade da decisão é neutralizada com o advento do trânsito em julgado. E esse vício persistirá, regra geral, decorrido o prazo preclusivo (decadencial).

A nulidade ou anulabilidade da decisão é atacável por meio de recurso próprio, enquanto não transitado em julgado. Após constituir coisa julgada passa a ser rescindível. E decorrido o prazo decadencial, regra geral, não mais rescindível será. "A sentença rescindível é menos eivada do que a sentença nula, e eficaz, enquanto não se rescinde por sentença trânsita em julgado" (*Pontes de Miranda*, "Tratado da Ação Rescisória", p. 150).

A Ação Rescisória é o meio pelo qual é permitida a rescindibilidade do julgado (desconstituição) por vício de nulidade ou de anulabilidade que restou sanado pela coisa julgada. Assim, não se deve dizer que a sentença ou acórdão é nulo, mas rescindível. A rescindibilidade permitirá que no *iudicium rescindens* se declare e sane vícios de nulidade ou ilegalidade da sentença ou do acórdão.

Nas lições de *Bueno Vidigal*: "A rescindibilidade é a possibilidade de ser rescindida uma sentença por ser nula ou injusta. A finalidade da ação rescisória é precisamente a de declarar a nulidade da sentença transitada em julgado, por causa da violação dos seus pressupostos legais." Temos para nós que a simples injustiça do julgado não se traduz em motivo bastante para dar respaldo à ação rescisória. Nesse sentido, dispunha o Código de 1939 (art. 800).

> "Na ação rescisória julga-se a ilegalidade do julgado e não sua injustiça, pois erros ou deficiências dos julgados são sanáveis pelas vias recursais. A via excepcional da rescisória procura o conserto e não a reapreciação do mérito." (TJSC, ac. un., 1.ª C., j. 30.8.1984, AR n. 446, Rel. Des. Protásio Leal Filho; Jurispr. Catarinense 46/342, *apud Alexandre de Paula*, v. II/699)

> "A injustiça da sentença e a má apreciação da prova ou errônea interpretação do contrato não ensejam a propositura, com êxito, da ação rescisória." (TST, ac. un., Pleno, j. 6.12.1980, RO n. 247-Rondônia, Rel. Min. Nélson Tapajós, DJ 12.12.1980; Adcoas 1981/76.377).

Nesse mesmo sentido, a Súmula n. 343 do STF: "Não cabe ação rescisória por ofensa a literal disposição de lei, quando a decisão se tiver baseado em texto legal de interpretação controvertida nos tribunais."

Decidiu o STF que "é desnecessária a ação rescisória contra sentença que julgou procedente ação de usucapião em que não foram citados os proprietários em nome de quem estava transcrito o registro de imóvel, pois, em relação a eles, ela não transita em julgado por ausência de pressuposto de existência. Admite-se que os não citados ajuízem diretamente, a ação reivindicatória" (STF, 1ª T., RE n. 96.696-0, Rel. Min. Alfredo Buzaid, DOU 22.10.1982).

Bueno Vidigal exemplifica como sentenças inexistentes, aquelas que, tendo aparência de sentença, contêm defeito tão grave e manifesto, que qualquer pessoa de bom senso perceba, mediante ligeiro exame, que não constituem decisão judicial, *v. g.* sentença constante do termo de audiência em que se declara ter sido proferida por quem não era juiz; sentença não constante do documento escrito; sentença que contenha apenas o relatório do feito, isto é, que não contenha nem a fundamentação e nem a parte dispositiva; sentença escrita ilegível; sentença proferida a favor ou contra pessoa inexistente.

Conclui *Bueno Vidigal* que as sentenças inexistentes não produzem qualquer efeito jurídico; decorrido o prazo de recurso, poderão ser impugnadas na execução ou em ação rescisória; depois da execução, e decorrido o prazo para a propositura da rescisória (art. 495), ainda poderá a parte por elas prejudicada requerer a repetição do que houver pago ou a reposição das coisas no estado anterior à execução sem que se lhe possa opor, com possibilidade de êxito, a exceção de coisa julgada" (ob. cit., p. 36-7, *apud Pinto Ferreira*, ob. cit., p. 256).

Temos para nós, que em se cuidando de ato inexistente, não há falar em prazo preclusivo e muito menos em ação rescisória. E poderá ser atacado por meio de ação declaratória com fulcro no art. 4º do CPC a qualquer tempo, vez que a ação declaratória é imprescritível. De resto, esse era de há muito o entendimento do mestre *Pontes de Miranda* ("Tratado da Ação Rescisória", p. 151 e ss.), quando do Código de 1939. A matéria não mudou: "A inexistência da sentença pode ser objeto: a) de ação declaratória tal como se conceitua no art. 2º, parágrafo único, do Código de Processo Civil (referia-se ao Código de 1939); b) de ação declaratória incidental; c) de decisão interlocutória ou final, inclusive de despacho em audiência, sem se ter proposto ação (*e. g.*, por ter sido alegado na petição, ou na defesa, ou em simples depoimento da parte ou da testemunha). Em todas as espécies, a decisão é declaratória negativa. A apreciação pode ser de ofício." Cita o Autor que "A sentença inexistente, *e. g.*, proferida por pessoa ou corpo julgador que não é juiz, é objeto de ação declaratória de inexistência, sem necessidade de 'ação' (cf. 2ª Câm. Cível do Tribunal de Apelação de Pernambuco, 11.12.1945, AF 17.647). Às vezes, a ação a propor-se é declaratória negativa incidental." Nesse sentido decidiu o STF: Para a hipótese prevista no art. 741, I, do atual CPC — que é a falta ou nulidade de citação, havendo revelia — persiste, no direito positivo brasileiro, a *querela nullitatis,* o que implica dizer que a nulidade da sentença, nesse caso, pode ser declarada em ação declaratória de nulidade independente do prazo para a propositura da ação rescisória, que, em rigor, não é a cabível para essa hipótese (STF, Ac. un., Pleno, j. 17.11.1982, RE n. 97.589-SC, Rel. Min. Moreira Alves, RTJ 107/778).

45.2.7. Da coisa julgada com vício de citação

Vimos antes que a sentença proferida, qualquer que seja o vício que a acometa, deságua na coisa julgada em sentença definitiva. Esse vício que corrói o seu âmago não desprestigia, para fins de eficácia e força executória, o valor da coisa julgada. E decorrido que seja o prazo preclusivo (art. 495) imune se torna a qualquer rescisão e se projeta de forma definitiva.

O Código, todavia, em se cuidando de vício de citação, deu tratamento diverso, em caso de revelia. Assim é que se permite ao executado, "se a falta ou nulidade de citação no processo de conhecimento" teve origem em revelia, a impugnação por meio de embargos. E isso ocorre em função do que dispõe o art. 322 do CPC, segundo o qual o prazo correrá independentemente de intimação.

Assim, se o revel, após o decreto de revelia, tomou conhecimento de alguma maneira (art. 322, *in fine*) e recorreu da decisão, e se confirmada, não mais poderá argüí-la em sede executória. Nada impede que o faça mediante Ação Rescisória.

No processo comum, "a lei não privou o revel dos prazos, mas das intimações e notificações que se seguirem à citação inicial" (*Ataliba Viana*, "Inovações e Obscuridades do Código de Processo Civil e Comercial Brasileiro", p. 92, Ed. Martins, 1940). Vale dizer que a cada ato processual praticado nos autos, aguardar-se-á o decurso do prazo que a parte teria se revel não fosse (art. 322, segunda parte).

Já no processo trabalhista, a situação é outra. Dispõe o art. 852 da CLT que o revel será intimado da decisão que vier a ser proferida. Isso significa que a partir de então ser-lhe-á dada ciência dos demais atos que venham a ser praticados.

Em sendo intimada da decisão que decretou a revelia, tem a parte o prazo de 8 (oito) dias para recorrer da sentença. Em não cumprindo esse ônus, a sentença se torna definitiva, transita em julgado, e não poderá ser excepcionada a citação via embargos à execução.

Suponha-se que não tenha sido citado habilmente e que a intimação da sentença não tenha sido feita de forma correta, não chegando ao seu conhecimento.

Se isso acontecer, e se a sentença foi prolatada por órgão colegiado (antiga representação classista) deverá interpor o recurso ordinário na primeira vez que tiver que falar nos autos, ainda que o processo já caminhe em fase executória. Isso porque o juiz singular da execução não poderá declarar a nulidade da sentença exeqüenda proferida pelo colegiado (à época, Junta de Conciliação e Julgamento). Em tais casos, sobresta-se a execução até decisão superior no recurso ordinário.

Se a parte assim não proceder, somente por meio de ação rescisória poderá pleitear a rescindibilidade (desconstituição) da sentença exeqüenda.

Tem-se, pois, no que concerne à intimação, que o CPC e a CLT dão tratamentos diversos ao revel (art. 741 do CPC).

Com a extinção da representação classista (EC n. 24/1999) e adoção do juízo monocrático em primeiro grau (Varas do Trabalho), a erronia poderá ser corrigida na fase executória pela via de embargos (art. 741, I, do CPC).

45.2.8. Do objeto da rescisória

Embora no sistema do Código anterior fosse possível a rescisão de sentenças não definitivas, isto é, aquelas que não se projetavam ao trânsito em julgado material, no Código atual, apenas a sentença de mérito poderá ser rescindida. Assim o objeto da ação rescisória é a desconstituição (*iudicium rescindens*) da coisa julgada. Se não há a coisa julgada, não há base para a ação rescisória. É bem verdade que a comissão revisora havia sugerido a supressão do termo "definitiva", que equivale ao julgamento do mérito (art. 534 do Anteprojeto, substituído pelo art. 489 do Projeto, pela expressão "de mérito").

No sistema processual brasileiro, só a sentença de mérito é que está sujeita à ação rescisória — CPC, art. 485. Sentença de mérito é a que decide a lide. Entre elas não se coloca a sentença que julga extinto o processo sem julgamento do mérito, tal como a que extingue o processo de embargos à execução com base no art. 267, III, do CPC (TFR, ac. un., 2ª Seç., AR n. 930-SP, Rel. Min. Carlos Mário Velloso, DJ 4.8.1983; Adcoas 1984/94.846).

Se, todavia, a decisão foi efetivamente de mérito, muito embora, por erro de técnica, haja concluído pela carência da ação, é cabível a rescisória. O que não se pode conceber é que a parte jurisdicionada seja prejudicada pelo mau uso da terminologia jurídica. O processo é um meio e não um fim. Nesse sentido, decidiu o STJ, RT 652/183, maioria; RTFR 128/3; RJTJSP 91/359.

Da mesma forma, cabível a ação rescisória contra acórdão proferido em agravo de instrumento, desde que este tenha examinado o mérito de uma controvérsia, a que pôs termo ("Ação rescisória. Acórdão proferido em recurso extraordinário. Ainda que o acórdão revele declaração de não-conhecimento, mostra-se rescindível uma vez contenha o exame da lide, isto no lançamento de fundamentação pertinente à ausência de agressão ao texto constitucional" (STF, ac. un., Ses. Pl., j. 13.2.92, AR n. 1.313-1-Pl, Rel. Min. Marcos Aurélio, Coad 20/92). Ver Orientações Jurisprudenciais ns. 42 e 43, do TST."

45.2.9. Do processo de jurisdição voluntária

Na jurisdição contenciosa, o Estado substitui as partes, que se encontram em posição de contenda, para dizer o direito em concreto e resolver a lide, dando ou negando o bem jurídico disputado e pleiteado pelo autor. Jurisdição, em princípio, pressupõe contenda, divergência. Na jurisdição voluntária, não existe a lide ou contenda. Os interesses das partes não são conflitantes, mas convergentes (separação consensual). O Estado não substitui as partes. Em verdade, os atos chamados de jurisdição voluntária seriam todos da competência do Poder Executivo, *v. g.*, a nomeação ou destituição de tutor e curador, separação consensual, testamentos, inventários etc. Todavia, "a independência dos magistrados, a sua idoneidade, a responsabilidade que têm perante a sociedade levam o legislador a lhe confiar importantes funções em matéria de administração pública de interesses privados. São funções administrativas, tanto quanto aquelas exercidas por outros órgãos (...); não é pela mera circunstância de serem exercidas pelos juízes que tais funções haveriam de caracterizar-se como jurisdicionais" (*Araújo Cintra*, *Ada Pellegrini Grinover* e *Rangel Dinamarco*, *in* "Teoria Geral do Processo", Ed. RT, p. 107, 1983).

O processo, dito de jurisdição voluntária, nem é processo. É simples procedimento. Processo é lide e pressupõe jurisdição. Em não havendo lide, não há processo. Não havendo processo não há falar em jurisdição (*jurisdictio*). Em não havendo a necessidade de o Estado substituir as partes para dar a cada um o que é seu não há julgamento de mérito. Não havendo julgamento de mérito, não há falar em trânsito em julgado (coisa julgada). Logo, o simples procedimento voluntário não desafia Ação. Reescreve *Ulderico Pires dos Santos* (ob. cit., p. 7 e ss.) que "é desinfluente, no respeitante ao juízo rescisório, o fato da sentença rescindenda haver sido proferida em processo de jurisdição voluntária. Nesta ou na contenciosa ela é cabível, se atendidos estes dois pressupostos: ofensa ao *meritum causae* e trânsito em julgado. É o quanto basta, para se tê-lo por cabível". Conclui: "Nem podia deixar de ser assim porque a contenciosidade ou não do direito que foi objeto da inovação da prestação jurisdicional não tem a menor repercussão na rescindibilidade do julgado."

Discordamos do eminente processualista.

Em se cuidando de jurisdição voluntária, não há prestação jurisdicional no seu sentido maior de dizer o direito, vez que não há processo, mas, simples procedimento. O ato do juízo é judiciário e o mérito aí decidido não é de lide, de posição confrontante, mas, de convergência. Conseqüência que de tudo isso advém é a impossibilidade da formação da coisa julgada.

Já disse a Suprema Corte que: "A ação rescisória, tendo por finalidade ilidir a coisa julgada, não é meio idôneo para desfazer decisões proferidas em processo de jurisdição voluntária e graciosa, não suscetíveis de trânsito em julgado" (STF, ac. un., 1ª T., j. 6.6.1978, RE n. 86.348-CE, Rel. Min. Cunha Peixoto, RTJ 94/677).

45.2.10. Do prequestionamento

Como vimos antes, a rescisória é ação. Não é recurso. E como tal não exige o prequestionamento da matéria.

Decidiu a Excelsa Corte que "Não se aplica à ação rescisória, que não é recurso, o requisito do prequestionamento exigido nas Súmulas ns. 282 e 356 do STF. O fundamento da ação rescisória tanto pode coincidir com aquele em que se assenta a decisão rescindenda, quanto noutro por esta enfrentado. As hipóteses enunciadas na maioria dos incisos do art. 485 do CPC bem evidenciam a inaplicabilidade da rescisória no pressuposto concernente ao prequestionamento" (STF, ac. un., Pleno, j. 28.2.1980, Embs. n. 732-8-RJ, Rel. Min. Soares Muñoz, Adcoas 1980/74.303).

Não temos como correto o posicionamento tomado pelo Tribunal Superior do Trabalho, por meio da Súmula n. 298.

O Tribunal Superior do Trabalho exige o prequestionamento nas Súmulas ns. 297 e 298. Todavia, aos poucos, aquele órgão vem relativizando a exigência como se vê pela Orientação Jurisprudencial da SDI-1 n. 118, onde não se exige referência expressa ao dispositivo legal (art. 485-V — *jura novit curia*). Ver Súmula n. 297, II e V, TST. A mais alta Corte trabalhista vem reduzindo a drasticidade do prequestionamento: Súmula n. 297, V: "Não é absoluta a exigência de prequestionamento na ação rescisória. Ainda que a ação rescisória tenha por fundamento a violação de dispositivo legal, é prescindível o prequestionamento quando o vício nasce no próprio julgamento, como se dá com a sentença *extra*, *citra* e *ultra petita*." O mesmo sucede com a Súmula n. 298, II, "Generalizou-se o que não deveria ser generalizado" (Ver OJ n. 118-SDI-1). No julgamento *citra petita*, a exemplo da falta de citação (revelia), quando a decisão transitou em julgado em primeiro grau sem que a parte tenha oposto embargos declaratórios, sequer houve oportunidade de apreciação da matéria e, portanto, jamais se poderia falar em prequestionamento. O julgamento *ultra* e *extra petita* pode ter acontecido no Regional e não haverá o prequestionamento exigido pela Corte trabalhista, se a parte não opôs embargos declaratórios. Entretanto, alerta o inc. III, da Súmula: "Considera-se prequestionada a questão jurídica invocada no recurso principal sobre a qual se omite o Tribunal de pronunciar tese, não obstante opostos embargos declaratórios." Aceita-se como prequestionada a matéria, desde que a parte interessada tenha apresentado embargos declaratórios, não necessitando que o Regional tenha sequer apreciado a matéria. Este inciso revoluciona o conceito de "prequestionamento", que é o pronunciamento explícito do órgão julgador sobre determinada matéria. Doravante, bastará que a parte provoque a discussão pela via dos embargos declaratórios, não sendo necessário que o órgão que tinha a obrigação de dizer o direito, por dever de ofício, se pronuncie. O entendimento do TST causa maus-tratos à Súmula n. 356 do STF, *in verbis*: "O ponto omisso da decisão, sobre o qual não foram opostos embargos declaratórios, não pode ser objeto de recurso extraordinário, por faltar o requisito do prequestionamento." Exigir que a parte oponha embargos, mas se tolere que o órgão que deveria apreciar a matéria, por dever de ofício, não o faça, não é prequestionamento: tem-se a vela, não a luz. Prequestionamento, na acepção conceitual correta, é o pronunciamento explícito do órgão a quem está afeta a jurisdição naquele momento, não sendo outra a afirmação do próprio TST, nos incs. I das Súmulas ns. 297 e 298.

Nada obstante, a relativização do prequestionamento, o TST adotou uma posição drástica com relação ao prequestionamento de "incompetência absoluta". Comanda a Orientação Jurisprudencial n. 62, da SDI-1: "Prequestionamento. Pressupõe de recorribilidade em apelo de natureza extraordinária. Necessidade, ainda que a matéria seja de incompetência absoluta."

A OJ n. 62, da SDI-1 foi inserida em 14.03.1994, há mais de uma década. O entendimento jurisprudencial, com peso a impedir o processamento de recursos, ditos extraordinários, para o TST (melhor seria especiais), causas maus-tratos ao art. 113, CPC: "A incompetência absoluta deve ser declarada de ofício e pode ser alegada em qualquer tempo ou grau de jurisdição independentemente de exceção." A lei não restringe e se assim é não pode o intérprete fazê-lo. Por ocasião da orientação sob comento, em nossa obra "Comentários aos Precedentes Normativos e às Orientações Jurisprudenciais do TST", 2ª ed. RT, 2004, dissemos da ausência de simetria da jurisprudência com a lei posta, fato que poderia levar a resultados inusitados, *v. g.*, um juiz de Vara que apreciasse e julgasse uma ação de separação litigiosa, sem que as partes se dessem conta da erronia, e transitasse em julgado, não haveria como o Ministério Público, na qualidade de *custos legis*, desconstituir o julgado, por falta de prequestionamento. Em 09.11.2003 foi editada a Orientação Jurisprudencial n. 124, da SDI-2, *in verbis*: "Ação rescisória. Art. 485, II, do CPC. Argüição de incompetência absoluta. Prequestionamento inexigível", DJ 09.12.2003. Na hipótese em que a ação rescisória tem como causa de rescindibilidade o inc. II do art. 485 do CPC, a argüição de incompetência absoluta prescinde de prequestionamento."

Ao invés de sanar a erronia da orientação (OJ n. 62 da SDI-1), cortando o mal no seu nascedouro, cassando-a, a mais ala Corte trabalhista preferiu usar do malabarismo interpretativo e manter a erronia e saná-la, se e quando fosse o caso, numa possível e incerta ação rescisória. Retroceder na interpretação é uma virtude que prestigia a falibilidade do ser humano. O art. 113 do CPC não necessita de interpretação, dada a clareza do seu conteúdo. Nada obstante, fê-lo de forma correta a Excelsa Corte.

Vem a pêlo, as lições do eminente *Mário Guimarães*: " Deverá o juiz obedecer à lei, ainda que dele discorde, ainda que lhe pareça injusta. É um constrangimento que o princípio da divisão dos poderes impõe ao aplicador." Aconselha: "Sem exageros também, repitamos. As idéias novas são como as frutas: se não sazonadas, podem fazer mal" ("O Juiz e a Função Jurisdicional", Ed. Forense, Rio de Janeiro, p. 328-330).

Dizíamos que apenas numa hipótese, o prequestionamento se apresenta inarredável. Era o caso da prescrição em sede patrimonial (art. 219, § 5º do CPC).

A situação, todavia, se modificou. A Lei n. 11.280/2006 deu nova redação ao § 5º, do art. 219, CPC, a saber: " O juiz pronunciará de ofício, a prescrição." Com a nova redação houve a modificação conceitual da prescrição que, de alguma forma, aproximou-se da decadência. A partir da vigência da lei, a prescrição patrimonial, não só pode, como deve ser pronunciada pelo juiz da causa (*dominus processus*), por dever de ofício. Não mais será necessário que a parte (réu) invoque a prescrição em sua defesa ou até o grau de jurisdição ordinária (Regionais). O beneficiário da prescrição perdeu o poder de disposição e de renúncia. Se não o fizer, o juiz deverá fazê-lo. Se o beneficiário não a invocar e se o juiz não a pronunciar de ofício, presentes os elementos que indicam a existência da prescrição, ela poderá ser alegada ou declarada de ofício em qualquer grau de jurisdição, inclusive jurisdições superiores. A prescrição deixou de pertencer ao direito privado para se alçar como instituto de ordem pública, fato que possibilita o pronunciamento de ofício. Proposta a ação, se os elementos trazidos com a petição inicial forem suficientes para o reconhecimento da prescrição, o processo poderá ser extinto, sem necessidade de citação para defesa. Todavia, se a prescrição presente no processo não for alegada, nem pronunciada e a senença transitar em julgado, poderá ser objeto de ação rescisória. O art. 194 do Código Civil foi expressamente revogado pela Lei n. 11.280/2006. O art. 193 do mesmo diploma legal quedou revogado tacitamente (art. 2º, § 1º, LICC).

Em suma, sobre o tema, o Tribunal Superior do Trabalho criou um impasse ao exigir o prequestionamento na rescisória (Enunciado n. 298) e ao radicalizar com o Precedente n. 62: "Prequestionamento. Pressuposto de recorribilidade em apelo de natureza extraordinária. Necessidade, ainda que a matéria seja de incompetência absoluta." O Precedente impõe maus-tratos ao art. 113, do CPC, de aplicação subsidiária no processo do trabalho (art. 769, da CLT) e deságua numa encruzilhada: o recurso de revista não será conhecido porque a parte não prequestionou a matéria "incompetência absoluta", e, conseqüentemente, a rescisória também não será conhecida pela ausência de prequestionamento específico. Entretanto, o art. 113 do CPC é peremptório ao determinar que a incompetência absoluta poderá ser invocada em qualquer tempo ou grau de jurisdição. E mais. Ainda que não seja alegada pela parte, deve ser declarada de ofício. Vale dizer, a incompetência absoluta não se convalida pela inércia da parte. E dever de ofício do juiz decretá-la. O posicionamento da mais alta Corte Trabalhista poderá levar a situações inusitadas, *v. g.*, Vara do Trabalho de determinada Região onde não exista Juiz de Direito se julgue com a competência para o direito de família e passe a atender casos de separação consensual e litigiosa. A parte recorre e o Regional confirma a decisão primária sem adentrar ao tema competência que sequer fora invocado pela parte. A parte recorre de revista, já agora invocando a incompetência absoluta. A revista não será conhecida porque a matéria não foi prequestionada quando da via ordinária. Também a rescisória que venha a ser ajuizada não será conhecida nos termos do Enunciado n. 298.

45.2.11. Do depósito prévio

Durante muito tempo, o processo do trabalho não admitiu o depósito prévio em sede trabalhista (Súmulas ns. 160 (revogada) e 194, do TST), sob o argumento de que a exigência tornaria o processo laboral elitista, uma vez que alijaria o trabalhador do manejo da ação rescisória, ficando a possibilidade apenas para o empregador. Entretanto, percebeu-se, desde logo, o ajuizamento exagerado de ações rescisórias com o objetivo único de conseguir-se, pela via cautelar incidente, a suspensão da execução. Casos existiam em que a suspensão era de bom alvitre, em que pesasse o comando férreo do art. 489, CPC. Era o caso, *v. g.*, da existência de duas coisas julgadas, do julgamento feito por juiz incompetente em razão da matéria, do trânsito em julgado obtido por meio de revelia, sendo nula ou nenhuma a citação feita. Tais hipóteses não poderiam ficar a descoberto e o sobrestamento da execução era concedido, para evitar mal maior, isto é, que o exeqüente recebesse o numerário sem que pudesse devolvê-lo posteriormente. Mitigava-se, dessa forma, o comando drástico do art. 489.

Com a nova redação dada ao art. 836, CLT pela Lei n. 11.495/2007, o depósito prévio tornou-se obrigatório e o percentual (5%, art. 488, II, CPC) foi elevado para 20% do valor da causa, com majoração de 300% sobre o similar civil. O processo sai de um extremo (não exigência do depósito prévio) para outro, onde o depósito prévio torna-se elitista, pois certamente somente aqueles empregadores abonados podem fazer uso da ação rescisória. Mas, razoável seria que a mais alta Corte Trabalhista cassasse a Súmula n. 194 e passasse a adotar o disposto no inc. II, do art. 488, CPC, com supedâneo no art. 769, CLT), pois o percentual de 5%, vigente há mais de quatro décadas, está de bom tamanho.

Com a novel inspiração do TST que se materializou com a Lei n. 11.495/2007, o ajuizamento da rescisória tornou-se proibido. A crítica que sempre fizemos era para que se adotasse o depósito prévio nos moldes do processo comum, não para que se proibisse o uso da rescisória, mesmo porque a ação rescisória é meio processual necessário para que se possa vir a corrigir "ilegalidades" cometidas em julgados de todas as jurisdições, com maior ênfase no primeiro grau e nos Regionais. A majoração do percentual de 5 para 20% torna o uso da ação rescisória em âmbito trabalhista praticamente impossível, fato que poderá concorrer para instituir uma espécie de ditadura jurisdicional, hipótese que deve causar temor a todos aqueles que militam em sede trabalhista.

Instrução Normativa n. 31/2007 do Pleno do TST.

Da Instrução Normativa n. 31/2007 (Pleno do TST) — Referida Instrução do Pleno do TST indica as diretrizes a serem seguidas para a fixação do valor da causa em sede rescisória: a) No caso de improcedência da decisão a ser desconstituída (fase de conhecimento), o valor será aquele fixado pela parte no pedido inicial ou aquele fixado pelo juiz; b) no caso de procedência, total ou parcial, o valor será aquele arbitrado na condenação para efeitos de custas e de depósito recursal; c) se a desconstituição referir-se à decisão proferida na fase executória, o valor será aquele apurado e fixado em liquidação de sentença. Referido valor, fase de conhecimento ou executória, deverá ser reajustado pela variação cumulada do INPC do IBGE, até a data do seu ajuizamento.

Da destinação do depósito prévio de acordo com a resolução — Diversamente do processo comum, onde o depósito prévio somente será transformado em multa, se e quando a decisão proferida for pela não-inadmissibilidade ou pela improcedência de forma unânime, o art. 5º da Instrução transforma em multa em benefício do réu, caso o pedido deduzido na ação rescisória seja julgado improcedente, não importando se por minoria. Diferente do processo comum, não favoreceu o autor com o "benefício da dúvida", quando o julgamento não alcançou a unanimidade entre os julgadores. Como se dissesse: os julgadores poderão ter dúvida (ou errar), o autor da rescisória não, e somente a ajuizará quando não restar dúvida quanto ao seu direito. Assim, na rescisória, passa-se a aplicar a teoria da ação como direito concreto (o direito deverá existir), não mais o da ação como direito abstrato (o direito poderá não existir), teoria esta universalmente recepcionada. Se o fizer e perder, ainda que por maioria, será castigado com a perda do depósito prévio que se transforma em multa no elevado valor de 20%. A ausência de razoabilidade se nos afigura clara. Com isso, a mais alta Corte trabalhista manifesta a sua preferência à coisa julgada, ainda que viciada com a ilegalidade. Mas deveria ser o contrário, pois o juiz, na expressão genérica, por dever de ofício, é o guardião da coisa julgada. Haveria de ser o contrário, nas palavras lúcidas de *Pimenta Bueno*: "Sustentar indistintamente a coisa julgada, ainda mesmo quando fosse claramente reconhecida que ela era filha formal do erro, ou, o que seria ainda pior, de uma criminosa fraude ou prevaricação, seria afrontar a todos os princípios da razão, e da justiça eterna, e sacrificar a verdade palpitante à sutileza das fórmulas, sacrificar o fim aos meios." *Mutatis mutandis*, a dificuldade imposta arrostará todos os incisos do art. 485, CPC, os quais são de alento subsidiário obrigatório em sede laboral.

A exceção do art. 6º, da Instrução — Dispõe referido artigo: "O depósito prévio não será exigido da massa falida e quando o autor perceber salário igual ou inferior ao dobro do mínimo legal, ou declarar, sob as penas da lei, que não está em condições de pagar as custas do processo sem prejuízo do sustento próprio ou de sua família." Referido artigo vai além da lei (Lei n. 11.495/2007), que excepciona na parte *in fine* do art. 836, CLT: "salvo prova de miserabilidade do autor". Preceitua a lei, sem qualquer restrição, que o autor, no seu sentido amplo, aí incluindo o empregador pessoa física ou jurídica, goza do benefício da miserabilidade. O art. 6º restringe e alija todo e qualquer empregador ao preceituar: "O depósito prévio não será exigido (...) quando o autor perceber salário igual ou inferior ao dobro do mínimo legal, ou declarar, sob as penas da lei, que não está em condições de pagar as custas do processo sem prejuízo do sustento próprio ou de sua família."

A Instrução, mais uma vez, vai além da lei, e só dispensa do depósito prévio o trabalhador que comprovar salário igual ou inferior ao dobro do mínimo legal, ou declarar, sob as penas da lei, que não está em condições de pagar as custas do processo sem prejuízo do sustento próprio ou de sua família. Como o empregador nunca poderá provar tais requisitos (não percebe salário, nem tem família), ele foi descartado da exceção legal pela Instrução. Todavia, as regras de hermenêutica dizem que no âmbito processual as partes são tratadas igualmente, e o art. 125, I, CPC, também exige a igualdade. Outro não foi o comando obrigatório expresso no final do art. 836, CLT, trazido pela Lei n. 11.495/2007. Mas, a Instrução ampliou para o empregado incluindo a dispensa do depósito prévio, quando perceber salário igual ou inferior ao dobro do mínimo legal, indo além da simples miserabilidade de que fala a lei, trazendo para a ação rescisória suporte de alçada recursal (Lei n. 5.584/1970, art. 2º, § 4º). Em suma: restringiu quando o autor for empregador, retirou a possibilidade da dispensa do depósito prévio, e ampliou benesses para o autor empregado ao possibilitar a dispensa, quando receber salário igual ou inferior ao dobro do mínimo legal. Mas a lei não restringiu para o autor empregador. Se a lei não o fez, não pode o intérprete fazê-lo.

Da exceção à falência — Também nesta parte, a Instrução vai além da lei ao excepcionar a falência. A mais alta Corte trabalhista, de tempos a esta parte, tem demonstrado um interesse muito grande pelo empregador que sofre o estado falencial, procurando desonerá-lo, ainda que, por vezes, com o desprestígio do crédito trabalhista, cuja natureza é alimentar e superprivilegiada (art. 186, CTN). A preocupação teve início com as Orientações Jurisprudenciais ns. 201 e 314, da SDI-1, as quais, lamentavelmente, foram transformadas em direito sumular, com a Súmula n. 388, que retira do falido a responsabilidade prevista no art. 467 e § 8º, do art. 477, ambos da CLT. O falido já goza de um outro privilégio interpretativo na Súmula n. 86, que o dispensa de depósito recursal e de custas. Some-se a esses privilégios interpretativos o disposto no art. 83, I, da nova Lei de Falências (Lei n. 11.101/2005), que reduziu drasticamente o crédito trabalhista, reservando apenas cento e cinqüenta salários mínimos e transformando o restante em quirografário.

A prevalecer a novel Instrução, a ação rescisória desaparecerá em sede trabalhista. Ou melhor, será o remédio processual mais usado pelas empresas falidas, por motivos óbvios, já que foram abertas as comportas. Se a Lei n. 11.495/2007 já havia elitizado a ação rescisória com a exigência do depósito de 20% sobre o valor da causa, a Instrução Normativa n. 31/2007 colocou o instrumento rescisório numa redoma fechada a "sete chaves" à qual poucos privilegiados terão acesso. Como tudo aquilo que não é usado atrofia, a ação rescisória tende a desaparecer. A Resolução sob comento fornece todos os elementos para que isso aconteça. Sabe-se que o regulamento não pode ir além da lei que regulamenta, sob pena de inconstitucionalidade. Pergunta que surge: A Resolução do Pleno do TST pode dispor contra a lei? A resposta é não.

45.2.12. Do prazo decadencial

A drastividade do prazo preclusivo foi minimizada com a nova redação dada ao § 2º, do art. 219 do CPC pela Lei n. 8.952, de 13.12.1994 (DOU 14.12.1994): "Incumbe à parte promover a citação do réu nos 10 dias subseqüentes ao despacho que a ordenar, não ficando prejudicada pela demora imputável exclusivamente ao serviço judiciário." Atente-se para o fato de que o art. 220 determina a aplicação das regras do artigo anterior (219) a todos os prazos extintivos, aí premiando induvidosamente a decadência.

Embora *prima facie* a decadência não se preste à interrupção ou à suspensão em face da sua conceituabilidade diversa da prescrição, a verdade é que o art. 220 do CPC empresta essa qualidade também à decadência, quando dispõe que: "O disposto no artigo anterior (que cuida da prescrição) aplica-se a todos os prazos extintivos previstos na lei." Aí inclui-se, induvidosamente, o prazo decadencial da rescisória e do mandado de segurança, naquelas situações previstas no art. 219 do CPC.

Nesse sentido, o entendimento do Supremo Tribunal Federal:

> "Não ocorre decadência, se a rescisória é ajuizada no último dia do biênio, pedindo, antecipadamente, a prorrogação do prazo para a citação, realizando-se este dentro da prorrogação." (STF, ac. un., 1ª T., j. 14.8.1979, RE n. 90.240-GO, Rel. Min. Soares Muñoz, RTJ 97/723)

> "Ajuizada a Ação Rescisória no prazo fixado para seu exercício, o retardamento havido nas citações dos réus, se não imputável a falta de diligência dos autores, desautoriza o acolhimento de argüição de decadência." (STF, ac. un., 1ª T., j. 4.9.1979, RE n. 91.412-GO, Rel Min. Xavier de Albuquerque, RT 533/256)

45.2.13. Das sentenças rescindíveis e sua eficácia

A sentença trânsita em julgado, ainda que contenha em seu âmago vícios de nulidade ou de anulabilidade, continua a ter plena eficácia enquanto não desconstituída. E isso acontece em apoio ao interesse público e à segurança das decisões judiciais. O vício da nulidade ou da ilegalidade perde o seu poder em face da coisa julgada de forma a não comprometer a sua plena eficácia. Todavia, o *iudicium rescindens* (desconstituição) é possível dentro do prazo preclusivo, naqueles casos específicos que a lei indica. Decorrido esse prazo tudo se aperfeiçoa e o vício não mais poderá ser atacado, exceção feita como vimos no item 2.7, em relação à citação, quando a parte poderá fazê-lo por meio de embargos à execução (art. 741, CPC). Com a extinção da representação classista, o juízo do trabalho, a exemplo do juízo comum, tornou-se monocrático, viabilizando o alento subsidiário do art. 741 do CPC (art. 769 da CLT). De resto "Nulidade de sentença pode ser declarada em ação declaratória de nulidade, independentemente do prazo para a propositura da rescisória que, em rigor, não é cabível para a hipótese" (RTJ 107/778).

É interessante notar que as hipóteses que ensejam a desconstituição da decisão (sentença, acórdão, decisão interlocutória mista que tenham decidido do mérito estão indicadas em números *clausus* (art. 485, I a XI). Do que resulta a impossibilidade de aplicação por interpretação analógica ou extensiva. Diante dessa interpretação restritiva do comando legal, não haveria como desconstituir-se a decisão prolatada nos termos do art. 267, V (declaração da existência de coisa julgada), que não fere o mérito mas impede a parte de ajuizar nova ação (art. 268, *caput*, CPC). Todavia, não foi esse o entendimento adotado pelo Superior Tribunal de Justiça no julgamento da AR n. 1.501/RJ, segunda seção do TFR, relator Ministro Sálvio de Figueiredo Teixeira.

A exceção adotada pelo Superior Tribunal de Justiça tem pé na razoabilidade, uma vez que a parte não teria outro meio para demonstrar o seu inconformismo, esgotados os recursos normais da *cognitio*. Contudo, as decisões com fulclo no art. 267 do CPC não fazem coisa julgada material, requisito para conhecimento da rescisória (art. 485, *caput*). Tenha-se em vista que a interpretação da lei não pode levar ao impasse. E impasse haveria se não se pudesse corrigir uma ilegalidade cometida no julgamento com fulcro no inc. V, do art. 267, do CPC. Deverá existir sempre uma saída interpretativa para sanar ilegalidade. A lei deve ser vista como um meio, não um fim em si mesma.

Da senteça normativa — A senteça normativa, não obstante tenha prazo de duração, transita em julgado. O argumento de alguns no sentido de não existir a coisa julgada material em dissídio coletivo é falsa. O fato de a sentença normativa ter prazo para vigorar não siginifica que o tribunal não decidiu do mérito o que levaria apenas à coisa julgada formal. Ao prolatar senteça normativa, o tribunal adentra ao mérito e decide em matéria meritória. Como conseqüência, faz-se a coisa julgada formal e material, sendo a matéria imodificável pelas partes. Somente a ação rescisória poderá desconstituir o conteúdo normativo.

1. Preleciona *Enrico Tullio Liebman* (Eficácia e Autoridade da Sentença, com notas de *Ada Pellegrini Grinover*, Ed. Forense, Rio, 1984): "tratando-se de uma relação que se prolonga no tempo, e dizendo a decisão ser determinada pelas circunstâncias concretas ao acaso, a mudança desta justifica, sem mais, uma correspondente adaptação da determinação feita procedentemente, o que será uma aplicação, e nunca uma derrogação dos princípios gerais e nenhum obstáculo encontrará a coisa julgada. Esta, pelo contrário, fará sentir toda a sua força, neste como em todos os outros casos, no excluir totalmente uma apreciação diversa do caso, enquanto permaneça inalterado. O que há de diverso, nesses casos, não é o rigor menor da coisa julgada, mas a natureza da relação jurídica que continua a viver no tempo com conteúdo ou medida determinados por elementos essencialmente variáveis, de maneira que os fatos que sobrevenham podem influir nela, não só no sentido de extingui-la, fazendo por isso extinguir o valor da sentença, mas também no sentido de exigir mudança na determinação dela, feita anteriormente." Nesse mesmo sentido, o magistério de *Wellington Pimentel*: "Também se há alteração de direito e a sentença houver decidido relação jurídica continuativa, será admissível a sua revisão" ("Comentários ao Código de Processo Civil", Ed. RT, 1975, v. VIII, p. 572). A senteça normativa, a exemplo do que sucede no processo civil, sofre a influência do princípio da *rebus sic stantibus*. Isso não siginifica que a decisão meritória não transite em julgado. Falso, ainda, é o argumento de que a sentença normativa poderá ser objeto de ação anulatória. Ação

anulatória anula ato ferido de ilegalidade. A sentença (qualquer que seja) tisnada com a ilegalidade exige a desconstituição (não a simples anulação) e novo julgamento (juízo rescindendo e rescisório). A ação anulatória é o procedimento correto para anular cláusula de acordo coletivo, de dissídio coletivo ou de contrato coletivo, atos que não carregam o referendo jurisdicional. A sentença normativa, diversamente dos atos citados, é constituída sob a égide jurisdicional. O trânsito em julgado formal e material é inarredável.

45.2.14. Dos despachos rescindíveis

Segundo o art. 490 do CPC, a rescisória será indeferida pelo relator nos casos do art. 295 e quando o autor não efetuar o depósito exigido pelo art. 488.

O processo do trabalho, durante décadas foi avesso à exigência do depósito prévio como requisito do ajuizamento da ação rescisória. Durante décadas alertávamos para a falta de razoabilidade e a facilidade com que se ajuizavam rescisórias protelatórios numa tentativa de conseguir-se, incidentalmente, o sobrestamento da execução. A prática demonstrou que o instituto vinha sendo mal usado. Entretanto, ao invés de se revogar a Súmula n. 194, simplesmente, e adotar a diretriz do art. 488, II, CPC e passar a exigir o depósito de 5% sobre o valor da causa foi dada nova redação ao art. 836, CLT, pela Lei n. 11.495/2007, onde o percentual do depósito foi elevado para 20% do valor da causa. O que significa que o processo do trabalho foi de um extremo a outro: da total dispensa à exigência exagerada de 20%, com majoração de nada menos do que 300%. A crítica que se fazia era para que o depósito prévio fosse exigido nos moldes do processo comum, e não para que a rescisória fosse proibida.

O art. 295 rotula os seguintes casos para supeditar o indeferimento: I — inépcia; II — parte ilegítima; III — ausência de interesse processual; IV — verificada, desde logo, a decadência ou a prescrição. Isso significa que o art. 490, que cuida da ação rescisória, permite que o relator indefira *in limine* o processamento da rescisória em havendo a decadência (art. 495). E de conformidade com a orientação do próprio Código (art. 269, IV) a prescrição e a decadência dizem respeito ao mérito.

É orientação prevista em todos os regimentos dos tribunais que do despacho monocrático do relator, indeferindo o processamento de recurso ou de ação, cabível o agravo regimental para o colegiado que examinará o ato em consonância com a lei vigente, confirmando-o ou determinando que a ação ou o recurso seja processado.

Muito embora, o indeferimento da ação rescisória ou mesmo do mandado de segurança (art. 8º da Lei n. 1.533/1951), na sua grande totalidade, leve em conta a ausência dos pressupostos de admissibilidade e das condições gerais especiais, verifica-se que o art. 490 permite o indeferimento da inicial nos casos previstos no art. 295. E este artigo premia a "decadência" (art. 269, IV) que é mérito.

Se assim é, não se pode fugir a uma conclusão lógica: o despacho monocrático do relator em casos tais tem o efeito de coisa julgada por haver adentrado ao mérito. Foi induvidosamente um cochilo do legislador ao assim normatizar. Mas, impedir o uso da rescisória em casos tais é permitir a ditadura jurídica, permanecendo a parte prejudicada sob o jugo do relator. E não se pode concluir que o uso do agravo regimental, desde que referendado pelo colegiado, sanaria o ato. Isso acontecerá tão-somente se o indeferimento basear-se sobre os pressupostos e as condições da ação (gerais e especiais), excetuando-se o caso da "decadência" que diz respeito ao próprio mérito. Por isso, é aconselhável que o acolhimento da decadência, por alegação do réu ou mesmo de ofício, seja levado ao colegiado e aí decidido por regular acórdão. A conseqüência primeira é que do julgamento a parte poderá valer-se do recurso ordinário. Do julgamento do agravo regimental nenhum recurso caberá, desde que a matéria apreciada não extrapole ao âmbito restrito do agravo. O RITST, art. 329, diz ser cabível o recurso ordinário em agravo regimental.

Todavia, embora não tão comum, verifica-se na prática que alguns relatores ao indeferir a petição inicial em sede de rescisória acabam por tecer comentários e decidir sobre o mérito. Esse *modus operandi*, embora irregular, não constituirá óbice à parte para a propositura de nova rescisória. Em casos tais, em que o despacho do relator extrapolou a verificação dos pressupostos de admissibilidade (pressupostos processuais e condições da ação), adentrando ao mérito, inarredável a presença da rescisória para desconstituir a ilegalidade.

Nada impede, tudo aconselha, que em tais hipóteses o Ministério Público interponha o agravo regimental, não o fazendo o interessado. E em não tendo sucesso, recorra ordinariamente, já que a matéria decidida pelo relator extrapolou o âmbito do próprio agravo regimental. Evidentemente, que esse mesmo direito será devido à parte prejudicada.

No STF, a incursão meritória encontra respaldo no art. 259 do Regimento Interno.

Nesse sentido restou decidido (AR n. 1.343-3-AG): "A Constituição, ao atribuir competência ao STF para julgar as ações rescisórias de seus julgados, não distinguiu entre decisões proferidas pelo Plenário, pelas Turmas ou por seus Ministros, no exercício da competência que lhes seja conferida pelo Regimento. Inteligência do art. 259 do RI/STF."

Por outro lado, o art. 485 do CPC, ao mencionar sentença (sentença no seu sentido amplo aí englobando o acórdão), não distinguiu, a sentença proveniente somente do colegiado, mas premiou também aquela proferida monocraticamente, ainda que proveniente de ato exorbitante do relator. A norma instrumentária tem por objetivo fazer fluir o direito e não causar óbice ao seu pleno exercício. Remetemos o leitor ao item 3.15. A praxe do relator, monocraticamente, de adentrar ao mérito, ou fazê-lo em agravo de instrumento ou em agravo regimental, deu origem à Orientação Jurisprudencial n. 133, SDI-2. Prestigia o princípio da realidade.

45.2.15. Do juízo da admissibilidade

A rescisória será sempre admitida se, presentes os pressupostos gerais e específicos e as condições da ação, o pedido enquadrar-se em uma das hipóteses do art.

485 do CPC. Necessário se faz que o autor dê o fundamento jurídico e o fundamento legal, posto que a matéria restringir-se-á à discussão nos termos propostos e a defesa será elaborada em consonância com esse enquadramento. V. OJ n. 133 da SDDI-2.

Admitida a ação, o Tribunal passará ao exame do mérito, após cumpridas demais etapas processuais, apresentação da defesa, instrução processual em sendo o caso, pronunciamento do Ministério Público, concluindo pela procedência ou improcedência da rescisória (*iudicium rescindens*). Em sendo o caso, efetuará novo julgamento da matéria (*iudicium rescissorium*).

A Ação Rescisória propicia a desconstituição do acórdão ou da sentença, conduzindo ao *status quo ante*. Vale dizer, as partes envolvidas quedam sem a prestação jurisdicional. Necessário, pois, que o Tribunal faça a entrega da prestação jurisdicional, analisando os elementos do processo que conduziu à decisão rescindida (desconstituída), concluindo pela procedência ou improcedência, isso significa que a parte vitoriosa no *iudicium rescindens* (desconstituição) poderá não sê-lo no *iudicium rescissorium* (novo julgamento). Suponha-se que a decisão foi desconstituída porque respaldada em erro de fato. Todavia, por ocasião de novo julgamento verifica-se que as provas dos autos autorizam a mesma conclusão (procedência ou improcedência) por outro fundamento.

Em se cuidando de ofensa à coisa julgada bastará a desconstituição (*iudicium rescindens*). E em se cuidando de julgamento efetuado por juiz incompetente (absolutamente incompetente), o Tribunal determinará a remessa dos autos em que fora prolatada a decisão rescindida para o juízo competente afim de que outra decisão proceda como de direito. O mesmo ocorrerá no caso em que se desconstitui a sentença, produto de revelia. Desconstituída a sentença, o processo prosseguirá em primeiro grau com a oportunidade de defesa e instrução do processo.

Se o Tribunal em casos tais proceder a novo julgamento (*iudicium rescissorium*) estará suprimindo instância, posto que ainda não houve a entrega da prestação jurisdicional por quem de direito: juiz competente.

Discorrendo sobre a matéria, pontifica *Barbosa Moreira* (ob. cit., p. 192) que após o julgamento de procedência do *iudicium rescindens*, que produz a invalidação da sentença impugnada, uma de duas: a) ou está exaurida a atividade do Tribunal, por exemplo se o fundamento da rescisão foi a ofensa à coisa julgada (art. 485, IV), caso em que, evidentemente, não se vai rejulgar a matéria, prevalecendo a solução dada ao litígio pela sentença anterior, cuja *auctoritas rei iudicatae* fora ofendida; b) ou então fica outra vez em aberto o litígio julgado pela sentença rescindida, e ao Tribunal compete emitir sobre ele novo pronunciamento, que em regra poderá favorecer ou não o autor vitorioso no *iudicium rescindens*. Não se concebe o "rescisório implícito": ou o *iudicium rescindens* exaure a cognição do Tribunal, ou tem este de pronunciar-se explicitamente, no *iudicium rescissorium*, acerca da matéria que constituía o objeto da sentença rescindida. Exemplifica: se no *iudicium rescindens* anula-se a sentença porque, violando literal disposição de lei, repelira argüição de prescrição que, na espécie, tinha de ser acolhida, é indispensável que se profira novo julgamento para substituir o anterior, declarando improcedente o pedido, com fundamento na prescrição.

Realmente, assim se pronuncia *Frederico Marques* ("Manual de Direito Processual Civil", Saraiva, 1975, v. III/266): "Casos há, no entanto, em que basta a anulação da sentença passada em julgado, para que tudo se resolva: é o que sucede, por exemplo, na rescisão de sentença proferida em ação declaratória, pois, anulada a decisão, desaparece incontinenti sua eficácia como preceito (CPC, art. 290, *caput*)." Nesse mesmo sentido, entendimento de *Bueno Vidigal* ("Comentários ao CPC", v. VI/194) para quem seria igualmente desnecessário o *iudicium rescissorium.*

Parece-nos que a razão está com *Barbosa Moreira* (ob. cit., p. 193, notas do rodapé): "é certo que, 'anulada a decisão, desaparece incontinenti sua eficácia como preceito', mas a necessidade de compor a lide, reaberta em conseqüência do *iudicium rescindens,* reclama a prolação de outra decisão, na qual se formule 'preceito' capaz de substituir o da sentença rescindida. Objeção análoga é cabível quanto à rescisão de sentença constitutiva, hipótese em que, para *Bueno Vidigal* (...) seria igualmente desnecessário o *iudicium rescissorium.*"

45.2.16. Da reconvenção em âmbito rescisório

A matéria era controvertida à época do Código de 1939. Todavia, o Código Buzaid admitiu a cumulação do juízo *rescindens* com o *rescissorium* e não deixou dúvida quanto à sua admissibilidade.

Em pesquisa doutrinária levada a efeito por *Sérgio Sahione Fadel* ("Código de Processo Civil Comentado", Ed. José Konfino, 1974, t. III/87 e ss.) foi constatado que, antes do Código de 1939, a reconvenção era admitida por *Mendes Pimentel* (artigo *in* RF 26/25); por *Costa Carvalho* ("Reconvenção na Ação Rescisória", *in* Arqu. Judiciário 40/121); não a admitia *Jorge Americano* ("Da Ação Rescisória dos Julgados no Direito Brasileiro", 1936, p. 119).

Lembra *Fadel* que *Pontes de Miranda* admitia a reconvenção em sede rescisória sempre que, na sentença rescindenda, houvessem sucumbido autor e réu, de forma que a reconvenção seria, no caso, uma outra ação rescisória da mesma sentença proposta pelo réu contra o autor, dentro da própria ação em que este demandava aquele ("A Ação Rescisória contra as Sentenças", p. 260).

Amaral Santos, já sob o pálio do Código de 1939, opinava: "A solução conforme aos princípios, em face do direito vigente, deu-a *Luís Eulálio de Bueno Vidigal* em poucas palavras: "Como o Código de Processo Civil, no seu art. 192, VI, veda a reconvenção nas ações que tiverem processo diferente do determinado para o pedido que constituir objeto da reconvenção, e como o processo de nenhuma outra ação é o mesmo da rescisória, é evidente que somente outra rescisória se pode apresentar em reconvenção." Pouco importa, entretanto, que esta rescisória seja da mesma sentença, como entende *Pontes de Miranda*, bastando que se trate de rescisória que se prenda por um nexo jurídico à ação rescisória do autor. Desse mesmo entendimento, perfilhava o Supremo Tribunal Federal (DJ 31.8.72, p. 5.685), conforme despacho do Min. Décio Miranda: "Visam as ações rescisórias à nulidade das sentenças.

Nelas, a reconvenção só é possível quando, pedindo o autor a nulidade da parte da sentença, que o desfavoreça, queira o réu a de outra parte, que haja sido favorável ao autor. Nestes autos, porém, a reconvenção da União em nada pretende alterar a conclusão do acórdão rescindendo. Quer, apenas, seja acrescentado ao acórdão outro fundamento, outra razão de decidir. Não é possível processar-se tal pedido reconvencional, que, longe de procurar atingir o dispositivo do acórdão rescindendo, quer, ao contrário, fortificá-lo com a adução de mais um fundamento. Indefiro, pois, o processamento da reconvenção oferecida pela União, ficando nos autos a matéria como parte integrante da contestação."

Lembra *Fadel* que, "inspirado no modelo português, o legislador pátrio admitira, naquela época, o instituto da reconvenção, temperando-o com tintas próprias". Prossegue: "Mas o novo Código reformulou, lastreado, sem dúvida, no art. 274, 2, *a*, do Código de Processo Civil Português, o instituto da reconvenção", reportando-se ao art. 316 do CPC, com a vantagem de haver eliminado a restrição obstativa da reconvenção com base em procedimento processual.

Conclui *Fadel* que em permitindo o novo Código que, além do pedido puro e simples de rescisão da sentença, o autor cumule o de novo julgamento da causa, o legislador aparentemente deixou aberta a porta à reconvenção em ação rescisória, a qual só se admitirá, todavia, sendo conexa (isto é, havendo identidade quanto ao objeto ou à causa de pedir) com a ação principal (pedido de rescisão ou de novo julgamento da causa) ou com o fundamento da defesa (contestação). Alerta que "permitindo o novo texto a cumulação de pedidos (rescisão da coisa julgada e novo julgamento da lide) nada obsta a que, estando ambos cumulados, em reconvenção, o réu oponha ao *iudicium rescissorium*, vale dizer, ao novo pedido de julgamento feito pelo autor, o reconvencional, porque aí, atendida a conexidade própria e necessária à reconvenção, a economia processual o recomendaria. Se, porém, houver apenas o pleito de rescisão da sentença anterior, a reconvenção ficará limitada à rescisão de outra parte da mesma sentença, que tenha sido proferida contra o réu da ação rescisória".

Tem-se, pois, que haverá a possibilidade de a parte reconvir sempre que haja a cumulação do *iudicium rescindens* e o *iudicium rescissorium*, já que neste é que se instala a reconvenção.

Não descartamos, também, a possibilidade de reconvenção na reconvenção.

45.2.17. Da alçada

São cabíveis a ação rescisória (art. 485, VIII, do CPC) e a ação anulatória (art. 486 do CPC), ainda que a sentença rescindenda ou anulanda se projete de ação de alçada.

Não há qualquer restrição legal.

A decisão, que seja proveniente de ação onde seja permitida a alçada recursal ou não, pode ser viciada com defeitos intoleráveis. E a possibilidade de rescisão traduz-se em necessidade inarredável para o aprimoramento dos julgados e bem assim em um penhor de tranqüilidade aos jurisdicionados.

A Lei n. 5.584/1970 tem aplicação às reclamatórias trabalhistas e não em âmbito de ação rescisória. E onde a lei não cria obstáculo não pode o julgador fazê-lo. Não há falar, pois, em alçada para a Ação Rescisória.

Já decidiu o Tribunal Superior do Trabalho em ambos os sentidos:

> "A Lei n. 5.584/70 estabeleceu alçada apenas para os dissídios individuais (inclua-se a ação de cumprimento), não abrangendo, conseqüentemente, a ação rescisória" (TST, Pleno, RO-AR 531/79, Rel. Min. Barata Silva; *Dicionário de Decisões Trabalhistas*, n. 74, p. 16, *apud* Coqueijo Costa, ob. cit., p. 194). E no julgamento do RO 715/83, em 7.3.85, o TST assentou em contrário, por maioria, que, "a limitação de alçada de que cogita a Lei n. 5.584, de 26.6.70, pertine à ação rescisória." (Rel. Min. Marco Aurélio Mendes de Farias Mello, *apud Coqueijo Costa*, ob. cit., p. 194)

O entendimento último citado poderia levar a situações imprevisíveis, com desprestígio do Poder Judiciário que poderá estar referendando o ilícito, *v. g.*, conluio entre partes para fraudar a lei (*v. g.*, a Previdência na declaração de vínculo é terceiro interessado), obtendo a declaração fictícia de vínculo empregatício para posterior aposentadoria; ofender a coisa julgada; decisão proferida por juiz impedido ou absolutamente incompetente; revelia por ausência de citação etc.

Por outro lado, não se há de confundir ação rescisória com alçada para recurso. São coisas processualmente distintas.

Não se relegue ao oblívio que a lei objetiva a proteção de uma realidade. E não deve o intérprete estribar-se em certas filigranas com o objetivo de frustrar a aplicação da norma. Impedir a rescisória com base em inexistência de alçada para a decisão rescindenda se traduz em negativa de prestação jurisdicional.

Finalmente, é entendimento do Supremo Tribunal Federal, por meio da Súmula n. 514, que: "Admite-se a Ação Rescisória contra sentença transitada em julgado, ainda que contra ela não se tenham esgotado todos os recursos". E pouco importa que pudesse ou não usar de recursos. E se pode usar da rescisória quando podia lançar mão de recurso próprio e não o fez, com maior razão terá direito, quando estava impedido de recorrer.

45.2.18. Do conceito de sentença de mérito

Diz o art. 485 do CPC que a sentença de mérito, transitada em julgado, pode ser rescindida nos casos que especifica nos incisos que seguem.

Não se conclua daí que somente aquelas decisões de primeiro grau seriam passíveis de rescisão. O termo sentença deve ser tomado no seu sentido genérico, aí incluindo-se os acórdãos dos juízos colegiados, inclusive do próprio Supremo Tribunal Federal. A regra genérica é aplicável às sentenças e acórdãos (art. 162, §§ 1º e

2º, CPC). E isso porque o vício originário de uma sentença poderá ser referendado em jurisdição recursal pelo acórdão que vier a ser proferido.

Sentença de mérito é aquela em que a análise do julgador adentrou na matéria de fundo, de conteúdo, decidindo pela procedência ou improcedência do pedido. Houve a real entrega da prestação jurisdicional.

Entretanto, como adverte *Moacyr Amaral Santos*, enquanto recorrível, ou enquanto sujeita a recurso por haver sido interposto, a sentença ainda não é firme, pois poderá ser reformada. Na verdade, quem a proferiu foi o juiz, um magistrado, órgão do Estado e por boca de quem a lei fala (*lex loquens*). Será, pois, um ato judicial, um ato de magistrado, pelo qual este tende a traduzir a vontade da lei aplicada à espécie. Mas, a vontade da lei somente pode ser uma única. Se da sentença pende recurso e outro juiz, ou o mesmo juiz, tomando conhecimento do recurso vier a reformá-la, evidentemente que aquilo que aparentava ser a vontade da lei, expressa na sentença reformada, deixou de ser uma vontade para outra aparecer. Exatamente porque a lei tem uma vontade e esta é a que vem a prevalecer, a da sentença reformada não o era, não passando esta de uma manifestação do magistrado. Assim somente pelo esgotamento dos prazos para recursos, excluída a possibilidade de uma nova formulação, é que a sentença, de simples ato do magistrado, passará a ser reconhecida pela ordem jurídica como a emanação da vontade da lei ("Primeiras Linhas de Direito Processual Civil", Saraiva, v. III, 8ª ed., 1985, p. 41 e ss.).

Necessário aqui que se faça a distinção entre o trânsito em julgado formal e o trânsito em julgado material.

Tem-se a coisa julgada formal quando a parte não recorreu; recorreu e desistiu posteriormente; a decisão tornou-se irrecorrível por haver a parte se utilizado de todos os recursos colocados à sua disposição. Vale dizer que a coisa julgada formal assegura a imutabilidade da sentença pela preclusão dos prazos para recorrer. A sentença torna-se irrecorrível. E como a matéria meritória foi enfrentada pelo julgado, desaguará fatalmente para a coisa julgada material. Se a decisão não houvesse enfrentado o mérito (matéria de fundo), haveria coisa julgada formal mas, por conseqüência, não poderia haver coisa julgada material. Haveria tão-somente o trânsito em julgado formal ou preclusão *pro iudicato* (arts. 267, 295, 459, 2ª parte, CPC). O julgamento assim proferido, que não enfrente a matéria de fundo, não fez coisa julgada material e não impede que a parte proponha outra ação livre dos vícios que determinaram a extinção (art. 268, CPC).

Denomina-se coisa julgada material a eficácia, que torna imutável e indiscutível a sentença, não mais sujeita a recurso ordinário ou extraordinário (art. 467, CPC). A coisa julgada material impede que se rediscuta o litígio que restou irrecorrivelmente decidido. Houve a prestação jurisdicional no seu sentido amplo e a matéria não mais poderá ser rediscutida (art. 471, CPC). "A coisa julgada material é qualidade tão-só dos efeitos de julgamentos que decidem a lide, pois aqueles que declaram inadmissível a tutela jurisdicional, por não resolverem o mérito, não se revestem de imutabilidade fora da relação processual, que promana da *res judicata material* — tudo, aliás, como estatui o art. 268 do CPC" (*Frederico Marques*, "Manual de Direito Processual Civil", Saraiva, 1975, v. 3º/234).

A majestade da coisa julgada somente poderá ser colocada em discussão nos casos taxativos previstos na lei (art. 485, CPC), desde que não decorrido o prazo preclusivo de dois anos (art. 495, CPC).

45.2.19. Dos limites da coisa julgada

Os limites da coisa julgada subdividem-se em: limites objetivos e limites subjetivos. Quanto ao primeiro, dispõe o Código de Processo Civil (art. 468) que: A sentença, que julgar total ou parcialmente a lide, tem força de lei nos limites da lide e das questões decididas. O juiz decidirá a lide nos limites em que for proposta (art. 128). É defeso ao juiz proferir sentença, a favor do autor, de natureza diversa do pedido, bem como condenar o réu em quantidade superior ou em outro objeto do que lhe foi demandado (art. 460). O juiz proferirá a sentença, acolhendo ou rejeitando, no todo ou em parte, o pedido formulado pelo autor (art. 459).

Preleciona *Frederico Marques* ("Manual de Direito Processual Civil", Saraiva, 1975, v. 3º/237) que: "A coisa julgada material tem como limites objetivos a lide e as questões pertinentes a esta, que foram decididas no processo. A situação litigiosa, que foi proposta, constitui a área em que incidem os efeitos imutáveis do julgamento. O que individualiza a lide, objetivamente, são o pedido e a *causa petendi*, isto é, o pedido e o fato constitutivo que fundamenta a pretensão. Portanto, a limitação objetiva da coisa julgada está subordinada aos princípios que regem a identificação dos elementos objetivos da lide."

O juiz no exercício da função jurisdicional terá que resolver questões suscitadas pelas partes, antes de prolatar a sentença, acolhendo ou rejeitando o pedido ou, ainda, acolhendo-o em parte. Pergunta que se faz: essas questões fazem coisa julgada? A matéria é controvertida, em face dos termos do art. 468 do CPC, pois declara que a sentença tem força de lei nos "limites da lide e das questões decididas".

A análise de tais questões há de ser feita sem perder de vista o que dispõe o art. 469 do CPC: Não fazem coisa julgada: I — os motivos, ainda que importantes para determinar o alcance da parte dispositiva da sentença; II — a verdade dos fatos, estabelecida como fundamento da sentença; III — a apreciação da questão prejudicial decidida incidentalmente no processo. E dispõe o art. 470 do CPC: Faz, todavia, coisa julgada a resolução da questão prejudicial, se a parte o requerer (arts. 5º e 325), o juiz for competente em razão da matéria e constituir pressuposto necessário para o julgamento da lide. Temos, pois, uma exceção à regra geral e como tal necessária a iniciativa da parte para que a matéria ganhe o selo da coisa julgada.

Realça *Aureliano de Gusmão* que: "Os motivos como puros motivos, não têm autoridade de coisa julgada, por isso que esta não pode, indubitavelmente, estar nem onde se acha a decisão do juiz. O juiz, como juiz, decide só as questões ou relações de direito que as partes trouxeram a Juízo e aí foram debatidas. Aos motivos, pois, só deve ser atribuída a autoridade da coisa julgada quando eles como que fazem corpo com o dispositivo da sentença como partes integrantes deste, de maneira que neles estejam a razão mesma de ser do dispositivo, de modo que, abstraindo-se deles, a contenda ou a relação jurídica disputada pelos litigantes não teria ficado dirimida só pelo dispositivo, e poder-se-ia dizer que não existe a sentença, numa palavra, a coisa julgada deve-se procurar em qualquer parte da sentença onde esteja resolvida a relação de direito controvertida na demanda e, conseqüentemente, nos motivos, só quando neste estiver expressa tal relação como causa imediata do dispositivo da sentença" ("Coisa Julgada", 1922, *apud Frederico Marques*, ob. cit., p. 237 e ss.).

Temos, pois, que o pedido, acolhido ou rejeitado, estabelece forte liame com os motivos nos quais se respaldou o juiz para deferir ou indeferir, *v. g.*, condena-se em indenização vez que comprovada a autoria do réu no abalroamento do veículo; indeferidas horas extras porque não restou provado que o autor laborasse em jornada prorrogada no período que indica etc. Não poderá a parte vencida rediscutir a matéria (art. 471, CPC). Neste caso, motivo e dispositivo se completam e se unem com tal intensidade que um não subsiste sem o outro. O motivo é, pois, causa imediata que vivifica o dispositivo.

Dos limites subjetivos. Dispõe o art. 472 do CPC: A sentença faz coisa julgada às partes entre as quais é dada, não beneficiando, nem prejudicando terceiros (...).

A *vexata quaestio* está em se saber quais as pessoas alcançadas pela *res judicata*. Atinge somente as partes colocadas no pólo passivo e ativo do processo ou tem reflexos sobre terceiros?

Temos na doutrina (*Amaral Santos*, ob. cit., v. 3º/70) que "Estabelecida a *litiscontestatio,* pela qual as partes se obrigavam a aceitar aquilo que fosse decidido, e, pois, se obrigavam à decisão, somente elas eram atingidas pelos efeitos da coisa julgada. Vários textos consagram essa doutrina, tais o de *Ulpiano* (D. 44.2.1): '*cum res inter alios judicata nullum aliis praejudicium facient*' — a coisa julgada não produz nenhum prejuízo a terceiro; o de *Macer* (D. 44.1.63): '*res inter alios judicata aliis non praeiudicare*' — a coisa julgada não prejudica terceiros; o de *Paulo* (D. 3.2.21): '*non opportet ex sententia sive justa sive injusta, pro alio habita lium pregravari*' — a sentença produzida entre as partes, seja justa ou injusta não deve atingir terceiros. Em síntese, conforme a doutrina romana a coisa julgada vincula apenas as partes e não terceiros, aos quais não pode prejudicar".

As Ordenações adotaram o princípio romano: "A Sentença não aproveita nem empece mais que às pessoas entre que é dada" (Ord., L. 3º, Tít. 81, pr.).

Terceiros são todos aqueles que não figuraram no processo; portanto, dele não participaram. O art. 568 do CPC indica, todavia, pessoas que não figuraram no processo e que são atingidas pela coisa julgada.

Lembra *Amaral Santos* (ob. cit., v. 3º/71) que o princípio fundamental, entretanto, não afasta a possibilidade da repercussão mais ou menos intensa e extensa dos efeitos da sentença a terceiros, os quais, conquanto não sujeitos à mesma, podem indiretamente sentir as suas conseqüências. Dessa repercussão dos efeitos da sentença a terceiros, não desconhecida dos próprios romanos, se ocuparam os juristas de todos os tempos, procurando dar-lhe solução. A eficácia natural da sentença — diz *Liebman* — atua com relação a todos, por outro lado, a coisa julgada só vale entre as partes, pelo que estas suportam a sentença sem remédio, ao passo que os terceiros podem destruí-la, demonstrando a sua injustiça.

Embora a coisa julgada se projete extraprocesso e seja eficaz em relação a terceiros, não os beneficia e nem os prejudica (art. 472, CPC).

Terceiros, no caso, não são todos os que foram estranhos ao processo, porque dele não participaram, nem para tanto foram citados: o sucessor a título universal ou singular, por exemplo, não é terceiro em relação à decisão passada em julgado (art. 568, CPC) (cf. *Frederico Marques*, ob. cit., v. 3º/241).

Doutrinava *Liebman* (RF CIX/46) que "para determinar se uma pessoa é ou não parte em processo, não é suficiente considerar a sua identidade física, devendo-se, ao contrário, tomar em conta também a qualidade jurídica em que compareceu no feito. Uma pessoa física pode ser simultaneamente parte e terceiro com relação a determinado processo, se são diferentes os títulos jurídicos que justificam esse duplo papel que ela pretende representar, se são distintas as posições jurídicas que ela visa a defender". Em síntese, os limites subjetivos da coisa julgada estão fixados no art. 472 do CPC. Mas, o art. 55 do mesmo Código também inclui o assistente, salvo se pelo estado em que recebera o processo, ou pelas declarações e atos do assistido, fora impedido de produzir provas suscetíveis de influir na sentença; ou ainda se desconhecia a existência de alegações ou de provas de que o assistido, por dolo ou culpa, não se valeu.

45.2.20. Da coisa julgada e a *lex posterius*

A coisa julgada não é receptiva à influência de leis posteriores. O seu âmbito de influência está restrito ao momento em que transitou em julgado.

Assim, a ação rescisória está sintonizada com as normas vigentes na ocasião em que a decisão transitou em julgado. Se transitou em julgado sob a égide do Código atual, não pode pretender a rescisão pelas normas do Código de 1939.

Essa é a lição que se embebe da doutrina, *v. g.*, *Pontes de Miranda* ("Tratado das Ações Rescisórias", Forense, 1964, p. 49 e ss.); *Barbosa Moreira* ("Comentários ao CPC", Forense, Rio, 1976, p. 152); *Galeno de Lacerda* ("O Novo Direito Processual Civil e os Feitos Pendentes", p. 56); Coqueijo Costa ("O Direito Processual do Trabalho e o Código de Processo Civil de 1973", LTr, 1975, p. 201).

Tem-se, assim que aquelas decisões que não eram rescindíveis sob a égide do Código de 1939 continuavam a não ser na vigência do Código Buzaid. E aquelas que eram rescindíveis pelos fundamentos do Código de 1939 não tinham a possibilidade ampliada pelo Código atual. Nesse sentido, é o entendimento de *Galeno de Lacerda* (ob. cit., p. 56).

Nessa direção apontava *Pontes de Miranda* (ob. cit., p. 149 e ss.): "se, no dia em que transitou em julgado, a sentença não era rescindível, não há pensar-se em *lex nova* que a faça rescindível. Se era rescindível, pelos pressupostos *a, b, c, d* e *e*, não se pode acrescentar novo pressuposto, que seja f. Nem pode ser eliminado qualquer deles".

O trânsito em julgado é, pois, o marco direcionador. É que da simples prolação da sentença, ainda que viciada com alguma ilegalidade, aflora mera expectativa de ação rescisória, vez que poderá ser expungido o vício por meio de recursos às jurisdições superiores, destruindo até a mera expectativa. É só com o trânsito em julgado que o comando emergente da decisão se torna definitivo. Remetemos o leitor ao item 2.2.

45.2.21. Do lugar onde deve ser proposta a rescisória

Em sendo a rescisória de competência dos tribunais, o local será sempre aquele onde está situado o tribunal ao qual o prolator da sentença ou do acórdão está subordinado.

A distribuição é feita pelo Presidente do Tribunal ao órgão competente de conformidade com o que dispõe o Regimento Interno, indicando sempre um Juiz relator. A competência está, pois, diretamente ligada ao tribunal ao qual pertence o juízo prolator da sentença ou o colegiado que prolatou o acórdão.

45.2.22. Dos erros *in procedendo* e *in judicando*

A decisão, desde que transitada em julgado, torna-se rescindível por *error in judicando* ou *error in procedendo*.

Preleciona *Frederico Marques* (*in* "Manual ...", p. 257) que "a sentença transitada em julgado é válida e eficaz, ainda que contenha *errores in procedendo* ou *errores in iudicando*, e também imutável entre as partes. Assim sendo, estão os litigantes vinculados irrevogavelmente ao que ficou decidido, não lhe cabendo mais aduzir qualquer defeito do julgado, a não ser através de ação rescisória, e, excepcionalmente, de embargos na execução, na hipótese do art. 741, I". Nota: Este artigo agora diz respeito à Fazenda Púbica, juntamente como art. 730, conforme Lei n. 11.232/2006.

45.2.23. Da legitimação ativa e passiva

Tem legitimidade para propor a ação: I — quem foi parte no processo ou o seu sucessor a título universal ou singular; II — o terceiro juridicamente interessado; III — o Ministério Público: a) se não foi ouvido no processo, em que lhe era obrigatória a intervenção; b) quando a sentença é o efeito de colusão das partes, a fim de fraudar a lei (art. 487, CPC).

Realça *Barbosa Moreira* (ob. cit., 5/163) que "legitima-se à ação rescisória, em primeiro lugar quem haja sido parte no processo onde surgiu a decisão rescindenda. Não há que distinguir entre autor e réu. Se houve litisconsórcio, ativo ou passivo, qualquer dos litisconsortes é legitimado. Também o é o assistente. (...) Não se legitima à rescisória, como 'parte', quem já não o era ao tempo da sentença, por haver-se desligado antes, voluntariamente ou não da relação processual. A revelia, contudo, não exclui a condição de parte nem, portanto, a legitimidade ativa para a rescisória".

É bem de ver que a legitimação passiva não está prevista expressamente. Logo, está condicionada ao que dispõe o art. 3º do CPC: necessidade de interesse e legitimidade para propor ação e contestar ação. Para *Pontes de Miranda* "tem legitimidade a parte que haja sido o autor, ou o réu, ou o reconvinte, ou o litisconsorte, ou assistente equiparado ao litisconsorte (art. 54), ou quem substituiu a parte (arts. 41-43), o assistente na espécie do art. 52, parágrafo único assistente do revel assistido, que passa a ser gestor de negócios, ou do art. 55 (...)" (cf. "Tratado das Ações", Ed. RT, 1976, v. 1º/176).

45.2.24. Da legitimação do substituto

A legitimação extraordinária no processo trabalhista é sempre concorrente. Vale dizer, que estão legitimados para figurar no pólo ativo ou passivo da ação rescisória o sindicato da categoria ou o próprio trabalhador, titular do direito material (interesse substancial). A legitimação extraordinária se apresenta em qualquer fase do processo: fase cognitiva ou fase executória. Assim, o sindicato substituto tem legitimidade para pleitear a rescindibilidade da decisão (sentença ou acórdão) que tenha sido desfavorável ou pela preservação daquela que fora favorável ao substituído e na qual tenha atuado como substituto processual.

45.2.25. Da legitimação do substituído

Como vimos acima, a legitimação extraordinária no processo trabalhista é sempre concorrente. Assim, o substituído não está impedido de propor, diretamente, a ação rescisória ou de defender-se em ação rescisória em que figura no pólo passivo (art. 3º do CPC).

Lembra *Marco Aurélio Mendes de Farias Mello* que: "A característica marcante da substituição no processo do trabalho — sempre concorrente — informa a plena legitimidade daqueles que foram substituídos no processo em que proferido o título rescindendo, seja para figurarem na rescisória como autores, seja para atuarem como réus. O tema dispensa, inclusive, exploração, face à organicidade que preside o Direito. Seria um paradoxo, uma verdadeira figura teratológica, enveredar pela sustentação da ilegitimidade logo de quem se mostra como prejudicado ou beneficiário direto, porque titular do Direito substancial rechaçado ou consagrado, no título rescindendo." E prossegue o eminente articulista: "Atuando na rescisória o próprio substituto, a defesa será plena, surtindo efeitos no tocante à sentença rescindenda como um todo, enquanto a atuação isolada de um ou alguns substituídos não beneficia nem prejudica os demais, pois, caso contrário, seria reconhecer àqueles a possibilidade de que cada um dos interessados tem interesse em defendê-la como um todo" (artigo de doutrina publicado na RDT 67/33-39, sob o título: "Ação rescisória — Legitimidade — Substituição processual trabalhista — Intervenção dos substituídos").

Substituto e substituído. Muito embora os limites subjetivos da coisa julgada abranjam os substituídos, cujo rol deve constar expressamente do processo onde se deu a substituição processual, a verdade é que o réu da ação rescisória é o sindicato que fora autor na ação rescindenda e rescisória, não havendo falar em litisconsorte necessário. Por conseqüência, também desnecessária a citação, uma vez que o substituto funciona como espécie de *alter ego*, quer seja autor, quer seja réu. O que se nos afigura indispensável é que também em sede de ação rescisória seja a inicial instruída com o rol de substituídos que sofrerão as conseqüências rescindendas e rescisórias. Por outro lado, o entendimento de que o substituto poderá ser autor mas, não poderá ser réu em ação rescisória, carreando a legitimidade, enquanto réu, para o substituído, não encontra respaldo na razoabilidade, malfere o princípio do paralelismo das formas e impõe maus-tratos à lei que em nenhum momento faz restrições. E onde a lei não restringe, defeso ao intérprete fazê-lo. Ver Orientação Jurisprudencial n. 110 da SDI-2.

45.2.26. Do substituto processual trabalhista

A regra geral é a de que ninguém poderá pleitear em nome próprio direito alheio, salvo quando autorizado por lei (art. 6º, CPC).

A hipótese mais comum de quem não seja detentor do interesse substancial (Direito material) é a da ação de cumprimento. Estão legitimados, nos termos do art. 872, parágrafo único, da CLT, os empregados beneficiários de sentença normativa ou acordo coletivo e o respectivo sindicato da categoria. Outros casos de substituição vamos encontrar, *v. g.* no art. 195, § 2º, da CLT; art. 25 da Lei n. 8.036, 11.5.1990.

45.2.27. Da autonomia da legitimação extraordinária concorrente

Não podem figurar no pólo ativo ou passivo da ação substituto e substituído, salvo se, em havendo vários substituídos, somente alguns integrem a ação.

Realça *Marco Aurélio de Farias Mello* (cit., p. 33-39) que "reconhecida a figura da substituição processual, a lógica conduz, necessariamente, à certeza da impossibilidade de atuação conjunta. A do substituto faz-se em nome próprio, mas em defesa dos direitos dos substituídos. Assim, se estes figuram como partes no processo, deixa de haver motivo para a participação do primeiro. Destarte, toda vez que, na tramitação do processo, o substituído intervier, desaparece, em relação ao mesmo, a figura da substituição, isto porque impossível é conferir-lhe mero *status* de assistente litisconsorcial".

Importante, do ponto de vista didático, a colocação doutrinária do que seja litisconsorte e assistente litisconsorcial, já que a doutrina não é pacífica. Afirma *Vicente Greco* que tem lugar "a assistência qualificada ou litisconsorcial quando o interveniente é titular da relação jurídica com o adversário do assistido, relação essa que a sentença atingirá com força de coisa julgada". Para *Agrícola Barbi* ("Comentários ao Código de Processo Civil", Forense, 1975, v. I, t. I, p. 290) configura a assistência "qualificada ou litisconsorcial, quando a intervenção do terceiro se justifica, porque o direito em litígio é do assistido, mas também do assistente, o qual teria legitimação para discuti-lo sozinho ou em litisconsórcio com outros co-titulares dele". O eminente processualista indica como exemplo a demanda proposta por condômino de um imóvel para reivindicá-lo de quem o possua injustamente e na qual outro condômino pretende ser assistente. É que nesse caso o direito que se discute contra o réu é do autor, mas também do assistente.

No caso de substituição processual, o substituto não é titular de nenhum direito, mas defende em nome próprio direito de outrem. Não há, pois, falar em assistência litisconsorcial. E em sendo a substituição sempre concorrente no processo trabalhista, sempre que o substituído vier ao processo, o substituto perde a sua função.

Para *Arruda Alvim* ("Código de Processo Civil Comentado", v. 3º/81, Ed. RT, 1976) "litisconsorte é aquele cuja pretensão é idêntica, isto é, a que já está nos autos, sendo ele também parte principal, enquanto que o assistente litisconsorcial tem uma pretensão diversa do assistido".

Discorrendo sobre a matéria *Ubiratan de Couto Maurício* ("Assistência Simples no Direito Processual", Ed. RT, 1983, p. 24 e ss.) assinala que entre os aspectos de afinidade entre o assistente simples e o litisconsorcial está a "inexistência de titularidade do direito demandado no processo, em que pese haver posições doutrinárias firmadas no sentido de que o assistente litisconsorcial '*allega un derecho propio, discutido en el proceso y defendido ya por alguna de las partes en litigio*', ou que 'vem a processo para defender um direito seu (...)' ou, ainda, 'para a defesa de 'direito' próprio contra uma das partes'."

O Código de Processo Civil define o litisconsorte qualificado de assistente ou litisconsorcial no art. 54: "Considera-se litisconsorte da parte principal o assistente toda vez que a sentença houver de influir na relação jurídica entre ele e o adversário do assistido." Referido artigo "seguiu menos o § 20 da ZPO austríaca e mais o § 69 da ZPO alemã" (*Sérgio Ferraz*, "Assistência Litisconsorcial no Direito Processual Civil", Ed. RT, 1979). Temos para nós que a melhor corrente está com *Agrícola Barbi* e *Vicente Greco Filho*.

45.2.28. Da medida cautelar incidente em rescisória

Regra geral, não se admite medida cautelar na rescisória quando essa cautelar tenha por finalidade suspender a execução. Mesmo porque a rescisória não é recurso, é ação. Logo não se pode falar em efeito suspensivo da rescisória.

Barbosa Moreira, entretanto, constata que "mais de um ordenamento estrangeiro faculta ao órgão judicial, sob determinadas condições, ordenar a suspensão da execução, quando se utilizam os remédios correspondentes à nossa rescisória: é o que se dá, *v. g.*, nos países germânicos, na Espanha, na Grécia" (ob. cit., p. 172).

Galeno de Lacerda, "entende compatível a cautelar com a rescisória, pois esta é uma ação como qualquer outra. A coisa julgada gera presunção relativa, e não absoluta, nos sistemas que adotam a revisão, enquanto não expirado o prazo de decadência, e naqueles em que a rescisória tem largo espectro, como no processo brasileiro.

Se a medida cautelar é pendente da rescisória quanto à finalidade do processo, tem autonomia específica e provisória quanto à função jurisdicional de segurança" ("Comentários ao Código de Processo Civil", Forense, 1981, v. VIII, t. I, p. 115).

Argumenta *Coqueijo Costa* que "se a rescisória não suspende a execução da decisão rescindenda, também não surte tal efeito a medida cautelar, pois depende da ação principal". Reconhece, como exceção, "a hipótese de o TRT, em 1º grau, acolher a rescisória, pois aí surge o *fumus boni juris* da desconstituição, pela possibilidade de o TST vir a confirmar o aresto regional" ("Ação Rescisória", LTr, p. 115). Confirma que nesse sentido deliberou o Pleno do TST na Cautelar Originária n. 3/ 1985, em 16.5.1985.

Ainda que se considere relativa a força da coisa julgada, enquanto não decorrido o período decadencial, o seu valor é, intuitivamente, maior do que o da ação rescisória e a quem a lei expressamente veda o efeito suspensivo (art. 489, CPC).

O tema é realmente tormentoso, mormente no processo trabalhista em que o empregado dificilmente terá condição econômica e/ou financeira para compor a execução em caso de sucesso do autor na rescisória. Todavia, a exemplo do que ocorre com o mandado de segurança em sede de coisa julgada e das exceções que comporta a regra geral, haverá caso em que o sucesso da rescisória será de tal forma flagrante, *v. g.*, sentença proferida por juiz absolutamente incompetente, que a concessão de cautelar será o único meio de evitar-se mal maior. E pior do que violar o princípio da imutabilidade dos julgados, proferidos ao arrepio da lei, é implementar-se a ilegalidade por meio da execução aparelhada, negando-se a cautelar na rescisória. Poderá, ainda, o juiz em casos tais, exigir caução idônea para a liberação de numerário. Da cautela, nenhum prejuízo advirá para o exeqüente que no caso de insucesso da rescisória receberá o *quantum* já depositado com juros e correção monetária. Nesse caso, por respeito à força da coisa julgada, a execução poderá prosseguir com o praceamento dos bens. Apenas o *quantum* não será liberado sem caução idônea.

Entende *Galeno de Lacerda* que "há alguns pontos importantes relacionados com o processo trabalhista. Um deles é a suspensão da execução como cautela inominada, vinculada à ação rescisória. Essa possibilidade é importante na Justiça do Trabalho, em que a coisa julgada resulta de um procedimento sumário. Há decisões do STF e do TFR refutando tal cautelar. Entretanto, há sofisma nessas decisões quando invoca o 'tabu' da coisa julgada como matéria constitucional para impedir a medida. A coisa julgada não é absoluta. Logo, a ordem jurídica processual pode, e deve conferir medidas cautelares adequadas a propiciar o resultado útil de uma ação rescisória" (Conferência proferida no I Encontro de Magistrados do Trabalho, Rio, Revista Synthesis 6-88/93).

45.2.29. Dos Juizados Especiais Cíveis e Criminais

Dispõe o art. 59 da Lei n. 9.099, de 26.9.1995 que "não se admitirá ação rescisória nas causas sujeitas ao procedimento instituído nesta lei; vale dizer, àquelas propostas no juizado especial de pequenas causas". Idêntica regra aplica-se à ação anulatória. Todavia, o rito sumaríssimo trabalhista (arts. 852 e ss., cf. Lei n. 9.957/2000) não oferece nenhuma restrição.

45.2.30. Da Súmula n. 259, TST

Dispõe o enunciado que "só por ação rescisória é atacável o termo de conciliação previsto no parágrafo único do art. 831 da CLT".

A colocação sumulada, que cristaliza o entendimento jurisprudencial na mais alta Corte Trabalhista, há de ser entendida em termos restritos, não abrangentes.

Dispõe tão-somente para aqueles casos em que a reclamatória foi devidamente instruída (propiciando ao juízo aquilatar sobre o *meritum causae*).

Nesse sentido, conduz a exegese do art. 831, *caput*, ao preceituar que "a decisão será proferida depois de rejeitada pelas partes a proposta conciliatória".

O mandamento legal, à evidência, diz respeito à segunda proposta conciliatória. Depois da primeira proposta conciliatória tem lugar a instrução do processo ou o encerramento de ofício ou a pedido das partes (julgamento antecipado da lide). Os acordos efetuados antes da instrução do processo são referendados por sentença meramente homologatória. O Juízo, nestes casos, homologa apenas a vontade das partes sem adentrar ao mérito. Em tais casos, o desfazimento será levado a efeito como simples ato judicial, nos termos do art. 486 do CPC.

No sentido dos comentários retro, veio dispor a Orientação Jurisprudencial n. 85, SDI-2, *in fine*, transformada no item IV, da Súmula n. 298, aquilo que afirmamos desde a edição da Súmula n. 259, cujo lacônica redação, que ainda hoje permanece, leva o intérprete ao erro de achar que toda e qualquer homologação transita em julgado e desafia rescisória. O inc. IV, da Súmula n. 298, é espécie de interpretação autêntica da Súmula n. 259. Melhor seria a extinção desta, pois certamente continuará a causar desconfortos interpretativos, em não havendo a conjugação sistemática de ambas as súmulas.

"O termo de conciliação que equivale à decisão irrecorrível é aquele lavrado pelo funcionário do juízo, sob ditado do juiz, das partes e seus advogados, se houver, bem como as conclusões do acordo estabelecido, estas redigidas de modo claro e preciso, como se requer para o dispositivo de uma sentença, e será depois lido às partes, assinado por estas e pelo juiz, tal como previsto no art. 831, parágrafo único, combinado com o art. 847, § 1º, ambos da CLT. Simples homologação de acordo extrajudicial é ato administrativo praticado pelo juiz e não se equipara à conciliação prevista nos artigos supracitados." (TRT, 9ª Reg., RO n. 2.127/1987, Ac. 1ª T. 105/1988, j. 17.11.1987, Rel. Juiz Indalécio Gomes Neto, LTr 52-5/591).

"Em que pese o pomposo nome dado à curiosa 'ação de rescisão de contrato de trabalho e homologação de transação trabalhista', a mesma é, nada mais nada menos, que mero procedimento administrativo, embora efetuado pelo juiz, de pura e simples assistência à rescisão do contrato de trabalho, não tendo os requisitos e a eficácia de sentença, e dela não advém a coisa julgada, quer formal, quer material." (TRT, 9ª Reg., RO n. 1.033/1986, Ac. 2ª T. 2.955/ 1986, j. 9.10.1986, Rel. Juiz Bento de Oliveira Silva, LTr 52-5/593).

45.2.31. Da tutela antecipada

A ação rescisória tem por escopo desconstituir a coisa julgada material, daí por que a tutela não pode nem deve ser prodigalizada. Em contraponto não há por que ser preconceituoso e alijar a tutela em sede rescisória, posto que casos existirão em que a tutela se faz oportuna. Exemplificaremos: sentença em que o autor da rescisória foi revel e evidente *primo oculi* o vício de citação; incompetência relativa ou absoluta perceptível de plano; existência de duplicidade de coisa julgada. Em ocorrendo um dos casos retro, a antecipação da tutela deve ser complementada com a suspensão da execução. Nos demais casos, no mínimo desaconselhável a antecipação da tutela, uma vez que a coisa julgada, mesmo após o ajuizamento da rescisória, mantém-se soberana até que outro julgamento, com trânsito em julgado, a substitua. Embora a rescisória propicie a discutibilidade, enquanto não decorrido o interstício decadencial, a imutabilidade é requisito que somente desaparecerá com a procedência da ação e o respectivo trânsito em julgado. A antecipação da tutela tem natureza jurídica de mera decisão interlocutória mista em sede trabalhista, não somando força suficiente para alavancar desprestígio à *res jdicata*.

De conformidade com a nova redação dada ao art. 489, CPC, pela Lei n. 1.280/ 2006, temos: "O ajuizamento da ação rescisória não impede o cumprimento da sentença ou (do) acórdão rescindendo, ressalvada a concessão, caso imprescindível e sob os pressupostos previstos em lei, de medidas de natureza cautelar ou (de) antecipação de tutela." Como se vê, com essa nova redação retirou-se do art. 489 o conteúdo pétrico, venerado por alguns juízes, que transformavam a execução de sentença em verdadeira fortaleza indevassável. O brocardo latino *in clarus cessat interpretatio*, como ensina *Mário de Guimarães*, "que dominou em tempos idos, hoje é obsoleto". E adverte: " A lei — ouvimos algures esse pensamento – é, por vezes, como as águas paradas de um lago que ocultem, no fundo, cipós e ninhos de serpentes. Na sua tranqüilidade pode enganar, com princípios ocultos, os intérpretes descuidosos" ("O Juiz e a Função Jurisdicional", Ed. Forense, Rio de Janeiro, 1958, p. 326).

A melhor doutrina e a jurisprudência dominante perceberam, desde logo, que a exceção é uma virtude da regra geral, pois é justamente a exceção que a confirma. Daí a impossibilidade de existir regra geral sem exceção. Desse raciocínio pontual, nasceu a interpretação razoável em casos que, sem a exceção, nada poderia ser feito. Ora, de conformidade com princípios de hermenêutica, a lei é uma construção cultural para prover e prever para uma realidade, isto é, a lei é feita para resolver, não para criar impasse. A partir daí, passou-se a conceder cautelar inominada para suspender a execução nos casos em que a incompetência era absoluta (inc. II, do art. 485/06). O inciso citado só premia a incompetência absoluta, não a relativa, como se não se pudesse cometer ilegalidade em sede *ratione loci*. Certamente, esta parte foi excluída e enquadrada em "apreciação de prova", já que a boa ou a má apreciação de prova não dá suporte ao corte rescisório. Todavia, não é bem assim. Exemplo: aquele empregado que só trabalhou em S. José do Rio Preto e lá foi contratado, porque lá residia e porque a empregadora lá está estabelecida desde a sua constituição e, por haver mudado para São Paulo, ajuizou a sua ação pelo fato de lá residir e lá o seu advogado ter escritório, não constitui interpretação de prova, mas ilegalidade, quando a empresa defendeu-se e alegou a incompetência *ratione loci*; ou ainda aquele em caso em que o juiz afirma que a ação deverá permanecer em São Paulo por ser menos dispendioso para o trabalhador. A ilegalidade que de tais hipóteses aflora é de clareza incomodativa. Todavia, a rescisória não poderá estear-se no inc. II, do art. 485, mas poderá estribar-se no inc. V (violar literal disposição de lei); b) quando existem duas coisas julgadas, suspender-se-á a execução daquela coisa julgada, objeto da ação rescisória; c) naqueles casos em que a ação rescisória busca a desconstituição por vício de citação: por ter sofrido a revelia ou pelo fato de a citação para a primeira audiência trabalhista foi feita antes do interstício legal de cinco dias, sem oportunidade para uma defesa plena. Em ambas as hipóteses, há ilegalidade (inc. V), e a sentença deverá ser desconstituída e os autos recambiados ao primeiro grau para que, dada a oportunidade de plena defesa, instruir o processo como de direito e para prolatar nova sentença imune de ilegalidade. O legislador mostrou sensibilidade ao transformar em norma aquilo que há décadas transformara em construção doutrinária e jurisprudencial.

45.2.32. Da ação civil pública

Ação de contornos próprios e diferenciados da ação comum é informada por regras que dão alento e prestígio ao mandado de segurança e à ação popular no sentido de que não haverá a formação da coisa julgada quando a improcedência firma residência na insuficiência probatória (art. 16, Lei n. 7.347, de 24.07.1985). Daí a razão pela qual a ação civil pública julgada improcedente por insuficiência de prova não desafiará rescisória, posto que o julgamento não deságua na coisa julgada material, condição inarredável para o ajuizamento da rescisória (Súmula n. 107, TST).

45.2.33. Do mandado de segurança

Dispõe o art. 15 da Lei n. 1.533/1951 que "A decisão do mandado de segurança não impedirá que o requerente, por ação própria, pleiteie os seus direitos e os respectivos efeitos patrimoniais". Evidente que isso somente ocorrerá quando não houver decisão de mérito ou, havendo, o julgamento meritório não transitar em julgado por falta de provas.

Presente a coisa julgada, impossível será a reapreciação do tema frente aos preceitos do art. 47l, do CPC. Entretanto, a exemplo da ação popular, da ação civil pública, das ações com base do Código de Defesa do Consumidor, o *Writ* não fará coisa julgada se a denegação tiver suporte na ausência de prova. Nesse sentido, a inteligência contida na Súmula n. 304 do STF: "Decisão denegatória de mandado de segurança, não fazendo (quando não fizer) coisa julgada contra o impetrante, não impede o uso da ação própria." Vale dizer, se da análise das provas carreadas aos autos concluir-se pela existência ou inexistência do direito líquido e certo, haverá julgamento meritório e, por conseqüência, trânsito em julgado material que poderá vir desafiar rescisória. Se houver denegação da segurança com suporte na ausência de prova ou na prova incompleta, não haverá coisa julgada material e a parte interessada poderá recolocar a discussão por meio de ação própria. Como se vê, em não se formando a coisa julgada material, não haverá base legal para a ação rescisória por ausência de um dos requisitos objetivos para o ajuizamento.

45.3. Da ação anulatória

45.3.1. Dos atos judiciais

Dispõe o art. 486 do CPC que: "Os atos judiciais, que não dependem de sentença, ou em que esta for meramente homologatória, podem ser rescindidos, como os atos jurídicos em geral, nos termos da lei civil."

A matéria é controvertida entre doutrina e jurisprudência, havendo nesta forte tendência no sentido de aplicação literal do art. 486 do CPC. No "IV Encontro Nacional dos Tribunais de Alçada", em 1983, foi aprovada, por unanimidade, tese no sentido de que "a transação homologada em Juízo pode ser rescindida como os atos jurídicos em geral, não assim mediante rescisória. Não há incompatibilidade entre os arts. 485, VIII e 486 do CPC, que tratam de hipóteses distintas" (RT 577/299).

Tem-se que a matéria contida no art. 485, VIII, do CPC também foi prevista no art. 486. Disso não se pode concluir que a parte poderá utilizar-se da ação anulatória (a palavra "rescindidos" está aí por "anulados": a impropriedade terminológica já fora apontada pela doutrina, em relação ao Código anterior, e tem outros antecedentes, como o texto do art. 255 do Regulamento n. 737, que falava em "ação rescisória do contrato" (cf. *Pontes de Miranda, apud Barbosa Moreira*), ou da ação rescisória, simultânea ou sucessivamente. O Autor retro, em revendo posicionamento anterior, conclui agora que: "é necessário distinguir, no tocante aos atos homologáveis por sentença, entre os abrangidos pelo art. 485, VIII, e os restantes. Com relação àqueles (renúncia à pretensão, reconhecimento do pedido, transação), o regime será análogo ao da confissão, tal como o define o art. 352; isto é: a ação anulatória unicamente poderá ser utilizada no curso do processo, antes do trânsito em julgado da sentença homologatória; depois disso, o remédio próprio e exclusivo será a Ação Rescisória do art. 485, VIII."

Registre-se, ainda, que a ação anulatória de ato judicial vem disposta no Título IX do CPC atual de forma imprópria, já que ali se cuida "Do Processo nos Tribunais", vale dizer no Capítulo IV, "Da ação rescisória". Como é sabido, a ação anulatória tem natureza incidental, prevento o juízo onde o ato foi realizado ou homologado. A ação anulatória autônoma diz respeito a atos praticados fora do processo ou quando sequer existia o processo. Nesse caso, a competência dar-se-á pela distribuição.

Trilhando entendimento diverso, dispõe *Sérgio Sahione Fadel* que: "não é difícil perquirir-se a razão pela qual a sentença meramente homologatória não se desconstitui por ação rescisória: é que esta, como remédio de exceção, só tem cabimento nas hipóteses exaustivamente enumeradas no art. 485, e é ação cuja sentença desfaz sentença anterior. Ora, a sentença homologatória é apenas ato processual de encerramento do processo, ato supérfluo, desnecessário, porque se as partes transacionaram, a transação existe e existiria independentemente da sentença, que a homologou. Então, o que poderia ser objeto de rescisão, nesse caso, não é a sentença em si, mas ato jurídico que ela formalizou em Juízo, e que, preexistindo-lhe, existiria mesmo sem ela. E, vivendo autonomamente, independendo da sentença, o negócio celebrado — que é a relação de direito material — não se aperfeiçoa, nem se completa pela sentença — que é ato de direito processual; apenas o processo instaurado entre as partes que o avençaram, termina, formalmente, com a homologação judicial. Destarte, se tal sentença viesse a ser rescindida, permaneceria, estanque, o negócio jurídico anterior, que não foi afetado pela rescisória: e a sentença desta, no caso, cairia no vácuo; nenhum sentido teria" (ob. cit., v. 3, p. 83).

Adverte *Frederico Marques* que: "não é o resultado que qualifica o ato de que proveio: o antecedente, e não o conseqüente, é que prepondera para a caracterização daquele. Daí porque não irá alterar-se a natureza da sentença que homologa a transação, como decisão que extingue o processo com julgamento de mérito, na hipótese de não se tornar título executivo por trazer em seu contexto negócio jurídico substancial e exclusivamente declaratório. (...) a conclusão a se tirar é a seguinte: toda e qualquer sentença homologatória de transação só se rescinde por Ação Rescisória. Descabe, portanto, no caso, a aplicação do que dispõe o art. 486 do CPC. O que leva a essa conclusão, como foi visto, é a interpretação sistemática das regras e normas do Código de Processo Civil pertinentes ao instituto jurídico da sentença homologatória de transação, como ato que encerra o processo em julgamento de mérito" ("A rescisão de sentença que homologa transação", publ. *in* O Estado de S. Paulo, 10.2.1985).

Na Justiça do Trabalho, *Wilson de Souza Campos Batalha* entende que: "as homologações de acordos celebrados em Juízo não comportam Ação Rescisória, podendo ser rescindidas como os atos jurídicos em geral. Não constitui óbice a tal conclusão o art. 831, parágrafo único, da CLT, segundo o qual o termo de acordo 'valerá como decisão irrecorrível'. Embora o acordo tenha o efeito de decisão irrecorrível, não paira dúvida que sua homologação tem natureza diversa da sentença, comportando rescisão como os atos jurídicos em geral e não admitindo a Ação Rescisória" ("Tratado de Direito Judiciário", p. 630).

Coqueijo Costa conclui: "com razão *Barbosa Moreira*, vez que com relação aos atos previstos no art. 485, VIII, a ação anulatória só pode ser utilizada no curso do processo, antes do trânsito em julgado da sentença homologatória; depois disso, só a Ação Rescisória." E arremata: "Na Justiça do Trabalho, a conciliação judicial é rescindível pela rescisória, porque o termo que a lavrar 'valerá como sentença irrecorrível' (parágrafo único do art. 831 CLT) e os acordos, quando não cumpridos, serão executados (art. 876, CLT). Inclusive no que toca à rescindibilidade da homologação em dissídio coletivo, em que o acórdão homologatório reajustava o índice salarial legal obrigatório." (ob. cit., p. 84)

A questão no processo do trabalho está sumulada pelo Enunciado n. 259/TST: "Só por Ação Rescisória é atacável o termo de conciliação previsto no parágrafo único do art. 831 da CLT." Todavia, o enunciado, embora represente o entendimento dominante naquele Tribunal Superior, não tem força vinculativa dos Tribunais inferiores, podendo vir a ser modificado.

A matéria, como verificamos, ainda é intranqüila entre os doutos. E na jurisprudência, conforme se verá oportunamente, melhor sorte não tem.

Não nos parece, todavia, que os arts. 485, VIII e 486, 2ª parte, do CPC tratem da mesma matéria. Se assim fosse, não teria o legislador repetido a matéria em dispositivos diversos, posto que ociosa a providência.

Nas lições de *Savigny*, tem-se que: "não raro à primeira vista duas expressões se contradizem; porém se as examinarmos atentamente (*subtili animo*) descobrimos o nexo oculto que as concilia. É quase sempre possível integrar o sistema jurídico; descobrir a correlação entre as regras aparentemente antinômicas" (*Carlos Maximiliano*, "Hermenêutica", p. 146).

A transação mencionada no art. 485, VIII, do CPC, não está contida no âmbito do art. 486, 2ª parte, do CPC; aqui a sentença é "meramente homologatória". Discordamos, nesta parte do douto e saudoso *Coqueijo Costa*, quando afirma que, "o 'meramente' da 2ª parte do art. 486 não tem significação jurídica" (ob. cit., p. 84).

Entendemos, *data venia*, que a expressão "meramente homologatória" utilizada pelo Código Buzaid tem significado jurídico próprio e definido, qual seja o de referir-se àquelas sentenças que não enfrentam o *meritum causae* e, portanto, não transitam em julgado (coisa julgada material).

Neste caso (art. 486), como bem lembra *Fadel*, "a sentença homologatória é apenas ato processual de encerramento do processo, ato supérfluo, desnecessário, porque se as partes transacionaram, a transação existe e existiria independentemente da sentença que a homologou (...) o que poderia ser objeto de rescisão, neste caso, não é a sentença em si, mas o ato jurídico que ela formalizou em Juízo, e que, preexistindo-lhe, existiria mesmo sem ela" (ob. cit., p. 83).

Já na hipótese do art. 485, VIII, o legislador teve em mira uma outra realidade; refere-se àqueles casos em que para a entrega da prestação jurisdicional, o Poder Judiciário teve de adentrar ao cerne da transação que já preexistia à demanda, originária esta pela inadimplência de uma das partes. Nesse caso, a sentença que vier entregar a prestação jurisdicional não será "meramente homologatória" posto que o Juízo foi obrigado a penetrar no cerne da transação preexistente e dizer da sua validade ou não.

O Tribunal de Justiça do Rio Grande do Sul (Ac. 2ª C., un., Ap. n. 23.716, Rel. Juiz Adroaldo Furtado Fabrício; JTACSP 38/287, *apud Alexandre de Paula*, ob. cit., v. 2º/717) decidiu:

"Foi *Galeno de Lacerda* quem, em estudo primoroso, demonstrou ser a antinomia entre o art. 485, VIII, CPC e o art. 486, apenas aparente, pois na verdade a incidência de cada um deles tem seus próprios e diversos pressupostos; e que em realidade não ocorreu a radical e completa ruptura com o sistema anterior, que aquelas interpretações supõem." ("Ação Rescisória e homologação de transação", *in* Ajuris 14/29 e ss.)

"A pedra de toque está na distinção necessária entre sentença que homologa transação e sentença que, tomando a transação por fundamento, acolhe ou repele o pedido. No primeiro caso, a sentença é das chamadas 'transparentes', simples envoltório de um ato jurídico que não é seu conteúdo próprio. A utilidade da homologação é apenas a de chancelar a manifestação conjunta de vontade das partes no sentido de colocarem termo ao litígio: a rigor, não é precisamente a sentença que extingue o processo, mas a transação mesma, e a sentença apenas constata e declara a extinção.

Tem a homologação, mais, a serventia de apor à manifestação de vontade das partes o selo da autoridade estatal, para que a transação se alce à categoria de título executivo, se contiver em si mesma as potencialidades necessárias. De qualquer modo, a sentença encontra o litígio já extinto, cessado, e se profere em processo já esvaziado do seu objeto. A lide findou mediante autocomposição, não mediante heterocomposição, embora depois de se haver constituído em conteúdo de um processo. A sentença não dá e não denega razão a quem quer que seja; só homologa, isto é, equipara, nivela a solução transacional do litígio, quanto à eficácia, à solução jurisdicional *stricto sensu*."

"Na outra hipótese — única a que se aplica a regra do art. 485, VIII — há julgamento no mais estrito sentido, sentença que compõe o litígio por sua eficácia própria e não por mero reconhecimento da eficácia de um ato das partes. Estas continuam desavindas, cada qual aspirando a ter razão, resistindo uma à pretensão da outra; o conflito continua vivo, e só pela sentença será solvido. Supõe-se, sim, que tenha ocorrido uma transação anterior, e que nela venha a basear-se a sentença — o que é bem diferente de homologar — mas por algum motivo essa transação não encerrou o litígio, isso pode facilmente ocorrer quando, tendo havido transação — e cabe aqui lembrar que esta não é necessariamente feita em Juízo, nem durante o processo — um dos figurantes do correspondente negócio jurídico vem furtar-se ao seu cumprimento, instaurando ou reavivando o litígio que o acordo visava a solver ou prevenir. À ação pode então o réu opor a *exceptio per transactionem finita Civil*, v. 9º/190). Pode ser até que a divergência diga respeito à validade da transação, ou à interpretação de seus termos; se lhe reconhecer a validade, a sentença, naturalmente, nela se há de basear, acolhendo a exceção. E será rescindível segundo o art. 485, VIII." *Galeno de Lacerda* (*in* Ajuris 14/29) lembra, outrossim, apontando espécimes jurisprudenciais, outra hipótese de sentença baseada em transação, quando esta, feita em juízo, mas ainda não homologada, não chega a extinguir o litígio porque este se restaura entre as partes novamente desavindas. Diz o ilustre processualista que, então, a homologação que sobrevier incidirá sobre matéria contenciosa, fato que a torna jurisdicional e não mais meramente administrativa. 'Parece até mais adequado dizer-se que, em tal caso, homologação já não haverá, mas verdadeiro julgamento da lide, que poderá levar em conta, a transação, baseando-se nela na hipótese afirmativa'. Como quer que seja, a transação que tenha posto fim à lide é simplesmente homologada, equiparada à sentença *stricto sensu,* ao passo que o ato jurisdicional de heterocomposição do litígio supõe esteja este ainda presente. Na pura homologação, a sentença, vazia de conteúdo próprio, envolve a autêntica manifestação bilateral (de vontade das partes); no julgamento a que remete o art. 485, VIII, a solução do litígio é conteúdo próprio da sentença, que toma a transação como fundamento, motivo, *ratio decidendi*."

Realça *Coqueijo Costa* que a sentença que homologa conciliação judicial extingue a relação processual, afastando a incidência da resolução jurisdicional — como na transação e no Juízo arbitral. A homologação transforma a conciliação em coisa julgada. A conciliação, como a transação, tem sua fonte na vontade das partes, implica reciprocidade de concessões e existência de dúvida, controvérsia ou litígio, com a correspondente intenção de lhe pôr termo; mas a conciliação opera um outro fator, que é a vontade do Estado, atuada mediante o funcionário ou o juiz de conciliação que a lei determinar, não sendo, portanto, uma composição estritamente voluntária e nem sempre resultando em reciprocidade. A transação é extrajudicial ou judicial; a conciliação é de natureza judicial, sempre (ob. cit., p. 78-79).

44.3.2. Da oportunidade

A ação anulatória poderá ser utilizada no curso do processo, sempre antes do trânsito em julgado. Em havendo trânsito em julgado, o meio próprio será a ação rescisória.

A competência para conhecer, processar e julgar a anulatória será do juízo de 1º grau onde o ato foi produzido. Tem-se, pois, que a anulatória será sempre incidente, prevento o juízo que editou o ato atacado. Não tem aplicação o art. 495 do CPC.

A CLT não cuida para a espécie, obrigando ao uso subsidiário (art. 769, CLT). Disso resulta que na ação anulatória que tiver lugar na fase de conhecimento, a decisão que vier a ser proferida será de natureza interlocutória e somente poderá ser revista pelo órgão *ad quem* por meio de recurso ordinário e como matéria preliminar (princípio da irrecorribilidade das interlocutórias). A mesma regra se aplica na fase executória, em que a matéria será revista por meio de agravo de petição.

45.3.3. Da confissão

A confissão, quando emanar de erro, dolo ou coação, pode ser revogada por ação anulatória, se pendente o processo em que foi feita; por Ação Rescisória, depois de transitada em julgado a sentença, da qual constituir o único fundamento (art. 352, CPC). Depois de transitada em julgado a sentença, da qual constituir o único fundamento, somente por Ação Rescisória poderá a decisão ser desconstituída (art. 485, VIII).

45.3.4. Da revogação de medida cautelar

Embora de cunho precário (arts. 807 e 808 do CPC), após o deferimento a medida cautelar não poderá ser desconstituída *ex officio* ou por simples *petitum* unilateral. A desconstituição somente poderá acontecer mediante ação própria (princípio do paralelismo) em que a outra parte tenha possibilidade de pronunciar-se sobre o pedido (princípio do contraditório). Suponha-se que o devedor tenha um bem arrestado, por ser o único capaz de garantir a dívida prestes a vencer-se. Posteriormente, fora aquinhoado com parte de uma herança que modificou a sua realidade patrimonial. Por óbvio, em casos tais, não há razão de fato e de direito para que se mantenha o arresto (art. 591 do CPC). A modificação e a revogação das medidas cautelares não podem ser determinadas de ofício, nem como simples resposta a pedido unilateralmente formulado por uma das partes, sem forma nem figura de juízo. Hão de ser pedidas em ação com obrigatória audiência da outra parte (*Pontes de Miranda*), em procedimento especial, distinto daquele em que se ordenou a medida (*Leo Rosenberg*). O sujeito à medida preventiva tem de requerer e fazer prova de que as circunstâncias mudaram. Tudo está a exigir a participação do titular do direito à providência cautelar. Sem dúvida, processo contencioso. Processos de ação. De ação que tem por finalidade a cessação ou a modificação da medida concedida (*Lopes da Costa* e *Milton de Moraes e Barros*). O procedimento para a revogação deve ser o mesmo utilizado para a decretação (*José Maria Rosa Teschiner*, *Lopes da Costa* e

Pontes de Miranda). O Juiz que decidiu na ação cautelar determinando a medida de constrição será o competente para conhecer da ação desconstitutiva (*Frederico Marques*, "Instituições ...", v. III).

45.3.5. Da liquidação de sentença

A decisão que declara líquida a sentença trânsita em julgado, ainda que homologatória de cálculos apresentados pelas partes ou pelo contador, fixa os contornos da coisa julgada de forma quantitativa em consonância com o aresto exeqüendo não se tolerando qualquer modificação. Não é sentença meramente homologatória, portanto, atacável mediante ação rescisória (art. 485, VIII, CPC). Nesse sentido, decidiu o STF (Ac. un., 1ª T, j. 18.3.1980, RE n. 87.109-8-SP, rel. Min. Cunha Peixoto, DJ 25.4.1980, p. 2.805): "A ação rescisória é meio processual próprio para a desconstituição de decisão homologatória da liquidação de sentença, ainda que por cálculo do contador, já que a homologação, nessa hipótese, fixa os limites do aresto exeqüendo, sendo, conseqüentemente, uma sentença de mérito (*Alexandre de Paula*, "Código de Processo Civil Anotado", RT, v. 2, p. 694).

45.3.6. Dos atos de execução

A arrematação, a adjudicação e a remição constituem atos meramente homologatórios e, portanto, atacáveis por meio de ação anulatória (art. 486 do CPC). Todavia, se o ato (arrematação, adjudicação, remição), é atacado por meio de embargos e/ou agravo de petição, a sentença ou acórdão que vier a ser proferido não será meramente homologatório, mas de mérito. E neste caso, cabível é ação rescisória (art. 485, VIII, CPC). O Egrégio STF (Ac. un., 1ª T., RE n. 70.483, j. 9.3.1975, rel. Min. Djaci Falcão) decidiu que: "Se a decisão que julga a adjudicação é meramente homologatória, pode ser atacada em seus efeitos pela ação de nulidade, do art. 800, parágrafo único, do CPC, dispensando-se a ação rescisória" (nota: correspondente hoje é o art. 486 do CPC, Adcoas 1975/35.276, *Alexandre de Paula*, ob. cit., v. 2/727). "A arrematação pode ser anulada pela via ordinária, já que, no Direito vigente, constitui ato judicial que não depende de sentença, recaindo, assim, no âmbito de incidência do art. 486 do CPC" (TJRJ, ac. un., 5ª C. de 1.10.1981, Ap. 16.993, rel. Des. Barbosa Moreira, Rev. Jurisp. *Lemi* 203/2143; RJTJRJ 49/254, *Alexandre de Paula*, ob. cit., v. 2/727).

45.3.7. Do acordo e da convenção coletiva

Em se cuidando de discussão em âmbito de convenção ou de acordo coletivo, a competência originária será do Regional que sediar a base territorial. Se a base territorial abranger mais de uma região, a competência originária será do Tribunal Superior do Trabalho. A discussão que discutir a aplicação ou não de cláusulas em acordo coletivo ou em convenção coletiva, não a sua nulidade, terá lugar em simples dissídio individual. A razão é de clareza até mesmo incomodativa. A nulidade de cláusula de acordo ou de convenção coletiva com vigência no território sediado por um determinado Regional, fixa a competência funcional deste com pontuação originária, pois somente o Regional poderá declarar a nulidade de cláusula com força para vigorar em toda a base territorial. Todavia, se o acordo ou a convenção tem força obrigatória em mais de uma Região, a competência originária para examinar a nulidade de cláusula é do TST.

Orientação Jurisprudencial — SDI-2

129 — Ação anulatória. Competência originária. Em se tratando de ação anulatória, a competência originária se dá no mesmo juízo em que praticado o ato supostamente eivado de vício.

AÇÃO ANULATÓRIA DE CLÁUSULA DE CONVENÇÃO COLETIVA — CONTRIBUIÇÃO ASSISTENCIAL — LEGITIMIDADE ATIVA DO MINISTÉRIO PÚBLICO. Sendo o fundamento da presente ação a ofensa à norma constitucional relativa à liberdade sindical e intangibilidade salarial, inegável a legitimidade ativa do Ministério Público do Trabalho para sua defesa, em face das prerrogativas conferidas nos arts. 127 e 129 da CF e art. 83, IV, da LC 75/93. (Ação Declaratória de Nulidade 20362-2003-000-02-00-7 — Ac. 2004001850 — SDC — TRT-2ª Reg. — j. 19.08.2004 — relª Juíza Sonia Maria Prince Franzini — DOESP 14.9.2004)

AÇÃO ANULATÓRIA DE CLÁUSULA DE ACORDO FIRMADO EM DISSÍDIO COLETIVO — CONTRIBUIÇÃO ASSISTENCIAL — DESCONTOS MENSAIS E SUCESSIVOS. Configura-se abusiva e ilegal a imposição, por parte do sindicato profissional, de contribuição assistencial em caráter permanente, ou seja, com descontos mensais e sucessivos sobre os salários dos trabalhadores, como se a referida contribuição fosse um tributo devido à entidade de classe. Ao instituir a contribuição com essas características, o sindicato violou o princípio da intangibilidade dos salários, praticando verdadeira "derrama contributiva". A situação se agrava, ainda mais, *in casu*, na medida em que os sindicatos profissionais, requeridos na ação anulatória, estavam exigindo o desconto da contribuição antes da homologação do acordo firmado nos autos do dissídio coletivo. Ação anulatória parcialmente procedente, para determinar que o desconto assistencial seja procedido observados os limites impostos pela decisão que homologou parcialmente o acordo firmado pelas partes em sede de dissídio coletivo. (Acordo e Dissídio Coletivo de Greve e Econômico 20410-2003-000-02-00-7 — Ac. 2004001648 — TRT-2ª Reg. — j. 17.06.2004 — rel. Juiz Nelson Nazar — DOESP 30.7.2004)

CONVENÇÃO COLETIVA DE TRABALHO — AÇÃO ANULATÓRIA DE CLÁUSULA. Cláusula normativa prevendo desconto de contribuição assistencial de todos os empregados, sócios ou não do sindicato profissional, viola o direito de plena liberdade de associação e de sindicalização, bem como o princípio da intangibilidade salarial, constitucionalmente previstos. Ação parcialmente procedente para decretar a nulidade da cláusula 27 da convenção coletiva, quanto aos empregados não-associados ao sindicato profissional. (Ac. 06744.000/00-4 AA — SDC — TRT-4ª Reg. — j. 08.10.2001 — rel. Juiz Denis Marcelo de Lima Molarinho — DOERS 26.11.2001)

CONVENÇÃO COLETIVA DE TRABALHO — AÇÃO ANULATÓRIA — DESCONTO ASSISTENCIAL. Ação que tem por objeto principal a declaração de nulidade de cláusula convencional, no tocante aos não-associados. Não facultado o direito de oposição a ser exercido antes do desconto. Antecipação da tutela que se ratifica.(Ac. 03374.000/01-0 AA — SDC — TRT-4ª Reg. — j. 08.10.2001 — rela. Juíza Dulce Olenca Baumgarten Padilha — DOERS 12.11.2001)

CONFLITO DE COMPETÊNCIA — AÇÃO ANULATÓRIA. A competência para processar e julgar ação anulatória de arrematação é do juízo que proferiu a decisão que se busca desconstituir por meio daquela ação. *In casu*, o d. Juízo da 5ª Vara do Trabalho de Goiânia. (CComp 00043-2003-006-18-00-6 — TRT-18ª Reg. — rel. Juiz Octávio José de Magalhães Drummond Maldonado — DJEGO 28.03.2003)

AÇÃO ANULATÓRIA — CONVENÇÃO COLETIVA — AUSÊNCIA DE ASSEMBLÉIA GERAL DO SINDICATO PATRONAL AUTORIZANDO A CELEBRAÇÃO DA CONVENÇÃO — NULIDADE. A inexistência de assembléia geral do sindicato patronal autorizando a celebração de Convenção Coletiva de Trabalho determina, por vulneração ao art. 612, da CLT, a declaração de nulidade do instrumento coletivo. (AA 00624-2002-000-18-00-9 — TRT-18ª Reg. — rel. Juiz Platon Teixeira de Azevedo Filho — DJEGO 16.05.2003)

FLEXIBILIZAÇÃO — CLÁUSULA DE CONVENÇÃO COLETIVA QUE ESTIPULA PISO SALARIAL DIFERENCIADO, EM RAZÃO DA IDADE — NULIDADE. 1. A flexibilização, em tese, não pode ser inquinada de ilegal. A própria Constituição Federal, ao proclamar a irredutibilidade do salário, abre uma possibilidade de sua ocorrência, mediante convenção ou acordo coletivo (art. 7º, VI). Mas essa ressalva não significa que basta integrar cláusula de convenção ou acordo coletivo para que a flexibilização seja lícita. Há que examinar-se a licitude em cada caso concreto. A CLT, no cap. IV, que trata do trabalho do menor, no art. 428, *caput* e § 2º, contempla um caso de flexibilização do salário: garante apenas o salário mínimo/hora, mas, em contrapartida o empregador deve garantir o aprendizado, na forma da lei. Compensam-se perdas e vantagens. Há reciprocidade. 2. É nula cláusula de convenção coletiva que estipula piso salarial menor para o trabalhador menor de 18 anos, unicamente, em razão da idade, sem qualquer contrapartida (arts. 3º, IV; 5º e 7º XXX, da CF e 461, da CLT). Os princípios fundamentais (CF, arts. 1º/4º) e os direitos e garantias fundamentais (art. 5º) constituem o alicerce de todo o ordenamento jurídico do país. O reconhecimento das convenções e acordos coletivos, previsto na CF, art. 7º, XXVI, a ele condicionado, obviamente, não inclui normas coletivas celebradas sem observância desse arcabouço legal mínimo. (Ação Anulatória 01501-2002-000-15-00-1 — Seção de Dissídios Coletivos — TRT-15ª Reg. — relª Juíza Fany Fajerstein — DOESP 27.06.2003)

AÇÃO ANULATÓRIA — ESTABILIDADE ACIDENTÁRIA — CLÁUSULAS COLETIVAS VIOLADORAS DO DIREITO POSITIVO — ART. 118 DA LEI N. 8.213/91 — PREJUÍZO AO TRABALHADOR — NULIDADE. Procede o pedido de anulação das cláusulas pactuadas no Acordo Coletivo, atinentes à estabilidade acidentária, uma vez constatada a violação ao direito positivo, com estipulação de novo requisito e de prazo de estabilidade inferior ao mencionado pelo art. 118 da Lei n. 8.213/91, em flagrante prejuízo ao trabalhador. (Ação Ordinária Anulatória 00386.2003.000.14.00-4 — TRT-14ª Reg. — j. 30.10.2003 — rel. Juiz Shikou Sadahiro — DOJT 24.11.2003)

PROCESSO DE EXECUÇÃO — RECURSO CABÍVEL — AGRAVO DE PETIÇÃO — PRINCÍPIO DA FUNGIBILIDADE. Na hipótese de ação anulatória incidental proposta na fase de execução, a sentença aí proferida comporta ataque por meio de agravo de petição, na forma da alínea *a* do art. 897 da CLT, pelo que não é cabível, à falta do pressuposto da adequação, o recurso ordinário interposto. Aplicação do princípio da fungibilidade dos recursos. (AgPet 2966/2003 — Ac. 00548-2003-004-08-00-2 — 3ª T. — TRT-8ª Reg. — j. 02.07.2003 — rel. Juiz Walmir Oliveira da Costa — DOEPA 04.07.2003)

É razoável o entendimento de que descabe Ação Rescisória contra sentença proferida em medida cautelar consistente em arresto, por não envolver matéria de mérito (STF, ac. un., 2ª T., RE n. 91.832-2-SP, j. 7.11.1980, Rel. Min. Djaci Falcão, DJ 19.12.80, p. 10.944, *apud Alexandre de Paula*, ob. cit., v. II/694). Nota: Excepciona-se, em sede cautelar, as hipóteses em que é declarada a prescrição ou a decadência, casos em que, por ser mérito, caberá a rescisória.

A arrematação pode ser anulada pela via ordinária já que, no Direito vigente, constitui ato judicial que não depende de sentença, recaindo assim, no âmbito de incidência do art. 486 do CPC (TJRJ, ac. un., j. 1.10.1981, Ap. n. 16.993, Rel. Des. Barbosa Moreira, Rev. Jur. Lemi 203/2.143; RJTJRJ 49/254, *apud Alexandre de Paula*, ob. cit., v. II/727).

Não cabe Ação Rescisória em execução não embargada, uma vez que dos requisitos para o seu exercício é a existência da sentença de mérito transitada em julgado (TAMG, ac. un., Câmaras Reunidas, j. 15.6.1982, AR n. 128, j. 19.3.1983, Juiz Walter Veado; RJTAMG 14/44; Adcoas 1983/91.199; RT 591/233). Nota: em sede civilista os embargos à execução têm a dignidade de sentença. Em sede trabalhista traduzem mero pedido de reconsideração e a decisão proferida tem o valor de simples decisão interlocutória mista, anulável. Os atos executórios ganham o valor de coisa julgada, quando apreciados pelas jurisdições superiores pela via do agravo de petição ou da revista, esta em caso de discutir matéria constitucional. Neste caso, não serão simplesmente anuladas e desafiam a rescisória para a sua desconstituição.

A anulação de transação com base em vício de vontade pode ser postulada no mesmo processo e mediante apelação contra a sentença homologatória. É desnecessária a intentação de ação autônoma, se o vício de vontade apontado como causa de anulação da transação for argüida em recurso interposto contra a própria decisão que a houver homologado que por isso mesmo não terá transitado em julgado (STF, ac. un., 2ª T., j. 17.5.1977, RE n. 87.171-RS. Rel. Min. Xavier de Albuquerque, DJ 27.5.1977, p. 3.462, *apud Alexandre de Paula*, ob. cit., v. II/716). Nota: Se a transação foi homologada em juízo em ação que corre entre as partes, aplicar-se-á o Enunciado n. 259 em sede trabalhista. "Ação declaratória — Anulatória de carta de arrematação. Muito embora o inusitado da ação, seu cabimento está assegurado ao cônjuge pelo art. 486 do CPC, que restringe seu direito apenas aos embargos de terceiro facultados pelo § 3º do art. 1.046 do mesmo CPC. A tanto se inclina a doutrina e a jurisprudência, eis que não importa a assinatura da carta de arrematação em sentença que viabilize recurso para modificá-la. Mero ato judicial, haverá de submeter-se, para ser declarado nulo, a ação declaratória" (TRT/SP, 10.138/82, Ac. 5ª T. 12.278/85, Rel. Juiz Francisco Monreal Júnior, DJ 23.7.85, Rev. Synthesis 2-86/107).

Desistência. A sentença que homologa desistência de ação, por não ser de mérito, não pode ser rescindida, a teor do art. 485 do CPC e do Enunciado 194 desta Corte. Recurso a que se nega provimento (TST, ac. un., Pleno. RO-AG n. 406/85.5, Rel. Min. Orlando Lobato, DJ 15.8.85, *apud Calheiros Bomfim*, p. 15). Nota: importante que se verifique em cada caso se a desistência da ação não tem conotação de renúncia. Esta diz respeito ao próprio direito.

Estatui o art. 485 do CPC que só a sentença de mérito é rescindível. Ora, sentença de mérito, isto é, que julga a lide, só se profere em ação de conhecimento (art. 269 do CPC), e, segundo alguns autores, também na ação cautelar — julgamento da lide cautelar. Não, assim, na ação de execução, que não tende a um julgamento, a uma sentença, mas a atos judiciais que objetivam a satisfação do direito do credor, consubstanciado no título. Também nos embargos do devedor, que constituem ação de conhecimento inserida no processo de execução, pode haver julgamento do mérito. Mas, julgamento de mérito na ação de embargos (extinto 1º TACivSP, ac. un., 3ª C., 20.2.1980, AR n. 251.800, Rel. Juiz Sydney Sanches, RT 542/137). Nota: Em sede trabalhista, as decisões executórias têm a dignidade de interlocutórias mistas. Somente adquirem o *status* de coisa julgada quando levadas à apreciação de jurisdições superiores pela via de agravo de petição ou de recurso de revista; este, quando contiver matéria constitucional.

A anulação da transação com base em vício de vontade pode ser postulada no mesmo processo e mediante apelação contra a sentença homologatória (STF, ac. un., 2ª T., j. 17.5.1977, RE n. 87.171, Rel. Min. Xavier de Albuquerque, RT 508/283). Nota: Na Justiça do Trabalho, aplicar-se-á o Enunciado n. 259.

É carente de Ação Rescisória o autor que a propõe ao fito de rescindir acórdão simplesmente homologatório de desistência recíproca, eis que cabível a ação anulatória (STF, ac. un., Pleno, 28.5.1975, AR n. 766-GB, Rei. Min. Xavier de Albuquerque, acolhendo parecer do Procurador da República Emmanoel Arraes de Alencar, DJ 17.3.1977, p. 8.232, *apud Alexandre de Paula*, ob. cit., v. II/725).

O objeto da rescisória é a sentença de mérito que, formalmente, transitou em julgado. A ação anulatória objetiva o anulamento de atos praticados no processo, a respeito dos quais não se pronuncia nenhuma sentença, ou que se pronuncia uma sentença meramente homologatória. Na rescisória há julgamento de julgamento; ao contrário, na ação anulatória não há julgamento, e sim o do direito material invocado pelas partes. Anula-se o ato homologatório e não a sentença homologatória (STF, ac. un., j. 10.3.1981, RE n. 74.625-SP, Rel. Min. Antônio Néder, *apud Alexandre de Paula*, ob. cit., v. II/726). *Barbosa Moreira*, RJTJRJ 49/254, *apud Alexandre de Paula*, ob. cit., v. II/272).

A arrematação pode ser anulada pela via ordinária, já que, no Direito vigente, constitui ato judicial que não depende de sentença, recaindo, assim, no âmbito de incidência do art. 486 do CPC (TJRJ, ac. un., 5ª C., 1.10.1981, Ap. n. 16.993, Rel. Des. *Barbosa Moreira*, Rev. Jur. Lemi 203/2.143, RJTJRJ 49/254, *apud Alexandre de Paula*, ob. cit., v. II/727).

Para anular-se arrematação o *remedium juris* adequado é a ação do art. 486 do CPC. Inadmissível é propor-se contra a arrematação Ação Rescisória (TAPR, ac. un., 1ª C., j. 23.11.1982, Ap. n. 1.058/1982, Rel. Juiz Francisco Muniz, RT 571/212).

A sentença que julga liquidação por cálculo do contador, não sendo meramente homologatória, não pode ser cassada através de ação ordinária de anulação (extinto

1º TACivSP, ac. un., 7ª Câm., j. 1.7.1981, Ap. n. 280.561, Rel. Juiz Décio Mendes Pereira, RT 558/126). Nota: A decisão em liquidação de sentença em âmbito civilista tem a dignidade de verdadeira ação e desafia apelação, pelo que transita em julgado, só podendo ser desconstituída pela via rescisória. Em sede trabalhista, tem natureza jurídica de simples decisão interlocutória mista, em embargsos à execução, se for o caso.

A tese da *querela nullitatis* persiste no direito positivo brasileiro, o que implica em dizer que a nulidade da sentença pode ser declarada em ação declaratória de nulidade, eis que, sem a citação e processo, vale falar, a relação jurídica processual, não se constitui nem validamente se desenvolve. Nem, por outro lado, a sentença transita em julgado, podendo, a qualquer tempo, ser declarada nula, em ação com esse objetivo devendo ser atacada pela via anulatória. Recurso não conhecido (REsp n. 12.586-SP, STJ, Rel. Min. Waldemar Zveiter, DJ 4.11.1991).

Quando a sentença não aprecia o mérito do negócio jurídico de direito material, é simplesmente homologatória, não ensejando a ação rescisória. A ação para desconstituir-se a transação homologatória é a comum, de nulidade ou anulatória (art. 486 do CPC) (RTJ 117/219 e RT 605/211). Nota O termo "desconstituir" foi mal empregado terminologicamente. O correto é "anular".

Ação rescisória — Nulidade por ausência de citação. Inadmissível rescisória contra decisão que decreta nulidade absoluta do processo por ausência de citação, em face de inocorrência de coisa julgada material, podendo a sentença ser anulada através de ação declaratória (TAMG, ac. un. do 1º Gr. de Câmaras Cíveis publ. em 15.4.1993, AR n. 100.310-3, Rel. Juiz José Brandão, Coad Inform. Sem. 19-93/303, Ementa 61.866).

45.4. Do mandado de segurança

45.4.1. Da origem no Brasil: breve enfoque

Vamos encontrar nas lições do Visconde do Uruguai que durante o domínio lusitano nada foi feito e nem se podia fazer. Os Poderes Judicial e Administrativo confundiam-se em um só. O governo absolutista e imperante na Monarquia detinha poderes para avocar processo judicial e decidi-lo da maneira que mais lhe conviesse ("Ensaio sobre o Direito Administrativo", v. I, p. 136-137, Congresso Nacional).

Lembra *Rui Barbosa* que só após a proclamação da República e com a Constituição de 1891, é que foi abolido o contencioso administrativo então vigente. Daí em diante, todas as causas sob a jurisdição do mencionado contencioso passaram à competência do Poder Judiciário ("Comentários à Constituição Federal do Brasil", v. IV, p. 430-431, dados coligidos por *Homero Pires* e *Pedro Lessa*, *in* "Do Poder Judiciário", p. 143-152).

Deve-se a *João Mangabeira* a inclusão do *Writ* na Constituinte de 1934, art. 113, n. 33. A Lei n. 191, de 16.1.1936, regulamentou o mandado de segurança, excluindo do seu âmbito a liberdade de locomoção e as questões políticas e disciplinares. A Constituição de 1937 omitiu o mandado de segurança passando ele a ser regido pela legislação ordinária. O Decreto-lei n. 6, de 16.11.1937, proibiu o uso do remédio heróico contra atos do Presidente da República, ministro de Estado, governadores e interventores. O *writ* readquiriu o seu *status* de garantia constitucional a partir da Constituição de 1946. A atual o prevê no art. 5º, LXIX e LXX, com a novidade de haver instituído o mandado de segurança coletivo. Remetemos para um estudo mais aprofundado à nossa obra "Mandado de Segurança e Controle Jurisdicional", 3ª ed. RT, 2001.

A Lei n. 1.533, de 31.12.1951, dispõe sobre as normas procedimentais do mandado de segurança (*vide* também normas sobre a matéria nos Regimentos Internos dos Tribunais).

45.4.2. Do direito líquido e certo

Doutrina *Carvalho Santos* ("Código Civil Brasileiro Interpretado", v. 21, p. 5) que "líquida é a obrigação certa sobre a qual não pode haver dúvida *an, quid, quale, quantum debeatur,* ou seja precisamente obrigações determinadas pela respectiva espécie, quantidade e qualidade". *Themístocles Cavalcanti* ("Mandado de Segurança", Ed. Saraiva, São Paulo, 1966, p. 268) preleciona que: "Direito líquido e certo é o que se apresenta manifesto na sua existência, delimitado na sua extensão e apto a ser exercitado no momento da impetração. Por outras palavras o direito invocado, para ser amparável por mandado de segurança, há de vir expresso em norma legal e trazer em si todos os requisitos e condições de sua aplicação ao impetrante. Se sua existência for duvidosa; se a sua extensão ainda não estiver determinada; se o seu exercício depender de situações e fatos não esclarecidos nos autos, não rende ensejo a segurança, embora possa ser defendido por outros meios judiciais." Segundo *Hely Lopes Meirelles* ("Mandado de Segurança e Ação Popular", Ed. RT, 1968, p. 34), "direito líquido e certo é direito comprovado de plano. Se depender de comprovação posterior, não é líquido nem certo, para fins de segurança. Evidentemente, o conceito de liquidez e certeza adotado pelo legislador do mandado de segurança, não é o mesmo do legislador civil (Código Civil, art. 1.533). É um conceito impróprio — e mal expresso — alusivo à precisão e comprovação do direito, quando deveria aludir à precisão e comprovação dos fatos e situações que ensejam o exercício desse direito".

45.4.3. Da autoridade coatora

O *writ* deve ser impetrado contra autoridade que detenha poderes capazes de neutralizar o ato atacado. Não é autoridade coatora o simples executor.

Doutrina *Hely Lopes Meirelles* ("Mandado ...", p. 32) que: "Considera-se autoridade coatora a pessoa que pratica o ato impugnado e não o superior que o recomenda ou baixa normas para a sua execução. Não há confundir, entretanto, o simples executor material do ato com a autoridade por ela responsável. Coatora é a autoridade autônoma que ordena, concreta e especificamente, a execução ou inexecução do ato impugnado, e responde pelas suas conseqüências administrativas; executor é o agente subordinado que cumpre a ordem por dever hierárquico, sem se responsabilizar por ela. Exemplificando: numa imposição fiscal ilegal, atacável por mandado de segurança, o coator não é nem o Ministro ou Secretário das Finanças que expede instruções para arrecadação de tributos nem o funcionário subalterno que cientifica o contribuinte da exigência tributária; o coator é o chefe do serviço que arrecada o tributo e impõe sanções fiscais respectivas."

45.4.4. Do prazo para interposição

O direito para impetrar o mandado de segurança extinguir-se-á decorridos 120 dias contados da ciência, pelo interessado, do ato impugnado (art. 18 da Lei n. 1.533/1951). O prazo é decadencial. Nesse sentido, lições de *Themístocles Cavalcanti* ("Mandado ...", p. 140): "O prazo é de decadência e por isso mesmo, o Código de Processo mais propriamente preferiu dizer: "extinguir-se-á". As conseqüências que daí decorrem são conhecidas do direito processual. O prazo não se interrompe nem se suspende — é corrente e improrrogável." Não se aplicam para a espécie os preceitos dos arts. 188 e 191 do CPC. Nota: O art. 208, CC, que cuida da decadências, reporta-se ao art. 198, I, CC: "Também não corre a prescrição: I — contra incapazes de que trata o art. 3º." Tem-se, pois, que a decadência na hipótese mencionada não corre o prazo. Com o advento da Lei n. 11.280/2006, dando nova redação § 5º, do art. 219, CPC, a prescrição aproximou-se da decadência, embora ainda conserve certas peculiaridades.

45.4.5. Do prazo para informações

De conformidade com o art. 7º, I, da Lei n. 1.533/1951, a autoridade coatora terá 10 dias para prestar informações.

Doutrina *Hely Lopes Meirelles* (ob. cit., p. 24) que: "A omissão das informações pode importar confissão ficta dos fatos argüidos na inicial, se a isto autorizar a prova oferecida pelo impetrante. Por outro lado, as informações merecem credibilidade até prova em contrário, dada a presunção de legitimidade dos atos de administração e da palavra de seus agentes." Em sentido oposto, doutrina *Celso Agrícola Barbi* ("Do Mandado de Segurança contra ato judicial", Ed. Ajuris, Rio de Janeiro, 1978): "A não apresentação de defesa no prazo legal não deve ser considerada como confissão ficta". *Othon Sidou* ("Mandado de Segurança", 3ª ed., RT, 1969, p. 312) dispõe: "A autoridade apontada como coatora, que descumpre o pedido de informação, em mandado de segurança, deixando de acudir, implicitamente, ao chamamento a juízo, torna-se revel na melhor conceituação, arrastando a entidade de direito público às conseqüências patrimoniais acaso decorrentes da sua contumácia."

Aos magistrados, funcionários da administração pública e aos serventuários da Justiça que descumprirem os prazos mencionados nesta lei, aplicam-se as sanções do Código de Processo Civil e do Estatuto dos Funcionários Públicos da União (Lei n. 8.112/1990) nos termos do art. 8º da Lei n. 4.348, de 26.6.1964.

O prazo para informações deve ser cumprido com rigor pelo magistrado. O mandado de segurança é procedimento especial que exige celeridade na prestação jurisdicional. Embora permita a lei que o julgamento seja levado a efeito mesmo sem as informações da autoridade dita coatora, isso não significa que a autoridade, mormente quando for o caso de juiz, possa escolher entre informar ou silenciar. É bom lembrar que "retardar ou deixar de praticar, indevidamente, ato de ofício, ou praticá-lo contra disposição expressa em lei, para satisfazer interesse ou sentimento pessoal", previsto no art. 319 do Código Penal, poderá tipificar o crime de prevaricação. Em se tratando de juiz de jurisdição inferior deve atender também ao princípio da hierarquia.

Discordamos, *data venia*, dos que entendem que a ausência de informações deságua na revelia e na confissão da matéria fática. Se assim fosse, a autoridade indicada como coatora estaria descumprindo o seu dever funcional e responderia perante ao Poder ao qual pertence, no mínimo, por negligência. Por outro lado, estariam abertas as portas para as falcatruas, *consilium fraudis*, corrupção etc. O mandado de segurança é uma ação de natureza constitucional com perfil atípico, onde existe um autor, mas, não existe réu na sua verdadeira acepção jurídica. De um lado existe autor e de outro existe autoridade (federal, estadual ou municipal) que editou ato, ou deixou de fazê-lo (comissivo e omissivo) de forma arbitrária ou contrária ao direito, impondo prejuízo ao autor ou com a possibilidade potencial de trazer prejuízos irreparáveis ou de difícil reparação. Daí o *mandamus* repressivo ou preventivo. Não existe réu propriamente dito; não existe defesa na acepção jurídica, mas "informações". É espécie de defesa atípica, onde a autoridade informa os acontecimentos, não devendo se imiscuir na matéria de mérito, com o regra. Todavia, na prática, em se tratando de atos judiciais, é costume dos juízes irem além das simples informações e indicarem fundamentos legais, doutrinários ou jurisprudenciais para que o *writ* não seja recebido; mas, se rececido, que seja denegada a segurança.

45.4.6. Da concessão de medida liminar

Ao despachar a inicial, o juiz ordenará: que se suspenda o ato que deu motivo ao pedido, quando for relevante o fundamento e do ato impugnado puder resultar a ineficácia da medida, caso seja deferida (art. 7º, II, da Lei n. 1.533/1951). A medida liminar somente terá eficácia pelo prazo de 90 dias a contar da data da respectiva concessão, prorrogável por 30 dias quando provadamente o acúmulo de processos pendentes de julgamento justificar a prorrogação. Será decretada a perempção ou a caducidade da medida liminar *ex officio* ou a requerimento do Ministério Público, quando, concedida a medida, o impetrante criar obstáculo ao normal andamento do processo, deixar de promover, por mais de 3 dias, os atos e diligências que lhe cumprirem, ou abandonar a causa por mais de 20 dias (arts. 1º, "b", e 2º, da Lei n. 4.348/1964). Não se concederá medida liminar para efeito de pagamento de vencimentos e vantagens pecuniárias.

Os mandados de segurança a que se refere o art. 5º serão executados depois de transitada em julgado a respectiva sentença (parágrafo único). A Lei n. 2.770, de 4.5.1956, suprime a concessão de medidas liminares nas ações e procedimentos judiciais de qualquer natureza que visem liberação de bens, mercadorias ou coisas de procedência estrangeira (art. 1º). A Lei n. 8.437, de 30.06.1992, art. 1º, § 5º (Medida Provisória 2.180/2001), comanda que: "Não será cabível medida liminar que defira compensação de créditos tributários ou previdenciários." E no § 8º complementa: "As liminares cujo objeto seja idêntico poderão ser suspensas em única decisão, podendo o Presidente do Tribunal estender os efeitos da suspensão a liminares supervenientes, mediante simples aditamento do pedido original." Com a nova redação dada ao § 2º, do art. 4º, da Lei n. 4.348/1964, pela Medida Provisória n. 2.180/2001, "aplicam-se à suspensão da segurança (...) as disposições dos §§ 5º e 8º do art. 4º da Lei n. 8.437/1992". E pela nova redação dada ao § 1º, do art. 4º, da Lei n. 4.348/1964, pela Medida Provisória n. 2.180/2001: "Indeferido o pedido de suspensão ou provido o agravo a que se refere o *caput*, caberá novo pedido de suspensão ao Presidente do Tribunal competente para conhecer de eventual recurso especial ou extraordinário." Dispõe o art. 1º, da Lei n. 8.437/1992 que: "Não será cabível medida liminar contra atos do Poder Público, no procedimento cautelar ou em quaisquer outras ações de natureza cautelar ou preventiva, toda vez que providência semelhante não puder ser concedida em ações de mandado de segurança, em virtude de vedação legal. § 1º Não será cabível, no juízo de primeiro grau, medida cautelar inominada ou a sua liminar, quando impugnado ato de autoridade sujeita, na via de mandado de segurança, à competência originária de tribunal. § 2º O disposto no parágrafo anterior não se aplica aos processos de ação popular e de ação civil pública. § 3º Não será cabível medida liminar que esgote, no todo ou em qualquer parte, o objeto da ação. "Art. 3º O recurso voluntário ou *ex officio*, interposto contra sentença em processo cautelar, proferida contra pessoa jurídica de direito público ou seus agentes, que importe em outorga ou adição de vencimentos ou de reclassificação funcional, terá efeito suspensivo. Art. 4º Compete ao presidente do tribunal, ao qual couber o conhecimento do respectivo recurso, suspender, em despacho fundamentado, a execução da liminar nas ações movidas contra o Poder Público ou seus agentes, a requerimento do Ministério Público ou da pessoa jurídica de direito público interessada, em caso de manifesto interesse público ou de flagrante ilegitimidade, e para evitar grave lesão à ordem, à saúde, à segurança e à economia públicas. § 1º Aplica-se o disposto neste artigo à sentença proferida em processo de ação cautelar inominada, no processo de ação popular e na ação civil pública, enquanto não transitada em julgado. Art. 2º da Lei n. 8.437/1992: No mandado de segurança coletivo e na ação civil pública, a liminar será concedida, quanto cabível, após audiência do representante judicial da pessoa jurídica de direito público, que deverá ser pronunciar no prazo de setenta e duas horas." O STF deferiu medida cautelar para suspender o art. 1º, da Lei n. 9.494/1997 que determinar que em caso de pedido tutela antecipada serão aplicados os preceitos dos arts. 5º e seu parágrafo único e 7º da Lei n. 4.348/1964.

A concessão de medida liminar é procedimento cautelar que exige, todavia, certos pressupostos, quais sejam: a) relevância dos motivos alegados pelo impetrante; b) possibilidade da parte sofrer grave e irreparável lesão, caso o seu direito venha a ser, posteriormente, reconhecido. A liminar tem função social por excelência. Faz cessar, temporariamente, os efeitos do ato impugnado; evita que o Judiciário cometa *error in judicando*. *Vide* Lei n. 7.969/1989 que estende os preceitos dos arts. 796 a 810 do CPC. A Lei n. 4.348/1964 proíbe a concessão de liminar visando a equiparação de servidores públicos e a execução dar-se-á somente após o trânsito em julgado (art. 5º e parágrafo único). Todavia, a liminar deverá ser concedida toda vez que houver a possibilidade da perda de direito.

Restrição do prazo de 90 dias para a liminar (art. 1º, "b", Lei n. 4.348, de 26.6.1963) restou superada pelo novo Código de Processo Civil que dá ao juiz o poder geral de cautela. Não tem sentido a drasticidade da lei, quando o Poder Judiciário luta com dificuldades de material e de funcionários e não existe possibilidade de nenhuma ação, inclusive mandado de segurança, ser apreciada e julgada com tanta rapidez, mesmo se dando preferência ao julgamento. O trâmite processual até que volte ao julgador, com informações da parte e o pronunciamento do Ministério Público é longo. Para assegurar direito é concedida a liminar. Sabendo-se que o *Writ*, em sua grande maioria, é para denunciar ilegalidade do administrador público a cassação da liminar só serviria para incentivar atos arbitrários. Depois, pergunta-se: por que carrear à parte o prejuízo de um ato arbitrário, quando ela não concorre para o atraso no julgamento e o Poder Público é o único culpado pela falta de verbas que impedem um Judiciário mais célere? Referido dispositivo destoa da realidade.

45.4.7. Da liminar: atos comissivos e omissivos

A concessão da liminar, regra geral, supõe ato comissivo da autoridade. O pedido liminar é para que a autoridade se abstenha de praticar o ato ou suspenda os seus efeitos se já praticado.

Em se cuidando de ato omissivo, não há cogitar de suspensão, porque como preleciona *Castro Nunes* ("Mandado de Segurança", 7ª ed., Forense, Rio de Janeiro, 1967, p. 322) "não será preciso que o despacho, seja deferindo, seja indeferindo a suspensão requerida, não envolva prejulgamento do pedido; o juiz que denegou a suspensão liminar poderá conceder o mandado, ou vice-versa; ainda que nesta última hipótese tenha de justificar que o direito certo, ao primeiro exame, incerto se tornou no curso do processo. Não se perca de vista, entretanto, que a suspensão liminar supõe ato comissivo da autoridade. Só esse pode ser sobrestado na execução ou na suspensão. O pedido, em tais casos, é para que a autoridade se abstenha de o praticar ou o suspenda se já praticado. Se se trata, porém, de corrigir omissão ou recusa a liminar há de ser mais restrita, pois a concessão poderá esvaziar o conteúdo da segurança. O exemplo clássico (*Nunes Leal*) é o da autoridade que nega a acolher a inscrição para concurso".

Doutrina *Ulderico Pires dos Santos* ("Mandado de Segurança na Doutrina e na Jurisprudência", Ed. Forense, Rio de Janeiro, 1973, p. 322, nota 166) que: "A suspensão liminar do ato não entra no conhecimento do mérito. Independe de requerimento da parte. Seu deferimento tem caráter meramente preservatório. Limita-se a suspender pura e simplesmente o ato, tendo em vista a iminência da lesão. Com a sua concessão não reconhece nem afirma direitos, não prejulga nada, nem diz que a Administração agiu certo ou errado. É, pois, um ato de grande relevância judicial que o legislador deixou ao equilibrado arbítrio do juiz. O direito propriamente dito do impetrante, só pode ser declarado a final, ou seja, depois de finda a instrução com as informações da autoridade coatora e o parecer do Ministério Público.

A concessão de liminar há de ser precedida de criterioso estudo, só se concedendo em caso de iminente e irreparável lesão. O aguardo das informações da autoridade dita coatora, em certos casos, é medida salutar que indica equilíbrio e bom senso. A concessão indiscriminada de medidas liminares poderá levar ao referendo de caprichos e procrastinações, às vezes, irreversíveis, com desprestígio do próprio Poder Judiciário, *v.* g., liminar mandando liberar penhora sobre dinheiro. Ainda que o *mandamus* não venha a ser cumprido, o mal já se consumou e, fatalmente, não haverá como penhorar novamente o dinheiro. *Vide* Lei n. 7.969, 22.12.1989. Este é um pronunciamento de fundo, que, para proferi-lo, o juiz antes tem de examinar cuidadosamente a alegação das partes e textos invocados, a fim de aplicar as normas jurídicas atinentes ao ato, proclamando a existência, ou não, do direito invocado. Já a liminar, não. Sua função social é fazer cessar, em caráter temporário, o ato impugnado até que, em face da indiscutibilidade do direito invocado e comprovado, possa o juiz decidir sem incorrer em *error in judicando.* Como a sentença proferida em qualquer medida cautelar, a prolatada em mandado de segurança, determinando a suspensão liminar do ato impugnado, produz todos os seus efeitos até ser expressamente revogada pelo juiz. Não basta, para cessá-los, a decisão de mérito que denega, a final, a segurança, ainda que essa sentença seja meramente temporária, transitória."

Divergimos do eminente autor.

A concessão da liminar é medida acautelatória acessória e está ligada ao *writ* na razão de acessório para o principal. Negado o direito no *mandamus,* a medida, por conseqüência, perde imediatamente a sua eficácia. Nesse sentido, Súmula n. 405 do STF.

Doutrina *M. Seabra Fagundes* ("O Controle dos atos administrativos pelo Poder Judiciário", 4ª ed., Forense, Rio de Janeiro, 1967, p. 316): "Parece-nos que, apesar do texto da lei referir-se à sentença, deve entender-se também ser oportuna a restauração da executoriedade do ato, diante da suspensão liminar decretada pelo juiz ao receber a inicial. Sem o que teríamos o absurdo de uma decisão, como o despacho liminar, de muito menor significação jurídico-processual, mas com a mesma intensidade, nas conseqüências de fato que a sentença, se apresentar menos possível de corretivo do que esta. Há de entender-se, que ao falar o texto de mandado concedido, abrange, tanto a sentença, como o despacho liminar." Todavia, o entendimento não se apresenta tranqüilo. Em sentido oposto, doutrina *Hely Lopes Meirelles* ("Mandado ...", p. 64).

45.4.8. Do litisconsórcio necessário passivo

É intuitivo que toda vez que é concedida medida liminar, o ato atinge diretamente aquela pessoa beneficiada pelo ato impugnado. Daí a necessidade de dar-lhe oportunidade de integrar a lide, na qualidade de litisconsórcio necessário passivo.

Nesse sentido preleciona *Celso Agrícola Barbi* ("Mandado ...", p. 104-105) ao dispor que "toda vez que ao mandado de segurança implicar modificação da posição jurídica de outras pessoas, que foram diretamente beneficiadas pelo ato impugnado, ou, mais precisamente, quando a sentença modificar o direito subjetivo criado pelo ato impugnado pelo favor de outras pessoas, haverá "litisconsórcio necessário", e a sentença não poderá ser dada sem que esses terceiros sejam citados como partes passivas na ação. Se o impetrante não houver pedido a citação, poderá o juiz determiná-lo, na forma do art. 47 do CPC". Nesse mesmo sentido, trilha o STF: "a inclusão, na publicação da pauta de julgamento, do nome das partes (e, portanto, de litisconsorte passivo necessário) e de seus advogados" (DJU 15.12.1980, p. 706, Rel. Min. Moreira Alves). E "se o ato impugnado conferiu direito subjetivo em favor de terceiro, este há de ser citado para integrar a lide, como parte passiva, pois a decisão a ser proferida diz diretamente com sua situação jurídica, e, assim, não é lícito impedir participe o terceiro do devido processo legal, omitindo seu chamamento a juízo, a fim de se defender. Inteligência do art. 19 da Lei n. 1.533, de 31.12.1951, com redação da Lei n. 6.071, de 3.7.1974, e o art. 47 do CPC" (Ac. STF, 2ª T., rel. Min. Cordeiro Guerra). Nesse mesmo sentido, doutrina *Pontes de Miranda* ("Tratado ...", p. 58-59) e *Hely Lopes Meirelles* (ob. cit., p. 52).

45.4.9. Da irrecorribilidade das medidas liminares

A regra firmada é no sentido do não cabimento de agravo regimental de despacho de juiz relator que concede liminar. Se de um lado o óbice criado premia o princípio da celeridade, vista de outro ângulo, a questão poderá dar azo a prejuízos irreparáveis, *v. g.*, liminar concedida determinando a liberação de penhora recaída em dinheiro, quando a empresa havia desaparecido com o seu fundo de comércio. Posteriormente, o *writ* é conhecido, mas não é provido; todavia, a liminar esgotou o próprio conteúdo do *writ*. O impetrante perdeu a causa, mas conseguiu o seu intento. Outros exemplos poderiam ser citados. Não se pode perder de vista que a concessão de liminar exige a presença de certos pressupostos, pena de tornar-se arbitrária. Como se verifica, a admissão do agravo regimental é matéria que diz respeito à ampla defesa, cânone constitucional irrecusável.

O egrégio TST no ARMS n. 3/1981, em 16.9.1981, relator o Min. Fernando Franco, decidiu que o despacho de juiz que concede a liminar é irrecorrível. Só o STF pode, a teor do art. 297 do seu Regimento Interno, suspender a segurança e a liminar concedidas por tribunais inferiores, mas, a requerimento da Procuradoria-Geral ou da pessoa de direito público interessada. Contudo, entende *Coqueijo Costa* ("Mandado ...", p. 166) que do indeferimento da liminar "deve pertinir o agravo regimental". Dispõe a Lei n. 1.533/1951 (LMS), arts. 8º e 12, do cabimento da apelação (recurso ordinário na Justiça do Trabalho) das sentenças que negarem ou concederem a segurança. Observa o autor que: "Se de relator de tribunal, em competência originária, nada diz a lei, mas deve pertinir o agravo de regimental, dada a evidente compatibilidade da apelação em tal hipótese discricionária, mera faculdade de que se utiliza ou não, é evidente que o despacho que determina, ou deixa de determinar, *initio litis*, a suspensão do ato impugnado, não é suscetível de recurso".

O agravo regimental se faz necessário nos atos concessivos ou não do relator O uso indevido do agravo poderá ser coibido por medidas processuais postas à disposição do julgador. A regra, todavia, é a ausência de previsão nos Regimentos Internos dos Tribunais.

O agravo regimental é previsto (ou deve ser) nos Regimentos Internos dos Tribunais. Se não estiver previsto, caberá, por ser recurso implícito contra qualquer despacho (...), que impeça chegue o recurso ao plenário (devolutividade). A competência hierárquica ou funcional é do colégio, para o qual o despacho agravado impediu o envio do processo." O art. 13 da Lei n. 1.533/1951 prevê o recurso de agravo, quando concedida a segurança, o presidente do tribunal pode suspender a execução. A Lei n. 4.348/1964, art. 4º, também, prevê o agravo, quando, a pedido de pessoa jurídica de direito público, o presidente do tribunal suspender a execução da liminar, caberá agravo sem efeito suspensivo.. O art. 297 do RISTF, § 2º, referindo-se à mesma hipótese diz que cabe o agravo regimental. A Súmula n. 506 do egrégio STF enuncia que: "O agravo a que se refere o art. 4º da Lei n. 4.348, de 26.6.64, cabe somente do despacho do Presidente do STF que defere a suspensão da liminar em mandado de segurança; não do que a denega." O Regimento Interno do TRT da 2ª Região dispõe em seu art. 205, parágrafo único que: "descabe agravo regimental contra concessão, ou não, de medida liminar." Segundo *Ulderico Pires dos Santos* ("O Mandado ...", p. 124): "Do despacho que indefere a liminar não cabe recurso algum, por tratar-se de ato que a lei deixa ao livre e prudente arbítrio do julgador. Tratando-se, assim, de providência determina, ou deixa de determinar, *initio litis*, a suspensão do ato impugnado, não é suscetível de recurso".

O agravo regimental se faz necessário nos atos concessivos ou não do relator O uso indevido do agravo poderá ser coibido por medidas processuais postas à disposição do julgador.

45.4.10. Da exceção de incompetência

As regras procedimentais do *writ* são de âmbito restrito. Não obstante, deve a autoridade indicada como coatora, por ocasião das informações, invocar toda matéria de defesa, como ilegitimidade de parte, incompetência do juízo, reconsideração do ato etc. Todavia, mesmo em se apresentando a hipótese de incompetência não deve o juízo remeter os autos ao juízo competente. Neste caso, o *writ* será extinto, dando-se à parte a possibilidade de impetrar corretamente a segurança. Poderá, ainda, agir de ofício em caso em que verifique a incompetência, posto que qualquer julgamento estaria eivado de nulidade.

O mandado de segurança é uma ação especial e a prestação jurisdicional deverá ser prestada com urgência, muito embora se verifique na prática que as decisões em sede de *writ* demoram, por vezes, mais de ano. Assim, não pode ser procedida discussão sobre competência, pois uma exceção nesse sentido poderá determinar demora de vários meses ou mesmo anos e o prejuízo seria irremediável, pois o ato atacado (omissivo ou comissivo) continuaria a refletir o arbítrio, e quando viesse a ser apreciado já teria perdido de há muito o seu objeto. Embora ainda se encontrem defensores em contrário, baseado em doutrina antiga (*Seabra Fagundes*, ob. cit., p. 166), tais entendimentos se ressentem da ausência de razoabilidade. Não se estando presentes os pressupostos processuais (juízo competente) e as condições da ação, deve o *writ* ser desde logo arquivado.

45.4.11. Da natureza processual

Dispõe *Hely Lopes Meirelles* ("Mandado ...", p. 4) que "é ação civil de rito sumário especial, destinado a afastar ofensa a direito subjetivo próprio, privado ou público, por meio de ordem corretiva ou impeditiva da ilegalidade, ordem esta a ser cumprida especificamente pela autoridade coatora, em atendimento de notificação judicial". O egrégio STF já decidiu que: "Mandado de segurança é ação civil, ainda quando impetrado contra ato de juiz criminal, praticado em processo penal. Aplica-se, em conseqüência, ao recurso extraordinário interposto da decisão que o julga, o pr estabelecido no CPC" (Ac. STF, RE n. 85.278, *DJU* de 12.9.1977, p. 6.171, rel. Min. Xavier de Albuquerque, *apud Coqueijo Costa*, ob. cit., p. 32).

Segundo *Pontes de Miranda* ("Comentários ...", v. III, p. 318), "o mandado de segurança é uma das espécies de ação mandamental. As ações de mandamento foram criadas por *Kuttner* e aceitas, entre outros, por *Goldschmidt*. Este as definiu nos seguintes termos: 'A ações de mandamento tendem a obter um mandado dirigido a outro órgão do Estado, por meio de sentença judicial. Essa categoria de ação, como observa *Alcalá-Zamora*, além de pouco difundida, não atingiu o grau de maturação alcançado pelas demais categorias do direito de agir. E a razão é simples: não há lugar para uma nova espécie de ação, com esse título. A ação mandamental, no dizer de *Guasp*, não é categoria processual congruente com as anteriores, pois não se funda em natureza peculiar do pedido ou prestação."

45.4.12. Do ato jurisdicional

É a forma por excelência de mandado de segurança na Justiça do Trabalho. Nesta, o juízo de primeiro grau (Vara do Trabalho) é sempre incompetente para apreciar a ação de mandado. Se a autoridade coatora não for juiz ou tribunal trabalhista haverá incompetência absoluta da Justiça do Trabalho. Os atos de juiz de primeiro grau, de membros do TRT e de autoridades administrativas daqueles órgãos serão apreciados pelo TRT em sua composição plena ou pelo órgão especial, onde houver. De conformidade com a Lei n. 7.701/1988, os antigos Grupos de Turmas julgadoras se transformaram em Seções de Dissídios Individuais e em Seções de Dissídios Coletivos. O poder público ao contratar pelo regime trabalhista perde a sua potestade de autoridade e passa a ombrear-se como simples empregador. O contrato de trabalho é regido pelo Direito Privado. A autoridade só se projeta como tal quando está sobre a regência do Direito Público.

45.4.13. Do recurso

Da sentença, que negar ou conceder o mandado, caberá apelação, nos termos do art. 12 da Lei n. 1.533/1951 (LMS), no prazo de 15 dias (art. 508, CPC).

Na Justiça do Trabalho, caberá recurso ordinário, em oito dias, nos termos da Lei n. 5.584/1970 e Enunciado n. 28, com nova redação (Res. n. 121/2003) dirigido ao TST, sem efeito suspensivo (art. 899, CLT), em sua composição plena (art. 702, II, "a", da CLT).

Compete à Seção de Dissídios Individuais (Lei n. 7.701/1988) julgar os mandados de segurança, quando impetrados contra ato seu, das Turmas ou de qualquer dos membros do Tribunal, exceto quando o ato impugnado for do Presidente, do Vice-Presidente ou do Corregedor, hipóteses em que a competência será do Órgão Especial, onde houver, ou do Pleno.

A restrição da jurisprudência do Supremo deve ser observada: não cabe extraordinário quando a decisão do tribunal *a quo* não aprecia o mérito do pedido (Acs. STF, *DJU* de 11.5.1979, p. 3.692 e *DJU* de 30.10.1979, p. 8.986). Decisões denegatórias em única instância desafiam o recurso ordinário para o STF (art. 102, II, "a", CF).

O duplo grau de jurisdição está previsto no art. 12, parágrafo único, da Lei n. 1.533/1951 (LMS). Lembra *Coqueijo Costa* (Mandado, p. 123) que "não é só quando inexistir apelação da pessoa de direito público vencida no mandado que se fará a remessa, sob pena de avocação. Mesmo havendo recurso voluntário da parte dela, pois que este pode ser parcial e a devolução, pela remessa *ex officio*, é total. A regra é a mesma para a sucumbência parcial, em que só recorra o autor impetrante, ou haja desistência de recurso de qualquer das partes: a remessa subsiste. O processamento da remessa necessária é o mesmo da apelação, na Justiça comum, e do recurso ordinário, na Justiça do Trabalho, inclusive com sustentação oral na tribuna". Discordamos do autor. Temos para nós que a interposição do recurso voluntário delimita a matéria e restringe o recurso de ofício, que se limita à matéria de direito.

45.4.14. Da coisa julgada

A regra geral é a de que contra a coisa julgada incabível o *writ*. Neste sentido, a Súmula n. 268 do STF: "Não cabe mandado de segurança contra decisão judicial com trânsito em julgado." Na mesma esteira, trilha o TST, por meio do Enunciado n. 33: "Não cabe mandado de segurança contra decisão judicial transitada em julgado."

Verifica-se, todavia, que nem a lei ordinária, nem a norma constitucional proíbem a análise, por meio do *writ,* do valor intrínseco e extrínseco da coisa julgada, em que pese ao contido no art. 471, CPC.

O pressuposto hábil à invocação do remédio heróico é a existência de ilegalidade ou de abuso de poder. Concordamos que o mandado de segurança não seria o meio próprio para o reexame do que restou decidido intrinsecamente. Temos também como correto que a ação rescisória seria o *remedium juris* hábil para sanar erronias de sentenças e de acórdãos provenientes de ilegalidades, posto que a injustiça do julgado não a sensibiliza. Entretanto, se o erro aflora claro do abuso de poder e se a ilegalidade cometida se apresenta como dano potencial iminente, não vemos como recusar-se o uso do *mandamus,* em face dos preceitos do art. 489, CPC. Pior do que violar o princípio da imutabilidade dos julgados, proferidos ao arrepio da lei, é implementar-se a ilegalidade por meio da execução, negando-se o uso da segurança. Como bem demonstra *Ulderico Pires dos Santos*, "a rejeição do *mandamus* será autêntica regressão jurídica, porque uma sentença prolatada com menosprezo das verdadeiras finalidades da lei e da Justiça, constitui a mais violenta forma de abuso de poder".

Em se cuidando de execução trabalhista, a presença do *writ* faz-se necessária com maior intensidade, já que os TRTs decidem em última instância (art. 896, § 4º, CLT), salvo se presente na discussão matéria constitucional (Lei n. 5.584/1970, art. 2º, § 4º). Em não cabendo a revista, retira-se do TST a possibilidade de influenciar na jurisprudência, salvo em tema constitucional.

Se de um lado salutar é a regra processual, pois evita o uso de recursos, por vezes, procrastinatórios com prejuízo para o exeqüente e reflexos negativos para o próprio Judiciário, em certos casos, quando presentes de forma clara o abuso de poder e a ilegalidade, a falha há de ser suprida por meio do *writ,* pena de cometer-se mal maior.

Constata *Coqueijo Costa* ("Mandado ...", p. 64) que "medra no próprio TST uma corrente segundo a qual cabe mandado de segurança 'em defesa da coisa julgada'. Encabeçava-a o Min. Raymundo Moura (Nota: corrente que, todavia, não prosperou). Acontece amiúde nos mandados em ação de execução, na qual os TRTs decidem irrecorrivelmente em agravo de petição (CLT, art. 896, § 4º), o que torna impossível a unificação da jurisprudência, em execução, pelo TST".

Ainda segundo o autor temos que: "A propósito, o douto Ministro Marco Aurélio de Farias Mello, em um de seus brilhantes acórdãos, quando juiz no 1º TRT, sustentou que a 'Súmula n. 33 do colendo TST não alcança despachos em execução, confirmados ou reformados pelos Tribunais Regionais em julgamento de agravo'. Pôs em destaque que o agravo de petição fora interposto na fase de liquidação, que não é propriamente execução, para se sujeitar aos rigores do art. 896, § 4º, CLT, que risca a revista da ação de execução e cuja sentença de liquidação não goza de imutabilidade. Ademais, inexistindo coisa julgada na execução, a ação de segurança visava à defesa da coisa julgada, extrapolada, nos seus lindes, na execução da sentença condenatória (ação de pedir segurança, julgada no dia 13.12.79, tendo sido o mandado agasalhado por voto de desempate — Ac. 1º TRT, 508/79). É inviável mandado de segurança contra julgado do STF (MS 19.930, RTJ 61/308), mas ele é oportuno contra despacho de relator no Pretório Excelso (MS 20.056, RTJ 78/422). Até contra medida liminar em ação popular pode ser usado o *writ* (RE 80.057, RTJ 76/868)". Tendo em conta a irrecorribilidade de liminares cautelares em sede trabalhista, o uso do *mandamus* se faz com maior intensidade. Cabe mandado de segurança para cassar liminar em ação civil pública (Orientação Jurisprudencial SDI-2 n. 58). Na Justiça comum, a parte pode demonstrar inconformismo pelo agravo de instrumento (art. 522, CPC).

45.4.15. Do fundamento legal

Ao interpor o mandado de segurança deve a parte dar o fundamento jurídico e o fundamento legal do pedido. Ao contrário do que ocorre nas demais ações, não se aplicam aqui os princípios *da mihi factum dabo tibi jus* e *jura novit curia.* Não pode o julgador conceder a segurança alterando a fundamentação legal oferecida pela parte. A singularidade da ação assim determina. Nesse sentido, vêm julgando os nossos tribunais. Alerta *Theotonio Negrão* (CPC, 18ª ed., RT, 1988, p. 677) que: "Em mandado de segurança, não cabe a concessão com alteração da fundamentação de direito que o embasar, sendo-lhe inaplicável o princípio *jura novit curia* (RTJ 63/784, 85/314; RJTJSP 45/317, 68/286). Nesse sentido já decidiu o STF, no RE 87.613, SP, 1ª T., rel. Min. Bilac Pinto: 'Mandado de segurança. Seu deferimento, pelo acórdão, por fundamento não invocado na inicial e nem nas razões de apelação. Afronta ao princípio inscrito no art. 515, CPC' (RTJ 85/314)."

45.4.16. Do assistente

Não obstante, a Lei n. 1.533, de 31.12.1951, art. 19 (redação dada pela Lei n. 6.071/1974) faça referência apenas ao litisconsórcio, o art. 54, CPC autoriza a intervenção do assistente em processo de mandado de segurança ao equipará-lo ao litisconsorte. Neste sentido, o art. 50, parágrafo único, CPC, ao dispor que: "a assistência tem lugar em qualquer dos tipos de procedimento e em todos os graus da jurisdição; mas o assistente recebe o processo no estado em que se encontra." Neste sentido são as lições do insigne *Wagner Giglio*, quando Ministro substituto no TST (ROMS n. 234/75, Ac. 234/75, Ac. TP 774/78, 15.5.78, LTr 42/1.116).

João Mendes dispunha que: "Assistente é aquele que intervém na instância para defender o seu direito juntamente com o do autor, ou com o do réu (art. 123). Para ser admitida a intervenção do assistente, é preciso que ele alegue o interesse aparente que tem na causa, como se é fiador, sócio, condômino, vendedor da coisa demandada (art. 124). O assistente pode vir a juízo antes ou depois da sentença, mas recebe a causa no estado em que ela se acha, e deve alegar seu direito nos mesmos termos que competem àquele a quem assiste (art. 125). Não pode alegar incompetência, nem suspeição (art. 126)" (*apud Frederico Marques*, "Manual ...", v. I, p. 152).

45.4.17. Do advogado: exercício da profissão

O causídico ao receber a procuração do seu cliente para propor ação ou para defendê-lo em ação contra ele interposta firma um contrato onde se compromete a defender os interesses do seu cliente, envidando, para tanto, todos os seus esforços no sentido de bem desempenhar o seu mandato, sem fugir, todavia, das normas legais e princípios de ética e de moral. Se agir com dolo ou culpa poderá ser responsabilizado (art. 159, CC/2002). V. Lei n. 8.906/1994, art. 32.

Assim, se obstado de alguma maneira no exercício da profissão, deverá o advogado usar do remédio processual cabível para a espécie. Deve ser combativo, jamais agressivo. Como bem lembra *Carlos Maximiliano* ("Hermenêutica e Aplicação do Direito", 8ª ed., Freitas Bastos, Rio de Janeiro, 1965, p. 289) com respaldo em *Anatole France* (*"Le Jardin d'Épicure"*) "apaixonar-se não é argumento. O que impressiona é a abundância e solidez dos argumentos aliados à perfeita cortesia, linguagem ponderada e modéstia habitual".

O egrégio TST já decidiu (ROMS n. 223/72, Ac. TP 1.315/73, rel. Min. Rudor Blumm, LTr 38/850) que: "Cabe *mandamus* para a proteção do livre exercício da profissão do advogado, quando o mesmo é obstado na prática de atos inerentes ao *jus postulandi*. Juiz que impede ao causídico a elaboração de defesa, que constitui prerrogativa profissional e que não permita constar da ata os requerimentos e protestos formulados, comete, não apenas lesão de direito processual, que deve ser objeto de correição ou de recurso específico, mas, também e principalmente, violação de direito líquido e certo."

45.4.18. Do princípio da legalidade

A injustiça praticada, se não vier acompanhada de ilegalidade não respalda segurança. O juiz é intérprete da lei. Não é legislador. As leis injustas hão de ser revogadas pelo Poder Legislativo, legítimo representante do povo. Lembra *Jeremias Bentham* que: "Nunca é a própria lei que está em desacordo com a razão; é sempre algum malvado intérprete da lei que o corrompeu e dela abusou." A afirmação do eminente Filósofo é relativa. O despreparo de parte considerável dos legisladores atuais, mormente no Brasil, é fato incontroverso. Muitas vezes, as leis se ressentem de correta terminologia jurídica impondo confusões interpretativas.

45.4.19. Do recurso sem efeito suspensivo

Embora preceitue a Lei n. 1.533/1951, art. 5º, II, que não será concedida segurança do despacho em decisão judicial, quando haja recurso previsto nas leis processuais ou possa ser modificada por via de correição, a jurisprudência vem humanizando e amenizando o rigor do dispositivo legal e permitindo a interposição da segurança, não para discutir, evidentemente, o *meritum causae*, que será apreciado por meio de recurso próprio já interposto, mas para determinar a sustação do cumprimento imediato da decisão. Vale dizer, por meio da segurança, em face do perigo iminente de prejuízo irreparável, é concedido o efeito suspensivo ao recurso. O *writ* complementa o recurso, mas não o substitui. Também não poderá ter cabimento se o recurso não foi tempestivamente interposto.

O Tribunal de Alçada do Estado do Paraná decidiu (TAPR, Grupo de Câmaras Cíveis, MS n. 58/1987, Arapongas, rel. Juiz Pacheco Rocha, 19.11.1987) que: "Mandado de segurança. Ato judicial. Relevo da impetração. Interposição de recurso ordinário. Conhecimento. Cabe mandado de segurança do já interposto recurso desprovido de eficácia suspensiva, quando presente a relevância da impetração, denunciadora da existência de direito líquido e certo, ferido pelo ato objurgado, que lhe acarreta dano de vulto."

Adroaldo Furtado Fabrício ("Comentários ao Código de Processo Civil", Ed. Forense, v. VIII, tomo III, p. 559) no v. acórdão, preleciona que: "A orientação mais razoável em tal assunto, e que tem sido prestigiada cada vez mais pelos tribunais, é a que admite a ação de mandado com caráter complementar e não substituto do recurso adequado: acolhe-se o pedido de segurança e se a concede para o efeito de sustar o cumprimento imediato da decisão, até o julgamento do agravo, desde que este haja sido interposto. Se o recurso não foi tempestivamente manifestado, a preclusão processual impede o reexame da matéria, inclusive por via do *mandamus,* pois de outro modo se haveria de subverter por completo o sistema de preclusões sucessivas, sem o qual o processo se tornaria caótico e infindável. Em suma, a admissibilidade do mandado de segurança contra ato judicial agravável supõe que o recurso tenha sido interposto e que o objeto do *writ* seja de suspensão da imediata efetivação da decisão atacada, e não o conteúdo mesmo desta, cujo reexame se há de fazer apenas no julgamento do agravo." Neste sentido, o STF (RTJ 70/504).

45.4.20. Da prova

A petição, nos termos dos arts. 282 e 283, CPC, deverá desde logo vir instruída com os documentos que se fazem necessários à prova do alegado. O direito líquido e certo a ensejar o *writ* não admite vacilações, posto que inexiste instrução probatória. Prevê o art. 6º, parágrafo único, da Lei n. 1.533/1951, o caso em que o documento necessário à prova do alegado se encontre em repartição ou estabelecimento público, ou em poder de autoridade que se recuse a fornecê-lo por certidão. Neste caso, será ordenada a exibição nos termos do art. 355, CPC.

Os fatos, para serem tidos como certos e incontroversos, devem ser provados desde logo, por via documental, com a impetração. A prova é pré-constituída, pois não há instrução probatória. É pressuposto processual que inocorrente, leva ao descabimento do *writ*. Só na execução, e em casos especiais, são permitidos outros meios de prova (entrada no país de bens ou mercadorias, Lei n. 2.770, de 4.5.1956).

Lembra *Hely Lopes Meirelles* ("Mandado ...", p. 4-5) que "Direito líquido e certo é o que se apresenta manifesto na sua existência, delimitado na sua extensão e apto a ser exercitado no momento da impetração. Por outras palavras o direito invocado, para ser amparável por mandado de segurança, há de vir expresso em norma legal e trazer em si todos os requisitos e condições de sua aplicação ao impetrante. Se a sua existência for duvidosa; se a sua extensão ainda não estiver determinada; se o seu exercício depender de situações de fatos não esclarecidos nos autos, não rende ensejo a segurança, embora possa ser defendido por outros meios judiciais. Em última análise, direito líquido e certo é direito comprovado de plano. Se depender de comprovação, posterior, não é líquido nem certo, para fins de segurança. Evidentemente, o conceito de liquidez e certeza adotado pelo legislador do mandado de segurança não é o mesmo do legislador civil (CC, art. 1.533). É um conceito impróprio — e mal expresso — alusivo à precisão e comprovação do direito, quando deveria aludir à precisão e comprovação dos fatos e situações que ensejam o exercício desse direito". Já decidiu o STF (Ac. no MS n. 115.215, T. Pleno, rel. Min. A. M. Vilas Boas, RF 219/58 a 73) que "se a controvérsia se estabelece sobre fatos, provas ou presunções (ainda que à luz de conceitos doutrinários), a complexidade da indagação não se coaduna com a índole do mandado de segurança, que pressupõe uma situação jurídica esteada em documentos de valor incontestável, e não uma pretensão jurídica dependente de demonstração ou depuração processuais". Orientação Jurisprudencial, SDI-2 do TST dispõe que " Exigindo o mandado de segurança prova documental pré-constituída, inaplicável se torna o art. 284 do CPC quando verificado na petição inicial do *mandamus* a ausência de documento indispensável ou sua autenticação."

45.4.21. Da temporariedade da liminar

Com o advento do atual Código de Processo Civil (art. 798), o qual concede ao juiz amplos poderes de cautela, restou superado o preceito do art. 1º, "b", da Lei n. 4.348/1964, que restringe o prazo em 90 (noventa) dias, prorrogável por mais 30 (trinta).

> "Denegado o mandado de segurança pela sentença, ou no julgamento do agravo dela interposto, ficam sem efeito a liminar concedida, retroagindo os efeitos da decisão contrária." (Súmula n. 404 do STF) "Será decretada a perempção ou a caducidade da medida liminar *ex officio* ou a requerimento do Ministério Público, quando, concedida a medida, o impetrante criar obstáculo ao normal andamento do processo, deixar de promover, por mais de 3 dias, os atos e diligências que lhe cumprirem, ou abandonar a causa por mais de 20 dias." (art. 2º, Lei n. 4.348, de 26.6.1964)

45.4.22. Da previsão constitucional do mandado de segurança coletivo

Comanda o art. 5º da Constituição de 1988 que "Todos são iguais perante a lei, sem distinção de qualquer natureza, garantindo-se aos brasileiros e aos estrangeiros residentes no País a inviolabilidade do direito à vida, à liberdade, à igualdade, à segurança e à propriedade, nos termos seguintes: ... LXIX — conceder-se-á mandado de segurança para proteger direito líquido e certo, não amparado por *habeas corpus* ou *habeas data*, quando o responsável pela ilegalidade ou abuso de poder for autoridade pública ou agente de pessoa jurídica no exercício de atribuições do Poder Público;

— o mandado de segurança coletivo pode ser impetrado por:

a) partido político com representação no Congresso Nacional;

b) organização sindical, entidade de classe ou associação legalmente constituída e em funcionamento há pelo menos um ano, em defesa dos interesses de seus membros ou associados."

45.4.23. Da legitimação para mandado de segurança coletivo

Dos partidos políticos (art. 5º, LXX, "a", CF). Tem legitimação para titular o mandado de segurança coletivo, o partido político com representação no Congresso Nacional. Embora *prima facie* possa parecer que o interesse do partido político esteja fulcrado no âmbito partidário, assim não é, já que a lei nenhuma restrição fez para a espécie. Vale dizer, em existindo ofensa ou ameaça a direitos ligados à coletividade, o partido político terá legitimidade para o *writ*. Dispõe o art. 17, § 2º, da Constituição Federal que "os partidos políticos, após adquirirem personalidade jurídica, na forma da lei civil, registrarão seus estatutos no Tribunal Superior Eleitoral". Quer isso dizer que a representação para a espécie coletiva será daqueles designados em estatuto.

Dos sindicatos (art. 5º, LXX, "b", CF)

Como organização sindical, entenda-se: os sindicatos, as federações e confederações.

Temos aqui um caso típico de substituição processual de que fala *Chiovenda* ou substituição extraordinária ou anômala de que fala a doutrina.

Procurou o legislador precaver-se contra sindicalistas de plantão e exigiu que a organização sindical esteja funcionando há pelo menos um ano, em defesa dos interesses de seus membros ou associados. A ausência desse requisito deságua na ilegitimidade e terá por conseqüência o indeferimento da petição inicial. Assim, deverá o órgão sindical comprovar com a petição inicial essa sua qualidade e que se traduz num dos pressupostos de admissibilidade. Exigência também imposta às associações (art. 5º, XXI).

45.4.24. Dos interesses coletivos

Para a defesa dos interesses coletivos estão legitimados também a organização sindical (sindicato, federação e confederação), entidades de classe, associações para a "defesa dos interesses dos seus membros ou associados".

O substituto processual em casos tais tem por finalidade a proteção de direitos individuais no âmbito coletivo. Vale dizer, que o interesse há de se revelar nos próprios fins perseguidos pela organização sindical.

O substituto processual não tem legitimidade para interpor o mandado de segurança coletivo em se tratando de direitos individuais relacionados com um ou mais membros determinados. O interesse de que fala o legislador se alça ao plano coletivo. No plano individual, poderá agir como representante, não substituto, salvo exceções legais, de membros determinados.

45.4.25. Dos interesses difusos

O conceito de "interesses difusos" ainda está muito longe de ser tranqüilizado. *Ada Pellegrini Grinover* ("As Ações Coletivas para a tutela do meio ambiente e dos consumidores", Ajuris 36/8 e 9) chama a atenção para a diferença que separa os interesses coletivos e os interesses difusos: "Embora considerando ambos meta-individuais, não referíveis a um determinado titular, a doutrina designa como "coletivos" aqueles interesses comuns a uma coletividade de pessoas e a elas somente, quando exista um vínculo jurídico entre os componentes do grupo: a sociedade mercantil, o condomínio, a família, os entes profissionais, o próprio sindicato dão margem ao surgir de interesses comuns nascidos em função de uma relação, base que une os membros das respectivas comunidades e que, não se confundindo com os interesses estritamente individuais de cada sujeito, permite sua identificação. Por interesses propriamente difusos entendem-se aqueles que, não se fundando em um vínculo jurídico, baseiam-se sobre dados de fatos genéricos e contingentes, acidentais e mutáveis: como habitar a mesma região, consumir iguais produtos, viver em determinadas circunstâncias socioeconômicas, submeter-se a particulares empreendimentos."

Celso Agrícola Barbi ("Mandado de Segurança na Constituição de 1988", item 9: "Os novos interesses difusos", coletânea coordenada por *Sálvio de Figueiredo Teixeira*, Ed. Saraiva, 1990, p. 71) concorda que impossível a definição de "interesses difusos" na fase de imprecisão em que se encontram. Diz o autor que "A economia de massa, que caracteriza os tempos atuais, trouxe novos problemas, como o dos danos causados a milhares de consumidores por pequenos defeitos nos produtos; o da fraude publicitária; o da adulteração de alimentos; o da poluição do ar, das águas, do solo pelas indústrias; o da destruição de belezas naturais ou de objetos de valor histórico ou artístico pelas indústrias, ou pelo crescimento das cidades. Esses valores econômicos, históricos ou estéticos passaram a ser considerados como interesses dos cidadãos, merecedores da coletivos", "direitos coletivos" etc.

Barbosa Moreira ("A Legitimação para a defesa dos 'interesses difusos' no direito brasileiro", Revista Ajuris, 32/82) caracteriza os "interesses difusos" no que diz respeito às pessoas e ao seu objeto:

"a) Não pertencem a uma pessoa isolada, nem a um grupo nitidamente delimitado de pessoas (ao contrário do que se dá em situações clássicas como a do condomínio ou a pluralidade de credores numa única obrigação), mas a uma série "indeterminada" — e, ao menos para efeitos práticos, de difícil ou impossível determinação — cujos membros não se ligam necessariamente por vínculo jurídico definido. Pode tratar-se, por exemplo, dos habitantes de determinada região, dos consumidores de certo produto, das pessoas que vivem sob tais ou quais condições socioeconômicas ou se sujeitem às conseqüências deste ou daquele empreendimento público ou privado. b) Referem-se a um bem (*latissimo sensu*) "indivisível", no sentido de insuscetível de divisão (mesmo ideal) em "quotas" atribuíveis individualmente a cada um dos interessados. Estes se põem numa espécie de comunhão tipificada pelo fato de que a satisfação de um só implica por força a satisfação de todos proteção, assim como a lesão de um só constitui, *ipso facto*, lesão da inteira coletividade."

Tem-se, pois, que os "interesses difusos" vistos sob a ótica das pessoas atingidas, de certa forma, são também "interesses coletivos". Todavia, a impossibilidade de fracionamento do "interesse difuso", *v. g.*, a poluição, torna indeterminados os seus sujeitos. Entretanto, se a poluição for localizada (*v. g.*, fábrica de sabão que polui determinado bairro), o interesse será coletivo, já que determinados são os sujeitos (moradores daquele bairro). Neste caso, cabível o mandado de segurança coletivo pela associação de bairro.

Temos para nós que a indeterminação dos sujeitos dos "interesses difusos" não constitui obstáculo a que se use do mandado de segurança coletivo. Em tais casos, parece-nos, somente os partidos políticos estariam legitimados a propô-lo, dado o maior âmbito que a Constituição reservou-lhes e que em muitos casos poderão coincidir com o interesse coletivo. Suponha-se no exemplo retro que a fábrica de sabão polua vários bairros. Ao invés de cada associação de bairro propor o mandado de segurança coletivo, com o risco de julgamentos divergentes, pode o partido político propor um único mandado de segurança coletivo. Um outro exemplo que nos ocorre seria a cobrança de pedágio na marginal do Tietê. O âmbito de intervenção destinado ao partido político é muito mais abrangente, podendo defender "interesses coletivos" e "interesses difusos". Quanto aos "interesses difusos", a doutrina ainda é incipiente e a jurisprudência ainda não se pronunciou.

45.4.26. Da organização sindical, entidades de classe, associações e o mandado de segurança coletivo

A exemplo do partido político, das associações e entidades de classe, a organização sindical age na qualidade de substituto processual tão-somente para a defesa de interesses coletivos. Embora possa operar no âmbito individual, a proteção buscada é sempre a coletiva. Di-lo bem *Ernane Fidélis dos Santos* ("Mandado de Segurança Individual e Coletivo (Legitimação e Interesse)", Coletânea coordenada por Sálvio de Figueiredo Teixeira, Ed. Saraiva, São Paulo, 1990, p. 133): "a substituição processual ainda opera na proteção de direitos individuais, mas, com projeção coletiva, o interesse deve revelar-se nos próprios fins do sindicato, da entidade de classe ou da associação. O Sindicato dos Motoristas, por exemplo, é parte legítima para pleitear a declaração de cobrança de pedágio em estradas públicas, instituído por lei inconstitucional; a Ordem dos Advogados do Brasil pode pleitear a declaração de nulidade do abusivo ato judicial que proibiu, genericamente, a retirada de autos de cartório, ou do que condicionou o ingresso em juízo para pagamento de taxas indevidas ..."

E arremata: "Mas nenhuma de tais entidades poderá defender direito que se relaciona especificamente com um ou mais membros determinados; a dimensão há de ser coletiva. O Sindicato dos Motoristas, por exemplo, não poderá pleitear cancelamento de multa a um sindicalizado, apenado por estar dirigindo com excesso de carga; a Ordem dos Advogados não poderá requerer o levantamento de proibição judicial de retirada de autos de cartório, imposta como medida disciplinar a um de seus membros ... Tem-se, pois, que não há cogitar-se da impetração do mandado de segurança coletivo para amparar interesse ou direito individuais deste ou daquele membro da categoria. A defesa de que fala a Carta Magna insinua-se em dimensão coletiva."

45.4.27. Da autoridade pública ou agente nas vestes de empregador

A autoridade pública, ao contratar empregados, abdica do seu poder de império e o seu relacionamento passa a ser o contratual de empregado e empregador. Não de autoridade e cidadão. Com a vinculação em contrato deixa de existir a autoridade no sentido que lhe empresta a lei. Em tais casos, o mandado de segurança coletivo resta obstado pela ausência da autoridade ou agente público, restando em seu lugar o empregador. Assim, por exemplo, o não pagamento da URP não poderia ser pleiteado por meio de mandado de segurança coletivo, mas mediante ações cautelares ou simples reclamatórias, aconselhando, inclusive, o uso das ações plúrimas, evitando-se decisões divergentes.

45.4.28. Da competência trabalhista

Antes do advento da EC n. 45/2004 a competência trabalhista para o mandado de segurança estava restrita à competência originária dos Regionais e do TST, tendo como suporte atos administrativos e jurisdicionais de suas próprias autoridades. Depois da EC n. 45/2004 e com o alargamento do núcleo do art. 114 da Constituição, por determinação expressa do inciso IV, o primeiro grau de jurisdição passou a ter competência para conhecer e julgar mandado de segurança.. Isso, todavia, não modifica o entendimento doutrinário e jurisprudencial de que a autoridade pública nas vestes de empregador perde a sua potestade e não poderá compor o pólo ativo ou passivo sobre tema trabalhista, mesmo porque o mandado de segurança tem como suporte o Direito Público e não o Direito Privado. Embora o inciso indicado pelo art.

114, CF seja genérico, aí está incluído o mandado de segurança coletivo. Com a competência de primeiro grau, haverá uma adequação no procedimento recursal. O recurso ordinário da decisão primária será da competência da Seção de Dissídios Individuais ou do Grupo de Turmas, conforme a estrutura do Regional. Da decisão Regional, haverá a possibilidade de recurso de revista. Essa adequação deverá fazer parte do Regimento Interno dos Tribunais trabalhistas. Da decisão de primeiro grau contrária à autoridade, será obrigatório o duplo grau.

45.4.29. Jurisprudência

Súmulas do STF

101 — O mandado de segurança não substitui a ação popular.

248 — É competente, originariamente, o Supremo Tribunal Federal, para mandado de segurança contra ato do Tribunal de Contas da União.

266 — Não cabe mandado de segurança contra lei em tese.

267 — Não cabe mandado de segurança contra ato judicial passível de recurso ou correição.

268 — Não cabe mandado de segurança contra decisão judicial com trânsito em julgado.

269 — O mandado de segurança não é substitutivo de ação de cobrança.

270 — Não cabe mandado de segurança para impugnar enquadramento da Lei n. 3.780, de 12 de julho de 1960, que envolva exame de prova ou de situação funcional complexa.

271 — Concessão de mandado de segurança não produz efeitos patrimoniais, em relação a período pretérito, os quais devem ser reclamados administrativamente ou pela via judicial própria.

272 — Não se admite como ordinário recurso extraordinário de decisão denegatória de mandado de segurança

294 — São inadmissíveis embargos infringentes contra decisão do Supremo Tribunal Federal em mandado de segurança.

299 — O recurso ordinário e o extraordinário interpostos no mesmo processo de mandado de segurança, ou de *habeas corpus*, serão julgados conjuntamente pelo Tribunal Pleno.

304 — Decisão denegatória de mandado de segurança, não fazendo coisa julgada contra o impetrante, não impede o uso da ação própria. Nota: Esta súmula diz respeito à denegação da segurança por falta de prova.

319 — O prazo do recurso ordinário para o Supremo Tribunal Federal, em *habeas corpus* ou mandado de segurança, é de 5 (cinco) dias.

405 — Denegado o mandado de segurança pela sentença, ou no julgamento do agravo, dela interposto, fica sem efeito a liminar concedida, retroagindo os efeitos da decisão contrária.

429 — A existência de recurso administrativo com efeito suspensivo não impede o uso do mandado de segurança contra omissão da autoridade.

430 — Pedido de reconsideração na via administrativa não interrompe o prazo para o mandado de segurança.

433 — É competente o Tribunal Regional do Trabalho para julgar mandado de segurança contra ato de seu presidente em execução de sentença trabalhista.

474 — Não há direito líquido e certo, amparado pelo mandado de segurança, quando se escuda em lei cujos efeitos foram anulados por outra, declarada constitucional pelo Supremo Tribunal Federal.

506 — O agravo a que se refere o art. 4º, da Lei n. 4.348, de 26.06.1964, cabe, somente, do despacho do presidente do Supremo Tribunal Federal que defere a suspensão da liminar, em mandado de segurança, não do que a denega.*

Súmula revogada (v. Suspensão de Segurança n. 1.945/AL, DJU 01.08.2003).

510 — Praticado o ato por autoridade, no exercício de competência delegada, contra ela cabe o mandado de segurança ou a medida judicial.

512 — Não cabe condenação em honorários de advogado na ação de mandado de segurança.

597 — Não cabem embargos infringentes de acórdão que, em mandado de segurança, decidiu, por maioria de votos, a apelação.

623 — Não gera por si só a competência originária do Supremo Tribunal Federal para conhecer do mandado de segurança com base no art. 102, I, *n*, da Constituição, dirigir-se o pedido contra deliberação administrativa do tribunal de origem, da qual haja participado a maioria ou a totalidade de seus membros.

624 — Não compete ao Supremo Tribunal Federal conhecer originariamente de mandado de segurança contra atos de outros tribunais.

625 — Controvérsia sobre matéria de direito não impede concessão de mandado de segurança.

626 — A suspensão da liminar em mandado de segurança, salvo determinação em contrário da decisão que a deferir, vigorará até o trânsito em julgado da decisão definitiva de concessão da segurança ou, havendo recurso, até a sua manutenção pelo Supremo Tribunal Federal, desde que o objeto da liminar deferida coincida, total ou parcialmente, com o da impetração.

627 — No mandado de segurança contra a nomeação de magistrado da competência do Presidente da República, este é considerado autoridade coatora, ainda que o fundamento da impetração seja nulidade ocorrida em fase anterior do procedimento.

629 — A impetração de mandado de segurança coletivo por entidade de classe em favor dos associados independe da autorização destes.

630 — A entidade de classe tem legitimação para o mandado de segurança ainda quando a pretensão veiculada interesse apenas a uma parte da respectiva categoria.

631 — Extingue-se o processo de mandado de segurança se o impetrante não promove, no prazo assinado, a citação do litisconsorte passivo necessário.

632 — É constitucional lei que fixa o prazo de decadência para a impetração de mandado de segurança.

Súmulas do STJ

41 — O Superior Tribunal de Justiça não tem competência para processar e julgar, originariamente, mandado de segurança contra ato de outros tribunais ou dos respectivos órgãos.

105 — Na ação de mandado de segurança não se admite condenação em honorários advocatícios.

169 — São inadmissíveis embargos infringentes no processo de mandado de segurança.

177 — O STJ é incompetente para processar e julgar, originariamente, mandado de segurança contra ato de órgão colegiado presidido por Ministro de Estado.

217 — Não cabe agravo de decisão que indefere o pedido de suspensão da execução da liminar, ou da sentença em mandado de segurança.

Súmulas do TST

33 — Mandado de segurança. Decisão judicial transitada em julgado.

Não cabe mandado de segurança de decisão judicial transitada em julgado.

201 — Recurso ordinário em mandado de segurança. (Revisão do Enunciado 154)

Da decisão de Tribunal Regional do Trabalho em mandado de segurança cabe recurso ordinário, no prazo de 8 (oito) dias, para o Tribunal Superior do Trabalho, e igual dilação para o recorrido e interessados apresentarem razões de contrariedade.

Orientação Jurisprudencial do Pleno do TST

4 — Mandado de segurança. Decisão de TRT. Incompetência originária do Tribunal Superior do Trabalho. Ao Tribunal Superior do Trabalho não compete apreciar, originariamente, mandado de segurança impetrado em face de decisão de TRT.

Orientações Jurisprudenciais da SDI-1 do TST

10 — Alçada. Mandado de segurança. Não se aplica a alçada em mandado de segurança. (Convertida na Súmula n. 365)

29 — Custas. Mandado de segurança. Recurso ordinário. Exigência do pagamento. (Convertida na Orientação Jurisprudencial n. 142, SDI-2)

72 — Remessa *ex officio*. Mandado de segurança. Decisões concessivas proferidas pelo TRT. Impetrante e terceiro interessado pessoas de direito privado. Incabível, ressalvadas as hipóteses de matéria administrativa, de competência do órgão especial. (Cancelada em decorrência da nova redação da Súmula 303)

73 — Remessa *ex officio*. Mandado de segurança. Incabível. Decisões proferidas pelo TRT e favoráveis ao impetrante ente público. Inaplicabilidade do art. 12 da Lei n. 1.533/1951. (Cancelada em decorrência da nova redação à Súmula n. 303)

Orientações Jurisprudenciais da SDI-2

53 — Mandado de segurança. Cooperativa em liquidação extrajudicial. Lei n. 5.764/1971, art. 76. Inaplicável. Não suspende a execução. A liquidação extrajudicial de sociedade cooperativa não suspende a execução dos créditos trabalhistas existentes contra ela.

54 — Mandado de segurança. Embargos de terceiro. Cumulação. Inviabilidade. Ajuizados embargos de terceiro (art. 1.046 do CPC) para pleitear a desconstituição da penhora, inviável a interposição de mandado de segurança com a mesma finalidade.

55 — Mandado de segurança. Execução. Lei n. 8.432/1992. Art. 897, § 1º, da CLT. Cabimento. Devendo o agravo de petição delimitar justificadamente a matéria e os valores objeto de discordância, não fere direito líquido e certo o prosseguimento da execução quanto aos tópicos e valores não especificados no agravo.

56 — Mandado de segurança. Execução. Pendência de recurso extraordinário. Não há direito líquido e certo à execução definitiva na pendência de recurso extraordinário, ou de agravo de instrumento visando a destrancá-lo.

57 — Mandado de segurança. INSS. Tempo de serviço. Averbação e/ou reconhecimento. Conceder-se-á mandado de segurança para impugnar ato que determina ao INSS o reconhecimento e/ou averbação de tempo de serviço.

58 — Mandado de segurança para cassar liminar concedida em ação civil pública. Cabível. É cabível o mandado de segurança visando a cassar liminar concedida em ação civil pública.

59 — Mandado de segurança. Penhora. Carta de fiança bancária. A carta de fiança bancária equivale a dinheiro para efeito da gradação dos bens penhoráveis, estabelecida no art. 655 do CPC.

60 — Mandado de segurança. Penhora em dinheiro. Banco. Não fere direito líquido e certo do impetrante o ato judicial que determina penhora em dinheiro de banco, em execução definitiva, para garantir crédito exeqüendo, uma vez que obedece à gradação prevista no art. 655 do CPC.

61 — Mandado de segurança. Penhora em dinheiro. Execução definitiva. Depósito em banco oficial no Estado. Arts. 612 e 666 do CPC. Havendo discordância do credor, em execução definitiva, não tem o executado direito líquido e certo a que os valores penhorados em dinheiro fiquem depositados no próprio banco, ainda que atenda aos requisitos do art. 666, I, do CPC.

62 — Mandado de segurança. Penhora em dinheiro. Execução provisória. Em se tratando de execução provisória, fere direito líquido e certo do impetrante a determinação de penhora em dinheiro, quando nomeados outros bens à penhora, pois o executado tem direito a que a execução se processe da forma que lhe seja menos gravosa, nos termos do art. 620 do CPC.

63 — Mandado de segurança. Reintegração. Ação cautelar. Comporta a impetração de mandado de segurança o deferimento de reintegração no emprego em ação cautelar.

64 — Mandado de segurança. Reintegração liminarmente concedida. Não fere direito líquido e certo a concessão de tutela antecipada para reintegração de empregado protegido por estabilidade provisória decorrente de lei ou norma coletiva.

65 — Mandado de segurança. Reintegração liminarmente concedida. Dirigente sindical. Ressalvada a hipótese do art. 494 da CLT, não fere direito líquido e certo a determinação liminar de reintegração no emprego de dirigente sindical, em face da previsão do inciso X do art. 659 da CLT.

66 — Mandado de segurança. Sentença homologatória de adjudicação. Incabível o mandado de segurança contra sentença homologatória de adjudicação, uma vez que existe meio próprio para impugnar o ato judicial, consistente nos embargos à adjudicação (CPC, art. 746).

67 — Mandado de segurança. Transferência. Art. 659, IX, da CLT. Não fere direito líquido e certo a concessão de liminar obstativa de transferência de empregado, em face da previsão do inciso IX do art. 659 da CLT.

69 — Fungibilidade recursal. Indeferimento liminar de ação rescisória ou mandado de segurança. Recurso para o TST. Recebimento como agravo regimental e devolução dos autos ao TRT. Recurso ordinário interposto contra despacho monocrático indeferitório da petição inicial de ação rescisória ou de mandado de segurança pode, pelo princípio de fungibilidade recursal, ser recebido como agravo regimental. Hipótese de não conhecimento do recurso pelo TST e devolução dos autos ao TRT, para que aprecie o apelo como agravo regimental.

86 — Mandado de segurança. Antecipação de tutela. Sentença superveniente. Perda de objeto. Perde objeto o mandado de segurança que impugna tutela antecipada pelo fato de haver sido proferida sentença de mérito nos autos originários.

87 — Mandado de segurança. Reintegração em execução provisória. Impossibilidade. O art. 899 da CLT, ao impedir a execução definitiva do título executório, enquanto pendente recurso, alcança tanto as execuções por obrigação de pagar quanto as por obrigação de fazer. Assim, tendo a obrigação de reintegrar caráter definitivo, somente pode ser decretada, liminarmente, nas hipóteses legalmente previstas, em sede de tutela antecipada ou tutela específica.

88 — Mandado de segurança. Valor da causa. Custas processuais. Cabimento. Incabível a impetração de mandado de segurança contra ato judicial que, de ofício, arbitrou novo valor à causa, acarretando a majoração das custas processuais, uma vez que cabia à parte, após recolher as custas, calculadas com base no valor dado à causa na inicial, interpor recurso ordinário e, posteriormente, agravo de instrumento no caso de o recurso ser considerado deserto.

91 — Mandado de segurança. Autenticação de cópias pelas Secretarias dos Tribunais Regionais do Trabalho. Requerimento indeferido. Art. 789, § 9º, da CLT. Não sendo a parte beneficiária da assistência judiciária gratuita, inexiste direito líquido e certo à autenticação, pelas Secretarias dos Tribunais, de peças extraídas do processo principal, para formação do agravo de instrumento.

92 — Mandado de segurança. Existência de recurso próprio. Não cabe mandado de segurança contra decisão judicial passível de reforma mediante recurso próprio, ainda que com efeito diferido.

93 — Mandado de segurança. Possibilidade da penhora sobre parte da renda de estabelecimento comercial. É admissível a penhora sobre a renda mensal ou faturamento de empresa, limitada a determinado percentual, desde que não comprometa o desenvolvimento regular de suas atividades.

98 — Mandado de segurança. Cabível para atacar exigência de depósito prévio de honorários periciais.

É ilegal a exigência de depósito prévio para custeio dos honorários periciais, dada a incompatibilidade com o processo do trabalho e com o Enunciado n. 236 do TST, sendo cabível o mandado de segurança visando à realização da perícia independentemente do depósito.

99 — Mandado de segurança. Esgotamento de todas as vias processuais disponíveis. Trânsito em julgado formal. Descabimento.

Esgotadas as vias recursais existentes, não cabe mandado de segurança.

100 — Recurso ordinário para o TST. Decisão de TRT proferida em agravo regimental contra liminar em ação cautelar ou em mandado de segurança. Incabível.

Não cabe recurso ordinário para o TST de decisão proferida pelo Tribunal Regional do Trabalho em agravo regimental interposto contra despacho que concede ou não liminar em ação cautelar ou em mandado de segurança, uma vez que o processo ainda pende de decisão definitiva do Tribunal *a quo*.

113 — Ação cautelar. Efeito suspensivo ao recurso ordinário em mandado de segurança. Incabível. Ausência de interesse. Extinção. É incabível medida cautelar para imprimir efeito suspensivo a recurso interposto contra decisão proferida em mandado de segurança, pois ambos visam, em última análise, à sustação do ato atacado. Extingue-se, pois, o processo, sem julgamento do mérito, por ausência de interesse de agir, para evitar que decisões judiciais conflitantes e inconciliáveis passem a reger idêntica situação jurídica.

116 — Ação rescisória. Art. 485, IV, do CPC. Ação de cumprimento. Ofensa à coisa julgada emanada de sentença normativa modificada em grau de recurso. Inviabilidade.

Não procede ação rescisória calcada em ofensa à coisa julgada perpetrada por decisão proferida em ação de cumprimento, em face de a sente louvava, ter sido modificada em grau de recurso, porque em dissídio coletivo somente se consubstancia coisa julgada formal. Assim, os meios processuais, aptos a atacarem a execução da cláusula reformada, são a exceção da pré-executividade e o mandado de segurança, no caso de descumprimento do art. 572 do CPC.

120 — Mandado de segurança. Recusa à homologação de acordo. Inexistência de direito líquido e certo. Não comporta mandado de segurança a negativa de homologação de acordo, por inexistir direito líquido e certo à homologação, já que se trata de atividade jurisdicional alicerçada no livre convencimento do juiz

127 — Mandado de segurança. Decadência. Contagem. Efetivo ato coator.

Na contagem do prazo decadencial para ajuizamento de mandado de segurança, o efetivo ato coator é o primeiro em que se firmou a tese hostilizada e não aquele que a ratificou.

137 — Mandado de segurança. Dirigente sindical. Art. 494 da CLT. Aplicável.

Constitui direito líquido e certo do empregador a suspensão do empregado, ainda que detentor de estabilidade sindical, até a decisão final do inquérito em que se apure a falta grave a ele imputada, na forma do art. 494, *caput* e parágrafo único, da CLT.

138 — Mandado de segurança. Incompetência da Justiça do Trabalho. Cobrança de honorários advocatícios. Contrato de natureza civil.

A Justiça do Trabalho é incompetente para apreciar ação de cobrança de honorários advocatícios, pleiteada na forma do art. 24, §§ 1º e 2º, da Lei n. 8.906/94, em face da natureza civil do contrato de honorários.

139 — Mandado de segurança. Liminar em ação civil pública. Sentença de mérito superveniente. Perda de objeto. Perde objeto o mandado de segurança que impugna liminar em ação civil pública substituída por sentença de mérito superveniente.

140 — Mandado de segurança contra liminar, concedida ou denegada em outra segurança. Incabível (art. 8º da Lei n. 1.533/51). Não cabe mandado de segurança para impugnar despacho que acolheu ou indeferiu liminar em outro mandado de segurança.

141 — Mandado de segurança para conceder liminar denegada em ação cautelar.

A concessão de liminar constitui faculdade do juiz, no uso de seu poder discricionário e de cautela, inexistindo direito líquido e certo tutelável pela via do mandado de segurança.

142 — Mandado de segurança. Reintegração liminarmente concedida. Inexiste direito líquido e certo a ser oposto contra ato de Juiz que, antecipando a tutela jurisdicional, determina a reintegração do empregado até a decisão final do processo, quando demonstrada a razoabilidade do direito subjetivo material, como nos casos de anistiado pela da Lei n. 8.878/94, aposentado, integrante de comissão de fábrica, dirigente sindical, portador de doença profissional, portador de vírus HIV ou detentor de estabilidade provisória prevista em norma coletiva.

144 — Mandado de segurança. Proibição de prática de atos futuros. Sentença genérica. Evento futuro. Incabível. O mandado de segurança não se presta à obtenção de uma sentença genérica, aplicável a eventos futuros, cuja ocorrência constitui uma incógnita.

148 — Custas. Mandado de segurança. Recurso ordinário. Exigência do pagamento. (Conversão da Orientação Jurisprudencial n. 29 da SDI-1). É responsabilidade da parte, para interpor recurso ordinário em mandado de segurança, a comprovação do recolhimento das custas processuais no prazo recursal, sob pena de deserção. (ex-OJ n. 29 — inserida em 10.09.00)

45.5. Da ação civil pública: parte geral

45.5.1. Do enfoque preliminar

A ação civil pública foi concebida no Brasil inicialmente como uma das funções institucionais do Ministério Público por meio do art. 3º, III, da LC n. 40/1981 — antiga Lei Orgânica Nacional do Ministério Público — a qual veio a ser regulamentada pela Lei n. 7.347/85, posteriormente alçada em nível constitucional pelo art. 129 da nova Carta Política de 1988.

Para *Ada Pellegrini Grinover* ("O novo processo do consumidor", RePro 62/142), a origem da ação civil pública, ao prever a defesa coletiva dos direitos individuais homogêneos, está na class *action, in verbis*: "A *class action* do sistema norte-americano, baseado na *equity*, pressupõe a existência de um número elevado de titulares de posições individuais de vantagem no plano substancial, possibilitando o tratamento processual unitário e simultâneo de todas elas, por intermédio da presença da classe." E para *Ronaldo Cunha Campos* ("Ação civil pública", Rio de Janeiro, Aide, 1995, p. 84): "... a *class action* torna viável a consideração de pequenas pretensões que apenas quando somadas tornam-se relevantes. Isoladamente seria inviável o aforamento do pedido. Contudo, se a decisão proferida atingir um grande número de titulares destas pequenas pretensões, teríamos uma ação viável."

45.5.2. Da restrição em relação à *class action*

O Direito Nacional não prestigiou a defesa dos direitos individuais disponíveis a exemplo da *class action*. Lamenta *Fadel* (Ação civil pública, tema encartado na

Revista *In Verbis*, n. 2, ago./set. 1996), que a Constituição Federal de 1988 tenha estabelecido balizas intransponíveis para a espécie de direitos ou interesses tuteláveis por ação civil pública: os difusos, os coletivos e os individuais homogêneos indisponíveis, com o que o exemplo americano já entrou, no ordenamento jurídico pátrio, com seu alcance mitigado, na medida em que não se destinou a tutelar os direitos individuais disponíveis.

45.5.3. Da Lei n. 7.347/1985

Essa lei veio regulamentar a LC n. 40/1981 (antiga LONMP) e concebeu a ação civil pública como adequado meio de defesa coletiva dos direitos difusos e coletivos, função institucional do Ministério Público para a proteção do patrimônio público e social, do meio ambiente e de outros interesses difusos e coletivos (art. 129 da CF) e individuais homogêneos (art. 127 da CF). É de bom alvitre lembrar que no projeto originário que deu a lume a Lei n. 7.347/1985 fora incluída, também, a defesa "ao consumidor e a outros interesses difusos" e, enquanto a proteção ao consumidor subsistiu, "outros interesses difusos" foi objeto de veto. Entretanto, o veto restou neutralizado pela Carta Política de 1988 que deixou expressa (inc. III, art. 129) a proteção "de outros interesses difusos e coletivos". Ver Lei n. 8.078/1990 que acrescentou à Lei n. 7.347/1985 a expressão "a qualquer outro interesse difuso ou coletivo" ao inc. IV do art. 1º (art. 110) e inc. II do art. 5º (art. 111).

45.5.4. Da acepção do termo "interesse"

O vocábulo "interesse" em sua acepção ampla envolve também o sentimento egoísta ínsito em todo ser humano. Como bem define *Henri Capitant* ("Vocabulário jurídico", tradução por A.H. Guaglianome, Buenos Aires, Depalma, 1973): "*un avantage d'ordre pécuniaire ou moral*".

Para *Rodolfo de Camargo Mancuso* ("Interesses difusos", São Paulo, RT, 1996, p. 52), tem-se o interesse simples caracterizado pela circunstância de tratar-se de anseios, aspirações, desejos, cuja realização não é incentivada, nem tampouco protegida ou defendida pelo Estado. Já, ao contrário, os direitos subjetivos compreendem posições de vantagem, privilégios, prerrogativas que, uma vez integradas ao patrimônio do sujeito, passam a receber a tutela especial do Estado. Lembra o autor que esses direitos subjetivos devem vir acompanhados por uma sanção previamente estabelecida para o caso de eventual afronta ou desconhecimento por parte de terceiros, ou do próprio Estado. Quando tais prerrogativas se estabelecem em forma de créditos formados contra ou em face do Estado, tomam a designação de direitos públicos subjetivos. E conclui que: Entre os 2 (dois) termos dessa equação surge o interesse legítimo. Não há, propriamente, uma diferença essencial, e, sim, uma diferença em termos de intensidade quanto à proteção estatal: enquanto os interesses subjetivos beneficiam-se de uma proteção máxima e os interesses simples são praticamente *desconhecidos*, os interesses legítimos se apresentam a meio caminho: embora não se constituam em prerrogativas ou títulos jurídicos oponíveis *erga omnes*, beneficiam-se de uma proteção limitada, ao menos no sentido de não poderem ser ignorados ou preteridos.

45.5.5. Dos interesses difusos, coletivos e individuais homogêneos

É interessante notar que a Lei n. 7.347/1985, que concebeu a ação civil pública, ao regulamentar o art. 3º, III, da LC n. 40/1981 (LONMP), não definiu o que seriam interesses difusos, interesses coletivos e interesses individuais homogêneos, tarefa que coube à Lei n. 8.078/1990 (Código de Proteção e Defesa do Consumidor), cujo art. 81 esclarece:

> "I — interesses ou direitos difusos, assim entendidos para efeito deste Código, os transindividuais, de natureza indivisível, de que sejam titulares pessoas indeterminadas e ligadas por circunstância de fato;
>
> II — interesses ou direitos coletivos, assim entendidos, para efeito deste Código, os transindividuais de natureza indivisível de que seja titular grupo, categoria ou classe de pessoas ligadas entre si ou com a parte contrária por uma relação jurídica base;
>
> III — interesses ou direitos individuais homogêneos, assim entendidos os decorrentes de origem comum."

45.5.6. Das características dos interesses difusos e coletivos

Durante muito tempo, incentivou-se o entendimento de que a *res publicae* seria coisa de ninguém, dirigindo-se à proteção apenas dos objetivos individuais. Ainda hoje, a truculência de governantes, ou mesmo o despreparo para as funções de administrar a coisa pública, não raro acaba por impor situações inaceitáveis aos governados, *v. g.*, cidade do interior paulista em que o prefeito determinou a extirpação de dezenas de árvores seculares que circundavam o jardim da praça para ali construir apenas uma fonte luminosa. E, ainda hoje, o mérito administrativo — oportunidade e conveniência — traduz-se em porta larga para desmandos.

Com o decorrer do tempo, o caráter meramente individual do Direito evoluiu para exigir a proteção de interesses outros que, embora sem titularidade identificável, refletem diretamente na coletividade em intensidade maior ou menor. Nessa situação, o ar que respiramos, os rios e represas que nos dão a água para a sobrevivência, os mares e rios que proporcionam a pesca, as florestas que proporcionam o equilíbrio ao meio ambiente. Daí, o desabafo oportuno de *Ada Pellegrini Grinover* (A tutela jurisdicional dos interesses difusos, Revista da Procuradoria Geral do Estado de São Paulo, jun. 1978, p. 113) de que a sociedade não mais poderia preocupar-se apenas com os conflitos individuais, uma vez que outros conflitos metaindividuais existem e que "por sua configuração coletiva e de massa são típicos das escolhas políticas e indicam a necessidade de se adotarem novas formas de participação". Lembra *Hugo Nigro Mazzilli* ("A defesa dos interesses difusos em juízo", 2ª ed., São Paulo, RT, 1990, p. 18) que "por difuso se quer, portanto, entender o interesse de um grupo de pessoas, entre as quais não há vínculo jurídico ou fático muito preciso, constituindo-se um grupo de certa forma menos determinado de pessoas". Lembra que "os mais autênticos interesses difusos — o exemplo, por excelência, é do meio ambiente — não podem deixar de ser incluídos como pertencentes, *lato sensu*, à categoria do interesse público". Descendo ao interesse coletivo, de abrangência menor, afirma o autor que "o interesse coletivo é aquele que atinge uma categoria determinada ou pelo menos determinável de indivíduos, como a dos associados de uma entidade de classe, a dos consumidores lesados no uso de algum produto".

Ambos — difusos e coletivos — são transindividuais. Os interesses difusos são indeterminados e a sua natureza é indivisível. Permanecem em estado fluido e dispersos pela sociedade como um todo. Já os interesses coletivos são determinados ou pelo menos determináveis e estão interligados por uma relação jurídica de interesse do grupo, mas presente a indivisibilidade. A litigiosidade está presente em ambos.

Em enfrentando o tema, *Fadel* (ob. cit.), diz que são características dos direitos ou interesses difusos: "a) a transindividualidade, vale dizer, a circunstância de ultrapassarem a esfera pessoal do indivíduo pelo fato de não pertencerem exclusivamente a ele, mas eventualmente a todos, podendo ao mesmo tempo, transferir-se de um para outro conforme condições de tempo e lugar; b) a indivisibilidade, ou seja, não podem fragmentar-se, pois interessam a toda a coletividade e não apenas a um ou a alguns de seus membros; c) a indeterminabilidade dos titulares respectivos, na medida em que estes não estão claramente individualizados, do mesmo modo que nenhuma pessoa, isoladamente, pode intitular-se seu sujeito; d) a circunstância de se ligarem seus titulares por um simples fato, e não necessariamente em decorrência de relação jurídica."

Tem-se, pois, que a coletividade que aí se manifesta não é em função de relação jurídica (paralela ou convergente), mas em função de elementos contingenciais que poderão surgir a qualquer momento, *v. g.*, da necessidade de proteção do meio ambiente, da fauna, da flora, de monumentos históricos, da poluição de um rio que abastece determinada cidade etc.

45.5.7. Da fonte primária

A Constituição anterior, embora não expressamente, previa a tutela de diversos direitos sem especificar se se cuidavam de direitos individuais ou transindividuais. Competia à União legislar sobre normas gerais de defesa e proteção da saúde (art. 8º, XVII, letra "c"); sobre consumo (art. 8º, XVII, letra "d"); sobre florestas (art. 8º, XVII, letra "h"); sobre águas (art. 8º, XVII, letra "i"). Induvidosamente, tais matérias poderiam direcionar a litigiosidade difusa ou coletiva. De resto, aquela Carta Política já prestigiava a ação popular (art. 153, n. 31). A nova Constituição, recepcionando integralmente a Lei n. 7.347/1985, dispôs em seu art. 129 que: "São funções institucionais do Ministério Público: (...) III — promover o inquérito civil e a ação civil pública para a proteção do patrimônio público social, do meio ambiente e de outros interesses difusos e coletivos."

45.5.8. Da legislação em vigor

A Carta Política de 1988 deu novo alento à ação civil pública. Antes, cuidava-se timidamente da defesa daqueles direitos que a lei enunciava: meio ambiente, consumidor e patrimônio artístico, estético, histórico, turístico e paisagístico.

Após a nova Constituição, surgiram as seguintes leis: a) Lei n. 7.853/1989 que dispôs sobre apoio às pessoas portadoras de necessidades especiais, sua integração social. Ao mesmo tempo, foi criado a Corde — Coordenadoria Nacional para Integração da Pessoa Portadora de Deficiência. E ao propiciar a tutela jurisdicional de interesses coletivos ou difusos dos portadores de necessidades especiais, a lei instituiu a ação civil pública com essa finalidade, ali também disciplinando a atuação do Ministério Público (arts. 3º, 4º, § 2º, 5º e 6º). Buscou também subsídio na Lei n. 7.347/1985 (art. 7º); b) Lei n. 7.913/1989 que dispôs sobre a ação civil pública de responsabilidade por danos causados aos investidores no mercado de valores mobiliários. Também esta lei buscou alento subsidiário na Lei n. 7.347/1985 (art. 3º); c) Lei n. 8.069/1990 que dispôs sobre o Estatuto da Criança e do Adolescente. Legitimou o Ministério Público (art. 210, I), admitiu o inquérito civil (art. 223) e buscou alento subsidiário na Lei n. 7.347/1985 (art. 224); d) Lei n. 8.078/1990 sobre o Código de Proteção e Defesa do Consumidor, e dispôs no seu art. 81 que "A defesa dos interesses e direitos dos consumidores e das vítimas poderá ser exercido em juízo individualmente, ou a título coletivo". Disciplinou a atuação do Ministério Público (arts. 82, I, e 92) e buscou alento subsidiário na Lei n. 7.347/1985, inclusive quanto ao inquérito civil (art. 90); e) A Lei n. 8.974/1995 foi revogada pela Lei n. 11.105, de 24 de março de 2005 e regulamenta os incs. II, IV e V do § 1º do art. 225 da Constituição Federal, estabelece normas de segurança e mecanismos de fiscalização de atividades que envolvam organismos geneticamente modificados — OGM e seus derivados, cria o Conselho Nacional de Biossegurança — CNBS e reestrutura a Comissão Técnica Nacional de Biossegurança — CTNBio, dispôs sobre a Política Nacional de Biossegurança — PNB, revogada Lei n. 8.974, de 5 de janeiro de 1995, e a Medida Provisória n. 2.191-9, de 23 de agosto de 2002, e os arts. 5º, 6º, 7º, 8º, 9º, 10 e 16 da Lei n. 10.814, de 15 de dezembro de 2003, e dá outras providências. Embora a presente lei não indique o Ministério Público, diferentemente da revogada Lei n. 8.974/1995, art. 13, § 6º, que indicava expressamente legitimava o Ministério Público para propor ação de responsabilidade civil e criminal por danos causados ao homem, aos animais, às plantas e ao meio ambiente, a omissão em nada prejudica, pois essa é a função primordial do Parquet indicada em várias leis, em especial no art. 5º da Lei n. 7.347/854 (ACP).

45.5.9. Da concomitância da ação popular

Dispõe o art. 1º, da Lei n. 7.347/1985 que as ações civis públicas, por danos morais e patrimoniais, poderão ser propostas sem prejuízo da ação popular. A Carta Política de 1967, Emenda n. 1 de 1969, art. 153, inc. 31, previa o ajuizamento de ação popular com o objetivo de anular atos lesivos ao patrimônio de entidades públicas, legitimado "qualquer cidadão". A Constituição de 1988 também legitimou "qualquer cidadão" para propor ação popular que vise anular ato lesivo ao patrimônio público ou de entidade de que o Estado participe, à moralidade administrativa, ao meio ambiente e ao patrimônio histórico e cultural, ficando o autor, salvo comprovada a má-fé, isento de custas judiciais e do ônus da sucumbência (art. 5º, LXXIII). Tem-se, pois, que a ação popular adentrou ao âmbito da Lei n. 7.347/1985 quando o legislador constituinte acrescentou a defesa "ao meio ambiente e ao patrimônio histórico e cultural". Daí a ressalva do art. 1º da Lei n. 7.347/1985. Entretanto, ao assim prever, elegeu a possibilidade de concomitância de ambas as ações. Mas, isso nada influirá, já que a ação popular busca invalidar conduta administrativa que provoque lesão aos bens protegidos, ao passo que na ação civil pública o que se busca é obrigar o sujeito passivo (pessoa privada ou ente público) a fazer ou a deixar de fazer alguma coisa ou a de condená-lo a uma indenização em dinheiro (art. 3º). Porém, de alguma forma, a ação civil pública veio desacoroçoar o ingresso em juízo da ação popular, não só levando em conta a abrangência maior daquela, como a instrumentalidade mais ágil proporcionada pela ação civil pública. E, como vimos antes, somente o *cidadão* estaria legitimado para ajuizar a ação popular. E cidadão é aquela pessoa física que possui título eleitoral. E, sem esse requisito, nas lições de *Hely Lopes Meirelles* ("Mandado de segurança", 13. ed., São Paulo, RT, 1989, p. 90), seria carecedor de ação. Nesse mesmo sentido, *José Cretella Júnior* ("Comentários à Constituição de 1988", Rio de Janeiro, Forense Universitária, v. 2, p. 778): "Tem legitimação ativa para promover a ação popular o cidadão-eleitor, no pleno exercício de seus direitos políticos, prova essa, para a entrada em juízo, que deve ser feita com o título eleitoral, ou com documento hábil que a ele corresponda."

45.5.10. Da indeterminação do sujeito e da relevância social

A noção de interesse sempre foi distinta da de direito, concebendo aquela um sentido mais amplo, o que levou *Carnelutti* ("Sistema de Derecho Procesal Civil", Pádua, Cedam, 1944, p.108) a associar a noção de interesse à necessidade dos indivíduos. Mas, o simples interesse, quando não juridicamente protegido, não é alvo de qualquer proteção por parte do Estado. Por isso, a definição de *Washington de Barros Monteiro* ("Curso de Direito Civil", São Paulo, Saraiva, 1977, v. 1, p. 7) de que o Direito subjetivo é "todo poder da vontade dos particulares, reconhecido ou outorgado pelo ordenamento jurídico". Tem-se, pois, que a proteção do Estado se volta para o interesse juridicamente protegido. O interesse juridicamente protegido se traduz no próprio Direito subjetivo da parte. Daí podemos concluir que da expressão "interesses difusos e coletivos", utilizada pelo legislador constituinte (art. 129, III), pela Lei n. 8.069/1990 (art. 208), Lei n. 8.078/1990 (arts. 81 e 91) e pela doutrina em geral, em verdade encerra a idéia de *interesses juridicamente protegidos* já que merecedor da tutela do Estado. A exemplo da ação popular, o titular da ação civil pública defende interesse jurídico público.

A tradição vigente até há algumas décadas, todavia, era no sentido de interesse jurídico ligado a uma titularidade. Vale dizer, somente aqueles interesses possíveis de determinação subjetiva estariam sob a proteção do Estado, ressalvada a exceção legal prevista na ação popular em que o autor, detentor de interesse jurídico público, defende a coletividade. Temos na doutrina *Moacyr Amaral Santos* ("Primeiras linhas de Direito Processual Civil". 8ª ed., São Paulo, Saraiva, 1985, v. 1, p. 4) que afirma: "O conflito de interesses pressupõe, ao menos, duas pessoas com interesse pelo mesmo bem." Vê-se, desde logo, que a noção de interesse difuso e coletivo contrapõe-se a essa noção tradicional já que busca a proteção de sujeitos indetermináveis ou de difícil determinação. Mas, essa nova concepção não se pode traduzir em óbice à proteção de interesses jurídicos que envolvam coletividade, ainda que não determinável, já que o interesse em discussão poderá ser de tal magnitude, que colocará em risco a sobrevivência de uma região inteira ou ainda colocará em risco a própria humanidade (campo de ozônio). Inarredável, pois, que a concepção de individualidade seja substituída pela de relevância social, já que nesta concepção estarão reunidas todas as titularidades possíveis e imagináveis, embora indetermináveis ou de difícil determinação.

Temos nas lições de *Rodolfo de Camargo Mancuso* (ob. cit., p. 65) que "os interesses juridicamente protegidos, isto é, os direitos subjetivos (*Rudolf von Ihering*), guardam uma relação necessária com a sua titularidade, isto é: somente os interesses relevantes para a ordem jurídica e referíveis a um titular são suscetíveis de tutela estatal (*Barbosa Moreira*), visto que só esses são qualificados por uma sanção para a hipótese de não serem respeitados, o que acrescenta o aspecto coercitivo à sua exigibilidade. Ora, os interesses difusos, por isso que são referíveis a um conjunto indeterminado ou dificilmente determinável de sujeitos, contrapõem-se fundamentalmente a esse esquema tradicional, visto que a tutela não pode mais ter por base a titularidade, mas a relevância em si, do interesse, isto é, o fato de sua relevância social". *Ada Pellegrini Grinover* (Novas tendências de tutela jurisdicional dos interesses difusos, Revista do Curso de Direito da Universidade Federal de Uberlândia, n. 13, 1984 preleciona): "soçobra o conceito clássico de direito subjetivo, centro de todo o sistema clássico burguês, que investia o indivíduo do exercício de direitos subjetivos, titularizados claramente em suas mãos (...)." Prossegue *Mancuso* (ob. cit., p. 65): "Altera-se, assim, fundamentalmente, o esquema tradicional: a relevância jurídica do interesse não mais advém de sua afetação a um titular determinado, mas, ao contrário, do fato de que esse interesse concerne a uma pluralidade de sujeitos. Dir-se-ia que o raciocínio passa a ser o seguinte: se o interesse individualizável pode merecer a atenção do Direito, *a fortiori* deve merecê-la os interesses de muitos, ainda que não identificáveis. Quando os muitos sujeitos estão aglutinados em grupos bem estruturados, definidos, o Direito já se encarregou, em certa medida, de lhes atribuir tutela razoavelmente adequada, como sucede com os Sindicatos enquanto portadores de interesses coletivos. Mas, resta sem solução a situação dos interesses que, por natureza, são difusos, isto é, não comportam aglutinação em grupos sociais definidos *a priori*. Paradoxalmente, como já lembrado, são justamente estes os que mais carecem de tutela, visto que soem emergir das '*classi più deboli, incapaci di darsi una adequata organizzazione ma proprio per questa loro debolezza più bisognevoli di protezione*'. Quer dizer, se o interesse é sempre uma relação entre uma pessoa e um bem *quod inter est*, no caso dos interesses difusos essa relação é super ou metaindividual, isto é, ela se estabelece entre uma certa coletividade, como sujeito, e um dado bem de vida 'difuso', como objeto".

45.5.11. Da diferença entre os interesses difusos e os coletivos

Ambos são transindividuais e de natureza indivisível. E, enquanto nos interesses difusos a titularidade é indeterminada e ligada por circunstância de fato, nos interesses coletivos os titulares são indeterminados, mas determináveis, ligados entre si, ou com a parte contrária, por uma relação jurídica-base. Para *Fadel* (ob. cit., p. 21), "... a principal distinção entre um e outro está na existência de uma relação jurídica-base nos interesses ou direitos coletivos a unir os respectivos titulares, ao passo que o liame quando se cogita dos difusos, é uma mera circunstância factual, estando ausente qualquer relacionamento jurídico". *Nelson Nery Junior* ("CPC comentado", 2ª ed., São Paulo, RT, 1996, p. 1.705) assim caracteriza: "Direitos difusos: são direitos cujos titulares não se podem determinar. A ligação entre os titulares se dá por circunstâncias de fato. O objeto desses direitos é indivisível, não pode ser cindido. É difuso, por exemplo: o direito de respirar ar puro; o direito do consumidor de ser alvo de publicidade não enganosa e não abusiva. Direitos coletivos: aqui os titulares são indeterminados, mas determináveis, ligados entre si, ou com a parte contrária, por relação jurídica-base. Assim como os direitos difusos, o objeto deste direito também é indivisível. É coletivo, por exemplo, o direito dos alunos de determinada escola de ter assegurada a mesma qualidade de ensino em determinado curso.

45.5.12. Da caracterização dos interesses difusos, coletivos e individuais homogêneos

Tem-se que os direitos individuais homogêneos têm identificado o seu titular, bem como divisível o seu objeto. A individualidade homogênea está na sua origem comum.

Para *Nelson Nery Junior* ("CPC ...", 2ª ed., RT, 1996, p. 1.704), "o que qualifica o direito como difuso, coletivo ou individual homogêneo é o conjunto formado pela causa de pedir e pelo pedido deduzido em juízo".

45.5.13. Da indivisibilidade do objeto

Os interesses difusos pertencem a uma coletividade indeterminável e indivisível. Para *Barbosa Moreira* ("A legitimação para a defesa dos interesses difusos no Direito brasileiro", RF 276), cuida-se de "espécie de comunhão, tipificada pelo fato de que a satisfação de um só implica, por força, a satisfação de todos, assim como a lesão de um só constitui, *ipso facto*, lesão da inteira coletividade". Nesse mesmo sentido, *Mancuso* (ob. cit., p. 68), ao afirmar que "sob a ótica objetiva, verifica-se que os interesses difusos são indivisíveis, no sentido de serem insuscetíveis de repartição em quotas atribuíveis a pessoas ou grupos preestabelecidos".

45.5.14. Da área de conflito no interesse difuso e no interesse coletivo

A conflitualidade existente em ambos os interesses se distinguem pela intensidade menor no interesse coletivo e maior no interesse difuso. Para *Mancuso* (ob. cit., p. 73), força é admitir que a intensa conflituosidade é uma característica dos interesses difusos. Cabe remarcar que, se os interesses coletivos também apresentam certa conflituosidade, esta é bem menos intensa e de outra natureza, porque: a) os interesses coletivos são organizados junto a grupos sociais definidos; b) nos interesses coletivos, a representação é de tipo convencional ou institucional, de sorte que a área conflituosa torna-se mais circunscrita: somente um grupo determinado (família, sindicato, comuna) é portador legitimado desses interesses. Ao passo que, nos interesses difusos, a indeterminação dos sujeitos e a mobilidade e fluidez do objeto ampliam ao infinito a área conflituosa aglutinados.

45.5.15. Da necessidade de autorização legal para a legitimação em ação civil pública

Em não se cuidando de interesse jurídico individual em que a regra geral é a representação ordinária e em que o titular é dotado da *legitimatio ad causam* e *ad processum,* só excepcionalmente (art. 6º do CPC) o terceiro será dotado da representação ordinária. Em sede de interesses difusos ou coletivos, a legitimação deverá ser objeto de previsão legal para agir em nome da coletividade difusa. Também neste sentido, o entendimento de *Édis Milaré* ("Ação civil pública", São Paulo, RT, 1995, p. 240): "O direito ao exercício da ação civil pública deve estar expresso em lei. Sim, pois, é da tradição de nosso direito processual que ninguém pode pleitear, em nome próprio, direito alheio, salvo quando autorizado por lei. O direito tradicional restringia, verdadeiramente, o campo de abrangência da ação civil pública, regulando suas hipóteses em *numerus clausus*, a conta-gotas." Reporta-se o autor à pesquisa feita a respeito do tema publicado na Revista do Ministério Público do Rio Grande do Sul, Porto Alegre, 1986. v. 19, p. 270-275, Edição Especial.

45.5.16. Do suporte constitucional em sede de interesses difusos

A Constituição de 1967, com a Emenda de 1969, comandava em seu art. 153, § 4º, que "a lei não poderá excluir da apreciação do Poder Judiciário qualquer lesão de direito individual". Tem-se que a preocupação que, até então, norteava o constituinte era a proteção aos direitos individuais. A coisa pública sempre foi considerada coisa de ninguém. Era como se o indivíduo vivesse num país em que, além dos seus direitos individuais, nenhuma outra ofensa lhe dizia respeito, pensamento minimizado com o advento da ação popular (Lei n. 4.717/1965) que "é um instrumento de defesa dos interesses da coletividade, utilizável por qualquer de seus membros", desde que seja eleitor e comprove essa condição no ato do ajuizamento de ação popular.

Com esse pensamento, os nossos administradores públicos nunca demonstraram sensibilidade, salvo honrosas exceções. Mas, a comunidade internacional começava a sensibilizar-se, quando em junho de 1925 foi assinado em Genebra (Suíça) um protocolo internacional proibindo o uso, na guerra, de gases asfixiantes, tóxicos ou similares, armas químicas e bacteriológicas. Muito embora, em guerras posteriores, houvesse aquele protocolo internacional sido desrespeitado, já era um começo.

No Brasil (ver Prefácio, *José Sarney*, "Ação civil pública", coordenação por Édis Milaré), "em matéria ambiental, houve a criação legislativa, que se pode considerar de vanguarda em termos internacionais, com pequenas exceções de esparsa normatividade européia sobre a caça, voltada mais para a defesa da reprodução das espécies de animais caçados. A legislação brasileira avançou, inicialmente, por setores, instituindo proteção às águas, aos bens subterrâneos, energia, fauna, flora, florestas, garimpo, pesticidas, solo urbano, até a criação do sistema nacional de meio ambiente. Interessa-nos, em face do direito de outros povos, o pioneirismo de nosso país. Em janeiro de 1934, Getúlio Vargas baixou o Decreto n. 23.777, disciplinando o lançamento de resíduos das usinas açucareiras nos rios, obrigando que fosse feito *longe das margens, em lugar fundo e correntoso*. Obrigou, igualmente, a adoção de tanques de depuração, permitindo o lançamento em cursos de água, lagoas, em lugar fundo e correntoso.

É bem de ver que o texto constitucional (1969) traduzia-se em óbice à defesa daqueles direitos situados em plano transindividual. Mas, a ousadia do legislador foi maior do que o óbice meramente teórico e desse arrojo surgiu a Lei n. 7.347/1985 e com ela a proteção ao meio ambiente, ao consumidor e a todo patrimônio cultural, aí incluído os bens e direitos de valor artístico, estético, histórico, turístico e paisagístico. E com o advento da nova Carta Política (art. 129, III) o acréscimo de *outros interesses difusos e coletivos*, neutralizando o veto presidencial por ocasião da sanção da lei. Posteriormente, a Lei n. 8.078/1990, art. 110, acrescentou o inc. VI ao art. 1º da Lei n. 7.347/1985 e o art. 111 complementou o inc. II do art. 5º da Lei, com a expressão: "ou qualquer outro interesse difuso ou coletivo".

Com o advento da nova Carta Política, o tema — interesses difusos e coletivos e direitos individuais homogêneos — ganhou excepcional alento e outras leis surgiram: Lei n. 7.853/1989 que dispõe de proteção às pessoas portadoras de necessidades especiais; Lei n. 7.913/1989 que cuida de responsabilizar investidores no mercado de valores mobiliários, por danos causados; Lei n. 8.069/1990 que dispõe o Estatuto da Criança e do Adolescente; Lei n. 8.078/1990 que institui o Código de Proteção e Defesa do Consumidor; Lei n. 8.437/1992 que dispõe sobre a concessão de medidas cautelares contra atos do Poder Público.

45.5.17. Da natureza jurídica da ação civil pública

Pela estrutura tradicional do processo, ação traduz-se na tutela garantida pelo Estado para a proteção de direitos individuais. Vale dizer que, regra geral, excepcionada a hipótese do art. 6º, do CPC, é por meio da ação que o titular de um direito persegue-o em juízo.

Em termos de ação civil pública, tal não acontece. Como não é possível individualizar o titular dos interesses difusos e coletivos, já que os titulares se diluem de forma fluida na coletividade, sem a possibilidade de dividir-se o objeto pleiteado em cotas partes, tudo isso faz da ação civil pública um instrumento processual excepcional e de natureza excepecialíssima, para a qual a Lei (Lei n. 7.347/1985, art. 5º), legitima pessoas para a defesa dos interesses difusos e coletivos, sem qualquer ligação individual com o direito buscado, senão apenas partícipes da coletividade difusa.

45.5.18. Da legitimação ativa

A legitimação ativa no processo tradicional, excepcionada a hipótese prevista no art. 6º do CPC, está diretamente ligada à legitimação *ad causam* ativa e passiva.

A dificuldade surgida em sede de interesses difusos, em que não se pode determinar de per si uma titularidade, fez com que se rompessem certos conceitos que obstariam a atividade protetora da ação civil pública. Os bens difusos, que não pertencem a ninguém, mas que pertencem a todos, não poderiam ficar à mercê de conceitos tradicionais, com estruturas estreitas e egoístas uma vez que buscam apenas a proteção do indivíduo.

Lembra, sobre o tema em foco, *Édis Milaré* (ob. cit., p. 244) que "... a liberalização dos mecanismos de legitimação *ad causam* foi uma das grandes inovações introduzidas pela Lei n. 7.347/85, na medida em que, além do Ministério Público (que já a tinha desde a Lei n. 6.938/81), estendeu-se a titularidade ativa dos interesses ambientais (mas não só deles), com a conseqüência de poder provocar a atividade jurisdicional, também a outras entidades públicas privadas, entre as quais merece relevo lembrar as associações que tenham um mínimo de representatividade. Com isso, rompeu-se o princípio tradicional da obrigatória coincidência entre os sujeitos da relação jurídico-material controvertida e os sujeitos do processo. Essa legitimação é concorrente e disjuntiva, já que cada um dos co-legitimados pode, sozinho, promover a ação coletiva, sem que seja necessária a anuência ou autorização dos demais" (cf. *Nelson Nery Junior*, Responsabilidade civil por dano ecológico e ação civil pública, Justiça, São Paulo, 1984, p. 296).

45.5.19. Da legitimação passiva

Diferente da coletividade que preside a titularização dos interesses difusos coletivos, o causador do dano é sempre pessoa determinada, pessoa física, pessoa jurídica (pública ou privada). Tanto o particular como a administração pública pode malferir normas de proteção ao meio ambiente. Muitas vezes, o Poder Público poderá não ter participação direta, mas indireta por intermédio de agentes seus, o que não afastará a solidariedade da União, Estados, Municípios, Distrito Federal.

45.5.20. Do rito processual

A lei não traçou rito próprio para a ação civil pública, mas nada impede, sendo até aconselhável que se legisle sobre o assunto, levando-se em conta a singularidade que envolve esse remédio processual. Enquanto isso não acontece, o Código de Processo Civil insinuar-se-á em sede de subsídio nos termos do art. 19 da Lei n. 7.347/1985, quer em se tratando de cognição, execução ou ação cautelar.

45.5.21. Da prescrição e da decadência

O titular de um direito tem a faculdade de implementá-lo (*facultas agendi*). Todavia, se alguém se opõe a esse direito, procurando impedir ou embaraçar o seu gozo, nasce (*actio nata*) para o titular o direito de ação. Em se apresentando a hipótese, surge também um interesse maior que é o social a exigir que o titular do direito use da custódia tutelar que o Estado lhe coloca à disposição. Daí a lição de *Câmara Leal* ("Da prescrição e da decadência", 4ª ed., Rio de Janeiro, Forense, 1982, p. 10): "É contra a inércia do titular, diante da perturbação sofrida pelo seu direito, deixando de protegê-lo, ante a ameaça ou violação, por meio da ação, que a prescrição se dirige, porque há um interesse social de ordem pública em que essa situação de incerteza e instabilidade não se prolongue indefinidamente." Tem-se, pois, que a prescrição se volta contra a inércia do titular em mover a ação, não contra o direito em si, buscando a proteção de um bem maior que é o interesse público e social. Dentro da concepção individualista do processo, a prescrição se volta contra o indivíduo ou grupo de indivíduos determinados. Todavia, o que dizer quando se busca a proteção de interesses que pertencem a uma coletividade difusa, transindividuais, com titulares indeterminados e cujo objeto seja indivisível?

Sabe-se que os interesses difusos e coletivos estão diretamente ligados ao meio ambiente, ao consumidor, aos bens e direitos de valor artístico, estético, histórico, turístico e paisagístico (art. 1º, Lei n. 7.347/1985) e outros interesses *difusos e coletivos* (art. 129, III, da CF/1988), com larga abrangência por todos os seguimentos; que a defesa de tais interesses é impostergável levando-se em conta o seu valor que vai muito além do simples interesse do indivíduo, podendo o ato de autoridade ou de particular colocar em risco objeto de inestimável valor artístico, histórico, estético ou, até mesmo, provocar a destruição desenfreada, pela poluição, pela devastação de florestas, pela pesca e pela caça predatória, colocando em risco a própria sobrevivência do ser humano.

Será razoável que tais interesses que pertencem a grupos, a nações e, às vezes, à própria humanidade como um todo, possa ser objeto da prescrição ou da decadência em face da inércia daquele que estaria legitimado para defendê-los?

Não obstante, a Lei n. 7.347/1985 (art. 5º) dê legitimação ao Ministério Público, à União, aos Estados e aos Municípios (inclua-se o Distrito Federal, Lei n. 8.078/1990, art. 82), às autarquias, às empresas públicas, à fundação, à sociedade de economia mista ou à associação, a prática comprova que o ente público, na sua grande maioria, não terá interesse em ajuizar ação civil pública para a defesa de tais interesses, num país em que a *res publicae* sempre foi coisa de ninguém.

A União, os Estados, os Municípios e os demais entes públicos pouco ou nada servem à causa dos interesses difusos e coletivos metaindividuais. E a prática bem demonstra esta afirmação. Num levantamento que fizemos em 100 (cem) ações civis públicas, duas foram ajuizadas pelo Distrito Federal, uma por associação e 97 (noventa e sete) pelo Ministério Público. O Poder Público, na verdade, está mais preocupado com a cobrança de impostos e menos com a poluição dos rios, devastação das florestas, depredação da caça e da pesca, fauna e flora. O pagamento de impostos pelas grandes empresas funciona ainda como espécie de salvo-conduto. E tanto isso é verdade que chegamos ao cúmulo de ter uma cidade onde crianças chegam a nascer sem cérebro mercê da intensidade em que se permitiu a poluição do ar. Exemplo disso, foi a cidade de Cubatão, da baixada santista, próxima de São Paulo.

Ora, se os interesses difusos e coletivos não têm titulação definida, mas pertencem a todos, dúvida não existe de que estamos frente a um direito de interesse social e que diz respeito ao povo e ao público em geral. E, se assim é, premiar o instituto da prescrição ou da decadência seria o mesmo que inverter a ordem dos valores, ou seja, premiar o interesse particular em detrimento do interesse público. Chegar-se-ia ao absurdo de deixar que uma região toda fosse destruída, por exemplo, sem a possibilidade de cobrar a indenização, já que o ato letal e nocivo não poderia ser desconstituído. E mais: em não havendo interesse do poder público, como já vimos, o Ministério Público estará sempre muito assoberbado de trabalho e as prescrições ocorrerão sem que ninguém possa fazer nada.

A exemplo do que acontece com a coisa julgada, os interesses metaindividuais devem ter tratamento processual especial, não correndo contra tais direitos, a prescrição da ação ou a decadência do direito. Pensamento contrário será o mesmo que permitir que o escorpião pique a si mesmo com veneno letal.

A verdade é que o bem, objeto de proteção da ação civil pública, não tem parâmetro indenizatório em termos de patrimônio, já que não se individualiza a titularidade. Mas, isso não impede que, na hipótese de destruição, *v. g.*, poluição do ar, dos rios, devastação de florestas, flora e fauna, se busque a indenização em valor necessário à recuperação. A proteção preventiva deve ser a preocupação maior. No entanto, a indenização é inarredável em caso de destruição, como fator didático e repressivo. E, se assim é, não haverá como aplicar preceitos civis de proteção ao patrimônio individual, sob pena de neutralizar-se o próprio objetivo da lei, que é a proteção (preventiva e/ou repressiva). Preventiva em termos de não deixar que aconteça o dano, e repressiva quando, causado o dano, impõe à parte o ônus do restabelecimento ao *status quo* ou a indenização correspondente.

Sobre a prescrição, ver a modificação trazida pela Lei n. 11.280/2006 com a nova redação do § 5º, do art. 219, CPC.

45.5.22. Da petição inicial

A função jurisdicional não é exercitável *ex officio*. O processo origina-se por iniciativa da parte (princípio dispositivo), daí as regras *nemo judex sine actore* e *ne procedat judex ex officio*. Desencadeada a função jurisdicional, esta poderá desenvolver-se por impulso oficial.

A petição inicial se traduz em instrumento hábil a deflagrar a jurisdição e o processo. E é por meio dela que o autor se dirige ao juiz, identifica as partes em litígio, expõe as razões pelas quais movimenta a máquina do Estado e demonstra o legítimo interesse de formular o pedido. É a peça *mater* do processo, que juntamente com a resposta (contestação, exceção e reconvenção) firmará a *litiscontestatio*.

Pelo princípio de inércia, "nenhum juiz prestará a tutela jurisdicional senão quando a parte ou o interessado a requerer, nos casos e formas legais" (art. 2º do CPC), "mas se desenvolve por impulso oficial" (art. 262 do CPC).

45.5.22.1. Dos requisitos da petição inicial

Pela importância da petição inicial, como peça desencadeadora da jurisdição (*jurisdictio*) e do processo, mister também que atenda a certos requisitos formais sem os quais a peça restaria desprestigiada e sem a possibilidade de cumprir a sua finalidade. A petição inicial deverá retratar de forma clara e objetiva o que se discute, contra quem se discute e o que se pretende. Por isso, exige o art. 282 do CPC que a petição inicial indique: "I — o juiz ou tribunal, a que é dirigida; II — os nomes, prenomes, estado civil, profissão, domicílio e residência do autor e do réu; III — o fato e os fundamentos do pedido; IV — o pedido, com suas especificações; V — o valor da causa; VI — as provas com que o autor pretende demonstrar a verdade dos fatos alegados; VII — o requerimento para a citação do réu."

45.5.22.2. Do saneamento da petição inicial

Pelo princípio de celeridade, busca o julgador eliminar entraves que possam dificultar o andamento do processo ou mesmo condená-lo à inutilidade. E pelo princípio da economia processual, busca o julgador sanar as falhas que se apresentam em sede de petição inicial. Assim, verificando o juiz que a petição inicial não preenche os requisitos exigidos nos arts. 282 e 283, ou que apresenta defeitos e irregularidades capazes de dificultar o julgamento de mérito, determinará que o autor a emende, ou a complete, no prazo de 10 (dez) dias (art. 284 do CPC). Todavia, dada a oportunidade, se o autor não cumprir a determinação, não haverá outra alternativa ao julgador senão a de indeferir a petição inicial (parágrafo único).

É bem de ver que, em sendo possível, deverá o juiz, em homenagem ao princípio da celeridade e da economia processual, propiciar a emenda da inicial, sendo mesmo vedado o indeferimento, desde logo. O indeferimento imediato somente terá lugar, quando impossível a emenda por algum motivo. Entretanto, o art. 295 do CPC indica as hipóteses em que a petição inicial será indeferida.

É bem de ver que, em sendo possível, deverá o juiz, em homenagem ao princípio da celeridade e da economia processual, propiciar a emenda da inicial, sendo mesmo vedado o indeferimento, desde logo. O indeferimento imediato somente terá lugar quando impossível a emenda por algum motivo. Porém, o art. 295 do CPC indica as hipóteses em que a petição inicial será indeferida.

Presentes todos os requisitos estabelecidos na lei, o juiz despachará determinando a citação do réu (art. 285 do CPC), ocasião em que deverá constar do mandado o prazo de defesa (art. 225, VI), sob pena de nulidade da citação.

45.5.22.3. Das provas que instruem a petição inicial

Comanda o art. 283 do CPC que "a petição inicial será instruída com os documentos indispensáveis à propositura da ação". É bem de ver que não só os documentos indispensáveis deverão ser carreados aos autos com a inicial, mas também aqueles documentos que se traduzam em fonte de prova para o autor. As conseqüências também são diversas: enquanto o documento essencial não juntado determinará o indeferimento da petição inicial, o documento não essencial que não vier a ser juntado com a petição inicial desaguará na perda da oportunidade em face da preclusão.

Também nesse sentido, o entendimento de *Calmon Passos* ("Comentários ao Código Processo Civil", Rio de Janeiro, Forense, sem data, v. 3, p. 150), ao prelecionar que "a juntada do documento indispensável é um dever processual do autor. Se desatinado, indefere-se a inicial". Enquanto que "a juntada de documento não indispensável é um ônus para o autor. Sua ausência nos autos poderá determinar um prejuízo para o direito do autor, mas dela não decorrerá, necessariamente, a impossibilidade jurídica do pedido nem sua improcedência *prima facie*".

A mesma exigência legal é dirigida ao réu, por ocasião da defesa (art. 396 do CPC). E, em sendo prova documental, preexistente à inicial e à contestação, motivo não existe para que não seja, desde logo, trazida aos autos. A exceção que se abre diz respeito apenas aos documentos novos, "quando destinados a fazer prova de fatos ocorridos depois dos articulados, ou para contrapô-los aos que foram produzidos nos autos" (art. 397 do CPC). Em se cuidando de documento público, demonstrando a parte a impossibilidade de obtê-lo, poderá requerê-lo ao juízo da causa (art. 5º, XXXIII, CF/1988). E se a requisição do documento decorrer do poder geral de cautela do juiz (art. 130 do CPC), em nada obstará o fato de que o documento requisitado venha a produzir prova à parte. Mesmo porque a parte poderia obter o documento ou, em caso de dificuldade, requerer ao juízo.

45.5.23. Do foro da ação

Comanda o art. 2º da Lei n. 7.347/1985 que "As ações previstas nesta Lei serão propostas no foro do local onde ocorrer o dano, cujo juízo terá competência funcional para processar e julgar a causa".

Foro traduz-se na circunscrição judiciária onde a causa proposta é processada, julgada e executada.

Tem-se, pois, que o legislador elegeu a base territorial onde ocorreu o dano para ali dar a competência funcional ao juízo. "Foro é a circunstância judiciária em que deve processar-se determinada causa, pelo que a competência de foro é a competência territorial fixada numa circunscrição tendo em vista a lide a ser solucionada" (*José Frederico Marques*, "Manual de Direito Processual Civil", São Paulo, Saraiva, 1974, v. 1, p. 194).

45.5.24. Da escolha de foro na base territorial onde ocorreu o dano

O legislador prestigiou o local do dano como indicador da competência funcional. E assim procedendo, agiu com proficiência, uma vez que é no local do dano que será feita a investigação do ato praticado, das suas conseqüências e responsabilidade. Assim, direcionando a competência, o legislador facilitou a colheita de provas e agilizou o procedimento, evitando-se a burocratização judiciária com o envio de precatórias etc. Regra também aplicável às ações cautelares. A Lei n. 9.494/1997 fixou a coisa julgada *erga omnes* nos limites da base territorial do juiz prolator, dando aos direitos difusos o mesmo tratamento dos direitos individuais. É o legislativo legislando em causa própria, o deputado de hoje será o prefeito de amanhã, e o senador de hoje será o governador. A modificação, todavia, foi inócua, em face das regras de defesa do consumidor (arts. 95 e 103 do CDC).

45.5.25. Da competência funcional

Juízo competente é aquele em que a lide deve ser proposta e solucionada (*Frederico Marques*, ob. cit., p. 206).

A competência funcional é absoluta e improrrogável por vontade das partes (*Rodolfo de Camargo Mancuso*, "Ação civil pública", 4ª ed., São Paulo, RT, 1996, p. 49).

A competência funcional, em se tratando de ação civil pública, é imposta àquele juiz que tem competência jurisdicional no local onde ocorreu o dano. Se houver mais de um juiz, a competência dar-se-á pela distribuição. A petição despachada (juiz único) ou distribuída, onde houver mais de uma Vara (art. 263, CPC), firma a presença do juiz natural (princípio do juiz natural) que traduz garantia de que o processo será julgado por juiz competente e imparcial. O art. 87, CPC registra exceção ao princípio da *perpetuatio jurisdictionis*.

45.5.26. Da competência funcional quando o dano ocorreu em mais de uma comarca

Em surgindo a hipótese, competente será qualquer das comarcas, resolvendo-se a questão, em sendo o caso, pela prevenção (arts. 106 e 107 do CPC); e se na comarca conviverem outras varas, a competência também será resolvida pela prevenção em havendo mais de uma ação proposta (arts. 263 e 219 do CPC).

45.5.27. Do foro privilegiado

A Constituição de 1988 (art. 109, I) comanda que a Justiça Federal será a competente para processar e julgar as causas em que a União, entidade autárquica ou empresa pública federal sejam interessadas na condição de autoras, rés, assistentes ou oponentes. Ressalva às hipóteses em que as causas sejam sobre falência, acidentes de trabalho e aquelas sujeitas à Justiça Eleitoral e do Trabalho. Excepcionou a *Lex Major* (§ 3º do art. 109), transferindo a competência para a Justiça Estadual no foro do domicílio dos segurados ou beneficiários, naquelas causas em que forem parte instituição de previdência social e segurado, sempre que a comarca não seja de vara do juízo federal, e, se verificada essa condição, a lei poderá permitir que outras causas sejam também processadas e julgadas pela Justiça Estadual.

E, em tendo a Lei n. 7.347/1985 excepcionado no caso da ação civil pública, deslocando a competência funcional para o local do dano, não há falar em foro privilegiado, ainda que a ação seja movida contra a União ou dela participe na qualidade de ré, assistente ou oponente. Neste sentido, decidiu o Tribunal Regional Federal da 4ª Região (Agr. Insti. 89.04.15.098-1/SC, ac. 1ª Turma, Relator Juiz Cal Garcia, DJU 29.08.1989. O art. 2º da Lei n. 7.347/85 recepcionado pelo § 3º do art. 109 da Constituição Federal, em ordem a justificar a competência do juízo local mesmo se a ação civil pública for proposta pela União Federal".

É, todavia, de bom alvitre alertar que, em tais casos, o juízo estadual, por questão mesmo de política judiciária, estará funcionando por uma espécie de delegação legal. Do que resulta que do julgamento da ação caberá recurso para o Tribunal Regional Federal que jurisdicione a comarca onde se perpetrou o dano. Neste sentido, é o comando emergente do § 4º do art. 109 da CF/1988.

45.5.28. Da coincidência de Vara Federal e Estadual na comarca onde se perpetrou o dano

Não haverá maiores complicações. Se o ente público que figurar na ação civil pública, pólo ativo ou passivo, tiver foro privilegiado para as ações comuns, a competência continuará sendo da Vara Federal, nos exatos termos do art. 109, I, da Constituição. Isso porque para nas ações civis públicas a competência funcional se dá em razão do local da ocorrência do dano (art. 2º, da Lei n. 7.347/1985), não em razão da pessoa, a exemplo do que sucede com o *mandamus*.

As sociedades de economia mista e as fundações públicas que não tenham natureza autárquica, quaisquer que sejam os pólos passivo ou ativo, terão suas ações julgadas pela Vara Estadual.

Havia o Superior Tribunal de Justiça editado a Súmula n. 183: "Compete ao Juiz estadual, nas comarcas que não sejam sede de Vara da Justiça Federal, processar e julgar ação civil pública, ainda que a União figure no processo." Referida súmula foi cancelada conforme publicado no Diário da Justiça de 24.11.2000, a evidenciar que a matéria competencial, em se cuidando da União ainda não conseguiu consenso.

45.5.29. Da conexão e da continência

Poderá acontecer de o dano haver atingido mais de uma comarca. E, nesse caso, quaisquer das comarcas atingidas terão competência para a ação. É preventa (arts. 106 e 107 do CPC) aquela Vara da comarca ou a Vara do Trabalho da base territorial que primeiro tomou conhecimento da lide.

Poderá acontecer, no entanto, a propositura de duas ações civis públicas com matérias conexas (ou mesmo continentes). Neste caso, o processo que por último foi distribuído deverá ser remetido ao juízo prevento para ambas as ações. O autor de ação remetida poderá permanecer no pólo ativo na qualidade de litisconsórcio facultativo.

45.5.30. Da litispendência

Muito embora o autor na ação civil pública seja uma daquelas pessoas eleitas pela Lei (art. 5º, Lei n. 7.347/1985), sendo certo que a Lei n. 8.069/1990 (art. 210, II) incluiu o Distrito Federal e os Territórios, a verdade é que essas pessoas legitimadas legalmente não defendem interesse próprio (ainda que se possa dizê-los componentes da coletividade difusa) em juízo. Defendem, sim, os interesses juridicamente protegidos (direito) de uma coletividade difusa, que embora transindividual é, essa coletividade, a titular dos direitos. Disso resulta que, da propositura de duas ações com pedidos idênticos, com idênticas causas de pedir, sendo ambas titularizadas pela coletividade difusa, estar-se-á, inexoravelmente, diante da litispendência (art. 301, § 3º, do CPC).

Entendimento diverso levaria ao inusitado de permitir-se, por exemplo, que ambas as ações fossem processadas e julgadas, dando-se azo à duplicidade da *res judicata*, com possibilidade de dúplice execução sobre o mesmo dano. E não se diga que estar-se-ia frente à conexão (objeto e causa de pedir idênticos) e que a segunda ação deveria ser enviada ao juízo que conheceu da primeira ação em virtude da prevenção. Isso não evitaria a duplicidade de coisa julgada em favor da coletividade difusa.

O impasse que poderá advir em tais casos está a demonstrar que aquelas pessoas legitimadas pela Lei (Leis ns. 7.437/1985 e 8.069/1990) defendem em juízo, em nome próprio, direitos de terceiros (art. 6º do CPC). E isso explica a presença da litispendência quando mais de um legitimado propuser a mesma ação ou quando o mesmo legitimado propuser mais de uma ação idêntica.

Em sendo proposta mais de uma ação idêntica, pelo mesmo legitimado ou por legitimados distintos, a conseqüência será a extinção da segunda ação, sem o julgamento do mérito (art. 267, V, do CPC). Mas, nada impedirá que o legitimado ativo da ação extinta passe a figurar na primeira ação na qualidade de litisconsorte facultativo.

45.5.31. Do conflito de competência

A jurisdição é pressuposto da competência. Perdida a jurisdição não existirá competência.

A competência de um órgão para determinada causa exclui a competência de outro (*Odilon de Andrade*, "Comentários ao Código de Processo Civil", Rio de Janeiro, 1976, v. 9, p. 100). Quando diversos juízes se consideram competentes para a mesma causa, o conflito que daí advém é positivo; quando se declaram incompetentes, o conflito será negativo. O conflito positivo se configura pelo simples fato de ambos os juízes praticarem atos como se competentes fossem. Diferentemente, no conflito negativo, um dos juízes remete os autos a outro juízo, declinando da sua competência. Se o juiz a quem foram os autos remetidos também se der por incompetente, considerando competente o juízo de origem, estará instaurado o conflito. O conflito também existirá "quando entre dois ou mais juízes surge controvérsia acerca da reunião ou separação de processos" (art. 115, III, do CPC). "Compete ao STJ julgar conflito de competência, em ação civil pública, envolvendo juiz federal, juiz de direito, TRF e TJ estadual (CF, 105, I, *d*)" (STJ, 1ª Seç., EDcl-CComp n. 2230-RO, rel. Min. Antonio de Pádua Ribeiro, v. u., DJU de 01.03.1993, p. 2.478). No mesmo sentido, JSTJ 46/19, *apud Nelson Nery Junior*, "CPC ...", p. 1.411).

Suponha-se, em sede de ação civil pública, que o dano tenha ocorrido em várias comarcas e que o juiz de uma delas não aceite a sua competência sob o argumento de que dano maior foi na comarca *X* ou que a comarca *Y* é maior em base territorial e em população. Pouco importa a base territorial da comarca ou a sua população, quando o dano se insinuou em várias comarcas, competente será aquele que primeiro conheceu da lide com citação válida (art. 219 do CPC).

Orientações Jurisprudenciais SDI-2

58 — Mandado de segurança para cassar liminar concedida em ação civil pública. Cabível. É cabível o mandado de segurança visando a cassar liminar concedida em ação civil pública.

130 — Ação civil pública. Competência territorial. Extensão do dano causado ou a ser reparado. Aplicação analógica do art. 93 do Código de Defesa do Consumidor. Para a fixação da competência territorial em sede de ação civil pública, cumpre tomar em conta a extensão do dano causado ou a ser reparado, pautando-se pela incidência analógica do art. 93 do Código de Defesa do Consumidor. Assim, se a extensão do dano a ser reparado limitar-se ao âmbito regional, a competência é de uma das Varas do Trabalho da Capital do Estado; se for de âmbito supra-regional ou nacional, o foro é o do Distrito Federal.

139 — Mandado de segurança. Liminar em ação civil pública. Sentença de mérito superveniente. Perda de objeto. Perde objeto o mandado de segurança que impugna liminar em ação civil pública substituída por sentença de mérito superveniente (28.5.2004).

COMPETÊNCIA DA JUSTIÇA DO TRABALHO — EXECUÇÃO — TÍTULO EXECUTIVO EXTRAJUDICIAL — TERMO DE AJUSTE DE CONDUTA — MINISTÉRIO PÚBLICO DO TRABALHO. Tendo em vista a alteração do art. 876 da CLT, promovida pela Lei n. 9.958/2000, compete à Justiça do Trabalho executar os termos de ajuste de conduta firmados pelo empregador perante o Ministério Público do Trabalho (art. 114 da CF). Trata-se de título executivo extrajudicial, firmado nos autos de inquérito civil público, no qual o empregador se compromete a adequar o seu comportamento à legislação trabalhista, a fim de evitar o ajuizamento da ação civil pública (art. 5º, § 6º, da Lei n. 7.347/85), sob pena do pagamento de multa pecuniária (*astreintes*). Recurso de revista provido. (TST-RR-753.647/01.2 — 4ª T. — j. 28.4.2004 — rel. Min. Milton de Moura França — DJU 28.5.2004).

MINISTÉRIO PÚBLICO DO TRABALHO — AÇÃO CIVIL PÚBLICA — LEGITIMIDADE PARA TUTELAR DIREITOS INDIVIDUAIS HOMOGÊNEOS. O Ministério Público do Trabalho tem legitimidade para propor ação civil pública visando tutelar direitos individuais homogêneos. Direitos individuais homogêneos são todos aqueles que estão íntima e diretamente vinculados à esfera jurídica de pessoas facilmente identificáveis, de natureza divisível e decorrentes de uma realidade fática comum. São seus titulares ou destinatários pessoas que estão vinculadas por laços comuns com o agente causador da sua ameaça ou lesão e que, por isso mesmo, atingidos em sua esfera jurídica patrimonial e/ou moral, podem, individual ou coletivamente, postular sua reparação em juízo. Regra geral, sua defesa em juízo deve ser feita através da ação civil pública, nos termos do que dispõe o art. 81, III, da Lei n. 8.078, de 11.09.1990 (Código de Proteção e Defesa do Consumidor). O Supremo Tribunal Federal, em acórdão da lavra do Min. Maurício Corrêa, expressamente reconhece que os direitos individuais homogêneos constituem uma subespécie de interesses coletivos (STF — 2ª T., RE 163231-3/SP — j. 1º.9.1996). Esta Corte, em sua composição plena, cancelou o Enunciado 310, tendo adotado o entendimento de que a substituição processual prevista no art. 8º, III, CF não é ampla, mas abrange os direitos ou interesses individuais homogêneos (ERR 175.894/95 — rel. Min. Ronaldo Lopes Leal — j. 17.11.2003). Por conseguinte, está o embargante legitimado para, em Juízo, postular, na condição de substituto processual, em nome dos substituídos, nos termos do que dispõe o art. 8º, III, da CF, direitos individuais homogêneos, subespécie de direitos coletivos. Inteligência que se extrai dos arts. 129, III, da CF, 83, III, da LC 75/93 e 81 e 82 da Lei n. 8.078, de 11.09.1990. Recurso de revista conhecido e provido. (TST-RR-689.716/00.5 — 4ª T. — j. 18.2.2004 — rel. Min. Milton de Moura França — DJU 16.4.2004)

DIREITOS INDIVIDUAIS HOMOGÊNEOS — SUBESPÉCIE DE DIREITOS COLETIVOS — SINDICATO — SUBSTITUIÇÃO PROCESSUAL — LEGITIMIDADE — ART. 8º, III, DA CF. Direitos individuais homogêneos são todos aqueles que estão íntima e diretamente vinculados à esfera jurídica de pessoas facilmente identificáveis, de natureza divisível e decorrentes de uma realidade fática comum. São seus titulares ou destinatários pessoas que estão vinculadas por laços comuns com o agente causador da sua ameaça ou lesão, e que, por isso mesmo, atingidos em sua esfera jurídica patrimonial e/ou moral, podem, individual ou coletivamente, postular sua reparação em Juízo. Como regra geral, sua defesa em Juízo deve ser feita por ação civil pública, nos termos do que dispõe o art. 81, III, da Lei n. 8.078, de 11.09.1990 (Código de Proteção e Defesa do Consumidor). O Supremo Tribunal Federal, em acórdão da lavra do Min. Maurício Corrêa, expressamente reconhece que os direitos individuais homogêneos constituem uma subespécie de interesses coletivos (STF — 2ª T. — RE-163231-3/SP — j. 1º.09.1996). Esta Corte, em sua composição plena, cancelou o Enunciado 310, tendo adotado o entendimento de que a substituição processual prevista no art. 8º, III, CF não é ampla, mas abrange os direitos ou interesses individuais homogêneos (ERR 175.894/95 — rel. Min. Ronaldo Lopes Leal — j. 17.11.2003). Por conseguinte, está o recorrente legitimado para, em Juízo, postular, na condição de substituto processual, em nome dos substituídos, nos termos em que dispõe o art. 8º, III, da CF, direitos individuais homogêneos, subespécie de direitos coletivos. Agravo de instrumento e recurso de revista providos. (TST-RR-767.471/01.6 — 4ª T. — j. 23.6.2004 — rel. Min. Milton de Moura França — DJU 06.8.2004)

TUTELA LIMINAR VOLTADA À PROTEÇÃO DOS DIREITOS TRANSINDIVIDUAIS — NATUREZA JURÍDICA. A medida liminar de que cogitam os arts. 4º e 12 da Lei n. 7.347/85 (lei da ação civil pública) constitui-se em providência de natureza jurídica cautelar, posto que revestida de escopo coativo, provisório e instrumental, visando assim a garantia da tutela a ser alcançada quando da prolação da decisão que irá dirimir a relação de direito material controvertida. Assim sendo, muito embora admissível transplantar-se para a ação civil pública a postulação da concessão da antecipação da tutela jurisdicional (CPC, arts. 273 e 461), na medida em que se revela como valioso instrumento para a efetividade da jurisdição, viola o juiz a garantia constitucional do devido processo legal do impetrante (art. 5º, LIV) quando vem a concedê-la sem que tenha havido requerimento por parte do ente legitimado para a propositura da ação civil pública (CPC, art.128). (MS 00329/1999 — SEDI — Dissídios Individuais — TRT-1ª Reg. — j. 16.3.2000 — rel. Juiz José da Fonseca Martins Junior — DORJ 10.4.2001)

CONTRIBUIÇÃO ASSISTENCIAL — DIREITO DE OPOSIÇÃO. A jurisprudência do excelso STF, porque guardião e intérprete final das normas constitucionais, sobrepõe-se a precedentes normativos ou jurisprudenciais do colendo TST. Assim sendo, consolidando a suprema corte constitucional seu entendimento de que a instituição de contribuição assistencial, uma vez assegurado o direito de oposição, não ofende as garantias constitucionais da livre associação e sindicalização (arts. 5º, XX, e 8º, V), tem-se que violador ao direito líquido e certo da parte impetrante o deferimento de tutela liminar em ação civil pública, ajuizada no propósito de obstar a inserção de cláusula obrigacional nos estritos limites da aludida jurisprudência consolidada. (MS 00329/1999 — SEDI — Dissídios Individuais — TRT-1ª Reg. — j. 16.3.2000 — rel. Juiz José da Fonseca Martins)

45.6. *Do* habeas corpus

45.6.1. Do *habeas corpus*: breve enfoque

É meio extraordinário de garantir e proteger com presteza todo aquele que sofre violência, ou ameaça na sua liberdade de locomoção, por parte de qualquer autoridade legítima (*Pedro Nunes*, "Dicionário de Tecnologia Jurídica", 6ª ed., Livraria Freitas Bastos, Rio, 1965, v. II, p. 165).

A coação há de ser ilegal e não injusta. O *habeas corpus* pode ser preventivo, quando visa a impedir a consumação da violência já que se reputa próxima; remediativo, se faz cessar o constrangimento ilegal; ou abusivo, de que alguém é paciente.

É cabível em sede trabalhista, com competência originária do TRT e recurso. O exemplo mais comum em sede trabalhista que poderá desafiar *habeas corpus* é a prisão de depositário infiel.

45.6.2. Da violência cometida contra terceiro

Na violência ou coação cometida por juiz do trabalho contra partes ou testemunhas, a competência para a apreciação de *habeas corpus* será da Justiça Federal comum (TRF), conforme art. 108, I, "d", da CF. Se a violência for do Regional, a competência será do STJ (art. 105, I, "c"). Se a violência for de Tribunal Superior, a competência será do STF (art. 102, I, "d").

45.6.3. Do impetrante

O *habeas corpus* pode ser impetrado por qualquer pessoa, independentemente de mandato, ou por membro do Ministério Público do Trabalho, em benefício de quem sofrer coação ilegal ou estiver na iminência de sofrer violência na sua liberdade de locomoção, por ato de autoridade judiciária trabalhista. Vale dizer, o *habeas corpus* não necessita ser impetrado pela própria pessoa que está sofrendo ou que está na iminência de sofrer o constrangimento — qualquer pessoa poderá fazê-lo em benefício próprio ou de terceiro.

45.6.4. Da competência

Nos tribunais de pequeno porte, não divididos em grupos de turmas, a competência será do tribunal pleno. Nos tribunais divididos em grupos de turmas, a competência será de um dos grupos, mediante hábil distribuição. Nos tribunais de maior porte, onde haja a divisão em tribunal pleno, órgão especial e seções de dissídios individuais (SDI), a competência será da SDI quando a autoridade coatora for juiz da jurisdição primária e dos regionais, quando a autoridade coatora for um dos elementos da administração.

45.6.5. Da competência da Justiça Federal

Em se cuidando de violência ou coação cometida por juiz do trabalho (na função jurisdicional) contra partes, testemunhas ou terceiros, a competência para a apreciação de *habeas corpus* será do Tribunal Regional Federal (conforme art. 108, I, "d", CF). Se a violência for do Regional do Regional, a competência será do STJ (art. 105, I, "c"). Se a violência for de Tribunal Superior, a competência será do STF (art. 102, i, "d").

45.6.6. Da petição inicial

A petição inicial será em duas vias e conterá o nome da pessoa que sofreu ou está ameaçada de sofrer violência ou coação em sua liberdade de ir e vir, indicando de forma clara a autoridade que está exercendo a violência, coação ou ameaça. Deverá conter o nome e a assinatura do impetrante; se não souber escrever, far-se-á assinatura a rogo, com designação do nome de quem está exercendo o rogo, e respectivos endereços residenciais.

45.6.7. Da distribuição

Protocolizada a petição, esta será imediatamente encaminhada ao presidente do tribunal que, ato contínuo, solicitará informações urgentes da autoridade dita coatora, remetendo-lhe a segunda via da petição inicial, providenciando a seguir a distribuição para um relator, mediante sorteio. Se, por ocasião da distribuição, o relator não estiver presente no tribunal, o presidente do tribunal poderá despachar concedendo ou negando salvo-conduto ou ordem de soltura. Poderá, ainda, providenciar a distribuição a juiz que esteja presente no tribunal.

45.6.8. Do julgamento

O julgamento será realizado de preferência na primeira sessão do órgão especial ou da seção especializada, sem necessidade de pauta prévia, com ou sem as informações da autoridade indicada como coatora. O Ministério Público oficiará verbalmente. Concedido o *habeas corpus*, o relator expedirá imediatamente ordem de soltura.

Súmulas do STF

• Súmula n. 208 do STF — O assistente do Ministério Público não pode recorrer, extraordinariamente, de decisão concessiva de *habeas corpus*.

• Súmula n. 299 do STF — O recurso ordinário e o extraordinário interpostos no mesmo processo de mandado de segurança, ou de *habeas corpus*, serão julgados conjuntamente pelo Tribunal Pleno.

• Súmula n. 319 do STF — O prazo do recurso ordinário para o Supremo Tribunal Federal, em *habeas corpus* ou mandado de segurança, é de 5 (cinco) dias.

• Súmula n. 344 do STF — Sentença de primeira instância concessiva de *habeas corpus*, em caso de crime praticado em detrimento de bens, serviços ou interesses da União, está sujeita a recurso *ex officio*.

• Súmula n. 395 do STF — Não se conhece de recurso de *habeas corpus* cujo objeto seja resolver sobre o ônus das custas, por não estar mais em causa a liberdade de locomoção.

• Súmula n. 606 do STF — Não cabe *habeas corpus* originário para o Tribunal Pleno de decisão de Turma, ou do Plenário, proferida em *habeas corpus* ou no respectivo recurso.

• Súmula n. 691 do STF — Não compete ao Supremo Tribunal Federal conhecer de *habeas corpus* impetrado contra decisão do relator que, em *habeas corpus* requerido a tribunal superior, indefere a liminar.

Orientações Jurisprudenciais do TST

• Orientação Jurisprudencial n. 89 da SDI-2 — *Habeas corpus*. Depositário. Termo de depósito não assinado pelo paciente. Necessidade de aceitação do encargo. Impossibilidade de prisão civil. A investidura no encargo de depositário depende da aceitação do nomeado, que deve assinar termo de compromisso no auto de penhora, sem o que é inadmissível a restrição de seu direito de liberdade.

• Orientação Jurisprudencial n. 143 da SDI-2 — *Habeas corpus*. Penhora sobre coisa futura. Prisão. Depositário infiel. Não se caracteriza a condição de depositário infiel quando a penhora recair sobre coisa futura, circunstância que, por si só, inviabiliza a materialização do depósito no momento da constituição do paciente em depositário, autorizando-se a concessão de *habeas corpus* diante da prisão ou ameaça de prisão que sofra.

Jurisprudências

• Depositário. Prisão. *Habeas corpus*. Não tendo sido devidamente notificado à entrega dos bens sob sua guarda, até porque, já aposentado, reside em local diverso do originário, não é o depositário passível de ser preso como depositário infiel. Ordem que, em definitivo, se concede. (TRT-1ª R., SDI — Dissídios Individuais, HC 00003/2000, j. 15.2.2001, rel. Juiz Alberto Fortes Gil, DORJ 15.3.2001)

• Depositário infiel. *Habeas corpus*. Tendo o depositário informado ao juízo a impossibilidade de continuar com a posse de bem que lhe fora confiado em depósito por não ser mais sócio da empresa executada e, inclusive, a falta de local apropriado à sua guarda e a perda de condições materiais e de saúde, essenciais ao bom desempenho daquele mister, pedindo expressamente a destituição do encargo, que não lhe foi deferida, não se lhe pode imputar responsabilidade pela deterioração que se seguiu. Depósito infiel não configurado. *Habeas corpus* que se concede. (TRT-2ª R., SDI — Dissídios Individuais, HC 10225200400002005, Ac. 2004023560, rel. Juíza Maria Aparecida Duenhas, DOESP 19.10.2004, DJE 24.1.2003)

• Prisão. Depositário. *Habeas corpus*. A prisão civil, no âmbito trabalhista, se resume à figura do depositário infiel. Impossível se configurar a hipótese de depositário infiel antes do ato de constrição legal. (TRT-1ª R., SEDI — Dissídios Individuais, HC 00014/2000, j. 28.9.2000, rel. Juiz Paulo Roberto Alves Botelho, DORJ 27.10.2000)

• *Habeas corpus*. Prisão. Depositário. Para a legalidade da ordem de prisão exige-se que o depositário seja formal e previamente intimado a apresentar o *habeas corpus*. Decisão judicial. Impossibilidade material de cumprimento. Concessão da ordem. A impossibilidade material de as pacientes cumprirem a decisão judicial impugnada no vertente *habeas corpus*, concernente à implantação de reajuste salarial em folha de pagamento, por lhes faltar poderes de gestão, enseja a concessão da ordem postulada, ante a ilegalidade da ameaça de prisão. (TRT-22ª R., HC 10133-2002-002-22-00-4, Ac. 2112/2002, j. 3.12.2002, rel. Juiz Manoel Edílson Cardoso)

• Virtual prisão civil. Depositários infiéis. Ilegalidade não configurada. *Habeas corpus* denegado. Espontaneamente e devidamente formalizada a obrigação de depositar em juízo as quantias devidas e não procedidos os depósitos nas épocas próprias, não há que se cogitar de constrangimento ilegal em eventual ordem judicial de prisão civil dos depositários por falta de entrega dos valores em juízo. A prisão civil tem origem não na dívida em si mesma, mas na própria infidelidade do depósito, com a finalidade única de obrigar o depositário a consignar a coisa ou o equivalente em dinheiro, possuindo lastro constitucional e legislação ordinária disciplinar a legitimá-la no mundo do direito. Salvo-condutos indeferidos. (TRT-22ª R., HC 10153-2002-000-22-00-5, Ac. 0056/2003, j. 28.1.2003, rel. Juiz Arnaldo Boson Paes, DJE 19.3.2003)

• *Habeas corpus*. Execução trabalhista. Prisão de depositário infiel. Matéria de natureza não-criminal. Competência da Justiça do Trabalho. É da competência desta Justiça Especializada processar e julgar ação de *habeas corpus* cuja causa de pedir decorra de ordem de prisão decretada por juiz da execução, a título de depositário infiel, ainda que direcionado a terceiro estranho à relação de emprego. O instituto em questão não é exclusividade do direito processual penal, mas uma garantia fundamental relativa ao direito basilar de liberdade de locomoção, independentemente da natureza civil ou penal do ato constrangedor. E é com base nessa ótica, prisão por infidelidade depositária, que se conclui, claramente, não se cuidar de questão criminal, apenatória, uma vez que a espécie da prisão discutida possui caráter meramente dissuasório, com o fito de apenas remover obstáculos criados à restituição do bem afetado a uma execução. Situação bem diversa dos incidentes de prisão por desacato, falso testemunho etc., matérias tipicamente criminais em toda a sua gênese. De mais a mais, é a própria Lei Maior que fixa com precisão, no seu art. 114, *caput*, a competência da Justiça do Trabalho para executar as suas próprias decisões em sua integralidade, inclusive para analisar e julgar todo e qualquer incidente, eventualmente originado de sua atuação jurisdicional. (TRT-22ª R., HC 10153-2002-000-22-00-5, Ac. 0056/2003, j. 28.1.2003, rel. Juiz Arnaldo Boson Paes, DJE 19.3.2003)

• Não cabe *habeas corpus* para proteger direito de exercer a profissão de advogado com amplitude assegurada em lei, inclusive em relação ao ingresso além dos cancelos do juízo. (TRT-1ª R., TP, 10-EP/71-AC, 172/71, 26.8.1971, rel. Juiz Amaro Barreto da Silva, LTr 35/767)

• Competência do Tribunal Pleno para conhecer e decidir do pedido se o constrangimento ilegal ocorrer em processo trabalhista. Salvo-conduto que se cassa e ordem que se denega, porque a prova de ilegalidade, inexistente *in casu*, deve ser evidente e atual, perfeita e completa, com enquadramento em um dos casos discriminados no art. 648 do CPC. (TRT-2ª R., TP, 869/76, Ac. 86/76, 12.02.1976, rel. Juiz Henrique Victor, LTr 40/467)

• *Habeas corpus*. Depositário judicial. As funções de depositário judicial são de caráter essencialmente público, sendo o poder que se acha investido, conforme definição de Amílcar de Castro, um poder-dever, cabendo-lhe a tutela de interesses alheios, não para defesa de interesses próprios, mas para que consiga a mais perfeita realização do direito, ou o mais perfeito exercício da função jurisdicional. Logo, se o depositário é o próprio gerente da empresa executada e não denuncia, por ocasião da penhora, qualquer ônus que incida sobre o bem, nem indica outro desembaraçado, como lhe impõe a lei processual, não pode, posteriormente, amparar-se em *habeas corpus* para se eximir das responsabilidades de depositário, porquanto ausente qualquer coação ilegal na sua liberdade de ir e vir (TRT-9ª, HC 3/83).

45.7. *Do* habeas data

45.7.1. Do *habeas data*: conceito e objeto

Habeas data é o remédio constitucional colocado à disposição de pessoa física ou jurídica com o objetivo de assegurar o conhecimento de registros pessoais em poder de entidades governamentais. Vale dizer, os registros perseguidos por meio do *habeas data* poderão estar depositados em registros ou bancos de dados de entidades governamentais ou de caráter público. Disso se infere que referidos registros ou documentos poderão também estar em registros particulares, *v. g.*, de uma escola, de um hospital, de sindicatos ou de associações etc., desde que abertos ao público. O *habeas data* poderá ser utilizado para que o titular tenha conhecimento do conteúdo e, em sendo o caso, para que proceda à retificação de dados na referida fonte.

Na síntese de *José Afonso da Silva*, o *habeas data* é um remédio constitucional com natureza de ação civil pública, que tem por objeto: a) proteção da esfera íntima dos indivíduos contra usos abusivos de registros de dados pessoais coletados por meios fraudulentos, desleais ou ilícitos; b) introdução nesses registros de dados sensíveis (assim chamados os de origem racial, opinião pública, filosófica ou religiosa, filiação partidária ou sindical, por orientação sexual etc.); c) conservação de dados falsos ou com fins diversos dos autorizados em lei.

Em suma, o *habeas data* é espécie de ação mandamental, que poderá ter rito sumário e especial com o escopo de tutelar os direitos de pessoas físicas ou jurídica frente aos bancos de dados ou repositórios de informações. Poderá a pessoa, por esse meio hábil colocado à disposição a partir da Constituição de 1988, ter conhecimento do conteúdo de tais registros e proceder à sua correção, se e quando for o caso. Ver arts. 5º, LXXII; 102, II, "a"; 105, I, "b"; 108, I, "c"; 109, VIII; 121, § 4º, V, da Constituição Federal.

45.7.2. Do procedimento

A Lei n. 9.507, de 12.11.1997 (DOU 13.11.1997) regula o direito de acesso a informações e disciplina o rito processual do *habeas data*. O art. 8º remete ao Código de Processo Civil.

Segundo *Hely Lopes Meirelles*, "o *habeas data* é, pois, o acesso da pessoa física ou jurídica aos registros de informações concernentes à pessoa e suas atividades, para possibilitar a retificação de tais informações. Para tanto, o procedimento judicial depende de prova e por isso terá rito ordinário, ou especial, conforme dispuser a lei pertinente. No entanto, se, com o pedido inicial, o interessado já oferecer as provas do alegado e com elas concordar a autoridade requerida, o juízo deverá deferir, de plano, as retificações postuladas; havendo oposição, a ação prosseguirá para a produção e apreciação das provas necessárias".

45.7.3. Do não cabimento

O comando constitucional do inc. XXXIII do art. 5º, ao mesmo tempo que declara que todos têm o direito de receber dos órgãos públicos informações de seu interesse particular, ou de interesse coletivo ou geral, faz uma ressalva para aqueles casos em que o sigilo seja imprescindível à segurança da sociedade e do Estado. É bem de ver que, na maioria das vezes, as alegações de necessidade do sigilo faz suporte em foro subjetivo de quem detém a administração do banco de dados ou as informações ditas sigilosas. Em verdade, não existem regras precisas sobre o assunto. Em se apresentando a hipótese, deve o juiz analisar cuidadosamente o pedido e poderá acolher ou não as razões invocadas pelo agente ou a pessoa que se nega a fornecer os dados requisitados. Para o juiz, não existe sigilo. Nada impede que, após tomar conhecimento das informações, o juiz se convença da necessidade do sigilo, caso em que arquivará o pedido mediante despacho fundamentado (art. 93, IX, CF).

45.7.4. Dos pressupostos processuais e das condições da ação

Cuida-se de direito personalíssimo e que não pode ser exercido por outrem. Daí caber a iniciativa ao titular dos registros existentes em poder de entidade governamental ou entidade de caráter público. Naturalmente, excepciona-se a hipótese em que a pessoa faleceu. Nesse caso, o herdeiro legítimo ou o cônjuge sobrevivente poderá titular o *habeas data* para a obtenção dos dados. Não se admite a legitimação extraordinária ou substituição processual que concerne ao interesse de agir, não é necessário que tenha conhecimentos da incorreção do registro ou ainda que tenha fortes desconfianças da inveracidade. Basta o simples desejo de conhecer referidas informações ou ainda de possuir referidos documentos.

A possibilidade jurídica do pedido está na possibilidade de existirem registros, que podem estar corretos ou não (teoria da ação como direito público abstrato). A legitimidade para agir está no fato de ser possível titular o direito subjetivo perseguido. O pressuposto objetivo consiste em que realmente exista a repartição e o banco de dados onde estariam depositadas as informações. Para isso, o postulante deverá fornecer ao juízo todas as informações necessárias que realmente levem à convicção da veracidade dos fatos narrados. Se o postulante esconder dados ou faltar com a verdade, poderá ser enquadrado em fraude processual ou mesmo em falsidade ideológica.

45.7.5. Das espécies de *habeas data*

Existem duas espécies de *habeas data*: o preventivo e o corretivo. O primeiro está previsto no art. 5º, LXXII, "a", da CF, e tem por escopo garantir que o postulante tenha conhecimento das informações. O segundo, o corretivo, previsto no art. 5º, LXXII, "b", da CF, visa a possibilidade de correção da informação incorreta ou mendaz, passível de depor contra a honorabilidade, a boa fama ou de alguma maneira prejudicar o titular.

45.7.6. Do caráter privado do documento

A Constituição preserva a veracidade de informações de pessoa física ou jurídica depositadas em bancos de dados de entidades governamentais ou de caráter público, vale dizer, em toda e qualquer repartição pública, da administração direta e indireta, de todos os Poderes, bem assim de instituições particulares que desenvolvem funções públicas, como estabelecimentos hospitalares, educacionais etc. Não existindo o caráter público, *e. g.*, aquelas anotações que o médico faz do seu paciente, não cabe *habeas data*. Entretanto, se os informes estiverem disponíveis em bancos de dados, isso poderá dar suporte ao *writ*.

45.7.7. Do *habeas data* em sede trabalhista

Com o advento da Emenda Constitucional n. 45/2004, que deu nova redação ao art. 114 da Constituição, a Justiça do Trabalho passou a ter competência também para o *habeas data*. A exemplo do mandado de segurança, o *habeas data* é novidade para o primeiro grau da Justiça do Trabalho. Registre-se que os Regionais também não tinham competência a esta parte. Enquanto o *mandamus* tem o seu procedimento firmado no Código de Processo Civil, o *habeas data* deve seguir a mesma esteira, mesmo porque não haveria a exigência processual de audiência una. É uma ação civil que não vincula empregado e empregador.

45.7.8. Do *habeas data* e do mandado de segurança

Embora pertençam à família dos *writs*, ambos possuem pressupostos e objetos diversos. Enquanto o *mandamus* tem por objeto a defesa da legalidade, tendo como suporte o direito líquido e certo ferido por ato ilegal ou abusivo de autoridade capaz prejudicar ou de impor prejuízo imediato ao titular do direito, o *habeas data* protege a incolumidade de dados pessoais, assegurando ao titular o direito de conhecer as informações sobre ele constantes de registros ou de bancos de dados existentes em entidades públicas ou particulares, desde que abertas ao público, com a possibilidade não só de conhecer, mas também de retificá-los, se e quando incorretos. A possibilidade de acerto poderá redundar num processo de conhecimento, com produção de provas, o que não é permitido em sede de segurança, onde não existe a dilação probatória.

45.7.9. Da decadência ou da prescrição

Diverso do mandado de segurança, seguindo nesta esteira o mandado de injunção, o *habeas data* não é tolhido pela prescrição ou pela decadência. A proteção à intimidade e a correção das informações que digam respeito a temas que possam depor negativamente contra o indivíduo ou a pessoa jurídica podem ser conhecidos ou devidamente corrigidos a qualquer momento.

45.7.10. Da gratuidade

Comanda o inc. LXXVII do art. 5º da CF que são gratuitas as ações de *habeas corpus* e de *habeas data* e, na forma da lei, os atos necessários ao exercício da cidadania. O termo genérico usado pelo legislador significa que não haverá cobrança de custas, emolumentos ou quaisquer outras despesas.

- Súmula n. 2 do STJ — Não cabe o *habeas data* (CF, art. 5º, LXXII, *a*) se não houve recusa de informações por parte da autoridade administrativa.

- *Habeas data* objetivando o fornecimento de certidão. Art. 7º da Lei n. 9.507/97. Impossibilidade. Ordem de *habeas data* indeferida. 1. A *ratio essendi* do *habeas data* é assegurar, em favor da pessoa interessada, o exercício de pretensão jurídica que se distingue nos seguintes aspectos: a) direito ao acesso de registro; b) direito de retificação de registro; e c) direito de complementação de registro. Portanto, o referido instrumento presta-se a impulsionar a jurisdição constitucional das liberdades, representando no plano institucional a mais eloqüente reação jurídica do Estado às situações que lesem, de forma efetiva ou potencial, os direitos fundamentais do cidadão. 2. Conforme assinalado no Parecer do Ministério Público a fls. 58/59, "a recusa da autoridade impetrada em expedir certidão para atestar a legalidade e constitucionalidade das atividades desenvolvidas pelo impetrante relativas à Delegacia de Operações Especiais — DOE encontra-se plenamente justificada, não se configurando em medida a ser amparável pela via do *habeas data*, por duas razões: 1) o *habeas data* não se confunde com direito à obtenção de toda e qualquer certidão de órgãos públicos, mas tão-somente de documentos para as finalidades elencadas no art. 7º da Lei n. 9.507/97; 2) em relação ao conteúdo da certidão pretendida pelo impetrante, como bem notou a impetrada, 'não compete à Controladoria Geral da União manifestar-se sobre a legalidade e constitucionalidade de associações criadas com o escopo de empreender trabalhos relacionados à segurança pública, como a pretensamente almejada pela Delegacia de Operações Especiais idealizada pelo impetrante (f. 33)'". 3. *Habeas data* indeferido. (STJ, 1ª Seção, HD 107/DF (2004/0123006-8), rel. Min. José Delgado, j. 9.3.2005, v. u., DJ 18.4.2005)

• Cível. Ação cautelar. Pretensão de *habeas data*. Liberação de registro negativo em banco de dados. O devedor que se encontra discutindo o débito que deu ou poderá dar origem a registros em bancos de dados de informações creditícias tem direito à anotação e não à eliminação ou sustação do referido registro. Exegese dos arts. 4º, § 2º, e 7º, inc. III, da Lei n. 9.507/97. Apelo desprovido. (TJRS, 17ª Câm. Cív., Ap. Cív. 70004111290/Bagé, rel. Des. Eduardo Uhlein, j. 30.4.2002)

• Cível. Agravo de instrumento. Ação revisional. Pretensão de *habeas data*. Liberação de registro negativo em banco de dados. Exibição de contratos. Proibição de saque e protesto de cambiais. O devedor que se encontra discutindo o débito que deu ou poderá dar origem a registros em bancos de dados de informações creditícias tem direito à anotação e não à eliminação ou sustação do referido registro. Exegese dos arts. 4º, § 2º, e 7º, inc. III, da Lei n. 9.507/97. Pedido exibitório de contratos que, embora não se afeiçoe, rigorosamente, à natureza do provimento antecipatório, deve ser acolhido, considerado o princípio da instrumentalidade processual e em sendo aplicáveis, ao caso, as disposições do CDC acerca da inversão do ônus probatório. A falta de mínima evidência e mesmo plausibilidade não vinga pedido genérico tendente à proibição de saque e protesto de cambiais. Agravo parcialmente provido. (TJRS, 17ª Câm. Cív., AI 70004153102, rel. Des. Eduardo Uhlein, j. 21.5.2002)

• *Habeas data*. Pedido administrativo de registro de alteração contratual. Negativa. Cabimento da ação constitucional, nesta hipótese, apenas quando houver inverdade nos dados cadastrais da empresa. Inocorrência *in casu*. Pedido compatível com mandado de segurança. Similitude de seu procedimento com aquele previsto para o *habeas data*, disciplinado pela Lei n. 9.507/97. Alteração do *nomen iuris* admissível neste contexto, ante a peculiaridade do caso. Precedentes. "A equivocada rotulação emprestada à causa não assume qualquer relevância para o deslinde da questão, sempre que, dos fatos narrados na inicial, resultar compatibilidade com a pretensão do acionante" (ACV 1996.009867-4, rel. Des. Trindade dos Santos). "É princípio secular de que ao juiz basta dar o fato para ele ministrar a solução jurídica (*da mihi factum dabo tibi jus*)" (ACV 42.144, rel. Des. João Martins). Mesmo que se possa, em tese, enxergar erro (grosseiro, ou não) no título e forma da ação, ao juiz moderno, voltado ao verdadeiro espírito de justiça, cabe conceder a tutela jurídica adequada, desde que elementos de prova e de direito assim o recomendem. É o entendimento que vem tomando corpo nas Cortes, para que se tenha "menos forma e mais direito". Alteração de dados cadastrais. Recusa de processamento fundada no art. 3º, II, *b*, do Decreto n. 1.790/97. Ofensa a direito líquido e certo evidente. Concessão da ordem. "O Anexo 5 do Regulamento do ICMS (aprovado pelo Dec. n. 1.790, de 29.04.1997) não prevê, em seu art. 3º, ao qual remete o art. 9º do mesmo corpo normativo, a exigência de 'certidão negativa de débitos' em nome da empresa requerente de atualização cadastral, mas somente em nome dos respectivos sócios. Assim, ausente previsão normativa expressa, é írrita a exigência de exibição de Certidão Negativa de Débitos — CND junto ao Fisco como requisito a registro de alteração contratual perante a Junta Comercial" (ACMS 2001.016810-3, de Rio do Sul, rel. Des. Francisco Oliveira Filho). Por votação unânime, rejeitar as preliminares e, por maioria de votos, desprover o recurso. Vencido o Exmo. Sr. Des. relator que julgou no sentido de prover o recurso. Custas legais. (TJSC, 1ª Câm. Dir. Públ., Ap. Cív. 2000.018357-1/Rio do Sul, rel. desig. Des. Vanderlei Romer, j. 2.10.2003, DJ 14.10.2003)

45.8. Da ação monitória

45.8.1. Da ação monitória

Trata-se de instituto de natureza civilista e que pode ter aplicabilidade em sede trabalhista por alento subsidiário do art. 769, CLT, uma vez que o processo do trabalho não tem instituto similar.

O art. 1.102a oportuniza a quem possua documento escrito, sem a eficácia de título executivo, a possibilidade de, com suporte no documento, requerer pagamento de soma em dinheiro ou entrega de coisa fungível ou de determinado bem móvel.

De conformidade com o art. 1.102b, a parte deverá apresentar a petição inicial devidamente instruída com o documento para que o juiz instrutor possa deferir de plano o mandado de pagamento ou de entrega da coisa no prazo de 15 (quinze) dias.

O art. 1.102c teve a redação alterada pela Lei n. 11.232/2005. Disso resulta que, no prazo de 15 (quinze) dias, o réu poderá oferecer embargos com o objetivo de suspender a eficácia do mandado expedido pelo juízo. Decorrido o prazo sem que a parte ofereça embargos, constituir-se-á de pleno direito o título executivo judicial, hipótese em que o mandado inicial se transforma em mandado executivo. A execução prosseguirá na forma do Livro I, Título VIII, Capítulo X (Do cumprimento da sentença).

De conformidade com o § 1º, se o réu cumprir a obrigação, ficará isento de custas e de honorários advocatícios. Embora o parágrafo incentive o pagamento da dívida, o faz às custas do credor, quando isenta o devedor dos honorários do advogado. Isso significa que o credor arcará com as conseqüências ao arrepio do princípio da *restitutio in integrum*.

Pelo § 2º, os embargos independerão da segurança prévia do juízo e serão processados nos próprios autos pelo rito ordinário, fato que demonstra a propensão do processo civil de retirar dos embargos a qualidade de ação, transformando-os em simples incidente dentro do processo.

O § 3º teve a sua redação também alterada pela Lei n. 11.232/2005. Em sendo rejeitados os embargos, fica constituído o título executivo judicial *de pleno iure*. O devedor será intimado, prosseguindo-se na execução nos termos do Livro I, Título VIII, Capítulo X, do CPC.

Interessante notar que o art. 475-J está contido no Capítulo X, de que fala o § 3º. Isso significa que o devedor será intimado, e não citado para pagamento ou penhora, já que o art. 611 foi revogado pela Lei n. 11.232/2005. Assim, o devedor deverá efetuar o pagamento da obrigação no prazo de 15 (quinze) dias. Não o fazendo, terá o total da dívida imediatamente acrescido da multa de 10% (dez por cento), de ofício pelo juiz, sem necessidade de iniciativa do credor. No processo civil, o ato executório da penhora terá início com o requerimento do exeqüente. No processo do trabalho, o ato é desencadeado de ofício. A ação monitória tem por escopo evitar ao autor discussões que se arrastariam pela fase cognitiva, enfrentando todos os percalços e recursos até conseguir um título executivo judicial com o selo da *res judicata*. A monitória permite que ele, desde que cumpridos certos requisitos, com base em prova escrita sem eficácia de título executivo, *v. g.*, pagamento de soma em dinheiro, entrega de coisa fungível ou de determinado bem móvel, dela faça uso.

Em sede trabalhista, é ainda pouco usada, havendo mesmo caso de juízes que não aceitam a ação monitória, transformando-a em dissídio individual, assim como a exceção de pré-executividade, e isso se deve à falta de melhor aprofundamento nos referidos institutos. O processo do trabalho é informado por filosofia cosmopolita e tem a possibilidade de emprego de todos os institutos novos, ainda que muitas vezes se exija a adaptação à realidade trabalhista.

Assim, a ação monitória poderá superar o óbice da ausência de executoriedade dos acordos extrajudiciais, desde que seja de interesse do empregado. Suponha-se a hipótese daquele empregado que, assistido pelo sindicato, fez um acordo com a empresa e não propôs dissídio individual. A empresa não cumpre o acordo e teria ele de ajuizar ação trabalhista para pleitear o que acha que lhe seria devido. Poderá ganhar ou perder a ação. Em preferindo fazer com que se cumpra o acordo, poderá servir-se da ação monitória, que iniciará pela execução, sem perda de tempo, com real apoio nos princípios da celeridade e da economia processual. Nesta hipótese, caso o juiz primário venha a entender pelo não cabimento, deverá extinguir o processo sem julgamento do mérito para que a parte possa discutir a matéria no órgão *ad quem*. A transformação em dissídio individual traduz *error in procedendo*, passível de correição parcial.

Uma outra hipótese: em acordo coletivo ficou avençado que a empresa pagaria uma gratificação ânua no valor de meio salário. A empresa não cumpre o avençado. O caminho seria o ajuizamento da ação de cumprimento, "mostrengo" criado pelo legislador onde não se pode discutir o que já fora avençado, mas mesmo assim se deverá passar pela fase de conhecimento, enfrentar todos os recursos possíveis até se receber o prestígio da coisa julgada, para que direito indiscutível possa ser executado.

45.8.2. Do enfoque conceitual

O procedimento monitório é meio pelo qual o credor por quantia certa ou por coisa determinada, crédito esse representado por prova documental, poderá requerer ao juiz que defira de plano — *inaudita altera pars* — a expedição de mandado de pagamento ou de entrega de coisa fungível ou de determinado móvel em 15 dias, objetivando obter a satisfação de um direito seu. O documento que representa a dívida é da substância do ato e deverá instruir o pedido inicial.

45.8.3. Da prova documental

A prova documental poderá ser pública ou privada e bastará que seja prestigiada com a bilateralidade das partes: credor e devedor.

Se tiver o prestígio de título executivo extrajudicial, não necessitará do socorro da ação monitória (art. 576, CPC).

Qualquer documento, carta, telegrama etc. em que o devedor manifesta a sua concordância poderá instruir a ação monitória. Documentos outros, *v. g.*, projeto efetuado por engenheiro conjugado com carta em que o devedor lhe solicitara o trabalho técnico, constituirá documento hábil. O mesmo se diga em caso de dentistas, médicos, advogados, hospitais etc.

45.8.4. Do pedido inicial

A petição inicial é inarredável como ato movimentador da jurisdição (art. 262, CPC) e será elaborada com os requisitos do art. 282, mediante exposição dos fatos e fundamento jurídico do pedido.

Deverá o autor narrar com clareza os fatos constitutivos do seu crédito, mediante comprovação documental, a resistência do devedor em adimplir, não lhe restando outra via senão o da heterocomposição (interesse processual).

45.8.5. Da decisão *inaudita altera pars*

O juiz tem por dever de ofício, antes de adentrar no mérito, verificar da existência ou não dos pressupostos processuais e das condições da ação. Presentes, o juiz poderá deferir a cautelar sem ouvir a parte contrária, quando verificar que essa providência poderá comprometer a providência cautelar buscada (arts. 797 e 804, CPC).

45.8.6. Da natureza jurídica da decisão em sede trabalhista

A decisão proferida no sentido de expedição do mandado de pagamento tem natureza interlocutória mista, tendo a parte o prazo de cinco dias para apresentar embargos (art. 884, CLT). Em não o fazendo, haverá preclusão, constituindo-se *de pleno jure* o título executivo judicial.

Se a parte aviar embargos, os quais independerão de prévia segurança do juízo, a matéria será ali discutida. Da decisão advinda, a parte interessada poderá buscar alento no agravo de petição.

45.8.7. Da ação monitória em sede trabalhista

O processo do trabalho é cosmopolita por excelência e busca, sempre, trazer para o seu âmbito todo regramento do processo comum que torne mais célere o procedimento.

A ação monitória será de grande valia em muitas hipóteses que a prática diária virá demonstrar. Assim, será de aplicação imediata numa questão tormentosa que reside no âmbito trabalhista e que se traduz na ausência de força executória dos acordos extrajudiciais.

Atualmente, ainda que a empresa faça acordo escrito com o empregado e que esse acordo seja homologado pelo sindicato, o acordo extrajudicial assim levado a efeito não terá nenhuma eficácia executória, devendo o empregado ajuizar ação em que pleiteará os consectários que achar devidos ou mesmo indicará como parâmetro aqueles constantes do acordo extrajudicial.

Temos assim que o emprego da ação monitória eliminará todo o processo de conhecimento, trazendo a cognição para a via dos embargos, com prestígio da economia e da celeridade processual.

Também em âmbito de norma coletiva (acordo, convenção, dissídio, acordo firmado em dissídio coletivo) a ação monitória poderá ser de grande valia. Suponha-se que, por meio de norma coletiva, tenha sido avençado que determinadas empresas, a partir de determinada data, passarão a pagar adicional de periculosidade ou de insalubridade ou se convencione qualquer outro benefício, *v. g.*, uma gratificação semestral, cujo pagamento independa de qualquer motivo ou providência. Comprovada a inadimplência, a parte poderá fazer uso da monitória.

45.8.8. Do recurso

No cível, a decisão que indeferir liminarmente a petição inicial da ação monitória poderá ser hostilizada por intermédio da apelação.

No caso de deferimento, não caberá nenhum recurso, uma vez que a parte poderá discutir a matéria por via de embargos. Todavia, se indeferidos liminarmente os embargos, a decisão poderá ser objeto de recurso.

Nas lições de *Dinamarco*: “No processo dos embargos ao mandado, que é um processo comum, de procedimento ordinário caracterizado por uma cognição plena, o sistema é o corrente em processo civil, ou seja: apelação contra a sentença, agravo contra interlocutórias e possíveis recursos subseqüentes aos tribunais superiores."

No processo do trabalho, do indeferimento da petição inicial terá cabimento o recurso ordinário. Mas, do deferimento não caberá recurso.

45.8.9. Do Poder Público e da ação monitória

Existe uma dificuldade na aplicação da ação monitória em âmbito do Poder Público, uma vez que, após a fase cognitiva, existe o duplo grau de jurisdição. Assim é que desponta entendimento jurisprudencial no sentido de que a Administração Pública não pode figurar no pólo passivo de ação monitória: "Ação monitória — Administração Pública — Impropriedade. A Administração Pública não pode figurar no pólo passivo das ações monitórias, por ser juridicamente impossível. Assim, é de ser considerada imprópria a via eleita do procedimento monitório para se cobrar crédito de município" (TJMG, 2ª Câm. Cív., Ap. 91.810-2, 21.11.1997, rel. Des. Abreu Leite, v. u.).

Sobre o tema a lição de *Humberto Theodoro Júnior* (Informativo Semanal Coad 16/98):

> "Admite-se, na Itália, o manejo do procedimento injuntivo contra a Administração Pública, como, por exemplo, na pretensão de repetição de indébito tributário. Pensamos que a orientação em tela não pode ser transplantada para o Direito Brasileiro, em face das características de nosso regime de execução contra a Fazenda Pública, que pressupõe precatório com base em sentença condenatória (CF, art. 100), o que não existiria no caso de ação monitória não embargada. Além do mais, a Fazenda Pública tem a garantia do duplo grau de jurisdição obrigatório, a ser aplicado em qualquer sentença que lhe seja adversa (CPC, art. 475, II), e a revelia não produz contra ela o efeito da confissão aplicável ao comum dos demandados — CPC, art. 320, II. Com todos estes mecanismos de tutela processual conferidos ao Poder Público, quando demandado em juízo de acertamento, torna-se realmente inviável, entre nós, a aplicação da ação monitória contra a Administração Pública. Seu único efeito, diante da impossibilidade de penhora do patrimônio público, seria o de dispensar o processo de conhecimento para reconhecer-se por preclusão o direito do autor, independentemente de sentença. Acontece que a Fazenda não se sujeita a precatório sem prévia sentença e contra ela não prevalece a confissão ficta deduzida da revelia. Assim, nada se aproveita do procedimento monitório, na espécie. Forçosamente, o processo teria de prosseguir, de forma ordinária, até a sentença de condenação. Além disso, e o que é mais importante, a citação no procedimento monitório é uma ordem de pagamento e não um chamado para se defender, o que é incompatível com o tipo de ação cabível contra o Poder Público, em face de quem a exigência de pagamento só é possível dentro do mecanismo do precatório." ("Curso de direito processual civil", 14. ed., Forense, 1996, v. 3, p. 379-380)

Esclareça-se, aqui, para fins didáticos, que, em sede trabalhista, a Fazenda Pública, em sendo revel, será também confessa, nos termos do art. 319, não se aplicando os preceitos do art. 320, II, do CPC.

• Súmula n. 247 do STJ — O contrato de abertura de crédito em conta corrente, acompanhado do demonstrativo de débito, constitui documento hábil para o ajuizamento da ação monitória.

• Súmula n. 282 do STJ — Cabe a citação por edital em ação monitória.

• Súmula n. 292 do STJ — A reconvenção é cabível na ação monitória, após a conversão do procedimento em ordinário.

• Súmula n. 299 do STJ — É admissível a ação monitória fundada em cheque prescrito.

• Ação monitória. Sentença. Decisão proferida por junta trabalhista desportiva. Não tendo a Justiça Desportiva o poder constitucional de executar suas próprias decisões, é cabível ação monitória na Justiça do Trabalho tendo como objeto sentença proferida por Junta Regional Trabalhista Desportiva, que constitui a espécie definida na lei especial — prova escrita sem eficácia de título executivo. (TRT-4ª R., 6ª T., Ap., Ac. 00941.771/00-8, j. 26.7.2001, rel. Juiz Milton Varela Dutra, DOERS 13.8.2001)

• Processo civil. Agravo de instrumento. Negativa de provimento. Agravo regimental não conhecido. Reconsideração. Agravo interno. Ação monitória. Cheque prescrito. Prequestionamento. Ausência. Súmula n. 356/STF. Alegação de pagamento parcial. Prova exclusivamente testemunhal. Reexame de prova. Súmula n. 7/STJ. Dissídio pretoriano não comprovado. Não ensejam interposição de recurso especial matérias que não tenham sido ventiladas no julgado atacado e sobre as quais a parte não opôs os embargos declaratórios competentes, havendo, desta forma, falta de prequestionamento (Súmula n. 356, STF). 2 — Outrossim, não sendo debatida apenas infringência a normas infraconstitucionais, mas, sim, questão fática documental, concernente à comprovação do pagamento parcial do cheque, que depende de análise de provas, não há como este Tribunal reexaminá-las em sede de recurso especial (Súmula 07/STJ). 3 — Ressalte-se ainda que, para a demonstração da divergência jurisprudencial aventada, este Tribunal tem entendido reiteradamente que, a teor do art. 255 e parágrafos do RISTJ, não basta a simples transcrição de ementas para a apreciação do dissídio pretoriano, devendo ser mencionadas e expostas as circunstâncias que identificam ou assemelham os casos confrontados, bem como juntadas cópias integrais de tais julgados ou, ainda, citado repositório oficial de jurisprudência. 4 — Agravo regimental conhecido, porém, desprovido. (STJ, 4ª T., Agr. Reg. no Agr. Reg. no Agr. Instr. 496045/SC (2002/0174441-7), rel. Min. Jorge Scartezzini, j. 16.9.2004, v. u., DJ 8.11.2004)

• Processual civil. Embargos à ação monitória. Contrato de locação. Pagamento de aluguel e outros encargos. Apelo 1. Contrato e seu anexo. Validade. Confissão expressa do locatário na audiência de conciliação. Despesas bancárias e seguro excluídos do *quantum debeatur*, em razão da não comprovação. Aluguéis, multa e condomínio devidos, face à validade do contrato. Sublocação não caracterizada. Apelo 2. Ausência de discriminação dos valores pedidos na inicial. Valores pagos a título de energia elétrica devidos. Previsão contratual e apresentação de fatura, IPTU, despesas resultantes de danos ocasionados, fundo de conservação do imóvel e telefone indevidos, pois carentes de comprovação e lançados unilateralmente. Código de Defesa do Consumidor. Inaplicabilidade. Multa contratual devida. Aumento de honorários. Impossibilidade. Apelos 1 e 2 parcialmente providos. Por unanimidade de votos, deram provimento parcial. (TAPR, 5ª Câm.Cív., Ap.Cív. 0149299-7/Curitiba (Ac. 13375), rel. Juiz Edson Vidal Pinto, j. 3.5.2002, DJ 17.5.2002)

45.9. Da tutela antecipada

45.9.1. Da efetividade da sentença

Questão momentosa, que desafia os estudiosos do mundo jurídico, em especial em âmbito processual, é o de prover para a existência de um procedimento que realmente possa dar efetividade a um comando sentencial abstrato, transformando em realidade no menor tempo possível, o direito concedido à parte. Ao invés disso, temos um processo pesado e lento, com a possibilidade procedimental de inúmeros recursos, mercê dos quais, uma ação poderá arrastar-se por anos a fio, havendo exemplos recentes de processo que foi resolvido depois de quarenta anos. O princípio da ampla defesa e do devido processo legal são manejados com muita concessão ao devedor, tendo mesmo a possibilidade de usar de meios recursais com abuso de direito. É bem verdade, que, nesse caso, o juiz instrutor, na qualidade de *dominus processus*, pode e deve coibir a investida protelatória de ofício. Não é menos verdade que isso nem sempre acontece. A declaração do direito em sede abstrata não satisfaz ao credor, titular do direito substancial. Há que se agilizar a materialização desse direito. De 1994 para cá, o direito processual comum vem sendo atualizado para que possa fazer frente a uma realidade que se modifica diariamente. Novos institutos foram criados, outros modificados objetivando dar maior celeridade ao procedimento, quer na fase cognitiva e na executória. Mas, ainda não o suficiente.

Barbosa Moreira constata que "toma-se consciência cada vez mais clara da função instrumental do processo e da necessidade de fazê-lo desempenhar de maneira efetiva o papel que lhe toca". Numa demonstração de impotência, diz "Pois a melancólica verdade é que o extraordinário progresso científico de tantas décadas não pôde impedir que se fosse dramaticamente avolumando, a ponto de atingir níveis alarmantes, a insatisfação, por assim dizer, universal, com o rendimento do mecanismo da justiça civil" (*José Carlos Barbosa Moreira, in* "Tendências contemporâneas do direito processual civil, Revista de Processo, São Paulo, v. 31, p. 199, julho/set., 1983).

O andamento do processo está diretamente ligado ao binônimo: celeridade e segurança dos atos praticados. A celeridade deverá conviver de forma harmônica com o princípio da ampla defesa, do contraditório e do devido processo legal. Contudo, terá que haver um meio processual em que a parte não rediscuta a mesma matéria por centenas de vezes. O acréscimo do § 1º ao art. 518, CPC, pela Lei n. 11.276/2006 traduz um marco promissor, posto que "O juiz não receberá o recurso de apelação quando a sentença estiver em conformidade com súmula do Superior Tribunal de Justiça e do Supremo Tribunal Federal". Todavia, o emprego dessa norma, na prática, estará restrita às súmulas existentes pelo fato de que a jurisprudência sumulada demora dezenas de anos para ser firmada, à espera de maturação da matéria. Enquanto isso, milhares de recursos continuarão a ser manejados, repisando o mesmo tema. No que concerne à Justiça do Trabalho, a situação é ainda pior pelo fato de não existir legislação nesse sentido. Entretanto, nada impede que o juiz do trabalho indefira o processamento, quando a sentença proferida estiver em conformidade de súmula ao STF, por alento subsidiário (art. 769, CLT). E quanto às súmulas do TST? O § 1º, do art. 518, CPC é restritivo não incluindo o Tribunal Superior do Trabalho, deixando, naturalmente, essa iniciativa para o processo do trabalho. Duas possibilidades se nos afiguram possíveis: que o TST tome a iniciativa para que a matéria seja incluída na CLT, ou que, numa interpretação pretoriana, sumule a matéria. Enquanto isso não acontecer, e certamente demorará, podendo transcorrer dezenas de anos, deverão as jurisdições interiores (Varas e Regionais), com base na existência de "lacuna normativa", aplicar os preceitos do § 1º, do art. 518, CPC às súmulas do TST, por subsídio analógico. (Para integrar a lacuna, o juiz recorrer, preliminarmente, à analogia, que consiste em aplicar, a um caso não contemplado de modo direto ou específico por uma norma jurídica, uma norma prevista para uma hipótese distinta, mas semelhante ao caso não contemplado (*Recaséns Siches*, "Tratado general de filosofía del derecho", 3ª ed., México, Porrúa, 1965, p. 426). Não incluímos as "Orientacões Jurisprudenciais", por ocuparem no campo interpretativo um lugar inferior, uma espécie de limbo, onde os temas se depuram, podendo ou não vir a se transformar em súmulas.

45.9.2. Da força expansiva da tutela cautelar

Como regra, a entrega do mérito pertence a uma ação dita "principal". Somente com um procedimento cognitivo amplo, com possibilidade de defesa e de contraditório em procedimento instrutório, onde se garanta às partes igual tratamento, poderá o juiz decidir concedendo ou não o pedido. Todavia, essa formalidade poderá ser desprezada em situação de perigo. Tem-se aí a sumarização da *cognitio* para socorrer um direito em perigo. Tem-se no direito italiano, que essa é a "força expansiva" proveniente da tutela cautelar (*Frederico Carpi*, "La provisória esecutorietá della sentenza", Milano, Giuffrè, 1979, p. 47). Temos no direito processual brasileiro (art. 273, CPC), que o juiz, a requerimento da parte, poderá antecipar, total ou parcialmente, os efeitos da tutela pretendida no pedido inicial. Para tanto, exige-se: que haja a verossimilhança (aparência de direito) da alegação e a existência de prova inequívoca. A presença apenas desse binômio, não autoriza a antecipação da tutela Para que possa haver a antecipação é necessário que atenda a um dos requisitos legais: I — haja fundado receio de dano irreparável ou de difícil reparação. No entanto, esse receio não poderá ser meramente subjetivo; deverá ser temperado com fato objetivo, *v. g.*, a empresa está dilapidando o patrimônio. Com a concessão da tutela e a liquidação de obrigação de pagar quantia certa, a parte poderá penhorar bens, tantos quantos bastem para garantir o juízo e levar a bom termo a hasta pública; II — fique caracterizado abuso de direito de defesa ou o manifesto propósito protelatório do réu. Presente o abuso de direito, o juiz instrutor poderá enquadrar o réu em litigância de má-fé. Constitui abuso de direito, o comportamento do réu que deve salários atrasados, que não pagou férias vencidas, que não efetuou os depósitos do fundo de garantia e que, prolatada a sentença condenatória, recorreu com o objetivo preconcebido de ganhar tempo (procrastinação), antes da consubstanciação da coisa julgada. Não se diga que recorrer é um direito que a lei concede à parte e que dele poderá usar ou não. Não. O direito de recorrer é concedido à parte em respeito ao princípio da ampla defesa, não, obviamente, para procrastinar o feito e retardar a execução. A lei é uma construção cultural com objetivo de prover e prever para uma realidade, não para servir a objetivos procrastinatórios. Em se apresentando a hipótese (§ 1º), o juiz deverá conceder a antecipação da tutela, indicando de modo claro e preciso as razões do seu convencimento (art. 93, IX, Constituição). Alerta o § 2º: "Não se concederá da tutela quando houver perigo de irreversibilidade do provimento antecipado." O parágrafo é um alerta ao juiz instrutor. A irreversibilidade apresenta-se com maior clareza no caso de liberação de dinheiro, não só em sede civilista, como também, com maior razão, em âmbito trabalhista. Aconselhável, pois, que qualquer liberação de numerário seja antecipada da caução. Existe antecipação que, embora, satisfativa, não trará qualquer prejuízo ao réu, *v. g.*, antecipação de tutela em obrigação de fazer para que o autor concorra nas eleições do sindicato da categoria. Pondere-se, por outro lado, que em existindo a "prova inequívoca" de que fala o *caput*, do art. 273, o risco de necessidade da "reversibilidade" é um *minus*.

45.9.3. Da antecipação de tutela: breve enfoque

O instituto de antecipação de tutela é novidade no direito processual civil trazida pela Lei n. 8.952/1994 e ampliada pela Lei n. 10.444/2002 (art. 273, CPC). É mais um meio processual que se soma ao processo de conhecimento com o objetivo de dar celeridade à entrega da prestação jurisdicional. Diferentemente da tutela cautelar que não se insinua no âmbito meritório da ação principal, mas apenas provê para uma futura execução que poderá existir ou não, a antecipação da tutela é instituto envolvente do próprio mérito, que se antecipa ao procedimento cognitivo e que, com suporte na verossimilhança e na prova inequívoca, presentes um dos pressupostos dos incs. I e II, do art. 273, CPC, poderá ser deferida. Tem-se, assim, que o próprio mérito é adiantado, possibilitando a execução provisória nas obrigações de pagar quantia certa, não devendo ir além da penhora, salvo o oferecimento de caução. Alerta a lei (§ 2º): "Não se concederá a antecipação da tutela quando houver perigo de irreversibilidade do provimento antecipado."

45.9.4. Da antecipação de tutela e do risco de prejuízo irreparável

Como dissemos acima, o risco de dano irreparável ou de difícil reparação que renderá ensejo à antecipação da tutela não é aquele risco que firma residência em sede subjetiva, isto é, com suporte em mero temor da parte, fato que poderia levar ao referendo de atitudes egoístas do autor. O risco de que fala a lei deve ser concreto, objetivamente demonstrado, não servindo a dar suporte ao pedido o risco hipotético. E mais. Deverá ser atual, isto é, que se apresente de imediato no curso do processo e revestir-se de tal gravidade que poderá causar prejuízo à parte ou possuir uma carga de probabilidade de prejuízo que não aconselhe correr risco. Do que deflui: se o risco e a gravidade não forem iminentes, não haverá razão para a antecipação de tutela.

45.9.5. Da prova inequívoca e da verossimilhança

A existência de prova inequívoca (prova inconteste) e a presença da verossimilhança, por si só, não autorizam a antecipação da tutela. Presentes ambos, a antecipação da tutela somente poderá ser manejada, desde que presentes um dos requisitos que seguem: a) haja fundado receio de dano irreparável ou de difícil reparação; ou b) fique caracterizado o abuso de direito de defesa ou o manifesto propósito protelatório do réu. Somente em situação de risco da perda do direito material ou de afrontosa atitude do réu que utiliza o direito para fins procrastinatórios, que a tutela poderá ser antecipada. A primeira hipótese busca proteger um direito que, sem a antecipação da tutela, possivelmente não se tornará realidade. Não basta que o Poder Judiciário, detentor do poder jurisdicional, conceda o direito por meio de um comando sentencial abstrato. É preciso mais. É necessário garantir que o comando condenatório abstrato seja transformado em realidade. Esse é um dever do Estado, desde quando foi abolida a *manus injectio* e a justiça pelas próprias mãos. Essa é uma obrigação indeclinável do Estado moderno. Por outro lado, compete ao Estado-Juiz coibir todo e qualquer abuso de direito de defesa ou manifesto propósito protelatório. O juiz instrutor é o *dominus processus* (diretor do processo) e deverá velar para que se resguarde o princípio de lealdade processual. Deve garantir o princípio da ampla defesa e do contraditório e o tratamento igualitário das partes. Deve coibir atos que se apresentem, *prima facie*, protelatórios, ou que caracterise claramente o abuso defensório, com a impetração de recursos.

O abuso do direito de defesa será difícil de se definir de forma clara, na maioria dos casos. Em caso de dúvida, tem-se o abuso por não caracterizado.

A expressão "prova inequívoca" significa que a prova deve ser confiável a ponto de não haver dúvida quanto ao seu conteúdo probatório. A expressão "verossimilhança" tem o significado de direito apenas aparente. Essa exigência está em conformidade com a teoria da ação como direito abstrato. Para a propositura da ação, não é necessário o direito provado. Isso será averiguado durante o processo cognitivo. Por isso, antecipada a tutela a sua execução será apenas provisória, com a garantia do juízo, alertando o § 2º sobre o perigo da irreversibilidade.

45.9.6. Da prova inequívoca

O princípio reitor do art. 273, CPC ao falar em prova inequívoca, certamente não restringiu à prova documental, embora esta seja preferível. Nada impede e, em determinados casos, será até aconselhável que as provas sejam coletadas antes de o juiz instrutor decidir sobre a antecipação. Poder-se-á conseguir uma confissão real que, seguramente, atenderá à exigência de "prova inequívoca". De qualquer forma, não havendo prova inequívoca, não haverá como antecipar a tutela, pois ausente um dos requisitos legais.

45.9.7. Da verossimilhança

Como já foi dito acima, a ação é um direito público abstrato. Em assim sendo, não se exige que o autor comprove desde logo o direito substancial que persegue, bastando apenas a verossimilhança, isto é, a mera aparência de direito. É justamente por isso que a ação poderá ser julgada procedente ou improcedente. A parte poderá ter um direito e não conseguir provar, como pode acontecer o oposto em que a parte não tem o direito e conseguir provar que o tem. Isso acontece pelo fato de o processo se satisfazer com a verdade formal, embora persiga a verdade real. Dada essa situação de incerteza, enquanto o processo não é instruído e julgado, com possibilidades de recursos até constituir-se a coisa julgada, é que o § 2º, do art. 272, CPC, alerta que: "Não se concederá a antecipação da tutela quanto houver perigo de irreversibilidade do provimento antecipado." Daí a conclusão de que a antecipação da tutela deve preservar a reversibilidade. A execução, que será sempre provisória, não deverá liberar numerário, senão mediante caução.

45.9.8. Da competência para a antecipação da tutela

Antes da EC n. 24/1999, que extinguiu a representação classista da Justiça do Trabalho, havia dúvida sobre a competência para a antecipação da tutela, se do juiz presidente ou se do colegiado, uma vez que se cuida da antecipação do próprio mérito, diferente do processo cautelar em que se deferem providências que garantirão uma possível futura execução. A tendência se bipartia pela competência do juiz presidente e do colegiado. A discussão terminou com a transformação do primeiro grau em juízo monocrático. Todavia, a antecipação da tutela poderá ser feita originariamente em sede recursal, quando não concedida em primeiro grau, ou poderá ter sido feita parcialmente, podendo o tribunal concedê-la integralmente. Por questão de segurança, não deve o relator concedê-la monocraticamente. Deve levá-la ao colegiado, na primeira pauta existente, para que seja ou não antecipada a tutela. Procedimento contrário poderá deparar com procedimentos diversos e com conseqüências diversas: o relator concede a antecipação e o colegiado decide pela improcedência do pedido, ou vice-versa.

45.9.9. Do momento da antecipação da tutela

A Vara deverá, em primeiro lugar, verificar sobre a possibilidade de conciliação entre as partes. Isso é feito antes da apresentação de defesa. Frustrada a conciliação prévia e entregue a defesa, o juiz instrutor poderá decidir sobre a antecipação da tutela. A apreciação antes da entrega de defesa poderá dificultar a conciliação. Nada impede que a antecipação seja feita após a instrução probatória, quando o julgamento for marcado para meses depois, fato que acontece na maioria das Varas. Entretanto, naquelas Varas em que tudo se resolve em audiência una, inclusive com o julgamento meritório, não haverá lugar para a antecipação da tutela.

45.9.10. Da concessão *inaudita altera pars*

A antecipação de tutela, por constituir ato comnissivo importante da antecipação do próprio mérito, não deve, nem pode ser feito com açodamento. A tutela sem que a parte contrária seja ouvida somente poderá ser feita em casos extremos, *v. g.*, a parte indicada como devedora está dilapidando o patrimônio. Nesse caso, a tutela deverá ser coadjuvada com medida cautelar de seqüestro de tantos bens, quantos necessários à garantia da dívida. O seqüestro será convolado em penhora, tão logo se faça a liquidação. Se a tutela foi líquida, procede-se de imediato à penhora de bens. Caso haverá em que a simples leitura da inicial e da defesa não dê ao juiz a convicção necessária. Em ocorrendo a hipótese, nada impede que decida após a instrução probatória.

45.9.11. Da concessão de ofício

De conformidade com o princípio dispositivo, a providência antecipatória deverá ser requerida pela parte. Neste sentido, o *caput* do art. 273, CPC. Essa é a regra geral em sede civilista, a qual não descarta a exceção, pois é esta que confirma a regra. Em verificando o juiz, que a demora na entrega jurisdicional poderá comprometer uma futura execução da sentença condenatória, deverá determinar, de ofício, as providências necessárias com o escopo de inibir essa possibilidade (art. 798, CPC). Este é um dever do juiz instrutor, por força do ofício jurisdicional, pois não basta que apenas que o Estado declare o direito, é necessário que garanta a possibilidade de torná-lo em realidade.

A antecipação de tutela em âmbito trabalhista é feita por alento subsidiário, *ex vi* do art. 769, CLT, o que bem demonstra a inapetência do legislador federal com temas processuais trabalhistas. O processo do trabalho é dotado de peculiaridades que o diferenciam do processo comum do qual provém. Entre elas, está a de as partes possuírem o *jus postulandi*, fato que dispensa a presença obrigatória do advogado (art. 791, CLT). Pondo-se o foco sobre essa realidade trabalhista, onde as partes leigas e jejunas em direito podem vir ao processo desacompanhadas de advogado, aflora, com clareza até mesmo incomodativa, a necessidade do juiz do trabalho agir de ofício com maior intensidade para que o instituto possa ser aplicado. Em sede trabalhista, não se pode exigir ou esperar que o autor, pessoa simples, requeira a antecipação da tutela e ofereça os fundamentos. Daí por que o juiz instrutor poderá antecipar a tutela de ofício. Não se diga que não existe permissão legal para tanto. A interpretação deverá ser feita de molde a que dê aplicabilidade ao dispositivo legal.

No processo do trabalho, todo dispositivo civilista importado deverá se adequar à realidade trabalhista. Sem essa adaptação, corre-se o risco da inaplicabilidade. Existe, ou pelo menos deve existir, uma diferença de sensibilidade entre o juiz do trabalho e o juiz de direito. Este poderá permitir-se aplicar a lei em sua literalidade, ressalvando-se exceções como casos das Varas de Família, do menor adolescente, juízo penal. O juiz do trabalho deve ser dotado de uma sensibilidade epidérmica, pois lida com a própria sobrevivência do trabalhor e da sua família detentor de crédito alimentar. Por isso, deve auscultar o recôndito da lei e dali retirar regras virtuosas que afloram de interpretação teleológica, obediente às normas preceptivas do art. 5º, da LICC e ao princípio de que fala *Couture*: "Entre a legalidade e a justiça, prefira a justiça."

45.9.12. Da reconvenção

A regra de antecipação de tutela tem por escopo proteger o autor do processo prolongado, cuja realidade imediata apresenta a verossimilhança e a prova inconteste. Processualmente, a reconvenção traduz uma ação incidente dentro da ação principal. Na reconvenção, as partes mudam de posição no processo. O réu se torna autor, e o autor se torna réu. Não existe óbice a que o réu reconvenha nos termos legais.

45.9.13. Da execução por quantia certa

Antecipada a tutela, o autor transforma-se em credor, ainda que em termos relativos, frente ao que dispõe o § 2º, do art. 273, CPC, que proíbe a irreversibilidade, poderá fazer a liquidação do que restou concedido na antecipação que poderá ser parcial ou total. Homologados os cálculos pelo juiz instrutor, o executado será citado para proceder ao depósito do numerário ou dar bens à penhora (art. 880, CLT). Não efetuando o depósito, nem oferecendo bens à penhora, o oficial de justiça penhorará bens, quantos bastem à garantia do juízo. A execução que se segue à citação será provisória. Do que deflui que o numerário, se e quando depositado, não poderá ser liberado, salvo mediante caução idônea, e, no caso de penhora de bens, estes não poderão ser levados à hasta pública, antes do trânsito em julgado. De todo desaconselhável, julgados embargos processar agravo de petição para o Regional. O processo deverá ser sobrestado logo após o julgamento de embargos.

45.9.14. Da revogação

A decisão que concede a tutela é de natureza interlocutória e, portanto, irrecorrível em sede trabalhista. A antecipação, como vimos antes, deve ter presentes dois requisitos básicos, a prova inconteste e a verossimilhança aos quais deve ser somada uma das hipóteses previstas nos incs. I e II, do art. 273, CPC. Poderá ocorrer que o juiz ao conceder a antecipação analisou mal a realidade existente nos autos.

Isso poderá acontecer, em face da subjetividade que envolve a análise da possibilidade de dano irreparável ou manifesto propósito protelatório. Suponha-se, ainda, o caso em que o réu oferece caução para provar a sua boa-fé. A antecipação da tutela não terá sentido. Por outro lado, o dano irreparável poderá ser sanado mediante cautelar de arresto. Em havendo modificação da realidade que permitiu a antecipação da tutela, pode o juiz, de ofício, ou a requerimento da parte, revogar o ato antecipatório. Este ato, por ser decisão interlocutória, é irrecorrível.

Diferentemente do processo comum, onde a decisão interlocutória é agravável de instrumento, no processo do trabalho, o agravo de instrumento tem reduto operacional restrito ao desatrelamento de recurso não processado. Todavia, o sistema jurídico tem de encontrar mecanismos idôneos para que haja efetividade do direito e do seu exercício. Com base nessa premissa de que o jurisdicionado não pode ficar à calva de algum remédio processual que lhe permita discutir a ilegalidade cometida pelo juiz instrutor, que lhe cause ou possa causar prejuízo, avia-se, em âmbito trabalhista, o mandado de segurança. Vale dizer, se a tutela foi concedida ao arrepio da lei, causando ou podendo causar prejuízo ao réu, este poderá impetrar segurança contra o ato dito ilegal ou abusivo. Essa é uma construção pretoriana construída com base no princípio da razoabilidade que prestigia a ampla defesa. Se assim não fosse, estaria aberta a porta para o juiz parcial, ou menos dedicado, que concederia ou não a tutela ao sabor do humor do momento.

45.9.15. Da incursão do § 3º, art. 273, CPC

Observa o § 3º, do art. 273, CPC que "A efetividade da tutela antecipada observará, no que couber e conforme sua natureza, as normas previstas nos arts. 588, 461, §§ 4º e 5º e 461-A, todos do CPC. O art. 588 foi revogado pela Lei n. 11.382/2006. Os § 4º autoriza a imposição de multa (*sic*) pelo juiz instrutor, de ofício (Nota: o termo multa empregado não é correto. Ver Decreto n. 22.626/1933, arts. 8º e 9º). Embora o § 3º não cite o § 6º, do art. 461, a sua aplicação será necessária para o equilíbrio da sanção pecuniária.

45.9.16. Da tutela específica: obrigação de fazer e de não fazer

Comanda o art. 461, CPC que: "Na ação que tenha por objeto cumprimento de obrigação de fazer ou de não fazer, o juiz concederá a tutela específica da obrigação ou, se procedente o pedido, determinará providências que assegurem o resultado prático equivalente ao do adimplemento. Diversamente do que sucede com a "antecipação de tutela" (quantia certa), a tutela específica poderá ser satisfativa e não haver reversibilidade. É que na obrigação de fazer ou de não fazer, o ato omissivo ou comissivo do agente poderá determinar a perda do direito. Suponha-se a hipótese em que a ação diz respeito à reintegração de empregado representante da CIPA. O cipeiro, como é conhecido na prática, representa a sua categoria profissional na empresa. Se não for concedida a tutela, o tempo em que tem garantido o emprego, possivelmente este se escoará até o julgamento da ação.

Diversamente do que sucede com a antecipação de tutela que se completa com a execução por quantia certa e onde se exige a possibilidade de reversivibilidade, na tutela específica, a rigor processual, não prestigia a execução provisória, pois esta seria sempre satisfativa. A execução somente tem lugar com o trânsito em julgado. Todavia, o § 3º, do art. 461, CPC permite ao juiz, em existindo justificado receio de ineficácia do provimento final, conceder liminarmente a tutela, mediante justificação prévia (art. 93, IX, CF), com ciência ao réu. Ao mesmo tempo, o § 4º autoriza o juiz a impor multa (não é multa, são *astreintes*) diária, de ofício, ao mesmo tempo em fixará prazo razoável para o cumprimeto. Tem-se que o legislador, tendo em mira que obrigação de fazer, ou de não fazer não se executa provisoriamente (ato omissivo ou comissivo são satisfativos), deu ao juiz instrutor meios persuasivos para que a obrigação seja cumprida, podendo as *astreintes* ir além do principal, pois não estão atreladas ao mesmo, por não se tratarem de cláusula penal (art. 412, CC). Da natureza jurídica da obrigação de fazer, resulta que não poderá haver determinação, *v. g.*, de reintegração em execução provisória. Se o juiz determinar, a parte poderá não obedecer e arcar com as conseqüências de pagar as *astreintes* mais as perdas e danos (§ 2º, do art. 461). Não deve o juiz determinar aquilo que não consiga impor *manu militari*. Ainda que o faça num determinado dia, fazendo o trabalhador ser acompanhado de soldados (contra a força não há resistência), no dia seguinte, poderá impedir a entrada do trabalhador. Em suma, o legislador colocou à disposição do juiz meios suasórios de convencer o empregador a cumprir a obrigação de fazer ou de não fazer, ainda que em execução provisória, impondo-lhe sanção pecuniária "irresistível" (*Orlando Gomes*, in "Obrigações ...", 5ª ed., Forense, Rio, 1978). O § 2º, do art. 461 deixa claro que o réu poderá não cumprir a obrigação, arcando, nesse caso, com o total das *astreintes* e das perdas e danos. E o art. 247, CC alerta para o fato de que o devedor que não cumprir a obrigação incorre em perdas e danos. O que significa que o réu não está obrigado a cumprir a obrigação antes do trânsito em julgado. Pode preferir correr o risco de pagar quantia elevada (*astreintes*) sem prejuízo das perdas e danos, a cumprir de imediato uma obrigação que ainda não é nem certa, nem líquida e que, ao final, a ação poderá ser julgada improcedente. A mesma possibilidade de não cumprimento, antes do trânsito em julgado, está previsto no § 5º do art. 461: "imposição de multa, por tempo de atraso", ressalvados casos de busca e apreensão, remoção de pessoas e coisas, desfazimento de obra e impedimento de atividade nociva, podendo para tanto, se e quando necessário, utilizar força militar.

45.9.17. Da obrigação de entrega de coisa certa

No caso em que se tenha por objeto a entrega de coisa certa, o juiz ao conceder a tutela, fixará prazo para o cumprimento da obrigação (art. 461-A, CPC). Também, nesse caso, deve o juiz usar do poder suasório das *astreintes* (§ 3º). Se o devedor não cumprir a obrigação no prazo estipulado, além de incorrer na pena pecuniária somada às perdas e danos, o juiz expedirá em favor do credor mandado de busca e apreensão (coisa ou pessoa) ou de imissão de posse (bem imóvel). Nesse caso, a petição inicial deverá ser clara, determinando a coisa por gênero e por quantidade, especificando a quem cabe à escolha.

45.9.18. Do poder discricionário do juiz

A lei concedeu ao juiz o poder discricionário — não arbitrário — para a concessão da tutela antecipada e da tutela específica. A concessão não está na dependência do livre-arbítrio do juiz, mas na existência de determinados requisitos (prova inconteste e versossimilhança) que, existentes, exigem a presença de uma das hipóteses previstas em lei (art. 273, I e II, CPC). É verdade que a análise da prova inconteste estará temperada com o subjetivismo do juiz instrutor, bem assim a verossimilhança e a existência de prejuízo iminente ou em potencial, o abuso de direito de defesa ou escopo protelatório. Bem por isso, que a lei (§ 4º, art. 273) permite a revogação pelo juiz.

45.9.19. Da negativa de antecipação

A análise dos elemenos que permitem a concessão é do juiz da causa. A sua análise poderá conduzir à convicção favorável ou não ao que pretende o autor. Existe nessa análise subjetivismo? A resposta é positiva. A percepção do ser humano sobre determinados fatos varia. E com o juiz não é diferente. Como regra, no processo do trabalho, a decisão que indeferir ou conceder a antecipação tem natureza interlocutória e, portanto, é irrecorrível. Entretanto, se o deferimento ou o indeferimento trouxer prejuízo à parte, esta poderá fazer uso do mandado de segurança para evitar prejuízos, à míngua de recurso específico.

45.9.20. Do prazo para requerer a tutela

Segundo *Calmon Passos* ("Inovações no Código de Processo Civil", Forense), o prazo para o requerimento da antecipação da tutela será de 10 (dez) dias, por aplicação analógica do art. 325, CPC.

Discordamos do eminente mestre baiano. A antecipação da tutela e da tutela específica poderá ser requerida a qualquer momento, desde que não haja coisa julgada. A parte pode não haver requerido a antecipação da tutela, por não contar com prova inconteste, embora presente a verossimilhança. Todavia, com instrução probatória tem-se confirmada a prova inconteste que, junto com a verossmilhança e o receio objetivo de dano, aconselhe a concessão. O fato de não a haver requerido por ocasião do ajuizamento da ação não lhe impõe a preclusão. Da parte, é a escolha da oportunidade. Essa oportunidade, como vimos, poderá não se apresentar de imediato, mas poderá surgir com o desenvolvimento procedimental. Por outro lado, o fato de não haver requerido em primeiro grau, não impede o autor de fazê-lo em segundo grau, em sede recursal. Em existindo a sentença de mérito favorável, será um motivo ponderoso para que se conceda a antecipação de tutela ou a tutela específica, se o recurso foi recebido com efeito suspensivo. Afora isso, a parte poderá valer-se da execução provisória, em se tratando de execução por quantia certa. Se for obrigação de fazer ou de não fazer, à concessão de tutela deverá ser somada a pressão pecuniária (*astreintes*) que será de grande eficácia.

45.9.21. Da audiência una

De confirmidade com o processo do trabalho, a audiência deverá ser una, isto é, o juiz deverá propor a proposta conciliatória prévia. Não havendo composição entre as partes, receber a defesa (escrita ou oral), instruir o processo e prolatar a sentença deferindo o pedido (total ou parcialmente), ou não provendo o pedido. Todavia, a realidade é maior forte que a lei; se a lei ignorar a realidade, esta ignorará a lei. E foi justamente o aconteceu em sede trabalhista, onde, nos grandes centros, um número elevado de processos em pauta impediu o cumprimento da lei. Daí a praxe de cindir-se a audiência em sessões: a) para entrega da defesa; b) interrogatório das partes e tomada do depoimentos de testemunhas; b) encerramento da instrução, conciliatória final, e pauta para julgamento. Neste caso, a antecipação da tutela ou da tutela específica é perfeitamente viável. Entretanto, existem aquelas Varas que conseguem resolver tudo numa só assentada. Se houver recurso, recebido também no efeito suspensivo, a antecipação da tutela permitirá a execução provisória, já que eliminada estaria a execução provisória. Entretanto, se o efeito dado ao recurso for apenas o devolutivo, regra geral na Justiça do Trabalho, não haverá a necessidade da antecipação de tutela, pois a parte poderá prover a liquidação, se ilíquida a sentença, e, homologados os cálculos, se não pago o valor da obrigação, ou depositado o numerário para garantia do juízo, serão penhorados bens para a garantia do juízo.

45.9.22. Da penhora de bens

A antecipação da tutela diz respeito à antecipação do próprio mérito, situação que a diferencia das medidas cautelares (típicas e atípicas). Em sede cautelar, a medida tem por escopo a garantia de uma futura execução, enquanto na antecipação da tutela e na tutela específica o juiz instrutor, com suporte na verossimilhança e na prova inconteste, binômio esse somado a um dos incisos do art. 273, CPC, adianta a entrega jurisdicional do próprio mérito, que poderá ser de forma parcial ou integral. Como regra, em tais casos, em sendo ilíquida a antecipação, o autor procederá à liquidação pelos meios legais admissíveis. Homologados os cálculos, o réu poderá efetuar o depósito à disposição do juízo, ou apresentar bens à penhora, respeitada a ordem do art. 655, CPC e da Lei n. 6.830/1980. Não fazendo uma coisa, nem outra, o oficial de justiça (cumpridor de mandados) efetuará a penhora de bens, quantos bastem à garantia do juízo. A partir daí, a parte terá direito a apresentar embargos à execução para rediscutir matéria prequestionada antes da homologação dos cálculos. Julgados os embargos, o processo deve ser sobrestado até o trânsito em julgado. Prolatada a sentença de mérito, deve o juiz instrutor confirmar a antecipação da tutela. Se a garantia do juízo foi por depósito em dinheiro, este não deverá ser liberado, senão mediante caução idônea. Os bens penhorados não serão levados em hasta pública, salvo caso de produto perecível, hipótese em que o valor arrecadado ficará depositado à disposição do juízo.

45.9.23. Da possibilidade de recorrer

A decisão que antecipa a tutela na obrigação de pagar quantia certa ou na tutela específica de obrigação de fazer ou de não fazer tem a natureza jurídica interlocutória da qual caberá agravo de instrumento em sede civilista. Em âmbito trabalhista, a decisão que antecipa a tutela é irrecorrível. Tenha-se em mente que o agravo de instrumento trabalhista, diferente do seu similar civilista, possui núcleo operacional restrito ao desatrelamento de recurso, cujo processamento fora indeferido. Todavia, a parte que se sentir prejudicada pela antecipação, ou não, de tutela, poderá fazer uso do mandado de segurança, à míngua da existência de recurso próprio, como acontece no processo comum.

45.9.24. Do Poder Público e da antecipação de tutela

Não existe óbice legal a que a tutela seja concedida, quando esteja no pólo passivo ente público. Contudo, somente será expedido o precatório após o trânsito em julgado da decisão. Em sendo irrecorrível a decisão aí proferida, não há falar em "duplo grau de jurisdição". A remessa dos autos ao tribunal consistiria mal maior do que o indeferimento da tutela. No entanto, não vemos vantagem na antecipação, a não ser pelo adiantamento da liquidação, uma vez que os bens do poder público são impenhoráveis.

45.9.25. Do cabimento de mandado de segurança

Como vimos em item anterior, a decisão antecipatória de tutela é irrecorrível em sede trabalhista. Porém, o juiz instrutor poderá cometer ilegalidade, *v. g.*, concessão sem que haja a prova inconteste, somada à verossimilhança e a uma das hipóteses dos incs. I e II, do art. 273, CPC, ou, ainda, conceder a tutela sem declarar as razões do seu convencimento (§ 1º), causando maus-tratos às normas preceptivas do inc. IX, do art. 93 da Constituição Federal. É sabido que a segurança tem cabimento para desprestigiar ato ilegal ou arbitrário de autoridade pública que cause ou possa causar prejuízos, malferindo direito subjetivo. Muito embora, o *writ* firme residência em sede de ilegalidade, não de injustiça do ato praticado, a jurisprudência dos tribunais tem minimizado essa drasticidade, admitindo a segurança para dar efeito suspensivo a recurso, cujo efeito, por lei, seria somente o devolutivo. Ademais, a prática indica inúmeros casos em que a segurança será necessária: imagine-se a hipótese em que, antecipada a tutela, a parte efetua o depósito à disposição do juízo e, a requerimento do autor, o juiz autoriza a liberação sem caução. Evidente a ilegalidade e o prejuízo que desse ato poderá advir. O único meio hábil e rápido para neutralizar o ato de arbítrio será a concessão de liminar em mandado de segurança; suponha-se, ainda, a antecipação da tutela com base apenas na prova inconteste e na verossimilhança, sem que o juiz haja mencionado uma das hipóteses dos incs. I e II, do art. 273, CPC.

45.10. Da ação de consignação em pagamento

45.10.1. Da consignação em pagamento: breve enfoque

A ação de consignação em pagamento recebeu modificações estruturais por meio da Lei n. 8.951/1994 (arts. 890, 893, 896, 897 e 899, CPC).

A consignação em pagamento se subdivide hoje em fase extrajudicial e fase judicial. "Tratando-se de obrigação em dinheiro, poderá o devedor ou terceiro optar pelo depósito da quantia devida, em estabelecimento bancário, oficial onde houver, situado no lugar do pagamento, em conta com correção monetária, cientificando-se o credor por carta com aviso de recepção, assinado o prazo de 10 (dez) dias para a manifestação de recusa."

Comanda o art. 930 do CC que "qualquer interessado na extinção da dívida pode pagá-la, usando, se o credor se opuser, dos meios conducentes à exoneração do devedor". E o art. 973 do CC apresenta rol das situações em que o devedor poderá se utilizar da consignação em pagamento.

Temos para nós que o procedimento extrajudicial em sede de consignação em pagamento trará muita dificuldade e, por isso mesmo, será pouco utilizado, em sede trabalhista, levando-se em conta a drasticidade do § 2º, que dispõe, *in verbis*:

> "Decorrido o prazo referido no parágrafo anterior, sem a manifestação de recusa, reputar-se-á o devedor liberado da obrigação, ficando à disposição do credor a quantia depositada."

Ora, em país com cerca de 33% de analfabetos, percentual que se concentra nas camadas mais baixas, entre os trabalhadores, não se pode falar em manifestação de recusa. Possivelmente, em dependendo do grau de escolaridade, o trabalhador sequer terá noção da exigência legal. E não se argumente com o art. 3º da LICC, que seria mera utopia.

Por outro lado, ainda que assim não fosse, *ad argumentandum*, a correção monetária paga pelo banco é menor do que aquela exigida para os créditos trabalhistas, sem falar na irrenunciabilidade do crédito, de natureza alimentícia (art. 100, CF), o que jogaria por terra qualquer argumentação em prol da quitação do crédito que não fosse recusado habilmente.

Decerto a consignação em pagamento assim levada a efeito, dependendo da escolaridade do trabalhador, não será obstáculo à propositura da reclamação trabalhista. Quanto à consignação em pagamento judicial não vemos qualquer óbice à sua aplicação (arts. 892 *usque* 899, CPC). Todavia, achamos conveniente que o trabalhador, em caso de ação de consignação, apresente defesa e reconvenção permitindo assim que a matéria seja discutida e analisada nos contornos mais amplos da reclamação.

Nesse caso, deverá o juízo instruir a reconvenção e, possivelmente, a ação de consignação restará neutralizada ou até mesmo sem objeto.

45.10.2. Do objeto

A consignação em pagamento traduz modo de extinção de dívida. É instituto de direito material, motivo que possivelmente tenha levado o legislador processual a não compor o rol das situações que dariam ensejo a este *remedium juris*. O tema está previsto nos arts. 334 *usque* 345 do Código Civil de 2002 e arts. 890 a 900 do CPC.

45.10.3. Das hipóteses

Comanda o art. 890 do CPC que poderá o devedor ou terceiro requerer, com efeito de pagamento, a consignação da quantia ou da coisa devida, nos casos previstos em lei. A escolha genérica eleita pelo legislador, bem diz da dificuldade em se indicar casuísmos. Segundo o art. 335 do Novo Código Civil, a consignação tem lugar: I — se o credor não puder, ou, sem justa causa, recusar receber o pagamento, ou dar quitação na devida forma; II — se o credor não for, nem mandar receber a coisa no lugar, tempo e condições devidos; III — se o credor for incapaz de receber, for desconhecido, declarado ausente, ou residir em lugar incerto ou de acesso perigoso e difícil; IV — se ocorrer dúvida sobre quem deve legitimamente receber o objeto do pagamento; V — se pender litígio sobre o objeto do pagamento.

A consignação também está prevista no Código Comercial (arts. 204 e 437): a) se o comprador sem justa causa recusar a receber a coisa vendida e o credor resolver demandá-lo pelo preço e juros de mora, caso em que requererá o depósito judicial dos objetos vendidos; b) se o devedor em cujo poder alguma quantia for embargada, e o comprador de alguma coisa que esteja sujeita a encargo ou obrigação se quiser desonerar, consignando o preço ou a coisa em depósito judicial.

Própria ainda é a ação consignatória como meio liberatório ou de pagamento do crédito tributário pelo sujeito passivo da obrigação nos seguintes casos: I — de recusa de recebimento, ou subordinação deste ao pagamento de outro tributo ou de penalidade, ou ao cumprimento de obrigação acessória; II — de subordinação de recebimento ao cumprimento de exigências administrativas, sem fundamento legal; III — de exigência, por mais de uma pessoa jurídica de direito público, de tributo idêntico sobre um mesmo fato gerador. § 1º A consignação só pode versar sobre o crédito que o consignante se propõe a pagar. § 2º Julgada procedente a consignação, o pagamento se reputa efetuado e a importância consignada é convertida em renda; julgada improcedente a consignação no todo ou em parte, cobra-se o crédito acrescido de juros de mora, sem prejuízo das penalidades cabíveis (art. 164, da Lei n. 5.172, de 25.10.1966 — CTN). É bem de ver que a consignação extrajudicial não poderá ser utilizada para débitos tributários nem em caso de relação locatícia (Lei n. 8.245/1991), com previsão especial no art. 67.

Tem-se, pois, que os motivos, em regra, que ensejam a consignação em pagamento são: a) a recusa do credor ao recebimento; ou b) razoável dúvida sobre a verdadeira identidade do credor ou mesmo sobre a qualificação da pessoa que estaria substituindo o credor. Afora esses motivos tidos como clássicos pela doutrina, outros, todavia, poderão ser encontrados, v. g.: a) incapacidade do credor como óbice a que conceda a quitação; b) a existência de litígio ou concurso de preferência sobre o objeto do pagamento; c) a dificuldade de efetuar-se o pagamento, determinada pelo lugar em que se encontra o credor.

45.10.4. Do lugar da consignação

A consignação será requerida no lugar do pagamento. Cessam para o devedor, desde a data do depósito, os juros ou riscos, salvo se julgada improcedente (art. 891 do CPC). Excepciona o Código, quando a coisa objeto da consignação for coisa que deve ser entregue no lugar em que está (art. 891, parágrafo único, do CPC). Neste caso, a consignação poderá ser feita no lugar onde a coisa se encontra ou no lugar de pagamento. A escolha será faculdade do consignante. Dada a facultatividade prevista na lei, não vemos também óbice a que as partes estabeleçam outro foro para o depósito da coisa.

45.10.5. Da consignação administrativa

Em se tratando de obrigação em dinheiro, poderá o devedor ou terceiro optar pelo depósito da quantia devida, em estabelecimento bancário, oficial onde houver, situado no lugar do pagamento, em conta com correção monetária, cientificando-se o credor por carta com aviso de recepção, assinado o prazo de dez dias para a manifestação de recusa (art. 890, § 1º, do CPC). Tem-se aqui a possibilidade de consignação em pagamento extrajudicial. Esse procedimento, em dependendo do grau de instrução das pessoas envolvidas, poderá até tornar-se uma forma de aliviar o trabalho do Poder Judiciário.

Dispõe o art. 304 do Novo Código Civil que "qualquer interessado na extinção da dívida pode pagá-la, usando, se o credor se opuser, dos meios conducentes à exoneração do devedor". É de se antever que a consignação em âmbito administrativo será pouco utilizada, dadas as dificuldades normais de efetiva segurança. Primeiro, o depósito deverá ser efetuado acompanhado de correspondência do devedor ao banco, informando que aquele valor deverá ser consignado em pagamento ao credor X, indicando corretamente o local da residência ou do domicílio para correspondência, com indicação do CEP. Esclarecerá, ainda, ao banco que este deverá enviar correspondência à parte (credor), com aviso de recepção, indicando a origem do depósito e o nome do depositante. Que o banco deverá alertar ao credor que poderá receber o numerário ou recusá-lo, sendo a recusa somente por escrito. O banco, ainda, deverá mencionar na carta as conseqüências de uma possível omissão do credor (art. 890, § 2º, CPC): " reputar-se-á o devedor liberado da obrigação, decorrido o prazo sem manifestação de recusa, ficando à disposição do credor a quantia depositada."

O depósito puro e simples na conta do credor, sem que o procedimento se faça com a participação do banco, ainda que cuide o devedor de enviar correspondência ao credor, com aviso de recepção, poderá trazer sérios transtornos, uma vez que o numerário depositado não poderá ser retirado ou estornado a pedido do depositante, mas somente com a autorização do titular da conta, salvo engano devidamente comprovado.

Segundo, haverá uma certa resistência por parte dos bancos — oficiais onde houver e onde não houver, bancos particulares — uma vez que esse procedimento é oneroso e a lei não previu pagamento para a espécie. Possivelmente, o Banco Central venha a cuidar do assunto num futuro próximo. Ademais, o banco executor terá responsabilidades, *v. g.*, no envio da correspondência, na liberação do numerário para a pessoa certa etc.

45.10.6. Da drasticidade do § 2º, do art. 890, CPC

Comanda a lei que decorrido o prazo sem manifestação da recusa, reputar-se-á o devedor liberado da obrigação, ficando à disposição do credor a quantia depositada. Parte-se, aqui, do princípio utópico insculpido no art. 3º da Lei de Introdução ao Código Civil. Em dependendo do grau de instrução do credor, possivelmente nem saiba o que estará acontecendo ao receber a correspondência do banco. Assim, a recusa poderá ser conseqüência do despreparo do credor; poderá, ainda, não receber a correspondência,*v. g.*, estava viajando e a correspondência foi entregue ao caseiro ou ao vigilante e, quando do retorno, já havia esgotado o prazo legal de dez dias. O funcionário do correio certamente não irá anotar o ocorrido. A correspondência não poderá ser deixada na caixa postal, mas deverá ser entregue pessoalmente, com aviso de recepção.

Outra dificuldade surge: como dar efeitos de revelia a um procedimento extrajudicial, como quer o § 2º, quando o leigo não é obrigado a ter conhecimentos técnicos? A indicação do silêncio como aceitação é, no mínimo, exagerada, uma vez que faz do silêncio suporte *juris et de jure* para concluir pela aceitação, com a agravante de prever prazo exíguo de dez dias. A razoabilidade interpretativa, em tais casos, seria considerar-se quitado apenas o valor consignado, não a dívida toda. Como essa interpretação desvirtuaria o tecido normativo do art. 334 do Novo Código Civil, a consignação extrajudicial será pouco utilizada ou não será utilizada pelo devedor, prevendo dificuldades futuras na efetiva quitação.

45.10.7. Da recusa manifestada por escrito

Segundo preceitua o § 3º "ocorrendo a recusa, manifestada por escrito ao estabelecimento bancário, dirigida ao estabelecimento bancário, o devedor ou terceiro poderá propor dentro de trinta dias, a ação de consignação, instruindo a inicial com a prova do depósito e da recusa. A prova da recusa poderá ser formulada por escrito, mediante correspondência dirigida ao estabelecimento bancário depositário; nada impede que o credor compareça pessoalmente à agência bancária e manifeste a sua recusa. Em ocorrendo a hipótese, deverá o banco tomar por termo a recusa para atender ao exigido no § 3º. Tudo isso, em país onde o índice de analfabetismo ainda é muito grande. Para o analfabeto, com certeza, será mais fácil comparecer ao banco para manifestar a recusa; caso contrário, terá de servir-se de terceiro para formular correspondência assinada a rogo.

45.10.8. Da propositura da ação de consignaação em 30 (trinta) dias

Comanda o § 3º que, em havendo recusa, o devedor poderá propor ação consignatória em trinta dias. Não vemos nenhuma razão para a restrição temporal. A exigência não tem nenhum sentido prático, a não ser que não fosse possível consignar judicialmente sem antes haver tentado resolver o assunto pela via extrajudicial. Preferível que o prazo continuasse em aberto e, por ocasião da consignatória judicial, o depósito bancário fosse colocado à disposição do juízo. Para que dar prazo, se o devedor não está obrigado a consignar judicialmente?

45.10.9. Da não efetividade do depósito

Pelo § 4º, não proposta a ação no prazo de 30 dias, ficará sem efeito o depósito, podendo o depositante levantá-lo. A redação, aqui, firma residência em sede de ambigüidade. Primeiro, o depósito não ficará sem efeito, posto que devidamente efetuado e não haverá como desdizê-lo. Melhor seria que houvesse sido utilizado o termo "liberado" em lugar de "sem efeito". O depósito foi efetuado, mas não atingiu o objetivo que seria pagar ao credor e quitar a dívida. Logo, nada mais restará senão a sua liberação. Mesmo porque o depósito não será lançado na conta do credor, mas em conta individualizada com o objetivo consignatório.

Por outro lado, em não estando o devedor obrigado a ajuizar ação consignatória, como condicionar a liberação do depósito ao transcurso do prazo de trinta dias?

As dificuldades ora trazidas avultam em sede trabalhista por razões óbvias. O crédito trabalhista é dotado de superprivilégio (art. 186 do CTN); tem natureza alimentar (art. 100, CF); tem preferência até mesmo sobre o crédito tributário (arts. 29 e 30 da Lei n. 6.830/1980) e é irrenunciável. De resto, quer em âmbito civil quer em âmbito trabalhista, a ausência de hábil recusa não será fator impeditivo de ajuizamento da ação para discutir a matéria e ponderar sobre os motivos que antecederam à ausência da recusa e à decorrência de prazo (art. 5º, XXXV, CF).

45.10.10. Da consignação judicial

Diferente do procedimento anterior que previa dia e hora para que o credor comparecesse ao cartório para receber o seu crédito pena de ser efetuado o depósito, este agora é efetuado no prazo de cinco dias, ressalvada a hipótese do § 3º, do art. 890 do CPC. No inc. II, do art. 593 do CPC tem-se a comunicação ao réu para a oblação. A novidade é que o legislador fala em resposta e não em contestação, ali compreendida a reconvenção, as exceções (incompetência do órgão jurisdicional, impedimento e suspeição). Aplicável ao processo trabalhista por alento subsidiário (art. 769 da CLT).

45.10.11. Da resposta

Em se comparando o art. 893, II e o art. 896 *caput*, ambos do CPC, tem-se que o legislador usa os termos "resposta" e "contestação" como se fossem sinônimos, relegando ao oblívio os preceitos do art. 297 do CPC e o rigor terminológico. A nova redação do *caput* é omissa quanto ao prazo para oferecer resposta. O prazo anterior era de dez dias, contados do depósito. Pelas regras atuais e a omissão do prazo, deverá prevalecer a regra estabelecida no procedimento ordinário.

45.10.12. Dos efeitos da revelia

A ausência de contestação desaguará na revelia e suas conseqüências (art. 319 do CPC). A ação poderá ser julgada procedente, desde que presentes as condições da ação e os pressupostos processuais. A obrigação será declarada extinta e o réu será condenado em custas e em honorários advocatícios. Na Justiça do Trabalho, somente haverá honorários no caso dos arts. 14 e 16 da Lei n. 5.584/1970, e Enunciados n. 219 e 329 do TST.

45.10.13. Da insuficiência de depósito

Em havendo alegação de insuficiência de depósito, o réu poderá levantar de imediato a quantia depositada, com a conseqüente liberação parcial. Essa abertura legal de permitir o levantamento parcial, desde que apresentados cálculos do que seria devido (art. 896, parágrafo único, CPC), se de um lado libera o devedor do pagamento de juros e correção monetária sobre o valor levantado, por outro lado dará maior fôlego ao credor para prosseguir na demanda. A lei visou a proteção do credor. Se a sentença concluir pela insuficiência do depósito determinará, em sendo possível, o montante devido (principal, juros, correção monetária, custas, emolumentos, honorários advocatícios e periciais). A execução será promovida nos próprios autos da consignatória, faculdade concedida ao credor.

45.10.14. Da sentença

Embora a sentença proferida na ação de consignação tenha caráter de natureza declaratório, quando declara extinta a obrigação em face da insuficiência do depósito

(§ 2º), tem natureza condenatória quando condena o autor a complementar o depósito, valendo a sentença como título executivo judicial (art. 584, I, CPC). Não vemos razão de ordem jurídica ou prática para que a execução não se proceda nos próprios autos em homenagem ao princípio de que o juiz da ação também é o juiz da execução.

45.10.15. Da reconvenção

Embora o legislador não tenha sido purista no emprego da terminologia, falando ora em "resposta", ora em "contestação" (arts. 893, II, 896, 897 e 899, todos do CPC) é de concluir que se cuida de resposta, daí ser possível a reconvenção.

Em sede trabalhista, não concordando o réu com o valor depositado poderá desde logo apresentar resposta e reconvir mediante dissídio individual. Neste caso, o juiz sobrestará o andamento da consignatória e prosseguirá na instrução do dissídio até final julgamento, onde declarará a perda de objeto da consignatória.

Precedente Administrativo

37. RESCISÃO. AJUIZAMENTO DA AÇÃO DE CONSIGNAÇÃO FORA DO PRAZO LEGAL PARA PAGAMENTO DAS VERBAS RESCISÓRIAS. A propositura fora do prazo legal de ação judicial de consignação em pagamento para pagamento das verbas rescisórias não afasta a mora da empresa autuada em relação ao prazo legal para cumprimento da obrigação.

45.10.16. Jurisprudência

AÇÃO RESCISÓRIA — ACORDO HOMOLOGADO JUDICIALMENTE — VIOLAÇÃO À LITERAL DISPOSIÇÃO DE LEI. A decisão que homologa acordo efetuado em ação de consignação em pagamento, ao chancelar a divisão do valor devido ao obreiro — *de cujus* — em partes desiguais entre os dependentes, quebra o princípio da isonomia entre os filhos menores, ferindo o disposto no art. 227, § 6º, da CF e ao art. 1º, § 1º, da Lei n. 6.858/80. (Ac. 02146.000/98-8 AR — 2ª SDI — TRT-4ª Reg. — j. 22.10.2001 — relª Juíza Beatriz Zoratto Sanvicente — DOERS 26.11.2001)

AÇÃO DE CONSIGNAÇÃO — LIMITES DA LIDE. É impossível apreciar nas Ações de Consignação em Pagamento matéria que extrapole os limites da petição inicial, salvo se houver reconvenção, ressalvando-se, contudo, que, ante a atual redação do Código de Processo Civil quanto ao tema, "discordando o réu do valor do depósito, a consignatória toma o caráter de uma espécie de ação dúplice, em que tanto o autor quanto o réu podem ser tutelados, sem que haja reconvenção do ponto de vista formal. (RO n. 01335-2001-132-05-00-0 — Ac. 10.636/02 — 2ª T. — TRT-5ª Reg. — relª Juíza Débora Machado — DJT 30.7.2002)

CONSIGNAÇÃO EM PAGAMENTO — RECUSA QUANTO AO RECEBIMENTO DAS PARCELAS RESCISÓRIAS — ÔNUS DA PROVA. A doutrina e a jurisprudência distinguem a dívida *portable* da *querable*. Na primeira, o devedor para se desobrigar da obrigação deve se dirigir ao domicílio do credor. Na segunda, toca ao credor procurar o devedor para haver o seu pagamento. Na *portable*, cabe ao autor o ônus de provar que ofereceu a prestação ao credor. Na *querable*, contudo, cumpre ao réu provar tal fato. Assim, como as obrigações trabalhistas são consideradas dívidas *portables*, segue-se que cabe ao devedor, ou seja, ao empregador provar que o empregado se recusou a receber os créditos trabalhistas. (RO n. 02338-2001-013-05-00-4 — Ac. 19.014/02 — 2ª T. — TRT-5ª Reg. — rela. Juíza Dalila Andrade — DJT 24.9.2002)

AÇÃO DE CONSIGNAÇÃO EM PAGAMENTO — DESNECESSIDADE DE RECONVENÇÃO PARA O CONSIGNADO RECEBER DIFERENÇA DE CRÉDITO EM SEU PROL (ART. 896, PAR. ÚN., C/C. §§ 1º E 2º DO ART. 899 DO CPC). Na Justiça Obreira a ação de consignação em pagamento e a reconvenção são regulados subsidiariamente pelo Código de Processo Civil, face ser omissa a Consolidação das Leis do Trabalho. Com a edição da Lei n. 8.951/94 a ação de consignação em pagamento sofreu considerável modificação, sendo incluída, agora, entre as ações dúplices, como as ações possessórias e a de prestação de contas (arts. 914 e seguintes e 922, do CPC). Enquadrando-se o caso dos autos à hipótese prevista no art. 896, par. ún., c/c. §§ 1º e 2º do art. 899, do Código Adjetivo comum, perfeitamente aplicável ao rito trabalhista, não há se falar em necessidade de reconvenção, para o consignado receber diferença de crédito em seu prol. Recurso conhecido e improvido. (Proc. 01382/2002-009-07-00-8 — TRT-7ª Reg. — j. 14.8.2003 — rel. Juiz Manoel Arízio Eduardo de Castro — DOJT 25.9.2003 — BJTRT-7ª Reg. v. 10, n. 2, jul.-dez. 2003)

RECURSO ORDINÁRIO — RITO SUMARÍSSIMO — MULTA DO ART. 477/CLT — RECUSA DE RECEBIMENTO DE VERBAS RESCISÓRIAS. A recusa do autor no momento do recebimento das verbas oferecidas pela reclamada pode ser contornada por meio de consignação em pagamento, instrumento jurídico hábil a livrá-la da mora e, de conseguinte, da multa prevista no § 8º do art. 477 da CLT. Não tendo a reclamada se valido desse remédio, deve arcar com a multa prevista no § 8º do art. 477 da Consolidação. Recurso em rito sumaríssimo 00599.2002.006.19.00.6 — TRT-19.ª Reg. — j. 21.1.2003 — rel. Juiz João Leite)

CAPÍTULO 46

DA FASE EXECUTÓRIA

46.1. Das generalidades

46.1.1. Da diferença entre a execução civil e a trabalhista

A execução civil, para efeitos didáticos, deve ser estudada tomando o foco, antes e depois da Lei n. 11.232/2006 e da Lei n. 11.382/2006.

a) Processo Civil

Antes do advento dos diplomas legais *supra*, a liquidação de sentença tinha a dignidade de verdadeira ação, e a decisão proferida tinha o *status* de sentença de mérito a desafiar o recurso de apelação. Confirmada a decisão liquidatória, os autos desciam à Vara de origem e o devedor era citado (art. 611, CPC, ora revogado) para pagar ou garantir o juízo mediante a indicação de bens (art. 655, CPC), dentro de 24 (vinte e quatro) horas da citação. Garantido o juízo mediante a penhora de bens, o devedor poderia apresentar embargos à execução, quando então poderia discutir matéria que houvesse sido prequestionada por ocasião da liquidação de sentença. A exemplo da liquidação de sentença, os embargos também se consubstanciavam em verdadeira ação, cuja decisão era uma sentença que desafiava novamente o recurso de apelação. As decisões proferidas em liquidação de sentença e em embargos eram sentenças de mérito e transitavam em julgado. A desconstituição desafiava ação rescisória. Tinha-se, assim, uma separação muito bem delineada, entre o processo de conhecimento e o processo de execução. Tinha-se uma ação de conhecimento e uma ação executória. A ação de liquidação, embora colocada no Título I — Da Execução em Geral (Livro II), Capítulo VI, do Código de Processo Civil, em realidade era um incidente que antecedia à execução, posto que esta tinha início com a citação (art. 611, hoje revogado). Se assim era, a liquidação não pertencia à execução. O que seria então a liquidação de sentença? Mero incidente de natureza declaratória (existe o *an debeatur* e busca-se o *quantum debeatur)* e integrativa da execução, isto é, uma espécie de ponte que ligava o processo de conhecimento ao de execução. Assim era o processo de execução, numa visão objetiva.

b) Processo do Trabalho

No processo do trabalho, menos formal do que o seu símile civil, o processo de conhecimento e o processo de execução são simples fases que se complementam, isto é, o juiz ao proferir a sentença de mérito não termina o processo de conhecimento, que se projeta para o processo executório (sendo a sentença líquida), ou passando pelo incidente de liquidação (sendo a sentença ilíquida). Pode-se dizer que a execução no âmbito trabalhista é um simples epílogo da fase de conhecimento. Ambas se completam. A primeira (*cognitio*) garante às partes a ampla defesa e o manejo do contraditório, provendo o juiz instrutor (*dominus processus)* para que haja tratamento igualitário das partes e a sentença seja proferida imune de nulidades ou ilegalidades. Mas, não basta que o Estado dê a prestação jurisdicional, por meio de juízes imparciais. É necessário mais. É preciso que o Estado transforme em realidade o comando sentencial condenatório. Tudo isso, sem maiores formalidades, podendo o juiz agir de ofício sempre que julgar necessária a sua intervenção. Diferentemente do processo civil, a liquidação de sentença e os embargos à execução não têm a dignidade de ação, mas de simples incidentes. Do que resulta, que as decisões proferidas em liquidação de sentença e em embargos são meramente interlocutórias, isto é, permitem que o juiz a qualquer momento sane irregularidades cometidas, pois é detentor do juízo da reforma, desde a decisão liquidatória até o agravo de petição, ou de instrumento em sendo o caso. Some-se, ainda, a irrecorribilidade das decisões interlocutórias em primeiro grau, podendo o interessado discuti-las em recurso ordinário, se e quando for o caso.

c) Processo civil atual

A partir da Lei n. 11.382/2006, a execução por título judicial e extrajudicial ganhou contornos próprios. Enquanto na execução por título extrajudicial, os embargos do devedor (ou à execução) permanecem com o *status* de verdadeira ação, desafiando o recurso de apelação, na execução de título judicial por quantia certa e por obrigação de fazer, não haverá mais embargos do devedor, ficando em seu lugar a "impugnação". Da decisão proferida em "impugnação", caberá agravo de instrumento. Isso significa, que a decisão proferida em "impugnação" será meramente interlocutória, a desafiar agravo de instrumento, não mais apelação, salvo o caso de extinção da execução em que caberá o recurso de apelação. Na execução por título extrajudicial, não mais será necessária a garantia do juízo (art. 736, CPC). No caso de execução judicial por quantia certa, não mais haverá a citação, apenas a intimação nos termos do art. 475-J. A partir da intimação, o devedor terá 15 (quinze) dias para efetuar o pagamento. Se não o fizer no prazo (*tempus judicati)*, incorrerá na multa de 10% sobre o montante da condenação que será imposta de ofício pelo juiz executor, sem necessidade de que o credor o requeira. O prazo de 15 (quinze) dias não é para pagar ou oferecer bens à penhora. Não. É para pagar, sob pena de incorrer na multa. A penhora será feita, em caso de inadimplência, a requerimento do credor. Na execução por quantia certa, a lei excepciona em dois casos: a) execução de prestação alimentícia (art. 732, CPC); e b) Fazenda Pública (art. 741, CPC). Nestes casos, a liquidação de sentença e os embargos do devedor permanecem com a natureza jurídica de ação, mas, sem o benefício do art. 736, CPC só devido ao devedor por título extrajudicial. A Fazenda será cobrada mediante precatório. No art. 475-N, CPC, a lei excepciona o disposto no art. 475-J, CPC, isto é, embora a regra para executar obrigação por quantia certa e obrigação de fazer seja a não citação (art. 611 foi revogado), será obrigatória a citação nos casos dos incs. II (sentença penal condenatória transitada em julgado); IV (sentença arbitral); VI (sentença estrangeira, homologada pelo Superior Tribunal de Justiça) do art. 475-N. O fato, entretanto, de exigir-se a citação não desnatura o norte procedimental que continua sendo a do art. 475-J.

A exemplo do que ocorre no processo do trabalho, o processo de conhecimento e o processo executório passaram a simples fases que se complementam. Da decisão proferida de natureza meramente interlocutória, caberá agravo de instrumento (art. 475-H). Tem-se, pois, que, com a nova reforma processual, houve uma aproximação da execução por quantia certa com o processo do trabalho. Houve mudança conceitual na decisão proferida em liquidação e em "impugnação". Antes, eram decisões de mérito; agora, meramente interlocutórias, as quais desafiam o agravo de instrumento. Todavia, o processo trabalhista ainda permanece na vanguarda por dois fatores importantes: a) a irrecorribilidade das decisões interlocutórias; b) o restrito âmbito operacional do agravo de instrumento trabalhista, quando comparado com o seu símile do processo comum. Aos poucos, o processo comum vai se livrando de peias e adotando medidas enérgicas, como é o caso do art. 475-J, perfeitamente aplicável ao processo do trabalho no tocante à multa de dez por cento. A tendência do processo é buscar resultados práticos e não perder-se em filigranas.

46.1.2. Do objetivo da execução

A execução busca transformar em realidade um comando sentencial condenatório inadimplido. Como regra, verifica-se que o devedor por título judicial não cumpre a sentença depois de transitado em julgado. Instaura-se, com isso, uma situação que incomoda, não só o titular do direito, como o próprio Poder Judiciário. Esse desrespeito já se tornou praxe pelos devedores, aí se incluindo o Poder Público. Não basta que o Estado, detentor único do poder jurisdicional, decida pela procedência ou pela improcedência do pedido. No caso de procedência, com comando condenatório, não se pode dizer que a lide foi sanada. O simples direito concedido abstratamente não satisfaz ao seu titular. É necessário que o abstrato se transforme em concreto, com o pagamento em pecúnia ou o cumprimento da obrigação de fazer ou de não fazer.

Como regra, o poder jurisdicional não age de ofício, devendo a parte interessada provocá-lo mediante petição. De conformidade com o art. 475-J, CPC, a parte é intimada da decisão para pagar quantia certa e terá de efetuar o pagamento em 15 (quinze) dias, sob pena de pagar multa de 10% (dez por cento) sobre montante da condenação. No processo do trabalho, o devedor continua a ser intimado da decisão e citado para pagar ou oferecer bens à penhora. No processo civil, a parte tinha o prazo de 24 (vinte e quatro) horas para pagar ou dar bens à penhora na obrigação de pagar quantia certa ou de fazer, prazo esse substituído nos termos do art. 475-J. No processo do trabalho, o devedor tem o prazo de 48 (quarenta e oito) horas para pagar ou oferecer bens à penhora. Não o fazendo, o oficial de justiça (cumpridor de mandados) efetuará a penhora de tantos bens, quantos bastem para a garantia do juízo. Aparelhada a execução forçada, o devedor terá oportunidade de remir a execução, se for devedor solvente (art. 651, CPC). Não o fazendo, o bem será levado à hasta pública, onde será arrematado por terceiro ou pelo próprio credor que não está proibido de licitar, ou o credor poderá adjudicar o bem, com o seu próprio crédito, se igual ou superior ao valor lançado; se inferior, deverá depositar a diferença.

O processo executório, contudo, poderá se arrastar por anos. Terminada a fase de conhecimento, onde as partes têm a possibilidade de usar de todos os recursos que a lei lhe oferece, com a obtenção do trânsito em julgado, inicia-se a fase executória tão ou mais trabalhosa que a de conhecimento, onde o devedor terá a possibilidade de usar de inúmeros recursos. Se envolver matéria constitucional, a discussão, em sede trabalhista, passará pelo regional e TST, podendo desaguar no STF, por meio do recurso extraordinário.

46.1.3. Do juiz da execução

Segundo a doutrina e a jurisprudência, o juiz da ação também é o juiz da execução, isto é, aquele juiz que funcionou na fase de conhecimento também funcionará na fase executória. Isso acontece, porque pela distribuição do processo houve a fixação do juiz natural e da competência funcional, o que significa que aquele juiz é o único competente funcionalmente para decidir no processo executório. Do ponto de vista prático, haverá maior facilidade procedimental pelo fato de o juiz conhecer os meandros do que ali se discute. Essa fixação do juiz ao processo é a regra contida no princípio da *perpetuatio jurisdictionis* prevista no art. 87, do CPC, sendo irrelevantes modificações do estado de fato ou de direito ocorrido posteriormente. Entretanto, a regra geral sempre registra exceções. Assim, a competência funcional originária poderá ser mudada quando suprimirem o órgão judiciário ou alterarem a competência em razão da matéria ou da hierarquia. Nesses casos, competência funcional originária se transmuda para a competência derivada de outro órgão e juiz, por motivos incontornáveis. A competência funcional poderá ser neutralizada ocasionalmente para outro juízo, para o cumprimento de precatória executória (juízo deprecado). A competência poderá, ainda, ser transferida ao juízo universal da falência, retirando do juiz executor a possibilidade de levar à almoeda bens penhorados. A competência funcional se fixa, como regra, à Vara pela distribuição, não à pessoa física do juiz. Por isso que, quando o juiz é transferido ou promovido, não leva consigo os processos. Estes permanecem na Vara. O juiz designado para aquela Vara incorpora a competência funcional. O juiz da execução é sempre um juiz singular. Mesmo quando no processo do trabalho havia o juízo colegiado ao tempo da representação classista (EC n. 24/1999), a execução era feita por juízo monocrático.

46.1.4. Do conceito

A execução é a fase mais nobre do processo, quando se transforma em realidade um comando sentencial condenatório e se vence a resistência do devedor renitente, mediante a penhora de bens e a sua transformação em dinheiro pela venda de bens em hasta pública. Nessa fase, se completa a prestação jurisdicional do Estado, quebrando resistências e tornando realidade o comando abstrato de uma condenação.

46.1.5. Da execução forçada

Segundo *Liebman*, "a atividade desenvolvida pelos órgãos judiciários para dar atuação à sanção recebe o nome de execução; em especial, execução civil é aquela que tem por finalidade conseguir por meio do processo, e sem o concurso da vontade do obrigado, o resultado prático a que tendia a regra jurídica que não foi obedecida. (...) A execução é feita para a atuação de uma sanção justificada pelos fatos ocorridos entre as partes, isto é, para satisfazer direito efetivamente existente" ("Processo de Execução", n. 2, p. 4).

A execução, como atividade estatal, pressupõe, como regra, a existência de uma ação de conhecimento, onde a parte colocada no pólo passivo teve todas as oportunidades defensivas (princípio da ampla defesa e do devido processo legal), obtendo, a final, um título judicial com trânsito em julgado que propiciará ao autor a execução aparelhada, caso a parte não cumpra a obrigação espontaneamente. Nada impede, tudo aconselha, que, em vez de aguardar o trânsito em julgado, as partes se conciliem, acordem ou transacionem no processo. Em sede civilista, existe a execução de títulos extrajudiciais (art. 576, CPC), cujo rol vem explicitado no art. 585 do CPC. O título extrajudicial no processo do trabalho está restrito à conciliação feita perante a Comissão de Conciliação Prévia e ao Termo de Ajuste de Conduta firmado perante o Ministério Público (art. 876, CLT). O Código de Processo Civil excepciona nos arts. 1.102a, 1.102b, em função da ação monitória (Lei n. 9.079, de 14.7.1995) e art. 1.102-C, com nova redação (Lei n. 11.232/2005). Executar é, pois, transformar em realidade o comando abstrato de uma sentença condenatória. É transformar em concreto aquilo que existe apenas no mundo abstrato. Essa atividade é desenvolvida pelo Poder Judiciário, a quem foi concedido o poder jurisdicional, que é ao mesmo tempo poder, função e atividade. Como "poder", representa a expressão da própria soberania, que é única e una, exercida pelos órgãos estatais que compõem o Poder Judiciário, *v. g.*, juízes de primeiro grau de jurisdição, tribunais intermediários (Regional Federal, de Justiça, Eleitoral, Militar) e Tribunais Superiores (STJ, TST, TSE, STM), tendo no ápice o STF. Como "função", objetiva promover a realização do direito pelos órgãos estatais (estadual ou federal) com atuação dentro de um processo com ação habilmente ajuizada. A função jurisdicional não atua de ofício, somente quando provocada. Mantém-se latente. Provocada, não pode ser negada (princípio da indeclinabilidade). Os órgãos jurisdicionais são, por natureza e por índole, inertes, a eles se aplicando os princípios *nemo judex sine actore* e *ne procedat judex ex officio*. Como "atividade", diz respeito à própria movimentação do juiz no processo, no cumprimento da prestação jurisdicional explicitada na lei ou nos regimentos internos (competência funcional).

O processo de execução trabalhista, embora informado por filosofia própria de repulsa ao formalismo exacerbado, vai buscar no processo comum os elementos próprios para tornar realidade o mandamento sentencial. Essa aplicação subsidiária do processo comum, permitida pelo art. 769 da CLT, é feita de maneira a servir à realidade trabalhista, sem perder de vista o princípio da celeridade e da economia processual. Todavia, existem certas peculiaridades na execução trabalhista, *v. g.*, a diferença conceitual das decisões proferidas em liquidação de sentença, em embargos à execução, tema que será tratado no momento próprio. Afora os títulos extrajudiciais previstos no art. 876 da CLT, nenhum outro acordo ou transação tem executoriedade se não for firmado em juízo por meio de processo judicial. A restrição encontra amparo no fato de o crédito trabalhista ser, em termos, irrenunciável e de o advogado não ter peso de obrigatoriedade nas causas trabalhistas (art. 791, CLT; STF, TP, Proc. n. 67.390-2-PR, 6.4.1990), fato que restou confirmado pela Excelsa Corte na ADIn n. 1.127-8/DF, ajuizada pela Associação dos Magistrados Brasileiros, Min. Paulo Brossard. Entretanto, a não exigência de advogado não se estende a procedimentos outros que não sejam dissídios individuais, dissídios plúrimos, ação de cumprimento, dissídios coletivos. Daí a exigência de advogado na ação rescisória, no mandado de segurança, na ação cautelar, na ação civil pública, e no recurso para tribunal superior (TST e STF) etc.

Com o advento da EC n. 45/2004, a Justiça do Trabalho tornou-se uma Justiça híbrida, do que resultou certamente a relativização do art. 791, CLT. Existirão casos em que a presença do advogado far-se-á necessária. A Instrução Normativa n. 27, proveniente da Resolução n. 126/2005 do TST, DJ 22.2.2005, apresenta os primeiros argumentos para que isso suceda: o art. 3º, § 3º, prevê a sucumbência para aqueles casos em que não haja o vínculo de emprego; o art. 5º prevê honorário; o parágrafo único do art. 6º prevê a possibilidade de o juiz determinar o depósito prévio em caso de perícia, desde que não se refira a vínculo de emprego. Há tratamento diferenciado entre os casos envolvendo empregado e empregador próprios do hipossuficiente, que continua com tratamento privilegiado, e a execução também será privilegiada nos termos do art. 186 do Código Tributário Nacional (Lei n. 5.172/1966) e da Lei n. 6.830/1980 (LEF). Embora a Instrução Normativa fale expressamente em vínculo de emprego, a preferência executória deve privilegiar também o pequeno empreiteiro ou artífice e o trabalhador avulso (Lei n. 8.630, de 25.02.1993).

46.1.6. Da legislação aplicável

Como veremos a seguir, o processo trabalhista não basta a si mesmo, isto é, ainda não tem autonomia para prover às necessidades do Direito do Trabalho. Daí, surgir a construção legal, doutrinária e jurisprudencial, no sentido de buscar subsídios em outras áreas para que possa prover às necessidades processuais trabalhistas. Não achamos isso um defeito. Na grande maioria dos casos, essa necessidade de se relacionar com outros ramos do Direito acaba por ser salutar, não se restringindo ao âmbito restrito trabalhista. As tentativas de se construir um processo do trabalho em 1970 e 1990 não tiveram sucesso. A primeira tentativa feita por *Mozart Victor Russomano* foi a mais razoável, porque conservava as peculiaridades processuais trabalhistas. Existe uma tendência de "civilizar-se" o processo do trabalho, retirando ou substituindo procedimentos que lhe são próprios. Isso não deve acontecer, pena se lhe retirar a "personalidade", de um processo até mesmo irreverente, em certos casos.

De conformidade com o art. 889, CLT, aos trâmites e incidentes do processo de execução são aplicáveis, naquilo em que não contrariarem os preceitos celetistas, os preceitos reitores da Lei dos Executivos Fiscais (Lei n. 6.830/1980), que tem por objetivo a cobrança judicial da dívida ativa da Fazenda Pública. Entretanto, tendo em vista que o art. 889, CLT, desde a sua origem, mencionava e continua mencionando os preceitos dos executivos fiscais, com a revogação do Decreto-lei n. 960/1938 surgiu entendimento no sentido de que, embora revogado o mencionado decreto, continuaria a ser aplicado para efeitos trabalhistas, pelo fato de o art. 889 mencionar expressamente referidos preceitos. Os que assim entendiam afirmavam que aquele decreto havia se incorporado à legislação celetista ao ser mencionado expressamente. Daí a razão pela qual o decreto deveria continuar a ser aplicado no processo do trabalho. Essa corrente minoritária não teve sucesso e, praticamente, feneceu no seu nascedouro por absoluta ausência de suporte jurídico interpretativo que transmitisse convicção.

Com o advento da Lei n. 6.830, de 22.9.1980 (LEF), com vigência a partir de 22.12.1980 (art. 42), dispondo sobre a cobrança judicial da Dívida Ativa da Fazenda Pública, a execução trabalhista ganhou novo ânimo e sua aplicação (art. 889, CLT), embora contestada por alguns, à época, constituiu providência salutar e de inegável valor, em consonância com o princípio da celeridade processual e a filosofia que informa a Justiça Especializada do Trabalho, sempre presente, dinâmica e atual. Ordem preferencial: CLT, Lei n. 6.830/1980 (Lei das Execuções Fiscais) e Código de Processo Civil. Porém, não se pode deixar de reconhecer que, na prática diária, muitos juízes, demasiadamente apegados ao Código de Processo Civil, se olvidam da aplicação preferencial da Lei n. 6.830/1980 e em seu lugar aplicam normas do processo comum, relegando ao oblívio mandamentos importantes como os contidos nos arts. 29, 30 e 40 da referida lei. Outro lapso mais ou menos comum é a aplicação de regras processuais civilistas no procedimento trabalhista, quando a CLT prevê para a espécie.

46.1.7. Do mundo dos negócios e as relações obrigacionais

No mundo dos negócios, as operações obrigacionais estão diretamente relacionadas com o patrimônio do devedor. Mesmo quando a obrigação não está ligada a uma garantia real (hipoteca, penhor etc.), isto é, a obrigação está fincada apenas na garantia pessoal do indivíduo (patrimônio moral), não se deixa de levar em conta o seu patrimônio material. É este, em último caso, que garantirá uma possível execução. É bem verdade que existem aquelas operações cujo devedor não é detentor de nenhum patrimônio material, estribando a operação no patrimônio moral do indivíduo ou simplesmente na confiança. Mas, isso é feito dentro de uma margem razoável de segurança e os juros e a correção estão em razão direta do risco oferecido.

A relação jurídica obrigacional vincula credor e devedor, obrigando este ao cumprimento de obrigação previamente avençada. O inadimplemento autoriza a movimentação do aparato judiciário (interesse de agir) para que o credor satisfaça o seu crédito, lançando mão, se necessário, do patrimônio do devedor com oportuno praceamento. A relação obrigacional está diretamente ligada ao patrimônio do devedor. O devedor responde pelo cumprimento de suas obrigações com todos os seus bens presentes e futuros (art. 591, CPC), salvo as restrições contidas em lei, *v. g.*, bens selados com impenhorabilidade (art. 649, CPC, com nova redação dada pela Lei n. 11.382/2006), doações pendentes de condição (art. 1.911, CC) etc. Casos existem em que o futuro devedor não tem suficiência patrimonial, hipótese em que se busca complementar a garantia patrimonial com a inclusão de um terceiro no negócio, que poderá ser um avalista ou um fiador. A força de trabalho entregue a uma empresa ou a um empregador por empregado ou por trabalhador autônomo (art. 114, CF, com a nova redação dada pela EC n. 45/2004) tem respaldo na confiança entre as partes, não se perquirindo sobre a idoneidade da empresa. Daí a razão pela qual, freqüentemente, se busca a responsabilidade do sócio (art. 596, CPC) e a responsabilidade de empresas do grupo econômico (art. 2º, § 2º, CLT).

A Lei n. 11.382/2006 deu nova redação ao art. 649, CPC, a saber: São absolutamente impenhoráveis: II — os móveis, pertences e utilidades domésticas que guarnecem a residência do executado, salvo os de elevado valor ou que ultrapassem as necessidades comuns correspondentes a um médio padrão de vida; III — os vestuários, bem como, os pertences de uso pessoal do executado, salvo se de elevado valor; IV — os vencimentos, subsídios, soldos, salários, remunerações, proventos de aposentadoria, pensões, pecúlios e montepios; as quantias recebidas por liberalidade de terceiro e destinadas ao sustento do devedor e sua família, os ganhos de trabalhador autônomo e os honorários de profissional liberal, observado o disposto no § 3º. Nota: O § 3º não poderá ser observado, posto que foi objeto de VETO pelo Presidente da República. Há, pois, lapso redacional: X — até o limite de 40 (quarenta) salários mínimos, a quantia depositada em caderneta de poupança. § 1º A impenhorabilidade não é oponível à cobrança de crédito concedido para a aquisição do próprio bem. § 2º O disposto no inc. IV do *caput* deste artigo não se aplica no caso de penhora para pagamento de prestação alimentícia. A exceção prevista no parágrafo tem aplicação em sede trabalhista no caso de hipossuficiente, mormente quando comprovadamente desempregado, hipótese em que o crédito trabalhista significa sobrevivência da família. O veto do § 3º foi fruto de despreparo da assessoria governamental que, sem contato com a realidade, foi informada por atitude preconceituosa. Perdeu-se mais uma vez a oportunidade de premiar-se o social, mercê do entendimento de burocratas de plantão, decerto, neófitos e jejunos no mister.

Pela nova redação, a impenhorabilidade prevista no art. 649 perde parte do seu rigor e os bens que guarnecem a residência do executado, cujo valor elevado ultrapasse as necessidades comuns correspondentes à UPM (unidade padrão médio) de vida, poderão ser penhorados (II). Nessa mesma linha, os vestuários caros, de grife etc. (III). Todavia, os vencimentos, subsídios, soldos, salários, remunerações, proventos de aposentadoria, pensões, pecúlios e montepios; as quantias recebidas por liberalidade de terceiro e destinadas ao sustento do devedor e sua família; os ganhos do trabalhador autônomo e os honorários de profissional, que mandava observar o § 3º (IV) que dizia: "Na hipótese do inciso IV, será (*sic*) considerado penhorável até quarenta por cento do total recebido mensalmente acima de vinte salários mínimos, calculados após efetuados os descontos de imposto de renda retido na fonte, contribuição previdenciária oficial e outros descontos compulsórios", foi VETADO. Das quantias depositadas em caderneta de poupança, poderá ser penhorado o valor de até quarenta salários mínimos. Na nova redação do art. 650, CPC, dada pela Lei n. 11.383/2006, foram reunidos *caput* e inc. I, resumindo tudo em "salvo se destinados à satisfação de prestação alimentícia". O parágrafo único do "PL" que tornava penhorável o "bem de família", garantindo a impenhorabilidade da quantia apurada até o valor de mil salários mínimos, foi VETADO. O veto, lamentavelmente, foi fruto de despreparo e de sintonia com a realidade. A regra aplicada nos incs. II, III e X, também deveria ser aplicada ao chamado "bem de família". Não existe razão de ordem social que permita a impenhorabilidade de uma imóvel de alto valor, quando o devedor não tem dinheiro para solver seus compromissos. No que diz respeito aos créditos trabalhistas, cuja natureza é alimentar, a permanência da impenhorabilidade é um atentado ao bom senso, invertendo-se a ordem de valores. Por outro lado, o Projeto de Lei n. 4.431/2004 trouxe modificações nos arts. 880 e 884, CLT, em que se considerará garantido o juízo, ainda que não haja bens suficientes para o pagamento da obrigação, providência que adotávamos há, quase três décadas.

Lembra *Ruggiero* que: "a obrigação exprime a relação jurídica pela qual uma pessoa (devedor) está adstrita a uma determinada prestação para com a outra (credor), que tem o direito de exigir, obrigando a primeira a satisfazê-la. A obrigação redunda, pois, num vínculo jurídico, como tal considerado a partir da conceituação romana de obrigação (*vinculum juris quo necessitate adstringimur alicujus solvendae rei*). Destarte, no direito romano primevo, essa vinculação jurídica ensejava ao credor ter uma segurança pessoal de que o débito seria solucionado. Bem por isso, isto é, credor o direito de dispor, através da *manus injectio*, da pessoa do obrigado, sempre que a obrigação não era adimplida, segundo concedia o sistema *tempus judicati*. Isto porque somente o cumprimento espontâneo acarretaria a *solutio* e o *reus debendi* tornava-se *solutus* a vínculo, e, como a terra pertencia à família, e não, individualmente, ao seu dono, mesmo se o devedor fosse *pater familiae*, era a pessoa do obrigado responsabilizada pelo seu implemento. Passou-se a obrigacional a um vínculo de garantia pessoal. A evolução operada, isto é, no sentido de mudar o alvo da execução da pessoa para os bens do devedor, escassos e econômicos, não deslustrou, todavia, o sentido pessoal da garantia. Essa evolução se processou a partir do Direito Romano, em primeiro lugar retirando da terra qualquer sentido deífico que lhe emprestavam os primitivos, e depois colocando o patrimônio a serviço da pessoa, conseqüentemente substituindo o alvo da execução, situação jurídica sedimentada no sistema *extra ordinem*, com a instituição, pelo imperador Antonino Pio, do vínculo sobre a coisa judicialmente apenhada (*pignus in causa judicati captum*), através da *Lex Poetelia*, de modo a imputar ao patrimônio econômico o meio da satisfação e o objeto da execução" ("Instituições de direito civil", v. 3, *apud Antonio Carlos Costa e Silva*, "Tratado do processo de execução", Ed. Aide, 1986, v. 1º, p. 622).

Constata *Costa e Silva* que o significativo é que o objeto da execução era a pessoa e não o patrimônio, haja vista que, nesse sistema arcaico, se permitia fosse lançada mão da pessoa do devedor e durante 60 dias estava ele reduzido à condição análoga à de escravo. Poderia ser conduzido pelo credor à execração pública no *comitium* ou poderia estendê-lo como servo fora de Roma (além Tibre), posto que em seus domínios Roma não permitia que um cidadão fosse escravizado. Entretanto, pendia sobre o devedor o mal maior da morte, bastando que houvesse uma pluralidade de credores. Todavia, a partir do instante em que o homem passou a ser objeto de mais valia do que o bem por ele produzido, ou em que naturalmente estivesse à sua disposição para consumir, quando se passou a entender que a terra não era patrimônio dos deuses, mas dos homens, então se passou a entender que o objeto da execução deveria ser o patrimônio do obrigado e não o próprio obrigado. Vencido o período arcaico, a *Lex Aebulia* (130 a. C.) criou o período formular ou clássico, quando então foi instituído o processo *per formulam*, surgindo o *ordo judiciorum privatorum*, que ficou marcado como fase intermédia entre a autotutela e a jurisdição, na medida em que ainda era permitido que o credor privatizasse o procedimento executório. Foi assim que os romanos chegaram à conclusão de que a execução corporal não mais deveria subsistir, porque se contrapunha ao interesse público pela garantia da dignidade da pessoa. Coube à *Lex Poetelia* (326 a. C.) proibir a morte e o acorrentamento do executado, permitindo que o devedor pagasse o débito por meio da prestação de trabalhos forçados, garantindo-lhe, todavia, que livrasse da *manus injectio*, repelindo a mão que o prendia (*manus sibi depellere*), desde que jurasse, ante o pretor que possuía bens suficientes para assegurar o pagamento da dívida (*bonam copiam furare*).

A inovação mais expressiva, porém, foi, por certo, a extinção do vínculo (*nexum*) que prendia o devedor ao credor, ou que dava direitos àquele de que utilizasse o próprio corpo do devedor como garantia do adimplemento da obrigação, haja vista estipular que a garantia seria dada pelos bens, não mais pela pessoa (*pecunia creditae bona debitoris, non corpus obnoxium esset*). Dizia a Lei das XII Tábuas: "Aquele que confessa a dívida perante o magistrado ou é condenado terá 30 dias para pagar. Esgotados os 30 dias e não tendo pago, que seja agarrado e levado à presença do magistrado. Se não paga e ninguém se apresenta como fiador, que o devedor seja levado pelo seu credor e amarrado pelo pescoço e pés com cadeias com peso máximo de 15 libras; ou menos se assim o quiser o credor. O devedor preso viverá à sua custa, se o quiser; se não quiser, o credor que o mantém preso dar-lhe-á por dia uma libra de pão ou mais a seu critério. Se não há conciliação, que o devedor fique preso por 60 dias, durante os quais será conduzido em três dias de feira ao *comitium*, onde se proclamará em altas vozes o valor da dívida. Se são muitos os credores, é permitido, depois do terceiro dia de feira, dividir o corpo do credor em tantos pedaços quantos sejam os credores, não importando cortar mais ou menos; se os credores preferirem, poderão vender o devedor a um estrangeiro, além do Tibre" (Tábua III, n. 4-9).

46.1.8. Do conteúdo da responsabilidade

O elemento responsabilidade está diretamente ligado ao patrimônio do devedor. No mundo dos negócios, as operações se realizam em maior ou menor volume, sempre diretamente em proporção ao patrimônio do devedor. Essa regra básica elimina o risco desmesurado. O risco sempre existe, mas de forma administrável. O elemento responsabilidade é que autoriza ao credor, em havendo inadimplência do devedor, a satisfação do seu crédito lançando mão do patrimônio deste. O Código Civil registra sobre o tema regras de segurança, em especial nos arts. 332 e ss. e 1.425 e ss. O credor zeloso deve usar do *remedium juris* ao seu dispor na oportunidade própria. A regra é a de que o devedor responde com todos os seus bens presentes e futuros para o cumprimento das suas obrigações, salvo restrições estabelecidas em lei (art. 591, CPC). Assim, ficam sujeitos à execução os bens (art. 592, CPC) do sucessor a título singular, em se cuidando de execução de sentença proferida em ação fundada em direito real (I); os bens do sócio (arts. 592 e 596, CPC; art. 1.003, parágrafo único, CC; art. 339, CCo (revogado pela Lei n. 10.406/2002), ficando este último superado pelo que dispõe o art. 1.032 do CC: "A retirada, exclusão ou morte do sócio, não o exime, ou a seus herdeiros, da responsabilidade pelas obrigações sociais anteriores, até 2 (dois) anos após averbada a resolução da sociedade; nem nos dois primeiros casos, pelas posteriores e em igual prazo enquanto não se requerer a averbação"; art. 4º, Lei n. 6.830/1980 (LEF); arts. 124, II, e 134, VII, do CTN, *ex vi* art. 889, CLT; arts. 81 e 82, Lei n. 11.101/2005 — falência) (II); os bens do devedor, quando em poder de terceiros (III); os bens do cônjuge, nos casos em que os seus bens próprios, reservados ou de sua meação respondem pela dívida (IV); os bens alienados ou gravados com ônus real em fraude de execução (V). Presume-se em fraude à execução a alienação ou oneração de bens efetuada após a averbação (leia-se registro — art. 167, I, n. 5, Lei dos Registros Públicos) (art. 593), cf. art. 615-A, § 3º, Lei n. 11.382/2006.

Lembra *Antonio Carlos Costa e Silva*: "A responsabilidade está a indicar que o credor tem um direito destinado a obrigar o devedor a cumprir a obrigação, direito que, em caso de recusa, é exercido diretamente sobre o seu patrimônio; sobre uma parte daquele; ou mesmo sobre uma única coisa, previamente designada para garantir o cumprimento da obrigação pessoal (*jura in re aliena*). Por via de conseqüência, o devedor, que tem o dever de prestar, e contra o qual o credor exerce a sua faculdade, responde, é obrigado, porque o imperativo da ordem jurídica de prestar é munido de garantia, é acompanhado por uma sanção; responde pessoal e patrimonialmente, estando a sua pessoa e o seu patrimônio sujeitos ao direito do credor, um direito com coação, que é utilizado para que, por meio do patrimônio consiga a sua realização." (ob. cit., v. 1., p. 465-478) Do que se conclui que a responsabilidade é direcionada contra o patrimônio do devedor, seja ele presente ou futuro.

46.1.9. Do relação substancial

O credor, titular da relação jurídica substancial, não pode, inadimplente o devedor, ignorar o aparato estatal e agir por conta própria sobre o patrimônio garantidor. Inadimplente o devedor, nasce (*actio nata*) o seu direito de exigir do Poder Judiciário a prestação jurisdicional, transformando em realidade o comando abstrato contido na sentença (interesse de agir). O titular do direito substancial pode a qualquer momento, desde que exigida a obrigação e inadimplente o devedor e desde que o seu direito não haja sido obstado pela prescrição ou pela decadência, buscar o apoio jurisdicional do Estado, que não poderá se negar a atender (princípio da indeclinabilidade). A relação jurídica substancial atrela o crédito do credor ao patrimônio do devedor, devendo este responder pela obrigação inadimplida com o seu patrimônio. Se o patrimônio vier a ser dilapidado, quando ajuizada a ação, estará caracterizada a fraude à execução (art. 593, CPC). Se os bens foram dilapidados antes de vencida a dívida pelo decurso do tempo ou de previsão legal de certos acontecimentos que determinem o vencimento imediato, estará caracterizada a fraude contra credores, desde que a alienação de bens motive a insolvência do devedor. Nesse caso, o ato poderá ser anulado (art. 158, §§ 1º e 2º, CC). A fraude à execução é ineficaz e a fraude contra credores é anulável. A primeira beneficia apenas aquele credor que já havia ajuizado ação para cobrar o crédito ou que tinha ação fundada em direito real; a fraude contra credores beneficia todos os credores, com exceção daqueles credores cujos negócios foram efetuados quando já insolvente o devedor (art. 158, § 2º, CC).

Lembra *Liebman* que "a sanção não é elemento da relação jurídica privada. Titular do poder sancionatório é o Estado, como elemento integrante da sua soberania. Só ignorando deliberadamente a participação do órgão estatal e o papel que lhe cabe no processo de execução, papel de todos os pontos de vista decisivo e insubstituível, é que se pode pretender localizar no direito do credor o poder de invadir a esfera jurídica do devedor: seria, pois, querer construir a teoria do processo sem levar em conta a existência do juiz. Não se pode enquadrar a sanção como parte integrante do direito ao crédito, isto porque, posto a relação obrigacional tenha, logo após a falta de cumprimento espontâneo da obrigação, como conteúdo a prestação do obrigado, e, aliás, de caráter incoercível, não é dado ao credor pretender atuar a sanção com seus próprios esforços e meios. O que nasce para o credor, diante da resistência manifestada pelo devedor à sua pretensão executiva, é o direito de provocar a atuação da jurisdição executiva para que o Estado-juiz, pondo em movimento os instrumentos coativos de que dispõe, possa realizar a satisfação do seu direito substancial. Assim, não se pode colocar um terceiro direito entre o direito à prestação (de caráter substancial) e o direito de ação (de aspecto processual), porque não há espaço para um direito substancial à sanção, nem para uma atitude agressiva, do direito subjetivo: ou se pretende conseguir a prestação do obrigado disposto a satisfazê-la voluntariamente, ou se pretende consegui-la através do processo; terceiro caminho é o credor, diante da resistência manifestada pelo devedor à sua pretensão executiva, é o direito de provocar a atuação da jurisdição executiva para que o Estado-juiz, pondo em movimento os instrumentos coativos de que dispõe, possa realizar a satisfação do seu direito substancial. Assim, não se pode colocar um terceiro direito entre o direito à prestação (de caráter substancial) e o direito de ação (de aspecto processual), porque não há espaço para um direito substancial à sanção, nem para uma atitude agressiva, do direito subjetivo: ou se pretende conseguir a prestação do obrigado disposto a satisfazê-la voluntariamente, ou se pretende consegui-la através do processo; terceiro caminho é o credor, diante da resistência manifestada pelo devedor à sua pretensão executiva, é o direito de provocar a atuação da jurisdição executiva para que o Estado-juiz, pondo em movimento os instrumentos coativos de que dispõe, possa realizar a satisfação do seu direito substancial. Assim, não se pode colocar um terceiro direito entre o direito à prestação (de caráter substancial) e o direito de ação (de aspecto processual), porque não há espaço para um direito substancial à sanção, nem para uma atitude agressiva, do direito subjetivo: ou se pretende conseguir a prestação do obrigado disposto a satisfazê-la voluntariamente, ou se pretende consegui-la através do processo; terceiro caminho é que não existe, e é perfeitamente imaginário o direito que se lhe quer fazer corresponder" (*apud Antonio Carlos Costa e Silva*, ob. cit., v. 1, p. 466-467).

Essa concepção não nega vigência, destarte, à faculdade que assiste ao credor de dispor dos órgãos da jurisdição executiva para satisfação cabal do seu direito. É que a relação jurídica obrigacional, segundo essa concepção, está incrustada na mesma ordem jurídica onde se situa o direito de ação. Conseqüentemente, se o obrigado não cumpre a obrigação, surge para o credor a oportunidade de se servir do direito de agir, na busca da realização do seu direito substancial. Por outro lado, dessa concepção resulta que, do inadimplemento, o poder de atuar a sanção e a responsabilidade do devedor induzem à formação de uma relação jurídica diversa da obrigacional, e mais ainda daquela que constituirá o processo de execução: a relação jurídica sancionadora.

46.1.10. Da *perpetuatio jurisdictionis*

De conformidade com a regra geral, o juiz da ação é o juiz da execução (art. 877, CLT), regra também contida no diploma processual comum (art. 575, II, CPC). Exceção à regra geral, vamos encontrar no art. 87 do CPC, subsidiariamente aplicável no processo trabalhista, *ex vi* do art. 769 da CLT.

A *perpetuatio jurisdictionis* se amplia com o advento do art. 475-P, parágrafo único. O princípio de que o juiz da ação também é o juiz da execução se relativiza, pois a lei deixa a critério do exeqüente optar em proceder à execução no local em que se encontram os bens que serão expropriados em hasta pública ou no atual domicílio do executado. Neste caso, o exeqüente deverá requerer a remessa dos autos ao juízo de origem. O legislador usou o verbo "solicitar" indevidamente, pois o correto é "requerer". Nos autos do processo, não se solicita, se requer, mormente em se cuidando de ato que retira a competência do juízo natural. O juiz poderá ter motivos para não aquiescer à remessa, *v.* g., cuida-se de execução em que participam litisconsortes e apenas um fez o requerimento.

46.1.11. Dos pressupostos e das condições para o exercício executório

A presença do Estado em sede executória exige a presença de certos pressupostos e condições. Em se tratando de título extrajudicial, a presença material do título de crédito no qual alguém se obrigou, mediante garantia pessoal, por determinada obrigação (nota promissória, letra de câmbio, cheque, duplicata, cédula de crédito industrial ou rural), ou mediante contrato, com garantia de fiança pessoal ou bancária. A obrigação por contrato poderá ser feita mediante a entrega de garantia real (hipoteca, penhor etc.). Para que o Estado possa ser chamado a atuar, a obrigação deverá estar vencida e o devedor inadimplente (interesse jurídico). A ação deverá se titularizada pelo titular do direito (credor) contra o devedor, isto é, deverá existir a *legitimatio ad causam* ativa e passiva. Presentes as titularidades ativa e passiva e a resistência no cumprimento da obrigação estará formada a lide exigindo a presença do Estado. Finalmente, o juízo deverá ser competente em razão da matéria. Presente esta, a ação é distribuída (onde haja mais de uma Vara), firmando-se o juízo natural e a competência funcional. Na Justiça do Trabalho, a lei prevê duas espécies de títulos extrajudiciais: o termo de ajuste de conduta firmado perante o Ministério Público do Trabalho e o termo firmado perante a Comissão de Conciliação Prévia (arts. 876 e 877-A, CLT).

Em se tratando de título judicial (sentença e acórdão; acordo e transação), firmados perante o juiz, inadimplente o devedor, haverá a possibilidade de intervenção do Estado. No acordo e na transação, a execução será definitiva; na sentença e no acórdão, a execução poderá ser provisória; se pendente recurso, definitiva se transitado em julgado. O acordo e a transação transitam em julgado imediatamente, não admitindo recurso. Inadimplente o devedor, a execução será requerida pelo titular do direito substancial contra o devedor (*legitimidade ad causam* ativa e passiva). A resistência do devedor faz surgir o "interesse de agir". O título judicial de norma coletiva (sentença normativa e acordo firmado em dissídio coletivo, a convenção coletiva e o acordo coletivo) passará primeiro pela ação de cumprimento e adquirirá executoriedade após o trânsito em julgado. O acordo extrajudicial não é executável, excetuadas aqueles previstos nos arts. 876 e 877, CLT.

A obrigação de fazer, quer no âmbito civil ou no trabalhista, não se executa provisoriamente. Não pode o juiz usar da força (*manu militari*), mesmo porque usaria da força num dia e no outro a parte poderia resistir novamente. Isso se dá por uma razão simples: a obrigação de fazer inadimplida se resolve em perdas e danos (art. 247, CC). O poder de persuação dada ao juiz, que é a aplicação das *astreintes* (arts. 287, 644, 645 e o 461), somente poderá ser imposta ao trânsito em julgado da condenação. Mesmo após o trânsito em julgado, a empresa poderá não fazer a reintegração, pagar salários atrasados e continuar pagando salários mensalmente e todos os demais consectários trabalhistas, somados à pressão econômica das *astreintes*. É uma escolha que poderá fazer, se o empregado for *persona non grata*. Esse mesmo direcionamento está fixado no art. 729, CLT em que a aplicação da pressão econômica só se dará, após o trânsito em julgado. E o art. 796, CLT prevê a possibilidade da transformação da reintegração do estável em indenização dobrada (art. 497, CLT). Com a quase extinção da estabilidade (persiste a estabilidade contratual somada ao fundo de garantia), o empregador continua com o direito de resolver a situação sem perdas e danos.

A execução forçada nada mais é do que a presença do Estado intervencionista. Não mais se admite o liberalismo sem peias. É a invasão pelo Estado do âmbito patrimonial do devedor inadimplente para a garantia do equilíbrio social. A parte pede, o Estado age. Ainda que se considere, como nós, a execução trabalhista simples epílogo da fase cognitiva, inarredável a presença das condições da ação e dos pressupostos. São condições: a) existência de sentença com ou sem trânsito em julgado; b) legitimidade ativa e passiva; c) juízo competente.

Registre-se nesta oportunidade que, com o advento da Lei n. 11.232/2005, a execução civil deixou de ter a dignidade de verdadeira ação para transformar-se em simples continuação da fase de conhecimento. A sentença de mérito fixa o *an debeatur* e a fase executória o *quantum debeatur* na liquidação por quantia certa. A sentença de mérito não mais termina o processo e prossegue na fase executória. Da decisão prolatada na liquidação de sentença, é cabível o agravo de instrumento (art. 475-H), não mais apelação. Criou-se o "incidente de impugnação" para atacar a decisão em liquidação de sentença, e da decisão aí proferida é cabível também o agravo de instrumento (art. 475-M, § 3º).

São pressupostos, no dizer de *Pontes de Miranda*, "as qualidades que o juízo, as partes e a matéria submetida, bem como os atos essenciais do início, devem apresentar, para que possa ser proferida sentença com entrega da prestação jurisdicional" (*apud Theodoro Jr.*, ob. cit., n. 9, p. 16).

Frederico Marques assinala: "Pressupostos da execução são esses requisitos e condições que legitimam a atividade coativa do Estado para impor ao executado o cumprimento da sanção. Cuida-se, aqui, dos pressupostos específicos da execução, e não dos pressupostos gerais que, sob o *nomen juris* de 'pressupostos processuais', condicionam a validade de toda e qualquer relação processual. O que se tem de verificar, portanto, é que condições genéricas se exigem para que o Estado, através do órgão judiciário, possa praticar atos coativos destinados a atender à pretensão que o exeqüente ou credor deduz com a propositura da ação executiva ou executória" ("Instituições ...", v. 5, n. 1.120-bis, p. 33).

Alerta *Dinamarco* que a existência da relação processual executiva, como de toda e qualquer relação processual, é condicionada à propositura de uma demanda perante um órgão investido de jurisdição. Falta o primeiro dos pressupostos da existência do processo executivo nos casos em que o juiz, findo o processo de conhecimento ou o de liquidação, *ex officio* manda intimar o réu a pagar sob pena de penhora, porque o processo executivo, como qualquer outro, só se instaura mediante a iniciativa da parte, e o juiz não tem o poder de fazê-lo por iniciativa própria ("Instituições ...", v. 4, p. 73).

O processo do trabalho é liberto de tais filigranas, mesmo porque a presença do advogado não tem sequer peso de obrigatoriedade (art. 791, CLT, ADIn n. 1.127-8/DF). O juiz diretor (*dominus processus*) age de ofício com maior desenvoltura, retirando a intensidade do princípio dispositivo. Com o advento da Lei n. 11.232/2005, trazendo modificações estruturais na execução civilista, o legislador mostrou estar disposto a desapegar-se de princípios teóricos em busca da eficiência e da celeridade em tornar eficaz a execução.

Entramos na era em que o resultado deve ceder lugar ao formalismo exagerado e aos princípios teóricos, que muitas vezes se apresentam como verdadeiras armadilhas ao jurisdicionado. O Estado-juiz não pode depender do maior ou menor preparo do advogado para que o processo ande. A prestação jurisdicional é dever do Estado, que se consubstancia como função dos órgãos jurisdicionais e como atividade direta dos juízes, que nada mais são do que agentes públicos ou parcelas do próprio poder-Estado. Se a parte, por meio do seu advogado, não consegue fazer o processo andar, dando dinâmica ao procedimento, deve o juiz, representante do Estado que substitui a parte com o poder jurisdicional, fazê-lo para que mais rapidamente se resolva a lide. Declarar o direito concedendo título condenatório abstrato e não dar os meios e agilidade para a transformação do comando abstrato em realidade, materializada em pecúnia, pouco ou nada adiantará. Para isso, deve o Estado, detentor da *jurisdictio*, empenhar-se de modo a resolver de vez a pendência, contornando inteligentemente a teia teórica tecida há séculos, que faz o deleite de quantos ainda permanecem pairando no etéreo, distante das vicissitudes processuais. O processo no mundo moderno deve corresponder às exigências de uma sociedade globalizada, onde as coisas acontecem e se desenvolvem com muita rapidez. O Estado moderno tem a obrigação de responder a tais exigências agindo de ofício, sempre que isso se fizer necessário.

46.1.12. Das diversas espécies de execução

Prevê o Código de Processo Civil: da entrega de coisa certa (arts. 621 a 628); da entrega de coisa incerta (arts. 629 a 631); da obrigação de fazer (arts. 632 a 638); da obrigação de não fazer (arts. 642 e 643); da execução por quantia certa contra devedor solvente (arts. 646 a 731); da execução por quantia certa contra devedor insolvente (arts. 748 a 786-A).

A execução por quantia certa é a mais comum dentro do processo trabalhista e constitui mesmo a quase totalidade, *v. g.*, o pagamento de verbas rescisórias, indenização etc.

A execução de obrigação de fazer tem lugar quando determina a sentença um ato comissivo, *v. g.*, concessão de intervalo intrajornada, reintegração etc.

A obrigação de não fazer (ato omissivo), embora de difícil acontecimento, poderá registrar-se no âmbito trabalhista, sendo exemplo clássico entre os autores a obrigação de não transferir (arts. 469 e 659, IX, CLT).

Não menos rara é a obrigação de dar. Exemplo: ação do empregado contra o empregador visando a entrega de ferramentas retidas por este; ação do empregador contra o empregado com o objetivo de reaver mostruário etc.

Sobre a inadimplência de obrigações de fazer e não fazer (arts. 287, 644, 645, 461, CPC), ver artigo que publicamos sobre a rubrica "As *astreintes* e sua eficácia moralizadora" (RT 508/35). Com a nova redação do art. 461 do CPC e respectivos parágrafos (Lei n. 8.952/1994), a obrigação de fazer ou de não fazer recebeu novo alento. Embora essa espécie de obrigação não permita a execução provisória, pois qualquer prejuízo reverter-se-á em perdas e danos, pode e deve o juiz de ofício aplicar as *astreintes* (art. 461, § 4º, CPC), providência que se constituirá em fator de incentivo e de persuasão do devedor renitente, e o *quantum* proveniente não está sujeito ao parâmetro do principal. Vale dizer, o valor daí advindo poderá ir além do principal. Some-se a isso o fato de que o valor proveniente das *astreintes* não se confunde com possível condenação em perdas e danos causadas pela inadimplência (art. 461, § 2º, CPC). Ver art. 461-A que fixa prazo para a concessão de tutela específica, Lei n. 10.444/2002.

Pela nova redação dada ao § 5º e pela inclusão do § 6º (Lei n. 10.444/2002) ao art. 461, o juiz poderá impor multa (*astreinte*) pelo tempo de atraso, podendo modificar o valor ou a periodicidade da multa (*astreinte*), caso verifique que se tornou insuficiente ou excessiva.

Embora o legislador continue usando o termo "multa" — melhor seria que dissesse "pena pecuniária", correspondente às *astreintes*, conforme consta do art. 287, CPC, ainda não desvirtuado terminologicamente pelo legislador —, a mesma erronia já fora antes transportada para os arts. 644 e 645 pela Lei n. 8.953, de 13.12.1994. A multa está limitada ao principal (art. 412, CC), enquanto as penas pecuniárias (*astreintes*) não estão atreladas à obrigação principal, pois constituem "medidas de constrangimento indireto do devedor (pressão)" (*Orlando Gomes*, "Obrigações ...", p. 221).

46.1.13. Das execuções singulares e coletivas

A expressão coletiva aqui utilizada não significa a execução de normas coletivas, mas aquela que se faz com a união de vários processos com trâmite por várias Varas. A reunião e processos autônomos apresenta vários óbices a serem superados, sendo o principal deles a renúncia da preferência da penhora de cada um dos exeqüentes em prol do coletivo. A reunião far-se-ia na Vara do Trabalho preventa.

Preleciona *Amauri Mascaro Nascimento*:

"As execuções singulares são aquelas em que figuram como partes duas ou mais pessoas que, individualmente ou em litisconsórcio, litigam e que foram declaradas pela sentença como demandante e demandado.

"Execuções coletivas processam-se quando, sendo o executado demandado em vários juízos e diante da insuficiência dos seus bens para responder por todas as execuções pendentes, torna-se necessário unificar as diversas ações de execução num só juízo, aquele no qual verificou-se a primeira penhora. Assim, todos os credores exeqüentes habilitarão os seus créditos num mesmo processo, no qual figuravam inicialmente, cessando as execuções singulares antes desenvolvidas em juízos diversos. Impõe-se essa unificação de execução como medida indispensável para evitar graves problemas, em especial a arrematação do mesmo bem em duas ou mais Juntas [hoje Varas], o pagamento de um só credor em prejuízo de todos os demais etc." ("Elemento de direito processual do trabalho", Ed. 1973, p. 210-211)

Lembra *Mascaro Nascimento* que a executiva coletiva não está prevista no processo do trabalho de modo expresso, a não ser quando admite a acumulação de processos (art. 842, CLT). É claro que o dispositivo não visou a execução coletiva e restringe demais o âmbito que lhe seria pertinente, quer por exigir, como pressuposto da acumulação de processos, que os empregados sejam da mesma empresa, quer por limitar a acumulação aos casos nos quais a matéria em debate seja idêntica. A execução coletiva tem necessidades mais amplas e, embora nela figurando empregados da mesma empresa, a matéria litigiosa nem sempre é a mesma. É preciso que a lei institua uma cumulação de processos na fase executória, para fins exclusivamente trabalhistas (*idem, ibidem*).

No que concerne à execução coletiva, tal procedimento esbarra em dois óbices processuais. O primeiro é o que diz respeito ao juiz, pois o juiz da ação também deve ser o juiz da execução, excepcionadas as hipóteses dos arts. 87 (*perpetuatio jurisdictionis*) e 475-P, parágrafo único, ambos do CPC, este último originário da Lei n. 11.232/2005. O segundo diz respeito à preferência da penhora (art. 612, CPC), que só se desfaz pelo decreto de insolvência do devedor civil (art. 751, II, CPC). Sem que haja o decreto de insolvência, deverá ser obedecida a ordem de preferência (art. 711, CPC), desde que tenha numerário suficiente. Todavia, na hipótese de recaírem sobre o bem, *v. g.*, três penhoras em datas diversas (1ª, 2ª e 3ª), aquele que primeiro levar o bem à hasta pública pagar-se-á e, havendo sobra, enviá-la-á para o outro juízo, obedecendo à ordem. Se o bem foi levado à hasta pública pelo detentor da 3ª penhora, a ordem de preferência se modifica: a 1ª passa a ser 2ª e a 2ª passa a ser 3ª. Exigir que o detentor da 3ª penhora leve o bem à praça ou leilão e envie o numerário para o detentor da 1ª penhora desmerece a lógica da realidade e possibilita procedimentos escusos, com a execução arrastando-se por prazo muito além da razoabilidade. Alertam os princípios de hermenêutica que a interpretação não pode levar ao impasse ou ao absurdo, devendo o intérprete retroceder sempre que vislumbre essa possibilidade.

A reunião de processos para o juízo que realizou a primeira penhora mostra-se prática e salutar para a realização de praça única. Todavia, em não havendo falência ou insolvência civil declaradas, a garantia da preferência da penhora é inarredável (art. 612, CPC). Vale dizer, não se pode falar em concurso de credores pela simples reunião dos processos. "Nula se revela a decisão que admite a transformação do processo de ação iniciada como execução contra devedor solvente em execução contra devedor insolvente, transformação esta alicerçada no simples fundamento de não se encontrarem bens ou forem estes insuficientes para a satisfação da dívida executada. É que a declaração de insolvência exige processo de conhecimento que é incompatível e inteiramente diverso dos pressupostos legais exigíveis para o processo da execução coletiva ou concursal" (TJMG, Ap. Cív. n. 41.768, rel. Des. Assis Santiago, RF 252/263).

Embora não exista lei permitindo a reunião de processos em âmbito trabalhista e o decreto de falência ou de insolvência seja da competência da justiça comum, persistindo a preferência da penhora (art. 612, CPC), enquanto não declarada a insolvência, nada impede que, em havendo na base territorial da vara várias ações contra a mesma empresa e haja insuficiência de bens, o juiz da primeira ação (prevento), onde existir mais de uma vara, ou da vara, onde houver apenas uma, reúna as partes interessadas e lavre um termo em que todos abdicam da preferência da penhora sobre o bem (1ª, 2ª e 3ª penhoras) e que o valor arrecadado em hasta pública seja dividido, proporcionalmente, de conformidade com o crédito de cada um. Exemplo: um credor tem crédito R$ 5.000,00 (1), outro de 10.000,00 (2) e outro de 20.000,00 (4), e o valor arrecadado em hasta pública foi de R$ 35.000,00. Teremos: R$ 35.000,00 : 7 (1 + 2 + 4) = R$ 5.000,00. Teremos: primeiro: 1 x R$ 5.000,00 = R$ 5.000,00; segundo: 2 x R$ 5.000,00 = R$ 10.000,00; e terceiro: 4 x R$ 5.000,00 = R$ 20.000,00. Tenha-se em mente que a execução coletiva em sede trabalhista somente será possível se todos os credores concordarem em abrir mão da preferência da penhora.

46.1.14. Do objeto imediato e mediato

Se o objeto da execução for a entrega de determinado bem, tem-se que a apreensão do bem é o objeto imediato, e a entrega ao credor, o objeto mediato. Todavia, se o objetivo da execução é o pagamento em dinheiro (execução por quantia certa), o objeto imediato é a apreensão do bem e o objeto mediato é a transformação em pecúnia pela moeda e entrega do *quantum* ao credor. Em se cuidando de execução para entrega de coisa certa ou incerta e não existindo o bem, a prestação *in natura* se converte em perdas e danos, mais juros e atualização monetária, segundo índices oficiais regularmente estabelecidos, e honorários de advogado, nos termos do art. 389 do CC. Bens serão penhorados (objeto imediato) e a transformação em pecúnia (perdas e danos) será feita por meio de hasta pública (objeto mediato).

Carnelutti afirma que "o objeto imediato da execução consiste em apreender algo ao devedor para dá-lo ao credor, isto porque tudo que for contristado ao obrigado e repassado, pelo organismo judiciário, ao credor é porque tal ou tais bens, lhe é, ou são devidos. Deste modo, salienta, aquilo que é devido ao credor, e que lhe é dado pelo órgão executivo, representa o objeto final da execução. O objeto imediato da execução não é, portanto, o bem devido, mas um bem diverso daquele que o ofício executivo prende ao devedor para obter dinheiro, ou seja, porque não foi encontrado no patrimônio do devedor o bem devido (quantia certa). Neste caso, o processo executivo representa, em si mesmo, o objeto imediato ou final e o objeto mediato, ou instrumental, da execução ("Lezioni-Processo di esecuzioni", *apud Antonio Carlos Costa e Silva*, ob. cit., v. 1, p. 474 e 476).

46.1.15. Da execução no Direito brasileiro

O Código de Processo Civil de 1939, nascido por meio do Decreto-lei n. 1.608, de 18.9.1939, somente entrou em vigor em 1.3.1940. A *vacatio legis* foi prorrogada pelo Decreto-lei n. 1.965, de 16.1.1940. Antes vigoravam as "Ordenações".

No Brasil, vigorou a princípio o Direito Processual português com as Ordenações Afonsinas, depois as Manuelinas e então as Filipinas ou "do Reino". Em 25.11.1850, veio à luz o Regulamento n. 737, que serviu de base a todos os Códigos estaduais de Processo Civil da República. Elaborada por *Ribas*, surgiu a Consolidação das Leis de Processo Civil, em 28.12.1871. O mencionado regulamento simplificou em parte o processo anterior, mas conservou seus defeitos básicos, como a morosidade. A Constituição de 1891 permitiu que cada Estado tivesse seu Código de Processo Civil" (*Christovão Piragibe Tostes Malta*, "Curso Elementar de Processo Civil", Edições Trabalhistas, 1972, Rio, p. 35).

Registra *Humberto Theodoro Jr.*: "Até 1850 nosso sistema processual era ainda o das Ordenações Filipinas. Adveio naquele ano o Regulamento 737, que traçou nova disciplina para o processo comercial, que se estendeu ao processo civil em 1890, pelo Dec. 763. A partir de então estava constituído o Direito Processual brasileiro. Muito embora Portugal já tivesse abolido a inútil distinção entre execução e ação executiva, o Regulamento 737 continuava a limitar a execução apenas à sentença. Admitia, porém, paralelamente, a ação executiva, para títulos extrajudiciais, como um misto de processo de execução e de conhecimento, iniciando-se com adiantamento de atos executivos a que se seguia a fase de conhecimento. Essa posição conservadora perdurou entre nós até a revogação do Código de 1939, operada pelo Código Buzaid" ("Instituições de direito processual civil", v. 5. n. 1.118, p. 23).

46.1.16. Dos atos de coação estatal

A sentença condenatória de mérito traduz um comando abstrato que poderá ser discutido nas jurisdições superiores por intermédio dos vários recursos colocados à disposição da parte vencida. Utilizados os recursos ou transcorrido o prazo sem que a parte deles se valesse, tem-se o trânsito em julgado material, isto é, tem-se um comando sentencial que não mais admite discussão, cabendo ao vencido o cumprimento. Todavia, a prática demonstra que o cumprimento espontâneo não é comum, fato que obriga o credor a requerer ao Estado a execução forçada, única saída em face da inadimplência do devedor. Como regra, os atos de coação estatal se consubstanciam na penhora de bens (dinheiro, bens móveis e imóveis) e a venda em hasta pública dos bens.

Compete ao Estado prover para que a execução se realize com a maior brevidade possível, tornando realidade o mandamento sentencial.

Segundo *José Frederico Marques*, "a realização prática da regra sancionadora imposta na sentença condenatória se efetua através dos atos de coação estatal do processo executório" ("Instituições de Direito Processual Civil", v. 5, n. 1.118, p. 23).

O indivíduo que não cumpre voluntariamente a obrigação poderá ter seus bens penhorados, sofrer multa, pressão pecuniária (*astreintes*) (obrigações de fazer: arts. 287, 644 e 645, CPC). No pagamento por quantia certa, ver art. 475-J, CPC, originário da Lei n. 11.232/2006.

Ensina *Frederico Marques*: "Quando o condenado não cumpre voluntariamente o mandamento condenatório, o Estado, através do juiz, pode obrigá-lo a isto, em procedimento adequado e a pedido do credor, mediante o emprego de meios coativos. A execução forçada é, assim, meio e modo pelo qual se efetiva e se realiza a sanção." ("Instituições ...", v. 5, p. 23)

Na mesma esteira, trilha *Theodoro Jr.*: "Para fazer imperar a ordem jurídica, o Estado utiliza de meios de coação e meios de sub-rogação. No primeiro caso, temos a multa e a prisão, que são sanções de caráter intimidativo de força indireta para assegurar a observância das regras de Direito. No conceito do Direito Processual Civil, os meios de coação não integram o quadro das medidas executivas propriamente ditas, muito embora uma parte da doutrina costume apelidá-los de execução indireta. No segundo caso — meios de sub-rogação — temos a atuação do Estado, como substituto do devedor, procurando, sem ou contra a vontade deste, dar satisfação ao credor, isto é, conseguir-lhe o benefício que para ele representaria o cumprimento da obrigação ou um benefício equivalente. Assim, o Estado pode expropriar a coisa devida e entregá-la ao credor (execução por coisa certa), ou pode alienar o bem penhorado e apurar o dinheiro para solver a dívida (execução por quantia certa), ou, ainda, para custear a obra a cuja realização estava obrigado o devedor (execução de obrigação de fazer). Tecnicamente, em processo civil o conceito de execução forçada deve ser reservado para exprimir o fenômeno da atuação da sanção por emprego dos meios de sub-rogação." (ob. cit., p. 7)

46.1.17. Da natureza jurídica

O processo de execução tem natureza fecundadora, qual seja, a de tornar realidade o comando emergente da sentença condenatória. Pressupõe obrigação não cumprida e objetiva disciplinar as conseqüências desse não cumprimento.

Assinala *Frederico Marques*: "O direito ao cumprimento da sanção é de natureza material e tem por titular o credor, enquanto o devedor é seu sujeito passivo. Como salienta *Armando Regina*, não se cuida mais de pretender 'o cumprimento da obrigação primária resultante do preceito, e, sim, de pretender o cumprimento da obrigação secundária resultante da sanção. Trata-se, pois, de uma pretensão secundária'" ("Instituições ...", v. 5, p. 36).

46.1.18. Do processo executório civil e trabalhista

A Lei n. 11.232, de 22.12.2005, trouxe um divisor no processo executório civil. Antes do advento da referida lei, a liquidação no processo civil era considerada uma ação e a decisão proferida (art. 162, CPC) tinha a dignidade de sentença, que desafiava apelação e poderia transitar em julgado. Com a nova reforma processual agora procedida, a decisão que vier a ser proferida em sede liquidatória terá a dignidade de decisão interlocutória, que desafiará o recurso de agravo de instrumento. Dessa decisão não mais caberão embargos do executado, mas simples procedimento incidental denominado "impugnação", cuja decisão será também considerada interlocutória e que poderá ser hostilizada pela via do agravo de instrumento.

Tem-se, assim, que na liquidação de sentença o processo comum se aproximou do processo do trabalho e transformou, conceitualmente, em decisão interlocutória a decisão que fixa o *quantum debeatur*. Criou, todavia, o "incidente de impugnação". Como já dissemos anteriormente, embora merecedora de encômios, a reforma foi tímida e quedou-se ao meio do caminho. Em lugar do incidente de impugnação era preferível o uso dos embargos à execução, com possibilidade de discussão das matérias contidas nos arts. 741 e 475-L, CPC, e possibilidade de apelação. Poderia ter agilizado o processo executório determinando a irrecorribilidade das decisões interlocutórias, com a possibilidade de revisão da matéria em futuro recurso de apelação, desde que a parte assim o requeresse.

O processo do trabalho continua mais ágil com as suas peculiaridades: a) execução rápida com possibilidade de único recurso (agravo de petição) da decisão em "embargos à execução", enquanto o processo comum cntinuará com dois recursos; b) irrecorribilidade das interlocutórias; c) agravo de instrumento com âmbito reduzido ao destravamento de recursos não processados (art. 897, "b", CLT).

O advento do art. 475-J é um avanço, em que a parte intimada da decisão de liquidação de sentença deverá efetuar o pagamento em quinze dias (*tempus iudicati*), sob pena de incorrer na multa de dez por cento sobre o valor do montante da condenação. Aboliu-se a citação, com a revogação do art. 611, CPC, e o mandado de penhora (*actio iudicati*) será expedido a requerimento do exeqüente. No processo do trabalho, a citação é necessária (art. 880, CLT): só após a citação e decorridas quarenta e oito horas sem que o exeqüente efetue o pagamento ou ofereça bens para garantia do juízo, proceder-se-á à penhora.

O fato de iniciar-se, também, pela citação do executado em nada modifica a situação. E o processo do trabalho, embora não prescinda de todo do processo comum, é dotado de características próprias que o definem e o tornam independente.

Enquanto a citação tem por escopo a aplicação da lei ao caso concreto, a penhora proporciona os meios hábeis para a materialização da norma abstrata.

Humberto Theodoro Jr., com respaldo em *Pontes de Miranda*, realça: "Atua o Estado, na execução, como substituto, promovendo uma atividade que competia ao devedor exercer: a satisfação da prestação a que tem direito o credor. Somente quando o obrigado não cumpre voluntariamente a obrigação é que tem lugar a intervenção do órgão judicial executivo. Daí a denominação de "execução forçada", adotada pelo Código de Processo Civil, no art. 566, à qual se contrapõe a idéia de "cumprimento voluntário" (adimplemento) da prestação" ("Processo de Execução", São Paulo, LEUD, n. 6, p. 10).

46.1.19. Da autonomia do processo executório

A autonomia está diretamente ligada a um conjunto de normas que tem por objetivo implementar o procedimento, sem que seja necessário buscar alento subsidiário em outros ramos. Muito embora o empréstimo em outros ramos, em caráter analógico ou mesmo comparativo, não seja fator de desprestígio à autonomia, a dependência não pode ser de intensidade a neutralizar o procedimento que se diz autônomo. O conjunto de regras legais deve ser de molde a bastar-se a si mesmo. O processo é estático e o procedimento é dinâmico. O processo, embora estático, movimenta-se por meio do procedimento. Para que isso seja verdadeiro não pode prescindir de regras próprias e específicas para lhe dar autonomia.

A autonomia em sede processual está diretamente ligada à possibilidade de implementar o direito material na busca da prestação jurisdicional, desde o pedido inicial até a entrega do bem de vida com a transformação em realidade de um comando abstrato de sentença de mérito, passando pelos vários incidentes em que o casuísmo é prenhe de exemplos. O processo do trabalho é exemplo de não autonomia. O art. 769 da CLT remete ao processo comum naquilo que faltar ao processo do trabalho; o art. 889 da CLT indica como regra preferencial na execução, em caráter subsidiário, a Lei dos Executivos Fiscais (LEF). O art. 882 da CLT remete diretamente ao art. 655 do CPC (com nova redação dada pela Lei n. 11.282/2006 que instituiu o art. 655-A), neste passo contrariando art. 889 da CLT. As regras de prova estão previstas em apenas oito artigos (818 a 825), de resto, incompletos ou superados. Exemplo: o art. 818 deve ser interpretado em consonância com o art. 333 do CPC, que cuida dos fatos constitutivos (autor) e fatos impeditivos, modificativos ou extintivos (réu). Outro exemplo: o art. 836 da CLT somente menciona a ação rescisória, obrigando a incursão pelos arts. 485-495 do CPC, parágrafos e incisos. O tecido processual articulado, na sua grande maioria, é incompleto, impondo, a todo momento, a busca subsidiária.

Hoje, a confusão é tanta que é comum o uso de regras civilistas ou citação de artigos do CPC, quando a matéria está prevista na CLT. Fala-se em criar um Código de Processo do Trabalho. Mas, as tentativas nesse sentido não foram exitosas, posto que neutralizavam as peculiaridades do processo do trabalho, peculiaridades que muitas vezes são fatores de celeridade. Não se pode simplesmente "civilizar" o processo do trabalho. Nesse caso, seria mais fácil revogar as regras processuais da CLT e eleger o Código de Processo comum. Contudo, isso não é aconselhável, como vimos em comentários anteriores.

O processo do trabalho atual guarda ainda muito da fase administrativa, com terminologia inadequada, como reclamação em lugar de ação, empregado e empregador em lugar de autor e réu. Não conseguiria cumprir a sua finalidade apenas com regras próprias, quer na fase de conhecimento, quer na fase de execução. As regras aportadas com alento subsidiário devem ser adaptadas à realidade trabalhista. Ensaiamos, por enquanto, uma autonomia apenas didática. Encontramos em algumas faculdades, no curso de bacharelado, a cadeira de processo do trabalho de forma autônoma e até mesmo a possibilidade de uma inteiração com objetivo de especialização, mas em tempo por demais reduzido, sem possibilidade de integração e muito menos de especialização. Mesmo porque somente se pode falar em especialização quando se dominam, de forma razoável, outros ramos do Direito. Nos exames promovidos pela OAB com o objetivo de habilitação para o exercício profissional, existe a possibilidade de escolha do Direito Processual do Trabalho.

Do ponto de vista objetivo, o processo do trabalho não basta a si mesmo e longe está de ser considerado um Direito autônomo. Todavia, a facilidade com que se comunica com o processo comum e com outros ramos do Direito torna o seu procedimento ágil, não só pelas peculiaridades do processo do trabalho, como tivemos oportunidade de demonstrar acima, mas principalmente pela necessidade de adaptação para a realidade trabalhista daquilo que importamos com alento subsidiário. Não se confunda, entretanto, autonomia com isolamento. Nenhum ramo do Direito, por mais auto-suficiente que seja, poderá prescindir de incursões subsidiárias em certas oportunidades por força atrativa (*vis attractiva*) da própria teoria geral do processo.

Dificuldades impostas pela ausência de autonomia — A ausência de uma verdadeira autonomia em âmbito processual, embora possibilite uma porta ampla em termos subsidiários, *v. g.*, arts. 8º, 769 e 889 da CLT, não deixa de trazer certos inconvenientes, quando da aplicação do direito. Assim é que, por força do hábito, juízes e advogados acabam buscando alento no processo comum, quando a CLT cuida do tema. Isso se dá pela dificuldade causada pela própria CLT, que quase sempre cuida do assunto de forma incompleta e obriga à incursão subsidiária complementar. Por conta disso, os próprios aplicadores do direito acabam buscando subsídio quando este não se faz necessário. Exemplifiquem-se com o art. 836 da CLT, que premia a rescisória, mas o procedimento está no art. 485 e ss. do CPC, e com o art. 746 do CPC (com nova redação dada pela Lei n. 11.282/2006), quando a matéria está prevista no art. 884 da CLT (embargos de primeira e de segunda fase, antes e depois da hasta pública). Com a agravante de que na busca subsidiária ao CPC não estão previstos embargos para a remição (da execução e de bens). No processo civil, ter-se-ia o agravo de instrumento; no processo do trabalho, o recurso similar tem âmbito restrito, não servindo para a espécie. Acaba-se por criar um processo eclético.

A matéria ainda é alvo de controvérsias na doutrina. Para aqueles que acham que o processo trabalhista constitui simples ramo ou divisão do processo comum, a autonomia seria discutível.

Não se relegue ao oblívio que o processo do trabalho prima pela simplicidade de procedimento, e a execução pode e deve ser impulsionada de ofício pelo juízo monocrático. Temos para nós que se cuida de simples epílogo do processo de conhecimento. Oportuno mencionar que, com o advento da Lei n. 11.232/2005, o processo civil transformou a fase executória numa continuação da fase de conhecimento (arts. 475-H e 475-M, § 3º, CPC). A sentença de mérito não mais determina a terminação do processo.

No dizer de *Ísis de Almeida*: "O Processo Judiciário do Trabalho apresenta peculiaridades tão significativas que hoje dificilmente se pode encontrar quem lhe negue uma autonomia definida, capaz de gerar um novo ramo de direito processual. Mas a melhor justificativa para se impor essa autonomia parece encontrar-se na tese de que todo ramo de direito material, dotado de peculiaridades próprias, que o tornam específico e exclusivo para regular determinado tipo de relação jurídica, exige, naturalmente, um direito instrumental adequado às colocações fixadas nas normas especializadas que apresenta." ("Manual de direito processual do trabalho", 2ª ed., LTr, São Paulo, 1991, v. 1, p. 14)

A colocação feita pelo eminente autor, embora atraente *prima facie*, destoa da realidade.

Enquanto o direito material avulta em regras próprias de cunho protecionista, em grande parte procurando garantir ao hipossuficiente posição de equilíbrio em face do poderio do empregador, quase sempre bem organizado, o direito processual trabalhista capitula órfão, carente de regras próprias, e se obriga a ir buscar no processo comum, de aplicação subsidiária (art. 769, CLT), as regras necessárias à sua implementação. Urge, pois, que se dê ao Direito do Trabalho um código de processo com regras próprias e compatíveis com suas necessidades e exigências viscerais, próprias de um direito novo e em constante mutação, para que se possa agilizar um dos mais dinâmicos ramos do direito, cuja irreverência se insinua em muitos institutos (*v. g.*, prescrição, hierarquia das normas, irretroatividade, arquivamento, relatividade da *pacta sunt servanda* etc.) e que faria corar intumescidos formalistas.

Na execução, a dificuldade mais se agrava.

Remetida aos preceitos da Lei dos Executivos Fiscais (Lei n. 6.830/1980) como fonte preferencial depois da CLT (art. 889), esta, todavia, pouco ou quase nada serve, atualmente. Uns poucos artigos são de utilidade prática, obrigando a que o juiz, ante a quase total omissão da Consolidação, se louve no direito processual comum.

Somente com o advento de um código de processo do trabalho, que atenda às peculiaridades próprias desse ramo do direito, desatrelado do direito processual comum, poder-ia falar em autonomia de fato. Isso, obviamente, não significa que regras do processo comum sejam desprezadas. Ao contrário, serão trasladadas pelo novo código, mas já adaptadas à realidade trabalhista. E a própria evolução e aperfeiçoamento obrigarão a que ambos continuem utilizando experiências recíprocas.

Veja-se, por exemplo, o que sucedeu com o advento da Lei n. 11.232/2005, que transformou a execução do processo comum em simples epílogo do processo de conhecimento, transformando conceitualmente em decisões interlocutórias as decisões proferidas em liquidação de sentença e no incidente, recém-criado, de "impugnação", ambas as decisões atacáveis pela via de agravo de instrumento, cuja natureza jurídica é interlocutória. Aos poucos, o processo civil se aproxima do processo do trabalho no que diz respeito à execução. Falta, ainda, ser mais ousado e adotar o princípio da irrecorribilidade das interlocutórias e reduzir o âmbito operacional do agravo de instrumento.

O princípio contido no art. 659, § 2º, do CPC não se aplica ao processo do trabalho, onde haverá possibilidade de penhora de bens, ainda que não garantam o juízo integralmente. Far-se-á a execução parcial para atender ao pagamento do crédito alimentar. O produto da praça ou leilão será totalmente empregado para se obter o principal. Não havendo bens para dar continuidade à execução, os autos aguardarão no arquivo oportunidade para o reinício, sem correr o risco da prescrição (art. 40, Lei n. 6.830/1980). O Projeto de Lei n. 4.497/2004, trasformado na Lei n. 11.382/2006, traz modificações redacionais e inclusão de novos artigos ao CPC. Nos arts. 615-A, § 4º, e 659, § 6º, o legislador comete lapso terminológico, quando fala em averbação de penhora (arts. 167, I, n. 5, e 240 da Lei dos Registros Públicos), quando o correto é registro.

Doutrina favorável:

Ísis de Almeida, com respaldo em *Ernesto Krotoschin*, assinala: "O propósito do direito substancial, consistente em garantir a igualdade ou a proteção econômica, além da igualdade jurídica, teve que comunicar-se ao direito processual, ao serem tomadas medidas necessárias para assegurar ou facilitar a realização do direito material. A isso correspondem a organização dos tribunais do trabalho e os princípios estruturais de seu procedimento. A justiça ordinária e o processo comum mostraram-se constantemente inadequados, em maior ou menor grau, para esses fins. (...) Não seria admissível, portanto, que o conjunto constituído pelos órgãos jurisdicionais e pelas regras de procedimento na aplicação das normas de um direito com tão exclusivos conteúdo e destinação pudesse ser o mesmo do Direito Civil e Comercial, em que as partes, interessadas na prestação jurisdicional pelo Estado para solução de seu litígio, acham-se, institucionalmente, no mesmo plano de igualdade do ponto de vista econômico e jurídico. E, ao pragmatismo das normas de direito substantivo trabalhista, devem, pois, corresponder a simplicidade, a celeridade e a economia dos atos processuais do direito adjetivo que as instrumenta." (ob. cit., p. 15 e *Ernesto Krotoschin*, "Instituciones de derecho del trabajo", p. 258)

Doutrina desfavorável:

Octavio Bueno Magano afirma: "A pertinência do processo à atividade jurisdicional, e a sua não pertinência ao direito material, mostra ser impossível sustentar-se a autonomia de um processo trabalhista pela simples circunstância de se estatuírem procedimentos especiais para a composição de lides do trabalho. Quanto aos princípios que estadeariam o seu particularismo, é preciso ter presente, em primeiro lugar, que surgiram quase todos a modo de contraponto aos princípios e peculiaridades do processo comum, quando este possuía feições marcadamente individualistas, o que não mais ocorre nos dias atuais. A conclusão no sentido de não passar o processo de um ramo ou divisão do direito processual civil, desprovido de autonomia, além de lastreada no magistério de renomados juristas, constitui, no Brasil, consectário da regra inserta no art. 8º, XVII, *b*, da Constituição vigente [art. 22, I, CF/1988], que se refere a um único Direito Processual." ("Manual de direito do trabalho — Parte Geral", p. 78-79)

Tostes Malta afirma: "*Autonomia do processo de execução*. Reina controvérsia entre os estudiosos a propósito de o complexo de atos que chamamos de execução dever considerar-se como ação autônoma, sendo majoritária a corrente que responde afirmativamente. Daí a classificação das ações expostas no capítulo sobre a ação. Ficamos com a corrente minoritária que nega a autonomia. Para nós a ação visa à prestação jurisdicional e esta, sempre segundo nosso modo de ver, deve incluir atos que levem à concretização da sentença proferida, o que, obviamente, inclui, nas ações condenatórias, a execução." (ob. cit., n. 240, p. 449)

O fato de termos um direito material autônomo não significa obrigatoriamente que essa autonomia se transfira para o Direito Processual do Trabalho, que, embora registre muitas peculiaridades necessárias à sua sobrevivência, não consegue desvincular-se do direito processual comum, onde vai buscar subsídio a todo tempo, quer de forma substitutiva, quer de forma complementar. Isso se dá porque as regras processuais registradas em sede trabalhista quase sempre são insuficientes, *v. g.*, ação rescisória prevista no art. 836 da CLT; a prova testemunhal, a documental e a pericial, prevista no art. 818, não prescinde das regras expressas no art. 332 e seguintes do CPC etc.

A autonomia apresenta-se de forma meramente acadêmica, com independência das matérias nas universidades, sendo o processo do trabalho um dos mais dinâmicos pela necessidade de atender a um direito material também dinâmico. Mas, isso não lhe rende tributo à autonomia própria. Sua dependência às regras do direito comum é ainda muito intensa, muito embora grande parte delas deva ser adaptada à realidade trabalhista, pena de não servir à finalidade. O processo trabalhista projeta-se aos poucos como um grande caudal em busca de sua identidade própria, muitas vezes irreverente frente às regras do direito comum. São exemplos a prescrição parcial e nuclear, o desapego ao rigor da cláusula *rebus sic stantibus* e da *pacta sunt servanda*, a presença do advogado, a execução da norma coletiva de forma definitiva, embora o título executivo ainda não tenha transitado em julgado; a necessidade de depósito recursal para recorrer, o desapego à forma, a desnecessidade do Ministério Público em primeiro grau etc. Todavia, encontramos defensores de peso intelectual em ambas posições. *Amauri Mascaro Nascimento* adota posição favorável à autonomia e traz à colação, contra a autonomia, *Luigi de Litala*, *Rafael de Pina*. Outros, como *Jaime Guasp* e *Juan Montero Aroca*, não se definem; favoráveis, *Gerardo Salazar*, *Lopes*, *Menendez-Pidal*, *Trueba Urbina*, *Pérez-Leñero*, *Stafforini* ("Curso de direito processual do trabalho", 13ª ed., Saraiva, 1992 e 14ª ed., 1993).

46.2. Da iniciativa executória

46.2.1. Da iniciativa do credor

Como regra, a iniciativa executória é do credor, pois este é quem tem o interesse maior em que se cumpra o comando sentencial condenatório. Para o credor não basta que o Estado declare o seu direito de forma abstrata. É necessário que esse direito seja transformado em realidade palpável, cristalizado em direito concreto. O Estado, por sua vez, também tem interesse em que se cumpra a sentença condenatória, pois só assim estará completo o ofício jurisdicional. A prática demonstra que dificilmente o devedor cumpre a obrigação espontaneamente. O poder jurisdicional, a seu turno, somente se movimenta a requerimento do interessado (credor). Assim, como regra, não honrando o devedor a obrigação, nasce (*actio nata*) para o credor o interesse (interesse jurídico) para pedir a intervenção do Estado, por meio da execução aparelhada. Excepciona-se no processo do trabalho, onde o advogado não tem peso de obrigatoriedade (art. 791, CLT) e as partes detêm o *jus postulandi*. Disso resulta que, em sede trabalhista, o juiz instrutor exercerá de ofício os atos de juiz executor, independentemente de requerimento do credor, determinando a citação de ofício, a apreensão de bens (ou penhora *on line*), indo até os atos expropriatórios em hasta pública.

46.2.2. Da cessão de crédito

De conformidade com o art. 42, CPC "A alienação da coisa ou do direito litigioso a título particular, por ato entre vivos, não altera a legitimidade das partes". O § 1º diz que "O adquirente ou o cessionário não poderá ingressar em juízo, substituindo o alienante, ou o cedente, sem que o consinta a parte contrária". Tem-se pelo § 2º que "O adquirente ou cessionário poderá, no entanto, intervir no processo, assistindo o alienante ou cedente". O § 3º adverte que "A sentença, proferida entre as partes originárias, estende os seus efeitos ao adquirente ou ao cessionário".

Tem-se, em princípio, que a cessão de crédito não altera a legitimidade das partes, isto é, o cedente continuaria com a legitimidade para prosseguir no feito. Já o § 1º alerta que o cessionário não poderá vir ao processo em substituição ao cedente, sem que para tanto autorize o devedor. O que não deixa de ser estranho, já que a cessão do crédito não modifica a situação do devedor que continuará devedor e deverá cumprir a obrigação. A prosperar o comando legal proibitório, autoriza-se a parte contrária a fazer uso de meios egoísticos (capricho), sem que tenha para a proibição nenhum fundamento palpável. A jurisprudência formada em torno do § 2º foi mais razoável: "A proibição de alterar-se subjetivamente o processo é resquício de épocas superadas. A exigência de consentimento, a que se refere o § 1º do art. 42 do CPC, não significa reconhecimento de direito de negá-lo por mero arbítrio ou capricho. Cumpre ao juiz apreciar as razões da negativa, acolhendo-as ou não (ac. unân. da 1ª Câm., do TJRJ, de 25.4.1975, no Agr. n. 26.800, rel. des. Costa e Silva, *apud Alexandre de Paula*, "CPC Comentado", 1ª ed., RT, 2ª tiragem, São Paulo, 1977, v. I, p. 173). Segundo o § 2º, o cessionário poderá intervir no processo, na qualidade de assistente. A situação é um tanto nebulosa. Se o cessionário é o titular do direito substancial (antes pertencente ao cedente), fato esse comprovado no processo, não existe a quem assistir. A assistência de que fala o art. 50, CPC tem no pólo ativo o detentor do direito substancial e no passivo o devedor e o assistente, um terceiro, tem interesse em que o julgamento penda para o autor ou para o réu. A situação é diversa da tratada no § 2º, do art. 42. Todavia, em não assumindo o cessionário o lugar do cedente, a lei entende que o titular continua sendo o cedente, daí a possibilidade de o cessionário intervir como assistente (litisconsorcial), já que pelo 3º, a sentença proferida entre as partes processuais se estende também ao cessionário.

Assinada a cessão de crédito, deve o cessionário requerer ao juízo a substituição do cedente, passando, assim, a ocupar o pólo ativo e fazer diretamente a sua defesa. O juiz dará ao devedor a possibilidade de se pronunciar sobre o requerimento. Se criar embaraço, o juiz analisará as razões da negativa. Se a negativa estiver estribada em mero capricho ou desfundamentadamente, deve o juiz instrutor determinar a substituição.

No processo do trabalho, a cessão de crédito vinha sendo feita sem maiores óbices. Contudo, o Provimento n. 6/2000 que substituiu o de n. 2/2000 assim se expressa: "1. Declarar que o crédito trabalhista não é cedível a terceiros. 2. Determinar que qualquer pretensão nesse sentido, manifestada em Juízo, seja indeferida, liminarmente, independentemente da forma como tenha sido feita a cessão. 3. Este Provimento entrará em vigor na data da sua publicação no Órgão Oficial, revogadas as orientações em contrário. Corregedor-Geral Ministro Ursulino Santos."

O provimento traz vários considerandos: 1. Refere-se ao crescente número de sessão em caso de precatórios. Ora, é de conhecimento notório que, neste país, os precatórios não são cumpridos e a Excelsa Corte há mais de duas décadas não determina a intervenção como determina a Constituição. Não é necessário muito esforço intelectivo para concluir que uma cessão de crédito em precatório é uma bênção. Achar alguém que queira esperar por cinco, dez ou mais anos para receber o crédito. Cuida-se de crédito alimentar! A proibição do TST se imiscui na própria sobrevivência do credor e da sua família. Deve sucumbir de inanição ou fazer a cessão?

O considerando 2 refere-se ao "valor mínimo" que seria pago ao cedente pelo cessionário e pelo fato do cedente quitar o seu crédito. O motivo não dá suporte à proibição. Basta que a cessão seja homologada em uma Vara do Trabalho, na presença de juiz do trabalho.

O considerando 3 diz que o cessionário não é parte no processo e que, portanto, não merece gozar da proteção e garantias próprias do reclamante (cedente). Também aqui a proibição não convence. Que o cessionário não é parte no processo, todos sabemos. É um terceiro que tem "cacife" para bancar a cessão de crédito. Quanto à proteção e garantias próprias, aplicam-se as regras do art. 347, I e art. 348 e 349, do CC.

O considerando 4 diz da incompatibilidade dos princípios protecionistas do salário contido no art. 464 com a cessão de crédito. Não, também aqui não encontramos incompatibilidade. A cessão de crédito não tem por objetivo a cessão de salários, mas valores indenizatórios (ainda que compostos de salários vencidos, que já não é maio salário), *v. g.*, fundo de garantia não depositado, férias e 13º salário vencidos etc.

O considerando 5 remete ao art. 1.065, CC (hoje, art. 286), combinado com o art. 649, IV, CPC. O art. 286 do CC não apresenta incompatibilidade, pois o fato de ser crédito trabalhista não significa óbice. A natureza de que fala a lei civil diz respeito a verbas indisponíveis, *v. g.*, pensão alimentícia; quando ao se opuser a lei, significa que a lei se opõe, *v. g.*, as prerrogativas contidas em mandato que não prevê poder de substabelecimento, ou por convenção com o devedor. Como a cessão de crédito poderá ser legal, judicial ou convencional, basta exigir-se que seja sempre judicial. Não vemos aplicação do inc. IV, do art. 649, CPC, máxima vênia, pois cuida da impenhorabilidade. No tocante à Convenção Internacional n. 95, refere-se à cessão de salários. Não é esse o objeto do presente Provimento, que cuida de verbas indenizatórias que estão sento executadas. A Convenção Internacional n. 95 nos arts. 5 e 10 proíbe a "cessão de salários", o que não é o caso do provimento, já que a ação pode não cuidar somente de salários, mas incluir outras verbas.

O considerando 6, finalmente, busca igualar o crédito trabalhista ao crédito previdenciário com suporte na "doutrina", para conferir-lhe intransferibilidade. Também aqui, os argumentos não sensibilizam. O crédito previdenciário tem regras próprias e se fixa, em regra, em valores pagos que dizem respeito à aposentadoria, à pensão etc., ligados à sobrevivência do dia-a-dia. O crédito trabalhista cedido diz respeito a uma condenação. Um valor fixo que em nada se equipara conceitualmente com o crédito previdenciário.

O considerando 7, finalmente, traz como argumento que os créditos já cedidos podem ser utilizados para outros fins. O crédito cedido, decerto, será utilizado ao hipossuficiente e à sua família. O cedente, certamente, poderá utilizar o dinheiro recebido para outras finalidades, bebidas, mulheres etc. Todavia, poderá fazer o mesmo quando receber o seu crédito, ainda que não se utilize da cessão de crédito! Essa preocupação da mais alta Corte Trabalhista se ressente de razoabilidade.

Um credor/exeqüente/cedente é alguém que trabalha em São Paulo, onde foi despedido e não consegue emprego, e quer retornar à Paraíba, onde já tem emprego. Seria razoável impedi-lo de fazer uma cessão de crédito?

Não nos parece razoável a preocupação com a intransferibilidade, quando relativizamos a "irrenunciabilidade" no dia-a-dia. A rigor, somente poderá haver conciliação sobre a *res dubia*. Entretanto, não é isso que acontece. Diariamente, milhares de conciliações são feitas por valor menor àquele que o trabalhador tinha direito, homologando-se composições sobre fundo de garantia não depositado, férias vencidas, salários atrasados, vínculo empregatício não reconhecido.

O provimento sob comento deverá ser reavaliado, retirando-se a restrição, aconselhando-se que a cessão de crédito se faça em sede judicial. Isso porque o trabalhador é o titular do direito substancial e a ele compete dar o melhor direcionamento ao seu crédito. Não compete ao Tribunal Superior do Trabalho dizer se, quando e como o titular pode exercitar o seu direito.

46.2.2.1. *Da falência e a cessão de crédito*

De conformidade com o § 4º, do art. 83 da Lei de Falências (Lei n. 11.101, 9.2.2005), os créditos trabalhistas cedidos a terceiros serão considerados quirografários. Tendo em conta a sub-rogação é convencional (arts. 347 e 348, do CC) não há motivo para que o cessionário não goze das mesmas prerrogativas de que gozava o cedente.

46.2.3. Da iniciativa do devedor

Dispunha o art. 570 do CPC, revogado pela Lei n. 11.232/2005, que o devedor pode requerer ao juiz que mande citar o credor a receber em juízo o que lhe cabe conforme título executivo judicial; nesse caso, o devedor assume, no processo, posição idêntica à do exeqüente. Essa iniciativa indica o interesse do devedor de liquidar o que deve e demonstra o seu objetivo de não continuar a responder pelos acréscimos legais advindos da inadimplência. Esse é um dos meios de cumprimento da obrigação previsto no art. 794, I, do CPC. Isso tanto pode ocorrer com as obrigações por quantia certa, como com a entrega de coisa ou obrigação de fazer ou de não fazer.

A revogação em nada modifica a situação, uma vez que o devedor pode a qualquer momento livrar-se do débito até mesmo antes do vencimento e com mais razão após o vencimento, quando fixada a inadimplência com acréscimos legais de juros e correção monetária e o credor não se avia no sentido de efetuar a cobrança. O art. 304 do CC possibilita a iniciativa a qualquer interessado na extinção da dívida, estendendo-a a terceiro interessado.

Poderá ocorrer nesse caso aquilo que prevê o art. 581 do CPC. Citado, o credor poderá discordar daquilo que lhe está sendo oferecido sob a alegação de que não corresponde ao efetivamente correto. Em ocorrendo a hipótese, o credor deverá requerer a execução, que prosseguirá em todos os seus trâmites, podendo o devedor usar dos embargos como defesa. Já o âmbito de defesa do credor ficará restrito à alegação de desconformidade entre aquilo que foi oferecido pelo devedor e o efetivamente devido pelo título judicial.

Se, todavia, a execução não for requerida no prazo de seis meses, o juiz mandará arquivar os autos, sem prejuízo do seu desarquivamento a pedido da parte (§ 5º, art. 475-J, CPC). Com a revogação do art. 611, CPC, pela Lei n. 11.232/2005, que exigia a citação, esta ficou restrita a três casos: a) sentença penal condenatória transitada em julgado; b) sentença arbitral; c) sentença estrangeira, homologada pelo Superior Tribunal de Justiça (art. 475-N, parágrafo único, CPC), sendo regra geral a inexistência da citação (art. 475-J) na execução por quantia certa. Com a nova sistemática, excepcionados os casos citados, a execução não mais se inicia com a citação, como dizia o revogado art. 611, CPC, mas com a intimação da decisão de liquidação (art. 475-J, CPC). Disso resulta que, após a intimação, não haverá a possibilidade de prescrição. A prescrição ocorrerá; porém, se o credor não providenciar a liquidação da sentença ou não requerer a intimação do devedor nas obrigações de fazer ou de não fazer ou de entrega de coisa certa.

Essas regras civilistas não são aplicáveis ao processo trabalhista, que exige a citação, no art. 880, CLT, para que tenha início a execução, com prazo de 48 horas (*tempus iudicati*), para que o devedor efetue o pagamento ou ofereça bens. Após a citação, em sede trabalhista não mais haverá a possibilidade da prescrição intercorrente, podendo os autos aguardar no arquivo se for o caso (*v. g.*, ausência de bens para penhora), sem haver o risco da prescrição (art. 40, Lei n. 6.830/1980 — LEF). Todavia, perfeitamente aplicável a multa de 10% (dez por cento) sobre do total da condenação acrescida de juros e correção monetária (art. 475-J, CPC), decorrido naturalmente o prazo de 15 (quinze) dias para que se defira o acréscimo. Nada impede que, decorridas as 48 (quarenta e oito) horas sem oferecimento de bens, seja determinada a penhora de bens. Se o devedor efetuar o pagamento, liberam-se os bens penhorados; se não o fizer, majora-se a dívida em 10% (dez por cento) e se prossegue na execução.

46.2.4. Dos demais legitimados ativa e passivamente

De conformidade com o art. 567, CPC estão legitimados ativamente o titular do direito material, e, além do titular, podem promover a execução, ou nela prosseguir: I — o espólio, os herdeiros ou os sucessores do credor, sempre que por morte deste, lhes for transferido o direito resultante do título executivo; II — o cessionário, quando o direito resultante do título executivo lhe foi transferido por ato entre vivos (arts. 42 e 1.061, CPC); III — o sub-rogado, nos casos de sub-rogação legal ou convencional. Também está legitimado ativamente, o Ministério Público, nos casos prescritos em lei (art. 566, II, CPC).

Estão legitimados passivamente, de acordo com o art. 568, CPC: I — o devedor, reconhecido como tal no título executório; II — o espólio, os herdeiros ou os sucessores do devedor (art. 584, CPC); III — o novo devedor, que assumiu, com o consentimento do credor, a obrigação resultante de título executivo (arts. 42 e 1.061, CPC); IV — o fiador judicial; V — o responsável tributário, assim definido na legislação própria (arts. 134 a 138 da Lei n. 5.172/1966 — Código Tributário Nacional).

De conformidade com o art. 878, CLC, "A execução poderá ser promovida por qualquer interessado, ou *ex officio* pelo próprio juiz ou presidente do Tribunal competente, nos termos do artigo anterior (art. 877). Parágrafo único. Quando se tratar de decisão dos Tribunais Regionais, a execução poderá ser promovida pela Procuradoria da Justiça do Trabalho". A normatização celetista se completa com os arts. 566 a 568, CPC.

46.3. *Da responsabilidade executória*

46.3.1. Da relação jurídica obrigacional

A relação jurídica obrigacional vincula credor e devedor e obriga este ao cumprimento da obrigação previamente avençada. O inadimplemento autoriza a movimentação do aparato judiciário (interesse processual) para que o credor satisfaça o seu crédito, podendo lançar mão, se necessário, do patrimônio do devedor, com oportuno praceamento.

Lembra *Ruggiero* que "a obrigação exprime a relação jurídica pela qual uma pessoa (devedor) está adstrita a uma determinada prestação para com o outro (credor), que tem o direito de exigir, obrigando o devedor a satisfazê-la. A obrigação redunda, pois, num vínculo jurídico, como tal considerado a partir da conceituação romana de obrigação *vinculum juris quod necessitate adistringimur alicujus solvendae rei*.

Tem-se, pois, que, no Direito Romano, essa vinculação jurídica ensejava ao credor a segurança pessoal de que o débito seria solucionado. Como essa garantia era prestada pela pessoa devedor, tinha o credor o direito de dispor, por meio da *manus injectio*, da pessoa física do obrigado, desde que a obrigação fosse honrada, segundo o previsto no sistema *tempus judicati*. É interessante notar que somente a *solutio* e o *reus debendi* tornava-se *solutus a vinculo*. Como a terra pertencia à família, a pessoa física do devedor era responsabilizada e podia o credor fazê-lo por meio da prestação de trabalho ou podia até mesmo vendê-lo para ressarcir a obrigação. A evolução operada tempos mais tarde no sentido de mudar o alvo da execução da pessoa para os bens do devedor não deslustrou o sentido pessoal da garantia. Ao contrário, dava-se um passo firme no sentido de respeito ao ser humano. Essa nova visão se processou a partir do Direito Romano que retirou da terra toda e qualquer conotação deífica que lhe emprestavam os primitivos. Dessa forma, colocou o patrimônio a serviço da pessoa e, como conseqüência substituiu o alvo das execuções.

Constata *Antônio Carlos Costa e Silva* que essa nova situação jurídica foi sedimentada no sistema *extra ordinem*, com a instituição, pelo imperador *Antonino Pio*, do vínculo sobre a coisa judicialmente apenhada (*pignus ex causa juidicati captum*), por meio da *Lex Poetelia*, de modo a imputar ao patrimônio econômico o meio da satisfação e o objeto da execução ("Tratado de Processo de Execução", Rio de Janeiro: Aide, v. I, p. 465).

46.3.2. Do elemento responsabilidade

O termo responsabilidade significa que a pessoa responsável, como devedor, quer como fiador, deverá honrar o compromisso assumido com o seu patrimônio pessoal. No mundos dos negócios, não mais se prescinde de um garante, e a possibilidade de levantamento de dinheiro está diretamente ligada ao patrimônio daquele que toma para si o numerário, como aquele que garante. Não mais se fia na simples palavra. Também não se faz empréstimo sobre o total do patrimônio do futuro devedor e do seu garante. Sobre o total, fixa-se um percentual que varia de 40 a 60 por cento.

O elemento responsabilidade está diretamente ligado ao patrimônio do devedor. No mundo dos negócios, as operações se realizam em maior ou menor volume, sempre diretamente proporcional ao patrimônio do devedor. Essa regra básica do mundo dos negócios elimina o risco desmesurado. Nesse território, não se pode colocar numerário em risco de não ser recambiado com os devidos acessórios. O risco sempre existirá, mas de forma administrável, sem comprometer, nem pôr em risco o negócio. O elemento responsabilidade é que autoriza ao credor, em havendo inadimplência do devedor, a satisfação do crédito lançando mão do patrimônio deste. O credor zeloso deve usar do *remedium juris* que o Estado coloca ao seu dispor. Todavia, existem aqueles créditos que se alavancam acima do credor comum (quirografário), são aqueles protegidos com o selo de direito real. E acima de todos, estão os créditos trabalhistas, de natureza alimentar (art. 100, *caput*, CF), cuja preferência supera ao próprio crédito tributário (art. 186, do Código Tribunal Nacional).

46.3.3. Da relação jurídica substancial

O credor, titular da relação jurídica substancial, não pode, inadimplente o devedor, ignorar o aparato estatal e agir por conta própria sobre o patrimônio deste. Se o devedor não honrar a obrigação na data aprazada, nasce (*actio nata*) para o credor o interesse processual (art. 267, VI, CPC) e, como conseqüência, nasce o direito de exigir do Estado, por meio do Poder Judiciário, a prestação jurisdicional para que se transforme em realidade o comando abstrato contido numa sentença condenatória, num acordo, num ajuste de conduta ou num termo de conciliação prévia (art. 876, CLT). Conseqüentemente, se o obrigado não cumpre a obrigação, surge para o credor a oportunidade de se servir do interesse processual, na busca da realização do seu direito substancial. Em contrapartida, dessa concepção resulta, presente o fato da inadimplência, o poder de atuar a sanção; a inadimplência e a responsabilidade do devedor induzem à formação de uma relação jurídica diversa da obrigacional que deságua na relação jurídica sancionadora.

45.3.4. Dos bens sujeitos à execução

Dispõem os arts. 591 do CPC e 751, II, CPC que "o devedor responde, para o cumprimento de suas obrigações, com todos os seus bens presentes e futuros, salvo as restrições estabelecidas em lei". O Código de 1939 não previa expressamente, apenas deixava antever essa responsabilidade de todo o patrimônio nos arts. 928, 942 e 943. O Código Civil anterior (art. 1.556) dispunha e o atual (art. 957) dispõe que "não havendo título legal à preferência, terão os credores igual direito sobre os bens do devedor comum". Tem-se, também, que referida regra não é instrumentária, mas diz respeito a direito material, afastando-se do tecnicismo. Lembra *Mendonça*

Lima que "a presente norma é estranha, tecnicamente, a código processual. Sua sede própria é diploma de direito material, como o Código Civil. Não tem caráter instrumental, que é o inerente aos ordenamentos processuais, mas, sim, estabelece direitos em favor do credor e, conseqüentemente, obrigação imposta ao devedor. É tipicamente norma primária e não secundária. Do ponto de vista processual, a fonte deve ter sido o art. 821 do Código de Processo Civil português, quer no texto de 1939, renovado em 1961, como no da versão de 1967, que alterou, em parte, a redação antecedente: 'Estão sujeitos à execução todos os bens que, nos termos da lei substantiva, responde pelas dívidas, quer pertençam ao devedor, quer a terceiro.'" Em sentido oposto, caminha *Dinamarco* (*apud Costa e Silva*, v. 1 p. 485), para quem a inclusão de patrimônio futuro "na responsabilidade seria um ilogismo, porque responsabilidade é sujeitabilidade do patrimônio à execução e esta não pode, por isso, ser um dado passado com referência à responsabilidade, de modo que deverão ser excluídos da sujeitabilidade aos atos da execução forçada os bens que foram aduzidos ao patrimônio do devedor posteriormente ao ajuizamento da execução". *Data venia*, discordamos do festejado autor. Nessa esteira de raciocínio, poder-se-ia chegar ao inusitado. Suponha-se que, iniciada a execução por ocasião da penhora, se constasse a insuficiência de bens (art. 659, § 2º, CPC). Descobre-se que, meses depois, o devedor recebeu bem imóvel em herança e que, antes de iniciada a execução, havia transferido por venda o único bem que possuía e quando já vencida a obrigação. Assim, não se penhoraria bem adquirido após iniciada a execução e o devedor poderia tentar receber o seu crédito propondo ação para que fosse declarada a venda de bens com fraude contra credores. Suponha-se, ainda, que, iniciada a execução, esta seja obstada pela ausência de bens (art. 659, § 2º, CPC); todavia, dias depois, o devedor adquire um bem imóvel, na verdade o dinheiro fora conseguido com a venda de imóvel existente quando assumira a dívida. Evidente a fraude. Tem-se na concepção de *Rosenberg* que patrimônio "é a soma das coisas que têm valor pecuniário e direitos do devedor; e compreende bens móveis e imóveis, créditos e outros direitos, também expectativas sempre que sejam já direitos subjetivamente disponíveis". (...) Pela lei, porém, "a responsabilidade não se fixa em nenhum momento certo, nem mesmo no ingresso da execução e, até, na sua forma finalização, se, nessa hipótese, a insolvência da obrigação resistida. Enquanto houver inadimplência, o patrimônio do devedor responderá, independentemente, da ocasião em que os bens forem adquiridos pelo devedor". Também, nessa mesma linha, dispõe o art. 667, II, CPC. Nesse sentido, são as lições de *Carnelutti* (*"Processo de execuzioni"*. Pádua: Cedam, 1955, p. 421).

46.3.5. Da responsabilidade do sócio

O crédito trabalhista diz respeito à própria sobrevivência do trabalhador e de sua família. Por isso, o legislador dedicou-lhe proteção especial. Tem natureza alimentar (art. 100, CF), é privilegiado, superior até mesmo ao crédito tributário (art. 186, Código Tributário Nacional) e goza dos benefícios da Lei n. 6.830/1980 (*ex vi* do art. 889, CLT).

Ensina o mestre *José de Aguiar Dias* ("Da Responsabilidade Civil", 4. ed., Rio de Janeiro: Forense, 1960, v. I, p. 75) com respaldo em *saleilles*, que "a lei deixa a cada um a liberdade de seus atos; ela não proíbe senão aqueles que se conhecem como causas diretas do dano. Não poderia proibir aqueles que apenas trazem em si a virtualidade de atos danosos, uma vez que se possa crer fundamentadamente que tais perigos possam se evitados, à base de prudência e habilidade. Mas, se a lei permite, impõe àqueles que tomam o risco a sua cargo a obrigação de pagar os gastos respectivos, sejam ou não resultados de culpa. Entre eles e as vítimas não há equiparação. Ocorrido o dano, é preciso que alguém suporte. Não há culpa positiva de nenhum deles. Qual seria então o critério de imputação do risco? A prática exige que aquele que obtém o proveito de iniciativa lhe suporte os encargos, pelo menos a título de sua causa material, uma vez que essa iniciativa constitui um fato que, em si por si, encerra perigos potenciais contra os quais os terceiros não dispõem de defesa eficaz. E um balanceamento a fazer. A Justiça quer que se faça inclinar o prato da responsabilidade para o lado do iniciador do risco". E com suporte em *mataja* prossegue: "A distribuição do ônus do prejuízo atende, primordialmente, ao interesse social, distribuição essa entre aqueles que obtiveram proveitos e correram o risco do negócio. (...) Se não estamos a coberto dos riscos, tenhamos pelo menos a certeza de que não sofreremos impunemente as conseqüências da atividade alheia. À fórmula, viver perigosamente, replicamos com esta outra, que é a sua sanção: responder pelos nossos atos."

É princípio informador do Direito do Trabalho que o empregado não corre os riscos do empreendimento, já que também não participa dos lucros. Em havendo bens que suportem a execução forçada — insolvência, falência, concordata, liquidação extrajudicial, desaparecimento do fundo de comércio etc. —, os sócios responderão pelos débitos trabalhistas da empresa da qual participam com os seus patrimônios particulares. A posição do trabalhador, entre o empregador e o insucesso do empreendimento, é de *res inter alios*. Todavia, tem o sócio o direito de indicar bens da pessoa jurídica, livres e desembaraçados, para que sejam penhorados e praceados. Somente em não existindo bens da pessoa jurídica é que o sócio responderá (art. 596, CPC). A penhora será feita sobre bens de qualquer sócio, pouco importando a sua posição ou importância na sociedade. Também não se perquire se teria o sócio agido com culpa ou dolosamente. Todo sócio responderá com base no risco do empreendimento que não pode ser transferido para o trabalhador. A força de trabalho entregue à empregadora é irreversível. Finalmente, qualquer limitação da responsabilidade do sócio é incompatível com a responsabilidade trabalhista do sócio.

46.3.5.1. Da fraude no uso da personalidade jurídica

A fraude no uso da personalidade jurídica sempre foi tolerada e no passado existiam especialistas no preparo de falência com alguns anos de antecedência com o objetivo adrede de burlar a lei, pois com o decreto falimentar neutralizava-se o pagamento de acessórios e se conseguia o levantamento da falência com o pagamento, por fora, de credores por valores ínfimos.

Daí a necessidade da desconsideração da personalidade jurídica (teoria do *disregard of legal entity*). *Clovis Ramalhete*, ex-Ministro do STF, quando ainda Procurador da República, emitiu o Parecer n. 63, onde defende a doutrina da superação da personalidade:

"III — Ao ser desconsiderada a personalidade da sociedade mercantil, as normas legais que geram esse efeito não a desconstituem, mas negam a eficácia a certos atos dela, quando se desvenda, por detrás da vontade manifestada pela pessoa jurídica, a real presença predominante do querer dos sócios; pois a desconsideração da personalidade é proteção jurídica principalmente dos grupos econômicos, da moderna economia empresarial. IV — O sistema legal vigente neste País, quando rege a eficácia dos atos jurídicos, autoriza, no Brasil, a aplicação da doutrina mercantil inglesa do *disregard of legal entity*, desde que aqui com apoio em norma de lei (ver art. 8º da CLT). V — A desconsideração da personalidade da sociedade mercantil no sistema jurídico brasileiro, de Direito escrito, ou funda-se em norma expressa da lei que rege o caso, a qual dispõe se respeite a personalização legal do ente mercantil, ou, de outro modo, funda-se no sistema legal genérico, o da eficácia dos atos jurídicos e nos princípios gerais de direito, ambos aplicáveis ao caso."

Sobre o tema, pronuncia-se *Rubens Requião* ("Curso de Direito Comercial", São Paulo: Saraiva, 1977, v. 1, p. 165-266): "diante do abuso de direito e da fraude no uso da personalidade jurídica, o juiz tem o direito de indagar, em seu convencimento, se há de consagrar a fraude ou o abuso de direito, ou se deva desprezar a personalidade jurídica, para, penetrando em seu âmago, alcançar as pessoas e bens que dentro dela se escondem para fins ilícitos e abusivos. Se a personalidade jurídica constitui criação da lei, como concessão do Estado, objetivando, como diz *Cunha Gonçalves*, 'a realização de um fim', nada mais transcendente do que se reconhecer ao Estado, através de sua Justiça a faculdade de verificar se o direito concedido está sendo adequadamente usado. A personalidade jurídica passa a ser considerada doutrinariamente um direito relativo, permitindo ao juiz penetrar o véu da personalidade para coibir os abusos ou condenar a fraude, através do seu uso. (...) A realidade do direito de personalização jurídica nos leva numa rápida digressão, à teoria do abuso de direito. É de conhecimento elementar que ela foi criação da jurisprudência dos tribunais franceses. Deve-se a *Josserand* a sistematização do seu uso, contando com a oposição crítica e sistemática de *Planiol*. Para se compreender a fundo a teoria do abuso de direito, deve-se partir da observação de *Josserand* de que a sociedade garante a determinada pessoa as suas prerrogativas, não é para ser-lhe agradável, mas para assegurar-lhe a própria conservação. Esse é, na verdade, o mais alto tributo do Direito: a sua finalidade social. Já se vai tornando um conceito clássico a doutrina de *Geny* de que nem todo direito está contido na legalidade." A lei, de fato, não abrange todas as peculiaridades da vida cotidiana nos seus vários matizes.

46.3.5.2. Da responsabilidade do sócio no Código Civil

Tem-se de conformidade com o Código Civil:

1. "Art. 1.001. As obrigações dos sócios começam imediatamente com o contrato, se este não fixar outra data, e terminam quando, liquidada a sociedade, se extinguirem as responsabilidades sociais."

2. "Art. 1.003. A cessão total ou parcial da quota, sem a correspondente modificação do contrato social com o consentimento dos demais sócios, não terá eficácia quanto a estes e à sociedade." "Parágrafo único. Até 2 (dois) anos depois de averbada a modificação do contrato, responde o cedente solidariamente com o cessionário, perante a sociedade e terceiros, pelas obrigações que tinha como sócios."

3. "Art. 1.016. Os administradores respondem solidariamente perante a sociedade e os terceiros, por culpa no desempenho de suas funções."

4. "Art. 50. Em caso de abuso da personalidade jurídica, caracterizado pelo desvio de finalidade, ou pela confusão patrimonial, pode o juiz decidir, a requerimento da parte, ou do Ministério Público quando lhe couber intervir no processo, que os efeitos de certas e determinadas relações de obrigações sejam estendidas aos bens particulares dos administradores ou sócios da pessoa jurídica." (*disregard of legal entity*)

5. "Art. 1.024. Os bens particulares dos sócios não podem ser executados por dívidas da sociedade, senão depois de executados os bens sociais." (Ver art. 596, § 1º, CPC) (benefício de ordem)

6. "Art. 991. Todos os sócios respondem solidária e ilimitadamente pelas obrigações sociais, excluído o benefício de ordem, previsto no art. 1.024, àquele que contratou pela sociedade."

7. "Art. 1.025. O sócio, admitido em sociedade já constituída, não se exime das dívidas sociais anteriores à admissão."

8. "Art. 1.026. O credor particular de sócio pode, na insuficiência de outros bens do devedor, fazer recair a execução sobre o que a este couber nos lucros da sociedade, ou na parte que lhe tocar em liquidação (fundos líquidos)."

9. "Art. 1.032. A retirada, exclusão ou morte do sócios, não o exime, ou a seus herdeiros da responsabilidade pelas obrigações sociais anteriores, até 2 (dois) anos após averbada a resolução da sociedade; nem nos dois primeiros casos, pelas posteriores e em igual prazo, enquanto não se requerer a averbação (art. 1.003, parágrafo único)."

46.3.6. Da sociedade de fato e da irregular

O Código de Processo Civil prevê no art. 12, VII, a representação em juízo das sociedades sem personalidade jurídica, pela pessoa a quem couber a administração. Vale dizer, o Código atual prevê a capacidade processual a quem não tem personalidade jurídica.

Sobre o tema, anota *Celso Agrícola Barbi* que, em princípio, a capacidade de ser parte liga-se à existência de personalidade jurídica. Todavia, por questão de conveniência, a lei processual pode atribuir aquela capacidade a figuras que não têm essa personalidade. Lembra que o Código anterior o fazia e o atual ampliou o campo a outras figuras, como a massa falida, o espólio, a herança jacente, o condomínio, a massa do devedor civil insolvente e a sociedade de fato e a irregular ("Comentários ...", Rio-São Paulo: Forense, 1975, v. I, t. I, p. 149-150).

Embora exista divergência doutrinária na conceituação do que seja sociedade de fato e sociedade irregular, preferimos a conceituação adotada por *Rubens Re-*

quião, com suporte nas lições de *Waldemar Ferreira*: "os sócios às vezes deixam de reduzir a escrito seu ajuste, e 'a sociedade, assim, constituída, vive, funciona e prospera. Mas vive de fato. Como sociedade de fato se considera'; e, outras vezes, ela se organiza por escrito, articulam-se os dispositivos da lei social. O contrato, porém, não é arquivado no órgão competente. Na sociedade é, por isso, irregular. (...) Tanto as sociedades de fato como as irregulares não possuem personalidade jurídica, pois lhes falta a inscrição no registro competente. Convém esclarecer que essas entidades não perdem a sua condição de sociedades comerciais, valendo, aqui, a advertência de *Pedro Lessa* de que 'a sociedade irregular é menos que a sociedade irregular e mais do que a comunhão de bens, tomada essa expressão em sentido estrito'. A responsabilidade dos sócios, no caso, é ilimitada, porém subsidiária, afirma *Requião*. Do que resulta, segundo o festejado autor, que os credores particulares dos sócios só podem executar os fundos líquidos que o devedor possuir na sociedade se não tive se, depois de executados, os que tiver não forem suficientes para o pagamento (art. 292, Código Comercial). E, por igual, o credor da sociedade deve primeiro, pelas dívidas sociais, executar a sociedade, para, na falta de bens, realizar a responsabilidade ilimitada do sócio, que por isso é subsidiária (art. 350, CCom). Lembra o autor que a "sociedade anônima, não tendo seus atos constitutivos registrados não passa a ser irregular, apenas não se constitui, e seus diretores são responsáveis pelos atos que praticarem." (ob. retro cit., p. 268)

Permitimo-nos discordar do insigne *Requião* no que respeita à responsabilidade do sócio. Temos para nós que os arts. 229 e 350 do Código Comercial (o art. 1.024 do CC/2002 repete o art. 350 CCom) dizem respeito àqueles sócios de sociedades com personalidade jurídica. Na verdade, não se pode separar os bens dos componentes de uma sociedade de fato ou de uma sociedade irregular dos bens que seriam pertencentes a essas espécies de sociedades. Não haveria como saber quais são os bens da sociedade. É que os bens da sociedade e dos seus componentes se misturam. Se na sociedade em nome coletivo todos os sócios são ilimitada e solidariamente responsáveis pelas dívidas sociais, com maior razão o serão se irregular ou de fato é a sociedade. O art. 1.024 do Código Civil repete, *ipsis litteris*, o art. 350 do CCom. O preceito diz respeito, naturalmente, àquelas sociedades constituídas habilmente, não aquelas constituídas de fato ou de forma irregular.

Diz-se sociedade de fato, aquela que não se formou habilmente, que não possui atos constitutivos, mesmo sem registro. Por outro lado, diz-se irregular aquela sociedade que, embora possua os atos constitutivos, não os registrou no órgão competente. Ambas se apresentam ao público como se regulares fossem e praticam ostensivamente atos de comércio. Em termos formais, poder-se-ia dizer que a sociedade irregular está entre a sociedade de fato e a sociedade regular.

Ambas, todavia, não possuem personalidade jurídica, apenas a processual, sendo que o patrimônio dos sócios e da sociedade se misturam numa responsabilidade ilimitada e solidária.

46.3.7. Da responsabilidade sem débito

Débito e responsabilidade são elementos que se apresentam simultâneos na obrigação, quando se referem à mesma pessoa (beneficiária/devedora). São exemplos que contrariam a regra: arts. 818 e 827, CC (fiador); Lei n. 2.024/1908, arts. 14 e 56 (aval); art. 592, CPC (subsidiariedade); art. 2º, § 2º, CLT (solidariedade); art. 455, CLT (solidariedade).

Lembra *Costa e Silva* que a responsabilidade é concebida como sendo um direito de agir sobre o patrimônio, enquanto o débito se apresenta como sendo o direito de agir sobre a pessoa do devedor. Se a pessoa do devedor não existisse, jamais o direito poderia ser satisfeito. Mas, se existe a pessoa, porém esta não tem patrimônio, ou esse é insuficiente, a lei destaca os dois elementos e imputa a responsabilidade a um terceira pessoa, relacionada juridicamente com a pessoa do devedor, competindo-lhe resgatar a obrigação com o sacrifício do seu patrimônio, por uma obrigação que não contraiu. Logo, os dois citados elementos se distanciam no que concerne aos respectivos objetos. O débito emerge da obrigação que tem o devedor de prestar, e que provém de uma ordem expedida pelo ordenamento jurídico, sob a forma de coação (o dever prestar). A responsabilidade de seu turno, é determinada ao patrimônio, total ou parcialmente, de modo que este possa ser garantidor da obrigação, pois foi com o seu empenho que o obrigado contraiu a obrigação, ou, então, viu-se-lhe imposta (ob. cit., v. 1, p. 468).

Para *Mendonça Lima* pode haver obrigação sem responsabilidade e responsabilidade sem obrigação. A obrigação natural (*v. g.*, dívida prescrita, dívida de jogo etc.) impede a responsabilidade, porque não permite a cobrança por qualquer que seja a ação; a responsabilidade do fiador, com seus bens, existe, embora não seja o obrigado. Por conseguinte, o devedor pode ter obrigação e não seus bens responsáveis; e os bens serem responsáveis e seu proprietário não ser o devedor ("Comentários ...", v. VI, p. 461).

46.3.8. Da situação do devedor

O devedor responde pelo cumprimento de suas obrigações com todos os seus bens presentes e futuros, salvo as restrições estabelecidas em lei (art. 591, CPC). Nesse mesmo sentido, comanda o art. 957 do CC/2002. Não se descarta a possibilidade de o devedor haver dilapidado o seu patrimônio, em se tratando de obrigação com garantia pessoal. Se o devedor não possuir bens para fazer face à dívida vencida, o credor certamente acionará o garante (fiador ou avalista). Se, todavia, também estes houverem dilapidado os respectivos patrimônios, o credor não terá outra saída senão mover a ação pauliana que cuida da fraude contra credores. Com essa providência, terá oportunidade de conseguir bens transferidos com fraude para levar à hasta pública.

46.3.9. Da responsabilidade secundária

Também, ficam sujeitos à execução os bens do sucessor a título singular, tratando-se de execução de sentença proferida em ação fundada em direito real; do sócio, nos termos da lei; do devedor, quando em poder de terceiros; do cônjuge, nos casos em que os seus bens próprios, reservados ou de sua meação respondem pela dívida; alienados ou gravados com ônus real em fraude de execução (art. 592, CPC).

A meação do cônjuge poderá responder pela dívida contraída pelo outro cônjuge, quando contraída em benefício da família, ocorrendo aí a responsabilidade secundária.

46.3.10. Do juízo universal da falência

De conformidade como o art. 83, inc. I, da Lei n. 11.101/2005, a massa falida é responsável pelo crédito trabalhista na seguinte ordem: a) até 150 (cento e cinqüenta) salários mínimos como crédito privilegiado; b) o restante como crédito quirografário (inc. VI, letra "c"). Os créditos trabalhistas cedidos perdem a prioridade que lhe concede do art. 186, da Lei n. 5.172/1966 (Código Tributário Nacional) e passa à categoria de quirografários.

46.3.11. Da recuperação judicial

O art. 49 da Lei n. 11.101/2005 indica em *numerus crausus* (não *numerus apertus*) os créditos que estão sujeitos à recuperação judicial, ali não mencionando o crédito trabalhista, cuja restrição está prevista no inc. I, do art. 83, somente em caso de falência. Presente a recuperação judicial, o crédito trabalhista não sofre qualquer restrição, quer no seu valor, quer na sua prerrogativa que lhe empresta o art. 186, da Lei n. 5.172/1966 (Código Tributário Nacional). Todavia, permite-se (art. 50, inc. VIII), mediante acordo coletivo ou convenção coletiva, a redução do salário, a compensação de horários e a redução de jornada.

Sobre o assunto, lembra *Fábio Ulhoa Coelho*, sob a rubrica "Renegociação das obrigações ou do passivo trabalhistas" que: "Por meio do contrato coletivo de trabalho, de que pode constar inclusive a redução do salário e mudança na jornada de trabalho dos empregados da sociedade empresária em crise, alcança-se a recuperação dessa quando diagnosticada serem as obrigações trabalhistas o principal entrave nas contas. Essa medida, claro, depende não só da aceitação dos órgãos da recuperação judicial, durante a tramitação do processo, como principalmente dos empregados atingidos e dos sindicatos que os assiste. Sem o contrato coletivo de trabalho, não há renegociação das obrigações ou do passivo trabalhista. Se o devedor optar por promover negociações isoladas com seus empregados, sob o ponto de vista do direito do trabalho pode estar realizando negócios absolutamente ineficazes e, em decorrência, inaptos a viabilizar a reorganização pretendida" ("Comentários à Nova Lei de Falências e de Recuperação de Empresas (Lei n. 11.101/2005)", 3ª ed., Saraiva, São Paulo, 2005, p. 137-138).

A conclusão é que a empresa em "recuperação judicial" não restringe a execução trabalhista, embora possa haver as restrições previstas no art. 50, VIII, durante o contrato de trabalho.

46.3.12. Da recuperação extrajudicial

Diferentemente do que sucede na "recuperação judicial" (art. 50, inc. VIII), na recuperação extrajudicial não existe a possibilidade de renegociar créditos trabalhistas ou crédito acidentário (indenização por dano material ou moral, (art. 83, I). O crédito trabalhista e o acidentário conservam a sua preferência sobre todos os demais créditos. Qualquer negociação levada a efeito com a finalidade de restringir a preferência que lhe concede o art. 186 do Código Tributário Nacional será nulo de *pleno juris*. Sobre o assunto adverte *Fábio Ulhoa Coelho* que "Tanto os créditos derivados da relação empregatícia como os de acidente de trabalho não podem ser alterados por meio de recuperação extrajudicial. Salários, férias e indenizações por rescisão do contrato de trabalho, bem assim as perdas e danos e outros consectários devidos ao acidentado, não podem ser considerados no plano de recuperação extrajudicial.

O crédito trabalhista e o acidentário seguem as mesmas regras do crédito tributário. Tendo em vista a natureza pública do crédito tributário, é inadmissível a renegociação no plano da recuperação extrajudicial. A remissão da dívida tributária, a sua anistia, ou mesmo a prorrogação de vencimento, somente poderá ser feita mediante lei. O princípio da indisponibilidade que informa o regime jurídico de direito público não permite que a autoridade renegocie o crédito. Todavia, a lei prevê o parcelamento, sob determinadas condições.

Na recuperação extrajudicial não existe qualquer restrição ou possibilidade de renegociação dos consectários trabalhistas ou acidentários, não havendo qualquer óbice para a execução de um comando sentencial condenatório.

46.3.13. Da liquidação extrajudicial

A empresa em liquidação extrajudicial não goza de nenhum privilégio nem da tolerância da Súmula n. 86, do TST. Inaplicável o art. 18, "a", da Lei n. 6.024/1974 (intervenção na liquidação extrajudicial de instituições financeiras), de conteúdo claramente inconstitucional, quando pretende a suspensão das ações e execuções.

De resto, as ações a que se refere a lei dizem respeito às desavenças civis e criminais intentadas por credores contra entidades financeiras, relações puramente civis, comerciais e penais.

Assim, ajuizada a ação, deverão as Varas do Trabalho prosseguir na instrução normal do feito; se na fase executória, prosseguirão, inclusive, com a penhora de bens e respectivo praceamento.

Verifica-se, na prática, que, em regra, o Banco Central é colocado no pólo passivo, providência ociosa, vez que na qualidade de mero administrador não responde subsidiária ou solidariamente e também não tem o condão de deslocar a competência.

A Súmula n. 304 do TST, embora afirme que os débitos trabalhistas destas empresas estão sujeitos à correção monetária, isenta-as da incidência de juros de mora. Sobre o tema, remetemos à nossa obra "Comentários ás Súmulas do TST", 8ª ed., São Paulo: RT, 2007.

46.3.14. Da responsabilidade do grupo econômico

O tema é polêmico e tem merecido inúmeros estudos. Duas correntes disputam a primazia: a primeira, que admite seja a empresa do grupo econômico, embora não empregadora aparente, chamada a responder na fase executória, desde que a empregadora não se mostre idônea econômica e financeiramente (art. 2º, § 2º, CLT); a segunda admite outra empresa do grupo somente quando esta participou da fase cognitiva (Súmula n. 205, TST — revogada).

Os defensores da segunda corrente são excessivamente formalistas e buscam no Direito Civil o embasamento para sua tese. Mas, se olvidam de princípios especiais que informam o processo trabalhista. Perfilhamos a primeira corrente.

É que a responsabilidade prevista no art. 2º, § 2º, da CLT é econômica e não processual, como já prelecionava o saudoso *José Serson* (LTr 6/82, Suplemento). E, para o professor *Magano* ("Os grupos econômicos no direito do trabalho", São Paulo: RT, 1979, p. 266), "a solidariedade prevista no art. 2º, § 2º, da CLT só existirá no caso de uma das empresas do consórcio estar impossibilitada de responder pelos resultados de uma demanda. Nos demais casos, cada uma delas responde, de per si, pelas obrigações assumidas com seus empregados, como decorrência do contrato de trabalho".

Assim, a princípio, desnecessária a participação de outras empresas do grupo na fase cognitiva, eis que sua defesa estaria restringida à ilegitimidade de parte. Todavia, dispunha a Súmula n. 205 do TST, revogada, que "o responsável solidário, integrante do grupo econômico, que não participou da relação processual como reclamado e que, portanto, não consta do título executivo judicial como devedor, não pode ser sujeito passivo na execução". Remetemos o leitor à nossa obra "Comentários aos enunciados do TST", 5ª ed., São Paulo: RT, 2001.

A verdade é que, a prosperar o direcionamento da Súmula mencionada, também não haveria a responsabilidade do sócio (art. 592, II, CPC), devendo, por cautela, a ação ser proposta contra a empresa e todos os seus sócios e/ou diretores, o que refoge à razoabilidade; mas, é providência inarredável pelo princípio do paralelismo. E o art. 889 da CLT restaria neutralizado.

Com a revogação da Súmula n. 205, do TST, decorridas mais de duas décadas, o tema volta a se normalizar. A exigência de que para executar uma empresa do grupo, deveria esta constar dos limites subjetivos da coisa julgada, era exigência que causava maus-tratos ao art. 2º, § 2º, da CLT. A responsabilidade solidária prevista firma residência em âmbito material, isto é, se a empresa aparente (aquela que registrou a CTPS) não se mostra idônea econômica ou financeiramente, qualquer empresa do grupo que compõe o conglomerado econômico responderá, posto que a isso leva o princípio da solidariedade. A famigerada Súmula n. 205, que reinou por mais duas décadas, só fez atrapalhar a execução trabalhista. A clareza do preceito celetista expresso no § 2º não necessitava de qualquer interpretação. A pergunta que se haveria de fazer era: pode o empregado ajuizar ação contra qualquer empresa do grupo econômico? A resposta é não. Ainda que "quebrada" a empresa, a ação contra ela será dirigida. Daí a autorização legal de que a falta de idoneidade econômica ou financeira da empresa aparente (aquela que registra), quaisquer das componentes do grupo poderá ser chamada a responder em sede executória. A incoerência interpretativa desmerecia a Súmula n. 205, posto que ia de encontro aos preceitos do art. 596, CPC, onde o sócio responde, mesmo sem ter participado pólo passivo, garantindo-lhe apenas o "benefício de ordem". Revogada a Súmula, bastará que se garanta à empresa chamada a responder que se utilize do benefício de ordem.

46.3.15. Do devedor insolvente

Dispõe o art. 748 do CPC que poderá ocorrer a insolvência toda vez que as dívidas excederem à importância dos bens do devedor. E o art. 750 do CPC estabelece os casos de insolvência presumida, entre os quais quando "o devedor não possuir outros bens livres e desembaraçados para nomear à penhora". A declaração de insolvência é de competência da Justiça Comum, não tendo a Justiça do Trabalho competência para tanto.

Poderá ocorrer em sede trabalhista, quando o empregador é pessoa física (*v. g.*, doméstico, pequeno empreiteiro, subempreiteiro, profissional liberal como médico, engenheiro, dentista, advogado etc.). Mas, deverá a parte interessada ajuizar o pedido de insolvência na Justiça Comum (art. 751, CPC).

A declaração de insolvência (art. 751, CPC) determina: I — o vencimento antecipado das dívidas; II — a arrecadação de todos os bens do insolvente suscetíveis de penhora, quer os atuais, quer os adquiridos no curso do processo; III — a execução por concurso universal dos credores. Com a declaração de insolvência, o insolvente perde o direito de administrar os seus bens e de deles dispor até final liquidação total da massa (art. 752, CPC); mas, não perde o direito de defender o seu patrimônio, usando, inclusive, dos recursos próprios. Ao juízo da insolvência concorrerão todos os credores do devedor comum (art. 762, CPC). Não se aplica na insolvência a restrição do art. 83, inc. I, da Lei n. 11.101/2005 (Nova Lei de Falências). Onde a lei não exige, defeso ao intérprete fazê-lo. O crédito trabalhista terá preferência no pagamento (art. 186, CTN). Em ocorrendo a insolvência, todas as dívidas se vencem, todos os bens são arrecadados e instaura-se o concurso universal de credores. E se existir algum bem penhorado, a penhora perde de imediato a preferência (art. 612, CPC).

46.3.16. Da responsabilidade da empresa sucessora e da sucedida

A empresa que sucede a outra empresa no seu ramo de negócio leva consigo todo o ativo e o passivo, aí incluída a responsabilidade para com os créditos dos empregados.

A CLT, ao prever que "empregador é a empresa" e ao preceituar nos arts. 10 e 448 que nenhuma modificação no objetivo da empresa ou na sua titularidade prejudicará o trabalhador, atrelou o crédito trabalhista ao patrimônio da empresa.

Disso resulta que os créditos não pagos pelo sucedido acompanharão o patrimônio que se transfere. Assim, quando alguém sucede a um fundo de comércio, deverá verificar e fiscalizar se aqueles empregados demitidos pela empresa e cujas dívidas não estejam prescritas já receberam seus créditos.

É que na sucessão, o sucessor responderá pelas dívidas presentes, futuras e pretéritas, estas se não foram honradas pelo sucedido.

Pouco importa se o sucessor e o sucedido hajam pactuado que o sucessor não responderia pelas dívidas pretéritas. O pacto assim levado a efeito não atrela o trabalhador que está na condição de *res inter alios*.

Não há lei responsabilizando o sucedido. Todavia, responderá solidariamente se a sucessão teve suporte em fraude.

Sobre o tema, *vide* Orientações Jurisprudenciais ns. 92, 185, 225 e 261 da SDI-1 do TST.

46.3.17. Da responsabilidade do empreiteiro principal

O empreiteiro principal poderá ser responsabilizado pelas dívidas trabalhistas do subempreiteiro (art. 455, CLT).

Cuida-se de caso de responsabilidade solidária em que o empreiteiro principal goza do benefício de ordem (arts. 827 e 828, CC/2002).

É espécie de terceirização permitida pela lei, mas sem desvincular o terceirizante (empreiteiro).

A ação deverá ser ajuizada contra ambos, uma vez que o empregador é o subempreiteiro. Se assim não proceder, não haverá como o empreiteiro principal usar do benefício do direito de regresso.

Casos existirão em que será de bom alvitre vincular, no pólo passivo, o dono da obra, já que toda a força de trabalho foi carreada ao seu patrimônio (arts. 186 e 927, CC/2002 e Orientação Jurisprudencial 191, SDI-1 do TST).

46.3.18. Da responsabilidade do espólio

De conformidade com a lei (art. 597, CPC), o espólio responde pelas dívidas do falecido; mesmo feita a partilha, cada herdeiro responde por elas na proporção da parte que na herança lhe coube. Repete, praticamente, o art. 1.796 do CC/1916 (atual art. 1.997).

Antes da partilha, poderão os credores do espólio requerer ao juízo do inventário o pagamento das dívidas vencidas e exigíveis (art. 1.017, CPC).

Estando em andamento a partilha (inventário ou arrolamento), a execução proceder-se-á por meio de penhora no rosto dos autos no processo por onde tem trâmite o inventário ou o arrolamento, com ciência ao inventariante (citação). Em se tratando de inventariante dativo, citar-se-á cada um dos herdeiros (art. 12, § 1º, CPC). Antes de partilhados os bens, em havendo execução aparelhada, citado o inventariante através do juízo por onde corre o inventário, o Juiz do inventário determinará a reserva de bens (art. 1.018, parágrafo único, CPC), tantos quantos bastem ao pagamento do débito.

46.3.19. Da responsabilidade da Fazenda Pública

Os bens da Fazenda Pública (União, Estados, Municípios) são impenhoráveis. E a execução se faz por meio de precatórios nos termos do arts. 730 e 741 do CPC e art. 100 da CF.

Em não havendo a oposição de embargos, prossegue-se na execução nos termos do art. 730, I e II, do CPC: "O juiz requisitará o pagamento por intermédio do presidente do tribunal competente" e "far-se-á o pagamento na ordem de apresentação do precatório e à conta do respectivo crédito". "Se o credor for preterido no seu direito de preferência, o presidente do tribunal, que expediu a ordem, poderá, depois de ouvido o chefe do Ministério Público, ordenar o seqüestro da quantia necessária para satisfazer o débito" (art. 731, CPC).

> "Infração à ordem cronológica dos pagamentos. Excepcionalmente, em face do descumprimento do direito de preferência resultante da imposição dos pagamentos na ordem cronológica da apresentação dos respectivos precatórios, poderá ser ordenado o seqüestro da quantia necessária para satisfazer o débito, depois de ouvido o chefe do Ministério Público. A audiência do Ministério Público é estabelecida em função da gravidade do fato resultante do descumprimento da ordem legal a ser observada pelo Poder Público, na satisfação dos pagamentos em que tenha sido condenado ou de que seja devedor, em razão do

título dotado de executividade. O descumprimento da ordem dá ensejo a pedido de intervenção, nos termos do art. 10, VI, da CF [art. 34, VI, da CF/88]." (*Celso Neves*, ob. cit., p. 167)

A Lei n. 9.469, de 10.07.1997, que revogou a Lei n. 8.197/1991, dispõe:

"Art. 6º Os pagamentos devidos pela Fazenda Pública federal, estadual ou municipal e pelas autarquias e fundações públicas, em virtude de sentença judiciária, far-se-ão, exclusivamente, na ordem cronológica da apresentação dos precatórios judiciários e à conta do respectivo crédito.

"Parágrafo único. É assegurado o direito de preferência aos credores de obrigação de natureza alimentícia, obedecida, entre eles, a ordem cronológica de apresentação dos respectivos precatórios judiciários." (*Vide* Medida Provisória 2.226, de 04.09.2001)

Em que pese a boa intenção dos que pugnam pela inexistência de precatórios para o recebimento de créditos de natureza alimentícia, indo alguns mesmo até à possibilidade de penhora dos bens públicos em caso de inadimplência, a verdade é que o legislador constituinte foi imensamente infeliz na redação do art. 100 da Constituição, construindo ambiente propício à polêmica.

Conservamos o entendimento de que apenas restou assegurada a preferência sobre as demais dívidas da Fazenda Pública objeto também de precatórios, continuando impenhoráveis os bens.

Com o advento da EC n. 20 (DOU 16.12.1998) foi acrescentado ao art. 100 da CF o § 3º, *in verbis*: "§ 3º O disposto no *caput* deste artigo, relativamente à expedição de precatórios, não se aplica aos pagamentos de obrigações definidas em lei como de pequeno valor que a Fazenda Federal, Estadual, Distrital ou Municipal deva fazer em virtude de sentença judicial transitada em julgado." *Nota*: A EC n. 30/2000 apenas acrescentou o termo "Distrital", mantendo a redação anterior quanto ao mais.

Assim, em se tratando de obrigações de "pequeno valor", tanto a impenhorabilidade dos bens de domínio público como a exigência de precatório restou relativizada. Todavia, o dispositivo retrocitado atua em sede programática, posto que depende de lei para definir o que sejam "obrigações de pequeno valor".

O art. 100, *caput*, da CF permanece com sua redação primitiva. Entretanto, a Emenda Constitucional n. 30, de 13.09.2000, trouxe modificações substanciais.

Lamentávamos na 3ª edição deste livro o fato de o legislador não haver definido o que era crédito de natureza alimentar, o que obrigava o intérprete a louvar-se nas regras civilistas (art. 8º, CLT). A falha foi agora suprimida: "§ 1º-A. Os débitos de natureza alimentícia compreendem aqueles decorrentes de salários, vencimentos, proventos, pensões e suas complementações, benefícios previdenciários e indenizações por virtude de sentença transitada em julgado." (parágrafo acrescentado)

Outra modificação louvável está prevista na parte *in fine* do antigo § 1º: "... quando terão seus valores atualizados monetariamente" (nova redação). Vale dizer, de conformidade com o novo preceito constitucional, o precatório apresentado até 1º de julho de cada ano deverá ser pago devidamente atualizado, liquidando de vez a obrigação.

O § 3º confirma a redação anterior e acrescenta o termo "Distrital": "aos pagamentos de obrigações definidas em lei como de pequeno valor que a Fazenda Federal, Estadual, Distrital ou Municipal deva fazer em virtude de sentença judicial transitada em julgado." O legislador deixou para a lei ordinária a fixação do que seja obrigação de "pequeno valor", condicionando-o desde já à capacidade das entidades de direito público. Vale dizer, o legislador já *ab initio* elegeu um complicador, qual seja a capacidade da entidade de direito público. Se o constituinte não tivesse cometido a insensatez de universalizar o salário mínimo, poder-se-ia usar o salário mínimo regional como fator básico, *v. g.*, tantos salários mínimos regionais.

O art. 78, ora acrescentado ao Ato das Disposições Constitucionais Transitórias, a exemplo do que sucedera com o art. 33 da ADCT, legaliza o calote geral e cria espécie de anistia para os administradores do plano federal, estadual e municipal.

O legislador mais uma vez investe contra o direito do credor de entidade de direito público e acrescenta o art. 78 às Disposições Constitucionais Transitórias, onde impõe pagamento, em dez anos, de ações ajuizadas até 31.12.1999, dos precatórios pendentes. O constituinte, em verdade, não abriu uma exceção para sanar situação emergencial. Ao contrário, sua intenção era criar um precedente para escancarar as portas para a inadimplência generalizada do Poder Público. A piorar a situação para os credores do Poder Público, a Lei n. 11.033/2004 condiciona o pagamento de precatório à apresentação de certidões negativas federais, estaduais e municipais, bem como à inexistência de dívida junto ao FGTS (art. 19), igualando todos ao Poder Público no quesito mau pagador! O precedente se confirmou e frutificou com a EC n. 30/2000 e com certeza repetir-se-á até chegar o dia em que se possa dizer que o general De Gaulle não tem mais razão. O Brasil passará a ser um país de homens públicos sérios. Mas, isso só com a responsabilização exemplar de maus administradores.

46.3.19.1. Do prazo para embargos da Fazenda Pública

A Lei n. 9.494/1997 dispõe: "Art. 1º-B. O prazo a que se refere o *caput* dos arts. 730 do Código de Processo Civil, e 884 da Consolidação das Leis do Trabalho, aprovada pelo Decreto-lei n. 5.452, de 1º de maio de 1943, passa a ser de trinta dias" (artigo incluído pela Medida Provisória n. 2.180-35, de 24.08.2001).

A partir daí, alguns açodados passaram a afirmar que o prazo para embargos seria de 30 (trinta) dias na Justiça do Trabalho. Não se deram sequer ao trabalho de verificar que o art. 730 do CPC estava na Seção III — Da execução contra a Fazenda Pública, e, portanto, a *mens legis*, quando se reportava à Justiça do Trabalho, o fazia com relação à Fazenda Pública. De conformidade com as regras de hermenêutica, a posição que a regra ocupa no Código deve ser levada em conta para o esforço interpretativo. De resto, não seria razoável que a regra instituída fosse restrita à Fazenda Pública em âmbito civilista e fosse abrangente em sede trabalhista. Vale dizer, no processo civil continuariam as mesmas regras, excepcionada a Fazenda Pública, enquanto na Justiça do Trabalho a aplicação era geral, não só para a Fazenda Pública. Sabemos pela prática judicante que são as interpretações açodadas, sem respaldo no bom senso e na razoabilidade, que assoberbam os pretórios com recursos.

A modificação normativa no tocante à Fazenda Pública no processo do trabalho é mais uma benesse, como tantas outras existentes, a incentivar o Poder Público a usar de tais prerrogativas para procrastinar o processo. Em sede trabalhista, o prazo majorado se aplica tão-somente à Fazenda Pública, prevalecendo quanto aos demais casos o comando expresso do art. 884 da CLT.

O prazo para embargar será de 5 (cinco) dias da efetiva formalização da penhora, independentemente da juntada do auto de penhora (art. 884, CLT). O conteúdo será toda a matéria possível após o trânsito em julgado da decisão exeqüenda, desde a fase de acertamentos, se foi impugnada *opportuno tempore* e não haja incorrido em preclusão. O excesso de penhora poderá ser impugnado independentemente de embargos, por simples petição. O excesso de execução, que não se confunde com o excesso de penhora, é impugnável por meio de embargos.

Excesso de penhora é a arrecadação de bens em valor muito superior ao *quantum exequendo*, enquanto o excesso de execução é a inclusão de títulos não prestigiados pela coisa julgada (art. 879, § 1º, CLT) ou o excesso do *quantum debeatur*, o que se consegue com o emprego de ardis ou outros meios artificiosos, aumentando-se o verdadeiro valor. O excesso de execução, quando proveniente de impulso doloso do exeqüente, pode e deve ser coibido com o enquadramento na litigância de má-fé e em ato atentatório à dignidade da justiça (art. 599, II, CPC). Embora o artigo citado se refira exclusivamente ao devedor que emprega ardis ou meios artificiosos, mediante conduta maliciosa, em ofensa ao princípio de lealdade, a prática demonstra que esse procedimento não firma residência exclusivamente no devedor. Em tendo o credor igual comportamento, não existe motivo para que lhe seja relevado o procedimento malicioso, pena de ferimento ao princípio de igualdade das partes que informa o processo.

A Lei n. 11.382 adicionou o art. 739-A, § 5º, CPC e dispõe que, sendo interpostos embargos com fundamento no excesso de penhora, "o embargante deverá declarar na petição inicial o valor que entende correto, apresentando a memória do cálculo". Se não o fizer, os embargos serão rejeitados liminarmente. E, no caso de embargos manifestamente protelatórios, o juiz imporá, em favor do exeqüente, multa ao embargante em valor não superior a vinte por cento do valor em execução (art. 740, parágrafo único). Essas modificações a serem implantadas poderão ser aplicadas em sede executória trabalhista, pois têm o objetivo de impedir a procrastinação e onerar o devedor renitente. Os comandos legais retrocitados não impedem que o ato seja enquadrado como "atentatório à dignidade da justiça" (art. 600, CPC) nem impedem que se some a multa prevista no art. 601 do CPC, sem prejuízo de outra sanção de direito processual, qual seja, a de impedir a parte de falar no processo. Estas penalidades poderão ser relevadas pelo juiz diretor do processo se cumpridos os requisitos do parágrafo único.

46.3.19.2. Do prazo para a Fazenda Pública em sede trabalhista

No que concerne à Fazenda Pública, é de se observar que o favor legal que diz respeito ao *quádruplo* do prazo para contestar e ao *dobro* para recorrer (art. 188, CPC) e o Decreto-lei n. 779/1969, que cuida especialmente da matéria trabalhista, refere-se tão-somente à fase cognitiva. Na execução, os prazos são normais. A modificação introduzida no art. 475 do CPC pela Lei n. 10.352, de 26.12.2001, não tem aplicação subsidiária em âmbito trabalhista. Em termos de embargos à execução, a Fazenda Pública terá o prazo de trinta dias, nos termos da Lei n. 9.494/1997, que modificou a redação do art. 884 da CLT.

46.3.19.3. Da Emenda Constitucional n. 30/2000

Temos para nós que o dispositivo (art. 78, ADCT) é inconstitucional, pois atenta contra a coisa julgada. Emenda constitucional não pode retroagir para apanhar atos jurídicos perfeitos. Os precatórios pendentes de pagamento foram inadimplidos com ofensa à lei, pois era obrigação do Poder Público incluí-los no orçamento. E muitos deles já foram incluídos. O legislador repete aqui o caminho fácil da protelação do pagamento de precatórios, anteriormente previsto no art. 33 do ADCT, transformando em regra geral o que diz ser transitório. Com isso, incentiva a inadimplência e os desmandos administrativos, fazendo com que cada Presidente, cada Governador, cada Prefeito se beneficie de regras transitórias, obrigando a que novos e futuros governantes venham conseguir de um Legislativo leniente autorização legal para suas mazelas.

Ficou excepcionado o crédito originário de desapropriação de imóvel residencial do credor, desde que comprovado ser o único por ocasião da imissão de posse (§ 3º). A inadimplência da prestação anual dos precatórios parcelados terá como conseqüência imediata a liberação do credor de pagamento de tributos à entidade devedora (§ 2º).

O § 2º demonstra bem a falta de respeito com o credor de entidade pública. O credor que teve o seu crédito parcelado em dez anos poderá demorar outros dez para compensar uma única parcela inadimplida com os impostos que ele, credor contribuinte, teria de pagar para o ente público inadimplente.

A leniência contida no art. 78 e §§ 2º e 3º é de repente substituída por rasgo moralizador. O § 4º comanda que o Presidente do Tribunal deverá efetuar seqüestros de recursos financeiros em caso de omissão no orçamento ou preterição ao direito de precedência. O Provimento n. 03/1998, item 4, da Corregedoria Geral da

Justiça do Trabalho, revogado pela Consolidação dos Provimentos da CGJT, que ditava regras para se proceder ao seqüestro, fora neutralizado por liminar do STF na ADIn n. 1.662-7: "Determinar que os Tribunais Regionais do Trabalho se abstenham de autorizar o seqüestro da quantia necessária à satisfação do crédito, quando não houver a inclusão no orçamento das verbas relativas a *precatórios*, e quando houver pagamento a menor, sem a devida atualização, ou fora do prazo legal, eis que o Supremo Tribunal Federal, julgando a ADIn 1.662-7, Medida Liminar, decidiu que esses casos não se equiparam ao preterimento do direito de precedência. Na ocorrência das hipóteses mencionadas, a Constituição Federal prevê a intervenção federal no Estado-membro (art. 34, VI, da CF) e estadual no Município (art. 35, IV, da CF).

46.3.20. Da responsabilidade da fundação de direito público

Em se cuidando de fundação de direito público que não tenha finalidade econômica, tem aplicação o DC. 779/69.

Decidiu a Excelsa Corte (RE n. 101.126-RJ, rel. Min. Moreira Alves, RTJ 113/114) que "as fundações instituídas pelo Poder Público, que assumem a gestão de serviço estatal e se submetem a regime administrativo previsto nos Estados-membros, por leis estaduais, são fundações de direito público e, portanto, pessoas jurídicas de direito público, que integram o gênero autarquia".

Os seus bens são impenhoráveis e a execução segue as regras dos arts. 730 e 731 do CPC e do art. 100 da CF.

Por exclusão, a fundação de direito privado não goza desse benefício.

46.3.21. Da responsabilidade da empresa pública

Entidade dotada de personalidade jurídica de direito privado, com patrimônio próprio e capital exclusivo, criada por lei para explorar atividade econômica que o governo seja levado a exercer por força de contingência ou de conveniência administrativa, podendo revestir-se de quaisquer das formas admitidas em Direito.

Não goza de nenhuma prerrogativa.

> "A lei estabelecerá o estatuto jurídico da empresa pública, da sociedade de economia mista e de suas subsidiárias que explorem atividade econômica de produção ou comercialização de bens ou de prestação de serviços, dispondo sobre: (...) II — a sujeição ao regime jurídico próprio das empresas privadas, inclusive quanto aos direitos e obrigações civis, comerciais, trabalhistas e tributários." (art. 173, § 1º, CF)

46.3.22. Dos bens entre cônjuges

Os bens do casal responderão normalmente pelas dívidas. Para defender a sua meação deverá a mulher fazer prova de que o produto da dívida não reverteu em prol da manutenção familiar.

Com o advento da nova Carta Política estabelecendo a paridade de direitos e obrigações entre o homem e a mulher na sociedade conjugal (art. 226, § 5º), surgiu corrente no sentido de que a prova não mais seria da mulher, mas, do credor.

Esse entendimento, todavia, não floresceu, devendo a mulher provar que o produto da dívida não se reverteu em prol do aconchego familiar.

46.3.23. Da responsabilidade do credor

A responsabilidade do credor poderá ocorrer em caso de execução provisória.

A Lei n. 11.232/2005 cancelou o art. 588, CPC, e editou o art. 475-O, que dispõe que "a execução provisória da sentença far-se-á, no que couber, do mesmo modo que a definitiva, observadas as seguintes normas: I — corre por iniciativa, conta e responsabilidade do exeqüente, que se obriga, se a sentença for reformada, a reparar os danos que o executado haja sofrido; II — fica sem efeito, sobrevindo acórdão que modifique ou anule a sentença objeto da execução, restituindo-se as partes ao estado anterior e liquidados eventuais prejuízos nos mesmos autos, por arbitramento; III — o levantamento do depósito em dinheiro e a prática de atos que importem alienação de propriedade ou dos quais possa resultar grave dano ao executado dependem de caução suficiente e idônea, arbitrada de plano pelo juiz e prestada nos próprios autos. § 1º No caso do inciso II deste artigo, se a sentença provisória for modificada ou anulada apenas em parte, somente nesta ficará sem efeito a execução. § 2º A caução a que se refere o inciso III do *caput* deste artigo poderá ser dispensada: I — quando, nos casos de crédito de natureza alimentar ou decorrente de ato ilícito, até o limite de sessenta vezes o valor do salário mínimo, o exeqüente demonstrar situação de necessidade; II — nos casos de execução provisória em que penda agravo de instrumento junto ao Supremo Tribunal Federal ou ao Superior Tribunal de Justiça (art. 544), salvo quando da dispensa possa manifestamente resultar risco de grave dano, de difícil ou incerta reparação. § 3º Ao requerer a execução provisória, o exeqüente instruirá a petição com cópias autenticadas das seguintes peças do processo, podendo o advogado valer-se do disposto na parte final do art. 544, § 1º: I — sentença ou acórdão exeqüendo; II — certidão de interposição do recurso não dotado de efeito suspensivo; III — procurações outorgadas facultativamente, outras peças processuais que o exeqüente considere necessárias".

O processo do trabalho serve-se de forma complementar do processo comum na formação do instrumento executório provisório. Excepciona-se o item II, posto que a regra no processo do trabalho é o recebimento do recurso apenas no efeito devolutivo, sendo o efeito suspensivo exceção. Não é costume nos despachos de subida do recurso indicar-se o efeito. Nada se falando, o efeito é apenas devolutivo. A exceção, isto é, o recebimento em ambos os efeitos é que será feito expressamente. Também inaplicável o inc. II do § 2º, em se tratando de dissídio entre empregado e empregador, uma vez que o hipossuficiente dificilmente terá condições de retornar as coisas ao *statu quo ante.* No tocante ao inc. I do § 2º, não vemos dificuldade na sua aplicação nos casos de vínculo empregatício, do pequeno empreiteiro e do avulso, posto que verbas de natureza salarial e que a situação de necessidade é evidente, em se tratando de hipossuficiente, já que nem todo empregado o é. Nada impede, conforme o caso, que se exija caução em sede trabalhista, *v. g.*, empregados de alto padrão na pirâmide hierárquica de uma empresa.

Como regra, a execução provisória não vai além da penhora e depósito de bens, não importando em alienação de domínio. Na transformação de bens em dinheiro, o que excepcionalmente poderá ocorrer para se evitar a deterioração ou a perda do valor, o dinheiro deverá ser depositado e a liberação somente poderá ser feita mediante caução. Todavia, o exeqüente corre sempre o risco de que a sentença exeqüenda seja cassada pela jurisdição *ad quem*. Em ocorrendo a hipótese, fica sem efeito a sentença e a execução deve retornar ao *statu quo ante*. Nesse caso, a responsabilidade do credor é objetiva, não havendo perquirir se agira com culpa ou não. Se a reforma da sentença for parcial, apenas nesta parte perderá a eficácia executória, podendo, também aqui, o credor responder por danos ou por prejuízos impostos ao devedor.

A Lei n. 11.382/2006 institui o art. 739-A que dispõe que "os embargos do executado não terão efeito suspensivo, podendo o juiz, todavia, atribuir o efeito suspensivo (§ 1º), quando isso puder causar prejuízo, desde que tenha garantia de penhora, depósito ou caução suficiente. No processo do trabalho, os embargos à execução seguem o efeito atribuído ao recurso que, como regram, recebem apenas o efeito devolutivo. Nada impede que o juiz, em surgindo a hipótese, atribua ao recurso ambos os efeitos (devolutivo e suspensivo). Salutar, nesta parte, que se adote a norma civilista que exige que o devedor dê penhora, depósito em dinheiro ou caução suficiente para que se conceda o efeito suspensivo.

46.4. Da função executória

46.4.1. Do limite da função executória

A função executória do Estado está limitada às providências necessárias para vencer a resistência do devedor renitente que não cumpre a obrigação declarada por sentença. Se preciso, o Estado poderá utilizar-se de força, com penhora de bens e praceamento dos bens penhorados. Poderá, em ocorrendo a hipótese, determinar a prisão do depositário que se apresentar infiel. A prestação jurisdicional, nessa fase, embora deva proporcionar ampla defesa ao devedor, deve ser entregue com rapidez. Devem, pois, ser usados todos os meios suasórios para que a entrega do bem de vida se faça sem delongas e se garanta o prestígio do Poder Judiciário. Lembra *Araken de Assis*: "Do exercício da atividade jurisdicional os cidadãos esperam a formulação de uma regra concreta, que resolva a lide; a atuação prática deste comando, se necessário; e, em casos excepcionais, a rápida asseguração desses objetivos ou de algum direito subjetivo ameaçado. Correspondem tais expectativas, curialmente, às funções de cognição, de execução e cautelar da jurisdição" ("Manual do processo de execução", 8ª ed., RT, São Paulo, 2002, p. 75-76).

46.4.2. Da natureza do processo de execução

O processo de execução tem natureza fecundadora, qual seja, a de tornar realidade o comando emergente da sentença condenatória. Pressupõe obrigação não cumprida e objetiva disciplinar as conseqüências desse não cumprimento. A obrigação inadimplida não deixa de ser uma afronta ao próprio poder jurisdicional que assumiu a posição de mediador na lide. A simples condenação, se inadimplida, não significa que a lide foi resolvida. O Estado haverá de prover para que a condenação se torne realidade com o pagamento do numerário (obrigação por quantia certa), com a entrega da coisa (obrigação de fazer), ou obrigar a ato omissivo (obrigação de não fazer). Tudo isso, mediante o emprego de força, se necessário, com a expropriação de bens e a venda em hasta pública.

Assinala *Frederico Marques*: "O direito ao cumprimento da sanção é de natureza material e tem por titular o credor, enquanto o devedor é seu sujeito passivo. Como salienta *Armando Regina*, não se cuida mais de pretender 'o cumprimento da obrigação primária resultante do preceito, e, sim, de pretender o cumprimento da obrigação secundária resultante da sanção. Trata-se, pois, de uma pretensão secundária'." ("Instituições ...", v. 5, p. 36).

46.4.3. Da execução da sentença

O preceito sancionador proveniente do comando abstrato de uma sentença condenatória se efetiva por atos de coação que se materializam por meio do poder jurisdicional. Vale dizer, quando o devedor não cumpre espontaneamente a sua obrigação, o Estado, por intermédio do juiz, pode obrigá-lo mediante o emprego de meios coativos. Para isso, usa da execução aparelhada para promover a execução forçada, quebrando a resistência do devedor renitente e cumprindo o Estado o papel de compor lides. Preleciona *Frederico Marques* que a realização prática da regra sancionadora imposta na sentença condenatória se efetiva através dos atos de coação estatal do processo executório. Se o condenado não cumpre voluntariamente o mandamento condenatório, o Estado, através do juiz, pode obrigá-lo a isso, em procedimento adequado e a pedido do credor, mediante o emprego de meios coativos. A execução forçada é meio e modo pelo qual se efetiva e se realiza a sanção ("Instituições ...", v. 5, p. 23).

46.4.4. Do caráter jurisdicional da execução

Por meio do poder jurisdicional, o Estado se faz presente na execução. A execução se realiza por força da coação estatal na atuação da jurisdição como poder. A norma sancionadora que não se realiza de forma voluntária é efetivada por meios coativos. Diz *Enrico Redenti*: "O processo de execução não se destina a obter o julgamento de nova lide. Ele não se instaura para conseguir um pronunciamento jurisdicional, e sim para consecução de um resultado material tangível" ("Diritto processuale civile", 1957, v. 2, p. 101, *apud* Frederico Marques, "Instituições ...", v. 5, p. 24).

Para *Enrico Tullio Liebman*, "a função jurisdicional consta fundamentalmente de duas espécies de atividades, muito diferentes entre si: de um lado, o exame da lide proposta em juízo, para o fim de descobrir e formular a regra jurídica concreta que deve regular o caso; de outro lado, as operações práticas necessárias para efetivar o conteúdo daquela regra, para modificar os fatos da realidade, de modo a que se realize a coincidência entre a regra e os fatos" ("Processo de execução", p. 79-80).

46.4.5. Da jurisdição executória

Com o advento da Lei n. 11.232/2005, procedeu-se a uma transformação na execução civil, com modificação estrutural e conceitual.

A execução se avia na jurisdição primária, onde tem início a ação de conhecimento, ressalvados os casos de competência originária das instâncias superiores. No processo comum, a execução tinha a dignidade de verdadeira ação, tanto assim que da decisão da liquidação de sentença tinha lugar o recurso de apelação. Com o retorno dos autos e a citação da parte para o cumprimento da obrigação voluntariamente em vinte quatro horas, podia a executada garantir o juízo e usar dos embargos à execução (art. 741, CPC), com base em título judicial, que só poderiam versar sobre: a) falta ou nulidade de citação no processo de conhecimento, se a ação lhe correu à revelia; b) inexigibilidade do título; c) ilegitimidade das partes; d) cumulação indevida de execução; e) excesso de execução ou nulidade da execução até a penhora; f) existência de qualquer causa impeditiva, modificativa ou extintiva da obrigação, como pagamento, novação, compensação com execução aparelhada, transação ou prescrição, desde que superveniente à sentença; g) incompetência do juízo da execução, bem como suspeição ou impedimento do juiz. Considerava-se também como inexigível o título judicial fundado em lei ou ato normativo declarado inconstitucional pelo Supremo Tribunal Federal ou fundado em aplicação ou interpretação tidas por incompatíveis com a Constituição Federal. Esta, todavia, é uma etapa que ficou no passado, a partir de 24.6.2006, fato digno de comemoração. Vejamos.

Com a nova reforma processual procedida pela Lei n. 11.232/2005, a execução perdeu a dignidade de uma verdadeira ação para transformar-se em simples incidente executório. O cumprimento forçado de uma sentença condenatória será realizado como etapa final do processo de conhecimento, depois de decorrido o *tempus iudicati*, sem a necessidade de um processo autônomo de execução. O legislador civilista liberta-se de princípios teóricos em homenagem à eficiência e à brevidade. O processo desprende-se das amarras de filigranas e passa a ser um processo de resultados. A decisão proferida em liquidação de sentença e no "incidente de impugnação" tem o valor conceitual de decisão interlocutória, e, em ambos os casos, desafia o recurso de agravo de instrumento. A sentença proferida na fase de conhecimento não mais põe fim ao processo.

De conformidade com a nova ordem processual, apurado o *quantum debeatur* (art. 475-B e respectivos parágrafos), procede-se à intimação do executado nos termos do art. 475-J, CPC, para que pague a dívida no prazo de quinze dias. Não o fazendo, o crédito executório será acrescido de dez por cento e, a requerimento do exeqüente, será expedido mandado de penhora. Aboliu-se a citação como regra, bastando que a parte tenha conhecimento do *quantum* por meio da intimação. O art. 475-N, parágrafo único, excepciona os casos em que o mandado previsto no art. 475-J, CPC, incluirá também a ordem de citação do devedor: "II — a sentença penal condenatória transitada em julgado; (...) IV — a sentença arbitral; (...) VI — a sentença estrangeira, homologada pelo Superior Tribunal de Justiça." Não mais haverá embargos do executado na etapa de cumprimento da sentença. Toda e qualquer objeção por parte do executado será veiculada por meio do "incidente de impugnação", ora instituído. A decisão, quer na liquidação de sentença, quer no incidente de impugnação, tem a dignidade de interlocutória e poderá ser hostilizada pela via do agravo de instrumento. O art. 741, CPC, que cuidava dos embargos à execução, tem agora a denominação de "embargos à execução contra a Fazenda Pública".

Embora oportuna a reforma, apresenta-se de forma tímida. Faz-se necessário que o processo comum adote o princípio da irrecorribilidade das interlocutórias e, com isso, reduza o âmbito operacional do agravo de instrumento.

A execução civil aproximou-se conceitualmente do processo trabalhista, embora este ainda guarde certas peculiaridades. Em sede trabalhista, da decisão proferida em liquidação de sentença caberão embargos à execução; no processo civil, caberá agravo de instrumento. Os embargos à execução, antes previstos no art. 741, foram substituídos pelo"incidente de impugnação", e da decisão aqui proferida caberá também agravo de instrumento. Eliminaram-se os embargos da etapa de cumprimento, mantendo-os para a Fazenda Pública. Também foram mantidos os embargos no juízo deprecado (art. 747, CPC).

Com a mudança conceitual, substituíram-se as apelações pelos agravos de instrumento. No processo do trabalho, mantêm-se os embargos à execução, de cuja decisão tem cabimento o agravo de petição para o Regional. A decisão proferida em embargos também tem o *status* de interlocutória mista. Todavia, a decisão proferida em agravo de petição traduz verdadeira sentença e, quando alçada ao mérito, transita em julgado. Tem-se como peculiaridade a irrecorribilidade das interlocutórias e a restrição operacional do agravo de instrumento, cuja similitude só coincide no *nomen juris*. As decisões proferidas em liquidação de sentença e em embargos têm natureza interlocutória. Quando a decisão de embargos for apreciada pelo tribunal em sede meritória, transitará em julgado. Disso resulta que, se a decisão proferida em embargos não for objeto de agravo de petição, a exemplo da decisão de liquidação, poderá ser revista por ação anulatória.

46.4.6. Do concurso de preferência

Em concorrendo vários credores, a liberação do dinheiro arrecadado em hasta pública dar-se-á depois de estabelecida a ordem das respectivas prelações pelo juiz nos termos do art. 711 do CPC. Cuida-se aqui de procedimento incidental, que poderá ser levado a efeito na fase final do processo executório por quantia certa, quando os bens penhorados forem transformados em dinheiro por ocasião da hasta pública. Vale dizer, esse concurso preferencial somente deverá (poderá) ser instaurado depois de terminadas as discussões em cada processo na fase executória por quantia certa, definido o valor a ser executado. A reunião antes de ser definido o *quantum debeatur* em cada processo não seria operosa e dificultaria o andamento procedimental com as inúmeras discussões e os inúmeros recursos.

Preleciona *Buzaid* que, em concorrendo a cumulação de processos com a reunião das execuções em que as respectivas penhoras recaiam sobre bens idênticos, constituído fica o litisconsórcio entre os credores do devedor comum, que é um litisconsórcio ativo *sui generis*. O nexo entre as pretensões dos diversos credores, a formar assim o litisconsórcio, é "a afinidade de questões por um ponto comum de fato" [ver art. 46, IV, CPC atual], qual seja, a identidade da penhora levada a efeito por credor, respectivamente" ("Do concurso de credores no processo de execução", p. 246).

Lembra *Liebman* que não se cuida de um processo novo, mas de ampliação subjetiva na execução decorrente da pluralidade de credores em procedimento cumulativo ("Processo de execução").

Adverte *Lopes da Costa* que, em sendo parte no processo os credores que promoveram a penhora que os reuniu num só processo de execução forçada e também o executado, deve este também ser intimado para falar sobre a pretensão dos diversos credores ("Direito processual civil brasileiro", 1974, v. 4, p. 233, *apud Frederico Marques*, "Manual de direito processual civil", v. 4, p. 210).

O Código de Processo Civil não indica qual seria o procedimento a ser seguido em tais casos, pelo que se deve adotar a regra da prevenção para a reunião das execuções (art. 106, CPC). Lembra *Frederico Marques* que, requerido o concurso preferencial por um dos credores, devem ser intimados os demais credores e o devedor comum, dando-se oportunidade para que cada um fale sobre o pedido e requeira o que for do seu interesse. No processo civil, a intimação será feita na pessoa do advogado da parte, observado, quanto ao prazo, o que dispõe o art. 185 do CPC ("Manual ...", v. 4, p. 210).

No processo do trabalho, embora o procedimento seja muito pouco utilizado, nada impede e tudo aconselha o seu uso. Trata-se de modo prático de reunião de execuções autônomas numa execução coletiva de devedor solvente, onde nenhum credor abdica do seu direito, pois a liberação do numerário deverá obedecer à ordem de prelação. A reunião deve ser procedida aguardando-se determinado prazo para que o valor do principal seja fixado de forma definitiva. Vale dizer, as discussões possíveis devem ser restritas aos embargos de segunda fase, ou seja, após a hasta pública, os quais serão resolvidos pelo juízo onde se instaurou o concurso preferencial de credores. Em ocorrendo a hipótese da instauração do concurso preferencial de credores, os advogados (em havendo) deverão ser intimados, e, na falta, será intimado o próprio credor (art. 791, CLT). O prazo será aquele indicado pelo juiz e, na falta, aquele indicado no art. 185 do CPC.

A reunião não é obrigatória. Na prática, pouquíssimos juízes tomam a iniciativa. O mais comum é que registrem as várias penhoras na ordem da prelação (art. 612, CPC) na Vara onde ocorreu a primeira penhora. Suponha-se que o mesmo bem foi penhorado cinco vezes (1ª, 2ª, 3ª, 4ª, 5ª) e que a Vara que fez a 5ª penhora na ordem de preferência realizou a hasta pública. Nesse caso, a preferência será de quem realizou a execução. A partir daí, as preferências se modificam e a 1ª passa a ser a 2ª, e assim por diante. Se houver sobra de numerário proveniente da hasta pública, será enviada para a Vara que detém agora a preferência; se sobrar numerário, para a seguinte na preferência.

A penhora feita isoladamente no mesmo bem, sem que a vara que primeiro penhorou tenha conhecimento, poderá ter como conseqüência a devolução ao devedor de possível sobra de numerário. E isso é mais ou menos comum acontecer, quando é praceado novamente bem que já está em mãos de arrematante em execução de outro processo. A penhora do mesmo bem deve ser levada a efeito no processo em que foi efetuada a primeira penhora, obedecendo-se à ordem de prelação (1ª, 2ª, 3ª etc.). Dessa maneira, a sobra de numerário não será devolvida ao devedor.

46.4.7. Do julgamento do concurso de credores

Instaurado o concurso preferencial de credores, concedido prazo razoável para que todos os interessados dele se socorram, o juiz prevento proferirá decisão antecipada na qual fixará a ordem de preferência para o levantamento do dinheiro que vier a ser depositado. A decisão (art. 713, CPC) será proferida depois de ouvidas as partes interessadas em prazo razoável. Todavia, a disputa entre os credores fará suporte sobre a preferência dada à anterioridade da penhora (art. 712, CPC). Da decisão, caso algum credor não concorde com a sua classificação, poderá recorrer. Cuida-se de incidente em sede executiva, daí o termo correto ser decisão, e não sentença, pois não é julgamento que põe fim ao processo. Segundo o art. 711, receberá em primeiro lugar aquele que "promoveu a execução", vale dizer, aquele que levou o bem à hasta pública, ato posterior à penhora. No concurso de preferência, não existe a discussão, uma vez que o concurso deverá realizar-se na vara que efetuou a primeira penhora (art. 106, CPC). Contudo, em não havendo o concurso de preferência, aquela vara que promover a execução, ato posterior ao da simples penhora, ou seja, aquela vara que levar o bem à hasta pública, terá a preferência na liberação do dinheiro depositado pelo devedor ou que for produto de arrematação. O primeiro na preferência passará para o segundo lugar, e assim, respectivamente, quanto às demais preferências.

No concurso preferencial de credores, poderá concorrer o titular de execução provisória. Entretanto, nenhum valor poderá ser liberado sem que a parte apresente caução idônea (art. 475-O, III, CPC). Se a sentença exeqüenda vier a ser cassada ou apenas modificada, reduzido o direito, proceder-se-á a novo concurso de preferência, pois o valor eliminado ou reduzido da execução provisória será repassado aos demais credores na ordem preferencial.

Poderá ocorrer de a penhora ser efetuada em único bem localizado em outra base territorial, procedendo-se a execução mediante carta precatória executória. O juízo deprecado, nesse caso, se transforma na *longa manus* do juízo deprecante (art. 747, CPC) e será o competente para decidir dos embargos que se refiram ao bem, se este foi por ele penhorado sem indicação do deprecante. Todavia, se a indicação foi do juízo deprecante, deste será a competência para decidir impugnação que diga respeito ao bem. Quanto aos demais atos, são de competência do juízo deprecante. Disso resulta que o concurso preferencial de credores far-se-á no juízo deprecante, cabendo a este resolver incidentes da execução e distribuir o dinheiro arrecadado de conformidade com a preferência fixada anteriormente. A Lei n. 11.232/2005, por evidente lapso do legislador, manteve os embargos do art. 747, que são procedidos no juízo deprecado e que dizem respeito somente ao bem penhorado por aquele juízo, sem qualquer ingerência do juízo deprecante. Melhor seria que o *nomen juris* fosse substituído por "incidente de impugnação".

46.4.8. Do produto em hasta pública

O pagamento ao credor poderá ser feito pelo entrega do dinheiro conseguido em hasta pública, pela adjudicação dos bens ou, ainda, pelo usufruto do bem imóvel ou de empresa (art. 708, CPC). Para tanto, o juiz autorizará que o credor levante o dinheiro depositado para garantia do juízo ou o produto da hasta pública, tanto quanto baste à satisfação do seu crédito, desde que a execução seja promovida por credor singular a quem, por força da penhora, cabia a preferência dos bens penhorados. Na execução civil, essa preferência cede lugar a outro privilégio ou preferência instituída antes da penhora, *v. g.*, garantia real (art. 709, CPC). Em concorrendo vários credores, o dinheiro depositado ou conseguido em hasta pública será distribuído de conformidade com a ordem de prelações, recebendo em primeiro lugar aquele que promoveu a execução (art. 711, CPC).

O crédito trabalhista não cede espaço preferencial a outros créditos, nem mesmo ao constituído com garantia real ou ao crédito tributário. A Lei n. 11.101/2005 (nova Lei de Falências) dispõe, em seu art. 83, I, que a preferência do crédito trabalhista estaria limitada a 150 salários mínimos. Todavia, essa limitação encontrava óbice no art. 186 do Código Tributário Nacional, que, por ser lei complementar, não podia ser modificada por lei ordinária de hierarquia inferior. Daí a inclusão do inc. II no parágrafo único do art. 186 da Lei n. 5.172/1966 (CTN) pela Lei Complementar n. 118/2005: "A lei poderá estabelecer limites e condições para a preferência dos créditos trabalhistas decorrentes da legislação do trabalho." Com essa modificação no art. 186 do CTN sanou-se uma futura alegação de ilegalidade em face da hierarquia das normas. Contra o disposto no art. 83, I, da Lei de Falências foi ajuizada, no Supremo Tribunal Federal, a ADIn n. 3.424/DF.

O art. 889, CLT, continua vigente e indica a preferência da Lei n. 6.830/1980 na execução trabalhista, com plena aplicação do art. 29 e ss. em sede trabalhista. Por outro lado, o legislador cometeu lapso ao incluir na ordem preferencial a indenização por acidente de trabalho, uma vez que esse crédito há muito deixou de ser responsabilidade da empresa, passando à responsabilidade da União (Lei n. 8.213/1991, art. 86).

46.4.9. Da sucessão no crédito

A execução poderá também ser promovida ou prosseguida pelos sucessores *causa mortis* ou por ato *inter vivos* (art. 567, CPC). Em primeiro lugar, o espólio é o legitimado ativo para a execução, o qual deverá ser representado legalmente pelo inventariante, excepcionado o caso do inventariante dativo (art. 12, V e § 1º, CPC), caso em que todos os herdeiros e sucessores do falecido figurarão como autores ou réus em todas as ações em que o espólio for parte. Enquanto não for feita a partilha, a representação será do espólio. Todavia, se o espólio for representado por inventariante dativo, a legitimação ativa será de todos os herdeiros, que formarão um litisconsórcio ativo.

O cessionário também poderá promover a execução, quando o direito resultante do título executivo lhe for transferido por ato *inter vivos*. Em ocorrendo a hipótese, o cessionário será também parte legítima para promover a execução. Trata-se apenas de ônus, não de obrigação de tomar o lugar do cedente. A ida ao processo traduz mera faculdade. Disso resulta que, se o cessionário não requerer o seu ingresso na execução, esta deverá continuar com o cedente. Dispõe o art. 42 do CPC que a alienação da coisa ou do direito litigioso, a título particular, por ato entre vivos, não altera a legitimidade das partes; que o cessionário só poderá intervir no processo para substituir o cedente caso a tanto consinta a parte contrária (§ 1º); que o cessionário poderá intervir na qualidade de assistente do cedente (§ 2º). Esse não é o entendimento vigente. O juiz ouvirá os argumentos da parte contrária (executado) contra o ingresso do cessionário na ação e decidirá dentro do critério da razoabilidade, mesmo porque o processo não é lugar para atitudes egoísticas ou espírito de emulação, arbítrio ou capricho.

> "A proibição de alterar-se subjetivamente o processo é resquício de épocas superadas. A exigência de consentimento a que se refere o § 1º do art. 42 do CPC não significa reconhecimento de direito de negá-lo por mero arbítrio ou capricho. Cumpre ao juiz apreciar as razões da negativa, acolhendo-as ou não." (TJRJ, 1ª Câm., Agr. n. 26.800, rel. Des. Costa e Silva, v. u., 25.04.1975)

O art. 567 do CPC também menciona o sub-rogado como legitimado ativamente para a posição de exeqüente. Tanto o cessionário como o sub-rogado não estão obrigados a tomar a posição do exeqüente. Em ocorrendo a hipótese, persistirá a legitimação ativa do credor originário em cujos direitos se sub-rogou o terceiro, já agora como substituto processual, o mesmo se podendo dizer no caso em que o credor permanece em lugar do cessionário.

Sobre o tema, constata *Frederico Marques* que o Código não mencionou a legitimação ativa da massa falida e da herança jacente, para figurarem na execução. Mas uma e outra se enquadram no n. I do art. 566, pelo que seria redundante qualquer menção expressa a esse respeito. Com o "espólio", o mesmo não ocorre, por circunstâncias especiais e peculiares, que criam, quando nada, dúvida e equivocidade, a exigir esclarecimentos mais explícitos da lei. Lembra que se subsume no mencionado art. 566, n. I, o crédito do advogado que queira exigir diretamente do devedor os honorários a que este foi condenado. Arremata: as pessoas mencionadas no art. 567 podem não só dar início à execução, como ainda passar a ocupar o lugar do exeqüente originário, no curso da execução, com o que se operará alteração subjetiva na relação processual. Se ocorrida no momento da propositura da ação executiva, a mudança se dá em relação ao título executivo, daí por que será necessário que o exeqüente junte prova de sua legitimação ativa, como sucessor *mortis causa*, cessionário ou sub-rogado ("Manual ...", v. 4, p. 8).

46.4.10. Da sucessão sobre a dívida

Comanda o art. 568 do CPC que são sujeitos passivos na execução: I — o devedor, reconhecido como tal no título executivo; II — o espólio, os herdeiros ou os sucessores do devedor; III — o novo devedor, que assumiu, com o consentimento do credor, a obrigação resultante do título executivo; IV — o fiador judicial; V — o responsável tributário, assim definido na legislação própria.

Tem-se pelo inc. II que são considerados sujeitos passivos da execução o espólio, os herdeiros ou os sucessores do devedor. Disso resulta que, advindo a morte do devedor, a execução será promovida contra o espólio antes de partilhados os bens; após a partilha dos bens, a execução será dirigida contra os herdeiros, os quais responderão até o valor com que foram aquinhoados na partilha. Nesse sentido, dispõe o art. 597 do CPC: "O espólio responde pelas dívidas do falecido; mas, feita a partilha, cada herdeiro responde por elas na proporção da parte que na herança lhe coube." Nesse sentido, o art. 1.997, CC. Também estarão legitimados passivamente o novo devedor e o fiador judicial. Não se cuida aqui de fiador convencional ou contratual. O novo devedor poderá ser cessionário ou sub-rogado do devedor. O responsável tributário está previsto no art. 121, parágrafo único, do CTN.

46.4.11. Dos direitos do devedor

Preceitua o art. 620 do CPC que a execução deve ser feita "pelo modo menos gravoso para o devedor". Na prática, existe uma errônea aplicação dessa regra, quando se pretende que, se a execução for gravosa ao devedor, não deverá ser aplicada. Não é esse, obviamente, o conteúdo que aflora da lei, e a execução forçada sempre será gravosa ao devedor, pois foi este quem deu causa a que o credor ajuizasse uma ação para haver aquilo que por direito lhe pertencia. Vale dizer, foi renitente na inadimplência e continua resistindo mesmo depois do trânsito em julgado, quando teve durante um processo executório.

A execução, entretanto, não é lugar para caprichos ou arbítrios. Se de um lado a execução forçará o devedor renitente a cumprir a obrigação até mesmo lançando mão dos seus bens com venda em hasta pública, por outro lado não se fará a execução por meio mais gravoso se existir outro meio pelo qual o credor pagar-se-á do seu crédito. A execução não busca sacrificar ninguém, apenas busca fazer com que se cumpra o que é devido. Se existirem duas hipóteses que possam satisfazer o crédito, escolher-se-á a menos gravosa para o devedor. Todavia, se a hipótese menos gravosa para o devedor for prejudicial ao credor, ela não será escolhida, pois o direito maior de escolha é do credor.

O Supremo Tribunal Federal decidiu que "não se pode retirar ao réu a possibilidade de optar pela situação menos onerosa para ele na execução, escolhendo entre indenizar ou reparar os danos causados (STF, RT 318/583)" (*apud Alexandre de Paula*, ob. cit., 1977, v. 3, p. 155).

O Tribunal de Justiça de São Paulo decidiu que, "na esfera das execuções, a ninguém é lícito, sob qualquer pretexto, ampliar o espírito legal para compreender nele casos não contidos, expondo o executado à possibilidade de sentir aumentada a sua opressão" (RT 251/380).

O art. 716 do CPC esclarece bem o significado de "execução menos gravosa", ao dispor que "o juiz da execução pode conceder ao credor o usufruto de imóvel ou de empresa, quando reputar menos gravoso ao devedor e eficiente para o recebimento da dívida". Tem-se aí que a aplicação do art. 620 do CPC está ligada ao binômio de execução menos gravosa; porém, eficiente, para o recebimento da dívida. Por outro lado, o art. 615, I, comanda que cumpre ainda ao credor "indicar a espécie de execução que prefere, quando por mais de um modo pode ser efetuada". A interpretação a ser feita, neste caso, é a sistemática, levando em conta os arts. 615, I, 620 e 716.

Decidiu o Superior Tribunal de Justiça:

> "Se a recorrente ofereceu bens suficientes a garantir a execução, ainda que móveis, não se justifica promovê-la pelo modo mais gravoso, mesmo porque só excepcionalmente poderá a penhora recair sobre estabelecimento comercial ou industrial." (2ª T., REsp n. 19.493-0/SP, rel. Min. Hélio Mosimann, 06.12.1993, ac. un., RSTJ 58/268)

> "A execução é levada a efeito pelo modo menos gravoso para o devedor, sendo injustificável que o bem penhorado seja levado a leilão por preço de avaliação que a inflação tenha tornado simbólico, sabendo-se que a atualização do valor da avaliação não fere o disposto no art. 683 do CPC." (1ª T., RMS n. 4.0/SP, rel. Min. Garcia Vieira, ac. un., DJ 12.09.1994, Adcoas 145.623, 10.12.1994)

> "O inc. II do art. 15 da Lei n. 6.830/80, que permite à Fazenda Pública, em qualquer fase do processo, postular a substituição do bem penhorado, deve ser interpretado com temperamento, tendo em conta o princípio contido no art. 620 do CPC, segundo o qual, quando por vários meios o credor promover a execução, o juiz mandará que se faça pelo modo menos gravoso, não convivendo com exigências caprichosas, nem com justificativas impertinentes." (STJ, 1ª T., REsp n. 53.652-9/SP, rel. Min. César Asfor Rocha, 6.12.1995, DJ 13.03.1995, Adcoas 1.000.778, 20.9.1995, RSTJ/*TRF* 73/322)

Não se deve confundir execução menos onerosa com proteção do devedor em prejuízo do credor. Com base no princípio da execução menos onerosa, o devedor poderá tomar inúmeras providências legais, sem contudo desprestigiar o direito do credor:

a) reduzir a penhora ou transferi-la para outros bens, sempre que o valor for considerado superior ao crédito e aos acessórios (art. 585, I e II, CPC);

b) continuar operando com navio e aeronvae, quando penhorados, até a alienação (art. 679, CPC). Neste caso, deverá comprovar seguro com cláusula em favor do juízo para o caso de sinistro (art. 679, CPC);

c) requerer ao juízo que mande citar o credor para receber em juízo o que lhe cabe de direito (art. 570, CPC). Este artigo foi revogado pela Lei n. 11.232/2005, mas continua a possibilidade de qualquer devedor tomar a iniciativa de liquidação de uma dívida, antes ou depois do vencimento, caso o credor não tome a iniciativa para livrar-se dos acréscimos de juros e de correção monetária. Caso o credor crie obstáculos ao pagamento amigável, poderá o devedor usar dos meios judiciais próprios e efetuar o depósito em juízo;

d) impedir o processo executivo mediante cumprimento da obrigação (art. 581, CPC);

e) dar em penhora apenas parte do imóvel, quando este permitir cômoda divisão, desde que suficiente ao pagamento da dívida (art. 702, CPC);

f) satisfazer a execução com meios considerados idôneos, mediante contraprestação pelo credor, e se este, sem justo motivo, recusar a oferta, o devedor tem o direito de impedir a execução (art. 582, CPC);

g) não concordar com a concessão de usufruto sobre imóvel ou empresa, quando esta forma lhe for mais gravosa (arts. 716 e 722, CPC) — neste caso, deve o devedor demonstrar de forma objetiva suas alegações, não podendo fazer suporte em foro meramente subjetivo;

h) impedir a penhora quando evidente que o valor cobrirá apenas as custas da execução (art. 659, § 2º, CPC). *Nota*: essa regra não se aplica no processo do trabalho, onde as custas serão pagas sempre a final;

i) remir a execução (art. 651, CPC);

j) substituir os bens por dinheiro (art. 668, CPC) — nesse caso, o valor a ser depositado é o do bem devidamente corrigido;

k) pedir a alienação antecipada dos bens penhorados sujeitos à deterioração ou que se apresente vantajosa naquele momento (art. 670, I e II, CPC);

l) receber o numerário que sobejar na hasta pública, após o pagamento do principal, acessórios, custas, honorários etc. (art. 710, CPC);

m) familiares do devedor insolvente podem de remir os bens (art. 787, CPC);

n) ressarcimentos de danos (art. 574, CPC);

o) opção nas obrigações alternativas, quando a escolha lhe couber (art. 571, CPC).

46.4.12. Do lugar da execução

Existe diferença fundamental entre o juízo da fase cognitiva e o juízo da fase executória. Na fase cognitiva, existem regras próprias de competência em razão do valor e da matéria, competência funcional e territorial (arts. 91 a 102, CPC). No cível, a competência em razão da matéria e da hierarquia é inderrogável por convenção das partes; mas, estas podem modificar a competência em razão do valor e do território, elegendo foro onde serão propostas as ações oriundas de direitos e obrigações (art. 111, CPC). O art. 87 do CPC, que cuida do princípio da *perpetuatio jurisdictionis*, registra exceção em que poderá haver modificação de foro em razão da matéria e da hierarquia. O art. 475-P, parágrafo único, do CPC relativiza o princípio de que o juiz da ação é também o da execução, e permite ao credor optar pelo juízo onde se encontram os bens sujeitos à expropriação (juízo deprecado) ou pelo atual domicílio do executado. Em ocorrendo a hipótese, o credor deverá requerer ao juízo de origem a remessa dos autos.

A transferência de que fala o parágrafo único do art. 475-P, CPC não pode ser feita de ofício pelo juízo da causa. Todavia, requerida e deferida a remessa, a competência executória transfere-se integralmente ao juízo escolhido, que passará a ter integral competência sobre o processo, por opção do exeqüente. Disso resulta que, se o juiz a quem o processo foi transferido estiver localizado em outro estado da federação, a competência recursal será ali procedida. Como o procedimento é prenhe de casuísmos, não se descarta a possibilidade de "conflito de competência", na hipótese de remessa.

Em se tratando de litisconsórcio ativo representado por advogados diversos, a remessa somente será deferida pelo juiz da execução se houver o requerimento de todos os exeqüentes para a transferência. Não deve o juiz executor proceder ao desmembramento. Na hipótese da existência também de litisconsórcio passivo com residência em lugares diversos, não deve ser feito o desmembramento. O objetivo da lei foi o de facilitar, não o de complicar o processo executório.

Não vemos óbice na aplicação do dispositivo em sede trabalhista. O processo do trabalho é informado por nuança cosmopolita e busca subsídio no processo comum com autorização legislativa (art. 769, CLT).

Poderá haver modificação em razão do valor e do território por conexão ou por continência (art. 102, CPC).

Na Justiça do Trabalho, designa-se a competência em razão da matéria que tenha nexo de causalidade entre o trabalhador e o recebedor da mão-de-obra e há casos em que, embora não haja nexo de causalidade direto, detém matéria convergente, *v. g.*, ação de empresa contra sindicato para decidir quem deve efetuar o recolhimento, tudo de conformidade com a nova redação do art. 114 da CF nos termos da Emenda Constitucional n. 45/2004. O valor da causa não constitui parâmetro para a fixação da competência. Além da matéria, a competência é fixada pela base territorial onde se deu a prestação dos serviços. Essa competência, todavia, é relativa, do que resulta que, se a parte não impugnar no momento próprio (defesa), a competência se convalida. As competências material e funcional são inderrogáveis. Não existe a possibilidade de foro de eleição pelas partes. Na fase de conhecimento, a competência poderá ser modificada pela conexão ou pela continência (art. 102, CPC).

Na execução, a competência se firma no juízo (Vara) por onde tramitou a ação na fase de conhecimento, sendo de nenhum efeito a modificação subjetiva do juiz ou das partes. Um dos princípios informadores é o de que "o juiz da ação também é o da execução". Mesmo nos casos de falência ou de insolvência civil, a execução tem os seus trâmites no juízo trabalhista, apenas se remetendo ao juízo universal por ocasião do pagamento, e isso quando não foram penhorados bens antes da falência e levados à hasta pública. Mesmo com o advento da Lei n. 11.101/2005, a competência trabalhista executória se mantém em face do art. 889, CLT e da Lei n. 6.830/1980, *ex vi* do art. 29 e ss. Embora persista a limitação preferencial imposta pelo art. 83, I, contra cujos preceitos foi ajuizada a ADIn n. 3.424/DF, o processamento seguirá normalmente em sede trabalhista.

Também no caso de concurso de credores de devedor solvente em que as partes optam pela reunião dos processos, preventa a Vara que efetuou a primeira penhora, abdicando ou não da ordem preferencial de suas penhoras, a reunião deve ser feita após todos os trâmites (liquidação de sentença, embargos, agravo de petição etc.), deixando para o juízo prevento apenas a distribuição do valor arrecadado, mas que será também competente pelo julgamento dos embargos de segunda fase, vale dizer, daqueles embargos opostos após a hasta pública, cuja matéria esteja restrita a essa fase.

Nesta fase, poderá registrar-se a exceção prevista no art. 87 do CPC: "Determina-se a competência no momento em que a ação é proposta. São irrelevantes as modificações do estado de fato ou de direito ocorridas posteriormente, salvo quando suprimirem o órgão judiciário ou alterarem a competência em razão da matéria ou da hierarquia." São exemplos, em sede trabalhista, a criação e instalação de Vara em localidade onde funcionava juiz de direito. Se a lei que criou a vara não conservar a competência residual da vara cível, todos os processos, não importando a fase em que estejam, deverão ser enviados à Vara do Trabalho no mesmo dia da instalação; em caso diverso, prevendo-se a competência residual, os processos distribuídos antes da instalação da vara permanecerão com o juiz de direito. A lei poderá também determinar que permaneçam com a vara cível apenas as ações em fase executória. De qualquer modo, a competência somente se modifica com a criação e a instalação da nova vara. Existem casos em a Vara foi criada e a instalação se deu alguns anos depois. Na prática, não é incomum a erronia cometida por juízes de direito que, criada a Vara, remetem todos os processos para o Regional do Trabalho, criando confusões homéricas. Outra hipótese é a do juiz de direito que, criada a Vara, nega-se a cumprir cartas precatórias. O erro está em não discernir a criação de Vara da respectiva instalação. A criação da Vara em nada modifica a situação de competência. Esta só deixará de existir com a devida instalação da Vara. É com a instalação que a Vara passa a operar com juiz titular e cartório devidamente implementado.

46.4.13. Das obrigações do exeqüente e do executado

Tanto o exeqüente, quanto o executado devem respeito ao princípio da lealdade processual (art. 14, CPC), podendo responder se considerados litigantes de má-fé e por perdas e danos (arts. 16, 17, 18 e 461, § 2º, CPC). Será considerado ato atentatório à dignidade da justiça o ato do devedor que fraudar a execução; opõe-se maliciosamente à execução, empregando ardis e meios artificiosos; resiste injustificadamente às ordens judiciais; não indica ao juiz onde se encontram os bens sujeitos à execução (art. 600, CPC, com nova redação dada pela Lei n. 11.382/2006). Em ocorrendo uma das hipóteses retro, o devedor incidirá em multa fixada pelo juiz, em montante não superior a 20% do valor atualizado do débito em execução, sem prejuízo de outras sanções de natureza processual ou material, *v. g.*, impedimento de falar nos autos, sendo que a multa reverterá em benefício do credor (exeqüente), exigível na própria execução (art. 601, CPC). O juiz relevará a pena se o devedor se comprometer a não mais praticar qualquer dos atos definidos no art. 600 do CPC, ocasião em que deverá dar fiador idôneo que possa responder ao credor pelo principal, juros, correção monetária, honorários advocatícios, periciais e demais despesas do processo (art. 601, parágrafo único, CPC). Da parte do credor, não pode propor execução com base em obrigação inexistente. Neste sentido, o preceito normativo do art. 574 do CPC ("O credor ressarcirá ao devedor os danos que este sofreu, quando a sentença, passada em julgado, declarar inexistente, no todo ou em parte, a obrigação, que deu lugar à execução") e do art. 475-O, I, do CPC ("na execução provisória, o credor se obriga a reparar os danos causados").

46.4.14. Dos ônus processuais da execução

Em execução que envolva condição ou termo, deverá o credor provar que se realizou a condição ou ocorreu o termo (art. 572, CPC), ao mesmo tempo que deverá provar que adimpliu a contraprestação que lhe corresponde, nos termos do art. 615, IV, do CPC. O credor poderá responder por perdas e danos (art. 574, CPC) ou ser obrigado a prestar caução (art. 475-O, I, CPC). Deverá fazer seguro contra os riscos de navegação com bem penhorado, navio ou aeronave (art. 679, CPC). O devedor deverá exibir prova de propriedade dos bens e, quando for o caso, certidão negativa de ônus, quando aceita a nomeação à penhora de bens imóveis (art. 656, parágrafo único, CPC). Embora o artigo não mencione bem imóvel, o bem móvel se prova pela simples tradição. O procedimento registra uma infinidade de outros ônus do credor e do devedor, *v. g.*, arts. 614, 615, 616, 634, §§ 4º e 7º, 652, 654, 655, 659, 660, 690, § 2º, 695, § 2º, 735.

A Lei n. 11.382/2006 acrescentou ao art. 694, CPC, o § 2º, *in verbis*: "No caso de procedência dos embargos, o executado terá direito a haver do exeqüente o valor por este recebido como produto da arrematação, caso inferior ao valor do bem, haverá do exeqüente também a diferença." (NR)

Como veremos pelos comentários que seguem, este parágrafo leva a um resultado surrealista: A procedência dos embargos não anula a arrematação, confirma-a. O exeqüente devolve ao executado o valor já recebido e, se o bem foi arrematado por preço menor (*v. g.*, valor era R$ 20,00 foi arrematado por R$ 10,00), o exeqüente deverá pagar ao executado do seu próprio bolso a diferença de R$10,00. Em suma: o exeqüente vai buscar lã e volta tosquiado, pois perde a garantia do bem antes penhorado e ainda ajuda a pagar ao devedor o bem arrematado. No final, o arrematante fica com o bem, o executado fica com todo o dinheiro, como se houvesse vendido o bem, o exeqüente fica sem a garantia do bem e ainda tem que colocar dinheiro do bolso para completar o valor de avaliação do bem. Não existe simetria entre o art. 694, *caput*, § 2º e o art. 695 (com nova redação dada pela Lei n. 11.382/2006) e o art. 696.

46.4.15. Da lealdade processual

A lealdade processual é princípio básico que deve permear tanto o processo cognitivo quanto o processo executório. Destinando-se a execução a tornar realidade o comando abstrato de uma sentença condenatória, deve o juiz condutor agir sempre com o devido rigor, com o objetivo de entregar o mais rapidamente possível a prestação jurisdicional. Não deve o juiz tolerar a estagnação do processo por falta de iniciativa do exeqüente ou por ato malicioso do executado resistindo ao comando jurisdicional com manobras cavilosas. O § 5º do art. 475-J, CPC (Lei n. 11.232/2005) determina o arquivamento, após decorridos seis meses, caso a execução não seja requerida. Dispõe o art. 599 do CPC que o juiz poderá, em qualquer momento do processo, ordenar o comparecimento das partes e advertir ao devedor que o seu procedimento constitui ato atentatório à dignidade da justiça. São atentatórios à dignidade da justiça os atos do devedor que fraudar a execução, se opuser maliciosamente à execução, empregando ardis e meios artificiosos, resistir injustificadamente às ordens judiciais, não indicar ao juiz onde se encontram os bens sujeitos à execução (art. 600, CPC). Vale dizer: primeiramente o juiz, em despacho fundamentado, adverte a parte; se, intimado do despacho, o devedor perseverar na prática de atos que demonstram a má-fé e o objetivo doloso, o juiz poderá proibir que, dali por diante, fale nos autos, ao mesmo tempo em que lhe aplicará multa em percentual não superior a 20% sobre o valor do débito devidamente atualizado; valor esse que se reverterá em favor do credor (art. 601, CPC). O devedor renitente somente poderá livrar-se do pagamento se se comprometer a não mais agir ilicitamente e der fiador idôneo que responderá pelo pagamento de toda a obrigação, principal e acessórios, caso descumpra o prometido (art. 601, parágrafo único). É bem de ver que o fiador não é para garantir apenas a multa, mas para garantir toda a obrigação, na qualidade de fiador judicial.

46.4.16. Das considerações sobre atos executórios

A execução como um todo traduz atos procedimentais que se ligam dentro de uma seqüência lógica, que se coordenam segundo uma sucessão traçada previamente pela lei processual. Esses atos procedimentais formam no seu conjunto um *iter* executivo, e se entrosam de forma a atingirem os fins práticos que darão implementabilidade à execução. A origem de tais atos é mista, pois são provenientes das partes que compõem os pólos ativo e passivo do processo e dos órgãos que integram o juízo da execução. Podem ser classificados, quanto ao momento de sua formação, em atos das partes, de terceiros e dos órgãos que compõem a execução.

Tem início com a intimação do devedor da decisão liquidatória, para pagamento em quinze dias (*tempus iudicati*). Caso não efetue o pagamento, a condenação será acrescida da multa de dez por cento e prosseguirá com a penhora a pedido do exeqüente (*actio iudicati*), nos termos do art. 475-J, CPC (Lei n. 11.232/2005). A execução civil não mais inicia com a citação, revogado o art. 611, CPC. Apenas excepcionalmente a citação far-se-á necessária (art. 475-N, parágrafo único), em três hipóteses: a) sentença penal condenatória transitada em julgado; b) sentença arbitral; c) sentença estrangeira, homologada pelo Superior Tribunal de Justiça.

Seguem-se atos conservatórios, como o arresto de bens (arts. 813 e 879). Os atos impugnatórios são feitos por meio do incidente de "impugnação", não mais se utilizando dos embargos de execução na etapa de cumprimento da sentença. Toda e qualquer objeção do réu será veiculada mediante mero incidente de "impugnação", de cuja decisão será oponível agravo de instrumento. Os embargos à execução persistem apenas na execução contra a Fazenda Pública (art. 741, CPC) e no caso da execução por carta (art. 747, CPC) e do art. 746, CPC (arrematação e adjudicação). Em âmbito trabalhista, não haverá o alento subsidiário complementar. A impugnação da decisão liquidatória far-se-á mediante embargos à execução (executado) ou impugnação (exeqüente), nos termos dos arts. 884 e 879, § 2º, CLT.

Interessante notar, nesta parte, que, no processo do trabalho, os embargos à execução abrangem tanto os embargos de primeira fase (matéria anterior à hasta pública) quanto os embargos de segunda fase (matéria posterior à hasta pública). A generalidade dos embargos à execução abrange toda e qualquer discussão que se projete da execução, sendo defesa a busca subsidiária no CPC (art. 769, CLT).

Há um vezo interpretativo de alguns juízes que, após a hasta pública, buscam subsídios no art. 746, CPC (Nova redação, conforme Lei n. 11.382/2006) para os casos de arrematação e de adjudicação, quando o processo do trabalho cuida de ambas as fases, antes e depois da hasta pública, como embargos de primeira e de segunda fases. Com a nova redação dada pela Lei n. 11.382/2006, foi fixado o prazo de 5 (cinco) dias para os embargos. Pelo § 1º, oferecidos embargos, poderá o adquirente do bem desistir da ação; pelo § 2º, o requerimento do adquirente será deferido de plano e liberado o depósito efetuado (art. 694, § 1º, inc. IV); e pelo § 3º, caso os embargos sejam declarados manifestamente protelatórios, o juiz imporá multa ao embargante, não superior a 20% (vinte por cento) do valor da execução, em favor de quem desistiu.

A nova lei trouxe ao processo civil um complicador para o prazo de embargos. No art. 738, o prazo que era de dez, passou para quinze dias, já nos embargos, ditos de segunda fase, que abrangem temas acontecidos após a praça, o prazo é de cinco dias. Melhor seria que os prazos fossem unificados para cinco dias, tempo razoável para embargos, a exemplo do que sucede a Justiça do Trabalho (art. 884, CLT).

Estas normas não têm aplicação no processo do trabalho. O art. 884, CLT cuida de embargos de primeira fase e de segunda fase. Os primeiros para impugnar matérias antes da hasta pública; os segundos para impugnar temas após a hasta pública: arrematação, adjudicação e remição. O prazo será sempre de cinco dias.

O artigo sob comento, desde a antiga redação, premia apenas a arrematação e a adjudicação, deixando à calva dos embargos a remição da execução e a remição de bens, esta agora órfã de regulamentação, com a revogação do art. 787, CPC. É certo que em caso de algum vício de remição, *v. g.*, concedida de forma intempestiva, o agravo de instrumento poderá suprir a falta. Todavia, esse não é o caso do processo trabalhista em que o art. 884, CLT cobre também a "remição".

A situação, no entanto, se complica, quando juiz do trabalho passa a adotar indevidamente as regras civilistas na errônea suposição de que os temas arrematação, adjudicação não estariam acobertados pelo art. 884, CLT. Daí para frente, passa-se a fazer malabarismo interpretativo, contando o prazo do processo comum (agora coincidente em cinco dias). Enreda-se numa verdadeira armadilha, pois no caso de remição, o processo comum não prevê embargos e o nosso agravo de instrumento tem um conteúdo operacional restrito. E não poderá usar do agravo de instrumento do cível, evidentemente.

O processo pode ser comparado a um jogo de xadrez; antes de adotar-se uma posição, deve-se verificar quais serão as conseqüências.

O § 2º poderia, perfeitamente, fazer parte da redação do § 1º. A separação não premia a técnica legislativa. "§ 3º Caso os embargos sejam declarados manifestamente protelatórios, o juiz imporá multa ao embargante, não superior a 20% (vinte por cento) do valor da execução, em favor de quem desistiu da aquisição." (NR)

A possibilidade de o adquirente desistir da aquisição e receber de volta o depósito em nada vai contribuir para a celeridade processual, pois os embargos prosseguirão e serão julgados. Se forem considerados protelatórios, o embargante terá uma multa não superior a 20% (vinte por cento). A rigor, com a desistência da aquisição, os embargos perdem o objeto, pois a desistência retira o conteúdo da hasta pública (arrematação) e os embargos perdem a finalidade e prosseguirão apenas para verificar se as alegações são corretas ou protelatórias. O prosseguimento dos embargos com o objetivo único de verificar se os embargos são ou não protelatórios para aplicar ou não a multa, não tem sentido. Se o embargante estiver correto (art. 745, CPC), os embargos não terão qualquer finalidade, pois o adquirente já desistiu da aquisição e recebeu o depósito de volta. Em suma, com a rejeição ou não dos embargos a hasta pública restará prejudicada, devendo outra ser determinada, salvo se o adquirente não usar do favor legal. No modelo antigo, deixava-se aos embargos a anulação ou não da hasta pública. Com o novo modelo, se o embargante não tiver razão, perde-se tempo e o processo restará procrastinado e encarecido, pois exigirá, sempre, outra publicação e outra hasta pública. O processo do trabalho tem regras próprias no art. 884, CLT.

De conformidade com princípios de hermenêutica, a interpretação não pode levar ao impasse. A lei é uma construção cultural editada para prover e prever para uma realidade, não para levar ao impasse. Cabe ao juiz proceder à interpretação com razoabilidade. A lei tem por si mesma a presunção de bom senso. Fuja o magistrado do pedestal atrativo e da vaidade pessoal em ser diferente na interpretação de determinada norma. Poderá estar enveredando por caminho escorregadio conducente ao desprestígio pessoal.

Em suma, o Código de Processo Civil, mesmo após a Lei n. 11.382/2006, incide na mesma erronia: prevê os embargos à arrematação e à adjudicação e agora à alienação (art. 746) para a fase pós-hasta pública, não prevendo, porém, embargos à remição da execução; e de bens (art. 787 foi revogado), cuja impugnação será feita pela via do agravo de instrumento. A busca subsidiária pelo juiz do trabalho levaria à situação inusitada, pois haveria os embargos à arrematação e à adjudicação do art. 746 do CPC, mas, não haveria idêntico remédio para a remição (da execução e de bens). A piorar a situação, o nosso agravo de instrumento não tem a amplitude do seu similar civilista e restaria a descoberto. Estaria criado o impasse. Repita-se: esse tipo de entendimento, de alguns juízes do trabalho, afronta o art. 769 da CLT e se ressente de estudo mais aprofundado.

Os arts. 787 a 790 foram revogados. Referidos artigos cuidavam da "remição de bens", *favor pietatis* concedido ao cônjuje, ao descendente ou ao ascendente, que poderiam remir o bem no processo de insolvência, depositando o valor pelo que fora os bens alienados ou adjudicados. Referidos artigos foram substituídos pelo § 2º, § 3º, do art. 685-A que permite a adjudicação pelo núcleo familiar, com preferência sobre o credor.

O legislador trabalhista foi prático e concebeu os embargos à execução, por vezes denominados de embargos à penhora, por falta de técnica, para a impugnação de toda e qualquer matéria envolvendo a execução, antes e depois da hasta pública. Temos no processo do trabalho os embargos à execução de primeira fase e de segunda fase. Antes da hasta pública poderá ser discutida toda a matéria prequestionada antes da sentença liquidatória. O que não foi prequestionado estará superado pela preclusão, exceção feita ao excesso de execução. Embora o inconformismo do exeqüente receba o *nomen juris* de impugnação (art. 884, CLT), na prática, usam-se indistintamente os embargos à execução para ambos os casos. A prática diária aproxima-se da lógica do razoável e dispensa certas filigranas.

Cabe ao juiz proceder à execução de conformidade com os limites subjetivos e objetivos da coisa julgada, daí a razão pela qual o excesso de execução, ainda que não impugnado, não deságua na preclusão. A majestade da coisa julgada não pode ser desprestigiada pela simples ausência de impugnação. De resto, se a parte não proceder à impugnação, cabe do juiz, por dever de ofício, garantir a correta execução da coisa julgada. O fato de não haver impugnação não significa que se poderão considerar corretos os cálculos apresentados, quando desobedientes aos limites objetivos da *res judicata*. O juiz da execução tem por dever de ofício fazer a fiscalização. Daí ser de nenhum efeito a determinação no sentido de que, se a parte não apresentar impugnação, serão considerados corretos os cálculos apresentados. Esse tipo de despacho desprestigia o seu prolator e demonstra a ausência de verdadeira vocação para o mister. A posição do juiz no processo executório (*dominus processus*) é o de guardião da coisa julgada.

A execução levada a efeito por decisão em afronta à coisa julgada poderá ser objeto de anulação por ação anulatória ou de desconstituição por ação rescisória, em dependendo do procedimento ocorrido, restrito ao primeiro grau ou com a incursão do Regional pela via do agravo de petição. Decerto poderão ser discutidas matérias outras, como incompetência do juízo, ilegitimidade da parte exeqüente ou da parte executada, inexigibilidade do título, qualquer causa impeditiva, modificativa ou extintiva da obrigação, como pagamento, novação, compensação com execução aparelhada, transação ou prescrição, desde que superveniente à sentença (art. 475-J, § 1º, CPC e art. 884, § 1º, CLT).

Os atos processuais podem ser de encerramento do processo e seriam aqueles atos ditos satisfatórios (art. 794, CPC). Os atos executórios podem apresentar-se com extrema simplicidade, *v. g.*, citação, pedido de levantamento pericial, ou de forma complexa, com entrelaçamentos procedimentais. São exemplos de atos complexos a penhora de bens móveis, que se perfaz com a ciência da parte e o depósito em mãos do depositário, que, quase sempre, é a própria parte executada; e a penhora de bens imóveis, que se perfaz com a ciência da parte, a intimação do cônjuge, do depósito em mãos do depositário e, para valer contra terceiros, exige a lei o registro público respectivo (art. 659, § 4º, CPC). Na mesma esteira de atos complexos, se colocam a arrematação, a adjudicação e a remição (da execução e de bens), a carta precatória executória, o precatório etc.

Do ponto de vista subjetivo, podemos dividir os atos da execução em atos das partes (exeqüente e executado), atos de terceiros (perito, testemunha, exibição de documentos) e atos dos órgãos de execução (atos do juiz, da secretaria, do contador do juízo, do depositário judicial).

46.4.17. Dos atos das partes na execução

De posse do título extrajudicial (art. 876, CLT) ou judicial (art. 831, CLT), sentença normativa e acordo em dissídio coletivo, a parte interessada tem a iniciativa executória. Se a parte não possuir advogado, os atos destinados à apuração do valor e os atos executórios serão desatrelados de ofício pelo juiz instrutor do processo, mediante a citação (art. 880, CLT). Como regra, a iniciativa é do credor, apresentando-se a do devedor em sede de excepcionalidade. O art. 570, CPC foi cancelado pela Lei n. 11.232/2005. A autorização permanece no art. 304, CC. Ainda que assim não fosse, o direito de cumprir uma obrigação vencida, sem que o credor tome qualquer providência, é direito do devedor para livrar-se de acréscimo de encargos. Caso haja resistência por parte do credor, poderá usar dos meios judiciais postos à disposição. A execução no processo comum, de conformidade com a Lei n. 11.232/2005 para o pagamento de quantia certa, se avia nos termos do art. 475-J. A citação foi abolida, com a revogação do art. 611, CPC. A parte intimada da decisão de liquidação terá quinze dias para efetuar o pagamento. Não cumprindo a obrigação no *tempus iudicati*, o valor da execução será automaticamente acrescido da multa de dez por cento, seguindo-se a penhora de bens, tantos quantos bastem à garantia do juízo, desde que requerido pelo exeqüente. A citação fica restrita ao que dispõe o art. 475-N, parágrafo único, CPC.

A liquidação de sentença, segundo concepção doutrinária, não faz parte da execução, pois traduz ato preparatório daquela, uma vez que a citação (o art. 611 foi cancelado) somente poderá ser feita quando existente o *quantum*. O fato de o processo civil haver abolido a citação no pagamento de quantia certa, bastando a intimação da decisão, não modifica a situação. Daí conceituar-se a liquidação de sentença como incidente que antecede a execução e de possuir natureza preparatória e declaratória e de ser integrativa da execução. A liquidação de sentença é, assim, o ato que antecede a execução, como regra.

Excepcionalmente, poderá, entretanto, existir ato que anteceda a liquidação de sentença com o objetivo de prever e prover para uma futura execução. Isso poderá se dar com o ajuizamento de ação cautelar preparatória ou incidente de arresto. Embora não seja comum, a cautelar de arresto em sede incidental poderá ser deferida de ofício pelo juiz instrutor (art. 798, CPC). Com maior razão, o deferimento de ofício poderá ser implementado na Justiça do Trabalho, onde a presença do advogado é facultativa (art. 791, CLT). O juiz instrutor do processo tem por dever de ofício prover para que o comando abstrato de uma sentença condenatória seja transformado em realidade, podendo, para tanto, tomar todas as providências ao seu dispor (art. 765, CLT).

Podem e devem as partes peticionar ao juízo sempre que o processo, por algum motivo, estiver parado, forçando despachos que desentravem o procedimento. Em sendo o caso, também o terceiro juridicamente interessado poderá peticionar.

Do ponto de vista ético, o art. 599 do CPC comanda que o juiz pode, em qualquer momento do processo, ordenar o comparecimento das partes, advertir ao devedor de que o seu procedimento constitui ato atentatório à dignidade da justiça, caso cometa ato de fraude à execução, de oposição maliciosa à execução, com emprego de ardis e meios artificiosos, de resistência injustificada às ordens judiciais, deixe de indicar ao juiz onde poderão ser encontrados bens sujeitos à execução (art. 600, CPC, com nova redação do inc. IV, pela, Lei n. 11.382/2006): "Intimado, não indica ao juiz, em 5 (cinco) dias, quais são e onde se encontram os bens sujeitos à penhora e seus respectivos valores."(NR) Em ocorrendo uma das hipóteses, o devedor incorrerá na multa de 20% sobre o valor do débito da execução devidamente corrigido, sem prejuízo de outras sanções de natureza processual ou material. Vale dizer, dentro do douto critério do juiz instrutor, se recalcitrante o devedor, poderá ser proibido de falar nos autos e sofrer nova multa, que não poderá ser superior a 20%. Caso existirá em que o primeiro procedimento é de tal ordem de gravidade que, além da multa, poderá o juiz impedir a parte de falar nos autos (art. 601, CPC). O juiz somente relevará a pena de impedimento de falar nos autos se o devedor se comprometer a não mais praticar os atos previstos no art. 600 do CPC, mas não a de multa, que, aplicada, passa a compor o patrimônio do credor (art. 601, CPC, *in fine*). O fiador idôneo exigido pela lei ficará responsável pelo cumprimento de toda a obrigação.

O credor poderá renunciar ao seu crédito (arts. 569 e 794, III, CPC). A renúncia deve ser expressa, imune de vício de consentimento, não se aceitando a renúncia tácita. A renúncia extingue a execução. O crédito trabalhista é, em princípio, irrenunciável. De qualquer forma, a renúncia exige a homologação pelo juízo para que surta efeitos. A extinção do processo só produz efeitos quando declarada por sentença. Registre-se que o art. 569 do CPC comete erronia quando fala em desistência da execução, pois o correto é renúncia, já que se cuida de matéria meritória.

46.4.18. Dos atos do juiz na execução

Os atos processuais do juiz na execução dividem-se em atos executórios materiais e atos executórios ordinatórios. Os atos ditos materiais dizem respeito à situação jurídica do exeqüente e do executado. Os atos ordinatórios ligam-se diretamente ao procedimento, com enfoque sobre a marcha do processo e ordenação do procedimento. Tanto num como noutro caso, o juiz poderá resolver sobre questões procedimentais ou sobre pressupostos e condições de atos que poderão influir sobre o patrimônio do devedor.

Os despachos interlocutórios podem ser despidos de carga jurisdicional, *v. g.*, a juntada de uma petição capeando documentos com vistas à parte contrária (meramente ordinatório); podem ter carga jurisdicional, *v. g.*, o indeferimento da mesma petição contendo documentos. O indeferimento deverá ser fundamentado (art. 93, IX, CF).

Tanto nos atos materiais quanto nos atos ordinatórios, o juiz poderá proferir decisão objetivando a ordem e a marcha do processo.

Ensina *Frederico Marques* que, tanto nos atos ordinatórios como nos atos executivos materiais, o juiz poderá proferir decisões com o objetivo de resolver problemas ou dúvidas sobre a marcha procedimental da execução, como ainda questões pertinentes aos pressupostos e às condições dos atos que irão influir sobre o patrimônio do devedor ("Manual ...", v. 4, p. 95).

Enrico Tullio Liebman observa que tanto os despachos de mero expediente quanto os atos executórios, quando proferidos pelo juiz, podem ter por efeito resolver alguma questão duvidosa, para verificar a existência dos requisitos ou pressupostos do ato. Os despachos conterão então verdadeira decisão, que, entretanto, representa apenas um meio para dar as providências próprias do ato ou para recusá-las, e a decisão da questão será então simplesmente um dos motivos que determinará ao juiz conceder ou negar a medida requerida, não podendo produzir efeitos além desses limites, por exemplo, valer como confirmação da existência do crédito, ou da regularidade da execução ("Processo de Execução", p. 107-108).

46.4.19. Da documentação em sede executória

Todos os atos do processo devem ser documentados, em obediência ao princípio da transparência. Disso resulta que a marcha procedimental, que é um andar para frente, ressalvadas exceções legais, deve ser toda ela documentada. Essa exigência prestigia não só a transparência dos atos praticados pelas partes, pelo juiz, pelo terceiro, pelo Ministério Público, peritos etc., mas também prestigia a segurança que deve presidir o processo como um referencial. É pelo registro documental que se prova se as partes cumpriram ou não os ônus processuais que lhes estavam afetos, no momento certo e adequado, ou se desaguaram na preclusão. A documentação é exigência do poder jurisdicional, função do Estado, cujo exercício deve ser marcado pela imparcialidade, exercida por juiz competente, com tratamento igual às partes (art. 125, CPC) e com o fim específico de dar a cada um o que lhe pertence.

Assim, para que se possa chegar à hasta pública é necessário que esteja documentada nos autos do processo a existência de sentença com trânsito em julgado, que o executado tenha participado da liquidação de sentença (caso de sentença ilíquida), com possibilidade impugnativa, tenha tido oportunidade de usar dos embargos à execução (art. 884, CPC) e bem assim tenha tido a oportunidade de recorrer para a jurisdição *ad quem*. Vale dizer, não é necessário que tenha impugnado, embargado ou recorrido, mas é necessário que tenha tido essa oportunidade, devidamente certificada nos autos. Assim, são também lavrados termos, atas, autos e decisões sobre os mais variados atos praticados. São exemplos: requerimento do credor ou do devedor para que se proceda à execução; decisão liquidatória; auto citatório (o art. 611, CPC foi revogado pela Lei n. 11.232/2005); auto de penhora de conformidade com o art. 655, CPC (nova redação dada pela Lei n. 11.382/2006) e os arts. 9º e 11 da Lei n. 6.830/1980; laudo de avaliação dos bens (art. 721, CLT); edital de praça e leilão (art. 888, CLT); auto de arrematação (arts. 693, 694, 707, CPC); carta de arrematação (art. 703, CPC, nova redação dada pela Lei n. 11.382/2006); carta de adjudicação (art. 715, § 2º, CPC foi revogado pela Lei n. 11.382/2006, ver art. 685-A, parágrafo único); carta de remição de execução ou de bens (art. 790, CPC, revogado pela Lei n. 11.382/2006); termo de entrega da coisa certa ou em espécie (art. 624, CPC); extinção da execução declarada por sentença (art. 795, CPC).

A Lei n. 11.232/2005 revogou o art. 611, CPC. Isso significa que no processo civil para o pagamento de quantia certa não é necessária a citação, bastando a intimação da decisão indicativa do *quantum debeatur* para que o devedor esteja na obrigação de efetuar o pagamento. A citação, após a intimação, onde o devedor já havia tomado conhecimento da dívida, era ociosa. Intimado, o devedor terá quinze dias (*tempus iudicati*) para efetuar o pagamento, sob pena de incorrer na multa de dez por cento sobre o total do débito, podendo o exeqüente desatrelar a execução com requerimento de penhora de bens (art. 475-J, CPC).

46.4.20. Da execução de título extrajudicial

De conformidade com o art. 876 da CLT, as decisões transitadas em julgado (execução definitiva) ou das quais não haja recurso, com efeito suspensivo (execução provisória), os acordos inadimplidos, os termos de ajuste de conduta firmados perante o Ministério Público do Trabalho e os termos de conciliação prévia serão executados pela forma estabelecida na CLT. Comanda o art. 877-A que o juiz que seria competente para a ação também será o competente para a execução do título executivo extrajudicial. Essas modificações foram postas pela Lei n. 9.958/2000. Antes do seu advento, o processo do trabalho não previa a execução de título extrajudicial. Persistem, todavia, sem executoriedade os acordos firmados entre as partes que não tenham sido homologados em juízo.

46.4.21. Dos títulos que comportam execução

Comportam execução as sentenças condenatórias com trânsito em julgado, cuja execução é definitiva; condenatórias sem trânsito em julgado, cuja execução é provisória; os acordos homologados judicialmente (art. 831, parágrafo único, CLT) que transitam em julgado imediatamente após a homologação, salvo para a Previdência Social quanto às contribuições que lhe forem devidas; os termos de ajuste de conduta firmados perante o Ministério Público do Trabalho e os termos de conciliação firmados perante as Comissões de Conciliação Prévia, os quais adquirem o valor de título extrajudicial (arts. 876 e 877-A, CLT). As sentenças declaratórias são executáveis no que diz respeito às custas. O acordo extrajudicial não possui eficácia executória.

As sentenças normativas (dissídios coletivos), os acordos firmados em dissídios coletivos, os quais são sempre homologados judicialmente, as convenções e os acordos coletivos, onde não existe homologação judicial, mas simples depósito administrativo (art. 614, CLT), não são objeto de execução direta, pois necessitam passar pela fase cognitiva por meio da ação de cumprimento, espécie de dissídio individual, onde não será discutido o mérito já superado na fase coletiva. O acordo extrajudicial firmado entre as partes ou mesmo perante o sindicato de classe não tem força executória, não se aplicando em âmbito trabalhista o princípio da *pacta sunt servanda* com a mesma intensidade que se aplica na área civil. É uma proteção que ainda hoje se conserva ao hipossuficiente.

A norma coletiva (acordo em dissídio, acordo coletivo e convenção coletiva), entretanto, não explicita somente em termos abstratos, podendo fixar direitos, *v. g.*, o pagamento de uma gratificação semestral. Neste caso, o direito está fixado de forma clara e não haverá a necessidade de norma coletiva transitar pela ação de cumprimento, podendo ser executada pela via da ação monitória. Obviamente, se a gratificação fixada depender de certos acontecimentos, *v. g.*, ser proporcional ao lucro da empresa, não será devida se a empresa não tiver lucro etc., e a ação de cumprimento será inarredável. Todavia, com a ampliação da competência pela EC n. 45/2004, a *pacta sunt servanda* e a *rebus sic stantibus* terão plena aplicação, somente excepcionando os casos de vínculo empregatício e do pequeno empreiteiro ou artífice e o avulso.

O mestre *Amauri Mascaro do Nascimento* ("Curso de direito processual civil", p. 257) entende que o acordo extrajudicial homologado pelo sindicato ou pela Delegacia Regional do Trabalho tem executoriedade e que, em caso de inadimplência, não seria necessário transitar pelo processo de conhecimento, podendo ser utilizado diretamente o processo executório. Argumenta tratar-se de um direito fixado pelas partes e de um valor correspondente a esse direito, e que nos negócios jurídicos do direito comum é atribuída força executória a títulos formados unicamente pela vontade das partes, manifestada por meio de uma composição direta e sem a assistência de qualquer organização. Assim, não poderia ser diferente em sede trabalhista, quando o acordo resulta de livre vontade entre os interessados e é certificado pela assistência ou pela homologação por um órgão de Estado, a Delegacia Regional do Trabalho, ou do órgão sindical. Pondera, por outro lado, que os acordos assinados por empregados com menos de ano de casa, sem a assistência do órgão de classe, não deve ter força executória. Se surgir litígio, deve ser resolvido pela ação de conhecimento ("Curso de direito processual civil", p. 257).

As lições retro são atraentes e, com certeza, beneficiariam a agilidade processual. O posicionamento que vem sendo adotado é o da relativização dos princípios *pacta sunt servanda* e *rebus sic stantibus*, princípios civilistas aplicados com cautela pelos magistrados trabalhistas, num país de desempregados e no qual o índice de analfabetismo atinge parâmetro preocupante. O fato de o acordo ser assistido por sindicato ou ser homologado pela Delegacia Regional do Trabalho, não constitui penhor de total tranqüilidade. A prática demonstra que os sindicatos não têm pessoal capacitado e, logo depois do acordo, ele próprio, sindicato, incentiva o trabalhador a ajuizar ação, e nas Delegacias Regionais do Trabalho, o procedimento não é muito diferente. "Homologação judicial de acordo para rescisão não se confunde com o acordo homologado pelo sindicato ou MTb. O art. 477, § 2º, da CLT se refere às homologações administrativas. O acordo judicial importa em transigências recíprocas para pôr fim à lide; é de valor indiscutível e faz coisa julgada" (TST, RR n. 5.072-78, rel. Min. Marcelo Pimentel, LTr 44/175).

Não se pode perder de vista, todavia, as peculiaridades que animam o direito do trabalho (material e processual), com escopo protetivo do hipossuficiente (princípio teleológico), abstraindo-o dos rigores civilistas, onde a vontade das partes, em especial do trabalhador, é envolvida com certa relatividade, como se verifica dos arts. 9º, 444, 477, 468, todos da CLT, onde a drasticidade civilista da *pacta sunt servanda* e da *rebus sic stantibus* não encontra alento. Ao contrário, a indisponibilidade é a tônica e a principal dificuldade para que se dê força executória ao pacto extrajudicial. Nem mesmo a exceção do direito material (*litis per transationem finitae*) terá o poder de obstar a análise do mérito e a aferição judicial não poderá ater-se somente à perquirição da existência de vícios de consentimento (art. 171, CC).

Segundo *Cláudio A. F. Penna Fernandes*, "o negócio jurídico de direito material deve ser examinado em consonância com os respectivos princípios e regras. Isto prevalece até mesmo para os negócios levados ao processo, por termo ou para homologação. Se o negócio não está regido pelo direito material do trabalho, sua desconstituição ou reexame será feito por seus postulados. Daí a incompatibilidade" (Nota sobre transação no direito material e processual do trabalho, Ed. LTr 43/875).

Ver Súmula n. 330, com relação às simples rescisões de contrato. A jurisprudência cristalizada na Súmula n. 330 do Tribunal Superior do Trabalho há de ser entendida com relação à simples conciliação, não envolvendo a transação nos moldes civilistas. Embora lícito aos interessados prevenir ou terminar litígio mediante concessões mútuas (art. 840, CC), no processo do trabalho, ela deve ser adaptada aos moldes trabalhistas em face das exigências do § 2º do art. 477, CLT. O que significa que haverá sempre a possibilidade de o trabalhador reclamar diferenças em juízo, já que nenhuma quitação abrange parcelas não mencionadas no recibo do que porventura se denominar acordo, transação, conciliação etc.

Para que haja transação, lembra *Süssekind*, é imprescindível a presença de duas pessoas, vinculadas entre si por força de relação jurídica da qual decorrem direitos e obrigações, haja incerteza sobre determinados direitos ou obrigações e que a dúvida diga respeito a direitos patrimoniais incorporados ao patrimônio de uma das partes do contrato. A controvérsia, na transação, se extingue mediante concessões mútuas. Tem-se, pois, que a *res dubia* é elemento essencial à transação. A transação extrajudicial, embora sem a força executória, tem sido prestigiada, quando a matéria é submetida ao Poder Judiciário. Neste sentido, acórdão do Tribunal Superior do Trabalho: "A rescisão do contrato de trabalho entre o atleta profissional e o seu clube, feita com a perfeita anuência entre as partes, e recebendo o empregado as partes proporcionais do seu ressarcimento, não pode ensejar o pagamento de parcelas extras ao ajuste laboral" (TST, 1ª T., AI n. 244/74, Ac. 580/74, rel. Min. C. A. Barata Silva, 15.05.1974, LTr 38/611).

46.4.22. Da extinção da execução

A execução se extingue por vários modos: a) quando o devedor satisfaz a obrigação — essa hipótese não é a mais comum. Existe sempre uma tendência de resistir ao cumprimento da obrigação, mesmo que para isso a parte venha a ser responsabilizada com juros e correção monetária e demais despesas processuais. Isso poderá ter suporte na renitência do devedor ou mesmo na impossibilidade de cumprir a obrigação por quantia certa por falta de numerário; b) quando o devedor obtém, por transação ou por qualquer outro meio, a remissão total da dívida — a transação ocorre quando as partes terminam o litígio mediante concessões mútuas (art. 840, CC); a remissão significa o perdão da dívida. Não confundir "remissão", perdão, com remição ou pagamento total da obrigação; c) o credor renuncia ao crédito — a renúncia ocorre independentemente da aquiescência do devedor. A renúncia de que fala o art. 794, III, do CPC não se presume, deve se feita expressamente. O crédito trabalhista é, em princípio, irrenunciável. Se o credor trabalhista deixar de executar o seu crédito, o juiz deve fazê-lo de ofício, mormente se a parte não estiver assistida por advogado. A extinção da execução deverá ser declarada por sentença para produzir efeitos (art. 795, CPC).

Dissemos que, em princípio, o crédito trabalhista é irrenunciável, sintomaticamente. Diariamente, as Varas do Trabalho em todo o Brasil homologam conciliações em que o trabalhador recebe menos do que deveria receber, não só em razão da *res dubia*, mas, também pelo fato de o empregador estar em situação de dificuldades financeiras, pelo fato de o trabalhador estar voltando para a sua cidade natal no Nordeste, ou pelo simples fato de não poder esperar pelo julgamento, que demorará anos, em razão do estado de penúria familiar. As mais diversificadas situações impõem ao trabalhador a "renúncia" dos seus créditos todos os dias. É bem verdade que o juiz instrutor (*dominus processus*) pode negar-se a homologar acordo que seja prejudicial ao trabalhador; mas, isso dificilmente acontecerá, dado o volume de processos que atravancam as audiências diárias.

46.4.23. Da publicidade na execução e a boa-fé de terceiros

Com a edição do art. 615-A (Lei n. 11.382/2006), o legislador demonstra a sua preocupação com a maior publicidade da execução e o envolvimento de terceiros. Eis a redação do *caput*: "O exeqüente poderá, no ato da distribuição, obter certidão comprobatória do ajuizamento da execução, com identificação das partes e o valor da causa, para fins de averbação no registro de imóveis, registro de veículos ou registro de outros bens sujeitos à penhora ou arresto." Embora elogiável a preocupação com a ampla publicidade que beneficia terceiros, não se trata de obrigação, mas de mera faculdade. A expedição deveria ser feita de ofício pelo juiz, sem necessidade de requerimento do exeqüente. A averbação, embora mera faculdade, deve ser utilizada pelo exeqüente. Averbar significa que os bens do executado poderão ser penhorados total ou parcialmente. Como a parte pode transferir os seus bens, o terceiro que os adquirir não poderá alegar a boa-fé na compra e se o devedor não possuir outros bens livres para a penhora, a transferência será ineficaz, posto que transferidos com fraude à execução. Embora o bem alienado, no caso de execução aparelhada, seja feita com fraude à execução (art. 593, II, CPC) e a transferência seja ineficaz, a averbação é mais um alerta a terceiros da instauração da execução e possível penhora de bens. Se mesmo assim quiser correr o risco, sabe, de antemão, que a compra do bem poderá ser ineficaz. Neste sentido, alerta o § 3º, do art. 515-A. Feita a averbação, o exeqüente deverá comunicar o juízo no prazo de dez (10) dias, juntando certidão (§ 1º). A documentação feita, embora a lei não o exija, facilitará a apreciação futura, pelo juiz executor, de discussão que se instaure sobre o fato. Efetuada a penhora sobre bens suficientes à garantia do juízo, a averbação será cancelada (§ 2º). O § 3º alerta que se resume em fraude à execução, a alienação ou oneração de bens efetuada após a averbação. Certamente o legislador, em que pese a preocupação com terceiros, deixou a averbação para a iniciativa da parte, como mera faculdade, tendo em realce o disposto no inc. II, do art. 593, CPC. A fraude à execução e a ineficácia da alienação ou oneração já estavam asseguradas, desde o ajuizamento da ação, caso o futuro devedor viesse a se tornar insolvente. O § 4º, a seu turno, alerta que se o exeqüente proceder à averbação manifestamente indevida indenizará a parte contrária (art. 18, § 2º, CPC), e o incidente será processado em autos apartados. Como regra, a averbação documenta os autos contra embargos de terceiro (art. 1.046, CPC), cabíveis, em princípio, cujo julgamento meritório desaguará na improcedência, pois não será permitido estribar-se na boa-fé.

O comando expresso no § 3º de que se presume fraude à execução a alienação ou oneração de bens efetuada após a averbação deverá ser interpretado com cautela. A redação é ambígua. A redação deveria ser: "Presume-se em fraude à execução a alienação ou a oneração de bens efetuada após a averbação, *desde que com isso o executado tenha se tornado insolvente*. Em sendo a fraude à execução uma presunção relativa, *juris tantum*, não *juris et de jure*, a simples averbação é apenas um alerta ao terceiro e não significa, só por isso, que a venda de um dos bens averbados configure a fraude à execução (*juris et de jure*). A fraude à execução dar-se-á se aquela venda transformou o executado em insolvente. Por isso, os embargos de terceiro deverão ser sempre conhecidos, pois só na análise de fundo o juiz constatará se existe ou não a fraude à execução. Diversamente será, se existir nos autos a prova da insolvência (insolvência de pessoa física declarada pelo juiz civil ou falência da empresa). Neste caso, os embargos de terceiro não serão conhecidos com respaldo na impossibilidade jurídica do pedido.

46.4.24. Do dever de colaboração do executado

As partes e seus advogados têm o dever de agir com lealdade durante o procedimento (arts. 14, 16, 17 e 18, CPC). Considera-se atentatório à dignidade da Justiça, o ato do executado que: I — fraudar a execução; II — se opõe maliciosamente à execução, empregando ardis e meios artificiosos; III — resiste injustificadamente às ordens judiciais; IV — intimado, não indica ao juiz, em 5 (cinco) dias, quais são e onde se encontram os bens sujeitos à penhora e seus respectivos valores (art. 600, CPC).

O executado que incorrer em uma das hipóteses indicadas acima incidirá na multa de 20% (vinte por cento) do valor do débito atualizado, sem prejuízo de outras sanções de natureza material (nova multa) ou processual (impedir de falar nos autos) (art. 601, CPC). O juiz poderá relevar a pena (material e/ou processual), desde que o devedor se comprometa a não mais praticar qualquer dos atos definidos no artigo antecedente, e, o mais importante, der fiador idôneo que poderá responder pela dívida (principal, juros, correção monetária, despesas, emolumentos, honorários advocatícios, honorários periciais, custas etc.). O fiador somente se liberará após extinta a obrigação (art. 794, CPC).

O dever de colaboração do devedor está expresso no § 1º. Do art. 656: É dever do executado (art. 600), no prazo fixado pelo juiz, indicar onde se encontram os bens sujeitos à execução, exibir a prova de sua propriedade e, se for o caso, certidão negativa de ônus, bem como abster-se de qualquer atitude que dificulte ou embarace a realização da penhora (art. 14, parágrafo único). A nova redação do parágrafo único do art. 656, CPC é mais amplo e abrangente, quanto ao dever de colaboração do executado.

Como vimos acima, o dever de colaboração, se não for espontâneo, será exigido de forma suasória, com medidas que vão desde a multa (sanção material) até a sanção processual que será o impedimento do executado falar nos autos.

Num primeiro momento, a exigência do parágrafo único poderá parecer inconstitucional, uma vez que se estaria exigindo que o devedor que faça prova contra si mesmo (exibição de prova de propriedade do bem). Mas, assim não é. Em verdade, o executado tem o dever legal de cooperação e de agir com lealdade. O contraditório com a possibilidade de o executado utilizar dos recursos a ele inerentes não libera o executado do dever de ser leal e de cooperar para que a execução se processe em menor tempo. Tanto assim é, que o juiz executor tem ao seu dispor a possibilidade de agir com maior rigor em caso de renitência do devedor (arts. 600 e 601, CPC).

46.5. Dos princípios informadores da execução

46.5.1. Do conceito de princípio

Verificam-se na literatura jurídica os mais variados conceitos sobre o vocábulo "princípio". Isso se dá naturalmente tendo em vista a ótica pela qual se mira para buscar e alcançar um conceito que exprima aquilo que pensamos e que sirva cientificamente à finalidade. O vocábulo "princípio" não é unívoco, mas equívoco. Pode ser o primeiro momento do início de algo, de uma ação, de um processo; pode ser a causa primeira, a razão de existir de alguma coisa; pode ser um ditame moral consuetudinário ou um ditame firmado numa lei ou num preceito; pode ser provérbio que exprime normas ou regras de conduta acolhida por uma determinada comunidade, princípios éticos, etc. Pode ser também uma proposição lógica em que se apóia um raciocínio. Existe "princípio" aceito como "verdade verdadeira", que é chamado de dogma. Existe "princípio" aceito universalmente como necessário e verdadeiro (axioma).

O que interessa, em verdade, é extrair do vocábulo "princípio" o raciocínio baseado numa proposição lógica. Dessa maneira, "princípio" será o sustentáculo de determinada proposição ou mesmo de determinada conclusão, com ela se identificando. Assim, "princípio" diz respeito à causa primeira que possibilita um raciocínio e conseqüente conclusão. "Princípio" seria, dessa forma, algo que preexiste a determinada conclusão lógica ou científica. "Princípio" é, pois, o início de tudo, quer no campo lógico, científico ou legal.

46.5.2. Dos princípios que informam a execução

Existem algumas regras que se traduzem em princípios informadores do processo do trabalho, dadas as diferenças e peculiaridades quando comparado com o processo civil. Muito embora haja coincidência de procedimentos entre o processo do trabalho e o processo civil, eleito este como alento subsidiário (art. 769, CLT), não se pode relegar ao olvídio que, muitas vezes, as regras comuns buscadas em sede de subsídio devem ser adaptadas à realidade trabalhista, pena de não servirem ao fim perseguido. Em todo o sistema legislativo, não sendo exceção o sistema processual, encontraremos linhas gerais coincidentes que aproximam os institutos. Não existe a possibilidade de afastamento total de qualquer instituto, por mais distante que esteja em suas regras conceituais, pois em algum momento haverá regras e características coincidentes recepcionadas numa demonstração de aproximação e de conivência. De modo geral, os princípios informadores em sede executória trabalhista são os mesmos do processo civil, fonte subsidiária por excelência, obedecidas as peculiaridades do processo do trabalho.

A doutrina brasileira indica distinção entre princípios informadores e princípios fundamentais. Enquanto os princípios informadores dizem respeito à ordem técnica e universal, sem possibilidade de variações por injunções socioeconômicas, os princípios fundamentais são informados por carga ideológica que impõem determinado balanceamento em cada ordenamento concreto (*José Manuel de Arruda Alvim*, "Tratado de direito processual", v. 1, p. 181).

Aconselha *Robert Wynnes Millar* (*Los principios formativos del procedimiento civil*, *apud Araken de Assis*, "Manual ...", p. 112) e ("A posição do princípio da oralidade e da imediatidade no processo civil moderno", *apud Araken de Assis*), que os princípios fundamentais não constituem dogmas nem axiomas, mas, traduzem o resultado de experiência acumulada ao longo de anos com diferentes modelos processuais, com a sua aplicação e com a sua finalidade. Para *Liebman*, "Diritto costituzionale e processuale civile", *apud Araken de Assis*, "Manual do Processo de Execução", 8ª ed., RT, São Paulo, 2002, p. 112.a). Para *Liebman,* a matriz comum dos princípios fundamentais se encontra na Constituição.

46.5.3. Do princípio da suficiência e da utilidade

O princípio da suficiência está expresso no art. 659 do CPC, segundo o qual serão penhorados do patrimônio do devedor tantos bens quantos bastem ao efetivo pagamento do principal, juros, custas e honorários advocatícios, vale dizer, à efetiva liquidação do débito. O excesso de penhora poderá ser acertado mediante simples pedido, não desafiando embargos. Os bens penhorados poderão ser substituídos por dinheiro (art. 668, CPC) e, desde que possível, a execução processar-se-á da maneira menos onerosa (art. 620, CPC) ao devedor.

Pelo princípio da utilidade, é defesa a penhora quando restar evidenciado que o produto da alienação dos bens encontrados no patrimônio do devedor se revele, desde logo, insuficiente para levar a bom termo a execução com o cabal pagamento da dívida, posto que referido produto seria absorvido pelo pagamento de custas, emolumentos etc. (esse princípio está expresso no art. 659, § 2º, CPC).

O princípio contido no art. 659, § 2º, do CPC não se aplica ao processo do trabalho, onde haverá possibilidade de penhora de bens ainda que não garantido o juízo integralmente. Far-se-á a execução parcial para atender ao pagamento do crédito alimentar. O produto da praça ou leilão será totalmente empregado para se obter o principal. Não havendo bens para dar continuidade à execução, os autos aguardarão no arquivo oportunidade para o reinício, sem correr o risco da prescrição (art. 40, Lei n. 6.830/1980).

Esse entendimento adotado por nós há décadas durante todo o tempo em que exercemos a magistratura faz parte agora do Projeto de Lei n. 4.731/2004, com trâmite no Congresso Nacional e que propõe a seguinte redação para o art. 884, CLT: "Garantida a execução ou penhorados os bens, *ainda que em valor insuficiente para o pagamento integral da importância reclamada*, terá o executado cinco dias para apresentar embargos, cabendo igual prazo ao exeqüente para impugnação." A lei desce ao patamar da razoabilidade, uma vez que a adoção literal da lei levava ao impasse (*summum jus, summa injuria*), já que o processo ficava parado no arquivo e o trabalhador nada recebia. O juiz cumpria a lei. Mas, não basta cumprir a lei: cabe ao juiz, sem desprestigiar a lei, encontrar caminhos para a efetivação da sentença, com interpretações razoáveis.

O § 4º do art. 880, CLT, todavia, dispõe: "Se o executado nomear bens insuficientes para a garantia da execução e, no curso do processo, for constatada a existência de outros bens, incidirá em multa de dez a vinte por cento do valor atualizado do débito em execução, sem prejuízo de outras sanções de natureza processual ou material, multa essa que reverterá em proveito do credor, exigível na própria execução." Essa multa, que variará entre dez e vinte por cento, a critério do juiz instrutor, não inibe a multa do art. 475-J (Lei n. 11.232/2005), nem a sanção administrativa, *v.* g., proibição de falar nos autos (art. 600, II, III e IV, CPC), por ato atentatório à dignidade da justiça.

A Medida Provisória n. 2.180-35/2001 elevou o prazo para embargos e para impugnação para trinta dias. A MP, mal elaborada, certamente por pessoas jejunas no mister, trouxe a cizânia para a Justiça do Trabalho, posto que inúmeros juízes, lamentavelmente, passaram a entender que esse prazo substituíra o prazo de cinco dias previsto no art. 884, CLT há mais de sessenta anos. Numa interpretação literal, menos cuidadosa, chega-se a esse entendimento. O prazo majorado para trinta dias só é aplicável à Fazenda Pública. O legislador trouxe para o seio trabalhista as regras tributárias contidas no art. 17 da Lei n. 6.830/1980, embaralhando coisas diversas, posto que a Fazenda lá é credora e aqui é devedora, e o crédito é alimentar. Por outro lado, verifica-se que a famigerada Medida Provisória n. 2.180, ao referir-se à "execução contra a Fazenda Pública", teve em mira os cálculos de precatórios. Se no processo comum o prazo diz respeito somente à Fazenda Pública, por que na Justiça do Trabalho seria diferente? Na verdade, não é diferente, nem foi essa a intenção de quem elaborou a Medida Provisória. Citou o art. 884, CLT, porque esse artigo cuida dos embargos e porque não há artigo cuidando especificamente da Fazenda Pública. A interpretação, alertam os doutos, não pode levar ao absurdo, devendo o intérprete retroceder quando isso acontecer. Generalizar o prazo de trinta dias é operar sem pé na razoabilidade, coisa que uma interpretação sistemática inibiria.

Pelo princípio da utilidade e da suficiência, em havendo a penhora de diversos bens com praça ou leilão individual de bens, a hasta pública deverá ser interrompida tão logo a venda de bens seja suficiente ao pagamento da obrigação. Da mesma forma, quando o bem comportar divisão, será levada à praça ou leilão apenas aquela parte destacável do bem.

46.5.4. Do princípio da dependência

O processo civil passou por modificação estrutural e conceitual por meio da Lei n. 11.232/2005. A liquidação de sentença deixou de ser uma ação autônoma para se transformar em mero incidente de acertamentos. A sentença proferida na fase cognitiva não mais traduz o encerramento daquela, depois de decorrido o trânsito em julgado. A efetivação forçada da sentença condenatória será feita como etapa final do processo de conhecimento, decorrido o *tempus iudicati*, sem a necessidade de um processo autônomo de execução. A liquidação de sentença ou fase de acertamentos transformou-se em simples incidente e a decisão que vier a ser proferida tem natureza jurídica interlocutória, atacável pela via do agravo de instrumento. Em lugar dos embargos, criou-se o incidente de "impugnação" para que a parte apresente suas objeções, querendo, cuja decisão também terá o caráter interlocutório, a desafiar o agravo de instrumento (art. 522, CPC), salvo se a decisão extinguir o processo executório, caso em que caberá apelação (art. 475-M, § 3º, CPC).

Tem-se, assim, que o processo de conhecimento e o processo de execução se transformaram, em sede civilista, num processo sincrético, dividido em duas fases distintas e complementares entre si. As transformações impostas pela Lei n. 11.232/2005 aproximaram a execução civil e a trabalhista na parte de pagamento por quantia certa, provinda de qualquer das espécies de liquidação de sentença (por cálculos, por artigos de liquidação, por arbitramento), pois isso é o que acontece na execução trabalhista.

No meio civilista, certamente, haverá resistência para a transformação do artigo de liquidação em mero incidente da fase executória. Como dissemos, isso acontece no processo do trabalho há mais de meio século, com sucesso. Há que se despir de preconceitos e ter a humildade de rever princípios teóricos envelhecidos para se adequar a uma nova realidade globalizada, onde desaparece o processo de filigranas para dar espaço ao processo de resultados. Há que se desligar definitivamente de um procedimento moroso para um procedimento de eficiência e de brevidade. A interpretação deve ser informada com foco na eficiência. Daí a razão de se aplicarem a todos os procedimentos, ainda que não mencionados expressamente pela lei noviça, como seria o caso do Código de Defesa do Consumidor, as regras atuais de liquidação com respaldo no princípio da cooperação das normas.

A sentença prolatada ao final da fase de conhecimento não mais termina o processo, mas prossegue na fase de acertamentos para a apuração do *quantum debeatur*. A antiga ação de liquidação passa a ser simples incidente de natureza declaratória, integrativa da fase executória. Ambas se completam de forma sintônica e sincrética. Não haverá mais necessidade de citação (o art. 611, CPC foi revogado). Bastará a simples intimação da decisão proferida em liquidação (art. 475-J, CPC). A intimação desatrela o *tempus iudicati*, prazo que a parte terá para cumprir a obrigação, sob pena de multa de dez por cento sobre o total da condenação, ao mesmo tempo em que, a requerimento da parte, segue-se com a penhora de bens.

A diferença estrutural e conceitual entre o processo civil e o processo do trabalho diminuiu na execução para pagamento de quantia certa. Mas, continua quanto ao mais, *v. g.*, obrigação de fazer e de não fazer, entrega de coisa certa, que em sede trabalhista são resolvidas como simples incidentes. O processo trabalhista leva, ainda, a vantagem de dispensar recursos intermediários, com a aplicação plena do princípio da irrecorribilidade das interlocutórias. Some-se a isso o reduzido núcleo de operosidade do agravo de instrumento frente ao seu similar no civil.

As regras trabalhistas usam a citação, posto que exigência expressa no art. 880, CLT. Nesta parte, concordamos em que o processo civil, ao abolir a citação com a revogação do art. 611, CPC, passou para a vanguarda. Não descartamos a possibilidade de o processo do trabalho adotar esse procedimento civilista. Pensamos que isso poderá ocorrer pelos seguintes motivos: a) o processo do trabalho não é formalista; b) a regra civilista trará maior agilidade ao processo do trabalho; c) as regras trabalhistas que determinam a citação estão superadas, decorrido mais de meio século; d) a interpretação deverá focar o objetivo teleológico da norma em se tratando de crédito alimentar; e) o princípio de cooperação das normas pode retirar a drasticidade gramatical em prol da celeridade; f) afastam-se os princípios teóricos que premiam a filigrana para adotar aqueles que prestigiam o resultado e a celeridade; g) a transformação da Justiça do Trabalho numa justiça eclética, não mais só de empregados e de empregadores (EC n. 45/2004). Não se deve buscar o alento subsidiário pela metade. Se as regras civilistas em alguns pontos são melhores, por que não empregá-las a título complementar?

46.5.5. Do princípio da eficácia

A existência de título executório, sentença com ou sem trânsito em julgado, acordo homologado em juízo, excepcionada a Previdência Social (art. 831, parágrafo único, CLT, com a nova redação dada pela Lei n. 10.035/2000), termo de ajuste de conduta firmado pelo Ministério Público e termo de conciliação firmado perante as Comissões de Conciliação Prévia (arts. 876 e 877-A, CLT), sentença homologatória de laudo arbitral (art. 31, Lei n. 9.307/1996), ou sentença estrangeira homologada pelo Superior Tribunal de Justiça (art. 105, I, "i", CF, cf. EC n. 45/2004) dará à parte interessada a possibilidade de iniciar o processo executório, sendo *nulla executio sine titulo*, a teor do art. 618, I, CPC. A execução impõe-se como meio forçado titulado pelo Estado mediante título executório hábil. Nesse sentido, comanda o art. 583 do CPC: "Toda execução tem por base título executivo judicial ou extrajudicial." A execução iniciada sem obediência a este requisito desaguará na nulidade (art. 618, I, CPC): *nulla executio sine titulo*.

46.5.6. Do princípio da ineficácia

O acordo extrajudicial não tem o requisito da executoriedade, razão pela qual não tem trânsito em execução trabalhista. A teoria da vontade e o princípio da *pacta sunt servanda* encontram óbice restritivo no processo do trabalho, não dando trânsito subsidiário ao art. 585, II, CPC. A ineficácia do acordo extrajudicial tem suporte no princípio da irrenunciabilidade do crédito trabalhista e da condição de hipossuficiente do trabalhador. Todavia, a prática demonstra que a irrenunciabilidade não é absoluta e muitas vezes a própria realidade não deixa outra alternativa. São exemplos práticos o recebimento de determinada quantia sem que seja declarado o vínculo empregatício, a liberação dos depósitos do FGTS pelo valor que estiver depositado etc. Por isso, o uso das ação monitória se nos afigura útil e oportuna em tais casos.

O acordo extrajudicial, sem executoriedade direta, poderá ser objeto de ação monitória com importe subsidiário (art. 769, CLT). Também para os recebimentos de direitos fixados em sentença normativa, em acordo em dissídio coletivo, em acordo coletivo e em convenção coletiva, *v. g.*, gratificação semestral para aquele que tem mais de dez anos na empresa, sem qualquer outra exigência, a monitória poderá ser utilizada. Na prática trabalhista, existe uma certa timidez por parte de advogados e o uso é praticamente nenhum. A ação de cumprimento, por sua vez, é um "mostrengo" que não faz jus à decantada celeridade trabalhista Exigir que transite pela fase de conhecimento, onde não poderá desdizer aquilo que restou fixado em norma coletiva, permitir que a parte use de todos os recursos possíveis, até mesmo o extraordinário se existir matéria constitucional, e depois enfrente a fase executória, podendo percorrer idêntico caminho recursal, é fincar pé na ociosidade e eleger as regras da filigrana processual em detrimento do resultado célere. A ação monitória poderá, perfeitamente, encurtar o caminho executório.

46.5.7. Do princípio da patrimonialidade

Em princípio, a execução persegue o patrimônio do executado; o devedor responde, para o cumprimento da obrigação, com todos os bens que guarnecem o acervo patrimonial, presente e futuro, ressalvadas as restrições legais, ainda que o bem esteja em poder de terceiro. Daí por que ficam sujeitos à execução os bens do sucessor a título singular, tratando-se de ação fundada em direito real; dos sócios, nos termos da lei; do cônjuge, no caso em que os seus bens próprios reservados ou de sua meação respondem pela dívida; alienados ou gravados com ônus real em fraude à execução. Estão, ainda, sujeitos à execução os bens do devedor solidário e do fiador.

Lembra o ilustre processualista *Araken de Assis* que, de ordinário, à execução contemporânea se atribuiu exclusivo caráter real. A execução visa, segundo muitos, só o patrimônio do executado (*Theodoro Jr.*). Efetivamente, o princípio deriva do art. 591, que assenta o princípio da responsabilidade patrimonial do executado. Na fórmula assaz discutível da lei, o devedor responde pelo cumprimento da obrigação por meio de seus bens "presentes e futuros". À luz dessa regra, a execução prevista no Livro II do CPC cingir-se-ia a créditos (*Ovídio A. Baptista da Silva*). Todavia, a rigidez da patrimonialidade cede no emprego da coerção pessoal, se abranda na coerção patrimonial — curiosamente, a pressão psicológica recai, neste caso, sobre o patrimônio —, e, por necessidade prática, a atuação do *no money judgements* carece de constrições à pessoa do executado. O art. 84, § 5º, da Lei n. 8.078/1990 (CDC) aponta tal rumo, pois autoriza o juiz, "para a tutela específica ou para a obtenção do resultado prático equivalente", do *facere* infungível, "determinar as medidas necessárias, tais como busca e apreensão, remoção de coisas e pessoas ...". Do mesmo teor e alcance é o art. 461, § 5º, na redação da Lei n. 10.444/2002 ("Manual do Processo de Execução", 8ª ed., RT, São Paulo, 2002, p. 115-116).

Lembra *Dinamarco* que são bens relevantes para o processo civil os elementos materiais externos capazes de produzir a satisfação de pretensões. Consideram-se bens, nesse sentido, as coisas materiais ou imateriais, móveis ou imóveis, divisíveis ou indivisíveis, singulares ou universais etc. (art. 79 e ss., CC), bem assim o próprio ser humano em alguns casos. Sobre os bens de toda natureza, o juiz exerce seu poder e os utiliza com vista à efetivação do resultado do processo (tutela jurisdicional efetiva). Arremata o eminente processualista que é principalmente no processo de execução que o poder jurisdicional se projeta concreta e fisicamente sobre os bens, mas também no cognitivo ou cautelar isso acontece. Um capítulo importantíssimo em processo civil é o da responsabilidade patrimonial (art. 591 e ss., CPC), no qual se definem bens do devedor ou mesmo bens de terceiro que são suscetíveis de serem objeto das atividades judiciais. As pessoas são elementos instrumentais externos (bens em sentido impróprio) quando elas próprias constituem objeto de atividades constritivas pelo juiz civil — o que acontece quando se trata de efetivar medidas disciplinadoras da guarda de filhos etc. ("Instituições de Direito Processual Civil", Malheiros Editores, São Paulo, 2001, v. II, p. 613).

46.5.8. Do princípio do resultado

O comando abstrato condenatório contido na sentença não satisfaz às exigências do credor, mas deverá ser materializado com a entrega do bem ou do valor em pecúnia. Em face do devedor recalcitrante, o Estado garantirá ao credor a tutela executória.

A movimentação da máquina, entretanto, deverá perseguir resultados. Vale dizer, o executado deverá possuir bens que possam levar a bom termo a execução forçada, com pagamento do principal, custas, despesas, honorários periciais e advocatícios etc. Se necessário, usar-se-ão outros meios coercitivos, como busca e apreensão, arresto, seqüestro.

Em se cuidando de crédito trabalhista, o resultado da praça ou leilão será utilizado primeiro para o crédito trabalhista. Ainda que os bens penhorados não sejam suficientes ao pagamento do principal, serão levados à almoeda, prosseguindo-se na execução de outros bens quando encontrados. Não havendo bens, a execução será suspensa, sem correr o risco de prescrição (art. 40, Lei n. 6.830/1980). Não tem aplicação subsidiária em sede trabalhista o § 2º do art. 659 do CPC. O processo do trabalho prossegue, ainda que os bens não sejam suficientes para a garantia do juízo. Penhora-se e executa-se o que o devedor possuir, após o que o processo poderá aguardar no arquivo nos termos do art. 40 da Lei n. 6.830/1980 (LEF), sem correr o risco da prescrição intercorrente.

Tramita no Congresso Nacional o Projeto de Lei n. 4.731/2004, que dará nova redação ao art. 884, CLT: "Garantida a execução ou penhorados os bens, ainda que em valor insuficiente para o pagamento integral da importância reclamada, terá o executado cinco dias para apresentar embargos, cabendo igual prazo ao exeqüente para impugnação." Dá nova redação ao § 4º do art. 880 e comanda: "Se o executado nomear bens insuficientes para a garantia da execução e, no curso do processo, for constatada a existência de outros bens, incidirá em multa de dez a vinte por cento do valor atualizado do débito em execução, sem prejuízo de outras sanções de natureza processual ou material, multa essa que reverterá em proveito do credor, exigível na própria execução." A regra, se e quando aprovada, será de grande poder de persuasão e não inibirá a sanção material prevista no art. 475-J, CPC, e, ao douto critério do juiz instrutor, o procedimento poderá ser considerado atentatório à dignidade da justiça, com proibição de a parte falar nos autos.

Têm aplicação os arts. 620 e 692 do CPC. A execução é o meio de se executar o devido, não dando azo a atitudes egoísticas. Os meios executórios têm por objeto expropriar bens do devedor, a fim de satisfazer o direito do credor (art. 646, CPC). O sucesso da execução está diretamente ligado ao cumprimento rigoroso da obrigação devida com a entrega do bem ou da quantia em pecúnia ao exeqüente. É a transformação em realidade do comando abstrato de uma sentença condenatória. Daí se poder dizer que o princípio do resultado tutela e protege tanto o exeqüente quanto o executado: aquele, com o cabal pagamento do que lhe é devido, arcando o executado com todos os demais ônus provenientes de uma demanda judicial; este, com a efetivação de uma execução pelo modo menos gravoso (art. 620, CPC). Menos gravoso não significa benefício do devedor em prejuízo do credor. Não. Significa que, se houver duas possibilidades de cumprimento da obrigação que satisfaçam da mesma forma o credor, escolher-se-á aquela mais benéfica ao devedor. Se existirem duas formas de cumprimento, mas uma delas prejudicar o credor, escolher-se-á aquela que beneficia o credor. Por outro lado, o praceamento de bens não deverá ir além daquilo que for necessário e suficiente para solver a dívida, para a garantia do principal, acessórios e despesas. Fiel a essa adequação, comanda o art. 692, parágrafo único, do CPC a suspensão (*rectius*, interrupção) da alienação tão logo o produto da venda em hasta pública dos bens penhorados se mostre suficiente à satisfação de toda a obrigação.

46.5.9. Do princípio da disponibilidade

Tanto o credor quanto o devedor possuem à disposição meios processuais próprios para a liquidação da obrigação.

O processo executivo persegue a satisfação plena do credor. Suponha-se aquele credor detentor de uma sentença ilíquida que não providencie liquidação: o devedor, em se apresentando a hipótese, poderá aguardar o prazo prescricional ou tomar a iniciativa.

A disponibilidade, portanto, tem mão dupla. Do que resulta que, se o credor desistir da execução ou renunciar aos seus direitos, o devedor nada poderá fazer a não ser conformar-se. Idêntico direito tem o devedor, por exemplo, de não se opor à execução pela via de embargos ou por qualquer outro recurso à sua disposição. Não se veja, todavia, no processo executório oportunidade para a satisfação de eventual pretensão do executado. Haverá sempre a possibilidade impugnativa e defensiva para que o comando sentencial se cumpra com rigor dentro do seu conteúdo subjetivo e objetivo.

Dispõe o § 5º do art. 475-J: "Não sendo requerida a execução no prazo de seis meses, o juiz mandará arquivar os autos, sem prejuízo de seu desarquivamento a pedido da parte." Esse dispositivo não é aplicável no processo do trabalho, onde o advogado não tem peso de obrigatoriedade (art. 791, CLT; ADIn n. 1.127-8/DF). O princípio dispositivo em sede trabalhista é relativizado e o inquisitório mais intensificado, podendo o juiz instrutor agir de ofício fazendo com que o processo siga o seu rumo normal. O magistrado trabalhista não mantém com o processo uma relação de simples coordenação, mas, sim, uma relação de poder e de sujeição, onde o interesse público se impõe sobre os interesses das partes em litígio para a resolução e a pacificação da lide. Lembram *Cintra*, *Grinover* e *Dinamarco* que, "diante da colocação publicista do processo, não é mais possível manter o juiz como mero espectador da batalha judicial. Afirmada a autonomia do direito processual, enquadrado o mesmo no Direito Público, verificada a finalidade preponderantemente pública do processo, a jurisdição torna-se um dever do Estado" ("Teoria Geral do Processo", 3ª ed., RT, 1983, p. 54 e ss.).

O princípio inquisitório se faz sentir no processo do trabalho com maior intensidade, incentivado pela própria realidade trabalhista, sua estrutura e a detenção do *jus postulandi* pelas partes (art. 791, CLT). Daí a exigência de que o juiz do trabalho seja mais sensível e abdique do formalismo exacerbado e ocioso. Com maior razão, o juiz do trabalho deve ser desapegado das filigranas e mais focado no resultado. Em que pese a transformação da Justiça do Trabalho em eclética (EC n. 45/2004), não mais justiça de empregados e de empregadores, o espírito do desapego das formas e da celeridade deve prevalecer.

Tem-se na doutrina que o processo executivo se funda na idéia de satisfação plena do credor. Daí parecer lógico que o credor, ao seu exclusivo alvedrio, disponha de meios próprios consubstanciados na execução aparelhada. Diversamente do que sucede em sede cognitiva, em que o réu possui interesse análogo na composição da lide e na eliminação de dúvidas, a execução persegue o benefício exclusivo do credor, posto que este é o titular de um direito judicialmente declarado e compete ao Estado transformar em realidade o comando objetivado em sede abstrata. Daí o direito exclusivo do credor, único titular do direito, nada mais restando ao devedor senão o cumprimento da obrigação.

É bem verdade que, enquanto não decorrido o período decadencial, o executado poderá utilizar-se da ação rescisória com o objetivo de desconstituir a sentença exeqüenda, buscando suporte num ou mais incisos do art. 485 do CPC. Todavia, essa possível discussão deverá ser feita em ação própria, não em âmbito executório. "Em outras palavras, processo dotado de função executiva, do ponto de vista do direito material, sempre apresentará desfecho unívoco, 'não se concebendo que a execução venha a produzir a satisfação de eventual pretensão do executado'." (*Dinamarco*) (*Araken de Assis*, ob. cit., p. 117)

Preceitua o art. 569 do CPC que "o credor tem a faculdade de desistir de toda a execução ou de apenas algumas medidas executivas". Tem-se, assim, por ineficazes quaisquer objeções do executado à desistência parcial ou total pelo devedor da execução, seja definitiva ou provisória, ou mesmo de alguma medida executiva que possa agilizar o procedimento executório. "Em nome 'dos princípios que informam a execução outorgou a lei amplos poderes de disposição' do credor sobre o processo (*José Rogério Cruz e Tucci*, "Desistência da ação"). Por tal motivo, a 4ª Turma do STJ enfatiza a possibilidade de o credor 'desistir a qualquer momento, em relação a um, a alguns ou a todos os executados, mesmo porque a execução existe em proveito do credor, para a satisfação do seu crédito (STJ, REsp n. 7.370-PR, rel. Min. Sálvio de Figueiredo, 01.10.1991, RJSTJ 429/386) (*Araken de Assis*, ob. cit., p. 117).

Nessa mesma linha, é lícito dizer que também o credor não poderá se opor a que o devedor desista de impugnar, por exemplo, o valor dos bens penhorados, quer por excessivos, quer pelo fato de o valor indicado ser muito aquém do real, ou ainda que o devedor desista de apresentar embargos à execução. Todavia, existem casos em que os embargos do devedor subsistem ao pedido de desistência do processo e de renúncia do direito contido na sentença exeqüenda. Em certos casos, o interesse do devedor subsiste a uma possível extinção do processo. Suponha-se a hipótese em que o embargante alega e comprova o pagamento da obrigação antes do início da execução, do que resultaria que a execução não poderia sequer ter sido iniciada. Em se apresentando a hipótese, não deverá ser decretada a extinção do processo executório antes do julgamento dos embargos. Em sendo acolhidos os embargos, a execução será extinta não pela desistência ou pela renúncia do direito, mas pelo fato de a obrigação ter sido cumprida antes do processo executório. Neste caso, todas as despesas deverão ser revertidas a ônus do exeqüente, sem prejuízo de ser ele enquadrado como litigante de má-fé, com todos os ônus. Dispõe o art. 918-2 do Código de Processo Civil português que "a desistência da instância depende da aceitação do embargante". Embora o Código de Processo Civil brasileiro não tenha seguido a mesma linha, pode e deve o juiz diretor do processo proceder dentro da razoabilidade, quando a simples desistência ou renúncia com extinção do processo possa trazer prejuízos ao executado, *v. g.*, o exemplo retrocitado, em que a execução não poderia sequer ter sido iniciada.

46.5.10. Do princípio da adequabilidade

A execução se implementa por meio de certas formalidades sem as quais o processo executório não alcançará o seu objetivo — o de transformar em realidade o comando emergente de uma decisão transitada em julgado. O poder estatal somente se movimenta quando chamado a pronunciar-se pelos meios adequados. A jurisdição trilha caminhos previamente traçados pela lei. Sem obediência a essas regras a execução sofrerá sérios obstáculos. O encadeamento dos atos executivos dá vida ao procedimento, que desaguará na entrega do bem de vida, coisa ou valor, obrigação de fazer ou de não fazer. Esse sistema de atos integrados entre si numa seqüência lógica é que movimentará a jurisdição e proverá para que a execução aparelhada chegue ao seu destino, que é a transformação em realidade de um comando sentencial condenatório resistido pelo devedor. Daí a necessidade da adequação de todos os elementos, *v. g.*, juízo competente e juiz competente desimpedido, legitimidade do credor e do devedor, disponibilidade de bens do devedor para socorrer à penhora, título executivo hábil, idoneidade do meio executório. O princípio da adequação provê para que a satisfação do credor se faça da melhor forma possível e em menor prazo, evitando tropeços procedimentais ou entraves processuais. Obedecidos esses parâmetros, os meios executórios, colocados à disposição pelo Estado, estarão predispostos para agir e para atuar de forma compulsória na realização do direito do credor. "Combinando todas as forças, ponderando todos os valores, chega-se ao seguinte enunciado: meios executórios constituem a reunião de atos executivos endereçados, dentro do processo, à obtenção do bem pretendido pelo exeqüente. Eles veiculam a força executiva, que se faz presente em todas as ações classificadas de executivas, e não só naquelas que se originam do efeito executório da sentença condenatória." (*Araken de Assis*, ob. cit., p. 125)

46.5.11. Do princípio da efetividade

Não basta que se dê à parte um título executivo plasmado em simples comando abstrato. Não há dúvida de que a decisão poderá ser cumprida pelo devedor de forma voluntária, o que reputamos excepcional. Se não cumprida a decisão, compete ao Estado-juiz, desde que habilmente instado pelo exeqüente, tomar todas as providências necessárias ao cabal cumprimento da obrigação. A efetividade está diretamente ligada a um conjunto de atos executórios que compõe a execução aparelhada que tornará realidade o conteúdo de um título executivo. Não basta que o Estado declare o direito, é necessário que torne efetivo o comando condenatório, usando da força, se necessário. A efetividade há de ser real. Todavia, existem casos em que a efetividade se torna impossível. É o caso, *v. g.*, daquele devedor, condenado com sentença transitada em julgado, que perdeu todos os seus bens, tornando impossível a execução, pelo menos naquele momento. Tão logo o devedor se torne idôneo patrimonialmente, poderá o credor pedir a intervenção do Estado. Em sede trabalhista, tem aplicação o art. 40 da Lei n. 6.830/1980 (art. 889, CLT), que não permite a prescrição em tais casos.

46.5.12. Do princípio da coercitividade

Diferentemente do que sucedia ao tempo da *manus injectio*, um dos mais antigos meios de execução institucionalizados pelo Direito Romano, a coerção hoje se faz sobre o patrimônio do devedor. O devedor inadimplente, recalcitrante, certamente terá bens do seu patrimônio penhorados e levados à hasta pública. A coercitividade, hoje, encontra-se humanizada, não mais se voltando contra a pessoa do devedor que, ao tempo da *manus injectio*, poderia ser transformado em escravo, prestando serviços até o cumprimento da obrigação, ou mesmo vendido para terceiro. A coercitividade é a garantia de que o credor que possui um título executivo, cujo devedor recalcitra em honrar, poderá requerer a presença do Estado para que este, por meio da execução aparelhada, inicie os atos de execução. Instaurado o procedimento executório, o devedor que não honrou o seu *compromisso será citado* para pagar ou indicar bens em valor suficiente para garantia do compromisso. Decorrido o prazo legal sem a indicação de bens, serão penhorados tantos bens quantos bastem para garantir a execução; bens esses que poderão ser objeto de venda em praça ou leilão. Todavia, tendo em vista que a execução não se destina a castigar ninguém, mas fazer com que o devedor cumpra os seus compromissos, mesmo depois de praceados os bens ou pedida a adjudicação pelo credor, o devedor terá oportunidade de proceder à remição da execução ou de bens, vale dizer, poderá efetuar o pagamento total e cabal de toda a dívida, com juros e correção monetária, despesas processuais, desde que o requeira até o dia seguinte à realização da hasta pública.

Registre-se que, de conformidade com a Lei n. 11.232/2005, a execução civilista para fixação e pagamento de quantia certa não exige mais a citação, revogado o art. 611, CPC. A partir da intimação, o devedor terá o *tempus iudicati* de quinze dias para pagar a dívida, sob pena de incorrer na multa de dez por cento sobre o montante da dívida, desatrelando os demais atos executórios com a penhora de bens, desde que o requeira o credor (art. 475-J, CPC). Embora exista exigência expressa de citação no art. 880, CLT, conforme demonstramos retro, haverá a possibilidade de adotar-se a regra civilista com enormes vantagens para a celeridade.

46.5.13. Do princípio da imodificabilidade

Nesta fase, não se poderá inovar o âmbito fixado pela coisa julgada. Na liquidação, não se poderá modificar ou inovar a sentença liquidanda e defeso será discutir matéria pertinente à causa principal (art. 879, § 1º, CLT). Proibida a discussão de todo tema superado pela *res judicata* (art. 475-G, CPC), poderá a parte, contudo, argüir a prescrição superveniente à fase de conhecimento (art. 884, § 1º, CLT) ou quando o exeqüente não logrou liquidar a sentença ilíquida e efetuar a citação (arts. 879 e 880, CLT). Depois de efetuada a citação, pessoal, por hora certa ou por edital, se não forem encontrados bens, os autos aguardarão no arquivo, nos termos do art. 40 da Lei n. 6.830/1980, sem incorrer na prescrição.

Coqueijo Costa ensina:

> "Seriam princípios informativos do processo de execução os seguintes: igualdade de tratamento das partes (Constituição, art. 153, § 1º); toda execução é real (incide sobre o patrimônio e não sobre a pessoa do devedor); tem por finalidade apenas a satisfação do direito do exeqüente, não alcançando o que a mais constituir o patrimônio do executado; a execução deve ser útil ao credor — não se fará penhora quando o produto da execução for totalmente absorvido pelo pagamento das custas da execução (CPC, art. 659, § 2º); toda execução deve ser econômica, ou o menos prejudicial possível ao devedor (CPC, art. 620) e este terá direito a danos [ressarcimentos, se e quando houver] se a sentença declarar inexistente a obrigação que deu lugar à execução definitiva (CPC, art. 574); deve ser específica — só por exceção se permite a substituição da prestação pelo equivalente em dinheiro (CPC, arts. 627 e 633); as despesas da execução são encargos do devedor, inclusive honorários advocatícios (CPC, arts. 651 e 659); a execução não deve arruinar ou aviltar o executado — daí, a impenhorabilidade de certos bens essenciais (CPC, art. 649); o credor tem a livre disposição do processo de execução, podendo desistir [renunciar], no todo ou em parte, sem assentimento do devedor (CPC, art. 569), assumindo, em conseqüência, os ônus das custa ("Direito Judiciário do Trabalho", Ed. Forense, Rio de Janeiro, 1978, p. 578 e ss.).
>
> "Pode o exeqüente renunciar ao crédito (CPC, art. 794, III), o que impossibilita a reabertura de nova execução, como pode também recusar o recebimento da prestação, estabelecida no título executivo, se ela não corresponder ao direito ou à obrigação, requerendo, então, ao juiz a execução, 'ressalvado ao devedor o direito de embargá-la' (CPC, art. 581); não haverá prisão por dívida, multa ou custas, salvo para o depositário infiel e o inadimplemento de obrigação falimentar (Constituição, art. 5º, LXVII); não se executa de ofício (o que não é regra do direito processual do trabalho, quando a sentença é líquida ou a liquidação é por cálculos) — há necessidade de citação; a execução provisória corre contra o devedor que responde com todos os seus bens, presentes e futuros (CPC, art. 591); na liquidação não pode haver modificação da sentença (CPC, art. 610); a insolvência leva ao concurso universal de credores (CPC, art. 751, III); o credor

adquire, pela penhora, o direito de preferência sobre os bens penhorados (CPC, art. 612); o exeqüente prefere, dentre as espécies de execução cabíveis, a que lhe convenha (CPC, art. 615, I); a execução recai primeiramente sobre os bens que se acharem em poder do exeqüente, por direito de retenção (CPC, art. 594); só estão sujeitos à execução os bens por lei penhoráveis ou alienáveis (CPC, arts. 648 e 649); o bem penhorado pode ser substituído por dinheiro, antes da arrematação ou da adjudicação (CPC, art. 668), bem assim ser feita a remição da execução, até essa fase (CPC, art. 651); é necessária a intimação do cônjuge se a penhora recair em bens imóveis (CPC, art. 669); o juízo da execução é o da ação em primeiro grau (CPC, art. 575), mas, 'em princípio, nada impede que o juiz da execução seja diverso do juiz da cognição' (*Liebman*)" (*Coqueiro Costa*, "Direito Judiciário", p. 578 e ss.).

Como reza claramente a CLT, art. 877, "é competente para a execução das decisões o juiz ou presidente do tribunal que tiver conciliado ou julgado originariamente o dissídio". Entenda-se, aí, competência do juízo, como órgão, que é improrrogável, ainda que o executado mude de domicílio, e não se vincule pelo princípio da identidade física; enfim, o juiz e o oficial de justiça são os órgãos da execução e a competência, nesta, é exclusivamente nacional, funcional e improrrogável." O art. 475-P, CPC dispõe: "O cumprimento da sentença efetuar-se-á perante: I — os tribunais, nas causas de sua competência originária; II — o juízo que processou a causa no primeiro grau de jurisdição; III — o juízo cível competente, quando se tratar de sentença penal condenatória, de sentença arbitral ou de sentença estrangeira. Parágrafo único. No caso do inciso II do *caput d*este artigo, o exeqüente poderá optar pelo juízo do local onde se encontram bens sujeitos à expropriação ou pelo do atual domicílio do executado, casos em que a remessa dos autos do processo será solicitada ao juízo de origem". Este artigo revoga o art. 575, CPC, pois cuida da matéria integralmente e vai além (art. 2º, § 1º, LICC).

Tem-se, por esse princípio, a inovabilidade da sentença liquidanda. Também nessa fase é proibida a discussão de matéria superada pela coisa julgada (art. 879, § 1º, CLT e art. 475-G, CPC). Não se poderá modificar ou inovar na sentença liquidanda, nem discutir temas pertinentes à causa principal. Poderá, todavia, a parte argüir a prescrição superveniente à fase de conhecimento (art. 884, § 1º, CLT). Embora o texto legal não enuncie expressamente a superveniência, essa colocação se nos afigura desnecessária, já que, se anterior, restou superada pela fase de conhecimento, não podendo a matéria ser rediscutida (coisa julgada — art. 467, CPC), ressalvada a possibilidade de ajuizamento de ação rescisória, desde que não decorrido o prazo decadencial de dois anos (art. 495, CPC).

46.5.14. Do princípio da impenhorabilidade absoluta

"Não estão sujeitos à execução os bens que a lei considera impenhoráveis ou inalienáveis." (art. 648, CPC) "São absolutamente impenhoráveis: I — os bens inalienáveis e os declarados, por ato voluntário, não sujeitos à execução; II — as provisões de alimento e de combustível, necessárias à manutenção do devedor e de sua família durante um mês; III — o anel nupcial e os retratos de família; IV — os vencimentos dos magistrados, dos professores e dos funcionários públicos, o soldo e os salários, salvo para pagamento de prestação alimentícia; V — os equipamentos dos militares; VI — os livros, as máquinas, os utensílios e os instrumentos necessários ou úteis ao exercício de qualquer profissão; VII — as pensões, as tenças ou os montepios, percebidos dos cofres públicos, ou de institutos de previdência, bem como os provenientes de liberalidade de terceiro, quando destinados ao sustento do devedor ou da sua família; VIII — os materiais necessários para obras em andamento, salvo se estas forem penhoradas; IX — o seguro de vida; X — o imóvel rural, até um módulo, desde que este seja o único de que disponha o devedor, ressalvada a hipoteca para fins de financiamento agropecuário." (art. 649, CPC) *Nota*: O art. 649 teve parte dos seus incisos relativizados (II, III e X), com possibilidade de penhora, pela Lei n. 11.382/2006.

A penhora, regra geral, se lança sobre os bens penhoráveis; entretanto, a impenhorabilidade não constitui óbice a que o bem seja objeto de prestação voluntária do obrigado. Da inalienabilidade resulta a impenhorabilidade. Mas, desta não resulta aquela. Preleciona *Celso Neves* que os "bens que a lei considera impenhoráveis ou inalienáveis escapam à regra do art. 591, primeira parte, e sobre eles não pode correr execução — processo destinado a fazer efetiva a responsabilidade que só alcança bens disponíveis. Não entram nessa classe os inalienáveis. Quanto aos impenhoráveis, tal qualificação não impede que sirvam de objeto, não da execução, mas da prestação voluntária do obrigado. Se este se recusa ao adimplemento, coativamente é inadmissível sua sujeição ao processo executório. Da inalienabilidade resulta a impenhorabilidade, não sendo verdadeira a recíproca, porque esta última concerne ao menos que não afeta o mais" ("Comentários ao Código de Processo Civil", v. 7, p. 15 e 16).

Alerta o autor, todavia, que "da inalienabilidade dos bens não resulta, *ipso facto*, a impenhorabilidade de seus rendimentos, a menos que tenham sido declarados impenhoráveis". Se declaração nesse sentido não há, penhoráveis são os rendimentos, "salvo se destinados a alimentos de incapazes, bem como de mulher viúva, solteira, desquitada, ou de pessoas idosas" (*Celso Neves*, ob. cit., p. 16).

Alerta também *Clóvis Bevilacqua* que os bens inalienáveis são conseqüentemente impenhoráveis, isso resultando de pacífica jurisprudência ("Comentários ao Código Civil", Freitas Bastos, v. 6, p. 569). Sobre o assunto, *vide* Código Civil: art. 100 (bens públicos); arts. 1.711 e 1.715 (bem de família). O art. 649, CPC dispõe sobre os bens absolutamente impenhoráveis. A cláusula de inalienabilidade, imposta aos bens por ato de liberalidade, implica impenhorabilidade e incomunicabilidade (art. 1.911, CC).

46.5.15. Do princípio da impenhorabilidade relativa

Os frutos e os rendimentos dos bens inalienáveis (salvo se destinados a alimentos de incapazes, bem como de mulher viúva, solteira, desquitada, ou de pessoas idosas), e as imagens e os objetos do culto religioso, sendo de grande valor, podem ser penhorados, à falta de outros bens (art. 650, CPC).

Nota-se, pois, pela disposição processual, que os bens ali enumerados são apenas relativamente impenhoráveis e destoam da regra de que o acessório segue o principal (art. 92, CC). A exigência expressa no *caput* do art. 650 — "à falta de outros bens" — há de ser entendida com parcimônia, posto que podem existir outros bens; mas, insuficientes a levar a bom termo a execução, ou mesmo existir bem de nenhum valor comercial, o que neutralizaria a almoeda. Entendimento de *De Plácido e Silva* é que "o sentido da falta de outros bens não deve ser interpretado literalmente, isto é, como a ausência absoluta de outros bens" (STF, RF 167/111), porque basta que os bens existentes, livres e desembaraçados, não sejam suficientes para a satisfação do crédito ajuizado, para que se autorize a penhora sobre os frutos e os rendimentos dos bens inalienáveis, bem assim sobre as imagens e os objetos de culto religioso, sendo de grande valor. "É lícita e válida a cláusula de inalienabilidade e impenhorabilidade dos frutos e rendimentos de bens inalienáveis" ("Comentários ao Código de Processo Civil de 1939", v. 6, *apud Antonio Carlos Costa e Silva*, ob. cit., p. 493). *Nota*: O princípio da impenhorabilidade foi relativizado pela Lei n. 11.382/2006 que deu nova redação ao art. 649, incs. II, III e X.

46.5.16. Do princípio da execução real

Um dos princípios informadores da execução é o de que toda execução é real. Longe se vai o tempo em que a execução se fazia sobre a pessoa do devedor inadimplente (*manus injectio*). Nessa direção, comanda o art. 591 do CPC: "O devedor responde, para o cumprimento de suas obrigações, com todos os seus bens presentes e futuros, salvo as restrições estabelecidas em lei." A Constituição excepciona para o caso de pensão alimentícia e de depositário infiel (art. 5º, LXVII). A investida contra o patrimônio do devedor que não honra os seus compromissos traduz espécie de humanização em prol do ser humano.

No mundo dos negócios, embora se exijam seriedade, honestidade e lealdade, as transações se realizam em função do patrimônio das pessoas. Embora o valor pessoal seja fator a ser observado antes da assinatura de um contrato, pois são exigidas certidões negativas comprobatórias de que o mutuário está com a sua vida limpa e não mantém nenhuma pendência, se ele não possuir patrimônio não conseguirá realizar grandes negócios, pois, no caso de um revés em sua vida e situação de inadimplência, a única coisa que contará realmente é a existência de patrimônio. A dilapidação de patrimônio, quando o negócio não foi construído com garantia real, pode ocasionar pedido de arresto, busca e apreensão, protesto contra alienação de bens etc., até mesmo a ação pauliana, para evitar fraude contra credores.

O trabalhador é colocado numa situação incômoda, pois entrega a sua força de trabalho sem qualquer garantia futura, a não ser a confiança na seriedade da empresa para a qual presta serviços. Não existe nenhuma garantia de que, em caso de dispensa, receberá tudo o que lhe é devido, mesmo porque já se torna praxe preocupante a ausência de depósitos do fundo de garantia, sem qualquer preocupação do governo, a quem é imposto o dever de fiscalizar e dele não se desincumbe. No setor público, a praxe faz regra geral. Em caso de falência, então, as coisas complicam. Os empregadores conseguiram aquilo que perseguiam há mais de meio século, com a conivência passiva dos sindicatos: se não a eliminação, a redução da prerrogativa da preferência (art. 186, CTN) do crédito alimentar trabalhista (Lei n. 11.101/2005, art. 83, I), fixado o patamar de cento e cinqüenta salários mínimos para os créditos trabalhistas. Sobre o artigo foi ajuizada a ADIn n. 3.424/DF, na Excelsa Corte.

46.5.17. Do princípio da satisfação do crédito

A execução tem por objetivo a satisfação do crédito do exeqüente. Disso se deduz que a apreensão de bens pela penhora deve ser em quantidade suficiente que, transformada em dinheiro em hasta pública, baste para a satisfação do crédito. A apreensão não deve e não pode ser feita sobre todo o patrimônio do devedor, mesmo porque a execução é lugar para que o credor busque a satisfação do seu crédito, não para causar prejuízo ao devedor. É bem verdade que existem casos em que, pelo fato de o devedor possuir um único bem a ser penhorado, o valor é superior ao realmente necessário. Nesse caso, não existirá outra saída para o devedor senão efetuar a remição para evitar que o seu único bem seja levado à praça ou leilão, ressalvada a hipótese de o bem penhorado admitir cômoda divisão (art. 702, CPC), quando o juiz, então, a requerimento do devedor, ordenará a alienação judicial de parte do imóvel, desde que suficiente para pagar ao credor.

Do bem de família — De conformidade com a Lei n. 8.009/1990, art. 1º, "o imóvel residencial próprio do casal, ou da entidade familiar, é impenhorável e não responderá por qualquer tipo de dívida civil, comercial, fiscal, previdenciária ou de outra natureza, contraída pelos cônjuges ou pelos pais ou filhos que sejam seus proprietários e nele residam, salvo nas hipóteses previstas nesta Lei". Segundo o art. 3º, "a impenhorabilidade é oponível em qualquer processo de execução civil, fiscal, previdenciária, trabalhista ou de outra natureza, salvo se movido: (...)". As exceções estão relacionadas nos incs. I a VII do referido artigo. Retornaremos ao tema na oportunidade própria.

A regra geral, todavia, está disposta no art. 659 do CPC, ao dispor que serão penhorados "tantos bens quantos bastem para o pagamento do principal, juros, custas e honorários advocatícios". Inclua-se, aí, a correção monetária, pois o nosso Código de Processo Civil é de uma época em que a inflação não era motivo de preocupação. O artigo citado deve ser complementado pelo parágrafo único do art. 692, que dispõe que será suspensa a arrematação logo que o produto da alienação dos bens bastar para o pagamento do credor.

Nota: O art. 736 CPC, com a redação dada pela Lei n. 11.382/2006, dispõe que "O executado, independentemente de penhora, depósito ou caução, poderá opor-se à execução por meio de embargos". O art. 659 continua em vigor. O Projeto de

Lei n. 4731/2004 deu nova redação aos arts. 880 e 884 da CLT possilitando a execução ainda que não haja bens suficientes para a garantia do juízo, praxe por nós adotada há quase três décadas.

46.5.18. Do princípio da suficiência

Este princípio estabelece espécie de balizamento entre aquilo que é necessário para se levar a execução a bom termo e o procedimento exorbitante em que, além de o devedor resgatar o que deve, sofrerá algum prejuízo. Os atos executórios buscam a satisfação do crédito, sem maiores transtornos para o devedor. Isso não significa, no entanto, proteção do devedor em detrimento do credor. O credor é aquele que teve de vir a juízo buscar os seus direitos, por resistência ou intransigência do devedor, movimentando todo o aparato jurisdicional. Entretanto, não serão penhorados bens além do valor necessário e suficiente para o pagamento da dívida. Aplicam-se, dentro do possível, os preceitos do art. 620 do CPC: "Quando por vários meios o credor puder promover a execução, o juiz mandará que se faça pelo modo menos gravoso para o devedor." Contudo, o modo menos gravoso para o devedor não pode ser aquele ineficaz para o credor ou que lhe imponha demora na quitação do crédito.

46.5.19. Do princípio da especificidade

A execução deve propiciar ao credor exatamente aquilo que obteria caso a obrigação fosse cumprida pelo devedor espontaneamente. Em se cuidando de obrigação de entrega de coisa certa, ou obrigação de fazer, permite-se a substituição da obrigação por dinheiro, mais perdas e danos, em sendo o caso, na hipótese de impossibilidade da entrega da coisa devida (art. 627, CPC) ou de recusa da prestação de fato (art. 633, CPC). Na execução para entrega de coisa certa, o credor tem direito a receber, além de perdas e danos, o valor da coisa, quando esta não lhe for entregue, se deteriorou, não for encontrada ou não for reclamada do poder de terceiro adquirente. Em se tratando de obrigação de fazer, o devedor inadimplente será citado para satisfazê-la no prazo que o juiz lhe assinar, se outro não estiver determinado no título executivo. Todavia, se no prazo fixado o devedor não satisfizer a obrigação, é lícito ao credor, nos próprios autos do processo, requerer que ela seja executada à custa do devedor, ou haver perdas e danos, caso em que ela se converte em indenização. O valor das perdas e danos será apurado em liquidação, seguindo-se a execução para cobrança de quantia certa.

46.5.20. Do princípio do ônus executório

O ônus executório deverá ser carreado ao devedor, pois foi ele que, com a sua resistência, deu causa à ação de conhecimento para que o autor tivesse declarado o seu direito. Não obstante condenado, resistiu ao comando sentencial e obrigou à instauração da execução forçada. Nada mais justo que aquele que deu causa à movimentação do aparato judicial responda não só pelo cumprimento da obrigação como também por todas as despesas daí advindas. Nesse sentido, direcionam os arts. 651, CPC; e 659 (nova redação, Lei 11.382/2006) do CPC. Poderá, ainda, responder por perdas e danos (arts. 627 e 633, CPC). Entretanto, ambos, exeqüente e executado, deverão prestigiar a lealdade processual. Aquele que desatender às regras de lealdade processual poderá ser enquadrado como litigante de má-fé, com cominação de pena pecuniária, sem prejuízo de perdas e danos (arts. 287 e 461, § 2º, CPC).

46.5.21. Do princípio da dignidade humana

A execução tem por objetivo forçar o devedor inadimplente e renitente a cumprir uma sentença condenatória com ou sem trânsito julgado ou a concessão de tutela antecipada ou tutela especial de obrigação de fazer ou de não fazer. Entretanto, os atos executórios, embora drásticos, deverão ser no sentido do cumprimento da obrigação, sem ofensa à dignidade da pessoa humana, sem a edição de atos incompatíveis com as regras de bem viver. O respeito e a preservação da dignidade são direitos inalienáveis que não podem ser lesionados. Embora o Estado deva tomar providências drásticas, à altura da resistência, contra o patrimônio do devedor que se nega a cumprir a obrigação, podendo apreender bens e levá-los à hasta pública, há que ser preservada a dignidade humana em todos os procedimentos.

Dispõe o art. 620: "Quando por vários meios o credor puder promover a execução, o juiz mandará que se faça pelo modo menos gravoso para o devedor." Isso significa que, em havendo duas maneiras de se proceder à execução e que qualquer uma delas possa ser levada a efeito sem prejuízo do credor, mas uma será menos onerosa para o devedor, certamente se fará a execução pelo menos gravosa. Todavia, se a forma menos gravosa para o devedor for prejudicial ao credor ou lhe impuser prejuízos, será descartada, pois em primeiro lugar está o direito do credor. Exemplo: existem duas maneiras de levar a execução a bom termo: uma será a venda de um dos carros do executado e a outra será o recebimento mês a mês durante um determinado tempo para evitar que o devedor venda o veículo de sua propriedade. Em se apresentando a hipótese, o devedor deverá vender um dos seus veículos para quitar a dívida ou o bem será penhorado e vendido em hasta pública.

46.5.22. Do princípio da livre disponibilidade

No processo de conhecimento, o autor tem a livre disponibilidade e poderá desistir da ação, antes de decorrido o prazo para a resposta (art. 267, VIII, CPC); decorrido o prazo, o seu poder de disposição é reduzido, e só poderá desistir com o consentimento do réu (art. 267, § 4º, CPC). Em ambos os casos, haverá a extinção do processo sem a resolução do mérito.

O Código trata diferentemente quando se cuida da execução, pois que nesta fase não haverá simples desistência, mas renúncia (art. 269, V, CPC). A desistência diz respeito àquela ação, e o autor não estará impedido de ajuizar nova ação. A hipótese se dá quando a petição inicial foi incompleta e o autor pretende refazê-la com a inclusão de novos pedidos e novas causas de pedir. Daí o impedimento, quando decorrido o prazo para resposta, sem a concordância do réu, o que não impede que o autor ajuíze nova ação e requeira a distribuição por dependência, se a primeira ação estiver em estágio inicial. Na prática, em que pese a proibição contida nos arts. 264 e 294 do CPC, quando já feita a citação, há casos de permissão de emenda, mesmo após a citação, devolvendo-se o prazo para a defesa. Embora o procedimento, a rigor processual, seja ofensivo à lei, não haverá nulidade do ato, quando não trouxer prejuízo à parte impugnante.

Em sede executória, não mais se questiona sobre o direito a ser perseguido; não existe controvérsia sobre o direito aplicável, mormente quando a execução é definitiva, com suporte em comando sentencial com trânsito em julgado (art. 878, § 1º, CLT e art. 475-G, CPC). O direito do autor já é líquido e certo, não mais comportando discussão. O procedimento executório busca torná-lo efetivo.

Neste estágio procedimental, poderá haver a desistência (art. 569, CPC) ou a renúncia do direito (art. 269, V, CPC). A renúncia diz respeito ao próprio mérito e terá por conseqüência a extinção do processo com resolução do mérito (art. 269, *caput*); a desistência diz respeito apenas à ação (no cível) ou ao incidente executório (trabalhista), e não impede o exeqüente de renovar a execução em outra oportunidade. No caso de execução definitiva, o exeqüente é livre para renunciar (art. 794, III, CPC), não se exigindo, para tanto, a concordância do executado. A desistência poderá ocorrer antes da liquidação de sentença, em sendo ilíquida. A renúncia será objeto obrigatório de homologação, não a desistência, em que o credor pode simplesmente abandonar o processo e desaguar, inclusive, na prescrição intercorrente, já que isso poderá ocorrer antes da citação do devedor (art. 880, CLT). Após a citação, não será mais possível a prescrição (art. 40, Lei n. 6.830/1980). Nada impede que o credor desista formalmente e o juiz homologue a desistência. A renúncia em âmbito trabalhista tem um complicador que se insere no princípio da irrenunciabilidade, já a desistência não tem efeito sobre o direito e apenas remete a execução para o futuro, quando o *quantum* já foi apurado e o devedor devidamente citado.

Em se tratando de execução provisória, hipótese em que não existe sentença com trânsito em julgado, não há a possibilidade de renunciar a um direito que ainda não se tornou definitivo — não se renuncia a um direito que não existe. Neste caso, pode a parte renunciar ao direito de ação, ficando sem objeto possíveis recursos interpostos pelas partes. Neste caso, não mais poderá propor idêntica ação. Dispõe o art. 569 do CPC que "o credor tem a faculdade de desistir de toda a execução ou de apenas algumas medidas executivas". O mesmo termo é repetido no parágrafo único. Desistência e renúncia têm conotações conceituais diversas. O Código dispõe, no art. 269, V: quando o autor renunciar ao direito sobre o qual se funda a ação. Vale dizer, a parte poderá renunciar ao direito sobre o qual se funda a ação e, nesta hipótese, não haverá necessidade de autorização do réu. Em se tratando de execução, onde não mais se discute o direito perseguido, haverá renúncia ao direito objeto da execução. A desistência não atinge o direito, apenas remete a execução para o futuro.

Há que se ter em vista que, com a renúncia à execução de um direito, o ônus das custas, emolumentos, honorários periciais serão de responsabilidade do exeqüente. Embora o art. 26 do CPC se refira apenas à desistência, referido artigo tem aplicação analógica para a renúncia em âmbito executório.

Em síntese, desistência e renúncia não se confundem: enquanto a desistência diz respeito apenas ao procedimento e não tem força para impedir a renovação da execução sobre o mesmo título, a renúncia diz respeito ao mérito discutido na ação de conhecimento e extingue o processo executório com resolução do mérito. Neste caso, o procedimento executório não mais poderá ser renovado. Dispõe o art. 794 do CPC: "Extingue-se a execução quando: (...) III — o credor renunciar ao crédito."

Decidiu o extinto Tribunal de Alçada de Minas Gerais: A desistência da execução prescinde do consentimento do executado e não sujeita o credor à condenação em verba honorária e custas processuais, se não houver penhora nem embargos do devedor (TAMG, 7ª Câm., Ap. n. 194.095-4, rel. Juiz Quintino do Prado, ac. un., 27.4.1995, Adcoas 8148610, de 20.1.1996).

Antes de oferecidos os embargos, o credor pode, livremente, desistir da ação de execução, sem necessidade de obter a anuência do devedor, embora citado e tendo indicado bem à penhora. O desistente, todavia, torna-se responsável pelas verbas da sucumbência, por ter obrigado o devedor a contratar advogado e vir a juízo defender-se (TARS, 2ª Câm., Ap. n. 193006368, rel. Juiz João Pedro Freire, 13.5.1993, RTARS 93/166).

46.5.23. Do princípio da inércia

O princípio da inércia tem plena aplicação em sede cognitiva, onde vige plenamente o princípio dispositivo. Ao autor, cabe a propositura da ação. A jurisdição se mantém inerte e só se movimentará com a iniciativa do autor. A propositura da ação desencadeia os atos processuais que somente encontrarão obstáculos quando necessária a iniciativa de uma das partes (autor ou réu). Prolatada a sentença de mérito, o conflito restará decidido em sede abstrata, não no campo concreto, uma vez que se o devedor não cumprir a obrigação espontaneamente, o Estado deverá agir por meio da execução aparelhada, isto é, decorrido o prazo (*tempus iudicati*) sem o adimplemento, terá início a execução (*actio iudicati*). De acordo com o art. 652, não efetuado o pagamento em três dias (não mais 24 horas), o oficial de justiça, de posse do mandato, procederá de imediato à penhora (Lei n. 11.382/2006). De conformidade com o art. 475-J, criado pela Lei n. 11.232/2005 que também revogou o art. 611 (citação nas obrigações de executar quantia certa) a penhora deverá ser requerida pelo exeqüente. No processo do trabalho, o princípio dispositivo é relativizado, podendo o juiz agir de ofício, como regra, excepcionados os casos em que a iniciativa for de uma das partes. Desatrelada a execução, ela caminhará por impulso oficial. O fato de a parte estar representada por advogado em nada modifica a situação. Embora o art. 4º, da Lei n. 5.584/1970 diga que o juiz agirá de ofício nos processos de alçada, quando uma das partes reclamar pessoalmente, isso não impede que o juiz do trabalho adote providência de ofício, pois o objetivo primeiro é o da entrega jurisdicional e o cumprimento da obrigação no menor prazo possível, podendo, para tanto, tomar todas as providências necessárias (art. 765, CLT).

46.5.24. Do princípio da afetação

O bem servirá à expropriação no processo em que foi penhorado. Afetar, segundo *Cretella Júnior* ("Dicionário de direito administrativo". São Paulo: José Bushatsky, 1972, p. 14), "é destinar, é consagrar, é aparelhar, é carismar ou batizar algo que está fora do mundo jurídico para que ele entre preparado, apto a povoar o mundo do Direito, idôneo para produzir os efeitos esperados". Se houver várias penhoras, servirá à expropriação naquele processo em que primeiro se realizar a praça ou leilão.

46.5.25. Do princípio do impulso oficial

A presença do juiz se faz mais intensa em sede executória, pois a resistência do devedor em cumprir a obrigação impõe a presença do Estado mediante execução aparelhada. Ao Estado não basta declarar o direito, é necessário que transforme em realidade o comando abstrato da condenação.

Em âmbito trabalhista, o impulso de ofício se impõe como exigência inarredável, uma vez que a presença do advogado não tem peso de obrigatoriedade e o juiz deverá tomar todas as providências para que a execução termine no prazo menor possível (art. 765, CLT). Daí poder o Juiz do Trabalho determinar providências, não só na fase liquidatória, mas também na fase de penhora para garantia do juízo.

Daí a razão pela qual o impulso oficial é utilizado com maior intensidade em âmbito trabalhista, mormente na execução. Esta poderá ser promovida de ofício pelo juiz diretor do processo (titular, substituto ou auxiliar). Isso se dá pelo fato de as partes, embora possuírem o *jus postulandi*, serem leigas e neófitas no mister. Se a parte ou as partes estiverem demandando sem a presença de advogado, o Juiz deverá tomar todas as providências para a agilização da execução, enviando os autos do processo ao contador ou até mesmo designando perito para o mister, em sendo o caso. Feita a liquidação, cientes as partes, homologados os cálculos, o juiz determinará a citação do executado (arts. 880, CLT e 611, CPC), que terá 48 (quarenta e oito) horas para honrar a obrigação (art. 880, 3º, CLT). Em resistindo a determinação do juízo executório, instalar-se-á a execução aparelhada, com determinação de penhora em tantos bens quantos bastem para a garantia do juízo e para fazer face à execução. Penhorados os bens, o executado poderá pedir a substituição de bens por dinheiro (art. 668, CPC), hipótese em que deverá efetuar o depósito do valor do bem devidamente corrigido; poderá, ainda, até o dia seguinte à praça ou leilão pedir a remição da execução (art. 13, Lei n. 5.584/1970 e art. 651, CPC) ou a remição de bens (art. 787, CPC). Não o fazendo, os bens serão levados à almoeda (praça ou leilão).

Embora não seja comum o procedimento, não vemos nenhum empecilho ao impulso de ofício quando a parte esteja representada por advogado e este não se mostre diligente. Ao depois, "os juízos e Tribunais do Trabalho terão ampla liberdade na direção do processo e velarão pelo andamento rápido das causas, podendo determinar qualquer diligência necessária ao esclarecimento dela" (art. 765, CLT).

Vale dizer, "o juiz, como primeiro interessado no andamento do processo e na justa solução do mesmo, proporcionará até a sua extinção, independentemente das vontade das partes" (*Júlio César Bebber*, "Princípios do Processo do Trabalho", São Paulo: LTr, 1997, p. 311).

46.5.26. Do princípio do impulso de ofício

Há, todavia, de se ter cautela para que o Juiz não venha a incorrer na imparcialidade, pois que "existem certos atos exclusivos das partes, ou seja, atos que só a estas cabe realizar ou requerer. Nestes casos, ao Juiz não é dado o poder de substituir a atividade dos litigantes, nem mesmo sob o manto do princípio em estudo, pois acarretaria a indevida substituição dos ônus dos mesmos, retirando sua imparcialidade. Assim, se o autor, por exemplo, for contumaz, ou seja, se deixar de praticar ato cuja iniciativa lhe cabia, não promovendo o andamento do processo, poderá ocorrer a extinção do mesmo ..." (*Júlio César Bebber*, ob. cit., p. 312).

Os poderes do juiz trabalhista, embora mais intensos, também sofrem acentuada restrição. Assim é que não poderá, por exemplo, apresentar rol de testemunhas; mas, poderá ouvir as partes em audiência ainda que não haja requerimento da parte adversa ou mesmo que esta dispense o depoimento da outra e vice-versa. Poderá complementar provas, quando lhe faltar a convicção sobre determinado tema que tenha de julgar. Mas, não poderá tomar a iniciativa probatória sobre o argumento da hipossuficiência ou da busca da verdade real.

O Juiz deverá estar sempre atento à efetividade do processo (*Rui Portanova*, "Princípios do Processo Civil", Porto Alegre: Livraria do Advogado, 1955, p. 155).

46.5.27. Do princípio da preclusão

Esse princípio decorre da necessidade de se imprimir ordem ao processo, propiciando para que os atos processuais tenham sempre uma trajetória normal e constante de andar sempre para frente. Esse desiderato tem por escopo a prestação jurisdicional no menor prazo possível. Mas, há de ser cuidado para que não se atropelem princípios outros como o do contraditório e o da ampla defesa.

A conseqüência da preclusão é a de que, decorrido o prazo para que o interessado tome determinada providência ou fale sobre cálculos, não mais poderá fazê-lo.

Preclusa a matéria, a mesma não mais poderá ser discutida. Vale dizer, em recurso futuro o tema não mais poderá ser agitado por falta de pré-questionamento.

Para *Júlio César Bebber*, o instituto da preclusão é de vital importância, uma vez que nele se assenta toda a marcha processual, impondo-se, de forma lógica, uma disciplina ao processo para que se desenvolva em etapas claras e precisas, e de modo adequado, ordenado e equilibrado. Fundada na ordem processual, a preclusão estabelece imperativo de que a marcha do processo não retrocederá, impondo às partes, desta feita, a necessidade de praticarem todos os atos e se exercerem todas as faculdades no momento e pela forma adequada (ob. cit., p. 314-315).

Para *Arruda Alvim*, cuida-se de "espinha dorsal do processo, no que respeita ao seu andamento, pois é o instituto através do qual, no processo, se superam os estágios procedimentais, e não deixa de ser também um instituto proporcionador da dinâmica processual, na medida em que fora acatada pela legislação positiva" (*José Manuel Arruda Alvim Neto*, "Manual de Direito Processual", 4ª ed., São Paulo: RT, 1994, v. 1, p. 428).

Para o mestre *Chiovenda*, a preclusão poderá fincar-se em três situações diferentes: a) por não ter sido observada a ordem ou a oportunidade determinada pela lei para a realização de um ato (preclusão temporal); b) por ter sido praticada uma atividade incompatível com o exercício de outra (preclusão lógica); c) por já ter sido exercida uma vez, validamente, a mesma faculdade, consumação propriamente dita (preclusão consumativa) ("Instituições de Direito Processual Civil", 2. ed., São Paulo: Saraiva, 1942, v. 3, p. 219).

O nosso direito registra, na doutrina, três espécies de preclusão:

a) temporal — ocorre quando a parte deixou escoar o ato (legal ou judicial); poderá, ainda, ocorrer quando o ato foi praticado a destempo ou de forma errônea ou irregular;

b) consumativa — dá-se quando a parte já exerceu o seu direito e já praticou o ato, não podendo mais fazê-lo novamente, *v. g.*, a parte que formulou defesa no último dia e esqueceu alguma coisa não poderá formular outra defesa mais completa. O mesmo raciocínio é válido para o recurso, quando interposto no último dia do prazo. Todavia, se a defesa for protocolizada antes do prazo final (no cível), nada impede que seja complementada. Em âmbito trabalhista, onde a defesa é apresentada em audiência, verbal ou escrita, nada impede que, naquela oportunidade, o réu complemente a defesa, mediante declaração em termo de audiência. O mesmo raciocínio é válido para o caso de recurso: para a parte que recorreu antes de decorrido o prazo, nada impede que complemente o seu recurso, desde que o faça dentro do prazo;

c) lógica — consubstancia-se a preclusão lógica quando a parte exercita um ato contrário àquele anteriormente exercitado. Exemplo: a parte citada deposita o valor da condenação da dívida e extinção da execução; em seguida, opõe embargos contra a decisão liquidatória. Neste caso, ao efetuar o depósito para o pagamento da dívida a parte aceitou a decisão, renunciando ao direito de recorrer. Não pode, pois, arrepender-se do ato, salvo se conseguir provar que houve vício de consentimento ao efetuar o depósito onde se constou "para pagamento da dívida".

Registre-se que a preclusão não é só com relação às partes, ocorrendo também em relação ao Juiz. É o caso do art. 471, CPC: "Nenhum juiz decidirá novamente as questões já decididas ...", ressalvado da presença da *rebus sic stantinbus*. Ressalte-se, porém, que as questões de ordem pública (pressupostos processuais, condições da ação) não são atingidas pela preclusão (temporal, consumativa, lógica e *pro iudicio*), podendo o juiz sobre elas decidir novamente, salvo se já houver proferido a sentença (CPC, art. 463). Ver *Bebber*, ob. cit., p. 318.

Registre-se, ainda, que o erro material não sofre o efeito da preclusão e bem assim da coisa julgada (preclusão máxima) e poderá ser retificada a qualquer tempo, em qualquer grau de jurisdição.

O executado que deixou de oferecer bens à penhora nas quarenta e oito horas seguintes (art. 880, CLT) não poderá mais fazê-lo, nem poderá rebelar-se contra os bens penhorados pelo cumpridor de mandados (oficial de justiça). Poderá, todavia, substituir os bens por numerário desde que o valor do bem seja devidamente corrigido.

46.5.28. Do princípio da perempção

Dispõe o art. 267, V, que "extingue-se o processo, sem julgamento do mérito: (...) quando o juiz acolher a alegação de perempção ...". Não existe dispositivo legal definindo o que seja perempção. Contudo, de conformidade com regras doutrinárias, é possível definir-se o que seja perempção. Assim, perempção é a perda do direito de ajuizar uma mesma ação, quando autor der causa a três extinções do processo (art. 268, parágrafo único, CPC), quando deixar de promover atos e diligências que lhe competia, abandonando o processo por mais de 30 (trinta) dias (art. 267, III, CPC). O pedido de extinção com base na perempção deverá ser provocado (art. 267, § 3º, CPC), não podendo o juiz agir de ofício. A perempção, por atingir apenas o direito de ação, poderá ser invocada como matéria de defesa (art. 268, parágrafo único, CPC).

No Código de 1939, havia perempção se o autor desse causa a três absolvições, por qualquer dos motivos previstos no art. 204. Referido artigo registrava seis hipóteses. O Código atual restringiu as possibilidades de incorrer-se na perempção, apoiando-se somente no inc. V do art. 201, do Código de 1939.

Segundo *Nelson Nery Junior* e *Rosa Maria Andrade,* perempção é a perda do direito de ação pela desídia do autor, que ensejou a extinção do processo sem julgamento do mérito, por três vezes, pelo fundamento do CPC 267, III. Trata-se, na verdade, de três extinções do processo relativamente à mesma ação (mesmas partes, causa de pedir e pedido). A perempção atinge apenas ao direito de ação, mas não o direito material que dela poderia ter sido objeto. Perempta a ação, o autor não pode ajuizar aquela pretensão, nem por ação autônoma, nem por ação autônoma ou ADI. Como não há perda do direito material, uma vez acionado, aquele que teve o seu direito de ação perempto pode apresentar contestação, defendendo-se da pretensão deduzida pelo autor. Em suma, a perempção faz com que o titular do direito de ação não mais possa exercê-lo ativamente em juízo, deduzindo pretensão. Contudo, permite que se defenda de ação em face dele movida ("CPC Comentado", 2ª ed., São Paulo: RT, 1996, p. 681).

O processo do trabalho não prevê o instituto, razão pela qual deve fazer incursão subsidiária no CPC (art. 769, CLT). Em âmbito executório trabalhista, em se qualificando a execução como simples epílogo da fase de conhecimento, não haverá oportunidade para o decreto de perempção. Daí poder-se deduzir que o instituto da perempção não firma residência em sede de execução trabalhista, onde o juiz poderá agir de ofício, determinar a liquidação de sentença, penhora e praceamento. Todavia, terá aplicação, podendo o processo ser extinto quando na fase de conhecimento.

Discordamos, nesta parte, de *Júlio César Bebber*, quando define como perempção em sede trabalhista os arquivamentos previstos nos arts. 731, 786 e 732, 844, CLT (ob. cit., p. 319). Diverso do entendimento esposado pelo ilustre autor, as hipóteses previstas nos arts. 731 e 732, CLT dizem respeito apenas à suspensão do processo pelo período de seis meses, não impedindo que a parte ajuíze ação, vencido o período de seis meses. Logo, faltaria elemento vital para constituir a perempção como instituto proibitivo de ajuizamento da mesma ação. Embora, nesse período de suspensão possa ocorrer a prescrição, as conseqüências são bem menores do que as da perempção (*Francisco Antonio de Oliveira*, "Manual de Penhora", São Paulo: RT, 2001, p. 56, 57, 58).

46.5.29. Do princípio da lealdade

Este princípio de fundo ético preside o processo como um todo e se intensifica em âmbito executório. Vale dizer, transitada em julgado a sentença condenatória, feita a liquidação, em não se cuidando de decisão líquida, promovida a citação (arts. 880, CLT e 611, CPC) compete à parte vencida (executada) efetuar o pagamento da obrigação ou, em havendo matéria prequestionada antes da decisão liquidatória, oferecer bens à penhora ou depositar o valor como garantia do juízo, dentro do prazo de 48 (quarenta e oito) horas (art. 880, § 3º, CLT). Todo e qualquer artifício utilizado, a partir daí, poderá configurar ofensa ao princípio de lealdade ou até mesmo caminhar para a litigância de má-fé. A lei prevê (art. 599, CPC), como atentatórios à dignidade da justiça, atos do devedor que busca fraudar a execução opondo-se maliciosamente a ela com emprego de ardis e meios artificiosos, que resiste injustificadamente às ordens judiciais; que não indica ao Juiz onde se encontram os bens sujeitos à execução.

Não deve o Juiz transigir com tais distorções de comportamento e deve mesmo tomar todas as providências ao seu alcance para neutralizar o comportamento reprovável. A lei autoriza a fixação de multa não superior a 20% sobre o valor total do débito devidamente atualizado, sem prejuízo de outras sanções de natureza processual ou material. Isto significa que, além da multa fixada, poderá o devedor recalcitrante responder também por perdas e danos. Como sanção processual, embora a nova redação do art. 601 (Lei n. 8.953/1994) tenha suprimido a proibição de falar nos autos, essa sanção ainda continua possível, pois permite a lei sanção de natureza processual ou material. Divergimos, nesta parte, de *Nery Junior* para quem "o novo texto não prevê a pena de 'proibição de falar nos autos', sendo possível agora apenas a aplicação de multa" (ob. cit., p. 1.030, 1996). Em verdade, a nova redação apenas substituiu a expressão "proibição de falar nos autos" pela expressão "sanção Processual", muito mais abrangente, aí contendo, induvidosamente também, a "proibição de falar nos autos". Entendimento diverso, no sentido de que o legislador teria substituído a "proibição de falar nos autos" por pena pecuniária, seria o mesmo que deixar ao sabor da parte inconveniente a aplicação do custo/benefício. Vale dizer, num processo em que o valor fosse diminuto, a multa de até 20% exerceria um atrativo ao desrespeito. A lei é uma construção cultural editada para prover e prever para uma realidade e sua interpretação deverá sempre aportar no razoável. Deixar que a parte escolha entre obedecer ao juízo ou correr o risco de ser multada atenta contra processo, ao princípio da celeridade, da economia processual e ao princípio da lealdade. O legislador apenas substitui a expressão por outra com conteúdo mais abrangente. Determinada a proibição de falar nos autos ou a aplicada a multa, o Juiz poderá relevar a pena, desde que a parte se comprometa a não mais recalcitrar e ofereça fiador.

Na prática trabalhista, verifica-se certa condescendência quando se trata de hipossuficiente. Sem razão, todavia. Esse fato, por si só, não pode transformar-se em "salvo-conduto" para desmandos processuais. A aplicação do art. 14, CPC (Deveres das Partes e dos seus Procuradores) é dever do juiz em se apresentando a hipótese. O advogado obriga-se a cumprir fielmente o Código de Ética e Disciplina: "É defeso ao advogado expor os fatos em juízo falseando deliberadamente a verdade ou estribando-se na má-fé. Do que resulta que o advogado que agir em conluio com seu cliente poderá ser solidarizado no pagamento da multa e perdas e danos". Nesse mesmo sentido, *Júlio César Bebber*, ob. cit., p. 410.

46.5.30. Do princípio da simplicidade

Merece especial enfoque este princípio. As normas processuais contidas na Consolidação das Leis do Trabalho são incompletas, o que obriga à busca subsidiária no processo comum (art. 769, CLT). A dificuldade mais se avulta quando verificamos que em sede executória (art. 876 *usque* 892, CLT) o tecido legal existente é incompleto, obriga a incursão subsidiária e prestigia em primeiro lugar as normas previstas na Lei n. 6.830/1980 (Lei dos Executivos Fiscais), por força do art. 889, CLT. Deverá o julgador estar atento, uma vez que ditos preceitos deverão ser aplicados sem perder de vista a realidade que informa o processo do trabalho. Sempre que o ato puder ser considerado válido, deve o Juiz referendá-lo, ainda que não formalmente perfeito, mesmo porque existirão casos em que as partes estarão sós, sem a presença do advogado. Exemplo: Na Justiça do Trabalho, todo e qualquer bem será levado primeiro à praça; negativa a praça será instalado o leilão (art. 888, CLT), como regra, 20 (vinte) minutos depois da praça; não existindo leiloeiro, será designado um funcionário para gerir os trabalhos da praça e do leilão. O exeqüente poderá adjudicar mesmo não tendo participado da praça ou do leilão (art. 888, § 3º, CLT). O § 3º está superado na parte *in fine*, quando fala em leiloeiro nomeado pelo juiz. A penhora de bens indicados pelo executado pode ser feito por simples petição, permanecendo o mesmo como depositário.

Dissemos alhures que "diferente do juízo comum (estadual e federal), o juiz do trabalho há de ser menos formalista e mais preocupado com a rápida prestação jurisdicional. Isto, todavia, não significa que não venha a prestigiar aquela formalidade necessária à segurança das partes e à saúde do processo que transcorrerá sem vícios. O juiz do trabalho deverá ter a sensibilidade para orientar e agilizar o processo sem desprestígio do princípio da ampla defesa e do devido processo legal. O princípio da celeridade deverá conviver em harmonia com o princípio do contraditório e da ampla defesa. O que existe em intensidade maior — diverso aqui do processo comum — é a possibilidade de o juiz agir de ofício em várias etapas do procedimento, já que a parte no processo do trabalho é titular do *jus postulandi*. Ainda que a parte tenha constituído advogado, nada impede que em certas oportunidades o juiz aja de ofício, até mesmo de forma cautelar para garantir a execução, *v. g.*, determinando arresto, busca e apreensão etc. O que não pode é substituir-se à parte na produção de provas, pena de perder a imparcialidade, *v. g.*, as partes prescindiram de outras provas e requereram o encerramento da instrução e o relator do recurso, no TRT, transforma o julgamento em diligência e determina o levantamento pericial, sob o fundamento de que a prova dos autos se mostra insuficiente. Evidentemente, não existe prova insuficiente e não pode o juiz substituir uma das partes para produzir prova que a própria parte não quis fazer ou da qual desistiu. Em se apresentando a hipótese, é dever do juiz julgar de conformidade com o ônus probatório de cada parte. O que pode fazer é complementar prova para fixar a sua convicção, determinando que a testemunha responda a determinadas perguntas que não haviam sido formuladas (*Francisco Antonio de Oliveira*, "Comentários à CLT", 2. ed., São Paulo: RT, 2000, p. 709-710).

46.5.31. Do princípio da celeridade

Esse princípio faz parte dos objetivos da *jurisdictio*. A rapidez na entrega jurisdicional é dever do Estado, pois justiça demorada não é justiça. O Estado a tanto se comprometeu quando trouxe para si o poder jurisdicional, retirou das partes a possibilidade de fazer justiça pelas próprias mãos, substituiu os litigantes e comprometeu-se a resolver a lide.

A CLT expressou essa preocupação, com veemência no art. 765: "Os Juízos e Tribunais do Trabalho terão ampla liberdade na direção do processo e velarão pelo andamento rápido das causas, podendo determinar qualquer diligência necessária ao esclarecimento delas."

À evidência, existe aí um sintonizador a chamar a atenção dos Juízes trabalhistas.

46.5.32. Do princípio da publicidade

Feita a penhora do bem, este não poderá ser levado à almoeda se não for dada publicidade por meio de publicação no órgão oficial, jornal local ou afixação na sede ou do juízo, com antecedência mínima de 20 (vinte) dias (art. 888, CLT). Inaplicável na execução trabalhista os preceitos do art. 686, § 3º, CPC (dispensa de edital, quando o valor dos bens for inferior a 20 salários mínimos), pois o art. 888, CLT prevê de modo diverso.

Dispõe o art. 93, IX, da Constituição que "todos os julgamentos dos órgãos do Poder Judiciário serão públicos". O termo julgamento empregado pelo legislador tem significado amplo, qual seja o de que todos os atos do Poder Judiciário, excetuados aqueles processos que correm em segredo de justiça, serão públicos. Nesse sentido, também, os arts. 155, CPC e 770, CLT.

A publicidade poderá ser ampla, aberta a todos os cidadãos e pessoas do povo, ou poderá ser restrita apenas às partes, quando o processo correr em segredo de justiça. A publicidade é importante, porque prestigia o princípio da transparência e possibilita a fiscalização sobre a atuação dos juízes. Por meio da publicidade, se fiscaliza também a atuação dos advogados, dos Membros do Ministério Público etc.

Para *Rui Portanova*, a publicidade é da essência do processo e a abertura para o conhecimento público dos atos não é uma qualidade só do processo, mas de todo e qualquer sistema de direito que não se embasa na força, na exceção e no autoritarismo. A democracia não se compraz com o secreto, com o que não é notório (ob. cit., p. 167). Entretanto, a publicidade não pode ser absoluta, muito embora seja prestigiada pela regra geral. Existem situações em que o decoro e a preservação da vida das pessoas envolvidas são fatores determinantes para que seja excepcionada a regra, correndo o processo em segredo de justiça, ficando o seu conhecimento limitado a um pequeno grupo. Em tais hipóteses, o interesse público encontra maior resguardo sem a publicidade.

46.5.33. Do princípio do credor mais diligente

O Código de Processo Civil aboliu a figura do "concurso de credores" quando solvente o devedor e criou a figura da preferência da penhora (art. 612, CPC), dando-lhe *status* de verdadeiro direito real. E em havendo várias penhoras, *v. g.*, em primeiro, segundo, terceiro graus etc., o credor mais diligente, pouco importando o grau de sua penhora, pagar-se-á e enviará a sobra da praça — em havendo — para o juízo da primeira penhora (art. 711, CPC), seguindo a ordem dos demais em havendo sobra de numerário.

46.5.34. Do princípio da execução provisória

O art. 588 do CPC contém princípios que regem a execução provisória, dispondo: "A execução provisória da sentença far-se-á do mesmo modo que a definitiva, observadas as seguintes normas: I — corre por conta e responsabilidade do exeqüente, que se obriga, se a sentença for reformada, a reparar os prejuízos que o executado venha a sofrer; II — o levantamento de depósito em dinheiro, e a prática de atos que importem alienação de domínio ou dos quais possa resultar grave dano ao executado, dependem de caução idônea, requerida e prestada nos próprios autos da execução; III — fica sem efeito, sobrevindo acórdão que modifique ou anule a sentença objeto da execução, restituindo-se as partes ao estado anterior; IV — eventuais prejuízos serão liquidados no mesmo processo. § 1º No caso do inciso III, se a sentença provisoriamente executada for modificada ou anulada apenas em parte, somente nessa parte ficará sem efeito a execução. § 2º A caução pode ser dispensada nos casos de crédito de natureza alimentar, até o limite de 60 (sessenta) vezes o salário mínimo, quando o exeqüente se encontrar em estado de necessidade."

Lembra *Araken de Assis* ("Manual do processo de execução", 4ª ed., São Paulo: RT, 1997, p. 288) que, "implicitamente, há a estrita legalidade, desta espécie de antecipação da atividade executiva, porque, como já se sublinhou, a ausência de efeito suspensivo do recurso é *ope legis* no ordenamento pátrio". Regra que não se aplica ao processo do trabalho, onde o efeito é meramente devolutivo.

46.5.35. Do princípio da irrenunciabilidade

Vige, como regra, no Direito do Trabalho, o princípio da irrenunciabilidade tendo em conta a natureza alimentar do crédito trabalhista. Disso resulta que, a rigor processual, a conciliação das partes somente poderá ter como objeto aqueles créditos onde existir *a res dubia*. Todavia, nada na vida é absoluto, tudo é relativo. Até a lei da gravidade tornou-se relativa com o vôo do primeiro pássaro. No relacionamento que liga empregado e empregador, haverá sempre circunstâncias que obrigam a uma tomada de posição para que a lide surgida se resolva com maior rapidez. É certo, que as partes poderão não se conciliar e aguardar o resultado de um julgamento que virá após decorridos meses ou mesmo anos, com possibilidades de inúmeros recursos, e o resultado dependerá de a parte haver se desincumbido do ônus probatório. Correrá a álea de sua incúria, caso não se tenha desincumbido a contento. A autocomposição é o caminho mais rápido para que se resolva a lide. É evidente que a parte que deve pagar não conciliará, se dele for exigido o pagamento de todo o debito. A própria Lei n. 5.107/1966, art. 17, § 3º, sugeria que a indenização fosse de 60% (sessenta por cento). Depois, deverão ser analisadas as circunstâncias que envolvem aquele caso em particular, *v. g.*, empresa em estado pré-falimentar, empregado que trabalhou em São Paulo e que está retornando para o seu Estado natal (Alagoas, Paraíba etc). Se não fizer acordo para receber determinada importância ainda que aquém daquilo que poderia receber anos depois, possivelmente nada receberá, pois não terá condições de locomover-se, *v. g.*, de Natal (RN) para participar de audiência em São Paulo. Por outro, desempregado, não terá como permanecer e se manter em São Paulo. Por isso, os juízes do trabalho, atentos à realidade presente, homologam conciliações sobre verbas fora da *res dubia*. A teoria na prática é outra. Aquele juiz legalista que se negar a homologar acordos com as característica mencionadas poderá estar servindo à legalidade, mas, certamente, não será um juiz justo. E pior. Causará sérios danos ao hipossuficiente. Sempre insistimos que o juiz do trabalho deve ter uma sensibilidade epidérmica para perceber a realidade que envolve cada caso.

Miguel Hernainz Marques sustenta que a irrenunciabilidade deve ser entendida em seu verdadeiro sentido, como "a não possibilidade de privar-se voluntariamente, em caráter amplo e por antecipação, dos direitos concedidos pela legislação trabalhista ("*Tratado Elemental de Derecho del Trabajo*", 10ª ed., Madrid, 1969, p. 89).

Américo Plá Rodriguez, por sua vez, conceitua a irrenunciabilidade como "a impossibilidade jurídica de privar-se voluntariamente de uma ou mais vantagens concedidas pelo direito trabalhista em benefício próprio. A renúncia equivale a um ato voluntário pelo qual uma pessoa se desliga de um direito reconhecido a seu favor e o abandona" ("Princípios de Direito do Trabalho", Ed. LTr, São Paulo, 1996, p. 66-67).

De La Villa definiu a renúncia como um negócio jurídico unilateral que determina o abandono irrevogável de um direito, dentro dos limites estabelecidos pelo ordenamento jurídico (*Luis Enrique de La Villa, "El principio de la Irrenunciabilidad de los Derechos Laborales"*, Revista Social, Madrid, 1970, n. 85, p. 9 e ss.).

Plá Rodriguez, em comentando *De La Villa*, dispõe que, salvo a frase final que alude, mais que ao conceito mesmo de renúncia, à limitação de sua liceidade, a definição é muito acertada porque serve para dar ênfase a uma série de notas características do instituto: é um ato jurídico do tipo dos negócios jurídicos; importa no exercício de um direito potestativo de caráter secundário; é unilateral; implica o abandono, isto é, a perda ou extinção de um direito; possui caráter irrevogável; e resulta eficaz dentro de certos limites. Com justeza, o autor mencionado explica minucionamente cada um dos termos utilizados em sua definição, o que lhe permite distinguir particularidade muito úteis a respeito (ob. cit., p. 67).

Antonio Ojeda Avilés se detém em três características conceituais para demonstrar que o termo "irrenunciabilidade" é equívoco, já que o legislador designa com o mesmo termo diferentes fenômenos jurídicos: a) é um negócio jurídico em sentido estrito, isto é, uma manifestação de vontade conscientemente dirigida à produção de um resultado prático previsto e amparado pelo ordenamento jurídico; b) é uma atividade voluntária unilateral que não necessita do concurso de outra vontade para produzir o resultado visado; e c) é dispositivo, no sentido de que o efeito objetivado é justamente a saída de nosso patrimônio, de um determinado bem que já não nos interessa conservar. Adverte que "A proibição de renunciar importa em excluir a possibilidade de poder realizar-se, de maneira válida e eficaz, o desligamento voluntário dos direitos, no âmbito alcançado por aquele proibição" (*"La Renuncia de Derechos del Trabajador"*, Instituto de Estúdios Políticos, Madrid, 1971, p. 133 e ss.).

Lembra *Plá Rodriguez* que "ao contrário do que ocorre no direito comum, onde rege o princípio da renunciabilidade, no Direito do Trabalho vige o princípio oposto, que é o da irrenunciabilidade. Ou seja, nos restantes ramos do direito alguém pode privar-se voluntariamente da uma faculdade, ou de uma possibilidade, ou de um benefício que possuir, enquanto que neste setor do direito isso não é possível: ninguém pode privar-se das possibilidades ou vantagens estabelecidas em seu proveito próprio.

Para *Hinojosa* (*"El contrato de trabajo. Comentários a la Ley de 1932"*, p. 125, "os direitos concedidos pelas leis são renunciáveis, a não ser que esta renúncia seja contra os interesse ou a ordem pública ou em prejuízo de terceiro". Prossegue: "E na renúncia por parte do operário dos benefícios que a lei lhe concede, se dão as circunstâncias que tornam impossível a renúncia. É questão de ordem pública que o trabalho humano seja devidamente protegido e remunerado; que a cobiça não explore a necessidade; que impere a verdadeira liberdade, não diminuída por entraves econômicos. E seria quase sempre em prejuízo de terceiro — dos familiares do trabalhador, dos companheiros de trabalho, que, por sua tibieza, se veriam constrangidos a aceitar condições inferiores de trabalho — a renúncia de seus direitos, que equivaleria, além disso, à das condições indispensáveis para a efetividade do direito à vida" (*apud Plá Rodriguez*, ob. cit., p. 68).

Existem autores que ligam a irrenunciabilidade à indisponibilidade e à imperatividade das normas (*José Manuel Almansa Pastor, "Los Principios Generales del Derecho de las Fuentes Normativas del Derecho del Trabajo, in Cuadernos de la Cátedra de Derecho del Trabajo*, n. 3, junho de 1972, p. 38) e *Perez Botija* ("Curso de Derecho del Trabajo", Madrid, 1948, p. 869).

Alerta *Plá Rodriguez* que a invalidade deve ser considerada como anulabilidade dependente de uma incapacidade especial do empregado. A fim de que a indisponibilidade não seja limitada à irrenunciabilidade, mas estendida à intrangibilidade, entende-se que a lei proíbe ao empregado não somente o sacrifício sem correspondência, que é a renúncia, como também os sacrifícios eventuais que existem na transação, quando a retenção patronal puder ser maior do que o devido. E arremata: "A intransigibilidade não impede o compromisso arbitral, o recibo por saldo e a conciliação entre as partes, perante as autoridades correspondentes" (ob. cit., p. 71).

Em suma: O princípio da irrenunciabilidade deve ser prestigiado sempre que houver a renúncia por antecipação, *v. g.*, ao aviso prévio por ocasião de dispensa futura, renúncia à multa do FGTS por dispensa imotivada etc. Quando a ordem pública assim o determinar, *v. g.*, renúncia ao recebimento de salário mínimo integral, renúncia às férias etc. Sempre que a renúncia possa afetar de forma desequilibrada o trabalhador e sua família, *v. g.*, numa transação em que concede mais do que recebe. A renúncia antecipada não deve ser tolerada. A renúncia por ocasião da audiência conciliatória deverá ser sopesada pelo juiz conciliador, levando em conta as circunstâncias que envolvem cada caso.

46.5.36. Do princípio da imperatividade

Quando se fala em imperatividade de normas trabalhistas, não se está referindo às normas jurídicas, estas sim, todas, são dotadas de imperatividade, isto é, de obediência obrigatória ao seu conteúdo mandamental. As leis editadas são ordens que deverão ser obedecidas.

As normas podem ser divididas em normas imperativas e normas dispositivas. As imperativas são de obediência obrigatória e as normas dispositivas permitem que as partes pactuem de outra forma. Disso resulta, que as partes agirão de conformidade com a lei, na hipótese de não haverem pactuado de forma diversa. Se as partes pactuarem de modo diverso ao mencionado na lei, o pacto deverá ser honrado de conformidade com o princípio da *pacta sunt servanda.* Ambos, a imperatividade e a dispositividade têm as suas origens no Direito Romano, no *jus cogens* e no *jus dispositivum.*

Entre os autores, a posição sobre a imperatividade (irrenunciabilidade) no Direito do Trabalho varia entre os radicais e os menos radicais. Na esteira dos radicais, temos as lições de *Mario de La Cueva*:

> "A existência de relações entre o capital e o trabalho não depende da vontade dos trabalhadores e de patrões, mas tem um caráter de necessidade. O liberalismo considerou que a sua regulamentação deveria ser deixada à vontade de cada trabalhador e de cada patrão e por isso consignou no Código Napoleônico o princípio da autonomia da vontade. A injustiça e a desigualdade social que essa pretensa autonomia da vontade produziu fizeram com que o Estado interviesse para garantir aos trabalhadores um mínimo de vida."
>
> "Assim iniciou-se a transformação do Direito do Trabalho, *jus dispositivum* no Código Napoleônico, para Direito do Trabalho como *jus cogens* e com o transcurso do tempo, ao elevar-se o mínimo de garantias sociais, completou-se a sua transformação, pois as garantias, tanto as individuais, quanto as sociais, têm por função essencial assegurar a intervenção do Estado para que em toda relação jurídica se respeitem seus imperativos. Donde se deduz que o Estado deve intervir em cada relação de trabalho, como intervém a respeito da garantia de liberdade pessoal, para impor aos patrões, coativamente se necessário, o cumprimento das obrigações impostas pelas garantias sociais."
>
> "O Direito do Trabalho, como direito imperativo e garantia constitucional, ao regular as relações entre o capital e o trabalho, se dirige, por um lado, a cada patrão e a cada trabalhador, por ocasião do estabelecimento das relações e, por

outro, ao Estado, enquanto obriga a zelar para que as relações se constituam na forma dos princípios contidos na lei e nas normas que a suprem, e sejam por elas governados."

"Sem esse caráter imperativo manifesto nessa dupla direção de norma, não seria o Direito do Trabalho um mínimo de garantias, nem preencheria a sua função, pois se a idéia de garantia, seja individual ou social, faz referência àquelas normas cuja observância se considere essencial para a realização da justiça, deixálas subordinadas à vontade de trabalhadores e patrões equivale a destruir o seu conceito, como princípio de cuja observância é o Estado o encarregado." (*"Derecho Mexicano del Trabajo"*, México, 1943, v. 1, p. 222)

Francisco De Ferrari adota posição próxima à de *Mario de La Cueva*. Para o autor, nenhum sistema jurídico poderá subsistir se não tiver por suporte o poder. Daí a intervenção do Estado. "Pode-se dizer que, em geral, todas ou quase todas as normas que fazem parte do Direito do Trabalho são normas de ordem pública, e as relações de trabalho, sujeitas originariamente a um *jus dispositivum*, encontram-se submetidas, em nosso dias, a um *jus cogens*" (*"Derecho del Trabajo"*, Buenos Aires, 1968, t. I, p. 267).

Borrajo da Cruz, *Efrén* defende a obrigatoriedade das normas trabalhistas com suporte no caráter tutelar de tais normas garantidas pelo Estado quando impõe condições mínimas. Os benefícios concedidos em tais normas são irrenunciáveis, isto é, o abandono de um direito sem qualquer outra compensação (*"Introducción al Derecho Español del Trabajo"*, Madrid, 1969, p. 191). A posição adotada por *Borrajo* é menos intransigente, posto que se reporta à irenunciabilidade do mínimo que o Estado deve garantir.

Lembra *Golttschalk* que o direito do trabalho deve estar em conformidade com a teoria da vontade. A caracterização do Direito do Trabalho como direito imperativo (*jus cogens*) terá como contraponto a completa eliminação da vontade privada. Pondera que não se pode afirmar o Direito do Trabalho como imperativo sem suprimir a livre manifestação da vontade, qualidade suprema da personalidade: a vontade. Diz o autor que "A verdade parece paradoxal; invoca-se o caráter imperativo do Direito do Trabalho precisamente para garantir a liberdade desta vontade. Não essa liberdade formal, como proclamou um individualismo mal entendido, e sim a liberdade real, que consiste na 'igualdade econômica entre os fatores capital e trabalho, concluindo-se daí que o Direito do Trabalho não é em síntese, um limite à liberdade de contratar, mas à liberdade de explorar o fator trabalho, constituindo, inversamente, a possibilidade de existir uma real liberdade de contrato'. No campo do Direito do Trabalho, surge pois uma distinção essencial e de suma importância: nele existem normas imperativas que não excluem a vontade privada, mas cercam de garantias para assegurar sua livre formação e manifestação, valorizando-a como expressão da própria personalidade humana" (*Plá Rodriguez*, ob. cit., p. 74).

A ordem pública em que autores distinguem o Direito do Trabalho não significa que o Direito é público. O Direito do Trabalho continua a ser direito privado. A ordem pública significa que em determinados momentos que, ligam o trabalhador ao tomador da mão-de-obra, o Estado tem interesse em intervir e direcionar regras que contribuem para o equilíbrio social. Assim, a chamada "ordem pública", tanto pode pertencer ao direito privado, quando ao direito público. Um exemplo clássico que bem esclarece esta parte é o trato que o Direito dá às relações envolvendo a família. A normatização do envolvimento familiar está todo vazado no Código Civil. Nada obstante, é, na sua quase totalidade, de ordem pública. A presença da ordem pública significa que as partes interessadas não poderão utilizar nas suas relações jurídicas normas diversas daquelas estabelecidas previamente pelo legislador. Sobre a noção de ordem pública, disse *Clóvis Bevilacqua*: "Leis de ordem pública são aquelas que o Estado estabeleceu princípios, cuja manutenção se considera indispensável à organização da vida social, segundo os preceitos do direito" ("Direito Internacional Privado", 3ª ed., Freitas Bastos, 1938, p. 108). Para *Evaristo de Moraes Filho* a "Ordem pública significa o que não pode ser derrogado, renunciado, por simples manifestação de vontade dos particulares. É o que o Estado julga imprescindível e essencial para a sobrevivência da própria sociedade, o bem comum, o interesse geral. Sempre, em todos os tempos, uma certa porção de atos humanos foram tidos como necessários e obrigatórios para esse desideratum" ("A Natureza Jurídica do Direito do Trabalho", Ed. José Konfino, Rio, 1954, p. 100). Para *Guillermo Cabanellas* "O princípio da irrenunciabilidade dos direitos deriva do caráter de ordem pública que tem as disposições do direito trabalhista" (*"Introducción al Derecho Laboral"*, Buenos Aires, 1960, t. I, p. 565). *Ernesto Krotoshin* pondera que "a restrição da autonomia da vontade que se infere afasta o Direito do Trabalho do direito comum clássico, mas dificilmente redunda em menosprezo da personalidade, nem acaba definitivamente com aquela autonomia. A autonomia da vontade como tal não está em jogo, mas se trata de evitar o seu abuso. Para esse feito, em alguns setores da vida social, o legislador transplantou a autonomia da vontade do terreno individual para o terreno coletivo. Hoje em dia, as organizações do trabalho são pessoas que, em primeiro lugar, gozam plenamente desta autonomia, enquanto os indivíduos só desfrutam dela na medida em que o gozo parece compatível com o interesse social" (*"Instituciones de Derecho del Trabajo"*, Buenos Aires, 1947, t. I, p. 15).

O Direito do Trabalho evoluiu. Estamos em pleno século XXI, no terceiro milênio. A globalização, a terceirização e a flexibilização são elementos que compõem uma outra realidade. O desemprego é um mal que assola quase todos os países, reflete no poder aquisitivo e reduz a produção. A ociosidade produtiva, com a redução de produtos, por sua vez, reflete no custo operacional que tende a se elevar e, com isso, o produtor perde o poder de competividade interna e esterna. Haverá necessidade de adequação a uma nova realidade. Capital e Trabalho deverão buscar novos rumos. Não se prega o desprestígio do trabalho, mas a conformação a uma nova realidade.

Não cabe mais, na atual conjuntura, a drasticidade pregada em meados do século passado e que persiste, por alguns, até os dias atuais. O trabalhador, há séculos, vem sendo tratado como relativamente capaz, ótica que persiste até os diais atuais. O trabalhador deve ser visto como elemento capaz e com possibilidade de defender os seus direitos, posto que ele é o titular do direito. A intervenção do Estado deve ser reduzida a uma proteção mínima. Não se desconhece que a realidade em países subdesenvolvidos ou, dourando a pílula, em desenvolvimento, o índice de analfabetos dificulta o prestígio à autonomia de vontade. Mas, deverá haver uma adequação e que não permita que o Estado substitua a vontade do trabalhador e da empresa. Não temos como salutar, como decidiu a Excelsa Corte, o direito do sindicato agir como substituto processual em sede de direitos individuais e coletivos. O individual haveria de ser em âmbito coletivo (direitos individuais homogêneos). O Supremo referendou a capacidade relativa do trabalhador, afirmação que arrosta a realidade. O Direito do Trabalho é conceitualmente direito privado e, como tal, também tem regras de ordem pública que devem ser respeitadas. A irrenunciabilidade (ou indisponibilidade) se firma sobre aquelas regras que são consideradas de ordem pública. Não mais, sob pena de trazer o impasse em certos casos, com prejuízos ao trabalhador. Como regra, o trabalhador não poderá renunciar a direitos que estão ligados à sua própria sobrevivência, como o salário mínimo, as férias, os depósitos do FGTS e a multa de 40%, em caso de dispensa injusta, o aviso prévio, se e quando for o caso. A empresa deverá manter ambiente sadio, moral e materialmente. Não haverá como renunciar a adicional de insalubridade ou periculosidade, ao registro em carteira, ao recolhimento das cotas previdenciárias etc. Todavia, poderá, em juízo, proceder à conciliação, ainda que esta seja feita sobre a *res dubia*. O juiz condutor verificará se as circunstâncias que envolvem o caso concreto aconselham que assim se proceda.

46.5.37. Do princípio da primazia da realidade

O conteúdo operacional do princípio da primazia da realidade direciona para a prevalência da realidade. Isso significa que, aquilo que foi documentado e formalmente pactuado, se não espelhar a realidade, não terá qualquer valor entre as partes. O que interessa para o Direito do Trabalho é aquilo que realmente aconteceu entre as partes, não aquilo que elas subjetivamente pactuaram. Assim, se o trabalhador foi contratado para o exercício de determinada função e se, depois, de algum tempo passou a exercer função diversa, haverá o desvio de função e o empregador deverá pagar de conformidade com a realidade que se criou.

Para *Mario de La Cueva*, cuidar-se-ia, nesse caso, de um "contrato-realidade". Teríamos, aí, dois contratos: um firmado pelas partes e formalmente elaborado com todas as características que naquele momento queriam; outro, não firmado pelas partes, mas que passou a existir no mundo da realidade, em substituição ao primeiro contrato. O contrato-realidade, materializado na prática diária, diferentemente do que fora pactuado, é informado pelo "princípio da primazia da realidade". Cuida-se de um princípio protetivo do trabalhador. Em verdade, à desobediência ao que fora formalmente pactuado traduz desprestígio ao princípio da "*pacta sunt servanda*".

Mario de La Cueva dá-nos numa síntese clara e objetiva sobre o que cunhou como contrato-realidade: "A existência de uma relação de trabalho depende, em conseqüência, não do que as partes tiverem pactuado, mas da situação real em que o trabalhador se ache colocado, porque, como diz *Scelle*, 'a aplicação do Direito do

Trabalho depende cada vez menos de uma relação jurídica subjetiva do que de uma situação subjetiva, cuja existência é independente do ato que condiciona seu nascimento'. Donde resulta errôneo pretender julgar a natureza de uma relação de acordo com que as partes tiverem pactuado, uma vez que, se as estipulações consignadas no contrato não correspondem à realidade, carecerão de qualquer valor" (*"Derecho Mexicano del Trabajo"*, 2ª ed., México, 1942, t. I, p. 381).

O elemento consensual, expresso ou tácito do trabalhador, em nada modifica a situação. A presunção é a de que ao trabalhador não é dado contestar a modificação imposta pelo empregador para que possa conservar o emprego. No direito brasileiro, o art. 468, CLT, dispõe *in verbis*: "Nos contratos individuais de trabalho só é lícita a alteração das respectivas condições por mútuo consentimento, e, ainda assim, desde que não resultem, direta ou indiretamente, prejuízos ao empregado, sob pena de nulidade da cláusula infringente desta garantia. Parágrafo único. Não se considera alteração unilateral a determinação do empregador para que o respectivo empregado reverta ao cargo efetivo, anteriormente ocupado, deixando o exercício de função de confiança."

Vários são os subterfúgios utilizados para burlar a lei. O trabalhador é contratado como autônomo para desempenhar função contida nos objetivos econômicos da empresa; o empregado é classificado como exercente de função de confiança, mas tem a jornada controlada por meio de cartão-ponto e não percebe salário superior.

Para *Perez Botija* "A suposição da existência do contrato entre quem dá trabalho ou utiliza serviços e o que presta funda-se na idéia do consentimento tácito. Da conduta de duas pessoas se pode deduzir a existência e um contrato de trabalho, ainda quando os próprios interessados tenham interesse em negá-lo (para burlar, por exemplo, Seguros Sociais, Lei de Jornada etc.)". Explicita que no direito espanhol "o título é o modo pelo qual uma relação de trabalho chega à vida jurídica é sempre um contrato. Um contrato expresso, tácito ou presumido" (*"Contrato de Trabajo"*, Buenos Aires, 1963, t. I, p. 119).

Para *Clark*, "Na prática, o contrato de trabalho e o conteúdo de suas estipulações se depreende mais da conduta das partes e de seus atos tácitos do que de uma prestação formal do consentimento. Se somente se admitisse a realidade do contrato nos casos em que houvesse acordo escrito ou convenção verbal, se burlariam muitas das medidas de proteção adotadas pelo legislador. Por isso, do consentimento expresso ou tácito das partes deve derivar uma série de condições, cláusulas e suas formalidades, nas quais elas não pensaram no momento de seu compromisso" (*"The Law of the Employment of Labour"*, *apud Américo Plá Rodriguez*, ob. cit., p. 228).

Bernardino Herrero Neto afirma que "o legislador, mais que dar-nos um conceito de simulação, nos indica as armas que possui para combatê-la e a combate por certo com os mesmos meios que ela emprega: isto é, que se a simulação utiliza a forma dos atos jurídicos para conseguir certos resultados contrários aos sancionados pela lei, o legislador não faz mais que combatê-la em seu próprio terreno. A hipótese recolhida no mencionado artigo é clara e terminante, e sua linha de argumentação logicamente desenvolvida é a seguinte: 'Se tu, empresário, dás trabalho ou utiliza um serviço e tu, trabalhador, te comprometes a prestá-lo, não me importa que depois declares que estais unidos por um vínculo associativo ou de arrendamento, pois não posso levar em conta vossas declarações por estarem em desconformidade com os fatos, e de vossa conduta eu infiro que perseguis um fim econômico e social que não pode ser realizado através da figura que apresenteis como verdadeira; em conseqüência, diante da ausência de vossas estipulações, eu mesmo fixarei as normas às quais deverão ajustar-se vossas condições'" (*"La Simulación y el Fraude a la Lei en el Derecho del Trabajo"*, Barcelona, 19858, p. 330).

Alfredo J. Ruprecht diz que "A importância (princípio da realidade) se estriba em que a prestação do sentido pessoal tem mais peso do que o simples acordo que se tenha podido formular, seja escrito seja verbal. Sobre este último está o que as partes realizam, quer dizer, que o contrato de trabalho não é o que resulta de qualquer forma de acordo, mas o que surge da realização das tarefas. Muitas são as circunstâncias que fazem com que esse princípio tenha aplicação. Geralmente, no desejo de burlar a lei, faz-se o contrato de trabalho parecer com o de outro tipo não-sujeito à lei trabalhista ou, então, não se cumprem requisitos formais, isto é, qualquer situação que procure encobrir ou mudar a realidade. Em suma, as estipulações, mesmo as escritas, só oferecem um valor de presunção, que desaparece diante da realidade dos fatos, os que definitivamente se sobrepõem. Daí se deduz o grande divórcio que intervém — nesse aspecto — entre os contratos civis e os laborais, pois nos primeiros quem tem a primazia é a vontade das partes expressa no contrato" ("Os Princípios do Direito do Trabalho", Ed. LTr, São Paulo, 1995, p. 81-82).

Alonso Olea apresenta o rol dos efeitos da presunção que advém do princípio da primazia da realidade: a) confirma o caráter não-formal do contrato de trabalho; b) na hipótese de trabalho por conta alheia (dar e prestar trabalho), a presunção funciona a favor do contrato de trabalho. A presunção é afastada por quem sustenta que se trata de um trabalho amistoso ou beneficente, não remunerado ou de boa vizinhança; c) suposta aparência externa de que se trabalha para outro, presume-se que o trabalho é por conta alheia e em virtude de um contrato de trabalho e a prova em contrário compete a quem alega o contrário; d) *a fortiori* (com mais razão), é claro, a quem interessa, compete provar a presunção de que se trata de um contrado de trabalho de exceção; e) a presunção intervém energicamente contra a virtualidade da simulação, quando o contrato dissimulado é de trabalho; f) a presunção se transforma em *iuris et de iure* quando a pessoa, à qual se presta o trabalho, é o empresário (doutrina do patrão aparente), mesmo que o trabalho redunde em benefício de um terceiro, em virtude de qualquer relação entre ambos; tem importantes efeitos processuais o pré-processuais" (*"Derecho del Trabajo"*, Madri, 1973, 2ª ed., p. 90, *apud Ruprecht*, ob. cit., p. 83-84).

Segundo *Amauri Mascaro Nascimento*, o princípio da realidade "no caso de discórdia entre o que ocorre na prática da vida e o que objetivamente aparece em documentos trabalhistas, em cujo caso a preferência deve ser dada à realidade dos fatos efetivamente comprovados" ("Curso de Direito do Trabalho", *Ruprecht*, ob. cit., p. 81).

Para *Süssekind*, é "em razão do qual a relação objetiva, evidenciada pelos fatos, define a verdadeira relação jurídica estipulada pelos contratantes, ainda que, sob capa simulada, não corresponda à realidade" ("Instituições e Direito do Trabalho", Ed. Freitas Bastos, Rio, 1978, v. I, p. 230).

O princípio da primazia da realidade (contrato-realidade) se liga virtualmente com o princípio da boa-fé e da proteção do trabalhador. Embora, em princípio, as partes contratantes tenham liberdade para modificar o que fora antes pactuado (pela teoria da vontade, deve-se prestigiar aquilo que resultar da vontade das partes), não é menos verdade que toda e qualquer modificação, ainda que concertada entre as partes e aceita expressamente pelo trabalhador, não poderá ser prejudicial a este. As circunstâncias envolventes de um contrato de trabalho poderão levar ao abuso por parte do empregador, parte economicamente mais forte. As circunstâncias serão menos ou mais desfavoráveis na razão direta do índice de desempregados. Num país de desempregados, dificilmente o trabalhador poderá falar não, para uma modificação que lhe seja desfavorável. Do que é lícito concluir que o seu consentimento, em tais circunstâncias, será viciado. Aceita aquilo que lhe será prejudicial em face de um mal maior que seria a perda do emprego. A preservação do emprego, ainda que às custas de algum prejuízo, vem sendo aceita sem que o trabalhador busque arrego na Justiça. E isso acontece porque o empregador tem o poder de pressão. Todavia, quando essa realidade é submetida ao Poder Judiciário, somam-se os princípios protetores da irrenunciabilidade (*Maranhão*: não se confunde com indisponibilidade, "Direito do Trabalho", 3ª ed. Fundação Getúlio Vargas, Rio, 1974, p. 35) e da primazia da realidade. A irrenunciabilidade, como já dissemos antes, não se projeta em termos absolutos. Assim, aquilo que é absolutamente irrenunciável não poderá ser objeto de transação (*v. g.*, o salário mínimo). Todavia, sobra um espaço grande que se contém na irrenunciabilidade relativa (*v. g.*, a flexibilização do salário admitido pela Constituição pode ser levado a outros direitos, desde que feito com a assistência do sindicato por meio de acordo ou convenção coletiva).

A intervenção do Estado deverá ser feita em termos relativos para a preservação do equilíbrio entre as partes contratantes. Os princípios da lealdade e da proteção deverão estar presentes em todo contrato de trabalho. Esse é um desejo que nem sempre acontece. Deve-se dar maior ênfase àquilo que realmente acontece. O contrato não pode ser levado ao *status* de mera ficção. O elemento subjetivo que compõe o conteúdo formal, ainda que expressamente documentado, não pode prevalecer sobre aquilo que realmente aconteceu. A realidade é o conteúdo maior, é aquilo que se projeta no dia-a-dia. O elemento concreto faz-se realidade e se livra das peias lançadas em sede subjetiva. O desejo das partes, preso a uma cláusula contratual, não se concretiza. O conteúdo subjetivo se torna real com uma outra forma. E é esta forma que deve ser considerada para todos os efeitos legais.

Entre o "capital e trabalho" sempre haverá descontentamento. É uma luta secular que nunca terminará. Haverá momentos de maior ou de menor tensão. Isso se dá pelo fato de o social depender do econômico e ambos dependerem da política governamental adotada.

46.5.38. Do princípio protetor

O conteúdo programático deste princípio é o de criar normas favoráveis ao trabalhador, com o objetivo de compensar as desigualdades entre capital e trabalho. Na verdade, não haveria como tratar igualmente trabalhador e o tomador da mão-de-obra, este mais forte economicamente. Tratá-los igualmente, seria, de certo, cometer injustiça, pois são desiguais nas suas origens.

Para *Mendes Pidal* (*"Derecho Social Español"*, Madri, 1952, t. I, p. 105), o princípio sob comento deve ser "chamado de princípio tutela. *Kaskel-Dersch* (*"Derecho del Trabajo"*, Buenos Aires, 1961, p. 22), o conceitua como princípio protetor, no mesmo sentido: *Hueck-Nipperdey* (*"Compendio de Derecho del Trabalho"*, Madri, 1963, p. 45). Segundo *Hernandes Márquez* (*Tratado Elementar de Derecho del Trabajo*, Madri, 1977, 12ª ed., t. I, p. 78), deve ser denominado como o princípio mais favorável ao trabalhador, mesmo se com isso se confunda o princípio com um de seus aspectos. *Hoyos*, por sua vez, o chama de princípio da favorabilidade (*apud Ruprecht*, ob. cit., p. 9).

Alerta *Alfredo J. Rupercht* que "Não lhe deve ser dado um alcance excessivo, no sentido de considerar que todo o Direito do Trabalho protege o trabalhador. Entre suas normas viguram algumas que também lhe impõe obrigações e outorgam direitos aos empregadores, embora, evidentemente, na sua maioria, tendam a proteger os trabalhadores". Simi (*"Il Lavoro dell'ordinamento giuridico per i lavoratori"*, Milão, 1967, p. 7) diz que tem como fim uma tutela maior a favor do trabalhador, assegurando-lhe um mínimo de garantia e o melhor tratamento possível". *Pergolesi* se expressa quase da mesma maneira. Para ele, nos albores do Direito do Trabalho, o juiz podia ter um poder discricionário para agir livremente, pois havia muitas lacunas sociais na legislação trabalhista. Mas, atualmente, dada a existência de uma legislação copiosa e desenvolvida por meio de toda uma rede de convenções coletivas que compreendem e disciplinam as relações de trabalho, esse comportamento não tem mais sentido (*"Introduzione al Diritto del Lavoro"*, em Trattato de Diritto del Lavoro, de *Borsoi-Pergolesi*, Pádua, 1955, 2ª ed., t. I, p. 185) (ob. cit., p. 9-10).

46.5.39. Do princípio da razoabilidade

A razoabilidade também conhecida como racionalidade é equiparada pelo lexo como termos sinônimos; o racional é aquele ato praticado conforme a razão. O razoável é o comportamento justo e de conformidade com a razão. Tem-se, assim, que o razoável é racional. O razoável não conduz aos extremos e se conforma mais com comportamentos conducentes a uma certa tolerância. Agir com razoabilidade, é agir com prudência, não se aventurando a decisões açodadas, antes de um estudo aprofundado. Aconselham os doutos: "Entre dois entendimentos possíveis sobre a mesma matéria, deve o juiz preferir aquele que for mais razoável em conformidade com as circunstâncias que a envolvem" (*Teixeira de Freitas*). Agir de forma injusta, caprichosa ou arbitrária é agir fora da razoabilidade. O legislador agiu com razoabilidade quando no art. 13, do CPC determinou que se desse oportunidade para sanar irregularidade de incapacidade ou de representação. Certamente, o princípio da razoabilidade não se reduz ao âmbito trabalhista, mas a todos os remos jurisdicionais.

Justino Jiménez de Aréchaga difundiu entre nós as conclusões da jurisprudência norte-americana no aspecto da razoabilidade. Segundo o autor, o princípio da igualdade não se opõe a que se legisle para grupos ou classes de pessoas, com a condição de que todos os compreendidos no grupo sejam igualmente alcançados pelas normas e que a determinação da classe seja razoável, não injusta, caprichosa ou arbitrária, mas fundada em uma real distinção. (...) É preciso que a razoabilidade da formação dos grupos ou classes não seja julgada independentemente do objetivo buscado pela lei. Assim, seria arbitrário dispor que as mulheres não possam gozar do direito de reunião ou do direito de associação, com a mesma intensidade dos homens, porque sob o ponto de vista do exercício do direito de reunião, não se chega a perceber a possibilidade de estabelecer uma diferença razoável entre mulheres e homens. Entretanto, seria razoável dispor que, com relação a certos trabalhos industriais, as mulheres não poderão exercer sua liberdade de trabalho, com a mesma intensidade dos homens, porque pode cuidar-se de trabalhos de tal natureza que causem um dano físico mais intenso à mulher do que ao homem. Por isso, é possível legislar para mulheres, mas a razoabilidade da constituição das mulheres em grupos ou classes distintas, do ponto de vista legislativo, resultará da consideração de qual seja a matéria legislada (*"La Constitución nacional"*, Montevidéu, 1946, t. II, p. 159).

Juan Francisco Linares confirma o envolvimento da jurisprudência norte-americana com o princípio da razoabilidade, a partir do princípio do *due process of law*, o qual figura como um *standart* jurídico. Inicialmente, a conivência era apenas processual ou instrumental; posteriormente, adquiriu um sentido substantivo convertendo-se em verdadeira garantia constitucional inomiada ("Razoabilidad de las Leys. El debido Proceso como Garantía Inominada en la Constitución Argentina", Buenos Aires, 1970, p. 88).

Plá Rodriguez constata que diversos juízes estadunidenses têm-no (princípio da razoabilidade) colocado em relevo, ao analisar o problema da razoabilidade das leis. *Holmes* expressa: "Pode-se dizer que a diferença que separa o razoável do que não o é, não é senão uma questão de grau. Se se analisam as situações com prolixidade, encontram-se muitas diferenças. A cada instante, são as diferenças de graduação as que permitem determinar a medida em que a legislação pode exceder seu poder de polícia. *Hall* afirma que o critério da razoabilidade não pode ser definido com precisão, mas um estudo cuidadoso dos casos específicos tende a desenvolver uma compreensão intuitiva da razoabilidade. Esta compreensão excede a análise e totaliza nela muitas expressões inconvenientes e obscuras, isso é suficiente para subministrar como guia, quando é acompanhado do conhecimento dos fatos particulares e das condições" (ob. cit., p. 256).

Toda interpretação, e conseqüentemente a jurisprudência que se venha a formar sobre determinado assunto, devem guardar em seu cerne o elemento razoabilidade.

A razoabilidade jurisprudencial é fator de aceitação e de respeito. Daí o cuidado que há de ter os tribunais ao editar súmulas e orientações jurisprudenciais. As decisões do dia-a-dia (interlocutórias e sentenciais) devem ser motivadas pela razoabilidade. E isso, nem sempre acontece. Os exemplos são fartos: Juiz que, pelo fato de não haver impugnação dos cálculos na liquidação de sentença, homologa cálculos errados onde existe excesso de execução. Como guardião da coisa julgada é seu dever de ofício executar a sentença nos limites subjetivos e objetivos; Juiz que prescinde do depoimento de testemunha e se nega a consignar no termo de audiência a dispensa, agindo de forma arbitrária; Juiz que se nega a consignar no termo de audiência o encerramento da instrução, quando a parte pretendia ouvir outras testemunhas; Juiz que para adiantar a pauta do dia passa a cercear a defesa; Juiz que atrasa a pauta de julgamento; Juiz que chega constantemente atrasado para o início da audiência; Juiz que, em audiência, não atende o advogado prontamente, fazendo-o aguardar até o término. Como dissemos, os exemplos são muitos.

O advogado e as partes também não prestigiam o princípio da razoabilidade quando não agem de boa-fé; quando há procrastinação, quando causam incidentes inúteis. A falta de razoabilidade no agir poderá desaguar no enquadramento de litigância de má-fé.

46.6. Da liquidação de sentença

46.6.1. Das noções introdutórias

A liquidação de sentença é um incidente processual que antecede o ato executório. A sentença ilíquida constitui um título judicial abstrato com conteúdo condenatório, mas, sem possibilidade executória. Essa possibilidade virá com a citação do devedor; porém, esta, a citação, somente poderá ser feita com a apuração do *quantum debeatur*. Na liquidação de sentença, o comando abstrato condenatório será transformado em realidade na obrigação de pagar quantia certa, isto é, a condenação será representada em pecúnia. A partir daí, o devedor será citado para adimplir a obrigação ou oferecer bens para a garantia do juízo (art. 880, CLT).

Num enfoque comparativo com o processo civil, temos que de conformidade com o art. 475-J (Lei n. 11.232/2005), nas execuções por quantia certa não haverá mais citação, bastando a intimação, ressalvados os casos previstos no art. 475-N, incs. IV e VI. Com essa nova tomada de posição, a liquidação de sentença em sede civil passou a ser, a exemplo do que ocorre em âmbito trabalhista, mero incidente ligando as fases de conhecimento e executória. A decisão que vier a ser proferida em liquidação de sentença tem natureza jurídica de interlocutória desafiando o agravo de instrumento, não mais a apelação (art. 475-H, CPC). Da decisão de liquidação terá cabimento o remédio processual denominado "Impugnação", *nomen juris* que substitui os antigos Embargos à Execução (ou do devedor), permanecendo estes apenas para a execução de título extrajudicial. A decisão proferida da "Impugnação" tem também natureza jurídica interlocutória e desafiará também o agravo de instrumento. A nova estrutura executória está mais coerente com as regras processuais nas quais o agravo de instrumento é cabível quando não há término do processo. Em ocorrendo o término do processo executório, o recurso cabível será a apelação (art. 475-M, § 3º, CPC).

46.6.2. Da liquidação de sentença como incidente

A liquidação de sentença em sede trabalhista tem a natureza jurídica de simples incidente de natureza declaratória ligando a fase de conhecimento à fase executória. O seu conteúdo é declaratório porque transforma uma sentença ilíquida em líquida, isto é, dá ao *an debeatur o quantum debeatur*. O Código de Processo Civil, desde 1939, registrava a erronia de hospedar a liquidação de sentença no capítulo da execução. Essa erronia foi transmitida para a CLT pelo Código de 1939 e perdura até hoje. Com o advento da Lei n. 11.232/2005, a erronia foi sanada. Por certo, a liquidação de sentença antecede à fase executória. Isso estava claro no art. 611 (revogado pela Lei n. 11.232/2005) que dizia claramente que, "julgada a liquidação, a parte promoverá a execução, citando pessoalmente o devedor". Ver item anterior.

46.6.3. Da natureza jurídica da decisão liquidatória

No processo do trabalho, a fase executória é um simples epílogo da fase de conhecimento. Ambas se completam. Em sendo o comando sentencial condenatório ilíquido, não há a possibilidade de se promover à execução, embora possam ser tomadas providências cautelares, como o arresto de bens. A execução, todavia, somente terá início com a citação (art. 880, CLT). Isso significa que, somente após à decisão liquidatória, terá início a execução. A decisão proferida em liquidação tem a natureza jurídica de "interlocutória". É importante que se tenha em mente a natureza jurídica da decisão, uma vez que, no processo do trabalho, vige o princípio da irrecorribilidade das decisões interlocutórias. Vale dizer, a decisão interlocutória simplesmente não é recorrível. Mas, isso não traz qualquer desprestígio ao princípio da ampla defesa ou prejuízo à parte. A matéria proveniente de decisão interlocutória poderá ser revisada em recurso, se e quando existente, de forma preliminar, isto é, antes do enfrentamento da matéria de fundo (meritória).

46.6.4. Dos modos de liquidação de sentença

A liquidação de sentença no processo do trabalho é feita, na sua quase totalidade, por simples cálculos aritméticos. A CLT, todavia, registra três modos pelos quais a liquidação poderá ser feita: por cálculo, por arbitramento ou por artigos (art. 879). Far-se-á a liquidação por arbitramento quando: a) determinado pela sentença ou convencionado pelas partes; b) o exigir a natureza do objeto de liquidação (art. 475-C). A liquidação por artigos será feita quando para determinar o valor da condenação, houver necessidade de alegar e provar fato novo. Requerida a liquidação por arbitramento, o juiz nomeará perito e fixará prazo para a entrega do laudo (art. 475-D, CPC).

Apresentado o laudo, as partes terão o prazo de 10 (dez) dias para falar, o juiz proferirá decisão ou designará audiência, se for necessário (parágrafo único). No processo do trabalho, o prazo será sempre de 10 (dez) dias, não importando o modo pelo qual foi feita a liquidação (art. 879, § 2º). O fato novo de que fala a lei para a liquidação por artigos não é a possibilidade de se inovar na prova produzida na fase de conhecimento. O fato novo que se busca provar é apenas e tão-somente para apurar o valor da condenação. Não haverá qualquer inovação no comando sentencial condenatório (arts. 879, § 1º, CLT e 475-G, CPC). Exemplifico: a sentença condenou o réu a pagar ao autor a participação nos lucros da empresa dos últimos cinco anos e os balanços não foram juntados. Duas hipóteses poderão ocorrer: a) à vista do pedido formulado, a ré deveria juntar os documentos; como não juntou, a sentença considerou preclusa a oportunidade e condenou na participação dos lucros. Neste caso, não haverá necessidade de artigos de liquidação; b) a ré não juntou todos os documentos, a sentença condenou com base nos documentos juntados e determinou que o restante fosse apurado mediante perícia *in loco*. Neste caso, haveria a complementação do *quantum debeatur*, já que o *an debeatur*, foi constatado. Na fase liquidatória, as partes prequestionam os temas que poderão ser renovados por ocasião dos embargos à execução. Aquilo que não for prequestionado, como regra, deságua na preclusão.

46.6.5. Dos atos que antecedem à liquidação de sentença

A sentença condenatória ilíquida não permite a execução. A busca do *quantum* é imperativo legal para que se dê início à fase executória. Como vimos, a liquidação poderá operar-se pela forma de arbitramento, de artigos e de simples cálculos aritméticos. Tudo isso dependerá do modo pelo qual se procedeu por ocasião da instrução probatória. Se na instrução probatória, o juiz instrutor coletou todos os dados necessários à apuração do valor por simples cálculos aritméticos, o credor poderá instruir o pedido de execução com "memória discriminada e atualizada dos cálculos". Juntado o pedido aos autos, será oportunizado à parte prazo (10 dias, § 2º, art. 869, CLT) para, querendo, impugnar também mediante cálculos. De posse do pedido executório do credor e da impugnação do devedor, o juiz poderá designar perícia ou homologar os cálculos que lhe pareçam corretos. Como regra, juiz e advogado não sabem fazer cálculos, nem entendem de contabilidade, o que é uma pena. Esse conhecimento específico facilitaria a execução. Em havendo dúvida quanto à correção dos cálculos apresentados, melhor que determine o levantamento por perito de sua confiança. Esse trabalho inicial, certamente retirará obstáculos: no tribunal que poderá anular a liquidação e determinar que outra seja feita; na fase executória, onde o *quantum* já foi discutido e referendado pelo tribunal, promovendo a coisa julgada.

É importante que o devedor tenha em mente que cálculos se impugna por meio de outros cálculos. A simples alegação vazia, sem nenhum demonstrativo objetivo, a ninguém sensibiliza, menos ainda ao juiz que deve decidir sobre fatos objetivamente provados. A simples alegação de que os cálculos apresentados não estão corretos soa como objetivo procrastinatório, defesa de quem não tem o que defender e como defender. Some-se a isso o princípio de lealdade processual a que parte e procuradores estão sujeitos. O § 2º, art. 879, CLT adverte que a impugnação deve ser "fundamentada com a indicação dos itens e valores objetos da discordância, sob pena de preclusão". O juiz executor deverá estar atendo ao comando do § 2º, retro: a desobediência pelo devedor desaguará inexoravelmente na preclusão.

Quando o levantamento for feito por meio de perito indicado pelo juiz, as partes terão oportunidade, mediante prazo razoável, para apresentar rol de quesitos e indicar, querendo, assistente técnico (art. 3º, parágrafo único, Lei n. 5.584/1970). Nesse caso, o assistente técnico terá duas opções: assinar o laudo com o perito do juízo indicando a sua concordância com as conclusões; ou apresentar laudo em separado no mesmo prazo assinado ao perito do juízo. Se o fizer a destempo, o laudo será desentranhado. À parte será dada ciência de dia e hora da perícia para que, querendo, acompanhe o perito durante a coleta de dados, juntamente com seus advogados.

O perito do juízo e os assistentes técnicos deverão responder, de per si, cada quesito formulado. Da juntada do laudo aos autos, as partes terão ciência e prazo para proceder à impugnação. O prazo será atribuído de conformidade com as dificuldades que um exame apurado necessite. O prazo é judicial (concedido pelo juiz), não legal (previsto em lei). Como regra, o prazo é concedido para as partes separadamente, por questões óbvias. Poderá a parte, apresentando motivos convincentes, pedir a prorrogação do prazo. A ausência de impugnação, impõe a preclusão à parte que assim procedeu, desde que os cálculos apresentados estejam contidos nos limites objetivos e subjetivos da coisa julgada (art. 879, § 1º, CLT).

É mais ou menos comum, por ocasião da impugnação do laudo pericial, as partes apresentarem novos quesitos sob a rubrica "quesitos esclarecedores", e não raro acolhidos pelos juízes. A erronia é evidente. De conformidade com o art. 425, CPC, as partes somente poderão apresentar "quesitos suplementares" antes da juntada do laudo pericial aos autos, isto é, referidos quesitos somente poderão ser implementados durante a diligência pericial. Juntado o laudo, as partes não poderão inovar naquilo que consta dos quesitos apresentados. Toda e qualquer impugnação somente poderá ser dirigida contra as respostas dadas aos quesitos, precluso qualquer acréscimo. Daí por que partes e advogados deverão estar atentos, quando acolhidos quesitos nesse sentido, pelo juiz. O ato do juiz, determinando que o perito responda, contraria a lei e atropela a preclusão, retirando a imparcialidade. Deve a parte, habilmente, protocolar petição de protesto, demonstrando o seu inconformismo. Assim, está prequestionando matéria para futura execução.

Nessa fase, que antecede a execução, é que a matéria é prequestionada para alegação em embargos e, em sendo o caso, em agravo de petição. Como regra, a matéria não invocada antes da fase liquidatória torna-se preclusa, não podendo ser renovada.

46.6.6. Da forma da decisão de liquidação

A decisão proferida em liquidação de sentença não exige a forma de sentença; mas, nada impede que seja utilizada, lançada com: relatório, fundamentação e dispositivo. No caso de artigos e de arbitramento, é aconselhável que seja formal. No tocante à apuração por simples cálculos aritméticos, a decisão homologatória poderá ser mais simples. Não se perca de vista, entretanto, que toda e qualquer decisão judicial deverá (não poderá) ser fundamentada (art. 93, IX, CF). A exigência constitucional prestigia o princípio da transparência e da persuasão racional, devendo o juiz indicar expressamente "os motivos que lhe formaram o convencimento" (art. 131, CPC).

Incorreta a praxe que se avoluma entre juízes de homologar sem fundamentar de forma lacônica: "Vistos, etc. Homologo os cálculos de fls. ... por estarem corretos"; ou pior: "Vistos, etc. Homologo os cálculos de fls. ... por não impugnados." Antes disso, havia o juiz despachado: "Diga a parte em dez dias sobre os cálculos. A falta de impugnação redundará na preclusão." O magistrado não deve subestimar a sua função de guardião da coisa julgada (art. 879, § 1º, CLT). É dever de ofício do juiz executor prover para que a coisa julgada seja executada nos seus limites subjetivos e objetivos, não permitindo a modificação ou a inovação. E isso poderá se dar em sede *ultra petita*, quando os cálculos, embora superiores, são homologados, ou em sede *extra petita*, quando a homologação acoberta excesso de execução. Num e noutro casos, é dever de ofício o juiz não permitir que isso aconteça. O que significa que não pode dar como certos cálculos apresentados só pelo fato de a parte não os haver impugnado. É uma saída muito cômoda, mas que arrosta a lei (art. 879, § 1º, CLT) e a Constituição Federal (art. 5º, XXXVI).

46.6.7. Da conciliação na fase executória

A conciliação na fase executória deverá merecer redobrados cuidados do juiz. Quando a lei diz (art. 879, § 1º, CLT) que não poderá haver inovação, nem modificação na execução da coisa julgada, isso vale também para um futuro acordo, composição ou transação. A parte titular do direito, no caso o autor que titulou a ação e conseguiu uma sentença condenatória, em que pese o princípio das irrenunciabilidade, poderá transacionar os seus direitos perante o juízo e a transação será homologada. Todavia, além dos direitos do transacionante, há o direito da União nas custas, nas cotas previdenciárias e no imposto de renda; e há ainda o direito do perito que elaborou o laudo e do advogado representando sindicato a quem foram conferidos honorários advocatícios. Evidente e elementar que nessas verbas que não pertencem ao exeqüente, não poderá haver acordo ou transação. Pelo simples fato de que não se pode dar, transferir ou renunciar àquilo que não lhe pertence. Registramos, na prática, caso em que, numa dívida de 9 milhões, foi feito acordo por 850 mil, aquiescendo o juiz a que as custas, as cotas previdenciárias e o imposto de renda fossem pagos sobre o valor transacionado; de cambulhada reduziu os honorários advocatícios de 350 mil (cerca de 20 volumes de perícia e processo com duração de mais de dez anos) para 15 mil. Outros casos existem. Em artigo sob a rubrica "Coisa Julgada: Limitações do acordo judicial", publicado no Suplemento Trabalhista 084/06, comentamos o caso do Processo RR n. 539/1999-383-02-00-3 em que a Terceira Turma do TST deu o seu referendo em caso idêntico. O precedente permitido pela mais alta Corte Trabalhista em decisão turmária é preocupante pelo fato de permitir afronta à coisa julgada. Elegeu-se, pela via do acordo ou da transação, uma espécie de corte rescisório, onde se arrosta a coisa julgada e se permite que o exeqüente renuncie a direitos de terceiros (direitos que não estão no seu patrimônio), sem qualquer cerimônia. Criou-se um mostrengo kafikiano que se apresenta como precedente para outros julgados, caso a erronia não seja coarctada.

46.6.8. Dos honorários periciais

O perito é um profissional de confiança do juiz e, na qualidade de auxiliar do juízo, desenvolve um *munus publico*. Nenhum perito hoje, mormente nas grandes cidades consegue desenvolver o seu mister a contento e com a rapidez exigida para a agilidade procedimental sem que conte com aparato de retaguarda eficiente e caro. Mister, assim, que, além de uma rede de computadores, um espaço que poderá ser alugado ou adquirido, tenha um quadro eficiente de colaboradores. Percebe-se que, numa análise superficial, que todo perito, como regra, tem um custo obrigatório só pelo fato de estar à disposição do juízo. Dentro dessa realidade, que não deve passar despercebida pelo juiz, os honorários periciais arbitrados deverão remunerar o trabalho técnico e o tempo despendido para a elaboração do laudo. Aconselha-se que ao arbitrar os honorários periciais, o juiz não seja nem sovina, nem magnânimo, mas seja justo. Nenhum juiz conseguirá um *expert* de confiança se o desprestigiar, começando pela remuneração do seu trabalho técnico.

46.6.9. Da ligação entre a fase de liquidação e a executória

A fase de liquidação se liga à fase executória pela citação. Citado o devedor, desatrela-se do prazo de 48 (quarenta e oito) horas para que efetue o pagamento ou ofereça bens à penhora (arts. 880, 882 e 883, CLT). Disso resulta que se a parte não efetuar o pagamento no prazo legal, nem garantir o juízo, mediante depósito em dinheiro ou oferecimento de bens ou fiança bancária, o oficial penhorará bens, quantos bastem à garantia da obrigação. Poderá o juízo fazer a penhora *on line*. A citação é ato de extrema importância para que se aquiete a prescrição intercorrente em fase executória (art. 40, da Lei n. 5.177/1966 — LEF). Tendo em conta o privilégio do crédito trabalhista (art. 186, CTN), deve o juiz agir de ofício e determinar a citação por edital, se e quando for o caso, para evitar a prescrição intercorrente. Embora o art. 4º, da Lei n. 5.584/1970 expresse uma limitação (alçada e trabalhador sem advogado), nada impede que o juiz aja de ofício, quando houver por bem, uma vez que a presença do advogado no processo do trabalho não tem peso obrigatório (art. 791, CLT). E sendo o crédito alimentar, deve prover para que o crédito alimentar não se perca na execução.

46.6.10. Da liquidação de título extrajudicial

A regra geral, no processo do trabalho, é que o título extrajudicial não tem a executoriedade. Disso resulta, que mesmo os acordos firmados perante a Delegacia

Regional do Trabalho ou o Sindicado de classe não são executáveis perante o juízo trabalhista. Isso se dá por uma preocupação exagerada da lei que vê no trabalhador uma pessoa desprotegida. É uma intervenção indevida do Estado. O trabalhador de hoje não é mais aquele do século passado. Como regra, está mais politizado e sabe defender os seus direitos. A Lei n. 9.958/2000 deu nova redação ao art. 87, CLT e deu executoriedade ao título extrajudicial formado pela "Termo de Ajuste de Conduta" firmado perante Ministério Público do Trabalho e o "Termo de Conciliação" firmado perante a Comissão de Conciliação Prévia. O art. 877-A provê para a competência do juiz que teria competência para o processo de conhecimento relativo à matéria.

Para o acordo extrajudicial firmado perante o sindicato ou a DRT, o credor poderá simplesmente desconhecê-lo e ingressar com dissídio individual e pedir tudo aquilo que julgar de direito; poderá, entretanto, prestigiar o acordo firmado, se a tanto lhe convier, e proceder à execução pelo manejo da ação monitória, meio processual pouco utilizado em sede trabalhista.

46.6.11. Das conseqüências quanto à natureza interlocutória da decisão

A decisão proferida em liquidação de sentença tem a natureza jurídica interlocutória, isto é, não tem a dignidade de "sentença de mérito", do que resulta ser irrecorrível e não transitar em julgado. Comparando-se o processo do trabalho e o processo civil, após a mudança implementada pela Lei n. 11.232/2005, verifica-se que também no processo comum a decisão proferida na fase de acertamentos tem natureza interlocutória, já aqui recorrível pela via do agravo de instrumento, no que difere do procedimento trabalhista. No processo do trabalho, as decisões interlocutórias, por serem irrecorríveis em primeiro grau, não transitam em julgado. Mas, a parte, em havendo recurso (ordinário ou agravo de petição), poderá submeter ao *ad quem* a decisão interlocutória, a qual será decidida liminarmente, antes, portanto, do tema meritório (matéria de fundo). Nesse caso, o acolhimento ou não da decisão interlocutória também transita em julgado.

46.7. Da penhora: generalidades

46.7.1. Da penhora como meio de coação

A penhora de bens nada mais é do que um meio de coerção aplicado ao devedor renitente. Não basta que o Estado, num comando sentencial condenatório, decida a lide. A decisão, assim proferida, mantém-se, *ab initio*, em plano abstrato. Feita a liquidação da sentença e citado o devedor este terá o prazo de 48 horas (art. 880, CLT) para efetuar o pagamento ou garantir a execução, sob pena de penhora. A penhora, em sede trabalhista, é feita de ofício, não necessitando de requerimento do credor. Nada impede que, em certos casos, o próprio credor indique bens. Atualmente, o próprio juiz tem a possibilidade de valer-se da penhora *on line*.

A apreensão de bem traduz, em princípio, aparentemente um desrespeito ao direito de propriedade, constitucionalmente protegido (art. 5º, XXII, CF). Todavia, esse direito não é absoluto, como nada é absoluto. O direito do devedor estará protegido enquanto não houver desrespeito ao direito de outrem. No caso da penhora, existe uma sentença com trânsito em julgado material (ou apenas sentença, no caso da execução provisória) que deverá ser respeitada, ainda que seja de forma coativa. Essa forma coativa somente é dada ao Estado, titular único da jurisdição, que a exerce por meio da execução forçada e de modo aparelhado. Se assim não fosse, haveria o desprestígio do Estado que concederia o direito abstratamente, mas não o transformaria em realidade, permanecendo a lide. O devedor condenado que não cumpre a obrigação, salvo casos de impossibilidade econômica e financeira, exerce ato de afronta. Daí o uso da força com a penhora de bem (ou penhora *on line*) e a realização de almoeda.

46.7.2. Da *manus injectio*

Antes do Estado assumir o poder jurisdicional e substituir-se às partes na resolução da lide, as partes mesmas resolviam os seus conflitos. O credor tinha direito sobre a pessoa física do devedor inadimplente, podendo utilizá-la como escravo, trabalhando até pagar a dívida, ou mesmo vendê-la como escravo para o pagamento da dívida. *Mutatis mutandis*, o Estado ao tomar para si o poder jurisdicional e substituir-se às partes, tomou para si o poder de coerção não sobre a pessoa física do devedor, mas sobre o seu patrimônio. Esse poder de coerção sobre o devedor prestigia o equilíbrio social, que inexistiria se fosse deixado a cada qual cumprir ou não as suas obrigações e saldar ou não as suas dívidas.

46.7.3. Da nomeação de bens à penhora

Embora, de conformidade com a lei (art. 880, CLT), a parte deve adimplir a obrigação ou indicar bens à penhora, não é isso o que acontece na prática. Como regra, o devedor não efetua o pagamento, não garante o juízo com depósito em dinheiro, nem oferece bens à penhora. Essa é, pois, uma estratégia para procrastinar a execução, desrespeitar a sentença transitada em julgado e ganhar tempo. Quanto mais se arrastar a execução maior será a chance de um acordo com o devedor (quase sempre necessitado) por quantia bem inferior ao que seria devido, em que pese a aplicação no processo trabalhista do princípio da irrenunciabilidade, de resto a muito relativizado. A Justiça comum, nesta parte, tomou a dianteira ao editar o art. 475-J (Lei n. 11.232/2005). De conformidade com o citado artigo, se o devedor não efetuar o pagamento dentro de 15 (quinze) dias (*tempus judicate*) da intimação (aboliu-se a citação e foi revogado o art. 611, CPC), a dívida será acrescida da multa de 10% (dez por cento). O acréscimo pecuniário constitui um meio suasório de grande poder, pois é sabido que o devedor, como regra, somente cumpre a obrigação, quando começa a pesar no bolso. Embora, no processo do trabalho, não se possa prescindir da citação, posto que expressamente exigida pelo art. 880, CLT, nada impede e tudo aconselha que se utilize, como alento complementar subsidiário, a multa de 10% (dez por cento) prevista no art. 475-J. De resto, o acréscimo pecuniário deverá ser imposto de ofício pelo juiz executor.

O juiz do trabalho de primeiro grau tem o dever de ofício de tomar todas as providências que estejam ao seu alcance para agilitar o procedimento executório e fazer a entrega jurisdicional no menor tempo possível. Para isso, tendo em conta a indigência procedimental do processo trabalhista, deve utilizar, sempre, do subsídio do processo comum, autorizado pelo art. 769, CLT, na ausência de norma ou na presença de normas incompletas. Por outro lado, o art. 765, CLT é uma espécie de "carta branca" a qual se refere *Couture* que deve ser utilizada sem preconceitos.

O crédito trabalhista, cuja natureza é alimentar, exige juízes sensíveis e preocupados com a rapidez na entrega jurisdicional. A pior coisa para o processo do trabalho são os juízes de formação civilista pétrea, preocupados com o formalismo excessivo, com um gosto doentio pela forma. Com essa espécie de juiz, nada andará e a execução continuará a ser um paquiderme disforme que confirma o ditado popular de que "ganha, mas não leva".

O juiz trabalhista vocacionado é aquele que tem uma sensibilidade epidérmica, que na execução, principalmente, coíbe a procrastinação e faz o procedimento andar. A secretaria deve ter um controle rigoroso sobre os mandados de citação, para que o oficial (cumpridor de mandados) retorne no menor prazo para efetuar a penhora, decorridas as quarenta e oito horas. A preocupação da Justiça do Trabalho deve começar pela escolha de juízes nos concursos públicos. As provas, em especial a primeira, a segunda e o exame oral, devem ser elaboradas de forma que se o candidato for somente excelente em matéria trabalhista ou em matéria civilista não seja aprovado, pois há a necessidade de que domine, com segurança, ambos os campos. Um candidato que só saiba Direito do Trabalho (material e processual) terá dificuldades no exercício da judicatura, e o mesmo acontecerá com aquele que só tem conhecimento de Direito Civil (material e processual). A reunião de ambos os conhecimentos com certa profundidade dará o conhecimento médio para uma judicatura razoável, pois certamente navegará com certa facilidade nos demais ramos do direito administrativo, constitucional, tributário e penal. Importante também que os concursos sejam nacionais sob a direção do TST, mas com a convocação de juízes regionais mais afetos à matéria de fato e de direito. A Escola Superior de Magistratura poderá contribuir para a atração de candidatos vocacionados e estudiosos, a fim de não correr o risco daquele candidato que após passar no concurso suba num pedestal bem alto e não leia mais nada, pois acha que sabe absolutamente tudo.

A execução depende de uma fase de conhecimento bem feita, bem instruída, sem cerceamentos, onde o juiz instrutor busca produzir todos os elementos fáticos necessários a uma liquidação de sentença por simples cálculos, isso quando já faz líquida a sentença. Depois disso, é só ficar atento a que não haja investidas procrastinatórias. Dever, ainda, utilizar a penhora *on line*, meio hábil de agilitar a execução. Sobre a execução, temos o pronunciamento do Corregedor Geralda Justiça do Trabalho, Ministro Dalazen:

A exemplo do que ocorre em outras Regiões, conforme tem constatado nas correições realizadas desde que assumiu a Corregedoria-Geral da Justiça do Trabalho, em março deste ano, o ministro Dalazen observou que "o grande ponto de estrangulamento do exercício da função jurisdicional trabalhista na Região é a fase de execução". A partir das observações e dos levantamentos realizados durante a correição, o ministro atribui o problema, em parte, "à desatenção que alguns juízes de primeiro grau dispensam ao sistema BACEN-Jud" (que permite o bloqueio *on line* de contas correntes nos valores necessários ao pagamento de créditos trabalhistas).

Diligência empreendida pelo corregedor-geral apurou a existência de valores expressivos bloqueados mediante o BACEN-Jud, mas, não transferidos pelo juízo de execução para uma conta judicial. "Essa grave e lastimável desatenção é prejudicial a todos", assinalou o relatório. "Torna a execução mais gravosa que o necessário para o executado, não satisfaz o crédito exeqüendo, de natureza alimentar, afeta a economia do Estado e concorre para desprestigiar e solapar a credibilidade de um mecanismo institucional altamente benéfico para a eficácia da execução trabalhista."

Visando à correção do problema, o corregedor-geral alertou para a necessidade de a Corregedoria Regional "coibir energicamente tal prática, inclusive porque contrária às normas que regem o convênio assinado com o Banco Central". Sugeriu, ainda, a adoção de algumas providências, como a realização sistemática (semanal, no mínimo), de audiências de conciliação de processos em execução nas Varas do Trabalho ou a instalação de juízo conciliatório de execução com essa finalidade, ou, ainda, a designação de juízes auxiliares para atuar especificamente nesses processos. Recomendou, ainda, a centralização numa mesma Vara, na medida do possível, de processos em execução envolvendo empresas privadas, para tentativas de acordo ou para a realização de leilão unificado. Outra recomendação é no sentido de difundir a utilização do sistema de cálculo unificado da Justiça do Trabalho, a fim de minimizar possíveis erros quanto aos valores da condenação e agilizar a elaboração da conta, e disponibilizar e disseminar o uso do sistema Infojud — convênio com a Receita Federal que permite o acesso a dados fiscais dos executados.

46.7.4. Da eventual ineficácia da penhora

De conformidade com o disposto no art. 655, CPC, a penhora, em princípio, deverá obedecer, preferentemente, à ordem legal. Não o fazendo, o devedor, o credor poderão requerer a substituição (art. 656, I, CPC) por outros bens que antecedam na ordem legal. Na prática, a norma não é criteriosamente levada em conta, pois bastará que o bem oferecido à penhora tenha liquidez na praça ou leilão. Todavia, com a nova redação dada ao art. 649, CPC (Lei n. 11.382/2006), inc. X, há a possibilidade da penhora de dinheiro depositado em poupança, garantida a impenhorabilidade do limite de 40%. Embora a lei fale em "caderneta de poupança", a penhora poderá ser feita em qualquer modo de aplicação. A esse entendimento, leva o art. 655-A (Lei n. 11.382/2006), quando fala em dinheiro em depósito ou em aplicação financeira. Em ambos os casos, a penhora poderá ser feita pelo juiz, usando dos meios eletrônicos para requerer informações sobre a existência de ativos em nome do executado ao mesmo tempo em que pode determinar a indisponibilidade até o valor indicado na execução. Tem também ao seu alcance a penhora *on line*.

A Lei n. 11.382/2006, que deu nova redação ao art. 656, CPC, rompeu com tradição secular que garantia ao devedor efetuar o pagamento em vinte e quatro horas ou oferecer bens à penhora. Essa prerrogativa do devedor foi minimizada pelo art. 652, CPC em que o executado tem três dias para efetuar o pagamento (não mais vinte e quatro horas). Não efetuado o pagamento, o oficial de justiça procederá de ofício à penhora e a sua avaliação. O processo comum copia aqui os preceitos do art. 883, onde a penhora se torna ato executório de ofício. O § 2º, do art. 652 permite que o credor indique os bens a serem penhorados ao pedir o início da execução. Evidentemente, a penhora requerida pelo credor deverá obedecer a ordem do art. 655, CPC em consonância com os arts. 9º e 14 da Lei n. 6.830/1980 (LEF), *ex vi* do art. 889, CLT. Segundo o § 3º, o juiz poderá, de ofício ou a requerimento do exeqüente, determinar, a qualquer tempo, a intimação do executado para indicar bens passíveis de penhora.

Por outro lado, é dever do executado (art. 600), no prazo fixado pelo juiz, indicar onde se encontram os bens sujeitos à execução, exibir a prova de sua propriedade e, se for o caso, certidão negativa de ônus, bem como abster-se de qualquer atitude que dificulte ou embarace a realização da penhora, art. 14, parágrafo único (art. 656). A referência ao art. 600 significa ônus material e processual nos quais o devedor renitente poderá incorrer.

O novo sistema coíbe procedimento protelatório em que o executado citado para pagar ou indicar bens, não pagava, nem indicava bens, aguardando que o oficial o fizesse. Dado o volume de mandados que, como regra, assoberba as Varas, o oficial retornava para efetuar a penhora meses depois, com evidente procrastinação do feito. É bem verdade que, na falta de indicação de bens à penhora, o devedor perdia a sua prerrogativa ao credor que poderia indicar bens. Mas, isso em nada favoreceu à jurisdição. Esta nova sistemática processual civil não se aplica ao processo do trabalho, cujas regras instrumentais estão expressas no art. 880, CLT que, inspirada no Código de 1939 (confirmada pelo Código atual, modificado pela Lei n. 11.382/2006) conserva a prerrogativa do executado em pagar em 48 horas ou apresentar bens à penhora. Sem dúvida, as regras procedimentais trabalhistas perdem espaço ao processo comum, que poderão ser superadas por uma interpretação com suporte na realidade (teoria da tridimensionalidade: fato, valor e norma) e com escudo em lacunas ontológica (a lei existe, mais está superada) e axiológica (a lei existe, mais já se tornou injusta). O ideal, sem dúvida, será a aplicação das regras civilistas com suporte nas lacunas indicadas. Mas, certamente, haverá resistência de intérpretes ortodóxicos. Todavia, a jurisprudência se firma por meio de discussões.

Em nossa obra "Comentários às Súmulas do TST", 6ª ed., RT, 2005, dissemos que: "A jurisprudência se origina de um trabalho de saturação interpretativa que se forma de baixo para cima, dos advogados e das jurisdições inferiores para as jurisdições superiores. Origina-se em um movimento centrípeto que colhe argumentos respaldados em fatores objetivos, e os transporta para o centro com toda a força e toda a pujança dos argumentos que dão respaldo às várias correntes que vão se formando em torno do assunto." Há que se iniciar a discussão!

No sistema vigente trabalhista em que o devedor terá o prazo de 48 horas para pagar a dívida ou garantir a execução (art. 882, CLT), a Secretaria da Vara, sabedora dessa praxe, deve proceder a rigoroso controle dos mandados de citação, separando-os por executante, em ordem crescente da data, de sorte que, decorridas as quarenta e oito horas sem que a parte tenha oferecido bens, o oficial lá retorne para efetuar a penhora como de direito. Normalmente, esse controle não é feito e a penhora só é efetuada muitos dias ou meses depois da citação. Pela nova redação do art. 652 do CPC, prevista na Lei n. 11.382/2006, o devedor, citado, terá três dias para efetuar o pagamento (não mais vinte e quatro horas). Essa regra não se aplica ao processo do trabalho, que possui regras próprias (art. 880, CLT).

46.7.5. Da ausência de depósito ou de nomeação de bens pelo devedor

Como dissemos anteriormente, raro é a hipótese em que a parte efetua o pagamento ou oferece bem à penhora espontaneamente. O pagamento imediato dificilmente é efetuado pelo fato de que a empresa não tem interesse em retirar o dinheiro do seu capital de giro. O dinheiro no comércio ou na indústria rende mais do que a correção e os juros que irá pagar. É uma escolha que se faz sobre custo e e benefício. Enquanto o benefício for maior do que o pagamento, a execução continuará sendo relegada a plano terciário. A situação deverá ser revertida por meio de lei em que o não pagamento ficará mais oneroso ao devedor. A primeira providência foi tomada pelo legislador em sede civilista ao editar o art. 475-J (Lei n. 11.232/2005), onerando o devedor inadimplente, depois de decorridos 15 (quinze) dias da intimação, com a multa de 10% (dez por cento) sobre o total da dívida. Essa regra moralizadora deve ser aplicada ao processo do trabalho com maior razão, uma vez que se cuida de crédito alimentar (art. 33, ADCT) e superprivilegiado (art. 186, CTN), por alento subsidiário complementar. Se a parte não paga nem oferece bens à penhora, não restará ao juízo outra saída, senão penhorar tantos bens quantos bastem para garantir a execução, de preferência, obedecendo à ordem legal. A penhora em dinheiro sempre será a melhor opção. Nada obstante, o TST vem adotando entendimento de que a penhora em dinheiro somente poderá ser feita no caso da execução definitiva, isto é, após o trânsito em julgado material (título judicial), embora a lei não faça a restrição. A posição adotada por aquela alta Corte tem apoio no art. 620, CPC:

"Quando por vários meios o credor puder promover a execução, o juiz mandará que se faça pelo modo menos gravoso para o devedor." Esse comando processual é aplicado também nas execuções definitivas, desde que não seja prejudicial ao credor. A penhora de bens será feita a requerimento do exeqüente ou de ofício pelo juízo. Normalmente, a parte não necessita peticionar e a penhora de bens será feita pelo oficial de justiça (cumpridor de mandados), dias depois de feita à citação.

A nova redação dada ao art. 665, CPC (Lei n. 11.382/2006) perdeu a oportunidade de incluir no rol a fiança bancária. Todavia, o rol deve ser entendido como meramente exemplificativo, nada impedindo que se aceite a fiança bancária, prevista no art. 656, CPC.

A Lei n. 11.382/2006 relativizou a impenhorabilidade, dando nova redação ao art. 649, CPC, cujos incisos vigem com a seguinte redação: II — os móveis, pertences e utilidades domésticas que guarnecem a residência do executado, salvo os de elevado valor ou que ultrapassem as necessidades comuns correspondentes a um médio padrão de vida. A nova redação rompe com um entendimento secular. Durante muito tempo, deu-se maior valor ao *modus vivendi* do devedor, em desprestígio do credor. A execução menos onerosa não pode, certamente, prejudicar o credor. A penhora do excesso utilizado para a sobrevivência é perfeitamente razoável. E mais. O padrão de vida deve ser aquele considerado razoável, não podendo ser nababesco. O inc. X permite que a penhora seja feita sobre o que sobejar a 40 salários mínimos da quantia depositada em caderneta de poupança. Há evidente lapso do legislador quando diz expressamente "carteira de poupança". Evidente que a regra será aplicada a toda e qualquer conta em que haja dinheiro aplicado para rendimento. Mesmo porque quem tem grandes quantias não a aplica em poupança. A nova regra é oportuna, pois desmancha um mal entendido na prática judicante de alguns juízes que negavam a penhora sobre aplicação sob o argumento de que era produto de salário, portanto, impenhorável. Evidente o lapso conceitual. O produto depositado, ainda que proveniente de salário, deixa de sê-lo para se tornar poupança. E como tal perde a sua base conceitual inicial, tornando-se penhorável. Foi justamente isso que a nova lei veio dizer, em boa hora.

O inc. IV dispõe: "os vencimentos, subsídios, soldos, salários, remunerações, proventos de aposentadoria, pensões, pecúlios e montepios, as quantias recebidas por liberalidade de terceiro e destinada ao sustento do devedor e (de) sua família, ou ganho de trabalhador autônomo e os honorários de profissional liberal, observado o disposto no § 3º deste artigo." O § 3º do Projeto de Lei dizia: "Na hipótese do inciso IV será considerado penhorável até quarenta por cento do total recebido mensalmente acima de vinte salários mínimos, calculados após efetuados os descontos de imposto de renda retido na fonte, contribuição previdenciária oficial e outros descontos compulsórios." Registre-se lapso do legislador, posto que o § 3º foi vetado. O veto, decerto, foi fruto de despreparo da assessoria presidencial, uma vez que se aplicaria ali o mesmo princípio antes aplicado, qual seja, a penhora do excesso, preservava-se o valor de vinte salários mínimos, valor que premia cerca de 20% da população e ainda assim, seria apenas quarenta por cento do excesso. O veto presidencial comete a erronia de continuar protegendo o mal pagador, ainda que tenha uma renda mensal elevada para os padrões normais do país.

O parágrafo único do art. 650 preceituava: "Também pode ser penhorado o imóvel considerado bem de família, se de valor superior a mil salários mínimos, caso em que, apurado o valor em dinheiro, a quantia até aquele limite será entregue ao devedor, sob cláusula de impenhorabilidade." (NR) O parágrafo único foi objeto de veto. Também aqui o veto foi fruto de despreparo da assessoria presidencial. Deu-se desmesurado privilégio ao chamado "bem de família". Já antes fora concedida retroatividade à Lei n. 8.009/1990 com a possibilidade de liberar penhora realizada antes do advento da lei, ferindo ato jurídico perfeito e direito adquirido. Prossegue-se na insanidade de preferir-se que o devedor continue residindo em uma mansão de forma nababesca (§ 3º, art. 649, CPC) a que pague o que deve. Não seria mais razoável que vendesse a mansão e morasse de forma menos ostentosa e pagasse o que deve? No caso dos direitos trabalhistas, o veto é ainda mais sem sentido, pois se cuida de crédito alimentar. Depois, o teto colocado pelo legislador era excessivamente alto, pois mil salários mínimos, hoje, representam R$ 380 mil reais, valor não encontrável em noventa por cento das cidades do interior. Vale dizer, o legislador foi ruim no parâmetro e o Presidente foi pior, ainda, no veto.

46.7.6. Da nomeação de bens pelo devedor

A nomeação de bens pelo devedor, como regra, deve obedecer à ordem preferencial prevista no art. 655, CPC. No processo do trabalho, tem-se como norte em sede executória os arts. 882, CLT e 9º e 11 da Lei n. 6.830/1980 (LEF), por força do art. 889, CLT, onde se registra também a garantia do juízo com fiança bancária. Caso a preferência não seja obedecida, poderá o credor objetar a penhora e requerer que seja obedecida a ordem preferencial. Todavia, ao decidir sobre a substituição o juiz deverá ater-se também às regras do art. 620, CPC. Como já vimos, na prática isso dificilmente acontece, pois o que interessa é que o bem nomeado pelo devedor tenha liquidez em hasta pública. Para nós, a fiança bancária é a melhor garantia, desde que devidamente elaborada, onde o fiador ficará responsável pelo pagamento integral da dívida, aí incluídos todos os acessórios até final e efetivo pagamento A penhora de dinheiro induvidosamente é tão interessante quanto a fiança bancária; mas, traz o inconveniente se interferir no capital de giro da empresa, podendo causar transtornos nos seus pagamentos obrigatórios e na folha de pagamento. O atraso no pagamento de obrigações comerciais poderá viabilizar um pedido de "quebra".

O oferecimento espontâneo de bens móveis deverá vir acompanhado de uma descrição minuciosa e do estado de conservação, bem assim o lugar onde se encontram; em se cuidando de semoventes (muares, bovinos e caprinos), especificá-los, indicando o número de cabeças e o imóvel onde se encontram apascentados; a indicação de bem imóvel deverá ser acompanhada da transcrição aquisitiva (número de matrícula no Cartório de Registro de Imóveis), situá-lo e indicar as suas divisas e confrontações (ou anexar cópia autêntica da escritura). Deve, ainda, atribuir valor ao bem oferecido (art. 655, § 1º, CPC). O valor deverá ser aquele corrente no mercado, não aquele proveniente de fator afetivo. No caso do bem imóvel, deverá o devedor declarar se está ou não gravado com garantia real (hipoteca, anticrese), se há plantio (especificar) e se a futura safra está gravada de penhor em Banco ou a terceiro. Da penhora de bem imóvel, deverá ter ciência o cônjuge do executado (art. 656, § 1º, CPC). Todos esses elementos são importantes, para que o edital de praça ou de leilão não sonegue informações aos licitantes, fato que poderá causar a nulidade da hasta pública. Aceita a nomeação, caso o devedor não tenha exibido a prova de propriedade do bem imóvel, deverá fazê-lo dentro do prazo que o juiz assinar, que será sempre razoável, acompanhada de certidão negativa de ônus. Cumpridas essas exigências, a nomeação do bem será reduzida a termo.

46.7.6.1. Da substituição do bem pelo credor

De conformidade com o art. 656, CPC especificado em seus incisos, a parte poderá requerer a substituição do bem oferecido espontaneamente em garantia, em 10 (dez) dias (art. 668, CPC), nos seguintes casos:

I — se não obedecer à ordem legal;

Como vimos, a obediência da ordem legal é relativa. E se a parte não tem outro bem, além daquele indicado, não haverá como fazer a substituição. De posse de tais informações, o juiz deve decidir de plano.

II — se não incidir sobre os bens designados em lei, contratos ou ato judicial para o pagamento.

Temos pela análise doutrinária de *J. E. Carreira Alvim* e *Luciana G. Carreira Alvim Cabral* que essa disposição vincula a garantia do juízo a determinados bens. A hipótese contemplada no inc. II, primeira parte, do art. 656, relativa à penhora de bens designados em lei, tem suporte no art. 1.419 do Código Civil, segundo o qual "Nas dívidas garantidas por penhor, anticrese ou hipoteca, o bem dado em garantia fica sujeito, por vínculo real, ao cumprimento da obrigação". A redação antiga (§ 2º, art. 656) era mais clara: "Na execução de crédito pignoratício, anticrético ou hipotecário, a penhora, independentemente de nomeação, recairá sobre a coisa dada em garantia." A substituição do bem penhorado pode ser também requerida, se não incidir sobre os bens designados no contrato. Essa regra se compreende na anterior, pois incide nos contratos de penhor, anticrese ou hipoteca, podendo, no entanto, compreender outras hipóteses como a compra e venda com reserva de domínio (art. 1.070, § 1º, CPC) e a alienação fiduciária em garantia, dentre outros. Por último, a substituição do bem penhorado pode ser requerida se não incidir sobre aquele que foi indicado no ato judicial para pagamento. Assim, se o juiz houver determinado a penhora de veículo de determinada marca, a penhora vier a ser efetuada sobre veículo de marca diversa; ou a penhora de determinada peça de arte (um quadro de Rembrandt), vindo a incidir sobre outra (um quadro de Renoir) ("Nova Execução de Título Extrajudicial. Comentários à Lei n. 11.382/2006", 1ª ed., 2ª tiragem, Juruá Editora, Curitiba, 2007, p. 100-101).

III — se, havendo bens no foro da execução, outros houver sido penhorados;

O oferecimento de bens fora do foro da execução, quando outros existem no foro, constitui ato atentatório à dignidade da justiça, opondo-se maliciosamente à execução, empregando ardis e meios artificiosos, comportamento que poderá redundar na multa de 20% sobre o valor atualizado do débito (natureza material) e ser impedido de falar nos autos (sanção processual) (art. 601, CPC). Nas mesmas sanções, poderá incorrer o devedor se, intimado, não indica, ao juiz, em 5 (cinco) dias, quais são e onde se encontram os bens sujeitos à penhora e seus respectivos valores.

IV — se, havendo bens livres, a penhora houver recaído sobre bens já penhorados ou objeto de gravame;

Diferentemente do Código de 1939, onde a segunda penhora poderia desaguar no concurso de credores, no Código atual, a penhora adquire a preferência pela anterioridade, ressalvado o concurso universal (art. 751, III, CPC). A penhora sobre bem penhorado só deve ser aceito, quando não existem outros bens livres.

V — se incidir sobre bens de baixa liquidez;

A oferta de bem de baixa liquidez, quando o devedor possui outros bens de plena aceitação no mercado, constitui ato malicioso de resistência e poderá incidir as conseqüências do art. 601, CPC.

VI — se fracassar a tentativa de alienação judicial;

O fracasso de alienação judicial dá-se quando o bem não possui liquidez no mercado. Poderá acontecer, de o devedor não possuir outros bens penhoráveis. Neste caso, o credor poderá adjudicar o bem, se isso lhe for conveniente. O devedor possuir outros bens também de baixa liquidez. Neste caso, aconselha-se somar a penhora existente com outro bem, facilitando a venda por valor razoável.

VII — se o devedor não indicar o valor dos bens ou omitir qualquer das indicações a que se referem os incisos I a IV, do parágrafo único do art. 668, CPC.

Em se cuidando de falha sanável, deve o juiz oportunizar ao devedor a possibilidade de saná-las.

46.7.6.2. Da penhora de bem imóvel indivisível

Em se tratando de bem indivisível que pertença ao devedor e ao seu cônjuge, esse fato, só por si, não será motivo de impedimento de o bem ser levado à hasta pública. Neste caso, o bem será vendido e a meação do cônjuge, alheio à execução, fixar-se-á sobre o valor pelo qual o bem foi arrematado. Em caso de adjudicação, o direito à meação do cônjuge alheio à execução deverá ser respeitado, devendo o adjudicante depositar a metade do valor pelo qual o bem está sendo adjudicado. O exeqüente prosseguirá com a execução contra o devedor para receber a parte depositada.

46.7.6.3. Do valor a ser penhorado

A execução deve ser levada a efeito no menor tempo e pelo menor custo. Por isso, o valor a ser penhorado é de suma importância, para evitar que a execução se projete por mais de uma praça ou de um leilão. A realização de várias hastas públicas encarecem o processo executório e onera o devedor. Pelo princípio de economia processual, o juiz deverá velar para que os atos procedimentais sejam realizados no menor tempo possível com resultados otimizados. Disso resulta que os bens penhorados deverão, sempre, sobejar o valor da dívida, uma vez que é de conhecimento notório que o bem, no processo trabalhista, dificilmente será arrematado na praça, indo inexoravelmente para o leilão (bens móveis, veículos, imóveis e semoventes). Isso acontece, porque no leilão a parte arrematará pelo maior lance, enquanto na praça exige-se o valor igual ao de avaliação ou superior. A venda por meio de leiloeiro deve ser evitada pelo fato de encarecer a execução trazendo terceiro atravessador.

Cada bem tem a sua liquidez por ocasião da hasta pública. Por isso, deve o juiz executor instruir o oficial (cumpridor der mandados) para que penhore valores superiores ao valor executado, de conformidade com o bem penhorado e a sua aceitação em hasta pública. Dificilmente um bem hasteado alcança lance superior a 60% (sessenta por cento) do seu valor. Entretanto, a parte terá oportunidade de remir a dívida. Com isso, evitará transtornos e aborrecimentos.

Fica ao criterioso arbítrio do juízo o valor a ser penhorado, levando-se em conta que o bem levado à hasta pública não alcança o seu valor real, mas é sempre arrematado por valor inferior.

Em obediência ao princípio da celeridade e da economia processual e ao princípio de que a execução deverá ser promovida da forma menos onerosa ao devedor (art. 620, CPC), nem seja prejudicial ao credor, zelará o juízo para que se proceda de uma única vez, evitando as execuções sucessivas.

Embora determine a lei (art. 883, CLT) que, se o executado não pagar, nem garantir a execução, seguir-se-á a penhora dos bens, tantos quantos bastem ao pagamento da importância da condenação, acrescida de custas, juros, correção monetária, demais despesas, a prática ensina que o volume de bens a ser penhorado está em consonância com a sua aceitabilidade no mercado. Não se pode levar em conta o valor estimativo de ordem sentimental. Deve-se ter em mente que o bem levado à praça ou ao leilão nunca alcançará o preço de mercado, daí a necessidade de se penhorar volume maior para que o valor arrecadado seja suficiente à liquidação do débito. Do que se conclui que os bens penhorados não podem coincidir simplesmente com o valor da dívida, pois, levando em conta o valor conseguido em hasta pública, haveria a necessidade de penhoras e praça e leilões consecutivos, encarecendo a execução, com vários editais, e propiciando investidas protelatórias (embargos e recursos).

46.7.6.4. Da penhora e do depósito

Como regra, a penhora se completa com o depósito nas mãos do proprietário ou de terceiros.

A penhora deverá abranger tantos bens quantos sejam necessários ao pagamento do crédito principal, juros, correção monetária, emolumentos, custas, honorários periciais e advocatícios, e despesas outras. O valor penhorado deverá ser superior ao total da dívida, tendo em conta que os bens vendidos em hasta pública conseguem apenas parte do seu valor, dificilmente supera a 60% do valor real. Assim, se o valor penhorado for igual ao valor do débito, certamente haverá a necessidade de novas penhoras e novas praças e leilões, onerando o devedor (art. 620, CPC).

Os bens serão penhorados onde quer que se encontrem, mesmo sob a posse, guarda ou detenção de terceiros. Se o oficial de justiça (cumpridor de mandados) não encontrar bens penhoráveis, descreverá em certidão quais os bens existentes no local (residência ou fundo de comércio).

Caso os bens encontrados no local não sejam suficientes para a total garantia do juízo, diferentemente do que sucede no processo comum (§ 2º, art. 659, CPC), não haverá qualquer óbice à penhora, posto que, no processo do trabalho, tendo em conta a natureza alimentar do crédito, a execução poderá ser feita parcialmente, prosseguindo à medida do possível, e as custas e despesas processuais serão cobradas ao final. Essa é a praxe adotada. Nada obstante, tem trâmite na Câmara dos Deputados o "PL" 4.731/2004 que deu nova redação aos arts. 880 e 884 da CLT para considerar garantido o juízo, ainda que os bens penhorados sejam insuficientes para a garantia da execução. Se no curso do processo executório, entretanto, for constatado que a parte sonegou a existência de outros bens ao juízo, incorrerá na multa de 10% (dez por cento) do valor atualizado do débito, sem prejuízo de outras sanções de natureza processual e material, revertendo a multa ao exeqüente e será cobrada no próprio processo executório (§ 4º, do art. 880, CL).

Se a penhora recair sobre bens imóveis, o oficial de justiça lavrará termo de penhora e a ciência do ato se dará no momento em que o executado assina o auto de penhora na qualidade de depositário, não da juntada do termo aos autos. Diversamente do processo comum, onde o executado será intimado da penhora (art. 652, § 4º). Se o executado negar-se a assinar o termo de penhora na qualidade de depositário, o juiz designará depositário, dando ciência ao depositário, iniciando aí a contagem de prazo para embargos. A penhora somente se completa com o depósito, sem o qual também não poderá ser registrada. Formalizada a penhora (apreensão do bem e nomeação de depositário) o exeqüente deverá providenciar o registro (não a averbação como diz a lei, § 4º, art. 659, CPC) da penhora para dar publicidade a terceiros. A erronia do legislador ao usar o termo "averbação" está no confronto do art. 167, I, n. 5, da Lei dos Registros Públicos. Por oportuno, o registro da penhora não traduz exigência para que o bem seja levado à praça ou leilão. Diferem apenas as conseqüências: se o bem imóvel penhorado não foi registrado, não houve publicidade e o terceiro que adquirir esse bem poderá alegar em seu favor a boa-fé. Em havendo o registro, não mais se creditará ao adquirente do imóvel penhorado o fato de ter agido de boa-fé.

A penhora de bens móveis, como regra, tem como depositário o proprietário. O mesmo sucede com o veículo penhorado ou com os semoventes (bovinos, muares, caprinos etc.). Em se tratando de bens móveis que guarnecem a casa, o oficial fará descrição minuciosa no termo de penhora. Se for bem de valor razoável, poderá o juiz exigir que o executado faça seguro sobre o mesmo com pagamento, em caso de sinistro, em favor do juízo. No caso de veículo, além da exigência de seguro, permanecendo o bem em poder do proprietário, far-se-á a comunicação ao DETRAN. No caso de muares (cavalos de raça), bovinos (touros e vacas de raça), além do seguro, com cláusula em favor do juízo, em caso de sinistro, far-se-á também a comunicação ao órgão onde estiverem registrados, para as devidas anotações, não podendo mudar o registro de propriedade sem a autorização do juízo. Enquanto o bem móvel presume a titularidade e o domínio pela simples tradição, um cavalo de raça, um boi ou cavalo de raça prova-se a titularidade e o domínio pelo registro. O que não acontece com os animais comuns que ficam apascentados na propriedade, cuja posse se prova pela simples tradição.

46.7.6.5. Da resistência do devedor em permitir a penhora

O oficial de justiça, pela reação do devedor por ocasião da citação, já poderá tecer um parâmetro das dificuldades que poderão advir por ocasião da penhora. Nesse caso, levará o fato ao conhecimento do juiz que poderá autorizar a penhora com força policial, se necessário. No caso de resistência, necessária a ida de dois oficiais. Os oficiais lavrarão auto de resistência em duas vias, das quais uma será entregue à autoridade policial a quem for entregue o preso e a outra será entregue ao escrivão ou diretor da secretaria para serem juntadas aos autos.

Diante da resistência infundada do devedor, o juiz poderá determinar o seu comparecimento em juízo e adverti-lo nos termos dos incs. I e II do art. 599, CPC): ofender a dignidade da justiça. Se recalcitrar, será enquadrado em "ato atentatório à dignidade da justiça", caso em que o juiz aplicará a multa de 20% do valor total da execução (sanção material), podendo, ainda, sofrer a sanção processual, que será a de ser impedido de falar nos autos (art. 601). O juiz executor relevará a pena, se o devedor se comprometer a não mais praticar qualquer dos atos definidos no artigo antecedente e der fiador idôneo, que responda ao credor pela dívida principal integralmente, e todos os acessórios. A fiança bancária deverá ter preferência. Se não for fiança bancária, o fiador deverá comprovar mediante apresentação de documentos (escrituras e certidões negativas) a idoneidade patrimonial Tem-se, nesse caso, a garantia da dívida e apenas a promessa de que o devedor não irá recalcitrar. Pergunta que se faz: Garantida a dívida pelo fiador idôneo (moral, econômica e financeiramente), o juízo tolerará incursões procrastinatórias ou que atentem contra a dignidade justiça? Evidentemente, que não. O art. 601 manda aplicar a multa, sem prejuízo de outras sanções de direito material ou processual. Isso significa que, se o executado proceder com deslealdade ou praticar atos atentatórios à dignidade da justiça, o juiz poderá enquadrá-lo em litigante de má-fé, aplicar outra sanção material (multa) e aplicar a sanção processual que será impedir de falar nos autos. Tudo isso, sem prejuízo do fiador que permanecerá garantindo a dívida. Embora o art. 601 use a alternativa ou (sanções de natureza processual ou material), isso não significa que o juiz não possa se utilizar de ambas. Haverá caso em que somente a sanção material não será suficiente para coibir as incursões desrespeitosas do devedor. Neste caso, somente o impedimento de falar nos autos será eficaz. Todavia, deve o juiz ser enérgico, não arbitrário. A força do Judiciário está em agir com razoabilidade e transparência.

46.7.7. Da execução por carta

A execução por carta poderá ser requerida por carta precatória, carta de ordem ou por carta rogatória. A primeira dá-se entre juízes da mesma horizontalidade. Nela, se pede não se exige. Trata-se de um favor legal que juízes de primeiro grau se prestam mutuamente, não importando o ramo de jurisdição. O juiz que pede na carta precatória chama-se deprecante e o juiz a quem o pedido é dirigido chama-se deprecado. Feito o pedido formalmente perfeito, não pode o juízo deprecado deixar de atender ao pedido. A carta de ordem traduz determinação de juízo superior ao inferior. Vige aí o princípio da autoridade. O juiz inferior tem o dever de cumprir a determinação. A carta de ordem se dá entre juiz superior e inferior do mesmo ramo jurisdicional. A carta rogatória é um documento dirigido à autoridade de um outro país (entregue no Ministério da Justiça e do Ministério das Relações Exteriores e o correspondente no país deprecado) onde se pede vênia e se roga o cumprimento do pedido executório. As cartas rogatórias terão o cumprimento facilitado quando entre o país deprecante e o deprecado existir convênio ou tratado de cooperação mútua.

Diferente do que pode parecer *prima facie*, o uso da precatória ou da rogatória não constitui ofensa ao princípio de que o juiz da ação também é o juiz da execução. Nenhum princípio é absoluto. Nada é absoluto. O uso da carta precatória ou da rogatória é necessidade incontornável de que certos atos executórios de uma determinada base territorial sejam executados em outra, onde o juiz da execução não tem a competência funcional. Neste caso, os atos executórios, que o juiz da execução viesse a executar fora da base territorial, estariam eivados de nulidade por ausência de competência funcional fora da sua jurisdição.

A partir do uso da carta precatória, haverá o juízo deprecante e o deprecado. Da carta rogatória, o juízo rogante e o rogado. A partir daí, a competência para o julgamento também se cindirá. Aqueles atos de participação exclusiva do juízo deprecado ou rogado, *v. g.*, a penhora de determinado bem, o remédio processual utilizado (no Brasil, são os Embargos à Execução) para hostilizar o ato será julgado por ele. O art. 747, CPC cuida do assunto ao dizer que os embargos serão apresentados no juízo deprecante ou no deprecado, mas somente naqueles casos em que o deprecado teve a iniciativa será por ele julgado. Como regra, a competência do deprecado está fincada na penhora do bem que será levado à hasta pública. Quando os embargos versarem sobre matéria meritória, a competência será do juízo deprecante. Se os embargos envolverem temas sobre a penhora de bens feita pelo deprecado, *v. g.*, sobre a irregularidade dos cálculos homologados (tema meritório), a competência para o julgamento dos embargos será inteiramente do juízo deprecante, com *vis attractiva* sobre ao de iniciativa do deprecado. Ao contrário do que poderá parecer, os embargos não se dividem para competência entre ambos os juízos.

46.7.7.1. *Da juízo que se nega a cumprir carta precatória*

Como já vimos antes, o cumprimento de carta precatória não depende da vontade do juízo deprecado. Estando a carta precatória formalmente correta, deverá ser cumprida. Se houver alguma incoerência ou causar dúvida, deve o juízo deprecado, antes de devolvê-la, comunicar-se com o juízo deprecante. Quase sempre as coisas se resolvem. Temos um caso concreto que envolve a Vara de Barueri, onde havia Vara Cível. A partir da criação da JCJ, à época, o juiz de direito titular e os substitutos que por lá passavam se recusavam a cumprir cartas precatórias, sob o argumento de que, com a criação da JCJ, a Vara Cível havia perdido a competência para matéria trabalhista. O incidente de incompetência fora parar no extinto Tribunal Federal de Recursos, que deu pela competência da Vara Cível. É que a JCJ havia sido criada, mas, ainda não havia sido instalada!

O juízo deprecado age dentro da sua base jurisdicional a pedido do juízo deprecante, numa espécie de *longa manus*. O Código Buzaid, rompendo com a tradição do nosso direito (art. 889, § 2º, CPC de 1939), transferiu para o juízo deprecado a apreciação dos seus próprios atos (art. 747, CPC). O art. 209 do CPC, à evidência, não esgota a matéria e não nos parece deva ser considerado taxativo ou exaustivo (*numerus clausus*). Alerta a jurisprudência que, "na apreciação do preenchimento dos requisitos legais, não deve ser o juiz demasiadamente rigoroso, nem deve ser apressado na recusa do cumprimento de precatória, por falta de qualquer requisito. Todo o empenho no processo é atingir a finalidade do ato" (TJSP, RT 265/207).

O juízo deprecado, entretanto, não está obrigado, evidentemente, a cumprir determinação visivelmente ilegal do juízo deprecante, *v. g.*, penhora de bens cuja impenhorabilidade está prevista em lei; nomeação de fiel depositário pelo juízo deprecante dentro da jurisdição do deprecado; nomeação do perito etc.

Alerta *Alexandre de Paula* ("Código de Processo Civil Anotado", 7ª ed., RT, 1988, v. 1, p. 469) que "o juiz não pode cumprir cartas nas quais lhe deprequem atos manifestamente ilegais, como, *v. g.*, a penhora de bens impenhoráveis". Aduz que "o Código de Processo Civil português contém disposição expressa a respeito: o cumprimento de carta pode ser recusado 'se a requisição for para ato que a lei proíbe absolutamente' (art. 184, n. I, B). Igualmente deverá recusar a execução de atos a respeito dos quais a ele, deprecado, é que caberia decidir, como, *v. g.*, a nomeação de determinada pessoa para depositária de bens penhorados, ou para avaliação de qualquer bem. Assim, também, se dois juízes se julgam competentes para processar um feito, enquanto não solucionado o conflito, pode e deve qualquer deles recusar cumprimento a precatórias provindas do outro e relativas ao mesmo processo".

Lembra *Alexandre de Paula* (ob. cit. acima, p. 469) que "o magistrado deprecante não tem mais autoridade que o deprecado. Se o que vai cumprir a deprecação não poderia, *ex autoritate legis*, realizar o ato, não poderá fazê-lo a pedido nem à ordem de ninguém. Se a lei enumera bens que considera absolutamente impenhoráveis (Código anterior, art. 942, e Código atual, art. 649), nem o juiz deprecante pode mandar penhorá-los, nem pode fazê-lo o deprecado. Não se concebe um magistrado praticando atos ilegais. E ilegal é a prática de ato expressamente proibido por lei".

Na hipótese de dois juízes se julgarem mutuamente incompetentes para cumprir determinada precatória, estando a matéria *sub judice*, deverá a parte interessada peticionar ao relator do processo e este poderá determinar que um dos juízes em conflito cumpra, a fim de evitar dano irreparável, *v. g.*, precatória para tomada de depoimento de pessoa acometida de moléstia grave, com risco de vida, *vistoria ad perpetuam rei memoriam*. Esse ato será isolado e eventual, sem prejuízo do que restar decidido posteriormente.

> "Carta precatória — Recusa de cumprimento — Incompetência do juízo deprecante. Não é lícito ao juiz deprecado recusar o cumprimento à precatória, à consideração de incompetência do juiz deprecante. Cabe ao juiz deprecante apreciar a exceção de incompetência. Conflito conhecido e declarado competente o juiz deprecado, para determinar o cumprimento da carta, simplesmente." (STJ, 2ª Seção, CP n. 1.452/SP, rel. Min. Nilson Naves, 1.4.1991, v. u., Coad Inf. Sem. 35/91, p. 558, Ementa 55.428)

Em caso de recusa, competirá à parte a quem o ato prejudica tomar as providências necessárias junto ao órgão competente, posto que o juiz deprecante, em sendo da mesma horizontalidade do deprecado, não poderá determinar o cumprimento da precatória. Analisaremos aqui, duas hipóteses que se apresentam na prática: 1. A recusa é feita por juiz deprecado da mesma base territorial. Neste caso, a parte que se sentir prejudicada poderá promover a correição parcial, se houver *error in procedendo;* recurso ordinário (fase de conhecimento); ou agravo de petição (fase executória), se for *error in judicando*. Não se descarta o manejo do Mandado de Segurança, quando o *error in judicando* ou *in procedendo,* for capaz de causar dano imediato ou potencializar dano irreverssível, *v. g.*, antecipação de depoimento de testemunha doente terminal. 2. A recusa é feita por juiz deprecado pertencente a outra base territorial. Neste caso, a parte prejudicada usará dos mesmos recursos acima indicados; mas, dirigidos ao Regional à qual pertence o juiz deprecado. O Regional ao qual pertence o deprecante não tem jurisdição sobre o juiz deprecado.

46.7.7.2. Da carta precatória itinerante

A carta precatória permite que, num mesmo instrumento, se faça a citação de um réu numa comarca e de outro noutra comarca e que, numa terceira, se ouça o depoimento de uma testemunha e, sendo o caso, se faça o arresto de bens numa quarta comarca. A precatória itinerante se conforma com os princípios de rapidez e de economia processual. Em havendo lapso no endereçamento do juízo, nada impede que o juízo que recebeu indevidamente a precatória a destine para o juízo competente, sob comunicação ao deprecante, ao invés de devolvê-la. A precatória tem em seu conteúdo o caráter itinerante.

46.7.7.3. Da urgência no cumprimento

Em havendo urgência no cumprimento da carta precatória ou na carta de ordem, a comunicação poderá ser feita, antes, por: telegrama, radiogama, telefone, e por *e-mail*. A urgência poderá se dar em caso de depoimento de testemunha em doença terminal, de *vistoria ad perpetuam rei memoriam* (caso de Salvador em que o governador mandou implodir o Estádio da Ponte Nova, antes do levantamento pericial), caso de arresto de bens em que o devedor está dilapidando os seus bens.

A carta de ordem ou a precatória expedida deverá conter os requisitos legais previstos no art. 202 do Código de Processo Civil, excetuado o inc. IV que trata da assinatura do juiz deprecante, o que será comprovado com o envio do instrumento. A exigência do art. 206 de que a agência expedidora reconheça a assinatura do juiz, somente seria possível em caso de telegrama ou radiograma, meios superados pela comunicação atual, *v. g.*, do *e-mail*. O cumprimento formal da assinatura e conferência da assinatura do juiz será feita posteriormente, quando do recebimento do instrumento.

Comanda o § 1º, do art. 207, CPC que no mesmo dia (sendo dia útil) em que receber a correspondência noticiando a carta precatória ou a de ordem, telefonará ao secretário da Vara deprecante ou do Tribunal, ocasião em que lerá os termos da correspondência recebida, solicitando que seja confirmada. Em sendo confirmada, será submetida ao despacho do juiz deprecado.

A parte a quem a precatória favorece depositará na secretaria do tribunal ou no cartório do juiz deprecante, a importância correspondente às despesas que serão feitas no juízo em que houver de se praticar o ato (art. 208, *caput in fine*, CPC).

46.7.7.4. Da possibilidade de recusa

De conformidade com o art. 209, CPC, o juiz poderá recusar o cumprimento da carta precatória, quando ausente algum requisito, quando: I — não estiver revestida dos requisitos legais (art. 202); II — carecer de competência, em razão da matéria ou da hierárquica; III — tiver dúvida acerca de sua autenticidade. Quanto ao inc. I (ausência de requisitos legais), o juízo deprecado deverá comunicar-se com o deprecante, visando sanar o vício existente. A devolução determinará a perda de tempo. A mesma providência deve ser tomada no tocante ao inc. III (dúvida acerca da autenticidade), pois bastará um telefonema para a Vara ou conversar diretamente com o juiz. De qualquer forma, em caso de devolução, esta será sempre fundamentada, dizendo claramente o motivo que provocou a devolução.

Numa rápida leitura, vê-se que os incs. I a III não são taxativos (*numerus clausus*); mas, meramente exemplificativos. Como já vimos acima, o juiz deprecado poderá recusar-se ao cumprimento da precatória se houver a necessidade de praticar atos ilegais, por exemplo: penhora de bens impenhoráveis, penhora de bens indicados pelo juízo deprecante fora da base territorial do deprecado. Poderá recusar, também, a realização de atos, determinados pelo deprecante, que seja da sua competência na qualidade de juízo deprecado, *v. g.*, nomear depositário para os bens penhorados ou nomear avaliador para o bem. Decidiu a Excelsa Corte que: "O juiz pode negar cumprimento à precatória na parte em que nomeia depositário para os bens seqüestrados em virtude da mesma precatória, visto como essa nomeação compete ao juiz deprecado (STF, Ap. DJ 21.1.1947/109, *apud Alexandre de Paula*, "Código de Processo Civil Anotado", 1ª ed., 2ª tiragem, RT, São Paulo, 1977, v. I, p. 470).

O art. 209, CPC não se reporta à carta de ordem, naturalmente em razão dela conter uma ordem, uma determinação, onde vige o princípio da hierarquia. Todavia, mesmo em se tratando de carta de ordem, o relator do tribunal deprecante não poderá fazer determinações ilegais, ou determinar que o juízo deprecado cumpra atos para os quais seja incompetente em razão da matéria ou da hierarquia. Acrescente-se a ausência de competência territorial. Em suma, o princípio da hierarquia só tem aplicação, quando a ordem for legal. Na nossa judicatura, tivemos oportunidade de relatar incidente de incompetência argüido por juiz substituto de primeiro grau e a Seção de Dissídios Individuais. Esta decidira que a competência para julgar ação anulatória de cláusula de acordo ou de convenção coletiva era do primeiro grau. A erronia era clara. Somente o tribunal, por intermédio da SDI, poderia apreciar a matéria, cujo julgamento valeria para todas as Varas. Não podia o juiz de primeiro grau decidir e dar ordens a juízes da mesma horizontalidade. O juiz de primeiro grau decide dentro do processo em que é juiz natural. O princípio da hierarquia, presente no caso, não impedia que o juiz de primeiro grau se negasse ao cumprimento, uma vez que não tinha competência funcional para julgar a matéria. A competência era de seção de dissídios individuais. Nesse sentido, foi a decisão do órgão especial, por unanimidade.

46.7.7.5. Da carta rogatória

Como vimos, na carta rogatória não se pede nem se determina, se roga, se pede mercê. O trânsito da carta rogatória será facilitado se houver algum tratado ou convenção entre os países deprecantes e deprecado. O Código de 1939 dispunha no art. 13, parágrafo único, que: "O juiz remeterá a rogatória ao Ministério da Justiça e Negócios Interiores e este ao Ministério das Relações Exteriores, que a encaminhará a seu destino, depois de legalizada no consulado competente." O art. 210, CPC dispõe que "A carta rogatória obedecerá, quanto à sua admissibilidade e modo de seu cumprimento, o disposto na convenção internacional: à falta desta, será remetida à autoridade judiciária estrangeira, por via diplomática, depois de traduzida para a língua do país em que há de praticar o ato".

46.7.7.6. Da concessão de exequatur

Com o advento da EC n. 45/2004, a competência do STF para proceder ao juízo delibatório e para a concessão do *exequatur* passou para o STJ (art. 103, I, "i", CF homologação de sentenças estrangeiras e a concessão de *exequatur* às cartas rogatórias). A Lei de Introdução ao Código Civil, art. 12, modificada pelo Decreto-lei n. 4.557/1942 dispõe no seu § 2º: "A autoridade judiciária brasileira cumprirá, concedido o *exequatur* e segundo a forma estabelecida pela lei brasileira as diligências deprecadas por autoridade estrangeira competente, observando a lei desta, quanto ao objeto das diligências." Dispõe o art. 15 da LICC: "Será executada no Brasil a sentença proferida no estrangeiro, que reúna os seguintes requisitos: a) haver sido proferida por juiz competente: b) terem sido as partes citadas ou haver-se legalmente verificado a revelia; c) ter passado em julgado e estar revestida das formalidades necessárias para a execução no lugar em que foi proferida; d) estar traduzida por intérprete autorizado; e) ter sido homologada pelo Supremo Tribunal Federal (leia-se Superior Tribunal de Justiça — art. 103, I, "i", CF). Parágrafo único. Não dependem de homologação as sentenças meramente declaratórias do estado das pessoas."

O exercício delibatório do tribunal para a concessão do *exequatur* fica reservado à parte formal, não se imiscuindo no mérito, mas verificando se o que fora decidido não contraria as leis locais. Por exemplo: se a decisão que se analisa é proveniente de país onde não existe o contraditório, não será expedido o *exequatur*. O tema delibatório deverá constar do Regimento Interno do Tribunal.

JURISPRUDÊNCIA

"É admissível a revogação de *exequatur* concedido em carta rogatória citatória se a parte citanda prova que, por força de eleição do foro brasileiro, se tornou incompetente a justiça do Estado rogante." (Sent. do pres. do STF, Min. Antônio Neder, de 31.03.1980, na C. Rog. 3.166-Uruguai" — RTJ 93.969)

"À Justiça rogada não compete entrar no exame, para concessão do *exequatur*, do conteúdo dos elementos que integram o que a Justiça rogante, de acordo com as leis processuais a que está subordinada, considera necessário para a citação do réu." (Ac. un. do STF, em sessão plenária, de 11.6.1986, nos EDcl na C. Rog. 4.340-6, rel. Min. Moreira Alves — RT 614/213)

46.7.7.7. Da carta rogatória executória

A carta rogatória executória é instrumento processual que viabiliza a execução de sentença prolatada no Brasil em país estrangeiro. Entretanto, tendo em conta a soberania de cada país, o cumprimento de carta rogatória dependerá do relacionamento que o país deprecante e o deprecado mantêm. O mundo apequenou-se e, hoje, dificilmente existirá país que não mantenha relação de cordialidade com os demais países. Esse relacionamento se faz necessário em todos os campos de atividade, quer na importação ou exportação de tecnologias, de cultura, de relacionamento comercial etc. Com o escopo de facilitar o relacionamento, os países assinam acordos e convenções onde se comprometem a dar reciprocidades mútuas. Havendo intercâmbio político internacional, o cumprimento de cartas rogatórias far-se-á sem maiores entraves (princípio da reciprocidade entre nações independentes).

Segundo *Vicente Greco Filho* que "a carta rogatória obedece à convenção internacional entre o Brasil e o país do qual se solicita a prática de algum ato; não havendo convenção internacional, a rogatória será remetida à autoridade judiciária estrangeira competente por via diplomática, depois de traduzida para a língua do país em que há de praticar-se o ato. Há países que não cumprem rogatória, o ato deixa de ser praticado, arcando a parte interessada com o ônus decorrente da omissão. Não é por isso que o processo ficará sem decisão; o juiz decidirá como se tal fato ou prova não existisse. Para o cumprimento de rogatória vinda do exterior há necessidade de *exequatur* concedido pelo presidente do STF (RISTF, art. 225 e ss.)" ("Direito processual civil brasileiro", v. 2, p. 37). *Nota*: De conformidade com a EC n. 45/2004, a competência para o *exequatur*, agora, está afeta ao Superior Tribunal de Justiça (art. 105, I, "i", da CF e Resolução n. 9, de 4.5.2005, do STJ).

Constata *Amilcar de Castro* que "atualmente, em quase todos os países, com raras exceções, executam-se sentenças estrangeiras, ou por meio de outra ação de conhecimento, ou mediante processo de *exequatur*. Precisamente porque a sentença é ato público, praticado legitimamente em jurisdição estranha, é que no fórum não se lhe pode sistematicamente negar valor. É claro que nenhum Estado distribui justiça fora de sua jurisdição; mas, nada impede, e tudo aconselha, que no fórum se atribua validade a atos judiciais emanados de países estrangeiros, assim como se atribui valor a atos praticados pelos particulares" ("Direito internacional privado", Ed. Forense, Rio de Janeiro, 1958, v. 2, p. 236).

Como salienta *Bartin*, "esse problema de conflito de jurisdição só poderá ser resolvido em relação a um Estado determinado, de acordo com a sua própria legislação. Claro está, adverte *Bartin*, que a norma geral adotada pelo legislador deixará de ser aplicada para que prevaleça alguma outra norma aprovada em tratado ou convenção. Vale dizer, em havendo tratado ou convenção entre o Brasil e o país, cujo órgão está sendo executado, há real possibilidade de sucesso na execução" (*apud Eduardo Espínola*, "Lei de Introdução ao Código Civil comentada", p. 261).

46.7.8. Do juízo delibatório

Como vimos no item anterior, existe, como regra, um intercâmbio entre os países civilizados que facilita a convivência. Esse intercâmbio pode concretizar-se por meio de ato internacionais (*v. g.* tratados, acordos, convenções).

Lembra *Leopoldo Fraga* que as normas constantes de atos internacionais (tratados, acordos, convenções) concluídas com a participação do Brasil, desde que aprovados tais atos pelo Congresso Nacional, devidamente ratificados e publicados, passam a integrar-se, com força de lei, na ordem jurídica interna do país ("Pareceres e Estudos Jurídicos", Editor Borsoi, Rio de Janeiro, 1967). Para a doutrina dominante em direito pátrio, não se lhe atribui força constitucional. A opinião generalizada entre os autores é a de que tais atos, na ordem jurídica interna "produzem o mesmo efeito de lei federal" (*Eduardo Espínola*, "Constituição dos Estados Unidos do Brasil (18 de setembro de 1946)", Editor Borsoi, Rio de Janeiro, 1958, v. 1º, p. 35).

Segundo o art. 12 da Lei de Introdução ao Código Civil (Decreto n. 4.657/1942): "É competente a autoridade judiciária brasileira, quando for o réu domiciliado no Brasil ou aqui tiver de ser cumprida a obrigação. § 2º A autoridade judiciária brasileira cumprirá, concedido o *exequatur* e segundo a forma estabelecida pela lei brasileira, as diligências deprecadas por autoridade estrangeira competente, observando a lei desta, quanto ao objeto das diligências." "Art. 13. A prova dos fatos ocorridos em país estrangeiro rege-se pela lei que nele vigorar, quanto ao ônus e aos meios de produzir-se, não admitindo os tribunais brasileiros provas que a lei brasileira desconheça."

De conformidade com o art. 400 do Código de Bustamante (promulgado pelo Decreto n. 18.871, de 13 de agosto de 1929): "A forma por que se há de produzir qualquer prova regula-se pela vigente no lugar em que for feita." "Art. 401. A apreciação da prova depende da lei do julgador." "Art. 402. Os documentos lavrados em cada um dos Estados contratantes terão nos outros o mesmo valor em juízo que os lavrados neles próprios, se reunirem os requisitos seguintes: 1. que o assunto ou matéria do ato ou contrato seja lícito e permitido pelas leis do país onde foi lavrado e daquele em que o documento deve produzir efeitos; 2. que os litigantes tenham aptidão e capacidade legal para se obrigar conforme sua lei pessoal; 3. que ao se lavrar o documento se observem as formas e solenidades estabelecidas no país onde se tenham verificado os atos ou contratos; 4. que o documento esteja legalizado e preencha os demais requisitos necessários para a sua autenticidade no lugar onde dele se faça uso." "Art. 403. A força executória de um documento subordina-se ao direito local."

Dispõe o art. 14 da Lei de Introdução ao Código Civil (LICC): "Não conhecendo a lei estrangeira, poderá o juiz exigir de quem a invoca prova do texto e da vigência."

Dispõe o art. 15 da Lei de Introdução ao Código Civil (Decreto n. 4.657/1942): "Será executada no Brasil sentença proferida no estrangeiro, que reúna os seguintes requisitos: a) haver sido proferida por juiz competente; b) terem sido as partes citadas ou haver-se legalmente verificado a revelia; c) ter passado em julgado e estar revestida das formalidades necessárias para a execução no lugar em que foi proferida; d) estar traduzida por intérprete autorizado; e) ter sido homologada pelo Supremo Tribunal Federal. Parágrafo único. Não dependem de homologação as sentenças meramente declaratórias do estado das pessoas." "Art. 17. As leis, atos e sentenças de outro país, bem como quaisquer declarações de vontade, não terão eficácia no Brasil, quando ofenderem a soberania nacional, a ordem pública e os bons costumes."

Nota: De conformidade com a EC n. 45/2004, a competência para o *exequatur* é do Superior Tribunal de Justiça (art. 105, I, "i", e Resolução n. 9, de 4.5.2005, do STJ).

Lembra *Antônio Carlos Costa e Silva* que "a justificação é de ordem política, pois uma sentença somente pode ter força dentro dos limites do país onde é pronunciada. Pensar ao contrário, será lhe conferir um sentido de extraterritorialidade que seria altamente pernicioso ao princípio da soberania, que é o primado de cada Estado. Todavia, uma sentença proferida em um país, quando seus efeitos devem se fazer sentir em outro, restaria inócua se, por acaso, o país que a recebesse se recusasse a fazê-lo. Para obviar tais dificuldades o Direito Internacional Público firma regras e princípios que, observados pelos diferentes países da comunidade internacional, permitem a celebração de tratados e convenções que possibilitam a execução dos julgados, proferidos em um país, dentro do território nacional de outro, sem quebra de sua soberania. Mas não é toda sentença estrangeira que é executada em nosso país, conforme o processo de execução. Somente a sentença estrangeira que for exeqüível, segundo a lei brasileira, é que é capaz de suscitar a ação de execução. Portanto, somente as sentenças condenatórias, proferidas por tribunais estrangeiros, ou as que, embora não sendo, possuem, no entanto, um elemento de condenação, se constituem, depois de homologadas pelo STJ (art. 105, I, *i*, CF, conforme redação dada pela EC n. 45/04), títulos de execução forçada. Também não é toda sentença que exige, necessariamente, a homologação pelo STJ para que possa surtir efeitos em nosso país. Houve controvérsia doutrinária a respeito se as sentenças estrangeiras, relativas ao estado das pessoas, dependeriam da homologação para se tornarem exeqüíveis, ou, melhor dito, auto-exeqüíveis dentro de nosso território. Mas a questão está morta em razão do preceituado no parágrafo único do art. 15 da LICC, *verbis*: 'Não dependem de homologação as sentenças meramente declaratórias do estado das pessoas.' O juízo da homologação — 'juízo da delibação' — da sentença estrangeira lhe inflete executoriedade, em termos de sua aplicação no território nacional. Bem por isso, compete-lhe examinar se os requisitos do art. 15, incisos *a*, *b* e *d*, estão devidamente atendidos, quando proceder à sua homologação. Compete ao STJ, quando proceder ao 'juízo da delibação', tão-somente apreciar se ditos requisitos estão devidamente cumpridos. Em caso positivo, aprova-a. Em caso negativo, rejeita-a. Como tais requisitos são de ordem meramente formal, não compete ao STJ apreciar a legitimidade ou a injustiça, conforme a lei do país estrangeiro, em suma, o mérito da decisão condenatória proferida no estrangeiro. Por essa razão é que se intitula dito juízo homologatório de 'juízo da delibação', pois 'delibação' significa saborear, provar, tocar de leve, que é o que faz o STJ quando, apreciando a sentença condenatória estrangeira (ou outra de qualquer natureza), examina apenas os seus requisitos externos, sem entrar no fundo da causa, que constitui o mérito da lide proposta no exterior, decidida e por aquele julgado" ("Tratado do Processo de Execução", 2ª ed., Aide Editora, Rio de Janeiro, 1986, v. 1, p. 118). Exemplifico: Se a sentença é proveniente de um país onde não existe o princípio do contraditório, não será homologada no Brasil, pois o procedimento adotado no país de origem contraria as leis brasileiras onde o princípio vige.

Frederico Marques "agrupa em duas categorias os requisitos da homologação: a) pressupostos de ordem extrínseca sobre a regularidade da sentença estrangeira, bem assim da sua autenticação; b) pressupostos pertinentes à sentença como ato processual de natureza decisória. Entram para a primeira categoria a necessidade da sentença homologanda vir apresentada na forma indicada pelo Regimento Interno do STF (carta de sentença EC n. 45/2004 deu essa competência ao STJ, art. 105, I, "i", CF) e estar devidamente traduzida por intérprete oficial e homologada pelo cônsul brasileiro no país de origem. Para a segunda categoria, ingressam: a competência do juiz que a proferiu, a citação regular e legal às partes e ter passado em julgado, estando revestida das formalidades necessárias para ser executada no país de origem (Súmula n. 420)" ("Instituições de direito processual civil", *apud Antônio Carlos Costa e Silva*, ob. cit., v. 1, p. 119). Acrescente-se a necessidade da sentença homologanda não contrariar a lei brasileira, *v. g.*, não adotar o princípio do contraditório. É exemplo a lei do Irã onde o cônjuge varão consegue a sua separação (divórcio), sem que o cônjuge varoa possa se manifestar. A palavra do homem constitui verdade verdadeira. Evidentemente, a sentença que determina a separação no Irã não poderá ser homologada no Brasil para que ser permita o casamento com uma brasileira.

Antônio Carlos Costa e Silva adverte: "Embora o novo Código de Processo não expresse o que se continha no art. 972 do estatuto revogado ('as sentenças não serão homologadas se contiverem decisão contrária à soberania nacional, à ordem pública e aos bons costumes'), como o parágrafo único do art. 483 estipula que o procedimento homologatório observará o que preceituar a respeito o Regimento Interno do STF [a EC 45/2004 deu essa competência ao STJ], segue-se que a vedação continua vigente. Quando não seja pela disposição regimental, haverá de sê-lo em vista da condição da ação de execução relativa à possibilidade jurídica do pedido. Desde que a sentença estrangeira repugne à soberania nacional, à ordem pública e aos bons costumes, não há possibilidade jurídica para sua execução ser intentada em nosso país, devendo, por isso mesmo, o Supremo Tribunal Federal [a EC 45/2004 deu essa competência ao STJ] negar-lhe o necessário *exequatur*. (...) Interessante questão é suscitada frente à necessidade de ser determinado o foro onde deve ser ajuizada a execução. Ora, a sentença estrangeira, homologada pelo STF [a EC 45/2004 deu essa competência ao STJ], constitui-se num título judicial. Logo, a competência seria determinada pelo art. 575 do Código de Processo que, sabidamente, disciplina a competência na execução fundada em título judicial. No entanto, dentro do casuísmo do pré-falado artigo não se contém essa hipótese. Sendo assim, compete aos tribunais fixarem a competência em casos que tais, observada, evidentemente, a orientação que for ditada pela melhor doutrina." (*Costa e Silva*, ob. cit., v. 1, p. 119)

46.7.9. Da competência executória de matéria trabalhista

De conformidade com o inc. X do art. 109 da CF, o qual repete nesta parte a Constituição anterior (art. 125, X), a execução de carta rogatória, após o *exequatur*, e de sentença estrangeira, após a homologação, é dos juízes federais (justiça federal comum).

À primeira vista pode parecer que os juízes federais comuns seriam competentes mesmo em se cuidando de matéria trabalhista. Todavia, referido preceito há de ser interpretado em consonância com o art. 114, *caput*, que cuida da competência da Justiça do Trabalho. Em cuidando de matéria trabalhista, a competência é da Justiça do Trabalho. No que concerne à escolha da competência entre juízes do trabalho, *vide* item 5.8. Não se perca de vista que o juiz do trabalho, além de ser federal, é especialista na matéria, o que não acontece com os juízes federais comuns.

46.7.10. Da competência executória de sentença estrangeira

A competência, na forma da Constituição anterior (art. 125, X), era dos juízes federais (justiça comum federal), e a atual Constituição (art. 109, X) repete *ipsis litteris* o inc. X do art. 125 da CF/1969. A única exceção no tocante à competência de matéria trabalhista está expressa no inc. I do art. 109 da Constituição Federal, quando cuida das causas da União, autarquias e empresas públicas federais (autoras, rés, assistentes ou opoentes). Logo, a competência para executar sentença estrangeira é dos juízes federais. Todavia, a escolha da competência entre os juízes federais será determinada de conformidade com a sede geográfica onde a sentença deverá ser cumprida — segundo as regras territoriais, portanto (arts. 94 a 100, CPC). "É, pois, o objeto da condenação que indicará qual o juiz federal competente. Se a condenação versar sobre direito pessoal, ou, dizendo respeito a direito real, este se referir, porém, a coisa móvel, a ação de execução será proposta no foro do domicílio do devedor (art. 94). Na sua falta, então, no foro supletivo previsto nos §§ 1º, 2º e 3º do mesmo art. 94. Existem, porém, diversas possibilidades diante das quais o foro comum pode ser derrogado pelos especiais para a execução da sentença estrangeira (*Costa e Silva*, v. 1, ob. cit., p. 120).

46.7.11. Da pessoa jurídica de Direito Público Internacional — Execução

Durante décadas, o Brasil se curvou a princípios arcaicos dando ampla vigência ao princípio da extraterritorialidade e da imunidade de pessoa jurídica de Direito Público Internacional, v. g., Embaixadas e Consulados. Assim, admitia-se que esses órgãos contratassem nacionais, em território nacional, e depois, quando acionados, invocavam o princípio da imunidade territorial. Essa situação durou até meados de 1990. Serve de exemplo decisão do Pleno do STF, na Apelação Cível n. 9.705-DF, DJ 23.10.1987, p. n. 23.154, rel. Ministro Moreira Alves, com ementa do teor que segue:

> "*Apelação cível contra decisão prolatada em liquidação de sentença. Imunidade de jurisdição de Estado estrangeiro.*
>
> "*Esta Corte tem entendido que o próprio Estado Estrangeiro goza de imunidade de jurisdição, não só em decorrência dos costumes internacionais, mas também pela aplicação a ele da Convenção de Viena sobre relações diplomáticas, de 1961, nos termos que dizem respeito à imunidade de jurisdição atribuída a seus agentes diplomáticos.*

"Para afastar-se a imunidade de jurisdição relativa à ação ou à execução (entendida esta em sentido amplo), é necessária renúncia expressa por parte do Estado Estrangeiro. Não ocorrência, no caso, dessa renúncia. Apelação cível que não se conhece em virtude da imunidade de jurisdição."

Essa a orientação que esteve em vigor na Excelsa Corte, durante décadas, adotada pela jurisprudência nacional, sobre a "Imunidade de Jurisdição de Estado Estrangeiro". A Comunidade Internacional já havia, desde 1970, alterado o entendimento com o advento da *EUROPEAN CONVENTION ON STATE IMMUNITY AND ADDITIONAL PROTOCOL*, assinado em maio de 1972, e que permite, sob determinadas condições, submeter o Estado contratante à Jurisdição das Cortes de outro Estado Contratante (Capítulo I, art. 1º). Não se admite, por exemplo, que Estado contratante alegue a imunidade, quando as obrigações contratuais que tenham de ser executadas no território de outro país (art. 4), ou acerca de contratos de trabalho entre o Estado e o indivíduo e que tenha de ser executado no território do Estado do foro do contrato (arts. 4 e 5).

A nova tomada de posição da Excelsa Corte substitui a "munidade absoluta" pela "imunidade temperada".

Como vimos acima, a execução de pessoa jurídica de direito público internacional apresenta enfoques e dificuldades próprios e específicos. A superação dessas dificuldades está diretamente ligada ao relacionamento político (política internacional) existente entre o país estrangeiro e o Brasil. As dificuldades impostas pelo princípio da imunidade de jurisdição (extraterritorialidade) são superadas em havendo relacionamento de cooperação mútua.

A primeira dificuldade se apresenta com a renúncia ou não da imunidade.

A renúncia, expressa ou tácita, da imunidade de jurisdição na fase cognitiva não significa renúncia da imunidade na fase de execução, para a qual nova renúncia é necessária. O reconhecimento de imunidade entre nações soberanas é questão que refoge à simples análise jurídica da questão para projetar-se no âmbito da política internacional. Sem que haja entendimento a esta parte, o comando emergente da sentença proferida em um país simplesmente não será executado em outro. Lembra *Amilcar de Castro* que "atualmente, em quase todos os países, com raras exceções, executam-se sentenças estrangeiras, ou por meio de outra ação de conhecimento, ou mediante processo de *exequatur*. Precisamente porque a sentença é ato público, praticado legitimamente em jurisdição estranha, é que no fórum não se lhe pode sistematicamente negar valor. É claro que nenhum Estado distribui justiça fora de sua jurisdição, mas nada impede, e tudo aconselha, que no fórum se atribua validade a atos judiciais emanados de países estrangeiros, assim como se atribui valor a atos praticados pelos particulares" (*Amilcar de Castro*, "Direito Internacional Privado", Ed. Forense, Rio de Janeiro, 1958, v. 2, p. 236).

Pela Constituição (art. 102, III), a competência para apreciar recursos extraordinários interpostos das causas decididas em única ou última instância continua a ser do Supremo Tribunal Federal.

Constatávamos por meio de julgados que a Excelsa Corte mantinha posição conservadora sobre a matéria, e dizíamos que tal constatação não deveria desacoroçoar as jurisdições inferiores, pena de perpetuar-se a situação. Embora reconhecêssemos a dificuldade que teria o juízo para levar a bom termo a execução, mesmo em havendo renúncia na fase de conhecimento e na fase executória, caso a pessoa jurídica de direito público internacional não se dispusesse a efetuar o pagamento (impenhorabilidade), deveria a execução prosseguir por intermédio da Justiça do Trabalho, mediante ofício do juiz ao Ministério das Relações Exteriores, encaminhado pelo Ministério da Justiça, solicitando ao Estado estrangeiro que fizesse cumprir uma decisão judicial que se apresentava irrecorrível, juntando cópia autêntica. Neste sentido, já decidiu o egrégio Tribunal Regional do Trabalho da 2ª Região em agravo de petição (TRT-SP, 1ª T., Proc. n. 12.703/77, Ac. n. 2.516/78), relator o eminente jurista *Antonio Lamarca*: "Tratando-se de bem pertencente a país que, juntamente com o Brasil, seja signatário da Convenção de Viena sobre relações diplomáticas, a impenhorabilidade é de ser declarada. Prossegue-se, no entanto, na execução, mediante ofício ao Ministério das Relações Exteriores, encaminhado através do Ministério da Justiça, encarecendo ao Estado estrangeiro que faça cumprir, pelo órgão que representa os seus interesses no Brasil, uma decisão judicial com trânsito em julgado."

Como salienta *Bartin*, "esse problema de conflito de jurisdição só poderá ser resolvido em relação a um Estado determinado, de acordo com a sua própria legislação, claro está, adverte *Bartin*, que a norma geral adotada pelo legislador deixará de ser aplicada para que prevaleça alguma outra norma aprovada em tratado ou convenção. Vale dizer, em havendo tratado ou convenção entre o Brasil e o país cujo órgão está sendo executado, há real possibilidade de sucesso na execução". (*apud Eduardo Espínola*, "Lei de Introdução ao Código Civil Comentado", São Paulo, Freitas Bastos, 1944, p. 261).

O Supremo Tribunal Federal, todavia, a partir do julgamento da Ap. Cív. n. 9.696/SP, passou a adotar a regra da "imunidade temperada", sob a influência da *European Convention on State Immunity and Additional Protocol*, assinada em maio de 1972, que permite, sob determinadas condições, submeter o Estado contratante à jurisdição das cortes de outro Estado contratante (Capítulo I, art. 1). Não se admite, por exemplo, que Estado contratante alegue a imunidade, quanto às obrigações contratuais que tenham de ser executadas no território de outro país (art. 4), ou acerca de contratos de trabalho entre o Estado e o indivíduo e que tenha de ser executado no território do Estado do foro do contrato (arts. 4 e 5).

O posicionamento hoje adotado pela Suprema Corte está em consonância com a doutrina universal e elimina privilégio odioso em situações em que não existia característica de soberania ou de império.

No Proc. STJ-AC 05/SP n. 89.11635-5-Ac. 3ª T. 19.6.1990 (LTr 54-9-1109), decidiu o Superior Tribunal de Justiça, relator o Min. Cláudio Santos: "Por todo o exposto, sendo indiscutível que a Justiça brasileira, a partir daquele julgamento da Suprema Corte, passou a adotar a regra da imunidade temperada, para não excluir da nossa jurisdição os litígios derivados de atos negociais, inclusive de relações de trabalho, fortemente protegidos pelo legislador brasileiro, superando a preliminar de nulidade do processo, meu voto é pelo provimento da apelação, para afastar a imunidade reconhecida e determinar o prosseguimento da reclamação trabalhista ajuizada pelo recorrente." E ementou: "Jurisdição — Imunidade — Reclamação trabalhista contra Estado estrangeiro. A moderna doutrina do Direito Internacional Público não mais admite como absoluta a regra da imunidade jurisdicional de Estado estrangeiro. Exceção dos feitos de natureza trabalhista, dentre outros." (nova obra "O Processo na Justiça do Trabalho", 4ª ed., RT, 1999, itens 1.59, 1.60 e 1.61).

> "A carta rogatória obedece à convenção internacional entre o Brasil e o país do qual se solicita a prática de algum ato; não havendo convenção internacional, a rogatória será remetida à autoridade judiciária estrangeira competente por via diplomática, depois de traduzida para a língua do país em que há de praticar-se o ato. Há países que não cumprem carta rogatória, ou por princípio ou porque o seu sistema processual é incompatível com o ato que se pretende praticar. Salvo o caso de citação que, como se viu acima, passa a ser feita por edital, se o país estrangeiro não cumpre rogatória, o ato deixa de ser praticado, arcando a parte interessada com o ônus decorrente da omissão. Não é por isso que o processo ficará sem decisão; o juiz decidirá como se tal fato ou prova não existisse. Para o cumprimento de rogatória vinda do exterior há necessidade de *exequatur* concedido pelo Presidente do STF (RISTF, art. 225 e ss.)." *Nota*: A EC n. 45/2004 deu essa competência ao STJ (art. 105, I, "i", CF).

46.7.12. Da possibilidade de litispendência entre ações ajuizadas em Estados diversos

A litispendência se forma quando são ajuizadas simultaneamente duas ou mais ações idênticas. Em ocorrendo a hipótese, a parte interessada deverá revelar ao juiz, a fim de que a segunda, ou as demais ações ajuizadas depois da primeira sejam extintas sem a resolução do mérito nas respectivas Varas para onde foram distribuídas. Se o juiz tomar conhecimento da litispendência, deverá extinguir de ofício. Se a parte interessada não invocar, e se o juiz não declarar pelo fato de não haver tomado conhecimento, a parte poderá alegá-la em sede recursal. Se houver trânsito em julgado de mais de uma ação, o interessado poderá ajuizar ação rescisória, requerendo a suspensão da execução nos termos do art. 836, CPC (redação dada pela Lei n. 11.495/2007).

Dispõe o art. 90 do CPC: "A ação intentada perante tribunal estrangeiro não induz litispendência, nem obsta a que a autoridade judiciária brasileira conheça da mesma causa e das que lhe são conexas."

É natural que assim seja. O princípio que rege a soberania é muito eloqüente. Todavia, não se pode perder de vista que o Código de Direito Internacional Privado, denominado Código Bustamante, promulgado pelo Decreto n. 18.871, de 13.8.1929, que também rege entre nós, dispõe, em seu art. 394, que "a litispendência, por motivo de pleito em outro Estado contratante, poderá ser alegada em matéria cível, quando a sentença, proferida em um deles, deva produzir no outro os efeitos de coisa julgada". E excepciona no art. 395: "Em matéria penal, não se poderá alegar a exceção de litispendência por causa pendente em outro Estado contratante." E no art. 396 excepciona para a coisa julgada: "A exceção de coisa julgada, que se fundar em sentença de outro Estado contratante, só poderá ser alegada quando a sentença tiver sido pronunciada com o comparecimento das partes ou de seus representantes legítimos, sem que se haja suscitado questão de competência do tribunal estrangeiro baseada em disposições deste Código."

Salienta *Bartin* que "esse problema de conflito de jurisdição só poderá ser resolvido em relação a um Estado determinado, de acordo com a sua própria legislação. Claro está, adverte, que a norma geral adotada pelo legislador deixará de ser aplicada para que prevaleça alguma outra norma aprovada em tratado ou convenção.

O bom relacionamento e a reciprocidade de tratamento entre países que se aproximam por meio de tratados e de convenções são imprescindíveis.

Temos, assim, que a regra do art. 90 do Código de Processo Civil não prevalecerá para aqueles países que se filiaram ao Código Bustamante.

46.7.13. Do registro da penhora de bens imóveis

Em se tratando de bens móveis, não há necessidade de registro da penhora. Todavia, determinados bens móveis exigem certas providências: penhora de veículo deve ser comunicada ao DETRAN; penhora de ações de empresa de capital aberto deve ser comunicada à Bolsa de Valores; aeronave, deve ser comunicada ao Departamento da Aeronáutica, cota de sócio, deve ser registrada à margem do contrato social da empresa na Junta Comercial e comunicado aos demais sócios, posto que terá preferência na arrematação. O registro da penhora ou do arresto independerá do pagamento de custas ou outras despesas, observado o disposto no art. 14 (art. 7º, IV, Lei n. 6.830/1980).

Entendemos que esse preceito há de ser adaptado, determinando-se que o órgão competente margeie as despesas existentes, as quais serão pagas a final, nos termos da Lei n. 6.899/1981, evitando-se o enriquecimento sem causa do devedor que corre à álea do processo. Sobre o assunto, traçando normas, veio a lume o Provimento CR n. 5/1984 (hoje 8/1984) da Corregedoria da Justiça do Trabalho da 2ª Região.

Antes do provimento retro, era de certa forma comum o oficial de registro de cartório imobiliário recusar-se a efetuar o registro da penhora, e muitas vezes apoiado pelo próprio juiz corregedor, sem que o exeqüente se dispusesse a efetuar o pagamento, numa demonstração eloqüente de avidez desenfreada e ao arrepio da própria lei.

No Parecer n. 135/1984 da Corregedoria da Justiça Comum de São Paulo, encontrava-se a seguinte afirmação: "Inaplicável, assim, o disposto no inc. IV do art. 7º da Lei n. 6.830/80, seja porque o registro da penhora não tipifica trâmite ou incidente da execução, seja porque não foi intenção do legislador conferir idêntico tratamento aos interesses do Estado e aos de reclamante trabalhista." (*sic*)

A afirmação, sem dúvida, demonstrava desconhecimento da matéria pelo ilustre parecerista, já que não atentara sequer para o disposto no art. 186 do CTN, na sua redação anterior: "O crédito tributário prefere a qualquer outro, seja qual for sua natureza ou o tempo de sua constituição, ressalvados os créditos decorrentes da legislação do trabalho."

Mais adiante, o ilustre parecerista afirmava que "doutrina e jurisprudência não exigem o registro da penhora".

A afirmação contrariava norma contida no art. 240 da Lei n. 6.015, de 31.12.1973 (Lei dos Registros Públicos), que dispõe: "O registro da penhora faz prova quanto à fraude de qualquer transação posterior."

Ademais, tem a parte o direito inalienável de usar todas as providências legais à sua disposição com o objetivo de frustrar qualquer discussão futura. *Alieno facto jus alterius non mutatur* (não se muda o direito de alguém por fato alheio).

E o fato de parte da doutrina e da jurisprudência então entender desnecessária a providência, isso não constituía motivo bastante para se impor ao interessado risco que não queria, não desejava, nem deveria correr. O argumento usado arrepiava ao princípio de que ninguém está obrigado a fazer ou não fazer alguma coisa senão em virtude de lei. E, neste caso, a própria lei (art. 240) já determina o registro.

Felizmente, com a edição do Provimento da CRT da 2ª Região CR n. 5/1984 (hoje 8/1984) e, mais recentemente, da Lei n. 10.444/2002, que acresceu o § 4º (nova redação dada pela Lei n. 11.382/2006) ao art. 659 do CPC, a matéria restou superada em prestígio da própria justiça. *Vide* item 9.2. *Nota*: A antiga redação (Lei n. 10.444/2002) usava corretamente o termo "registro" da penhora. Referido § 4º teve a sua redação alterada pela Lei n. 11.382/2006, a saber: "A penhora de bens imóveis realizar-se-á mediante auto ou termo de penhora, cabendo ao exeqüente, sem prejuízo de imediata intimação do executado (art. 652, § 4º), providenciar, para presunção absoluta de conhecimento por terceiros, a respectiva averbação no ofício imobiliário, mediante apresentação de certidão de inteiro teor do ato independentemente de mandado judicial." Todavia, lamentavelmente, vem se tornando uma tônica o uso de terminologia errada pelo legislador que, no caso, parece entender que "averbação" e "registro" têm os mesmos significados. Entretanto, sem razão, como se verifica do art. 167, I, n. 5 e art. 240, da Lei dos Registros Públicos. Há cerca de três décadas, a Lei dos Registros Públicos determinava o registro no Cartório de Registro Imobiliário (CRI) para a transferência da posse de domínio do bem imóvel, enquanto que a penhora era "averbada". A partir de então, o registro no Cartório passou a denominar-se "matrícula" e a "averbação" passou a ser registro.

Com a modificação ora trazida pela Lei n. 10.444/2002 ao art. 659, com a inclusão do § 4º, ora referendado pela Lei n. 11.382/2006, o registro da penhora passou a ser exigência *ad solemnitatem*. Disso resulta que, sem registro, não haverá penhora formalizada. Não havendo penhora formalizada, o terceiro adquirente será sempre de boa-fé. A nova redação veio confirmar aquilo que afirmávamos e pôs fim à discussão jurisprudencial estéril que contrariava, inclusive, o art. 240 da LEF.

Walter Ceneviva registra entendimento do Conselho Superior da Magistratura de São Paulo:

> "636. Penhora incidente sobre bem alienado — A interpretação deste artigo tem sido objeto de discussão: a contar da exegese adotada pelo Conselho Superior da Magistratura, em São Paulo, de que penhora anterior à alienação do bem pode ser registrada após o registro aquisitivo do adquirente e junto a este. Essa corrente aceita que, feito negócio pertinente a imóvel, o adquirente tem o dever de obter prévias certidões forenses esclarecedoras da situação do alienante. Denunciada por elas a penhora — ainda não levada ao cartório imobiliário — e público que é o processo, aberto ao conhecimento de todos, o adquirente não se pode escusar, alegando boa-fé. Deve ser atingido pelo registro da penhora.
>
> "637. Inconveniente quebra de sistema criada pela jurisprudência — Com este caminho introduz-se uma quebra inaceitável do sistema: afasta-se a predominância do direito real e se dá realce ao pessoal, inerente à penhora não registrada. É interpretação contrária à letra do art. 240. Deste resulta a afirmação positiva de que só o registro da penhora faz prova, quanto à fraude, de transação posterior e de que, a contrário, enquanto inexistente o registro, não se pode alegar, por força da lei. Lançada a penhora nos assentamentos do cartório de imóveis, só então será conhecível pelo outorgado comprador de modo apto a repercutir na esfera de seu direito. A cognoscibilidade que decorre das certidões forenses pedidas ao alienante é relevante, mas com feição secundária. Por meio do registro de imóvel, a realidade se torna oponível ao terceiro, como fim precípuo desse tipo de assentamento público. Em composição mais antiga entendeu o CSMSP que, 'se o imóvel objeto de carta de arrematação está transcrito em nome de terceiro e não do executado na execução fiscal, tal fato obsta a transcrição, sob pena de se atentar contra o princípio da continuidade, que rege o sistema registrário brasileiro'.
>
> "638. Adstrição ao princípio da coisa julgada da Justiça do Trabalho — O CSMSP reformou decisão do juiz corregedor de cartório imobiliário cujo oficial recusou o cumprimento a mandado expedido por juiz presidente de junta de conciliação e julgamento [hoje vara do trabalho] em processo de execução trabalhista no qual era executada uma empresa. A responsabilidade dos titulares de uma certa transcrição, na condição de sócios ou ex-sócios da executada, restou reconhecida perante a Justiça do Trabalho. Considerou, todavia, o CSMSP: 'O oficial, suscitada a dúvida, e a corregedoria, acolhendo-a, ultrapassaram os lindes da atividade administrativa de que são detentores, pois atingiram e afrontaram a atividade jurisdicional do Poder Judiciário, representada pela decisão do juiz do trabalho que dirimiu controvérsia judicial e ditou o

direito a ser aplicado. A matéria está afeta à jurisdição da Justiça do Trabalho, a que não se pode sobrepor a jurisdição administrativa da corregedoria dos ofícios de registro público. Certo ou errado, a Junta de Conciliação e Julgamento [hoje Vara do Trabalho] envolveu os proprietários do imóvel na execução de que se trata; determinou a penhora e a tem por boa e regular para os fins executórios. O registro de imóveis só tem que respeitar o que foi disposto na jurisdição competente, perante a qual as razões das prejudicadas terão de ser deduzidas em processo próprio, para alcançarem o levantamento da penhora'" (Lei dos Registros. Atualizada pela Lei n. 6.941, de 14.9.1981, 3ª ed., Saraiva, 1982, p. 523).

46.8. Dos embargos à execução

46.8.1. Dos embargos à execução: breve enfoque

Os embargos à execução são espécie de defesa proporcionada ao executado, depois de garantido o juízo mediante penhora, depósito em dinheiro ou fiança bancária. No seu conteúdo operacional, os embargos nada mais são do que um pedido de reconsideração ao mesmo juízo que decidiu sobre a liquidação de sentença. A mesma possibilidade de defesa tem o exeqüente, sob o *nomen juris* de "Impugnação". Todavia, na prática, não é feita nenhuma distinção, e a "impugnação" se transformou em embargos à execução também para o exeqüente. Do confronto do *caput* do art. 884 e o § 4º, verifica-se uma certa confusão do legislador, pois se tem cinco dias para fazer a impugnação dos embargos do executado e o mesmo prazo para interpor "Impugnação", que nada mais é do que os embargos à execução. Em suma: As partes poderão opor embargos à execução e a parte contrária terá 5 (cinco) dias para proceder, querendo, à impugnação. Como veremos, na oportunidade própria, em dependendo do momento em que os embargos são interpostos, teremos duas espécies de embargos: o de primeira fase (antes da hasta pública) e o de segunda fase (depois da hasta pública). A matéria possível de discussão, está fincada no momento processual em que o fato aconteceu. Assim, toda a matéria que surgiu na fase de liquidação (momento processual de impugnação) e que fora habilmente impugnada, poderá ser levada à discussão nos embargos de primeira fase, bem assim matéria referente à penhora dos bens, *v. g.*, excesso. Também nessa fase, o terceiro que teve o bem penhorado poderá interpor embargos de terceiro, provando a propriedade do bem e pedindo a liberação com a sua exclusão do pólo passivo. O sócio que tiver o seu bem penhorado também é terceiro e o instrumento de defesa será também os embargos de terceiro. A mulher casada será "terceiro" no bem penhorado de propriedade do casal, podendo manejar os embargos de terceiro para a defesa da sua meação. Nestes embargos, são aparadas todas as arestas, como regra, da decisão liquidatória. É certo, porém, que embora a discussão principal se projete sobre a decisão liquidatória, essa é, também, a oportunidade para discutir-se a incompetência do juízo (princípio de que o juiz da ação também é o da execução, ressalvados casos previstos no art. 87, CPC, que excepciona *a perpetuatio jurisdictiones* e do art. 475-P, parágrafo único), ilegitimidade do exeqüente, habilitação (morte do exeqüente sem que a viúva supérstite tenha feito a habilitação), menor que assume a execução, sem representante legal (tutor, curador).

Nos embargos à execução, se discutem, como regra, toda a matéria prequestionada antes da decisão de liquidação. A matéria não impugnada, também como regra, não poderá ser objeto de embargos. A ausência de impugnação deságua na preclusão e não poderá ser reavivada em sede de embargos. Não haverá preclusão, entretanto, quando se tratar de excesso de execução, pois é tema que não preclui, uma vez que compete ao juiz executor declará-la de ofício a qualquer momento. O juiz, na qualidade de guardião da coisa julgada, tem por dever de ofício não permitir que haja excesso ou redução da execução.

46.8.2. Da decisão liquidatória, dos embargos e da garantia do juízo

A fase de liquidação e a de embargos estão umbilicalmente ligadas. Tem-se na liquidação de sentença o momento de impugnação e nos embargos o momento da embargabilidade. A matéria apresentada para discussão em embargos é aquela devidamente impugnada antes da decisão liquidatória (prequestionamento), ressalvadas exceções, como vimos no item anterior.

Depois da decisão proferida em liquidação, o executado é citado para efetuar o pagamento da obrigação ou, em sendo o caso, poderá efetuar depósito em dinheiro para a garantia do juízo ou dar bens, quantos bastem, à penhora. Somente depois de garantido o juízo, a parte poderá oferecer embargos. Se a parte interpuser embargos antes dessa providência garantidora, o juiz executor deverá devolvê-los para que sejam interposto na oportunidade própria. Não é de boa praxe a juntada antes da garantia do juízo.

Por ser oportuno, teceremos breves comentários sobre a execução de obrigação por quantia certa no processo comum. A Lei n. 11.232/2005 trouxe modificações estruturais e conceituais na liquidação de sentença e nos embargos à execução, também chamados embargos do devedor. A liquidação de sentença deixou de ter a dignidade de ação para ser simples incidente que antecede à execução. A decisão de liquidação, a exemplo do que sucede com o processo do trabalho, deixou de ter o *status* de sentença recorrível por apelação, para ser decisão interlocutória recorrível por agravo de instrumento. Os embargos à execução receberam o *nomen juris* de "Impugnação" e a decisão também aí proferida tem a natureza jurídica de interlocutórias, agravável de instrumento. O processo comum eliminou a citação nas obrigações por quantia certa (art. 611, CPC foi revogado) e bastará a intimação da decisão para colocar o devedor (executado) em mora. A partir da intimação, o executado terá o prazo de 15 (quinze) dias para efetuar o pagamento (não para dar bens à penhora). Decorrido o prazo (*tempus judicati*) sem o pagamento devido, o valor total da execução será acrescido de uma multa de 10% (dez por cento), de ofício pelo juízo executor. Não há necessidade de a parte requerer, pois é um dever de ofício do juiz. Obviamente, se o juiz não o fizer, deve a parte requerer que o juízo cumpra a sua obrigação e imponha a multa de dez por cento sobre o total da execução. A penhora de bens far-se-á mediante requerimento do exeqüente (art. 475-J, CPC).

O processo do trabalho continuará efetuando a citação para pagamento ou garantia do juízo, posto que expresso no art. 880, CLT. Todavia, decorrido o prazo de 15 (quinze) dias, sem pagamento, deve o juiz instrutor aplicar a multa de 10% (dez por cento) sobre o total da execução, com alento subsidiário do art. 475-J, CPC (art. 769, CLT). A busca subsidiária pode ser integral ou simplesmente complementar. A CLT tem inúmeros exemplos, *v. g.*, art. 836, admite a rescisória mas não indica os casos em que isso poderá ocorrer, tendo o julgador de buscar subsídio complementar no art. 485 e incisos do CPC.

Quando o exeqüente discordar da decisão liquidatória, embora haja entendimento doutrinário e jurisprudencial de minoria inexpressiva de que somente após a garantia do juízo pelo devedor, o credor poderá apresentar embargos, a quase unanimidade é no sentido de que o exeqüente pode embargar a decisão sem qualquer garantia, mesmo porque, se o executado não tiver interesse em embargar, não irá dar bens à penhora, e estará criado o impasse em que os embargos (Impugnação) do credor ficaria congelado. Ao entendimento citado acima faltaria razoabilidade, pois de conformidade com princípios de hermenêutica nenhuma interpretação poderá levar ao impasse.

46.8.3. Da garantia do juízo

A garantia do juízo é o ato que antecede a propositura dos embargos à execução do devedor. Sem que o juízo esteja garantido, não tem início a contagem do prazo para embargos. Por questão mesmo de estratégia processual, é mais ou menos praxe o devedor não pagar, nem oferecer bens à penhora, obrigando a que o oficial de justiça retorne ao local para efetuar a penhora de bens, com isso ganhar tempo. De conformidade com o art. 475-J (Lei n. 11.232/2005) o executado não é mais é citado (art. 611 foi cancelado pela Lei n. 11.232/2005), apenas intimado da decisão de liquidação e terá o prazo de 15 (quinze) dias (*tempus judicati*) para efetuar o pagamento, sob pena de o valor total da execução ser majorado com a multa de 10% (dez por cento), a qual será aplicada de ofício pelo juiz. Embora o processo do trabalho exija a citação do executado (art. 880, CLT), ainda que o executado apresente bens à penhora nas 48 (quarenta e oito) horas seguintes, se não efetuar o depósito em dinheiro para pagamento no prazo de 15 (quinze), arcará com a multa de 10% (dez por cento) de que fala o art. 475-J, por alento subsidiário complementar *ex vi* do art. 769, CLT. A única diferença é que no processo comum, a penhora deve ser requerida pelo exeqüente e no processo do trabalho ela poderá ser determinada de ofício. Constata-se, pois, que no processo comum, a possibilidade de manobra para garantia do juízo foi neutralizada, pois o executado tem o prazo de quinze dias para efetuar o pagamento, não para garantir o juízo. No processo do trabalho, a manobra continua sendo possível; mas, deve o juízo aplicar a multa de dez por cento, decorridos os quinze dias sem o pagamento.

A garantia do juízo poderá ser feita preventivamente, ainda na fase de conhecimento, quando não se tem certeza de que haverá uma fase executória, um a vez que o autor poderá não ganhar a ação, por não ter conseguido provar as alegações da causa de pedido (fundamento jurídico). A garantia preventiva tem lugar por meio de medida cautelar de arresto, de protesto contra a alienação de bens. Nesta hipótese, se houver prejuízo para a parte adversa, esta deverá ser ressarcida com procedimentos nos próprios autos. Nada impede que o arresto ou o protesto contra alienação de bens seja feito de ofício pelo juiz instrutor. Neste caso, o autor não estará obrigado a ressarcir prejuízos que porventura venham a ocorrer. Diversamente do que pode parecer, o arresto ou o protesto contra alienação de bens não impede a transferência do bem para terceiro, tanto se opondo o direito de propriedade. Entretanto, o adquirente do bem não poderá alegar a boa-fé.

O Projeto de Lei n. 4.731/2004, com trâmite na Câmara dos Deputados, deu nova redação aos arts. 880 e 884. O art. 880 permitiu que a execução prossiga, ainda que os bens penhorados não sejam suficientes à garantia do juízo. Essa praxe já era por nós adotada há cerca de três décadas e por inúmeros juízes do trabalho. A razão está em que sendo o crédito trabalhista de natureza alimentar, faz-se a execução sobre os bens que o devedor possuir, liberando-se ao credor pelo menos uma parte do seu crédito, prosseguindo-se quanto ao mais, se e quando houver mais bens passíveis de penhora. Enquanto isso, o processo poderá aguardar no arquivo, sem correr o risco de prescrição (art. 40, da Lei n. 6.830/1980 — LEF). A nova redação do art. 884 permitirá aplicar multa de dez a vinte por cento sobre o total da execução, sem prejuízos de outras sanções (arts. 600, 601, CPC), caso o devedor haja faltado com a verdade ao afirmar que não possuía mais bens para oferecer em penhora.

46.9. Dos embargos à execução

46.9.1. Dos embargos de primeira fase: breve enfoque

Os embargos à execução de primeira fase são aqueles posicionados antes do procedimento da praça ou leilão. Estão ligados diretamente à decisão liquidatória. Toda matéria impugnada antes da decisão de liquidação fica prequestionada para uma futura execução em embargos à execução de primeira fase. Como regra, a matéria não impugnada antes da decisão de liquidação deságua na preclusão, salvo aquela que atentar contra a coisa julgada, *v. g.*, excesso de execução. Nesta fase de embargos à execução, também poderá ser discutido o excesso de penhora, a penhora de bens com impenhorabilidade absoluta, discutida a ilegitimidade *ad causam* ativa, a incompetência material do juízo, discutido o vício de representação (morte do exeqüente sem habilitação da viúva supérstite). São inúmeros os motivos que poderão ser invocados. Se os bens indicados pelo devedor não lhe pertencer, deverá oficiar ao Ministério Público Federal para conhecimento (art. 171, § 1º, I). Se o bem foi penhorado pelo oficial de justiça, o terceiro deverá defender-se por meio dos embargos de terceiro. Na praxe, se o terceiro comparecer e comprovar induvidosamente que é o proprietário e que houve engano do oficial ao efetuar a penhora, nada impede que o juiz libere o bem sem maiores formalidades e determine o retorno ao oficial para a penhora de bens do executado.

46.9.2. Da natureza jurídica

Os embargos à execução, embora dirigidos ao juízo que decidiu sobre a liquidação de sentença, não deixam de ser uma espécie de defesa, cujo conteúdo é um pedido de reconsideração. O seu conteúdo, como regra, é desconstitutivo, *v. g.*, nulidade da decisão de liquidação homologada. Poderá ter como objetivo apenas adequar a decisão à coisa julgada, *v. g.*, eliminar o excesso de execução contido na decisão homologada. Poderá ter enfoque ordinatório, qual seja, o de contribuir para que não haja nulidade no procedimento, *v. g.*, a ausência de habilitação da viúva no processo. Todavia, o excesso de penhora e a ausência de providência passível de causar a nulidade poderão ser alegadas por simples petição, sem necessidade do manejo dos embargos à execução.

No processo comum, na execução por quantia certa, os embargos à execução (ou embargos do devedor), ganharam o novo *nomen juris* de "Impugnação", conforme dispõe o art. 475-L, CPC (Lei n. 11.382/2006), onde a impugnação somente poderá versar sobre: I — falta ou nulidade da citação, se o processo correu à revelia; II — inexigibilidade do título (§ 1º Considera-se inexigível o título judicial em lei ou ato normativo declarados inconstitucionais pelo Supremo Tribunal Federal ou fundado em aplicação ou interpretação da lei ou ato normativo tidas pelo Supremo Tribunal Federal como incompatíveis com a Constituição Federal); III — penhora incorreta ou avaliação errônea; IV — ilegitimidade das partes; V — excesso de execução; VI — qualquer causa impeditiva, modificativa ou extintiva da obrigação, como pagamento, novação, compensação, transação ou prescrição, desde que superveniente à sentença (a CLT tem disposição similar no art. 884, § 1º, mas incompleto, determinando a busca subsidiária complementar para o processo do trabalho). No processo comum, a "Impugnação" (antigos embargos à execução) tem a natureza jurídica de defesa (pedido de reconsideração ao mesmo juízo), cuja decisão é agravável de instrumento (art. 475-L, § 3º). Somente no caso de extinção do processo, caberá o recurso de apelação.

46.9.3. Da natureza jurídica da decisão

A exemplo do que sucede com a liquidação de sentença, a decisão proferida em embargos tem natureza interlocutória. Embora a decisão interlocutória em sede trabalhista seja irrecorrível, a lei excepciona para a decisão proferida em embargos à execução e da qual a parte poderá recorrer pela via do agravo de petição (art. 897, letra "a", CLT). Exige, entretanto, para que o agravo de petição seja recebido, que o agravante delimite, justificadamente, as matérias e os valores impugnados, permitida a execução imediata da parte remanescente até o final, nos próprios autos ou por carta de sentença (§ 1º). A natureza jurídica de decisão interlocutória poderá desaguar em duas conseqüências distintas: a) se a parte não embargar a decisão, esta permanecerá na sua natureza interlocutória; caso o faça pela via do agravo de petição, o julgamento meritório em sede Regional transitará em julgado, perdendo a natureza interlocutória para ganhar a dignidade de sentença (acórdão) de mérito. As conseqüências advindas também são diferentes. A decisão proferida em embargos e não agravada de petição, em havendo alguma ilegalidade, poderá ser sanada por ação declaratória de nulidade, enquanto o julgamento proferido no agravo de petição pelo Regional somente poderá ser desconstituída por meio de ação rescisória (art. 836, CLT em consonância com o art. 485, CPC).

A execução por quantia certa no processo comum, com as modificações imprimidas pelas Leis ns. 11.232/2005 e 11.382/2006, aproximou-se do procedimento trabalhista. A liquidação de sentença deixou de ser ação para ser simples incidente de natureza declaratória integrativa da execução, cuja decisão de natureza interlocutória é agravável de instrumento (art. 475-H, CPC). Da decisão proferida na "Impugnação" (antigos embargos à execução) caberá agravo de instrumento (art. 475-M, § 3º). O recurso apelação somente caberá no caso de extinção do processo (§ 3º, parte *in fine*).

46.9.4. Do prazo

O prazo para embargos à execução em sede trabalhista é de 5 (cinco) dias (art. 884, CLT), contado da assinatura do auto de penhora na qualidade de depositário. Se a parte não assinar ou negar-se a ser depositária, não haverá contagem de prazo, uma vez que a penhora só se formaliza com o depósito. Em se apresentando a hipótese de negativa, o juízo nomeará depositário e determinará a remição do bem. No caso de ente público, o prazo o prazo será de 30 (trinta) dias (art. 1º-B acrescentado pela Lei n. 4.994/1997 pela Medida Provisória 2.180-35/2001). O prazo para impugnação no processo comum (antigos embargos) é de quinze dias (art. 475-J, § 1º).

No processo do trabalho e no processo comum, a parte contrária terá o mesmo prazo para impugnação.

46.9.5. Da Fazenda Pública

Na execução contra a Fazenda Pública (União, Estados e Municípios), não há penhora de bens, posto que os bens são impenhoráveis. O pagamento é feito por meio de precatórios. O ente público é citado, não para o pagamento, mas para apresentar embargos, querendo, no prazo de 30 (trinta) dias (Lei n. 9.494/1997, art. 1º-B e Medida Provisória 2.180-35/2001). Homologados os cálculos, o juiz de primeiro grau requisitará o pagamento mediante ofício ao tribunal e o presidente procederá aos trâmites normais para que o precatório chegue às mãos do devedor (art. 730, I, CPC).

O art. 100, *caput*, da Constituição Federal permanece com sua redação primitiva. Entretanto, a Emenda Constitucional n. 30, de 13.9.2000, trouxe modificações substanciais.

Lamentávamos na edição anterior deste livro o fato de o legislador não haver definido o que seria crédito de natureza alimentar, obrigando o intérprete a louvar-se nas regras civilistas (art. 8º, CLT). A falha foi agora suprida: Leia-se o § 1º-A: "Os débitos de natureza alimentícia compreendem aqueles decorrentes de salários, vencimentos, proventos, pensões e suas complementações, benefícios previdenciários e indenizações por morte ou invalidez, fundadas na responsabilidade civil, em virtude de sentença transitada em julgado."

Outra modificação louvável está prevista na parte *in fine* do § 1º: "... quando terão seus valores atualizados monetariamente." Vale dizer, de conformidade com o novo preceito constitucional, o precatório apresentado até 1º de julho de cada ano deverá ser pago devidamente atualizado, liquidando de vez a obrigação.

O § 3º, com nova redação, dispõe que não se aplicam as regras do precatório "... aos pagamentos de obrigações definidas em lei como de pequeno valor que a Fazenda Federal, Estadual, Distrital ou Municipal deva fazer em virtude de sentença judicial transitada em julgado".

Pelo § 4º (incluído pela EC n. 37/2002), "são vedados a expedição de precatório complementar ou suplementar de valor pago, bem como fracionamento, repartição ou quebra do valor da execução, a fim de que seu pagamento não se faça, em parte, na forma estabelecida no § 3º deste artigo e, em parte, mediante expedição de precatório".

Pelo § 5º, "a lei poderá fixar valores distintos para o fim previsto no § 3º deste artigo, segundo as diferentes capacidades das entidades de direito público" (parágrafo incluído pela EC n. 30, de 2000, e renumerado pela EC n. 37, de 2002).

O salário mínimo antes era dividido em valores diversos por regiões e posteriormente foi universalizado em salário mínimo único em todo o País. A divisão anterior era mais coerente, pois o valor atual do mínimo não satisfaz aos grandes centros, mas traduz valor considerável em regiões mais pobres. Poderia servir de parâmetro ao § 3º, citado.

O legislador deixou para a lei ordinária definir o que seja obrigação de "pequeno valor", condicionando-o, desde já, à capacidade das entidades de direito público. Vale dizer, o legislador já, *ab initio*, elegeu um complicador, qual seja, a capacidade financeira da entidade de direito público. Se o constituinte não houvesse cometido a insensatez de universalizar o salário mínimo, poder-se-ia usar o salário regional como fator básico, *v. g.*, tantos salários mínimos regionais.

Comanda o § 6º: "O Presidente do Tribunal competente que, por ato comissivo ou omissivo, retardar ou tentar frustrar a liquidação regular de precatório incorrerá em crime de responsabilidade." (parágrafo incluído pela EC n. 30, de 2000, e renumerado pela EC n. 37, de 2002)

Esse parágrafo é simplesmente demagógico. É lamentável que tenha sido colocado na Constituição. Em vez de ser dirigido ao Presidente do Tribunal, deveria tê-lo sido para a autoridade devedora, pois é essa quem usa e abusa do poder de frustrar o pagamento, usando de ardis e subterfúgios para não pagar o que deve. Basta que se veja o valor exorbitante em que se avoluma a totalidade de precatórios inadimplidos. O objetivo moralizador foi mal dirigido, pois tem como objeto o presidente de tribunal, que não possui nenhum interesse em que os precatórios não sejam pagos. Esse interesse está cravado no Poder Público como um todo, onde cada autoridade usa de artifícios para que o pagamento fique para o próximo. Basta que se veja o art. 33 do Ato das Disposições Constitucionais Transitórias, *in verbis*:

> "Art. 33. Ressalvados os créditos de natureza alimentar, o valor dos precatórios judiciais pendentes de pagamento na data da promulgação da Constituição, incluído o remanescente de juros e correção monetária, poderá ser pago em moeda corrente, com atualização, em prestações anuais, iguais e sucessivas, no prazo máximo de oito anos, a partir de 1º de julho de 1989, por decisão editada pelo Poder Executivo até cento e oitenta dias da promulgação da Constituição."

O art. 78, acrescentado às Disposições Constitucionais Transitórias pela EC n. 30/2000, mais uma vez investe contra o direito do credor de entidade de direito público, a exemplo do que sucedera antes (art. 33, ADCT): impõe o pagamento em dez anos dos precatórios pendentes e das ações ajuizadas até 31.12.1999, como segue:

> "Art. 78. Ressalvados os créditos definidos em lei como de pequeno valor, os de natureza alimentícia, os de que trata o art. 33 deste Ato das Disposições Constitucionais Transitórias e suas complementações e os que já tiverem os seus respectivos recursos liberados ou depositados em juízo, os precatórios pendentes na data de promulgação desta Emenda e os que decorram de ações iniciais ajuizadas até 31 de dezembro de 1999 serão liquidados pelo seu valor real, em moeda corrente, acrescido de juros legais, em prestações anuais, iguais e sucessivas, no prazo máximo de dez anos, permitida a cessão dos créditos.
>
> "§ 1º É permitida a decomposição de parcelas, a critério do credor.
>
> "§ 2º As prestações anuais a que se refere o *caput* deste artigo terão, se não liquidadas até o final do exercício a que se referem, poder liberatório do pagamento de tributos da entidade devedora.
>
> "§ 3º O prazo referido no *caput* deste artigo fica reduzido para dois anos, nos casos de precatórios judiciais originários de desapropriação de imóvel residencial do credor, desde que comprovadamente único à época da imissão na posse.
>
> "§ 4º O Presidente do Tribunal competente deverá, vencido o prazo ou em caso de omissão no orçamento, ou preterição ao direito de precedência, a requerimento do credor, requisitar ou determinar o seqüestro de recursos financeiros da entidade executada, suficientes à satisfação da prestação."

Temos para nós que o dispositivo é inconstitucional por atentar contra a coisa julgada. A emenda constitucional não pode retroagir para apanhar atos jurídicos perfeitos. Os precatórios pendentes de pagamento foram inadimplidos com ofensa à lei, já que é obrigação do poder público incluir os débitos no orçamento. Muitos deles já foram incluídos. O legislador repete aqui o caminho fácil da protelação do pagamento de precatórios, anteriormente previsto no art. 33 do ADCT, transformando em regra geral o que diz ser transitório. Com isso, incentiva a inadimplência e os desmandos administrativos, fazendo com que cada presidente, cada governador, cada prefeito se beneficie de regras transitórias, obrigando a que novos e futuros governantes venham conseguir de um Legislativo leniente autorização legal para as suas mazelas. Ficou excepcionado o crédito originário de desapropriação de imóvel residencial do credor, desde que comprovado ser o único bem por ocasião da imissão de posse (§ 3º). A inadimplência da prestação anual dos precatórios terá como conseqüência imediata a liberação do credor do pagamento de tributos à entidade devedora (§ 2º). Referido parágrafo demonstra bem a falta de respeito com o credor de entidade pública. O credor que teve o seu crédito parcelado em dez anos poderá demorar outros dez anos para compensar uma única parcela inadimplida com os impostos que ele, credor contribuinte, tiver de pagar para o ente público inadimplente. É um excelente negócio para o Poder Público que não paga o que deve ao credor em precatório e este fica com a possibilidade de ir descontando os seus créditos em impostos, isso se houver impostos a serem pagos.

O Provimento n. 3/1998 da Corregedoria Geral da Justiça do Trabalho, no item 4, pontificava: "Determinar que os Tribunais Regionais do Trabalho se abstenham de autorizar o seqüestro da quantia necessária à satisfação do crédito, quando não houver a inclusão no orçamento das verbas relativas a *precatórios*, e quando houver pagamento a menor, sem a devida atualização, ou fora do prazo legal, eis que o Supremo Tribunal Federal, julgando ADIn n. 1.662-7, Medida Liminar, decidiu que esses casos não se equiparam ao preterimento do direito de precedência. Na ocorrência das hipóteses mencionadas, a Constituição Federal prevê a intervenção federal no Estado-membro (art. 34, VI, da CF) e estadual no Município (art. 35, IV, da CF)." Hoje, o comando restritivo foi inserido no art. 99 da Consolidação dos Provimentos da Corregedoria-Geral da Justiça do Trabalho.

O entendimento filigrânico da Excelsa Corte é mais um incentivo em favor do Poder Público mau pagador, pois bastará que o devedor não cumpra a lei e não preveja o débito no orçamento ou o pagamento seja menor, sem correção ou fora do prazo. Não cumpre a lei e ainda será beneficiado. É muito difícil para o credor e para as pessoas simples do povo compreenderem a logicidade de tal raciocínio.

Antonio Carlos Matteis de Arruda, em excelente artigo, defende o entendimento de que a análise do art. 33 das Disposições Transitórias em concordância com o art. 100, § 1º, da Constituição Federal de 1988 tem aplicação restrita aos créditos do *exercício de cumprimento*, fazendo a divisão didática entre o exercício de *provisionamento* e de *cumprimento*. Segundo o autor, "ante essa diferenciação (...), a conclusão a que se chega outra não pode ser senão a de que o art. 33 das Disposições Transitórias só se refere aos precatórios que aguardavam pagamento dentro do exercício de cumprimento, pois somente estes é que se encontravam pendentes desse pagamento, na data em que a Constituição Federal veio a ser promulgada. Ao Poder Público se faculta o pagamento desses precatórios 'em moeda corrente, com atualização, em prestações anuais, iguais e sucessivas, no prazo máximo de oito anos, a partir de 1º de julho de 1989' (cf. art. 35)"(Constituição: provisionamento, LTr 59-11/14.880).

Prossegue: "Restou clara a intenção do legislador constituinte, de dar oportunidade aos novos prefeitos, a serem eleitos e empossados, de tomarem pé da situação financeira de seus respectivos municípios, bem como de tomarem fôlego para enfrentar tal situação, facultando-se-lhes, em caráter transitório, e restrito somente àqueles precatórios, legal e regularmente pendentes de pagamento, na data da promulgação da Constituição (portanto, referentes ao recém-findo exercício de 1988, que era o exercício de cumprimento), o direito de efetuarem os pagamentos em oito prestações anuais e sucessivas, iniciando-se a primeira delas em 1º de julho de 1989. Estão, pois, fora do âmbito dessa disposição constitucional transitória todos os precatórios, cujos exercícios de cumprimento (entre 1º de janeiro a 31 de dezembro) se escoaram sem o pagamento, no ano de 1987 e nos anos imediatamente anteriores, vale dizer, todos os precatórios ingressados anteriormente a 1º de julho de 1985. Com referência a esta última data (1.7.1985), fica patente que o exercício de provisionamento se verificou entre 2 de julho de 1985 até 1º de julho de 1986, pelo que o exercício de cumprimento se iniciou em 1º de janeiro de 1987 e se findou em 31 de dezembro de 1987, época em que vigia a anterior Constituição Federal. Logo, não podem esses precatórios, cujos exercícios de cumprimento se esgotaram em 1987, 1986 e 1985 e assim antecedentemente, pelo fato de não terem ainda sido pagos, quando da promulgação da nova Constituição em 5 de outubro de 1988, ser considerados como pendentes de pagamento nessa data, porque configuram precatórios ilegal e irregularmente pendentes, em verdade, precatórios descumpridos por incúria, desídia, arbitrariedade e abuso de poder, por parte do Poder Executivo, os quais não são agasalhados pela disposição constitucional transitória, constante do art. 33, sob pena de admitir-se a existência de norma constitucional, ainda que transitória, imoral e eivada de vício de inconstitucionalidade dentro da Constituição Federal, ferindo frontalmente o comando de outras duas normas constitucionais perenes, consubstanciadas no arts. 5º, inciso XXXVI, e 100, § 1º, da Lei Maior (desrespeito à coisa julgada e à ordem do comando para que o pagamento do precatório se faça até o final do exercício seguinte)."

O mau exemplo trazido pelo legislador constituinte de 1988 no art. 33 do ADCT, concedendo o prazo de oito anos para precatórios caloteados, traduz precedente perigoso e passível de tornar-se regra geral, como já aconteceu com a Emenda Constitucional n. 30/2000, que acrescentou o art. 78 ao ADCT, permitindo o pagamento em 10 (dez) anos dos precatórios pendentes até 31.12.1999.

O Poder Público sempre foi e continuará sendo o pior pagador e o melhor caloteiro. Os precatórios não são pagos, verbas são desviadas e, de quando em quando, aquelas verbas que deviam constar do orçamento ou que dele constam mas foram sonegadas ou desviadas têm o ilícito legalizado por meio de emenda constitucional, espécie de anistia ao Poder Público que outra coisa não faz senão burlar a lei no âmbito dos precatórios. O Legislativo e o Executivo funcionam como espécie de confraria corporativista, posto que se alternam de um lado e de outro legislando e executando contra os credores do Poder Público. O Supremo Tribunal Federal há muito não determina intervenção. Todavia, a intervenção é medida moralizadora como providência excepcional. Essa providência moralizadora, porém, não foi tomada pela Excelsa Corte na hora certa. Agora, quando a exceção transformou-se em regra geral, àquela alta Corte nada mais resta fazer. Quem não ocupa o espaço que lhe é reservado acaba perdendo-o para outrem.

O Poder Público foi aos poucos tomando gosto pela inadimplência e pelo calote e na medida em que não há qualquer punição pelo desvio de conduta. A seu favor tem ainda a impenhorabilidade do bem público e a impossibilidade de seqüestro (ver Consolidação dos Provimentos da CGJT, que revogou o Provimento CGJT n. 3/1998, item 4).

Lembra *Theodoro Jr.*: "Os bens públicos, isto é, os bens pertencentes à União, Estado e Município, são legalmente impenhoráveis. Daí a impossibilidade de execução contra a Fazenda nos moldes comuns. Prevê o Código, por isso, um procedimento especial para as execuções por quantia certa contra a Fazenda Pública, o qual não tem natureza própria de execução forçada, visto que se faz sem penhora e sem arrematação, vale dizer, sem expropriação ou transferência forçada de bens. Trata-se de execução imprópria, portanto, a que o Código regula nos arts. 730 e 731." ("Processo de Execução", São Paulo, 2ª ed., LEUD, 1975, p. 253)

Assinala *Celso Neves*: "A Constituição vigente [de 1967/1969] estabelece, em seu art. 117, a disciplina funcional da matéria, calcada no pressuposto, *de lege data*, da imunidade dos bens da Fazenda Pública à penhora, em princípio eliminável, mantido, todavia, como solução de técnica legislativa. Não há, pois, como se pensar em penhora nas execuções contra qualquer das pessoas jurídicas de Direito Público interno, razão essa que determina a disciplina especial em exame, da execução contra a Fazenda Pública" ("Comentários ao Código de Processo Civil", Ed. Forense, Rio de janeiro, 1975, v. VIII, p. 167).

Com o advento da EC n. 20/1998, foi acrescentado ao art. 100 da CF o § 3º, com redação atual pela EC n. 30/2000, *in verbis*: "O disposto no *caput* deste artigo, relativamente à expedição de precatórios, não se aplica aos pagamentos de obrigações definidas em lei como de pequeno valor que a Fazenda Federal, Estadual, Distrital ou Municipal deva fazer em virtude de sentença judicial transitada em julgado." Disso resulta que, em se tratando de "obrigação de pequeno valor", a impenhorabilidade dos bens de domínio público restou relativizada. Todavia, o dispositivo retrocitado atua em sede programática, posto que depende de lei para definir o que sejam "obrigações de pequeno valor".

46.9.6. Do precatório

Em não havendo a oposição de embargos, prossegue-se na execução nos termos do art. 730, I e II, do CPC: "O juiz requisitará o pagamento por intermédio do presidente do tribunal competente" e "far-se-á o pagamento na ordem de apresentação do precatório e à conta do respectivo crédito". "Se o credor for preterido no seu direito de preferência, o presidente do tribunal, que expediu a ordem, poderá, depois de ouvido o chefe do Ministério Público, ordenar o seqüestro da quantia necessária para satisfazer o débito" (art. 731, CPC).

> "Infração à ordem cronológica dos pagamentos. Excepcionalmente, em face do descumprimento do direito de preferência resultante da imposição dos pagamentos na ordem cronológica da apresentação dos respectivos precatórios, poderá ser ordenado o seqüestro da quantia necessária para satisfazer o débito, depois de ouvido o chefe do Ministério Público. A audiência do Ministério Público é estabelecida em função da gravidade do fato resultante do descumprimento da ordem legal a ser observada pelo Poder Público, na satisfação dos pagamentos em que tenha sido condenado ou de que seja devedor, em razão do título dotado de executividade. O descumprimento da ordem dá ensejo a pedido de intervenção, nos termos do art. 10, VI, da CF [art. 34, VI, da CF/88." (*Celson Neves*, ob. cit., p. 167)

A Lei n. 9.469, de 10.7.1997, que revogou a Lei n. 8.197/1991, dispõe:

> "Art. 6º Os pagamentos devidos pela Fazenda Pública federal, estadual ou municipal e pelas autarquias e fundações públicas, em virtude de sentença judiciária, far-se-ão, exclusivamente, na ordem cronológica da apresentação dos precatórios judiciários e à conta do respectivo crédito.
>
> "Parágrafo único. É assegurado o direito de preferência aos credores de obrigação de natureza alimentícia, obedecida, entre eles, a ordem cronológica de apresentação dos respectivos precatórios judiciários." (*Vide* Medida Provisória 2.226, de 4.9.2001)

Em que pese a boa intenção dos que pugnam pela inexistência de precatórios para o recebimento de créditos de natureza alimentícia, indo alguns mesmo até à possibilidade de penhora dos bens públicos em caso de inadimplência, a verdade é que o legislador constituinte foi imensamente infeliz na redação do art. 100 da Constituição, construindo ambiente propício à polêmica.

Conservamos o entendimento de que apenas restou assegurada a preferência sobre as demais dívidas da Fazenda Pública objeto também de precatórios, continuando impenhoráveis os bens.

Nesse sentido, decisão do Tribunal Superior do Trabalho (Processo TST ROMS n. 1.034/89.6, LTr 55-10/1235), relator o culto Ministro José Ajuricaba da Costa e Silva: "O legislador, pois, como que dirimindo a controvérsia, deixou bem claro que a ressalva feita pela citada norma constitucional, quanto aos créditos de natureza alimentícia, não exime tais créditos da cobrança por meio de precatório, mas apenas lhes assegura a preferência sobre as demais dívidas da Fazenda Pública cobradas por esse meio."

Com o advento da EC n. 20 (DOU 16.12.1998) foi acrescentado ao art. 100 da CF o § 3º, *in verbis*: "§ 3º O disposto no *caput* deste artigo, relativamente à expedição de precatórios, não se aplica aos pagamentos de obrigações definidas em lei como de pequeno valor que a Fazenda Federal, Estadual, Distrital ou Municipal deva fazer em virtude de sentença judicial transitada em julgado." *Nota:* A EC n. 30/2000 apenas acrescentou o termo "Distrital", mantendo a redação anterior quanto ao mais.

Assim, em se tratando de obrigações de "pequeno valor", tanto a impenhorabilidade dos bens de domínio público como a exigência de precatório restou relativizada. Todavia, o dispositivo retrocitado atua em sede programática, posto que depende de lei para definir o que sejam "obrigações de pequeno valor".

46.9.7. Do precatório: algumas evoluções

O art. 100, *caput*, da CF permanece com sua redação primitiva. Entretanto, a Emenda Constitucional 30, de 13.9.2000, trouxe modificações substanciais.

Lamentávamos na 3ª edição deste livro o fato de o legislador não haver definido o que era crédito de natureza alimentar, o que obrigava o intérprete a louvar-se nas regras civilistas (art. 8º, CLT). A falha foi agora suprimida: "§ 1º-A Os débitos de natureza alimentícia compreendem aqueles decorrentes de salários, vencimentos, proventos, pensões e complementações, benefícios previdenciários e indenizações por morte ou invalidez, fundadas na responsabilidade civil, em virtude de sentença transitada em julgado." (parágrafo acrescentado)

Outra modificação louvável está prevista na parte *in fine* do antigo § 1º: "... quando terão seus valores atualizados monetariamente" (nova redação). Vale dizer, de conformidade com o novo preceito constitucional, o precatório apresentado até 1º de julho de cada ano deverá ser pago devidamente atualizado, liquidando de vez a obrigação.

O § 3º confirma a redação anterior e acrescenta o termo "Distrital": "aos pagamentos de obrigações definidas em lei como de pequeno valor que a Fazenda Federal, Estadual, Distrital ou Municipal deva fazer em virtude de sentença judicial transitada em julgado." O legislador deixou para a lei ordinária a fixação do que seja obrigação de "pequeno valor", condicionando-o desde já à capacidade das entidades de direito público. Vale dizer, o legislador já *ab initio* elegeu um complicador, qual seja, a capacidade da entidade de direito público. Se o constituinte não tivesse cometido a insensatez de universalizar o salário mínimo, poder-se-ia usar o salário mínimo regional como fator básico, *v. g.*, tantos salários mínimos regionais.

O art. 78, ora acrescentado ao Ato das Disposições Constitucionais Transitórias, a exemplo do que sucedera com o art. 33 da ADCT, legaliza o calote geral e cria espécie de anistia para os administradores do plano federal, estadual e municipal.

O legislador mais uma vez investe contra o direito do credor de entidade de direito público e acrescenta o art. 78 às Disposições Constitucionais Transitórias, onde impõe pagamento, em dez anos, de ações ajuizadas até 31.12.1999, dos precatórios pendentes. O constituinte, em verdade, não abriu uma exceção para sanar situação emergencial. Ao contrário, sua intenção era criar um precedente para escancarar as portas para a inadimplência generalizada do Poder Público. A piorar a situação para os credores do Poder Público, a Lei n. 11.033/2004 condiciona o pagamento de precatório à apresentação de certidões negativas federais, estaduais e municipais, bem como à inexistência de dívida junto ao FGTS (art. 19), igualando todos ao Poder Público no quesito mau pagador! O precedente se confirmou e frutifica com a EC n. 30/2000 e com certeza repetir-se-á até chegar o dia em que se possa dizer que o general *De Gaulle* não tem mais razão. O Brasil passará a ser um país de homens públicos sérios. Mas, isso só com a responsabilização exemplar de maus administradores.

46.9.8. Do prazo como regra

O prazo para embargos e para impugnar no processo do trabalho é de 5 (cinco) dias (§ 2º, art. 884, CLT) e é contado do dia seguinte ao dia em que o devedor assina o auto de penhora na qualidade de fiel depositário; se efetuar o depósito em dinheiro, o dia seguinte ao do depósito, desde que o dia seguinte seja dia útil. Se o dia cair numa sexta-feira, a contagem inicial na segunda-feira; se a penhora foi feita num sábado por determinação do juiz, dia em que não há expediente, a contagem tem início na terça-feira. O prazo não tem início enquanto a penhora não for devidamente formalizada com o depósito. Isso significa que se a parte negar-se a ser o depositário, o juiz designará depositário público, onde houver; não havendo designará depositário particular. A penhora só se formalizará com a designação de depositário e a entrega do bem ao mesmo.

A Lei n. 9.494/1997 dispõe: "Art. 1º-B. O prazo a que se refere o *caput* dos arts. 730 do Código de Processo Civil, e 884 da Consolidação das Leis do Trabalho, aprovada pelo Decreto-lei n. 5.452, de 1º de maio de 1943, passa a ser de trinta dias." (artigo incluído pela Medida Provisória n. 2.180-35, de 24.8.2001)

A partir daí, alguns açodados passaram a afirmar que o prazo para embargos seria de 30 (trinta) dias na Justiça do Trabalho. Não se deram sequer ao trabalho de verificar que o art. 730 do CPC estava na Seção III — Da execução contra a Fazenda Pública, e, portanto, a *mens legis*, quando se reportava à Justiça do Trabalho, o fazia com relação à Fazenda Pública. De conformidade com as regras de hermenêutica, a posição que a regra ocupa no Código deve ser levada em conta para o esforço interpretativo. De resto, não seria razoável que a regra instituída fosse restrita à Fazenda Pública em âmbito civilista e fosse abrangente em sede trabalhista. Vale dizer, no processo civil continuariam as mesmas regras, excepcionada a Fazenda Pública, enquanto na Justiça do Trabalho a aplicação era geral, não só para a Fazenda Pública. Sabemos pela prática judicante que são as interpretações açodadas, sem respaldo no bom senso e na razoabilidade, que acabam por assoberbar os pretórios com recursos.

A modificação normativa no tocante à Fazenda Pública no processo do trabalho é mais uma benesse, como tantas outras existentes, a incentivar o Poder Público a usar de tais prerrogativas para procrastinar o processo. Em sede trabalhista, o prazo majorado se aplica tão-somente à Fazenda Pública, prevalecendo quanto aos demais casos o comando expresso do art. 884 da CLT.

O prazo para embargar será de 5 (cinco) dias da efetiva formalização da penhora, independentemente da juntada do auto de penhora (art. 884, CLT). O conteúdo será toda a matéria possível após o trânsito em julgado da decisão exeqüenda, desde a fase de acertamentos, foi impugnada *opportuno tempore* e não haja incorrido em preclusão. O excesso de penhora poderá ser impugnado independentemente de embargos, por simples petição. O excesso de execução, que não se confunde com o excesso de penhora, é impugnável por meio de embargos.

Excesso de penhora é a arrecadação de bens em valor muito superior ao *quantum exequendo*, enquanto o excesso de execução é a inclusão de títulos não prestigiados pela coisa julgada (art. 879, § 1º, CLT) ou o excesso do *quantum debeatur*, o que se consegue com o emprego de ardis ou outros meios artificiosos, aumentando-se o verdadeiro valor. O excesso de execução, quando proveniente de impulso doloso do exeqüente, pode e deve ser coibido com o enquadramento na litigância de má-fé e em ato atentatório à dignidade da justiça (art. 599, II, CPC). Embora o artigo citado se refira exclusivamente ao devedor que emprega ardis ou meios artificiosos, mediante conduta maliciosa, em ofensa ao princípio de lealdade, a prática demonstra que esse procedimento não firma residência exclusivamente no devedor. Em tendo o credor igual comportamento, não existe motivo para que lhe seja relevado o procedimento malicioso, pena de ferimento ao princípio de igualdade das partes que informa o processo.

A Lei n. 11.382/2006 (PL n. 4.497/2004) trouxe modificações ao CPC. No art. 739, § 5º, dispõe que, sendo interpostos embargos com fundamento no excesso de execução, "o embargante deverá declarar na petição inicial o valor que entende correto, apresentando a memória do cálculo". Se não o fizer, os embargos serão rejeitados liminarmente. E, no caso de embargos manifestamente protelatórios, o juiz imporá, em favor do exeqüente, multa ao embargante em valor não superior a vinte por cento do valor em execução (art. 740, parágrafo único). As modificações implantadas podem ser aplicadas em sede executória trabalhista, pois têm por objetivo impedir a procrastinação e onerar o devedor renitente. Os comandos legais retrocitados não impedem que o ato seja enquadrado como "atentatório à dignidade da justiça" (art. 600, CPC) nem impedem que se some a multa prevista no art. 601 do CPC, sem prejuízo de outra sanção de direito processual, qual seja a de impedir a parte de falar no processo. Estas penalidades poderão ser relevadas pelo juiz diretor do processo se cumpridos os requisitos do parágrafo único.

46.9.9. Do prazo para a Fazenda Pública

A Fazenda Público tem um excesso de regalias que não tem sentido, quando tem a advocacia da União ao seu dispor. O prazo de 30 (trinta) dias, ora concedido, é excessivo.

É de se observar, todavia, no que concerne à Fazenda Pública, que o favor legal que diz respeito ao *quádruplo* do prazo para contestar e ao *dobro* para recorrer (art. 188, CPC) e o Decreto-lei n. 779/1969, que cuida especialmente da matéria trabalhista, refere-se tão-somente à fase cognitiva. Na execução, os prazos são normais. A modificação introduzida no art. 475 do CPC pela Lei n. 10.352, de 26.12.2001, não tem aplicação subsidiária em âmbito trabalhista. Em termos de embargos à execução, a Fazenda Pública terá o prazo de trinta dias, nos termos da Lei n. 9.494/1997, que modificou a redação do art. 884 da CLT.

46.9.10. Da Emenda Constitucional n. 30/2000

Referida EC foi fruto de conchavo político para beneficiar entes públicos maus pagadores. Os administradores públicos acostumaram a dar tratamento subalterno ao pagamento de precatórios. Por obra e graça do Supremo Tribunal Federal, a praxe tomou gosto e transformou o preceito constitucional que permite a intervenção em letra morta, pois há décadas não decreta uma intervenção. De tempos em tempos, há uma espécie de moratória e os prefeitos e governadores recebem a benesse de pagar em oito ou dez anos o atrasado. Isso significa que aquele numerário colocado no orçamento para precatório não é utilizado para a finalidade, mas desviado para outras finalidades que possam conquistar votos.

Temos para nós que o dispositivo (art. 78, ADCT) é inconstitucional, pois atenta contra a coisa julgada. Emenda constitucional não pode retroagir para apanhar atos jurídicos perfeitos. Os precatórios pendentes de pagamento foram inadimplidos com ofensa à lei, pois era obrigação do Poder Público incluí-los no orçamento. E muitos deles já foram incluídos. O legislador repete aqui o caminho fácil da protelação do pagamento de precatórios, anteriormente previsto no art. 33 do ADCT, transformando em regra geral o que diz ser transitório. Com isso incentiva a inadimplência e os desmandos administrativos, fazendo com que cada Presidente, cada Governador, cada Prefeito se beneficie de regras transitórias, obrigando a que novos e futuros governantes venham conseguir de um Legislativo leniente autorização legal para suas mazelas.

Ficou excepcionado o crédito originário de desapropriação de imóvel residencial do credor, desde que comprovado ser o único por ocasião da imissão de posse (§ 3º). A inadimplência da prestação anual dos precatórios parcelados terá como conseqüência imediata a liberação do credor de pagamento de tributos à entidade devedora (§ 2º).

O § 2º demonstra bem a falta de respeito com o credor de entidade pública. O credor que teve o seu crédito parcelado em dez anos poderá demorar outros dez para compensar uma única parcela inadimplida com os impostos que ele, credor contribuinte, teria de pagar para o ente público inadimplente.

A leniência contida no art. 78 e §§ 2º e 3º é de repente substituída por rasgo moralizador. O § 4º comanda que o Presidente do Tribunal deverá efetuar seqüestros de recursos financeiros em caso de omissão no orçamento ou preterição ao direito de precedência. O Provimento n. 3/1998, item 4, da Corregedoria Geral da Justiça do Trabalho, revogado pela Consolidação dos Provimentos da CGJT, que ditava regras para se proceder ao seqüestro, fora neutralizado por liminar do STF na ADIn n. 1.662-7: "Determinar que os Tribunais Regionais do Trabalho se abstenham de autorizar o seqüestro da quantia necessária à satisfação do crédito, quando não houver a inclusão no orçamento das verbas relativas a *precatórios*, e quando houver pagamento a menor, sem a devida atualização, ou fora do prazo legal, eis que o Supremo Tribunal Federal, julgando a ADIn n. 1.662-7, Medida Liminar, decidiu que esses casos não se equiparam ao preterimento do direito de precedência. Na ocorrência das hipóteses mencionadas, a Constituição Federal prevê a intervenção federal no Estado-membro (art. 34, VI, da CF) e estadual no Município (art. 35, IV, da CF).

46.9.11. Do conteúdo operacional dos embargos à execução

Os embargos à execução têm por objeto rever a decisão homologatória decisão liquidatória. É uma espécie de pedido de reconsideração que o devedor faz ao juiz executor. Embora a lei denomine o remédio processual do credor de "Impugnação", a *nomen juris* é de péssima inspiração, pois o credor também faz a impugnação dos embargos do devedor e o devedor faz impugnação da impugnação do credor. Na prática, para evitar essa confusão terminológica, tem-se os embargos à execução do devedor e do credor. Ambas as partes utilizam-se dos embargos à execução para impugnar a decisão liquidatória.

Nos termos do art. 884, § 1º, da CLT, "a matéria de defesa será restrita às alegações de cumprimento da decisão ou do acordo, quitação ou prescrição da dívida". A quitação ou prescrição da dívida, só quando superveniente ao título executório.

Necessário, entretanto, a colocação de duas hipóteses distintas. Suponha-se que, apresentados os cálculos (liquidação), o executado, embora tenha tido ciência deles, não os impugna. Prolatada a sentença de liquidação, a matéria não poderá mais ser objeto de apreciação ou impugnação, em face da preclusão. Numa segunda hipótese, o executado impugna os cálculos e aponta incoerências e mesmo assim são eles homologados (sentença de liquidação). Neste caso, a matéria poderá ser novamente impugnada em embargos e, persistindo, também poderá ser repetida a impugnação por meio de agravo de petição. Todavia, extrapolando o exeqüente do que restou decidido na sentença exeqüenda, poderá o executado impugnar em embargos, ainda que não tenha impugnado antes da decisão de liquidação, já que a ninguém é permitido cobrar além da condenação. Se se impedir, nesse caso, a impugnação sob o argumento de preclusão, estar-se-á causando maus-tratos à própria coisa julgada. A coisa julgada é soberana e é dever de ofício do juiz prover para que ela seja respeitada e para que a execução se proceda dentro dos seus limites objetivos e subjetivos. Não existe preclusão possível para o excesso de execução. Se houve excesso de execução, deve-se o fato ao juiz que não cumpriu bem o seu dever de ofício, qual seja, o de garantir que a coisa julgada seja executada nos seus exatos limites.

Imagine-se a hipótese de a execução ser feita por pessoa que não tem legitimidade, vale dizer, não está incluída nos limites subjetivos da coisa julgada e o executado perder o prazo para impugnação. Ao aceitar-se a preclusão temporal, estar-se-ia permitindo que a execução fosse feita por quem não é titular do direito. À evidência, a preclusão não firma residência em tais casos, podendo o juiz, em qualquer jurisdição ou tempo, corrigir a distorção, garantindo o primado da lei.

Na nossa prática judicante, como juiz de Tribunal, tivemos oportunidade de verificar casos em que alguns juízes de primeiro grau aceitavam o desrespeito da coisa julgada pela só ausência da impugnação, sob o argumento de que a preclusão ocorrida impedia a discussão em sede de embargos à execução. Os que assim procedem admitem na preclusão verdadeiro poder rescisório, com o desmonte da coisa julgada. É como se o juiz da execução pudesse permitir a rediscussão da coisa julgada a qualquer momento. Em suma, é uma questão de valoração a ser feita entre a preclusão e a coisa julgada.

Com a extinção da representação classista, o juízo de primeiro grau passou a ser monocrático. Disso resulta a aplicação do art. 475-L, I, do CPC (falta ou nulidade da citação no processo de conhecimento, se o processo lhe correu à revelia).

A citação para a parte contestar traduz ato de suma importância na trajetória procedimental. A sua falta deságua na nulidade da sentença que vier a ser proferida, posto que "sentença nenhuma".

Diferentemente do processo comum, no processo do trabalho a parte é notificada da revelia (art. 852, CLT). Por essa razão, deve a parte, no momento em que tomar ciência da decisão, interpor o recurso ordinário no prazo de oito dias e pedir a nulidade do julgado por falta de citação. Todavia, se por algum motivo não foi cientificada da revelia, não haverá preclusão e poderá pedir a nulidade em sede executória pela via de embargos à execução.

O fato de se levar a efeito nova penhora não abre o prazo para o ajuizamento de novos embargos à execução. A tanto se opõe a sistemática do Código de Processo Civil, aplicável em sede trabalhista *ex vi* art. 889 da CLT. Qualquer queixa no que concerne à segunda penhora deverá ser formulada pela parte por simples pedido. De resto, o excesso de penhora não desafia embargos nem na primeira penhora, posto que poderá ser apreciado por simples pedido.

> "A efetivação da segunda penhora não tem o condão de reabrir o prazo para a interposição dos embargos. Isto significa que o executado não pode ajuizar embargos do devedor tantas vezes quantas penhoras houver. Pela sistemática do Código de Processo Civil é inviável a apresentação de embargos do devedor quando ocorrer nova penhora ou ampliação dela. São, pois, incabíveis novos embargos à execução, sob fundamento de que outra penhora se fez. Se o executado tem alguma queixa quanto ao novo ato de constrição judicial, deve apresentá-la ao juízo da execução, por simples petição." (TAPR, 4ª Câm. Cív., Ap. n. 38.414, rel. Juiz Ulysses Lopes, j. 20.2.1991, v. u., Coad Inf. Sem. 45/91, p. 718, Ementa 56.229). 183.192-1, 22.02.1995, rel. Juiz Quintino do Prado, v. u., Rev. Julgados 56-57/79). *Vide* item 5.1.2.

Não se descarta, todavia, a possibilidade de discussão pela via dos embargos quando se tratar de bem impenhorável ou quando pertencer a terceiro.

"Mandando penhorar bens da impetrante, ora recorrente, autarquia pública estadual, para pagamento dos créditos trabalhistas da recorrida, a autoridade impetrada feriu as regras do art. 67 c/c. o art. 66 do Código Civil [hoje arts. 99 a 101] e art. 648 do CPC, como também o art. 100 da Constituição Federal, em que pretendeu se amparar." (TAMG, 7ª Câm., Ag. n. 183.192-1, 22.2.1995, rel. Juiz Quintino do Prado, v. u., Rev. Julgados 56-57/79)

Valentin Carrion assinala: "A alegação de cumprimento da decisão ou do acordo, assim como de quitação devem referir-se a fatos posteriores à sentença. A prescrição que se menciona é a do direito de executar a própria sentença, obviamente posterior, intercorrente. Entretanto, não é tão restrita a matéria, quanto pode fazer crer a leitura do texto legal. Além dessas, há outras hipóteses de direito material (acordo entre as partes e compensação com débito proveniente de outra execução). As possibilidades de impugnação à execução, por razões formais, são ainda mais numerosas: a) nulidades referentes ao título em si, falta de peças essenciais na carta de sentença ou de assinatura do juiz); b) falta de capacidade processual do exeqüente (menoridade, alienação mental); c) falta de legitimação para a causa (não ser o próprio da relação formada no processo de cognição, o autor ou o réu); falta de qualidade em caso de sucessão do autor (falecimento, cessão) ou do réu (falecimento); empresa que não o sucedeu ou que não foi pronunciada a sentença nem responde pelos ônus trabalhistas daquela; d) incompetência do juiz (CPC, art. 742); e) suspeição do juiz; f) nulidade da citação ou da penhora; g) inexistência de depósito; h) excesso de execução (v. *Lopes da Costa*, "Direito processual civil"); i) decretação de falência, onde o crédito deverá ser habilitado ("Comentários à CLT", Ed. RT, 1979, p. 554-555).

Amaro Barreto assim entende: "322. A matéria dos embargos há de ser nova, superveniente à penhora, já nos da primeira fase, já nos da segunda. A vedação de se julgar matéria velha, já decidida, está nos arts. 471 do CPC e 836 da CLT: nenhum juiz poderá decidir novamente questões já julgadas. O selo da *res judicata* impede a sua violação, no deslinde dos embargos à execução. Se a questão foi deduzida e julgada, ou era dedutível nos embargos à penhora, não o poderá ser mais nos embargos à arrematação, à adjudicação, ou à remição, porque a *res judicata*, ou a preclusão, abrange assim a *res deducta* como a *res deducenda*. Por isso, é jurisprudencial que, 'após a arrematação não tem cabimento a argüição de nulidade do processo por falta de liquidação da dívida, assunto que só poderia ser objeto de embargos à penhora' (RT 40/305). Se a matéria foi deduzida e julgada, nos embargos da primeira fase, há *res judicata*. Se devia ser deduzida, mas não foi, há preclusão. Num caso, ou noutro, inadmite-se a argüição do já julgado, ou do precluso, nos embargos da segunda fase. 323. Se o executado não foi citado para a execução, mas oferece embargos, sem argüir a nulidade, ela fica sanada, com o suprimento da falta. Se argüida a nulidade e provida esta, considera-se feita a citação na data em executório, ou no recurso." ("Execução Cível e Trabalhista", Edições Trabalhistas, Rio de Janeiro, 1975, p. 278-279)

Dizíamos à época que dissentíamos de forma pontual do eminente jurista *Amaro Barreto*. Primeiro, porque existe uma diferença estrutural e conceitual entre o processo executório comum e o trabalhista. No processo do trabalho, não temos ação, mas, simples incidentes no caso da liquidação de sentença e no caso de embargos, pelo que não há falar em coisa julgada dos julgamentos proferidos em liquidação de sentença e de embargos. Houve palpável aproximação de ambos os processos, quer na estrutura, quer no conceito.

Registre-se o fato de a Lei n. 11.232/2005 haver determinado modificações estruturais e conceituais na execução por quantia certa do crédito civilista na liquidação de sentença. A liquidação, nesse caso, deixou de ser ação para ser simples incidente declaratório e a decisão proferida deixou de ser sentença para ser decisão interlocutória mista, agravável, não mais apelável, salvo no caso de extinção do processo (arts. 475-H, 475-J e 475-M, § 3º, CPC). Na nova tomada de posição processual, embora aproxime de forma palpável, o processo comum do processo trabalho, ainda persistem diferenças.

Em sede trabalhista, somente se essas decisões forem objeto de impugnação pela via de agravo de petição em sede de Regional e/ou de TST (tema constitucional) é que se formará a coisa julgada. Segundo, a prática está a indicar que existem outros temas passíveis de discussão mesmo antes da penhora. Assim, toda matéria impugnada antes da decisão liquidatória, garantido o juízo com a penhora, poderá ser novamente apreciada pela via dos embargos à execução, que tem a natureza jurídica de simples pedido de reconsideração. Concordamos, todavia, em que nos embargos de segunda fase, que ocorrem após a hasta pública, cujo tema estará vinculado à arrematação, à adjudicação e à remição (da execução e de bens), não haverá lugar para discussões anteriores, posto que as dúvidas existentes ou ficaram preclusas pela inércia da parte ou foram sanadas pelo Regional em agravo de petição. Somente após esse serenamento que se perfaz nos embargos de primeira fase, que acontecem antes da hasta pública, é que o bem será levado à praça ou leilão, imune já a qualquer discussão. Outras discussões poderão suceder, já agora a partir do despacho do juiz diretor que determinar a expedição de edital designando dia para praça e leilão. Firmou-se, na prática, o uso dos embargos à execução de forma genérica, quer para o executado, quer para o exeqüente, perdendo-se, pelo desuso, o *nomen juris* de embargos à penhora e de impugnação para o exeqüente, termo que se confunde com contraminuta. Essa incoerência deve-se ao fato de o legislador celetista não haver primado pelo purismo terminológico.

Amauri Mascaro Nascimento dispõe: "É evidente que através de embargos à execução a lei não objetiva reprodução de discussões sobre matéria velha, assim considerada a matéria já apreciada e decidida na ação. O princípio fundamental que rege a matéria cabível em embargos é o da superveniência. Os acontecimentos posteriores à sentença definitiva proferida na ação de conhecimento são passíveis de apreciação. Se a parte podia mas não suscitou, na fase declaratória, determinada discussão, não poderá fazê-lo em embargos. Se, no entanto, não podia provocar o pronunciamento do órgão jurisdicional, é admitido o debate." ("Curso de Direito Processual do Trabalho", Ed. Saraiva, São Paulo, 1978)

Antonio Lamarca realça: "Se a parte impugna o cálculo e não é atendida, poderá renovar a questão na impugnação à sentença de liquidação (exeqüente) ou em embargos à execução (executado). Todavia, se, intimada, silencia ou comparece e concorda com o cálculo, dá-se a preclusão e a matéria não mais poderá ser alegada." ("Processo do Trabalho Comentado", Ed. RT, São Paulo, 1982) Acrescente-se que no tema preclusivo não se inclui o excesso de execução. Este — por ser obrigação do juiz diretor exercer a fiscalização para que se execute corretamente a coisa julgada nos seus limites objetivos e subjetivos — não sofre a preclusão e poderá ser invocado a qualquer tempo ou grau de jurisdição, mediante provocação da parte ou de ofício pelo juiz.

46.9.12. Do excesso de execução e do dever de ofício do juiz

O juiz executor é também o guardião da coisa julgada. Isso significa que compete ao juiz o dever de prover para que a execução se faça nos limites subjetivos e objetivos da coisa julgada (art. 879, § 1º, CLT). Deve a parte interessada alertar sobre o excesso à execução. Isso poderá ser feito a qualquer momento ou grau de jurisdição pela parte, uma vez que a ausência de impugnação antes da decisão de liquidatória não deságua na preclusão.

Dispõe o art. 743 do CPC: "Há excesso de execução: I — quando o credor pleiteia quantia superior à do título; II — quando recai sobre coisa diversa daquela declarada no título; III — quando se processa de modo diferente do que foi determinado na sentença; IV — quando o credor, sem cumprir a prestação que lhe corresponde, exige o adimplemento da do devedor (art. 582); V — se o credor não provar que a condição se realizou."

Amaro Barreto adverte que o excesso de "penhora, que não se confunde com o excesso de execução, não é argüível através de embargos, mas sim por simples petição após a avaliação. Excesso de penhora é penhora sobre bens em valor superior ao necessário. Excesso de execução é execução de títulos não reconhecidos pela sentença" (ob. cit., p. 286).

O excesso de execução está diretamente ligado aos limites objetivos e subjetivos da coisa julgada. Excede aquele que inclui títulos não premiados pela sentença exeqüenda bem assim quando se acrescenta ao título indivíduo que não fez parte do pólo ativo da ação. O excesso de execução, ainda que não impugnado habilmente, não preclui. É que a simples preclusão não poderá desdizer decisão com trânsito em julgado (princípio da valoração). Se a execução se nortear pelo excesso, a parte poderá pleitear no mesmo processo aquilo que pagou a maior. O excesso de execução traduz afronta ao princípio da coisa julgada, que torna o julgado imutável e indiscutível, somente podendo ser revisto pela via da ação rescisória nos casos indicados pela lei processual (art. 485, CPC), discussão essa limitada ao interstício decadencial (art. 495, CPC). Cabe ao juiz, como *dominus processus*, prover para que a coisa julgada não seja aviltada e não se transforme a execução em oportunidade para se levar vantagem. O fato de a parte, instada a falar, silenciar não constitui motivo hábil a que o juiz homologue os cálculos e as verbas apresentadas. Se tiver dúvida, deve enviar para o contador judicial ou determinar que perito de sua confiança apresente os cálculos.

De conformidade com a Lei n. 11.232/2005 (art. 475-L, § 2º, CPC), quando o executado alegar que o exeqüente está incorrendo em excesso de execução, cumprir-lhe-á declarar de imediato o valor que entende correto, sob pena de rejeição liminar da alegação.

Não desconhecemos a realidade dos grandes centros onde o juiz lida com número elevado de processo na fase executória. Se a fiscalização que deve fazer, por dever de ofício, não for eficiente, sempre que houver denúncia de excesso executório ou dele tomar conhecimento de alguma forma, deve chamar o processo à ordem e proferir decisão eliminando o excesso, ciente de que o excesso trazido pelo exeqüente, ainda que não impugnado pelo executado, não preclui. Esse concerto que se faz em obediência à coisa julgada terá lugar em qualquer tempo ou jurisdição, por provocação da parte ou de ofício pelo juiz (juiz, desembargador, ministro). Se isso não ocorrer, poderá o executado no prazo decadencial de dois anos ajuizar ação rescisória para sanar a irregularidade, com pedido cautelar incidente de sobrestamento, excepcionando-se o art. 489 do CPC. Se a execução com o excesso já se consumou, a restituição do excesso deverá ser feita nos próprios autos, podendo a providência ser iniciada a pedido do interessado ou de ofício pelo juiz. Em constatando o juiz que o exeqüente teria agido de má-fé com o objetivo preconcebido de levar vantagem, poderá enquadrá-lo como litigante de má-fé com as conseqüências de praxe.

A Lei n. 11.382/2006 acrescentou o § 5º ao art. 739-A do CPC, onde dispõe que, em havendo alegação de excesso de execução, o executado deverá declarar de imediato o valor que entende correto, sob pena de rejeição liminar da impugnação. O dispositivo terá aplicação em sede trabalhista. E, no parágrafo único do art. 740, dispõe que, em sendo os embargos considerados manifestamente protelatórios, o juiz imporá, em favor do exeqüente, multa ao embargante em valor não superior a vinte por cento do valor em execução. O objetivo protelatório pode ser considerado ato atentatório à dignidade da justiça (art. 600, CPC (redação dada pela Lei n. 11.382/2006), com as conseqüências do art. 601, CPC). Não se descarta a proibição de falar nos autos (sanção processual).

Nas palavras de *Carrion*: "Excesso de execução: quando o credor pleiteia quantia superior à do título, quando se processa de forma diferente do que foi determinado na sentença e quando o credor, sem cumprir a prestação que lhe corresponde, exige o adimplemento da do devedor (CPC, art. 743). No processo trabalhista, esta última hipótese pode ocorrer quando se condena a prestações vincendas, de diferenças salariais, p. ex., se o empregado deixou de prestar serviço ou o prestou de forma a não fazer jus a seu recebimento. Não se confunde excesso de execução com excesso de penhora." (ob. cit., p. 505)

46.9.13. Da natureza jurídica e a aproximação do processo comum

É o meio processual colocado à disposição do executado para que a sentença exeqüenda se cumpra adequadamente. É por meio dos embargos que são corrigidas possíveis distorções existentes na execução forçada. Dizíamos que, diferentemente do seu similar no processo comum, os embargos à execução em âmbito trabalhista têm natureza jurídica de simples pedido de reconsideração. Sua forma é de simples incidente e não de verdadeira ação, como sucede no processo comum. A decisão proferida tem o efeito de interlocutória mista, vale dizer, tem carga decisória, enquanto no processo comum a decisão proferida tem a dignidade de verdadeira sentença, que desafiará o recurso de apelação.

A Lei n. 11.232/2005 modificou a execução para pagamento de quantia certa. A liquidação de sentença deixou de ter a dignidade de ação para transformar-se em simples incidente de natureza declaratória com objetivo de apurar o *quantum debeatur*. A decisão proferida deixou de ser sentença de mérito para ser simples decisão interlocutória. A impugnação da decisão far-se-á por agravo de instrumento, não mais por apelação, salvo a hipótese em que a decisão determinar a extinção do processo. Ver arts. 475-H, 475-J e 475-M, § 3º, CPC. Em que pese a proximidade conceitual, persistem diferenças palpáveis entre os dois processos, sendo de mais vigor a que adota o princípio da irrecorribilidade das interlocutórias. Não se pode, todavia, negar que, com a revogação do art. 611, CPC, eliminando a citação (art. 475-J, CPC) e prevalecendo com o mesmo objeto apenas a intimação, o processo comum elegeu norma superior à existente em âmbito trabalhista.

No processo do trabalho, o juízo terá a possibilidade de rever de ofício a sua decisão (juízo da reforma) e a parte poderá impugná-la pela via do agravo de petição. O juiz poderá, antes de processar o agravo, exercer o juízo da reforma. A natureza jurídica dos embargos é, pois, de simples incidente com decisão interlocutória mista, que só se alçará à coisa julgada se revista pelo Regional pela via do agravo de petição e/ou pelo recurso de revista, quando existir matéria constitucional em discussão.

Preleciona *Amaral Santos*: "Do aspecto prático, os embargos do devedor aparecem como meio de defesa, pois que visam a livrá-lo do processo de execução ou a desfazer ou limitar a eficácia do título executivo. Por essa razão, parte da doutrina entende sobrelevar nos embargos o caráter de defesa comum e normal, da mesma natureza da contestação. 'Se os embargos têm um campo processual restrito' — dizia *Bonumá* —, 'isso decorre da própria natureza da execução, na qual não se poderá, sem tumulto e sem desordem, renovar e discutir matéria da ação em que se proferiu a sentença exeqüenda." ("Primeiras Linhas de Direito Processual Civil", Ed. Saraiva, São Paulo, 1985, v. 3, p. 400)

José Frederico Marques assinala: "Os embargos constituem verdadeira ação incidental, do executado contra o exeqüente, a fim de tirar eficácia executória ao título que serve de fundamento à execução forçada." ("Instituições de Direito Processual Civil", 3ª ed., Forense, Rio, 1971, v. V, p. 246, n. 1.297)

Wagner Giglio ("Direito Processual do Trabalho", Ed. Sugestões Literárias, São Paulo, 1972, p. 232) entende que os embargos seriam uma ação, com respaldo em *Amilcar de Castro, Gabriel Rezende Filho, Liebman, Pontes de Miranda, Frederico Marques, Moacyr Amaral Santos.* Nesse mesmo sentido, se posiciona *Amauri Mascaro Nascimento* ("Curso de Direito Processual", p. 345) com respaldo em *Liebman* e *Afonso Fraga. Tostes Malta* constata que, "segundo corrente majoritária entre os doutos, os embargos em foco (embargos à execução) constituem uma ação e não um recurso. Conquanto haja argumentos de peso em favor dessa idéia, entendo que a amplitude dos embargos à penhora, ou, melhor, à execução, no processo trabalhista, lhes dá, por vezes, o caráter de recurso, bastando considerar-se, para concluir-se dessa forma, que *Ísis de Almeida* ("Manual de Direito Processual do Trabalho", 3ª ed., LTr, 1991) sustenta que os embargos constituem defesa do executado."

Constata-se que os autores que elegem os embargos ao *status* de ação ou de recurso, todos, buscam amparo na doutrina civilista. Todavia, os embargos no processo do trabalho não têm a dignidade de verdadeira ação, mas de simples pedido de reconsideração.

Dizíamos que os embargos previstos na processualística comum, verdadeira ação que eram, desafiavam o recurso de apelação (art. 520, V, CPC), ao qual corresponde o recurso ordinário do processo trabalhista. A decisão proferida em embargos à execução poderá ser revista posteriormente pelo juízo, por ocasião do recurso de agravo de petição, que admite o juízo da reforma. Já no processo comum, a decisão proferida tinha a dignidade de verdadeira sentença (art. 162, CPC) e só poderia ser revista na instância recursal (art. 520, V, CPC). Essas diferenças estruturais existentes em ambos os processos não permitiam que se considerassem os embargos como ação na Justiça do Trabalho. Mudada a forma substancial, a coisa não se diz a mesma, mas diversa (*commutata forma substantiali, res non dicitur eadem sed diversa*). A Lei n. 11.232/2005 trouxe mudanças profundas na execução por quantia certa.

Pelo mesmo fundamento, não comungamos com aqueles que os alçam ao patamar de verdadeiro recurso. Constituem, desenganadamente, simples demonstração de inconformismo ao próprio juízo que proferiu a decisão (liquidação de sentença). Não se elevam além de simples pedido de reconsideração. "A palavra recurso tem diversas significações, ora em sentido amplo, ora em sentido estrito. Na primeira acepção, compreende todo meio, toda iniciativa, toda providência, com o fim de assegurar o exercício de um direito, ativa ou passivamente. Na linguagem comum, portanto, emprega-se o termo recurso para indicar qualquer modo de proteção ao direito da parte, quer como autor, quer como réu. Abrange, assim, a ação, propriamente dita; a contestação; a exceção e, especificamente, os remédios contra as decisões, ou seja, os recursos propriamente ditos" (*Alcides de Mendonça Lima*, "Recursos Trabalhistas", São Paulo, Ed. RT, 1970, p. 5).

Cuida-se, aqui, do recurso *stricto sensu*. E este somente se fará presente com a interposição do agravo de petição, recurso próprio do processo trabalhista, sem similar, hoje, no processo comum. A natureza jurídica dos embargos é a de simples defesa do executado (*lato sensu*), que se caracteriza como simples pedido de reconsideração. A matéria estará restrita ao que restou prequestionado por ocasião da impugnação dos cálculos, ao que dispõe o art. 884, § 1º, da CLT e o art. 475-L do CPC (art. 769, CLT). Embora o artigo use a expressão "somente poderá", no sentido taxativo, a realidade das coisas é mais forte do que a *mens legislatoris*. Assim, não há como não incluir no rol as hipóteses de incompetência, de suspeição ou de impedimento. O mesmo se diga quanto à "impugnação", *remedium juris* do exeqüente.

46.9.14. Da natureza jurídica da decisão que julga embargos à execução

Como dissemos antes, em face da confusão terminológica feita pelo legislador (art. 884, §§ 1º a 5º, CLT), a praxe determinou que a impugnação da decisão que homologa a liquidação pode ser impugnada por embargos à execução originária do devedor e do credor. A parte contrária terá o mesmo prazo para a impugnação.

A matéria apreciada em liquidação de sentença, quando habilmente impugnada antes da decisão homologatória, constituirá também o conteúdo daquilo que se discutirá por meio de embargos à execução ou de impugnação (embargos do exeqüente). E a decisão proferida em embargos (executado) ou em impugnação (exeqüente), a exemplo da decisão homologatória, tem caráter declaratório e, no mais das vezes, a matéria objeto de embargos e/ou impugnação é literalmente aquela discutida na fase de acertamentos (liquidação de sentença). Tanto lá como aqui, o escopo é declaratório. Os embargos e a impugnação (embargos do exeqüente) hostilizam direta ou indiretamente a sentença de liquidação. Com a extinção da representação classista (EC n. 24/1999), os embargos trabalhistas passaram a ter em seu bojo o poder constitutivo nos moldes do processo comum (art. 475-L, I a VI, CPC). Ainda quando desconstituam penhora, *v. g.*, por impenhorável o bem, a sua natureza é declaratória.

46.9.15. Do princípio informador da responsabilidade patrimonial

A responsabilidade patrimonial do devedor está prevista no art. 591, CPC: "O devedor responde, para o cumprimento de suas obrigações, com todos os seus bens presentes e futuros, salvo as restrições estabelecidas em lei."

O art. 596 do CPC cuida do benefício de ordem em relação à responsabilidade do sócio: "Os bens particulares dos sócios não respondem pelas dívidas da sociedade senão nos casos previstos em lei; o sócio, demandado pelo pagamento da dívida, tem direito a exigir que sejam primeiro excutidos os bens da sociedade." Ver arts. 50, 990, 1.003, parágrafo único, 1.024, 1025, 1.026, 1.032, todos do Código Civil.

A regra contida no art. 591 do CPC é cópia da que se insere no Código Civil italiano: "Art. 2.740. *Il debitore risponde dell'adempimento delle obbligazioni con tutti i sui beni presenti e futuri.*" As restrições a que se refere a parte final são aquelas que se enumeram no art. 649.

Frederico Marques realça: "Com base no princípio de que o patrimônio do devedor responde pelo adimplemento da obrigação, construiu a moderna doutrina jurídica novo conceito do vínculo obrigacional, decompondo-o em dívida e responsabilidade. Eis o que, a respeito do assunto, expõe *Alfredo Buzaid*: 'Decompôs-se o conceito de obrigação em dois elementos, que geralmente se encontram unidos, mas que podem estar separados, a saber: a) a dívida, que consiste no dever de prestar por parte do devedor; e b) a responsabilidade, que exprime o estado de sujeição dos bens do obrigado à ação do credor. A dívida é assim um vínculo pessoal; a responsabilidade, um vínculo do patrimônio. O devedor obriga-se. Seu patrimônio responde.'" ("Instituições", ob. cit. v. 5, n. 1.151, p. 75)

Para *Dinamarco*, no texto pouco claro do art. 591 do CPC, os adjetivos presentes e futuros devem ser lidos como referentes ao momento em que a obrigação é constituída (tomada de um empréstimo, causação de dano etc.) e não necessariamente àquele em que a execução far-se-á. São bens presentes os que naquele momento mais remoto (constituição da obrigação) já estivessem no patrimônio do devedor e que em certa circunstância permanecem sob responsabilidade executiva ainda quando alienados (em fraude do devedor); futuros, os que passaram a integrar o patrimônio depois da constituição da obrigação e ainda em tempo hábil para serem colhidos pela execução forçada. O ilustre autor afirma que faz uma leitura intencionalmente teleológica do art. 591, cujas palavras em si mesmas não são capazes de transmitir idéias assim nítidas. Do art. 1.948 do Código Civil italiano, que foi simplesmente transposto para o Código de Processo Civil brasileiro, a doutrina diz que emprega os adjetivos presente e futuro de modo homogêneo, para indicar bens futuros em relação à obrigação e bens presentes no momento de executar.

Apesar da redação pouco explícita desse texto do direito positivo, uma interpretação pautada pela razoabilidade permite identificar essas duas regras fundamentais: a) respondem os bens integrantes do patrimônio do obrigado no momento de executar (salvo os casos de impenhorabilidade), quer eles já estivessem ali quando a obrigação foi constituída, quer hajam incorporados a tal patrimônio depois disso. Na primeira hipótese, são bens presentes quanto ao momento da constituição da obrigação e também presentes quando se vai executar; os bens da segunda hipótese são futuros em relação ao momento da constituição do débito, embora presentes no da execução; b) respondem também alguns bens que estavam no patrimônio do devedor quando a obrigação foi constituída, apesar de já não estarem quando se vai proceder à execução (bens alienados em fraude, ou alienados depois de terem sido oferecidos em garantia real da obrigação, embora passados no momento de executar, em certas circunstâncias, respondem) ("Instituições ...", ob. cit., v. 4, p. 328-329).

Preleciona *Antônio Carlos Costa e Silva* que bens presentes significam os bens que constituíam o patrimônio do devedor por ocasião de ser constituída, ou de lhe ser imposta a obrigação. Bens futuros são os que acresceram ao patrimônio do devedor, depois da formação da obrigação, que existiam por ocasião da execução (*dies executionis*) ou que venham a ser adquiridos depois da sua propositura ("Tratado de processo de execução", 2ª ed., Aide Editora, Rio, 1986, v. 1º, p. 485).

À pergunta sobre a possibilidade de se sujeitarem à execução bens que foram adquiridos depois de instaurado o processo de execução, *Cândido Dinamarco* responde negativamente, justificando que sua inclusão na responsabilidade seria um ilogismo, porque a responsabilidade é sujeitabilidade do patrimônio à execução e esta não pode, por isso, ser um dado passado com referência à responsabilidade, de modo que deverão ficar excluídos da sujeitabilidade aos atos da execução forçada os bens que foram aduzidos ao patrimônio do devedor posteriormente ao ajuizamento da execução ("Da execução Civil", *apud Antônio Carlos Costa e Silva*, "Tratado do Processo de Execução", v. 1º, p. 485).

Cândido Dinamarco mantém posição isolada perante a doutrina e jurisprudência nacional. Existe um entendimento de ordem social no sentido de que todo aquele que deve a alguém tem de honrar a obrigação. Caso não o faça por ocasião do vencimento, tornando-se inadimplente, poderá o credor exigir o pagamento judicialmente, utilizando-se da execução forçada com base no patrimônio do devedor, pouco importando se os bens, objeto de penhora, já pertenciam ao patrimônio do devedor por ocasião de assumir a dívida ou se o integraram posteriormente.

A clareza do art. 591 do CPC dispensa maiores digressões. O Código Buzaid sanou uma lacuna que existia na legislação ao inserir a regra do art. 591, segundo a qual, enquanto existirem obrigações a serem honradas, o devedor será responsável com todo o seu patrimônio, pouco importando se os bens sejam passados, presentes ou futuros. A prevalecer o entendimento de que somente aqueles bens existentes por ocasião de assumir a obrigação seriam idôneos para dar suporte à dívida, chegaríamos a um impasse: uma dívida contraída com suporte na idoneidade pessoal do devedor, porque não possui bens, se não fosse honrada no vencimento, não poderia ser cobrada, ainda que o devedor, posteriormente, fosse aquinhoado com uma vultosa herança, pois se cuidaria de bens futuros.

46.9.16. Do manejo dos embargos e a praxe adotada

Como dissemos antes, embora a lei preveja embargos à execução para o devedor e impugnação para o credor, por causa da confusão terminológica do legislador no art. 884 e respectivos parágrafos, CLT, a praxe consagrou o uso dos embargos à execução para o devedor e para o credor. A parte interessada, credor ou devedor, poderá manejar os embargos à execução para rediscutir matéria prequestionada antes da homologação dos cálculos de liquidação. A matéria que não for objeto de impugnação estará preclusa e não poderá ser objeto de discussão em sede de embargos à execução. Além da matéria prequestionada, outras poderão ser objeto de embargos, por exemplo, o excesso de execução, o excesso de penhora, a ilegitimidade *ad causam* ativa ou passiva, a incompetência do juízo executor, a representação incorreta (o autor faleceu e a viúva supérstite não se habilitou corretamente). O casuísmo é vasto na prática.

Legitimado a propor embargos é aquele que figura no pólo passivo da sentença de mérito da fase cognitiva como devedor e contra quem se dirige o mandado executório.

Amaro Barreto assinala: "Pressuposto processual é a legitimação ativa e passiva das partes, do exeqüente, portador o título executório, e do executado, paciente da execução." (*Amaro Barreto*, ob. cit., n. 300, p. 271)

Estão legitimados a embargar o sucessor do devedor a título singular ou *causa mortis*, o espólio, os herdeiros ou os sucessores do devedor, o novo devedor que assume com o consentimento do credor, o fiador judicial, o terceiro que não faça parte do pólo passivo do título executivo, cujo bem foi objeto de apreensão judicial, o credor por direito real sobre o bem penhorado, o cônjuge para defender a sua meação ou bens reservados, o credor a quem a lei confere o título executivo, o cessionário por ato entre vivos, o sub-rogado, no caso de sub-rogação legal ou convencional.

Dispõe o art. 736 do CPC: "O devedor poderá opor-se à execução por meio de embargos, que serão autuados em apenso aos autos do processo principal." E o art. 884 da CLT preceitua: "Garantida a execução ou penhorados os bens, terá o executado cinco dias para apresentar embargos, cabendo igual prazo ao exeqüente para impugnação." Na Justiça do Trabalho, são interpostos por petição nos autos principais. Em sede de embargos, o tecido trabalhista basta a si mesmo, não necessitando de incursão subsidiária. De conformidade com a Lei n. 9.494/1997 (MP n. 2.180-35), o prazo para o Poder Público foi majorado para 30 (trinta) dias.

Amaral Santos ensina: "Legitimado para embargar é o devedor, ou seja, aquela pessoa contra a qual se dirige a execução. Ocorre, entretanto, que a execução pode atingir bens em poder de terceiros, ou que se integrem em seu patrimônio, por força da responsabilidade executiva secundária que incida sobre os mesmos. Também a esses terceiros se concede o direito de opor-se à execução, mas em referência a eles é preciso distinguir conforme neguem ou não sua responsabilidade executiva. No caso de não negarem sua responsabilidade executiva em face do título executivo, estarão legitimados para usar os embargos de devedor, pois se colocam na posição deste; todavia, no caso de negarem sua responsabilidade executiva, ou seja, no caso de impugnarem a situação de sujeição dos seus bens à execução, e, pois, deduzirem direito próprio, não poderão valer-se daquela ação e sim da de embargos de terceiro (CPC, art. 1.046), instituto análogo, mas distinto daquele (cf. *Liebman*)." (*apud Amaral Santos*, "Primeiras Linhas", v. 3, n. 971, p. 401-402)

46.9.17. Da competência

A verificação da competência material e, dentro desta, a competência funcional é um dos pressupostos subjetivos a ser verificado por ocasião da liquidação da sentença e posterior execução. A escolha de juiz incompetente do ponto de vista funcional, ainda que competente em razão da matéria determina a nulidade dos atos e causa maus-tratos do princípio do juiz natural.

A regra, de ordinário, é a de que o juiz da ação também é o da execução. Essa regra geral cede lugar nos casos em que o juízo perde a sua competência em razão da matéria (*v. g.*, quando se instala vara em localidade onde a matéria trabalhista estava afeta ao juiz de direito — art. 87, CPC) ou ainda quando a vara perde a sua jurisdição sobre determinada localidade (*v. g.*, processos afetos a determinadas varas que perderam a sua jurisdição sobre determinadas praças, diante da instalação de novas varas).

De conformidade com o art. 475-P, parágrafo único (Lei n. 11.232/2005): "No caso do inciso II do *caput* deste artigo [o juízo que processou a ação no primeiro grau], o exeqüente poderá optar pelo juízo do local onde se encontram bens sujeitos à expropriação ou pelo do atual domicílio do executado, casos em que a remessa dos autos do processo será solicitada ao juízo de origem." Essa nova tomada de posição procedimental permite a modificação do princípio do juiz natural, deslocando a execução. Todavia, o legislador comete lapso ao usar da locução "será solicitada ao juízo de origem". A parte no processo não solicita: requer e o juiz decide. Como vimos anteriormente, haverá caso em que o requerimento será indeferido, *v. g.*, caso de litisconsorte, quando apenas um requer, posto que a execução não deve ser cindida.

> "É competente para a execução de título executivo extrajudicial o juiz que teria competência para o processo de conhecimento relativo à matéria." (art. 877-A, CLT) "É competente para a execução das decisões o juiz ou presidente do tribunal que tiver conciliado ou julgado originariamente o dissídio." (art. 877, CLT)

Humberto Theodoro Júnior dispõe: "O juízo da ação de embargos é o mesmo da execução, salvo o caso da penhora realizada em comarca estranha ao foro da causa (art. 658), quando, então, verificar-se-á a execução por carta e caberá ao juízo requerido processar e julgar os embargos do devedor (art. 747). Por juízo requerido tem-se entendido na doutrina o juízo deprecado, isto é, aquele a que se pede ou requer a realização da diligência e que é o encarregado da penhora, avaliação e alienação dos bens penhorados, conforme o art. 658, ao qual o art. 747 faz expressa remissão ao fixar a competência para os embargos à execução." ("Processo de Execução", 2ª ed., Edição Universitária de Direito, São Paulo, 1975, p. 262)

O fato de alguns atos executórios serem produzidos pelo juízo deprecado não desprestigia o princípio de que o juiz da ação também é o da execução. O juízo deprecado age como espécie de *longa manus* do juízo deprecante pelo fato de referidos atos serem executados fora da base territorial onde se processa a execução.

No que concerne à execução por meio de precatória, firmou-se a regra de que o juízo deprecado é o competente para apreciar matéria que diga respeito a bem por ele penhorado, sem qualquer intervenção do juízo deprecante.

Não será competente, entretanto, quando o bem penhorado, *v. g.*, foi indicado pelo juízo deprecante (determinado imóvel) ou ainda quando o juízo deprecante determinou que a penhora se fizesse em determinado bem ou em bem de sócio da empresa por não mais existir bem em nome da pessoa jurídica.

A competência ainda será do juízo deprecante quando, embora a penhora recaia sobre bens escolhidos pelo juízo deprecado, o embargante alegar ilegitimidade *ad causam* passiva, nulidade da sentença exeqüenda, vícios etc., ou impugnar matéria meritória. Neste caso, só o juízo deprecante poderá apreciar toda a matéria.

Os embargos do devedor na execução por carta serão processados e julgados perante o juízo deprecado apenas quando versarem sobre os atos nele praticados.

> "Em outras palavras, na execução por carta, quanto às preliminares ou exceções ou à relação de direito material, competente é o juízo deprecante; quanto aos atos realizados pelo juízo deprecado, este é o competente (RePro 3/142). No mesmo sentido, conclusão do Simpósio da Associação dos Magistrados Brasileiros (Boletim 10/53). Logo no início da vigência do Código, este artigo [refere-se ao art. 747, CPC] se tornou dos mais polêmicos, dividindo a doutrina e a jurisprudência, se competente seria o juízo deprecante ou o deprecado. Coube a *Galeno de Lacerda*, em seu oportuno O novo direito processual civil e os feitos pendentes, Forense, 1974, antever a solução, que veio a consagrar-se na Concl. LX do Simpósio de Curitiba, em 1975, e que merecera, antes, o apoio do eminente *Amílcar de Castro*, para quem a expressão 'juízo requerido' é 'ambígua e desnorteante'" (Sálvio de Figueiredo Teixeira, "CPC Anotado", Ed. Forense, Rio, 1980, p. 182). "O STF firmou jurisprudência no sentido de que os embargos à execução, versando sobre a matéria constante dos arts. 741 e 745, devem ser julgados no juízo deprecante (RTJ 82/630, 83/599, 91/173, 105/424; RT 545/270). Ao juízo deprecado cabe apreciar apenas os incidentes relativos à penhora, avaliação, arrematação, adjudicação e remição do bem penhorado (RTJ 82/630; neste sentido: RP 3/335, em 85, com extensa bibliografia). Súmula n. 32 do TFR: Na execução por carta (CPC, art. 747 c/c. art. 658), os embargos do devedor serão decididos no juízo deprecante, salvo se versarem unicamente vícios ou defeitos da penhora, avaliação ou alienação de bens" (*Theodoro Júnior*, ob. cit., p. 262). *Nota*: Em se tratando de execução por quantia certa, ver o art. 475-L (Lei n. 11.232/2005), incluindo no rol, omitida por evidente lapso do legislador, a preliminar ou a exceção de incompetência, o impedimento e a suspeição.

46.9.18. Da competência funcional: penhora de bens em outra localidade

Nenhum juiz poderá exercer a sua jurisdição fora da sua base territorial. O poder de dizer o direito no caso concreto (*jurisdictio*) está delimitado à base territorial abrangida pela Vara do Trabalho. Toda decisão proferida fora da base territorial é inexistente, pelo simples fato de o juiz não ter competência funcional, nem ser o juiz natural, qualidade que se adquire pela distribuição do processo. A decisão assim proferida não é nula nem anulável, é inexistente, pois quem a proferiu não tem poderes para tanto. Logo, a decisão proferida por quem não tem poderes, ainda que seja um juiz, é inexistente e não precisa ser obedecida. Assim, o juiz não pode nomear o perito para a Vara deprecada, nem pode decidir sobre embargos à execução interpostos contra a penhora de bens feita pelo juízo deprecado.

Quando não há bens na base territorial que possam ser penhorados, esta se fará no lugar onde houver bens. Neste caso, a execução será implementada por meio de carta precatória executória.

Suponha-se que os bens do foro da execução não foram suficientes e tiveram de ser penhorados bens em outras localidades, todos de propriedade do executado.

Se os bens foram indicados pelo juízo deprecante, não há dúvida que a competência é deste.

Embora penhorados pelo douto critério do juízo deprecado, a parte, por meio dos embargos, poderá atacar a sentença exeqüenda, com alegação de nulidade etc., ou ainda impugnar os cálculos homologados, e nesses casos a competência será do juízo deprecante para toda a matéria discutida: penhora do bem e impugnação dos cálculos.

Galeno de Lacerda aponta "como solução do problema, a atração que o foro da execução, isto é, do lugar onde se instaurou o processo de execução, exercerá fatalmente, para a sede dos embargos, no caso de serem deduzidos embargos ante o juízo deprecante e perante o juízo deprecado. *Amilcar de Castro* diz que, nada obstante, concomitantemente ou sucessivamente, haja penhora e embargos do devedor no foro da causa (da ação de execução) e em outro ou outros juízos onde estejam situados os bens, haverá sempre a necessidade de modificar-se a competência dos juízos deprecante e deprecado, a fim de que não haja duplicidade de embargos (litispendência), nem colisão de julgamentos, e indica como solução a identificação do conteúdo dos embargos. Desta maneira, se eles versarem sobre os atos praticados pelo juiz deprecado (*v. g.*, penhora, avaliação e alienação de bens), sua será a competência para julgá-los; caso contrário, competente é o juiz deprecante" (*Theotonio Negrão*, "Código de Processo Civil atualizado", Ed. RT, São Paulo, 1984, p. 254). Conclui *Antônio Carlos Costa e Silva* que "a pluralidade de penhoras, levadas a efeito em diferentes juízos, isto é, aquele no qual se instaurou o processo de execução e o outro, ou os outros, nos quais se realiza 'a execução por carta', não obsta à interposição de diferentes embargos do devedor (embargos à execução em sede trabalhista), e a competência para conhecer e julgá-los não pode se submeter às regras da modificação da competência" ("O novo direito processual civil e os efeitos pendentes", *apud Antônio Carlos Costa e Silva*, ob. cit., v. 2, p. 302). Nesta parte, o citado autor discorda de *Celso Neves*, que dispõe: "Podem, por conseguinte, coexistir embargos apresentados no juízo da execução e no juízo da situação do bem. O que é defeso é o devedor repetir em um o conteúdo do outro. Logo, se alegar qualquer matéria dos incisos I a VI do art. 741 do CPC, ou se produzir defesa de mérito, em um, não pode repetir no outro, sob pena de reproduzir duas ações, caindo na litispendência (art. 301, § 1º, c/c. o § 3º do mesmo artigo), o que, por certo, motivará, quando da impugnação, pelo credor, o pedido de extinção dos embargos, sem julgamento do mérito (arts. 301, V, e 267, V, do CPC)" ("Comentários ao Código de Processo Civil", Ed. Forense, Rio de Janeiro, 1981, v. VII, p. 372).

Não nos parece que a razão esteja com *Galeno de Lacerda*, posto que a questão dependerá sempre da matéria discutida nos embargos. Em se discutindo em embargos a mesma matéria (conteúdo idêntico, *v. g.*, impugnação aos cálculos homologados), deverá a parte propor um único embargo no juízo deprecante, pena de incorrer na litispendência, o que determinaria a extinção (art. 267, V, CPC). Quando a impugnação for sobre os atos praticados pelo juízo deprecado, a este competirá o julgamento dos embargos, salvo se a indicação do bem em que recaiu a penhora foi feita pelo juízo deprecante.

Se, todavia, nos embargos interpostos nas várias localidades, a parte, além de impugnar cálculos homologados, impugna a sentença exeqüenda, com alegação de nulidade, suspeição etc., e ainda impugna os atos realizados pelo juízo deprecado, a competência será atraída (*vis attractiva*) para o foro onde se instaurou o processo de execução, competente, pois, o juízo deprecante.

Suponha-se em outra hipótese que, em havendo multiplicidade de penhoras, a parte alegue excesso de penhora em razão do crédito discutido. Neste caso, a *vis attractiva* se faz no juízo deprecante onde se instalou a execução. Suponha-se, ainda, várias penhoras levadas a efeito em juízos deprecados diversos e que o executado ajuíze vários embargos (um em cada juízo deprecado), inclusive no juízo deprecante onde faz a impugnação dos cálculos homologados ou alegue algum vício. Neste caso, também, a *vis attractiva* indicará para a reunião no juízo deprecante, que será competente para apreciar todos os embargos. Todavia, poderá ocorrer o caso de várias penhoras de bens por intermédio de vários juízos deprecados e o devedor avie embargos à execução objetivando impugnar ato de cada juízo deprecado. Neste caso, evidentemente, não haveria qualquer atração para o juízo deprecante. Embora a lei processual não eleja casuísmos, no que fez bem o legislador, pois seriam meramente exemplificativos, o juiz diretor da execução deve nortear-se pela razoabilidade.

46.9.19. Dos efeitos: devolutivo e suspensivo

Regra, em sede trabalhista, é o emprego do efeito meramente devolutivo em todos os recursos, inclusive os recursos ditos extraordinários para o TST (ordinário, revista, embargos). Contudo, embargos à execução não têm a natureza jurídica de recurso, mas de defesa que se reduz a mero pedido de reconsideração ao mesmo juiz que decidiu a liquidação de sentença. De resto, se a execução for apenas provisória, os atos executórios vão até à penhora, não se permitindo qualquer ato que redunde na disposição do bem. Excepciona-se o caso em que o bem penhorado for de fácil deterioração (caminhão de peixes ou de hortaliças). Neste caso, para evitar maiores prejuízos ao executado, o juiz determinará a venda com o depósito do numerário em conta bancária à disposição do juiz.

Segundo o magistério de *Pires Chaves*, "o processo de execução provisória e execução definitiva têm sido batidos de controvérsias, dada a distinção entre coisa julgada, ou caso julgado, e sentença em julgado. Porém, na esfera trabalhista, a matéria não oferece dificuldade maior. A regra é a execução provisória, quando a sentença está sujeita a recurso." ("Da Execução Trabalhista", Ed. Forense, Rio de Janeiro, 1955, v. 2, p. 362).

Preceitua o art. 899 da CLT: "Os recursos serão interpostos por simples petição e terão efeito meramente devolutivo, salvo as exceções previstas neste Título, permitida a execução provisória até a penhora."

O art. 899 da CLT está colocado no Capítulo VI — diz respeito aos recursos da fase cognitiva, em especial, embora o art. 897-A também mencione o agravo de petição, cabível das decisões do juiz ou presidente nas execuções. A execução está colocada no Capítulo V. A presença do agravo de petição no art. 897 da CLT deve-se à ausência de técnica legislativa.

Na execução trabalhista, a regra é o efeito devolutivo. Em se cuidando de execução provisória, penhorado e avaliado o bem, interpostos embargos, o juízo sobrestará o andamento do feito até o trânsito em julgado, após o que os embargos serão processados e apreciados.

Se assim não proceder, poderá acontecer de os embargos serem rejeitados e confirmada a decisão de liquidação pelo Regional ao apreciar o agravo de petição. Enquanto isso, a sentença de mérito, proferida na fase cognitiva e julgada procedente e sobre a qual se estriba a execução, poderá ser reformada pelo Regional, inexistindo título judicial executório.

Chegar-se-ia ao absurdo de ter em mãos sentença com trânsito em julgado (sentença de liquidação embargada e posteriormente submetida ao Regional) na fase executória enquanto a sentença exeqüenda é reformada. Tal açodamento só poderá levar à perda de tempo. A celeridade exigida no processo trabalhista não pode ser levada a tais extremos. Todavia, o procedimento contrário não é tão incomum, e a obtusidade procedimental leva a situações desconcertantes. Caso exista a hipótese de coisa julgada na execução (agravo de petição), quando não existir condenação em sentença de mérito em sede de *cognitio* declarada pelo Regional, bastará que o juiz declare a extinção da execução por ausência de possibilidade jurídica do pedido. Evidentemente, não será caso de ação rescisória. A hipótese tem similitude com o caso de ação de cumprimento de sentença normativa, quando o TST dá provimento ao recurso eliminando o direito. O prosseguimento da fase executória traduz ato arbitrário do juiz (art. 475-O, II, CPC) e dará ensejo à impetração de mandado de segurança (v. Orientação Jurisprudencial SDI-2 49; Súmula n. 397).

Sobre o assunto, entende *Carrion*: "Na execução provisória, o processo detém-se na penhora (CLT, art. 899), mas os embargos poderão ser interpostos; do contrário, seria impossível corrigir ilegalidade, que permaneceria indeterminadamente (em sentido contrário, *Lamarca*, "Execução ...")" (ob. cit., n. 9, p. 555). Concordamos com a interposição, não com o julgamento. O sobrestamento, neste caso, parece-nos medida aconselhável. A agilização perseguida poderá redundar em nada, já que sem título executivo desaparece também a possibilidade jurídica do pedido (art. 475-O, II, CPC). Por outro lado, poderá trazer conseqüências, como a reparação de danos (art. 475-O, I, CPC). De qualquer modo, a execução provisória até a penhora traduz celeridade considerável.

A dificuldade seria superada, em parte, caso as sentenças proferidas na fase cognitiva fossem líquidas e assim transitassem em julgado. Hoje, tendo em conta o volume de processos que assoberbam as Varas do Trabalho, em especial as das capitais, isso se torna impraticável.

Alcides de Mendonça Lima dispõe que os embargos à execução são "o recurso próprio nas execuções. Pela natureza da Justiça do Trabalho, a execução se deve revestir de extrema simplicidade, mais do que a fase de cognição e recursória. O exeqüente — em regra o trabalhador, que é a parte fraca e protegida — já tem a seu favor a autoridade inconteste de uma decisão sob a égide da *res judicata*, porquanto, em raras vezes, haverá execução provisória contra decisão suscetível de recurso em andamento. Eis por que são muito restringidos os casos que permitem defesa em execução, por via de embargos (art. 884, § 1º). Dificilmente, o vencido conseguirá livrar-se dos efeitos da execução, pois as hipóteses previstas naquele dispositivo não são comumente configuradas. A execução apenas ensejará processo mais demorado, quando a decisão haja sido ilíquida, dependendo, assim, de sua liquidação, incidente, aliás, ao qual a Consolidação se refere, apenas levemente, no art. 879, desde a Lei n. 2.244/54" ("Recursos Trabalhistas", n. 231-b, p. 288). O vocábulo recurso não foi usado no seu sentido técnico jurídico; mas, como meio processual defensório, pois os embargos do devedor não têm natureza jurídica de recurso, mas, de simples pedido de reconsideração no mesmo âmbito jurisdicional.

Não compartilhamos do otimismo do ilustrado autor. A prática diária demonstra que a matéria alegável em embargos é proteiforme e a restrição salutar preceituada no art. 884, § 1º, da CLT diz respeito a fatos acontecidos após o trânsito em julgado da sentença proferida na fase cognitiva.

A execução poderia ser agilizada se as sentenças proferidas em primeiro grau fossem todas líquidas e se para isso contasse a primeira instância com órgão de apoio devidamente estruturado com capacidade de atendimento de todo o trabalho demandado. Não, evidentemente, simples contadoria, que, embora competente do ponto de vista técnico, não conta com elemento humano e material suficiente. O ideal seria que cada vara possuísse um funcionário versado em cálculos para dar apoio ao juiz.

Os dados e levantamentos efetuados por esse órgão de que falamos serviriam de subsídio para o julgamento do recurso ordinário no Tribunal a fim de confirmar ou não a sentença líquida.

A par dessa providência haveria de conseguir-se, por intermédio de lei, alçada em valor razoável para que o julgamento em embargos pudesse desafiar o recurso de agravo de petição.

Tudo isso depende de vontade política. Não mais do que isso. Todavia, um Poder Judiciário célere não interessa a muita gente, mormente ao Poder Público em geral, devedor de bilhões em precatórios que não são cumpridos por quem de direito e que permanece impune.

A Lei n. 11.382/2006 criou o art. 739-A, CPC, aproximando a execução civilista do processo do trabalho: "Os embargos do executado não terão efeito suspensivo." Existe, ainda, uma diferença conceitual entre os embargos do processo comum e os embargos trabalhistas, excepcionado o caso da execução por quantia certa em que os embargos foram substituídos pela "Impugnação" (art. 475-J, § 1º). Quer no processo comum, quer no trabalhista, a exceção que premia o efeito suspensivo sempre existirá.

O juiz, todavia, poderá, a requerimento do embargante, atribuir efeito suspensivo aos embargos quando, sendo relevantes os fundamentos, o prosseguimento da execução possa causar ao executado dano de incerta ou difícil reparação (§ 1º). Neste caso, o executado deverá garantir a execução por penhora, depósito ou caução suficientes. Embora os embargos trabalhistas sejam diferentes dos embargos do cível, excepcionado o caso do art. 475-L, CPC, onde recebem o *nomen juris* de "Impugnação", tenham o efeito devolutivo, como regra, nada impede que no caso de conceder-se efeito suspensivo, busque-se alento no art. 739, § 1º (Lei n. 11.382/2006) e se conceda o efeito suspensivo mediante garantia do juiz por meio de penhora, caução ou depósito suficiente.

46.9.20. Da execução provisória

A execução provisória pressupõe a ausência de trânsito em julgado e que o recurso interposto (agravo de petição, recurso de revista, em havendo discussão de matéria constitucional) tenha subido somente no efeito devolutivo. Excepcionalmente, o recurso interposto contra a decisão de embargos poderá ser recebido em ambos os efeitos, quando houver perigo efetivo ou em potencial (verossimilhança) de prejuízo eminente. Não haverá execução provisória. A devedor poderá recorrer de parte da decisão de embargos. Neste caso, aquela parte que não foi objeto de recurso poderá ser executada definitivamente. Como regra, o credor aguarda o julgamento do agravo de petição ou do recurso de revista (quando houver matéria constitucional) para executar definitivamente o todo.

A matéria está prevista no art. 876 da CLT, ao dispor: "As decisões passadas em julgado ou das quais não tenha havido recurso com efeito suspensivo, e os acordos, quando não cumpridos, serão executados pela forma estabelecida neste capítulo." A Lei n. 9.958/2000 deu nova redação a este artigo e acrescentou os termos de ajuste de conduta firmados perante o Ministério Público do Trabalho e os termos de conciliação firmados perante a Comissão de Conciliação Prévia. O citado artigo cuida de execução provisória e definitiva. Assim, afora as sentenças pendentes de recurso com efeito suspensivo, todos os demais títulos mencionados admitem a execução definitiva. O acordo e a conciliação judiciais levados a efeito transitam em julgado imediatamente; o termo de ajuste de conduta firmado perante o Ministério Público e o termo de conciliação firmado perante a Comissão de Conciliação Prévia são títulos executivos extrajudiciais dotados de executividade.

O laconismo da CLT é motivo determinante da busca subsidiária no CPC (art. 769, CLT). Dispõe o art. 475-O do CPC, *in verbis*:

> "Art. 475-O. A execução provisória da sentença far-se-á, no que couber, do mesmo modo que a definitiva, observadas as seguintes normas:
>
> I — corre por iniciativa, conta e responsabilidade do exeqüente, que se obriga, se a sentença for reformada, a reparar os danos que o executado haja sofrido;
>
> II — fica sem efeito, sobrevindo acórdão que modifique ou anule a sentença objeto da execução, restituindo-se as partes ao estado anterior e liquidados eventuais prejuízos nos mesmos autos, por arbitramento;
>
> III — o levantamento de depósito em dinheiro e a prática de atos que importem alienação de propriedade ou dos quais possa resultar grave dano ao executado dependem de caução suficiente e idônea, arbitrada de plano pelo juiz e prestada nos próprios autos.
>
> § 1º No caso do inciso II deste artigo, se a sentença provisória for modificada ou anulada apenas em parte, somente nesta ficará sem efeito a execução.
>
> § 2º A caução a que se refere o inciso III do *caput* deste artigo poderá ser dispensada:
>
> I — quando, nos casos de crédito de natureza alimentar ou decorrente de ato ilícito, até o limite de sessenta vezes o valor do salário mínimo, o exeqüente demonstrar situação de necessidade;
>
> II — nos casos de execução provisória em que penda agravo de instrumento junto ao Supremo Tribunal Federal ou ao Superior Tribunal de Justiça (art. 544), salvo quando da dispensa possa manifestamente resultar risco de grave dano, de difícil ou incerta reparação.
>
> § 3º Ao requerer a execução provisória, o exeqüente instruirá a petição com cópias autenticadas das seguintes peças do processo, podendo o advogado valer-se do disposto na parte final do art. 544, § 1º:
>
> I — sentença ou acórdão exeqüendo;
>
> II — certidão de interposição do recurso não dotado de efeito suspensivo;
>
> III — procurações outorgadas pelas partes;
>
> IV — decisão de habilitação, se for o caso;
>
> V — facultativamente, outras peças processuais que o exeqüente considere necessárias."

A execução provisória é limitada e a definitiva é plena. A definitiva tem a respaldá-la a *res judicata* e a provisória poderá sofrer reforma parcial ou total.

Por isso mesmo, na execução provisória, não pode o juízo deferir pedido cuja desconstituição se torne impossível. No processo trabalhista, com maior razão do que no processo comum, tais pedidos hão de ser analisados com mais rigor, vez que na maior parte das vezes o hipossuficiente não terá condições materiais para reparar o dano que porventura venha a causar.

Coqueijo Costa dispunha: "Execução definitiva e execução provisória — Toda sentença tem de ter eficácia, que pode ser provisória e desaparecer no caso de reforma da decisão recorrida. O recurso de efeito suspensivo suspende a eficácia da sentença recorrida. Se a sentença é exeqüível, porque tem efeito executivo, e o recurso não foi recebido com efeito suspensivo, pode se instalar a execução provisória, por conta e risco do exeqüente, limitada aos atos que não importem em alienação de domínio, sujeita à inoperância, parcial ou total, se alterada a sentença exeqüenda, no todo ou em parte, obrigando o exeqüente a restituir as coisas ao estado anterior. Vale dizer: é facultativa, limitada e de responsabilidade objetiva, enquanto a execução definitiva — que se baseia em sentença transitada em julgado ou em título extrajudicial — é plena, ilimitada e sem responsabilidade objetiva do exeqüente, pode haver execução definitiva da parte da sentença que não foi recorrida, e provisória da parte sujeita a recurso. Recebido o recurso só no efeito devolutivo, o apelado pode promover logo a execução provisória, extraindo carta de sentença (CPC, art. 521)." ("Direito Judiciário do Trabalho", Ed. Forense, Rio de Janeiro, 1978, n. 519, p. 539-540)

No caso de sentença definitiva, com trânsito em julgado, não haverá responsabilidade do exeqüente ainda que a sentença venha a ser desconstituída por meio de ação rescisória. O referendo da sentença com trânsito em julgado é ato de jurisdição (poder e função) desenvolvido pelo Estado-juiz (atividade). O Estado-juiz não responde por culpa, apenas por dolo (art. 133, I, CPC).

O art. 739-A, § 1º, ungido pela Lei n. 11.382/2006, elege o efeito devolutivo como regra geral (*caput*). Todavia, permite que o devedor, por intermédio de embargos, requeira a atribuição de efeito suspensivo, desde que apresentem argumentos de que o prossegimento da execução poderá lhe trazer dano de difícil ou de incerta repação. O efeito suspensivo poderá ser concedido, desde que garanta o juízo mediante penhora, caução ou depósito capaz de garantir o prosseguimento da execução.

A nova sistemática é salutar, posto que, embora afaste a execução provisória, o executado deverá garantir o prosseguimento de execução futura. Essa sistemática poderá perfeitamente ser aplicada na execução trabalhista, se e quando for o caso de conceder-se efeito suspensivo a pedido da parte. Quer no processo civil, quer no trabalhista, o efeito suspensivo não deve ser atribuído de ofício pelo juiz executor.

46.9.21. Da instrumentalidade procedimental da execução provisória

Como vimos no item retro, a execução provisória pressupõe a ausência de coisa julgada. Se pender recurso recebido em ambos os efeitos (devolutivo e suspensivo) não poderá haver execução provisória. A regra em sede trabalhista é o recebimento de recurso (ordinário e extraordinário) somente no efeito devolutivo. A exceção da concessão no efeito suspensivo deverá vir com suporte em fatores objetivos que indiquem a possibilidade de prejuízo imediato ou iminente. O simples temor subjetivo, desacompanhado de fator concreto ou verossimilhante não dá amparo à suspensão da execução.

Nos termos do art. 589 do CPC, hoje revogado, "a execução definitiva far-se-á nos autos principais; a execução provisória, nos autos suplementares, onde os houver, ou por carta de sentença extraída do processo pelo escrivão e assinada pelo juiz". O art. 590, que cuidava dos requisitos da carta de sentença, também foi revogado pela Lei n. 11.232/2005, que nomeava os requisitos da carta de sentença e de aplicação subsidiária no processo do trabalho, remete-se a busca subsidiária ao art. 475-O, § 3º, incs. I a V, CPC.

No processo trabalhista inexiste processo suplementar. Com a revogação do art. 590 (Lei n. 11.232/2005), que nomeava os requisitos da carta de sentença e de aplicação subsidiária no processo do trabalho, remete-se a busca subsidiária ao art. 475-O, § 3º, incs. I a V, CPC.

46.9.22. Da oportunidade de interpor embargos à execução

Os interposição dos embargos à execução pressupõe a garantia do juízo mediante a penhora de bens, tantos quantos bastem à garantia do juízo para cabal pagamento da obrigação, ou o depósito do valor à disposição do juízo. Sem que a parte tome essa providência ou, na negativa, que oficial efetue a penhora de bens, e que o devedor assine o auto de penhora na qualidade de "fiel depositário", não tem início a contagem do prazo de cinco dias para o devedor embargar. Assim, a interposição dos embargos sem a garantia do juízo não deve ser aceito pelo juízo da execução. Em se apresentando a hipótese, deve devolver os embargos para que a parte os retorne, se lhe convier, depois de garantido o juízo. A praxe de certas Varas do Trabalho de determinar a juntada dos embargos, condicionado à garantia do juízo, não deve ser seguida, por absolutamente incorreta, afora os transtornos que poderá causar.

Dois são os momentos em que o executado poderá oferecer embargos: depois da penhora e depois do ato de praceamento (hasta pública). Tem-se os embargos de primeira fase antes da hasta pública, e de segunda fase, depois da hasta pública, cujos termos de uns e outros são específicos. Os temas discutidos na primeira fase tornaram-se preclusos ou porque não foram objeto de impugnação (temporal) ou porque foram devidamente discutidos (preclusão consumativa). Varia a matéria que pode ser alegada em uma e outra oportunidade. A primeira hipótese já foi comentada no n. 5.3 deste Capítulo. Nos embargos ofertados depois da desapropriação, o executado poderá alegar a nulidade da praça ou do leilão etc., ou fato extintivo do crédito, superveniente à penhora, erros cometidos por ocasião da arrematação, da adjudicação ou da remição (da execução ou de bens). Nesta segunda hipótese, temos também os embargos à execução direcionados às imperfeições cometidas por ocasião da arrematação, da adjudicação e da remição.

São exemplos: edital em que não constou dívida que recaia sobre o bem arrematado; leilão realizado sem que fosse precedido de praça; deferimento da arrematação, quando havia pedido de remição ou de adjudicação em tempo hábil; deferimento de adjudicação, quando havia requerimento de remição tempestivo; deferimento de remição fora do prazo, prejudicando o arrematante, não pelo fato de a remição extinguir a execução, que poderá ser deferida a destempo. Em ocorrendo a erronia, o ato do juiz é ilegal e poderá ser corrigido pela via do mandado de segurança. Não é caso de correição parcial.

46.9.23. Da possibilidade de indeferir os embargos *ab ovo*

Como vimos no item acima, o processamento dos embargos à execução pressupõe a existência de penhora de bens ou o depósito em dinheiro para a garantia do juízo. Sem que a parte haja cumprido esse pressuposto, os embargos interpostos devem ter o seu processamento indeferido, com a devolução da peça à sua origem.

Os embargos poderão ser rejeitados *ab ovo*. E nesse sentido é o art. 739 do CPC: "O juiz rejeitará liminarmente os embargos: I — quando apresentados fora do prazo legal; II — quando não se fundarem em algum dos fatos mencionados no art. 741; III — nos casos previstos no art. 295."

Esses preceitos são aplicáveis ao processo trabalhista nos termos do art. 769 da CLT. Da rejeição, cabe o recurso de agravo de petição; do indeferimento do agravo de petição, cabível o agravo de instrumento, que não poderá ser trancado pelo juízo de primeira instância, ainda que incompleto em suas peças, preparo ou mesmo quando intempestivo. O juízo *a quo* enviará o recurso agravado ao tribunal, alertando sobre as imperfeições ou intempestividade.

Com a nova competência trabalhista, a Justiça do Trabalho foi transformada numa justiça híbrida, não mais só de empregados e de empregadores. Assim, a partir da EC n. 45/2004, que deu nova redação ao art. 114 da Constituição Federal, base da competência trabalhista, a Justiça do Trabalho passou a conviver com duas espécies de agravo de instrumento: um de âmbito restrito para as ações envolvendo empregados e empregadores; outro trazendo as características da origem civilista para as demais ações. A formação de duas correntes é inevitável. O tema será desenvolvido com maior alento quando dele cuidarmos no capítulo dos recursos.

O § 5º do art. 739-A (Lei n. 11.382/2006) dispõe que, em sendo o excesso de execução fundamento de embargos, o embargante deve indicar com a petição inicial o valor que entende correto. Se não o fizer, os embargos não serão conhecidos por esse fundamento ou serão rejeitados *in limine*. O parágrafo único do art. 740 dispõe que, em sendo os embargos manifestamente protelatórios, o juiz imporá, em favor do exeqüente, multa ao embargante em valor até vinte por cento do valor em execução. Referidos dispositivos poderão ser aplicados em sede trabalhista, por alento subsidiário (art. 769, CLT). Ver arts. 600 e 601, CPC.

46.10. Da hasta pública, da praça ou leilão

46.10.1. Da origem da hasta pública

O nome hasta pública é originário do Direito Romano e consistia em fincar-se uma haste, espécie de lança, para demarcar o local onde se realizaria a venda pública. O Direito Romano era afeito a formalismos para que o ato pudesse ser válido. Assim para que a venda pública tivesse validade era necessário que houvesse uma demarcação antecipada do lugar onde a venda pública seria efeuada. A demarcação com uma haste era feita por um funcionário público categorizado a mando do pretor. O local onde a venda pública era realizada era sempre o mesmo, facilitando, dessa forma, o comparecimento dos interessados. Em certas ocasiões, o lugar poderia ser transferido. Antes de cada venda era efetuado o pregão, oportunidade em que os interessados poderiam fazer perguntas e tirar dúvidas. A hasta pública teve origem no período da *manus injectio* e continua até os dias atuais, com outras características. A execução se fazia *manu militari*. Era o Poder Público que a realizava, por meio de agentes (*Silvio A. B. Meira*, "Instituições de Direito Romano", 4ª ed., Max Limonad, Editor de Livros de direito, São Paulo, 1971, v. 2, p. 742).

46.10.2. Da venda pública nos dias atuais

A venda pública tem início com a expedição de um edital de hasta pública que conterá: I — a descrição do bem penhorado, com suas características e, tratando-se de imóvel, a situação e divisas, com remissão à matrícula e aos registros (os registros se referem a outras penhoras ou ônus, como hipoteca, anticrese); II — o valor do bem (o valor deve ser aquele previsto no mercado, não podendo valer-se a parte de valor sentimental); III — o lugar onde estiverem os móveis, veículos e semoventes; e, sendo direito de ação, os autos do processo, em que foram penhorados; IV — o dia e hora de realização da praça, se bem imóvel, ou o local, dia e hora de realização do leilão, se bem imóvel (ver art. 704, CPC); V — mensão de exigência de ônus, recurso ou caução pendente sobre os bens a serem arrematados (a omissão de tais informações podem levar à nulidade); VI — a comunicação de que, se o bem não alcançar lanço superior à importância da avaliação, seguir-se-á, em dia e hora que foram desde logo designados entre os 10 (dez) e os 20 (vinte) seguintes, a sua alienação pelo maior lanço (art. 692, CPC) (art. 686, CPC). Não será aceito lanço vil. No caso do art. 684, II (se se tratar de títulos ou de mercadorias, que tenham cotação em bolsa, comprovação por certidão ou publicação oficial), constará do edital o valor da última cotação anterior à expedição deste (§ 1º). A praça realizar-se-á no átrio do edifício do fórum, o leilão, onde estiverem os bens, ou no lugar designado pelo juiz

(§ 2º). O § 3º excepciona e dispensa a publicação de edital: quando o valor dos bens penhorados não exceder 60 (sessenta) vezes o valor do salário mínimo vigente na data da avaliação, será dispensada a publicação de edital; nesse caso, o preço da arrematação não será inferior ao da avaliação. O edital será no lugar de costume e publicado, em resumo, com antecedência mínima de 5 (cinco) dias, pelo menos uma vez em jornal de ampla circulação local (art. 687, CPC). § 1º A publicação do edital será feita no órgão oficial, quando o credor for beneficiário da justiça gratuita. § 2º Atendendo ao valor dos bens e às condições da comarca, o juiz poderá alterar a forma e a freqüência da publicidade na imprensa, mandar divulgar avisos em emissora local e adotar outras providências tendentes a mais ampla publicidade da alienação, inclusive recorrendo a meio eletrônico de divulgação. O juiz tem amplo poder de tomar providências para uma mais ampla publicidade, visando garantir que outras pessoas interessadas tenha conhecimento da venda de determinado bem penhorado que fuja ao norma do dia-a-dia. Por exemplo: será vendido em hasta pública um cavalo de raça ou um boi de raça, de grande interesse para criadores, cujo valor deverá alcançar preço superior ao que alcançaria senão fosse feita a publicidade. § 3º Os editais de praças serão divulgados pela imprensa preferencialmente na seção ou local reservado à publicidade de negócios imobiliários. § 4º O juiz podedrá determinar a reunião de publicações em listas referentes a mais de uma execução. § 5º O executado terá ciência do dia, hora e local da alienação judicial por intermédio do seu advogado ou, se este não tiver procurador constituído nos autos, por meio de mandado, carta registrada, edital ou outro meio idôneo (a comunicação por edital não tem alcançado o objetvo, além de ser oneroso ao executado). Deve o juiz executor substituir a comunicação por edital por comunicação por meio de oficial de justiça, pois será menos oneroso.

No processo do trabalho, a praça e leilão estão previstos no art. 888, CLT. Diferente do que sucede no processo comum, tanto o bem imóvel, quanto o bem móvel, veículos, semoventes etc. poderão ser arrematados em praça ou leilão. A arrematação em praça deve ser feita pelo preço de avaliação; não havendo lance, o leilão será realizado 20 (vinte) minutos depois, quando o bem será arrematado ou adjudicado pelo maior lance. Como regra, no processo do trabalho, dificilmente o bem é vendido em praça, por motivos óbvios, salvo em se tratando de bem de grande aceitabilidade que interesse particularmente a determinado licitante. Também, o processo civil, dificilmente o bem imóvel é arrematado na primeira praça, obrigando a que se faça a segunda praça, quando o bem será vendido pelo maior lanço (inc. IV, art. 686, CPC), menos por preço vil. No processo do trabalho, o arrematante deverá garantir o lanço com um sinal correspondente a 20% (vinte por cento) do valor (§ 2º, do art. 888, CLT); no processo comum, a arrenatação será feita mediante pagamento imediato do preço pelo arrematante ou, no prazo de até 15 (quinze) dias, mediante caução.

46.10.3. Da ausência de licitantes

Em ocorrendo a hipótese de ausência de licitantes em sede trabalhista, e não havendo o pedido de adjudicação pelo exeqüente, os bens penhorados poderão ser vendidos por leileoeiro nomeado pelo juiz (§ 3º, art. 888, CLT). Na prática, é designada nova praça e leilão para os bens antes penhorados e sem sucesso na venda. Se o bem penhorado for de difícil aceitação, libera-se-os e penhoram-se outros bens para envio à praça ao invés de nomear leiloeiro, o que tornaria a execução mais onerosa. De alguma forma, a penhora *on line* resolve a maioria dos impasses. No processo civil, não realizada a praça e ou o leilão por motivo justo, o juiz mandará publicar pela imprensa local e no órgão oficial a transferência (art. 688, CPC). O escrivão, o porteiro ou o leiloeiro, que culposamente der causa à transferência, responde pela despesa da nova publicação, podendo o juiz aplicar-lhe a pena de suspensão por 5 (cinco) a 30 (trinta) dias (parágrafo único, art. 688, CPC). Em ocorrendo a hipótese em âmbito trabalhista, pode-se aplicar a penalidade com alento subsidiário.

46.10.4. Do não pagamento do preço

De conformidade com o § 4º, do art. 888, CLT, se o arrematante, ou seu fiador, não pagar dentro de 24 (vinte e quatri) horas o preço da arrematação, perderá em benefício da execução, o sinal de que trata o § 2º deste artigo, voltando à praça os bens executados. Tem-se, pois, que, diferente do que sucede com o processo civil, o arrematante inadimplente perderá o sinal para a execução, não para o exeqüente, isto é, o arrematante inadimplente beneficia o executado. Já de conformidade com o art. 695, CPC, se o arrematante ou seu fiador não pagar o preço no prazo estabelecido, o juiz impor-lhe-á, em favor do exeqüente, a perda da caução, voltando os bens à nova praça ou leilão, dos quais não serão admitidos a participar o arrematante e o fiador remissos. Como se pode verificar claramente, a normatização do § 4º, do art. 888, CLT é prejudicial ao exeqüente, enquanto o art. 695, CPC beneficia-o. Todavia, não poderá haver o emprego subsidiário, já que não existe omissão em sede trabalhista. Urge que o referido parágrafo seja cancelado, permitindo a aplicação do processo comum nesta parte, ou seja, o parágrafo modificado pelo legislador, beneficiando o exeqüente. O § 1º, do art. 695, CPC (revogado pela Lei n. 11.382/2006) dispunha: "Não preferindo o credor que os bens voltem a nova praça ou leilão, poderá cobrar ao arrematante e ao seu fiador o preço da arrematação e da multa, valendo a decisão como título executivo." Este parágrafo era moralizante e, lamentavelmente, foi revogado sem explicação plausível.

46.10.5. Do bem de menor

Na haverá impedimento para que o bem pertencente a menor possa ser levado à hasta pública. A lei, entretanto, cria certos óbices. Dispõe o art. 701, CPC: "Quando o imóvel de incapaz não alcançar em praça pelo menos 80% (oitenta por cento) do valor da avaliação, o juiz a confiará a guarda e administraça de depositário idôneo, adiando a alienação por prazo não superior a 1 (um) ano". § 1º Se durante o adiamento, algum pretendente assegurar, mediante caução idônea, o preço da avaliação, o juiz ordenará a alienação em praça. Interessante notar que mesmo com pretendente que pagará o valor de avaliação, a venda será feita em praça, pelo motivo de que, em praça, poderão concorrer outros licitantes que poderão oferecer preço superior ao de avaliação." § 2º Se o pretendente à arrematação se arrepender, o juiz lhe imporá a multa de 20% (vinte por cento) sobre o valor de avaliação, em benefício do incapaz, valendo a decisão como título executivo." Obviamente, a multa só será devida se não comparecerem outros licitantes e se o bem não for arrematado. § 3º Sem prejuízo do disposto nos dois parágrafos antecedentes, o juiz poderá autorizar a locação do imóvel no prazo de adiamento. A lei nem precisaria dizer, pois a locação do bem imóvel é uma maneira de fazê-lo rentável. E mais. Nada impede que, ao invés de praceamento, o imóvel seja entregue ao credor por determinado prazo para se pagar por meio dos frutos colhidos (sítio, fazenda). § 4º "Findo o prazo do adiamento, o imóvel será alienado na forma prevista no art. 686, VI", isto é, o bem será vendido pelo maior lanço.

46.10.6. Da aquisição de bem imóvel em prestações

O art. 700, CPC que cuidava da aquisição de bem imóvel à prestação e que exigia o pagamento de um mínimo de quarenta por cento e o restante a conbinar, mediante a hipoteca judicial sobre o imóvel, foi revogada. O § 1º criado dispõe que: "Tratando-se de bem imóvel, quem estiver interessado em adquiri-lo em prestações poderá apresentar por escrito sua proposta nunca inferior à avaliação, com oferta de pelo menos 30% (trinta por cento) à vista, sendo o restante garantido por hipoteca sobre o próprio imóvel." A hipoteca será judicial. Esse artigo deve ser interpretado: se houver licitante oferecendo o pagamento do preço de avaliação ou preço maior à vista (§ 3º), não haverá a venda à prestação. Ainda que não haja licitante naquele momento, pode ser mais vantajoso que o bem retorne à praça. A venda à prestação somente será aviada se não existir licitante com lanço de avaliação ou superior. O bem poderá ser vendido de forma particular, se encontrar maior preço. O objetivo, sempre que possível, é vender o bem sem que haja prejuízo ao executado. Poderão existir vários interessados na aquisição à prestações do bem levado à hasta pública. Neste caso, os interessados deverão juntar aos autos as respectivas propostas (§ 2º Por ocasião da hasta pública, se não houver licitante pagando o valor de avaliação ou preço maior à vista, o juiz escolherá entre os interessados de compra à prestação, a proposta mais conveniente. Embora o legislador tenha sido omisso, a venda à prestação com hipoteca judicial não dará nenhuma regalia ou garantia ao adquirente (aquele que arrematou em prestações, em praça pública, o imóvel) se o mesmo possuir dívidas trabalhistas inadimplidas e/ou tiver dívidas com o Poder Público. Por serem dívidas privilegiadas (art. 186, Lei n. 5.172/1966 — CTN), o imóvel será penhorado e levado à hasta pública (arts. 333, II, CC). Por isso, deverá o juiz em tais vendas exigir certidões negativas federais e estaduais de dívidas de créditos trabalhistas e de executivos fiscais. Nesta espécie de venda, deve constar que, no caso de inadimplência, vencerá a totalidade das prestações, além da multa que for convencionada.

46.10.7. Do navio e da aeronave

De conformidade com o art. 679, CPC, a penhora de navio ou de aeronave não constitui óbice a que continue navegando ou operando até a sua alienação, com autorização do juiz. Mas, o juiz executor só concederá a autorização para navegar ou operar depois que o executado fizer o usual seguro contra riscos. Embora não o diga a lei, a apólice de seguro deverá ter cláusula de que, em caso de sinistro, a indenização será depositada à disposição do juízo. Ver art. 155 do Código Brasileiro de Aeronáutica (Lei n. 7.565/1986). Essa mesma regra de segurança poderá ser utilizada no caso de bens valiosos que permaneçam em poder do executado. São exemplos: um veículo, um cavalo de raça, um boi de raça, as máquinas de uma indústria etc. O seguro contra riscos será sempre inarredável com cláusula de pagamento de indenização de sinistro em favor do juízo. Se essa providência não for tomada, o juízo corre o risco de ficar sem a garantia.

46.10.8. Da locação do bem dado em usufruto

O bem recebido em usufruto pelo exeqüente não obriga a que o próprio exeqüente o explore, retirando dos frutos o pagamento progressivo da dívida. Pode acontecer que o credor/usufrutuário não tenha tradição nem competência técnica para explorar o bem, *v. g.*, uma fazenda de laranjas, de café, de gado, de cacau etc. Isso significaria que a exploração pelo próprio não seria rentável e prejudicaria o executado que teria postergado o tempo da entrega do bem em usufruto. Se for um simples prédio de apartamentos ou vários apartamenos no mesmo prédio ou em prédios diferentes, não haverá maiores dificuldades para controlar o aluguel em mãos de uma imobiliária. A lei prevê que o executado seja sempre ouvido, isto é, o executado deverá ser ouvido e terá também controle mediante pessoa de sua confiança. Imagine-se a hipótese de usufruto de uma fazenda, de um haras etc. em que poderá haver o desvio de produto em prejuízo do executado. Dentro dessa perspectiva, embora não o diga a lei, o executado terá direito de indicar pessoa de sua confiança para que participe da administração dos frutos. Embora a lei exija que o executado seja ouvido (art. 724, *caput*, CPC), a mera resistência por motivos egoísticos, sem qualquer suporte objetivo, não é óbice à locação do imóvel a terceiro (§ 1º). A fiscalização pelo executado, repita-se, será sempre necessária, para evitar que o aluguel do imóvel (fazenda de laranja) seja feito por preço inferior ao devido, ou mesmo mediante contratos paralelos com o objetivo de o exeqüente, mancomunado com o locador ou arrendador, receber mais do que o devido.

46.10.9. Da substituição de bem penhorado

O art. 668, CPC teve a sua redação modificada pela Lei n. 11.382/2006. A redação antiga permitia ao executado substituir o bem penhorado por dinheiro, antes da arrematação ou da adjudicação. A nova redação permite a substituição do bem penhorado (não só por dinheiro, mas por outra espécie de bem), desde que comprovado que a substituição não será prejudicial ao exeqüente e que será menos onerosa ao executado, observado o prazo de dez dias. Referido art. 668 se reporta aos incs. IV e VI, do art. 17 e 620, CPC. O que significa que a substituição não pode ter por motivo escuso a resistência ao andamento do processo ou a provocação de incidentes manifestamente infundados. A redação antiga era induvidosamente a melhor. Não impunha o prazo exíguo de dez dias, e só permitia a substituição por dinheiro. A redação atual, embora não proíba a substituição por dinheiro (o que seria um absurdo), não a permite decorridos os dez dias, o que não deixa de ser um absurdo. Embora não o diga a lei, a substituição do bem penhorado por pecúnia deverá ser o valor corrigido, se a penhora deu-se há tempos e o valor estiver defasado.

46.10.10. Dos motivos que podem embasar a substituição de bens

A substituição poderá ser requerida nas seguintes hipóteses (art. 656, CPC): I — se na obedecer à ordem legal; II — se não incidir sobre os bens designados em lei, contrato ou ato judicial para o pagamento; III — se, havendo bens no foro da execução, outros houver sido penhorados; IV — se, havendo bens livres, a penhora houver recaído sobre bens já penhorados ou objeto de gravames; V — se incidir sobre bens de baixa liquidez; VI — se fracassar a tentativa de alienação judicial do bem; ou VI — se o devedor não indicar o valor dos bens ou omitir qualquer das indicações a que se referem os incs. I a IV do parágrafo único do art. 668 desta lei.

46.10.11. Do dever do executado

De conformidade com o parágrafo único do art. 656, CPC, é dever do executado, sob as penas do art. 600, CPC, no prazo fixado pelo juiz, indicar onde se encontram os bens sujeitos à execução, exibir a prova de sua propriedade (bem imóvel: mstrícula), e, se for o caso, certidão negativa de ônus, bem como abster-se de qualquer atitude que dificulte ou embarace a realização da penhora (art. 14, parágrafo único). Ao indicar o art. 600, o art. 656 acena com o enquadramentodo executado em atos atentatórios à dignidade da justiça, o que poderá redundar em multa de vinte por cento sobre o valor total da execução (sanção material) e no impedimento de falar nos autos (sanção processual) (art. 601, CPC). A sanção processual poderá ser relevada pelo juiz, desde que o executado apresente fiador idôneo para responder pela dívida toda e se comprometa a não mais praticar qualquer dos atos definidos no art. 600. Se o executado recalcitrar poderá ser apenado com outras penas materiais. O fiador não poderá retirar a garantia, salvo se outro fiador assumir a responsabilidade, desde que concordem o exeqüente e o juiz executor.

46.10.12. Da possibilidade de alienação fora da hasta pública

Como regra, a alienação de bem móvel ou imóvel só poderá ser feita em hasta pública (praça ou leilão). Excepciona-se a possibilidade de venda particular do imóvel, quando mais vantajosa para o executado. Mas, essa venda partícula deve ser feita com a participação do juízo, caso em que o dinheiro da venda será depositada em favor do juízo até o valor necessário ao pagamento integral da obrigação. Entretanto, outras hipóteses existem em que a venda fora da hasta pública se faz necessária. Essas hipóteses estão previstas no art. 670, CPC. São produtos sujeitos à deterioração ou depreciação. Evidente que se o produto da penhora está sujeito à deteriorização ou à depreciação, a transformação em pecúnia atende ao que dispõe o art. 620, CPC, posto que evitará prejuízos futuros ao executado/devedor. Suponha-se a penhora de um carregamento de frutas, de hortaliças, de frutos do mar etc. Não precisaria haver dispositivo legal autorizando, pois é ato de bom senso e que está contido no poder de direção do processo (*dominus processus*) do juiz. O mesmo se diga, quando o bem está sujeito à depreciação: exemplo, uma égua de raça reprodutora que se aproxima do final da sua fase nobre de reprodução. O animal, à medida que vai envelhecendo, vai perdendo valor e liquidez no mercado. Outra hipótese prevista na lei é a de que a venda seja mais vantajosa fora da hasta pública. Os juízes, funcionários das Varas e advogados encanecidos no mister sabem que o bem em hasta pública alcança preço mínimo e dificilmente será arrematado ou leiloado pelo valor de avaliação. Os licitantes, como regra, são sempre os mesmos que trocam favores entre si e que mantêm o lanço em patamares baixos, salvo a exceção de bem de excelente liquidez, caso em que haverá um interesse maior. Por isso, em determinados casos, a venda fora da hasta pública será mais benéfica ao exeqüente e ao executado. São exemplos: um cavalo ou égua de raça, um boi ou uma vaca de raça não devem ser vendidos em leilão na Vara. Deve-se buscar na região, ou mesmo fora da região, por meio de publicação em jornal de grande circulação ou da *Internet*, pessoas do ramo que estejam interessadas em melhorar o seu plantel. Em se apresentando vários pretendentes, nada impede que se faça a hasta pública, onde esses e outros pretendentes possam efetuar os seus lanços. A hasta pública também poderá ser restrita àqueles licitantes (pessoas do ramo que já demonstraram interesse na aquisição, tendo como valor mínimo o de avaliação).

46.10.13. Da substituição da hasta pública pela rede mundial de computadores

Este procedimento é previsto em estágio programático, isto é, a requerimento do exeqüente, a alienação poderá vir a ser realizada por meio da rede mundial de computadores, com uso de páginas virtuais criadas pelos tribunais ou por entidades públicas ou privadas por meio de convênios (art. 689-A, CPC). De conformidade com o parágrafo único, o Conselho da Justiça Federal e os Tribunais de Justiça, no âmbito das suas respectivas competências, regulamentarão essa modalidade de alienação, atendendo aos requisitos de ampla publicidade, autenticidade e segurança, com observância das regras estabelecidas na legislação sobre certificação digital. A iniciativa é benvinda, à medida que o mundo apequenou-se com a comunicação pela *Internet*. A iniciativa, ainda em sede programática, não apresenta maiores óbices. Bastará que todos os tribunais, das várias áreas, estadual, federal comum e especial criem *sites* específicos inseridos na "rede mundial de computadores", com possibilidade de consulta fácil diária, onde estarão à disposição de licitantes virtuais os bens que serão praceados ou leiloados, minuciosamente descritos e com possibilidade visual de tais bens, sobre os quais pesam ou não ônus reais. Certamente, a praça ou leilão, daqui a uma década, será tido como procedimento obsoleto.

46.10.14. Da preferência do valor arrecadado na praça ou no leilão

Dispõe o art. 612, CPC, de aplicação subsidiária no processo do trabalho, que afora caso de insolvência (falência e insolvência civil), que dá lugar ao concurso de credores (art. 751, III, CPC), a execução se realiza no interesse do credor, que adquire, pela penhora, o direito de preferência sobre os bens penhorados. Completa o art. 613, CPC dizendo que se recair várias penhoras sobre o mesmo bem, cada credor conservará o seu título de preferência, isto é, ter-se-á o caso de primeira, segunda, terceira etc. penhoras. A preferência dá à penhora um *status* que a aproxima do direito real. Como regra, dentro dessa ordem de prelação, se a venda em hasta pública for levada a efeito pelo detentor da primeira penhora, este liquidará a obrigação (principal, correção monetária, juros, custas, honorários advocatícios, periciais e custas processuais, emolumentos). Neste sentido, dispõe o art. 711, CPC: "Concorrendo vários credores, o dinheiro ser-lhes-á distribuído e entregue consoante a ordem das respectivas prelações, não havendo título legal de preferência (crédio trabalhista e tributário têm preferência sobre o ônus real, hipoteca, penhor, anticrese), recebendo em primeiro lugar o credor que promoveu a execução, cabendo aos demais concorrentes direito sobre a importância restante, observada a anterioridade de cada penhora." Diz o art. 711 que receberá "em primeiro lugar o credor que promover a execução". "Promover a execução" não significa apenas penhorar o bem. Promover a execução significa vender o bem, objeto da penhora, em hasta pública e arrecadar o numerário. É de percepção elementar que o detentor da primeira penhora nem sempre promoverá a execução, isto é, conseguirá vender o bem em praça ou leilão (art. 888, CLT). Suponha-se a hipótese em que sobre o mesmo pesam nada menos do que 5 (cinco) penhoras, com as respectivas preferências. Suponha-se que o detentor da 3ª penhora (com preferênca em terceiro lugar) "promova a exeução", isto é, venda o bem em hasta pública. Neste caso, ele terá a preferência na liquidação do seu processo, passando automaticamente para o primeiro lugar, e a penhora que estava na primeira preferência passa para 2ª, a 2ª para a 3ª, e assim por diante. Repita-se, a preferência inicial perde lugar para aquela Vara que "promover a execução". O dinheiro que sobrar será colocado à disposição da preferência imediata (1ª penhora foi para o 2º lugar) e sucessivamente em havendo sobra de numerário. O art. 712, CPC prevê que o juiz que promoveu a execução faça a repartição da sobra, levando em conta, agora sim, a anterioridade da penhora.

46.10.15. Da preferência entre a penhora e o arresto

Não existe a possibilidade de concorrência preferencial entre penhora e arresto. A concorrênca se faz entre penhora e entre arrestos. Como se sabe, a penhora somente poderá ser realizada quando houver o *quantum debeatur*, vale dizer, quando a sentença ilíquida tornou-se líquida. O arresto pode ser utilizado de forma preventiva (preparatória incidente). Não se utilizará o arresto cautelar quando houver a indicação do valor. Neste caso, faz-se a penhora. O "arresto" feito pelo oficial de justiça sobre bens, quando o executado não está presente, e que depois será transformado em penhora, coincide apenas com o *nomen juris*, mas não tem o mesmo conteúdo do arresto como medida cautelar.

46.10.16. Da hipoteca de vias férreas

De conformidade com o art. 699, CPC, revogado pela Lei n. 11.382/2006, a via férrea não era transferida nem ao adjucante, nem ao maior lançador, antes de intimar o representante da Fazenda Nacional, ou do Estado para que exercesse a preferência no prazo de 30 (trinta) dias, pagando o preço da arrematação ou da ajudicação. Não obstante, a revogação do artigo, o que poderia levar à extinção da preferência do Poder Público, isso não aconteceu, uma vez que o art. 1.505 do Código Civil cuida do tema, *in verbis*: "Na execução das hipotecas será intimado o representante da União ou do Estado, a que tocar a preferência, para, dentro de 15 (quinze) dias, remir a estrada de ferro hipotecada, pagando o preço da arrematação ou da djudicação." Tendo em conta que a posse de uma estrada de ferro constitui fator estratégico para uma região ou mesmo para a nação, não devia o legislador proceder ao cancelamento do art. 699, CPC. A preferência de que fala a lei deve ser entendida de forma restrita com relação ao arrematante e ao adjudicante, não existindo qualquer preferência com vistas ao devedor que poderá remir a dívida e liberar o bem do ônus real, ou mesmo de terceiro que tenha o direito de remir a dívida (art. 651, CPC).

46.10.17. Da arrematação

A arrematação é ato que se realiza por ocasião da hasta pública e tem por finalidade a aquisição de bens, móveis ou imóveis, veículos, semoventes, ações, direitos etc. Os arrematantes são terceiros que comparecem ao local, em dia e hora antecipadamente designados, para participar do embate licitatório. Os licitantes têm direitos e deveres: são direitos dos licitantes ter contato com os bens objeto da hasta pública, podendo observá-los e analisá-los e tirar as suas conclusões sobre seu estado de conservação e uso e, bem assim, da sua liquidez no mercado; são deveres, agir com lealdade a boa-fé, não criando embaraços para a arrematação por outros licitantes, *v. g.*, a destilação de boatos, criando a cizânia, e dificultando a arrematação. Em ocorrendo a hipótese, deve o juiz usar do seu poder de polícia e determinar a retirada do elemento do local, usando, se for o caso, de força (*manu militari*), sem prejuízos de outras sanções, comunicação ao Ministério Público Federal e impedimento de licitar em outros processos da Vara. A arrematação em hasta pública, ou a venda do bem para particular, em princípio, conduziria a ato de violência do Estado que estaria a contrariar o princípio constitucional que protege o patrimônio. Mas, assim não. O Estado moderno tomou para si a possibilidade de dizer o direito (*jurisdictio*), substituindo-se às partes que perderam o direito de resolver as suas desavenças pessoalmente (*manus injectio*). O devedor que não cumpre uma determinação judicial, ativada por meio de uma sentença condenatória, traduz afronta aos Poderes constituídos, e causam desprestígios às instituições judiciais. O Estado que declarou o direito por meio de um comando condenatório abstrato, tem o dever de vencer a resistência do devedor e transformar em realidade o comando legal, com a transformação em pecúnia (execução por quantia certa), ou obrigação de fazer ou de não fazer (obrigar o réu a praticar ou a não praticar determinado ato, sob pena de incidir nas *astreintes*). A arrematação é, pois, meio de vencer a resistência do executado que, se persistir na inadimplência, terá o seu bem arrematado, tendo, nada obstante, a possibilidade de remir a execução antes de adjudicados ou alienados os bens.

46.10.18. Da adjudicação

Existe uma diferença estrutural entre a adjudicação do processo comum e a do processo trabalhista. Em ambos os casos, a adjudicação é feita pelo credor (exeqüente). No processo civil, de conformidade com a nova reforma feita pela Lei n. 11.382/2006, é lícito ao exeqüente promover a adjudicação por preço não inferior ao de avaliação (art. 685-A). Se o valor do crédito for inferior aos dos bens hasteados, o adjudicante depositará de imediato a diferença, ficando esta à disposição do executado se não existirem outras penhoras com ordem preferencial (art. 612, CPC); se o valor do crédito for superior, o valor apurado será entregue ao exeqüente que poderá prosseguir na execução com a penhora de outros bens (§ 1º). No processo civil (não no trabalhista) idêntico direito poderá ser exercido pelo credor com garantia real (hipoeca, anticrese), pelos credores concorrentes que hajam penhorado o mesmo bem (§ 2º). Em se cuidando de adjudicação de cotas sociais, sendo o exeqüente alheio à sociedade), a sociedade será intimada, dando-se preferência aos sócios. Na verdade, a intimação deverá ser feita antes da hasta pública para que os sócios possam participar da arremação. Se não participaram da arrematação, poderão efetuar a compra até não se formalizar a adjudicação. Por certo, a falta de intimação poderá determinar a anulação do ato por iniciativa de um dos sócios. Aos sócios não é dado o poder de adjudicar, mas de adquirir, de arrematar, posto que somente ao exeqüente ou outro credor é dado o direito de adjudicar. Todavia, numa interpretação sistemática dos arts. 647, *caput*, e 685-A, § 2º, verifica-se que os sócios não podem adjudicar pelo simples fato de não serem credores.

46.10.19. Da adjudicação: cônjuge, descendente e ascendente

Em se analisando os arts. 787, CPC (cancelado pela Lei n. 11.382/2006) e o art. 686, *caput* (com redação da Lei n. 11.382/2006) verifica-se que houve uma espécie de metamorfose em que a "remição de bens" se transformou em "adjudicação", isto é, o instituto da remição de bens desapareceu para dar lugar à adjudicação pelo cônjuge, pelo descendene e pelo ascendente. Todavia, como vimos pela interpretação sistemática do art. 647, *caput*, e art. 685-A, § 2º, não há como considerar adjudicação do ponto de vista conceitual, a aquisição. Entretanto, o § 2º, do art. 685-A preceitua que "Idêntico direito (adjudicação) pode ser exercido (...) pelo cônjuge, pelos descendentes ou pelos ascendentes do executado". Como a lei pode transformar o branco em preto e o quadrado em redondo, tem-se aí um adjudicação atípica, onde os adjudicantes não são credores, mas, ligados ao devedor (executado). Quanto à preferência, esta será entre os concorrentes: cônjuge, descendente e ascendente. Finalmente, essa adjudicação (art. 686, CPC) deverá ser requerida antes do edital de praça, pelo preço de avaliação naturalmente (espécie de *favor pietatis*). Senão houver adjudicação pelo cônjuge, pelo descendente ou pelo ascendente, ou o bem não for alienado de forma particular, será requerido o edital de hasta pública. Essa adjudicação não prefere à remição da execução, caso o devedor queira fazê-lo antes da praça.

Diferentemente, no processo do trabalho, a adjudicação será feita durante o procedimento licitatório (art. 888, § 1º, CLT), sem necessidade de alento subsidiário do processo comum. O exeqüente poderá requerer a adjudicação pelo maior lanço. Quanto ao cônjuge, aos descendentes e aos ascendentes, poderão adjudicar nos termos do art. 686, CPC, antes do envio do edital, pelo preço de avaliação. A remição da execução naturalmente terá preferência sobre qualquer adjudicação.

46.10.20. Da adjudicação com garantia real no processo do trabalho

No processo comum, no caso de penhora de bem gravado com garantia real, o credor hipotecário deverá será obrigatoriamente intimado pelo fato de o credor hipotecário ter preferência para a adjudicação do bem oferecendo o seu crédito (art. 685-A, § 2º, CPC), dentro das regras do § 1º, do mesmo artigo. No processo do trabalho, a obrigatoriedade de ciência ao credor hipotecário não está no fato de proporcionar-lhe a oportunidade para adjudicação, pois no processo do trabalho o credor hipotecário tem a sua preferência obstada pelo crédito trabalhista (art. 186, da Lei n. 5.177/1966 — Código Tributário Nacional), não podendo adjudicar o bem com o seu crédito. No caso de assunção de dívida, dispõe o art. 303, do Código Civil que "O adquirente do imóvel hipotecado pode tomar a seu cargo o pagamento do crédito garantido; se o credor, notificado, não impugnar em 30 (trinta) dias a tranferência do débito, entender-se-á dado o consentimento". De conformidade com o art. 619, CPC, a alienação de bem aforado ou gravado por penhor, hipoteca, anticrese ou usufruto será ineficaz em relação ao senhorio direto, ou a outro credor pignoratício, hipotecário, anticrético ou usufrutuário, que não houver sido intimado. Se a execução for movida pelo próprio credor hipotecário, a hipoteca se extingue com o devido pagamento da dívida (art. 849 do CC/1916, atual art. 1.499); em havendo saldo a receber, o crédito antes garantido por direito real se transforma em quirografário (art. 1.430, CC; art. 83, VI, "b", da Lei n. 11.101/2005 — Lei de Falências).

Diversamente do cível, no processo do trabalho o arrematante ou o adjudicante ao arrematar ou ao adjudicar o bem leva consigo o gravame. Por isso, o ônus real sobre o bem deve constar do edital de hasta pública (praça ou leilão), para que o arrematante ou o adjudicante saiba que existe uma dívida hipotecária que poderá ser cobrada a qualquer momento, pois de conformidade com o tecido normativo do art. 333, do Código Civil o credor tem o direito de cobrar a dívida antes de vencido prazo estipulado no contrato ou marcado pelo Código Civil, nos seguintes casos: (...) II — se os bens, hipotecados ou empenhados, forem penhorados em execução por outro credor. Do que resulta que o arrematante ou o adjucante de bem gravado com garantia real, além do valor que irá despender inicialmente (dinheiro ou crédito), ficará também responsável pela dívida hipotecária que se vencerá imediatamente, desde que formalizada a penhora (apreensão do bem e depósito). A arrematação ou a adjudicação será feita pelo maior lanço, se houver licitante; se não houver, a adjudicação far-se-á pelo valor de avaliação. A ausência de informação sobre a existência de ônus real no edital de praça será motivo para que o arrematante ou o adjudicante requeira a nulidade da arrematação ou da adjudicação, antes de assinado o auto de arrematação ou de adjudicação. Após a assinatura do auto de arrematação ou de adjudicação e expedida a carta de arrematação ou de adjudicação (a carta é mero instrumento formal que pressupõe a existência de um auto devidamente assinado), somente por meio de ação declaratória de nulidade o ato poderá ser anulado, tendo em conta que a decisão que deferiu a arrematação ou a adjudicação é interlocutória. Referida ação é proposta ao mesmo juízo, de forma incidental. Da decisão, caberá o recurso de agravo de petição para o Regional. De conformidade com o art. 698, CPC, não se fará a adjudicação ou a alienação de bem do executado sem que da execução seja cientificado, por qualquer meio idôneo e com pelos menos 10 (dez) dias de antecedência, o senhorio direto, o credor com garantia real ou com penhora anteriormente averbada, que não seja de qualquer modo parte da execução. *Nota*: Há evidente equívoco do legislador ao usar o termo "averbação" para a penhora. A modificação terminológica aconteceu há cerca de três décadas. A penhora é registrada, não averbada (art. 167, 5, I, da Lei dos Registros Públicos). Há cerca de três décadas, o título de domínio era registrado e a penhora averbada; de lá para cá, o titulo de domínio é matriculado e a penhora é registrada.

A adjudicação em sede trabalhista poderá não ser tão simples. O ideal será que o credor quirografário, intimado da penhora, dê início à execução (a dívida hipotecária já está vencida nos termos do art. 333, II, CC) ao mesmo tempo que requer a penhora no rosto dos autos (art. 674, CPC) no processo do trabalho. Se o valor da arrematação for superior à dívida, o restante estará penhorado no rosto dos autos e será remetido para o juízo civil que abaterá o valor do crédito hipotecário, o restante da dívida será de responsabilidade do arrematante ou do adjudicante. Se não houver a providência executória por parte do credor hipotecário, paga a dívida, o restante será entregue ao executado, hipótese que será prejudicial para o arrematente ou para o adjudicante. Caso o credor hipotecário não inicie a execução, o arrematante ou o adjudicante deverá requerer ao juiz que intime o credor hipotecário para vir receber o valor que excede a dívida trabalhista, com abatimento na dívida hipotecária.

Dessa forma, arrematante ou adjudicante ficará responsável pelo restante da dívida hipotecária, abatido o valor que excedeu o crédito trabalhista. Se o valor pelo qual o imóvel foi arrematado for suficiente para o pagamento do crédito trabalhista e do crédito hipotecário, o arrematante ou o adjudicante estará livre da dívida hipotecária. Em sede trabalhista, nada impede que o juiz determine a vinda do credor hipotecário de oficio.

Comanda o art. 1.501 do CC que "Não extinguirá a hipoteca devidamente registrada, a arrematação ou a (paralelismo) adjudicação, sem que tenham sidos notificados judicialmente os respectivos credores hipoecários, que não forem de qualquer modo partes na execução." Esse artigo não tem aplicação no processo do trabalho, posto que notificado ou não o credor hipotecário, não haverá qualquer prejuízo, uma vez que o arrematante ou o adjudicante levará consigo a dívida hipotecária, sabedor de que a mesma poderá ser executada imediatamente (art. 333, II, CC).

46.10.21. Da remição da execução

Até o advendo da Lei n. 11.382/2006, havia dois institutos sobre a remição: a remição da execução e a remição de bem (art. 787, CPC foi revogado pela referida lei). Como vimos antes, de conformidade com o art. 686, remição de bem sofreu alteração, desaparecendo esta e surgindo em seu lugar a possibilidade de adjudicação do bem pelo cônjuge, pelos descendentes e pelos ascendentes. Suprimiu-se a remição de bens, mas, possibilitou-se a adjudicação (forma atípica, pois a adjudicação é feita pelo credor, não por terceiro interessado, ainda que da família). O requerimento de adjudicação, todavia, deverá ser feito antes do envio do edital de praça para a publicação, e o valor será o valor de avaliação.

A remição, que será feita pelo devedor solvente (art. 651, CPC), a qualquer tempo; mas, antes de adjudicados, arrematados ou alienados de modo particular os bens penhorados. Remir significa quitar a dívida (principal, juros, correção monetária, custas, emolumentos, despesas, honorários advocatícios e periciais). Há casos, na prática, em que o executado requerer a remição e efetua o pagamento do principal, com correção monetária e juros defasados. Isso não é remição. Requerida a remição, o juiz deverá determinar o levantamento até aquela data do principal, correção monetária, custas, emolumentos, despesas, honorários advocatícios e periciais, multas etc. para o pagamento total. Há preferência da remição, se concorrente com a adjudicação e a arrematação. Da mesma forma, a adjudicação prefere à arrematação. Observe-se que antes da Lei n. 11.382/2006, a adjudicação deveria ser requerida até o final da praça e a remição até 24 (vinte e quatro) horas depois da praça (no dia seguinte), com suporte njo art. 788, CPC. Com a revogação desse artigo pela Lei n. 11.382/2006 não há mais o suporte legal para que se exija a adjudicação no mesmo dia da praça e a remição no dia seguinte. Dentro da atual realidade, repita-se, ambas, remição da execução e a adjudicação deverão ser requeridas antes da assinatura do auto de arrematação, com preferência da remição da execução. O alento subsidiário em termos de prazo é necessário, uma vez que o art. 888 e respectivos parágrafos,

CLT não tratam do tema genérica ou especificamente, embora cuide da adjudicação, e a Lei n. 5.584/1970 cuide da remição no art. 13 de forma incompleta. Daí a necessidade do subsído complementar (art. 769, CPC).

46.10.22. Do preço vil

De conformidade com os preceitos do art. 888, § 1º, CLT, os bens serão arrematados pelo maior lanço. Não há qualquer referência a preço vil. Todavia, é de elementar entendimento que nenhum bem levado à hasta pública possa ser arrematado por preço vil e, a rigor interpretativo, não deixaria sequer margem para a aplicação subsidiária do processo comum para a espécie. Contudo, interpretação nesse sentido poderia desaguar no *sumo jus, suma injuria*. O excesso de legalismo, quase sempre, afronta a realidade. Poder-se-ia chegar ao impasse de o patrimônio do executado ser dilapidado sem que se conseguisse numerário suficiente para o pagamento da obrigação. Quem sairia beneficiado seria o arrematante ou o próprio exeqüente com a adjudicação. A intepretação não pode levar ao impasse ou ao absurdo. Neste sentido, dispõem regras de hermenêutica. A execução propicia meios para que o devedor pague a dívida pelo meios menos onerosos, desde que não prejudicial ao credor (art. 620, CPC), não é lugar para se levar vantagens. Do que resulta que se a arrematação não propiciar numerário razoável para o pagamento do crédito ou, pelo menos, de parte dele, não deve ser referendada. Se por um lado deve haver a preocupação do preço vil, por outro, não se deve esquecer que, em sede trabalhista, o crédito é alimentar, fator que reduz a preocupação com o chamado preço vil.

Na reforma processual de 1994, o legislador não foi feliz na nova redação dada ao art. 692, CPC (Lei n. 8.953/1994). Na antiga redação, tínhamos que o lance não seria aceito, quando o preço não bastasse à satisfação de parte razoável da dívida. Já a nova redação diz que não será aceito lanço que, em segunda praça ou leiloão, ofereça preço vil. A eliminação da exigência de que parte da dívida pudesse ser paga modificou para pior. Se antes era difícil saber o que seria pagamento de parte razoável da dívida, já agora deixou ao arbítrio do juiz interpretar o que será preço vil, sem o atrelamento ao fator razoabilidade. A interpretação do preço vil não deve desligar-se do elemento "razoabilidade", pois esse elemento será encontrado de forma diversa em cada caso concreto. Deverão ser observados fatores objetivos, como o tempo de uso, de conservação, liquidez no mercado e bem assim a natureza alimentar do crédito trabalhista e a possibilidade do devedor efetuar a remição da execução. De posse desses elementos objetivos, não será difícil, em cada caso, conceituar-se o que seria o chamado "preço vil".

46.10.23. Da adjudicação em havendo vários interessados

Se houver um único interessado em fazer a adjudicação, não haverá maiores dificuldades. Em existindo vários interessados em adjudicar o bem arrematado, não haverá outra saída senão a de proceder a uma licitação entre os interessados (art. 685-A,

§ 3º, CPC). Desse modo, o bem será adjudicado por aquele que oferecer maior lanço. A hipótese envolvendo vários interessados não é tão comum, mas, em sede trabalhista, poderá ocorrer em ações plúrimas.

46.10.24. Da decisão que referenda a arrematação, a adjudicação ou a remição

Embora não se exija maiores formalidades, deve existir uma decisão sucinta na qual se defere a arrematação, a adjudicação ou a remição da execução. A decisão proferida é interlocutória e dá embasamento à formalização do auto de arrematação ou de adjudicação; em se tratando de bens imóveis, haverá também a emissão da carta de arrematação (art. 693, parágrafo único, CPC), documento que possibilitará a transferência da titularidade no Cartório de Registro Imobiliário (CRI). Na carta de arrematação, deverão constar as condições pelas quais o bem foi alienado. A decisão é interlocutória e poderá ser anulada por meio de ação declaratória de nulidade.

46.10.25. Dos vícios que poderão acarretar a nulidade

São muitas as possibilidades de nulidades dos atos praticados em hasta pública, a começar pelo edital de praça que contiver algum vício. Em estando o edital perfeito, poderá o juiz cometer erronias, *v. g.*, deferir a adjudicação preterindo a preferência da remição; ou preterir a adjudicação, concedendo a remição a destempo. O mesmo vício pode ocorrer com a arrematação, quando o juiz deferir a adjudicação ou a remição a destempo. Deferir a arrematação, sem dar oportunidade para adjudicação ou para a remição, vícios redibitórios, evicção etc. A arrematação poderá ser tornada sem efeito (§ 1º, art. 694, CPC): I — por vício denulidade; II — se não for pago o preço ou se não for prestada caução; III — quando o arrematante provar, nos 5 (cinco) dias seguintes, a existência de ônus real ou de gravame (art. 686, inc. V) não mencionado no edital; IV — a requerimento do arrematante, na hipótese dos embargos à arrematação (art. 746, §§ 1º e 2º); V — quando realizada (venda) por preço vil (art. 692); VI — nos casos previstos no Código (art. 698).

46.11. Dos embargos à execução de sugunda fase

46.11.1. Dos embargos à execução de segunda fase: breve enfoque

Os embargos à execução, ditos de segunda fase, são aqueles interpostos após a realização da hasta pública. A discussão, nesta fase executória, está restrita aos acontecimentos formais que possam desqualificar o edital que deu publicidade à praça ou ao leilão. Deverá obedecer ao prazo mínimo de lei (art. 888, CLT), depois de devidamente avaliado. Se se cuidar de bem imóvel sobre o qual pesa ônus real (hipoteca, penhor, anticrese), essa particularidade deverá constar do edital, com indicação do credor, do fiador, se houver, do valor da dívida e o vencimento respectivo. Se o gravame for de hipoteca, indicar se se cuita de 1ª ou de 2ª hipoteca sobre o mesmo bem. Se existirem duas hipotecas ou mais sobre o bem penhorado, o edital deverá indicar os elementos citados sobre todas as hipotecas. Se a penhora foi feita há já algum tempo, deverá o juiz executor determinar nova avaliação do bem, pois isso facilitará a venda. Não existe nenhuma obrigação do juízo a esta parte. Aplicam-se as regras do art. 686, § 2º, CPC (Lei n. 11.382/2006): "Quando o valor dos bens penhorados não exceder 60 (sessenta) vezes o valor do salário mínimo vigente na data da avaliação, será dispensada a publicação de editais; nesse caso, o preço da arrematação não será ao da avaliação." O art. 687, CPC e respectivos parágrafos completam o art. 888, CLT (arts. 769 e 889, CLT). Os bens móveis, veículos, semoventes, produtos deverão estar em lugar que permita aos futuros licitantes a verificação *in loco* (no próprio local). Falhas quanto ao prazo e às informações que digam respeito a ônus que pesam sobre o bem poderá determinar a nulidade da arrematação ou da adjudicação. Também poderá haver nulidade, se houver a retirada de alguma peça indispensável ao funcionamento de determinado bem (vícios redibitórios).

46.11.2. Da matéria argüível

Como vimos no item anterior, a matéria dos embargos de segunda fase, visando a nulidade da arrematação, da adjudicação ou da remição está diretamente ligada aos vícios formais que podem comprometer o edital. Outras erronias poderão suceder por ocasião da arrematação. O arrematante é parente do juiz. A arrematação foi concedida por preço exageradamente pequeno (preço vil). A arrematação foi concedida, quando havia pedido de adjudicação feito em tempo hábil pelo credor. A adjudicação foi concedida, quando havia requerimento para a remição da execução feita em tempo hábil. A remição foi concedida a destempo, prejudicando o arrematante. A matéria, como regra, está restrita ao edital que antecede à praça ou leilão e aos atos de arrematação, de adjudicação e de remição da execução. Não se descarta a possibilidade de surgirem motivos para argüir-se a suspeição ou o impedimento do juiz, vícios na representação de uma das partes (morte do autor e necessidade de habilitação da viúva supérstite) etc. O casuísmo está diretamente ligado a certos acontecimentos.

46.11.3. Do prazo

A exemplo dos embargos de primeira fase, o prazo será de cinco dias (art. 884, CLT), salvo a existência de algum impedimento por motivo de caso fortuito ou de força maior. Igual prazo, as partes terão para produzir, querendo, a impugnação. A ausência de impugnação aos embargos à execução não tem o mesmo efeito de ausência de defesa na ação. A ausência não significa que os embargos serão acolhidos e julgados procedentes.

Dispõe *Sérgio Sahione Fadel* que "o momento da oposição dos embargos é posterior à penhora, à praça, e anterior à assinatura do auto de arrematação ou de adjudicação. Depois da assinatura de um ou outro, não mais é possível embargar, porque a alienação se perfaz e acaba." ("Código de Processo Civil Comentado", Ed. José Konfino-Editor, Rio de Janeiro, 1974, v. IV, p. 137)

Celso Neves preleciona: "É possível que se imagine incompatibilidade entre o prazo de 24 horas do art. 693, e o de 10 dias, do art. 738 (ver art. 746, Lei n. 11.382/2006). Todavia, não há como confundir-se a *embargabilidade* com a *irretratabilidade* da arrematação" (ob. cit., v. VII, p. 379). *Nota*: Os arts. 693 e 738 têm nova redação (Lei n. 11.382/2006). O art. 746 (Lei n. 11.382/2006) regra os embargos de segunda fase, isto é, após a hasta pública, com prazo de cinco dias, a exemplo do processo do trabalho (art. 884, CLT).

E, com base em *Amilcar de Castro*, arremata *Celso Neves*: "Assinado o auto, considera-se perfeita e acabada e, salvo disposição em contrário, não mais se retratará. É que na arrematação se defrontam os interesses do arrematante e do Estado, e as leis que compõem diretamente esse conflito de interesses não podem admitir o arrependimento do arrematante, porque devem evitar que, por essa forma, um conluio malicioso venha a frustrar o legítimo exercício da função jurisdicional por parte do Estado. Por vontade do exeqüente, ou do executado, também não pode a arrematação se retratar, tanto em respeito ao interesse do arrematante, como porque quem vende é o Estado, *exercendo a sua função jurisdicional*, e não como representante das partes. De tal sorte, nem por vontade do arrematante, nem por vontade do exeqüente, ou do executado, pode ser desfeita a arrematação, ato público, solene, demorado e dispendioso. A natureza da arrematação afasta a possibilidade de ser a mesma retratada. (...) O art. 651, CPC assegura o exercício do direito de remição, antes de formalizada a arrematação ou a adjudicação, sendo, inadmissível depois da assinatura do auto que define a irretratabilidade da arrematação ou da adjudicação. Isso não obstante, a embargabilidade continua, até que se escoem os cinco dias do art. 746 (Redação dada pela Lei n. 11.382/06). Não só a embargabilidade, como a pretensão ao desfazimento, se algum dos casos do § 1º e incisos I a VI, do art. 694 (Nova redação dada pela Lei n. 11.382/06) ocorre. O tema dos embargos à arrematação não se confunde com o do desfazimento, como ressalta do confronto entre a especificação desse parágrafo e a do art. 746." (Redação dada pela Lei n. 11.382/2006) (ob. cit., v. VII, p. 300).

O art. 694, com a nova redação dada pela Lei n. 11.382/2006 indica as hipóteses em que serão possíveis os embargos do executado e o inc. IV indica especificamente o caso dos embargos de segunda fase (após a hasta pública); inciso esse que deve ser interpretado em consonância com o art. 746 (redação da Lei n. 11.382/2006).

> "Art. 694. Assinado o auto pelo juiz, pelo arrematante e pelo serventuário da justiça ou leiloeiro, a arrematação considerar-se-á, perfeita, acabada e irretratável, ainda que venham a ser julgados procedentes os embargos do executado.
>
> § 1º A arrematação poderá, no entanto, ser tornada sem efeito: seguem-se os incisos I a IV rotulando os casos em que isso será possível.

> § 2º No caso de procedência dos embargos, o executado terá direito a haver do exeqüente o valor por este recebido como produto da arrematação; caso inferior ao valor do bem, haverá do exeqüente também a diferença." (NR)

A falta de simetria é evidente. O *caput* afirma que: "a arrematação considerar-se-á, perfeita, acabada e irretratável, ainda que venham a ser julgados procedentes os embargos do executado." Suponha-se um vício de nulidade (inciso III, § 1º): não constou do edital que sobre o bem imóvel penhorado, pesa dívida hipotecária. O arrematante embarga pedindo a nulidade, principalmente face ao que dispõe o art. 333, I, Código Civil. A arrematação não se desfaz, "ainda que venham a ser julgados procedentes os embargos". Como forçar o arrematante a ficar com o bem sobre o qual pesa dívida hipotecária, face ao art. 333, I, Código Civil!

O § 2º, por sua vez, comanda que no caso de procedência dos embargos, o executado terá direito a haver do exeqüente o valor por este recebido como produto da arrematação; caso a arrematação tenha sido feita pelo maior lance (valor inferior ao preço de edital), o exeqüente deverá pagar ao executado a diferença entre o preço de edital e o preço de arrematação.

Em suma: a) o arrematante, ainda que seus embargos sejam procedentes (*v. g.*, inc. III) terá que ficar com o bem arrematado e a dívida hipotecária; b) o exeqüente deverá entregar o dinheiro que recebeu da arrematação ao executado; e se o bem foi arrematado por preço inferior ao do edital, terá de pagar ao executado a diferença; c) o exeqüente ficará sem a garantia da penhora (talvez, o único bem do executado) e, se o bem foi arrematado por preço inferior ao edital, terá que pagar ao executado a diferença.

Não vemos como isso possa contribuir para a execução: o exeqüente fica sem a garantia, o executado recebe o valor da arrematação e o exeqüente paga a diferença, se o bem for arrematado por preço menor do que o do edital. O arrematante, ainda que procedentes os embargos, terá que ficar com o bem e com a dívida hipotecária. Em suma: a) o executado fica sem o bem, mas, recebeu o valor integral de avaliação; b) o arrematante, embora procedentes os seus embargos, tem de ficar com o bem e com a dívida hipotecária; c) o exeqüente é quem mais perde: fica sem o bem que garantia a execução (pode ser o único bem do devedor) e ainda tem que desenbolsar dinheiro.

As novéis regras civilistas não são aplicáveis em âmbito trabalhista, cujas regras próprias, menos complicadas, servem plenamente à finalidade (art. 884, CLT).

46.11.4. Da extinção da remição de bens

A remição de bens era um *favor pietatis* previsto no art. 787, CPC que dava preferência ao cônjuge, aos descendentes (filhos) e aos ascendentes (pais) para remir o bem levado à hasta pública pelo valor do maior lance. O art. 787 foi revogado pela Lei n. 11.382/2006 e extinguiu o instituto da remição de bens. Em sede civilista, o *favor pietatis* continua a existir por meio da "adjudicação", por preço não inferior ao da avaliação, conforme art. 685-A (Lei n. 11.382/2006). Todavia, deverá ser requerida, antes do edital de hasta pública (art. 686, CPC).

A terminologia utilizada "adjudicação" para transferir bens penhorados ao cônjuge, ao descendente ou ao ascendente não está correto, e deveria o legislador de utilizar outro termo, como "transferência" "arrematação preferencial" etc., já que adjudicação significa transferir o bem penhorado para o exeqüente em pagamento da dívida. Os descuidos do legislador causam confusão na terminologia jurídica.

46.11.5. Da arrematação, da adjudicação e da remição: definição

A arrematação e a adjudicação são meios legais que possibilitam a transferência do bem penhorado levado à hasta pública para o patrimônio do arrematante ou do adjudicante. Pela arrematação, o licitante solitário ou entre outros licitantes arremata o bem hasteado (praça ou leilão) pelo maior lance oferecido. A adjudicação, por sua vez, é o meio pelo qual o exeqüente fica com o bem hasteado para a paga do seu crédito. O valor será o do maior lance (não se aplica o art. 685-A, CPC que exige o valor de avaliação). Se o valor do bem adjudicado for menor do que o seu crédito, o exeqüente prosseguirá com a execução, penhorando outros bens do devedor (executado). Se o valor do bem adjudicado for maior, o exeqüente deverá efetuar o depósito da diferença de imediato (art. 685-A, § 1º, CLT). Entenda-se imediatamente como um prazo razoável, já que ninguém carrega dinheiro no bolso para o pagamento imediato. O imediato de que fala a lei significa que o juiz executor concederá prazo razoável de quarenta e oito ou de setenta e duas horas, ou mais, se isso lhe parecer necessário. A remição da execução é ato pelo qual o executado efetua o pagamento do principal, juros e correção monetária e todos os demais acessórios (custas, emolumentos, honorários periciais e advocatícios, demais despesas, multa etc.). A remição tem preferência sobre a adjudicação e a arrematação. A adjudicação do exeqüente tem preferência sobre a arrematação. A adjudicação feita pelo cônjuge, pelo descendente ou pelo ascendente deve ser requerida antes de ser enviado o edital de praça e leilão (art. 686, CPC; Lei n. 11.382/2006). No processo do trabalho, a adjudicação é feita na hasta pública. Nada impede que o exeqüente adjudique o bem antes da hasta pública pelo valor de avaliação. Em concorrendo o exeqüente (credor) com o cônjuge, o descendente e o ascendente do devedor, a preferência será do exeqüente; se concorrerem entre si o cônjuge, o descendente e o ascendente, a preferência será aquela apresentada na ordem legal. Sob esta mesma ótica, nada impede que o devedor (executado) faça a remição da execução antes da praça ou do leilão. A remição, como vimos, tem preferência sobre o adjudicante, qualquer que seja, e sobre o arrematante, desde que requerida em tempo hábil, o mesmo se diga da adjudicação.

46.11.6. Dos embargos à arrematação, à adjudicação e à remição da execução

Dispõe o art. 746 do CPC, com a nova redação dada pela Lei n. 11.382/2006, que: "É lícito ao executado, no prazo de 5 (cinco) dias, contados da adjudicação, alienação ou arrematação, oferecer embargos fundados em nulidade da execução, ou em causa extintiva da obrigação, desde que superveniente à penhora, aplicando-se, no que couber, o disposto neste Capítulo."

O § 1º comanda que: "Oferecidos os embargos, poderá o adquirente desistir da ação." Neste caso, o juiz determinará a liberação do depósito (§ 2º). Não nos parece salutar a desistência e conseqüente liberação do depósito ao adquirente ou arrematante, uma vez que se perderá a hasta pública, quer sejam os embargos julgados procedentes ou não. A sistemática antiga era melhor. O § 3º, a seu turno, preceitua que se os embargos forem declarados manifestamente protelatórios, será aplicada ao executado uma multa não superior a vinte por cento. Por outro lado, a desistência da aquisição do bem, a rigor processual, deságua na falta de objeto dos embargos. Desaparecem os fundamentos para o julgamento dos embargos. Ademais, a multa poderá ser aplicada no caso de serem protelatórios, ainda que parte não desista da aquisição. A multa poderá ser perfeitamente aplicada em sede trabalhista, sem descarte da aplicação dos preceitos dos arts. 600 (Lei n. 11.382/2006) e 691.

É lícito ao devedor oferecer embargos à arrematação, à alienação ou à adjudicação, fundados em nulidade da execução, pagamento, novação, transação ou prescrição, desde que supervenientes à penhora (art. 746, *caput*). Referido artigo não registra a "remição", pelo fato de que em existindo algum vício ser o mesmo hostilizado pela via do agravo de instrumento, o que não acontece com o processo do trabalho, onde o agravo de instrumento tem núcleo operacional restrito ao desatrelamento de recursos. Ao contrário do que pode parecer, o processo do trabalho não necessita buscar subsídio na regra *supra*, pois os preceitos contidos no art. 884, CLT bastam à finalidade trabalhista. A busca subsidiária — desnecessária, repita-se — traria o inconveniente de não atender na íntegra aos embargos de segunda fase, por não premiar a remição, deixando esta sem instrumentalidade, pois o agravo de instrumento trabalhista como vimos, tem âmbito restrito, diferente do cível.

Registre-se, também, que, nos embargos à execução, à arrematação, à adjudicação e à remição, não poderá a parte discutir matéria pertinente à fase cognitiva, nem aos embargos de primeira fase (antes da hasta pública). Exemplificando: se a parte não foi citada para a audiência inicial e teve decretada a sua revelia, deverá interpor o recurso ordinário na primeira oportunidade, isto é, ao receber a intimação da revelia (art. 852, CLT); se não foi intimada da revelia, deverá recorrer ao ser notificada para falar dos cálculos (se ilíquida a sentença). Se não o fizer, perderá a oportunidade de ver apreciada a matéria concernente à fase cognitiva, diante da preclusão. Em embargos à arrematação, à adjudicação ou à remição, não poderá fazê-lo, se a matéria não restar prequestionada por ocasião da decisão liquidatória.

Com a extinção da representação classista (EC n. 24/1999), o juízo de primeiro grau passou a ser monocrático. Disso resultou a aplicação do art. 475-L, I, do CPC, vale dizer, se a ação correu à revelia do réu (ausência de citação), se o título que está sendo executado não é mais exigível, se uma das partes foi ilegítima, se houve excesso de execução ou nulidade desta até a penhora, se houve qualquer causa impeditiva, modificativa ou extintiva da obrigação, como pagamento, novação, compensação com execução aparelhada, transação ou prescrição, desde que superveniente à sentença, pode a parte requerer a nulidade da sentença exeqüenda ou da execução, conforme o caso.

Alerta-se para o fato de que, na revelia trabalhista, diversamente do que sucede no processo comum, a parte é intimada da sentença (art. 852, CLT). A partir da intimação correrá o prazo de oito dias para interpor recurso ordinário. Entretanto, se não for intimada da sentença exeqüenda, deverá interpor recurso ordinário tão logo tome conhecimento do julgado ou quando for notificada para falar sobre os cálculos. Em não sendo intimada da sentença exeqüenda, nem notificada para falar sobre os cálculos, poderá requerer a nulidade do julgado, quando for citada para pagamento ou indicação de bens à penhora, usando dos embargos à execução, após garantido o juízo. Em se apresentando a hipótese, devidamente comprovada, de ausência de citação e presença de cálculos exagerados, tornando impossível a garantia do juízo, poderá a parte usar da exceção de pré-executividade.

No caso de revelia, a parte deverá pleitear a nulidade da sentença por cerceamento de defesa, para que o processo retorne ao primeiro grau e para que ela tenha oportunidade de apresentar defesa e participar da instrução processual. O pedido de nulidade é necessário porque o Regional não poderá fazer a apreciação de matéria meritória, sob pena de supressão da jurisdição primária, salvo a hipótese de ser a matéria em discussão integralmente de direito.

Celso Neves dispõe: "No sistema do Código, tem o executado oportunidade para o exercício da ação de embargos, depois de seguro o juízo pela penhora ou pelo depósito, nas execuções por quantia certa ou para entrega de coisa. Tais embargos são os que propriamente se qualificam como embargos à execução, cabíveis quando ela venha fundada em sentença, como quando se baseie em título extrajudicial. O Código prevê, no capítulo em exame, os chamados embargos à arrematação e à adjudicação. Já aqui não se trata de embargos à execução, propriamente dita, na sua conceituação tradicional, mas, isto sim, de embargos que investem contra certos e determinados atos processuais executórios — arrematação e adjudicação — de que decorre, ou a transferência coativa dos bens penhorados a terceiro licitante, cuja oferta foi acolhida e aceita, pondo remate ao procedimento específico da conversão dos bens penhorados em dinheiro, ou ao próprio exeqüente, na hipótese de adjudicação. A disciplina que se segue, a propósito da matéria, há de ser apreciada, portanto, em função do que o próprio Código estabelece, seja a propósito da arrematação (arts. 686 e 713), seja a propósito da adjudicação (arts. 714 e 729)."

E prossegue: "Pressuposto essencial desses embargos está na superveniência, à penhora, dos fatos jurídicos apontados como suscetíveis de constituir matéria de ataque à arrematação e à adjudicação. Os vícios que porventura ocorram no processo de execução, até a penhora, esses constituem objeto dos embargos à execução. Os que, subseqüentemente à oposição dos embargos à execução e nos termos do art. 738, deverão ser oferecidos no prazo de 10 dias — contados, ou da intimação da penhora (art. 669), ou do termo de depósito (art. 622), ou da juntada aos autos do mandado, seja de imissão de posse, seja de busca e apreensão (art. 625), seja de citação, nas execuções das obrigações de fazer ou não fazer — desde que se encartem no elenco do art. 746, podem ser opostos para arredar, ou a arrematação, ou a adjudicação." (*Celso Neves*, ob. cit., v. VII, p. 310)

A lição civilista aplica-se em parte ao processo do trabalho, não havendo necessidade da busca subsidiária do art. 746 do CPC, que só premia a possibilidade de embargar a arrematação e a adjudicação, deixando à calva a remição (da execução e de bens). No processo civil, a parte poderá utilizar o agravo de instrumento, que tem finalidade de verdadeiro "coringa", o que não acontece com o seu similar trabalhista de conteúdo restrito para desatrelar recursos. Os embargos previstos no art. 884 da CLT são genéricos e servem tanto aos embargos de primeira fase (antes da hasta pública), como aos embargos de segunda fase (depois da hasta pública), e, diferentemente do art. 746 do CPC), não há qualquer restrição para embargar também da remição. As modificações imprimidas pela Lei n. 11.187/2005 (art. 523, § 3º, CPC) não têm aplicação no agravo de instrumento previsto no art. 897, "b", da CLT, de conteúdo restrito.

Nota-se uma tendência exageradamente civilista de alguns juízes do trabalho com aplicação do processo ao arrepio do art. 769, CLT. Essa tendência de alguns deságua num processo eclético, nem civil, nem trabalhista. Quando Presidente da 6ª Turma no Tribunal da 2ª Região, registramos caso em que, em agravo de petição, foram adotadas as regras do art. 746, CPC, concedendo prazo de dez dias para embargos à arrematação (art. 738, CPC), prazo esse hoje majorado pela Lei n. 11.382/2006 para 15 (quinze) dias. Evidente a erronia, posto que o processo do trabalho não necessita de subsídio nesta parte. O art. 884 da CLT cuida dos embargos de primeira (antes da hasta pública) e de segunda fase (depois da hasta pública). E o prazo é de 5 (cinco) dias, excepcionada a Fazenda Pública (Lei n. 9.494/1997/MP n. 2.180-35), para a qual passou a ser de 30 (trinta) dias. E se a discussão fosse sobre remição? O equívoco é evidente. Mas, esse era o entendimento do relator e do revisor, vencido o terceiro voto. De resto, comparando-se o art. 746 com o art. 1.011 do Código de 1939, verifica-se que este premiava também os embargos à remição. A modificação trazida, certamente por lapso do legislador, não atende por completo os embargos de segunda fase, obrigando a que se busque alento no agravo de instrumento, com desprestígio ao princípio do paralelismo das formas.

Se fosse o caso de remição, os ilustres relator e revisor estariam numa situação no mínimo incômoda, já que a base legal em que se apoiaram não premiava para a espécie. É que lá, no cível, a parte poderá usar do agravo de instrumento para discutir vícios sobre a remição, possibilidade não prevista em sede trabalhista, cujo âmbito operacional é restrito ao desatrelamento de recurso. O processo deve ser visto como espécie de jogo, não se deve mexer uma pedra sem saber o que acontecerá. O açodamento processual é mau conselheiro. Aconselha-se um certo policiamento ao juiz do trabalho para que somente aplique a regra civilista se e quando for o caso, prestigiando o art. 769 da CLT. Mesmo porque a erronia poderá causar a nulidade do processado, em caso de prejuízo. E conceder dez dias para os embargos, quando a norma trabalhista prevê cinco dias, é agir ilegalmente, já que os embargos foram interpostos intempestivamente, erronia que, se atenta a parte, poderia ser corrigida por ação rescisória (art. 485, V, CPC).

A Lei n. 11.382/2006 fez modificações nas regras processuais executórias, com a modificação de redação e inclusão de novas normas, é prevista nova redação para o art. 686 do CPC, segundo a qual a adjudicação ou a alienação particular do bem penhorado será feita antes da expedição de edital de hasta pública. A nova normatização será útil, pois desonera a execução. Essas regras poderão ser aplicadas em âmbito trabalhista com alento subsidiário (art. 769, CPC), pois vão além do que se contém na Lei n. 6.830/1980 (LEF), de emprego preferencial (art. 889, CLT). Alerta o art. 698, com a nova redação imposta pela Lei n. 11.382/2006: "Não se efetuará a adjudicação ou alienação de bem do executado sem que da execução seja cientificado, por qualquer modo idôneo e com pelo menos dez dias de antecedência, o senhorio direto, o credor com garantia real ou com penhora anteriormente averbada, que não seja de qualquer modo parte na execução." Qualquer modo idôneo, de que fala o artigo, não exclui o edital de praça, embora em certos casos a cientificação deva ser feita por oficial de justiça.

O legislador, a exemplo do que aconteceu na redação dos §§ 4º e 6º do art. 659 (Lei n. 11.382/2006), também neste artigo comete lapso terminológico ao falar em "averbações" de penhoras de bens imóveis. Segundo a Lei dos Registros Públicos, art. 167, inc. I, n. 5, e art. 240, a penhora é "registrada". Essa terminologia foi imposta há cerca de três décadas. Antes o imóvel era registrado e a penhora era inscrita; hoje o imóvel é matriculado e a penhora é registrada. A redação do referido § 6º ainda é ambígua, pois, ao colocar a preposição "e" (que significa aduzir, somar), liga também o bem móvel à necessidade de averbação, quando esta simplesmente seria impossível, por não haver registro de domínio, que de resto se perfaz com a tradição.

A adjudicação em sede trabalhista pode ser feita pelo lance pelo qual o bem seria arrematado, não se aplicando a antiga regra civilista do valor do edital (art. 714, CPC, revogado pela Lei n. 11.382/2006), nem se exige que o credor tenha participado da praça ou leilão. O art. 685-A (Lei n. 11.382/2006) repete a regra do art. 714 (revogado). Em sede trabalhista, não poderá haver a adjudicação pelo credor real (art. 685-A, § 2º), mas o bem adjudicado ou arrematado seguirá com o selo de direito real. A adjudicação será considerada perfeita e acabada com a lavratura e a assinatura do auto de adjudicação pelo juiz, pelo adjudicante, pelo escrivão e, se presente, pelo executado, expedindo-se a carta de adjudicação, se bem imóvel, ou mandado de entrega do bem ao adjudicante, se móvel. A carta de adjudicação conterá a descrição do imóvel, com remissão à sua matrícula e registros (existência de penhora, arresto, hipoteca, anticrese), a cópia do auto de adjudicação e a prova de quitação do imposto de transmissão (art. 685-B, parágrafo único).

Dispõe o art. 686 (nova redação dada pela Lei n. 11.382/2006) que "Não requerida a adjudicação e não realizada a alienação particular do bem penhorado, será expedido o edital de hasta pública (...)". Foi revogado o art. 714 (Lei n. 11.382/2006) que possibilitava ao credor exeqüente) adjudicar durante a praça. Embora a nova sistemática possa agilizar a execução com a adjudicação antes do expedido o edital de praça, isso somente será possível se o devedor não efetuar a remição, dada a sua preferência (art. 651, CPC).

Por outro lado, a adjudicação pelo credor, no processo civil, não pode olvidar a preferência do cônjuge, dos descendentes e dos ascendentes para adjudicar (art. 685-A, §§ 2º e 3º, CPC, Lei n. 11.382/2006). A preferência será: remição da execução (devedor), adjudicação (cônjuge, descendentes e ascendentes) adjudicação (credor) e arrematante). Com a revogação do art. 787, CPC, desapareceu o instituto da remição de bens, "*favor pietatis* causa" concedido para que o bem permaneça no seio familiar. Em seu lugar, criou-se a adjudicação. Todavia, não vemos proibição para que, não havendo pedido de adjudicação, antes do edital de praça, dê-se oportunidade após terminada a hasta pública; nesse caso o pedido de adjudicação deverá ser feito ao término da praça ou leilão (art. 693), antes da lavratura do auto de arremtação. Aliás, com a nova redação do art. 693 (Lei n. 11.382/2006) dizendo que "a arrematação constará do auto que será lavrado de imediato", também o pedido de remição da execução deverá ser requerido ao término da praça, por cautela. É certo que enquanto não for assinado o auto de arrematação, o ato não se torna irretratável (art. 694, CPC; Lei n. 11.382/2006). Entretanto, em questão de prazo não se deve correr risco. Quem poderá garantir que o auto não será assinado, de imediato, logo ao término da hasta pública? Assim terminada a almoeda, conhecido o maior lance, abre-se a oportunidade para o requerimento de adjudicação; se também houver na mesma oportunidade o pedido de remição da execução, este tem preferência. Não se pode deixar de lamentar a nova redação do art. 693 que substitui o prazo de 24 (vinte e quatro) horas pelo locução "de imediato". Qual o significado de imediato? Pelo lexo seria "em seguida" ao término da praça ou leilão. Mas, nada impede que "de imediato" sejam dois, três dias depois, ou mesmo seja a semana seguinte, dependendo do volume de processos na Vara. O razoável será que o juiz (*domimus processus*) obre com razoabilidade, não assinando o auto de arrematação antes de decorridas 24 (vinte e quatro) horas. Neste prazo, dará oportunidade a que se formulem, sem açodamento, os pedidos de remição e de adjudicação. Não se olvide que a remição extingue a execução (art. 794, I, CPC). O objetivo do legislador, decerto, foi a busca de celeridade. A celeridade deve conviver harmonicamente com o exercício do direito de adjudicar e de remir. O açodamento é mau conselheiro. Terminada a almoeda, o auto de arrematação deverá ser cuidadosamente conferido antes de assinado. Nada impede, tudo aconselha, que terminada a praça ou o leilão, o juiz (*dominus processus*) dê oportunidade ao devedor e ao credor para o exercício do direito de remir ou de adjudicar.

As regras da adjudicação e da remição da execução serão aplicáveis ao processo do trabalho como alento complementar ao art. 888, CLT.

A remição da execução poderá ser feita a qualquer momento, antes ou depois da hasta pública, desde que o bem não tenha sido adjudicado ou alienado (art. 651), isto é, desde que o auto de arrematação ou de adjudicação não tenha sido assinado. Remir a execução significa depositar para pagamento o valor do principal devidamente atualizado, mais juros, honorários advocatícios e periciais, custas e emolumentos, e toda e qualquer despesa porventura existente. A nova redação dada ao art. 651, CPC é incompleta, pois fala em honorários advocatícios; mas, é omissa quanto aos honorários periciais, pois estes não estão contidos no termo "custas", mas, em despesas. Silenciou-se também quanto aos emolumentos.

A arrematação formar-se-á mediante o pagamento imediato do preço pelo arrematante, ou no prazo de quinze dias, mediante caução (art. 690, CPC, com a nova redação dada pela Lei n. 11.382/2006). Em se cuidando de bem imóvel, aquele que estiver interessado em adquiri-lo a prestações poderá apresentar proposta por escrito, nunca inferior à avaliação, na qual proporá o pagamento mínimo de 30% à vista, sendo o restante garantido pela hipoteca do próprio imóvel (art. 690, § 1º redação da Lei n. 11.382/2006). Neste caso, as propostas para a aquisição a prestações indicarão o prazo, a modalidade e as condições de pagamento do saldo, as quais serão juntadas aos autos (§ 2º). O juiz decidirá somente por ocasião da hasta pública, quando dará o bem por arrematado para aquele que ofertar o melhor lance ou a proposta mais conveniente (§ 3º). No caso de arrematação a prazo, será feito o depósito de 30%, prestadas as demais garantias pelo arrematante (art. 690). Esta espécie de venda pode ser levada a efeito em âmbito trabalhista.

A nova redação dada ao art. 695 do CPC pela Lei n. 11.382/2006 normatiza que, se o arrematante ou o seu fiador não pagar no prazo estabelecido, o juiz imporá, em favor do exeqüente, a perda da caução, voltando os bens à nova praça ou leilão, proibida a participação do arrematante e dos fiadores remissos. Não havendo adjudicação, é lícito ao exeqüente solicitar a alienação por iniciativa dele, exeqüente, ou por intermédio de corretor credenciado (art. 685-C, Lei n. 11.382/2006). Neste caso, o juiz fixará as regras (§ 1º), a alienação será formalizada por termo nos autos (§ 2º), os tribunais poderão expedir provimentos detalhando o procedimento da alienação, inclusive com o concurso de meios eletrônicos e dispondo sobre o credenciamento de corretores, que deverão exercer a profissão por, no mínimo, cinco anos (§ 3º).

46.11.7. Dos embargos à remição da execução

Havia duas espécies de remição: a remição da execução (art. 651, CPC) e a remição de bens (art. 787, CPC). O art. 787, CPC foi cancelado pela Lei n. 11.382/2006, extinguindo, assim, a remição de bens.

A remição da execução legitima o executado ao pagamento da dívida, mais juros e correção monetária, custas, emolumentos, despesas (honorários advocatícios e periciais) etc. Em lugar da remição de bens, criou-se a adjudicação (art. 685-A, §§ 2º e 3º, Lei n. 11.382/2006) *favor pietatis causa* em benefício do cônjuge, dos descendentes e dos ascendentes, para que o bem permaneça no seio familiar.

O art. 746 do Código (com redação dada pela Lei n. 11.382/2006) atual dispõe: "É lícito ao executado, no prazo de 5 (cinco) dias, contados da adjudicação, alienação ou arrematação, oferecer embargos fundados em nulidade da execução, ou em causa extintiva da obrigação, desde que superveniente à penhora, aplicando-se, no que couber, o disposto neste Capítulo. Verifica-se que, enquanto os embargos de primeira fase (antes da hasta pública) tem o prazo de 15 dias (art. 738, CPC, excepcionando o § 1º), os embargos de segunda fase (depois da hasta pública) têm o prazo de 5 dias, o que o aproxima do processo do trabalho (art. 884, CLT).

Poderá o devedor oferecer embargos à remição, à arrematação ou à adjudicação, fundados em nulidade da execução, pagamento, novação, transação ou prescrição, desde que supervenientes à penhora (art. 884, CLT). Nesta parte, o art. 884, CLT se completa com o art. 694, § 1º, incs. I, II, III, V e VI. O processo do trabalho não está restrito ao inc. IV (a requerimento do arrematante). Também não se aplica em sede trabalhista os §§ 1º e 2º do art. 746 (Lei n. 11.382/2006).

Nota: O art. 746 (Lei n. 11.382/2006) não tem aplicação em âmbito trabalhista. O art. 884, CLT já prevê os embargos de primeira fase (antes da hasta pública) e de segunda fase (depois da hasta pública), sem necessidade de busca subsidiária (art. 769, CLT).

A CLT dispõe no art. 884: "Garantida a execução ou penhorados os bens, terá o executado cinco dias para apresentar embargos, cabendo igual prazo ao exeqüente para impugnação."

Sabemos que existem os embargos de primeira fase (até a penhora) e os de segunda fase (após o praceamento), que dizem respeito à arrematação, à adjudicação e à remição.

Diferente do que sucede no processo civil (arts. 746, 694, inc. V, CPC), o arrematante, o adjudicante ou o devedor (executado) que proceder à remição podem ser embargados ou proceder aos embargos, nos termos do art. 884, CLT. Assim, se a remição foi deferida a destempo, o arrematante (ou o adjudicante, se for o caso) poderá embargar, alegando a nulidade. O mesmo direito cabe ao devedor, cuja arrematação ou adjudicação foi deferida sem obedecer ao seu direito de remir.

Amaro Barreto dispõe: "Os embargos à remição são privativos do executado, como instrumento de oposição à concessão da remição a outrem e de defesa da prioridade desse direito para o próprio executado. Podem tais embargos apoiar-se também na preferência assegurada ao executado, para remir, se houve desrespeito a essa prioridade na sentença concessora da remição. O fundamento será, então, o da ilegitimidade da concessão da remição, porque esta só poderá ser concedida a outrem que não o executado, quando este a renuncia, a modo expresso, ou tácito. Se a impugnação à remição for feita não pelo executado, mas sim por outra pessoa interessada, a via própria não será os embargos, mas sim o agravo de instrumento, na processualística comum (art. 522, CPC) ou o agravo de petição, na do trabalho (art. 987, *a*, CLT)." ("Execução Trabalhista", n. 337, p. 292. *Nota*: Art. 522 com nova redação dada pela Lei n. 11.187/2005.

Discordamos do festejado autor quando afirma que os embargos à remição são privativos do executado e que outro interessado teria como via própria o agravo de petição. O equívoco está em adotar o art. 746, CPC (ver Lei n. 11.382/2006) quando o art. 884, CLT dispensa o empréstimo subsidiário. O raciocínio equivocado leva o eminente autor a uma espécie de malabarismo interpretativo, uma vez que o preceito adotado do processo comum não premia a remição, por evidente equívoco, já que o Código de 1939 (art. 1.011) o fazia. No processo comum, todavia, tem-se a saída pelo agravo de instrumento, ainda que com desprestígio do princípio do paralelismo das formas, já que não havia razão para dar-se à remição tratamento diferenciado da arrematação e da adjudicação. No processo do trabalho, todavia, o agravo de instrumento não tem o âmbito generoso do seu similar na justiça comum, onde a saída encontrada seria adotar o agravo de petição, que mais se assimila com a apelação. Ora, tudo isso cai por terra quando se sabe que os embargos previstos no art. 884, CLT servem a dois deuses: embargos de primeira fase (até a penhora) e embargos de segunda fase (depois da hasta pública). Com o advento da EC n. 45/2004, que deu nova redação ao art. 114 da Constituição Federal, a Justiça do Trabalho deixou de ser uma justiça de empregados e empregadores, para ser uma justiça híbrida. A Lei n. 11.187/2005 será focada no capítulo dos recursos, no item sobre agravo de instrumento.

O agravo de petição é o *remedium juris* próprio de decisão de embargos e, conforme a doutrina e a jurisprudência, de despacho interlocutório misto. Assim, o arrematante e o adjudicante poderão interpor embargos à remição, quando legitimados a tanto. E, nessa mesma linha de raciocínio, o arrematante poderá embargar a adjudicação, e o adjudicante, a arrematação; ambos poderão embargar a remição. A afirmação de que os embargos à remição são privativos do executado faz suporte em premissa não verdadeira, como ficou demonstrado retro.

A ausência da previsão no processo civil não traz maiores dificuldades, já que o recurso cabível da decisão de embargos é o de apelação (art. 520, V, CPC) e o recurso de agravo de instrumento funciona naquele processo como verdadeiro curinga, remédio para todos os males (art. 522, CPC). Sua função é diversa do agravo de instrumento previsto na CLT, art. 897, "b".

Por outro lado, a interposição do agravo de petição como remédio processual próprio para corrigir falhas da remição, da adjudicação ou da arrematação traria como conseqüência imediata a supressão de uma instância trabalhista, e com a agravante de retirar do juiz de 1º grau a oportunidade de rever o ato impugnado.

Ao contrário do que acontece no processo comum, os embargos no processo trabalhista são mero incidente da fase executória, com âmbito de discussão restrito.

Não se cuida de ação (como no processo comum) e muito menos de recurso. Tem a força e o objetivo de simples pedido de reconsideração ao próprio juiz. Da decisão de embargos poderá a parte inconformada interpor agravo de petição. *Nota*: A Lei n. 11.232/2005 trouxe modificações estruturais e conceituais na execução por quantia certa (art. 475-J, *caput* e § 1º, CPC).

46.11.8. Do erro material

O erro material é lapso que poderá ocorrer durante a fase de acertamento com ofensa aos limites objetivos da coisa julgada. Poderá ocorrer quando existirem erro de cálculo para maior ou para menor, acréscimo de itens não previstos na sentença exeqüenda ou mesmo quando a liquidação é feita com a supressão de itens. O erro material é vício que desprestigia a coisa julgada no seu objeto, daí a razão pela qual pode ser corrigido a qualquer momento, em qualquer grau de jurisdição. Não existe hierarquia para a correção. Suponha-se a hipótese em que o Regional determinasse a correção e juros pelo lapso de 600 meses, quando estava claro que o período trabalhado era de 60 meses. O juiz de primeiro grau a quem caberá dirigir a execução poderá efetuar o acertamento. Esse mesmo lapso poderá ocorrer por ocasião do julgamento de embargos à execução, em que foi invertido um valor. O erro material poderá ocorrer em outras oportunidades do processo: juiz condena em custas de mil reais, quando o correto seriam cem reais.

O erro material, todavia, perde essa característica quando o fato foi analisado e houve pronunciamento sobre a matéria que o envolve. Não importa se a análise feita pelo juiz foi certa ou errada. Se errada na ótica da parte interessada, pode recorrer. Se o tribunal incorrer no mesmo erro de primeiro grau e confirmar a decisão recorrida, *v. g.*, a dívida, que seria de sessenta mil reais, foi elevada a seiscentos mil reais por causa do erro, restará à parte o caminho da ação rescisória por maus-tratos à coisa julgada. O erro material poderá ser revisto a pedido do interessado ou de ofício pelo juiz a quem a jurisdição está afeta naquele momento. O juiz tem o dever de ofício de zelar pelo correto cumprimento da coisa julgada. O erro material não é contaminado pela preclusão. Há um valor maior a ser preservado: a coisa julgada que, de resto, não pertence às partes, mas ao Estado, é de ordem pública.

46.11.9. Do prazo para embargar

O prazo no processo comum, para a interposição de embargos de primeira fase será de 15 dias (art. 738, CPC) e para os de segunda fase será de 5 dias (art. 746, CPC). No processo do trabalho, o prazo para os embargos de ambas as fases será de cinco dias (art. 884, CLT). Como vimos anteriormente, o processo do trabalho não necessita de subsídio, pois o art. 884 prevê para os embargos de ambas as fases. Verifica-se uma aproximação do processo comum com o trabalhista. Ambos adotam o prazo de 30 dias para o caso da execução envolver a Fazenda Pública (Lei n. 9.4.94/1997, que acrescentou o § 1º-B, pela Medida Provisória n. 2.180-35/2001). Houve também uma aproximação na execução por quantia certa, em que a liquidação de sentença deixou de ser ação para ser simples incidente processual, cuja decisão é de natureza interlocutória, recorrível por agravo de instrumento. Da intimação (art. 475-J), eliminou-se a citação com a revogação do art. 611 pela Lei n. 11.232/ 2005, o executado terá o prazo de 15 dias para remir a dívida, pena de, se não o fizer, ser apenado com a multa de 10% (dez por cento) sobre o total da dívida, penalidade que será aplicada de ofício. Os antigos embargos (da execução por quantia certa) foram transformados no *remedium juris* denominado "Impugnação", cuja decisão também de natureza interlocutória pode ser recorrível por meio do recurso de agravo de instrumento, excpecionando-se o uso da apelação, quando a decisão extinguir o processo.

46.11.10. Da evicção

A matéria era controvertida e as opiniões bipartiam-se, ambas defendidas por autores de nomeada: uma no sentido de que, em se cuidando de alienação forçada e não de transferência contratual, o arrematante adquiria a propriedade do bem na situação em que se encontrasse; outra, defendida por *Liebman* ("Processo de execução", n. 73, p. 123-124) que prelecionava a responsabilidade pela evicção, nos exatos termos do art. 1.107, CC/1916 (art. 447 atual). Essa era também a posição defendida por *Carnelutti* e *Amilcar de Castro* (*apud Amaral Santos*, ob. cit., v. 3, n. 934-a, p. 343). Sem dúvida a segunda corrente apresentava ponderações mais convincentes e mais se afinava com o espírito da moral que deve nortear o relacionamento no campo do direito.

Dizíamos nós: o simples fato de não se considerar a arrematação um contrato, mas um ato desapropriatório do Estado-juiz, não deve nem pode constituir obstáculo a que o executado responda pela evicção. Entendimento contrário viria premiar, por vezes, o mau pagador e até incentivar o uso de falcatruas.

O devedor que está sendo executado foi quem deu a causa material, quando deixou de cumprir a obrigação, tornando-se inadimplente. Entender que não responde pela evicção pelo simples fato de não ser ato de sua iniciativa levaria ao inusitado de só responder, *contrario sensu*, pela evicção quando o Estado-juiz não participasse do processo executório, através da implementação da execução forçada.

Ora, não se exige muito esforço intelectivo para perceber que, se se deixasse ao arbítrio do devedor vender bens do seu patrimônio para o cumprimento de sentença com trânsito em julgado, isso equivaleria a uma não-prestação jurisdicional. O comando emergente da sentença condenatória passaria, a partir do trânsito em julgado, a depender da boa ou má vontade do devedor, que certamente não cumpriria a sua obrigação, já que não o fez antes, obrigando o credor a pedir a presença coatora do Poder Judiciário.

Compete ao Poder Judiciário completar a prestação jurisdicional até a efetiva composição da lide com a materialização do comando condenatório e a entrega do bem da vida. Ao devedor compete agir sempre com lisura, posto que será sempre o único a responder por seus próprios atos. O art. 1.107 do CC/1916 (art. 447 do CC/2002), ao cuidar da evicção, fê-lo no campo dos contratos onerosos; todavia, não se pode a partir daí concluir que não haverá evicção nos casos da arrematação. Primeiro, porque, em havendo lide, o Estado-juiz substitui as próprias partes, logo após ser exigida a prestação jurisdicional (legítimo interesse); segundo, a exceção está virtualmente contida naquele comando legal. E se assim não fosse, por se cuidar de exceção à regra geral, deveria o legislador dizê-lo expressamente, como o fez, aliás, ao cuidar dos vícios redibitórios (art. 1.106 do CC/1916, hoje sem correspondente). E no art. 1.117 (art. 457 do CC atual) deixava claro que só não se poderia demandar pela evicção em caso fortuito, força maior, roubo ou furto. Não corre a prescrição pendendo ação de evicção (art. 199, III, CC).

Dispunha *Moacyr Amaral Santos*: "O vendedor responde perante o comprador pela evicção da coisa objeto da compra e venda (CC, art. 1.107) [art. 447 atual]. Mas, tratando-se de coisa arrematada, quem responde pela evicção? a) Aos que consideram a arrematação ato de natureza da compra e venda, em que o devedor é o vendedor, responde este pela evicção da coisa arrematada. Essa era a solução dada pelos praxistas portugueses e brasileiros, os quais, entretanto, entendiam que o exeqüente, porque havia embolsado o preço da arrematação, devia responder subsidiariamente, quando o devedor fosse insolvente. Aceitando a argumentação de *Carnelutti*, *Amilcar de Castro*, com ele, conclui: 'O preço da arrematação pertence ao proprietário da coisa alienada, de tal sorte que o Estado entrega, ao arrematante, bem do executado, ao exeqüente, dinheiro do executado. E se este passava por ser dono da coisa arrematada, e por isso mesmo sua dívida foi paga com o produto dessa coisa, que não lhe pertencia, evidentemente não pode fugir à responsabilidade de prestar evicção'. b) Uma parte da doutrina, cujos grandes nomes se encontram na Itália (*Chiovenda*, *Pugliatti* e outros), não vendo no executado o vendedor, o exclui de responsabilidade. Terá o arrematante evicto, entretanto, ação contra o exeqüente, para repetição do que lhe foi indevidamente pago. Entre nós, participa *Fraga* dessa solução. c) Conforme *Liebman*, para quem a arrematação não se confunde com a compra e venda, não se pode falar, quanto à coisa arrematada, em evicção propriamente dita, que é instituto que diz respeito àquele contrato. Mas — acrescenta — 'é inegável o direito do arrematante de reaver o que pagou sem causa. Quem se enriqueceu indevidamente com o pagamento é o executado, que se livrou das dívidas à custa de bens alheios: ele é obrigado, pois, a indenizar o arrematante. Mas, o mais das vezes, ele é insolvente: o arrematante poderá, então, repetir dos credores o que receberam, porque, embora tivessem direito ao pagamento, não o tinham a ser pagos pela alienação de bens de terceiros'. Com esse parecer, que acompanhávamos, *Frederico Marques*, *Humberto Theodoro Júnior* e outros." (ob. cit., v. 3, n. 934, p. 341)

Para *Enrico Tullio Liebman*, "o arrematante só adquiria a propriedade da coisa se ela pertencesse ao executado: se o domínio era na verdade de terceiro, este não fica prejudicado e pode reivindicar a coisa do arrematante. Nos contratos onerosos translativos do domínio, dando-se a evicção, o adquirente tem direito de recobrar o preço e as despesas (art. 1.107 do CC) [art. 447 do CC/2002]; a obrigação do alienante de resguardar o adquirente dos riscos da evicção não é senão um aspecto da obrigação de transferir o domínio. Mas na execução o executado não é vendedor, não consentiu na alienação e não pode ser tido como responsável por fato que não praticou. Originou-se daí viva controvérsia em torno do direito que assistiria ao arrematante evicto, na qual se refletem mais ou menos diretamente as opiniões divergentes sobre a natureza do ato de desapropriação. A doutrina italiana mais recente nega, em sua maioria, a obrigação do executado, achando em substância que ele não deve responder por fato de outrem; e concede, em vez disso, ao arrematante, ação de repetição do que foi indevidamente pago ao exeqüente e aos outros credores concorrentes (*Chiovenda*). *Carnelutti*, ao contrário, considerando o executado verdadeiro vendedor, declara-o obrigado à garantia, mas nega ao arrematante qualquer direito contra os credores, que só receberam o que lhes era devido (*Amilcar de Castro*). A opinião tradicional no Brasil é pela procedência da garantia contra o executado e subsidiariamente da ação de repetição contra os credores (*Moraes*). E com razão. Embora não se possa falar de garantia da evicção propriamente dita, porque o executado não vendeu, é inegável o direito do arrematante de reaver o que pagou sem causa. Quem se enriqueceu indevidamente com o pagamento foi o executado, que se livrou das dívidas à custa de bens alheios; ele é obrigado, pois, a indenizar o arrematante. Mas, o mais das vezes, ele é insolvente; o arrematante poderá, então, repetir dos credores o que receberam, porque, embora tivessem direito ao pagamento, não o tinham a ser pagos pela alienação de bens de terceiros". ("Processo de execução", n. 73, p. 123-124)

Frederico Marques assinalava: "De modo geral, os que vêem na arrematação um ato jurisdicional de transferência coativa negam que o executado responda pela evicção. Todavia, não há impossibilidade em se admitir garantia contra a evicção, de par com a aceitação da doutrina publicística de arrematação. Segundo *Micheli*, o fundamento dessa garantia é, na espécie, um pouco diverso do que serve de base à venda voluntária. Na arrematação, o executado responde pela evicção, porque, se o seu patrimônio é garantia comum de todos os credores, seria injusto que, lhe não pertencendo o bem arrematado, fosse o arrematante obrigado a arcar com *tutto il peso de l'esecuzione*, permitindo assim aos credores *'di lucrare un ingiustificato arrichimento'*, guardando ou detendo aquilo que não era devido pelo adquirente." ("Instituições ...", v. 5, n. 1.220, p. 161)

Humberto Theodoro Júnior realçava: "Consiste a evicção na 'perda total ou parcial da posse de uma coisa, em virtude de sentença que a garante a alguém que a ela tenha direito anterior'. Nos contratos onerosos translativos de domínio, o alienante é obrigado a resguardar o adquirente dos riscos da evicção (CC, art. 1.107) [CC/2002, art. 447], e, quando ela ocorre, o prejudicado tem direito à restituição integral do preço, mais as indenizações previstas nos incs. I a III do art. 1.109 do estatuto civil [art. 450, *caput*, CC/2002]. A arrematação, no entanto, não é um contrato, mas uma desapropriação, de sorte que não se pode falar em responsabilidade contratual como é a da garantia da evicção. Mas como a alienação forçada não exclui a ação reivindicatória de titulares do domínio sobre o bem arrematado, desde que estranhos à execução, há de se dar solução ao problema do arrematante que vem a ser privado do bem adquirido em hasta pública. Trata-se de indenizar quem efetuou um pagamento sem causa, com injustificado enriquecimento do devedor que teve uma dívida quitada, e do credor que recebeu seu crédito de quem não era obrigado pela dívida. É inegável, portanto, o direito do arrematante a recuperar o preço indevidamente pago ("Processo de Execução", n. 10, p. 236).

A situação modificou-se com o advento do Novo Código Civil.

O fato de a venda ser feita em hasta pública não significa ausência de responsabilidade do devedor pela evicção. Se assim fosse, estaria escancarada a porta para o estelionato (art. 171, I, CP).

O antigo Código Civil previa expressamente no art. 1.106, hoje sem correspondente, que, se a coisa fosse vendida em hasta pública, não caberia a ação redibitória, nem a de pedir abatimento no preço. Buscava-se, aí, amparo analógico para eximir-se também da responsabilidade pela evicção.

A doutrina de modo geral buscava apoio no fato de que a arrematação era ato de força do Estado, por meio de um procedimento judicial, fato que, segundo alguns, retirava a responsabilidade do devedor.

A discussão, hoje, resta superada.

O Novo Código Civil cuida do tema nos arts. 447 *usque* 457 e não repetiu o equívoco do legislador anterior. Do que resulta que, hoje, o devedor responderá pela evicção dos bens entregues em penhora e posteriormente arrematados ou adjudicados em hasta pública.

Aquele que arremata um bem o faz confiando na garantia de ser bem do devedor. Caso em que o alienante responderá pela evicção ainda que a venda se consuma pela hasta pública (art. 447, CC).

46.11.11. Dos vícios redibitórios

Dizia a doutrina, antes do atual Código Civil, que, em se cuidando de transferência de bem em hasta pública, não há lugar para garantia contra vícios redibitórios. Nesse sentido, ensinava *Frederico Marques*: "Feita a arrematação, não pode o arrematante argüir a existência de vícios redibitórios." ("Instituições ...", v. 5, n. 1.222, p. 164)

Nesse mesmo sentido *Humberto Theodoro Júnior*: "Em se tratando de alienação forçada e não de transferência contratual, o arrematante adquire a propriedade do bem praceado na situação em que ele se encontra, não havendo lugar a reclamação contra eventuais vícios redibitórios. Em outras palavras, na arrematação o arrematante não adquire nenhuma ação de garantia." ("Processo de Execução", n. 11, p. 237)

Dispunha o art. 1.106 do CC/1916: "Se a coisa foi vendida em hasta pública, não cabe a ação redibitória, nem a de pedir abatimento no preço." (sem correspondente no CC/2002)

A doutrina em geral busca apoio para não responsabilizar o proprietário, quando a venda foi feita em hasta pública, no fato de que a venda (arrematação) foi forçada, por meio de processo judicial; também busca suporte no fato de o comprador poder examinar minuciosamente a coisa. Todavia, vícios existirão que o comprador, por mais cuidadoso que seja, não descobrirá. Entretanto, a ausência de responsabilidade decorre do próprio comando que da lei emergia.

Melhor seria que o legislador houvesse dito que o devedor, cujo bem fora vendido em hasta pública, liberar-se-ia de qualquer responsabilidade por vícios redibitórios, caso disso desse ciência ao juízo com tempo suficiente para que alertasse o lançador.

Dizíamos entretanto, que essa regra geral não poderia prevalecer, quando restasse provado que o devedor (proprietário) agira de má-fé, provocando defeitos no bem penhorado, do qual permaneceu como depositário.

Caio Mário da Silva Pereira dispunha, sob a égide da lei anterior: "Também não cabe responsabilidade se a coisa for alienada em hasta pública, não só porque a sua exposição prévia possibilitaria minucioso exame, como ainda pelo fato de ser forçada, em processo judicial, em que se realiza por autoridade da justiça. Aliás, é de esclarecer que por venda em hasta pública deve entender-se a que se faça compulsoriamente (penhora em ação executiva, venda por determinação judicial em inventários, venda de bens de órfãos etc.), pois que, se o interessado livremente escolheu o leilão para a alienação, subsistirá a garantia. Descabe, finalmente, se tiver havido, por parte do adquirente, renúncia expressa ou tácita à garantia." ("Instituições de Direito Civil", Ed. Forense, Rio de Janeiro, 1974, v. 3, 1977, n. 207, p. 107)

Carvalho Santos, por sua vez, dispunha: "A coisa vendida em hasta pública não se transmite por fato do possuidor primitivo. Atente-se que só a essas alienações, feitas em cumprimento da lei, se aplica a disposição do presente artigo, pela simples razão de que o alienante não poderia ser responsabilizado pela transmissão que não promoveu, donde excluir-se qualquer exigência de garantia contra ele." (*J. M. de Carvalho Santos*, "Código de Processo Civil Interpretado", Rio de Janeiro, Ed. Freitas Bastos, 1963, v. 15, p. 376-377)

O art. 1.106 do Código Civil de 1916, sem correspondente no CC atual, haveria de ser entendido com razoabilidade. É que nem sempre o arrematante tem real possibilidade de verificar ou de periciar o bem objeto de praça. E casos existirão em que o executado oculta dolosamente o vício ou mesmo promove esse vício. É o caso, *v. g.*, de uma máquina importada, sem similar no País, da qual o executado retira uma peça, tornando inviável o seu funcionamento. Dificilmente, o licitante terá oportunidade de ver a máquina funcionando e somente irá descobrir o defeito quando já arrematou o bem. Ora, a interpretação não pode levar ao impasse porque a lei não poderá conduzir ao impasse. A lei existe para proteger uma realidade e não para acoroçoar falcatruas.

O posicionamento doutrinário vigente até então era excessivamente romântico: primeiro porque, se o Estado deixasse por conta do devedor levar o bem à hasta pública, isso nunca aconteceria; segundo, não é incomum o devedor, depositário do bem ou por ocasião da entrega do bem penhorado a outro depositário, efetuar a retirada de peças que desvirtuam o bem, dando asas a mágoas e recalques; terceiro, a pessoa que arremata está pagando por um bem que vale aquele valor, sem qualquer defeito; quarto, o Estado, que está transferindo o bem, em última instância, seria responsável perante o arrematante, com direito de regresso sobre o devedor (executado).

O Novo Código Civil poderia ter eliminado qualquer discussão se houvesse dado aos vícios redibitórios o mesmo tratamento dado à evicção no art. 447, o que significaria uma guinada de 360 graus, pois era isso que se esperava. Em vez disso, simplesmente retirou a proibição contida no art. 1.106 do antigo CC, que era expresso em afirmar que não haveria responsabilidade se o bem fosse adquirido em hasta pública, deixando a discussão em aberto. Melhor isso do que nada. Retirou-se o óbice. Mas, poderia ter feito o milagre completo. Do que se pode antever que teremos as mesmas discussões antes travadas com relação aos arts 1.106 e 1.107 do CC/1916, já agora somente com vistas ao art. 447 do CC/2002, que prevê expressamente a responsabilidade em torno dos contratos onerosos, com relação à evicção.

Não havia razão para que se desse tratamento diverso para a evicção e para os vícios redibitórios. O correto é o proprietário (executado) responder pela boa, firme e cabal propriedade do bem, assim como pelos vícios porventura existentes ou que venham a existir que desmereçam ou desvalorizem o bem levado à almoeda. Com certeza, e corretamente, buscar-se-á alento na interpretação analógica e no princípio do paralelismo interpretativo, pois se cuida de vícios (evicção e redibitórios) que poderão desprestigiar o bem imóvel levado à hasta pública. Ao deixar o art. 1.106 do CC/1916 sem correspondente, o legislador abriu a guarda para especulações interpretativas. A interpretação razoável será pela responzabilidade do proprietário do bem. Ninguém pode levar vasntagem com a própria torpeza.

46.12. Do juízo deprecante e deprecado e da competência para julgar embargos de primeira e de segunda fases

46.12.1. Das cartas executórias

Temos as cartas precatórias, as de ordem e as cartas rogatórias. A carta precatória é o instrumento processual pelo qual um juiz da mesma horizontalidade roga mercê a outro para que a mesma seja cumprida. Como se percebe, nesta espécie de carta, o juízo deprecante (o que emite a carta) não manda, não determina, não dá ordem, não exige, apenas roga, pede. Isso não significa que o juiz deprecado (aquele que recebe a carta para cumprimento) irá cumprir ou não a carta ao seu alvedrio, ao seu talante, ao seu humor momentâneo. Não. Em estando a carta precatória revestida dos requisitos legais, deverá cumpri-la. É a lei que assim obriga. Qualquer dificuldade encontrada pelo deprecado em relação aos requisitos legais da carta, deverá comunicar-se imediatamente com o deprecante, procurando resolver o impasse da melhor maneira possível, não devolvendo, de pronto, a carta. O açodamento de alguns juízes acabam por desprestigiá-los aos olhos dos jurisdicionados, dos advogados e de seus próprios colegas. Nenhum juiz pode darse ao luxo de resolver impasses de forma inopinada ou açodada. Do juiz, espera-se equilíbrio.

A carta de ordem, como o próprio nome diz, é um instrumento emitido por juízes superiores (Desembargadores e Ministros), na qualidade de deprecantes. O deprecado, juiz inferior na hierarquia, não pode negar-se ao cumprimento da carta de ordem.

Quer na carta rogatória, quer na de ordem, o juiz da mesma horizontalidade ou inferior não está obrigado a cumprir determinação que seja ilegal. Todavia, essa ilegalidade deverá ser perceptível objetivamente, não fruto de foro subjetivo. Exemplo: o juiz deprecante pede que seja penhorado bem do sócio e o deprecado diz que não penhora porque o sócio não está nos limites subjetivos da coisa julgada. Esse tipo de intervenção não cabe por refugir à competência do deprecado, uma vez que, se houver embargos de terceiro do sócio, eles serão, obrigatoriamente, julgados pelo deprecante.

A carta rogatória executória é o instrumento que permite que uma sentença proferida em um país seja executada em outro. Mas, a coisa não é tão simples, pois existe a soberania de cada país. Nenhum país pode legislar obrigando a outro. Se o fizer, não terá qualquer conseqüência. O que existe, entretanto, e permite que uma sentença de um país seja cumprida em outro, são os Tratados e Convenções ou Acordos Internacionais provendo para o assunto e permitindo que um país possa cumprir os seus atos processuais em outro país, por meio de juízes daquele país. No juízo delibatório, como regra, o país deprecado não pode entrar no mérito que determinou a condenação. Todavia, se a lei que determinou a condenação não estiver em consonância com as regras do país deprecado, a execução poderá ser impedida, não se concedendo o *exequatur*. Exemplo: país em que não se exige o contraditório; país em que a revelia é irrecorrível etc.

46.12.2. Da competência do juiz deprecado para julgar embargos à execução

Como regra, o juiz deprecato é competente para julgar os embargos à execução interpostos dos atos por ele praticados. Exemplo: o deprecado foi quem penhorou o bem, sem qualquer intervenção do deprecante. Os embargos que vierem ser interpostos serão julgados pelo deprecado, único competente. Se a penhora deu-se sobre bem de terceiro, o deprecado será competente para julgar os embargos de terceiro. Se houver a impetração de segurança sobre atos do juízo deprecado, ele será a autoridade considerada coatora e terá que responder ao *mandamus*. Se o ato impugnado, por meio de embargos à execução, foi o da penhora do de bem pelo deprecado, por indicação do deprecante (*v. g.*, penhora do bem de sócio), a competência para o julgamento será do juiz deprecante. Nesse caso, o deprecado funcionou apenas como o instrumento de apreensão do bem, sem qualquer manifestação de vontade. Suponha-se a hipótese em que o bem foi penhorado pelo deprecado e os embargos à execução questinam a incorreção dos cálculos e o excesso de penhora. Neste caso, não haverá o desmembramento dos embargos, como se poderia pensar salomonicamente. Não. Em se apresentando a hipótese, a competência será do juiz deprecante pela *vis attractiva* do fator mérito (discordância dos cálculos).

46.12.3. Da competência do juiz deprecante para julgar embargos à execução

Como regra, o juiz deprecante terá a competência funcional para apreciar embargos à execução que questionem atos do juízo deprecante. Assim, se o juiz deprecante determinou que o deprecado penhore determinado bem, sua será a competência para o julgamento dos embargos que questionem a penhora daquele bem. Vimos no item anterior que haverá exceção, quando, embora a penhora do bem haja sido feita pelo deprecado, se houver também a impugnação de matéria meritória (discordância dos cálculos), a competência se arrasta para o juiz deprecado pela força *attractiva* do efeito meritório. Evidentemente, o juízo deprecado não poderá se arvorar em decidir sobre o mérito, por absoluta falta de competência funcional. Ver art. 747, CPC de aplicação subsidiária no processo do trabalho.

46.12.4. Da competência recursal: deprecante e deprecado pertencentes a Regionais diversos

O cumprimento da carta precatória executória poderá estar afeta a juízo da sua base territorial regional ou de outra, isto é, poderá acontecer de uma carta precatória expedida por uma Vara do Trabalho de São Paulo tenha de ser cumprida por uma Vara de Belo Horizonte. Em ocorrendo hipótese, o julgamento feito pela Vara de Belo Horizonte será recorrível para o Regional de São Paulo. O simples cumprimento de uma carta rogatória não tem força bastante para deslocar a competênca funcional para o Regional ao qual pertence o deprecado. De resto, o juízo deprecado funciona como a *longa manus* do deprecante, já que este não tem competência funcional para praticar os atos executórios.

46.12.5. Dos atos de alienação

Os atos de alineação, como regra, serão de competência do juízo deprecado. A arrematação do bem, pelo preço de avaliação ou pelo maior lanço, será declarada pelo juízo deprecado, a quem competirá emitir o auto de arrematação e também a carta de arrematação, se for o caso de imóvel. Também a adjudicação pelo exeqüente será de competência do deprecado. O pedido de adjudicação ou de remição poderá ser efetuado no juízo deprecante que o enviará ao deprecado. Recebida a comunicação do pedido de remição, o deprecado recambiará a carta precatória executória à origem.

46.12.6. Da ação declaratória de nulidade

A decisão proferida pelo juízo deprecado ou deprecante deferindo a arrematação, a adjudicação ou a remição da execução tem natureza interlocutória, o que significa que não haverá trânsito em julgado. Daí por que, se houver algum vício formal ou no núcleo decisório, a parte que se sentir prejudicada poderá usar da ação declaratória de nulidade, que será proposta incidentalmente.

46.13. Dos embargos de terceiro

46.13.1. Dos embargos de terceiro: breve enfoque

Os embargos de terceiros são instituto de processo civil e fazem parte do processo trabalhista por alento subsidiário (art. 769, CLT). São assim denominados, porque em sendo terceiro à lide, como regra, não têm qualquer responsabilidade pelo débito. Os embargos de terceiro não têm cabimento autônomo, mas sempre incidental ao processo onde teve o seu bem apreendido. A legitimimidade do terceiro se consubstancia com a apreensão do bem que lhe pertence, seja móvel, imóvel, veículo, semovente etc. Não com a simples ameaça ou temor de apreensão. Embora tenham maior incidência no processo executório, poderão ter presença também na fase de conhecimento, por erxemplo, quando um bem de terceiro foi arrestado em procedimento cautelar. A defesa do terceiro está restrita à demonstração de que é realmente o seu proprietário. Terceiro que é terceiro não tem legitimidade para envolver-se com a matéria meritória da ação ou da execução. Aquele que ocupar o pólo passivo da lide (fase de conhecimento ou executória) não poderá usar dos embargos para defender seus bens. O sócio que tiver o seu bem arrestado ou penhorado tem como único meio de defesa os embargos de terceiro. O terceiro pode ser pessoa física ou pessoa jurídica.

46.13.2. Do conceito de terceiro

Como regra, terceiro é aquele que não é responsével diretamente pelo débito e que, portanto, não está ocupando o pólo passivo do procedimento cognitivo ou executório. O terceiro, entretanto, poderá ter responsabilidade de forma indireta ou subsidiária, ou mesmo solidária, se desistir dos favores dos arts. 827 e 828 do Código Civil (benefício de ordem). Todavia, se o terceiro for incluído no pólo passivo da ação, deixa de ser terceiro e a sua defesa far-se-á por meio de embargos à execução, não mais pelos embargos de terceiro.

Temos na doutrina que "somente pode embargar como terceiro quem não tomou parte no feito", mas pondera os doutrinadores que "mais precisa e cientificamente se há de dizer que não pode usar dos pembargos de terceiro quem quer que esteja sujeito à eficácia do ato judicial que pretender embargar" (*Pontes de Miranda*, "Comentários ao Código Civil", Ed. Forense, Rio de Janeiro, tomo X, p. 378). *Pereira e Souza* preleciona que "terceiro é pessoa diferente daqueles que têm cotenda entre si" (*apud Luiz Ambra*). Acrescenta *Luiz Ambra* que terceiro é o "antônimo de parte, haja ou não sentença na lide" (Dos embargos de terrceiro. Tese. Faculdade de Direito da Universidade de São Paulo, 1958, p. 20). Ensina *Liebman* que "para determinar se uma pessoa é ou não parte em processo, não é suficiente a sua identidade física, devendo-se, ao contrário, tomar em conta também a qualidade jurídica em que compareceu no feito. Uma pessoa física pode ser simultaneamente parte e terceiro com relação a determinado processo, se são diferentes títulos jurídicos que justificam esse duplo papel que ele pretende representar, se são distintas as posições jurídicas que ele visa a defender" (Parecer, Revista Forense 109/46). Para *José Frederico Marques*, para a configuração de terceiro é mister como tal, entender-se não a pessoa física ou jurídica que não tenha participado do feito, mas a pessoa titular de um direito outro que não tenha sido atingido pela decisão judicial ("Instituições de Direito Processual Civil", 2ª ed., Forense, Rio de Janeiro, v. 5, p. 45). Ainda em conformidade com o mesmo autor, a admissibilidade dos embargos de terceiro, manifestados por quem seja parte no processo principal, está condicionada à distinção entre os títulos que tenha sobre a coisa objeto dos embargos ou da constrição judicial. Disso resulta que o vencido na ação, ou o obrigado, pode manifestar embargos de terceiro quanto aos bens que pelo título executivo, ou qualidade em que os possuir, não devem ser atingidos pela apreensão judicial. A mesma pessoa física ou jurídica pode ser simultaneamente parte e terceiro no mesmo processo, se são diferentes os títulos jurídicos que justificam esse duplo papel. A palavra terceiro significa não só pessoa física ou jurídica que não tenha participado do processo, mas que, aqui, nos embargos, é titular de um direito diferente, outro que não foi pobjeto da decisão judicial (ob. cit., p. 21). Dissemos em nossa obra "Execução na Justiça do Trabalho" que terceiro é todo aquele que não esteja sob a eficácia do ato judicial emnbargável (regra geral). Todavia, essa regra comporta exceção. Assim, poderá participar do processo mas não estar sujeito àquela constrição determinada pelo juízo, *v. g.*, como aponta *Hamilton de Moraes e Barros*, "o condomínio que seja também proprietáio do prédio contíguo, mesmo participando da ação de divisão, pode embargar, como terceiro, se a linha do perímetro invadir a propriedade que é sua. Do mesmo modo, a viúva meeira e inventariante tem qualidade para oferecer embargos de terceiro à arrematação dos bens deixados pelo marido, se, por exemplo, argüir sua qualidade de comerciante, e quanto aos bens do seu ramo comercial. A mulher casada, do mesmo modo, mesmo intimada da penhora sobre os bens do marido, pode, como terceiro, defender, por meio de ambargos, os seus bens próprios, ou da sua reserva, os da sua meação ou dotais (6ª ed., RT, São Paulo, 2007, p. 282).

46.13.3. Da mulher casada na qualidade de terceiro perante os tribunais

O Tribunal de Justiça do Rio Grande do Sul decidiu que "a Lei n. 4.121/62 alterou o conceito tradicional de comunhão universal de bens no casamento, aproximando-a do condomínio, tanto que a parte ideal de cada cônjuge deixou de ser quota morta e inseparável, em relação às dívidas de cada cônjuge. Essa alteração fez com que a meação não mais incida em todos e em cada um dos bens do casal, mas sobre o patrimônio considerado em conjunto, de sorte que, se a penhora recaiu em bens cujo valor não excede a metade desse patrimônio, é de julgar-se improcedentes os embargos de terceiro opostos pela mulher do executado" (Adcoas 1971/1014). O

STF já decidiu: "A mulher casada não tem, em linha de princípio, qualidade para apresentar embargos de terceiro em execução, contra o marido. Se, entretanto, não foi citada para o pleito, a situação se modifica, tornando-se possível o exercício daquele *remedium iuris*" (STF, Ap., DJ 2.9.1949, p. 2.569, RT 183/466). "Pode a mulher do executado opor embargos de terceiro, para defesa de sua meação, ainda que, citada para o feito, haja deixado fluir o prazo sem contestar o pedido" (STF, RTJ 60/210). Da execução de bens do casal. Decidiu o STJ: "Embargos de terceiro. Mulher casada. Defesa de meação. Bem indivisível. Não poderá ser levado à praça bem de terceiro que não tem responsabilidade pelo débito. A alienação judicial de bem indivisível, integrante da comunhão, será apenas da parte ideal que cabe ao devedor executado" (3ª T., REsp n. 111.179-SP, rel. Min. Eduardo Ribeiro, v. u., DOU 8.3.2000).

A *vexata quaestio* é saber qual a parte ideal que pertence a cada cônjuge. A parte ideal é indivisível. Uma casa com sala, cozinha, dois quartos e banheiro, como dividi-la? Qual a parte que será vendida em hasta pública. A única solução que se nos afigura é a venda do bem por inteiro, conservando-se metade do numerário apurado para o cônjuge que não tiver responsabilidade na dívida.

46.13.4. Da natureza incidental dos embargos de terceiro

Como vimos anteriormente, os embargos de terceiro têm natureza incidental, quer na fase de conhecimento, quer na fase executória, não havendo a possibilidade do uso do *remedium juris* de forma autônoma. Sem a existência de um processo onde o bem de terceiro seja arrestado ou penhorado, não haverá a possibilidade do uso dos embargos de terceiro. Dispõe o art. 1.046, CPC que "Quem, não sendo parte no processo, sofre turbação ou esbulho na posse dos seus bens por ato de apreensão judicial, em casos como o de penhora, depósito, arresto, seqüestro, alienação judicial, arrecadação, arrolamento, inventário, partilha, poderá requerer lhes sejam manutenidos ou restituídos por meio de embargos. § 1º Os embargos podem ser de terceiro senhor e possuidor, ou apenas possuidor. § 2º Equipara-se a terceiro a parte que, posto figure no processo, defende bens, pelo título de sua aquisição ou pela qualidade em que os possuir, não podendo ser atingidos pela apreensão judicial. § 3º Considera-se também terceiro o cônjuge quando defende a posse de bens dotais, próprios, reservados ou de sua meação".

É ação incidental de núcleo restrito, pois o seu objeto não vai além dos motivos necessários a fazer prova de que o autor dos embargos é terceiro sem qualquer obrigação ou responsabilidade. Daí por que não poderá, nas vias estreitas dos embargos de terceiro, alegar qualquer questão que envolva o processo principal. A sua posição de terceiro em relação ao autor e ao réu do processo principal é de *res inter alios*.

Os embargos de terceiro não possuem vida autônoma, não têm existência solitária. Para que se possam instrumentar, há que existir um processo principal onde alguém, que não faz parte dos limites subjetivos da coisa julgada ou que não tenha responsabilidade subsidiária ou solidária no processo principal, sofra turbação ou esbulho na posse de bens de sua propriedade. Essa turbação ou esbulho pode ocorrer na fase de conhecimento ou executória do processo principal, embora seja mais comum a ocorrência na fase executória, mediante arresto ou penhora. Na fase de conhecimento, poderá ocorrer mediante cautelar incidente de arresto; poderá ocorrer em cautelar preparatória em que for deferido o arresto. O terceiro que sofra constrição indevida ou ilegítima de bem de sua propriedade somente poderá adentrar no processo onde o ato arbitrário ocorreu por intermédio dos embargos de terceiro.

O terceiro em sede trabalhista não tem o *jus postulandi*, só deferido ao empregado e ao empregador (art. 791, CLT). Exemplo: o sócio da empresa que teve seus bens penhorados, quando a empresa tem bens suficientes para respaldar a execução, poderá usar da via dos embargos de terceiro para defender o seu patrimônio e indicar bens da empresa livres e desembaraçados, na mesma comarca, que bastem para pagar o débito (art. 596, § 1º, CPC).

Como regra, o terceiro não tem qualquer envolvimento com o mérito da causa principal, e busca tão-somente a liberação do bem penhorado ou arrestado por não lhe caber qualquer responsabilidade. Exceção à regra é o caso do sócio da empresa que tem interesse no desfecho meritório, mas, é terceiro em relação aos seus bens, por não fazer parte dos limites subjetivos da coisa julgada, quando não figurar no pólo passivo da demanda. Fará a defesa do seu patrimônio por meio dos embargos de terceiro.

Ensina *Hamilton de Moraes e Barros*: "Os embargos de terceiro são, em essência, um incidente. Nascem de um ato judicial praticado dentro, naturalmente, de um processo, o processo de onde vem a constrição ilegítima, contra que se reage. Podem, também, os embargos de terceiro ser usados contra atos judiciais de jurisdição voluntária. Não é um incidente que apenas ocorre no processo de execução, visando a ilidi-la, quando se exerce sobre um bem determinado. É incidente que nasce de ato judicial praticado em qualquer feito, seja no processo de conhecimento, seja no de execução, seja no cautelar. Os embargos de terceiro são o processo conseqüente de outro, o causador, aquele de onde veio o ato judicial embargado. É nesse sentido que se diz serem os embargos não um meio de pedir, mas de impedir, como já consignara *Pereira de Souza*, nas suas Primeiras linhas." ("Código de Processo Civil Comentado", Ed. Forense, Rio de Janeiro, 1975, v. 9, p. 292)

No processo do trabalho, os embargos de terceiro é *remedium juris* utilizado por alento subsidiário do processo comum, por conta da indigência processual da CLT e que ocasionou no passado sérias divergências.

No processo do trabalho, é incidente da fase executória por excelência, já que só aí os bens de terceiro poderão vir a ser penhorados. Cabível com menor intensidade na fase de conhecimento, *v. g.*, em caso de arresto, seqüestro etc. Suponha-se que, a pedido do exeqüente, o juízo determine a busca e apreensão em bem (veículo) transferido após determinação de arresto e já agora de propriedade de terceiro. O atual proprietário poderá discutir por meio de embargos de terceiro sobre a existência ou não de fraude contra credores ou fraude à execução ou mesmo alegar a sua condição de adquirente de boa-fé. Suponha-se, ainda, determinação do juízo para verificação total dos livros de determinada sociedade. Dissemos que "a exibição integral dos livros comerciais constitui verdadeira devassa na vida da empresa, pondo a nu o seu estado patrimonial, tipos de operações, movimento de negócios etc.; adentra no âmago do espírito que a vivifica como empresa e poderá colocar em risco a sua própria existência. Por essa razão, a medida excepcional só poderá ser levada a efeito naqueles casos enumerados ou quando assim a lei o determinar" (*Francisco Antonio de Oliveira*, "Das Medidas Cautelares", 2ª ed., RT, 1991, p. 115). Inúmeros são os casos impugnáveis mediante embargos de terceiro na fase de conhecimento, embora na prática a maior intensidade se concentre na execução.

Sobre o tema vale o alerta de *Antonio Lamarca*, que assinala: "Se a Justiça do Trabalho encarar os embargos de terceiro como ação autônoma, especial, mas sempre contenciosa (art. 1.046 e ss. do CPC), não terá competência constitucional para processá-los: não se trata de um dissídio entre empregado e empregador e nem a lei ordinária atribui essa competência à Justiça especializada." E conclui: "Todavia, estou de acordo em que os embargos devem ser considerados como mero incidente da execução." ("O Livro da Competência", Ed. RT, São Paulo, 1979, p. 1460-149)

Amaro Barreto dispõe: "Os embargos de terceiro constituem incidente da execução, porque se estruturam processualmente como ação dentro da execução, atacando ato executório que vai alcançar o patrimônio de terceiro. O Regulamento 737, de 1850, arts. 597, 600 e 604, regulava o tema como incidente da execução: 'Vindo algum terceiro com embargos à execução, porque a coisa penhorada lhe pertence por título hábil e legítimo, e tendo posse natural ou civil com efeito de natural, ser-lhe-á concedida vista para alegar e provar os seus embargos dentro de três dias. Se os embargos não forem opostos a todos os bens, mas somente a alguns deles, correrão em separado, prosseguindo a execução somente sobre os bens não embargados. Não são admissíveis na execução embargos de terceiro a quem não seja, ao mesmo tempo, senhor e possuidor, ficando ao terceiro prejudicado direito salvo sobre o preço da arrematação.'" E mais adiante, no n. 377, arremata: "Não é correta a opinião de autores abalizados no sentido de ser condição da admissibilidade dos embargos de terceiro o ser o embargante senhor e possuidor ou só possuidor da coisa penhorada, sendo eles remédio inadequado à exclusão de direitos da apreensão judicial." ("Execução Trabalhista", n. 373, p. 331). O autor referia-se ao art. 707 do Código de 1939. O art. 1.046, § 1º, do CPC não deixa dúvida sobre o assunto.

O egrégio STF já decidiu, quando relator o Min. Alfredo Buzaid: "É competente a justiça comum para processar e julgar embargos de terceiro opostos na Justiça do Trabalho, porque a defesa da propriedade ou da posse não constitui dissídio trabalhista, nem controvérsia oriunda de relação do trabalho." (STF, 1ª T., RE n. 97.406-7-RS, rel. Min. Alfredo Buzaid, j. 26.10.1982, deram provimento, v. u., DJU 26.11.1982, p. 12.125, 1ª col., em., *apud Theotonio Negrão*, CPC, Ed. RT, 1984, p. 31).

Data venia, o pretório excelso, *in casu*, não deu à matéria o melhor entendimento e cuida-se mesmo de decisão isolada não mais prestigiada pela Excelsa Corte.

Se o processo do trabalho, nesta parte, fosse depender da justiça comum, as execuções trabalhistas estariam fadadas ao embaraço sem limites e ao descrédito, já que sabidamente demorada. Depois, os embargos de terceiro são incidentes dos processos trabalhistas. O fato de ser um remédio processual de origem civilista não muda a situação sobre a competência. Por outro lado, como explicar que juiz de outro ramo da justiça, e da mesma horizontalidade, pudesse julgar embargos de terceiro opostos na Justiça do Trabalho? E o recurso seria o de apelação para o Tribunal de Justiça ou o de agravo de petição para o Tribunal Regional do Trabalho? A verdade é que aquele julgamento foi único e não teve, nem poderia ter, qualquer influência em sede trabalhista.

48.13.5. Do terceiro opoente

O terceiro opoente é aquele que tem interesse no processo posto. O interesse é próprio do opoente, contra ambos os contendores, diferente, pois, do interesse de um terceiro que entre incidentalmente no processo para defender apenas um bem seu que está sendo esbulhado, mas sem qualquer interresse meritório. *Amilcar de Castro*, *in* "Comentários ao Código de Processo Civil", Ed. Forense, Rio de Janeiro, 1985, v. V, 10, p. 433) dispõe com traços fortes o conteúdo procedimental do terceiro opoente que busca prevenir-se e o terceiro que já sofreu esbulho.

Diz o eminente jurista:

> "Na relação processual de conhecimento, pode intervir um terceiro na causa como *opoente*, instituindo um novo juízo, autônomo, vale dizer, uma nova relação processual, perante o mesmo juiz, contra as duas partes da causa principal (*ad infringendum iura utrius que competitoris*). De tal sorte, estabelecem-se no mesmo processo duas relações processuais: uma, a principal, entre o autor, o juiz e o réu; outra, a de intervenção, entre o opoente, o mesmo juízo e as duas partes integrantes (réus na oposição). Mas, aqui se deve notar que, na oposição, que é incidente da ação, o terceiro interveniente tem o intuito de prevenir um dano, ou evitar uma inútil repetição de demandas, com possíveis sentenças contraditórias, e perda de tempo e dinheiro; e nos embargos de terceiro, quando aparecem como incidente de execução, trata o interveniente de remediar um dano que já sofreu. A oposição tem caráter premonitório, *id est*, protege um direito ameaçado; ao passo que os embargos de terceiro visam a reparar um prejuízo ocasionado, *id est*, reintegrar um direito violado. O opoente teme que de uma situação de fato ou de direito criada pelas partes litigantes lhe advenha um prejuízo; o terceiro embargante procura remover o dano que lhe causou um ato judicial."

46.13.6. Do credor hipotecário em sede trabalhista e os embargos de terceiro

Em princípio, é mister que se saiba que o credor hipotecário em sede trabalhista perde vez para o crédito trabalhista nos termos do art. 186 do Código Tributário Nacional (Lei n. 5.172/1966) e da Lei dos Executivos Fiscais (Lei n. 6.830/1980 — LEF), arts. 29 e 30, por força do art. 889, CLT. Não pode adjudicar o bem oferecendo o seu crédito, salvo se houver diferença a ser depositada e esta for suficiente ao pagamento integral da obrigação trabalhista. O bem hipotecado vendido em hasta pública leva consigo a dívida (direito de seqüela) que passa à responsabilidade do arrematante ou do adjudicante (exeqüente, ou cônjuge, descendente, ascendente). Daí a razão pela qual, em se apresentando a hipótese, os embargos de terceiro pouco ou nada adiantariam.

Não cabe qualquer dúvida no que diz respeito à penhora de bem objeto de hipoteca. O embasamento legal é encontrado, em especial, nos arts. 615, II, 619 e 698 do CPC.

Dúvida também inexiste sobre a preferência do crédito trabalhista até mesmo sobre o tributário (arts. 449, § 1º, da CLT e 186 do CTN e Lei n. 6.830/1980).

É bem de ver que os créditos trabalhistas gozam de proteção especial, chamados por alguns de superprivilegiados, sobrepondo-se até mesmo aos créditos hipotecários (art. 30, Lei n. 6.830/1980, *ex vi* art. 889, CLT). Estão garantidos, em primeiro lugar, pelo conjunto de bens móveis e imóveis que formam o patrimônio da empresa e/ou do empregador (art. 2º da CLT), presentes e futuros (art. 591, CPC).

Penhorado o bem hipotecado, notificado o credor (arts. 615, II, 619 e 698, CPC), prossegue-se na execução, inclusive com o praceamento e a materialização em pecúnia, operando-se a sub-rogação do gravame no preço alcançado pelo bem.

Sobre o assunto, preleciona *Murilo Rezende Salgado*: "O direito fundamental do credor como efeito da hipoteca é o direito de preferência. A seqüela é um simples meio ou condição para se exercitar esse direito, ou seja, a preferência de o credor hipotecário se pagar antes de outros credores que não sejam titulares de privilégios que se sobreponham aos seus, tais como os créditos trabalhistas e fazendários." (Penhora de bens hipotecados em execução de terceiros — Exercício e defesa dos direitos do credor hipotecário, *in* RBNDP 20/108)

Em se cuidando de crédito trabalhista, a hipoteca (direito real) cede lugar, pouco importando a época da sua constituição. Não se sub-roga no preço (praceamento), mas, detém o seu poder de seqüela e o ônus real acompanha o imóvel arrematado.

E assim deve ser pelo simples motivo de que ao crédito trabalhista são aplicadas as normas preceptivas do art. 30 da Lei n. 6.830/1980, por força do art. 889, CLT. Se assim não fosse, o credor trabalhista estaria fadado ao não recebimento caso o devedor possuísse somente um bem imóvel e este estivesse hipotecado. Depois, nenhum prejuízo sofrerá o credor garantido pela hipoteca, pois, se houver adjudicação ou arrematação do bem, o gravame o seguirá. Sobre o tema ver Lei n. 10.101/2005 (Lei de Falências), art. 83, I e VI, "c".

46.13.7. Da matéria argüível

O núcleo operacional dos embargos de terceiro é restrito à defesa do bem arrestado, penhorado, seqüestrado etc. O vocábulo terceiro significa que ele não tem responsabilidade executória pelo fato de não pertencer ao pólo passivo da lide. Não faz partes dos limites subjetivos da lide (pólo passivo), como regra, ressalvadas as exceções legais já mencionadas anteriormente. Daí por que nos embargos de terceiro, a discussão está atrelada à propriedade do bem objeto de apreensão, não podendo estender-se a temas que dizem respeitro à ação principal.

Ao embargante só interessa a defesa do bem de sua propriedade que foi objeto de arresto ou de penhora. Dessa forma, a sua defesa está restrita em fazer prova de que o bem — móvel ou imóvel — penhorado ou arrestado lhe pertence e de que não lhe cabe qualquer responsabilidade na execução forçada que se instalou.

Assim, defeso será argüir matéria prejudicial ou nulidades processuais que digam respeito ao processo principal.

No processo trabalhista, é muito comum a interposição de embargos de terceiro pelo sócio da empresa que teve os seus bens particulares penhorados. O que é correto, desde que o sócio não tenha sido colocado no pólo passivo da ação, não faça parte, portanto, dos limites subjetivos da coisa julgada.

É princípio informador do direito do trabalho que o empregado não corre o risco do empreendimento, mesmo porque jamais participa dos lucros. Por outro lado, a situação de inferioridade do empregado dentro da empresa não lhe permite qualquer fiscalização ou ingerência. A situação do empregado em relação às dificuldades da empresa ou ao desaparecimento do fundo de comércio é de *res inter alios*. E a força de trabalho entregue não pode ser devolvida. Aí surge a responsabilidade do sócio, quando a empresa empregadora desapareceu com o fundo de comércio.

Nessa hipótese, o sócio deverá responder sempre, ou quando a pessoa jurídica se mostre inidônea a solver seus compromissos trabalhistas. Neste caso, o sócio que tiver os seus bens penhorados poderá valer-se da prerrogativa que lhe concede o art. 596, § 1º, do CPC. Obviamente, se a empresa desapareceu com o fundo de comércio, o sócio certamente será conivente com o desaparecimento e a insolvência e não conseguirá indicar bens da empresa. Aplicáveis também à espécie os arts. 1.046 e 1.047, CPC.

Preleciona *Amaro Barreto*: "O embargante age, na defesa do seu direito turbado ou esbulhado, como autor, assumindo o exeqüente a posição processual de réu e, às vezes, também, a par dele, do executado, em litisconsórcio passivo. Sendo os embargos uma ação incidental, para exclusão do bem da constrição judicial não se poderá argüir neles matéria prejudicial atinente à questão principal, nem exceções, ou nulidade do processo da ação em que os embargos (de terceiro) intercorrem. Ao embargante só interessa a ação incidente dos embargos de terceiro, razão por que somente o que lhes disser respeito poderá ele alegar e provar." ("Execução Trabalhista", n. 379, p. 337).

46.13.8. Dos embargos de terceiro e a prova de propriedade de bens móveis

A prova da propriedade de bem imóvel se faz mediante a certidão expedida pelo cartório de registro imobiliário, onde consta o nome do proprietrário na matrícula. O bem móvel presume a propriedade pela tradição, *id est*, presume-se que a propriedade é daquele que detém em seu poder o bem móvel. Mas, isso nem sempre é verdadeiro. Como provar o contrário, de que o detentor não é o proprietário? Faremos, a segir, uma demonstração didática de que as coisas podem ocorrer no dia-a-dia.

Na prática judicante, é comum, penhorados bens móveis em poder do executado, a interposição de embargos de terceiro, juntando-se recibos de aquisição e/ou notas fiscais da compra efetuada. Esses documentos, por si sós, não são hábeis a fazer prova de que o bem penhorado seja de propriedade do terceiro embargante e que se encontra em poder do executado por empréstimo e/ou comodato. A prova testemunhal não é idônea nem hábil para a espécie, como veremos, a seguir.

Os direitos reais sobre coisas móveis, quando constituídos, ou transmitidos por atos entre vivos, só se adquirem com a tradição (art. 1.267, CC). Há presunção legal de que com a tradição se completa o domínio da coisa móvel, exceção feita "quando tiver por título um negócio jurídico nulo" (art. 1.268, § 2º, CC). Duas teorias se formaram sobre o tema, como veremos a seguir.

Das teorias da posse — Para bem localizarmos a matéria, necessário se faz a incursão, ainda que superficial, pelo direito romano e principais teorias (*Savigny* e *Jhering*). Dois elementos sempre estiveram presentes em qualquer posse: uma coisa e uma vontade que sobre ela se exerce. Desde as fontes assim era, e a sentença de *Paulus* o proclama: "*Et adipiscimur possessionem corpore et animo; noque per se animo aut per se corpore*" (Digesto, Livro 41, Tít. 11, fr. 3, § 1º). E com estas designações — *corpus* e *animus* — os elementos da posse atravessaram os séculos." (*Caio Mário da Silva Pereira*, "Instituições ...", v. 4, p. 21)

A teoria de *Savigny* (subjetiva) expõe que o *corpus* ou elemento material da posse caracteriza-se como a faculdade real e imediata de dispor fisicamente da coisa e de defendê-la das agressões de quem quer que seja; o *corpus* não é a coisa em si, mas o poder físico da pessoa sobre a coisa. O outro elemento, interior ou psíquico, *animus*, considera-o *Savigny* a intenção de ter a coisa como sua. Não é a convicção de ser dono — *opinio sui cogitatio domini* —, mas a vontade de tê-la como sua — *animus domini*. Pela concepção de *Savigny*, é exigido que o estado de fato da pessoa em relação à coisa se constitua em posse, que ao elemento físico (*corpus*) venha juntar-se a vontade de proceder em relação à coisa como procede o proprietário (*affectio tenendi*), mais a intenção de tê-la como dono (*animus*). Se faltar esta vontade interior, esta intenção de proprietário (*animus domini*), existirá simples detenção e não posse. Destarte, quem tem a coisa em seu poder, mas em nome de outrem, não lhe tem a posse civil; é apenas um detentor (*naturalis possessio*). Assim, para *Savigny* não constituem relações possessórias aquelas em que a pessoa tem a coisa em seu poder, ainda que juridicamente fundada (como na locação, no comodato, no penhor etc.), por lhe faltar a intenção de tê-la como dono (*animus domini*). A teoria de *Jhering* (objetiva) (El fundamento de la proteción posesoria, Capítulos XI e XII de La posesión, 1ª Parte, p. 207 e ss., *apud Caio Mário da Silva Pereira*, "Instituições ...", v. 4, p. 24), menos exigente quanto ao *animus domini*, não se situa na intenção de ser o dono, mas simplesmente na vontade de proceder como procede habitualmente o proprietário — *affectio tenendi* —, independentemente do querer do dono. Denomina-se teoria objetiva por dispensar a intenção (*animus*). Para caracterizar-se a posse basta o procedimento externo, independentemente da pesquisa da intenção (Traité de la possession, § XIV, p. 298 e ss., *apud Silva Pereira*, "Instituições ...", v. 4, p. 22 e ss.).

Do direito brasileiro — Lembra *Caio Mário da Silva Pereira* ("Instituições ...", v. 4, 24) que, "com o Código de 1916, a doutrina objetiva entrou em nossa sistemática com a relegação da subjetiva dominante entre os civilistas anteriores, bem como da concepção dos glosadores, presentes no art. 200 do Código Comercial de 1850. A posse em nosso Direito positivo não exige, portanto, a intenção do dono, nem reclama o poder físico sobre a coisa. É a relação de fato entre a pessoa e a coisa, tendo em vista a utilização econômica desta. É a exteriorização da conduta de quem procede como normalmente age o dono. É a viabilidade do domínio".

O Código Civil brasileiro, todavia, em matéria de posse, adotou posição eclética, posição intermediária entre a teoria objetiva e a subjetiva. Dispunha o art. 487 do CC/1916 (atual art. 1.198, *caput*): "Não é possuidor aquele que, achando-se em relação de dependência para com outro, conserva a posse em nome deste e em cumprimento de ordens ou instruções suas." E prosseguia o art. 497 do CC/1916 (atual art. 1.208): "Não induzem posse os atos de mera permissão ou tolerância (...)."

Em síntese, a regra aplicada pelo direito positivo brasileiro é no sentido de que a posse e o domínio se conjugam pela simples tradição (arts. 620 e 675 do CC/1916 e arts. 1.267 e 1.226 do CC/2002). Essa é a regra. A exceção à regra consiste na simples posse sem *animus* de domínio (*animus domini*), *v. g.*, bem dado em locação, em depósito, em comodato, em penhor etc. Nestes casos, especialmente por serem exceção à regra, exige a lei que exista contrato escrito, ainda que por instrumento particular, devidamente registrado nos termos dos arts. 135 do CC/1916 e 221 do CC/2002. E sábia foi a lei ao fazer a exigência. Primeiro, porque poderá o proprietário, de posse do documento substancial, usar das ações possessórias ou interditos para fazer valer o seu direito. Segundo, para evitar fraude, pois qualquer um de posse de simples nota fiscal poderia reivindicar o bem que se encontrasse em poder de outrem. A exceção à regra prova-se mediante contrato escrito, devidamente registrado nos termos dos arts. 135 do CC/1916 e 221 do CC/2002 e do art. 127, I, da Lei n. 6.015/1973 (Lei dos Registros Públicos). Somente por meio dessa providência —

que é da substância do ato — poderá o proprietário fazer prova perante terceiros de que, ao entregar o bem, não teve *animus* de transmitir o domínio (o art. 127, I, da Lei dos Registros Públicos diz da publicidade com valor *erga omnes*).

Já ensinava *Carvalho Santos* que, "para se integrar a tradição, capaz de transferir o domínio, é preciso mais: que a intenção recíproca de transferir e adquirir verse sobre o domínio. Podendo-se, portanto, definir a tradição como sendo a entrega, que o dono da coisa faz a outrem, com a intenção recíproca de transferir e adquirir o domínio (*Vampré*). A tradição desacompanhada daquela intenção recíproca de transferir e adquirir o domínio também é conhecida pelo nome de tradição nua (*nuda traditio*), consistindo apenas na mera entrega da coisa, como ocorre no comodato, no penhor, na locação, no depósito. (...) Para que possam valer contra terceiros, o instrumento particular que os constitui deve ser transcrito no registro público, de acordo com o disposto no art. 135." [refere-se ao CC/1916, atual art. 221] Pronunciando-se especialmente sobre o "comodato", ensina que "o comodato, quanto à validade, prova, objeto, está submetido aos princípios gerais dos contratos. Quando se trate de móveis, menos fácil ao comodatário reaver a coisa, sem que seja toda impossível. Com efeito, se o reivindicante prova, primeiro, que a coisa lhe pertence; em seguida, que ela passou fortuitamente à posse do detentor; se prova, afinal, que o comodatário é possuidor de má-fé, terá que triunfar, por essa forma de reivindicação, que a lei absolutamente não proíbe (cf. *Pontes*, ob. cit., n. 31 e ss.)" ("Código Civil Brasileiro Interpretado", Freitas Bastos, Rio de Janeiro, 1964, v. 3, p. 276).

46.13.9. Do momento para o terceiro agir

A oportunidade para embargar não depende simplesmene do querer subjetivo do terceiro. O querer subjetivo pressupõe um acontecimento concreto em que haja esbulho no seu patrimônio com a apreensão de um bem. O simples temor subjetivo de apreensão ou a simples possibilidade de que isso venha a acontecer não traduz razão suficiente para a utilização do *remedium juris*.

Dispõe o art. 1.046 do CPC: "Quem, não sendo parte no processo, sofrer turbação ou esbulho na posse de seus bens por ato de apreensão judicial, em casos como o de penhora, depósito, arresto, seqüestro, alienação judicial, arrecadação, arrolamento, inventário, partilha, poderá requerer lhes sejam manutenidos ou restituídos por meio de embargos."

O momento de agir (*actio nata*) nasce com a *apreensão judicial* do bem. O Código Buzaid (art. 1.046) segue a mesma linha do Código de 1939 (art. 707). Existe corrente doutrinária no sentido de que os embargos de terceiro poderão ser interpostos sempre que haja ameaça específica ou efetiva invasão na esfera jurídica do terceiro, *v. g.*, a existência de mandado de penhora do bem do terceiro. Neste sentido, o entendimento de *Pontes de Miranda*.

Em que pese a autoridade do mestre *Pontes de Miranda*, o Código de Processo Civil (art. 1.046), a exemplo art. 707 do Código de 1939, diz expressamente da *apreensão judicial*, não se referindo à simples ameaça específica. Assim, no momento da efetiva apreensão nasce o direito de uso do *remedium juris*.

Preleciona *Pontes de Miranda*:

> "O interesse de agir por meio deles (os embargos de terceiro) pode surgir antes mesmo da penhora, porque a nomeação mesma dos bens é ofensa (invasão potencial da esfera jurídica do terceiro), como é a inserção da coisa, ou fato, ou omissão, no mandado de execução de obrigação de prestar coisa, ou de fazer, ou não fazer. Quando se individua o objeto da execução e há ameaça específica ou efetiva invasão na esfera jurídica do terceiro, cabem embargos de terceiro, porque nasceu a ação, ação de oposição do terceiro à execução. Se esta individuação consta do mandado, ou se foi conseqüência dele, ainda em interpretação errada, ou se destoa mesmo dele, não importa: todos os atos da seqüência de atos que colima na satisfação executiva são atos mandamentais judiciais, contra os quais gozam de pretensão à tutela jurídica. Por isso mesmo, ainda quando se refira a atos completativos, como a arrematação, a adjudicação e a remição, a ação de embargos de terceiro tem por fito retirar da eficácia do mandado, livrar do mandamento, o bem da vida que pertence à esfera jurídica do terceiro. Desde o momento em que sai o mandado e se cita o executado, a relação processual se estabelece e começa, pelo menos, a ofensa ao terceiro, se já se deu a individuação. A própria sentença, levada à execução, se nela já está a individuação, pode conter ofensa de modo que já se pode pensar em ofensa antes do mandado, para que o mandado não se execute. Não é menos mandamental negativa, aí, a ação de embargos de terceiro. Naturalmente, não se pode pretender que haja ameaça específica de execução danosa se não há qualquer ato judicial: mas esse ato pode ser o despacho da petição, se a individuação já se fez ou aí se faz. O que importa é a efetividade ou ameaça específica da constrição mandamental.
>
> "Essa pode constar do próprio título executivo, de modo que na sentença sói estar a individuação e, pois, a ameaça: se ao terceiro não se estendeu a sua eficácia, fazendo-o legitimado passivo da execução futura (fazendo-o não terceiro), terceiro é, e, ao querer-se o efeito executivo da sentença exeqüenda, o que ocorre com o pedido e despacho sobre o mandado, a ameaça executiva surge. Não é só a penhora que permite a ação, porque, primeiro, a penhora é apenas um dos atos iniciais de execução (de constrição para a execução) e, segundo, a lei permite os embargos de terceiro contra a ameaça específica." (*apud Amaro Barreto*, "Execução Trabalhista", p. 333-334)

Sobre o tema publicamos no jornal *O Estado de S. Paulo*, de 28 de outubro de 1984, o artigo Embargos de terceiro: oportunidade de agir e o momento de interposição.

Entendimento de que a simples determinação do juízo para penhora de bens se constitua em turbação arrepia ao preceito legal e poderia levar à neutralização da medida, posto que, ainda que os embargos, posteriormente, não fossem acolhidos pelo juízo *a quo* e *ad quem*, a parte poderia desaparecer com o bem em total desprestígio do Judiciário. Neste sentido, *Humberto Theodoro Júnior*. Em sentido contrário, *Hamilton de Moraes e Barros*. Também em sentido contrário ao preceituado no CPC (art. 1.046), no sentido de cabimento de embargos de terceiro pela simples ameaça específica já decidiu o egrégio TST (TP, ROMS n. 422/82, Ac. 375/1983, 03.03.1983, rel. Min. Ildélio Martins). Cuida-se de julgamento isolado e sem o prestígio legal do Código de 1939 (art. 707), nem do Código atual (art. 1.046), pois ambos se referem à apreensão judicial.

Discordamos do mestre *Pontes de Miranda*, quando afirma que a lei permite os embargos de terceiro contra a ameaça específica. A lei fala em *apreensão judicial*. Era assim no Código de 1939 (art. 707) e continua assim no Código atual (art. 1.046). A permitir-se a interposição de embargos de terceiro antes da apreensão judicial e da formalização efetiva da penhora, não haverá depositário (art. 664, CPC). Vale dizer que, se o bem desaparecer, enquanto estiverem *sub judice* os embargos, não haverá fiel depositário a ser responsabilizado. *Sérgio Sahione Fadel* (ob. cit., p. 207) indica como marco para a interposição de embargos de terceiro a *apreensão judicial*, coerente com o mandamento legal do art. 1.046, CPC.

O egrégio TST já decidiu: "Execução. Embargos de terceiro. Penhora de bens de sócio. Mandado de segurança. Os embargos de terceiro instalam nova relação processual incidente em que se desenvolve um processo de cognição, visando a uma sentença constitutiva diante do título executivo (*Coqueijo Costa*, "Direito Judiciário do Trabalho", Ed. Forense, Rio, 1978, p. 321).

"Os princípios que regem a coisa julgada não alcançam os embargos de terceiro." Assim, se o terceiro houver perdido a posse, poderá reivindicar, independentemente de haver sucumbido nos embargos (*Moraes e Barros*, ob. cit., v. IX, p. 289).

"Se a situação discutida exige depuração pelos meios probatórios adequados, minam-se a liquidez e certeza do direito que inspiram o mandado de segurança, medida cautelar." (TST, TP, ROMS n. 422/82, Ac. 375/1983, 3.3.1983, rel. Ildélio Martins, LTr 47/570).

46.13.10. Do momento para a interposição dos embargos de terceiro

Comanda o art. 1.048, CPC que: "Os embargos podem ser opostos a qualquer tempo no processo de conhecimento enquanto não transitada em juulgado a sentença, e, no processo de execução, até 5 (cinco) dias depois da arrematação, adjudicação ou remição, mas sempre antes da assinatura da respectiva carta."

Referido artigo dispõe genericamente, e o emprego literal poderá levar a situações inusitadas, propiciando até mesmo a procrastinação, quando afirma que os embargos poderão ser opostos a qualquer tempo. Há que ser feita uma interpretação de forma a harmonizar os princípios da preclusão e o da utilidade prazo. Como regra, o prazo tem início no dia seguintes ao da intimação.

Registra *Hamilton de Moraes e Barros*: "O Código abandonou o critério subjetivo do dia do conhecimento do fato como marco inicial do tempo em que se poderia propor essa ação. Se fosse possível precisá-lo, teria sido o ideal, pois que o processo principal, assegurada a situação jurídica do bem objeto dos embargos, poderia caminhar tranqüilamente para o seu término e para a execução. Acontece, porém, que é difícil marcar-se o prazo inicial, não se conhecendo, para o caso, expediente tranqüilo e válido para determinar o conhecimento do terceiro embora interessado, a respeito do que se passa no feito alheio. Em conseqüência disso, permanece a ficção de não ter tido conhecimento o embargante do ato turbativo, ficção que somente se desfaria ante prova positiva, limpa de dúvidas, de que teve o oportuno conhecimento." (ob. cit., v. IX, p. 298)

Temos, pois, que a *mens legis* preocupou-se em proteger o terceiro que teve seus bens apreendidos judicialmente e lhe dá oportunidade de usar do *remedium juris*, até cinco dias da arrematação, da adjudicação ou remição, desde que até então não tenha tomado conhecimento da apreensão judicial.

A contrario sensu, o prazo de cinco dias terá início do conhecimento do fato, quando haja prova inconteste nesse sentido, *v. g.*, quando os bens penhorados são do sócio da empresa executada e este permaneceu como fiel depositário; ou, ainda, quando o terceiro, ao tomar conhecimento da penhora, peticiona pedindo reconsideração; ou mesmo quando o terceiro, ao tomar conhecimento, procura advogado e lhe outorga procuração e este só vem a interpor embargos após o prazo. Neste caso, a simples verificação entre a data da procuração e o respectivo reconhecimento da firma e a distribuição dos embargos deixa claro se houve ou não a preclusão temporal.

Entender-se de outra forma seria acoroçoar a procrastinação do feito e atentar contra os princípios da celeridade e da economia processual. Não se relegue ao olvido que a lei é uma construção cultural e objetiva proteger uma realidade presente, e não referendar caprichos e artimanhas.

No que concerne à exigência legal do art. 1.048, *in fine* — "mas sempre antes da assinatura da respectiva carta" —, está evidente o cochilo do legislador, posto que se não confunde irretratabilidade com embargabilidade.

46.13.11. Do valor da causa

Os embargos de terceiro são interpostos mediante petição nos termos do art. 282 (art. 1.050 do CPC), vale dizer, deverá a petição, obrigatoriamente, indicar o valor da causa. Desde as Ordenações Filipinas, os embargos de terceiro se apresentavam como um incidente (Livro 3º, Título 86, § 17).

O fato de serem considerados ação especial no processo comum e ação incidente da execução no processo trabalhista em nada modifica a situação, pois em ambos o seu objetivo é incidente. Constituem ação incidente atípica, pois permitem a vinda do terceiro, sem qualquer ligação com o pólo ativo ou passivo do processo para o qual são atraídos e no qual o ato turbatório foi editado. Seu escopo é defender o bem do qual o terceiro é senhor e possuidor ou somente possuidor. A simples diferença terminológica do *nomen juris*, adaptando o *remedium juris* à realidade do processo trabalhista, não é de molde a afetar a sua estrutura, que continuará a ser a mesma, perseguindo o mesmo objetivo, qual seja, o de desconstituir ato judicial turbatório.

Assim, não conhecidos os embargos ou, se conhecidos, não providos, o embargante arcará com o pagamento de custas, calculadas sobre o valor da causa, condição inarredável para que possa recorrer da sentença.

Preleciona *Sérgio Sahione Fadel*: "Nos embargos de terceiro, não se questiona para pedir: postula-se para impedir. O embargante não busca a prestação jurisdicional para se defender; persegue para desfazer o ato judicial constritivo de sua posse." (ob. cit., t. V, p. 207)

O valor da causa deve ser o valor do bem que o terceiro pretende desatrelar da penhora. A prática registra que boa parte dos embargos de terceiro é utilizada com objetivo procrastinatório, para sobrestar praça já designada. A cobrança de custas, além de ser legal, é forma de coibir o uso indiscriminado do remédio processual. Em sendo instituto civilista, a petição deve ser assinada por advogado, e é sujeito a custas. Ver Orientação Jurisprudencial SDI-1 — Transitória n. 53.

46.14. Da fraude à execução. Da fraude contra credores. Da fraude à lei

46.14.1. Da fraude: breve enfoque

O conteúdo da palavra "fraude" pode ser tomado sob vários ângulos: 1. Artifício malicioso que uma pessoa emprega com a intenção de prejudicar o direito ou os interesses de terceiro. 2. Manobra que o devedor pratica contra o seu credor, assumindo obrigações ou alienando bens com o fim de lesar-lhe o patrimônio. 3. Toda intenção de alguém, na execução de um ato contrário à certa disposição de lei imperativa ou proibitiva. Qualquer violação da lei tributária. A fraude compõe-se de dois elementos: o elemento objetivo (*eventus damni*) que consite no prejuízo realmente verificado; e o elemento subjetivo (*consilium fraudis*), que compreende a intenção fraudulenta, a má-fé, o meio astucioso empregado para enganar (*Pedro Nunes*, "Dicionário de Tecnologia Jurídica", Edição Livraria Freitas Bastos S./A., Rio de Janeiro, 1965, 2º v., p. 32). Para *Orozimbo Nonato*, fraude é a palavra corrente e moente e, na concepção geral, significa burla, codilho, trapaça, malícia, engano, logração, endrômina, caborteirice. Na fraude, falando geralmente, avulta um ato ao fito de prejudicar direitos e interesses. Trata-se de noção tão generalizada, que dispensa as sutilezas da doutrina, bastando para identificá-la, segundo *Laurent*, o bom senso do juiz ("Fraude contra Credores — Da ação Pauliana", Editora Jurídica Universitária Ltda., Rio de Janeiro, 1969, p. 7).

Tem-se pela definição dos autores que existe um elo muito próximo do conteúdo da fraude e do dolo, posto que em ambos existe a vontade dirigida para fraudar terceiros. O significado genérico cria dificuldades para definir-se os efeitos do dolo e da fraude.

Explica *Caio Mário da Silva Pereira* que "A denominação do defeito fraude é uma especialização semântica do direito moderno. Pelo romano, *fraus* designava precedimento malicioso, quer se apresentasse sob a modalidade de dolo, quer de fraude propriamente dita. Esta confusão atingiu no passado o nosso direito positivo, visto como o Código Comercial de 1850 (revogado) emprega o vocábulo como sinônimo de simulação (cf. *Clóvis Bevilacqua*, Teoria Geral, § 55). *Teixeira de Freitas co*m precisão delimitou o conceito de fraude e extremou-a dos demais defeitos dos negócios jurídicos, de sorte que, ao ser elaborado o Projeto e votado o Código Civil, já nossa doutrina sabia destacar com clareza as falhas da declaração de vontader, o que a doutrina francesa nem sempre fez com precisão científica (cf. *Teixeira de Freitas*, Consolidação, art. 358 e nota). Fraude é, pois, segundo os princípios assentados em nosso direito, em consonância com as idéias mais certas, a manobra engendrada com o fito de prejudicar terceiro, e tanto se insere no ato unilateral (caso em que macula o negócio jurídico ainda que dela não participe ou pessoa), como se imiscui no ato bilateral (caso em que a maquinação é concertada entre as partes" ("Instituições ...", ob. cit., v. I, n. 93, p. 378). Constata *Orozimbo Nonato* que no Direito Romano mais antigo e na conformidade do magistério de *Rotondi* e de *Brejon*, fraude significava apenas prejuízo ou dano, sem qualquer conotação de engano ou ardil. Este, entretanto, foi o sentido que veio a dominar e com tanta amplitude que, no magistério de *Silva Pacheco* (*in* Repertório Enciclopédico do Direito Brasileiro, v. XXIII, p. 125), "a fraude, além de suas ligações com a má-fé, o dolo, a simulação, o prejuízo, o dano, tem conexão com o ilícito, o imoral, o abuso de direito, o excesso de poder, a arbitrariedade, a responsabilidade civil, o atentado e a nulidade" (ob. cit., p. 8).

Com respaldo em *Laurent*, *Barros Monteiro* ensina que o juiz, com um pouco de bom senso, discutirá os caracteres da fraude, melhor que o mais sutil jurisconsulto. "Num sentido amplo, porém, ela pode ser conceituada como o artifício malicioso empregado para prejudicar a terceiro." Fraude é, pois, o artifício malicioso que uma pessoa emprega com a intenção de prejudicar o direito ou o interesse de outrem. Pode ser, ainda, a manobra que o devedor pratica contra o seu credor ao assumir obrigações ou mesmo ao alienar bens com o objetivo de tornar-se inadimplente. Pode ser também toda intenção levada à prática de um ato contrário à lei imperativa ou proibitiva. A fraude compõe-se de dois elementos: objetivo (*eventus damni*), que diz respeito ao prejuízo realmente verificado — não se exige, todavia, a intenção de prejudicar o credor, bastando que o devedor tenha a consciência do prejuízo que possa causar; e subjetivo (*consilium fraudis*), que compreende a intenção de fraudar, de agir de má-fé, de empregar meios astuciosos, ardis, sempre com o intuito preconcebido de enganar. Fala-se em fraude processual quando se pratica um delito contra a administração da justiça, o qual consiste em inovar artificiosamente, na pendência de um processo (lide) civil, penal, trabalhista, o estado ou o lugar de coisa, de pessoa, com o objetivo de conduzir a erro o juiz ou o perito ("Principes de droit civil, v. 15, p. 689, *apud W. B. Monteiro,* "Curso de Direito Civil", v. 3º, 1967, p. 226).

46.14.2. Da fraude à execução

Dispõe o art. 593 do CPC: "Considera-se em fraude de execução a alienação ou oneração de bens: I — quando sobre eles pender ação fundada em direito real; II — quando, ao tempo da alienação ou oneração, corria contra o devedor demanda capaz de reduzi-lo à insolvência; III — nos demais casos expressos em lei." "Se o terceiro negar o débito em *conluio* com o devedor, a quitação, que este lhe der, considerar-se-á em fraude de execução." (§ 3º do art. 672 do CPC)

Fraude à execução (*consilium fraudandi executionem*) ou delito de ação privada que consiste em artifício lesivo que o devedor põe em prática contra o seu credor, destruindo, danificando, transferindo a terceiro, ou onerando os seus bens, ou simulando dívidas, na iminência de penhora sobre eles, quando existe ação em trâmite (art. 179, Código Penal). A fraude à execução não exige que já exista sentença de mérito, basta que já tenha o possível credor ajuizado ação. Todavia, há que se ter em mente que a oneração de bens levada a efeito pelo devedor há de ser de tal monta que possa levá-lo à insolvência e, conseqüentemente, à inadimplência. Afora isso, o devedor tem o direito de onerar os seus bens (direito de propriedade) ao seu talante. O que não pode, repita-se, é fazê-lo de forma a comprometer um crédito já existente com ação ajuizada ou um crédito futuro ainda dependente de sentença de mérito. Ao contrário do que pode parecer, a medida cautelar consubstanciada em "protesto contra a alienação de bens" ou no "arresto" não tem força bastante para impedir que o bem seja onerado. Entretanto, a pessoa que adquirir algum bem, quando esta aquisição levou à insolvência ou a insolvência já havia ocorrido, a transferência será ineficaz, não podendo o terceiro adquirente alegar a boa-fé. *Ad cautelam*, em casos tais, aconselha-se que a cautelar de arresto ou de protesto contra alienação de bens seja registrado no Cartório de Registro de Imóveis (art. 167, I, n. 5, e art. 240 da Lei dos Registros Públicos) para dar conhecimento a terceiros. A exemplo da penhora, o registro do arrestro ou do protesto retira do terceiro adquirente a possibilidade de alegar a boa-fé. A ausência do registro, dando publicidade a terceiro, carreia para o credor o ônus de provar a má-fé do terceiro. Neste caso, o terceiro que se sentir prejudicado poderá agir regressivamente sobre o devedor. Lembra *Alcides de Mendonça Lima* que os atos do devedor direcionados a lesar o credor, em qualquer das duas figuras (fraude à execução e fraude contra credores), quer na oneração como na oneração de bens, podem apresentar-se sob dois vícios (*lato sensu*) diversos: a) simulação; e b) fraude. Cada qual tem um sentido jurídico diverso, embora ambos tenham a mesma finalidade, qual seja, a de atingir a insolvência do devedor, para obstar que o credor obtenha a solvência da obrigação com suporte no patrimônio do devedor. A fraude, a rigor, não se traduz em vício de vontade, porque o ato realizado foi desejado pelo agente buscando lesar o credor. Quando há vício de vontade (dolo, erro, simulação e coação), a vontade é uma e o ato é outro. É chamado vício psíquico ("Comentários ao Código de Processo Civil", 1ª ed., Forense, Rio de Janeiro, 1974, v. VI, t. II, p. 497).

De conformidade com o art. 615-A, acrescentado ao CPC pela Lei n. 11.382/2006, "O exeqüente poderá, no ato da distribuição, obter certidão comprobatória do ajuizamento da execução, com identificação das partes e valor da causa, para fins de averbação no registro de imóveis, registro de veículos ou registro de outros bens sujeitos à penhora e arrestro." O § 1º obriga a que "O exeqüente deverá comunicar ao juízo as averbações efetivadas, no prazo de 10 (dez) dias de sua concretização". Todavia, pelo § 2º "Formalizada penhora sobre bens suficientes para cobrir o valor da dívida, será determinado o cancelamento das averbações de que trata este artigo relativas àqueles que não tenham sido penhorados". Comanda o § 3º que "Presume-se em fraude à execução a alienação ou oneração de bens efetuados após a averbação (art. 593)".

A nova sistemática tem lugar por ocasião do início da execução e tem a finalidade de alertar terceiros que venham a adquirir bens do devedor antes que se configure a penhora ou o arresto dos bens. Evidentemente, se os bens forem alienados, transformando o devedor em insolovente, os adquirentes não poderão alegar boa-fé na aquisição. Não obstante, com o ajuizamento da ação de conhecimento, a venda de bens transformando o devedor em insolvente já configura a fraude à execução (art. 593, II, CPC) e a venda será ineficaz, mesmo antes da penhora. O § 3º, do art. 615-A exige a averbação do ajuizamento, seguindo a jurisprudência vigente. A conseqüência, como vimos acima, dar-se-á sobre o ônus probatório. Se a averbação foi feita, haverá a publicidade, e o terceiro adquirente não poderá alegar boa-fé. A ausência de averbação, *id est*, de publicidade, concede ao terceiro o benefício da dúvida e transfere para o credor o ônus de provar a má-fé do terceiro adquirente. O § 4º, do art. 659, CPC retira qualquer dúvida sobre a presunção absoluta do registro. (*Nota*: Referido § 4º comete lapso ao falar em "averbação". O correto é registro (art. 167, I, n. 5, Lei dos Registros Públicos. A erronia foi consertada pela Lei n. 10.444/2002, com a substituição por "registro"). No processo do trabalho, a matéria está regida pela Lei n. 6.830/1980, conforme art. 889 da CLT.

Segundo *Fadel*, "alguns casos que a lei prevê de fraude de execução são os seguintes: art. 2º do Dec. n. 22.866, de 28.06.1933, que considera em fraude de execução fiscal as alienações de bens em detrimento da Fazenda; arts. 280, 281 do Dec. n. 4.857, de 09.11.1939 [revogado pela Lei n. 6.015/73]; art. 672, § 3º, do CPC, no caso de penhora de crédito representada por títulos de crédito, que estejam nas mãos de terceiro, e em que, caso o terceiro negue o débito, em conluio com o devedor, a quitação que este lhe der se considerará em fraude de execução, sendo, portanto, ineficaz" (ob. cit., v. 3, p. 270). *Mendonça Lima* acrescenta os arts. 168, I, e 244 e 245 do Regulamento de Registros Públicos e o art. 185 do CTN (ob. cit., v. 6, t. II, p. 270).

Cumpre-nos, em rápidas pinceladas, traçar um paralelo entre fraude à execução e fraude contra credores, a primeira regulada pelo direito público e a segunda disciplinada pelo direito privado.

Na fraude à execução, o ato é ineficaz; na fraude contra credores o ato é apenas anulável. A fraude contra credores, uma vez conhecida, aproveita a todos os credores; a fraude à execução aproveita apenas ao exeqüente. Nesta, o vício é mais patente, mais manifesto, daí o tratamento mais rigoroso.

Requisito importante e que deve ser cumprido é aquele que diz respeito ao registro da penhora nos moldes preconizados no art. 240 da Lei n. 6.015/1973 (LRP). O registro há de ser analisado sob dois enfoques: o da "obrigatoriedade" e o da "necessidade".

Lembra *Walter Ceneviva* que do registro "resulta a afirmação positiva de que só o registro da penhora faz prova, quanto à fraude, de transação posterior e de que, ao contrário, enquanto inexistente o registro, não se a pode alegar, por força de lei. Lançada a penhora nos assentamentos do cartório de imóveis, só então será conhecível pelo outorgado comprador de modo apto a repercutir na esfera de seu direito" ("Lei dos Registros Públicos Comentada" (atualizada pela Lei n. 6.941, de 14.9.1981), 3ª ed., Saraiva, São Paulo, 1982, p. 523).

A conseqüência imediata do registro da penhora é a pré-constituição da prova contra a fraude à execução. O registro (*rectius*) gera a imediata publicidade e faz presumir *juris et de jure* a ciência de terceiros.

A simples publicidade que emana da existência de um processo com trâmite em uma das Varas da Justiça Comum ou Federal ou Varas do Trabalho não gera, só por si, a presunção de ciência de terceiros nos atos ali praticados. Daí a necessidade do registro da penhora. Só assim a publicidade dada terá valor contra todos e se presumirá *juris et de jure*.

Muito embora, para se perquirir da existência da fraude à execução, seja dispensável a prova de má-fé, em não havendo a parte (exeqüente) providenciado o registro da penhora ou de qualquer outro gravame judicial, arresto etc., não se presume que terceiros tenham tomado conhecimento do gravame, e caberá ao exeqüente a prova de que o terceiro adquirente ou beneficiário tinha ciência de que o bem havia sido penhorado e mesmo assim o adquiriu.

Como se vê, embora não haja obrigatoriedade de registro da penhora, a necessidade do registro é manifesta, já que, se assim não procede, a parte traz para si o ônus de provar que o terceiro quando da aquisição tinha conhecimento da penhora.

Trata-se, como se verifica, de prova pré-constituída e absoluta. Daí por que, em sendo o imóvel onerado ou alienado, a fraude à execução poderá ser proclamada sem maiores delongas. E a prova pré-constituída é incentivada pelo próprio art. 240 (da LRP): "O registro da penhora faz prova quanto à fraude de qualquer transação posterior."

Em suma, registrada a penhora, a fraude à execução se infere *in re ipsa*. Poderá ser declarada sumariamente no processo, sendo a alienação indiferente ao processo executório. Se não se registra, caberá ao credor o ônus de fazer prova de que o terceiro de tudo tinha ciência, não podendo o terceiro, todavia, invocar a boa-fé.

A transmissão do imóvel feita com fraude à execução é ineficaz. No entanto, para que possa o Cartório de Registro proceder ao acerto, deverá o juízo da execução declarar a fraude por sentença, ocasião em que declarará nulo o registro efetuado, oficiando ao Oficial do Registro para que proceda ao acertamento, retornando a coisa ao *statu quo ante*.

"Hoje, vigora, no C. Conselho Superior da Magistratura, tranqüilo, o seguinte entendimento: 'Se o imóvel objeto da execução judicial não mais se acha em nome do devedor acionado no processo de execução, a penhora nesses casos não pode ser registrada, até que por outra decisão judicial se ordene o cancelamento do registro da alienação reconhecida fraudulentamente à execução. Assim, para fins de registro de penhora, na hipótese de ocorrer fraude à execução, não basta ao credor pedir ao juiz que a declare, mas que, além disso, ordene o cancelamento do registro da alienação viciada, como autoriza a Lei de Registros Públicos (arts. 216 e 250, I). Apelação Cível 004282-0; no mesmo sentido, Apelações Cíveis 3935-0, 105078, 3067-0, 1714-0, 3633-0, 6431-0, 6010-0, entre outras.'"

É que, "entre os princípios registrários (...) referidos a que se subordinam os títulos que ingressam nos assentos imobiliários — judiciais ou não —, avulta o da continuidade, pelo qual, em relação a cada imóvel adequadamente individuado, deve existir uma cadeia de titularidades à vista da qual só se fará a inscrição de um direito se o outorgante dele aparecer no registro como seu titular" (Corregedoria Geral da Justiça, Prot. CG n. 13.841-93, Of. Circular CR n. 6/1993 — *apud Afrânio de Carvalho*, ob. cit., p. 304).

Com a modificação trazida pela Lei n. 8.953, de 13.12.1994, ao art. 659, com a inclusão do § 4º, o registro da penhora passou a ser exigência *ad solemnitatem*. Disso resulta que, sem registro, não haverá penhora formalizada. Não havendo penhora formalizada, o terceiro adquirente será sempre de boa-fé. A nova redação veio confirmar aquilo que afirmávamos e pôs fim à discussão estéril que contrariava, inclusive, o art. 240 da LEF. Por ocasião da Lei n. 8.953/1994, dizíamos que o legislador havia cometido lapso terminológico ao falar em "inscrição no respectivo registro". É que, pela Lei dos Registros Públicos, atualmente cada imóvel tem "matrícula própria" e não registro, como era antigamente. E a penhora será registrada e não inscrita como antigamente. A erronia foi consertada pela Lei n. 10.444/2002, com a substituição por "registro". No processo do trabalho, a matéria está regida pela Lei n. 6.830/1980, conforme art. 889 da CLT.

46.14.3. Da fraude contra credores

No Direito Romano, a inadimplência do devedor era tratada com rigor. Honrar compromissos era um dever impostergável. O credor não poderia lançar mão dos bens do devedor. Determinava a regra que o credor levasse o devedor (se necessário, *manu militari*) perante um magistrado e se ninguém assumisse a sua defesa ou efetuasse o pagamento da dívida (*vindex* ou fiador), a prisão do devedor se tornava possível. Decorridos sessenta dias, sem que houvesse conciliação (*v. g.*, o devedor se dispusesse a trabalhar até pagar a dívida) ou o pagamento, poderia o credor reduzi-lo à servidão (*res* ou escravo) ou mesmo vendê-lo como tal; em determinados casos o credor tinha poderes de vida e morte. Com o advento da *Lex Paetelia Papiria*, o extermínio para a satisfação da obrigação foi banido. Essa famosa lei exaltada por *Tito Livio* surgiu entre os anos 418 e 441, a. C. E a partir de então, concedida a *additio* (tutela) do devedor ao credor, este passava a trabalhar em proveito do credor até a cabal extinção da obrigação principal e respectivos acessórios, se houvesse. Era o sistema da *legis actiones*. Com a abolição da *manus injectio*, a pressão passou a ser feita sobre o patrimônio do devedor, mas sem perder a possibilidade de pressão sobre a pessoa do devedor, como ainda hoje existe. O devedor inadimplente ou mau pagador poderá hoje ter o seu nome inscrito em órgãos como o Cerasa ou ter o título protestado etc., o que não deixa de ser uma pressão pessoal. Temos nas lições de *Alcino Pinto Falcão* que "na base das relações creditoriais, rege o princípio de que os bens do devedor constituem a garantia do credor. Pode estar o princípio expresso (como por ex. nos arts. 2.092 e 2.093 do Código Civil francês) ou vir implícito como decorrência necessária da própria relação creditória, que não teria sentido prático não houvesse esse princípio (Parte Geral do Código Civil, p. 229, *apud Orozimbo Nonato*, Fraude contra Credores (Da Ação Pauliana), p. 21).

Configura-se a fraude em relação àqueles credores quirografários que já o eram antes de configurar a fraude e para aqueles credores com garantia real que já o eram, mas que a garantia se tronou inusuficiente. Neste sentido, dispõe o art. 158 do Código Civil: "Os negócios de transmissão gratuita de bens ou remissão de dívida, se os praticar o devedor já insolvente, ou por eles reduzido à insolvência, ainda quando o ignore, poderão ser anulados pelos credores quirografários, como lesivos dos seus direitos. § 1º Igual direito assiste aos credores cuja garantia se tornar insuficiente. § 2º Só os credores que já o eram ao tempo daqueles atos podem pleitear a anulação deles." Todavia, serão anuláveis os contratos onerosos do devedor insolvente, quando a insolvência tiver caráter notório ou existir algum motivo pelo qual já era conhecida pelo adquirente (art. 159, CC). Se o adquirente ainda não houver efetuado o pagamento do preço ao devedor insolvente e se este for aproximadamente o corrente (poderá haver *consilium fraudis* entre o devedor insolvente e o adquirente, pactuando preço bem menor), o adquirente poderá desobrigar-se efetuando o depósito à disposição do juízo, com a citação de todos os interessados (art. 160, CC). Se o preço pactuado for inferior à média corrente do mercado, mesmo assim o adquirente poderá liberar-se, desde que deposite o preço correspondente no mercado. Neste caso, não se vai perquirir se havia *consilium fraudis* entre as partes (devedor insolvente e adquirente). O credor quirografário, que receber do devedor insolvente o pagamento da dívida ainda não vencida, ficará obrigado a repor, em proveito do acervo sobre que se tenha de efetuar o concurso de credores, aquilo que recebeu (art. 161, CC). Da mesma forma, presumem-se fraudatórias dos direitos de outros credores as garantias de dívida que o devedor insolvente houver concedido a algum credor (art. 163, CC). Por outro lado, presumem-se de boa-fé e válidos os negócios ordinários indispensáveis à manutenção de estabelecimento mercantil, rural, ou industrial, ou necessário à subsistência do devedor e de sua família (art. 164, CC).

Preleciona *Caio Mário da Silva Pereira*: "Vício social como a simulação, a fraude contra credores é um defeito que se não caracteriza como falha no consentimento.

Este se conserva sem distúrbios de ordem interna ou externa, formulando-se a declaração de vontade em consonância com o desígnio do agente. Onde, então, há o elemento que a caracteriza como defeito de negócio jurídico é na desconformidade que se apresenta entre a declaração de vontade e a ordem jurídica, ou, mais precisamente, no resultado antijurídico da emissão volitiva." ("Instituições ...", v. 1, n. 93, p. 452) Base legal: art. 158 e ss., CC/2002.

Dispõe *Alcides de Mendonça Lima*: "Na 'fraude contra credores', ao credor cabe alegar e provar, na ação pauliana contra o devedor e contra o terceiro, a má-fé por parte desse último, sendo oneroso o contrato, 'quando a insolvência for notória ou houver motivo para ser conhecida do outro contraente'; ou apenas a insolvência, sem necessidade da má-fé, ocorrendo 'transmissão gratuita de bens ou remição de dívidas', porque, em princípio, o terceiro nada perdeu, apenas deixando de ganhar a vantagem da liberalidade do devedor. Na 'fraude de execução', porém, o elemento da má-fé é indiferente, tanto do devedor como do adquirente, presumida, em regra, *juris et de jure*, desde que ocorram os requisitos dos incisos deste artigo, inclusive os previstos em leis especiais (*v. g.*, Lei n. 5.172/1966 — Sistema Tributário Nacional). Enquanto, pois, os atos afetados pela 'fraude contra credores' são anuláveis, os atos visados pela 'fraude de execução' são ineficazes; os primeiros são desfeitos, desconstituídos; os segundos são declarados. Outro não é o entendimento de *Pontes de Miranda*: 'É preciso que se não intrometa no assunto da fraude à execução o elemento da culpa, nem, tampouco, do lado do adquirente, o elemento da má-fé (...). O suporte fático da fraude à execução nada tem com o suporte fático da fraude contra credores.'" ("Comentários", v. 6, t. II, p. 495)

Dispõe *Humberto Theodoro Júnior*: "Não havendo a prévia sujeição do objeto à execução, para configurar-se a fraude deverá o credor demonstrar o *eventus damni*, isto é, a insolvência do devedor decorrente da alienação ou oneração. Esta decorrerá normalmente da inexistência de outros bens penhoráveis ou da insuficiência dos encontrados. Observe-se que a insolvência não deve decorrer obrigatoriamente da demanda pendente, mas sim do ato de disposição praticado pelo devedor. Não importa a natureza da ação em curso (pessoal ou real, de condenação ou de execução). Se houver, por outro lado, vinculação do bem alienado ou onerado ao processo fraudado (como, p. ex., penhora, arresto ou seqüestro), a caracterização da fraude de execução independe de qualquer outra prova. O gravame judicial acompanha o bem perseguindo-o no poder de quem quer que o detenha, mesmo que o alienante seja um devedor solvente." ("Processo de Execução", Ed. LEUD, São Paulo, 1975, p. 118)

E prossegue com relação à penhora: "Nem é preciso que a penhora esteja inscrita, para que se considere a alienação de seu objeto em fraude de execução. A penhora não traz a indisponibilidade dos bens apreendidos, *como entendia a antiga doutrina civilista*. Mas torna ineficaz, perante o processo, qualquer ato de disposição praticado pelo devedor que desrespeite a constrição. E essa ineficácia decorre da própria penhora, que é ato público e solene, e não de sua inscrição [registro] no Registro Imobiliário, como ressalta *Pontes de Miranda*. A inscrição, aliás, nem é formalidade obrigatória. Seu fim é apenas dar eficácia *erga omnes* ao gravame nas sucessivas alienações do bem penhorado, após o ato de disposição do executado."

E mais adiante: "Não existe a fraude de execução na iminência do processo. Antes de ser instaurada a relação processual, seja condenatória ou executória, a fraude é apenas contra credores. Não só a venda e outros atos de disposição como a doação ensejam a fraude de execução. Também os atos de operação de bens, como a hipoteca, o penhor, promessa irretratável de venda, alienação fiduciária etc., quando causem a insolvência do devedor, ou a agravem, são considerados como fraudulentos e lesivos à execução, apresentando-se, por isso mesmo, ineficazes perante o credor." (ob. cit., p. 120)

Do Código Tributário Nacional: "Art. 185. Presume-se fraudulenta a alienação ou oneração de bens ou rendas, ou seu começo, por sujeito passivo em débito para com a Fazenda Pública, por crédito tributário regularmente inscrito como dívida ativa. Parágrafo único. O disposto neste artigo não se aplica na hipótese de terem sido reservados, pelo devedor, bens ou rendas suficientes ao total pagamento da dívida inscrita."

No que concerne à necessidade ou não do registro da penhora, assinala *Walter Ceneviva*, em comentando o art. 240 da Lei n. 6.015/1973, que "a ausência de registro é interpretação contrária ao próprio art. 240: deste resulta a afirmação positiva de que só o registro da penhora faz prova, quanto à fraude, de transação posterior e de que, ao contrário, enquanto inexistente o registro, não se a pode alegar, por força de lei. Lançada a penhora nos assentamentos do cartório de imóveis, só então será conhecível pelo outorgado comprador de modo apto a repercutir na esfera de seu direito" ("Lei dos Registros Públicos Comentada", Ed. Saraiva, São Paulo, 1982, n. 637, p. 523).

A penhora deverá ser registrada em atenção ao art. 240 da Lei n. 6.015/1973. Se não for registrada, a prova da fraude à execução caberá ao credor que alegar a fraude; se registrada a penhora, não haverá possibilidade de o adquirente alegar a boa-fé na aquisição.

46.14.4. Da simulação

Simular significa fingir, disfarçar, dar aparência de real àquilo que não existe. A simulação poderá estar nos vários atos da vida humana. A alma humana é prenhe de tais situações. Pode simular-se uma doença, um estado de desconforto ou de perigo, um desejo, um sentimento, uma aparência (de rico, pobre), de sofrimento etc. A simulação se caracteriza pela discordância propositada entre o conteúdo da declaração de vontade e a verdadeira intenção do autor (ou autores). Vale dizer, o autor do ato declara uma coisa que não condiz com a sua verdadeira intenção. Na fraude (à execução ou contra credores) busca-se por meio de um negócio real fraudar o credor. Na simulação, os bens aparentemente alienados não saem do patrimônio do devedor. Na fraude, o negócio é real e o bem é transferido. Na simulação, há espécie de encenação para enganar o credor; mas, o negócio não é real.

Pondera *Homero Prates* que é possível simular-se um fato do mundo físico, como a natureza fortuita de um incêndio, do mesmo modo que um estado econômico ou social, como pobreza, riqueza, nobreza (*Fillippo Pestalozza*, Simulazione). Simula-se uma intenção, um sentimento que não são sinceros, como se dissimula a cólera, o ódio, o rancor, disfarçando-os sob sentimentos ou intuitos diversos. Enquanto a simulação faz crer um estado que não é real; a dissimulação oculta o que de fato existe. Mas, em ambos os casos, o fim que se tem em mira é o de enganar, o de dar a ilusão ao público da existência ou da sinceridade de um fato que em verdade não se verificou ou tem existência ou aspecto diverso do que aparenta. A característica fundamental de todas as formas de simulação (ou dissimulação) é a de enganar. O simulador, como regra, recorre a um expediente, a um artifício, com o escopo de fazer crer na existência de um ato que, ou não se realizou, realizou mais é diverso do que efetivamente foi praticado. Com essa intenção de enganar, porém, não se deve confundir o intuito de causar dano a terceiro, o *animus nocendi*, porque nem toda simulação é ilícita ou fraudulenta. Por isso, será apenas inocente aquela simulação que objetiva subtrair a curiosidade ou a indiscrição alheia à natureza de um ato que as partes realizam de modo indireto, como o poderiam efetuar ostensivamente ("Atos Simulados e Atos em Fraude da Lei, Ed. Livraria Freitas Bastos, Rio de Janeiro, 1956, p. 21-22).

A simulação poderá ter três elementos constitutivos: 1. declaração deliberadamente divergente da intenção; 2. concertada de acordo entre as partes; 3. concertada entre as partes para enganar terceiro. Quem erra diz o que não quer, sem ter a intenção de fazer crer à outra parte uma falsa manifestação de sua vontade; quem simula afirma deliberadamente aquilo que não quer com o intuito, porém, de enganar ou prejudicar a terceiros. Quando apenas um dos contraentes declara a sua vontade em contradição com o seu querer íntimo, teremos o que se denomina em direito 'reserva legal' ou simulação unilateral que, no conceito de *Ferrara*, não é simulação, é dolo. Éo disfarce da vontade por um dos contratantes para induzir o outro a engano. É precisamente esse acordo entre as partes (participantes do ato simulado) com o escopo de que o ato praticado seja apenas uma ilusão ou mero disfarce que distingue a simulação do erro e do dolo (*Homero Prates*, ob. cit., p. 26-31).

46.14.5. Da ação pauliana e da ação de simulação

Adverte *Orozimbo Nonato* que a ação pauliana cabe ao credor prejudicado por ato que, realmente e verdadeiramente, suscita ou agrava a insolvência do devedor. Neste caso, a alienação é real e verdadeira. Válido e eficaz seria o ato, se não fosse o estado de insolvência imposto ao devedor pelos atos alienatórios. A ação de simulação, ao revés, arma-se contra o ato fingido, o ato de simples aparência, engendrado com fito apenas e só de subtrair algo à execução do credor. Esse é o traço mais colorido que diferencia os institutos aludidos, com reflexos nas ações respectivas, segundo indicam geralmente os juristas, como *Planiol*, na citação de *Eduardo Espínola* (*in* "Manual Lacerda", v. III, Parte Primeira, p. 557). Constata *Eduardo Espínola* que em referidas ações se circunvizinham em dois pontos: 1. em ambas cabem a credores na defesa contra atos maliciosos do devedor; 2. em ambas as ações cumpre ao credor demonstrar o prejuízo que lhe adveio do ato viciado com a fraude ou a simulação (ob. cit., p. 47).

46.14.6. Da ação pauliana: generalidades

Em se fazendo um retrospecto histórico, verifica-se que, "primitivamente, o devedor respondia com o próprio corpo pelas obrigações assumidas". Estava ele então sujeito à duríssima execução corporal, por intermédio da *manus injectio*. A situação do devedor impontual era análoga à do escravo, exposto à vingança do credor sobre a própria pessoa, em detrimento da sua liberdade e até mesmo da vida. Com o advento da famosa *Lex Poetelia Papiria*, inspirada em altos sentimentos humanitários, a execução transferiu-se do corpo do devedor para o seu patrimônio, evolução que levou *Tito Lívio* a dizer dela ser "a aurora de uma nova liberdade" (*W. B. Monteiro*, "Curso de Direito Civil", Ed. Saraiva, São Paulo, 1966, v. 3, p. 225).

> "Os atos eivados de fraude são anuláveis de acordo com o art. 171, II, do CC. A anulação é demandada pela *ação revocatória ou pauliana*, de origem romana, e assim chamada por causa do pretor *Paulo*, seu introdutor nos editos." (*W. B. Monteiro*, ob. cit., p. 231)

O requisito principal para a procedência da pauliana é a insolvência. Sem ela não haverá a prova do interesse econômico. Onde não houver insolvência não haverá prejuízo e não haverá interesse jurídico para a propositura da ação. Sem prejuízo, não se anula o ato de alienação. Todavia, anulado o ato provado fraudulento, o bem alienado retorna ao patrimônio do devedor e, a partir de então, aproveita a todos os credores do devedor insolvente, tenham ou não intervindo no processo, sejam credores anteriores ou posteriores ao ato impugnado. O fato de haver sido autor na ação não conduz a nenhuma preferência sobre o bem. Alerta-se, também, para o fato de que a ação pauliana deverá ser dirigida também contra o adquirente do bem, sob pena de a ação poder ser arquivada. O art. 161 do CC fala em "poderá", valendo como "deverá" a ação se proposta contra o devedor e a pessoa que adquiriu o bem de forma fraudulenta ou mesmo o terceiro adquirente considerado de boa-fé. Presumem-se, contudo, de boa-fé e são considerados válidos os negócios ordinários indispensáveis à manutenção do estabelecimento mercantil, rural ou industrial, ou à subsistência do devedor e de sua família (art. 164, CC).

46.14.7. Da legitimação passiva

Como é sabido, toda e qualquer ação para ter vida própria e prosseguimento deverá ter posicionados nos pólos ativos e passivos pessoas que tenham legitimidade (ativa e passiva) para figurar nos respectivos pólos. Sem que isso aconteça, a petição inicial será indeferida (art. 295, II, CPC). A legitimação singifica que o autor tem determinado direito ou tudo indica que possa tê-lo e o réu seja devedor ou tudo indica que possa sê-lo (teoria da ação como direito abstrato).

Como vimos no item retro, o legitimado passivo, para figurar assim no pólo da ação pauliana, é o devedor insolvente. Se não for insolvente não há falar em fraude contra credores, já que o credor poderá fazer valer o seu direito, promovendo a execução forçada. Sem a insolvência do devedor não existirá o legítimo interesse ou o interesse processual, vale dizer, estará ausente uma das condições da ação.

Alerta *Barros Monteiro*: "A ação não pode destarte ser ajuizada exclusivamente contra o devedor insolvente, mesmo porque a eventual execução de sentença terá de ser dirigida contra o adquirente, detentor da coisa. Assim, sob pena de nulidade *ab initio*, deve ela ser promovida não só contra o devedor, como também contra a pessoa que com ele celebrou a estipulação considerada fraudulenta." (ob. cit., p. 231)

46.14.8. Da legitimação ativa

Está legitimado a propor a ação pauliana aquele credor que já o era por ocasião da prática de ato fraudulento pelo devedor, desde que quirografário (art. 158, CC). Aqueles que se tornaram credores após a prática fraudulenta do devedor não terão legitimidade para titular a ação pauliana (§ 2º, art. 158, CC). Anulados os negócios fraudulentos, a vantagem resultante reverterá em proveito do acervo sobre que se tenha de efetuar o concurso de credores (art. 165). O crédito deverá ser quirografário e, se garantido por direito real, esteja o crédito à calva quer pela desvalorização do bem, quer pelo aumento da dívida com a inclusão de juros e correção monetária. O credor cuja garantia real é suficiente para o cabal pagamento da dívida, não terá interesse jurídico para o manejo da ação pauliana ou da ação de simulação.

Adverte *Barros Monteiro* que "o credor posterior já encontra comprometido o patrimônio do devedor, não tendo, pois, direito de reclamar contra a suposta fraude. Mas só o quirografário pode intentá-la. Ao credor com garantia real não assiste esse direito, por falta de interesse econômico ou moral. Os bens que acompanham os créditos os seguem por toda parte, mesmo no caso de venda. Enquanto existirem tais bens os créditos estão garantidos e o pagamento assegurado". Todavia, quanto aos credores com garantia real, se a garantia for reduzida em face do crescimento da dívida e o devedor não oferecer garantia complementar, e se, executada a dívida, o valor arrecadado for insuficiente ao pagamento integral, ter-se-á essa parte da dívida não honrada como crédito quirografário, o que lhes permitirá usar da ação pauliana (ob. cit., v. 3, p. 232).

46.14.9. Dos elementos constitutivos

A fraude contra credores se peerfaz com a união de dois elementos, um objetivo e o outro subjetivo. O evento objetivo é a fraude que só se consubstancia quando há prejuízo, dano, *id est*, o ato do devedor determinou a própria insolvência, ou, já existindo, agravou-a. O elemento subjetivo materializa-se na existência do *consilium fraudis*, ou seja, na má-fé do devedor com o escopo de prejudicar o credor.

Preleciona *J. M. Carvalho Santos* que "existem dois elementos constitutivos. Elemento objetivo da fraude. É o *eventus damni*, que só se verifica quando o ato do devedor lhe determinou ou agravou o estado da insolvência. Elemento subjetivo da fraude. É o *consilium fraudis*, ou seja, a má-fé, que se presume algumas vezes, por parte do devedor; vale dizer, a intenção do devedor de prejudicar os seus credores. Conseqüência da fraude contra credores. A fraude contra credores torna o ato anulável, podendo, pois, o credor usar da ação própria para obter este resultado" (*J. M. de Carvalho Santos*, "Código de Processo Civil Interpretado", Ed. Livraria Freitas Bastos, Rio de Janeiro, 1963, v. 3, p. 411).

Segundo *Vamprè* "A anulação do ato se funda no princípio de que o patrimônio do devedor é garantia comum dos credores, garantia que tem por fundamento moral a boa-fé do devedor. Desde que esta desaparece, surge a necessidade de proteger os credores contra a fraude" (*apud Carvalho Santos*, v. 3, p. 412).

Dispõe *W. B. Monteiro*: "O elemento objetivo (*eventus damni*) é todo ato prejudicial ao credor, por tornar o devedor insolvente, ou por ter sido praticado em estado de insolvência. No primeiro caso, entre o ato do devedor e a insolvência deste deve estar entremeado, evidente, o nexo causal, a relação de causa e efeito. O elemento subjetivo (*consilium fraudis*) é a má-fé, o intuito malicioso de prejudicar. Pode advir do devedor, isoladamente, como na renúncia de herança, ou do devedor aliado a terceiro, como na venda fraudulenta. Na conceituação de *consilium fraudis* não tem relevância o *animus nocendi*, o propósito deliberado de prejudicar credores. Basta que o devedor tenha consciência de que de seu ato advirão prejuízos. A fraude pode, pois, existir sem ser premeditada (*fraus non in consilio, sed in eventu*)." ("Curso de Direito Civil", v. 3, p. 226)

Amilcar de Castro dispõe: "O portador de um título executivo pode, portanto, não encontrar bens penhoráveis no patrimônio do vencido, em razão de este os haver alienado fraudulentamente. E logo fere na vista que, para remediar este mal, não se pode deixar de ter em consideração o momento da alienação. Por essa forma é que se distinguem os casos de fraude contra credores, operada sem atenção presa a qualquer processo judicial, dos casos particulares de fraude contra a execução, que tem como pressuposto uma demanda judicial iniciada, ou uma execução a iniciar-se. E aqui se deve salientar que todos os conflitos de interesses particulares oriundos de fraude contra credores se resolvem pelas regras do direito privado; ao passo que os que se originam de fraude à execução se compõem todos pelas normas do direito processual substantivo, por estar também em jogo o sacrifício de um interesse público, que é o interesse que tem o Estado de fazer justiça. Conseqüência direta dessa distinção, como será visto a seu tempo, é que nos casos de fraude contra credores as alienações são anuláveis; e nos casos de fraude à execução as alienações se consideram nulas (*apud Amaro Barreto*, "Execução Trabalhista", p. 83-84). Discordamos do ilustre autor: a fraude à execução não é nula, é ineficaz não necessitando que o credor ajuíze qualquer ação. O bem transferido com fraude à execução será apreendido na posse de quem o detiver e será levado à praça pública, desde que a ação esteja devidamente averbada (art. 615-A, § 3º, CPC) ou a penhora esteja devidamente registrada (art. 659, § 4º, CPC)."

46.14.10. Da prova de fraude

Não existe a necessidade da prova de fraude (à execução e contra credores). Ambas se consustanciam com a transformação do estado patrimonial do devedor de solvente em insolvente. Não se perquire também se teve culpa pelo estado de insolvência. Isso pouco importa. O que importa é que a venda ou a oneração dos bens e a transformação no estado de insolvência presumem-se (presunção *juris et de jure*) desde que cause prejuízo ao credor. Poderá ocorrer que o adquirente ainda não haja efetuado o pagamento do preço ao devedor e, intimado, efetue o depósito à disposição do juízo e o preço avençado seja aquele corrente na praça. Neste caso, faltaria o requisito objetivo a consubstanciar a fraude: o prejuízo.

46.14.11. Da possibilidade de ação pauliana incidente

A jurisprudência mostra uma modificação nos rumos antes definidos pelo Supremo Tribunal Federal, quando a matéria lhe estava afeta, e o Superior Tribunal de Justiça, atualmente competente funcionalmente para a apreciação da ação pauliana e a ação simulatória. Neste sentido, a Súmula n. 195, do STJ: "Em embargos de terceiro não se anula ato jurídico por fraude contra credores." Dispunha a Excelsa Corte:

> Pode o juiz recusar força operante, no processo de embargos de terceiro, a escritura de doação de sogro a genro, se reconhece, no ato, fraude contra credores. Desnecessidade de ação pauliana para apuração de fraude, se os requisitos se manifestam em outro processo submetido à apreciação do juiz." (STF, rel. Min. Vilas Boas, RTJ 3/701 — Nicanor N. Armando, ob. cit., p. 101-102)

Embora o comando legal seja no sentido de que a ação revocatória há de ser autônoma, vinham os nossos tribunais, liderados pela Suprema Corte, amenizando a drasticidade da norma, com supedâneo nos princípios de celeridade e de economia processual. Assim, vinha o STF decidindo que a fraude contra credores pode e deve ser declarada como incidente processual da execução nos embargos de terceiro. Não há fraude contra credores, quando o título cambial de propriedade do executado se transfere por endosso a terceiro, antes da penhora (ac. do TJDF 5.1.1960, no AI n. 12.875, DJ 9.5.1962, p. 448, ap. n. 88 — Res. Osny Duarte Pereira.

De plena aplicação na Justiça do Trabalho, onde o princípio da celeridade ganha especial relevo, eis que o processo obreiro há de ser acentuadamente célere para que possa cumprir o seu real objetivo e finalidade social.

Como bem coloca *Amauri Mascaro Nascimento*: "Trata-se de um Direito Processual Social, destinado, de um Direito Processual Individual. Como conseqüência, seguem-se as necessidades de um mínimo de formalismo, a maior liberdade interpretativa e criativa do juiz, a maior celeridade, o menor custo, a maior distributividade e menos comutatividade nos seus atos." ("Elementos de Direito Processual do Trabalho", Ed. LTr, São Paulo, 1973, p. 41)

Inaplicável ao processo do trabalho o entendimento esposado pelo STJ, cuja ementa transcrevemos: "Embargos de terceiro. Fraude contra credores. A discussão sobre a ocorrência ou não de fraude contra credores não pode ser deslindada em sede de embargos de terceiro, que não é meio processual adequado para anular o ato jurídico que da referida fraude possa eventualmente ser resultante, devendo operar-se no âmbito da ação pauliana." (STJ, 4ª T., REsp n. 8.139-PR, Banco Bradesco de Investimentos S/A. x Maurício Ferreira Antunes, 10.3.1997, rel. Min. Cesar Rocha, v. u.). Ver Súmula n. 195 do STJ.

Tem-se, hoje, por jurisprudência sumulada, a impossibilidade de ajuizamento de ação pauliana incidente aos embargos de terceiro.

46.14.12. Da fraude à lei

Para *Ligeropoulo* (*"Le Problème de la Fraude de la Loi"*, p. 39) a fraude à lei incide no interesse geral e abstrato (*apud Orozimbo Nonato,* ob. cit., p. 13). A fraude à lei pode, pois realizar-se ou por meio de atos simulados, com o que se oculta uma violação da lei ou sem que haja simulação. Daí se vê, portanto, que nem é lícito confundir a simulação com a fraude à lei, nem afirmar que uma dessas situações exclui, necessariamente, a outra (*Beleza dos Santos*) (*Orozimbo Nonato*, ob. cit., p. 12).

> "Existe quando se observa a letra da lei mas se desvirtua a sua finalidade, o seu espírito. Difere do ato contrário à lei porque este viola diretamente a letra da lei. Ocorre (direito internacional privado) toda vez que o indivíduo, fugindo ao seu dever jurídico, se coloca deliberadamente com a regulamentação de outro sistema legislativo. Ex.: o indivíduo que muda de nacionalidade para eximir-se de prestar o serviço militar no seu país." (*Leib Soibelman*, "Enciclopédia do advogado", p. 174)

46.15. Da prescrição na execução

46.15.1. Da prescrição: breve enfoque

A prescrição é instituto de natureza híbrida com trânsito no direito processual e no direito material. No direito processual, temos as coordenadas para ao ajuizamento da ação e decorrido determinado lapso temporal o autor perde o direito de perseguir o seu direito, isto é, embora ainda conserve o direito, não há o *remedium juris* a instrumentar a possibilidade de perseguir o direito. É bem verdade que a decorrência do prazo, por si só, não evitará que o autor ajuíze a ação, mesmo por que o ajuizamento é ato de sua vontade. O impedimento surgirá quando o réu for citado para apresentar resposta e respectiva defesa. Antes do advento da Lei n. 11.280/2005, que deu nova redação ao § 5º, do art. 219, CPC, o autor ficava na dependência de que o réu invocasse ou não a prescrição. Se invocasse, a ação seria resolvida com julgamento do mérito (art. 269, IV, CPC). Se a defesa nada dissesse sobre a prescrição, jurisprudência sumulada do TST permitia que fosse alegada em sede Regional (Súmula n. 153, TST). Isso se dava pelo fato de a prescrição ter natureza jurídica de direito privado. Todavia, isso é hoje coisa do passado, como veremos nos itens seguintes. Quanto ao seu lado material, este dá por via reflexa, posto que, impedido o autor de ajuizar a ação, o direito material fica comprometido.

46.15.2. Da prescrição: antes e depois da Lei n. 11.280/2006

Na antiga redação do § 5º, do art. 219, CPC, o juiz somente poderia pronunciar-se no caso de não se tratar de direito patrimonial. Competia, assim, à parte, querendo, invocar em defesa a prescrição, pois tinha o poder de renúncia (mérito). O Novo Código Civil confirmava a regra e o art. 194 (revogado) dispunha que "o juiz não pode suprir, de ofício, a alegação de prescrição, salvo se favorecer absolutamente incapaz". Tinha-se, pois que o Código Civil tornava a regra ainda mais proibitiva restrita ao "absolutamente incapaz". Assim, o juiz poderia pronunciar-se sobre a prescrição patrimonial e não patrimonial, desde que se cuidasse de "absolutamente incapaz". A valorização da prescrição como iniciativa da parte fora preservada e intensificada pelo art. 193 do Código Civil, já agora não mais restrita às "instâncias ordinárias" (o termo instância foi substituído por jurisdição, terminologia correta), superando a Súmula n. 153, TST. Com a revogação do art. 194 do Código Civil e a nova redação do § 5º, do art. 219, CPC, as regras norteadoras da prescrição tomaram rumo diamentralmente oposto. A prescrição, que tinha natureza jurídica de direito privado, ganhou a dignidade de direito público e, nesse passo, aproximando-se da decadência. Como conseqüência, o devedor perdeu a prerrogativa de renunciar à prescrição, posto que esta passou a ser de interesse do Estado, e o juiz passou a ter o dever de pronunciar a prescrição de ofício. Não se trata de prerrogativa do magistrado, mas de dever de ofício, a exemplo do que já sucedia com a decadência. Vê-se, pois, que o conhecimento de ofício da prescrição deixou o âmbito paroquial do interesse do devedor para se torna questão de ordem pública a ser pronunciada pelo juiz, ainda que o devedor deixe de invocá-la em defesa, que era o momento processual oportuno.

46.15.3. Da prescrição erigida à matéria de mérito

No antigo Código de Processo Civil de 1939, a prescrição era considerada prejudicial de mérito. O Código Buzaid deu-lhe a dignidade de matéria meritória ao dispor no art. 269, inc. IV: "Quando o juiz pronunciar a decadência ou a prescrição", haverá resolução de mérito. O art. 300, CPC, por sua vez, completou: "Compete ao réu alegar, na contestação, toda a matéria de defesa, expondo as razões de fato e de direito, com que impugna o pedido do autor e especificando as provas que pretende produzir." Tem-se, desse comando, restou expresso que a prescrição, na qualidade de *meritum causae,* deveria ser prequestionada na defesa, sob pena de causar maus-tratos ao princípio do contraditório. Tinha-se na contramão do comando dos arts. 300 e 269, IV, o art. 162 do CC e a Súmula n. 153, inspirada no Código de 1939. Não obstante, o TST continuou prestigiando a jurisprudência sumulada a despeito de total incoerência, já que arrostava o princípio do contraditório, permitindo que a parte invocasse a prescrição em sede recursal, sem que o tem houvesse sido prequestionado e a parte adversa não tivesse tido a oportunidade de pronunciar-se. Tem-se nas lições de *Alfredo Buzaid* que "a legislação processual civil, afeita ao princípio da concentração, exige que toda a defesa do réu, salvo nas exceções e incidentes, seja alegada na contestação, com caráter preclusivo, de modo que, transcorrido o prazo, não lhe seja mais lícito aduzi-las" ("Ação Renovatória", Ed. Saraiva, 1958, p. 370). Essas lições equivalem à espécie de interpretação autêntica, pois o autor foi o idealizador do Código atual.

46.15.4. Do núcleo da prescrição

Tem lugar aqui a velha regra romanística de que a prescrição age sobre o direito de ação conservando o direito material, enquanto a decadência extingue o direito material conservando o direito de ação. Ainda que se possa dizer que o CPC está voltado para a matéria processual, enquanto o Código Civil mira o direito material, na verdade essa separação não é tão intensa, pois induvidosamente a perda do direito de ação pela prescrição redunda na impossibilidade de fazer valer o direito material. De nada vale dizer que o titular continua com o direito material em seu patrimônio, quando o Estado não propicia instrtumento hábil e eficaz à realização do direito. O mesmo raciocínio se conforma com a decadência, quando o Estado, embora propicie à parte a possibilidade de ajuizamento de ação, obriga o juiz a declará-la de ofício. Com a nova redação do § 5º, do art. 219, CPC (Lei n. 11.280/2006), o devedor perdeu a possibilidade de renunciar à prescrição. A transformação da sua natureza jurídica de privada em pública obriga ao juiz da ação que a pronuncie de ofício, se e quando existente.

46.15.5. Da nova prescrição

A prescrição ganhou cara nova neste início de século. O § 5º, do art. 219, CPC teve a redação modificada pela Lei n. 11.280/2006: "O juiz pronuniará, de ofício, a prescrição." Essa nova redação substituiu a antiga que dizia: "Não se tratando de direitos patrimoniais, o juiz poderá, de ofício, conhecer da prescrição e decretá-la de imediato." A nova redação rompeu com critério centenário e concedeu à prescrição, antes de natureza jurídica privada, o *status* de natureza jurídica de ordem pública. As conseqüências dessa transformação são inúmeras; mas, citaremos algumas: primeiro, o devedor perdeu o direito de renúncia; segundo, a prescrição poderá ser invocada pelo devedor, não só em defesa, mas a qualquer momento ou grau de jurisdição; terceiro, ainda que o devedor (réu) não haja prequestionado a matéria em defesa, não haverá preclusão (ordem pública), poderá fazê-lo em embargos declaratórios ou por simples petição que servirá de alerta ao juízo; quarto; o juiz da ação, tomando conhecimento da existência da prescrição, devidamente provada nos autos, tem o dever de ofício de decratá-la, não necessitando, para tanto, de requerimento do réu (devedor). Adverte *Marco Tullio Zanzucchi* que "a ação é um direito abstrato de natureza pública, que pertence ao indivíduo, e ao Estado que administra por meio de órgãos para esse fim destinados" (*apud Frederico Marques*, "Instituições de Direito Processual Civil", 4ª ed., Forense, v. 2, Rio de Janeiro, 1958). Ao falar que o juiz pronunciará de ofício a prescrição, a lei impôs um comando obrigatório, *id est*, deverá pronunciar a prescrição, se e quando presente, como um dever de ofício. Não se cuida de prerrogativa, mas de obrigação. O que poderá ser feito a qualquer momento ou grau de jurisdição. Se por ocasião do recebimento da petição inicial e respectivos documentos carreados aos autos existir dúvida, e seguramente isso acontecerá como regra, o juiz instrutor (*dominus processus*) deve aguardar a defesa que certamente a alegará e a comprovará como elementos objetivos e concretos. Tem-se mais que em se cuidando de matéria de direito, ainda que o réu seja revel (referenda apenas a matéria fática), o juiz declarará a prescrição e a resolução do processo meritoriamente (art. 269, IV, CPC).

46.15.6. Da alteração do prazo prescrional

De conformidade com os preceitos do art. 192 do Código Civil, o prazo prescricional não pode ser alterado pelas partes. Essa orientação legal era anterior à Lei n. 11.280/2006. Com a transformação da prescrição de privada em pública, com maior razão não prevalecerá a vontade das partes. Todavia, a parte poderá, pela via cautelar (protesto para interromper prescrição), interromper o prazo prescricional uma única vez (art. 202, incs. I a VI). A prescrição ainda se interrompe mediante citação válida (§ 2º, art. 219, CPC), ainda que o juiz seja incompetente (art. 202, I, CC). A prescrição interrompida recomeça a correr da data do ato que a interrompeu, ou do último ato do processo para a interromper (parágrafo único). Segundo a Súmula n. 268, TST, a demanda trabalhista, ainda que arquivada, interrompe a prescrição somente com relação aos pedidos idênticos. Essa súmula deve ser interpretada em consonância com o art. 202, CC, isto é, a interrupção será permitida uma única vez.

46.15.7. Dos motivos causadores da prescrição

O instituto da prescrição está diretamente ligado a ato comissivo do autor, *id est*, se este não ajuíza a ação no prazo previsto em lei, perde o direito de fazê-lo. Tem-se, assim, que a base está numa espécie de negligência do autor que teria tido tempo suficiente, entretanto, deixou tempo transcorrer *in albis*. Sabemos que nem sempre a perda do prazo está ligada à negligência, mas, a fatores outros independentes da vontade. O titular do direito passa por dificuldades, com esposa ou filho doente com dedicação total, e nem sequer se apercebe de que o tempo passou. Porém, esse tipo de dificuldade não lhe favorece, pois poderia ter procurado um advogado, concedido procuração e deixado que cuidasse do assunto. Ainda que não se fale em negligência, fora imprudente. Os arts. 197 a 201 indicam as causas que impedem ou suspendem a prescrição. No que concerne à suspensão, alerta o art. 202 que isso poderá ser feito apenas uma vez.

Pedro Nunes define a prescrição como "a maneira pela qual, e sob as condições que a lei estabelece, alguém adquire um direito ou se libera de uma obrigação, em conseqüência da inércia ou negligência do sujeito ativo desta ou daquele, durante determinado lapso de tempo" ("Dicionário de tecnologia jurídica", Ed. Freitas Bastos, Rio de Janeiro, 1965, v. 2, p. 306).

Antônio Luis da Câmara Leal, um dos autores que melhor estudou a prescrição no Brasil no seu livro clássico "Da Prescrição e da Decadência", cuja primeira edição veio a público em 1939, doutrina que, se a inércia é a causa eficiente da prescrição, esta não pode ter por objeto imediato o direito, porque o direito, em si, não sofre extinção pela inércia de seu titular. O direito, uma vez adquirido, entra, com faculdade de agir (*facultas agendi*), para o domínio da vontade de seu titular, de modo que o seu não-uso, ou não-exercício, é apenas uma modalidade externa dessa vontade, perfeitamente compatível com sua conservação. E essa potencialidade, em que se mantém pela falta de exercício, só poderá sofrer algum vício e vir a atrofiar-se se, contra a possibilidade do seu exercício, a todo momento, se opuser alguém, procurando embaraçá-la, ou impedi-la por meio de ameaça ou de violação. É então que surge uma situação antijurídica, perturbadora da estabilidade do direito, para cuja remoção foi instituída a ação, como custódia tutelar. É contra essa inércia do titular, diante da perturbação sofrida pelo seu direito, deixando de protegê-lo, ante a ameaça de violação, por meio da ação, que a prescrição se dirige, porque há um interesse social de ordem pública em que essa situação de incerteza e de instabilidade não se prolongue indefinidamente ("Da Prescrição e da Decadência", 4ª ed., Forense, Rio de Janeiro, 1982, p. 10). Complementa o ilustre autor que em sendo o objetivo da prescrição extinguir o direito de ação, isso somente será possível desde que haja uma ação a ser exercida em virtude da violação do Direito. Daí a sua primeira condição elementar: existência de uma ação exercitável. É a *actio nata* dos romanos (*Savigny*, "Sistema del Derecho Romano", trad. Esp. IV, § 239). Duas, portanto, são as condições exigidas: a) um direito atual atribuído ao seu titular; b) uma violação desse direito à qual tem ela por fim remover (ob. cit., p. 22).

Oportuno esclarecer que para a propositura de uma ação não existe a necessidade da certeza de um direito, bastando a verossimilhança de conformidade com a natureza da ação como direito abstrato. Não se descarta a possibilidade do ajuizamento de uma ação sem que o autor tenha qualquer direito. Se isso acontecer, a ação poderá ser resolvida sem julgamento do mérito por ausência de uma das condições da ação. Mas, também neste caso, a ação poderá ir além dos pressupostos processuais e das condições da ação, não conseguindo provar o seu direito na instrução probatória. Em ambos os casos, será onerado com as custas e, conforme o caso, em honorários advocatícios. Todavia, se restar provado o escopo de emulação, o autor poderá ser enquadrado em litigante de má-fé e responderá por perdas e danos (arts. 18 e 19, CPC).

46.15.8. Dos requisitos que fundamentam a prescrição

A prescrição é espécie de punição para aquele que, sendo titular de um direito, não o exerce, embora inadimplido, no interstício constante da lei. Em princípio, a perda de um direito pelo não ajuizamento da ação em tempo hábil se constitui em afronta ao patrimônio do credor e só rende tributos ao mau pagador que acaba por levar vantagem. Com isso, serve de incentivo à inadimplência do devedor na esperança de que o tempo passe e o crédito seja prescrito. Entretanto, em que pesem os reflexos negativos alinhados, a lei procura preservar o equilíbrio social que não haveria se ficasse ao alvedrio do credor fazer a cobrança quando bem entendesse, deixando o devedor em sobressaltos. O equilíbrio social exige que nas relações jurídicas negociais haja segurança e tranqüilidade, requisitos hoje adotados universalmente para preservar a convivência pacífica entre os homens. A segurança e a tranqüilidade hão de ser preservadas ainda que em detrimento do patrimônio do credor.

46.15.9. Da natureza pública da prescrição

O art. 194 do CC (revogado pela Lei n. 11.280/2006) havia reduzido a possibilidade intervencionista do juiz ao caso do "absolutamente incapaz" e o art. 193 do CC já havia liberado a invocação da prescrição em qualquer grau de jurisdição, retirando a restrição de só permitir a alegação nas "instâncias ordinárias", hoje "jurisdições ordinárias" compostas pelo primeiro grau e Tribunais Regionais do Trabalho nos termos da Súmula n. 153, superada pela referida lei. Entretanto, houve uma guinada espetacular com a nova redação dada pela Lei n. 11.280/2006 ao § 5º, do art. 219, CPC: "O juiz pronunciará, de ofício, a prescrição." A prescrição, que até então tinha a natureza jurídica de direito privado, ganhou a dignidade de direito público com nova natureza jurídica. Dessa transformação, surgem várias conseqüências: a prescrição aproxima-se da decadência e o devedor perde a prerrogativa de renúncia. A prescrição deixou de ser uma prerrogativa do devedor alegar ou não na defesa e a declaração passou a ser do interesse do Estado. Isso significa que se o interessado (devedor) não a invocar, o juiz instrutor (*dominus processus*) tem o dever de ofício de pronunciá-la. Se não o fizer, qualquer juiz das jurisdições superiores, se houver recurso, tem o dever de ofício de pronunciá-la. Suponha-se que nenhum juiz o faça, o que se admite por mero exemplo *ad absurdum*, o devedor poderá ajuizar ação rescisória, pois não haverá preclusão.

46.15.10. Do dever do juiz de pronunciar a prescrição

De conformidade com a nova redação do § 5º, do art. 219, CPC (Lei n. 11.280/ 2006), o juiz da ação tem o dever de pronunciar a prescrição de ofício, isto é, não haverá mais a necessidade do devedor invocá-la na defesa. E mais. Se o devedor não o fizer em defesa, poderá fazê-lo a qualquer momento ou grau de jurisdição, *id est*, nas jurisdições ordinárias (primeiro grau e Tribunais Regionais) e nas jurisdições superiores (TST, STJ e STF). Isso em razão de a lei haver transformado a natureza jurídica da prescrição de ordem privada para ordem pública. Por ser de ordem pública, não há a necessidade de prequestionamento para que as jurisdições superiores decidam sobre a matéria, antes deverá pronunciá-la de ofício no primeiro momento em que constatar a sua existência. O juiz poderá pronunciá-la mesmo antes de efetuar a citação do réu, desde que, com o ajuizamento da ação, a petição inicial tenha trazido elementos que permitam decidir sobre a prescrição com segurança. Em havendo dúvida, deverá aguardar a defesa. Se o réu não a invocar na defesa e esta trouxer elementos sólidos que permitam o pronunciamento, deverá fazê-lo, resolvendo a ação com o julgamento do mérito (art. 269, IV, CPC).

46.15.11. Da prescrição e da decadência

Com a nova redação dada ao § 5º, do art. 219, CPC pela Lei n. 11.280/2006 elevando a prescrição ao *status* de natureza jurídica de direito público, houve uma aproximação entre ambos os institutos (a prescrição e a decadência). Ambos são pronunciáveis de ofício. Ambos são pronunciáveis com a resolução do mérito (art. 269, IV, CPC). Guardam ambos, todavia, os seus respectivos conteúdos conceituais: a decadência traduz a perda do direito material, embora conserve o direito de ajuizamento da ação, prerrogativa inócua, já que a decadência será pronunciada pelo juízo por dever de ofício. A prescrição traduz a perda do direito de ação, não obstante conserve ileso o direito material, prerrogativa também inócua, uma vez que decorrido o prazo preclusivo prescricional, a prescrição será obrigatoriamente pronunciada pelo juiz. A exemplo da prescrição, aplica-se à decadência o art. 198, inc. I, CC (art. 208, CC).

46.15.12. Da prescrição intercorrente

De conformidade com a Súmula n. 114, do TST: "É inaplicável na Justiça do Trabalho a prescrição intercorrente." Inaplicável a Súmula n. 327 do STF que a admite. Referida súmula está superada no tempo. A súmula trabalhista deve ser entendida com reservas. Se a ação for ajuizada dentro de dois anos da extinção do contrato, ou dentro de cinco anos, quando ainda vigente o contrato, não haverá a possibilidade de correr a prescrição enquanto durar a fase de conhecimento. Existe, entretanto, a possibilidade de ocorrer a prescrição entre o tempo que decorrer entre a liquidação de sentença e a execução. Em sede trabalhista, a execução tem início com a citação (art. 880, CLT). A citação pressupõe uma sentença líquida. A liquidação de sentença é um incidente de natureza declaratória e integrativa da execução. É, pois, uma espécie de ponte que liga a fase de conhecimento à fase executória. Disso resulta que se a parte não prover a liquidação e a citação antes de decorrido o prazo do dissídio individual (dois anos), haverá a prescrição da execução. Por isso, é inarredável que a liquidação e a citação sejam formalizadas para que possa haver a continuidade do processo executório mediante penhora de bens. Se assim proceder o credor, ainda que não sejam encontrados bens, ou o fundo de comércio tenha desaparecido, o juiz determinará que o processo aguarde no arquivo sem que ocorra a prescrição intercorrente, nos termos do art. 40 da Lei n. 6.830/1980 (*ex vi* do art. 889, CLT). Na prática, quando a parte está em juízo sem advogado, os juízes agem de ofício determinando a liquidação e providenciando a citação até mesmo por edital, se e quando for o caso. Nada impede que o juiz da execução aja de ofício, mesmo em havendo advogado constituído que se mostre neófito ou inapetente. Em ocorrendo a prescrição intercorrente em âmbito executório, o juiz pronunciá-la-á de ofício. A Lei n. 11.051/2004 acrescentou o § 4º ao art. 40 da Lei n. 6.830/1980 e reconheceu a possibilidade de decretação da prescrição intercorrente, de ofício, pelo juiz. O STF decidiu: "A interpretação dada pelo acórdão recorrido ao art. 40 da Lei n. 6.830/80, recusando a suspensão da prescrição por tempo indefinido, é a única sucetível de torná-lo incompatível com a norma do art. 174 do Código Tributário Nacional, e cujas disposições gerais é reconhecida a hierarquia de lei complementar." Isso significa que a Excelsa Corte acolheu a prescrição intercorrente no prazo de 2 (dois) anos" (RE n. 106,217, 8.8.1986, RTJ 119/329).

46.15.13. Do momento próprio para a argüição

Antes da modificação do § 5º pela Lei n. 11.280/2006, a prescrição deveria ser invocada na defesa ou até em recurso para o Regional (Súmula n. 153, TST) ditas "instâncias ordinárias", melhor dir-se-ia "jurisdições ordinárias". A referida súmula está superada pela nova roupagem dada à prescrição, retirando-lhe a natureza jurídica de direito privado para torná-la de natureza pública. Nunca concordamos com a Súmula n. 153 pela sua incoerência, posto que produzida sob a égide do Código der 1939 continuou sendo aplicada na vigência do Código atual, em evidente contradição com o art. 300, CPC (sobre o tema, ver nossa obra "Comentários às Súmulas do TST, 7ª ed., RT, 2007).

Não há mais falar em prazo para invocar-se a prescrição. O devedor poderá fazê-lo a qualquer tempo e grau de jurisdição. Ainda que não o faça, tendo em vista ser agora instituto de ordem pública e de interesse do Estado, o juiz da ação deverá pronunciá-la de ofício. A mesma obrigação legal têm os juízes das demais jurisdições (Regionais (especiais e comuns), TJs, e Tribunais Superiores), caso o juiz da jurisdição inferior não o tenha feito.

46.15.14. Da prescrição de ato nulo

Ainda hoje, encontramos adeptos da doutrina segundo a qual o ato nulo não prescreve. Tal posicionamento nos dias atuais não atende à realidade das coisas e às exigências do bem comum, calcadas na segurança e na tranqüilidade social. A tranqüilidade constitui em bem maior que extrapola do âmbito particular para projetar-se como exigência da própria sociedade. A doutrina moderna é no sentido de que a prescritibilidade é a regra e a imprescritibilidade é a exceção.

Caio Mário da Silva Pereira preleciona: "A doutrina tradicional tem sustentado que, além de insanável, a nulidade é imprescritível, o que daria em que, por maior que fosse o tempo decorrido, sempre seria possível atacar o negócio jurídico: *quod nullon est nullo lapsu temporis convalescere potest*. É freqüente a sustentação deste princípio, tanto em doutrina estrangeira, quanto nacional. Os modernos, entretanto, depois de assentar que a prescritibilidade é a regra e a imprescritibilidade a exceção, admitem que entre o interesse social do resguardo à ordem legal, contido na vulnerabilidade do negócio jurídico, constituído com infração de norma de ordem pública, sobreleva esta última, e deve dar-se como suscetível de prescrição a faculdade de atingir o ato nulo. Nosso Direito positivo não desafina desta concepção. Estabelecendo que os direitos reais prescrevem em 10 e 15 anos, e os de crédito em 20 (CC, art. 177) [CC/2002, art. 205], o legislador brasileiro, em essência, enunciou a regra, segundo a qual nenhum direito sobrevive à inércia do titular, por tempo maior de 20 anos. Esta prescrição *longe temporis* não respeita a vulnerabilidade do ato nulo, e, portanto, escoados 20 anos do momento em que poderia ter sido proposta a ação de nulidade, está trancada a porta, e desta sorte opera-se a consolidação do negócio jurídico, constituído embora sob o signo do desrespeito à ordem pública. Igual critério vigora no anteprojeto de Código de Obrigações, com redução do prazo prescricional a 10 anos (art. 296)." ("Instituições ..." v. 1, p. 450-459)

46.15.15. Da teoria da *actio nata*

Para que haja uma ação existe a necessidade de certos requisitos como os pressupostos processuais e as condições da ação. Sem tais requisitos, não haverá a possibilidade de prosseguimento válido. Além disso, a ação deverá possuir pedido e causa de pedir, sob pena de ser considerada inepta, ter procurador nos autos, se e quando for o caso e atender aos demais requisitos para a validade formal. A prescrição, por sua vez, somente poderá ser pronunciada quando houver ação habilmente ajuizada. Sem que haja esse instrumento processual, não haverá como pronunciá-la, posto que não existirá jurisdição.

Por outro lado, para que possa existir a prescrição, alguns requisitos se fazem necessários: a existência de um ato, omissivo ou comissivo, praticado por terceiro em desrespeito ao direito de outrem (*v. g.*, a supressão de horas extras, o não pagamento de indenização habitual); a existência de ação exercitável imediatamente; a inércia do titular da ação por determinado tempo.

Preleciona *Câmara Leal*: "Enquanto o Direito tem uma existência normal, sendo por todos respeitado, e cumpridas as obrigações positivas a que corresponde, ele, por si, provê a sua conservação, bastando-se a si mesmo. Mas, no momento em que sofre alguma perturbação, ou pelo desrespeito, por parte dos que tinham a obrigação geral-negativa de respeitá-lo, ou pelo não cumprimento das obrigações correlativas, por parte dos que estavam a elas diretamente vinculados, ele já não pode, por si, prover a sua conservação, já não se basta a si mesmo, e necessita de um meio de proteção que o assegure e defenda. Esse meio protetor é a intervenção do Poder

Público, pelos seus órgãos judiciários, mediante o exercício da ação promovida pelo titular. Tendo por fim proteger e garantir o direito, a ação tem uma individualidade própria, distinta do direito, em benefício do qual exerce a sua atividade, e, por isso, diferentes são as suas origens. É assim que o direito nasce do fato que o gera, *jus oritu ex facto*; e a ação da violação por ele sofrida. Enquanto nenhuma perturbação sofre o Direito, nenhuma ação existe que possa ser posta em atividade pelo seu titular. Ora, sendo o objetivo da prescrição extinguir as ações, ela só é possível desde que haja uma ação a ser exercida, em virtude da violação do Direito. Daí a sua primeira condição elementar: existência de uma ação exercitável. É a *actio nata* dos romanos (*Savigny*, "*Sistema del derecho romano*", trad. esp. IV, § 239). Duas condições exige a ação, para que se considere nascida (nata), segundo a expressão romana: a) um direito atual atribuído ao seu titular; b) uma violação desse direito, a qual tem ela por fim remover. Se o direito não é atual, isto é, completamente adquirido, mas futuro, por não se ter acabado de operar sua aquisição (CC, art. 74, III) [sem correspondente no CC/2002], não tendo entrado ainda, definitivamente, para o poder do titular, não é passível de violação, e não pode, portanto, justificar o nascimento de uma ação. Por isso o direito subordinado a alguma condição suspensiva ou termo inicial, não sendo exigível antes de verificar-se a condição ou vencer-se o termo, não poderá dar lugar ao nascimento da ação, até que a condição se cumpra ou o tempo se extinga — *in omnibus contractibus, in quibus sub aliqua conditione vel sub die... Pacta pronuntur, post condictionis exitum, vel ... diei ... lapsum, praescriptiones ... initium occipium* (*Justinus*, c. 7, § 4º e *praescriptione* XXX, 7-39). Não basta, porém, que o direito tenha existência atual e possa ser exercido por seu titular; é necessário, para admissibilidade da ação, que esse direito sofra alguma violação que deva ser por ela removida. É da violação, portanto, que nasce a ação. E a prescrição começa a correr desde que a ação teve nascimento, isto é, desde a data em que a violação se verificou." ("Da prescrição e da decadência", ob. cit., p. 21-22)

46.15.16. Da prescrição intercorrente antes da liquidação de sentença

A liquidação de sentença traduz incidente de natureza declaratória e integrativo da execução. É uma espécie de ponte que faz a ligação entre uma sentença ilíquida e a execução propriamente dita, que tem início com a citação (art. 880, CLT) para pagar ou dar bens à penhora, diferente do que hoje sucede com a execução por quantia certa no processo comum, onde a citação, como regra, foi abolida, ressalvados os casos previstos nos incs. II, IV e VI, do art. 475-N (Lei n. 11.232/2006), revogado o art. 611, CPC). Ver item 46.8.8.7.

Com a nova redação do § 5º do art. 219, CPC (Lei n. 11.280/2006), ficou obrigatória a declaração da prescrição pelo juiz. Também na execução, o juiz deverá declarar a prescrição, sempre que o credor deixar de fazer a liquidação de sentença em tempo hábil, impedindo a citação do devedor. Embora em princípio não se aplique a prescrição intercorrente em sede trabalhista (Súmula n. 114 do TST), esta poderá ocorrer se a sentença permanecer ilíquida por mais de dois anos. Dispõe o § 5º do art. 475-J, CPC que, se a execução não for requerida no prazo de seis meses, o juiz mandará arquivar os autos, sem prejuízo do desarquivamento a pedido da parte. O artigo poderá levar ao entendimento no cível de que, com o arquivamento, não haverá prescrição. Mas, não é assim. Mesmo no arquivo, se a parte não providenciar a liquidação em prazo hábil (*opportuno tempore*), a prescrição perfar-se-á.

Esse procedimento é adotado na Justiça do Trabalho, quando a parte tem advogado constituído. Quando a parte estiver sem advogado constituído, o juiz diretor do processo (*dominus processus*) providenciará o andamento de ofício com o objetivo de evitar a prescrição da execução. Em sede trabalhista, feita a liquidação e citado o executado (art. 880, CLT), não sendo encontrados bens suficientes para levar a bom termo a execução, os autos poderão permanecer no arquivo, sem o perigo de ocorrer a prescrição (art. 40 da Lei n. 6.830/1980, *ex vi* do art. 889, CLT).

Com o advento da EC n. 45/2004 e a nova redação do art. 114 da Constituição Federal, a Justiça do Trabalho deixou de ser uma justiça de empregados e de empregadores, para ser uma justiça dos trabalhadores em geral, haja ou não vínculo empregatício. O ideal será que o procedimento trabalhista seja aplicado em todas as ações, obedecido o princípio da irrecorribilidade das interlocutórias e mantido o agravo de instrumento de âmbito restrito.

O fato de entender-se que na Justiça do Trabalho a execução constitui simples epílogo da fase cognitiva em nada modifica a situação. Com o advento da Lei n. 11.232/2005, o processo comum aproximou-se do processo do trabalho na execução por quantia certa. Houve uma modificação estrutural e conceitual. A decisão proferida em liquidação de sentença deixou de ter a dignidade de sentença de mérito para transformar-se em decisão meramente interlocutória mista atacável mediante impugnação (art. 475-J, § 1º, CPC). O recurso cabível será o de agravo de instrumento (art. 475-M, § 3º). Somente em caso de extinção do processo caberá apelação. A sentença de mérito não mais termina o processo, projetando-se para a fase executória. Vale dizer, a liquidação deixou de ser ação para ser mero incidente.

Realça *Pires Chaves* que "a execução de sentença é ação que corresponde ao direito de executar. É esse direito que prescreve em dois anos (art. 11 da CLT). Só enquanto o prazo está fluindo é que a sentença é eficaz. Uma vez exausto, nem ela será mais exigível, nem exeqüível" (*César Pires Chaves*, "Da Execução Trabalhista", Ed. Forense, Rio de Janeiro, v. 5, p. 37). *Nota*: Esta doutrina está superada no que concebe a liquidação de sentença como ação.

Russomano dispõe que "a prescrição da execução é a mesma da ação" (LTr 34/47). E o Min. Ribeiro da Costa (STF, 2ª T., RE n. 53.881-SP, 6.8.1963) ensina: "A prescrição da ação é a mesma da execução, começando a correr da data em que deveria tomar a iniciativa do ato." Neste sentido é a Súmula n. 150 do STF: "Prescreve a execução no mesmo prazo de prescrição da ação."

Amaro Barreto entende que "a razão jurídica e social da prescrição é a mesma tanto na ação condenatória quanto na ação executória. Situações oriundas da mesma causa devem ser regidas por disposições idênticas. Onde houver a mesma razão, deve haver a mesma regência de direito. A relação jurídica, que a ação corporifica é uma só e única, pré e pós-sentença, eis que a função precípua desta não é criar o direito, porém declará-lo. Idêntica necessidade social de se tornar jurídica a envelhecida situação de fato do devedor antes do julgado é tal necessidade depois dele. Inércia igual; relação jurídica igual; necessidade social igual; igual a tudo o que dá corpo e espírito às suas prescrições, por que diferenciarem só os prazos? Certamente será pelo disposto no art. 179 do CC [art. 205 do CC/2002], porque aí se diz que os casos de prescrição não previstos neste Código serão regulados, quanto ao prazo, pelo art. 177 [art. 205]. Entretanto, tal preceito é inaplicável *in casu*. Temos, pois, que a prescrição da execução com prazo igual ao da ação principia a correr na data do trânsito em julgado da sentença e só interrompe com o despacho que ordenar a citação do executado, para a ação executória, ou para o protesto interruptivo (art. 219 do CPC)". E prossegue: "Com o Direito do Trabalho mais se coaduna a tese da prescrição da execução a prazo curto, coincidente com o da ação, porque, nele, se legitimam juridicamente a rapidez maior, as situações de fato contrárias ao Direito, por injunção da ordem e do equilíbrio sociais, em regime de prescrições céleres. Predomina, na legislação do trabalho, a norma geral da prescrição bienal (arts. 11, 119 e 143 da CLT). Omissa a Consolidação das Leis do Trabalho, quanto ao prazo da prescrição executória trabalhista, rege-o o princípio doutrinário e jurisprudencial de que a prescrição da execução é de tempo igual ao da ação" ("Execução Trabalhista", p. 115 e 117). Outro não é o entendimento do egrégio STF, materializado na Súmula n. 150: "Prescreve a execução no mesmo prazo da prescrição da ação."

Há que se fazer uma diferenciação aqui. Para aqueles que consideram a liquidação de sentença como um incidente anterior à execução, entendimento ao qual nos filiamos, já que a execução tem início com a citação (art. 880, CLT), a citação somente terá lugar quando líquida a sentença. A prescrição intercorrente somente terá lugar antes da execução, nessa fase incidental que liga como ponte a *cognitio* com a fase executória.

A liquidação de sentença trabalhista continua mal colocada no art. 879 e parágrafos, CLT, como componente da fase executória (art. 876, CLT). A Lei n. 11.232/2005 eliminou a assimetria e colocou a liquidação de sentença fora do Livro II (Do processo de execução). A erronia vinha do Código de 1939, arts. 822 e 906. Todavia, na Justiça do Trabalho, para aqueles que consideram a liquidação de sentença a própria execução, já que incluída no Capítulo V (Da execução), com início no art. 876, CLT, a prescrição intercorrente teria lugar na própria execução. Contudo, feita a citação não haverá mais lugar para declarar-se a prescrição. *Nota*: A Lei n. 11.232/2005 revogou o art. 611, CPC. De conformidade com o art. 475-J, CPC, o executado é apenas intimado da decisão liquidatória, não mais havendo a necessidade de citação. Nesta parte, o processo comum tornou-se mais ágil do que o processo do trabalho, que ainda persiste com a intimação e com a citação (art. 880, CLT). Nesse comando, não poderá haver a busca subsidiária trabalhista nos termos dos arts. 769 e 889, CLT.

Existe uma tendência doutrinária no sentido de que a prescrição na fase executória se completa no mesmo prazo da fase cognitiva, ou seja, em dois anos. Entretanto, numa análise mais acurada chega-se à conclusão de que a Constituição de 1988, ao cuidar do tema, traçou regras diferentes, embora não fale expressamente em execução. Vejamos.

Proposta a ação antes de decorridos dois anos (art. 7º, XXIX, CF/1988, com redação dada pela EC n. 28/2000), o autor adquire o direito de pleitear valores e verbas dos últimos cinco anos, até o limite de dois anos após a extinção do contrato. E, em não havendo a prescrição intercorrente, proposta a ação, não haverá falar em prescrição na fase de conhecimento. Mas, a prescrição poderá acontecer na fase executória, durante o período de acertamentos (liquidação de sentença), caso a parte não providencie cálculos e o executado não seja citado. Neste sentido, o art. 40 da Lei n. 6.830/1980, quando se refere à ausência de bens passíveis de penhora. Ao falar em bens sobre os quais possa recair a penhora, tem-se a afirmação de que já houve a liquidação.

A conclusão possível é a de que, em tendo a ação sido ajuizada antes dos dois anos, o exeqüente passou a ter direito de cinco anos para a discussão dos seus direitos, inclusive o da prescrição na fase executória.

Em sendo a sentença líquida, fato que dispensará a liquidação, deverá o credor promover a citação (art. 880, CLT) para que tenha início a execução. Embora líquida, se não houver a citação dentro do prazo de dois anos da extinção do contrato, a prescrição formalizar-se-á.

46.15.17. Do ato único

Em se tratando de ato único, daí tem início a contagem do prazo para a prescrição, *v. g.*, modificação imprimida no contrato de trabalho. A Súmula n. 349 do STF dá a medida para verificar se a matéria seria própria de ato único: "A prescrição atinge somente as prestações de mais de dois anos, reclamadas com fundamento em decisão normativa da Justiça do Trabalho, ou em convenção coletiva de trabalho, quando não estiver em causa a própria validade de tais atos." Isto é: "Quando é um direito, sobre o qual não se questiona, aí, são as prestações que vão prescrevendo; mas, se o direito às prestações decorre do direito à anulação do ato, é claro que, prescrita a ação, em relação a este, não é possível julgar prescritas apenas as prestações, porque prescreveu a ação para o conhecimento do direito do qual decorreria o direito às prestações. Do contrário, seria admitir o efeito sem a causa." Precedentes: RR-RR ns. 73.958 e 94.679/SP, STF.

A pedra de toque, pois, para saber se se trata de ato único é perquirir sobre a necessidade ou não de discutir a legalidade do ato praticado. Se houver necessidade de discutir a validade do ato impugnado, cuidar-se-á desenganadamente de ato único. A conseqüência será a de que a prescrição tem início no dia seguinte à prática do ato.

Também no que respeita às prestações periódicas, a Súmula n. 443 da Excelsa Corte oferece orientação segura: "A prescrição das prestações anteriores ao período previsto em lei não ocorre, quando não tiver sido negado, antes daquele prazo, o próprio direito reclamado, ou situação jurídica de que ele resulta."

Tem-se aqui — diversamente do que sucede com o ato único — que não haverá necessidade de se discutir sobre a legalidade ou não do ato praticado. Vale dizer, o direito é indiscutível. Nesse caso, a parte negligente somente perderá aquelas parcelas que serão corroídas pela prescrição. Exemplo: a empresa X concedeu complementação de aposentadoria aos seus empregados. O empregado aposenta-se e deixa transcorrer cinco anos para pleitear a complementação da aposentadoria já que inadimplente a empresa. Neste caso, por não se cuidar de ato único, vale dizer, por não ter de discutir a ilegalidade do ato, já que o direito existe e portanto o ato é ilegal, perderá apenas e tão-somente as parcelas anteriores aos últimos dois anos. Entendimento diverso transformaria a prescrição em decadência, determinando a perda do próprio direito.

46.15.18. Das causas interruptivas

De conformidade com o art. 202 do Código Civil, a prescrição somente poderá ser interrompida uma vez na ocorrência de uma das causas seguintes: I — por despacho do juiz, mesmo incompetente, que ordenar a citação, se o interessado a promover no prazo e na forma da lei processual; II — por protesto, nas condições do inc. I; III — por protesto cambial; IV — pela apresentação do título de crédito em juízo de inventário ou em concurso de credores; V — por qualquer ato judicial que constitua em mora o devedor; VI — por qualquer ato inequívoco, ainda que extrajudicial, que importe reconhecimento do direito pelo devedor. A prescrição interrompida recomeça a correr da data do ato que a interrompeu, ou do último ato do processo para a interromper (parágrafo único).

Lembra *Câmara Leal* que são três as causas apontadas pelos autores como interruptivas da prescrição em curso: a) a cassação da violação do direito; b) o reconhecimento do direito do titular pelo adversário; c) o ato do titular reclamando judicialmente o seu direito. A cessação da violação torna a ação desnecessária, faz desaparecer a causa que lhe dera nascimento, extingue a *actio nata*, uma das condições elementares da prescrição; impede, portanto, que ela se consuma, interrompendo-a. Por outro lado, o reconhecimento do direito do titular pelo adversário torna desnecessária a ação. Equivale à cessação da violação e interrompe a prescrição. Esse reconhecimento, porém, deve revestir-se das formalidades estabelecidas para os atos jurídicos, segundo a natureza do direito reconhecido. Finalmente, o ato judicial promovido pelo titular para salvaguarda ou defesa de seu direito cessa a sua inércia e interrompe a prescrição. Esse ato pode configurar-se no ajuizamento da ação, pela citação do responsável, pela violação do direito ou inexecução da obrigação, como, *v. g.*, o protesto judicial, ou a apresentação do título creditório no juízo do inventário ou em concurso de credores, ou, ainda, qualquer ato judicial que constitua o devedor em mora ("Da Prescrição e da Decadência", ob. cit., p. 27-28). No processo do trabalho, a prescrição se interrompe com o simples ajuizamento da ação. De conformidade com o tecido legal civilista contido no art. 202, de aplicação em sede trabalhista, a interrupção pelo ajuizamento estará restrito a uma única vez.

46.15.19. Das causas impeditivas ou suspensivas

Não corre a prescrição: I — entre cônjuges, na constância da sociedade conjugal; II — entre ascendentes e descendentes, durante o poder familiar; III — entre tutelados ou curatelados e seus tutores ou curadores, durante a tutela ou curatela (art. 197, CC). Também não corre a prescrição: I — contra os incapazes de que trata o art. 3º; II — contra os ausentes do País em serviço público da União, dos Estados ou dos Municípios; III — contra os que se acharem servindo nas Forças Armadas, em tempo de guerra (art. 198, CC). Não corre igualmente a prescrição: I — pendendo condição suspensiva; II — não estando vencido o prazo; III — pendendo ação de evicção (art. 199, CC). Interrompida ou suspensa a prescrição, superada a causa interruptiva ou suspensiva, desatrela-se a contagem do prazo. Da interrupção, por inteiro; da suspensão, pelo prazo faltante. Essa, pois, a diferença entre interrupção e suspensão.

Registra-se aqui uma peculiaridade, concernente ao trabalhador urbano e rural, prevista na Constituição Federal, art. 7º, XXIX, em que a prescrição ocorre decorrido o limite de dois anos da extinção do contrato e, durante o contrato, dentro de cinco anos. Para o trabalhador rural menor, a prescrição tem início após completar dezoito anos (art. 10, Lei n. 5.889/1973).

46.15.20. Da execução de sentença normativa

A execução de sentença normativa traduz peculiaridade do processo executório do trabalho em que a execução se projeta de forma definitiva, mesmo a sentença ainda não tenha transitado em julgado. Comanda o art. 6º, § 3º, da Lei n. 4.725/1965 que "O provimento do recurso não importará restituição dos salários ou vantagens pagos, em execução do julgado". Vale dizer, enquanto pendente recurso para o TST pode-se proceder à execução e se o exeqüente conseguir receber os benefícios, ainda que a sentença normativa seja, posteriormente, reformada, retirando-se aquele direito, o exeqüente não devolverá os valores recebidos. Todavia, retirado o direito pelo TST, ainda que a ação de cumprimento tenha transitado em julgado no Regional e nada tenha recebido o exeqüente, fica tudo sem efeito. A coisa julgada perde o seu conteúdo em função da perda de uma das condições da ação: possibilidade jurídica do pedido. A coisa julgada desconstitui-se por si mesmo, a exemplo do que acontece com uma execução provisória de dissídio individual, cujos embargos foram submetidos ao crivo do Regional e transitou em julgado, antes mesmo da sentença primária transitar em julgado e esta foi julgada improcedente. Nesta e naquela hipótese, a coisa julgada desconstitui-se por si só, pois a coisa julgada da sentença de mérito retirou-lhe a possibilidade jurídica do pedido. Num e noutro caso, não há possibilidade de ação rescisória, por ausência da coisa julgada material. Na execução provisória de dissídio individual ou na execução de ação de cumprimento em que a sentença exeqüenda ainda não transitou em julgado, a coisa julgada que procede na fase executória, sem que a sentença exeqüenda tenha transitado em julgado, é apenas formal. A coisa julgada formal e material somente se transfere para os casos citados (execução provisória e execução de ação de cumprimento), quando a sentença exeqüenda transitou em julgado. O tema foi objeto da Orientação Jurisprudencial n. 116, SDI-2 do TST. Em se apresentando a hipótese, deve a parte interessada usar do mandado de segurança.